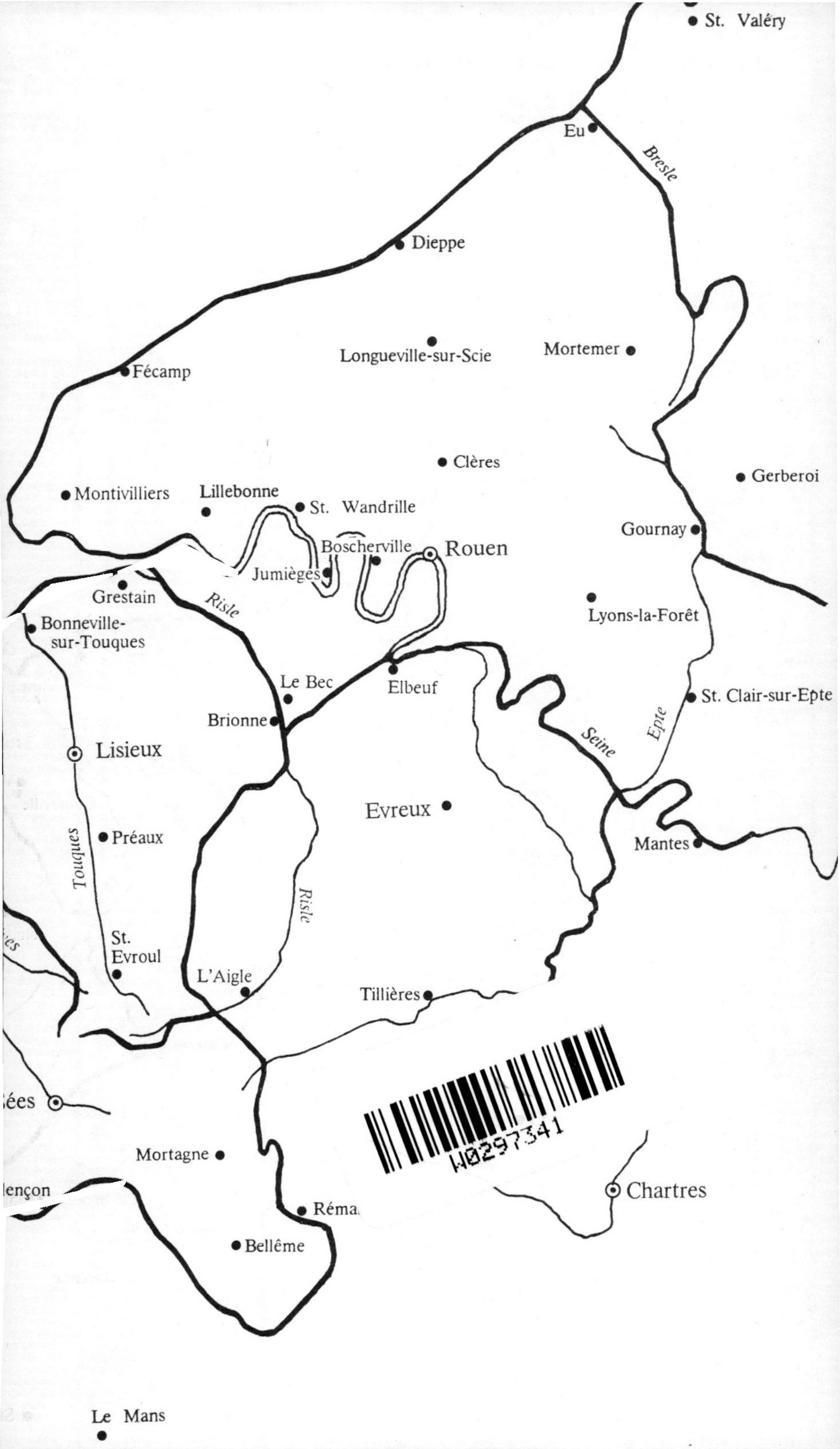
St. Valéry
Eu
Bresle
Dieppe
Longueville-sur-Scie
Mortemer
Fécamp
Clères
Gerberoi
Montivilliers
Lillebonne
St. Wandrille
Gournay
Boscherville
Rouen
Jumièges
Grestain
Risle
Lyons-la-Forêt
Bonneville-sur-Touques
Le Bec
Elbeuf
St. Clair-sur-Epte
Brionne
Epte
Seine
Lisieux
Evreux
Préaux
Mantes
Touques
Risle
St. Evroul
L'Aigle
Tillières
Mortagne
Chartres
Bellême
Le Mans

Hildburg Streiber

WILHELM DER EROBERER

WILHELM DER EROBERER

EIN LEBEN IM HOHEN MITTELALTER

Nacherzählt von
Hildburg Streiber

PERLINGER-VERLAG

CIP-Titelaufnahme der Deutschen Bibliothek

Streiber, Hildburg
Wilhelm der Eroberer: Ein Leben im hohen Mittelalter/
nacherzählt von Hildburg Streiber. – Wörgl: Perlinger, 1988
Fortsetzung von: Streiber, Hildburg: Wilhelm der Bastard
Fortsetzung bildet: Streiber, Hildburg: Wilhelm der König

ISBN 3-85399-0340-1

Kartenzeichnungen: Helga Bauer
Umschlaggestaltung: Christa Manner
(unter Verwendung von Ausschnitten
aus dem Wandteppich von Bayeux,
mit freundlicher Genehmigung des
Centre Guillaume le Conquérant, Bayeux)
Satz: Typo Tausend, Nürnberg
Druck und Einband: Wiener Verlag, Himberg

Printed in Austria

INHALT

Die Vorgeschichte

Wilhelm der Bastard

Wilhelm der Eroberer war ein Bastard, der einzige Sohn Herzog Roberts I. und der Gerberstochter Arletta aus Falaise. Der Vater starb schon in jungen Jahren während einer Pilgerreise ins Heilige Land, und die Mutter sah sich gezwungen, eine Ehe mit dem Vicomte Herluin einzugehen, den Herzog Robert ihr bestimmt hatte – sollte er nicht zurückkehren. Wilhelm hat eine Schwester, Adelaide, Tochter Herzog Roberts und Arlettas, und drei Halbgeschwister: Odo, Robert und Muriel aus der Ehe Arlettas mit Herluin. Der erste Teil des Buches „Der Freier" enthält das Tagebuch der Komteß Mathilde von Flandern, um deren Hand Herzog Wilhelm anhält. Der Graf und die Gräfin von Flandern geben ihm ihre Tochter gern, doch Mathilde, die unter dem Einfluß ihrer Gevatterin steht, leistet eigensinnigen Widerstand. Die Muhme hat ihr ein erschreckendes Bild von Wilhelm ausgemalt und mit Verachtung von dem „Bastard" gesprochen, der ihren reinen Stammbaum – zu dem Karl der Große und König Alfred der Große gehören – ruinieren würde.

Wider ihren Willen fühlt sich Mathilde jedoch vom ersten Augenblick an im Bann des Herzogs, dessen überragende Persönlichkeit sie erkennt und dessen menschliche Qualitäten sie beeindrucken. Einige Wochen später schreibt sie nieder: „Mir ist ein erschreckender Gedanke gekommen: Wenn er kein Bastard, sondern beiderseits von fürstlichem Geblüt und von christlich getrauten Eltern wäre – würde ich ihn in einem solchen Falle freien wollen? Ich wage den Gedanken kaum zu Ende zu denken, er hat etwas stark Verlockendes. Doch dann sagte ich mir: ‚Nein, niemals! Er ist ein Tyrann. Er täte mit mir, was er wollte, und ich könnte nicht so bleiben, wie ich jetzt bin; ich müßte mich ihm ganz unterordnen.'" Denn der Herzog läßt in seinem ganzen Gebaren durchblicken, daß er sich ihrer bereits sicher ist, und bleibt bei allen Gesprächen „der Überlegene". Wiederholt widerlegt er Mathildes Ausflüchte, so daß sie sich schließlich dazu durchringt, ihm die volle Wahrheit zu sagen: „Ich werde nie einen Bastard ehelichen, in dessen Adern das Blut einer Bürgerdirne fließt." Diese Worte faßt der Herzog als Lästerung seiner Mutter auf, die er zutiefst liebt und verehrt, und er straft Mathilde auf der Stelle durch zwei Hiebe mit seiner Reitgerte. Dann nimmt er brüsk Abschied vom flandrischen Hof. Erstarrt vor Schreck und Schmerz erkennt Mathilde zu spät, was sie an ihm verloren hat und was er ihr in Wahrheit bedeutet.

Es folgen zwei leidvolle Jahre für sie, während derer sie innerlich heranreift. Fest entschlossen, sich nie zu vermählen, widmet sie sich der Betreuung von Waisenkindern und dem Bau eines großen neuen Waisenhauses, welches das trostlose und verkommene Waisendorf ersetzen soll. Die Pläne für ein solches Haus versucht sie sich von Herzog Wilhelms geistigem Berater, Lanfranc, zu entleihen, denn sie weiß, daß er solche Häuser hat erbauen lassen. Durch eine Verwicklung von Umständen kommt sie dadurch wieder in briefliche Verbindung mit dem Herzog und hat viel unter dessen kühlem und abweisendem Verhalten zu leiden. Mathilde entschließt sich, Flandern zu verlassen, um den quälenden Erinnerungen zu entfliehen und die Betreuung von Waisenkindern in Italien weiterzuverfolgen. Kurz vor ihrer Abreise erscheint ein Bote am flandrischen Hof mit einer Botschaft von Herzog Wilhelm. Dieser hält bei Graf Balduin ein zweites Mal um die Hand seiner Tochter an, die von dieser unerwarteten Botschaft völlig überwältigt ist: „Mir war zumute wie jemandem, der lange Jahre in einer dunklen Höhle zugebracht hat und nun mit einem Male ins helle Sonnenlicht tritt. Er ist wie geblendet, so daß er nichts um sich herum erkennen kann... Meine Gedanken kreisten um ihn wie um eine zentrale Sonne."

Schon nach zwei Monaten führt Herzog Wilhelm seine junge Gemahlin in die Normandie ("Die neue Heimat"), obgleich der Papst die Ehe – aufgrund einer entfernten Blutsverwandtschaft zwischen ihnen – verboten hat. Die in den Chroniken bekundete äußerst glückliche Ehe zwischen Wilhelm und Mathilde ist jedoch in vieler Hinsicht sehr ungewöhnlich. Wilhelm, der – wie alle Chronisten berichten – von echter Frömmigkeit war und selbst gern Mönch geworden wäre, gibt Mathilde Zeit, „sich an ihn zu gewöhnen." Sie leben das erste Jahr wie Bruder und Schwester zusammen, und viel stürmt auf Mathilde in ihrer neuen Umgebung ein. Wilhelm stellt hohe Anforderungen an seine Gemahlin, die er zur Mitregentin heranbilden will und deren Widerstand es in dieser Hinsicht zu brechen gilt. ("Es mangelt dir nicht an der Fähigkeit, nicht am Verstand und an Urteilskraft, sondern ganz einfach am guten Willen, an Verantwortungs- und Pflichtgefühl. Eine Herzogin ist nicht nur dazu da, schöne Bilder auf Leinwand zu sticken oder prächtige Gärten anzulegen; sie muß sich aller Regierungsgeschäfte annehmen, die ihr übertragen werden. Was nützt mir eine Herzogin, die feigherzig, trägen Geistes, launisch, störrisch und kindisch ist und sich meinen Plänen widersetzt?") Es ist eine harte Schulung für Mathilde, der sie sich aber gewachsen zeigt.

Politische Unruhen erschüttern das Land, und Mathilde entdeckt zu ihrer Verwunderung immer neue Seiten im „unergründlichen Wesen" ihres Gemahls. Er kann aus strategischen Gründen grausame Strafen verhängen und wiederum ehemaligen Feinden großzügig vergeben. Er hat die Gabe, wie ein Chronist schreibt, mit seinem durchdringenden Blick hartgesottene Bösewichter zu Geständnissen zu bewegen und meisterhaft in den Seelen der Menschen zu lesen. Es gibt in den ersten Jahren ihrer Ehe verschiedene Kriege. Wilhelms Oheime, der Graf von Arques, und dessen Bruder, der Erzbischof von Rouen, sind miteinander im Bunde, und als sich der Graf von Arques – unterstützt vom französischen König – zum unabhängigen Herrscher der nördlichen Normandie machen will, kommt es zum Krieg. Arques wird ausgehungert, der Oheim flüchtet aus der Festung, die sich ergeben hat. Mauger, der Erzbischof, verhängt daraufhin das Interdikt über die ganze Normandie. Mathilde versteht es aber, trotz Schließung der Kirchen, in Wilhelms Abwesenheit ein erhebendes Weihnachtsfest am Hof zu halten. Bald droht neue Gefahr von seiten des französischen Königs, der in die Normandie einfällt. Er wird bei Mortemer geschlagen. Wilhelm erobert mehrere Grenzfestungen zurück, die in der Zeit seiner Minderjährigkeit an die französische Krone gefallen waren. In Maine, einem Vasallenstaat der Normandie, wird der Sohn des verstorbenen Grafen von Maine (der am Hof zu Rouen im Asyl lebte) von Wilhelm zum neuen Grafen von Maine ernannt. Daraufhin fällt der französische König erneut mit einigen Verbündeten in die Normandie ein. Wilhelm läßt ihn weit ins Land eindringen, umzingelt ihn dann mit meisterhafter Strategie und vernichtet seine Armee in der Schlacht zu Varaville. König Heinrich siecht langsam dahin, und die Normandie scheint endlich, rundum gefestigt, einer längeren Friedenszeit entgegenzusehen.

In England gibt es inzwischen Spannungen zwischen König Eduard dem Bekenner und dem Grafengeschlecht der Godwines. Eduard verbannt die ganze Sippe der Godwines außer Landes, muß sie aber später unter innerpolitischem Druck zurückkehren lassen. Eduard, der seine Jugendzeit im Exil in der Normandie verbracht hat und großzügig von Herzog Robert und Herzog Wilhelm aufgenommen worden war, lebt ein mönchisches Leben und hat keine Ehegemeinschaft mit seiner Gemahlin, daher auch keinen Nachwuchs. Er verspricht die Nachfolge seinem Neffen, Herzog Wilhelm, dessen menschliche Größe und strategische Fähigkeiten er schon früh erkannt hat.

Mathilde, die mehrere Kinder von Vasallen am Hof heranwachsen sieht, sehnt sich nach eigenen Kindern. Im Jahr 1053 bringt sie ihren ersten Sohn zur Welt. Zwei Jahre später folgt die erste Tochter, dann eine zweite Tochter und danach wieder ein Sohn. Es sind Jahre tiefer Erfüllung für Mathilde. Politische Spannungen, dramatische Höhepunkte, tiefschürfende Gespräche, humorvolle Ereignisse, stimmungsvolle Naturbeschreibungen, lebhafte Szenen aus dem mittelalterlichen Leben wechseln in diesen Tagebuchaufzeichnungen in bunter Folge ab, so daß nie Langeweile entsteht und der Leser ständig in Spannung gehalten wird.

Zweimal verbringt das Paar unvergeßliche Sommerwochen in einer Wassermühle, in den tiefen Wäldern bei Lyons-la-Forêt. Sie leben dort inkognito, in einfachen Kleidern, ohne von den Müllersleuten erkannt zu werden. Als Wilhelm dann aber den äußerst aufgeweckten ältesten

Sohn des Müllers in seine Dienste nimmt, geht ihnen dieses Paradies verloren. Sie schaffen sich ein eigenes Jagdschlößchen bei St. Wandrille an der Seine. Dieser Ort wird zum Refugium der Herzogsfamilie, wo sie nach anstrengenden Zeiten am Hof Erholung findet.

Als der älteste Sohn etwas über drei Jahre und die älteste Tochter noch nicht zwei Jahre alt ist, verlobt Wilhelm sie aus strategischen Gründen mit Margarete und Herbert von Maine. Dies geschieht, ohne daß er Mathilde zuvor davon unterrichtet hat. Mathilde ist zutiefst entrüstet, denn Margarete ist sechs Jahre älter als ihr Sohn und Herbert 15 Jahre älter als ihre Tochter. Es kommt zu einem vorübergehenden Zerwürfnis, doch bald glätten sich die Wogen wieder, als Mathilde die Zusammenhänge besser erkennt und eine gewisse Zusicherung von Wilhelm erhält.

Wiederholt hat Lanfranc, der geistige Berater Herzog Wilhelms, sich beim Papst bemüht, die Sanktion für die Ehe seines Herzog zu erlangen. Doch immer wieder stirbt der amtierende Papst, ehe eine Entscheidung gefällt werden kann. Schließlich heiligt Papst Nikolaus II. die Ehe, und damit ist das Stigma aufgehoben. Es ist der Höhepunkt des Glücks für das Herzogspaar. Der politische Horizont ist klar, die Normandie blüht, was Handel, Wohlstand und das kirchliche Leben anbetrifft, immer mehr auf, und das Familienleben mit den vier kleinen Kindern ist ein Quell der Freude für beide. Hoffnungsfroh schaut Mathilde am Jahresende 1059 in die Zukunft: „Gott hat es gut mit mir gemeint; Er hat mir den ersehnten zweiten Sohn geschenkt und den Heiligen Vater dazu bewegt, unserer Ehe seinen Segen zu geben."

Hinweise für den Leser

In diesem Buch sind die altdeutschen Monatsnamen verwendet worden, die für ein Tagebuch des 11. Jahrhunderts angemessener scheinen. Für Leser, die mit diesen Namen nicht vertraut sind, folgt nachstehend die Übertragung in die heute gebräuchlichen Monatsnamen:

Hartung:	Januar
Hornung:	Februar
Lenzmond:	März
Ostermond:	April
Wonnemond:	Mai
Brachmond:	Juni
Heumond:	Juli
Erntemond:	August
Herbstmond:	September
Weinmond:	Oktober
Nebelmond:	November
Christmond:	Dezember

Da es sich hier um ein mittelalterliches Tagebuch handelt, sind Wörter aus der modernen Umgangssprache vermieden worden, weil sie anachronistisch angemutet hätten; statt dessen wird der Leser zuweilen auf Worte stoßen, die heute schon als veraltet gelten, jedoch sehr ausdrucksstark sind und von jedermann verstanden werden. Und weil die Handlung in Frankreich spielt, sind auch französische Lehnworte verwendet worden, die zum deutschen Sprachschatz gehören, heute allerdings durch den Einfluß des Englischen immer mehr verdrängt werden.

Diesem Band schließt sich noch ein weiterer an, der Wilhelms Leben als König von England beschreibt.

Besonders soll noch auf das Personenverzeichnis am Ende des Buches hingewiesen werden sowie auf verschiedene Anmerkungen, die zur Erläuterung einiger Textstellen dienen.

ERSTER TEIL

BLÜTEZEIT

Zweites Tagebuch der Herzogin der Normandie

(1060–1063)

Wie an dem Tag, der dich der Welt verliehen,
Die Sonne stand zum Gruße der Planeten,
Bist alsobald und fort und fort gediehen
Nach dem Gesetz, wonach du angetreten.
So mußt du sein, dir kannst du nicht entfliehen.
So sagten schon Sibyllen, so Propheten;
Und keine Zeit und keine Macht zerstückelt
Geprägte Form, die lebend sich entwickelt.

J. W. v. Goethe

Rouen, Freitag, am 7. des Hartung 1060

Es war eine erhebende Jahreswende, die uns nicht nur in ein neues Jahr, sondern auch in ein neues Jahrzehnt führte. Wenn ich auf die letzten zehn Jahre zurückblicke, so sehe ich, wie unendlich viel geschehen ist. Als das Jahr 1050 anbrach, schien mein Leben verwirkt, sah meine Zukunft trostlos aus. Ich wähnte den geliebten Menschen auf immer verloren. Heute bin ich die glückliche und stolze Mutter vier seiner Kinder, hat er viele Siege errungen, ist von seinem Volk geliebt und steht auf der Höhe seines Ruhmes. Was mögen uns die nächsten zehn Jahre bringen? Ich wage kaum, in die Zukunft zu blicken. Schöner als jetzt kann es kaum noch werden, und vielleicht wendet sich das launische Schicksal wieder gegen uns? Ich denke an die bevorstehenden Vermählungen meiner Kinder, die in zehn Jahren schon recht nahe gerückt sein werden. Doch warum soll ich mir die schöne Gegenwart mit solchen Gedanken vergällen? In der letzten Nacht des alten Jahres ließ Wilhelm auf meinen Wunsch hin von vier Bläsern eine feierliche Hymne vom Schloßturm erschallen, die das neue Jahrzehnt begrüßte.

Am Dreikönigstag schenkte ich meiner Agathe ihre Engelspuppe, die ich mit Mühe und Not fertiggenäht hatte. Ganz zufrieden bin ich mit den Flügeln nicht; sie sehen zu stofflich, zu irdisch aus. Wilhelm lachte, als er die Puppe sah, und sagte: „Engel haben keine Flügel – und schon gar nicht solche, wie du sie gemacht hast." – „Was für welche denn, weiser Mann?" fragte ich ihn. „Strahlen aus Licht", meinte er, „von denen sie ganz umgeben sind." – „Und woher weißt du das?" Er sah mich mit einem schelmischen Lächeln an: „Das verrate ich dir nicht."

Der kleine Richard ist meine ganze Wonne; wenn er mich aus seinen schwarzen Äuglein anblickt und dabei so fröhlich glucksend lacht, könnte ich ihn vor Liebe zerdrücken. Es gibt nichts Herzigeres auf dieser Welt als ein solch winziges Menschenwesen. Wilhelm sagte gestern, als er seinen kleinen Sohn aufmerksam betrachtete: „Er ähnelt mir wohl, nur sieht er noch ganz ‚neu' aus." Ich mußte sehr darüber lachen, und Klein-Richard lachte mit.

Rouen, Dienstag, am 11. des Hartung 1060

Maurilius bemerkte heute nach dem Abendessen, daß Anselm von Le Bec trotz seiner Jugend schon große Weisheit besäße und eine echte religiöse Berufung habe. Mir bewegt dieser junge Mönch das Herz, und ich fühle mich ihm innerlich sehr verwandt, obwohl ich ihn nur wenige Male kurz gesehen und noch gar nicht gesprochen habe. Sicher gibt es Seelenverwandtschaften, die schon in einer anderen Welt bestanden haben. Das glaube ich jetzt fest.

Rouen, Freitag, am 21. des Hartung 1060

Adeliza hat mir geholfen, mehr Sänger in die Residenz bringen zu lassen, und der ganze Hof freut sich darüber. Gestern ist einer eingetroffen, der den merkwürdigen Namen Saturinus trägt und allerlei spaßige Lieder zum Besten gab. Ich bemerkte, daß Bouboule sich etwas zurückgesetzt fühlte, obwohl der Sänger kein Narr ist und Bouboule gewiß nicht den Rang streitig machen will. Es ist eine der menschlichen Schwächen, anderen ihre besonderen Gaben zu neiden. Dabei hat doch jeder Mensch seine eigenen Vorzüge und ist, wie Wilhelm oft sagt, einzig in seiner Art. Denn es gibt jeden Menschen nur einmal. Sollte nicht jeder aus den Gaben, die Gott ihm verliehen hat, das Beste zu machen versuchen? Statt dessen aber schauen die meisten nach rechts und links auf die Besitztümer und Ämter der anderen und meinen, dort läge das Glück, welches das Schicksal ihnen verwehrt hat.

Rouen, Freitag, am 28. des Hartung 1060

Es finden jetzt viele Besprechungen wegen der Armenhäuser und Spitäler statt, die wir in den verschiedenen Städten nach demselben Plan bauen lassen wollen. Doch die Stadträte haben ihre eigenen Ideen oder meinen oft, in ihrer Stadt müsse anders vorgegangen werden. Das macht nun alles schwieriger und zögert das Ganze hinaus. Wenn ich aber meinen kleinen Richard an die Brust nehme, vergesse ich alles. Er sitzt jetzt schon mit kräftigem Rücken da und stemmt sich fest auf. Manchmal lasse ich ihn tanzen, indem ich seine Arme oder Beine bewege, und das hat er so gern, daß er vor Freuden laut kräht.

Soeben höre ich, daß die Betten für das neue Spital bis Ende des Hornung fertig sein sollen. Es sind einfache Planken mit etwas Stroh darüber. Ich will auch Leintücher für meine Spitäler haben, nicht nur geschenkte Lumpen. Ich scheue das Geld dafür nicht. Wilhelm meint, nach einiger Zeit müßten wir dem Heiligen Vater über den Fortschritt der Häuser berichten. Bis dahin soll aber zumindest eines ganz fertig sein.

Rouen, Mittwoch, am 2. des Hornung 1060

FitzOsbern wird jetzt sehr ungeduldig, weil die Verträge wegen der Festung Thimert noch immer nicht unterzeichnet sind. Er meint, in Frankreich nähme man die Krankheit des Königs nur als Vorwand, damit der Friedensvertrag noch nicht zu seinen Lebzeiten abgeschlossen werde und man hernach besser manipulieren könne. Er beschuldigt den Bruder des Königs, den Grafen von Blois, solcher Machenschaften. Wilhelm dagegen bleibt unbekümmert, und Papà Roger meint, man könne den Vorahnungen des Herzogs trauen; er sähe keine Eile mit den Verträgen, denn Frankreich sei besiegt, der König liege im Sterben, und der Kinder-König sei vorerst keine Gefahr.

Rouen, Sonntag, am 6. des Hornung 1060

Nun findet in Kürze der Mummenschanz statt, und die Kinder lassen mir keine Ruhe; sie wollen um jeden Preis in die Stadt gefahren werden, um den Umzug der Narren zu sehen. Heute hat ein Jongleur im kleineren Kreis seine Künste vorgeführt, und die Kinder durften im Saal von der Empore aus zuschauen. Bouboule ist jetzt öfter krank; er scheint kein sehr kräftiges Herz zu haben und sollte weniger fette Speisen essen. Der Arzt hat ihm Bärlauch verschrieben, doch er mag den Extrakt nicht trinken. Manchmal macht er Bemerkungen, daß ihm an seinem Leben nicht mehr viel liege. Adelaide sagte heute, die Narren seien oft die traurigsten Menschen. Ich möchte ihm gern helfen, weiß aber nicht recht, wie.

Später

Am Himmel der Hofsänger ist ein neuer Komet erschienen. Wilhelm war ihm schon einmal in Caen begegnet und hat ihn dort in seinem Schloß singen lassen. Der Sänger fühlte sogleich große Begeisterung für Wilhelm, und dieser hat ihn zu einem Besuch nach Rouen geladen. Wie soll ich ihn nur beschreiben? Er ist von mittlerer Gestalt, kräftig, aber schlank und geschmeidig, und er liebt lebhafte Farben, denn seine Tunika war von einem leuchtenden Lavendel und sein Beinkleid gelb. Er trägt sein kastanienbraunes Haar lang, hat große braune Augen, eine feine Nase und schmale, aber wohlgeschwungene Lippen. Aus seinen Augen sprüht Freude und Lebenslust, und er bewegt sich selbstbewußt und gleichzeitig unbefangen und kindlich – wie einer, der es gewohnt ist, unter Menschen zu sein und ihnen zu gefallen. Als er gebeten wurde, ein Lied vorzutragen, brachte der Diener einen kegelförmigen Sitz herbei, der mich fast an die Blöcke außerhalb des Mauserkäfigs erinnerte. Auf diesem nahm er Platz, indem er ein Bein über das andere schlug. Dann warf er den Kopf in den Nacken, so daß sein langes, glänzendes Haar über den Rücken herabfiel, und stieß einen hellen, hohen Ton aus, der wie ein Jubelruf klang. Danach ließ er seine Stimme Ton um Ton – wie auf einer Leiter – herabgleiten, ergriff seine Laute und spielte dieselbe Tonfolge nach. Dann begann er sein Lied – eine traurige Fabel, die er aber mit solch verhaltenem Humor vortrug, daß alle schmunzelten. Barbara, die hinter mir saß, beugte sich vor und flüsterte mir ins Ohr: „Er singt, daß einem das Herz schmelzen kann, nicht wahr, Madame?" Ich blickte sie leicht beunruhigt an. Sollte Barbara am Ende doch ihr Herz an jemanden verlieren? Einem Sänger würde Wilhelm sie gewiß nicht geben. Taillefer, denn so heißt der junge Mann, trug sein nächstes Lied im Stehen vor; dazu stieg er auf den Kegelsitz, schlang das linke Bein um das rechte und stand so auf einem Fuß. Dann sang er mit schmetternder Stimme ein Heldenlied, in welchem er dem großen Kaiser Karl huldigte und dabei die Ritter in der Schlacht mimte, was er alles mit erstaunlicher Geschicklichkeit in den Gesang und das Lautenspiel einflocht. Zum Schluß warf er seine Laute in die Luft, so daß sie sich überschlug, und fing sie grazil wieder auf – warf sie dann nach rechts und links, sprang, sie wieder einzufangen, und das alles mit der Geschmeidigkeit einer Katze. Er erntete lauten Beifall und viele Geldmünzen, die er aber nicht aufhob. Er kniete vor dem Herzogstisch nieder, dann stand er auf und winkte zu uns Frauen hinauf, wobei er zuerst die Fingerspitzen an die Lippen legte und dann mit der Hand grüßte.

Lebhaftes Tücherflattern antwortete ihm von der Empore. Mathilde, die auch schon dabeisein durfte, hatte ganz heiße Wangen vor Begeisterung, und Mabille bemerkte: „Solche Kußhände wirft man sich in Frankreich zu. Von dort mag er herstammen."

Ich bin jetzt müde, denn es ist spät geworden. Barbara, die mir heute hilft, weil Héloise jetzt immer früher zu Bett gehen muß, sang noch leise vor sich hin:

Rudolf, der ruhmreiche Ritter, reitet auf wildem Rappen daher,
Horch, welch herrliche Hymne haucht ihm der Wind aus dem Haine zu!
Leise lispelt Laura ihr Lied zum Klange der Laute...

Wie ging es doch weiter, Madame?" fragte sie mich. „Ich weiß es nicht mehr", erwiderte ich, „es war ein unsinniges Lied." Auf einmal stand Wilhelm in der Portière, und mir schien es, als hätte er unserer Unterhaltung schon eine Weile gelauscht. „O Sire", rief Barbara aus, als sie ihn sah, „den Sänger behalten wir am Hof, nicht wahr?" – „Zu deinem Pläsier?" fragte er, indem er sie beim Schopf packte. Dann fragte er: „Gefällt er dir?" – „Sogar sehr!" – „Leider muß ich dir sagen, daß er bereits eine Frau genommen hat." Barbara sah ihn etwas überrascht an, dann lachte sie und sagte: „Das ist gut. Dann komme ich gar nicht erst in Versuchung."

Rouen, Dienstag, am 8. des Hornung 1060

Heute wird überall noch von Taillefer gesprochen. Wilhelm sagte mir, daß er ihn am Hof behalten werde. „Er wird uns viel Kurzweil bringen", meinte ich. „Nicht nur das", sagte Wilhelm, „er ist auch zum Ritter geschlagen worden und hat sich als Krieger bewährt." Das macht ihn uns allen nur noch lieber.

Morgen, am Aschermittwoch, harrt meiner eine wichtige Aufgabe. Wilhelm hat mir geboten, dem Heiligen Vater zu schreiben und ihm über das nun fertiggestellte Armenhaus in Rouen zu berichten. Sonst fällt mir das Schreiben nie schwer; doch wenn ich denke, daß dieser Brief an den Papst gehen soll, wird mir doch etwas bange. Ich muß mir jedes Wort überlegen, damit mein Bericht einen würdigen Eindruck macht. Zwar habe ich schon an manche berühmten Menschen geschrieben, aber nun gar an den Heiligen Vater selbst, den Stellvertreter Gottes auf Erden...

Rouen, Aschermittwoch, am 9. des Hornung 1060

Es war ganz so, wie ich es befürchtet hatte. Mir fiel nichts Rechtes ein; ich zupfte am Federkiel und wußte nicht, wie beginnen. Wilhelm sah mich und schüttelte den Kopf. Dann setzte er sich zu mir auf die Tischkante und fragte: „Wenn du zu Gott betest, dauert es dann auch so lange, bis dir die richtigen Worte kommen?" – „Nein, das ist ja anders", erwiderte ich. „Da sage ich alles einfach so, wie ich es denke." – „Und warum tust du es beim Heiligen Vater nicht auch?" fragte er. Ich starrte eine Weile auf den leeren Bogen Pergament vor mir und sagte dann:

„Nun gut, aber zuerst mußt du weggehen." Er griff in mein Haar und zog meinen Kopf leicht nach hinten. Als ich aufblickte, sah ich über mir seine lächelnden Augen. „Ich schreibe es zuerst nur als einen Entwurf", sagte ich, und er nickte. Als ich allein war, begann ich mir alles vom Herzen zu schreiben: „Hochverehrter Heiliger Vater", begann ich. „Mein Herz fließt vor Dankbarkeit über, wenn ich daran denke, welch kostbares Geschenk Ihr dem Herzog und mir bereitet habt – ja, und auch unseren lieben Kindern. Unser Glück ist erst jetzt vollkommen, da Ihr unsere Ehe gesegnet habt. Und wie freudig werden wir die Buße leisten, die Ihr uns mit weiser Sicht auferlegt habt. Hört nun, was wir bereits geplant und vollbracht haben..." Ich schrieb immer schneller, in klarer Handschrift, und sagte ihm alles in einfachen Worten, so wie ich es meinem Papà schreiben würde. Wilhelm war nachher sehr zufrieden mit meinem Brief, und ich brauchte ihn gar nicht noch einmal abzuschreiben. Er meint, der Aschermittwoch sei der geeignete Tag, dem Heiligen Vater über unser Bußwerk zu berichten. Mir ist sehr frei und leicht zumute, denn ich glaube, er wird meinen Bericht freundlich aufnehmen. Morgen senden wir Florian mit dem Brief nach Rom.

Rouen, Dienstag, am 15. des Hornung 1060

Man erzählt sich einiges über Odo, was mir nur in Bruchstücken zu Gehör kommt. Aber es ist nichts Gutes. Er soll sich in Bayeux in einige Liebeshändel eingelassen haben, und Wilhelm hat ihn gestern deswegen zur Rede gestellt. Odo hat nur gesagt: „Die Leute schwatzen viel. Ich versuche manchmal, den Seelen zu helfen und muß dann privatim mit ihnen sprechen." Wilhelm hat ihm nun verboten, Mädchen allein zu empfangen. „Ich bin doch schließlich der Bischof und für die Seelen verantwortlich!" hat er gesagt. „Eben deshalb!" betonte Wilhelm. Am schlimmsten ist es, daß Bouboule schon freche Verse darauf gemacht hat – so wie diesen:

Bischöfe dürfen nicht freien,
Dürfen sich Mädchen nur leihen...

Viele wissen, wen er damit meint. Aber den Narren kann man das Maul nicht verbieten!

Rouen, Mittwoch, am 23. des Hornung 1060

Das Armenhaus ist jetzt fertig eingerichtet, und heute waren Wilhelm und ich zugegen, als die ersten Leute einzogen. Sie alle erhielten ein Geschenk vom Herzogspaar, und danach las Maurilius die Messe in der kleinen Kapelle des Hauses. Mir tut das Herz immer weh, wenn ich die armen alten Leute sehe, die so schwach und siech sind und keinen Menschen auf der Welt mehr haben. Sie werden nun versorgt, aber wer kann ihnen die Liebe der Kinder, die Wärme des eigenen Herdes ersetzen? Mit den jüngeren ist es besser bestellt, denen lassen wir wieder Arbeit beschaffen – vielleicht in den Neustädten. Ich habe jetzt viel, sehr viel zu tun, denn mehrere solcher Häuser sollen ja noch in den anderen Städten folgen, und das Spital in Rouen ist auch bald fertiggestellt. Agathe sagte heute ganz vorwurfsvoll zu mir: „Du gehst immer weg!" Ich zog sie an mich und flüsterte ihr zu: „Heute abend erzähle ich euch allen eine schöne Geschichte." Dann ließ ich sie zusehen, wie ich Richard stillte, und danach war es Zeit, mich für einen Besuch im neuen Spital fertig zu machen. Der Baumeister will mir dort verschiedenes zeigen und meine Entscheidung wissen. So geht es fast jeden Tag. Hoffentlich trinkt mein kleiner Richard nicht all die Unruhe mit ein!

Rouen, Freitag, am 3. des Lenzmonds 1060

Der Schnee ist schon ganz geschmolzen, und bald wird mit dem Bau meines Klosters in Caen begonnen. Ich hoffe sehr, daß ich einmal selbst hinreiten kann. Vielleicht im Sommer; dann kann ich mit dem kleinen Kind schon reisen. Es gibt so viel wegen des Armenhauses zu entscheiden – ich muß die Leitung jetzt einem anderen Oberen anvertrauen, der mehr Verständnis für die Lage der alten Leute hat. Es gab mancherlei Ärger und zahlreiche Beschwerden wegen des starrsinnigen Bruders Theodard, so daß schließlich der Abt eingreifen mußte. Ich habe wenig Zeit zum Schreiben und auch keine rechte Lust dazu. Bouboule und Héloise sind wieder krank, auch der alte Ralf. Gottlob sind meine Kinder wohlauf.

Rouen, Montag, am 20. des Lenzmonds 1060

Wilhelm ist mit dem größten Teil seines Hofes nach Fécamp geritten, um dort das Osterfest zu verbringen. Er hat Odo mitgenommen und will anschließend mit ihm nach Bayeux reisen. Ich denke, Wilhelm will einmal selbst nach dem Rechten sehen. Manchmal scheint es mir, als sei er Odo gegenüber zu nachsichtig. Mit anderen ist er oft viel strenger. Ich werde ihn nie ganz enträtseln können. Sicher wird es ein kaltes Osterfest, denn es fällt dieses Mal in den Lenzmond – und genau auf meinen Geburtstag.

Rouen, Karfreitag, am 24. des Lenzmonds 1060

Am späten Nachmittag hielt Nikolaus die Vesper, und der Chor sang das *Salve Ara*, das ich so sehr liebe. Ich fühle mich heute recht einsam und sehne mich nach Wilhelm. Wie schön es zu Ostern bei Abt Johannes in Fécamp sein wird! Ach, eine Mutter muß auf so manches verzichten! Aber darf ich klagen, wenn ich die lieben Gesichtlein meiner Kinder vor mir sehe? Ich erzählte den beiden größeren heute etwas von der Kreuzigung des Herrn. „Hat Gott die bösen Hohenpriester nicht bestraft?" wollte Robert wissen. Ich erzählte ihm von dem großen Erdbeben, das damals geschehen war, und ließ mehrere der bösen Landsknechte und Priester dabei umkommen. Da war er zufrieden.

Rouen, Ostersonntag, am 26. des Lenzmonds 1060

Elf Jahre ist es nun her, daß mein Geburtstag mit dem Ostersonntag zusammenfiel. Damals begann ich mein erstes Memoirenbuch, und seitdem habe ich sehr getreu über mein Leben berichtet. Ob meine Kinder später einmal aus all meinen Erfahrungen lernen werden – oder vielmehr meine Enkelkinder? Denn solange ich lebe, werde ich niemanden diese Bücher lesen lassen. Ich bin bereits 28 Jahre alt. Nicht lange und ich werde – wie Wilhelm – über die Dreißig sein. Ich sehe aber, aufgrund meiner zierlichen Gestalt, viel jünger aus. Adelaide sagte heute, ich könne jedem, der mich nicht kenne, erzählen, ich sei 18 Jahre alt, und er werde es mir glauben.

Ich war mit den Kindern ein wenig im Garten, denn sie mußten sich ihre Eier aus dem Kaninchengatter holen. Einen richtigen Osterhasen hatten wir nicht einfangen können, wohl aber als Ersatz zwei Kaninchen. Die rotgefärbten Eier lagen im Heu versteckt, und jedes Kind bekam eines davon. Hier in der Normandie werden in der Fastenzeit auch keine Eier gegessen; das erste gibt es wieder am Ostermorgen, und meist werden sie vorher gefärbt. „Clothilde sagt, der Hase hat die Eier gelegt, aber das tun doch die Hühner!“ meinte Robert, indem er mich angrinste. „Nein, der Hase legt die Eier!“ wandte Agathe heftig ein; „Barbara hat uns die Geschichte vorgelesen!“ Sie nahm meine Hand und fragte: „Nicht wahr, Mamà?“ Ich war einen Augenblick lang verlegen, dann antwortete ich geschickt: „Der Osterhase *bringt* uns die Eier, Agathi – zu legen braucht er sie nicht.“ – „Nimmt er sie den Hühnern weg?“ fragte sie, leicht entrüstet. Ich wußte wieder einen Ausweg. „Nein, die Eier holt er sich von der Osterwiese.“ – „Wo ist die denn?“ – „Oh – weit weg von hier. Da wachsen lauter schöne, bunte Blumen, und Bienen summen, und kleine Elflein schweben umher, und der Osterhase sitzt dort im Gras in der Sonne und wartet, bis die kleinen Kobolde die Eier bringen, die sie in eine Schubkarre legen. Und dann steht der Osterhase auf, schiebt die Karre davon und bringt sie den braven Kindern.“ – „Ich will mal die Osterwiese sehen, Mamà. Können wir da hinreiten?“ – „Cilie auch hin!“ erklärte meine jüngste Tochter. „Die Osterwiese ist schwer zu finden, Kinder“, versuchte ich mich herauszuwinden. „Papà findet sie schon!“ sagte Agathe mit tiefster Überzeugung. Nun war ich am Ende meiner Kunst. Es gibt keinen Zweifel für die Kinder, daß ihr Papà alles kann! „Wir wollen abwarten“, sagte ich, und gottlob half Robert mir aus, der hoffnungsfroh sagte, bald würden die Kaninchen Junge haben, und das sei noch viel schöner als junge Katzen. „Und Ihr müßt achtgeben, Mutter, daß niemand sie ersäuft.“ – „Aber Kind“, wandte ich ein, „das sind zwei Männchen, die können keine Jungen kriegen.“ Er sah mich einen Augenblick lang verblüfft an; dann allmählich begriff er. „Wir wollen noch zwei Weibchen dazunehmen“, schlug er sogleich vor. „Daß Gott erbarm!“ rief ich entsetzt aus. „Dann hätten wir bald hundert Kaninchen hier, denn die vermehren sich sehr schnell.“ – „Oh, wie himmlisch!“ rief Agathe strahlend aus. Ich begann im kalten Wind zu frösteln und gebot den Kindern, hinaufzugehen. Robert wollte noch allerlei über die Kaninchen wissen, wie lange die Mutter die Jungen trüge, ob wir nicht einen großen Kaninchenstall bauen lassen wollten, und dergleichen mehr. Wenn er einmal eine Idee hat, läßt er nicht mehr davon ab. Darin gleicht er seinem Vater. Vielleicht auch seiner Mutter?

Rouen, Ostermontag, am 27. des Lenzmonds 1060

Lanfranc ist ganz unerwartet gekommen, und Anselm begleitete ihn. Er hat etwas wegen des nächsten Kirchenkonzils mit Maurilius zu besprechen und will dann warten, bis Wilhelm zurückkehrt. Ich holte meine Kinder herbei, denn ich lasse mir die Gelegenheit nie entgehen, sie von ihm segnen zu lassen. Er jedoch sagt jedesmal, daß es der Heiland sei, der sie segne – nicht er, der Prior. Agathe begann unbefangen mit ihm zu plaudern und von der Osterwiese zu erzählen. Er hörte aufmerksam lächelnd zu. „Vater“, sagte ich da, „was hat eigentlich der Osterhase mit unserem christlichen Fest zu tun?“ – „Vielleicht kann unser junger Gelehrter etwas hierüber sagen“, meinte Lanfranc, indem er zu Anselm hinüberblickte. Der erwiderte auch sogleich: „Der Hase war bei den alten Ägyptern ein Sinnbild der Fruchtbarkeit, deshalb wohl hat man ihm schließlich auch die Eier unterschoben.“ Wir lachten, und ich schaute mit Wohlgefallen in das feine, vergeistigte Gesicht des jungen Mönches, der jedoch den Blick von mir abwandte. Ich weiß, daß Lanfranc seinen Mönchen eine strenge Schulung gibt und daß sie Frauen nicht in die Augen blicken dürfen. Cäcilie hatte sich gegen Lanfrancs Knie gelehnt und schaute vertrauensvoll zu ihm auf. Er legte seine Hand längere Zeit auf ihren Scheitel, ohne etwas zu sagen. Auf einmal kam mir Cäcilie gar nicht mehr wie ein Kind vor; ihre Augen blickten ernst und forschend in die des Priors, und mir schien es, als ob Seele zu Seele spräche, wobei es keiner Worte bedurfte. Dies dauerte nur wenige Sekunden, dann wandte sich Lanfranc mir zu und sagte: „Ihr habt auserwählte Töchter, Madame.“ Das freute mich zu hören; aber warum sagte er dies nur von meinen Töchtern – nicht meinen Söhnen?

Später

Ich saß noch länger mit Clothilde auf, Kleidchen für die Kinder nähend. Das neue Ostergewand für Cäcilie war nicht fertig geworden, und Clothilde meint, das sei sehr schlimm. Zu Ostern müsse jeder gute Christenmensch irgendein neues Gewand anziehen, so verlange es der Brauch. „Ich hatte Wichtigeres zu tun“, bemerkte ich, leicht ärgerlich. Dann sprachen wir eine Weile nicht. Sicher wagte sie nicht auszusprechen, was sie insgeheim dachte. Auf einmal bemerkte ich, wie sie ihr Garnknäuel aus dem Drahtkörbchen nahm, wo es gesichert lag, damit es nicht davonrollen konnte, und es zwischen ihre Füße setzte – es mit den Zehen festhaltend. Ich sagte zuerst nichts; vielleicht hing dies wieder mit einem Aberglauben von ihr zusammen. Als das Knäuel dann aber mehrere Male davonsprang, wenn sie den Faden nachzog, und sie Mühe hatte, es wieder zwischen ihre Füße zu bringen, konnte ich meine

Neugier nicht länger im Zaum halten und fragte sie, warum sie das Knäuel nicht im Körbchen ließe. „Es soll mich an etwas erinnern", sagte sie. Das verstand ich nicht. Nun erklärte sie mir, daß sie sich gewisser Gedächtnisstützen bediene, wenn ihr plötzlich etwas einfiele, was sie nicht vergessen dürfe. Heute sei es eine Medizin, die sie hernach Héloise geben wolle. Sie nähme dann irgendeinen Gegenstand und lege ihn an eine auffällige Stelle, damit er ihr in die Augen springe. Und so erinnere sie sich an das, was nicht vergessen werden dürfe. Ich finde das sehr gescheit von ihr und will es auch einmal versuchen, denn ich vergesse leider viel zu viel, weil Wilhelm mir immer mehr aufträgt.

Rouen, Freitag, am 7. des Ostermonds 1060

Wilhelm ist zurückgekehrt. Ich hatte mich schon sehr nach ihm gesehnt; aber nun ist er die meiste Zeit mit Lanfranc zusammen. Wie soll es nur werden, wenn es wieder einmal Krieg gibt und er für lange Zeit fort ist? Doch an so etwas will ich nicht denken. Es scheint, daß niemand es wagen wird, Wilhelm herauszufordern. Die Normandie ist ein einiges, gefestigtes Land.

Als ich heute morgen aufwachte, sah ich auf dem Lammfell vor meinem Bett ein aufgeschlagenes Buch, und sofort wußte ich, daß ich heute einen Kurier nach Caen entsenden muß. Zu diesem Zweck hatte ich das Buch gestern abend spät noch so hingelegt. Clothildes Methode bewährt sich auch bei mir. Ich fühle mich jetzt viel sicherer. Es ist nämlich schlimm, von Wilhelm gescholten zu werden, wenn ich wichtige Dinge vergessen habe. Bald soll eine Sitzung der Curia stattfinden, wie Papà Roger mir gestern sagte.

Klein-Richard weint, sicher hat er Hunger...

Rouen, Montag, am 10. des Ostermonds 1060

Die erwartete Sitzung hat heute stattgefunden, und dabei gab es ein kurioses Zwischenspiel, das mich in einige Verlegenheit brachte. Als wir gerade den Erklärungen des Grafen von Avranches zuhörten, fiel mir plötzlich mit Schrecken ein, daß Cordula die Karpfen zum Pfingstfest einen Monat zuvor bestellen muß, sonst bekommen wir nicht die frischen von der Küste. Und ich hatte ihr noch nichts deswegen gesagt! Ich durfte dies auf keinen Fall vergessen und suchte nach einer Gedächtnisstütze, fand aber nichts. Einen Armreif trug ich heute nicht, und meinen Ring wollte ich nicht abziehen, das hätte zu seltsam ausgesehen. Da fiel mein Blick auf die Schale mit den Weidenkätzchen, die in erreichbarer Nähe auf dem langen Tisch stand, um den wir versammelt waren. Ich streckte ganz langsam die Hand nach der Vase aus, nahm einen Zweig heraus und schob ihn vorsichtig an mich heran. Es war mir gut gelungen. Ich versuchte jetzt wieder auf die Diskussion zu achten, die zwischen Hugo von Avranches und Roger Montgommeri geführt wurde. Doch hatte ich bereits den Faden verloren. Es ging um gerichtliche Spitzfindigkeiten, die meine Aufmerksamkeit in keiner Weise wachzuhalten vermochten. Und nun fiel mir etwas anderes ein, was fast noch wichtiger war: Die Gaukler, die fitzOsbern uns empfohlen hatte, mußten aus Coutances bestellt werden – genauer noch, aus St. Lô, und das war weit weg von hier. Vielleicht waren sie schon anderweitig verpflichtet und würden bereits auf Reisen sein, wenn unser Kurier einträfe. Wilhelm hatte mir schon im vorigen Monat aufgetragen, mich darum zu kümmern. Ich entschloß mich, einen zweiten Zweig aus der Schale zu ziehen, als der Graf von Eu gerade in meine Richtung blickte. Ich wartete eine Weile, hörte aber kaum zu, was gesagt wurde, um ja die Gaukler nicht zu vergessen. Schließlich hatte ich meine Hand wieder an die Schale geschoben, doch als ich einen weiteren Zweig herauszog, merkte ich, daß er irgendwo festhakte. Ich wußte nicht, daß er unten am Stil gegabelt war und weitere Zweige in sich stecken hatte. So geschah es, daß mit dem einen Zweig eine Anzahl anderer aus der Schale purzelten, was ein gewisses Geräusch verursachte. Mehrere Köpfe wandten sich auf einmal nach mir um, während ich so unbefangen wie möglich die Zweige wieder in die Schale steckte. Ich sah Wilhelms verwunderten Blick auf mich gerichtet. Inzwischen hatte ich alles wieder in Ordnung gebracht und nahm den zweiten Zweig an mich. Wilhelm bemerkte es und runzelte leicht die Stirn. Sicher wußte er nicht recht, was er davon halten sollte.

Als die Sitzung endlich vorüber war, ging ich an Wilhelms Seite aus dem Saal, die beiden Zweige in meiner Hand tragend. Er sah mich leicht befremdet an, und als wir draußen auf dem Gang waren, fragte er: „Was ist in dich gefahren, Mathilde, daß du diese beiden traurigen Zweige entwenden mußtest?“ Ich schaute auf die nicht mehr frischen Weidenkätzchen, die schon arg streuten, und sagte: „Ich brauche sie nur als Gedächtnisstützen.“ Nun sah er mich etwas besorgt an. Ich aber lachte: „Ich erkläre es dir schon gleich.“ Als wir in sein Wohnzimmer traten, fuhr ich fort: „Es fing mit Clothilde an, die diesen Einfall zuerst hatte...“ Da unterbrach er mich: „Es wundert mich nicht, daß Clothilde etwas damit zu tun hat.“ Vergessend, daß ich ihm meine Methode noch gar nicht erklärt hatte, erzählte ich weiter: „Clothilde nimmt dazu ihr Garnknäuel, das heißt, sie nimmt es aus dem Körbchen und steckt es zwischen ihre Füße, aber ich hatte ja während der Sitzung kein Garnknäuel bei mir...“ Nun kreuzte er die Arme über der Brust und sah mich aus großen, runden Augen an, als zweifele er an meinem Verstand. Das fand ich plötzlich so lustig, daß ich auf den nächsten Schemel niedersank, meinen Kopf auf den Waffentisch legte und mich vor Lachen ausschüttete. Er sagte immer noch nichts, sondern wartete schweigend. Endlich hatte ich mich wieder gefangen. „Ich muß es dir nun ganz von Anfang erklären...“, begann ich. „Dafür wäre ich dir dankbar“, sagte er und legte kurz die Hand auf meine Stirn, als fürchte er, ich rede im Fieber. „Ich bin wirklich ganz gesund, Wilhelm“, versicherte ich ihm. „Doch ich vergesse manches, wie du weißt, und wenn mir dann plötzlich etwas einfällt, was ich nicht vergessen darf, so suche ich mir einfach eine Gedächtnisstütze. Ich nehme zum Beispiel einen Zweig aus der Vase, und wenn ich dann später den Zweig sehe, weiß ich genau, woran ich denken muß. In diesem Falle an die Gaukler aus Coutances, die ich noch nicht bestellt habe." – „Es wird in der Tat Zeit", bestätigte er. Dann fragte er: „Und wozu der zweite Zweig?" – „Das war eigentlich der erste", meinte ich, „und der war wegen..." Erschrocken hielt ich inne. „Wilhelm! Ich habe vergessen, woran der erste Zweig mich erinnern sollte!" Nun war er es, der laut lachte, bis seine Stimme leicht überschnappte. Dann klopfte er mehrmals mit der Hand gegen meine Stirn. „Hier, Mora, sind deine Gedächtnisstützen – in deinem eigenen Gehirn. Du mußt lernen, deinem Gedächtnis laute Befehle zuzurufen; damit meine ich kräftige Gedankenstöße, die sich dem Gedächtnis einprägen, so daß du sie nicht vergessen kannst." – „Machst *du* es immer so?" – „Gewiß!" Ich blieb noch eine Weile sitzen, dann seufzte ich und sagte resignierend: „Diesmal ist es zu spät, ich weiß es wirklich nicht mehr."

Doch nach etwa einer halben Stunde stand ich wieder in der Portière und rief ihn an, obgleich er in sein Protokoll vertieft war. „Wilhelm, es sind die Karpfen!" – „Was?" fragte er, indem er mich verständnislos ansah. „Ich meine, das, woran ich denken mußte, waren die Karpfen für das Pfingstfest." Er schloß in komischer Verzweiflung die Augen. „Und ein solches Weib nimmt an unseren Sitzungen teil!" – „Ich will mich ja gewiß bessern", versprach ich ihm, indem ich schnell auf ihn zulief und meine Arme um seinen Hals schlang. „Das nächste Mal versuche ich es mit deinem Mittel." Wenn nur schon alles für das Pfingstfest gerichtet wäre! Robert le Beau will sich vermählen, und Wilhelm veranstaltet für den Sohn seines geliebten Vasallen ein großes Fest.

Rouen, Dienstag, am 11. des Ostermonds 1060

Der Graf von Avranches ist nach Paris unterwegs, um persönlich mit dem Seneschall des Königs zu verhandeln. Es dauert wirklich zu lange, bis die Verträge für den Frieden unterzeichnet werden. Muriel ist jetzt am Abend öfter bei mir; sie hofft, daß Wilhelm sie zum Pfingstfest, wenn Robert le Beau getraut wird, dem Grafen von Avranches anverloben wird. Dennoch hat sie jedesmal Angst, wenn Hugo für längere Zeit fort ist. „Er gefällt vielen Frauen", meinte sie. „Das mag wohl sein", sagte ich, „aber du kannst nicht dein ganzes Leben lang in solcher Unruhe verbringen. Ich habe nie derlei Befürchtungen gehabt." – „Wilhelm ist ja auch ganz anders!" sagte sie voller Überzeugung. Und heimlich muß ich ihr recht geben.

Später

Wir haben herrliches Frühlingswetter, und ich war mit meinen drei kleineren Kindern im Garten, während Robert Lateinunterricht hatte. Doch bald wurde ich wieder abgerufen, weil ich mit fitzOsbern die

Tischordnung für die Vermählung am Pfingstsonntag besprechen mußte. Ich ließ die Kinder eine Weile allein, denn auch Barbara war mit etwas anderem beschäftigt. Sie hatte sämtliche Kleider der Kinder aus den Truhen genommen und sortierte sie. Vieles ist ihnen wieder zu klein geworden. Clothilde machte mir soeben versteckte Vorwürfe, weil niemand bei den Kindern gewesen sei. Ich hatte sie hinuntergeschickt, die Kinder zu holen, weil meine Besprechung länger dauerte, als ich angenommen hatte. Sie sagte mir in allem Ernst, daß die Kobolde sich oft Menschenkinder stählen, besonders die hübschen Kinder, und dafür ein Wechselbalg zurückließen, das meist häßlich sei. Was das für ein Unglück geben könne! Sie sei sicher, daß auch Bouboule ein solcher Wechselbalg sei, ebenfalls der kleine Sohn vom Hofschuster – der mit dem Wasserkopf und den vorstehenden Augen. Der sei der Frau des Schusters unterschoben worden, als ihr Kind noch ein Säugling war. Manchmal werde ich böse auf Clothilde, wenn ich sie solch unsinnige Dinge reden höre. „Die Leute fabulieren viel", sagte ich. Doch sie beteuerte mir, man könne die Wechselbälger daran erkennen, daß sie einen ungeheuren Appetit hätten und von launischer oder bösartiger Natur seien. Es gäbe ein Mittel, das echte Kind wiederzubekommen, aber die Schusterin scheue sich, es anzuwenden. „Was ist es?" fragte ich, nun doch neugierig werdend. „Man muß den Wechselbalg ins Feuer werfen; dann zieht er zum Schornstein hinaus, und das echte Kind erscheint wieder auf der Schwelle." – „Gott behüte!" rief ich aus, „gegen die Dummheit abergläubischer Leute scheint noch kein Kraut gewachsen zu sein." Das hat sie mir sehr übelgenommen. Zwar hat sie kein Wort erwidert, ist aber stumm aus der Tür gegangen und den ganzen Abend nicht wiedergekommen.

Rouen, Mittwoch, am 12. des Ostermonds 1060

Mich hat das mit dem Verbrennen des Wechselbalgs doch sehr beunruhigt, denn ich stelle mir in Gedanken vor, daß irgendeine Mutter dies wirklich tun könnte. Ob ich jemanden zur Frau des Schusters schicken soll?

Heute früh fragte ich Wilhelm, woher der Aberglauben eigentlich käme und was man dagegen tun könne. Er meinte, dieser sei nichts anderes als eine primitive Art des Glaubens – ein Glaube, der noch unentwickelt und ohne Weisheit sei. Helfen könne man solchen Menschen kaum, denn sie wollten von ihren Vorstellungen nicht ablassen; es würde ihnen dann etwas im Leben fehlen, was ihnen Kurzweil verschaffe. Ist aber die Wahrheit nicht viel unterhaltsamer als unsere willkürlichen Vorstellungen? Warum forschen die Menschen nicht mehr nach der Wahrheit?

Rouen, Dienstag, am 25. des Ostermonds 1060

Es trafen heute Briefe aus Brügge und Fécamp ein, darunter auch einer an mich. Balduin schrieb mir, daß Robert mit reicher Beute aus Galicien zurückgekehrt sei. Er wäre gern länger dort geblieben, doch die Sarazenen hätten ihr Heer verstärkt gehabt, so daß er mit seiner Flotte heimkehren mußte. Dies ließe ihm jedoch keine Ruhe, und er wolle in zwei Monaten mit einem neuen Heer und mehreren Schiffen wieder auslaufen. Er ist wirklich ein unruhiger Geist.

Wilhelm hat einen Brief vom Abt Johannes erhalten, in dem er ihm manches Erfreuliche mitteilt. Ein Abt aus Paris hätte der Abtei von Fécamp eine Botschaft des Königs überbracht. Bei dieser Gelegenheit hätte der Abt einigen Mönchen von Fécamp die Ordination gegeben. Wilhelm hält dies für eine versöhnliche Geste, denn der König muß davon gewußt haben. Vielleicht bedeutet das nun, daß Hugo mit guten Nachrichten aus Paris zurückkehren wird. Wir haben bislang noch nichts von ihm gehört.

Rouen, Mittwoch, am 10. des Wonnemonds 1060

In wenigen Tagen ist Pfingsten, und die Vorbereitungen für das Fest nehmen mich ganz und gar in Anspruch. Wilhelm hat endlich in Muriels Verlobung eingewilligt, und es wird eine Doppelfeier geben so wie damals bei Judith und mir in Brügge. Zu Eintragungen in mein Memoirenbuch komme ich kaum noch. Doch will ich etwas Wichtiges niederschreiben: Niguel de St. Sauveur, den Wilhelm wieder in Gnaden bei sich aufgenommen hat, will der Abtei Marmoutier auf der Insel Guernsey sieben Kirchen stiften. Es soll sehr bald mit dem Bauen begonnen werden. Zu allem übrigen muß ich nun noch an einer Sitzung der Curia teilnehmen, bei der die von Herfast verfaßte Charte für Marmoutier besprochen wird. Die Kaplane Theobald und Balduin warten schon seit geraumer Zeit darauf. Einzelheiten zu schreiben, habe ich keine Zeit...

Rouen, Pfingstmontag, am 15. des Wonnemonds 1060

Nun ist das große Fest vorüber, das mir manch schlaflose Nacht verursacht hat. Robert le Beau und seine Braut Godehilde, die Tochter Raoul de Tosnys II., waren ein sehr schönes Paar. Wilhelm sieht diese Verbindung gern, denn sie bedeutet ein engeres Band zwischen den Familien der bedeutenden Vasallen. Viele sagten mir heute, sie hätten noch nie ein solch fröhliches und unterhaltsames Pfingstfest verlebt. Es gab mancherlei Darbietungen von Gauklern, Tänzern und Sängern, doch keiner konnte sich mit Taillefer messen, der mit zwei Schwertern jonglierte und danach einige Heldenlieder vortrug. Als Barbara den Kindern heute von Taillefer erzählte, war Robert tief enttäuscht, daß er nicht hat dabeisein dürfen. „Will war da – der durfte aufbleiben“, sagte er empört. „Will ist auch einige Jahre älter als du“, hielt ich ihm vor. „Aber tröste dich, Gamberon; bald kommt das Johannisfest, und dann dürft ihr alle lange aufbleiben.“ Darauf freuen sich alle Kinder nun schon sehr.

Rouen, Montag, am 22. des Wonnemonds 1060

Wilhelm ist nun doch nach Caen geritten, denn er will sich von der richtigen Lage unserer künftigen Abteien überzeugen. Wie gern wäre ich mitgereist! Doch Wilhelm meint, er habe nicht die Zeit dazu, eine langsame Reise mit dem Kind zu machen, denn ich hätte Richard in der Sänfte mit mir nehmen müssen. Außerdem will er von Caen aus weiter nach Bayeux.

Wir verleben herrliche Stunden im Garten. Nun, da die anstrengenden Vorbereitungen für Pfingsten hinter mir liegen, kann ich mich ein wenig ausruhen. Dazu ist es ruhig am Hof – wie immer, wenn Wilhelm fort ist. Die Tage werden jetzt schon so lang, daß Robert abends gar nicht ins Bett gehen will. Es stört aber, wenn er später schlafen geht und dann ein Nachtlicht braucht. Agathe wacht fast jedesmal davon auf, während die beiden Kleinen weiterschlafen; sie ist von allen das zarteste Kind, wenn sie auch ziemlich groß für ihr Alter ist. Wenn Wilhelm zurückkommt, will ich einmal mit ihm darüber sprechen.

Rouen, Dienstag, am 30. des Wonnemonds 1060

Wilhelm ist zurück und erzählte mir viel über die Pläne für unsere Abteien; auch brachte er Zeichnungen vom Baumeister mit. „Wie steht es mit Odo?" fragte ich. „Ich bin stolz auf ihn", meinte Wilhelm. „Er ist voller Tatkraft und läßt seine begabten Mönche richtig ausbilden. Gerade jetzt hat er Thurstan auf seine eigenen Kosten nach Liège gesandt. Er scheut keine Mühe, wenn es darum geht, seine Kathedralen zu verschönern und junge Begabungen zu fördern." Sicher ist es gut, daß Wilhelm so viel reist und überall selbst nach dem Rechten sieht. Man sagt, daß der französische König dies nie getan hätte und daß seine Vasallen deshalb mehr oder weniger das täten, was sie wollten.

Rouen, Mittwoch, am 14. des Brachmonds 1060

Soeben erreicht uns die Nachricht, daß der Abt von Mont-Saint-Michel, der vor einigen Jahren auf eine Pilgerreise nach Jerusalem gezogen war, schon vor zwei Jahren – also 1058 – in Jerusalem verstorben ist. Wilhelm ist aufgebracht darüber, daß man ihm diese Kunde nicht früher übermittelt hat. Odo ist zur Zeit am Hof, und Wilhelm hat mit ihm besprochen, wer als Nachfolger eingesetzt werden soll. Odo hat sich für Runnolf, einen Geistlichen aus Bayeux, entschieden, der ihm gut bekannt ist; er hofft, daß Wilhelm die Wahl bestätigen wird.

Mein kleiner Richard steht jetzt schon fest auf seinen Beinen, und so oft er es kann, richtet er sich an irgendeinem Möbelstück auf und kräht dann laut vor Stolz, damit wir alle zu ihm hinsehen. Manchmal entschlüpft er mir, so daß ich ihn nirgendwo finde. Er kann unglaublich schnell am Boden entlangkrabbeln, und da er genau weiß, daß der Weg zu Wilhelms Wohnzimmer durch mein und des Vaters Schlafzimmer führt, kriecht er leise auf den Binsen dorthin, ohne daß ich es merke. So auch heute. Ich hatte mit meinem Verdacht recht und entdeckte ihn, als ich durch die Portière lugte, an Wilhelms Arbeitstisch, wo er sich mit einer Hand am Tischbein festhielt und sieghaft dastand. Wilhelm war in seine Papiere vertieft und schaute nicht auf. Richard versuchte, ein paar Schritte zu tun, fiel auf die Nase, krabbelte weiter bis an Wilhelms Stuhl und richtete sich am Bein des Vaters auf. Als er fest auf seinen Füßen stand, rief er stolz: „Ah – da!" Wilhelm schaute auf seinen Sohn herab und sagte: „Sag deiner Mamà, sie soll besser auf dich achtgeben. Du kommst zur Unzeit!" – „Ah – ja, Pa!" rief er strahlend und zerrte mit seinem Händchen an Wilhelms Beinkleid. Da hob der Vater ihn auf und setzte ihn rittlings auf sein Knie. „Du mußt nun stillsitzen, ich habe zu tun", sagte er ruhig. Zu meinem Erstaunen blieb Richard wirklich still sitzen und schaute aufmerksam auf Wilhelms Finger, welche die Feder über das Papier bewegten. Ich überlegte, ob ich das Kind holen sollte, doch dann blieb ich weiterhin in meinem Versteck. Nach einigen Minuten lehnte Richard sein Köpfchen an Wilhelms Brust und schloß die Augen. Ich zog mich leise zurück, denn ich wußte ihn bei seinem Vater gut aufgehoben. Eine halbe Stunde später jedoch meinte ich, wieder nach ihm sehen zu müssen. „Rabenmutter!" sagte Wilhelm, als er mich erblickte, „hast du dein Kind gar nicht vermißt?" – „Ich wußte, daß er bei dir war", gestand ich. „Aber wie kommt es, daß er bei dir so stillsitzt und auf meinem Schoß dauernd umherrutscht?" Wilhelm lächelte. „Wer ein Kind ruhig machen will, muß zuerst selbst ruhig sein", sagte er. Damit übergab er mir den Knaben, der aber zu seinem Vater zurückstrebte. „Du hast ihn verzaubert", sagte ich lachend, worauf Wilhelm erwiderte: „Laß dies nur nicht Clothilde wissen!"

Rouen, Montag, am 19. des Brachmonds 1060

Oh, die herrlich langen Abende im Garten! Der Himmel ist noch um neun Uhr ganz hell. In einigen Tagen haben wir Johannisnacht. Doch werden wir in diesem Jahr kein großes Fest veranstalten; wir wollen es nur mit den Kindern feiern. Sie sollen alle ihren Lampion haben und aufbleiben, solange sie wollen. Agathe möchte so gern die Glühwürmchen sehen, von denen Adelaide ihr erzählt hat. Doch bis die zu leuchten beginnen, sind ihr die Äuglein sicher schon zugefallen.

In mir ist irgendeine große Freude – ein frohes Vorgefühl. Was das nur zu bedeuten hat? Es gibt doch gar nichts mehr, was mir zu wünschen übrig bliebe – es sei denn, ein Besuch in meiner alten Heimat. Doch das ist jetzt wegen des kleinen Kindes gar nicht möglich. Soeben kam Robert im Nachtgewand herein, einen Maikäfer auf der Hand haltend. „Den hab ich aber nicht raufgebracht", erklärte er mir sofort; „der ist ganz von allein ins Zimmer geflogen." Strahlend zeigte er ihn mir. „Den behalten wir jetzt, nicht wahr, Mamà?" – „Bis morgen", sagte ich. „Setz ihn hier auf den Blumentopf. Da finden wir ihn morgen schon wieder." Robert trennte sich nur schwer von ihm, ging schließlich aber doch zu Bett.

Rouen, Dienstag, am 20. des Brachmonds 1060

Die halbe Nacht hat mich der surrende Maikäfer wach gehalten. Mehrmals bin ich aufgestanden, um ihn einzufangen. Doch umsonst! Hätte mich jemand in meinem weißen Nachtgewand, mit dem weißen Tuch in der Hand, umherhuschen sehen, hätte er mich gewiß für ein Nachtgespenst gehalten.

Die Kinder sind heute außer Rand und Band, denn die fertigen Lampions – in leuchtenden Farben – sind eingetroffen. Unser Schulmeister hat sie aus Pergament gefertigt und dann bemalt. Sie sehen anders aus als die, welche wir in Brügge hatten, aber fast noch schöner.

Rouen, Montag, am 26. des Brachmonds 1060

Robert hat gelernt, Landkarten zu lesen – und diese fesseln ihn jetzt sehr. Heinrich erzählt ihm viel über Süditalien – von Robert Guiscard und den Mohren in Sizilien. Nun will Robert später dorthin, um die Mohren zu vertreiben. Natürlich gibt es seitdem ein neues Lieblingsspiel für ihn. Gestern hat er Robbi und Roger die Gesichter mit Holzasche beschmiert, weil sie die Mohren sein sollten. Mabille beschwerte sich später bei Barbara, weil Robbis neues Sonntagsgewand völlig mit Ruß bedeckt war. Ich finde im Spielzimmer jetzt ständig Insekten aller Art, die Robert heraufbringt, um sie zu studieren. Sein Präzeptor Ferrutius lehrt ihn viel über die Natur, über Blumen und Tiere. Dazu nimmt er ihn hinaus und verbringt oft den größten Teil des Tages mit ihm in Wald und Wiese. Robert gefällt dies sehr – und Wilhelm läßt den Präzeptor gewähren. „Es ist gut, wenn Kinder aus eigener Anschauung lernen", sagt er. „Robert soll kein Stubengelehrter werden." Doch gibt es für ihn auch manchen Unterricht in geschlossenen Räumen: bei Magister Korbinian, der ihn das Lateinische lehrt, und bei Tassilus, bei dem Robert die Laute und jetzt auch das Psalterium spielen lernt, das er besonders liebt. Und noch eine freudige Neuigkeit gab es für Robert: Wilhelm hat bestimmt, daß er ins Knabenzimmer ziehen soll, das auf dem Gang zur Nordseite, neben unserer Hauskapelle liegt. Da sollen später auch unsere anderen Söhne wohnen, wenn sie größer sind. Robert wird nun mehr Platz für seine Bücher, Schachteln mit Insekten, Waffen und dergleichen haben. Heute hat er es erfahren, und Wilhelm hat ihm auch einen Diener – Kasimir – zugewiesen, der bislang Page gewesen ist und nun, als 16jähriger, diesen Dienerposten erhalten darf. „Ins Spielzimmer komme ich aber noch", sagte Robert am Abend zu mir, wobei er mich fast flehend ansah. So ganz will er sich von seinen kleineren Geschwistern doch nicht trennen. Barbara ist am glücklichsten über diesen Entscheid. „Er war uns überall mit seinem Krimskrams im Weg", sagte sie, „und keiner durfte seine Sachen anfassen oder wegtragen. Es ist nur gut, daß er jetzt seinen eigenen Diener hat." Er wird nun bald sieben Jahre alt!

Rouen, Freitag, am 30. des Brachmonds 1060

Hugo ist aus Paris zurückgekehrt und berichtete, daß der König sehr schwach sei und nicht einmal mehr essen könne. Man flöße ihm nur noch Milch und Wein in den Mund – und selbst das könne er nicht immer schlucken. Wegen der Verträge brachte er eine neue Klausel mit, die der Seneschall von Frankreich eingefügt sehen will. „Es ist dasselbe – in etwas anderen Worten", meinte Wilhelm, als er die Botschaft las. „Er will uns lediglich hinhalten. Wir wollen abwarten, bis der König seine Augen geschlossen hat. Dann gibt es eine Wende." – „Was für eine Wende?" fragte ich. „Ihr werdet es sehen, Madame", erwiderte Wilhelm, ohne mehr darüber zu erklären. Da sagte Hugo mit verschmitztem Lächeln: „Die Königin hat mich viel über Euch gefragt, Sire." – „So?" meinte Wilhelm, als höre er das gern. „Was wollte sie wissen?" – „Nun, allerlei über Euer Leben hier. Wann Ihr aufsteht, wann Ihr Euch zur Ruhe begebt, was Eure Lieblingsspeisen sind, ob Ihr viel auf die Jagd geht, ob Ihr ein guter Vater seid..." – „Habt Ihr ihr auch gesagt, daß ich ein guter Ehemann bin?" fragte er, indem er mir zublinzelte. „Das weiß sie bereits", meinte Hugo. „Sie sagte, die Herzogin sei zu beneiden." Ich sah, wie Wilhelm daraufhin lange Zeit, in Gedanken verloren, auf seinen leeren Teller blickte. Manchmal gäbe ich etwas darum, wenn ich in seinen Gedanken lesen könnte. Ob auch er die Königin anziehend findet? Und wenn ja, würde er es mir je eingestehen?

Rouen, Samstag, am 1. des Heumonds 1060

Wilhelm hat Konstantin zu seinem Diener erklärt, und der junge Mann ist sehr stolz darauf. Er ist nun schon 19 Jahre alt und darf im nächsten Monat seine Eltern besuchen. „Ach, wenn wir doch mit ihm ziehen könnten!" sagte ich zu Wilhelm. Aber dieser schöne Traum gehört nun der Vergangenheit an. Es wäre jetzt nicht mehr dasselbe, da die Müllersleute wissen, wer wir sind. Konstantin soll künftig Wilhelms Waffen instand halten und auch seine Kleider säubern. Wenn er nächsten Monat nach Moulin-le-Torrent reitet, will ich ihm ein paar schöne Sachen für seine Eltern und Geschwister mitgeben.

Rouen, Samstag, am 8. des Heumonds 1060

Wir hörten soeben durch einen Kurier, daß König Heinrich in schwerer Bewußtlosigkeit liege. Er atme sehr heftig, und der Hofarzt versuche mit allen Mitteln, ihn wieder zum Bewußtsein zu bringen, weil er sonst gar nichts mehr trinken könne. Auch von Montivilliers kamen schlechte Nachrichten. Margarete ist krank; sie hat eine Lungenentzündung. „Das Klosterleben ist zu streng für sie", sagte ich zu Wilhelm. „Willst du sie nicht zurückkehren lassen?" Doch er schüttelte den Kopf. „Sie ist ja keine Nonne, Mathilde, sie steht nur unter der Obhut der Schwestern. Und was sie sich an Bußübungen auferlegt, hat mit dem Ort, an dem sie lebt, nichts zu tun. Die Zeit wird kommen, da sie diese Phase überwindet."

Es ist merkwürdig, trotz all dieser trüben Nachrichten ist immer eine heimliche Freude in mir. Aber ich finde gar keinen Grund dafür.

Rouen, Mittwoch, am 19. des Heumonds 1060

Gestern traf eine gute Nachricht ein: Robert Guiscard ist mit seinem Bruder Roger nach Sizilien ausgezogen. Seit zwei Jahrhunderten ist diese Insel schon im Besitz der Mohren! Der Papst hat Guiscard seinen besonderen Segen gegeben und ihm sogar das Banner des hl. Petrus übersenden lassen. Überall herrscht große Begeisterung darüber. Wilhelm hat es heute dem versammelten Hof verkünden lassen, und auch die Dienerschaft wurde unterrichtet. Er erwartet, daß sich viele Freiwillige melden werden, die an diesem Kampf gegen die Heiden teilnehmen wollen.

Rouen, Donnerstag, am 20. des Heumonds 1060

Ich habe lange nichts über die Kinder geschrieben; sie halten mich zu sehr beschäftigt. Zudem habe ich viel mit den neuen Spitälern und Armenhäusern zu regeln, sehr viele Briefe deswegen zu schreiben – und hier am Hof bin ich ebenfalls für so vieles verantwortlich. Oft bin ich abends zu müde, noch zu schreiben.

Robert hält seinen Diener in Trab! Er denkt sich immer neue Dinge aus. Heute floß auf einmal kein Wasser mehr in unser Becken. Als ich am Hebel drehte, kam nichts heraus. Ich schickte Konstantin zum Diener, der morgens immer den Wasserspeicher im Dachgeschoß füllt; doch der beteuerte, ihn – wie jeden Morgen – ganz angefüllt zu haben. Schließlich erfuhren wir von Kasimir, daß Robert mit seinen Freunden Eimer voll Wasser abgezapft habe, um eine vom Steinmetz gehauene Mulde damit anzufüllen. „Da wird der Steinmetz morgen, wenn er mit dem neuen Baumaterial kommt, eine Überraschung haben", sagte Kasimir. „Es schwimmen lauter Boote im künftigen Verließ, das er gerade begonnen hat." Hier im Schloß sind Rohre gelegt worden, so daß das Wasser vom obersten in die unteren Stockwerke in Becken fließen kann. Eine solche Vorrichtung haben wir in Brügge nicht. Wie man sich an solche Bequemlichkeiten gewöhnen kann! Man vermißt es, wenn das Wasser auf einmal nicht fließt, und man ärgert sich darüber. In Moulin-le-Torrent dagegen war ich glücklich und zufrieden mit unserem Wasserkrug und der Schüssel. Ach, ich darf gar nicht daran denken! Wie herrlich es dort im Heumond war! In diesem Jahr haben wir noch keine Zeit gehabt, ein paar Tage in St. Wandrille zu verbringen. Es geschieht immer so viel, und Wilhelm möchte jetzt wegen des Friedensvertrages nicht fort. Es scheint wirklich mit dem Leben des Königs zu Ende zu gehen.

Rouen, Dienstag, am 25. des Heumonds 1060

Gottlob geht es Margarete besser, wie wir am Sonntag durch einen Priester erfuhren, der in Montivilliers Beichten der Nonnen gehört hat. Wilhelm hat eingewilligt, daß Margarete für einige Zeit nach Rouen kommen soll, um sich zu erholen. Im Kloster gönnt sie sich gewiß nicht die richtige Ruhe. Hier aber werde ich gut auf sie achtgeben.

Auch Ralf von Tancerville war die letzte Woche sehr krank. Wir befürchteten schon das Schlimmste, denn er hatte hohes Fieber und erkannte gar niemanden mehr. Wilhelm hat mehrere Tage hintereinander lange bei ihm gesessen; und nun scheint dieser das Schlimmste überstanden zu haben. Ich sehe Wilhelm kaum einmal, mit Ausnahme zu den Mahlzeiten; er reitet hierhin und ich dorthin. Jeder von uns hat andere Aufgaben. Irgendwann einmal will ich versuchen, ihn am Sonntag in den Garten zu locken, solange der Sommer anhält.

Rouen, Mittwoch, am 2. des Erntemonds 1060

Am vergangenen Sonntag waren wir nun wirklich alle im Herzogsgarten, denn es war ein herrlicher Sommertag. Ich hatte es mir in der Rosenlaube bequem gemacht und beobachtete Wilhelm mit seinen Kindern. Er hatte zwischen zwei Stöcken, die in die Erde getrieben waren, eine Schnur spannen lassen, und nun mußten die Kinder darüberspringen. Zuerst war die Schnur ganz niedrig, so daß Cäcilie gut hinüberkam. Dann schob er sie für Agathe höher, und danach für Robert noch höher. Doch Robert schaffte es nur so weit wie Agathe. „Sie ist erst fünf Jahre alt und springt schon so hoch wie du!" sagte Wilhelm mit leichtem Vorwurf. „Sie hat auch längere Beine", warf ich ein, denn ich fand Wilhelms Bemerkung nicht ganz gerecht. Er zeigte seinem Sohn nun, wie man mit einem Stab springen kann, und Robert übte es mehrere Male mit großer Anstrengung. Er nahm einen weiten Anlauf, setzte den Stab fest auf den Boden und sprang dann hoch, indem er sich leicht auf den Stab stützte. Endlich kam er hinüber, fiel dabei jedoch ins Gras. „Nun hab ich genug!" rief er, indem er die Glieder von sich streckte und sich eine Weile ausruhte.

Klein-Richard tat öfter einige Schritte und fiel fast jedesmal auf die Nase; doch stand er gleich wieder auf und versuchte es von neuem. Dabei krähte er aus vollem Halse vor lauter Lebensfreude. „Nun sollt ihr alle sehen, wie fein unser Richard springen kann", sagte Wilhelm, indem er seinen Jüngsten ergriff und ihn hoch über die Schnur auf die andere Seite schwang, wo er ihn ins Gras fallen ließ. Die Kinder klatschten Beifall, und Richard stand begeistert auf und rief: „Apu!" Das ist sein Wort für den Vogelflug, den all unsere Kinder so sehr lieben. Und Wilhelm erfüllte ihm den Wunsch sogleich, indem er ihn hoch in die Luft warf, während ich ängstlich den Atem anhielt. Es ist noch nie etwas dabei geschehen, aber ich mag es noch immer nicht mit ansehen. Ich war froh, als Wilhelm ihn mir brachte, denn es war Zeit, ihn zu stillen. Er bekommt zwar schon seit längerem andere Nahrung, aber bis zum Winter soll ich ihm noch die Brust geben, sagt Wilhelm; und wie gern tue ich das!

Rouen, Sonntag, am 6. des Erntemonds 1060

Es ist schon recht spät, aber ich will noch alles aufschreiben, was sich heute zugetragen hat. Wilhelm ließ mich am Nachmittag in den Söller rufen, wo er einen Boten aus Frankreich empfangen wollte. „Es muß etwas wegen des Königs oder des Friedensvertrages sein", dachte ich sofort. Wenn Wilhelm jemanden im Söller empfängt, so ist es etwas, was er andere Ohren nicht mithören lassen will; denn der kleine Raum ist von festen Mauern umgeben, während die größeren Säle durch mehrere Portièren abgeteilt sind, hinter denen unbefugte Ohren lauschen könnten. „Wer ist es?" fragte ich Wilhelm, nachdem ich neben ihm Platz genommen hatte. „Raoul de Crépi", sagte er, „ein Vetter Walters aus dem Vexin." Bald darauf stand ein kräftiger Mann in mittleren Jahren vor uns, dessen welliges braunes Haar an den Schläfen schon grau wird. Aus seinen blauen Augen leuchtete Tatkraft und Begeisterung. Um so überraschter war ich, als er uns, niederkniend, sagte: „Seine Majestät, der König von Frankreich, hat am 4. des Mondes für immer seine Augen geschlossen. Euch dies zu berichten, hat mich die Königin gesandt." Wilhelm ergriff das lose Ende seines Gewandes und bedeckte damit sein Gesicht, und auch ich nahm mein Tuch vom Hals und zog es über meinen Kopf. So saßen wir eine Weile schweigend da. Dann entblößte Wilhelm sein Gesicht wieder und sagte: „Er hat ausgelitten. Gott schenke seiner Seele Frieden!" Auf sein Geheiß erhob sich Raoul und setzte sich auf einen Schemel nieder. „Erzählt mir mehr", forderte Wilhelm ihn auf. "Die Königin bittet Euch, ohne Verzug nach Paris zu kommen, um einige wichtige Dinge wegen des Dauphins mit ihr zu besprechen. Sie erwägt sogar, mit dem Begräbnis des Königs zu warten, bis Ihr eintrefft." Ich sah ein leicht zufriedenes Lächeln um Wilhelms Lippen spielen, als er sagte: „Es soll mir eine Ehre sein, dem Wunsch meiner Königin nachzukommen. Eilt, ihr dies zu berichten. Vorerst jedoch ruht Euch einige Stunden aus und seid zum Nachtmahl unser Gast." Er läutete einem Diener und ließ Raoul in eines der Gästezimmer führen. Dann ging er selbst auf seine Zimmer zurück, und ich folgte ihm. „Wann wirst du reisen, Wilhelm?" fragte ich. „Morgen früh", sagte er. „Und wie lange wirst du bleiben?" Er zuckte leicht mit den Achseln und meinte: „Vielleicht zwei Wochen. Es kommt darauf an, wie alles wegen des Friedensvertrags verläuft. Doch ist es günstig für uns, daß Königin Anna mir wohlgesinnt ist. Ich verspreche mir Erfreuliches von der Reise." Diese Worte von ihm machten mich etwas betroffen, und ich verspürte den Wunsch, mit ihm zu reisen – vielleicht deshalb, weil ich ihn nicht mit der Königin allein wissen wollte. Und so sagte ich: „Da der König mein Oheim ist, erwartet man sicher auch mich zur Beerdigung?" – „Die Königin hat nichts darüber verlauten lassen", meinte er und fügte lächelnd hinzu: „Es mag besser sein, wenn ich allein reise; dann kann ich sie leichter in mein Netz locken." – „Wilhelm!" sagte ich vorwurfsvoll, „wie redest du denn?" – „So wie ich denke." Als ich nur verwirrt schwieg, fragte er: „Hast du Bedenken?" Ich antwortete nicht, sondern fragte: „Wen willst du mitnehmen?" – „Roger", erwiderte er, „das ist der rechte Mann. Doch lasse ich ihn nicht allen Verhandlungen beiwohnen, damit er mir die Königin nicht abspenstig macht." – „Ach, du hältst mich ja nur zum Narren", sagte ich ärgerlich und ging hinaus. Als ich dann in meinem Zimmer saß und über das Ganze nachdachte, kam ich mir recht töricht und kindisch vor. Bald schon, früher als sonst, wurde das Abendbrot aufgetischt, damit Raoul noch vor Anbruch der Dunkelheit den Rückweg antreten konnte. Er erzählte uns nähere Einzelheiten über die Krankheit des Königs. Der Arzt hätte gemeint, der König litte unter Giften, die sich in seinem Körper angestaut hatten; deshalb hätte er ihm ein starkes Purgativ verabreicht, das den König jedoch so schwächte, daß er darob in schwere Bewußtlosigkeit fiel und nur ab und zu daraus erwachte. Mir schien Raoul in recht fröhlicher Stimmung zu sein, was ich nicht ganz angebracht fand. Auch schien er es eilig zu haben, zurückzukehren. Ich sah Wilhelm später mit ihm hinausgehen und begab mich wieder auf meine Zimmer.

Wenn Wilhelm schon in aller Frühe reisen wollte, so mußte ich ihm heute abend noch Lebewohl sagen. In seinen Zimmern waren die Diener mit Packen beschäftigt, und ich wartete, bis es dort ruhig geworden war. Inzwischen hatte Josephine mich für die Nacht fertig gemacht, wobei sie ohne Unterlaß von meiner neuen Kammerfrau redete, die in einigen Tagen ihren Dienst antreten soll. Sie wird Josephines Platz einnehmen, während diese mehr und mehr meine gute, aber kränkliche Héloise ersetzen soll. Ich aber hörte kaum zu. Meine Gedanken waren bei Wilhelm. Ich hatte mich so töricht verhalten, daß ich dies irgendwie gutmachen mußte. Schließlich ging ich in sein Wohnzimmer und wartete im großen Lehnstuhl auf ihn. Leicht schläfrig werdend, lauschte ich dem Lied der Grillen, das von ferne durch das offene Fenster drang. Endlich hörte ich seine Stimme auf dem Gang; er sprach mit Roger Montgommeri. Kurz darauf kam er und ging sogleich auf mich zu. „Du willst mir gute Nacht und adieu sagen?" fragte er, indem er sich über mich beugte. „Ja, Wilhelm. Regle alles zum Besten unseres Landes." – „Darauf kannst du vertrauen", sagte er, und ich meinte lächelnd: „Ich vertraue dir in allem, Wilhelm." Er erwiderte mein Lächeln und lehnte seine Stirn gegen meine. Ich bin nun sehr müde. Morgen, wenn ich aufwache, ist er schon weit fort.

Rouen, Freitag, am 11. des Erntemonds 1060

Heute ist meine neue Kammerfrau eingetroffen. Sie heißt Ursula und ist eine Witwe. Wie Josephine mir versicherte, ist sie sehr geschickt im Nähen. Noch scheint sie ziemlich scheu zu sein; sie muß sich hier wohl erst einleben. Auch Margarete traf vor einigen Stunden ein, und ich erschrak über ihr Aussehen. Sie ist ein gutes Stück gewachsen, ist aber sehr dünn und von wächserner Blässe. Sie merkte mir meine Sorge an und versicherte mir: „Es geht mir jetzt schon viel besser, Madame. Ich mußte jeden Tag in der Sonne sitzen, und nun ist mein Husten und das Stechen in der Lunge fast weg." – „Ich werde dafür sorgen, daß du hier viel Ruhe hast", sagte ich. „Du sollst wieder im Mädchenzimmer wohnen, viel schlafen und die nächsten Wochen gar nichts lernen." – „Um so mehr kann ich beten", sagte sie freudig. „Du sollst auch viel in den Garten gehen", ermahnte ich sie. „Du bekommst dort sogar ein Blumenbeet wie die anderen Kinder." Da umarmte sie mich zärtlich. Bald ist sie so groß wie ich; und ich fürchte, daß Robert auch später, wenn er erwachsen ist, kleiner sein wird als sie.

Bouboule erheiterte uns heute beim Nachtmahl mit einem seiner neuen Verse:

Der König ein Knabe, der Kaiser ein Kind,
Was das für närrische Zeiten sind!
Bei uns zulande regieret ein Mann,
Mit dem kein Kaiser sich messen kann!

Recht hat er! Hoffentlich höre ich nun bald von Wilhelm!

Rouen, Donnerstag, am 24. des Erntemonds 1060

Noch immer ist keine Nachricht von Wilhelm eingetroffen. Das gibt mir zu denken. Er weiß doch sicher, wie sehr ich und andere auf Neuigkeiten warten. Es sind nun schon über zwei Wochen her, daß er abreiste. Auch Mabille hat nichts von Roger gehört. „Unsere Ehemänner vergnügen sich am französischen Hof", meinte sie. „Sicher gibt es dort etwas, was sie fesselt." – „Es werden die Friedensverhandlungen sein, die sie am Ort festhalten", wandte ich ein. Dennoch ist eine Unruhe in mir, die nicht weichen wird, bis ich von ihm höre.

Rouen, Dienstag, am 29. des Erntemonds 1060

Nun endlich ist Nachricht gekommen – und zwar mit Roger, den Wilhelm vorausgeschickt hat. Er überbrachte mir einen Brief von Wilhelm, in dem er mir nur kurz mitteilte, ich solle alles für die Ankunft unseres hohen Besuches vorbereiten – er werde den jungen König Philipp mit nach Rouen bringen. Das gibt mir jetzt großes Rätselraten auf. Was soll der Kinder-König hier bei uns? Roger, den ich befragte, sagte nur mit leichtem Lächeln: „Es scheint, die Königin will es so." Ich solle Philipp im Knabenzimmer wohnen lassen, schrieb Wilhelm noch an den Rand des Briefes „Gib ihm kein eigenes Zimmer, damit er mehr Kurzweil hat." Das ist wieder etwas völlig Unerwartetes – und bezeichnend für meinen unberechenbaren Ehemann!

Später

Mabille erzählte mir soeben einiges, was sie von Roger erfahren hat, und sicher hat sie ihre eigene Würze dazugetan. „Der Herzog und die Königin scheinen ein Herz und eine Seele zu sein. Sie hatten – sogar unter vier Augen – lange Gespräche miteinander und sind des öfteren ausgeritten. Roger hat sich sehr darüber gewundert, weil der Herzog noch nie einer anderen Frau so viele Aufmerksamkeiten erwiesen hat." – „Er wird seine Gründe haben", meinte ich leichthin. Doch irgendwie nagen diese Worte an meinem Herzen. Ein solches Gefühl habe ich zuvor nie gekannt. Ich wehre mich dagegen und wünschte nur, er wäre wieder hier, damit seine Gegenwart – wie schon so oft – alle Bedenken zerstreut...

Rouen, Samstag, am 2. des Herbstmonds 1060

Nun ist Wilhelm zurück. Es gab einen festlichen Empfang für ihn und den jungen König. Und damit begann eine ziemlich schwierige Aufgabe für mich. Ich weiß nicht recht, was ich mit dem Kind anfangen soll. Philipp stand, etwas verwirrt von all dem Neuen, da – in eine feine samtene Tunika gekleidet, die aber von der Reise arg bestaubt war. Wilhelm nahm ihn bei der Hand und führte ihn mir zu. „Eure Base wird sich Eurer annehmen", sagte er; und als ich meinen Vetter hinauf in Roberts Zimmer geleitete, merkte ich, wie fremd er mir war. Er scheint mir gar nicht wie ein Kind. Vielleicht hängt das mit seinem Leben am Königshof und seiner Königswürde zusammen. Robert und er bestaunten sich gegenseitig, ohne viel zueinander zu sagen. Philipp ist etwa einen Kopf größer als Robert, obwohl beide ungefähr eines Alters sind. Das Kind war müde von der Reise, und wir zeigten ihm und seinem Diener, wo sie schlafen sollten und wo die Waschräume sind. Philipps Diener war hocherstaunt, daß sein junger Herr keinen eigenen Raum zugewiesen bekam; doch schien er sich darüber zu freuen. Ich bemerkte an einigen Äußerungen, die Philipp dem Diener gegenüber machte, das letzterer es nicht immer leicht mit dem jungen König hat. Hoffentlich nimmt Robert jetzt nicht ähnliche Gewohnheiten an. Etwas später ging ich noch einmal ins Knabenzimmer zurück, wo beide schon in ihren Betten lagen. Philipp verlangte nach einem Glas Milch; er tränke diese immer abends im Bett. Robert sah erstaunt zu, wie der Diener mit einem Becher Milch kam, sich verneigte und ihn Philipp hinreichte. Als dieser ausgetrunken hatte, wünschte ich ihm eine gute Nacht und schraubte die Lampe herab. Doch ging ich noch nicht gleich in meine Zimmer, sondern öffnete die Tür wieder ein wenig, um zu sehen, ob sie nun schlafen würden. Mein Verdacht war richtig. Robert schraubte sofort die Lampe höher, richtete sich etwas im Bett auf und fragte: „Was machst du so als König? Trägst du auch deine Krone immer?" – „Nein", sagte Philipp, „die ist zu groß und zu schwer, die brauche ich erst später zu tragen. Aber König bin ich dennoch." Dann fügte er hinzu: „Du mußt mich mit ‚Ihr' anreden, weil ich König bin." – „Nein", erwiderte Robert mit großer Bestimmtheit, „Kinder rede ich nicht mit ‚Ihr' an. Das habe ich noch nie gemacht, und das mache ich auch bei dir nicht." Philipp drehte sich daraufhin stumm auf die Seite und schwieg. Robert wartete noch eine Weile, dann drehte er an der Lampe, bis die helle

Flamme zusammenschrumpfte, zog die Decke über den Kopf und rührte sich nicht mehr.

Ich hatte Wilhelm überhaupt noch nicht allein sprechen können und eilte nun in sein Zimmer. Dort saß er mit Egon, der ihm die Fingernägel schnitt. So ging ich wieder zurück und legte mich schließlich zu Bett. Doch hatte ich die Lampe noch brennen und horchte auf die Stimmen nebenan. Schließlich war alles still, und Wilhelm kam zu mir herein. „Wir haben uns noch gar nicht richtig begrüßt", sagte ich leicht vorwurfsvoll. Er nickte, beugte sich über mich und küßte mich. Dann setzte er sich auf den Bettrand und hielt meine beiden Hände in den seinen. „Wilhelm", sagte ich, „was machen wir nun mit dem Kinder-König, und wie lange soll er bleiben?" Wilhelm lächelte. „Es liegt in meiner Macht, ihn als Geisel zu behalten und seine Krone an mich zu reißen." – „Ach, so sprich doch einmal vernünftig, Wilhelm", sagte ich nun leicht ungeduldig. Er lachte. „Morgen. Wenn ich dir heute noch alles erzähle, wirst du die ganze Nacht nicht schlafen können." Ich hob erschrocken den Kopf. „Wenn du mir so etwas sagst, so schlafe ich eh nicht!" Nun lachte er herzlich und hob mich in seine Arme. Etwas sehr Schlimmes kann es nicht sein, denn sonst hätte er nicht so gelacht.

Ich schlief die Nacht jedoch sehr fest, wachte aber schon früh auf und hörte das Lied der Lerche. Mit einem Male entschloß ich mich, mit Wilhelm auszureiten, mußte mich aber sputen, denn es wurde schon hell. Josephine hörte mich im Waschraum und eilte herbei, mir zu helfen. Ich war gerade in den Schloßhof getreten und hatte einem der verschlafenen Diener zugerufen, dem Stallknecht Bescheid zu sagen, damit er meine Stute bringe, als ich das bekannte Wiehern von Bucephalos hinter der Mauer hörte. Ich lief schnell durch den Torbogen und rief Wilhelm an, der sich überrascht umwandte und gern auf mich wartete. Nun ritten wir nebeneinander in den herrlichen Sommermorgen hinein. Der Frühnebel lichtete sich, und die Tautropfen glitzerten im Licht der ersten Sonnenstrahlen. Wilhelm sagte gar nichts, und nach längerem Schweigen fragte ich: „Wie geht es der Königin?" – „Es geht ihr gut", sagte er, „sie freut sich ihrer Freiheit". – „Wie meinst du das, Wilhelm?" – „Sie hat keinen Gemahl mehr, an den sie gebunden ist, und deshalb erfreut sie sich ihrer Freiheit." – „Du meinst, sie sei vorher nicht frei gewesen?" – „Als sie aus ihrer russischen Heimat nach Frankreich geschickt wurde, wußte sie nicht, was das Ehelos ihr zugeworfen hatte. Dein Oheim nahm sie zur Frau, weil bei ihr keine Gefahr der Blutsverwandtschaft bestand. Doch hat sie den König weder geliebt noch geachtet." Nach einem kurzen Schweigen fragte ich weiter: „Wie lange soll ihr Sohn bei uns bleiben?" – „Vorläufig kehrt er nicht nach Frankreich zurück." – „Wilhelm!" rief ich erschrocken aus, „du willst ihn doch nicht bei uns am Hof lassen?" – „Nein, ich habe anderes mit ihm vor." Dann schwieg er wieder einige Minuten lang, und so fragte ich von neuem: „Willst du mir nicht sagen, was du mit ihm vorhast?" – „Ja, aber nicht jetzt, damit du nicht aus dem Sattel fällst." – „Wilhelm, nun ertrage ich es bald nicht mehr. Du kannst mich nicht ewig so auf die Folter spannen." Er lachte mich verschmitzt an, und da lachte ich ebenfalls und fühlte, wie mein Herz ihm zuflog. Sein blauer Mantel flatterte im Wind, und einige kurze Locken waren ihm in die Stirn geweht; darunter blinkten seine schwarzen Augen wie ein unergründlicher See. „Sagst du es mir gleich hernach beim Frühstück?" Er nickte stumm. „Wie kann sich die Mutter nur so lange von ihrem Kinde trennen?" fragte ich. „Der Entscheid scheint Anna sehr genehm zu sein." – „Du nennst sie ‚Anna'?" – „Nein, ich nenne sie ‚Madame', doch Anna ist ihr Name." Wieder schwiegen wir eine Weile, während ich öfter zu ihm hinblickte. Schließlich sagte ich: „Wie kann es ihr lieb sein, ihr Kind herzugeben?" Er zuckte die Achseln. „Sie hat noch zwei andere Söhne – Robert und Hugo. Vielleicht erinnert dieser Knabe sie an den Mann, den sie nie geliebt hat. Und bald wird sie einen anderen freien. Da ist ihr der junge König im Weg." – „Hat sie dir dies gesagt?" – „Nein, aber ich habe Augen zu sehen und Ohren zu hören." – „Ich denke doch aber, daß sie *dich* sehr gern hat?" – „Gewiß, aber ich bin schon vergeben!" Nun lachten wir beide und entschlossen uns, zurückzureiten.

Wir aßen das Frühstück draußen auf der Terrasse. Außer dem Diener und dem Pagen am Eingang zum Saal war niemand in der Nähe. Wilhelm war wieder sehr schweigsam, so daß ich ihn schließlich daran erinnerte, mir doch die Neuigkeiten mitzuteilen. „Wenn du fertig gegessen hast", sagte er, „damit dir der Bissen nicht im Halse steckenbleibt." Nun war es mir endgültig genug mit seiner Neckerei. „Ich esse keinen Bissen mehr, ich habe vor Aufregung schon gar keinen Appetit." Er schob das letzte Stück Brot in den Mund, tauchte die Finger in die Wasserschale und nahm dem herbeieilenden Diener das Tuch zum Abtrocknen aus der Hand. Dann schickte er Diener und Pagen mit einem Wink seiner Hand fort und wandte mir sein Gesicht zu. „Joujou – der junge König braucht einen Vormund, meinst du nicht auch?" – „Ja – das bist du doch wohl nicht?" – „Nein. Die Königin und ich sind überein gekommen, daß der Graf von Flandern, welcher der Schwager des verstorbenen Königs ist und dessen Schwester zur Gemahlin hat, ein vorzüglicher Vormund für den jungen Philipp wäre." Mir verschlug es fast den Atem. „Mein Papà?" – „So ist es!" Stumm schaute ich ihn an, versuchend, mit dem soeben Gehörten fertig zu werden. „Das – das ist ja ganz wunderbar, Wilhelm! Das heißt, der König ist jetzt in unserer Hand – in unserer Familie?" Wilhelm nickte. Ich dachte eine Weile nach und fragte dann weiter: „Schickst du ihn nach Flandern, oder soll Papà nach Paris ziehen?" Wilhelm lachte. „Dein Vater ist ein regierender Fürst. Da wird der Knabe wohl bei seinem Vormund wohnen müssen – auf jeden Fall während des größten Teils des Jahres." Während ich noch still erfreut vor mich hinstarrte, fuhr Wilhelm fort: „Und du wirst ihn dorthin begleiten." Nun durchfuhr mich ein großer, freudiger Schreck. Ich sah Wilhelm mit weit offenen Augen an, und auch mein Mund hatte sich ein wenig geöffnet, so daß er die Hand ausstreckte und ihn zuklappte. „Wilhelm, meinst du das ganz im Ernst – ich soll nach Brügge?" Er sah mich lächelnd an. „Ich meine, nun ist die richtige Zeit gekommen." Ich sprang auf und schlang meine Arme um seinen Hals, mein Gesicht an seines pressend. „Kommst du auch mit, Wilhelm?" – „Nein, ich muß die Friedensverträge zum Abschluß bringen. Doch gebe ich dir ein gutes Geleit mit." – „Und was tue ich mit Richard?" fragte ich, „soll ich ihn nun entwöhnen?" – „Keinesfalls, du nimmst ihn mit." – „Ich darf Richard mitnehmen?" jubelte ich, „und ihn den Eltern zeigen?" Mir war, als ob mir das Herz vor Freuden zerspringen müsse, doch ihm wurde noch mehr zugemutet. Wilhelm sagte, ich solle auch Robert mit auf die Reise nehmen, damit er Philipp Gesellschaft leiste. Nun war das Maß meines Glückes voll. Die Eltern würden meine beiden Söhne mit eigenen Augen sehen. „Am liebsten nähme ich alle vier Kinder mit", sagte ich. „Laß mir wenigstens die Töchter hier", meinte er da schmunzelnd, „sonst wird es zu einsam um mich." Ich sollte gar nicht so viel schreiben, denn es gibt nun in aller Eile eine Menge vorzubereiten. Wir wollen ganz bald reisen, solange das schöne Wetter anhält. Boten nach Flandern sind schon mit der guten Kunde unterwegs.

Später

Wilhelm hat entschieden, daß Warenne, Hugo von Avranches und Heinrich Beaumont, der Robert ja unterrichtet, mich begleiten sollen. Er hätte am liebsten fitzOsbern mitgeschickt, doch braucht er ihn hier für wichtige Regierungsgeschäfte. Barbara und Josephine sollen ebenfalls mitkommen. Aber was machen dann nur meine beiden Mädchen? Wilhelm will Margarete hierlassen, solange ich fort bin, und das beruhigt mich. Auch Adelaide wird nach dem Rechten sehen.

Rouen, Montag, am 4. des Herbstmonds 1060

Es geht alles drunter und drüber. Dazu ist mir mein Vetter, der König, recht im Weg. Ihm ist alles sehr fremd und neu hier. Ich war dabei, als Robert ihn das erste Mal ins Spielzimmer führte, wo sich alle Kinder, auch Adelaides und andere vom Hof, versammelt hatten, um ihn zu sehen. „So viele Kinder!" rief Philipp erstaunt aus. „Nicht alle sind meine", lächelte ich. Philipp hörte sich an, wie sie alle hießen, dann sagte er: „Ich war in Paris immer allein mit meinen Lehrern." – „Du hast doch aber zwei Brüder?" fragte ich. „Ja, aber Robert ist immerzu krank und Hugo noch ganz klein", sagte er. Da tat er mir leid. Sicher hat er keine fröhliche Kindheit gehabt – der kranke Vater, die unzufriedene Mutter und keine Spielgefährten. Da wies Robert auf Margarete und sagte: „Das ist meine Braut", und Philipp erwiderte: „Ich habe noch keine Braut." – „Das ist schade", sagte Margarete; „aber wir finden schon eine für Euch. Vielleicht gefällt Euch die Mathilde?" Da wandte ich ein: „Das wird später sein Vormund bestimmen, Margarete", und Philipp bemerkte: „Ich nehme nur eine Prinzessin." Margarete war um keine Antwort verlegen: „Dann müßtet Ihr vielleicht lange warten, denn davon gibt es nicht viele." Nun zeigte Robert seinem Gast mehrere seiner Spielzeuge, und ich ging meinen Geschäften nach und ließ die Kinder allein. Nach zwei Stunden schaute ich wieder kurz ins Spielzimmer. Der bis dahin steife Philipp lag mit seinem schönen Samtanzug bäuchlings auf den Binsen und spielte mit den Stalltieren. „Eure Schafe haben richtiges Fell!" staunte er. „Ja", sagte Robert, „das ist von der Schur. Margarete hat es den Tieren aufgeklebt. Sie kann all so was." Agathe führte ihm dann sämtliche Tonpferde vor und nannte sie bei Namen. Und Philipp sprach sie nach und lachte über einige. Ich glaube, es wird ihm guttun, mit unseren Kindern zu spielen – und später mit denen von Balduin. Doch diese sind sicher noch zu klein für ihn.

Rouen, Montag, am 6. des Herbstmonds 1060

Während ein Brief von Wilhelm nach Flandern unterwegs ist und meine Ankunft verkündet, traf jetzt ein Brief von Papà an mich ein. Er schrieb ganz niedergeschlagen, daß Robert großes Unglück in Spanien gehabt hätte. Seine Flotte sei in einem furchtbaren Sturm vernichtet worden. Da sei er nach Palästina gezogen, wo er sich einigen Normannen angeschlossen, die eine Verschwörung im Sinne gehabt hätten. Kaiser Konstantin habe dieses Komplott jedoch aufgedeckt, und Robert sei mit Mühe und Not entkommen. Oh, wenn ich daran denke, was ihm hätte geschehen können! Sicher hätte es ihn den Kopf gekostet, wenn man ihn gefangen hätte. Papà meint, Robert werde nach dieser Niederlage wohl endlich seßhaft werden.

Morgen soll die große Reise beginnen. Ich kann es noch immer nicht fassen und komme auch gar nicht viel zum Nachdenken, denn bis morgen gibt es noch manches zu tun. „Wie wünschte ich mir, du könntest mit mir kommen!" sagte ich zu Wilhelm. „Ich werde dich sehr entbehren." – „Willst du doch lieber hierbleiben?" neckte er mich.

Heute beobachtete ich einen kleinen Vorfall zwischen Wilhelm und Philipp. Der Knabe hatte sich aus Wilhelms Köcher Pfeile genommen, um sie an seinem kleineren Bogen auszuprobieren. Wilhelm traf ihn im Gang und schalt ihn, weil er nicht gefragt hatte. Philipp erwiderte trotzig: „Ich bin der König und kann deshalb ruhig Eure Pfeile nehmen." Wilhelm aber packte ihn beim Ohr und zog heftig daran. „Noch bist du ein Mündel und Gast in meinem Haus. Das heißt, du folgst den Regeln, die hier am Herzogshof gelten." Philipp wimmerte ein wenig, bis Wilhelm sein Ohr freigab. Dann legte er die Pfeile aufs Fenstersims und lief davon. Wilhelm sagt „du" zu ihm, wenn er mit ihm allein oder im Kreise der Familie ist, und ich tue desgleichen. Hoffentlich beträgt er sich auf der Reise gut. Wilhelm meint, meine drei Begleiter würden dafür sorgen. Es sind drei seiner besten Vasallen, so daß ich mich mit den Kindern wahrlich beschützt fühlen kann.

Brügge, Samstag, am 16. des Herbstmonds 1060

Seit gestern sind wir hier, und nach weidlichem Ausruhen und Nichtstun kann ich mich nun ein wenig meinem Memoirenbuch widmen. Der Abschied von meinen beiden Mädchen war tieftraurig. Sie weinten, als ich in die Sänfte stieg und Richard auf meinen Schoß nahm. „Ich bin doch gar nicht lange weg", tröstete ich sie, „seid recht lieb zu Margarete und Muhme Adelaide." – „Und Barbara reist auch!" schluchzte Agathe. Da nahm Wilhelm seine beiden Töchter auf ein ungesatteltes Pferd und gab uns ein Stück das Geleit. Das gefiel ihnen, und bald waren ihre Tränen versiegt. Schließlich kehrte er um, und ich winkte noch lange, lange zurück.

Von der Reise selbst will ich nicht viel schreiben; sie dauerte fast eine Woche, und einmal war Klein-Richard krank. Sicher hat das viele Schaukeln in der Sänfte seinen Magen durcheinander gebracht, denn er mußte sich übergeben. Und dann hatte er Durchfall. Josephine besorgte von einem Bauernhaus Salbei, aus dem die Diener einen Tee brühten. Wir hatten drei große Gepäckwagen mit, darunter war auch mein Badezuber. Wir blieben einen Tag länger in Eu, und danach ging es dem Kinde wieder besser. Allmählich wurde das Land immer flacher, und ich erkannte manche Orte wieder, die ich damals als junge Braut in entgegengesetzter Richtung durchzogen hatte. In Ponthieu nahmen wir diesmal nicht Aufenthalt, weil ich eine erneute Begegnung mit Guido, dem Bruder von Angelrann und jetzigem Grafen von Ponthieu, vermeiden wollte. In den letzten drei Tagen unserer Reise wurde das Wetter schlechter. Es stürmte viel, und ich mußte Richard fest einwickeln. Es war auch schwer, ihn ruhig zu halten, denn das ständige Sitzen auf Barbaras oder meinem Schoß behagte ihm gar nicht. Einmal mußten wir vor einem Gasthaus absteigen, weil es heftig zu regnen begann. Als wir nach einigen Stunden unsere Reise fortsetzten, beobachtete ich, wie Hugo von Avranches Barbara anbot, ihr in die Sänfte zu helfen. Er war sehr oft an ihrer Seite, versuchte mit ihr zu scherzen und ihre Aufmerksamkeit zu erwecken. Mich verdroß dies ein wenig, da er doch jetzt Muriel anverlobt ist. Ich hörte Barbara zu Hugo sagen, sie könne gut allein hinaufsteigen, doch dann sah sie, daß der Weg schlammig war und sie mit ihren Schuhen dort versinken würde. Die Männer dagegen trugen Stiefel. Kurzweg wandte sie sich an Warenne und sagte: „Helft Ihr mir bitte hinauf!", was er nur zu gern tat. Er hob sie auf seine Arme und ließ sie auf den gepolsterten Sitz nieder. Hugo konnte es nicht unterlassen, zu bemerken: „Ich wußte nicht, daß Ihr bereits einen Minnediener habt." Barbara, die soeben Richard aus Warennes Händen in Empfang nahm, sagte lachend: „Ihr wißt manches und vieles nicht, Graf Hugo." Mich beunruhigt es immer, wenn ich sehe, daß Warenne sich keiner anderen Frau zuwendet. Aber ich muß den Dingen wohl ihren Lauf lassen.

Wie soll ich nun das Wiedersehen beschreiben? Es ist gut, daß ich nicht die ganze Familie auf einmal sah. Einige Meilen vor Brügge, als wir an der Lwind entlangritten und ich auf die wohlbekannten Stoppelfelder schaute, kamen uns flämische Reiter entgegen. Ich erkannte sie an ihrer Kleidung – sie waren von der Burg. Als sie uns erblickten, trabten sie, ihre Fanfaren blasend, geschwind auf uns zu. Papà hatte sie uns entgegengesandt, damit sie uns ankündigen sollten. Nachdem sie vom Pferd gesprungen und niedergekniet waren, entboten sie uns Grüße vom Grafen und eilten zurück. Wir folgten langsam, und als endlich die Burg in Sicht kam und mein Herz freudige Sprünge tat, sah ich schon von weitem meinen Papà zu Pferde. Neben ihm ritten Balduin und eine junge Frau – sicher dessen Gemahlin Richilde. Als sich unsere Rosse dicht gegenüberstanden, sprang Papà schnell aus dem Sattel und trat an meine Sänfte, um mir herabzuhelfen – und ich glitt in seine Arme. „Papà – mein innig geliebter Papà!" rief ich ein übers andere Mal aus. Als wir uns still in die Augen blickten, sah ich, daß er gealtert war. Sein Haar ist recht grau geworden und sein Gesicht von einigen scharfen Falten gezeichnet. Trotz meiner großen Freude fühlte ich plötzlich eine leise Wehmut in mir aufsteigen. Jetzt hielt ich ihn in meinen Armen, doch mußte ich ja bald wieder Abschied von ihm nehmen – und wer weiß, für wie lange? Als nächsten begrüßte ich Balduin, der ein stattlicher Mann geworden ist und mich, wie früher, an den Hüften faßte und hochhob. „Schwesterlein – Frau Herzogin!" sagte er, „so hat dich dein strenger Herr doch einmal zurückkehren lassen?" Dann stellte er mir seine Gemahlin vor, die mir noch größer als er zu sein scheint – oder aber die Haube, die sie trug, täuschte dies vor. Ich sah in ein paar lebhafte braune Augen, ein frisches, kluges Gesicht mit kühner Nase, hübschem Mund und festem Kinn. Sie scheint viel draußen im Freien zu sein, denn ihre Haut ist leicht gebräunt und schimmert wie Samt. Ich verstehe jetzt, warum fitzOsbern in solch begeisterten Worten von ihr gesprochen hat. Sie besitzt viel Anmut und drückt in all ihren Bewegungen große Selbstsicherheit aus. „Wo ist der junge König – und Robert?" fragte ich, und Heinrich meinte, sie seien im Wagen beim Würfelspiel. Hiermit haben sie sich während der langen Reisetage die Zeit vertrieben, und derjenige, der gewann, mußte dem anderen nach Vereinbarung etwas schenken. Nun kamen sie herausgesprungen, und ich führte Papà sein Mündel vor. Er legte dem Knaben die Hände auf die Schultern und sagte: „Willkommen am flandrischen Hof, junger Herr. Ich hoffe, wir zwei werden gut miteinander zurechtkommen." Philipp grinste ein wenig, weil Papà das Französische anders ausspricht, als er es zu hören gewohnt ist, reichte ihm aber freundschaftlich die Hand. Und nun waren meine Söhne an der Reihe. Robert, der einen etwas verschmierten Mund vom Brombeeressen hatte, wurde von Josephine schnell mit einem Tuch gesäubert. Dann stand er seinem Großvater gegenüber und betrachtete ihn neugierig. „Das also ist mein Enkel – der künftige Herzog", sagte Papà, indem er ihn hochhob und küßte. „Ich bin dein Großvater", sagte er. Robert nickte. „Ja, das ist fein, denn mein anderer Großvater und Großmutter sind schon lange tot", meinte er. Richard saß auf Barbaras Schoß in der Sänfte, und Papà streckte seine Hand hinauf, worauf Richard sein Köpfchen an Barbaras Brust verbarg. Er scheut sich immer vor Fremden. „Bald wird er sich an Euch gewöhnt haben, Papà", sagte ich.

Wir legten nun die letzte Strecke bis zur Burg zurück, und meine Augen schauten nach rechts und links und nahmen die vertrauten Bilder mit Freuden auf. „Deine Mamà ist seit Tagen in einem Zustand seliger Aufregung, so daß ich fürchte, ihr Herz wird ihr einen Streich spielen", meinte Papà. Trotz seiner warnenden Worte war ich nicht auf das Wiedersehen mit Mamà vorbereitet. Sie umschlang mich schluchzend und am ganzen Körper zitternd, als sei ich soeben vom Reich der Toten zurückgekehrt. Ich war ganz verwirrt, denn ich selbst war trotz meiner Wiedersehensfreude innerlich sehr friedlich und kam mir nun vor wie ein im Sturm umhergewirbeltes Blatt. Meine Mamà ist viel älter geworden und sieht kränklich aus. Sie ist blaß, hat ein schmales Gesicht und dunkle Schatten unter den Augen; und ihr Haar ist fast weiß. „Meine kleine Mamà", sagte ich zärtlich, indem ich sie sanft streichelte, „nun weint doch nicht so, freut Euch lieber, daß ich hier bin." – „Das tue ich ja", schluchzte sie, „aber bald mußt du wieder fort, und auch meine Fiti verliere ich auf immer. Das südliche Deutschland liegt so weit!" Jetzt erst gewahrte ich das junge Mädchen, das hinter Mamà stand und niemand anders war als mein Schwesterlein – nun eine junge Demoiselle, sogar einen Kopf größer als ich. „Mathilde", jauchzte sie, „daß du gerade jetzt kommst, ist eine Fügung des Himmels. In einer Woche schon muß ich fort zu meiner Vermählung." Wir umarmten uns lange, und ich schaute voller Entzücken in das frische Gesicht meiner Schwester, die ein sehr hübsches Mädchen geworden ist. Ihr Haar ist jetzt ein wenig dunkler, aber noch immer von hellem Blond. Sie trägt es in zwei langen Flechten, und um die Stirn hat sie ein Band geschlungen. Nur Robert war noch nicht da; er befand sich auf der Jagd nach Ebern, die für ein Festmahl zu meinen und des jungen Königs Ehren erlegt wurden. Ich mußte lächeln, denn das Fleisch von Ebern habe ich lange nicht gegessen. Wilhelm mag es nicht und zieht Geflügel und Wildbret vor; deshalb esse auch ich es nicht. „Zum Michaelistag gibt es Wildgänse", sagte Mamà; „da kommen viele Besucher, die dich alle wiedersehen wollen und begierig sind, den kleinen König kennenzulernen."

Ich wurde wieder in meine alte Kemenate geführt, in der ich meine Mädchenjahre verbracht hatte. „Wir dachten, hier würdest du am liebsten wohnen", sagte Mamà, und ich beteuerte ihr: „Nirgendwo anders hätte ich sein mögen." Ich sah die Zweige meiner Linde vor dem Fenster auf und ab wippen, und ein Gefühl süßer Wehmut überkam mich. Irgendwie aber kommt mir hier alles so eng und klein vor, weil ich an die Ausmaße unseres Herzogsschlosses gewohnt bin: die gewundenen Stiegen, die schmalen Türen und Fenster, die kleineren Räume mit den niedrigeren Decken! Die Kinder werden in Balduins ehemaligem Zimmer untergebracht, und Philipp hat ein eigenes Zimmer – dort, wo früher Robert wohnte. Meinen jüngeren Bruder sah ich erst später, als ich bereits mein Bad im großen Holzzuber genommen hatte. Dieser Zuber hat hier große Bewunderung erregt. Mamà staunt darüber, daß er Vorhänge hat, so daß man nicht von anderen gesehen werden kann. Ich sagte ihr, daß auch sie ihn benutzen könne. Robert kam in mein Zimmer, als ich im bequemen Hausgewand am Kaminfeuer saß und einige meiner Sachen ordnete. Überrascht blickte ich auf den stämmigen jungen Mann mit den kraftvollen Gesichtszügen und den ruhigen, ernsten Augen, der sich mir näherte und dann abwartend stehenblieb. „Robert – bist du es wirklich?" rief ich aus. „Dich hätte ich kaum wiedererkannt." – „Ich dich aber sehr wohl, Schwester", sagte er, indem er mir beide Hände reichte und mich an sich zog. Wir schauten uns stumm an, dann sagte er: „Du siehst glücklich aus, Mathilde." – „Das bin ich, Bruder! Ich habe nun schon vier prachtvolle Kinder, von denen du zwei bald sehen wirst." Ich zog ihn neben mich auf die Bank am Kamin, und er sagte verwundert: „Schon ein Feuer?" – „Es ist kalt an der Küste", meinte ich, „ganz anders als im Binnenland. Ich hatte vergessen, daß hier fast immer ein kühler Wind weht."

Er zog sich den Mantel aus, und ich bemerkte seinen breiten Brustkorb. „Erzähle mir mehr von dir", bat ich. „Wirst du bald eine Frau nehmen?" Er schüttelte den Kopf. „Vorerst habe ich andere Pläne. Es gibt mancherlei Grenzstreitigkeiten im Norden bei Kennemerland[1], wo die Bischöfe große Macht haben, so daß selbst Graf Florian nichts gegen sie ausrichten kann. Wie du weißt, kann oft ein Dritter Gewinn daraus ziehen, daß zwei sich streiten." – „Daraus kann ich mir nicht viel zusammenreimen, Robert." Er verzog den Mund zu einem leichten Grinsen. „In wenigen Wochen reite ich wieder dorthin. Wenn du so lange bleiben kannst, nehme ich dich mit und zeige dir ein kleines Schlößchen, das ich mir erwerben will; es liegt mitten im Wald." – „Ich kann leider nicht so lange warten, Bruder; es harren meiner allerlei Pflichten in Rouen." – „Dein Gemahl scheint sehr streng zu sein?" – „Er ist immer gerecht", sagte ich, „und sehr, sehr wandlungsfähig. Es gibt viel Kurzweil in unserer Ehe." Er sah mich leicht belustigt an und sagte nur: „So – so!" Nach einer Weile bemerkte er: „Ich verwalte das Reichsflandern schon allein. Vater läßt mir da ganz freie Hand." Er ist noch immer so ehrgeizig wie früher, und ich hoffe nur, daß er glücklich wird. Ich fragte ihn nach meiner Marie. „Die hat einen Melker gefreit", sagte er, „doch hin und wieder kommt sie noch, hauptsächlich, um Fiti zu dienen." Dann verschränkte er die Arme hinter dem Kopf und sagte: „Bald werden Fiti und ich nicht mehr hier sein, dann kann Balduin allein herrschen." – „Noch regiert Papà", wandte ich ein. „Ja, gottlob", erwiderte er. „Balduin wird keine feste Hand beim Regieren haben. Er hört zu sehr auf seine Günstlinge." – „Wie man mir aber sagt, liebt ihn das Volk sehr", sagte ich, weil ich meinen geliebten, sonnigen Bruder verteidigen wollte. „O ja", meinte Robert, „er versteht es, sich in ein günstiges Licht zu setzen und dem Volk Leckerbissen zu reichen. Doch zum Regieren gehört mehr." – „Das weiß ich nur zu gut", versicherte ich ihm, „denn der Herzog ist ein vorzüglicher Staatsmann." – „Du sagst es!" stimmte Robert mir bei, doch sein Lächeln war leicht bitter. „Du bist inzwischen viel gereist?" fragte ich nun. „Ja", sagte er, leicht verlegen. „Doch vorerst habe ich genug von den heidnischen Ländern. Ich werde mich jetzt hier in der Nachbarschaft umsehen." Ähnlich wie früher verspürte ich wieder den quälenden Wunsch, ihm zu helfen. Was nur ist es, das ihm nicht behagt? Er hat alles, was er sich wünschen kann, nur die Erstgeburt kann ihm niemand geben. Er ist und bleibt der zweite Sohn seines Vaters.

In der ersten Nacht schlief ich nicht gleich ein. So viele Eindrücke zogen durch mein Gemüt – eine endlose Reihe von Bildern. Auf einmal setzte ich mich im Bett auf und begann zu weinen. Ich weiß nicht, warum. Vielleicht, weil ich fühlte, wie anders hier alles ist als in Rouen – bei Wilhelm und den Kindern. Die Eltern sind älter und schwächer geworden, und zwischen den Brüdern herrscht Unfriede, wenn er auch nach außen hin nicht so sichtbar ist. Balduin mit seiner jungen Frau scheint sieghaft und glücklich, und dennoch fürchte ich um ihn. Warum nur? Und Robert mit seinem schwierigen Charakter hat trotz seiner vielen Fähigkeiten keine Fröhlichkeit in sich. Meine geliebte Fiti zieht fort in ein anderes Land – eine andere Welt. Mir war es, als ob die Familie langsam auseinanderfiele und in eine unbekannte, dunkle Zukunft entschwebe, während ich hilflos zusehen muß. Ich weinte lange in meine Kissen und flüsterte dabei vor mich hin: „Wilhelm – Wilhelm!" Wäre er nur hier, der feste Fels, an dem ich mich aufrichten könnte!

Brügge, Montag, am 18. des Herbstmonds 1060

Nun habe ich mich wieder ganz gut eingewöhnt und bin nicht mehr so traurig. Ich habe alle meine Lieblingsplätze in Haus und Garten aufgesucht und bin durch die Ställe gegangen, während Graf Hugo und die beiden Knaben mich begleiteten und sich alles erklären ließen. Balduins Söhne sind sehr herzig. Der kleine Arnulf ist nun schon vier Jahre alt und hatte mich sofort gern. Ich habe ihm heute gezeigt, wie man Sandburgen baut. Die Kinder haben einen schönen Kasten voll weißen Seesands im Garten stehen. Nach dem kürzlichen Regen ist der Sand feucht geworden, und es läßt sich gut etwas daraus formen. Balduin, der jüngere, ist in einem wonnigen Alter; er kann schon allein laufen und lernt gerade sprechen. Wir lassen ihn tagsüber mit Richard spielen. Barbara und die hiesige Kinderfrau beaufsichtigen die Kleinen abwechselnd. Simone, wie letztere heißt, wundert sich über Barbaras Tüchtigkeit und Behendigkeit. Dieser geht alles flink von der Hand; und ehe die behäbige Simone sich umgedreht hat, ist Barbara schon mit dem meisten fertig. Verständigen können sie sich nicht, da Simone nur flämisch spricht. So gestikulieren sie viel. Papà ist ganz entzückt von meinem Jüngsten. „Er sieht aus wie sein Vater", sagte er, während er ihn auf den Knien wiegte. „Ja", sagte ich, „das ist mir ein Trost, wenn ich lange von Wilhelm getrennt bin." Papà sah mich aus seinen gütigen Augen an. „Du liebst ihn noch immer wie im Anfang, Mathilde, nicht wahr?" Ich nickte. „Sogar noch viel mehr." Während ich dies schreibe, muß ich an die Worte von Warenne denken, die er mir gestern sagte. Ich sehe ihn des öfteren mit Barbara beim Lautenspiel. Sie üben etwas für das Michaelisfest ein, was sie vortragen wollen. Gestern also nahm ich Warenne beiseite, als ich von einem Ausritt mit ihm und den anderen zurückkam, und fragte ihn wegen Barbara. „Ihr wißt doch, Wilhelm, daß sie sich nicht vermählen will? Es würde mich betrüben, wenn Ihr Euch irgendwelche Hoffnungen machtet." – „Madame", sagte er da, indem er mich mit einem tiefen Blick anschaute, „die wahre Liebe bleibt sich immer gleich, auch wenn ihr die Erfüllung versagt wird." Ich griff stumm seine Hand und sagte nichts weiter. Wie recht er mit seinen Worten hat!

Brügge, Dienstag, am 19. des Herbstmonds 1060

Es ist Abend, und ich sitze am Fenster, während die Dämmerung sich über das Land breitet und der Wind die ersten welken Blätter von meiner Linde fortträgt. Mir ist, als ob ganz ähnlich die ersten Blätter meiner Jugend von mir abfielen. Hier habe ich oft als junges Mädchen gesessen und von der Zukunft geträumt; doch nie hätte ich gedacht, daß ich einmal Herzogin oder gar Königin werden könnte oder daß es ein solches Glück gäbe, wie es mir zuteil geworden ist. Doch umsonst erhalte ich meine glücklichen Stunden nicht; ich muß viele Aufgaben erfüllen, von denen ich mir ebenfalls nie hätte träumen lassen. Dennoch wünsche ich es mir gar nicht anders. Ich fühle, daß ich von Jahr zu Jahr „wachse", nicht an Gestalt (so sehr ich mir dies wünschte), sondern auf eine ganz andere Art.

Gerade höre ich unten im Burghof die Stimmen der Kinder; es sind Robert und Arnulf, die dort mit Reifen spielen. Richilde wundert sich darüber, daß ich meinen Kindern so viel Zeit schenke. Ich erzähle ihr auch oft von meinen Töchtern, doch sie meint, sie habe lieber Söhne, die hätten eine bessere Zukunft. Manchmal denke ich, sie wäre selbst lieber ein Mann. „Ich werde auch noch zwei Söhne haben", sagte ich zuversichtlich. Sie wunderte sich über meine Äußerung und meinte: „Ihr habt doch schon vier Kinder." Und Mamà, die es gehört hatte, sagte: „Für eine solch zarte Frau wie dich, Mathilde, ist das genug." – „Ich habe dem Herzog aber noch zwei Söhne versprochen", sagte ich. „Außerdem möchte ich zumindest sieben Kinder haben." Mamà aber meinte, wenn ich erst über die Dreißig sei, sollte ich keine mehr bekommen, dann sei der Körper nicht mehr jung genug. „Ich muß es abwarten", sagte ich, indem ich vom Thema abzulenken versuchte; „es hängt alles davon ab, wann mein vierter Sohn geboren wird." Papà und Richard haben sich inzwischen gut angefreundet. Der Kleine läuft jetzt schon sicher an der Hand des Großvaters, der sich stundenlang mit ihm beschäftigt. Ich war heute oben in einem der Turmzimmer, wo alte Kindersachen abgestellt sind, und suchte nach etwas Spielzeug für Richard, denn wir haben nicht viel mitbringen können. Dabei entdeckte ich auch einige alte Puppen, mit denen ich früher gespielt hatte. Ich nahm sie wehmütig zur Hand und beschloß, sie meinen Töchtern mitzubringen. Auch einen Hampelmann und einen zotteligen Bären für Richard fand ich dort.

Mamà macht mir Sorgen. Sie spricht schon dauernd vom bevorstehenden Abschied. Ich versuche sie abzulenken, indem ich oft vom kommenden Michaelisfest rede, zu dem wir liebe Gäste erwarten. Sogar Muhme Aurelie hat sich angesagt. Am Tag zuvor wird meine Fiti reisen müssen. Balduin und einer seiner Vettern begleiten sie. Von mir erhält sie nun endlich, nach vielen Jahren des Wartens, den versprochenen Wandteppich mit dem Schloß von Rouen. Ich habe ihn schon seit drei Jahren fertig, wartete aber immer auf eine Gelegenheit, ihn ihr zustellen zu können. Sie soll ihn noch sehen, ehe sie abreist, denn ich möchte ihre Freude daran miterleben. Fast möchte ich mich gar nicht von ihm trennen. Ich habe angefangen, die Burg von Brügge zu sticken, damit ich immer ein Andenken an meine Heimat habe.

Brügge, Samstag, am 30. des Herbstmonds 1060

Nun ist der Michaelistag mit dem großen Fest vorbei, und ich bin froh darüber. Zwar habe ich mich in Rouen an die Gesellschaft vieler Menschen gewöhnt, aber hier bin ich dieses Mal der einzige Mittelpunkt. Jeder will etwas von mir wissen, und ich muß viele Male dasselbe erzählen. Ich habe Sehnsucht nach Wilhelm.

Nun ist meine liebe Fiti fort, und viele Tränen sind geflossen. „Wenn ich noch daran denke, wie wir in Eu Abschied von dir nahmen", sagte sie mir, „und nun haben wir uns gerade ein paar Tage wiedergesehen und müssen uns erneut trennen!" Sie reist einer unbekannten Zukunft entgegen – gerade wie ich damals vor neun Jahren. Möge sie glücklich in ihrer neuen Heimat werden! Sie hat es gewiß verdient.

Das Wiedersehen mit meiner Muhme war herzlich, doch ich fand sie recht zusammengeschrumpft. Die nach unten verlaufenden Falten ihres Gesichts geben ihr ein griesgrämiges Aussehen, und sie leidet oft unter

Atemnot. „Wie froh bin ich", sagte sie mir, „daß der Heilige Vater endlich deine Ehe gesegnet hat." Und als sie Richard sah, bemerkte sie: „Das ist also das erste in der Ehe geborene Kind." Ich versuchte mich nicht zu ärgern, denn ändern kann ich sie ohnehin nicht.

Die letzten Tage war ich viel mit meinem Bruder Robert zusammen. Wir ritten nach Gent, wo ich allerlei für Wilhelm und die Kinder einkaufte. Ich will möglichst viele Geschenke für meine Familie mitnehmen und muß achtgeben, daß ich niemanden auslasse. Auch Adelaide und meine beiden Nichten will ich bedenken und überhaupt alle Kinder am Hof, die mit meinen Kindern spielen. Wir ritten auch ans Meer und sahen aus der Entfernung den Leuchtturm liegen. „Weißt du noch", fragte ich ihn, „wie wir damals mit dem Herzog hier waren?" Er nickte: „Und wie du in seinem Sattel geritten bist." Fast kommt mir dieses Ereignis jetzt wie ein Sinnbild vor; denn sehr oft muß ich ihn in wichtigen Ämtern vertreten. Wir saßen eine Weile am Strand, gegen eine Holzhütte gelehnt, in der Angelgeräte lagen, und waren so gegen den Wind geschützt. „Wie behandelt er dich, Mathilde?" fragte Robert plötzlich, „sag's mir ehrlich!" Ich antwortete: „So, daß ich ihn jeden Tag entbehre, an dem ich ihn nicht bei mir habe." Er lächelte und sagte: „Schwache Frauen lieben oft starke Männer." – „Ich bin gar nicht so schwach, wie du denkst, Robert." – „Deine Meinung wird ihm wohl nicht viel bedeuten." – „Er läßt mich vieles am Hof selbst entscheiden. Und auch sonst fragt er mich oft, was ich hierzu oder dazu meine." – „Dennoch wirst du seinen Machthunger nicht dämmen können." – „Robert!" wandte ich ein, „er verlangt nichts als das, was sein ist, was ihm als Herzog zusteht. Er schafft Ordnung in seinem eigenen Land und versucht dies auch in den Vasallenstaaten zu tun." – „Allerdings. Er wird sie nach und nach alle verschlucken." – „Wie kannst du das sagen? Er hat bisher nur zurückerobert, was ihm gehört, aber noch niemals ein Nachbarland angegriffen. Selbst den König bekämpfte er nicht persönlich, als dieser wiederholt in die Normandie einfiel." – „Oheim Heinrich war ein Ränkeschmied", gab Robert zu, „und das ist der Herzog nicht. Aber er ist so mächtig, daß er das politische Gleichgewicht stört." – „Das verstehe ich nicht. Dann müßte der Kaiser ja auch das Gleichgewicht stören." – „Der Kaiser ist der Kaiser. Ihm steht alle Macht zu." Ich kniff ihn in den Arm und sagte: „Sprechen wir von etwas anderem, Bruder." Balduin ist da ganz anders. Er bewundert Wilhelm, in dem er das Idealbild eines Fürsten sieht. Wenn schon zwei Brüder derselben Familie solch unterschiedliche Meinungen haben, kann man sich da wundern, daß sich die Menschen im allgemeinen so selten über eine Sache einig werden?

Brügge, Dienstag, am 3. des Weinmonds 1060

Eine Woche noch werde ich bleiben, dann muß ich die Heimreise antreten. Die Kinder fühlen sich hier sehr wohl, sie werden von den Großeltern verwöhnt und können viel draußen auf den Feldern und in den

Ställen umhertollen. Daß es hier nicht so komfortabel ist wie in Rouen, stört sie nicht. Im Schloß von Rouen wird das Regenwasser durch Rohre in den Schacht des privaten Kabinetts geleitet, so daß es ihn ständig ausspült. Dadurch gibt es nicht einen solch schlimmen Geruch wie hier. Auch die Abwässer von der Küche werden dahin geführt.

Es ist jetzt sehr naßkalt und windig. Hoffentlich haben wir auf der Heimreise besseres Wetter. Heute bin ich wieder in etwas bedrückter Stimmung. Dabei habe ich einen Brief von Wilhelm erhalten, den ich freudig in mein Zimmer trug. Ich erinnerte mich, als ich in meinem Lehnstuhl am Fenster saß, wie ich an dieser Stelle schon manchen Brief von ihm geöffnet und danach Tränen vergossen hatte. Er schrieb zuversichtlich, daß er, wenn ich diesen Brief erhielte, schon in Paris sein werde, wo er nun endlich den Friedensvertrag zu unterschreiben hoffe. Die Königin habe zu diesem Anlaß ein großes Fest geplant. Auch wolle sie einiges wegen ihres Sohnes mit ihm besprechen. „Und ferner", schrieb er, „will sie mir ein Geheimnis anvertrauen, das sie nicht in einem Brief niederschreiben will. Sie müsse es mir unter vier Augen sagen. Du siehst, daß nun auch ich auf die Folter gespannt werde. Wenn Du zurückkehrst, werde ich wieder am Hof sein." Ich rollte den Brief nachdenklich zusammen und starrte dann lange aus dem Fenster. Warum nur will ich ihn nie bei der Königin wissen? Er schreibt ganz unbefangen darüber und freut sich über den politischen Erfolg. Ob er sich aber nicht auch darüber freut, sie wiederzusehen? Ja, das ist es, was ich mich frage. Wenn es mich nicht gäbe, hätte er sie dann freien wollen? Wenn er zwischen ihr und mir hätte wählen können, hätte er sich dann vielleicht für sie entschieden? Ich weiß, daß dies dumme Gedanken sind, aber ich kann sie nicht verscheuchen.

Brügge, Dienstag, am 10. des Weinmonds 1060

Nach einigen stark nebeligen Tagen ist es nun wieder klar, und wir haben sicher gutes Reisewetter. Balduin wird morgen aus Deutschland zurückerwartet, und solange will ich bleiben, damit ich meinen Bruder noch einmal sehe, ehe ich reise. Robert deutet mir manchmal an, daß Balduin keinen guten Regenten abgeben werde. Ob es nur Neid auf den älteren Bruder ist, der einmal regierender Graf werden wird? Oder hat er recht? Robert hat einen scharfen Verstand und ist sehr tüchtig und tatkräftig, wie Papà mir sagte. „Balduin ist ein Heißsporn", meinte Papà, „doch hat er Richilde an seiner Seite. Da habe ich später nichts zu befürchten."

Mein Bruder Robert hat sich in den letzten Tagen viel mit Philipp beschäftigt und ihn mit auf die Jagd genommen. „Was hältst du vom jungen König?" fragte ich ihn heute. Robert zuckte mit den Achseln. „Ein launisches und nicht sehr kluges Kind. Aber es ist gut, sich den künftigen Regenten Frankreichs zum Freunde zu machen." Mein Sohn hat sich inzwischen mit Philipp angefreundet. Die beiden Knaben vertragen sich meist gut, und Robert ist immer derjenige, der sich die Spiele ausdenkt und alle möglichen Abenteuer ersinnt. So haben sie gestern beim Burgschneider eine Kiste voll schwarzer Kappen gefunden, die an Mäntel genäht werden sollten, haben diese entwendet und sie den Schafen im Stall heimlich um die Köpfe gebunden. Die haben daraufhin fürchterlich geblökt, bis der Stallknecht nachsah und vor Schreck fast hintenüber gefallen wäre. Die beiden Knaben, die sich hinter einem Strohhaufen versteckt hielten, verrieten sich schließlich durch ihr Lachen. Sie sind jetzt bei Papà, der sie wohl bestrafen wird. Ich muß dies Wilhelm erzählen; er wird seinen Spaß daran haben. Wie es ihm wohl gehen mag? Wäre er nur schon aus Frankreich zurück!

Brügge, Donnerstag, am 12. des Weinmonds 1060

Morgen geht es auf die Heimreise, und mir bangt etwas vor den Reisetagen mit den Kindern. Aber auch die werden wir schließlich überstehen. Am schlimmsten wird der Abschied von den Eltern sein, denn ich weiß ja nicht, wann und ob ich sie noch einmal wiedersehe. Könnte ich ihnen nur die Sterne vom Himmel holen – könnte ich sie nur wahrhaft glücklich wissen! Aber ich spüre, wie traurig sie sind, mich wieder abreisen zu sehen. Mamà weint heute schon den ganzen Tag. Ich habe ihr gesagt, daß ich ihr meinen schönen großen Badezuber hierlasse. Denn ich kann mir in Rouen einen neuen zimmern lassen. Sie war so gerührt vor Freude, daß sie nur noch mehr weinte.

Robert hat sich heute mit Philipp gestritten und sagte mir: „Es ist man gut, daß wir wieder abreisen. Immer möchte ich mit dem nicht zusammensein!" Doch schon ein paar Stunden später sah ich sie wieder miteinander spielen und hörte Philipp zu Robert sagen: „Wenn du weg bist, hab ich gar niemanden zum Spielen mehr." – „Du hast ja Arnulf." – „Ach, den Kleinen!" meinte Philipp verächtlich. „Es sind ja noch andere Kinder hier", meinte Robert. „Nur Ritterssöhne", bemerkte Philipp, „mit denen spielt ein König nicht." Ich bin ganz froh, daß die beiden nun getrennt werden, denn Philipp hätte keinen guten Einfluß auf Robert. Hoffentlich kann Papà durch seine Erziehung etwas bei ihm bewirken.

Später

Dies ist meine letzte Nacht in Brügge. Wenn es nur schon überstanden wäre! Ich habe eben leise vor mich hingeweint. Warum gibt Gott uns Menschen, die wir lieben, wenn diese Liebe uns so viel Leid bringt? Mein großer Wunsch, sie alle wiederzusehen, ist erfüllt worden. Aber bin ich darob glücklicher geworden? Im Gegenteil – es ist fast, als sei eine verheilte Wunde erneut aufgerissen worden. Mamà liegt schon im Bett, möchte mich aber noch einmal sehen. Ich will mein Bestes tun, ihr Trost zuzusprechen.

Rouen, Freitag, am 20. des Weinmonds 1060

Nun bin ich gottlob wieder zu Hause, in einer ganz anderen – meiner eigenen Welt. Wilhelm war bereits aus Frankreich zurück, als wir eintrafen, und erwartete mich unten in der großen Halle. Ich vergaß die Umherstehenden und eilte sofort in seine Arme. Er preßte mich eine Weile an sich, dann sagte er: „Eure Töchter sind nicht mehr zu bändigen, Madame. Ich habe versprochen, Euch sogleich hinaufzuschicken." Dann ließ er mich los und hob Robert in die Höhe. „Wie ist dir die Reise bekommen, Gamberon? Hast du flämisch gelernt?" – „Das ist ja eine kuriose Sprache", rief Robert aus, „da lerne ich viel lieber lateinisch." Barbara war neben Wilhelm niedergekniet und küßte ungestüm seine Hand, wonach er Richard aufhob.

Oben in meinem Zimmer stand Adelaide mit Agathe und Cäcilie, während Adi und Judith brav im Hintergrund warteten. Beide Mädchen hatten Asternsträuße in den Händen und waren in neue Tuniken gekleidet. Sie sahen so herzig aus, daß ich meine Arme ausbreitete und rief: „Ihr Engelsgeschöpfe, wie habe ich euch entbehrt!" Beide stürzten auf mich zu und warfen die Blumen in meinen Schoß, während ich am Boden kauerte und sie in die Arme schloß. „Du darfst nun aber nie mehr so lange weggehen!" sagte Agathe vorwurfsvoll, und Cäcilie fügte hinzu: „Das ist dann zu traurig!" Ich küßte sie beide mehrmals und begrüßte danach Margarete, Adelaide und ihre Kinder. Ursula und Héloise hatten mein Bad bereitet, Clothilde hatte mir allerlei Leckerbissen ins Zimmer gestellt und Efeuzweige an meine Bettvorhänge gesteckt, und die anderen Kammerfrauen standen im Gang, eifrig darauf wartend, mich begrüßen zu können. Ich wurde mit Liebe überschüttet. Als ich später mit Wilhelm allein die Abendmahlzeit einnahm, sagte ich ihm: „Zu Hause ist hier in Rouen!"

Später

Mein Bett wartet auf mich, und mir kommt das Gedicht des Catullus in den Sinn, das er schrieb, als er nach Sirmio zurückkehrte:

Was könnte uns mehr erfreuen
Als alle Bürden nun abzuwerfen,
Die der müde Geist in der Fremde gesammelt,
Zum eigenen Herde zurückzukehren,
Zum lang ersehnten Bett!

Rouen, Sonntag, am 29. des Weinmonds 1060

Heute hatte Wilhelm einmal mehr Zeit für mich und hat mir etwas von Paris und der Unterzeichnung des Friedensvertrages erzählt. Die Königin erwähnte er kaum, auch nicht ihr „Geheimnis". Doch fragte er mich viel über Flandern, die Eltern und die Brüder, und ich gestand ihm: „Obgleich ich mich so sehr auf das Wiedersehen gefreut hatte, Wilhelm, fand ich sie alle so verändert." Wilhelm lächelte und drückte meine Hand. „Ich glaube, sie sind alle so, wie sie immer waren, Joujou. *Du* bist es, die sich verändert hat." Er mag recht haben. Wie auch sollte ich mich nicht ändern, wenn ich tagtäglich an seiner Seite lebe?

Rouen, Mittwoch, am Allerheiligentag 1060

Ich genieße meine Familie wie nie zuvor, besonders an den Feiertagen, wenn ich sie alle um mich habe. Agathe und Cäcilie weichen kaum von meiner Seite, als fürchteten sie, ich könnte ihnen wieder entschlüpfen. Ich habe ihnen heute von den Großeltern erzählt, und dabei sind mir die Tränen gekommen, besonders, als ich an Mamà dachte. Sonst aber ist die Traurigkeit ganz von mir gewichen. Viele Pflichten warten hier auf mich, aber ich weiß ja Wilhelm wieder bei mir! Heute habe ich ihn mit Mühe und Not von der großen flandrischen Truhe zurückgezogen, die in meinem Zimmer hinter einem Vorhang steht. „Da darfst du nicht ran, Wilhelm, das sind lauter Überraschungen für den Barbaratag." – „Ich bin aber kein Kind mehr", wandte er scherzend ein und schickte sich an, die Truhe aufzuklappen. Ich fiel ihm in den Arm, und wir rangen eine Weile miteinander, bis er sagte: „Gegen eine solch starke Frau kann ich nicht länger ankämpfen!" Ich schlang meine Arme um seinen Hals und sagte: „Du wirst es auch nicht bereuen." Er hob mich auf, als sei ich eine Feder, und küßte mich – wie er es zuweilen tut – viele Male hintereinander, so daß ich kaum Atem schöpfen konnte. Unsere Liebe wird kein Ende nehmen. Und ich werde gewiß noch Kindern das Leben schenken, wenn ich über dreißig bin. Beim nächsten Osterfest bin ich schon 29 Jahre alt, und bis dahin möchte ich wieder ein Kindlein unter dem Herzen tragen.

Rouen, Sonntag, am 5. des Nebelmonds 1060

Man sollte es nicht für möglich halten! Berengar hat wieder eine Schrift verfaßt, in der er die Lehre von der Transsubstantiation angreift. Man hat Lanfranc darüber berichtet, doch dieser schrieb Wilhelm, daß er sich nicht einmischen werde. „Was über dieses Thema gesagt werden kann, ist beiderseits gesagt worden", schrieb er. „Man kann die Denkweise eines Menschen nicht durch Konzilien oder erzwungene Unterschriften ändern." Und dann fügte er hinzu, was er schon früher gesagt hatte: „Was die Menschen *denken*, ändert nichts an der Wahrheit, die *ist*."

Meine neue Kammerfrau Ursula wird jetzt etwas gesprächiger. Sie sieht immer sehr ordentlich und sauber aus, hat die blonden Haare adrett unter die Haube gesteckt und rafft ihr Gewand zierlich mit den Händen. Wie sie mir sagte, hat sie, als sie jünger war, einige Male als Maienkönigin getanzt.

Rouen, Donnerstag, am 16. des Nebelmonds 1060

Ich wundere mich oft darüber, daß Wilhelm Judith so viel um sich duldet. Seine eigenen Kinder läßt er zu gewissen Stunden nicht in sein Wohnzimmer – wenn er zum Beispiel an einem wichtigen Plan arbeitet und nicht gestört sein will oder wenn sein Kammerdiener ihm in die Kleider hilft. Heute aber sah ich Mouche (wie er sie immer nennt) auf seinen Knien sitzen, während Egon ihm mit einer gebogenen Schere die

Zehennägel schnitt. „Du hast aber große Zehen!" sagte sie bewundernd, „wie ein richtiger Herzog!" Egon lachte und bemerkte: „Wahr gesprochen, kleine Demoiselle. Und wohlgeformte Zehen wie ein junger Gott." – „Was ist ein junger Gott?" wollte Judith wissen. „Unser Herzog ist ein junger Gott", erwiderte Egon, ohne zu zögern. Ich entschloß mich, Mouche dort zu lassen, wo sie war, und ging in meine Zimmer zurück. Es ist hier so ganz anders als in Brügge – so leicht und fröhlich, so voller Licht; und damit meine ich ein Licht, das von innen aus der Seele strahlt. Es ist vor allem Wilhelm, der dieses Licht verbreitet.

Rouen, Samstag, am 18. des Nebelmonds 1060

Heute habe ich Cäcilie erklärt, was die Handwerker und Diener am Hof tun müssen. Sie hatte von Heinrich einen Bilderbogen bekommen, auf dem ein Schmied mit seinem Hammer auf glühendes Eisen schlägt. „Der macht die Hufeisen für die Pferde", erklärte ich ihr. „Er schmiedet auch Nägel und Eisenbeschläge für die Wagen, damit sie nicht kaputt gehen." Dann erzählte ich ihr von den Stallknechten, welche die Pferde füttern und die Ställe fegen, von den Dienern, welche die Fußböden säubern und frische Binsen streuen, von der Wäscherin, welche die Bettücher, Tischtücher und Handtücher einweicht, sie dann in einer Lösung von Holzasche und Natrium schlägt, sie spült und aufhängt, und von den Köchen, die den Braten am Spieß wenden, die Suppen kochen und Brote backen. Sie wollte auch gern solch schöne Bilder malen wie die auf dem Bogen vor ihr, und ich ließ ihr eine Schiefertafel bringen. Sie sitzt schon seit einer Stunde vor der Tafel und schmiert allerlei mit dem Griffel, wobei sie oft weint und es wieder auslöscht. Ich schaute ihr gerührt zu. Ganz so möchte auch ich manches in der Welt auslöschen, was die Menschen falsch machen. Aber kann ich es selbst besser vollbringen? Sind wir nicht alle den kleinen Kindern ähnlich, die sich vergeblich bemühen, etwas Vollkommenes zu schaffen und einsehen müssen, wie ohnmächtig sie sind?

Rouen, Freitag, am 24. des Nebelmonds 1060

Wilhelm rief mich heute in sein Zimmer und zeigte mir eine Briefrolle, die soeben von einem Kurier überbracht worden war. Darin hieß es, daß Graf Gottfried von Anjou nach kurzer und schwerer Krankheit im Kloster von St. Nicholas d'Angers verstorben sei. Er habe sich, als er schwer krank wurde, ins Kloster bringen und dort als Mönch weihen lassen. „So hat er besser geendet, als er gelebt hat", sagte Wilhelm, als ich ihm den Brief zurückreichte. Eine Weile sahen wir uns stumm an. Dann sagte ich: „Wilhelm, nun sind zwei deiner ärgsten Feinde nicht mehr unter den Lebenden: der König und der Graf von Anjou." – „Ja", sagte er, indem er still vor sich hinblickte, „der Herr bereitet mir den Weg." – „Welchen Weg, Wilhelm?" – „Ich spreche von dem Weg, der zu höheren Aufgaben und Pflichten führt." Er schwieg, dann fuhr er fort: „Es ist ein steiler Weg, und ich brauche zum Anstoß frischen Wind im

Rücken. Danach kann ich aus eigener Kraft weitersteuern." Ich trat hinter ihn und legte meine Hände auf seine Schultern. „Wilhelm, manchmal ist es schwer, dich zu verstehen." Er lehnte den Kopf zurück und sah zu mir auf. „Besonders dann, wenn du es nicht verstehen *willst*." Da wußte ich, daß er von England und seinem künftigen Königtum sprach.

Rouen, Montag, am 4. des Christmonds 1060

Dies war gewiß der schönste Barbaratag, den die Kinder erlebt haben. Die Geschenke aus Flandern – von den Großeltern und von mir – übertrafen alle Erwartungen der Kinder. Robert erhielt unter anderem eine neue Armbrust, die ihm sein Oheim Robert selbst gefertigt hat, die Mädchen fanden neue Puppen mit flämischen Kleidern, Stoffbälle und Stofftiere, Richard bekam meinen zotteligen Bären und war so selig, daß er zu atmen vergaß und schließlich tief aufseufzte, den Bären bei den Ohren ergriff und vorsichtig seine Knopfaugen abtastete. Dann schaute er mich strahlend und fragend an, als könne er sein Glück gar nicht fassen. Wilhelm erhielt von mir eine Tunika aus feinster Wolle, wie man sie in Ypern fertigt. Ihm gefiel die blaue Farbe sehr, weil sie von der Farbe meiner Augen sei. Zum Jubel der Kinder ließ Wilhelm überraschenderweise eine Schlittenfahrt ankündigen, denn es hat seit vorgestern in dicken Flocken geschneit. Mit vier Schlitten sind wir davongezogen, haben Futter für das Wild mitgenommen und auch versucht, eine Schneeburg zu bauen. Doch der Schnee war zu pulverig und hielt nicht zusammen, was Robert sehr enttäuschte. Richard saß still auf meinem Schoß, seinen Bären im Arm, und schaute den anderen Kindern zu. Ich war ganz froh, als wir wieder zurück waren, denn meine Füße waren eiskalt geworden. Ich streckte sie vor dem Kamin aus und dachte an das bevorstehende Weihnachtsfest. Wilhelm will mich nach Lillebonne mitnehmen und sagte mir, wir würden bis kurz vor Jahresende dort bleiben. „Dann kann ich Richard aber nicht stillen", sagte ich, und er meinte: „Das brauchst du nun nicht mehr." Vor zwei Jahren waren wir im tiefsten Winter in St. Wandrille. Ich träumte vor mich hin und sah im Geiste dieses Winterparadies vor mir, wo ich Wilhelm ganz für mich hatte.

Rouen, Mittwoch, am 13. des Christmonds 1060

Wilhelm hat heute von einer seiner Basen, Adelaide, die ich noch nie gesehen habe, etwas Erschütterndes erfahren. Sie war mit Robert Giroye von Echauffour vermählt und, wie Wilhelm mir erzählte, sei es eine Liebe auf den ersten Blick gewesen. Giroye sah sie, als er mit ihrem Vater Thurstan zu Tisch saß, und hielt bald darauf um ihre Hand an. Diese Adelaide hat vor etwa zwei Wochen, als sie abends mit ihrem Mann am Kamin saß, mit vier Äpfeln gespielt, die sie – wie Jongleure es tun – abwechselnd in die Höhe warf. Er fing sich einen davon und aß ihn. Doch nicht lange danach wurde es ihm sehr übel, und er konnte sich gar nicht mehr erholen. Nach fünf Tagen war er tot. Dies hat allen ein großes Rätsel aufgegeben. Sicher war der Apfel vergiftet – aber wer kann es getan haben? Seine eigene Frau sicher nicht, obgleich einige das denken. „Jede Schuld rächt sich früher oder später", sagte Wilhelm. „Dieser Giroye war der Mörder meines lieben Vormunds, des Grafen von Brionne. Er überfiel ihn von hinten, als dieser sich in einem friedlichen Gespräch mit Josselin von Pont Echauffour befand. Dann stob er davon und ward lange nicht mehr gesehen." Alle sind heute sehr bedrückt, auch die Kammerfrauen, die davon erfahren haben, und Barbara sagte: „Wenn so etwas bei uns am Hof geschähe, würde ich schon herausfinden lassen, wer das getan hat." Wo man nur hinsieht, gibt es Leid, Sünde und Unfrieden. Die reine weiße Schneedecke, die draußen die Erde bedeckt, verbirgt viele Wunden und Schwären. Ich denke manchmal, daß ich hier in unserem Schloß wie auf einer Insel lebe, wo ich vor der grausamen Welt beschützt bin.

Rouen, Donnerstag, am 14. des Christmonds 1060

Mabille sprach heute mit Adeliza und mir über den rätselhaften Tod von Giroye, und ich merkte ihr an, welche Genugtuung es ihr verschaffte. Niemand haßt die Echauffours mehr als sie. Am liebsten würde sie die ganze Sippe ausrotten lassen, weil sie immer fürchtet, einer von ihnen könne Roger etwas zuleide tun. „Man sieht, wie viele Feinde die Echauffours haben", sagte sie. „Selbst seine Frau hielt es nicht mehr bei ihm aus." Nach einer Weile bemerkte sie: „Es muß ein Gift gewesen sein, das man nicht schmeckt, denn sonst hätte er den Apfel nicht zu Ende gegessen." Wir sagten nichts darauf, weil Adeliza mir gerade den neuen Ärmelschnitt ihrer Tunika zeigte, der mir sehr gefiel. Als ich wieder zu Mabille hinblickte, bemerkte ich, wie sie starr auf einen Punkt sah und, wie zu sich selbst, flüsterte: „Ein Gift, das man nicht schmeckt..." In diesem Augenblick kam sie mir unheimlich vor.

Rouen, Samstag, am 16. des Christmonds 1060

Heute ist Arnold, der Neffe von Giroye, des Landes verbannt worden. Wilhelm und der Gerichtshof haben ihn des Verrats am Herzog bezichtigt, denn er hat damals heimlich auf seiten des Grafen von Anjou gestanden und ihm Nachrichten zugetragen. Die Beweise waren erdrückend, weil einige Briefe abgefangen worden waren. Immer wieder beteuerte Arnold, daß er nun ganz anderer Gesinnung sei und dem Herzog seine Treue schwöre. Wilhelm gibt ihm Bewährungsfrist in Apulien, wo er unter Robert Guiscard dienen soll.

Aufgrund all dieser unangenehmen und aufregenden Geschehnisse ist mir noch gar nicht weihnachtlich zumute. Draußen aber sorgt der dicke Schnee dafür, daß wir uns auf das hohe Fest rüsten. Wir Frauen sollen mit Schlitten nach Lillebonne gefahren werden, was ich wunderbar finde. Agathe weint schon, weil sie glaubt, ich bliebe wieder so lange fort. „Es sind doch nur ein paar Tage, Schätzlein", sagte ich tröstend, „und am Christfest erzählt Barbara euch die Geschichte vom Jesuskind."

Sie nickte – mit Tränen in den Augen. Gibt es etwas Herzigeres als meine Kinder?

Lillebonne, Sonntag, am Heiligen Abend 1060

Bis eben habe ich mit Adeliza unten im kleinen Saal am Kamin gesessen und zugesehen, wie sie an einem winzigen Wams nähte. Sie vertraute mir an, daß sie guter Hoffnung sei. „Wie steht es mit Euch?" fragte sie lächelnd; „Euer kleiner Richard läuft doch schon und ist ein großer Bub geworden." – „Ja", sagte ich nur, weiter nichts. Wilhelm hat heute einen Brief von der Königin erhalten; ich hörte, wie der Bote es ihm sagte. Er steckte die Rolle in seinen Ärmel, ohne den Brief aufzumachen, denn er war im Gespräch mit Odo. Bis jetzt hat er mir noch nicht gesagt, was der Brief enthält. Im Kamin knistern die Holzscheite, und bald ist es Zeit, zur Mitternachtsmesse zu gehen. Ich habe auf einmal das große Verlangen, wieder ein Kind zu empfangen. Ich möchte Wilhelm wieder ganz nahe sein, um all meine Zweifel zu vergessen.

Rouen, Sonntag, am 31. des Christmonds 1060

Wenn ich auf dieses Jahr zurückblicke, bin ich voll des Dankes. Für so viele Menschen war es ein Jahr des Kummers, für einige vielleicht ein Jahr der kleinen Freuden, doch für mich war es ein Jahr großer Erfüllung. Sogar Flandern habe ich wiedersehen dürfen, wenn dies auch ein bittersüßes Erlebnis war. Ich bin soeben ganz allein auf den Turm hinaufgestiegen, weil ich Wilhelm nicht finden konnte. Es war gar nicht sehr kalt und ziemlich windstill. Friedlich lag das Land unter der Schneedecke da. Plötzlich hörte ich feste Schritte auf den Treppen, und als ich den Kopf wandte, sah ich Wilhelm kommen. Freudig streckte ich die Hand nach ihm aus. Er legte den Arm um mich, und wir schauten eine Weile stumm auf die Landschaft unter uns. „Wilhelm", sagte ich, „das Jahr hat uns so viel Gutes gebracht: den Frieden, das Freisein von Feinden – und für mich das Wiedersehen mit den Eltern." – „Ja", sagte er, „Gott hat es gut mit uns gemeint." Dann fragte er: „Und was erhoffst du dir vom neuen Jahr?" Ich legte den Kopf an seine Schulter und sagte leise: „Wieder ein Kind." Er antwortete nicht, drückte mich aber zärtlich an sich.

Ich habe meine Harfe hervorgeholt und will einige der Halleluja-Verse singen, bis Wilhelm mich zur Messe holt.

Laßt die Schar der Seligen
Auf den Fluren des Paradieses
Mit ihren Harfen spielen und singen:
Halleluja!
Selbst die flimmernden Sterne
Lassen ihr Licht erstrahlen
Und singen und jubilieren:
Halleluja!

Rouen, Donnerstag, am 4. des Hartung 1061

Das neue Jahr beginnt mit einem freudigen Ereignis. Muriels Vermählung soll übermorgen, am Dreikönigstag, stattfinden, doch nicht hier, sondern auf Hugos Wunsch in Avranches. Möge sie zumindst halb so glücklich werden wie ich es bin!

Wilhelm führt die hiesigen Landesgesetze jetzt auch in den Vasallenstaaten ein – vor allem das Feuerlöschgesetz. Auch will er für die Erhaltung der Jagdgründe sorgen; und diese schließen nicht nur die Wälder, sondern oft ganze Dörfer und auch Brachland ein. Den Baronen ist dies gar nicht recht, denn oft dürfen sie selbst auf dem Land, das sie bewohnen, nicht jagen. Kleineres Wild zu erlegen, gestattet Wilhelm ihnen allerdings – als da sind Füchse, Hasen, Dachse, Eichhörnchen, Wildkatzen, Marder und Otter. Denn diese fügen den Hirschen und Wildschweinen oft Schaden zu. Doch muß jeder Baron sich auch für das kleinere Wild erst das Jagdrecht erwerben. Rothirsch, Damhirsch, Reh und Wildschwein dürfen nur im Auftrag des Herzogs gejagt werden. Hierzulande dürfen sich die Barone nicht einmal Jagdhunde halten und eine Armbrust besitzen, es sei denn mit besonderer Erlaubnis des Herzogs. Jeder Hund in den Jagdgründen muß gemeldet sein, und es wird darauf geachtet, daß von jedem Fuß drei Zehen abgeschnitten werden, damit sie im Laufen behindert sind. Es gibt dieserhalb manches Gemurre – wie anfangs immer, wenn ein neues Gesetz erlassen wird, an das die Leute noch nicht gewohnt sind. Wilhelm meint, anders könne man das Wild nicht schützen; die Leute hätten keinen Verstand und würden in ihrem Jagdeifer die Tiere zu Massen morden.

Nach dem Dreikönigstag beginnen die Sitzungen der Curia wieder; da sollen diese Gesetze niedergeschrieben und wirksam gemacht werden.

Rouen, Dienstag, am 16. des Hartung 1061

Ich habe heute ein wenig Zeit, aber es gibt nicht viel zu berichten. Adeliza geht es nicht sehr gut, sie muß viel im Bett liegen, und fitzOsbern ist besorgt um sie. Dazu hat sie ihre Kinderfrau verloren, und es ist gar nicht so leicht, eine zu bekommen, die mit den wilden Kindern des Seneschalls fertig wird. Wie glücklich bin ich mit meiner Barbara dran! Wilhelm läßt Robert jetzt oft zu den Handwerkern gehen, damit er ihnen zusieht, wie sie im Winter ihre Geräte ausbessern, oder er läßt ihn in die Schmiede oder eine Mühle führen, damit er alles mit eigenen Augen sieht. Dann erzählt er später den anderen Knaben von seinen Erlebnissen, wobei er immer ein wenig übertreibt und in seinem Eifer Dinge sagt, die gar nicht stimmen. Aber das tun wohl alle Kinder.

Rouen, Montag, am 22. des Hartung 1061

Ich erhielt einen Brief von meinem Bruder Robert, in dem er mir mitteilt, daß er wieder in Kennemerland sei, um Graf Florian im Kampf gegen den Bischof von Utrecht zu unterstützen. Einige aufsässige Ritter hätten sich mit letzterem verbündet. Auch Mamà hatte einige Zeilen beigelegt. Die Ärmste leidet so sehr unter der Trennung von mir. „Jetzt ist es noch schlimmer als beim ersten Abschied", schrieb sie. „Nachdem du abgereist warst, habe ich mich auf dein Bett gelegt und in dein Kopfkissen geweint. Wann werden wir uns nun wiedersehen – werde ich überhaupt so lange leben?" Ich vergoß einige Tränen, als ich dies las. Ihre Worte ziehen schmerzhaft an meinem Herzen. Sie teilte mir dann noch ihre Sorge um Robert mit, und ich erfuhr etwas, das Robert mir nicht mitgeteilt hatte. Seit einiger Zeit schon habe er eine Liaison mit einem Bürgermädchen, und das gäbe Anlaß zu Gerede. „Er hat sein Herz an sie gehängt", schrieb Mamà, „aber wohin soll das führen? Bisher hat es so etwas in unserer Familie nicht gegeben." Seufzend ließ ich den Brief sinken. Was kann ich tun, um zu helfen? Aus so weiter Ferne gar nichts. Ich kann nur beten, daß alles ein gutes Ende nehmen möge.

Rouen, Freitag, am 2. des Hornung 1061

Heute feiern wir das Lichtmeß, und die Bauern haben mit dem Pflügen begonnen. Es gab eine Art Mummenschanz, und am Abend führte Taillefer einen gefährlich aussehenden Schwertertanz auf. Er kann sein Schwert in die Luft werfen, daß es sich dort dreht, und es dann richtig beim Griff wieder auffangen. Dann mimte er den hl. Georg im Kampf mit dem Drachen. Ein anderer Mime hatte sich einen Drachenkopf übergestülpt und trug ein fließendes grünes Gewand. Die Kinder durften von oben aus zusehen und schrien oft vor Aufregung. Adeliza mußte Roger festhalten, weil er sich so weit über die Brüstung beugte, daß er fast herabgefallen wäre.

Rouen, Samstag, am 10. des Hornung 1061

Heute, als ich mit Wilhelm in seinem Wohnzimmer saß und wir uns beide über den Bauplan des Kirchenschiffes meiner künftigen Abtei neigten, um zu sehen, ob der Baumeister die Fenstergläser richtig bemessen hatte und ob uns die Glasmalereien des lombardischen Künstlers gefielen, wurde ein Sonderkurier gemeldet. Er käme aus Frankreich. Wilhelm ließ ihn sogleich eintreten und nahm einen Brief von der Königin in Empfang. Er entließ den Kurier und öffnete langsam den Brief. Ich schaute ihn an, während er las, sah aber nur eine leichte Bewegung seiner Augenbrauen, sonst nichts. Dann rollte er den Brief zusammen und schaute wieder auf die Kopien der Glasmalereien, von denen eine die Trinität darstellte: Gottvater, unseren Herrn Christum und eine Taube mit ausgebreiteten Schwingen – den heiligen Geist. Da er gar nichts zu dem Brief sagte, fragte ich ihn schließlich: „Hast du immer noch Geheimnisse mit der Königin?" Er blickte lächelnd auf und erwiderte: „Nicht mehr lange. Bald wird es die ganze Welt wissen." – „Was wird sie wissen?" Er nahm die Briefrolle wieder zur Hand, schaute kurz hinein und sagte: „Die Königin wird sich noch in diesem Monat vermählen." Ich gab einen erstaunten Ausruf von mir: „So bald nach dem Tode des

Königs?" – „Sie meint wohl, daß ein halbes Jahr Trauer für einen Mann, den sie nicht geliebt hat, genüge." – „Wer ist es denn, Wilhelm?" – „Raoul de Crépi." – „Raoul?" rief ich überrascht aus. Im Geiste sah ich ihn wieder vor mir, wie er uns die Botschaft vom Tode König Heinrichs überbrachte. „Was sagst du dazu, Wilhelm?" – „Ich begrüße es", meinte er. „Raoul ist der Vetter Walters, des Grafen vom französischen Vexin. Er ist uns sehr gewogen. Anna wird den französischen Hof verlassen und auch nicht mehr über ihren Sohn Philipp zu bestimmen haben. Philipp ist in unserer Hand, und seine Mutter wird mir helfen, das Vexin zu einem freundschaftlichen Nachbar- und Vasallenstaat zu machen."

Wir schwiegen eine Weile, und ich versuchte, das soeben Gehörte zu verarbeiten. Da sagte er, mehr zu sich selbst als zu mir: „Möge sie in ihrer zweiten Ehe glücklich werden!" – „Du scheinst sehr besorgt um sie", entfuhr es mir da. Er sah erstaunt auf und schaute mich durchdringend an. Sein Blick machte mich unsicher, und ich stammelte: „Ich – ich meine nur, es ist gut, daß du dich um sie sorgst..." Noch immer fühlte ich seinen fragenden Blick auf mir ruhen und wagte nicht aufzuschauen; ich starrte beharrlich auf die weiße Taube, die über dem Haupt Christi schwebte. Schließlich aber zwang mich sein Blick, zu ihm hinzuschauen – und da fühlte ich, wie schon unzählige Male, daß er in meiner Seele las wie in einem offenen Buch.

„Quält dich etwas, Mathilde?" fragte er. Ich fühlte, wie ich errötete; dann sagte ich: „Manchmal denke ich, Wilhelm, es gibt so viele Frauen, mit denen ich mich nicht messen kann – und ich meine, es könnte dir einmal eine solche gefallen." – „Und was meinst du, daß ich dann täte?" Nun wurde ich noch verlegener. „Gar nichts – ich meine nur, du könntest denken... du könntest vielleicht bedauern, daß du ihr nicht eher begegnet bist, ehe du mich kanntest." Er sagte nichts, und ich schaute ihn zaghaft an. Seine Augen lächelten, und er bemerkte ruhig: „Eine solche Enttäuschung würde ich schon verwinden." – „Ach, Wilm", sagte ich, indem ich zu ihm hinging und meine Arme um seinen Hals legte, „dich bekümmert rein gar nichts auf dieser Welt." Er erwiderte: „Ich habe mich längst mit dir abgefunden." Da setzte ich mich auf seine Knie, schmiegte mich an ihn und bat: „Laß uns nach St. Wandrille gehen!" Er schüttelte den Kopf. „Da hat es bei der Schneeschmelze eine große Überschwemmung gegeben. Wir müßten mit dem Boot hinrudern." Vergessen waren nun die Baupläne und Glasfenster für die Kathedrale. Wir sprachen von unserem nächsten Kinde, und ich meinte: „Wir sollten nicht bis zum Aschermittwoch warten, denn während der Fastenzeit dürfen Eheleute keine Kinder zeugen." – „Du weißt, daß ich nichts von diesen Regeln halte." – „Ich auch nicht, Wilhelm, aber um der Leute wegen! Sie könnten es sich hinterher ausrechnen." Da lachte er herzlich. Nach einer Weile fragte er: „Bist du bereit?" Ich nickte: „Seit langem!"

Nun erwarte ich ihn heute oder morgen. Ich will ihn mir wieder ganz nahe wissen, um alle törichten Gedanken zu vergessen.

Rouen, Montag, am 12. des Hornung 1061

Gestern war er bei mir, und all meine Bedenken sind zerstreut. Und dennoch: Es war anders als sonst. Ich habe ihn so sehr begehrt wie noch nie, und darob habe ich ganz vergessen, an die Seele zu denken, die wir zu uns rufen wollten. Ich konnte nur an ihn denken und verspürte den Drang, ihn ganz an mich zu fesseln und nie wieder loszulassen. Heute fühle ich mich etwas leer und enttäuscht. Wie schnell vergeht ein Augenblick der Lust! Man kann nicht ewig so eins sein, man löst sich wieder voneinander und fühlt sich danach abgetrennt von dem geliebten Menschen. Ich sehe vom Fenster aus zu, wie sich die Elite der herzoglichen Reiter zur Gefechtsübung versammelt, und höre Wilhelms Kommandorufe. Er hält seine Ritter beschäftigt, damit sie in der Übung bleiben. Sie werden heute nicht auf Wild, sondern auf bestimmte Zielscheiben schießen, die bei Emandreville aufgestellt worden sind. Seine Welt ist eine andere als meine. Neben mir sitzt Cäcilie und tut unter meiner Aufsicht die ersten Stiche auf einem Leinentüchlein. Und in mir keimt vielleicht schon ein neues Leben.

Später

Es ist schon spät, aber ich kann nicht schlafen und bin wieder aufgestanden, um noch einige Zeilen zu schreiben. Immer noch bin ich etwas traurig. Es ist eine unerfüllte Sehnsucht in mir, die ich mir nicht erklären kann. Wenn nur Wilhelm noch einmal zu mir käme! Oder soll ich gar zu ihm gehen? Irgend etwas hält mich davon zurück. Und doch verzehre ich mich vor Sehnsucht nach ihm. Gleichzeitig weiß ich, daß ich nach mehr verlange als nach seiner leiblichen Nähe. Ich möchte in der Umarmung mit ihm sterben – und das Gefühl des Einsseins mit ihm müßte in alle Ewigkeit andauern. Am liebsten spräche ich mit ihm darüber, doch scheue ich mich etwas davor... Soeben habe ich durch einen Spalt der Portière zu ihm hinübergeblickt und ihm in Gedanken gute Nacht gewünscht...

Rouen, Mittwoch, am 14. des Hornung 1061

Er war wieder eine Nacht bei mir, und da habe ich ihm auf einmal alles gesagt, was mich so schwermütig macht – alle meine absonderlichen Gedanken. „Wenn ich dich ganz für mich habe“, sagte ich, „bin ich traurig darüber, daß ich dich nicht immer so festhalten kann. Und dann ist eine solch große Sehnsucht in mir, daß sie durch gar nichts erfüllt werden kann, auch nicht durch die höchste Erfüllung. Weißt du, was ich meine?“ Er zog meinen Kopf in seinen Arm und strich leise über mein Haar. „Die Sehnsucht, von der du sprichst, Mora, kann dir nur Gott erfüllen.“ Ich schloß eine Weile die Augen und lauschte seinen Worten nach. Dann richtete ich mich etwas auf und schaute auf ihn herab. Er lag ruhig mit geschlossenen Augen da. Leise ließ ich meine Finger über seine Stirn, seine breiten Augenbrauen, seine Wangen, seine Lippen und sein Kinn gleiten. Dann flüsterte ich: „Nur unser Herrgott kann einen solchen wie dich erschaffen haben." Danach schlief ich, meinen Kopf an seine Schulter gelehnt, ein und träumte, ich schwebte durch die Ewigkeit, die von einem hellen Licht erfüllt war. Überall suchte ich nach Wilhelm, konnte ihn jedoch nicht finden. Ich sah vielfarbige zarte Wolkengebilde, schimmernde Seen, die wie Silber funkelten, Sträucher mit riesigen Blüten und zarte Elfen, welche die Blütenblätter abschüttelten und sie, fliegend, wieder einfingen. „Wo ist er – wo ist er?" rief meine Seele. Auf einmal hörte ich seine Stimme, die aus meinem Herzen kam: „Ich bin hier." Und da erfaßte mich ein solch großes Glücksgefühl, daß ich es in Worten nicht beschreiben kann. Alle Bilder, alle Töne, alle Blumendüfte entschwanden – es war nur noch dieses beseligende Gefühl da, und ich wußte: „Das ist es, was ich suchte!" Als ich erwachte, war er nicht mehr da – doch ich war noch so sehr von meinem Traum umfangen, daß ich lange still dalag, mich diesem seligen Gefühl hingebend. Nun ist es schon wieder abgeklungen. Oh – wenn das Leben nach dem Tode so glückselig ist, wie ich es heute nacht im Traum erlebte, dann bleibt mir nichts mehr zu wünschen übrig!

Rouen, Aschermittwoch, am 28. des Hornung 1061

Wir hatten Robert zur Messe mitgenommen, und er fragte mich hernach, warum der Bischof uns das Aschenkreuz auf die Stirn gemalt und gesagt habe, wir seien aus Erde gemacht. „Ich bin nicht aus Erde, ich bin ein richtiger Mensch!" empörte er sich. Ich erklärte ihm nun, wenn ein Mensch sterbe, werde der Körper wieder zu Erde. Nur die Knochen blieben zurück. „Laß dir vom Magister das Skelett zeigen, das in der Kammer hinter dem Büchersaal steht", sagte ich. Er lief gleich davon, konnte aber den Magister nicht finden. Da die Kinder an diesem heiligen Tag keinen Lärm im Schloß machen dürfen, sind sie zum Turmverließ hinaufgeklettert. Doch auch von dort oben waren sie noch gut zu hören – es sind die unzertrennlichen drei: Robert, Robbi und Roger. Sie spielen wieder den hl. Georg im Kampf mit dem Drachen...

Rouen, Samstag, am 3. des Lenzmonds 1061

Man denke sich nur: Der König von Kastilien, Ferdinand I., hat Wilhelm einen prächtigen Rappen als Geschenk übersandt. Er bewundere den großen Herzog, der sein Land so weise regiere und keine Mühe scheue, in Süditalien gegen die Mohren zu kämpfen und der Christenheit diese lang verlorenen Gebiete wiederzuschenken. König Ferdinand ist ein sehr frommer Monarch, wie Wilhelm mir sagte, und habe kürzlich sogar den Kaisertitel erworben. Es macht mich stolz, daß Wihelms Ruhm bereits in ferne Länder gedrungen ist. Wir bewunderten das schöne Schlachtroß, das für Wilhelms persönlichen Gebrauch bestimmt ist. „Es soll aber keinen Krieg mehr geben", meinte ich, indem ich über die Mähne des Rappens strich. „Wenn wir ständig Gefechtsübungen halten", sagte Wilhelm, „sind wir auf alles vorbereitet. Dann mag kommen, was will." Der letzte Krieg scheint schon so weit zurückzuliegen, daß mir der bloße Gedanke, diese schöne Friedenszeit könne einmal enden, Schrecken verursacht.

Rouen, Sonntag, am 25. des Lenzmonds 1061

Ich weiß nun, daß ich wieder ein Kindlein unter dem Herzen trage, und eine Zeit großer Vorfreude beginnt. Es ist immer eine Zeit des Ratens, der großen Erwartung, denn ich weiß ja noch nicht, ob es ein Knabe oder Mädchen, ein großes oder zartes Kind sein wird, wie es aussehen mag – gar, gar nichts weiß ich. Doch ich träume schon von ihm. Die Wiege muß ausgebessert werden, sie hat einige Kratzer, und an manchen Stellen ist die Farbe abgegangen. Wilhelm freut sich sehr über die Neuigkeit. „Wenn es wieder ein Knabe wird, soll er deinen Namen haben", meinte ich. Wilhelm schüttelte lächelnd den Kopf: „Meinen Namen hättest du Richard geben sollen", sagte er. Doch ich meinte: „Auch wenn er nicht so aussehen sollte wie du, wird er dir ganz ergeben sein; so will ich es, seine Mutter!" Dann fragte ich ihn: „Wenn es aber ein Mädchen wird, wie wirst du es dann nennen?" – „Du weißt, daß ich das nie vorher bestimme", sagte er. Heimlich hatte ich gehofft, daß er „Mathilde" sagen werde. Ob er wohl eine meiner Töchter so nennen wird?

Rouen, Montag, am 2. des Ostermonds 1061

Es waren unruhige Tage, und meine Schonzeit ist noch lange nicht gekommen. Doch kann ich mich schon darauf vorfreuen. Es gab lauter schlechte Nachrichten. Der päpstliche Entscheid, daß fortan nur die Kardinäle den neuen Papst wählen dürfen, ist vom deutschen Kaiserhaus nicht anerkannt worden. Der Heilige Vater hatte einen Gesandten mit dieser Nachricht an den kaiserlichen Hof geschickt und auch die sieben Kardinäle genannt, welche die Wahl treffen sollten. Nun sei es zu einem Bruch zwischen dem Kaiserhaus und dem Heiligen Stuhl gekommen, sagt Wilhelm.

Ich erhielt auch einen Brief von Balduin, der seinem Bruder Robert Vorwürfe wegen seines Mädchens macht. Robert habe gesagt, er wolle sich vorläufig nicht vermählen, sondern – nach dem *Mores danico* – im Konkubinat leben. Papà sei sehr aufgebracht darüber.

Rouen, Mittwoch, am 4. des Ostermonds 1061

Eine ganz freudige Nachricht hat uns erreicht: Ich werde meine liebe Judith wiedersehen, denn sie befindet sich bereits mit Tosti auf dem Wege hierher. Sie wollen zu Ostern in Rom sein, werden es aber kaum noch schaffen, denn sie hatten keinen günstigen Wind für die Überfahrt, so daß die Reise verzögert worden ist. Ein Sonderkurier aus Boulogne brachte die Kunde von ihrem bevorstehenden Besuch. Sie wollen trotz der Verspätung wenigstens zwei Tage bei uns in Rouen verbringen. Auch Tostis Bruder Gyrth sei mit ihnen, ebenfalls der Erzbischof Aldred von York. Zu Ostern werde eine Synode in Rom stattfinden, und der Erzbischof hoffe, bei dieser Gelegenheit sein Pallium vom Papst zu empfangen.

Wie soll ich nur alles bis zur Ankunft der lieben Gäste schaffen? Ich weiß nicht, wo beginnen. Es soll besondere Speisen geben, und Cordula schwindelt schon der Kopf, weil ich immer neue Einfälle habe und manche Gemüse in dieser Jahreszeit gar nicht zu beschaffen sind. Zehn Jahre sind es nun her, daß Judith kurze Zeit vor mir vermählt wurde und wir uns trennen mußten. Was sie nur zu meinen vier Kindern sagen wird? Die ihren kann sie ja leider nicht mitbringen. Adelaide hat ihr eine Kammerfrau besorgt und sagt, sie werde alles komfortabel für die Gäste einrichten. Es ist schon frühlingsmäßig warm, und Judith wird nach den Jahren im rauhen Norden das mildere Wetter genießen. Ich habe Agathe in den Garten geschickt, Veilchen zu pflücken. Sie freut sich schon sehr auf ihre neue Muhme. Wilhelm hat bestimmt, daß Agathe die englische Sprache lernen soll – mit dem Lateinischen könne das Kind bis später warten. Bei Robert dagegen drängt er gar nicht darauf, daß er das Englische lernt, doch übe ich es ab und zu mit ihm. Cäcilie kann schon gut zählen und soll auch bald einige Buchstaben lernen. Sie schaut immer zu, wenn Agathe ihre Aufgaben auf das Wachstäfelchen schreibt, und hat bereits einiges mitgelernt. Sicher wird Judith darüber staunen. Und wenn sie erst meinen kleinen Richard sieht! Man könnte glauben, er sei bereits zweieinhalb Jahre alt, so kräftig und stämmig ist er. Ich überlege mir, was ich den Kindern anziehen soll. Barbara sagte heute zu mir: „Die Madame Judith muß Euch aber sehr lieb sein, denn so voller Freude habe ich Euch noch nie beim Besuch von irgend jemandem gesehen!" Ist es nicht kurios? Früher habe ich mich oft über sie geärgert, doch das ist jetzt alles vergessen. Meine „Schwester" aus der alten Heimat teilt ja so viele Erinnerungen mit mir, und das verbindet uns auf alle Zeit miteinander.

Rouen, Samstag, am 7. des Ostermonds 1061

Nun sind die ereignisreichen Tage vorüber, und unsere lieben Gäste sind wieder abgereist. Ich hatte keine Minute Zeit, etwas in mein Buch zu schreiben, und will es nun nachholen. Es gibt so viel zu berichten, daß ich über jeden einzeln erzählen muß. Ich erkannte Judith sogleich wieder, als die Gäste in die große Halle geführt wurden. Wilhelm war nicht dabei, weil er keine Ehrerbietungen wollte. Er wartete in einem der privaten Audienzräume auf uns. Ich fiel Judith sogleich in die Arme. Sie ist etwas runder geworden, und ich dachte zuerst, sie sei guter Hoffnung; doch, wie sie mir später sagte, ist dies nicht der Fall. „Wie gut tut es, wieder die Luft der Normandie zu atmen", sagte sie – „die Luft des Festlandes." Sie fand alles herrlich bei uns im Schloß, komfortabel im Vergleich zu Northumberland, sogar einen richtigen Frühling hätten wir. Die Veilchen entzückten sie und auch die Kissen auf ihrem Bett, deren Bezüge ich bestickt hatte. Jede freie Minute, die ich hatte, war sie an meiner Seite, erzählte mir viel vom Land der Angelsachsen, das sie wenig liebt – mit Ausnahme des Hofes in London –, und von ihren Kindern. Dann fragte sie mich vieles, und wir sprachen auch von meinem kürzlichen Besuch in Flandern. Doch sie war enttäuscht, daß ich so oft am Tag abwesend war und meinen Pflichten nachgehen mußte.

Sogar einer Gerichtsverhandlung mußte ich in diesen Tagen vorsitzen. Es war nichts Wichtiges, doch weil es sich um ein Bürgermädchen handelte, bat Papà Roger mich, diesen Fall zu entscheiden. Das Mädchen hatte sich, was wider das Gesetz verstößt, in kostbare Gewänder gekleidet und viel Schmuck angelegt. Sie hat die Sachen von einem reichen Oheim, der Kaufmann in der Lombardei ist, erhalten und war unvorsichtig genug gewesen, sich damit in der Kirche, auf dem Markt und zu Pferde sehen zu lassen. Schließlich erhob eine Adelsfrau Einspruch, weil sie das Mädchen an der Seite ihres Sohnes durch einen Vorort der Stadt hat reiten sehen. Papà Roger sagt, die Bürgermädchen, die gegen den Brauch verstießen, seien wohl manchmal verwarnt, aber noch nie vors Gericht geführt worden. Welche Strafe solle verhängt werden? Ich entschied mich für eine Verwarnung und Beschlagnahmung der Kleider. „Sie kann die Gewänder nach fünf Jahren zurückerhalten, wenn keine weiteren Klagen kommen, und sie verkaufen", bestimmte ich.

Als ich es später Judith erzählte, staunte sie, was ich alles an Aufgaben zu erfüllen habe. „Tosti genügt es, wenn ich ihm Kurzweil verschaffe und die Dienerschaft beaufsichtige", sagte sie. „Ich nähe und sticke auch viel – doch kann ich es längst nicht so gut wie du!" Meine Kinder entzückten sie, besonders Cäcilie. „Was für ein schönes und liebreizendes Kind! Wer die einmal zur Frau erhält, kann sich glücklich schätzen." Auch Tosti gefielen unsere Kinder, doch ich ärgerte mich, als er Robert in die Höhe hob und sagte: „Wenn du einmal Herzog wirst, wird man dich ‚Robert der Kurze' nennen." – „Ich wachse schon noch", versicherte ihm Robert, indem er in der Luft mit den Beinen strampelte. Tosti ist noch immer der blonde Hüne mit der etwas wilden Haarmähne und den lebhaften Gesten – gesprächig, unterhaltsam, hitzig. Er hat etwas Hochmütiges in seinem Gebaren – ganz im Gegensatz zu seinem Bruder Gyrth. Dieser gefiel mir sehr. Er ist fast so groß wie Tosti, doch breiter um die Brust und in den Schultern und von großer körperlicher Kraft. Sein blondes Haar hat einen goldenen Schimmer und fällt ihm bis tief in den Nacken. Die grauen Augen sind ernst, aber voller Wärme. Agathe schaute ihn immerzu an, als wir den Besuchern unsere Kinder brachten. Dann flüsterte sie mir zu: „Nicht wahr, Mamà, das ist ein richtiger Roland?" Ich lächelte und sagte: „Frag ihn einmal selbst", indem ich sie auf Gyrth zuschob. Doch sie versteckte schnell ihr Gesicht in den Falten meines Gewandes. Gyrth, der bemerkt hatte, daß wir über ihn sprachen, rief ihr zu: „Komm und laß dich einmal anschauen, kleine Demoiselle." Da trat sie schüchtern auf ihn zu und sah bewundernd zu ihm auf.

Das Wiedersehen der Brüder mit Wulfnoth war nicht sehr herzlich. Wulfnoth schaute mit einigem Unbehagen auf seine älteren Brüder, und Gyrth zog ihn bei den Schultern näher an sich heran. „Bist du es wirklich, Wulfnoth? Siehst ja aus wie ein Normanne – von Kopf bis Fuß." Wulfnoth, der sein dunkelblondes Haar nach normannischer Art kurzgeschnitten trägt und auch eine lange Tunika anhatte, die bis an die Knöchel reicht, sagte mit etwas bitterem Lächeln: „Wer in Rom lebt, soll sich wie ein Römer kleiden. Dasselbe gilt wohl auch für Rouen." Die Angelsachsen tragen eine kurze Tunika, die nur bis ans Knie reicht, doch das Haar tragen sie lang, und oft haben sie auch Bärte. Barbara fand die Aufmachung der Herren aus dem Inselreich sehr lustig. Hakon, im Gegensatz zu Wulfnoth, begrüßte seine Oheime freudig, doch konnte er sich kaum noch mit ihnen verständigen; es war ein rechtes Stammeln. Gottlob spricht Tosti das Französische sehr fließend und konnte aushelfen – besonders beim Erzbischof Aldred aus York, der mit ihnen reist. Dieser mutete mich an wie ein knorriger Baum. Er hat auf der Stirn zwei knollenartige Erhöhungen und auch eine knorplige Nase. Die blonden Augenbrauen sind ihm über der Nasenwurzel zusammengewachsen; sein Kinn ist eckig und breit, und seine Lippen sind voll. Er hat sehr klare und durchdringende blaue Augen, mit denen er scharf umherblickt. Das Französische kennt er gar nicht, doch spricht er fließend lateinisch und auch etwas italienisch. Ferner war noch der alte Gospatric mitgekommen, ein Oheim des verstorbenen Grafen Siward von Northumberland. Trotz seines Alters ist er voller Kraft und hat freundlich lächelnde blaue Augen.

Wilhelm nahm nach Möglichkeit alle Mahlzeiten mit den Gästen ein, wobei wir meist im kleinen Saal saßen. Nur einmal, zum Begrüßungsmahl, war die ganze Curia geladen. Tosti erzählte dabei lebhaft vom Kampf gegen die Waliser, in dem sich auch seine beiden Brüder Harald und Gyrth ausgezeichnet hätten. Dann fragte Wilhelm, wie es dem König ginge. Alle waren des Lobes voll, besonders Tosti und Judith. Gyrth, der über die Grafschaft von Ost-Anglien und noch eine andere kleine Grafschaft regiert, deren Namen ich nicht behalten habe, sagte nicht viel, nickte aber öfter mit dem Kopf. Sicher verstand er nicht alles, was gesagt wurde. Judith behauptet, vom König geheilt worden zu sein. Sie hatte schon viel von seinen Wunderheilungen gehört, und als sie nach der Geburt ihrer jüngsten Tochter eine Entzündung an der linken Brust hatte, hoffte sie heimlich, dem König einmal nahezukommen. „Doch wie sollte ich es anstellen, daß er mich gerade an dieser Stelle berührte?" sagte sie ganz unbefangen. „Dann aber, während bei einem Fest am Hof alle Leute auf die Darbietungen schauten, wandte sich der König auf einmal mir zu, bewegte seine Hand in Höhe meines Herzens hin und her und sagte: ‚Gottes Licht fließt immer durch Euch hindurch, liebe Gräfin, wenn Ihr es nur glauben wollt.'" Als sie schwieg, fragte ich: „Und habt Ihr es geglaubt?" – „Gewiß! Ich glaube alles, was der König sagt! Als ich mein Kind am Abend stillte, tat die Brust kaum noch weh. Und nach zwei weiteren Tagen war ich ganz geheilt. Sogar mein Arzt war hocherstaunt." Judith erzählte diese Begebenheit auf Verlangen noch einmal, als wir mit den Damen des Hofes zusammensaßen. Mabille bemerkte daraufhin: „Ihr wäret vielleicht auch ohne das gesund geworden." Judith, nicht um eine Antwort verlegen, erwiderte: „Vielleicht. Alles heilt einmal von selbst, oder aber es heilt nicht und man stirbt daran. Diese Heilung geschah jedoch so unerwartet, daß der Arzt sich sehr verwunderte. Ich erzählte ihm, was der König gesagt hatte, und er schrieb es sich sogleich auf. Er führt ein Buch über die vielen Heilungen unseres Königs."

Nun muß ich noch etwas sehr Spaßiges erzählen, was sich am ersten Abend zutrug. Es war schon recht spät, und die Gäste befanden sich auf ihren Zimmern. Da fiel mir voller Schrecken ein, daß ich vergessen hatte, Judith die versprochene Glocke zu geben, mit der sie den Kammerfrauen läuten kann. Die Glocke, die ich ihr zugedacht hatte, stand noch immer auf meinem Tisch. Es war eine aus Flandern, die ich besonders liebe und die sie für diese Tage haben sollte. Da ich Judith bereits schlafend wähnte, wollte ich keine Dienerin schicken. So ging ich selbst den schmalen Gang entlang, der zum Gästeflügel führt und wo gleich links die beiden Zimmer liegen, die Judith und Tosti bewohnten. Um Judith nicht zu stören, klopfte ich nicht, sondern öffnete ganz leise die Tür und ging hinein. Da bot sich mir ein sonderbares Bild, so daß ich wie festgewurzelt stehenblieb. Ich erblickte Tosti – halb ausgezogen, mit nacktem Oberkörper – bäuchlings auf dem Fell vor dem brennenden Kamin liegen, während Judith auf einem Schemel neben ihm hockte. In der Hand hielt sie einen langen, hölzernen Stab, und am Ende desselben sah es aus wie Vogelkrallen. Damit kratzte sie Tosti langsam und bedächtig den Rücken. Ich biß mir auf die Lippen, setzte die Glocke, indem ich den Schwengel festhielt, vorsichtig auf den Mauervorsprung neben der Tür, und schlüpfte wieder hinaus. Dann lief ich in mein Zimmer zurück, warf mich auf mein Bett und lachte – lachte, bis ich kaum noch Luft bekam. Als ich mich gerade etwas gefangen hatte und mich aufrichtete, kam mir ein Gedanke, der mich erneut in unbändige Heiterkeit versetzte: Ich stellte mir vor, was Wilhelm wohl sagen würde, wenn ich mich ihm mit einem solchen Gerät näherte. Und da warf ich mich erneut in meine Kissen und schüttelte mich vor Lachen. Nach einer Weile kam Barbara von nebenan, gefolgt von Agathe. Sie blieben etwas ängstlich an der Portière stehen und schauten zu mir herüber. Als ich sie erblickte, begann ich noch ärger zu lachen, so daß ich fast erstickte. Da kam Agathe zu mir hingelaufen und rief Barbara zu: „Aber Mamà lacht ja nur, Barbara, sie weint gar nicht." Barbara hatte wirklich geglaubt, mich schluchzen zu hören, und war äußerst besorgt gewesen. „Ihr glaubt gar nicht, wie ähnlich sich das Lachen und Schluchzen anhört", sagte sie, während sie nun selbst mitlachte. Beide wollten wissen, was mich so ungewöhnlich erheitert hatte, doch ich stieß nur ein übers andere Mal hervor: „Ich kann es wirklich niemandem sagen – und euch schon gar nicht." Damit mußten sie sich zufriedengeben.

Wie gern hätte ich meine Judith länger hiergehabt! Dennoch bin ich froh, daß nun alles wieder seinen gewohnten Gang geht. Agathe hatte sich sehr gewünscht, daß ihr der blonde Ritter – ihr „Roland" – zum Abschied die Hand geben würde. Da sie selbst zu schüchtern war, auf ihn zuzugehen, nahm ich sie bei der Hand und sagte zu Gyrth: „Sie meint, Ihr sähet aus wie Roland." – „Wer ist Roland?" fragte Gyrth in seinem angelsächsischen Tonfall. „Erzähl du es ihm, Agathe", ermunterte ich das Kind, und Gyrth hob sie empor und setzte sie auf seinen Arm. „Erzähl mir etwas vom Roland", bat er. Und da sagte sie, indem sie unter ihren langen Wimpern zu ihm aufblinzelte: „Das war der tapferste Ritter von allen, und er war dem Kaiser Karl immer treu und kämpfte so mutig wie keiner; und als alle anderen flohen, kämpfte er immer weiter, bis er von den Feinden totgeschlagen wurde und umfiel. Und dann kam er in den Himmel, wo die Engel ihm zuwinkten..." Gyrth sah fragend zu Tosti hinüber, der ihm Agathes Worte ins Angelsächsische übertrug.

Da sah Gyrth meine kleine Tochter liebevoll an und sagte: „So möchte ich auch einmal sterben, Agathe." Ich blickte zu Wilhelm hinüber, dem diese Antwort sicher gefallen hatte. Aber ich erschrak, als ich Wilhelms Augen sah, die fest auf Gyrth gerichtet waren. Er sah tiefernst – ja, fast düster aus, als ob ihn irgend etwas quäle. Doch dauerte dies nur Sekunden, dann fühlte er meinen Blick auf sich ruhen, schaute kurz zu mir hin, und als Gyrth das Kind wieder auf den Boden setzte, ging er auf ihn zu und legte ihm die Hände auf die Schultern. „Gute Reise", sagte er, „Ihr wißt, daß Ihr meiner Freundschaft sicher sein könnt." Gyrth reichte ihm die Hände, und sie schauten sich eine Weile stumm in die Augen.

„Ich möchte Euch etwas fragen, Sire", sagte Gyrth da. „Besteht Ihr noch darauf, beide Geiseln in der Normandie zu behalten?" Tosti mußte diese Worte für Wilhelm übertragen, und dieser erwiderte: „Ja; zumindest, bis ich vom König eine wichtige Bestätigung erhalte. Richtet ihm dies aus. Er soll mir zu gegebener Zeit einen Boten senden, dem ich dann eine der Geiseln ausliefern werde." Gyrth schaute wieder fragend zu Tosti hinüber, der die Achseln zuckte und ihm Wilhelms Worte übersetzte. Dann nickte Gyrth und drückte Wilhelms Hände. „Komm wieder", rief Agathe, als sich die Gäste zum Gehen anschickten, und alle winkten noch einmal zurück. Wilhelm ergriff Agathes herabhängendes Haar, drehte es um seine Hand und sagte lächelnd zu mir: „Wenn sie nicht schon versprochen wäre, würde ich sie dem Gyrth geben." Ich sah ihn erschrocken an. „Wilhelm, laß es dir nur nicht einfallen, Cäcilie nach England zu versprechen." – „Nein, nicht diese", sagte er. „Doch wäre es weise, ein solches Band mit der Familie Godwine zu knüpfen. Ich will sie mir zu Freunden machen." – „Ich hoffe, daß du nicht schon über mein ungeborenes Kind verfügst", neckte ich ihn da. Er zog meinen Arm unter den seinen. „Wünschst du dir eine Tochter?" fragte er. „Es ist mir ganz gleich, Wilhelm. Wir haben zwei Buben und zwei Mädchen. Ich bin mit dem einen wie mit dem anderen zufrieden." Doch muß ich noch lange warten, bis ich es weiß...

Rouen, Ostermontag, am 16. des Ostermonds 1061

Wilhelm ist allein nach Fécamp geritten. Mich wollte er wegen des schlechten Wetters nicht mitnehmen. Doch hat er versprochen, daß ich ihn zu Pfingsten nach Caen begleiten darf, und darauf freue ich mich schon sehr. Endlich werde ich den Platz sehen, wo meine Abtei gebaut werden soll. Zu Pfingsten soll der Grundstein gelegt werden; die Urkunde, die in den ausgehöhlten Stein gelegt werden soll, ist schon geschrieben worden. Ich denke oft an mein winziges Kindlein, das jetzt in mir träumt und noch gar nicht ahnt, daß es in einem herzoglichen Schloß zur Welt kommen wird.

Rouen, Montag, am 7. des Wonnemonds 1061

Gestern haben wir dem Einzug der Maienkönigin zugeschaut. Dazu sind wir nach St. Ouen geritten, wo die jungen Leute des Ortes schon bei Tagesanbruch den Maien gebracht hatten: grüne Zweige, Wiesenblumen, Weißdorn und dergleichen. Da das Wetter schon warm war, hatten sie die ganze Nacht im Walde verbracht und sich dort vergnügt. Die Geistlichkeit sieht dies gar nicht gern, kann aber gegen diesen alten Brauch wenig ausrichten. Wir sahen, wie die Maienkönigin mit dem Maius[2] tanzte, und wie sie beide Blumen ins Volk streuten.

Unsere Kinder vergnügen sich mit anderen Dingen! So kam heute Agathe zu mir und erzählte voller Eifer, daß Robert, Robbi und Roger eine Froschzunft gegründet hätten. „Was redest du da für Unsinn?" fragte ich lachend. „Ganz wirklich, Mamà! Sie haben eine Menge Frösche vom Teich eingefangen und ihnen ein Zunfthaus gebaut. Da haben sie die Tiere reingesetzt und füttern sie, und ich soll ihnen noch einen Käse bringen." – „Käse? Den essen die Frösche aber nicht." – „Der soll ja auch gar nicht zum Essen sein, sondern als Tisch, Mamà. Da setzen sie die Frösche rum, und das ist dann die Frosch-Curia. In den weichen Käse kann man schön Federkiele stecken. Cäcilie muß immerzu Federn sammeln." Ich faßte mir in drolliger Verzweiflung an die Stirn. „Das muß ja ganz schön stinken in eurem Froschhaus – mit dem großen Käse. Und dazu das laute Gequake!" Agathe lachte so sehr, daß sie sich am Boden rollte. Ich will heute abend mal in Roberts Zimmer nachsehen. Hoffentlich bringt er weder Frösche noch den Käse mit hinauf!

Rouen, Donnerstag, am 17. des Wonnemonds 1061

Wir müssen uns jetzt bald zur Reise rüsten. Zu meiner großen Freude nehmen wir Robert und Agathe mit uns. Cäcilie hat schon Tränen vergossen, weil sie nicht auch mitkommen darf. Aber ich habe ihr gesagt, sie solle gut auf ihr Brüderlein aufpassen, das ebenfalls noch zu klein sei, mitzureisen. Ich selbst trenne mich nur schwer von Richard. Er ist jetzt so herzig, immer fröhlich und auch schon sehr kräftig. In ein Laufgitter kann man ihn nicht mehr einsperren; er rüttelt daran, bis er irgendeinen Stab zerbrochen hat, und krabbelt dann hindurch. Sogleich kommt er siegesgewiß zu mir gelaufen und sagt: „Da – aus!", was bedeutet, daß er hinausgelangt ist. Ich darf ihn deswegen nicht einmal schelten. Wilhelm sagt, solche Eigenschaften müßten in den Kindern gefördert werden, dann lernten sie früh, Hindernisse zu überwinden.

Maurilius sprach während der Vesper über das Pilatuswort: „Was ist Wahrheit?" Dies sollten wir uns oft fragen. Christus habe gesagt, er sei der Weg, die Wahrheit und das Leben. Ich fragte heute Wilhelm, woran ein Mensch immer die Wahrheit erkennen könne, es gäbe doch so viel Lüge in der Welt. „Die Wahrheit bringt nur Gutes hervor", sagte er. Das verstand ich aber nicht. „Es gibt viele Dinge, Wilhelm, die wahr, aber nicht gut sind." – „Dann sind sie nicht wahr", meinte er; „du meinst, sie seien *wirklich*. Das ist etwas anderes." Er wurde gleich darauf hinausgerufen, und ich konnte ihn nicht weiter fragen. Es macht mir aber Freude, über solche Dinge nachzudenken. Oft sind es harte Nüsse, an denen die Gedanken kauen müssen.

Rouen, Mittwoch, am 23. des Wonnemonds 1061

Morgen geht es auf die große Reise, und ich kann die Kinder kaum noch bändigen. Robert hat es seinem kleinen Bruder stolz erzählt, der „Ja! Ja!" krähte, ohne etwas zu verstehen. Dann ist Robert noch einmal zu Roger gelaufen, als der schon im Bade war. Adeliza hat es mir gerade erzählt, weil sich die Kinderfrau fast buckelig gelacht hat, als Robert hereinstürmte und mit vielen Gesten erzählte, welch herrliche Zeit ihm bevorstünde. Auf Bucephalos wolle er reiten – und zwar ganz allein! Die Kinder sollen in einem Wagen fahren, der zwar nicht sehr bequem ist, sie jedoch bei längeren Strecken schneller befördert als eine Sänfte. Josephine geht mit uns, und Barbara bleibt bei den Kleinen. Ich werde nun nicht mehr schreiben können, bis wir in Caen sind.

Caen, Pfingstmontag, am 4. des Brachmonds 1061

Seit einigen Tagen sind wir hier, und ich genieße die Seebrise, die man auch in der Stadt noch stark spüren kann. Nachdem ich mich den ersten Tag weidlich ausgeruht hatte (die Kinder schienen kein solches Ausruhen zu brauchen!), führte Wilhelm mich an die Baustelle meiner Abtei; und heute am Vormittag haben wir den Grundstein gelegt. Dazu mußte ich eine Stiege hinabsteigen, den Stein mit der Urkunde vom Statthalter in Empfang nehmen und ihn eigenhändig in den feuchten

Grund legen. Das war ein sehr feierlicher Augenblick – wenn man bedenkt, daß dieser Stein so lange dort liegen wird, wie diese Abtei besteht, und vielleicht auch dann noch, wenn sie längst zerfallen ist...

Gestern ritt Wilhelm mit mir und den Kindern an den Strand. Er nahm Konstantin mit, und ich Josephine. Als wir an „unsere Stelle" des weiten Strandes kamen, wo sonst niemand hinkommen darf, weil es der Herzogsstrand ist, entließen wir die Diener und sagten, sie sollten bei Sonnenuntergang wiederkommen. So waren wir einmal ganz allein. Wir hatten uns die Stunden so augesucht, daß es Ebbe war, denn ich wollte mit den Kindern wattlaufen. Ich zeigte ihnen die Muscheln und Krebse und suchte nach Quallen, fand jedoch keine. Wilhelm war eine Weile bei uns, bestieg dann aber Bucephalos und ritt mit ihm ziemlich weit ins Wattenmeer hinaus. Es gab auch kleine Unfälle, denn Robert trat auf eine scharfe Muschel und schnitt sich die Sohle auf. „Das Salzwasser heilt es schon wieder", tröstete ich ihn. Er saß eine Weile still da, den verletzten Fuß in die Sonne haltend. Neben ihm bewegte sich langsam, halb seitwärts kriechend, ein Krebs. Wir bewunderten seinen Panzer und das Scherenpaar. Als Robert ihn anfassen wollte, warnte ich ihn. „Der kann dich mit seinen Scheren ganz schön schneiden." Da zog er schnell seine Hand zurück. „Wir wollen mal sehen, ob wir einige lose Krebspanzer finden", sagte ich. „Wenn die Krebse nämlich wachsen, werfen sie den alten Panzer ab, und langsam wächst ihnen ein neuer." Während wir hinter größeren Steinen und in kleine Grotten schauten und dabei Muscheln sammelten, glitt Agathe plötzlich von einem Stein ab und fiel in eine Wasserlache, die sich an einer tiefen Stelle gebildet hatte. Sie war bis auf die Haut naß und all ihre Kleider dazu. Da es kein besonders heißer Tag war – denn der Sommer hat ja noch nicht richtig begonnen, und hier am Meer ist es kühl –, sorgte ich mich etwas. Ich führte sie zum Strand zurück und zog sie ganz aus. Dann legte ich sie auf ein Badetuch und ließ sie in der Sonne trocknen. Die Kleider breitete ich am Strand aus und hängte ihre Unterkleidchen auf Stöcke, die ich aufrecht in den Sand steckte. Robert kam und sah mitleidig auf seine Schwester hinab. „Ich kann ihr welche von meinen Kleidern geben", meinte er und zog seinen Umhang ab, der ihm als Mantel diente. Er paßte Agathe gut, weil sie schon ebenso groß ist wie Robert, und die Kinder kicherten darüber. Unter dem schwarzen Umhang schauten ihre weißen Beine hervor. „Du siehst aus wie ein Gespensterritter", sagte mein phantasievoller Sohn.

Meine Augen aber hatten einen anderen Ritter erspäht. Ich sah Wilhelm auf Bucephalos zurückkehren. Die sinkende Sonne hatte sich halb hinter der Wolkenwand versteckt und sandte nur einen silbernen Streifen Lichtes aus, der auf dem feuchten Wattenmeer glänzte. Und in diesem Streifen tanzte das Pferd ohne Zaumzeug – wie ein geflügelter Pegasus – dahin. Wilhelm erschien mir wie ein Zentaur – wie verwachsen mit dem Tier. Da sah ich, wie er beide Arme hob und uns zuwinkte. Die Kinder liefen ihm zuerst jubelnd entgegen, doch als sich Bucephalos im Sturm näherte, kehrten sie kreischend um und suchten bei mir Schutz. Kurz darauf hielten die stampfenden Hufe inne, und der lose Sand wirbelte auf und flog uns in die Augen. Wilhelm sah die ausgebreiteten und aufgehängten Kinderkleider und fragte: „Wer ist ins Wasser gefallen?" – „Ich!" rief Agathe stolz. „So!" sagte Wilhelm mit gespieltem Ernst, „dann wirst du zur Strafe einen Ritt auf Bucephalos mit mir machen." – „Wie himmlisch!" rief sie begeistert und hüpfte in ihrem schwarzen Umhang auf und ab. Wilhelm hob sie aufs Pferd und stob mir ihr davon. Es sah ulkig aus, wie ihre kleinen weißen Beine an den Seiten abstanden.

Als sie zurückkehrten, warf Wilhelm seine Tochter sanft in den Sand; dann stieg er ab und fragte seinen Sohn: „Und nun bist du an der Reihe, Gamberon. Doch du kannst sicher allein auf Bucephalos reiten?" Robert wurde plötzlich blaß, nickte aber tapfer. Wilhelm sattelte das Pferd und hielt ihm den Steigbügel hin. Doch sowie der Knabe auf dem Sattel saß, bäumte sich Bucephalos auf, und Wilhelm konnte seinen Sohn gerade noch auffangen. „Es scheint ohne mich nicht zu gehen", meinte er, indem er wieder das Pferd bestieg. Dann zog er Robert zu sich herauf. „Wenn jemand Angst hat, so fühlt Bucephalos das; deshalb wirft er alle Leute ab", erklärte er dem Knaben. „Wenn Ihr dabei seid, Vater, habe ich aber keine Angst mehr." – „Hopp!" rief Wilhelm, und schon waren sie auf und davon. Diesmal ritt Wilhelm ziemlich weit; derweilen sank die Sonne, und ich wurde auf einmal sehr müde von der Seeluft. Ich lehnte mich gegen die geschaufelte Sandwand, und Agathe kroch unter meinen Umhang, wo sie bald einschlief. Auch ich war gerade eingenickt, als die Diener kamen und mich durch ihre Schritte weckten. Josephine sammelte Agathes Kleider ein, während ich meine Augen auf Bucephalos heftete, der gerade in großen Sprüngen zurückkehrte. Als er dicht vor uns anhielt, sprang Wilhelm ab und ließ Robert auf dem Rücken des Pferdes sitzen. Der blickte ängstlich fragend auf seinen Vater, doch Wilhelm tat, als ob er es nicht sähe. Er sprach mit Konstantin, legte dann seinen Kopf gegen Bucephalos' Hals und flüsterte ihm etwas zu. Nun war auch Robert mutig genug, Bucephalos' Mähne zu streicheln. Da merkte das Pferd, daß noch jemand im Sattel saß und wandte neugierig den Kopf. In diesem Augenblick sprang Robert geschwind herab und landete mit dem Gesäß im Sand. Er mußte es sich gefallen lassen, von uns allen ausgelacht zu werden.

Abends, als ich schon im Bett lag und kaum noch die Augen aufhalten konnte, kam Wilhelm zu mir. Da wurde ich wieder munter. „Wilhelm", sagte ich, „es ist schade, daß unsere beiden Kleinen nicht auch hier sind. Wie herrlich hätten sie am Strand spielen können!" – „Dies ist keine Vergnügungsreise", meinte er. Da schlug ich vor: „Vielleicht können wir mit Cäcilie und Richard nach St. Wandrille reiten, weil sie jetzt zu Hause bleiben mußten." Doch Wilhelm meinte: „Es braucht nicht immer allen Kindern das gleiche zu widerfahren. Im Leben ist es später auch nicht so. Sie sollen sich daran gewöhnen, daß man oft auch entbehren muß." – „Das verstehe ich schon, aber sie sollen nicht denken, wir zögen eines dem anderen vor." – „Meinst du, daß wir das tun?" Da sagte ich nach einigem Zögern: „Manchmal denke ich, daß du Richard lieber hast als Robert." Er zog überrascht seine Brauen hoch; dann meinte er: „Manche Kinder erfreuen mein Herz mehr als andere. Und es sind nicht einmal immer die eigenen Kinder." – „Ja", sagte ich, „Judith hast du mehr um dich als deine eigenen." Er nickte. „Mouche gehört seit langem zu mir." Das war wieder eine seiner unverständlichen Äußerungen, die er mehr zu sich selbst als zu mir sprach. „Gehöre auch ich seit langem zu dir?" fragte ich mit erwartungsvollem Lächeln. Da nahm er meinen Kopf in seine Hände und fragte: „Hätte ich mir sonst so viel Mühe gemacht, dieses widerspenstige Fohlen einzufangen?" – „Wilhelm", fragte ich da, „wenn wir wirklich noch einmal auf die Welt kommen, werden wir dann wieder Mann und Frau?" – „Nein, Mathilde, nie wieder." Er sagte das mit großer Überzeugung, und es erschreckte mich. „Dann ist es aber nicht dasselbe – wenn ich etwas anderes bin." – „Nein, es kann nie wieder dasselbe sein, mein Lieb. Wir müssen alle zu etwas Höherem heranwachsen." – „Dann wirst du am Ende gar ein Kaiser?" Er lachte. Dann aber wurde er ernst, nahm meine Hände und meinte: „Ich möchte einmal sagen können: ‚Mein Reich ist nicht von dieser Welt.'"

Caen, Donnerstag, am 7. des Brachmonds 1061

Wir haben allerlei mit Odo und der Priorin des hiesigen Nonnenklosters besprochen, die wir als spätere Äbtissin meiner Abtei in Erwägung ziehen. Sie heißt ebenfalls Mathilde. Später saßen wir in einem der kleineren Säle des Schlosses, und Odo erwähnte im Laufe des Gesprächs: „Wenn ich einmal Erzbischof werde, lasse ich die Klöster besser schützen." Wilhelm schaute seinen Bruder mit einem ruhigen, abschätzenden Blick an, sagte aber nichts darauf. Nach einer Weile begann Wilhelm uns von dem reformatorischen Mönch Poppo zu erzählen, der Pilgerfahrten nach Rom und Jerusalem unternommen, in Flandern und am Rhein mehrere Klöster gegründet hatte und eine solch feurige Überzeugungskraft besaß, daß er den deutschen Kaiser mit dem kürzlich verstorbenen König Heinrich von Frankreich versöhnen konnte. Man wollte ihn zum Bischof von Straßburg machen, doch da er ein solch hohes Amt nicht annehmen wollte, gab er vor, ein Bastard zu sein. Bis zu seinem Tode lebte er in der Abtei von Marchiennes im Hainault. Ich glaube, Odo hat verstanden, was Wilhelm ihm mit dieser Geschichte zu verstehen geben wollte.

Caen, Samstag, am 9. des Brachmonds 1061

Heute waren wir auf einem der Dorffriedhöfe in der Umgebung von Caen – dort, wo der alte Fischer Thomas begraben liegt. Wehmütig gedachte ich des Alten, der uns bei meiner ersten Reise nach Caen bewirtet hatte und dem Wilhelm ein solch treues Andenken bewahrt. Sein Grabhügel ist von Gras und Wiesenblümchen bewachsen, und ein rauher, unbehauener Stein liegt darauf, auf dem jemand den Namen „Thomas" eingeritzt hat. Robert, der mit uns war, fragte mich, wie denn die Toten aus dem Grab in den Himmel gelangten; ob irgendein Engel sie abhole, und ob sie ausgegraben werden müßten. Da sagte Agathe zu meiner großen Überraschung: „Nur die Seele kommt doch in den Himmel, und die sieht man nicht. Die atmet sich aus, wenn jemand stirbt." – „So?" fragte er erstaunt. Doch schien er mit dieser Antwort zufrieden und lief zu einigen anderen Gräbern. Ich aber zog Agathe an mich heran und fragte: „Wer hat dir dies erzählt, Kind?" Sie sah mich verwundert an. „Das weiß doch jeder!" sagte sie. Offenbar erinnert sie sich nicht mehr daran, von wem sie es gehört hat.

Caen, Sonntag, am 10. des Brachmonds 1061

Morgen breche ich mit den Kindern und Dienern auf, während Wilhelm mit Odo nach dem Mont-Saint-Michel weiterreitet. Ob ich diesen heiligen Berg wohl einmal selbst sehen werde? Das ist meine große Sehnsucht. Wilhelm wird sich auch einige Festungen anschauen, die ohne seine Erlaubnis gebaut worden sind. Diese, so sagt er, sollen alle dem Erdboden gleichgemacht werden, damit es nicht wieder einen Fall wie in Arques gäbe. Er hat eine bestimmte Frist gesetzt, damit sich dies nicht auf unbestimmte Zeit hinauszögert. „Das wird viel böses Blut geben", meinte Odo bedenklich und fügte hinzu: „Manchmal, Bruder, wünschte ich, daß ich nicht dein Bischof, sondern einer deiner Grafen wäre. Ich würde gut aufräumen lassen." – „Hüte du deine Herde", meinte Wilhelm. „Ich habe genug andere für meine Aufräumungsarbeiten zur Verfügung."

Dann trug er mir auf, Roger Beaumont daran zu erinnern, dieses Vorhaben auch im Osten des Landes voranzutreiben. „Manchmal bist du unerbittlich, Wilhelm", sagte ich, „ob es sich um die armen Jagdhunde handelt oder um ganze Burgen." – „Ich will dir etwas verraten, Mahaut", sagte er da. „Die Normannen sind zu Großem fähig, wenn sie von einer starken Hand regiert werden. Es sind tapfere, unbesiegbare Krieger, die sich gegen jeden Feind behaupten. Wenn sie aber nicht in Zucht gehalten werden, bekämpfen sie sich gegenseitig. Von Natur aus sind sie rebellisch und neigen zu Übertreibungen. Glaube mir, ich spreche aus Erfahrung." Er wird, wie immer, recht haben. Der Abschied von hier fällt mir schwer. Es ist wärmer geworden, und wir haben sicher eine gute Heimreise.

Rouen, Sonntag, am 17. des Brachmonds 1061

Es ist doch gut, wieder daheim zu sein und *alle* meine Kinder bei mir zu wissen. Ich habe ihnen noch nichts von dem Kindlein erzählt, das ich trage; damit warte ich, bis es sichtbarer wird. Auch sonst habe ich es, bis auf Adelaide und Judith, noch niemandem gesagt. Seit einiger Zeit schon esse ich mehr als sonst, denn ich habe größeren Hunger – sicher, weil ich für das wachsende Kind mitessen muß.

Anselm hat inzwischen seine Priesterweihe erhalten, und darüber freue ich mich sehr. Ich kann mir sogar vorstellen, daß ich ihm beichten könnte, falls Lanfranc einmal nicht da wäre. Es ist nur schade, daß keiner von beiden in unserer Nähe wohnt.

Rouen, Sonntag, am 15. des Heumonds 1061

Lange habe ich nichts eingeschrieben. Es gab nach meiner Rückkehr viel zu erledigen, besonders, weil Wilhelm drei weitere Wochen nicht am Hof war. Mir schwirrt oft der Kopf von der immer schwerer werdenden Verantwortung. Ich bin gewillt, allen Pflichten nachzukommen, doch wenn sie alle auf einmal über mich hereinbrechen, weiß ich mir oft nicht zu helfen. Deshalb bin ich froh, daß Wilhelm wieder zurück ist. „Hat mit Odo alles seine Richtigkeit?" fragte ich. Wilhelm sah mich leicht überrascht an, dann sagte er: „Als Bischof hat er sich bewährt und viel für sein Land und seine Leute getan. Auch zeigt er weise Voraussicht. Doch gibt es Dinge, die er mir verheimlicht." - „Hat es mit einem Mädchen zu tun?" – „Ja, er hält sich eine Konkubine." – „Wer ist sie?" – „Er sagt mir nichts über sie, und ich frage nicht." – „Dann will auch ich ihn nicht fragen", sagte ich. Doch die ganze Angelegenheit betrübt mich. Zum Teil tut er es wohl aus Trotz, weil Wilhelm ihm die Ehe verboten hat.

Rouen, Montag, am 16. des Heumonds 1061

Es kam soeben ein Sonderkurier aus Brügge mit Briefen für Wilhelm und mich. Sie waren von Tosti und Judith, die über Deutschland und Flandern nach England heimgekehrt sind. Ich will hier nur aufschreiben, was Judith berichtet, denn sie hat mehr erzählt als Tosti. Zur großen Enttäuschung des Erzbischofs Aldred hat der Papst diesem sein Pallium verweigert. Er hätte zu viele andere Ämter inne, die sich mit der hohen Berufung eines Erzbischofs nicht vereinbaren ließen. So wäre es auf der Synode entschieden worden. Doch schlimmer noch als das: Auf dem Rückweg, kurz hinter Rom, wurden sie von Banditen überfallen, die vorhatten, Tosti als Geisel festzuhalten. Doch da half ihm der wackere Gospatric aus, indem er vorgab, der Graf zu sein, so daß Tosti entkam. Später, als die Räuber ihren Irrtum einsahen, ließen sie Gospatric frei. Doch waren die Reisenden all ihres Besitzes – bis auf die Kleider, die sie am Leibe trugen – beraubt worden, so daß sie nach Rom zurückkehren mußten. Dort hat Tosti vor dem Papst solche Drohungen ausgestoßen und sich derart über die Unsicherheit auf italienischem Boden empört, daß dieser ihm sofort den Schaden ersetzte. Und obendrein gab er Aldred sein Pallium – sicher, um seine Gäste zu besänftigen. Wilhelm lachte, als er den Bericht las. „Das bedeutet, Glück im Unglück haben", sagte er. Ich kann mir den feurigen Tosti gut vorstellen – und neben ihm den knorrigen, kraftvollen Aldred von York! Judith schrieb ferner, daß es Mamà gar nicht gut ginge; sie müsse oft das Bett hüten und sei trostloser Stimmung. Ich schrieb ihr schnell einen Brief, den der Bote mitnehmen soll. Darin teilte ich ihr auch mit, daß sie noch in diesem Jahr wieder ein Enkelkind haben werde.

Rouen, Sonntag, am 22. des Heumonds 1061

Dem alten Ralf von Tancerville geht es sehr schlecht. Ab und zu noch steht er auf und wankt an seinem Stock einher, obgleich ihm die Glieder dabei sehr schmerzen. Wilhelm war heute länger bei ihm und erzählte ihm von der Vollendung der Kathedrale St. Cérisy bei St. Lô, die Herzog Robert gegründet und für die er besondere Reliquien vom Heiligen Land hatte schicken lassen. Da leuchteten die Augen des Alten auf; denn nichts erfreut ihn mehr, als an seinen geliebten Herzog erinnert zu werden und dessen Wünsche erfüllt zu sehen. „Ralf hat sich durch seine Treue das Himmelreich verdient", sagte Wilhelm. Der Arzt meint, daß es nicht mehr lange mit ihm dauern werde. Wenn wir auch glauben, daß die Seele nach dem Tode weiterlebt und daß wir uns alle wiederfinden, so ist doch der Abschied immer schmerzvoll. Denn jeder lebt in dieser besonderen Menschengestalt nur ein einziges Mal.

St. Wandrille, Mittwoch, am 25. des Heumonds 1061

Wilhelm hat ganz plötzlich entschieden, daß wir ein paar Tage hier verbringen sollen; und wir haben alle Kinder mitgenommen. Ich bin so dankbar dafür, denn ich fühlte mich in letzter Zeit arg bedrängt. Es sind nicht die Verantwortung und die vielen Aufgaben selbst, die mich müde machen; es ist das Verhandeln mit Menschen, das stundenlange Sprechen im Versuch zu überzeugen, oder die Probleme, für die ich Lösungen finden soll. Ich sehne mich oft nach mehr Ruhe. Doch hier habe ich sie jetzt und genieße sie. Wilhelm neckt mich natürlich wegen meines langen Schlafens. Heute, als ich endlich aufwachte, sah ich ihn, ein Buch in der Hand, vor meinem Bett sitzen. Ich rieb mir die Augen und schaute ihn fragend an. Da las er mir lächelnd ein Gedicht des hl. Ambrosius vor – die „Hymne zur Zeit des ersten Hahnenschreis":

Laßt uns deshalb früh unser Lager verlassen,
Der Hahn weckt alle, die noch schlafen,
Er klagt die Schlaftrunkenen an,
Schilt alle, die noch im Bette liegen.
Beim Hahnenschrei erwacht neue Hoffnung,
Die Kranken werden wieder gesund,
Der Räuber steckt sein Schwert in die Scheide,
Die Sünder kehren zur Tugend zurück.

„Wilhelm", sagte ich, halb gerührt und halb belustigt, „so möchte ich jeden Morgen geweckt werden – von deiner Stimme und dich als erstes erblickend." – „Das ließe sich einrichten", sagte er, übermütig lächelnd, „doch nur zur Zeit des ersten Hahnenschreis!" Da nahm ich meine Worte gleich wieder zurück.

Später

Es sind herrliche warme Sommertage. An der Südwand des Hauses ranken sich Reben empor, und wir hoffen, im Weinmond einige Trauben zu ernten. Der Kräutergarten ist Malwines ganzer Stolz; diese ist hier in St. Wandrille unsere erste Köchin. Im Garten wachsen jetzt Rosen, Lilien, Phlox und roter Mohn. Auch die Schwertlilien und Gladiolen blühen noch. Wilhelm hat vor kurzem einen Fischteich anlegen lassen, wo die Kinder oft den munteren Karpfen zuschauen. Auch einige Hechte sollen bald dazukommen. Hier vergesse ich alle Sorgen, die mit dem Hof zusammenhängen, und freue mich an meinen Kindern. Agathe hat bereits gesehen, daß ich wieder ein Kind trage, und hat es den Geschwistern erzählt. Sie wollen nun natürlich wissen, *wann* es komme. „Bis zum Barbaratag habt ihr es bereits", sagte ich ihnen. „Da müssen wir warten, bis es schneit", meinte Cäcilie, die sich noch lebhaft an den letzten Barbaratag erinnert; „dauert das noch lange, Mamà?" Robert, der mich abschätzend ansah, meinte: „Ja, ich glaube schon. Zuerst muß Mamà noch viel, viel runder werden." – „Kannst du dem lieben Gott sagen, wir möchten ein Schwesterlein?" fragte Agathe. „Er hört das bestimmt und bringt uns dann eins." – „Ich will lieber einen Bruder", sagte Robert. „Ich hab erst einen, und es dauert so lange, bis er wächst." – „Ich hab auch erst eine Schwester!" erwiderte Agathe. „Ja, aber ihr habt auch Adi und Judith!" Ich überließ die Kinder ihrem Streitgespräch und suchte meinen Lieblingsplatz unter den schattigen Eichen auf, wo Josephine mir die Liege hingestellt hatte. Dort las ich in dem Buch des hl. Ambrosius, das Wilhelm mir überlassen hatte. Es enthielt auch einiges über sein Leben. Noch ehe er die christliche Taufe erhalten hatte, wurde er schon zum Bischof von Mailand geweiht. Man stelle sich dies vor! Nun, wer immer ihn ernannt hat, traf die richtige Wahl!

Rouen, Sonntag, am 5. des Erntemonds 1061

Soeben erhalten wir die erschütternde Nachricht, daß der Heilige Vater am 27. des Heumonds entschlafen ist. Dies trifft uns um so mehr, als er es war, der uns den Segen für unsere Ehe gab. Wen mögen die Kardinäle nun als seinen Nachfolger wählen? Wilhelm meint, der Papst sei sicher schon sehr schwach gewesen, als er Tostis Drohungen über sich ergehen lassen mußte; deshalb habe er so schnell nachgegeben. Nikolaus II. war der einzige Papst, dem ich selbst einen Brief geschrieben habe.

Rouen, Donnerstag, am 15. des Erntemonds 1061

Heute gewittert es. Wind und Regen sind so heftig, daß wir alle Fenster geschlossen haben. Die Kinder sind bei mir, und ich erzähle ihnen vom Kampf der Luftgeister. Dabei vergesse ich meine eigene Angst. Am Tage ist das Gewitter auch nicht so schlimm wie in der Nacht.

Robert geht es wieder besser. Ich habe noch gar nicht erwähnt, daß er vor einigen Tagen von einer Biene gestochen wurde. Natürlich hatte er selbst Schuld, weil er nicht auf die Warnung des Imkers hören wollte. Weinend kam er zu mir gelaufen: „Sieh mal den dicken Stachel!" Es tat ihm sichtlich weh. Barbara war sehr besorgt und kam mit einer Pinzette, doch ich sagte: „Wir können den Stachel nicht einfach herausziehen, denn er hat viele Widerhaken. Zuerst müssen wir die Haut zurückschieben und ihn dann langsam herauskratzen." Während Barbara versuchte, Robert festzuhalten, schrie er öfter und zog seine Hand zurück. Alles gute Zureden half nichts. „Nun", sagte ich schließlich ungeduldig, „dann lassen wir den Stachel eben drin." – „Nein, nehmt ihn raus, Mutter. Aber tut mir nicht so weh!" Da nahm ich ihn beim Arm und führte ihn zu Wilhelm. Es war Sonntag, und ich fand Wilhelm glücklicherweise in seinem Zimmer. Der sah sich den Daumen an, in dem der Stachel steckte, hob Robert auf sein Knie und hielt seine Hand mit eisernem Griff fest. „Ein solch großer Knabe wie du schreit nicht über einen kleinen Bienenstich", sagte er streng. „Ich grabe dir den Stachel jetzt heraus und will kein Wehgeschrei hören, verstehst du?" Robert nickte, biß sich auf die Lippen und vergrub den Kopf an des Vaters Brust; aber er schrie nicht mehr. Schon nach kurzer Zeit verlangte Wilhelm die Pinzette und zog den losen Stachel heraus. Mit ihm floß einiges Blut. Robert seufzte tief auf, und Wilhelm sagte lobend: „Du warst brav. So sollen alle meine Söhne sein." Dann küßte er ihn auf die Stirn und entließ ihn. „Ich will nun nichts mehr mit den abscheulichen Bienen zu tun haben!" rief Robert wütend. „So?" fragte Wilhelm belustigt. „Weißt du auch, daß du ohne die Bienen keine Honigstangen mehr essen könntest und auch keine Äpfel und Birnen mehr?" Das verstand er nicht. „Geh, laß dir den Finger verbinden", sagte Wilhelm, „dann erzähle ich dir, was die Bienen alles tun." Barbara wusch die Wunde in Wein, legte etwas Salbeisalbe darauf und verband den Finger. Danach lief Robert erwartungsvoll zu seinem Vater zurück.

Der Daumen schwoll ziemlich an, und Robert zeigte ihn stolz seinen kleinen Freunden. Gestern aber wollte er plötzlich im Kinderzimmer schlafen, gab mir jedoch keine Erklärung dafür. „Ich hab schon so lange nicht mehr da geschlafen", sagte er nur. Ich wußte, daß er irgendeinen versteckten Grund hatte, und ging in sein Zimmer, als er nicht da war. Vielleicht fürchtete er sich vor etwas? Hatte ihm jemand Geistergeschichten erzählt? Ich sah mir die Bücher an, die er zum Unterricht brauchte, fand aber nichts, was meinen Verdacht erregte. Plötzlich vernahm ich ein Bienensummen, und da wußte ich, was seine Angst verursachte. Durch das offene Fenster war eine Biene hereingeflogen und versuchte nun vergebens, durch das geschlossene Fenster hinauszufliegen. Da es ihr nicht gelang, summte sie durch das ganze Zimmer und flog dann erneut zum Fenster zurück. Ich holte Robert aus dem Kinderzimmer, wo er sich – ganz gegen seine Gewohnheit – mit den jüngeren Schwestern beschäftigte, und tat so, als wolle ich ihm etwas Schönes zeigen. „Du hast Besuch in deinem Zimmer", sagte ich. Er blieb still neben mir stehen und schaute auf das Insekt, das jetzt dicht um unsere Köpfe kreiste. Ich war fest entschlossen, ihm die Angst zu nehmen. „Sie tut dir gar nichts, wenn du ganz still bleibst", sagte ich; „du darfst nur nicht nach ihr schlagen." Ich setzte mich auf einen Schemel und zog ihn an mich heran. Aus einem unerklärlichen Grunde kam mir die Biene immer näher, kreiste um mein Haar und setzte sich dann auf meine Hand. Ganz geheuer war mir nicht zumute, aber ich mußte um des Kindes willen jetzt gute Miene zum bösen Spiel machen. „Siehst du", sagte ich, „sie sitzt ganz friedlich da und sticht mich gar nicht." Die Biene betastete mich eine Weile mit ihrem Rüssel und stellte fest, daß ich ihr keinen Honig bieten konnte. So flog sie wieder davon und setzte sich nach einer Weile auf Roberts bloßen Arm. Er schrak zusammen, rührte sich aber nicht. Schließlich flog sie wieder zum Fenster. Ich stand auf, öffnete es und ließ sie hinaus. „Macht es nur zu!" rief er, „sonst kommen noch mehr Bienen rein!" – „Nun gut, bis zum Abend lassen wir es zu", beruhigte ich ihn. „Aber wenn es dunkel wird, schlafen die Bienen, da kannst du es ruhig wieder aufmachen."

Heute morgen hörte ich Robert mit seinen beiden Getreuen, Robbi und Roger, draußen auf dem Gang. Er erzählte ihnen seine neueste Heldentat: „Ganz lange saß die dicke Biene auf meinem Arm und krabbelte da auf und ab. Und ich hab' ruhig zugesehen und gar keine Angst gehabt..."

Rouen, Dienstag, am 11. des Herbstmonds 1061

Nun ist der Sommer schon wieder vorbei, und die ersten Herbstnebel fallen. Im nächsten Monat beginnt meine „Schonzeit"; da brauche ich nicht mehr an den Sitzungen der Curia teilzunehmen. Doch bis dahin gibt es noch manches zu regeln und am Ende des Mondes das Haushaltsjahr abzurechnen. Das muß immer bis zum 29., dem Michaelistag, geschehen sein.

Seit einigen Tagen ist Herbert zu Besuch bei uns. Er braucht Wilhelms Rat, denn im Norden von Maine sind wieder Aufrührer am Werk. Es scheint, daß Gottfried von Mayenne, den Wilhelm damals aus der Gefangenschaft entlassen, weil er ihm erneut Vasallentreue geschworen hatte, viele Gesetze nicht befolgt, die Wilhelm eingeführt hat, und nicht einmal die Tage des Gottesfriedens beachtet. Und Herbert kann nichts dagegen tun, weil Gottfried sich in seiner Festung verschanzt hat. „Du siehst", sagte Wilhelm nachher zu mir, „ich habe guten Grund, alle Festungen niederzubrennen, die ohne herzogliche Erlaubnis gebaut wurden. Es sind nichts als Wespennester."

Doch mehr Sorge als die Zustände in Maine macht mir Herberts Gesundheit. Er hustet sehr viel und sieht auch abgezehrt aus. Blaß war er schon immer, daran bin ich gewohnt, aber jetzt hat er rote Flecke auf den Wangen, die mich mehr ängstigen als seine bisherige Blässe. Er ist lebhafter als gewöhnlich und erzählt sehr viel. Heute ist er mit Agathe ausgeritten, worüber sie sich riesig freute. Doch der Nebel muß sich ihm auf die Brust gelegt haben. Er hatte große Atemnot, als sie zurückkehrten. Auch wollte er nichts essen, sondern ging gleich in sein Zimmer. Ich werde Doktor Maminot holen lassen, damit er nach ihm sieht.

Rouen, Montag, am 17. des Herbstmonds 1061

Adeliza hat eine Tochter geboren und ist wieder sehr schwach. Ich hörte fitzOsbern zu Wilhelm sagen, daß sie nun gewiß keine Kinder mehr haben sollte – er bange jedesmal um ihr Leben. Sie wollen das Kind Hilda nennen. Ich kann es jetzt kaum erwarten, bis meine Stunde gekommen ist. Dieses Kind macht mir schwer zu schaffen. Wilhelm hofft, daß es nicht zu früh geboren wird, weil es sich so ungeduldig gebärdet. Manchmal kommt er noch spät zu mir, sitzt an meinem Bett und legt still die Hände auf meinen Leib. Ich schlafe dann meist schon, wache aber von seiner Berührung auf und blinzele ihm verschlafen zu. Ich freue mich immer, wenn er eine Weile bleibt. Zum Schluß spüre ich seinen Mund auf meiner Stirn oder meinen Lippen und schlafe dann wieder fest ein.

Rouen, Samstag, am 29. des Herbstmonds 1061 – Michaelistag

Nun ist das Haushaltsjahr abgeschlossen, und ich saß während der letzten Tage lange mit Cordula und dem Kastellan zusammen, um die Abrechnungen durchzulesen. Sie werden immer getrennt für den Herzog und die Herzogin gemacht; doch Wilhelm läßt mich beides allein besorgen. Da sind zunächst die vielen Listen für Nahrungsvorräte wie Getreide, Brot, Wein, Küchenbedarf; dann die Listen für den Stallbedarf, die Zahl der Pferde, die Menge an Heu und Hafer – und schließlich die Aufstellungen der verschiedenen Lehnsherren. Die Gäste kosten uns immer besonders viel, denn manchmal bringen sie ein großes Gefolge mit.

Herbert ist noch immer bei uns, weil er längere Zeit mit einer Lungenentzündung im Bett gelegen hat. Doch bringt er nie viele Bediente mit, wie es andere Grafen tun. Heute abend muß ich das Ergebnis noch mit dem des vorigen Jahres vergleichen; so verlangt Wilhelm es immer. Ich frage mich, warum er so sparsam ist. Wir könnten viel mehr ausgeben, denn ich weiß, daß unsere Schatzkammer genug hat. Doch er meint, er brauche es für die Zukunft. Ob er einen Krieg vorausahnt? Ich sehe im Augenblick nirgendwo eine große Gefahr.

Rouen, Dienstag, am 9. des Weinmonds 1061

Mir ist es heute nicht gut; ich habe ein schmerzhaftes Ziehen im Rükken. Das Kind wird immer schwerer, und meine Bewegungen langsamer. Ich brauche zwar keine Regierungspflichten mehr zu erfüllen, doch befreit mich das nicht von meiner Sorge um Herbert. Gestern, als wir im kleinen Saal zusammensaßen, um noch einiges vor Herberts bevorstehender Abreise zu besprechen, begann er sehr zu husten. Er stand auf, ohne daß die anderen ihm viel Beachtung schenkten, und ging hinaus. Ich war in Unruhe um ihn und folgte ihm unbemerkt. Draußen auf dem Gang fand ich ihn gegen die Mauer gelehnt, ein Tuch vor den Mund haltend. Als er mich sah, erschrak er etwas, dann lächelte er. „Sorgt Euch nur nicht, Madame, ich huste manchmal lieber draußen, um nicht so viel Aufmerksamkeit zu erwecken." Da sah ich plötzlich Blutflecken in dem Tuch, das er an seine Lippen hielt. „Herbert", rief ich erschrocken, „habt Ihr schon öfter Blut gehustet?" Er winkte beschwichtigend mit der Hand. „Das bedeutet gar nichts", sagte er mit etwas heiserer Stimme, „das beruhigt sich schon wieder." – „Ihr geht jetzt sofort auf Euer Zimmer! Ich lasse Euch ein heißes Bad richten, und Ihr ruht Euch aus!" befahl ich mit fester Stimme. Er gehorchte mir auch.

Nach etwa einer Stunde ging ich zu ihm hinauf, um ihm etwas heißen Rotwein zu bringen. Maminot, den ich hatte rufen lassen, war bei ihm gewesen und hatte seinen Kopf und Rücken durch mehrere Kissen hochgelagert. Ich setzte mich zu ihm, gab ihm den Becher Wein, aus dem er langsam trank, und schaute ihn besorgt an. Er lächelte. „Ich fühle mich jetzt so wohl, Madame", sagte er. „Das Bad... und nun der Wein... und Eure liebevolle Pflege!" Wieder trank er einen Schluck, dann sank er auf die Kissen zurück und schaute mich treuherzig an. „Ihr seid mir eine wahre Mutter", sagte er. Ich nickte und legte meine Hand auf die seine, die sich heiß anfühlte. „Ihr solltet übermorgen noch nicht reisen", sagte ich; „die Luft draußen ist bereits rauh." – „Sie wird aber binnen kurzem noch kälter sein, Madame. Es ist besser, ich breche jetzt auf, ehe der Nebelmond kommt." – „Dann fahrt aber im Wagen. Ich lasse Euch einen besorgen." Doch er wehrte lächelnd ab. „Ich bin keine Memme, kleine Mutter! Was kann mir schon geschehen? Nichts Schlimmeres als der Tod. Und sterben muß jeder Mensch einmal. Manchmal stelle ich mir das sehr schön vor – sehr friedvoll." Mein Herz krampfte sich bei seinen Worten zusammen; er hatte einen fast engelhaften Ausdruck. Doch dann fügte er hinzu: „Ich möchte aber auch noch leben. Es gibt ja noch so viel zu schaffen, so viel in Maine in Ordnung zu bringen..." Er griff wieder nach dem Becher Wein und wurde dann auf einmal sehr müde. „Schlaft jetzt", sagte ich, während ich zärtlich meine Hand auf seine Stirn legte. Dann rief ich den Diener und befahl ihm, das Feuer in der Nacht nicht ausgehen zu lassen.

Nun sitze ich noch auf und hänge quälenden Gedanken nach. Ich kann mich nicht einmal so sehr auf mein Kind vorfreuen, wie es sonst immer der Fall war.

Rouen, Samstag, am 20. des Weinmonds 1061

Nun ist schon über eine Woche dahingegangen, seit Herbert abreiste. Er ritt zu Pferde, wie er es sich vorgenommen hatte; doch Wilhelm hatte ihm einen Mantel geschenkt, der mit kostbarem Zobelfell gefüttert und viel wärmer war als derjenige, den er mitgebracht hatte.

Die Kinder sind jetzt schon voller Erwartung, weil sie sehen, wie rund ich geworden bin. Sie alle wollen das „versteckte Kindlein" fühlen, und oft kommen sie morgens an mein Bett, wenn ich mich noch nicht zum Aufstehen entschließen kann. Richard schlüpft dann zu mir unter die Decke, und die anderen sitzen im Kreis um mich herum und sind sehr ausgelassen. Sie raten, ob es ein Knabe oder Mädchen wird, und schließen dabei Wetten ab. Auch Richard ahnt schon, daß etwas in mir lebt, denn die anderen sagen es ihm ständig. Heute fühlte er die Bewegungen des Kindleins und sagte: „Nu kommt er bald!" Er plappert den älteren Geschwistern alles nach, und dadurch gibt es immer viel Spaß.

Mabille rät mir sehr, eine weise Frau zu nehmen. „Laßt es Euch eine Warnung sein", sagte sie, indem sie mich an die schwierige Geburt Richards erinnerte. „Wenn die Frau einmal eingerissen ist, so geschieht das immer wieder." Diese Bemerkung von ihr ärgerte mich. „Warum sollte es wieder geschehen?" fragte ich; „das letzte Kind war eben besonders groß." – „Ja, und wenn man die Gestalt Eures Gemahls bedenkt, könnten die folgenden Kinder ebensogroß sein", meinte sie. „Nun", erwiderte ich, „meine Kleinheit wird das ausgleichen." – „Gerade diese wird Euch bei der Geburt übel mitspielen." Ich will auf keinen Fall eine weise Frau nehmen. Barbara ist da, und Fredesensis will noch diesen Monat kommen. Muriel hütet ihr derweil die Kinder. Später, wenn Fredesensis heimkehrt, wird sie Muriel bei der Geburt ihres ersten Kindes helfen.

Rouen, Dienstag, am 30. des Weinmonds 1061

Heute erhielten wir Nachricht aus Rom, daß ein neuer Papst gewählt worden sei, der den Namen Alexander II. angenommen hat. Das deutsche Kaiserhaus sei jedoch nicht einverstanden mit der Wahl und habe Peter Cadalus von Parma zum Papst erklärt, der sich jetzt Honorius II. nenne. Das ist sehr verwirrend für die Menschen in Italien. Bei uns zulande gilt natürlich der Entscheid der Kardinäle, doch in Deutschland die Wahl des Kaiserhauses. Wilhelm scheint dem neuen Papst Alexander großes Vertrauen zu schenken.

Auch ein Brief von Papà wurde mir heute überbracht, in dem er mir vom Tode des Grafen Florenz von Kennemerland berichtet. Dieser sei in einem der Grenzkämpfe getötet worden. Nun wolle der Bischof von Utrecht seiner Witwe das Land nehmen, schon deshalb, um keine Steuern mehr zahlen zu müssen. Da der Sohn des Grafen Florenz noch ein kleiner Knabe ist, sei die Nachfolge bislang nicht entschieden worden. Mein Bruder Robert sei nach Kennemerland geritten, um dort einzugreifen; doch wolle auch er sich ein Stück Land sichern, ehe er Gertrude von Sachsen (der Witwe von Florenz) Hilfe verspräche. Ich ärgere mich über meinen habgierigen Bruder. Wilhelm wollte er es zum Vorwurf machen, daß er die Vasallenstaaten „verschlucke“, und nun tut er etwas noch viel Ärgeres: Er erpreßt eine arme Witwe, deren Los ohnehin schon schwer ist und deren kleiner Sohn Dirk der eigentliche Graf von Kennemerland sein müßte.

Von Herbert haben wir noch nicht wieder gehört. Ich warte sehr auf Nachricht von ihm.

Rouen, Samstag, am 3. des Nebelmonds 1061

Ich sagte Wilhelm heute, daß ich kaum Ruderübungen zu machen brauchte; dieses Kind werde sich von allein herausrudern. Er lachte, begann dann aber doch meine Arme und Beine zu bewegen. Auch verschiedene Streckungen der Glieder und des Rumpfes muß ich machen. Ich glaube, er will meinen Leib besonders vorbereiten, damit ich es diesmal leichter habe.

Es sind gute Nachrichten aus Süditalien gekommen. Robert Guiscard hat mit seinem Bruder Roger Messina erobert. Das ist zwar noch nicht ganz Sizilien, aber es ist ein Anfang! Wilhelm ließ eine besondere Messe halten, an der auch ich teilnahm, und am Abend gab es ein Fest, zu dem ich aber nicht erschien. Robert durfte dabeisein und erzählte mir später von den Ringkämpfern und von Taillefer, der ein Lied über die Schlachten in Sizilien vorgetragen habe. „Der kann alles“, sagte er bewundernd, „singen und gaukeln und Ritter sein!“ Er versucht es ihm jetzt öfter nachzutun, indem er mit zwei Bällen spielt, was er schon ganz gut kann. Doch wenn er einen dritten dazunimmt, purzeln sie alle durcheinander, und dann kann er sich weidlich darüber ärgern. Viel Geduld zeigt er nie. Agathe ist da ganz anders. Sie kann stundenlang über einer Nadelarbeit sitzen und immer wieder Stiche aufmachen, wenn sie ihr nicht gefallen – bis alles so ist, wie sie es sich gedacht hat. Wie doch jedes Kind so ganz verschieden vom anderen ist!

Rouen, Montag, am 12. des Nebelmonds 1061

Vor drei Tagen ist mein fünftes Kind geboren worden, und es ist wieder ein Knabe. Ich dachte es mir fast, weil er sich seit langem so heftig bewegt hatte. Diesmal ist alles ziemlich schnell gegangen. Er wurde frühmorgens geboren, gerade um die Zeit, als der Hahn krähte. Clothilde hatte mir vorher Labkraut ins Bett gelegt, weil dies die Geburt sehr erleichtern würde. Sie versicherte mir, daß auch die Jungfrau Maria Labkraut auf ihrem Lager und in der Krippe gehabt hätte. Jetzt ist sie stolz, weil diese Geburt wirklich die bisher leichteste war. Zum Schluß ist es zwar immer schlimm, aber das erwarte ich ja nicht anders. Diesmal wurde mir jedoch nicht schwach, ich sah alles mit an – auch, wie das Kind von der Nabelschnur getrennt wurde, wie Fredesensis es badete und ins Körbchen legte. Ich mußte etwas länger auf die Nachgeburt warten. Doch als ich endlich wieder im Bett lag, gab Wilhelm mir gleich das Kind, das kläglich weinte. „Du wolltest doch seit langem zu uns", sagte ich ihm, „und nun weinst du gar? Freust du dich gar nicht, daß du bei uns bist?" Wilhelm strich leise über den hellen Flaum auf dem Köpfchen des Kindes. „Dieser sieht aus wie ein kleiner Flame. Und ihn willst du ‚Wilhelm' nennen?" – „Ja, das Aussehen tut nichts", sagte ich, „es soll nun endlich ein Kind deinen Namen haben." – „Dann gibt es später Verwechslungen", meinte er. „Wir sollten ihm einen Beinamen geben – vielleicht: Wilhelm der Flame?" Ich schüttelte den Kopf. „Deine Kinder sind alle Normannen, ein solcher Name paßt nicht."

Am späten Vormittag ließen wir die anderen vier Kinder kommen, damit sie ihr Brüderlein ansehen konnten. Das gab großen Jubel. „Siehst du!" sagte Cäcilie, indem sie Richards Hand ergriff, „jetzt ist er rausgekommen!" – „Ja, is er rausgekommt!" wiederholte Richard andächtig, indem er auf das kleine Bündel in meinem Arm schaute. Nacheinander durften sie Klein-Wilhelm ganz leise streicheln, aber bald schrie er wieder, und ich schickte die Kinder hinaus. Am Nachmittag, nachdem ich länger geschlafen hatte, kam Wilhelm zu mir und brachte Tannenzweige mit roten Ilexbeeren. „Blumen habe ich nicht auffinden können", sagte er, „dafür habe ich diese von meinem Ritt mitgebracht." – „Du hast sie selbst gepflückt?" fragte ich gerührt. „Sollte ich das etwa nicht?" fragte er lächelnd. Ich ergriff seine Hand und drückte sie an meine Wange. „Wir sind nun schon eine große Familie, Wilhelm. Denke dir nur: Wir haben fünf Kinder!" Er nickte. „Nun schuldest du mir noch einen Sohn." – „Ich möchte aber auch noch eine Tochter haben!" – „Gewährt!" – „Dann hätten wir sieben Kinder." – „Ja, eine gute Zahl." Wir sahen uns an, und mein Herz floß wieder einmal vor Seligkeit über. „Es soll alles so schön bleiben, wie es jetzt ist, Wilhelm. Kein Krieg und keine Trennung mehr für uns." Er strich mir das Haar aus der Stirn und lächelte, ohne etwas zu sagen. Dann, ehe er ging, bemerkte er: „Weise ist derjenige, der die Gegenwart zu genießen versteht." Ja, das will ich auch tun.

Rouen, Freitag, am 23. des Nebelmonds 1061

Ich war heute zum ersten Male wieder draußen im Schloßpark. Das Wetter ist trocken und klar, und etwas Rauhreif liegt auf Wiesen und Sträuchern. Wie zauberhaft Gottes Welt doch ist – und das zu jeder Jahreszeit! Ich freue mich meiner freien Wochen, und die Kinder ebenfalls, denn sie sind oft bei mir. Besonders mit meinem Jüngsten beschäftige ich mich viel. Es gibt doch nichts Wonnigeres auf der Welt als ein solch winziges, hilfloses Wesen, das man ganz für sich hat und das völlig von einem abhängig ist. Wilhelm nimmt sich oft Zeit, um beim Stillen des Kindes zuzuschauen. Er meint, der Knabe sei kräftig gestaltet, wenn er auch nicht glaube, daß er so groß wie Richard werde. Heute teilte er mir mit, die ehemalige Königin Anna habe ihm geschrieben, daß sie einen Sohn geboren habe. Die Taufe solle am Christfest stattfinden, und ihr Sohn solle Simon heißen. Ich dachte soeben über ihr Schicksal nach. Von ihrem ältesten Sohn ist sie nun getrennt, der zweitälteste ist todkrank, und der dritte wird von seinem Oheim aufgezogen. Wie traurig das doch ist! So etwas könnte ich mir gar nicht vorstellen. Wie glücklich bin ich dran, daß ich die ganze Familie bei mir habe!

Rouen, Mittwoch, am 5. des Christmonds 1061

In diesem Jahr hat Wilhelm zum großen Ergötzen der Kinder am Barbaratag den Festschmaus mit ihnen gehalten. Es wurden dabei Fruchtkugeln verteilt, die aus getrockneten Birnen und Honig gemacht und drollig in kleine Spielzeuge eingefügt waren. Die Kinder mußten Nummern nennen, und Wilhelm verteilte darauf die mit der betreffenden Nummer versehenen Geschenke.

Als ich soeben überall nach Cäcilie suchte, ohne sie zu finden, ging ich schließlich in Wilhelms Wohnzimmer, wo er – wie ich wußte – einen wichtigen Brief an Herbert schrieb. Und da sah ich Cäcilie, die sich dicht an Wilhelms Knie geschmiegt hatte und still zu ihm aufsah. Er schien sie nicht zu bemerken oder ihr keine Beachtung schenken zu wollen. Nach einer Weile jedoch legte er den Federkiel auf die Tischplatte und blickte zu ihr hinab: „Was willst du?" Sie lächelte ihn engelhaft an. „Dich anseh'n." Da lächelte auch er und setzte sie auf sein linkes Knie. „Wenn du ganz stillsitzt und mich nicht störst, darfst du hierbleiben und mich ansehen." – „Ja", nickte sie. Dann schob sie den Daumen in den Mund und sah zu, wie er weiterschrieb. Wilhelm zog ihr den Finger heraus. „Du bist schon ein großes Mädchen, das nicht mehr am Daumen lutschen darf. Finger gehören nicht in den Mund." Sie saß nun ganz still da und sah ihn an. Mir kam sie vor wie ein Englein auf Abrahams Schoß. Ich konnte mich von dem Anblick nicht trennen. Da sah ich, wie sie wieder den Daumen in den Mund nahm. Wilhelm blickte zur Seite und sah sie stumm an, sagte aber nichts. Sogleich zog sie den Finger heraus. „Ich hab's ganz vergessen", gestand sie ihm. Da sagte Wilhelm streng: „Eine gute Tochter vergißt nicht, was der Vater ihr sagt." Ich bemerkte, wie dem Kind Tränen in die Augen stiegen, die gleich darauf auf Wilhelms Hand herabtropften. Da nahm er ihr Kinn in seine Hand und lächelte sie an, bis sie zurücklächelte. Alsdann schrieb er an seinem Brief weiter, während sie die Hände im Schoß faltete und ihm still und zufrieden zusah. Doch wie kann ich dies alles in nüchternen Worten beschreiben? Meine kleine Tochter erschien mir gar nicht mehr wie ein Kind, sondern wie eine reife Seele, die mit der Seele des Vaters Zwiesprache hielt. Viel mehr wurde zwischen ihnen ausgetauscht als die Worte, die ich hier niederschreibe.

Rouen, Samstag, am 8. des Christmonds 1061

Nun ist Margarete eingetroffen. Ich bin froh, daß sie vorerst nicht nach Montivilliers zurückkehrt, sondern nach Weihnachten zu ihrer Mutter geht. Sie ist hoch aufgeschossen, aber sehr dünn und zart. Auch hält sie sich nicht gerade, sondern geht leicht nach vorn übergebeugt. Mit ihren 14 – bald sogar 15 – Jahren ist sie schon etwas größer als ich. Als sie hörte, daß Herbert im vorigen Monat bei uns gewesen war, fragte sie ängstlich, wie es ihm ginge. „Viel besser", versicherte ich ihr. „Er war sehr krank, hat sich aber wieder erholt und ist auf seinem eigenen Pferd zurückgeritten." Das schien sie jedoch nicht zu beruhigen, denn sie sagte: „Ich habe oft von ihm geträumt, Madame..." Als ich fragte, was ihr denn geträumt habe, sagte sie: „Das letzte Mal lag er ganz still und blaß auf seinem Lager, hatte die Hände gefaltet und ein Kreuz zwischen den Fingern." Ich erschrak über ihre Worte, meinte dann aber: „Es ist ja nur ein Traum, Kind. Wir müssen alle für ihn beten." Sie nickte und schaute gedankenverloren der Dienerin zu, die in einiger Entfernung ihre wenigen Sachen aus einer Kiste packte und sie dann säuberlich in die schöne Eichentruhe legte. „Und wie geht es dir?" fragte ich, indem ich zärtlich über ihr Haar strich. Sie sah mich ernst an, dann senkte sie den Kopf. „Ich möchte gern so werden wie die Heiligen, die für unseren Herrn Jesus gestorben sind. Doch hier bei uns werden die Christen nicht mehr verfolgt. So bete ich nun darum, daß ich für Herbert sterben kann, falls ihm dies bestimmt sein sollte. Mein Leben ist nicht wichtig, doch er ist der Graf und noch so jung; er muß länger leben." – „Du aber wirst einmal die Herzogin sein!" wandte ich ein. Sie lächelte: „Wenn ich vorher sterbe, so brauche ich das nicht. Und wenn Herbert dafür leben könnte – ja, das wünschte ich mir!" Was tue ich nur mit dem Mädchen? Sie hat sich ganz und gar in seltsame Gedanken und Vorstellungen eingesponnen. Hoffentlich muntern meine Kinder sie etwas auf.

Rouen, Dienstag, am 18. des Christmonds 1061

Margarete erzählt meinen beiden Mädchen jetzt viele Geschichten über die Heiligen und Märtyrer. Das hat sie zwar früher schon getan, aber jetzt verstehen meine Kinder es besser. Sie sind sehr stolz darauf, daß sie beide den Namen einer großen Heiligen tragen, aber Cäcilie vergießt immer Tränen, wenn sie hört, was die bösen Heiden den heiligen Seelen angetan haben. „Sie sind jetzt doch alle im Himmel!" versucht Agathe sie zu trösten. Zum Ausgleich erzähle ich den Kindern abends oft ein heiteres Märchen, das ich selbst abändere und womit ich sie zum Lachen bringe. Ich habe jetzt ja herrlich viel Zeit, und unser winziger Wilhelm bereitet uns manche Kurzweil. Die beiden Mädchen wollen ihn immer halten und mit sich herumtragen. Letzteres dürfen sie natürlich nicht; aber wenn er in der Wiege liegt, lasse ich sie am blauen Band ziehen. Sie wechseln sich dabei ab. Die eine schaukelt ihn, und die andere guckt in die Wiege und erzählt der Schwester, was er macht: „Jetzt steckt er drei Finger in den Mund – er rudert mit der Faust – er hat seinen Fuß losgestrampelt – hach, er streckt die Zunge raus..." Ich höre ihnen zu, während ich am Feuer sitze und sticke und Klein-Richard mit Bauklötzen spielt. Er ist sehr geschickt im Turmbauen und stapelt die Klötze so hoch wie möglich. Wilhelm hat ihm gezeigt, wie man sie setzen muß – genau auf die Mitte –, damit sie nicht den ganzen Turm ins Wanken bringen. Schließlich aber fällt doch alles um, er stößt jedesmal einen ohrenbetäubenden Schrei aus und sagt einige Male: „Der ßöne Turm is weg – der ßöne Turm!" Dann aber lacht er sich kugelig und beginnt von neuem.

Robert sehe ich nicht mehr viel. Er ist die meiste Zeit bei seinen Präzeptoren, beim Reitlehrer oder einem der jungen Adelsleute, die ihn im Bogenschießen und Fechten unterweisen oder ihn mit auf die Falkenjagd nehmen. Jetzt, wo draußen Schnee liegt, baut er mit seinen Freunden Burgen. Er, Roger und Robbi sind unzertrennlich, und ich sagte neulich zu Wilhelm, als ich die drei vom Fenster aus in ihrer Schneeburg sitzen sah: „Das Triumvirat!" – „Hm!" brummte er, als gäbe ihm das zu denken. „Laß uns hoffen, daß es ein besseres wird als das der römischen Kaiser." Doch ich weiß, daß Wilhelm die beiden Knaben sehr liebhat. Roger stiehlt sich oft an seine Seite und fragt ihn allerlei, und Wilhelm hat kürzlich versprochen, ihnen einmal mehr über Herzog Robert zu erzählen. Der kleine Roger ist ja der Enkel seines geliebten Vormunds, dem Wilhelm ein besonderes Andenken bewahrt. Rogers älterer Bruder Will, der schon zwölf Jahre alt wird, spielt nicht mehr oft mit Robert; er soll bald nach Tours geschickt werden, wo er unter der Obhut von Bischof Hildebert stehen wird.

Ich meine, wir sollten Margarete irgendwo nach dem Süden reisen lassen, vielleicht in die Lombardei, wo das Klima milder ist. Doch vorerst wird sie zu ihrer Mutter zurückkehren. Die Winterkälte tut ihr gar nicht gut. Am zweiten Tag ihres Hierseins kam Barbara zu mir und sagte höchst besorgt, die Demoiselle Margarete wolle kein Feuer in ihrem Zimmer haben. Das hätten die Nonnen im Kloster auch nicht. Da sagte ich etwas ärgerlich: „Bestelle ihr, daß ich *befohlen* habe, ein Feuer in ihrem Zimmer anzuzünden. Sie ist hier nicht im Kloster, und sie wird auch künftig nicht mehr in einem leben!" Als Barbara gegangen war, tat es mir leid, daß ich sie geschickt hatte, anstatt selbst mit dem Mädchen zu reden. Womöglich beginnt sie noch damit, sich zu kasteien!

Rouen, Dienstag, am Ersten Weihnachtstag 1061

Dies ist ein trauriges Weihnachten für uns. Am Tag vor dem Heiligen Abend ist der alte Ralf von Tancerville für immer eingeschlafen. Wilhelm ist betrübt darüber. Hat jener ihm und seinem Vater doch das ganze Leben lang treu gedient! Es soll morgen ein feierliches Begräbnis stattfinden, und Wilhelm hat den jungen Ralf bis zum Dreikönigstag von seinem Dienst befreit, damit er sich um die Besitztümer seines Vaters kümmern kann. Konstantin darf Wilhelm derweil in mancher Weise mehr dienen, was ihn sehr stolz macht. „Ruft mich nur bei Tag und bei Nacht", sagte er. Traurige Nachricht kam auch aus Brügge, denn Mamà geht es wieder sehr schlecht. Papà sorgt sich sehr um sie, sagte aber, daß sie von Richilde gut betreut werde. Und dann kam zu allem Überfluß noch ein Brief von Bertha, die uns schrieb, daß Herbert wieder darniederläge; er hätte große Atemnot und hohes Fieber. Ich bin dem Herrn wohl dankbar, daß Er mir eine gesunde Familie geschenkt hat; aber das Leid solcher Menschen, die mir nahestehen, drückt doch schwer auf meine Seele. Bertha freut sich auf Margaretes Kommen und schrieb, Paula sei vor Freuden schon außer sich, denn sie habe ihre Schwester seit vielen Jahren nicht gesehen. Wie ich hörte, ist Paula ein lebhaftes, fröhliches Kind. Sie wird einen guten Einfluß auf Margarete haben.

In einer Woche schon beginnt das neue Jahr. Wo nur ist das alte geblieben?

Rouen, Sonntag, am 30. des Christmonds 1061

Wilhelm ist heute nach Jumièges aufgebrochen, wo er das neue Jahr beginnen wird. Ich denke, daß er einige Tage allein in seiner Zelle verbringen will. Wenn ich an das neue Jahr denke, fühle ich gar keine Freude, wie es sonst immer der Fall war. Irgendein Schatten lastet auf meiner Seele – die Sorge um Mamà, um Herbert, um Margarete. Mir träumte gestern, daß der junge Ralf zurückgekehrt sei und Wilhelm einen ganzen Wagen voll neuer Waffen gebracht habe. Da sagte Wilhelm: „Ich brauche sie nicht alle – ich erringe den Sieg auf andere Weise." Wo kommen solche Träume nur her? Wir haben jetzt seit langer Zeit Frieden gehabt, und Wilhelms ärgste Feinde weilen nicht mehr unter den Lebenden. Ich will morgen lange in unserer Hauskapelle beten und die Himmelsmutter bitten, unser Land und unsere Familie auch im neuen Jahr zu beschützen.

Rouen, Dienstag, am 15. des Hartung 1062

Das neue Jahr hat so traurig begonnen wie das alte geendet. Von Maine treffen weiterhin beunruhigende Nachrichten ein. Herberts Krankheit ist der Anlaß dafür, daß einige seiner Vasallen sehr eigenmächtig handeln. „Wollt Ihr nicht eingreifen?" fragte fitzOsbern Wilhelm vor einigen Tagen in seiner üblichen ungestümen Art. „Nein", sagte Wilhelm, „die Zeit ist noch nicht reif." Auch meine liebe Héloise ist krank, und Ursula versorgt nicht nur mich, sondern auch sie. Aus Brügge werde ich so bald nicht wieder hören, und so ängstige ich mich weiter um Mamà. Es heißt, ein Unglück kommt selten allein, und das ist – weiß Gott – wahr! Wilhelm teilte mir gestern mit besorgter Miene mit, daß Odo seit einiger Zeit einen Sohn habe, und das hat mich so entsetzt, daß ich zuerst gar nichts sagen konnte. Das wäre schon schlimm, wenn er kein Bischof wäre, aber als Geistlicher – als Bruder des Herzogs – der Vater eines Bastards zu sein, das ist etwas ganz Ungeheuerliches! „Was wirst du mit ihm tun?" fragte ich, und Wilhelm sagte ganz einfach: „Zu einem sittlichen Leben kann ich niemanden zwingen; doch hat er sich hierdurch jeden weiteren Aufstieg in geistlichen Ämtern verwirkt, was seinen Ehrgeiz empfindlich treffen wird." Damit läßt er es bewenden. Doch das Allerschlimmste erfuhr ich erst heute. Ich lausche sonst nie an der Wand, aber diesmal zwang mich etwas dazu. Ich war in Wilhelms Schlafzimmer gegangen, um seinen Fußschemel zu holen, denn ich brauchte ihn, um die Maße für einen neuen Bezug zu nehmen. Der alte ist schon recht abgeschabt. Da hörte ich von nebenan aus Wilhelms Wohnzimmer Odos Stimme und richtete mich überrascht auf. Odo mußte soeben eingetroffen sein, denn ich hatte ihn seit einigen Wochen nicht am Hof gesehen. Er führte gerade einige Stellen aus der Heiligen Schrift an, mit denen er Wilhelm zu beweisen versuchte, daß Gott Mann und Frau füreinander erschaffen habe: „ ‚...und die zwei werden ein Fleisch sein.' So ist es seit eh und je von Gott gewollt!" – „Nicht für solche, die eine geistliche Berufung haben. Sicher sind dir die Worte des hl. Paulus hierüber bekannt." – „Selbst er sagte, es sei besser zu freien als zu brennen." – „Ein Geistlicher sollte ein anderes Feuer in sich brennen haben als das der Leidenschaft." – „Du hast gut reden, Bruder, du *hast* ein Weib." Da sagte Wilhelm zu meiner großen Bestürzung: „Ich wäre lieber Mönch oder Priester geworden, doch ist das nicht mein Los. Du würdest lieber eine Frau nehmen, doch das ist nicht *dein* Los. Wir ernten größeren Segen dadurch, daß wir unsere eigene Aufgabe erfüllen, als daß wir die eines anderen übernehmen – auch wenn wir die andere lieber und vielleicht besser erfüllen könnten." Weiter hörte ich nichts. Ich setzte mich, halb benommen, auf den Fußschemel nieder und fühlte, wie mein Herz schmerzhaft zu brennen begann. Nach so vielen Jahren glücklicher Ehe mit mir sagt er dies? Mir war zumute, als hätte mir jemand einen Stachel ins Herz gedrückt, der ewig dort steckenbleiben müßte. Soll ich ihn deswegen fragen – aber wie es ihm erklären?

Später

Als ich soeben Klein-Wilhelm stillte, kam er und setzte sich zu uns. Ich war innerlich noch so aufgewühlt, daß ich gar keinen anderen Gedanken fassen konnte. Mir war nun klar geworden, daß er sich hatte vermählen *müssen*, um als Herzog eigene Nachkommen zu haben. Sonst hätte er es nie getan. So war seine Ehe also nur eine äußere, keine innere Notwendigkeit für ihn. Während ich meinen Gedanken nachhing, hörte ich ihn sagen: „Ich habe soeben mit Odo gesprochen." Ich blickte ihn an und gestand: „Ich habe einige Worte eurer Unterhaltung gehört, weil ich gerade in dein Schlafzimmer ging und eure Stimmen ziemlich laut waren." – „So?" fragte er nur. Da sagte ich ihm, weil ich es nicht länger zurückhalten konnte: „Du wärest also lieber Mönch als Ehemann geworden?" – „Das stimmt", gab er ganz unbefangen zu. Ich kämpfte mit den Tränen, und er sah es. „Was ist mit dir, Mathilde?" fragte er; „hast du den Mönch in mir noch nicht erkannt? Hier im Hause habe ich meine Klause, und auch in der Abtei zu Jumièges habe ich meine Zelle." Mühsam brachte ich meine Antwort hervor: „Ich aber konnte bislang nicht wissen, Wilhelm, daß ich nur ein notwendiges Übel in deinem Leben bin." Da sah er mich groß an und sagte, leicht vorwurfsvoll: „Frauen haben oft seltsame Anwandlungen." – „Das ist gar nicht seltsam, Wilhelm, wenn ich nach vielen Jahren glücklicher Ehe so etwas von dir hören muß." Er sagte nichts, sondern sah stumm zu, wie sein jüngster Sohn an meiner Brust saugte. Als er sie ausgetrunken hatte, hob ich ihn hoch, wischte ihm das Mündchen ab und nahm ihn wieder in meinen Arm. Dann fragte ich, weil Wilhelm gar nichts sagte: „Wenn wir wirklich noch einmal auf die Welt kämen, würdest du mich dann wieder zur Frau haben wollen – oder würdest du Mönch werden?" Er antwortete nicht, sondern nahm mir unseren kleinen Sohn aus dem Arm und spielte ein wenig mit ihm. „Dieser ist ein richtiger Flame mit seinen hellen Augen und blondem Haar", meinte er. „Du weichst mir aus!" sagte ich beharrlich. Da schaute er mir fest in die Augen und fragte: „Was willst du von mir hören, Mathilde? Daß ich – wenn ich wirklich Mönch geworden wäre und dich später erblickt hätte – mein Gelübde sofort gebrochen und mich an deine Fersen geheftet hätte? Würdest du einen solchen Mann achten?" – „Nein, so meine ich es auch nicht." – „Dann sage mir, wie du es meinst." Da erklärte ich ihm: „Wenn du jetzt die Jahre zurückschrauben und noch einmal wählen könntest – nachdem du weißt, wie schön unsere Ehe bisher war –, würdest du dann auch noch Mönch werden wollen?" Da klopfte er mit der Hand gegen meine Stirn und sagte: „Du hast noch nicht genug Sorgen, daß du dir welche dazuschaffst. Ich beantworte keine Fragen, die mit ‚wenn' beginnen und mit ‚würde' enden. Sie gehören nicht ins Reich der Wirklichkeit. Ich bin zufrieden mit dem, was Gott mir beschieden hat, und weiß, daß jedes Ding unter dem Himmel seine Zeit hat. Ich bin nicht in Eile. Die Zeit wird kommen, da ich wieder ein Mönchsleben führen kann. In der Zwischenzeit erfreue ich mich meiner Familie." Damit setzte er mir das Kind auf den Schoß, das nach meinem Zeigefinger griff und ihn fest mit seiner winzigen Faust umschloß. „Ich kann mir nichts Schöneres vorstellen als dich und die Kinder. Ich möchte nie eine Nonne sein", sagte ich. „Das weiß ich", lächelte er; „sonst hätte ich dich auch nicht zur Frau genommen." Darauf wußte ich nichts zu antworten, doch meine gedrückte Stimmung ist keinesfalls gewichen.

Rouen, Mittwoch, am 16. des Hartung 1062

Ich war heute sehr nachdenklich, denn ich fühle mich immer noch verletzt – so wie jemand, dem man das Messer aus der Wunde gezogen hat, ohne daß die Wunde schon verheilt ist. Ich weiß, wie es um mich selbst bestellt ist, aber wie steht es um ihn? Ich kam zu dem Schluß, daß ich ihn brauche, daß er aber *mich* nicht braucht. Er wäre auch ohne mich ein sehr glücklicher und erfolgsgekrönter Mensch geworden. Doch dann dachte ich: Er braucht mich doch, um Kinder zu haben. Aber das ist mir längst, längst nicht genug! Hat er mich nie um meiner selbst willen haben wollen? Auf einmal fiel mir sein erster Brief ein, den er mir aus Aix-la-Chapelle geschrieben hatte. Ich kramte in meiner Schublade, wo ich alle seine Briefe, dem Datum nach, aufbewahrt halte, und fand ihn auch sogleich. Dies ist es, was er mir schrieb: „Ihr seid mir in allem und jedem vertraut – so als hätte ich Eure Seele schon gekannt, noch ehe sie auf diese Welt herabstieg... Eure Gedanken fliegen hoch und begegnen dort den meinen; unsere Seelen sprechen die gleiche Sprache..." Fühlt er das jetzt noch genauso wie damals? Ob ich ihn fragen soll? Doch ich entschied mich, es nicht zu tun. Er würde mich kindisch nennen, und sicher bin ich es auch. Ich ging zu den Kindern, um etwas Trost zu finden. Agathe stickte an einem Gürtel für ihren Papà und zeigte mir stolz, wie weit sie schon damit gekommen war. „Da wird er sich aber freuen", sagte ich und merkte, wie mir die Tränen in die Augen stiegen. Agathe sah es und sagte tröstend: „Wenn Ihr traurig seid, geht nur zum Papà, dann wird alles wieder gut." Das hätte sie nicht sagen dürfen, denn nun begann ich heftig zu weinen. Sie umschlang mich zärtlich und schien beunruhigt. Um ihr eine Erklärung zu geben, sagte ich: „Deine Großmutter ist sehr krank, und Herbert auch." Sie streichelte leise meinen Arm und meinte dann: „Ich bete immer für alle, die krank sind und sterben müssen, damit sie in den Himmel kommen." In was für eine Familie bin ich nur hineingeraten? Andere Kinder würden beten, damit ihre Lieben gesund werden! Auch Cäcilie lebt mehr im Himmel als auf Erden; sie spielt immerfort „Himmelsschule". Die beiden geflügelten Puppen sind die Oberengel, und die anderen müssen in der Himmelsschule singen und schweben lernen. Ich soll ihnen allen noch

Flügel annähen.

Als ich mich etwas gefaßt hatte, entschloß ich mich, in unsere Hauskapelle zu gehen. Ich fühlte den Drang, der Himmelsmutter wieder einmal mein Herz auszuschütten. Doch ich fand den Schlüssel in Wilhelms Schublade nicht. Das bedeutete sicher, daß er dort war. Vielleicht aber war er nur in seinem Geheimkabinett, in das er sich dieser Tage öfter zurückzieht. Ich ging hin und öffnete leise die Türe. Ja, er saß dort an seinem Tisch und blickte mich freundlich an, als ich eintrat. „Komm nur, Mathilde", sagte er. „Die Kapelle steht für dich bereit." – „Hattest du auch nicht vor, hineinzugehen?" – „Nein", sagte er, „aber auch dann würdest du mich nicht stören." Dabei lächelte er mir liebevoll zu. Sicher fühlte er meine innere Verfassung. In der Kapelle umfing mich sogleich tiefer Frieden. Die Ewige Lampe verbreitete ein rötliches Licht, das die Gestalt der Madonna umkoste. Noch standen die Christrosen, die ich vor einer Woche gepflückt hatte, umrahmt von Lebensbaumzweigen, in der Schale. Ich zündete eine kleine Kerze an und kniete auf der Betbank nieder. Nach einer Weile begann ich innerlich zur Himmelsmutter zu sprechen: „Gehört er nicht mir?" fragte ich sie; „sollte ich nicht erwarten, daß auch er mir auf ewig angehört und dies gern bekennt – so wie ich es tue?" Im unsicheren Licht der einbrechenden Dämmerung und der flackernden Kerze schien es mir, als ob die Augen der Madonna, die immer leicht nach oben gerichtet sind, nun auf mich blickten. Und da fühlte ich in meinen Gedanken ihre Antwort: „Nein, er gehört Mir! Ich habe ihn dir nur für dieses Leben geliehen. Dann aber mußt du ihn Mir zurückgeben." – „Und was soll aus mir werden, Mutter?" fragte ich. Da sagte sie: „Auch dich fordere Ich, wie alle Meine Kinder, zurück." Mein Herz verstand diese Antwort, doch mein Gehirn grübelte weiter. Ich legte das Gesicht in die Hände und versuchte mir vorzustelllen, wie der Tod uns einmal trennen würde, und das machte mich traurig. Selbst ein Himmel ohne ihn wäre kein Himmel mehr für mich. Ich sah wieder zur Madonna auf, und noch immer blickten mich ihre Augen – wie durch einen leichten Schleier – an. „Wenn ich später im Himmel bin, Mutter, gehört er mir dann gar nicht mehr?" fragte ich. Und da erklang tief in meiner Seele ihre Antwort: „Dann gehört dir alles – alles!"

In diesem Augenblick durchflutete mich eine große Seligkeit, die anders war als alle Freuden, die uns von Menschen oder Dingen bereitet werden, und die mich in himmlische Höhen entführte. Beschreiben kann ich es aber nicht; ich weiß nur noch, daß ich dachte: „Dies ist die Freude der Engel, die himmelhoch über der Freude der Menschen steht." Eine Weile ließ ich mich von diesem wundersamen Gefühl treiben, dann hörte ich, wie Wilhelm nebenan die Truhe abschloß. Mit einem Mal hatte ich das Verlangen, mit ihm zu sprechen, ehe er den Raum verließ. Ich stand auf und trat durch die Portière. Da sah er mich an, und seine Augen waren voller Liebe und Verständnis – so als läse er alle Gedanken, die ich soeben gehabt hatte. Ich ging auf ihn zu und schlang meine Arme um seine Brust. „Wilhelm", sagte ich, „vergiß bitte, was ich dir gestern alles gesagt habe. Ich war undankbar; ich wollte dich nicht einmal mit der Himmelsmutter teilen." Er erwiderte nichts, legte aber zärtlich seine Hände um meine Schultern. Da sagte ich, während ich ihm tief in die Augen blickte: „Wilhelm, wenn du fortan lieber wie ein Mönch leben willst – ich meine, ganz keusch –, so sage es mir. Ich will dir nicht im Wege stehen." Da nahm er mein Gesicht in seine Hände und erwiderte: „Ich kann nicht wirklich glücklich sein, Mora, wenn du entbehrst. Auch weißt du, daß ich mir noch einen Sohn wünsche. Und ich weiß, daß du dir noch eine Tochter wünschst. Sind wir nicht dann am glücklichsten, wenn wir einander wahrhaft glücklich machen?" Wir schauten uns in die Augen, und unsere Seelen flossen ineinander über. Was ich in diesem Augenblick empfand, kann ich nicht mit Worten beschreiben, doch ich wußte: Dies ist die wahre Liebe, die sich in alle Ewigkeit gleichbleibt, auch wenn unsere Leiber längst zu Staub zerfallen sind.

Rouen, Montag, am 21. des Hartung 1062

Wilhelm hat der Abtei Trinité du Mont eine Schenkung gemacht, die ein großes Stück Land umfaßt. Maurilius hatte sich darüber gewundert, denn der Abt der Trinité ist als überheblich bekannt, und Maurilius fürchtete, jener könne zu selbstherrlich werden, weil er durch das zusätzliche Land beträchtlich mehr Freiheit erhält. Wilhelm aber tat etwas ganz Unerwartetes: Als der Abt die Hand ausstreckte, um das Messer in Empfang zu nehmen, das Wilhelm ihm als Symbol des Schenkungsaktes überreichte, drehte Wilhelm das Messer plötzlich um, so daß es mit der Spitze die Handfläche des Abtes berührte. Es sah aus, als wolle er ihm die Hand durchbohren. Dabei sagte er mit lauter und fester Stimme: „So und nicht anders verschenke ich mein Land!" Der Abt erschrak ganz furchtbar und zog seine Hand zurück, während Odo sich grinsend zur Seite wandte. Ich glaube, der Abt hat verstanden, was Wilhelm ihm damit sagen wollte, und wird diesen denkwürdigen Tag sicher nicht vergessen.

Rouen, Samstag, am 26. des Hartung 1062

Dieser Tag ist dem hl. Polycarpus geweiht, dessen Leben mich seit je tief bewegt hat. Ich erzählte heute Agathe und Cäcilie, daß dieser Bischof, der in Smyrna lebte, noch den Apostel Johannes gekannt habe – jenen Jünger, den Jesus besonders liebhatte. Über 80 Jahre sei er geworden und habe sein ganzes Leben lang Christus treu gedient. Schließlich fingen ihn die Christenverfolger ein und verlangten von ihm, daß er Christus verleugne. „Das hat er doch aber nicht getan?" unterbrach mich Agathe sogleich. „Nein", fuhr ich fort. „Sie wollten ihn dann den Löwen zum Fraß vorwerfen, doch gottlob waren die Tore zum Amphitheater bereits geschlossen. Daraufhin versuchten sie ihn zu verbrennen – aber was glaubt ihr, das geschah?" Agathe hatte ganz glühende Wangen bekommen und hing an meinen Lippen. „Die Flammen berührten ihn nicht“, fuhr ich fort, „sondern bogen sich von ihm fort...“ – „Dann ist er nicht gestorben?“ fragte Cäcilie hoffnungsvoll. „Doch“, sagte ich, „sie haben ihn erstochen, und er ist nun einer der Märtyrer im Himmelreich.“ Die Kinder schwiegen eine Weile und schauten in die knisternden Flammen. Dann fragte Agathe: „Kann auch ich eine Märtyrerin werden?“ Dabei schaute sie mich erwartungsvoll an. Ich zog sie in meinen Arm. „Nein, mein Herz, das soll dir nicht beschieden sein. Du sollst einmal eine glückliche Ehefrau und Mutter werden.“ – „Wenn ich aber lieber für den Herrn Christus sterben will, dann kann ich das doch?“ Ich sah sie kopfschüttelnd an und versuchte zu lächeln. „Du sprichst ganz wie Margarete“, sagte ich. „Was sollte geschehen, wenn alle, die unseren Herrn liebhaben, sterben? Dann blieben ja nur noch die bösen Menschen in der Welt übrig.“ – „Ich will auch gar nicht sterben“ rief Cäcilie voller Überzeugung. „Das ist richtig“, sagte ich, „dann kannst du dem Herrn viel besser dienen.“ – „Ja“, sagte sie freudig; dann lief sie davon, um ihre Engelspuppen zu holen.

Rouen, Dienstag, am 5. des Hornung 1062

Heute traf ein Brief von Margarete aus Le Mans ein. Erwartungsvoll brach ich ihn auf, erschrak aber, als ich las, daß Herberts Zustand sich verschlimmert habe. Er blute wieder aus der Lunge, und der Arzt meine, nur ein mildes Klima könne ihn retten. Doch bei dem strengen Frost könne man an eine Reise gar nicht denken. „Meine Mutter läßt Euch grüßen und bittet um Euer Gebet.“ Ich ging sogleich zu Wilhelm, der ebenfalls einen Brief erhalten hatte, und zwar von Bertha. „Es sieht ernst aus“, sagte er und zeigte mir Berthas Brief. Ganz zum Schluß schrieb sie noch, daß sie versuche, Margarete mit den Pflichten einer Ehefrau am herzoglichen Hof vertraut zu machen, daß das Mädchen aber nie recht zuhöre und öfter sage: „Ich werde vielleicht doch keine Herzogin!“ Sie wolle uns dies mitteilen, weil das Verhalten ihrer Tochter sie beunruhige. „Je größer die Kinder werden“, bemerkte sie, „um so mehr Sorgen bereiten sie einem.“ Ob ich das später auch einmal sagen werde?

Rouen, Samstag, am 16. des Hornung 1062

Vor drei Tagen war Aschermittwoch, und nun hat die Fastenzeit begonnen. Ich bin in gedrückter Stimmung, und auch Wilhelm ist ernster als sonst. Mein einziger Trost sind die Kinder. Klein-Wilhelm bekommt jetzt rotblonde Löckchen und blickt mit seinen graugrünen Augen munter in die Welt. Er weiß noch nichts von Krankheit und Schmerz. Emma besucht uns recht viel, denn unser winziges Kind übt eine große Anziehungskraft auf sie aus. „Das ist viel herziger als alle Puppen“, sagt sie und bittet oft darum, ihn auf den Schoß nehmen zu dürfen. Von ihren Schulbüchern will sie nicht viel wissen, und Adeliza hat kaum einmal die Kraft, ihre Kinder selbst zu unterrichten. Ich habe ihr daher angeboten, Emma zusammen mit Cäcilie lernen zu lassen; es ist gut, wenn beide sich beim Malen der Buchstaben und Zahlen Gesellschaft leisten. Leider ist Emma recht wild. Wenn sie mit Agathe und Cäcilie spielt, wirft sie ihnen stets alles durcheinander, weil sie ganz anders spielt als meine sanfteren Töchter. Nachher hat Barbara immer viel aufzuräumen. Richard hängt dauernd an meinem Rockzipfel, weil er den Schnee sehen will. „Heb mich mal", sagt er dann, weil er auf dem Fenstersims sitzen will. „Du bist schon viel zu schwer für die Mamà", sagte Barbara und half mir, ihn hinaufzuheben. Man könnte glauben, er sei vier Jahre alt, so groß und stämmig ist er. Wenn er dann seinen Aussichtsplatz erobert hat, will er unbedingt das Fenster aufstehen haben, damit er den Schnee richtig sehen kann. Und wenn sogar etwas Schnee auf dem Fenstersims liegt, ist seine Freude grenzenlos, und er wirft ihn fröhlich in die Stube hinein. Es ist nachher immer eiskalt im Kinderzimmer. Gottlob haben die Kleinen alle warmes Blut. Wenn Barbara zum Necken aufgelegt ist, nennt sie Richard den „kleinen Zigeuner". Doch das hört er gar nicht gern. Wohl kann er sich nichts darunter vorstellen, aber er erwidert jedesmal ärgerlich: „Bin kein Zideuna – bin Richa!" Adelaide meint, wir sollten eine Schlittenfahrt mit den Kindern machen. Doch komme ich nicht einmal dazu, so etwas vorzubereiten; es gibt dringende Besprechungen und Verhandlungen, an denen ich teilnehmen muß. Außerdem habe ich keine rechte Lust zu irgend etwas – weder zu einer Ausfahrt noch zum Schreiben.

Rouen, Montag, am 11. des Lenzmonds 1062

Nun ist das lang Gefürchtete eingetroffen. Am späten Morgen ließ sich ein Bote aus Le Mans melden, der noch ganz außer Atem war, und stieß keuchend hervor, daß der Graf von Maine, Herbert II., am 9. des Mondes seinem Leiden erlegen sei. Noch lange, nachdem der Bote den Raum verlassen hatte, saß ich stumm neben Wilhelm und konnte nichts sagen. Mir war die Kehle wie zugeschnürt. Jetzt erst weiß ich, wie lieb ich ihn hatte – so wie einen jüngeren Bruder. 21 Jahre alt war er erst und hatte das ganze Leben noch vor sich. Schließlich nahm Wilhelm mich bei der Hand, und wir beteten schweigend in unserer Hauskapelle. Danach saß ich in seinem Zimmer am Kamin, während er sofort Briefe an Bertha und den Seneschall von Maine schrieb, die der Bote mitnehmen soll. Konstantin durfte die Briefe versiegeln und abliefern. Ich sah stumm zu, und als der Diener gegangen war, fragte ich: „Was soll nun werden, Wilhelm?" Er setzte sich zu mir, faltete die Hände zwischen seinen gespreizten Knien und sagte: „Ich reite morgen nach Le Mans. Wie du weißt, geht die Grafschaft von Maine jetzt an mich über, wie es vertraglich vereinbart wurde." Daran hatte ich noch gar nicht gedacht. „Was wird Gottfried von Mayenne dazu sagen?" fragte ich. „Was er sagt, soll mich wenig kümmern", meinte Wilhelm. „Ich bin mehr besorgt um das, was er tun mag." – „Sicher möchte er Graf von Maine werden?“ fragte ich. Wilhelm nickte. „Ich jedoch werde das Land im Namen meines Sohnes Robert fordern. Sein Verlöbnis mit Margarete ist, was die Nachfolge anbetrifft, ebenso bindend wie eine Ehe. Robert wird zum Grafen von Maine erklärt und wird morgen mit mir reiten.“ Ich schwieg überrascht. Mein Ältester, noch nicht ganze neun Jahre alt, sollte bereits einen Grafentitel erhalten? „Das bedeutet, daß du für ihn regieren wirst, Wilhelm?“ – „Ja“, sagte er, „es wird Zeit, daß Maine eine festere Hand zu spüren bekommt. Herbert hat sich das Land nie ganz untertan machen können.“ Dann stand er auf und sagte: „Ich überlasse es dir, Mathilde, die Kinder von allem zu unterrichten.“ Ich seufzte; dann rief ich auf einmal aus: „Wilhelm, nun ist Agathe ja wieder frei!“ Er sah mich mit einem langen, sprechenden Blick an und sagte: „Du siehst nun, daß der Mensch denkt und Gott lenkt.“ Meine Augen füllten sich mit Tränen, als ich erwiderte: „Diesen Preis hätte ich für die Lösung des Verlöbnisses aber nicht zahlen wollen.“

Als ich ins Knabenzimmer ging, fand ich Robert dort nicht. Sein Diener sagte, er sei mit Heinrich und Robert le Beau auf der Falkenjagd; man erwarte ihn vor Abend nicht zurück. So will ich es den anderen Kindern auch noch nicht sagen, sondern warten, bis Robert dabeisein kann.

Später

Soeben kam noch ein Sonderkurier, der mir einen Brief von Bertha brachte. Darin berichtet sie kurz über die letzten Stunden in Herberts Leben. Er habe alle Freunde und Vasallen um sich versammelt gehabt und sei in sie gedrungen, Wilhelm als ihren obersten Herrn anzuerkennen. „Sein Joch wird leicht für diejenigen sein, die sich von ihm führen lassen, doch schwer für alle, die sich im widersetzen“, habe er gesagt. Lieber, guter Herbert! Du warst bis zuletzt treu und wirst nun deinen Lohn im Himmel ernten. Ich bin eben noch einmal in das Zimmer gegangen, wo er während seines letzten Besuches bei uns wohnte, stand vor dem Bett, in dem er gelegen hatte, und sah ihn dabei so deutlich vor mir, daß mich eine ganz große Traurigkeit überfiel. Ich gehe heute abend nicht mehr zu den Kindern. Bis morgen bin ich vielleicht schon gefaßter.

Rouen, Dienstag, am 12. des Lenzmonds 1062

Die Glocken der Kathedrale läuten feierlich, und ich denke an Herberts Seele, die sich nun schon zu anderen Sphären aufgeschwungen hat. Nach der Messe rief ich meine drei ältesten Kinder zu mir und gab ihnen die traurige Kunde. „Herbert wird in derselben Gruft ruhen, in der sein Großvater liegt, den man ‚Herbert den Wachhund‘ nannte“, sagte ich. „Und Robert“, fuhr ich fort, indem ich meinen Sohn etwas unsicher ansah, „wird der neue Graf von Maine sein.“ – „Ein richtiger Graf?“ rief der Knabe entzückt aus, „so wie Herbert es war?“ – „Ja, Robert, aber vorerst wird der Vater für dich regieren, bis du älter wirst.“

Robert sah zu Agathe hinüber, die mit großen Augen vor sich hinschaute, und bemerkte: „Nun kannst du gar nicht mehr Herberts Frau werden." – „Das macht nichts", sagte sie, „ich sehe ihn ja im Himmel wieder." Und Cäcilie fragte: „Hat er nun auch Flügel?" Ich wollte das Kind nicht enttäuschen und sagte: „O ja – solche aus goldenen Strahlen." – „Mamà", unterbrach Robert mich, „meint Ihr, daß ich nun auch eine Krone bekomme – so wie Philipp?" – „Nein, Kind, Grafen tragen keine Kronen. Doch du bekommst ein fürstliches Gewand und Barett und auch den Ring, den Herbert getragen hat." Da versagte mir die Stimme, und ich weinte in mein Tüchlein. Als Agathe mich weinen sah, weinte sie mit, und Cäcilie kam und streichelte mich. Robert aber schien nicht sonderlich bekümmert; er lief eifrig davon, um seinen Freunden die große Neuigkeit mitzuteilen.

Wilhelm reist nun doch erst morgen, um dem Hof in Le Mans ein wenig Zeit zu geben. Man wird dort in großer Unruhe sein und spekulieren, was der Herzog tun mag. Hawise ist soeben eingetroffen, die ich gleich empfangen werde. Sicher will sie von mir Näheres über den Tod ihres Bruders erfahren.

Rouen, Donnerstag, am 21. des Lenzmonds 1062

Es hat in der letzten Woche viel Unruhe gegeben. Nach der feierlichen Beisetzung Herberts und der Erklärung Wilhelms, daß nun sein Sohn der neue Graf von Maine sei und daß die Grafschaft der Normandie einverleibt werde, hat Gottfried von Mayenne rebelliert. Er und die ihm hörigen Verschwörer erklärten Walter zum Grafen von Maine, und es scheint, daß Walter diesen Entscheid angenommen hat. Er ist der Schwager von Herberts Vater, des früheren Grafen von Maine, und meint größeren Anspruch auf die Grafschaft zu haben als Robert, der noch Kind und zumalen nur mit Herberts Schwester verlobt, nicht vermählt sei. „Es hat nichts zu sagen, was andere Leute *meinen*", bemerkte Wilhelm. „Ein abgelegter Eid muß gehalten werden, und nach dem damals geschlossenen Bündnis gehört Maine jetzt mir." Er hat sofort Spähtrupps nach Le Mans gesandt und stellt auch weitere Regimenter bereit. Ich hoffe nur, daß Gottfried es nicht bis zum Äußersten treiben wird.

Robert war tief beeindruckt von seiner Weihe zum Grafen und erzählt noch ständig davon. „Margarete hatte ein Kleid ganz aus Samt", sagte er seinen Schwestern, „und einen Reif in ihrem Haar. Sie sah aus wie eine Prinzessin, aber sie war immerzu traurig. Dabei sollte sie sich doch freuen, daß sie bald Gräfin wird." – „Wie soll sie sich freuen, wo doch ihr Bruder tot ist!" sagte Judith vorwurfsvoll. „Das ist ja schon eine Weile her", meinte Robert. „Du bist am Ende noch froh, daß er gestorben ist, weil du deshalb Graf geworden bist?" fragte Adi, ebenso vorwurfsvoll. „Ach, ihr dummen Mädchen!" sagte er ärgerlich und lief davon.

Rouen, Freitag, am 22. des Lenzmonds 1062

Vor einigen Stunden brachte ein Bote einen Brief aus Mayenne. Er war von Gottfried, der Wilhelm herausfordernd mitteilte, er müsse Maine erst erobern, wenn er es besitzen wolle. Das bedeutet nun wieder Krieg. Ich bin deswegen sehr niedergeschlagen, doch fitzOsbern, Roger, Warenne und viele andere Vasallen bereiten sich mit Begeisterung vor. Mir scheint es manchmal, daß die Männer eine zu lange Friedenszeit gar nicht schätzen, daß sie das Abenteuerliche lieben und nach Sieg und Ruhm dürsten. Wilhelm kann sie alle durch seine Worte entflammen. In einigen Tagen schon ziehen sie aus.

Rouen, Dienstag, am 26. des Lenzmonds 1062

Heute ist mein Geburtstag, und zwar ist es ein besonderer, denn ich bin 30 Jahre alt geworden. Und gerade heute ist Wilhelm wieder ausgezogen. Gleich nach der Frühmette versammelten sich die Ritter im Schloßhof, und während die Bläser einen Choral spielten, setzten sich die Bannerträger in Bewegung, dann folgten die Vorreiter, danach Wilhelm mit seinem Leibwächter Turold und dann die anderen. Ich winkte mit den Kindern vom Söller aus, wo sie alle vorbeizogen. Nun beginnt wieder eine bange Wartezeit. „Ich werde bald zurück sein", versicherte Wilhelm mir, „denn ich erobere Maine nicht im Sturm. Ich lasse mir Zeit." Es ist seine altbekannte Strategie, mit der er schon viele Menschenleben erhalten hat.

Jetzt ist es Abend, und draußen stürmt es, so daß ich mit Unbehagen an Wilhelm und seine Krieger denke, die jetzt irgendwo im Zeltlager übernachten, während ich am Kaminfeuer sitze und zuhöre, wie Agathe auf ihrer Laute übt. Sie spielt manche Melodien schon sehr hübsch, und heute versuchte sie es mit dem Rolandslied, was ihr aber noch nicht gut gelingt. Ich sah ihr liebevoll zu, betrachtete ihre helle Haut, die feine Nase, wie Mamà sie hat, das schwarze wellige Haar, das – von einem Band gehalten – an den Schläfen herabfiel, und die blauen Augen, mit denen sie mich hin und wieder anlächelte. Wie sehr wünsche ich mir, daß sie einmal den Mann ihres Herzens freien kann!

Rouen, Mittwoch, am 3. des Ostermonds 1062

Nun ist Ostern vorüber, und es war traurig ohne Wilhelm. Auch ist das Wetter sehr kalt, es regnete fast den ganzen Morgen, so daß wir nicht hinaus konnten. Meine kleinen Buben wissen noch nichts von Krieg und Tod. Sie beginnen ihr Leben gerade erst, und wenn ich ihnen zuschaue, wie sie da auf dem Lammfell sitzen und sich gegenseitig ihre Stofftiere hinhalten und wieder wegnehmen, dann frage ich mich, ob auch sie einmal in den Krieg ziehen müssen. Wie wenig kann eine Mutter tun, ihre Kinder ewig zu schützen! Nur wenn sie klein sind, gehören sie ihr noch ganz, nur dann kann sie sie behüten; später muß sie sie einer höheren Macht anvertrauen.

Später

Soeben brachte ein Kurier einen Brief von Wilhelm – den ersten seit seiner Abreise. Ich war sehr erschüttert zu lesen, daß Bertha mit ihren beiden Töchtern nach Deutschland geflohen ist. So befindet sich Margarete gar nicht mehr in Le Mans – und auch ihre Mutter nicht. Das bedeutet, daß Herberts Familie außer Landes ist. Wilhelm schreibt, er werde Margarete mit allen Mitteln zurückholen, er habe ihre Spur bereits ausfindig gemacht. Auch gedenke er, in ein bis zwei Wochen wieder in Rouen zu sein, denn er habe die Belagerung von Le Mans bereits in die Wege geleitet. Gottfried und Walter seien beide in der Hauptstadt und entschlossen, Widerstand zu leisten. Soviel er durch Späher habe in Erfahrung bringen können, verhalte sich der junge Graf von Anjou neutral und habe nicht die Absicht, den Rebellen von Maine beizustehen. Ich bin froh, daß Wilhelm bald heimkehrt. Sicher wird er alles weise lenken, so daß nicht allzuviel Blut vergossen wird.

Rouen, Mittwoch, am 10. des Ostermonds 1062

Nun ist Wilhelm zurück, weiß aber nicht, wie lange er bleiben kann. „Ich muß selbst öfter dort sein und das Land unsicher machen", sagte er. Vorerst plant er, mehrere kleinere Burgen zu erobern oder zu zerstören und so allmählich den Widerstand der Bürger zu brechen. Jede dieser Attacken wird sorgfältig vorbereitet. Ich fragte Wilhelm, warum Bertha mit den Töchtern denn nach Deutschland geflohen, warum sie nicht zu uns nach Rouen gekommen sei. „Ich denke, sie will es nicht mit Walter verderben, der sich hat zum Grafen erklären lassen", meinte Wilhelm. „Das ist aber keine echte Treue!" rief ich aus, und er meinte lakonisch: „Es gibt nur wenig treue Menschen auf dieser Welt." Mich macht dies sehr traurig. Bertha ist doch in erster Ehe mit Wilhelms Vormund, dem Grafen Alan, vermählt gewesen und hat später, als ihr zweiter Gemahl – der Graf von Maine – starb und sie aus dem Lande vertrieben wurde, bei Wilhelm Zuflucht gefunden. Was hat dieser nicht alles für sie und ihre Kinder getan!

Richard heiterte mich gleich darauf auf, denn er kam zu mir gelaufen und zeigte mir einen Affen aus Stoff. „Wo hast du den denn her?" fragte ich, weil ich ihn noch nie gesehen hatte. „Papà mitbackt!" Ich hob ihn mitsamt dem kleinen Affen auf den Schoß. „So etwas Schönes hat der Papà dir mitgebracht? Weißt du auch, was das ist?" – „Ja, Affe!" Er zog das Tier bei den Ohren und drückte es heftig an sich: „Is all meiner!" sagte er, „aber du kanns mal halten!" Damit reichte er ihn mir großzügig hin. Ich sah in seine blitzenden schwarzen Augen und dachte: „So mag Wilhelm als Kind ausgesehen haben." Dann nahm ich seinen Kopf und küßte ihn. „Du bist mein bester Schatz", sagte ich, und er wiederholte: „Besser Ssats", indem er seinen Affen küßte.

Rouen, Mittwoch, am 24. des Ostermonds 1062

Heute hat Wilhelm länger mit Robert gesprochen und ihm zu erklären versucht, was ein Graf alles für sein Land und seine Leute tun müsse. Robert meinte: „Wenn die aber alle Krieg gegen uns machen, dann mögen sie mich gar nicht – und wenn Ihr siegt, Vater, dann ärgern sie sich erst recht über mich." Da sagte Wilhelm: „Du mußt sie dir zu Freunden machen." – „Wie denn?" fragte er. „So wie ich es getan habe, als ich Herzog wurde. Ich hatte viele, viele Feinde im eigenen Land, die mich schon als Kind töten oder entführen wollten. Die Achtung der Menschen muß sich jeder selbst verdienen, indem er immer gerecht ist und sich nicht um das kümmert, was die Leute über ihn reden." – „Das kümmert mich aber schon, Vater!" Da nahm Wilhelm seinen Sohn zwischen die Knie und sagte etwas, was dieser wohl noch nicht recht verstand: „Merke dir, Gamberon, daß die meisten Menschen stets übertreiben. Sie vergöttern den einen, und am anderen lassen sie kein gutes Haar. Wenn du ihnen Glauben schenkst, bist du betrogen. Ob sie dich loben oder tadeln, streiche immer die Hälfte von allem ab, dann wirst du dich so sehen können, wie du wirklich bist." – „Sie sollen mir später so zujubeln, wie sie es immer bei Euch tun, Vater." Wilhelm zog den einen Mundwinkel hoch, dann sagte er: „Der Jubel verhallt bald, mein Sohn. Was bleibt, sind die Taten. Lebe immer so, daß die Nachwelt noch gut von dir spricht, und kümmere dich weniger um die Meinung der Mitwelt." Dann ließ er ihn gehen und sah ihm lange gedankenvoll nach.

St. Wandrille, Mittwoch, am 8. des Wonnemonds 1062

Wilhelm ist im Cotentin und hat mich derweil mit den Kindern nach St. Wandrille gehen lassen. Das Wetter ist jetzt herrlich, und die Blumenpracht hier kaum zu beschreiben. Auf den Wiesen finden wir Gänseblümchen, Tausendschönchen und Schlüsselblumen. Im schattigen Walde haben sich noch einige Anemonen gehalten. Aber am herrlichsten ist der hohe Fliederstrauch mit den großen weißen Dolden unter meinem Schlafzimmerfenster, der einen betäubend süßen Duft ausströmt. Nicht weit davon ist ein kleinerer Strauch mit blaßlila Blüten. Von beiden habe ich Zweige schneiden lassen, die jetzt in meinem Zimmer stehen. Vorhin habe ich mein Gesicht zwischen die Zweige gesteckt, um die weichen Blüten auf meiner Haut zu spüren und den Duft besser einsaugen zu können. Da hörte ich hinter mir ein leises Lachen. Es war Cäcilie, die Agathe zuflüsterte: „Mamà küßt den Flieder." Robert ist heute mit seinem Diener ausgezogen. Sie wollen Insekten einfangen und haben sich zu diesem Zweck zwei Kisten aus dünnem Holz mitgenommen, an denen man den Deckel verschieben kann. So wunderschön es in St. Wandrille ist, ich entbehre Wilhelm hier noch mehr als in Rouen.

Später

Als wir am frühen Abend auf dem Rasen saßen und einen Imbiß einnahmen – frische Milch und schwarzes Brot mit weißem Käse – kehrte Robert endlich heim. „Seht, Mutter, was wir mitgebracht haben!" rief er begeistert, indem er vom Pferd sprang und sich dann vom Diener die beiden Kisten reichen ließ. Ich hörte, wie es darin summte und surrte und hatte eine schreckliche Ahnung. „Doch nicht wieder Maikäfer?" fragte ich. „Ja, und ganz viele!" Meine Kinder klatschten begeistert in die Hände. „Die nehmt ihr aber nicht in die Stuben!" sagte ich warnend. „Dann fliegen sie uns ja gleich wieder davon", erwiderte Robert heftig. Und Agathe bettelte: „Ihr erlaubt es schon, Mamà – gelt? Liebe Mamà?" Ich schaute in die eifrigen Gesichter, und als Richard echote: „Ja, Mamà?" sagte ich: „Fragt Barbara." Damit hatte ich mich gut aus der Schlinge gezogen, denn Barbara muß ja mit ihnen schlafen. Robert zog den Deckel der einen Kiste vorsichtig einen Spalt auf, und es erschienen einige Fühlhörnchen; dann ertönte ein ärgerliches Summen, so daß die Kinder aufgeregt quiekten. Selbst Klein-Wilhelm griff nach dem Kasten, doch Robert zog ihn schnell weg. „Der macht uns am Ende den Deckel auf – und was dann?" rief er. Ich freue mich, daß Robert hier einmal mit den eigenen Geschwistern spielt. In Rouen hält er sich meist abseits von ihnen, denn mit Mädchen mag er nicht gern spielen, und die Brüder sind noch zu klein für ihn. Da haben meine anderen Kinder es besser. Beide Mädchen und die beiden kleinen Buben sind etwa im gleichen Alter und werden immer Spielgefährten füreinander sein.

Der Mond scheint durch die Fliederzweige, und außer einigen verschlafenen Vogelstimmen ist alles still. Meine Kerze flackert im leichten Nachtwind, der vom Fenster hereinweht, und ich fühle große Sehnsucht in mir – Sehnsucht nach Wilhelm und nach dauernden Friedenszeiten, wo ich nicht um ihn und andere zu bangen brauche.

St. Wandrille, Donnerstag, am 16. des Wonnemonds 1062

Bis zum Pfingstfest werden wir noch hierbleiben, dann aber muß ich an die Heimreise denken. Wilhelm wird Pfingsten in Caen verbringen und gleich danach in die Residenz zurückkehren. Doch ich will schon vorher mit den Kindern dort sein.

Heute kam der Kurier aus Rouen mit mehreren Briefen. Es waren einige für Wilhelm dabei, die ich öffnete – aber noch keine Nachricht von Bertha aus Deutschland. Sicher wird sie doch Wilhelms Befehl nachkommen und uns Margarete schicken? Wilhelm hat Bertha mitteilen lassen, daß sie über ihren eigenen Aufenthaltsort bestimmen könne, daß Margarete jedoch in unsere Familie gehöre und er über sie verfüge. Vielleicht, so denke ich, will Bertha sich nicht so schnell wieder von ihrer Tochter trennen – nun, da sie ihren Sohn verloren hat. Am Ende habe ich sie zu hart beurteilt?

Rouen, Dienstag, am 21. des Wonnemonds 1062

Soeben sind wir eingetroffen, und es liegt noch alles kunterbunt durcheinander, besonders im Kinderzimmer. Die beiden Kleinen schreien viel, sie sind müde von der Reise, und Klein-Wilhelm hat Hunger. Ich wollte ihn unterwegs nicht stillen, muß mich aber erst etwas ausruhen und den Reisestaub abwaschen. Während mein Bad bereitet wird, schreibe ich ein wenig. Ein Brief von Bertha erwartete mich hier. Sie schreibt, daß Margarete schwer krank gewesen sei und nicht habe reisen können. Sie wolle noch bis zum Brachmond warten, ehe sie das Mädchen herschicke, dann sei das Wetter warm genug. Das bereitet mir wieder neue Sorgen. Was Wilhelm für sie im Sinn haben mag? Er sprach damals von Fécamp; aber ist das Meeresklima nicht zu rauh für sie?

Später

Jetzt liegen die Kinder gottlob im Bett, und es ist Ruhe im Haus. Ein Bote traf vor einer Stunde ein und teilte Papà Roger mit, daß der Herzog morgen zurückerwartet werde. Wie bin ich froh! Jedes Wiedersehen mit ihm ist ein Fest.

Rouen, Mittwoch, am 22. des Wonnemonds 1062

Wilhelm kam heute, während ich eine Besprechung mit zwei Baumeistern hatte, und – so seltsam es anmuten mag – ich fühlte, ohne daß jemand es mir sagte, daß er im Hause sei. Die lebhaften Schritte auf den Treppen und Gängen, die lauten Stimmen im Hof waren Anzeichen dafür, aber mehr noch das plötzliche Gefühl der Freude und Erwartung, so als ob kleine Funken von ihm zu mir übersprühten. Ich war gar nicht mehr aufmerksam und froh, als die Besprechung endete. Als ich in mein Zimmer trat, sagte mir Clothilde, Konstantin sei dagewesen und habe gesagt, der Herzog sei zurück. Ich lief sogleich in sein Zimmer, in das Egon und Konstantin soeben die Reisetruhe schleppten. Als sie mich sahen, gingen sie hinaus, und ich konnte Wilhelm in die Arme fallen. „Endlich bist du wieder da!" rief ich glücklich aus, worauf er antwortete: „Nur für eine Woche, Joujou. Dann muß ich wieder nach Maine." Das kühlte meine Freude sofort ab, doch er sagte tröstend: „Es geht um die Eroberung einer Burg bei Sillé. Wenn das getan ist, kehre ich heim." Ach, dieses ständige Abschiednehmen von ihm! Zwar ist die Heimkehr dann um so süßer, aber das ist dennoch kein rechter Trost.

Wadard, unser Speisemeister, hatte ein besonderes Mahl zubereitet und auf der Terrasse aufdecken lassen. Dort saßen wir fröhlich beieinander, bis es dunkel wurde und der Abendstern am dämmernden Himmel erschien. FitzOsbern, der Wilhelm die ganze Zeit begleitet hatte, erzählte von einer Begebenheit in La Hougue de Biville. Wilhelm, der seine Untertanen oft durch seine Großzügigkeit überrascht, hat das Kloster im benachbarten Heauville von seiner Grund- und Bodensteuer befreit. Der Forstmeister, der zugegen war, machte sogleich Einwände, weil er diese Gelder nicht entbehren wollte. „Und wißt Ihr, was der

Herzog tat, als der Mann immer weiter lamentierte?" fragte fitzOsbern, indem er uns erwartungsvoll ansah. Niemand ahnte es. „Er nahm seine Hühnerkeule vom Teller und versetzte dem Forstmeister damit einen harten Schlag auf seinen kahlen Schädel." Nun brach große Heiterkeit aus, denn jeder, der Wilhelm kennt, konnte sich dies sehr wohl vorstellen. Robert, der jetzt öfter mit uns am Tisch sitzen darf, lachte so sehr, daß er sich verschluckte und Wilhelm ihm kräftig auf den Rücken klopfen mußte. Immer, wenn Wilhelm zurückkehrt, ist das ganze Haus voller Fröhlichkeit. Ich habe mehrere Fragen an ihn zu stellen und hoffe, ihn später noch allein zu sprechen. Er scheint nie, wie andere, müde, wenn er von einer Reise oder aus dem Kriege heimkehrt. Ich sah viele andere schon gähnen, doch er war von einer Frische, als sei er von einem kurzen Ausflug zurückgekehrt – nicht von einem mehrtägigen Ritt aus dem fernen Westen der Normandie. Ich höre seine Stimme nebenan und will jetzt zu ihm gehen.

Rouen, Donnerstag, am 30. des Wonnemonds 1062

Nun ist er wieder fort, und ich lebe nur noch für den Tag, an dem er heimkehrt. Aber ich sollte nicht klagen, denn Roger ist überhaupt noch nicht aus Maine zurückgekehrt. Wilhelm möchte ihn dort wissen, weil er sehr viel von diesem standhaften Vasallen hält und sich auf ihn verlassen kann. Mabille hat schon viel darüber geklagt, doch nun hat Wilhelm vorübergehend Rogers Bruder Gilbert an den Hof kommen lassen, und das hat Mabille etwas versöhnt, denn sie hat schon immer eine große Vorliebe für Gilbert gehabt. Leider ist er dem Weintrinken sehr ergeben und hat sogar Hugo von Avranches wieder dazu verleitet.

Rouen, Donnerstag, am 6. des Brachmonds 1062

Ich schreibe jetzt öfter als sonst an meine Mamà, denn sie braucht Trost. Am liebsten hat sie es, wenn ich von früheren Zeiten schreibe; dabei sage ich ihr viel Liebes und zeige ihr meine ganze Dankbarkeit für all die Fürsorge, die sie uns Kindern gegeben hat. „So wie du versteht mich sonst keiner", schrieb sie mir kürzlich. Ach, hätte ich nur Flügel, daß ich öfter einmal zu ihr hineilen könnte!

Es ist schon spät. Heute abend habe ich den Zechern, die sich in einer Ecke des großen Saals versammelt hatten, den Wein fortnehmen lassen. Es hat mich Mut gekostet. Schon seit langem habe ich bemerkt, daß Gilbert einen schlechten Einfluß auf die Leute am Hof hat. Zwar ist er sehr gesellig und ob seiner Fröhlichkeit bei jedermann gern gesehen, aber er hat sich nicht in der Gewalt. Er trinkt den Wein sogar aus Trinkhörnern, weil diese mehr fassen. Bei uns am Hof trinken nur Knechte und Bediente aus Hörnern; die Adligen benutzen Becher. Nun aber haben mehrere es Gilbert nachgeahmt, und es ist bei einigen Brauch geworden, sich die Hörner füllen zu lassen. Man hat ihnen schon den Spitznamen „die Hornigen" gegeben. Heute, nach der Abendmahlzeit, als Wein gereicht wurde, stimmte Bouboule seine Laute und sang:

Aus dem fülligen Faß
Rinnt das köstliche Naß.
Doch die Hornigen
Werden zu Zornigen,
Bis der Mund nur noch lallt
Und mein Liedlein verhallt...

Mich beunruhigte dies, denn er spielte sicher auf etwas an, von dem ich nichts wußte. Als Heinrich später zu mir heraufkam und sagte, man müsse den Trinkern Einhalt gebieten, weil es sehr laut unten zuginge und der Herzog so etwas nie dulden würde, entschloß ich mich nach einigem Zögern, selbst hinunterzugehen. Ich nahm Papà Roger und Heinrich mit, und auf meinen Befehl räumten die Diener nicht nur das Weinfaß, sondern auch die Tische fort. „Schämen solltet Ihr Euch!" sagte ich, „und Ihr könnt von Glück sagen, daß Euer Herzog nicht hier ist." Das schien eine ernüchternde Wirkung auf sie zu haben. Gilbert sah mich unsicher und aus leicht glasigen Augen an; dann schwankte er auf mich zu und kniete vor mir nieder: „Schöne und gute Herrin, vergebt einem reuigen Sünder..." – „Wir sprechen morgen darüber, wenn Ihr wieder klar im Kopf seid", sagte ich, indem ich mich schnell von ihm abwandte. Böse sein kann ich ihm nicht, er ist auf eine kindliche Weise entwaffnend. Ich bemerkte, als ich hinausging, Mabille und zwei andere Frauen auf der Empore. Sie hatten sich offensichtlich das Ganze von dort aus angesehen. Ich finde das sehr unziemlich von ihr, besonders, weil sie mich nicht eher davon unterrichtet hatte.

Rouen, Montag, am 10. des Brachmonds 1062

Nun ist Margarete zurück, und es scheint mir, daß sie wieder ein Stück gewachsen ist. Doch ist sie sehr dünn und gebrechlich und hält sich leicht vornübergebeugt. Ich habe angeordnet, daß sie viel Milch und Sahne bekommt und jeden Tag in den Garten in die Sonne gehen soll. Sie ist aber viel lieber in ihrem Zimmer, in das ich ihr wieder die Betbank stellen mußte. Ein eisernes Kruzifix hängt darüber an der Wand, und den Rosenkranz trägt sie stets im Gürtel – ganz so wie die Nonnen. Leider ist es draußen wieder kühl geworden; es will noch nicht so recht Sommer werden. Als Robert sie neulich stark husten sah, sagte er zu ihr: „Nun stirb du nur nicht auch noch, dann habe ich keine Gräfin mehr. Bald ist der Krieg aus, und dann ziehen wir im Triumph nach Le Mans." Sie sah ihn groß und etwas traurig an, sagte aber nichts. „Freust du dich gar nicht darauf?" fragte Robert weiter, und sie schüttelte den Kopf. „Der Himmel ist viel, viel herrlicher als der Hof eines Fürsten", sagte sie. „Da kommst du ja später sowieso noch hin", meinte er; „zuerst aber machen wir es uns hier schön!" Sie strich über sein Haar und zog ihn dann plötzlich an sich. Ich kann sie mir wirklich nicht als Roberts Gemahlin vorstellen; sie sieht in ihm ihren kleinen Bruder – oder sogar ihr Kind.

Rouen, Samstag, am 15. des Brachmonds 1062

Wilhelm ist siegreich zurückgekehrt; er hat die Burg im Sturm genommen und einige umherliegende Dörfer verwüstet. Nun will er bis zum Erntemond hierbleiben und dann wieder einige größere Angriffe unternehmen und an vielen Stellen des Landes das Einbringen der Ernte verhindern. Mehr als um den Krieg in Maine sorge ich mich um unsere Margarete. Gestern hat Wilhelm in meinem Beisein lange mit ihr gesprochen und ihr gesagt, daß er sie nach Fécamp schicken werde, sobald das Wetter wärmer geworden sei. Abt Johannes solle ihr Beichtvater und Berater sein, und im übrigen werde sie unter der Obhut von Schwester Benedikta stehen, die Wilhelm vom Erzbischof sehr empfohlen worden ist. „Die Seeluft wird dich kräftigen", sagte er, „und du wirst deiner Oberin folgen, genug ruhen und regelmäßige Mahlzeiten essen. Das Fasten ist dir verboten – verstehst du?" Sie sah fragend zu ihm auf und bemerkte dann: „Warum soll ich so viel für meinen Leib tun? Als Herbert starb, dachte ich: ‚Wer weiß, wie lange ich noch zu leben habe. Ich will lieber meiner Seele die nötige Nahrung geben.'" Wilhelm schaute sie liebevoll an und zog sie in seinen Arm. „Es ist gut möglich, für seine Seele zu sorgen, ohne den Leib zu malträtieren", sagte er. Sie senkte den Kopf und erwiderte: „Ja, Sire, aber ich will Gott doch auch zeigen, was ich für Ihn opfern kann." – „Gott schaut in dein Herz", meinte Wilhelm. „Er weiß, wes du bereit und fähig bist. Überlasse die Entscheidung für dein Leben Ihm, denn Er sorgt dafür, daß wir hier auf Erden nicht auf Rosen gebettet sind. Wir brauchen uns nicht noch zusätzliche Schmerzen zu bereiten." Sie antwortete nichts darauf, und ich weiß nicht, ob er sie hat überzeugen können. Da sagte Wilhelm: „Wir werden dich in den nächsten Wochen mästen, damit man in Fécamp nicht denkt, wir hätten ihnen einen wandelnden Besenstil geschickt." Da lachte sie wieder ganz so wie früher und küßte Wilhelms Hand.

Rouen, Donnerstag, am 27. des Brachmonds 1062

Als Wilhelm und ich bei Dämmerung aus dem Herzogsgarten zurückkamen, entdeckten wir in einem abgelegenen Winkel des Parks Gilbert mit mehreren seiner Freunde, darunter auch Wulfnoth, der sich in letzter Zeit gern in dessen Gesellschaft aufhält. Sie tranken von einem Rebenwein, den Gilbert sich aus Lothringen besorgt haben mag. Hier am Hof haben wir keinen solchen. Alle schienen schon in sehr heiterer Stimmung, und ich sah, wie sich eine Wolke auf Wilhelms Stirn bildete. Als die jungen Leute uns sahen, erschraken sie sichtlich; sie hatten uns hier nicht vermutet. Gilbert erhob sich, ging auf Wilhelm zu und sagte: „Es ist ein solch schöner Sommerabend, Sire, da wollten wir bei einem Tropfen guten Weines zusammensitzen. Doch werden wir des Guten nicht zuviel tun." Wilhelm sah ihn durchdringend an; dann sagte er langsam, während er jedes Wort betonte: „Gilbert, wenn Ihr dieses Laster nicht aufgebt, wird es Euch zugrunde richten!" Gilbert senkte den

Kopf und sagte: „Ich habe mich schon gebessert, Sire." Wilhelm nickte und meinte ernst: „Das ist gut." Dann ging er weiter, ohne der Gruppe Beachtung zu schenken. Mir tut Gilbert leid. Er ist ein solch liebenswerter Mensch und hat, wie sein Bruder Roger, etwas sehr Strahlendes an sich. Möge er Wilhelms Worte beherzigen!

Später

Es war schon dunkel geworden, als Robert zu uns gelaufen kam. Ich saß mit Wilhelm auf der Terrasse und sprach mit ihm über meine Pläne für das künftige Frauenkloster in Caen. „Vater – Mutter!" rief er, etwas außer Atem. „Margarete hat ein ganz kratziges Hemd an!" Ich griff ihn beim Arm und zog ihn näher zu mir heran. „Margarete? Woher weißt du das?" – „Sie hatte mir nicht gute Nacht gesagt, und da bin ich eben in ihr Zimmer gegangen und hab ihr einen Kuß gegeben und meine Hand dabei auf ihre Schulter gelegt – und das kratzte richtig." Wilhelm und ich wechselten einen erstaunten Blick. „Hast du sie deswegen gefragt?" wollte ich wissen. „Ja, aber sie hat nur schnell die Decke bis über die Ohren gezogen und gesagt: ‚Da kümmere du dich man nicht drum!'" – „Schon gut, Gamberon", meinte Wilhelm, „*wir* werden uns darum kümmern. Geh jetzt zu Bett." Robert küßte uns beide auf die Wange und ging. Ich sah Wilhelm ratlos an. „Geh du jetzt zu ihr", sagte er, „und ziehe ihr das härene Hemd aus. Wer weiß, wie lange sie diesen Unfug schon treibt." Als Margarete mich kommen sah, wußte sie sogleich, was ich von ihr wollte. Zuerst weigerte sie sich, das Hemd auszuziehen, doch als ich ihr sagte, der Herzog habe es befohlen, gab sie nach. Ihre Haut war ganz rot und zerkratzt, und ich tat Salbe darauf, was sie mit zusammengebissenen Zähnen duldete. Wo nur hat sie solche Anwandlungen her? Hoffentlich führt Clara in Montivilliers nicht ein ähnliches Leben! So etwas kann Gott doch wirklich nicht von Seinen Kindern verlangen!

Rouen, Montag, am 1. des Heumonds 1062

Ich habe mir heute Margaretes Haut angesehen, die immer noch sehr rot und empfindlich ist. „Wo nur hast du dieses schreckliche Hemd her?" fragte ich sie. „Von einer deutschen Nonne, die ein ebensolches trägt", sagte sie. „Ich tue ja sonst schon keine Bußübungen hier bei Euch, ich lebe so gut, bekomme viel zu essen, kann viel ruhen und werde so lieb von Euch versorgt. Das muß ich später alles im Fegefeuer büßen." – „Du hast nichts zu büßen, Kind", sagte ich kopfschüttelnd, „du hast ja noch gar keine Sünden begangen." – „Wenn man nicht genug leidet, kommt man nicht ins Paradies", sagte sie beharrlich. „Wer hat dir dies erzählt?" – „Schwester Dolorosa, und die weiß es." Ich wollte das Mädchen nicht weiter aufregen und sagte nichts mehr. Doch will ich dies heute noch Wilhelm erzählen.

Später

Wilhelm meint, daß Abt Johannes unserer Margarete die richtigen Präzeptoren besorgen und auch selbst einen heilsamen Einfluß auf sie ausüben werde. In einer Woche soll sie nun reisen, denn das Wetter ist jetzt warm und trocken. Warenne und eine Dienerin werden sie begleiten. Das härene Hemd haben wir im Küchenofen verbrennen lassen.

Rouen, Freitag, am 5. des Heumonds 1062

Wir erhielten gute Nachrichten: Das deutsche Kaiserhaus hat den Gegenpapst fallenlassen; es hat seinetwegen zu viele Unruhen in Italien gegeben. Margarete soll am Sonntag, gleich nach der Frühmette, reisen. Und noch am selben Tag hat Wilhelm vor, mit uns allen nach St. Wandrille zu ziehen. Adelaide soll mit ihren Kindern und einigen Dienern schon heute vorausreiten, um alles vorzubereiten. Unser kleines Jagdschlößchen wird voll besetzt sein. Dies ist aber auch die schönste Zeit des Jahres. Ich habe vor, Arzneipflanzen zu sammeln und außerdem für Agathes Lederpuppe, die ihren Kopf verloren hat, einen neuen zu machen. Ursula weiß, wie man einen solchen aus Wachs formen kann und hat es mir gezeigt. Ich brauche dazu kleine Stäbchen, am besten aus Elfenbein, die Kyrilla mir besorgen will. Dann kommt eine dünne Blasenhaut über den Kopf, auf die man natürliche Haare kleben kann. Da fiel mir Arlettas Haar ein, das Wilhelm irgendwo verschlossen hält, und ich fragte ihn, ob ich etwas davon für eine Puppe haben könne, die Agathe zum Barbaratag erhalten soll. Er sah meine Begeisterung und meinte: „Weißt du auch, daß du dann jedes Haar einzeln einfädeln und verknoten mußt?“ Einen Augenblick lang blickte er nachdenklich vor sich hin und fuhr dann fort: „Ich weiß noch, wie ich Mutter zugesehen habe, als sie den Haaraufsatz für Muriels Puppe machte.“ – „Ich kann dies bestimmt auch“, versicherte ich ihm, und er schien es zu glauben. Auf diese Arbeit freue ich mich schon sehr.

Rouen, Sonntag, am 7. des Heumonds 1062

Es hat einen tränenvollen Abschied von Margarete gegeben. Robert und ich winkten ihr noch lange nach, wobei er oft in sein Tüchlein heulte. Auch Agathe und Cäcilie stimmten in das Weinen ein, und wie sollten meine Augen dabei trocken bleiben? Sie sieht jetzt viel kräftiger und gesünder aus, und ich will nur hoffen, daß das Reisen sie nicht zu sehr anstrengt.

Ich muß nun das letzte packen lassen, denn nach dem Frühstück geht es nach St. Wandrille.

St. Wandrille, Freitag, am 12. des Heumonds 1062

Hier bin ich fähig, alles zu vergessen – den Krieg und die Sorgen um Margarete. Wie unwirklich einem alles erscheinen kann, wenn man körperlich weit weggerückt ist! Ich unterrichte meine beiden Töchter jeden Tag ein wenig, und heute haben wir im Wald und Garten allerlei Arzneipflanzen gesammelt: Kamille, Salbei, Mohn, Lavendel, Baldrian, Holunder, Wacholder, Schafgarbe, Thymian, Wermut und Königskerze. Ursula hat ihnen gezeigt, wie man Tee daraus brüht, und morgen dürfen sie zur Klause eines Einsiedlers gehen, der nicht weit von hier im Walde wohnt, und zusehen, wie er aus bereits getrockneten Pflanzen Arzneien herstellt. Den ganzen Vorgang können sie natürlich nicht beobachten, aber gewiß werden sie viel dabei lernen. Robert will auch mitgehen, mehr um den Einsiedler zu sehen als zum Lernen. Eben sitzen sie auf einer Matte im Gras und öffnen die Mohnkapseln. Mir selbst macht das Sammeln von Kräutern viel Freude. Ich habe eine Menge Baldrian gerupft, weil das Kraut meiner Héloise so guttut. Sie wird sich besonders darüber freuen, daß ich es mit eigenen Händen gepflückt habe. Stolz zeigte ich Wilhelm meine Sammlung. „Wenn du einmal krank wirst, weiß ich, wie ich dich gesund pflege", sagte ich. Er schaute auf die zum Trocknen ausgebreiteten Kräuter und sagte, indem er einen Mundwinkel leicht in die Höhe zog: „Laß mich wissen, wenn du mich einmal pflegen willst – vielleicht kann ich es dann so einrichten." Ich lachte und lehnte meinen Kopf gegen seinen Arm. „Du wärest gewiß kein guter Pflegling."

Später

Man soll solche Dinge nicht einmal im Scherz sagen. Heute abend habe ich schon einen Heilkräutertee brauen lassen müssen, weil Klein-Wilhelm zu spucken anfing und kläglich schrie. Da er sich immer alles in den Mund steckt, glaube ich, daß er irgend etwas Unrechtes hinuntergeschluckt hat. Er saß heute lange unten im Gras und ist dort umhergekrabbelt. Wir haben frische Schafgarbe zum Tee gebrüht, den er auch brav trank. Barbara sitzt noch an seinem Bett und Wilhelm hat ihm soeben den Leib geknetet, in dem es laut gurgelte. Richard schaute aufmerksam von seinem Bettchen herüber und sagte: „Er hat 'nen Froß gesluckt!" Dabei blinzelte er uns aus seinen schwarzen Augen schelmisch an. Wie sehr er doch Wilhelm ähnelt!

St. Wandrille, Samstag, am 13. des Heumonds 1062

Gottlob geht es dem Kleinen heute besser. Er krabbelt schon wieder munter umher, und Wilhelm nahm ihn mit an den Bach, wo seine Geschwister im flachen Wasser wateten. Zum Teich hin wird das Wasser tiefer, da konnten sich nur die drei Ältesten hineinwagen, die bereits schwimmen können. Wilhelm ließ seinen Jüngsten ein paarmal mit den Füßchen im Wasser planschen, während er ihn festhielt; doch Klein-Wilhelm verzog das Gesicht, weil das Wasser ziemlich kalt war. Da setzte Wilhelm ihn auf sein Knie und strich mit dem Daumen über das rotblonde Haar, das schon kleine Ringel bildet. „Er ist ein Rufus", sagte er, „ein richtiger Rotkopf." – „Rufus!" sprach Richard ganz richtig nach, indem er seinen kleinen Bruder vergnügt bei den Händen faßte.

Als ich gleich nach dem Mittagessen auf unsere sonnige Terrasse trat, sah ich zu meiner Freude, daß die Wachskugel, die den Puppenkopf bilden soll und die ich zum Weichwerden dort hingelegt hatte, ganz warm geworden war. Erwartungsvoll ging ich damit in unser Wohnzimmer hinauf, um mit dem Formen des Gesichtes zu beginnen. Ich hatte Stirn, Nase und Mund schon ziemlich deutlich mit meinem Stäbchen gemeißelt, als Wilhelm hereinkam, sich neben mich stellte und schweigend zusah. Ich begann mich unsicher zu fühlen und sagte: „Wenn du dabeistehst und zuschaust, kann ich es nicht richtig." Da nahm er mir den Wachskopf, der auf einem länglichen Holzstück steckte, aus der Hand und meinte: „Wenn die Puppe Mutters Haar erhält, so soll sie auch ihr Gesicht haben." Er griff mit der anderen Hand nach dem Elfenbeinstäbchen, setzte sich ans Fenster und begann an dem Kopf zu schnitzen. Ich war recht neugierig, und nach einer Weile trat ich leise hinter ihn und beobachtete über seine Schulter, was er machte. Mit Erstaunen sah ich, wie Mund und Kinn der Puppe jetzt ganz anders aussahen. Als nächstes formte er mit Daumen und Zeigefinger die Nase etwas länger, als ich sie hatte. Danach begann er mit dem Stäbchen an den Seiten der Nase zu schaben, so daß kleine Späne des härter gewordenen Wachses herabregneten. Plötzlich blickte er auf, sah mich und sagte: „Wenn jemand mir zusieht, wird es nicht richtig." – „Aber du machst es so wunderschön, Wilhelm – wirklich!" – „Ich muß jetzt mit Mutter allein sein", war seine Antwort. Ich ging schweigend hinaus und fühlte mich etwas verletzt. Störte meine Gegenwart die innere Zwiesprache mit seiner Mutter?

Es war an der Zeit, meinen kleinen Wilhelm zu stillen, und als der große Wilhelm danach immer noch am selben Platz saß, ging ich in den Garten zu den Kindern. Nur die beiden Mädchen waren da; die kleinen Knaben schliefen, und Robert war mit Adelaide und seinen Basen zum Beeren- und Insektensammeln in den nahen Wald gegangen. „Wo ist der Papà?" fragte Agathe, die ein Vierblatt in der Hand hielt, das sie ihm schenken wollte. „Oben im Wohnzimmer", sagte ich, „doch da darf jetzt niemand hin. Es hat etwas mit einer Überraschung zu tun." – „Wann gibt es die Überraschung?" wollten sie beide wissen. „Nicht vor dem Barbaratag." – „Ach – sooo lange?" – „Ja, aber dafür wird es etwas ganz Besonderes", sagte ich mit verheißungsvoller Miene. Da schlangen beide ihre Arme um meinen Hals und bettelten: „Sagt nur mal ein klein bißchen, was es ist, ja?" Dabei versuchten sie mich beide auf einmal zu küssen, so daß sich unsere drei Münder begegneten. Sie fanden das so ulkig, daß sie sich halb kugelig lachten und es wiederholten. Diesmal spitzten wir alle drei unsere Münder und brachten sie zusammen. Es gelang gut. Während wir noch alle lachten, sahen wir plötzlich Wilhelm auf uns zukommen. Agathe hatte inzwischen ihr Vierblatt verloren und wohl auch vergessen. Sie sprang auf ihren Vater zu und rief: „Jetzt müßt auch Ihr mit uns zu dritt küssen." – „Was muß ich?" fragte er, indem er sie hochhob und in die Luft warf. Sie jubelte in den höchsten Tönen, bis er sie wieder auffing, und zog ihn dann an der Hand zu mir. Ich saß mit Cäcilie im Gras, und Agathe erklärte ihrem Vater, was ein Kuß zu dritt sei und wie man es machen müsse. Ich aber sagte: „Mit euren kleinen Mündchen ging es ganz gut, aber Vaters Kopf ist zu groß." – „Nein, das geht bestimmt", beharrte sie; „wir müssen nur den Kopf in den Nacken legen, damit unsere Nasen nicht aneinanderstoßen." Wilhelm runzelte etwas zweifelhaft die Stirn, doch seine Augen lachten. „Zuerst Papà, Mamà und ich", befahl Agathe. Wir näherten unsere Köpfe, spitzen die Münder, und nachdem wir uns etwas zurechtgeschoben hatten, ging es wirklich. Agathe kullerte sich vor Lachen. „Ich will auch mitküssen", rief nun Cäcilie, „wir wollen es alle zusammen tun." – „Meine Töchter haben die Kußkrankheit", meinte Wilhelm, indem er sich im Gras ausstreckte. Nun fielen wir alle drei über ihn her und versuchten, uns zu viert zu küssen. Dazu mußten wir die Köpfe abwechselnd drehen und wenden, und dabei lachten die Mädchen so sehr, daß der Kuß auseinanderfiel und sie sich vor Vergnügen im Grase rollten. „Ich habe überhaupt nichts abbekommen", sagte ich und nahm die Gelegenheit wahr, Wilhelm allein zu küssen. Da sagte er: „Mutters Kuß schmeckt am besten." – „Nein", wandte Agathe ein, „*jeder* Kuß schmeckt am besten." Worauf Wilhelm bemerkte: „Wir haben eine zweite kleine Philosophin in der Familie." Ach, wenn diese herrlichen Tage doch nie enden würden!

St. Wandrille, Mittwoch, am 17. des Heumonds 1062

Die Puppe hat ein wunderliebes Gesichtlein. Ich kann mich nicht sattsehen an ihr. Unter Wilhelms Anleitung habe ich die Augenbrauen und Augäpfel bemalt, auch Wangen und Mund. Er meint, das bräunliche Honigwachs habe die natürliche Hautfarbe seiner Mutter. „Hat deine Mutter wirklich so ausgesehen, Wilhelm?" Er blickte längere Zeit schweigend auf den Puppenkopf, dann sagte er: „So mag sie als Kind ausgesehen haben." Nun habe ich mit dem Haaraufsatz begonnen, kann es aber nicht lange hintereinander tun, denn es ist sehr anstrengend, jedes einzelne Haar (obgleich es ziemlich stark und längst nicht so fein wie meines ist) durch die Haut zu ziehen und mit einem winzigen Knoten zu befestigen. Besonders vom Knoten tun mir hernach die Finger weh. Die Kinder wissen, daß sie nach dem Mittagessen nie ins Wohnzimmer kommen dürfen, und zerbrechen sich ihre kleinen Köpfe, um die Überraschung zu erraten. „Das wird euch *nie* einfallen", sagte ich ihnen wiederholt, was die Spannung nur noch erhöht.

St. Wandrille, Dienstag, am 23. des Heumonds 1062

Heute ist der letzte Tag, den wir hier verbringen. „Wie schön wäre es für die Kinder, wenn sie immer auf dem Lande leben könnten!" sagte ich zu Wilhelm. „Du kannst sie hierlassen und allein mit mir zurückkehren", sagte er, ohne eine Miene zu verziehen. Agathe, die dabeistand, schrie sofort auf: „Wir wollen nicht allein gelassen werden!" – „Ihr habt ja Barbara und eure Geschwister – und vielleicht auch die Muhme", sagte ich nun ebenfalls mit unbewegter Miene. „Das ist längst nicht dasselbe", rief sie in großer Angst aus. „Ihr könntet euch die ganze Zeit zu fünft küssen", neckte Wilhelm sie, und da merkte sie, daß er nur Spaß machte. „Rufus muß ja noch Mamàs Milch trinken", sagte sie, indem sie mich triumphierend ansah, „das geht also gar nicht!" Der Beiname Rufus ist inzwischen von allen begeistert aufgenommen worden. Mir ist es ganz lieb so, denn für mich gibt es ja nur *einen* Wilhelm.

Später

Während die Diener packten und Robert mit seinem Vater noch einen letzten Ritt machte, bei dem er lernen sollte, seinen Bogen zu spannen, ohne daß er Gewalt über sein Pony verliert, ging ich mit meinen beiden Mädchen durch den Garten, und wir beobachteten aus einiger Entfernung ein Vogelpaar, das seine Jungen das Fliegen lehrte. Bei den tolpatschigen Versuchen der jungen Vöglein war das Nest etwas auseinandergefallen; wir sahen weiches Gras herabrieseln, und einige kurze Zweige fielen hinterher. Und dann, während wir ganz still dasaßen, konnten wir sehen, wie einer der Vögel – wohl das Männchen – zu einem nahen Baum flog, an dem dort herausquellenden Harz nippte und zurückkehrte, um das Nest mit dem Harz zu verkleben. Wir waren alle drei gefesselt von dem Gebaren der Vogelfamilie. „Da seht ihr, wie klug selbst die kleinen Tiere sind", sagte ich. „Sie bauen ihre Nester und Höhlen so, wie der liebe Gott es ihnen zeigt." – „Können sie den lieben Gott sehen?" fragte Cäcilie mit großen Augen. Ich legte meinen Arm um das herzige Kind und sagte: „Ich glaube, Er flüstert es ihnen in der Vogelsprache zu." – „Ja", nickte sie ganz ernst, „dann weiß ich schon, wie."

Nun sind die Kinder alle in ihren Betten. Wilhelm wird erst später kommen; er sitzt abends gern allein draußen unter einem Baum. Wenn er kommt, schlafe ich meist schon. Doch immer, wenn ich hier nachts aufwache und ihn neben mir weiß, denke ich voller Seligkeit: „Wir sind ja noch in St. Wandrille!" Morgen abend schon schlafe ich wieder allein in meinem großen Zimmer im Schloß. Doch kann ich noch lange von den Erinnerungen zehren. Nichts ist herrlicher für eine Mutter, als Mann und Kinder den ganzen Tag bei sich zu haben. Die Nachtigall beginnt soeben ihr Lied; doch heute, am letzten Abend, stimmt es mich etwas traurig.

Rouen, Freitag, am 2. des Erntemonds 1062

Wie ich es mir gedacht hatte, warteten bei unserer Rückkehr viele Aufgaben auf uns. Ich habe daher gar nicht schreiben können. Manche Neuigkeiten vom Krieg in Maine waren eingetroffen, und Wilhelm zieht in einer Woche wieder aus, um in vielen Ortschaften die Erntearbeit zu unterbinden. Mir tun die Menschen so leid, die darunter leiden müssen und die doch gar keine Schuld an diesem Krieg haben. Le Mans soll ausgehungert werden. Hätte die dortige Garnison sich nicht sofort

Gottfried von Mayenne ergeben, hätte sie ihm nur einige Tage Widerstand geleistet, wäre Wilhelm sofort mit seinem Heer hingeeilt und hätte die Festung sichern können. Die führenden Männer der Garnison sollen bestochen worden sein, wie wir kürzlich hörten.

Auch in England ist wieder Krieg, nur ein viel schlimmerer. Judith schrieb, daß Tosti, Harald und Gyrth vereint gegen König Griffydd zu Felde gezogen seien. Sie hätten die walisischen Schiffe und viele Dörfer niedergebrannt, und fast hätten sie den König selbst zu fangen bekommen. Sie sind von Bristol aus um die walisische Küste gesegelt, haben manche der Vasallen befreit und Griffydd bezwungen. „Gegen die Godwinesons kommt keine Macht der Welt an", schrieb Judith stolz.

Rouen, Samstag, am 17. des Erntemonds 1062

Wilhelm ist nun schon wieder seit einer Woche in Maine. Vor einem Monat noch waren wir alle in unserem Waldparadies zusammen, wo ich den Krieg fast vergessen hatte. Nun aber werde ich täglich, ja, stündlich daran erinnert. Mein Zufluchtsort ist der Herzogsgarten, wo ich oft am frühen Abend mit den Kindern sitze. Heute war Agathe tieftraurig, weil der Gärtner zwei große Ameisenhaufen bei den Gladiolenbeeten vernichtet hatte. Schon frühmorgens, ehe die Tierlein ausgekrochen waren, hatte er heißes Wasser über sie gegossen. Agathe hatte ihnen oft zugeschaut und war deshalb ganz entsetzt, als sie sah, was geschehen war. „Der liebe Gott hat ihnen doch in Ameisensprache gesagt, wie sie ihr Haus bauen sollen", sagte sie mit Tränen in den Augen. „Und nun sind sie alle tot, und alles ist kaputt!" Ich tröstete sie, indem ich ihr sagte, es gäbe einen Tierhimmel, wo sie sich alle wiederfänden. „Ich weiß schon, daß jeder einmal sterben muß", schluchzte sie, „aber doch nicht alle auf einmal – das ist ganz schrecklich!" Ich versuchte ihr zu erklären, daß die Ameisen ja die Gladiolen töten würden, indem sie ihre Wurzeln zerstörten. Da sagte sie: „Warum habt Ihr die armen Ameisen nicht rausschaufeln und in den Wald bringen lassen, Mamà? Ihr seid die Herzogin, und jeder tut, was Ihr sagt!" Ich blieb meiner Tochter nicht zum ersten Male eine Antwort schuldig.

Rouen, Sonntag, am 18. des Erntemonds 1062

Agathe durfte heute bei der Hohen Messe zugegen sein, und ich bemerkte, daß sie sehr still und nachdenklich war. Als sie danach an meiner Hand die Treppen hinaufstieg, sagte sie: „Ich will Euch etwas Schönes erzählen, Mamà." – „So komm mit in mein Zimmer", sagte ich. Sie setzte sich neben mich auf einen Schemel, und ich sah sie eine Weile mit Wohlgefallen an. Sie trug ihr festliches Sonntagsgewand aus schwarzem Samt mit einem weißen Halstuch. Ihr Gesichtchen hatte etwas sehr Feierliches. „Mir hat von den Ameisen geträumt", sagte sie, während sie mich aus ihren dunkelblauen Augen verheißungsvoll anblickte. „Sie zogen gerade durch das Tor in den Tierhimmel und sangen ganz leise – wie ein leiser Klagechor. Und dann wurde es immer heller, nicht mehr so grau, wie es vorher war, und viele andere Ameisen kamen auf sie zugeflogen – die hatten alle durchsichtige Flügel..., und auf einmal sah ich gar nichts mehr, nur weiße Wolken, und es summte ganz stark wie lauter Bienen. Und plötzlich kam eine Menge von Bienen aus den Wolken rausgeflogen; die zogen auf die Erde, die tief unten lag und wo lauter Apfelbäume blühten." Sie schwieg und sah mich erwartungsvoll an. „Wer weiß, Agathi", sagte ich da; „vielleicht sind diese Bienen die gestorbenen Ameisen, die alle wiedergekommen sind und die nun fliegen können und süßen Honig saugen, statt unter der Erde wohnen zu müssen." Sie sah mich überrascht, aber freudig an und sagte: „Wir wollen den Papà mal fragen, ja?" Doch dann fügte sie enttäuscht hinzu: „Ach, er ist ja gar nicht da!"

Rouen, Samstag, am 24. des Erntemonds 1062

Adelaide studiert jetzt immer viel, denn Wilhelm hat bestimmt, daß sie unsere Töchter unterrichten soll. Sie ist auch eine gute Falkenierin und zieht oft mit Robert auf die Falkenjagd. Gestern haben sie zwei schöne Schnepfen heimgebracht. Mit Bedauern sehe ich den Sommer schwinden. Es ist frühmorgens schon recht kühl und nebelig. Sorge macht es mir, daß ich lange nichts aus Flandern gehört habe. Auch von Margarete ist noch keine Nachricht gekommen – bis auf die kurze Mitteilung, sie sei wohlbehalten in Fécamp eingetroffen.

Rouen, Mittwoch, am 4. des Herbstmonds 1062

Wilhelm ist aus Maine zurückgekehrt und scheint sehr zufrieden über den Verlauf der Dinge. „Bis Anfang des neuen Jahres mag sich die Festung noch halten", sagte er. „Aber das Volk murrt bereits und fordert von Gottfried, daß er dem Krieg ein Ende mache. Ich denke, sie halten die Normannenherrschaft für das geringere Übel." – „Habt Ihr den Nachschub an den geplanten Stellen unterbinden können, Sire?" fragte Papà Roger. „Zum größten Teil", sagte Wilhelm. „Außerdem kommen kaum noch Nachrichten durch. Gottfried sieht sich bereits abgeschnitten." – „Und wie steht es mit dem anderen Gottfried?" wollte fitzOsbern wissen. Damit meinte er den Neffen des verstorbenen Gottfried von Anjou. „Er verhält sich ruhig und scheint nicht in die Fußtapfen seines Oheims zu treten." Wir blieben am Tag nach Wilhelms Rückkehr noch lange im kleinen Saal zusammen und sprachen über die Zukunft von Maine.

Am nächsten Morgen nach dem Frühstück ließ sich das „Triumvirat" bei Wilhelm melden. Als er die drei Knaben fragend ansah, sprachen sie im Chor (was sie vorher eingeübt hatten):

Wir sind zwar nur drei kleine Gestalten,
Doch sollt Ihr Euer Versprechen halten!
Wir wollen von Herzog Robert hören,
Dann werden wir Euch auch nicht mehr stören.

Wilhelm blickte die „kleinen Gestalten" belustigt an und fragte: „Wer hat den Vers geschmiedet?" – „Bouboule", ertönte es wie aus einem Munde. „So geht und sagt dem wackeren Galet, ich erwarte ihn und euch drei heute abend im Jagdzimmer." Ein jubelnder Freudenschrei war die Antwort, und gleich darauf stürmten sie alle drei aus dem Zimmer. Als Wilhelm mir dies erzählte, sagte ich: „Die anderen Kinder wollen aber auch dabeisein, Wilhelm!" – „Dann bringe, wen du magst", willigte er ein. Ich ließ den Saal herrichten und viele Matten und Felle auf dem Boden ausbreiten. Obgleich es noch nicht sehr kalt ist, hatte ich ein Feuer anzünden lassen, damit es festlicher aussah. Außer Rufus ließ ich alle meine Kinder kommen, ebenfalls Adelaide mit ihren Mädchen, dazu Will, Mathilde, Emma und Konstantin, welchletzterer „Ordnung" im Raum halten sollte. Voller Erwarten versammelten sich die Kinder dort, und es wurde ihnen ein gesüßter Holunderbeersaft gereicht. Wilhelm saß in einem geschnitzten Lehnstuhl, seinen Sohn Richard auf den Knien, der wie ein Miniaturbild von ihm selbst aussah; und die anderen Kinder hatten sich im Halbkreis auf dem Boden niedergelassen. Cäcilie saß dicht vor Wilhelms Füßen, ihre Engelspuppe fest im Arm haltend. Wilhelm begann damit, daß er ihnen etwas von Rolf dem Wikinger erzählte, welcher der erste Normannenherzog gewesen war. Dieser hatte den französischen König gezwungen, ihm das Land nördlich von Paris und Chartres zu geben, das er sich mit seinen Piraten erobert hatte. Karl der Einfältige willigte schließlich im Jahre 912 ein, Rolf als seinen Vasallen anzuerkennen, und Rolf war bereit, dem König Treue zu geloben. „Die Begegnung fand in St. Claire an der Epte statt", sagte Wilhelm, „das in einem Tal zwischen zwei hohen Hügeln liegt. Der König stand mit seinen Mannen auf dem einen Hügel, die Nordmänner auf dem anderen. Dann begegneten sich König und Seeräuber auf dem Fluß zwischen den Hügeln. Rolf, der von riesiger Gestalt war, kniete nicht nieder, sondern stand aufrecht vor seinem König, legte seine Hände in die König Karls und gelobte, ihm ein treuer Vasall zu sein, sein Leben, seine Glieder und seine Ehre zu verteidigen. Der König legte dem Vasallen gegenüber ein ähnliches Versprechen ab und gab ihm das Land zwischen der Epte und der Nordsee. Dann aber geschah etwas sehr Spaßiges. Die französischen Adelsherren erklärten Rolf, daß ein neuer Vasall, dem Brauch zufolge, vor seinem König niederknien und seinen Fuß küssen müsse – so wie es auch am Hof Karls des Großen üblich gewesen sei. Doch der Nordmann erwiderte stolz: ‚Nie werde ich vor einem Menschen niederknien und dessen Fuß küssen!' Als aber die französischen Barone darauf bestanden, schien Rolf nachzugeben. Er winkte einem seiner Gefolgsleute, der die Ehrerbietung an seiner Stelle durchführen sollte. Doch dieser Krieger hob, ohne sein Knie zu beugen, den Fuß des Königs so hoch, daß dieser nach hinten überkippte. Daraufhin erscholl vom Hügel, wo die Nordmänner standen, ein johlendes Gelächter. Der König aber machte gute Miene zum bösen Spiel, und die Zeremonie endete in Frieden." Das Gelächter der Kinder, das nun erscholl, war dem ihrer Vorväter gewiß nicht unähnlich.

Wilhelm erzählte dann weiter, daß Rolf in seinem neuen Staat strenge Gesetze erließ, so daß Raub und Diebstahl in einigen Jahren soweit behoben waren, daß die Bauern ihre Pflüge und anderen Feldgeräte ruhig draußen liegen lassen konnten, ohne daß sie gestohlen wurden. Rolf trieb es sogar so weit, daß er eine schwere Goldkette an einem Eichenbaum in der Nähe von Rouen aufhing; und als er nach drei Jahren wieder an demselben Ort vorbeikam, hing sie immer noch dort. Wohl hatte er Grund, stolz auf seine Landeskinder zu sein." Robbi seufzte tief auf, als er das hörte, und meinte: „Eine solche Goldkette hätte ich aber schon genommen. Wenn die nur so an einem Baum hängt, dann stiehlt man sie ja nicht." Doch Wilhelm war anderer Meinung. „Man nimmt sich nichts, was einem nicht gehört – auch nicht, wenn es an Bäumen hängt. Du siehst, daß der Besitzer wiederkam, um seine Kette zu holen." – „Erzählt jetzt von Herzog Robert", bat Roger mit erwartungsvollen Augen. „Zuerst sagt mir, wer der nächste Herzog war", fragte Wilhelm. „Wilhelm Langschwert", rief Robert sofort aus. Wilhelm nickte. „Und der nächste?" Nun entstand ein betretenes Schweigen. Dann sagte Agathe zaghaft: „Richard?" – „Richtig", bestätigte Wilhelm, „Richard I." – „Richadd", echote der kleine Richard auf Wilhelms Knien vergnügt. „Und wer kam dann?" – „Herzog Robert", behauptete Robbi überzeugt. „Nein, noch nicht – zuerst kam... nun, weiß es keiner?" – „Ja, ich weiß es schon", sagte Adi. „Richard der Gute, und das war der Vater vom Herzog Robert." Wilhelm war zufrieden und sagte: „Gut, nun wollen wir von Herzog Roberts Abenteuern erzählen."

Ich bemerkte, daß Richard III. ausgelassen worden war, vielleicht absichtlich, weil Wilhelm den Bruderstreit nicht erwähnen wollte. „Warum hieß er ‚Robert der Teufel?' fragte Mathilde. „So hieß er früher einmal", sagte Wilhelm, „weil er reiten konnte wie ein Teufel, wobei sein schwarzer Mantel wild im Winde flatterte, und weil seine Feinde ihn fürchteten und haßten." – „So wie Euch, wenn Ihr auf Bucephalos reitet", meinte Roger bewundernd. „Später nannte man ihn den ‚Prächtigen' oder ‚Großherzigen', fuhr Wilhelm fort. „Er war so großherzig, daß er auch anderen Fürsten immer half. So sicherte er Balduin IV. von Flandern und König Heinrich von Frankreich ihren Thron. Auch wollte er dem jetzigen König Eduard von England zu seinem Recht verhelfen und forderte den Dänenkönig Knut heraus, der den englischen Thron an sich gerissen hatte. Als Knut auf des Herzogs Forderungen nicht einging, segelte dieser mit seiner Flotte nach England. Doch der Wind stand ungünstig, und die Schiffe mußten auf der Insel Jersey Zuflucht nehmen." Dann erzählte er von den Unruhen im eigenen Lande, wie der Herzog von einem Ende der Normandie zum anderen „flog" – denn so schien es den anderen – und wie er sich schließlich dazu entschloß, eine

Pilgerfahrt ins Heilige Land anzutreten. Er beschrieb die feierliche Zeremonie vor der Abreise des Vaters, als alle Vasallen seinem jungen Sohn Wilhelm einen Treue-Eid leisten mußten. „Ich war damals noch jünger, als Robert es jetzt ist", sagte er und schwieg eine Weile nachdenklich. Dann nahm er den Faden seiner Erzählung wieder auf.

„Der Herzog zog barfüßig, im Gewand eines Pilgers, aus; doch seine Schatztruhe und kostbaren Kleider begleiteten ihn, und oft teilte er großzügig Almosen aus. In Burgund kamen die müden Pilger eines Abends zu einer Burg, wo sie übernachten wollten. Der Torhüter war ein griesgrämiger Mann, der nicht wußte, wer die hohen Gäste waren. Der Herzog ließ alle anderen zuerst hineinziehen und humpelte, staubbeladen und fußkrank, als letzter hinterher. Da trieb ihn der Torhüter mit einem Schlag seines Knüppels zur Eile an. Voller Entrüstung wollten sich die Ritter auf den Mann stürzen, um ihn zu töten, doch der Herzog wehrte ihnen und sagte: ‚Tut ihm nichts zuleide. Es ziemt einem Pilger, um der Liebe Gottes willen mißhandelt zu werden'. Und dann fügte er lächelnd hinzu: ‚Es ist mir lieber, daß *ich* geschlagen werde, und nicht meine geliebte Normandie.' In Rom wurden sie freundlich vom Papst empfangen. Später erblickten sie mit Entsetzen die vielen nackten Statuen der griechischen und römischen Kaiser. Da erbarmte sich der Herzog der Statue des Kaisers Konstantin, legte seinen kostbaren Herzogsmantel ab und hüllte den ersten Kaiser der Christen darin ein." Hier lachten die Kinder wieder fröhlich. „Weiter!" rief Agathe mit glänzenden Augen. Sie kann nie genug von Helden und deren Abenteuern hören. „Ehe sie nach Konstantinopel kamen", fuhr Wilhelm fort, „ließ der Herzog die Hufe aller Esel mit Gold beschlagen. Doch er ließ die Nägel mit Absicht nicht sehr tief eintreiben, so daß die Esel nach und nach ihre Hufeisen auf der Straße verloren – ohne daß nur einer der Ritter abstieg, um sie aufzusammeln. ‚Seht den prächtigen Herzog, der sein Gold auf die Straße wirft!' riefen die Leute bewundernd aus." Ich sah, daß Robert ganz heiße Wangen bekommen hatte; solche Geschichten waren nach seinem Herzen. „Als sie dann vom Türkenkaiser empfangen wurden, mußten sie, wie es dort Sitte ist, ihre Mäntel abnehmen und auf den Boden fallen lassen. Als später ein Diener die Mäntel aufheben wollte, verwehrte es der Herzog ihm. Sie alle ließen ihre prächtigen, pelzbesetzten Mäntel gleichgültig zurück." – „Die waren aber reich!" rief Judith bewundernd aus.

„Im dortigen Kaiserreich gab es überhaupt keine Tische", erzählte Wilhelm weiter, „alle aßen am Boden. Weil aber der Herzog überall, wo er eine Mahlzeit einnahm, Tische aufstellen ließ, lernte der Kaiser, wie das gemacht wird, und führte danach auch in seinem Reich den Brauch ein, Tische aufzuklappen. Er wollte, daß der Herzog in seinem Land zu Gast war und nichts bezahlte, doch Herzog Robert war nicht einverstanden damit. Er zahlte reichlichen Lohn für alles, mehr als es üblich war." Wilhelm berichtete noch manches andere und zum Schluß auch das traurige Ende, denn unterwegs war der Herzog von einem tückischen Fieber befallen worden. Dennoch setzte er seine Pilgerreise nach Jerusalem in einer Sänfte fort, die von vier schwarzen Sklaven getragen wurde. „Da begegnete ein normannischer Pilger, der auf dem Heimweg war, dem Zug und war tief bewegt, seinen Herzog vor sich zu sehen. Er fragte ihn, ob er eine Botschaft von ihm an den Hof von Rouen überbringen solle. ‚Ja', sagte der schwerkranke Herzog da frohgemut, ‚sagt ihnen, daß ich von vier schwarzen Teufeln ins Paradies getragen werde!'" Ich sah, wie Adelaide lächelte, jedoch Tränen in den Augen hatte. „Seine letzte gute Tat galt einer Menge von armen Pilgern, die vor den Toren Jerusalems standen und nicht eingelassen wurden, weil sie den Gold-Byzantiner nicht zahlen konnten, den der sarazenische Pascha verlangte. Da rief der Herzog aus: ‚Ihr sollt alle hinein, so weit meine Byzantiner reichen.' Das hat den Pascha so sehr beschämt, daß er dem Herzog das Geld zurückgab. Dieser jedoch verteilte es unter die Armen." Wilhelm schwieg, und die Kinder saßen eine Weile stumm da. Dann sagte Agathe: „Und als er starb, da flogen ihm die Engel aus dem Paradies entgegen und sagten: ‚Du sollst dir jetzt den schönsten Platz bei uns aussuchen, weil du so viel Gutes für die Armen getan hast.'" – „So wird es wohl gewesen sein", bestätigte Wilhelm lächelnd. „Wenn er jetzt vom Himmel herabschaut, so hoffe ich, daß er stolz auf sein Land ist." Dann blickte er auf das „Triumvirat" und sagte: „Ihr seid die Zukunft, denn wenn ich nicht mehr bin, müßt ihr unser Land richtig regieren und es vor Feinden schützen." – „Ja, das tun wir!" rief Robert begeistert. „Und ich will auch mal viel Gold haben und es dann an die Pferdehufe heften und auf die Straßen streuen – und alle sollen über mich staunen, wenn ich der Herzog bin!" Wilhelm sah seinen phantasievollen Sohn leicht besorgt an; dann sagte er: „Alles Gold der Welt macht einen Herzog nicht groß, mein Sohn. Es sind allein seine Taten, von denen die Nachwelt spricht." Ich glaube nicht, daß Robert solche Dinge schon richtig versteht; dazu ist er noch zu sehr Kind.

Rouen, Sonntag, am 15. des Herbstmonds 1062

Seit dem Tag, da Wilhelm den Kindern so viel von seinem Vater erzählt hat, spielen sie dauernd Pilgerfahrt. Heute nach der Messe waren sie alle oben in einem der Turmzimmer, um sich zu verkleiden. Robert ist der begeisterte Anführer dieser Spiele, und er selbst stellt immer den Herzog dar. Ich stand auf dem Gang, als die Prozession herabkam und die Treppe hinunter zum Schloßhof schritt. Robbi und Roger waren Herzog Roberts Gefolgsleute, und sie alle trugen lange, schleppende Tuniken, die zum Teil von Motten durchlöchert waren, und keine Pilgergewänder, die Robert nicht sehr begeistern. Auch hatten sie sich bronzene Ketten um den Hals geschlungen. Wie ich später erfuhr, hatte Robert sich vom Waffenschmied einen kleinen Eisenring besorgen lassen, auf den er eine Art Helm aus Pergament gestülpt hatte. Der soll seine Herzogskrone darstellen. Die Mädchen mußten die geistigen Würdenträger spielen. Agathe war ein Bischof mit einer merkwürdigen Haube auf dem Kopf und Cäcilie der Standartenträger, die weiße Fahne mit dem schwarzen Kreuz tragend, die ebenfalls aus bemaltem Pergament angefertigt war. Unten im Schloßhof hatten die Diener die Ponys bereitstehen und halfen den jungen Herren hinauf. Adi und Judith mimten die trauernden, zurückbleibenden Frauen. Singend zog die Prozession von dannen, aber es klang recht schauderhaft, weil Robbi immer laut danebensang. Dann sah ich Adi und Judith in aller Eile wieder ins Haus stürzen und nach einer Weile, mit Lumpen bekleidet, dem Zug nachlaufen. Ich hatte den Kindern erlaubt, in den Herzogsgarten zu ziehen, wo sie verschiedene Plätze als Rom, Konstantinopel und Jerusalem bestimmt hatten. Später erfuhr ich von Judith, wie es weitergegangen war. „Adi und ich waren nachher die Wegelagerer, die den Pilgerzug ausrauben sollten; aber die tapferen Ritter schlugen uns tot. Ich hab ganz lange Zeit dagelegen, aber Adi stand auf und lief dem Zug nach. ‚Das darfst du doch nicht', rief ich, ‚wir sind doch jetzt tot!'" – „Wie lange hast du denn da gelegen?" fragte ich. „Bis mir die Ameisen auf die Beine krabbelten", gestand sie. „Will sollte eigentlich der Papst sein", fuhr sie fort, „aber er kam dann doch nicht. Er wollte sowas nicht sein. Da holten sie sich Mathilde, die ein weißes Kleid anhatte – ein ganz langes – und eine weiße Haube auf dem Kopf. Als die Pilger alle niederknieten und der Papst sie segnen sollte, rutschte ihr die Pergamenttüte vom Kopf. Herzog Robert hat sie mit seinem Schwert aufgespießt und ihr wiedergegeben. Die hatte dann aber ein Loch und saß nicht mehr gut auf dem Kopf. Sie mußte sie immerzu mit der einen Hand festhalten." Ich hatte Mühe, ernst zu bleiben. „Wo sind sie jetzt alle?" fragte ich schließlich. „Sie zanken sich, denn der Herzog will nicht sterben. Er sagt: ‚Wir spielen jetzt anders weiter, so als ob Herzog Robert noch lebt und die Sarazenen besiegt.' Agathe aber sagte ganz empört, daß das Spiel dann verkehrt zu Ende gehe. Sie wartet nämlich schon mit den beiden Engelspuppen auf Roberts Seele, und nun kommt er nicht."

Später

Ich habe Wilhelm soeben alles beschrieben, während ich Rufus stillte. „Du hättest den Zug sehen sollen, Wilhelm – die Knaben auf ihren Ponys, Cäcilie mit der Standarte und Agathe im Bischofsgewand." Er lächelte: „Wenn wir den Kindern zuschauen, sagen wir: ‚Sie spielen nur', doch den Kindern ist es tiefer Ernst mit ihrem Spiel. Ähnlich schaut auch Gott auf uns Menschenkinder herab. Er weiß, daß wir nur spielen, doch weiß Er auch, daß wir unser Spiel sehr ernst nehmen." – „Großer Philosoph", sagte ich, „was soll ich hieraus lernen? Sollte ich nichts im Leben mehr ernst nehmen?" – „Mitnichten", meinte er. „Wenn du es nicht mehr ernst nimmst, verdirbst du das Spiel." Ich sah ihn verblüfft an und schüttelte den Kopf. „Nun bin ich ebenso klug wie zuvor." Er nickte. „Du siehst, daß es auf das ‚Zuvor' ankommt." Ratlos sah ich ihn an. „Ich verstehe überhaupt nichts mehr." Da nahm er meinen Kopf und rieb seine Nase an meine. „Joujou", sagte er mit einem lustigen Zwinkern seiner Augen, „wenn du das Scherzrätsel des Lebens einmal lösen solltest, so laß es mich wissen. Ich bin ebenso neugierig wie du."

Wir haben heute von Margarete gehört, daß es ihr gut in Fécamp gefällt. „Abt Johannes ist ein Heiliger", schrieb sie begeistert. Ich denke wehmütig an die Zeit zurück, da Margarete hier die Kinderspiele beseelte. Doch ihr Geist lebt weiter. Robert übertrifft sie fast noch mit seiner Phantasie; nur sind seine Spiele viel irdischer, was für einen künftigen Mann wohl auch richtig ist. Vielleicht hat Wilhelm recht, daß Margarete ihn später gut beeinflussen wird. Denn er hängt sehr an ihr und wird nie vergessen, daß sie ihn seit frühester Kindheit zärtlich betreut hat.

Rouen, Sonntag, am 29. des Herbstmonds 1062

Draußen toben die Herbststürme, und die Kinder sind ans Haus gefesselt. Es geht sehr lebhaft bei ihnen zu, so daß ich öfter im Kinderzimmer Ruhe stiften muß. Wenn nur der Krieg bald vorbei wäre! Hugo von Avranches hat einige Bravourstücke vollbracht und in diesem Monat eine Burg gestürmt. Muriel ist noch in Conteville und selig über ihr Töchterlein. Ich finde aber, sie sollte Hugo nicht so lange allein lassen. Ihn scheint das seltsamerweise nicht sehr zu bekümmern.

Meiner Héloise geht es wieder etwas besser. Ich überraschte sie heute, als sie mit Ursula in meinem Zimmer am Kamin saß und ihr von den „alten Zeiten" erzählte, da Herzog Richard noch im Schloß wohnte. Ich denke manchmal, sie hält Ursula eher von ihrer Arbeit ab, als daß sie ihr hilft. Aber sie soll es gut bei mir haben und einen schönen Lebensabend verbringen.

Rouen, Sonntag, am 13. des Weinmonds 1062

Bis zum Allerheiligentag soll die neue Kathedrale in Rouen fertig sein. Unser Baumeister Osbern, ein Mönch von St. Ouen, hat die Arbeiten daran seit Jahren beaufsichtigt. Ach, wenn doch erst meine Abtei in Caen soweit wäre! Sicher aber wird sie eher fertig sein als Wilhelms Kathedrale, für welche die Pläne noch nicht einmal vorliegen. Er will sein Gotteshaus dem hl. Stephanus weihen.

Als wir heute im kleinen Saal bei der Abendmahlzeit saßen und Odo einige Greuelgeschichten vom Aberglauben der Landbevölkerung in Bayeux erzählte, gegen die er mit Predigen allein nicht anzukämpfen imstande sei, fragte ihn Adelaide: „Woher weißt du dies alles so genau, Bruder?" Und er antwortete ganz freimütig: „Von meiner Frau! Sie trägt mir manche Auskunft über das Treiben der Bürger und Bauern zu, was diese der Geistlichkeit verschweigen. Ich weiß nicht, wie ich dem Übel zuleibe gehen soll – es sei denn mit Feuer und Schwert." Doch Wilhelm schüttelte den Kopf. „Der Aberglaube wurzelt, wie der Glaube, im Gefühl. Niemand hat je mit Gewalt über die Gefühle des Menschen gesiegt." – „Und wie meinst du, daß man sie umstimmen kann?" fragte Odo. „Durch das Beispiel heiliger Leben und viel Verständnis", sagte er. „Ich weiß einen Abt namens Wulfstan in England, den König Eduard in hohen Ehren hält und der im Norden des Landes viel gegen das Heidentum hat bewirken können. Wie ich kürzlich hörte, ist er jetzt Bischof von Worcester geworden, obgleich er sich heftig dagegen sträubte." – „Warum sollte er sich dagegen sträuben?" fragte Odo erstaunt. „Große Seelen trachten nicht nach ehrenhaften Ämtern", sagte Wilhelm. „Sie sind viel zu sehr damit beschäftigt, Gutes in der Welt zu tun, wobei sie sich selbst vergessen. Zu diesen gehört auch Lanfranc." Ich schaute verstohlen zu Odo hinüber, der auf seinen Teller starrte und die Stirn leicht in Falten zog. „So – so!" sagte er. „Laß uns hoffen, daß sich genug dieser Heiligen finden!" – „Das Hoffen allein genügt nicht, Bruder", bemerkte Wilhelm. „Nur wer selbst ein sittliches Leben führt, wird entsprechend auf andere Menschen einwirken können." Odo gab einen kleinen Seufzer von sich, wußte aber nichts zu erwidern.

Rouen, Montag, am 21. des Weinmonds 1062

Warenne und Hugo sind soeben von einem längeren Streifzug durch Maine zurückgekehrt. Warenne berichtete, wie schlecht es der Bevölkerung gehe. Er und Hugo seien in einem Gasthaus eingekehrt, das ihnen hatte öffnen müssen; für das Volk von Maine sei es nämlich geschlossen gewesen. Es gäbe nichts mehr zum Bewirten, hätten die Besitzer gesagt, sie könnten sich mit Mühe und Not selbst ernähren. Nur Wein hätten sie noch vorrätig, doch wollten sie diesen nicht ausschenken; da die Leute so wenig zu essen hätten, stiege ihnen der Wein leicht zu Kopf. Daraufhin hatte Warenne seine Leute Vorrat ins Gasthaus bringen lassen, damit sie ihnen allen ein Essen kochten. „Wir haben ihnen noch manches dagelassen", sagte er, „und ihnen versichert, daß – sobald sich die Festung ergäbe – wieder Friede und Wohlstand im Lande herrschen würde, denn dafür werde ihr Herzog sorgen." Hugo fügte hinzu: „Es ist den Bürgern von Maine gar nicht bekannt, daß Ihr einen Pakt mit Graf Herbert hattet, Sire, und daß die Grafschaft Euch gehören sollte, falls Herbert kinderlos stirbt. Ich habe das überall verkünden lassen, denn die Bürger denken, daß mit Herberts Tod die durch die Verlobung mit Eurer Tochter gemachte Allianz mit der Normandie hinfällig geworden sei." – „Nicht aber die Verlobung meines Sohnes mit Herberts Schwester", sagte Wilhelm. Dann fügte er hinzu: „Lanfranc war weise, die dritte Klausel aufzustellen."

Rouen, Donnerstag, am 24. des Weinmonds 1062

Ich bin heute sehr traurig, denn Papà schrieb mir, daß Mamà schon seit Wochen bettlägerig sei und sich gar nicht wieder erholen könne. „Hätte ich Dich nur hier", schrieb er, „sie spricht viel von Dir und würde Dich so gern noch einmal sehen. Fiti kann nicht herreisen, weil sie in Bälde ihr erstes Kind erwartet. Auch Richilde ist wieder schwanger, doch sorgt sie sehr gut für Deine Mutter." Wohl wußte ich immer, daß einmal der Tag kommen werde, daß ich mich für immer von den geliebten Eltern trennen muß – doch nun, da dies so dicht bevorsteht, tut es unendlich weh. Robert sei viel in Kennemerland, schrieb Papà, um Gertrude gegen den Bischof zu unterstützen, falls sie seine Bedingungen erfülle. Auch das Verhalten meines Bruders schmerzt mich.

Rouen, Freitag, am 1. des Nebelmonds 1062 – Allerheiligen

Heute ist die neue Kathedrale geweiht worden, und Maurilius hat eine feierliche Messe gehalten. Es waren so viele Menschen gekommen, daß ein Teil von ihnen draußen auf dem Platz vor der Kirche stehen mußte. „Mögen alle Heiligen heute gnädig auf unser Land herabschauen und uns bald zu einem gerechten Frieden verhelfen", sagte er zum Schluß. Morgen ist Allerseelentag, und mein Herz ist traurig, wenn ich an meine Mamà denke. Wie lange dauert es immer, bis eine Nachricht aus Flandern uns erreicht – und was wird mir der nächste Brief bringen?

Rouen, Montag, am 11. des Nebelmonds 1062

Wir hörten von einem Königsboten aus England, daß Graf Aelfgar ganz plötzlich gestorben ist. Er läßt drei Kinder zurück. Sein ältester Sohn Edwin wird nun Graf von Mercia. Dieser und sein Bruder Morcar sind den Godwinesons nicht wohlgesinnt, wie es auch ihr Vater nicht war. Sie sehen sich durch diese bedroht. Aelfgar hatte sich sogar mit dem Waliserkönig Griffydd verbündet, und dadurch ist die Grafschaft Mercia jetzt den Godwinesons verfeindet. „Wozu gibt es Königreiche, wenn die Vasallen sich gegenseitig bekämpfen und oft sogar ihren König angreifen?" bemerkte ich. „Oder der König die Vasallen", lächelte Wilhelm, indem er auf König Heinrich anspielte. „Nur eine starke Hand kann sie alle zusammenhalten. Eduard aber hat keine eiserne Faust." Er blickte mich bedeutsam an, und ich wußte, daß er an die Zukunft Englands dachte. Das Land und alle Leute dort sind mir unsagbar fremd. Agathe lernt jetzt schon Englisch, und ich lerne es wieder mit ihr.

Rouen, Sonntag, am 24. des Nebelmonds 1062

Es macht mir Freude, nun die letzten Stiche an dem Haaraufsatz der neuen Puppe zu tun. Ich kann dies immer nur in den Abendstunden, wenn die Kinder schon schlafen – und oft auch dann nicht, wenn Wilhelm mich für etwas braucht oder ich mit Adelaide manches wegen der Dienerschaft und dem Haushalt regeln muß. Das lange, schwarze und krause Haar umrahmt das Gesichtchen der Puppe in großer Fülle, und das erst gibt ihm den richtigen Rahmen. Noch nie im Leben habe ich eine solch wunderschöne Puppe gesehen. „Sie soll Arletta heißen", sagte ich zu Wilhelm. Doch er will es nicht. „Diesen Namen gibt es nur einmal", sagte er. Vielleicht nenne ich sie Gerlotta, das hat einen ähnlichen Klang. Aus Brügge ist noch keine weitere Nachricht gekommen.

Rouen, Freitag, am 29. des Nebelmonds 1062

Die Zustände in Maine sind jetzt im Winter schlimm. Hätte Wilhelm die Festung Le Mans gleich zu Beginn angegriffen, so wäre es zu einer großen Schlacht gekommen, bei der Gottfried sich noch hätte wacker verteidigen können. Nun aber ist er derart geschwächt, daß er kaum Aussicht auf Sieg hat. Das normannische Heer dagegen ist durch die kleinen siegreichen Attacken so recht in feurige Begeisterung geraten und kann es kaum abwarten, zum Endkampf anzutreten. Ich bewundere Wilhelm immer mehr und vertraue darauf, daß im nächsten Jahr alles ein gutes Ende nehmen wird.

Rouen, Mittwoch, am 4. des Christmonds 1062

Es war ein herrlicher Barbaratag für die Kinder, und Agathe konnte vor Staunen kaum sprechen, als sie ihre neue Puppe sah. Ich sagte ihr, daß diese das Haar und Gesicht ihrer Großmutter habe, und sie meinte: „Ganz wie Papàs Haar", indem sie der Puppe immer wieder über den Kopf strich. Während die anderen Kinder lachten und lärmten, saß sie die meiste Zeit ganz still da und hielt Gerlotta so vorsichtig auf dem Schoß, als fürchte sie, daß sie zerbrechen könne. Sie gab sie nicht einmal Cäcilie zum Halten; nur streicheln durfte die Schwester das neue Puppenkind. Ich glaube, nun muß ich auch für Cäcilie eine ähnliche machen. Es tut mir leid, daß Wilhelm zum Fest nicht hiersein konnte. Er ist seit einer Woche wieder in Maine, wird aber jeden Tag zurückerwartet und will dann bis Weihnachten oder sogar bis zum neuen Jahr bleiben. Vielleicht sollte ich...

Rouen, Donnerstag, am 5. des Christmonds 1062

Ich wurde gestern unterbrochen, weil Papà Roger mich dringend zu sprechen verlangte. Er hielt einen Brief in der Hand und sagte, dieser sei am Nachmittag mit einem flandrischen Kurier gekommen. „Warum gebt Ihr ihn mir erst jetzt?" fragte ich erregt, indem ich den Brief schnell an mich nahm. „Verzeiht mir, Madame", sagte er, „aber ich dachte, er könne etwas Unangenehmes enthalten und wollte Euch und den Kindern den Barbaratag nicht verderben." Ich sah ihn gerührt an, doch mein Herz begann zu zittern, und ich ging schnell in mein Zimmer. Der Brief war von Papà, und er schrieb, daß es mit Mamà zu Ende gehe. Der Arzt glaube nicht, daß sie das neue Jahr erleben werde. „Wenn Du sie noch einmal sehen willst, Mathilde, komme sofort!" schrieb er. „Sie ist bei Bewußtsein und fragt ständig nach Dir." Lange saß ich wie erstarrt vor dem langsam erlöschenden Feuer, bis ich zu frösteln begann. Aber es war mehr ein inneres Frieren. Mein Herz sehnte sich schmerzlich danach, meine Mamà noch einmal zu sehen, ihr noch einmal die Hände zu küssen und ihr für alles zu danken, sie noch einmal in meine Arme zu schließen. Doch wie konnte ich jetzt im Winter die weite Reise antreten? Nie würde Wilhelm mich ziehen lassen; auch muß ich ja noch Rufus stillen. Er ist erst etwas über ein Jahr alt. Wenn nur Wilhelm bald käme, damit ich ihm den Brief zeigen und etwas Trost von ihm empfangen könnte! Ich ging, so spät es war, noch zu Adelaide, denn ich mußte mit jemandem darüber sprechen.

Heute hat es etwas getaut, und als ich nachmittags am Fenster stand, hoffnungsvoll nach einem Vorboten von Wilhelm ausschauend, kam dieser auch wirklich und kündigte Wilhelms Rückkehr in einigen Stunden an. Ich will nun, nachdem ich Rufus gestillt habe, in unsere Hauskapelle gehen und die Muttergottes bitten, meine Mamà noch einmal gesunden zu lassen – wenigstens solange, bis ich reisen kann. Im Frühjahr brauche ich Rufus sicher nicht mehr zu nähren – vielleicht schon eher nicht; denn er beißt mich jetzt manchmal mit seinen neuen Zähnchen in die Brust, was die anderen Kinder beim Saugen nie getan haben. Den Brief von Papà will ich Wilhelm auf den Tisch legen, damit er ihn gleich sieht.

Später

Es war ein langes, verzweifeltes Beten. Immer wieder rief ich die Himmelsmutter an: „Du kannst sie nicht so plötzlich von mir nehmen, ich flehe Dich an, ihre Frist auf Erden zu verlängern... Du kannst alle Dinge durch Deinen Sohn bewirken." Doch kein innerer Trost, keine Zusicherung kam; mein Herz glich einem aufgewühlten Meer. Da hörte ich die Glocken zur Vesper läuten und wurde mit einem Male ruhiger. „Mutter", betete ich, „wenn es denn sein muß – wenn ihre Stunde unwiderbringlich gekommen ist, so gib mir Deinen Frieden. Den Schmerz kannst Du mir nicht nehmen." Und da fühlte ich plötzlich, wie der innere Druck von mir wich, wie alles friedlich wurde und meine liebe Mamà ganz von diesem Frieden eingehüllt schien. Mir taten die Knie weh, und so stand ich auf und setzte mich eine Weile auf die Bank, das liebliche Antlitz der Muttergottes betrachtend, deren Augen himmelwärts gerichtet sind. „Wenn doch alles von mir abfallen könnte", dachte ich, „alles Hoffen, alle Lust, aller Schmerz, alle Furcht – wenn nur noch diese selige Gegenwart der Himmlischen Mutter da wäre, die all ihre Menschenkinder ans Herz zieht..." Als ich die Kapelle verließ und auf dem Gang an Wilhelms Zimmer vorbeikam, hatte ich plötzlich den Drang, die Türe zu öffnen, um zu sehen, ob er schon zurück sei. Und da erblickte ich ihn auf der Bank vor dem Kamin – die Füße auf den Schemel gestreckt und den Kopf zurückgelehnt. Neben ihm auf der Bank lag der aufgerollte Brief von Papà. Ich trat ein, und er sah mich und winkte mich zu sich. Ich kauerte vor ihm nieder, umschlang seine Knie und legte meinen Kopf in seinen Schoß. Er strich mit der Hand über mein Haar, während ich ihn weiter wie ein Rettungsfloß umklammert hielt. „Wilhelm", fragte ich schließlich, „wenn wir innig darum beten, daß Mamà gesund wird, geschieht es dann?" – „Das weiß ich nicht", sagte er. „Wir sollten immer beten, daß das geschieht, was Gott für das Beste hält. Und nur Er weiß, was für deine Mutter am besten ist." – „Warum beten wir dann überhaupt", fragte ich, „wenn wir nicht einmal um das Leben unserer Mutter bitten sollen?" Da zog er mich neben sich auf die Bank und sagte: „Das beste Gebet, Mathilde, ist, daß wir darum bitten, Gottes Willen verstehen zu lernen." Ich wischte mir die Tränen von den Wangen und sagte tapfer: „Das will ich ja auch, Wilhelm." Er sah mich liebevoll an und sagte dann, was ich zuerst gar nicht fassen konnte: „Wenn du sie noch einmal sehen willst, Joujou, so mußt du ohne Verzug aufbrechen." Ich sah ihn erstaunt an: „Du willst mich wirklich im Winter reisen lassen?" Da erwiderte er lächelnd: „Wenn du versprichst, dich warm einzuhüllen, deine schnellsten Pferde zu nehmen, in der Sänfte zu reisen und vor Ende des Jahres wieder zurück zu sein!" Einige Augenblicke fand ich keine Worte, dann fragte ich zaghaft: „Und Rufus?" – „Der wird von nun an ohne Muttermilch auskommen müssen!" Dankbar schlang ich meine Arme um seinen Hals und weinte mich von Herzen aus. Nun muß ich in aller Eile die Vorbereitungen treffen.

Rouen, Freitag, am 6. des Christmonds 1062

Morgen reise ich und werde unterwegs sicher nichts schreiben können. Auch jetzt habe ich nur Zeit für einige kurze Sätze. FitzOsbern soll mich begleiten, ebenfalls Robert le Beau, worüber ich sehr froh bin. Auch nehme ich Josephine wieder mit. Die Kinder sind alle traurig; besonders für die älteren sind zwei Wochen unvorstellbar lang. Als ich Richard heute zur guten Nacht küßte, sagte er: „Und du bringst mir was Schönes mit, Mamà, gelt?" Diese kleinen Wesen wissen noch nichts vom Tod und Ernst des Lebens. Ich möchte selbst noch einmal so klein sein und auf Mamàs Schoß sitzen... Jetzt weine ich schon wieder und will lieber aufhören.

Brügge, Montag, am 16. des Christmonds 1062

Es sind traurige Tage, die ich hier verbringe. Die Reise ging gut vonstatten, da nur wenig Schnee lag und wir dicht der Küste entlangritten, wo der Boden eben und leicht gefroren war. Meine innere Unruhe trieb mich zur Eile an, so daß ich kaum merkte, wie ein Tag nach dem anderen verging. Meine Mamà erkennt mich noch. Das erste Mal schaute sie mich fast ungläubig und dann unsagbar glücklich an und sagte ein übers andere Mal: „Oh, du bist hier, meine Tilde, du bist hier; wie schön, daß du hier bist." Ich sitze oft an ihrem Bett und spreche zu ihr. Sie kann nicht mehr richtig zuhören, und so sage ich ihr nur in wenigen Worten viel Liebes, streichele und küsse ihre Hände und schaue in das schmale, spitze Gesichtchen, das schon von wächserner Blässe ist; und die Lippen sind ganz blau. Oft reibe ich ihr abends die Füße warm, und dann huscht ein leises Lächeln über ihr Gesicht, und sie sagt: „Niemand kann das so schön wie du, mein Kind." Jeden Abend lasse ich einen mit heißem Wasser gefüllten flachen Tonkrug in ihr Bett legen, damit sie nicht friert. Und nachts schlafe ich in ihrem Zimmer, bekomme dabei aber nicht viel Ruhe. Sie stöhnt oft und muß dann anders gelagert werden; und obgleich eine Benediktinerschwester bei ihr ist, mache ich das meiste für meine Mamà selbst. Richilde scheint erleichtert, daß ich hier bin; sie bewegt sich schon sehr schwerfällig. Robert ist in Kennemerland, um einiges wegen seiner Vereinbarung mit Gertrude zu regeln. Papà hat ihm einen Boten nachgesandt, damit er keine Zeit verliert.

Brügge, Dienstag, am 17. des Christmonds 1062

Mamà lag heute früh in einer Starre, so daß ich schon fürchtete, sie lebe nicht mehr. Doch als ich ihren Puls fühlte, wußte ich, daß ihr Herz noch schlug. Obgleich sie die Augen heute noch gar nicht aufgetan hat, flüstere ich ihr ständig liebe Worte ins Ohr. Ich denke immer, hören kann sie mich vielleicht noch, auch wenn sie mir nichts mehr sagen kann. Ich mag dieser Tage kaum etwas essen, doch Richilde drängt mich dazu. Sie führt lange Gespräche mit fitzOsbern, der ihr einiges über seine Pflichten am Hof des Herzogs erzählt – wie er die Ländereien und den Staatshaushalt des Herzogs verwalten müsse, daß er zur *Curia ducis* gehöre, der er oft vorsitze und den Herzog auch manchmal vertrete. Ich sah, wie sie zuweilen bewundernd auf seine kostbaren Gewänder blickte. Im Winter sind seine Mäntel und Tuniken mit Pelz gefüttert oder besetzt; auch trägt er goldene Armspangen, wie sie in Flandern nur der Graf selbst besitzt. Er erzählte ihr außerdem viel von seinen eigenen Gütern, die er vom Herzog erhalten, und von den neuesten Gesetzen, die dieser erlassen habe. So bringt er etwas Leben in die sehr gedrückte Atmosphäre des Hauses. Philipp sieht mich oft neugierig an, ohne viel zu sagen. Er scheint immer froh zu sein, wenn er wieder vom Tisch aufstehen kann. Mir gefällt der Knabe nicht. Zwar verhält er sich sehr manierlich, doch liegt etwas Triebhaftes in seinem Blick, das mich manchmal erschreckt. Er hat einen vollen Mund und eine etwas breite Nase. Die Augen sind, wie die seiner Mutter, an den äußeren Enden leicht geschlitzt, aber groß und von schöner brauner Farbe, umrahmt von einem dichten Wimpernkranz. Mein lieber, guter Papà tut mir am meisten leid. Er ist sehr tapfer und läßt sich seinen Kummer äußerlich nicht anmerken; doch ich fühle ganz genau, was in ihm vorgeht. Ich lasse ihn manchmal mit Mamà allein, wofür er dankbar ist. Jeden Morgen ist er schon in aller Frühe da, um nach ihr zu sehen.

Brügge, Donnerstag, am 19. des Christmonds 1062

Heute früh ist meine geliebte Mamà für immer entschlafen. Ich war gegen Morgen ein wenig eingeschlummert, wachte dann aber von einem Seufzen auf und eilte sogleich an ihr Lager. Die Glocken der Burgkapelle läuteten gerade zur Frühmette, und Mamà schlug ihre schönen blauen Augen noch einmal auf, sah mich mit unendlicher Liebe an und versuchte, sich aufzurichten. Erstaunt sah ich, wie sie den Kopf anhob, mit weit geöffneten Augen vor sich hinsah und dabei leicht die Hand bewegte, als wolle sie mir etwas zeigen. Dann sank sie in ihr Kissen zurück, seufzte noch einmal auf – und mit diesem letzten Atemzug glitten ihre Augen nach oben, und ihr Blick brach. Mir war es so feierlich zumute, daß ich mich gar nicht rührte und auch niemanden herbeirief. Ich betete still, und während die Glocken wieder verstummten, begann es draußen zu schneien. Wie dankbar bin ich, daß ich habe dabeisein dürfen, als sie ihre Seele aushauchte! Es geschah so leicht, so mühelos. Nicht lange danach kam Papà herein, und ich winkte ihm schweigend mit der Hand, so daß er gleich wußte, was geschehen war. Er kniete neben ihrem Lager nieder und bettete sein Gesicht in ihre Hände. Da begann ein trockenes Schluchzen in meiner Kehle aufzusteigen. Ich sah auf das ergraute Haar meines Vaters und fühlte seine innere Einsamkeit, die ihm niemand nehmen kann – auch ich nicht. Als er den Kopf wieder hob, schauten wir Mamà noch lange schweigend an, denn sie hatte ein überaus seliges Lächeln auf ihrem Antlitz. Dann legte er die Finger auf ihre Augenlider und drückte sie zu.

Die Beerdigung soll übermorgen sein. Bis dahin hoffen wir auf Roberts Rückkehr. Ich will mit dem Bischof sprechen und ihn darum bitten, die Hymne singen zu lassen, die Mamà immer besonders liebte: *Salve, regina misericordiae.*

Brügge, Samstag, am 21. des Christmonds 1062

Heute ist Robert eingetroffen. Er konnte seine Mutter nur noch im Sarge sehen, in den sie schon gebettet worden war. Als ich später in Mamàs Zimmer ging, aus dem man sie bereits fortgetragen hatte, fand ich Robert dort. Mein sonst so gefaßter Bruder saß auf ihrem Lehnstuhl, hatte den Kopf auf den Tisch gelegt und schluchzte. Ich ging leise wieder hinaus in meine Kemenate, und eine ganz große Traurigkeit überfiel mich. Den Schmerz meiner Familie mitansehen zu müssen, ist noch viel schlimmer als mein eigener Kummer. Wie soll ich sie trösten – und wer kann überhaupt trösten? Nur die Zeit wird den Schmerz lindern, niemals aber die Lücke füllen, die Mamà hinterlassen hat. Vielleicht weiß ich erst jetzt so richtig, was sie uns allen bedeutete. Bilder aus meiner Kindheit steigen vor meinem inneren Auge auf – wie ich auf Mamàs Schoß saß und ihr bei der Nadelarbeit zusah, von tiefem Staunen erfüllt und mir heimlich wünschend, auch einmal solche Wunderdinge vollbringen zu können... Ich sehe sie mit den kleinen Brüdern spielen, höre ihr helles Lachen, sehe mich zum ersten Mal auf einem Pony reiten und sie ängstlich neben mir herschreiten, das Pferd am Zügel haltend, bis es plötzlich schnell davontrabte und sie mir nachrief: „Tilde, nicht fallen – nicht fallen!" Und ich höre Papàs Lachen: „Sie hat noch weiche Knochen, Adele!" Und dann das Singen mit Mamà – die vielen Lieder, die sie uns lehrte und uns allen immer wieder vorsang. Ist diese geliebte Stimme nun auf immer verstummt? Oder singt sie jetzt in der anderen Welt im Chor der Engel?

Brügge, Sonntag, am 22. des Christmonds 1062

Nun ruht meine Mamà für immer in der kalten Erde. Ich mußte sehr weinen, als der Chor die schöne Hymne sang. Ob auch Mamà sie hat hören können?

Heil Dir, Königin voller Gnaden!
Heil Dir, Du unser Leben, unsere Freude und Hoffnung!
Wir, die verbannten Kinder Evas, wir rufen Dich,
Vor Dir seufzen und schluchzen wir,
Zu Dir weinen wir hier im Tale der Tränen.

Ich bin nach der Beerdigung noch einmal zur Grabstätte gegangen, um mit ihr allein zu sein. „Bleib bei mir, meine geliebte Mamà – schaue von oben auf mich herab", flüsterte ich leise. Ach, alles hier erinnert mich an sie... jede Stiege, jeder Winkel der Burg, der Garten, das Gartenhaus, das sie selbst hat erbauen lassen, und die Wandbehänge, die sie selbst bestickt hat. Papà sagt, ich solle einige von Mamàs Tuniken und anderen Gewändern mit mir nehmen. Ich habe die Kleider an mich gepreßt und meine Wange darein geschmiegt. Diese Andenken von ihr werden mir kostbarer sein als alle prachtvollen Herzogskleider. Auch etwas von ihrem Haarschmuck und ihren Armspangen nehme ich mit; das übrige lasse ich für Fiti und Richilde. Nun kehrt auch der große Badezuber wieder mit mir nach Rouen zurück, den ich Mamà damals hiergelassen hatte. Er wird mir jetzt besonders viel bedeuten, weil ich weiß, welch gute Dienste er ihr geleistet hat.

Gleich nach Weihnachten treten wir die Heimreise an. Während Balduin und Richilde mit fitzOsbern über polititsche Dinge sprachen, was ich gar nicht verstehen konnte, saß ich mit Papà am Kamin. „Nun habe ich meine Frau und meine beiden Töchter verloren", sagte er, indem er still und traurig vor sich hinschaute. Es brach mir fast das Herz. „Geliebter Papà", sagte ich, „Ihr müßt bald einmal nach Rouen kommen, um zu sehen, wie wir dort leben, und Euch an all Euren Enkeln zu freuen." Er hob fragend die Schultern. „Das muß wohl der Herzog entscheiden." – „Dem werdet Ihr immer willkommen sein, Papà!" Da sah er mich aus seinen guten, graublauen Augen an und sagte traurig: „Ja, vielleicht, Mathilde. Aber allzulange werde auch ich nicht mehr leben." Ich ergriff seine Hände und erwiderte: „Sprecht nicht so, Papà; wir alle brauchen Euch noch – und das Land braucht Euch! Balduin ist noch nicht fähig, die Zügel zu halten." Später beim Abendessen sprachen wir viel von alten Zeiten und von Mamà, und sie schien uns allen so lebendig gegenwärtig. Die folgenden Nächte schlafe ich noch einmal in ihrem Zimmer; dort ist sie mir am nächsten.

Rouen, Dienstag, am 31. des Christmonds 1062

Wie lang dünkte mich die Rückreise, und wie anstrengend war sie! Das Wetter war nicht sehr freundlich; und wir mußten schon früh am Abend einkehren, weil die Tage so kurz sind. Mir war es, als zögen wir durch eine öde, starre Winterwelt, die kein Ende nehmen wollte. Ich litt sehr unter der Kälte, und in den Herrenhäusern und Burgen, wo wir abstiegen, war es nicht immer warm. Am schlimmsten war die letzte Strecke, als wir in einen heftigen Schneesturm gerieten. FitzOsbern drang darauf, daß wir über Nacht in Boscherville bleiben sollten; doch wir waren nun so dicht vor Rouen, daß ich darauf bestand, die Reise noch am selben Tag zu beenden. Tapfer ertrug ich den nassen Schnee, der mir ins Gesicht peitschte, und den naßkalten Wind, die erstarrten Hände und Füße. Es war längst dunkel, als wir eintrafen. Der Reitknecht ritt uns mit der Fackel voran, so daß wir den Weg finden konnten. Endlich erkannte ich die Umrisse des Schlosses, und da merkte ich, daß ich am Ende meiner Kraft war. Clothilde und Ursula erwarteten mich in der großen Halle, zogen mir den nassen Mantel ab und führten mich hinauf. „Der Herzog wartet in Eurem Zimmer", sagte Clothilde, indem sie mich mitleidig ansah. Ich fühlte meine Füße kaum, als ich in mein Zimmer trat, wo mehrere kleine Lampen ein trauliches Licht verbreiteten. Wilhelm hatte in meinem Lehnstuhl gewartet und erhob sich, um mir entgegenzukommen. Er nahm mich stumm in seine Arme und drückte mich an sich. Dann sagte er: „Du bist ja ein kleiner Eiszapfen. Laß dir sogleich ein heißes Bad bereiten. Eine warme Suppe steht schon für dich auf dem Herd. Ich komme später zu dir." – „Ist mit den Kindern alles gutgegangen?" war meine erste Frage. Er nickte. „Sie schlafen schon. Du wirst sie morgen sehen."

Ach, wie wohl es tat, die eisigen Glieder im warmen Wasser aufzutauen, im bequemen Hausgewand am Kamin zu sitzen und eine heiße Suppe zu löffeln! Clothilde hatte meine Lieblingssuppe mit Klößen und Kräutern bereiten lassen. Ich aß zwei Teller davon, sonst aber nichts. Bald wurde ich vor dem Feuer sehr müde, und Ursula führte mich ins Schlafzimmer, wo ebenfalls ein helles Feuer brannte. Mein Bett sah recht einladend aus, und als ich dort ausgestreckt unter der warmen Felldecke lag und mein behagliches Zimmer sah, dachte ich plötzlich an meine arme Mamà, die nun unter der Erde liegt. Und da fiel mir ein, was sie einmal bei der Beerdigung einer meiner Muhmen gesagt hatte. Das war mitten im Winter gewesen, und die Totengräber hatten die gefrorene Erde nur mit Mühe aufbrechen können. Da bemerkte sie: „Ich möchte einmal nicht im Winter sterben, wenn Schnee liegt. Dann ist es so kalt unter der Erde." Meine geliebte, kleine Mamà! Du hast dir deinen Todestag nicht aussuchen können; aber dort, wo deine Seele jetzt weilt, herrscht gewiß ewiger Frühling.

Wilhelm kam nach einiger Zeit und trat an mein Bett. „Ich hoffte, dich noch wach zu finden", sagte er. Dann warf er seinen Hausrock ab und legte sich zu mir. Als ich sicher und geborgen in seinem Arm ruhte, sagte ich: „Du bist meine feste Burg, Wilm. Du bist nun überhaupt alles für mich: mein Vater, mein Lehrmeister, mein geliebter Mann... und sogar meine Mutter." Und dann begann ich leise zu weinen und fühlte, wie sich die innere Starre löste. Solange ich in Brügge war, hatte ich mich zu beherrschen versucht, um besonders meinem Papà ein Trost zu sein; und auch auf der Reise hatte ich das Weinen immer wieder unterdrückt. Josephine hatte außerdem verstanden, mich abzulenken. Aber nun brach mein Schmerz ungehemmt hervor, und es war unsagbar befreiend, mich richtig ausweinen zu können. Wilhelm strich leise über meine nassen Wangen und sagte: „Ich weiß, wie weh es tut, die Mutter zu verlieren, Joujou." Nach einer Weile fügte er hinzu: „Als meine Mutter starb, wußte ich, daß ich niemanden mehr hatte, dem ich mich mit allen Nöten anvertrauen konnte. Da stand ich ganz allein und lernte es, zur Himmelsmutter zu gehen." Ich schaute ihn überrascht an, denn mir war noch nie der Gedanke gekommen, daß auch er die Hilfe eines anderen Menschen hätte brauchen können. Er ist mir seit je so erhaben erschienen – fähig, allen zu helfen, aber selbst keiner Hilfe bedürfend. Sicher las er mir die Gedanken von der Stirn ab, denn er fügte lächelnd hinzu: „Damals hatte ich auch dich verloren." – „Wilhelm", meinte ich, „die Mutter könnte ich dir ja nie ersetzen." – „Und warum nicht?" fragte er. „Eine echte Gemahlin ist für den Mann auch immer eine Mutter." Ich stützte mich auf den Ellbogen und sah nachdenklich auf ihn herab. Meinte er dies wirklich so? „Du hast mir aber bisher kaum einmal deine Nöte anvertraut", sagte ich. „Das stimmt", meinte er. „Zuerst mußt du gut mit deinen eigenen fertig werden." Da legte ich meinen Kopf auf seine Brust und sagte: „Das soll jetzt anders werden, Wilm. Ich will alles wissen, was dir Sorgen macht, ich will nicht mehr verschont werden." Er antwortete mit einem zärtlichen Druck seiner Hand, sagte aber nichts. Nach einer Weile meinte er: „Du brauchst zuweilen Schonzeit, Mathilde – um der Kinder willen. Und bald sollst du wieder eines haben; das wird dich am ehesten von deinem Schmerz ablenken." Da sah ich ihn freudig an: „Es wäre schön, wenn wir wieder eine kleine Tochter hätten, Wilm." Ich schlief die erste Nacht in Rouen sehr tief und bis in den späten Morgen hinein.

Sie sind alle so lieb zu mir. Maurilius war wie ein Vater, als er meine Hände nahm und sagte: „Denkt immer an diese Worte, Madame: ‚Die Liebe höret nimmer auf.'" Ich sinne noch jetzt darüber nach. Sicher sind dies Worte aus der Heiligen Schrift. Ja, die Liebe ist etwas Ewiges und Unsterbliches. Alles andere wird einmal aufhören – unser irdisches Leben, die Burgen, in denen wir wohnen, die Städte, die wir bauen, die Bücher, die wir schreiben, die Worte, die wir sprechen, die Lieder, die wir singen... Doch die Liebe währt über das Grab hinaus.

Jetzt ist es Abend, der letzte Abend im alten Jahr. Ich fragte Wilhelm vorhin: „Was wird uns das neue Jahr bringen?" – „Ich weiß es", sagte er, und da fragte ich: „Den Sieg über Maine?" – „Ja", erwiderte er, „und noch etwas viel Schöneres." Als ich ihn fragend ansah, verstand ich und flüsterte zurück: „Unser sechstes Kind."

Wilhelm will bis zum Dreikönigstag in Rouen bleiben und dann nach Maine aufbrechen, um Gottfried ein Ultimatum zu stellen. Er ist jetzt mit fitzOsbern und dem Grafen von Evreux zusammen, um zu besprechen, was an Kriegsvolk und Vorrat gebraucht wird. Ich habe soeben an Papà geschrieben und bin nun mit meinen Gedanken allein. Wie schnell ist dieses Jahr dahingeeilt! Es hat mir zwei geliebte Menschen genommen, und doch schreitet die Zeit unbarmherzig weiter; sie vergißt die Menschen, die vor kurzem noch unter uns waren, als seien sie nichts anderes gewesen als Schaumblasen, die wieder ins Meer zurücksinken und dann ausgelöscht sind. Und so wird es mit uns allen einmal sein. Künftige Generationen werden über die Erde wandern, unter der unsere Gebeine ruhen, und nichts mehr von uns wissen. Und sie werden dieselben Hoffnungen, Freuden, Leiden und Kämpfe erfahren wie wir. Ein endloser Zug von Lebewesen, die aus dem Nichts aufsteigen und im Nichts entschwinden. Doch sagt uns die innere Stimme, daß das, was unsichtbar ist, ein großes Geheimnis birgt, daß andere und schönere Abenteuer auf die Seele warten, wenn sie ihr leibliches Haus verläßt, daß die Liebe nicht an den Leib gebunden ist, daß sie nimmer aufhört, und daß die barmherzige Weltenmutter all ihre Kinder wieder zu sich ruft.

Leise begann ich die Hymne zu summen, die meine Mamà so sehr liebte:

Heil Dir, Königin voller Gnaden,
Heil Dir, Du unser Leben,
Du unsere Freude und Hoffnung!

Rouen, Donnerstag, am 2. des Hartung 1063

Das neue Jahr hat mit Tauwetter begonnen, was etwas ganz Ungewöhnliches ist. Da die Wege draußen sehr schlammig sind, verlebten wir den Feiertag im Haus, und die Kinder durften alle zu Wilhelm kommen. Natürlich wollten sie Geschichten von ihm hören. „Margarete hat uns immer so viel über die Heiligen erzählt", sagte Agathe, indem sie Wilhelms Hand ergriff; „kennt Ihr nicht auch solche Geschichten?" – „Nein, lieber wieder was vom Großvater, dem Herzog Robert!" rief Robert dazwischen. Und Adi hatte noch einen anderen Wunsch: „Erzählt mal was von solchen Heiligen, die mit wilden Tieren zusammengelebt haben." – „Ja, das tut man!" bestätigte Judith, indem sie sich anschickte, auf Wilhelms Knie zu klettern. „Dann bring mir zuerst das Buch mit den Namenstagen der Heiligen, Mouche – weißt du, wo es ist?" – „Ja!" rief sie und lief eifrig in Wilhelms Schlafzimmer. Im Nu kehrte sie mit dem Buch zurück, das sie kaum zu tragen imstande war. Nicht einmal *ich* weiß, wo er es aufbewahrt; aber seine Mouche kennt jede Lade und Truhe in seinen Zimmern, und er läßt sie auch überall heran. Ich kenne das Buch jedoch. Es hat seiner Mutter gehört, und er liest manchmal darin; denn es enthält kurze Lebensbeschreibungen der Heiligen – nach den Tagen eingeteilt, an denen wir ihrer besonders gedenken.

Wilhelm schaute hinein und sagte dann: „Morgen ist der Tag des hl. Marcarius. Der lebte weit weg von hier – in Alexandrien – und war gut Freund mit den wilden Tieren." – „War er ein Jäger?" fragte Robert. „Nein, er war ein Bäcker, der seinem ehrlichen Handwerk nachging. Später jedoch, als er etwa 40 Jahre alt war, zog er in die Einsamkeit, um Gott dort näher zu sein. Er war aber nicht müßig, sondern ernährte sich durch seiner Hände Arbeit und tat viel Buße. Man machte ihn zum Priester, und alle bewunderten seinen heiligen Lebenswandel. In der Einsamkeit der Natur schrieb er oft schöne Gedichte und auch Geschichten über manche Tiere, die bei ihm ganz zahm wurden und sich sogar von ihm streicheln ließen. Einmal hatte er ein besonderes Erlebnis mit einer Hyäne." – „Was ist das für ein Tier?" fragte Agathe. „Hm...", meinte Wilhelm und dachte eine Weile nach. „Es hat einen Kopf wie ein Wolf, aber ein geflecktes Fell wie ein Leopard, einen kurzen Schwanz und kurze Beine." – „Wie Gamberon!" rief Judith aus, und alle Kinder lachten. „Frißt sie die armen kleinen Tiere des Waldes auf?" fragte Adi. „Kaum", meinte Wilhelm. „Meist wartet sie, bis die Löwen, Tiger und Leoparden ihre Mahlzeit beendet haben; dann frißt sie den Rest – oder sie sucht sich Knochen, die von den gestorbenen Tieren übriggeblieben sind. Nachts, wenn sie auf Suche nach Nahrung geht, stößt sie ganz hohe, helle und schaurige Töne aus, die wie das Lachen einer Hexe klingen." – „Ja?" rief Judith begeistert, „macht das mal vor, Ohi!" Da begann Wilhelm die Hyäne nachzuahmen, was wirklich schaurig klang und die Kinder in höchste Heiterkeit versetzte. Sie versuchten es dann ebenfalls, bis ich mir die Finger in die Ohren steckte und rief: „Genug – genug! Ich halte es nicht mehr aus!"

„Erzählt nun mal weiter von der Hyäne", verlangte Adi, und Richard, der bisher kaum zugehört hatte, war durch das laute Geheule angelockt worden und wollte auf des Vaters Schoß. Wilhelm hob ihn auf sein anderes Knie, und als das Kind zu ihm aufschaute, dachte ich wieder: „Es ist Wilhelm in Miniatur!" – „Eines Tages also", fuhr Wilhelm fort, „brachte eine Hyäne ihm ihr Junges, legte es vor seine Füße und winselte leise. Der hl. Marcarius dachte zuerst, sie wolle ihm stolz ihr Junges zeigen, aber sie schien sehr traurig und hörte nicht auf zu winseln. Da nahm der Heilige das Junge auf seinen Schoß und sah, daß es blind war. Die Augen blickten starr und leer vor sich hin und konnten nichts erkennen. ‚Du armes, kleines Tierlein', sagte er, indem er mit der Hand leicht über dessen Augen strich, ‚auch du sollst Gottes schöne Welt sehen können!' Da kam auf einmal Leben in die toten Augen, und das Junge blickte nach rechts und nach links und begann ganz leise zu lachen – so ungefähr!" Und Wilhelm machte es nach, so daß alle Kinder ein begeistertes „Oh!" ausstießen. „Da drehte sich die Hyänenmutter vor Freuden ein paarmal im Kreise, lachte laut auf und trug ihr Junges im Maul zurück." – „Wie himmlisch!" rief Agathe entzückt aus, und Cäcilie bemerkte mit großen Augen: „Da konnte das Hyänenkind wieder sehen!" – „Und da lacht es – hihihi!" rief Richard. „Nun denkt euch aber, was die Hyänenmutter am nächsten Tage tat", sagte Wilhelm, indem er eine lange Pause machte. „Laut gelacht", rief Richard. „Nein", sagte Wilhelm, „sie brachte dem Heiligen ein Geschenk – eine wunderschöne Schafshaut. Daraus hat er sich einen Mantel genäht und ihn bis zu seinem Tode getragen. Er wurde beinahe 100 Jahre alt und war immer fröhlich und guter Dinge. Einmal fragte ihn ein Magistrat des Königs, der ihn besuchte: ‚Wie könnt Ihr so glücklich sein, wo Ihr doch in solch großer Armut lebt?' Da antwortete der Eremit: ‚Eben darum, weil ich den Reichtum der Welt verachte, denn den kann ich ja nicht mit ins Himmelreich nehmen.' Das hat dem Magistrat so gut gefallen, daß auch er ein Eremit wurde und bald ebenso glücklich war." – „Was tut denn so ein Eremit den ganzen Tag?" fragte Robert. „Er betet und arbeitet", erwiderte Wilhelm. „Und das macht ihn so glücklich?" fragte Robert erstaunt. „Der soll wohl glücklich sein", erklärte ihm Agathe, „wohnt in einem solch schönen Wald, und alle Tiere kommen zu ihm und tun ihm gar nichts, und er streichelt sie, und nachts kommen die Engel zu ihm, wenn er schläft." – „Ja", fiel Cäcilie ihr ins Wort, „da kommen alle Engel geflogen." – „Die möchte ich wohl mal sehen", meinte Robert zweifelnd. Agathe hatte wieder eine weise Antwort: „Die machen sich unsichtbar, und nur die Heiligen seh'n sie." – „Ihr könnt sie aber auch sehen, Ohi, nicht wahr?" fragte Judith, indem sie Wilhelm erwartungsvoll ansah. Er flüsterte ihr etwas ins Ohr, was niemand sonst verstand, und sie lächelte. Es gab dann noch einige andere Geschichten und ein besonderes Nachtmahl für die Kinder – einen Milchbrei mit Beerenmus. Bis auf Rufus, der zeitig zu Bett mußte, durften sie alle etwas länger aufbleiben.

Später

Heute abend ist mir auf einmal gar nicht gut. Ich habe Kopfweh und fröstele. Ursula ist zu Clothilde gegangen, um mir etwas Kräutertee bereiten zu lassen. Vielleicht ist dies die Nachwirkung der langen, ermüdenden Reise.

Rouen, Montag, am 6. des Hartung 1063 – Dreikönigstag

Ich war ein paar Tage lang krank mit Fieber und einer Verkühlung; doch jetzt geht es mir schon wieder gut. Heute muß ich so viel an Brügge denken. Vielleicht macht es das Wetter. Es ist leicht neblig, und auf Bäumen und Sträuchern liegt nach dem kürzlichen Frost etwas Rauhreif. Ganz so war es dort oft am Dreikönigstag. Eben fällt mir ein, daß ich heute nacht von Mamà geträumt habe. Sie war wieder jung – wie zu meiner Kinderzeit – und hatte uns alle fein angezogen. Mir scheint, es war zum Osterfest. Sie sagte zu mir und den kleineren Brüdern: „Bleibt schön hier und wartet, bis ich euch hole!" Und ich fühlte wieder die selige Vorfreude wie damals, kurz bevor wir zum Osterfrühstück kommen durften. Mamà hatte den Tisch immer in ein Blumenland verwandelt. Ein richtiges Beet mit Erde stand in der Mitte in einem Tongefäß; darinnen wuchsen Veilchen, Narzissen und manchmal einige Osterglocken, und die Erde ringsum war mit Moos bedeckt. Und dann die bunten Eier in den Nestern! Einmal hatten wir Kinder alle ein Stoffhäschen zu Ostern erhalten, dem ein echtes Hasenfell aufgenäht worden war. Ich weiß noch, wie ich es am Abend in mein Bett nahm und zärtlich an mein Gesicht drückte. Während ich so vor mich hinträumte und ein paar Tränen abwischte, schaute Wilhelm durch die Portière. Er sah, wie ich mit dem Tuch über meine Augen fuhr, und kam zu mir. Dann legte er die Hand auf meinen Nacken, sagte aber nichts. Ich blickte nicht auf, als ich bemerkte: „Es geht mir gut, Wilhelm; ich war nur ein wenig traurig, weil ich von Mamà und Brügge geträumt habe." Er strich leise über meine Schultern und sagte: „Es scheint, daß ich dich für uns zurückerobern muß; du bist noch nicht ganz hier." Da schaute ich lächelnd zu ihm auf: „Ich lasse mich nur zu gern von dir erobern, Wilm." Er setzte sich auf die Lehne meines Armstuhls und zog meinen Kopf an sich heran. So saßen wir eine Weile ganz still, und ich fühlte mich unendlich geborgen. „Was meinst du", sagte er, „das Wetter ist jetzt gut zum Reiten, der Boden hartgefroren, und es liegt kein Schnee. Willst du drei Tage mit mir nach St. Wandrille kommen?" – „Das ist ein himmlischer Einfall, Wilhelm", sagte ich, und er meinte lächelnd: „Du sprichst wie Agathe." – „Reisen wir ganz allein?" Er nickte. „Wir reisen zu zweit, doch hoffe ich, daß wir zu dritt zurückkehren." Ich lehnte meine Wange gegen seine Hand und sagte: „Ich wünsche mir wieder eine kleine Tochter, Wilm." – „So sage dem Himmlischen Vater Bescheid", meinte er. All meine Traurigkeit war verflogen. Er weiß, daß es in dieser Zeit des Verlustes am besten für mich ist, wieder ein Kind zu tragen.

Rouen, Mittwoch, am 8. des Hartung 1063

Wir brechen binnen kurzem auf. Das Wetter ist noch immer trocken und klar. Wir haben dem Drängen der Kinder nachgegeben und nehmen unsere beiden Töchter mit. Sie sind schon in Sänften mit Barbara und Josephine vorausgeritten. „Warum kommen denn nur die Mädchen mit?" fragte Robert entrüstet. „Weil sie artiger und ruhiger sind", sagte Wilhelm. „Außerdem schicke ich dich bald auf eine weite Reise." – „Wohin, Vater?" fragte er erwartungsvoll. „Darüber sprechen wir, wenn ich zurückkomme." – „Zum Großvater nach Flandern?" – „Du hast gehört, daß ich erst später darüber spreche." – „Aber ich kann doch mal raten?" – „Soviel du willst, aber erfahren tust du nichts." Robert seufzte resigniert. Später kam er zu mir. „Mutter, wißt Ihr, wo ich hinreisen soll?" – „Nein", sagte ich, „und ich würde es dir auch nicht sagen, wenn der Vater es nicht will." – „Alles muß immer so gehen, wie der Vater es will!" begehrte er auf. Ich blickte ihn erstaunt an. Einen Augenblick lang sah ich mich selbst in ihm – damals, als 17jähriges Mädchen, als ich mich Wilhelm so sehr widersetzte. „Gamberon", sagte ich ziemlich streng, „der Vater ist unser aller Herr. Und außerdem weiß es niemand besser als er – auch ich nicht." – „Na ja", sagte er einlenkend, „aber warum sagt er mir's denn nicht?" Dann ging er hinaus.

Fast hätte ich vergessen, meinen Badezuber packen zu lassen; wie ich den gerade dort entbehrt hätte!

St. Wandrille, Sonntag, am 12. des Hartung 1063

Es ist ein stiller Sonntag. Die Kinder spielen draußen, denn es hat gestern leicht geschneit, so daß eine dünne Schneedecke auf der Erde liegt. Ich nähe an einem warmen Mäntelchen und schreibe zwischendurch einiges in mein Memoirenbuch. Wilhelm sitzt am Fenster und liest. Ab und zu blickt er zu mir herüber und liebkost mich mit seinem Blick. Er ist in diesen Tagen sehr sanft mit mir – und seine Zärtlichkeit ist wie Balsam, so daß ich innerlich immer ruhiger werde. Nachts löschen wir die Lampe, so daß es ganz dunkel im Zimmer ist – wie damals in Moulin-le-Torrent – und wir uns nur *fühlen* können. Im Kamin knistert noch ein ersterbendes Feuer, sonst ist alles still.

Heute früh, als es gerade zu dämmern begann, wachte ich auf und hörte seine ruhigen Atemzüge. Ganz vorsichtig richtete ich mich etwas auf, so daß ich sein Gesicht sehen konnte. Es war leicht zur Seite gedreht, und um seinen Mund lag ein leises Lächeln. Ich schaute ihn lange an, dann berührte ich ganz zart seine Lippen mit den meinen. Es war mehr ein Hauch – aber er hat es gespürt, denn er sah mich unter halbgeschlossenen Lidern an. Wie ein ertapptes Kind legte ich mich sogleich wieder hin und machte die Augen zu. Da flüsterte er: „Eine Diebin also bist du, die mir Küsse und den Schlaf raubt." Er hatte mir sein Gesicht zugewandt, und ich drückte ihm schnell die Augen zu. „Ich bereue es schon zutiefst", flüsterte ich zurück, „bitte schlafe wieder ein; du schläfst ohnehin so wenig." – „Dazu brauche ich aber wieder einen Gutenachtkuß!" Den gab ich ihm gern und schlief, an seine Schulter gelehnt, erneut ein. Hier in St. Wandrille steht die Zeit still, hier ist der beste Ort, ein neues Leben zu empfangen.

Rouen, Donnerstag, am 16. des Hartung 1063

Als wir zurückkehrten, lief mir Richard mit traurig herabgezogenen Mundwinkeln entgegen. „Du warst aber *lange* weg, gar nich mal nur ein Tag!" Da zog ich ihn zärtlich in meine Arme. „Du kommst ein andermal mit uns, Richard. Aber diesmal war es zu kalt für einen kleinen Buben; und du wolltest Rufus doch nicht allein lassen? Der hätte sich ja die Augen ausgeweint, wenn er sein Brüderlein nicht zum Spielen gehabt hätte." Richard ließ sich sofort trösten, besonders, weil ich ihm etwas Honigwerk von einer Marktbude mitgebracht hatte. Ursula hatte die beiden Kleinen gut versorgt. Kaum waren wir wieder hier, als es in dicken Flocken zu schneien begann. Es hört gar nicht wieder auf!

In Maine ist alles ruhig. Die Bürger darben in diesem Winter sehr, und Wilhelm meint, bis zum Frühjahr würden sie zur Übergabe bereit sein.

Rouen, Sonntag, am 19. des Hartung 1063

Rufus liegt krank im Bett, ihm tut der Magen weh, und ich weiß auch, warum. Er hat gestern eine Weile unbeobachtet im kleinen Saal gesessen, nachdem Wilhelm ihn dem Bischof von Sées gezeigt hatte, der seinen jüngsten Sohn noch gar nicht kannte. Danach war der Kleine auf eigene Faust umherspaziert, während Barbara sich von Isabel erklären ließ, wie man Kinderkittel so nähen kann, daß die Kragen steif bleiben. Er kroch unter den Tisch, fand einen Eberknochen und begann darauf herumzubeißen. Jetzt, da er Zähne bekommt, kaut er eifrig an allen möglichen Gegenständen. Aber der sehnige Knochen, den schon jemand anders benagt und unter den Tisch geworfen hatte, war gewiß verderblich für das Kind. Mir wird jetzt noch ganz übel, wenn ich daran denke. Hoffentlich hilft die Schafgarbe, die Barbara gerade bringt. Rufus ist sehr ruhelos und ungeduldig, wenn er krank ist. Ich soll dann immer bei ihm sitzen. Aber das kann ich weiß Gott nicht. Zwei Äbtissinnen warten schon seit einer Stunde auf mich. Sie sind eigens aus Caen hergekommen.

Rouen, Mittwoch, am 29. des Hartung 1063

Es ist etwas ganz Trauriges geschehen. Man hat den alten Theodor, den Melker, erfroren hinter dem Burggraben gefunden. Er war seit je ein Trunkenbold und hat sich oft aus Getreide einen furchtbaren Trank gebraut. Auch bettelte er immer um die Reste aus den Weinfässern, wo sich am Boden schon ein unansehnlicher Satz gebildet hatte. Er roch stark nach Wein, als man ihn heute morgen fand, und seine Glieder waren ganz steif. Wilhelm hat es den Kindern als abschreckendes Beispiel erzählt. „So etwas geschieht, wenn man das Trinken nicht lassen kann!" Agathe weinte, denn sie kannte den alten Melker, der sie einmal bei ihrem Besuch in den Kuhställen hochgehoben hatte, damit sie die Kälbchen besser sehen konnte. „Kommt man auch in den Himmel, wenn man dauernd Wein getrunken hat?" fragte sie den Vater mit ängstlichen Augen. Er schien um eine Antwort verlegen und sagte: „Frag die Mamà." Ich warf Wilhelm einen vorwurfsvollen Blick zu, doch schon kam Agathe auf mich zugelaufen: „Mamà, kommt der alte Melker in den Himmel?" – „Jetzt noch nicht", begann ich zögernd, „wenn er viel getrunken hat, muß er zuerst durchs Fegefeuer reisen." – „Ist das schlimm, Mamà? Wie sieht es da aus?" Ich blickte hilfesuchend zu Wilhelm hin. „Frag den Papà", sagte ich, was mir ein Stirnrunzeln von meinem Ehemann einbrachte. „Papà, wie sieht das Fegefeuer aus?" Wilhelm wußte einen Ausweg. Er wies auf Odo, der bei uns saß, und sagte: „Das weiß wohl unser Bischof am besten." Odo begann zu lachen, und als sich Agathe, leicht zweifelnd, vor ihn hinstellte, hob er sie auf seine Knie und sagte: „Hör also gut zu, Agathe: Im Fegefeuer gibt es gar, gar nichts zu trinken. Da leiden alle Seelen Durst, und es ist sehr heiß dort, weil überall am Wege kleine Feuer brennen, daß man aufpassen muß, sich nicht zu versengen. Und kein Wein ist da und kein Met, und nicht einmal Wasser." Agathe schaute ihren Oheim tiefernst an. „Muß der arme Melker dann verdursten? Kriegt er nicht mal Milch zu trinken?" – „Nein, gar nichts. Aber er verdurstet auch nicht. Seine Strafe ist, daß er immer Durst hat und nicht trinken und nicht sterben kann – siehst du?" – „Und wie lange muß er da bleiben?" – „Bis er auf die Knie fällt und betet: ‚Ich will gewiß keinen Wein mehr trinken, sondern nur noch Wasser! Lieber Gott, gib mir frisches, kühles Wasser, ich verschmachte!'" – „Hört der liebe Gott das auch im Fegefeuer?" wollte sie wissen. „Da frag mal deinen Papà", sagte Odo, indem er seine kleine Nichte küßte und sie auf Wilhelm zuschob.

Nun stand Agathe wieder vor ihrem Vater und sagte vorwurfsvoll: „Ihr schickt mich immer rum! Keiner von Euch weiß alles!" Wilhelm nahm ihre kleinen Hände in die seinen und sagte: „Ich will dir jetzt sagen, wie er in den Himmel kommt. Gott hört es immer, wenn Seine Kinder Ihn rufen, auch wenn sie im Fegefeuer sind. Und Er sagt dem alten Theodor: ‚Im Fegefeuer gibt es kein Wasser, darum schicke Ich dich zur Erde zurück. Zeige Mir, daß du dein Versprechen halten kannst, dann sollst du an einem kühlen Bache wohnen und so viel Wasser trinken, wie du magst. Und die Engel werden dich beobachten, und wenn du wahrlich keinen Wein mehr trinkst, kommst du das nächste

Mal zu Mir in den Himmel.'" Da war Agathe ganz zufrieden und sagte: „Ihr wißt es doch am besten, Papà!"

Rouen, Mittwoch, am 5. des Hornung 1063

Papà hat mir endlich geschrieben. Es sei jetzt sehr einsam um ihn geworden; Mamà ließe sich auch durch eine gute Schwiegertochter nicht ersetzen. „Ich habe oft Sehnsucht nach meiner Ältesten", schrieb er. „Weißt Du noch, wie wir an manch langem Winterabend zusammensaßen, Nüsse knackten, Schach spielten oder über die jenseitige Welt sprachen? Ich denke jetzt so oft an die alten Zeiten zurück." Er berichtete ferner, daß Robert wieder in Kennemerland sei, wo er die Truppen des Bischofs von Utrecht zurückgeschlagen habe. Gertrude, die Witwe des Grafen Florenz, habe ihn zu sich geladen und ihm ihre trostlose Lage geschildert. Er scheine Gefallen an ihr gefunden zu haben – oder aber an ihrem Besitz. Er habe um ihre Hand gebeten, und nach anfänglichem Zögern habe sie zugesagt. Ich kann mich gar nicht über dieses Verlöbnis freuen. Sicher hat Gertrude dies nur aus ihrer Not heraus getan. Ich zeigte Wilhelm den Brief, und er meinte: „Es ist eine Schande, daß Bischöfe Krieg führen. Kennemerland gehört Gertrudes Sohn und nicht deinem Bruder." Dann bemerkte er noch: „Dein Vater schreibt gar nichts von Philipp." Sicher gibt es nichts Nennenswertes über meinen Vetter zu berichten.

Rouen, Dienstag, am 11. des Hornung 1063

Nun ist wieder eine stille Erwartung in mir, denn ich weiß, daß ich guter Hoffnung bin. Der Lenz wird kommen und der Sommer, und die Blätter werden sich färben, bis mein neues Kindlein zur Welt kommt. Bis dahin wird sicher der Friede geschlossen sein. Die Bürgeraufstände in Maine werden immer häufiger. Barbara sagt, daß die Leute von Maine stets rebellierten – ganz gleich, wer der Herrscher sei. Herbert hat es nicht leicht gehabt, und auch Robert erwartet kein angenehmeres Los.

Rouen, Sonntag, am 16. des Hornung 1063

Ich schlief heute morgen länger, anstatt zur Frühmette zu gehen. Es war kalt im Zimmer, und ich hatte mich mit dem Kopf tief ins weiche Kissen gewühlt. Wilhelm kam und weckte mich auf. Ich wußte zuerst gar nicht, wo ich war, denn ich hatte von St. Wandrille geträumt. Als ich mich aufrichtete, hingen mir die Haarsträhnen ins Gesicht. „Dein Haar sieht aus wie ein Hexenbesen", sagte er vorwurfsvoll. „Sprichst du früh am Morgen so zu deiner Frau?" erwiderte ich ebenso vorwurfsvoll, indem ich meine Haare zurückstrich. „Warum legst du dir das Haar zur Nacht nicht in Flechten?" fragte er. „Nein", rief ich, „das Haar muß atmen können." Er schüttelte resigniert den Kopf. Dann sagte er: „Ich muß heute noch nach Maine. Doch will ich, daß du an meiner Stelle nach Flandern schreibst und deinem Vater einen Vorschlag machst." – „Gern; was ist es, Wilhelm?" – „Er soll zu Ostern mit Philipp nach Fécamp kommen, wo wir das Fest gemeinsam feiern wollen. Danach nehmen wir deinen Vater mit nach Rouen, während Philipp bis zum Pfingstfest an den Königshof darf. Dort soll seine Mutter ihn besuchen. Nach Pfingsten kehrt dein Vater mit Philipp wieder nach Brügge zurück." Ich war im Nu hellwach. Mein geliebter Papà sollte endlich Rouen – meine neue Heimat – sehen? Dazu die Reise nach Fécamp, wo ich Margarete wiedersehen würde! Ich war außer mir vor Freuden. „Hoffentlich fürchtest du dich nicht vor Hexen", sagte ich, indem ich meinen zerzausten Kopf an sein Gesicht preßte. Ich will es gleich den Kindern erzählen, daß der Großvater zu Besuch kommt.

Rouen, Montag, am 24. des Hornung 1063

Soeben war der Kastellan bei mir, der um Erlaubnis bat, einen neuen Dung auf unseren Äckern ausprobieren zu lassen. Man habe in England großen Erfolg damit gehabt. Es handele sich um eine Kreidelösung, die wir aber zum größten Teil aus anderen Ländern beschaffen müßten; es koste also mehr. Doch der Kastellan meint, dann werde auch der Ertrag entsprechend höher.

Obgleich es schon auf den Frühling zugeht, brauchen wir mehr Schafwolle; es sind uns einige Tiere an einer Seuche gestorben, und wir müssen uns etliche neue besorgen. Ich möchte gern welche aus Flandern kommen lassen; die sind besonders kräftig und gesund. Wilhelm läßt mich solche Dinge schon allein entscheiden; dennoch frage ich ihn oft um Rat, um meine eigene Meinung bestätigt zu wissen.

Rouen, Dienstag, am 4. des Lenzmonds 1063

Afra hat heute Clothilde gebeten, ihr etwas von der Ringelblumenessenz für ihre Herrin zu geben; diese habe eine arg geschwollene Oberlippe, und die Essenz werde ihr sicher helfen. „Afra sagt", so erzählte mir Clothilde, „daß der Herr Roger gestern sehr laut mit seiner Frau gestritten habe, und einmal habe diese gellend aufgeschrien. Afra ist gewiß, daß er sie geschlagen hat." Ich sagte dies Wilhelm, und der meinte: „Sicher hatte sie einen kräftigen Schlag auf den Mund verdient." Ich dachte an viele ihrer Bemerkungen und muß Wilhelm heimlich recht geben.

Später

Ich muß noch immer über Roger und Mabille nachdenken. Wenn *mir* dies noch einmal geschähe – ich meine, wenn Wilhelm mich noch einmal schlüge –, ich glaube, das ertrüge ich nicht!

Rouen, Donnerstag, am 20. des Lenzmonds 1063

Nun bin ich wieder sehr in Sorge. Wie Abt Johannes schrieb, hat Margarete einen schweren Rückfall ihrer Krankheit erlitten. Ich kann es kaum abwarten, bis wir Ostern zu ihr reisen. Doch meine Freude, Papà wiederzusehen, ist dadurch stark getrübt.

Wilhelm hat Gottfried von Mayenne ein Ultimatum gestellt, daß er die Festung bis Ostern übergeben haben soll.

Rouen, Palmsonntag, am 13. des Ostermonds 1063

In zwei Tagen treten wir die Reise nach Fécamp an, und auch Robert darf mit. Er freut sich natürlich sehr darauf. Wir schicken ihn schon morgen mit Heinrich voraus, weil es mit einem Kinde länger dauert. Über Margarete haben wir nichts weiteres gehört. Ich hoffe, daß dies ein gutes Zeichen ist. Ich muß noch viel mit Adelaide besprechen, die hier alles für Papàs Ankunft vorbereiten soll. Wir geben ihm das Zimmer, das Tosti und Judith bewohnt haben. Und wir wollen viel flandrische Gerichte kochen lassen, obwohl Adelaide meint, mein Vater würde sicher auch gern die normannische Küche kennenlernen. Nun, wir wollen ihm die Wünsche von den Augen ablesen. Mein guter Papà soll es wunderbar bei uns haben und einmal alle Regierungssorgen vergessen. Jetzt lernt er auch meine Töchter und seinen jüngsten Enkel Wilhelm kennen!

Fécamp, am 21. des Ostermonds 1063

Heute ist Ostermontag, und der schöne Ostersonntag liegt hinter uns. Morgen müssen wir wieder von hier fort. Es war ein freudiges Wiedersehen mit meinem Papà. Er ist noch sehr rüstig, nur atmet er manchmal schwer, besonders, wenn er Treppen steigen muß. Philipp und Robert begrüßten sich gleich freudig und durften gestern mit Odo eine Bootsfahrt auf dem Meer machen. Ich war derweil bei Margarete. Sie hat wieder ständig Fieber, und die Schwester, die sie betreut, sagte mir, manchmal knie das Mädchen spät nachts im Bett, um zu beten, wobei sie nicht immer warm zugedeckt sei. Als ich sie zuerst wiedersah, war sie nicht bei Bewußtsein. Gestern aber erkannte sie mich und griff freudig nach meiner Hand. „Es muß Ostern sein, weil Ihr hier seid“, sagte sie. „Ich habe schon lange auf Euch gewartet. Wo ist der Herzog?“ Ich sagte ihr, daß er etwas später kommen werde, und sie meinte: „Vielleicht kann ich morgen schon aufstehen. Ich möchte Euch meine Klause zeigen.“ – „Welche Klause?“ fragte ich ein wenig erschrocken. Sie lächelte. „Im Abteigarten ist ein alter römischer Brunnen, der schon halb zerfallen ist. Es wuchern Ginster und Salbeisträucher rings herum, und ein paar Stufen führen hinab...“ Hier mußte sie unterbrechen, weil sie heftig hustete. „Sprich nicht so viel, Kind“, sagte ich; „du zeigst es mir mal, wenn du wieder aufstehen kannst, ja?“ Ich hatte jedoch Mühe, meine Stimme in der Gewalt zu haben, denn sie sah sehr elend aus, hatte eingefallene Wangen und dunkle Schatten unter den Augen. Doch wie lebhaft ihr Blick war! Es lodert noch immer dasselbe Feuer darin. Ich will morgen noch einmal mit Robert zu ihr gehen, denn er hat sie, als wir am ersten Tage hier waren, nur bewußtlos gesehen.

Rouen, Sonntag, am 27. des Ostermonds 1063

Dies ist das erste Mal, daß ich seit unserer Rückkehr schreiben kann. Ich bin mit Papà vorausgeritten, während Wilhelm noch in Lillebonne blieb, wo er Robert und Philipp auf eine Eberjagd mitnehmen will. Ich halte das gar nicht für ungefährlich, aber er hat die Kinder in Heinrichs

Obhut gegeben. Heinrich Beaumont ist mir so lieb wie ein Bruder; er ist ein vorzüglicher Präzeptor für unsere Söhne. Auch Richard und Rufus sollen später von ihm betreut werden.

Es ist eine Freude, Papà alles zu zeigen, ihn durchs Schloß und den Herzogsgarten zu führen. Heute früh sind wir zum Herzogsstrand geritten und haben die Ländereien um das Schloß besichtigt. Und wie er sich an den Kindern freut! Der kleine Rufus hat es ihm angetan, weil er ganz wie ein Flame aussieht. Nach anfänglicher Scheu läuft dieser jetzt schon freudig auf den Großvater zu, der immer irgend etwas Schönes in seiner Tunika versteckt hält. Oft finden wir die Kinder im Spielzimmer nicht; dann wissen wir, daß sie im Gästeflügel beim Großvater sind.

Später

Wir saßen noch länger mit Papà im kleinen Saal zusammen; es gab einen leichten Met und dazu einiges Gebäck. Dabei sprachen wir von Mamà und dem Reich der abgeschiedenen Seelen. „Ich habe viel darüber nachgedacht", sagte Papà, „auch über alles, was die griechischen Philosophen geschrieben haben. Manchmal denke ich: Vielleicht sind die Seelen der höheren Tiere aus einem Zusammenfließen mehrerer niedrigerer Seelen entstanden. Ich meine das so: Wenn viele Fliegenseelen miteinander verschmelzen, wird daraus vielleicht die Seele einer Biene, die ja ein höheres Insekt ist." – „Dann müßte jedes Tier ja einmal aussterben", meinte fitzOsbern, und Adeliza fügte hinzu: „Wollt Ihr etwa daraus folgern, daß eine Menschenseele aus mehreren Hunde- und Pferdeseelen besteht?" – „Oder aus solchen von Katzen?" warf Wilhelms Base Mathilde ein, die seit einigen Tagen mit Ralf zu Besuch am Hof ist. „Das könnte bei Euch sehr wohl der Fall sein", neckte Ralf seine Frau, die ihn daraufhin in den Arm kniff. „Mitnichten", sagte Papà", ich stelle mir vor, daß jede höhere Menschenseele eine Verschmelzung von niedrigeren Menschenseelen sein könnte. Wenn später, nachdem ich gestorben bin, meine Seele und die meines Weibes ineinanderfließen, dann ergäbe das vielleicht die Seele eines Heiligen." – „Das fände ich herrlich", sagte ich, indem ich erwartungsvoll zu Wilhelm hinblickte, „dann wären wir auf ewig unzertrennlich und nur noch *eine* Seele." Alle schauten nun Wilhelm an, der jedoch nichts dazu bemerkte. „Was meint Ihr, Bruder?" fragte Adelaide, und da erwiderte er: „Ich meine, daß wir alle eine Überraschung erleben werden." Mehr konnten wir nicht aus ihm herauslocken. Er sagt nicht jedem, was er denkt; nur ich kenne viele seiner geheimen Gedanken.

Ich erwarte nun bald Nachricht vom Abt Johannes, der uns regelmäßig über Margaretens Zustand berichten soll. Robert sagte ganz entrüstet: „Als sie bei uns wohnte, war sie nie so krank. Sie soll sofort zurückkommen!" – „Ja, sobald es ihr besser geht", sagte Wilhelm da zu meiner Verwunderung.

Rouen, Mittwoch, am 30. des Ostermonds 1063

Wilhelm ist mit einem großen Heer nach Maine ausgerückt. Wie gut, daß Papà jetzt bei uns ist! Er und Roger Beaumont verstehen sich prächtig und werden in Wilhelms Abwesenheit alles in seinem Sinne lenken. Philipp ist mit Warenne in Paris; sie kommen erst zu Pfingsten zurück. Ich denke, Wilhelm wird jetzt die Festung stürmen. Er hat dies zwar nicht gesagt, aber als er Abschied nahm, meinte er: „Dies ist die Endphase. So Gott will, bin ich bald zurück." Papà, der mir meine Sorge ansieht, sagte heute abend beruhigend zu mir: „Der Herzog wird siegreich heimkehren. Er steht unter einem besonderen Stern." Wenn es nur schon soweit wäre!

Rouen, Montag, am 12. des Wonnemonds 1063

Es tobt eine Schlacht um Le Mans, und ich kann an gar nichts anderes denken. Gottfried hat Wilhelms Bedingungen also nicht erfüllt und leistet Widerstand. Einige Namen gefallener normannischer Krieger sind uns schon mitgeteilt worden; man zittert um jeden, den man gut kennt. Papà ist sehr zuversichtlich und meint, es könne nicht mehr lange dauern, bis der Sieg errungen sei.

Rouen, Freitag, am 16. des Wonnemonds 1063

Le Mans ist gefallen, und Papà Roger hat die Nachricht heute allen Schloßbewohnern verkündet. Die meisten wußten es schon durch die Herolde, die bei uns beköstigt werden. Gottfried ist geflohen, und man glaubt, daß er sich in seiner Festung zu Mayenne verschanzt hat. „Diese Fuchshöhle müssen wir ebenfalls ausräuchern", meinte Papà Roger; „es ist nur eine Frage der Zeit." Papà hat einen Brief von Robert aus Brügge erhalten, der seine Vermählung bis zum Johannisfest aufgeschoben hat. Mir ist dies recht, weil Papà nun noch etwas länger bei uns bleiben kann. Es ist herrlich, ihn hierzuhaben, und er genießt die Tage sehr. Daß er den Sieg über Maine miterleben darf, ist eine besondere Freude für ihn.

Rouen, Montag, am 19. des Wonnemonds 1063

Wilhelm ist zurück, will jedoch keine Siegesfeier halten. „Noch ist der völlige Sieg nicht errungen", sagte er; „Gottfried hat sich nicht ergeben." Auch ist er besorgt um Margarete und will einen Kurier nach Fécamp schicken mit dem Befehl, daß Margarete, sobald sie irgend reisefähig ist, nach Rouen gebracht werden soll.

Später

Wilhelm sprach heute länger mit Papà über Flanderns Zukunft, und ich hörte still zu, während ich ein neues Taufhemdchen bestickte. Papà will Robert anläßlich seiner Vermählung Reichsflandern schenken und es somit von Kronflandern trennen. Er täte dies, damit endlich Friede unter den Brüdern herrsche, sagte er. Der junge Dirk solle später Kennemerland erhalten, das Robert vorläufig verwalten werde. Wilhelm schien sehr nachdenklich, als er das hörte. „Gebe Gott, daß dies genügt, den Frieden zu erhalten", sagte er. Dann sprach er davon, daß sein Sohn Robert Graf von Maine sei, daß er ihn in Kürze mit nach Le Mans nehmen wolle, wo er eine Charte unterzeichnen solle. Und er fügte hinzu: „In der Vereinigung, nicht der Abtrennung der Länder, liegt die Zukunft der Menschheit."

Rouen, Sonntag, am 25. des Wonnemonds 1063

Dies ist der letzte Sonntag, an dem Papà bei uns ist, und ich war den ganzen Tag mit ihm zusammen. Am letzten des Mondes bricht er wieder nach Flandern auf, und bis dahin wird auch Philipp zurück sein.

Wilhelm sagte heute, daß Gottfried keinerlei Ansprüche auf Maine habe. Der einzige, der einen solchen stellen könne, sei der Sohn von Gersendis, welche die Schwester des ehemaligen Grafen Hugo von Maine und die Tochter Herberts des Wachhunds ist. Doch sei ihr Sohn noch ganz klein und lebe zudem in Ligurien, in der Grafschaft seines Vaters.

In Le Mans wird jetzt mit dem Bau einer neuen Festung begonnen – sie soll „Petit Mont Barbet" heißen; dieser soll später der „Grand Mont Barbet" folgen. Im „Grand Barbet" solle Robert später wohnen, sagte Wilhelm, und der Knabe hörte mit leuchtenden Augen zu. Wilhelm zeigte ihm die Baupläne für die beiden Festungen, und Robert will nun im Herzogsgarten eine solche aus Lehm bauen. „Richard kann mir dabei helfen", sagte er, „ich zeige ihm das schon. Und Robbi und Roger auch, aber gehören tut sie mir! Ich will später in meinem Schloß ein Turmzimmer haben – ganz für mich allein; und Margarete kann eines im anderen Turm bekommen; und einen ganz hohen Bergfried wollen wir auch haben, dann können wir immer weit ins Land schauen." Papà nahm seinen Enkel in den Arm und fragte: „Läßt du auch mich einmal auf deine Burg kommen, wenn sie fertig ist?" – „Ja, ich werde einen schönen Gästeflügel in der Festung haben, nicht wahr, Vater?" fragte er, indem er zu Wilhelm hinblickte. „Für den Großvater haben wir immer und überall Platz", sagte dieser. Könnte Papà doch bei uns bleiben! Aber ich sehe ein, daß er das Zepter noch nicht aus der Hand legen darf.

Rouen, Mittwoch, am 28. des Wonnemonds 1063

Es ist Abend; die Sonne ist nach einem langen, leidvollen Tag zur Ruhe gegangen. Könnte doch auch der Schmerz so schnell zur Ruhe kommen! Aber so gnädig ist das Schicksal nicht! Am späten Vormittag hörte ich von der Ankunft eines Sonderkuriers, der soeben, schweißbedeckt vom schnellen Ritt, aus Fécamp eingetroffen sei und den Herzog persönlich zu sprechen verlange. Ich eilte darauf sogleich in den kleinen Audienzsaal, wo der Bote – noch heftig atmend – dastand und sich die feuchte Stirn wischte. Wilhelm stand nahe der Mauer, wo das Licht vom hohen Fenster des Ganges hereinfiel, und las einen aufgerollten Brief. Es war ein wolkiger, drückender Tag – eine rechte Gewitterstimmung. Er blickte kurz auf, bemerkte mich und sah mich ernst und bedeutungsvoll an. Dann sagte er, zum Boten gewandt; „Der Abt bittet mich, Euch die Antwort mündlich zu übermitteln und Euch sogleich zurückzuschicken. Laßt Euch unten etwas Speise und Trank geben und brecht dann unverzüglich wieder auf. Sagt dem Abt, sie solle in Fécamp begraben werden – in demselben Gewand, das sie jetzt trägt." Ich hörte, wie der Kurier die Botschaft wörtlich wiederholte: „Sehr wohl, Sire. Sie soll in Fécamp begraben werden – und im selben Gewande, das sie jetzt trägt."

Ich lehnte mich, nach Halt suchend, gegen die Mauer. Wilhelm entließ den Boten, nahm mich bei der Hand und führte mich zur Bank. Stumm reichte er mir den Brief des Abtes, der besagte, Margarete sei in der Nacht zum Sonntag friedlich entschlafen. Man habe sie am Sonntag morgen tot im Bett gefunden, den Kopf etwas zur Seite geneigt – mit nach oben gerichteten, gebrochenen Augen. In der einen Hand habe sie den Rosenkranz gehalten, von dem sie sich auch nachts nicht trennte. „Sie muß es gewußt haben, daß sie sterben wird", schrieb der Abt, „denn sie trug ihr härenes Hemd, das Schwester Benedikta am Tag zuvor nicht an ihr bemerkt hatte. Es war ihr verboten worden, ein solches zu tragen." Ich gab Wilhelm den Brief zurück, lehnte mein Gesicht an seine Schulter und begann fassungslos zu weinen. Als ich etwas ruhiger geworden war, sagte ich: „Dies ist noch viel trauriger als das Sterben von Mamà. Meine Mutter hat ein erfülltes Leben gehabt; Margarete aber war erst 16 Jahre alt." – „Sie *wollte* sterben", sagte Wilhelm, „und sie hatte einen starken Willen. Obgleich sie sich in jeder Hinsicht zur Herzogin geeignet hätte, wäre sie innerlich immer eine Nonne geblieben. Sie soll nun ihr Büßerhemd mit ins Grab nehmen."

Nach einer Weile sagte ich: „Wie wird Robert es bloß aufnehmen?" – „Du mußt es ihm sagen", meinte er. „Willst du es nicht lieber tun, Wilhelm? Du bist viel ruhiger als ich." – „Nein", sagte er, „das ist *deine* Pflicht." – „Zuerst will ich eine Weile in unsere Kapelle gehen", sagte ich, und Wilhelm nickte: „Ich komme mit dir." Während wir dort still beteten, sah ich zu Füßen der Madonna die hellrosa Pfingstrosen, die ich gestern noch so fröhlich vom Herzogsgarten heraufgebracht hatte. Viele Bilder tauchten vor meinem inneren Auge auf – all die herrlichen Spiele, die Margarete mit unseren Kindern im Garten angeregt hatte. Ich begann wieder leise zu weinen. Da fühlte ich Wilhelms Hand auf meiner Schulter, und bald strömte etwas von seiner Kraft auf mich über. Wie sehr ich diese brauchte! Denn, ach – eine schwere Aufgabe harrte meiner!

Robert schluchzte mit einer Leidenschaft, die ich nicht erwartet hatte. Er vergrub seinen Kopf in meinem Schoß, und sein ganzer Körper zitterte. Nach dem ersten Ausbruch sah er mich aus roten Augen an und heulte: „Nun hab ich keine Braut mehr – was soll ich allein in der neuen Burg?" – „Robert, mein Liebling", versuchte ich ihn zu trösten,

„wir finden später bestimmt eine neue Braut für dich." – „Ich will aber keine andere!" schrie er schmerzlich auf, „ich will dann überhaupt gar keine – nie mehr!" Plötzlich bemerkte ich Richard, den das wilde Weinen seines Bruders herbeigelockt hatte. Er stellte sich still neben uns und ergriff Roberts Hand, die er leise streichelte. Es war ein rührendes Bild. An der Portière stand Klein-Rufus, der scheu zu uns hinüberblickte. Robert riß sich von uns los und stürzte davon. Sicher wollte er allein sein. Richard war neben mich auf die Bank geklettert und legte seine Ärmchen um meinen Hals. „Arme Mamà", sagte er, „nich mehr weinen!" Ich drückte ihn an mich und sagte: „Unsere liebe Margarete ist tot, Richard, deshalb sind wir so traurig." Er sah mich einen Augenblick groß an, dann fragte er: „Kommt sie dann nie wieder?" – „Nein, Kind, sie ist nun im Himmel und kann nicht mehr zu uns kommen." Gleich darauf kamen meine beiden Mädchen angelaufen. Robert hatte ihnen die traurige Botschaft schon verkündet. Tränenvoll sah Cäcilie zu mir auf: „Papà hat doch gesagt, sie soll wiederkommen", stieß sie enttäuscht hervor. Agathe sagte gar nichts, sie schmiegte sich an meinen Arm und weinte leise. Inzwischen war Richard wieder hinabgeglitten, und ich sah, wie er sein Brüderlein bei der Hand nahm und mit sich fortzog. Dabei erklärte er ihm: „Maragete is tot – darum is Mamà und alle so traurig." – „Alle weina", hörte ich Rufus kläglich sagen. Agathe hatte sich bald wieder gefaßt. Sie bat mich um die Betbank, die Margarete früher benutzt hatte, als sie im Mädchenzimmer wohnte, und ich ließ sie herbeischaffen. Soeben, als ich zu meinen beiden Töchtern ging, um ihnen gute Nacht zu sagen, bot sich mir ein herziges Bild. Sie hatten Adi und Judith geholt und knieten alle, eng aneinandergepreßt, auf der Betbank. Agathe sprach laut zur Himmelsmutter, doch ich fing nur noch die letzten Worte auf: „...daß wir immer an sie denken und für sie beten, und daß sie mal vom Himmel auf uns runterschauen soll, wie wir hier auf ihrer Bank knien."

Als ich heute morgen aufwachte, hatte ich gerade von Margarete geträumt; sie trug eine kostbare, bestickte Tunika und hatte ein funkelndes Diadem in ihrem kunstvoll aufgesteckten Haar. So kam sie an mein Bett, um mich zu wecken, und ich sagte: „Oh, nun hast du doch dein Herzoginnengewand angelegt?" – „Ja, Mutter", sagte sie lächelnd, und darüber bin ich aufgewacht. Oh, wenn sie doch noch oft in meinen Träumen zu mir käme!

Rouen, Freitag, am 30. des Wonnemonds 1063

Nun ist mein lieber Papà wieder abgereist und hat Philipp mitgenommen, der froh schien, uns wiederzusehen. Es tut mir leid, daß während der letzten Tage, die Papà bei uns war, so viel Traurigkeit herrschte. Er kannte Margarete zwar nicht, aber ich habe nicht aufgehört, von ihr zu erzählen. „Wenn man älter wird, Mathilde", sagte er, „wird man allmählich gut Freund mit dem Tod. Er besucht uns oft." Dabei sah er mich aus seinen lieben, weisen Augen an, als wolle er sagen: „Bald werde auch ich Abschied nehmen.“ Ich weine heute immerfort. Der Abschied von Papà war sehr schmerzlich für mich, wohl deshalb weil ich noch unter dem Verlust Margaretens leide.

Rouen, Montag, am 2. des Brachmonds 1063

Wilhelm will morgen nach Caen aufbrechen, um dort das Pfingstfest zu feiern. Er hat Walter und Biota aufgefordert, seine Gäste zu sein und ihn anschließend auch nach Falaise zu begleiten. Walter sieht verbittert aus und ist recht mager geworden. Und Biota ist sehr niedergeschlagen. Die letzten Monate in Le Mans waren schwer für sie, und nun sind sie die Besiegten. Wilhelm ist freundlich zu ihnen wie immer – als sei nichts geschehen. Vielleicht wird das schöne Pfingstfest sie etwas aufheitern.

Rouen, Donnerstag, am 5. des Brachmonds 1063

Nun, da Wilhelm fort ist, kommt die ganze Traurigkeit über Margaretes Verlust wieder über mich. Ich hatte mich in meine Rosenlaube in den Garten geflüchtet, um dort zu sticken, aber als ich die zarten Knospen sah und dem Lied der Vögel lauschte, ließ ich die Arbeit sinken und gab mich meinen wehmütigen Gefühlen hin. Wie oft hat Margarete hier mit meinen Kindern gespielt! Es scheint erst gestern gewesen zu sein, daß wir das Rehkitz hierhatten und sie, wie üblich, die Spiele anführte.

Am letzten Abend, als Biota hier war, hat sie geweint. Sie scheint gar keinen Lebensmut mehr zu haben, und die langen Hungermonate in Le Mans haben sie und Walter merklich geschwächt. Für Walter ist es sehr beschämend, von Wilhelm besiegt worden zu sein und nun, als gezwungener Vasall, seine Gastfreundschaft annehmen zu müssen. Ich habe versucht, Biota etwas Mut zuzusprechen, aber es gelang mir nicht gut, weil mein eigenes Herz voller Kummer ist. Von Biota erfuhr ich, daß ihre gelähmte Tochter inzwischen im Kloster verstorben ist.

Eben sah ich Robert durch die Portière zu mir herüberblicken. Als er mich sah, kam er langsam näher. Ich deckte die Seiten meines Memoirenbuches zu und zog ihn liebevoll an mich. „Ohne Margarete mag ich gar kein Graf mehr sein“, sagte er. „Ich kenne ja niemanden dort in Maine – es ist jetzt überhaupt alles ganz anders.“ Nun, er wird schon darüber hinwegkommen, aber vergessen wird er sie nie!

Rouen, Pfingstmontag, am 9. des Brachmonds 1063

Heute nacht hat mir von Biota geträumt; es war etwas Tieftrauriges. Sie sah jung aus, hielt den Blick aber gesenkt, als sähe sie niemanden. Als ich zu ihr sprach, blickte sie mich schmerzerfüllt an und sagte: „Nun kann ich nie wieder zurück.“ Ich aber tröstete sie: „Es ist auch im Cotentin sehr schön, Madame.“ Wilhelm hat nämlich gesagt, Walter könne im Schloß von Falaise wohnen bleiben – sicher, weil er dort gut bewacht wird. Seine völlige Freiheit wird Wilhelm im vorerst noch nicht wiedergeben.

Rouen, Donnerstag, am 19. des Brachmonds 1063

Eine entsetzliche Nachricht hat uns heute erreicht. Walter und Biota sind beide ganz plötzlich gestorben, und zwar, während sie sich – einige Tage nach Pfingsten – in Wilhelms Schloß in Falaise aufhielten. Der Bote wußte keine Einzelheiten, sagte jedoch, der Herzog sei im Begriff, alle Bewohner des Schlosses und die Dienerschaft zu befragen. Obgleich ich niemandem etwas hiervon sagte, verbreitete sich die Kunde dennoch rasch. Beim Abendessen im großen Saal war von nichts anderem die Rede. Mabille, die sich nach dem Essen zu mir setzte, flüsterte mir zu: „Das war ein meisterhafter Schachzug." – „Wovon sprecht Ihr?" fragte ich mit solcher Strenge, daß sie die Lippen leicht aufwarf und schwieg. Aber ich weiß, was sie denkt. Walter ist der letzte, der einen Anspruch auf die englische Krone hätte erheben können – und nun lebt auch er nicht mehr. Ich warte ungeduldig auf weitere Nachrichten.

Rouen, Montag, am 23. des Brachmonds 1063

Odo ist gekommen, der auch in Caen und Falaise gewesen ist; er sagte, daß Wilhelm bald eintreffen werde. Auch wußte er Näheres über Walter und Biota. Noch sei gar nichts geklärt, sagte er, man könne nur einiges vermuten. Biota habe am Abend zuvor einen Fremden empfangen, der seine Kapuze tief ins Gesicht gezogen hätte. Niemand weiß, wer er war, und es sei sehr geheimnisvoll dabei zugegangen, wie man von einer Kammerfrau erfahren habe. Er sei nur kurze Zeit geblieben, und die Diener hätten ihn durch die Hintertüre fortgehen sehen. Den Tag darauf sei Biota plötzlich sehr krank geworden, und ihre Kammerfrau sagt, daß sie ein übers andere Mal gerufen habe: „Gütiger Gott, verzeih mir... verzeih mir!" Walter sei am selben Tage erkrankt, habe aber noch zwei Tage länger gelebt. Was sollen wir von all diesem halten? Hat jemand sie vergiftet – und warum? Oder hat sie sich und ihren Mann selber vergiftet? Das letztere kommt mir wahrscheinlicher vor. Sie war ja so schwermütig, als ich sie zuletzt sah.

Rouen, Sonntag, am 29. des Brachmonds 1063

Dieses Jahr habe ich das Johannisfest ganz vergessen, und die Kinder auch. Es ist ein solch trauriges Jahr, daß niemandem nach Feiern zumute ist. Wilhelm ist inzwischen zurückgekehrt und sagte heute während der Versammlung der Curia, daß Raoul de Crépi nun Graf vom Vexin geworden sei. Das freut mich, denn er ist als Gemahl der ehemaligen Königin Anna ein guter Freund von uns. Alles wendet sich zu Wilhelms Gunsten. Leider aber gibt es, besonders in Maine, Widersacher Wilhelms, die den ungeklärten Tod von Walter und Biota zum Anlaß nehmen, böse Gerüchte zu verbreiten. Wilhelm ist bedrückt über den Tod der beiden. „Es ging nicht mit rechten Dingen zu", sagte er, doch weiter nichts. Ich bete täglich für beide, denn Wilhelm sagt, sie brauchten Fürbitte. Bertha will jetzt mit Paula nach Le Mans zurückkehren, weil keine Gefahr mehr für sie besteht.

Später

Soeben kam Agathe zu mir und stellte sich nachdenklich vor mich hin. „Warum fressen die Tiere immer andere Tiere?" fragte sie; „es gibt doch viel Schönereres zu fressen." Ich sah sie etwas ratlos an. Dann sagte ich: „Es gibt viele Tiere, die Wurzeln und Pflanzen fressen, Agathe, aber andere brauchen Fleisch, um leben zu können – es kommt ganz darauf an." – „Aber die Spinnen!" rief sie, „die sind ganz garstig – ich hab's eben gesehen!" – „Was hast du gesehen?" – „Da hatte sich eine kleine Fliege im Spinnennetz verfangen, und die Spinne hat sie mit ihren Fäden umwickelt, auch die Flügel mit reingesponnen – und da baumelte das arme Tierlein ganz hilflos. Und dann hat die Spinne es fest umklammert und aus ihrem hinteren Leib einen Stachel gezückt und die arme Fliege damit durchbohrt. Dann ging sie etwas höher und hat ihr das ganze Innere ausgesaugt. Nachher war da ein dunkles Loch, und innen alles hohl..." Ich wunderte mich über ihre Beschreibung, denn ich selbst hatte mir so etwas noch nie genau angesehen. „Alles lebt, um wieder zu sterben", sagte ich, wie zu mir selber. „Ist es nicht gut zu wissen, daß man im Himmel nicht mehr sterben kann?" Da begannen ihre Augen zu leuchten; sie legte ihr Gesicht an meines und sagte: „Wenn wir erst einmal im Himmel sind, Mamà, dann feiern wir ein großes Fest mit all den armen, gestorbenen Tieren."

Rouen, Montag, am 30. des Brachmonds 1063

Wilhelm hat soeben entschieden, daß er dem Krieg in Kürze ein Ende machen will. Er zieht jetzt gegen Mayenne, um die Festung zu belagern. Sie gilt als uneinnehmbar, und ich weiß nicht, wie er es anstellen will. Eine Belagerung kann Monate und sogar Jahre dauern. Der Sterndeuter hat einen baldigen Sieg vorausgesagt, und ganz gegen seine Gewohnheit hat Wilhelm diese Kunde verbreiten lassen. „Wenn mir die Sterndeuter Gutes ankündigen, darf alle Welt es erfahren", sagte er; „doch wenn sie Unglück ansagen, stopfe ich ihnen das Maul." – „Das ist aber nicht gerecht, Wilhelm!" – „Wohl aber gescheit", meinte er. „Ein starker Geist beugt sich nicht dem Schicksal, er meistert es! Bei Gottes Herrlichkeit, ich nehme es mit jeder Gefahr auf!"

Nun wird wieder gepackt, gesattelt, gerüstet. Und ich bange sehr, denn was tue ich, wenn Wilhelm länger fortbleibt und zur Geburt meines Kindes nicht hier ist? Es beginnt sich jetzt schon zu regen, und ich halte oft Zwiesprache mit dem kleinen Wesen. Es soll in eine Friedenszeit hineingeboren werden, so daß wir uns alle an ihm freuen können. Die Kinder wissen es schon seit längerem, und Agathe hilft mir beim Nähen von winzigen Strümpfen und Käppchen. Richard fragte heute: „Wenn wir schön laut singen, hört dein kleines Kindlein das dann in deinem Bauch?" Agathe fing an zu lachen und fragte: „Was willst du ihm denn vorsingen, Richard?" – „Holisanna!" sagte er begeistert. Er hatte neulich den Chor üben hören, als wir die Kinder in die neue Kathedrale führten, die sie noch nicht gesehen hatten. Richard hat eine schöne, klare Stimme und singt die meisten Melodien ganz richtig nach. Ich zog ihn an mich heran und drückte ihn zärtlich in meinen Arm. „Sing nur, mein Schatz; und wenn das Kindlein sich bewegt, dann weißt du, daß es sich über dein Lied freut." Was täte ich in diesen Kriegsmonaten ohne meine Kinder, die mir täglich so viel Kurzweil verschaffen?

Rouen, Donnerstag, am 3. des Heumonds 1063

Der Bischof Yvo von Sées hat uns einen Besuch gemacht, und ich bin froh darüber, denn ich konnte ihm nun persönlich für seine großzügige Schenkung an die Abtei St. Vincent du Mans danken. Der Bischof hat etwas sehr Ehrfurchterweckendes und zugleich Strenges in seinem Wesen. Als Oberhaupt der Familie von Bellême ist er mir ein wenig unheimlich, weil diese durch Mabilles grausamen Vater einen solch schlechtem Leumund hat. Bischof Yvo bedauerte, Wilhelm nicht anzutreffen, doch es wurden ihm alle drei Söhne des Herzogs vorgestellt. An Richard fand er sofort Gefallen und sagte, indem er ihn hochhob: „Du bist ein echter Sohn deines Vaters." Da meinte Robert, der sich übergangen fühlte: „Und ich bin der Graf von Maine, und später werde ich Herzog!" Der Bischof sah ihn ernst an und erwiderte ruhig: „So Gott will." Doch Robert antwortete darauf: „Was mein Vater will, das will auch Gott." Nun runzelte der Bischof die Stirn, und mir wurde leicht unbehaglich zumute. „Ihr könnt jetzt alle wieder gehen", sagte ich zu Robert; „nimm deine Brüder hinauf." Zum Bischof gewandt, fuhr ich fort: „Ihr müßt den Kindern einiges zugute halten, Sire." – „Es sind prächtige Buben", sagte dieser, „besonders der zweite." Ja, Richard ist für uns alle ein Quell der Freude; er ist immer heiter und nie trüber Stimmung. Ich glaube, er wird es einmal leichter im Leben haben als Robert.

Rouen, Mittwoch, am 9. des Heumonds 1063

Heute hat Papà Roger lange mit Wilhelm von Poitiers und Wilhelm von Jumièges im Jagdzimmer gesessen, die viele Einzelheiten über die Feldzüge von ihm wissen wollten. Ich hörte, daß der Kastellan ein Buch darüber schreibt; und es scheint, daß auch Wilhelm von Jumièges schon einiges, was die von Wilhelm geführten Kriege betrifft, niedergeschrieben hat.

Am Hof ist es jetzt ruhiger, so daß ich manche Stunde im Garten verbringen kann. Ich erzähle meinem Kindlein dann in Gedanken immer viel und meine, daß es dies fühlt. Manchmal denke ich darüber nach, welchen Namen ich ihm geben soll, falls es ein Knabe wird. Der einzige normannische Herzogsname, den meine Söhne noch nicht tragen, ist Rolf. Doch empfinde ich keine besondere Zuneigung zu dem Wikinger, der sich dieses Land geraubt hat. Er erinnert mich etwas an Tosti – so ähnlich jedenfalls stelle ich ihn mir vor.

Rouen, Mittwoch, am 23. des Heumonds 1063

Wir haben einen schönen, trockenen Sommer mit nur wenig Gewittern. Die Kinder tummeln sich den ganzen Tag im Garten, und die Buben „erobern" eine Festung nach der anderen. Manchmal ziehen sie mit Heinrich oder Hakon in den nahen Wald, wo sie einige Höhlen entdeckt haben. Nach dem täglichen Üben im Bogenschießen dürfen sie dort nach Herzenslust spielen. Meine Mädchen planschen viel am Herzogsstrand im Wasser, und mit ihnen der kleine Rufus, der aber nicht einmal bis an die Knie hineingeht. Er sitzt lieber am Ufer im feuchten Sand und spielt mit Steinen und kleinen Schiffchen. Oft schwimmen ihm diese davon, und wenn er kläglich weint, holt Cäcilie sie ihm wieder.

Ich habe schon zwei Briefe von Wilhelm erhalten. Sie führten dort ein müßiges Leben, denn sie hätten nichts anderes zu tun, als den Belagerungsgürtel täglich etwas enger zu ziehen und im übrigen auf die Jagd zu gehen, Turniere zu halten und sich des schönen Sommerwetters zu freuen. „Grüße meine sechs Kinder!" schrieb er an den Rand. Ach, wenn er doch zur Geburt des sechsten zurück wäre! Falls die Belagerung bis dahin noch anhält – und das kann sehr wohl möglich sein –, wird er vielleicht für einige Tage herkommen können, wie er es zwischendurch bei der Belagerung von Le Mans getan hat.

Rouen, Mittwoch, am 30. des Heumonds 1063

In der vergangenen Woche ist nichts Besonderes geschehen. Ich habe große Sehnsucht nach Wilhelm und schreibe ihm jeden Sonntag. Als ich heute um die Zeit der Abenddämmerung unten im Park saß, dachte ich, daß die echte Liebe doch sehr selbstgenügsam ist. Auch wenn der geliebte Mensch weit fort ist, bleibt sie lebendig, webt neue Gedanken und Gefühle, sendet tausend Botschaften durch die Lüfte. Ich blieb lange still dort sitzen, und mit einem Male fühlte ich, daß alles um mich herum so unwirklich wurde – als sähe ich nur noch Schattenbilder. Ich selbst war wirklich – aber ich weitete mich immer mehr aus, ich schwebte in Gedanken empor und fühlte mich dabei von einer großen Stille, einem tiefen Frieden eingehüllt. Als ich schließlich aufstand und auf das Schloß zuschritt, war es mir, als ob ich selbst stillstünde und die Dinge an mir vorüberzögen... So etwas habe ich noch nie zuvor erlebt, aber es war wunderschön.

Rouen, Donnerstag, am 7. des Erntemonds 1063

Wilhelm ist in St. Evroul gewesen, wie Papà Roger mir soeben sagte. Es scheint wieder Unruhen in der Abtei gegeben zu haben, und man munkelt, der Abt Robert von Grandmesnil solle seines Amtes enthoben worden sein. Ob Thierry dann wiederkehrt?

Später

Maurilius hat es uns soeben bestätigt: Robert von Grandmesnil ist von Wilhelm entlassen worden, wie Roger Montgommeri es schon lange gewollt hat. „Die Bischöfe sind vorher nicht befragt worden", sagte Maurilius, und ich merkte, daß ihm dies nicht recht war. „Wer soll der neue Abt sein?" fragte ich. „Der Herzog läßt mir mitteilen, daß er Osbern, den Prior von Cormeilles, ernannt habe." – „Es wird schon seine Richtigkeit haben, Vater", sagte ich; „der Herzog handelt manchmal sehr rasch, wenn es sein muß." – „Ich fürchte nur", sagte Maurilius da, „Robert von Grandmesnil wird sich nun an den Papst wenden." Warum gibt es sogar unter den Geistlichen, den Dienern Gottes, noch Streit? Sollten sie der übrigen Menschheit nicht das beste Beispiel geben?

Rouen, Mittwoch, am 20. des Erntemonds 1063

Wilhelm hat lange nicht geschrieben, und hier ist nicht viel Neues geschehen. Der Erntemond war bisher schwül und drückend, und wir alle sehnen uns nach Regen. Die Ernte ist zum größten Teil eingebracht, und es gibt viele fröhliche Feste für die Landarbeiter. Soeben schaute ich vom Fenster in den Hof hinab, weil ich Pferdehufe hörte. Es sind Kuriere gekommen – vielleicht bringen sie mir Nachricht von Wilhelm?

Später

Nein, es waren Nachrichten aus England. Judith beschrieb mir sehr eindrucksvoll, daß nun der Sieg über die Waliser errungen sei. Aber wie grausam es dabei zugegangen ist! König Griffydd ist auf der Flucht von seinen eigenen Leuten erschlagen worden. Man hat seinen Kopf dem Grafen Harald ausgehändigt, und dieser hat die Trophäe seinem König überreicht. Für mich ist es ein unheimliches Land. Was haben wir mit diesem zu schaffen? Ich verdränge die Gedanken an die Zukunft nur zu gern.

Rouen, Donnerstag, am 21. des Erntemonds 1063

Endlich kam der lang ersehnte Regen, und zwar so heftig, daß sich auf den Wegen überall kleine Bächlein gebildet haben, sehr zur Freude der Kinder. Sie sahen heute alle aus wie die Dreckspatzen. Endlich traf auch Nachricht von Wilhelm ein. „Die Ernte hier im Norden von Maine ist verwüstet und das Volk sehr aufgebracht darüber", schrieb er. „Die Bürger schicken laufend Botschaften an Gottfried, die wir durchlassen; doch der sitzt gut verschanzt in einer der besten Festungen, die mein Auge je erblickt hat. Ich bewundere die Anlage, und es täte mir leid, die Burg zerstören zu müssen. Es wird nicht leicht sein, hineinzugelangen. Uns rauchen schon die Köpfe vom Raten und Planen." Zum Schluß tröstete er mich: „Wenn Du den Sterndeutern trauen darfst, bin ich vor Einbruch des Herbstes siegreich zurück!" Das will ich auch hoffen, denn dann drängt die Zeit bereits. In der ersten oder zweiten Woche des Weinmonds wird mein Kindlein das Licht der Welt erblicken. Wilhelm schrieb nichts von einer Schonzeit für mich; aber ich hatte es diese Monate leicht und darf nicht klagen.

Rouen, Mittwoch, am 27. des Erntemonds 1063

Es kamen wieder Nachrichten aus dem Feldlager, doch dieses Mal schrieb Wilhelm an Roger Beaumont. Der teilte mir soeben mit, daß der spanische König Ramiro von Aragonien von den Mohren ermordet worden sei. Ein Schrei der Empörung gehe durch die ganze Christenheit. Man stelle in vielen Ländern Heere von Freiwilligen auf, welche gegen die Mohren zu Felde ziehen sollen. Der Herzog habe Wilhelm Crispin Erlaubnis gegeben, an der Spitze eines Regiments gegen Spanien zu ziehen. Er hat sich damals in Mortemer als einer der besten Krieger bewährt. Der Herzog von Aquitanien will den gesamten Feldzug anführen und sammelt überall Landsknechte und Reiter. Allenthalben in der Welt gibt es zur Zeit Krieg und Mord. Ich bin heute sehr gedrückter Stimmung.

Rouen, Mittwoch, am 3. des Herbstmonds 1063

Robert wird nun bald seine große Reise antreten. Ralf Tesson brachte mir eine Botschaft von Wilhelm, in der er schreibt: „Es währt mir alles zu lange, und es ist eine harte Geduldsprobe. Da ich selbst noch nicht kommen kann, soll einiges nicht länger aufgeschoben werden." Dann erklärte er mir, daß Robert zunächst zu seinem Oheim Robert nach Mortain geschickt werden solle. Der werde ihn hauptsächlich in der Weltgeschichte und Waffenführung unterrichten. Später solle er zu Odo nach Bayeux, wo er religiöse Unterweisungen erhalten, seine erste Kommunion empfangen und auch Natur- und Heilkunde lernen solle. Später werde er ihn noch nach Tours reisen lassen, wo er im Lateinischen und in anderen Sprachen unterwiesen werden solle. „Zum Barbaratag darf er heimkehren und bis zum Anfang des neuen Jahres bleiben", schrieb er zum Schluß. So wird Robert nun gar nicht hier sein, wenn sein neues Geschwisterkind geboren wird. Ach, ist mein Ältester wirklich schon so groß, daß er ohne Mutter leben muß?

Rouen, Dienstag, am 9. des Herbstmonds 1063

Ich habe dieses Mal vor der Geburt meines Kindes gar keine Schonzeit. Da Wilhelm fort ist, wird manches an mich herangetragen, und ich kann es nicht vermeiden, Entscheidungen zu treffen. Ralf Tesson sagt, die Festung von Mayenne sei fürwahr „uneinnehmbar". Der Herzog habe zwar einige Geiseln, meint aber, daß Gottfried diese eher opfern als sich ergeben würde. Daher wolle er sie nicht unnötig verstümmeln lassen. Trotz allem sei er guter Stimmung und sorge dafür, daß die Ritter und Krieger Abwechslung hätten. Er hielte sie streng in Zucht und ließe täglich eine Andacht halten. Die Bürger von Mayenne spazierten oft aus den Stadttoren heraus und sprächen zu den Belagerern, denn niemandem von jenen werde auch nur ein Haar gekrümmt. Ferner erzählte er einiges von Gersendis, der Muhme Herberts, welche den Grafen von Chartres – ihren ersten Gemahl – verlassen habe und nun mit dem Grafen Azzo d'Este vermählt sei. Es scheine aber auch mit ihrer zweiten

Ehe nicht gutzugehen, denn sie sei eine sehr kühne Frau und habe, seit sie einem Sohn das Leben geschenkt, Ambitionen auf Maine.

Später

Ich bin die letzten Tage sehr müde gewesen, denn ich mußte mit einigen der Magnaten sprechen und auch einer Gerichtssitzung beiwohnen. Das war mir gar nicht recht, denn ich bin jetzt schon ziemlich unförmig und bewege mich sehr langsam. Eine innere Angst ist in mir, daß Wilhelm zur Geburt meines Kindes nicht zurück sein könnte. Es ist bis dahin ja nur noch ein Monat. Soeben, als ich mich allein glaubte, gab ich einen tiefen Seufzer von mir – und erst danach bemerkte ich Richard, der mit einigen blanken Kastanien spielte. „Warum bist du so traurig, Mamà?" fragte er mitfühlend. „Der Vater fehlt mir, Richard", sagte ich, „der könnte mir jetzt so gut helfen." Da kam er auf mich zu, schlang seine kleinen Arme um meine Knie und sagte: „Dann helf *ich* dir jetzt, wo der Vater nicht da ist; ich bin jetzt schon groß. Vater sagt immer, ich bin ein großer Bub." All meine Sorgen waren verflogen, als ich meinen Sohn ansah, dessen schwarze Augen so zuversichtlich zu mir aufblickten. Was für liebe Kinder wir haben! Heute morgen weckten mich schon früh einige erregte Vogelstimmen, und als ich die Augen öffnete, sah ich Cäcilie auf mich zukommen. Sie trug eine rote Rose in der Hand, die sie schnell auf dem Rücken versteckte, als sie mich wach sah. „Was bringst du mir da?" fragte ich erstaunt. „Bist du der kleine Kobold, der mir jeden Morgen eine Rose neben das Bett legt?" Sie wußte nun, daß sie ertappt worden war, kam auf mich zu und fächelte die süß duftende Rose vor meinem Gesicht hin und her. Dann gab sie mir einen Kuß. „Papà hat gesagt, ich soll dir mal welche bringen, weil er jetzt nicht da ist." Dies hat mich noch mehr erfreut als ein Brief von ihm. Ich war tief bewegt zu hören, daß er dem Kinde diesen Auftrag gegeben hat. Wie oft, wenn er von seinem Frühritt zurückkehrte, hat er mich damit aufgeweckt, daß er eine feuchtkühle Blume an meine Wange legte, die er irgendwo unterwegs gepflückt hatte! Ich fühlte meine Sehnsucht nach ihm immer stärker werden und betete zur Muttergottes: „Schicke ihn mir wenigstens für ein paar Tage zurück, ehe mein Kindlein zur Welt kommt!"

Rouen, Mittwoch, am 10. des Herbstmonds 1063

Heute gab es unerwartet freudige Nachrichten. Die Festung von Mayenne hat sich ergeben – aber *wie* das geschehen ist, klingt wie ein Märchen. Und wieder war es Hugo von Avranches, der ein Meisterstück vollbracht hat. Er kehrte heute mit der Siegesnachricht zurück und sagte, der Herzog habe ihn gesandt, damit er uns das Geschehene in allen Einzelheiten beschreibe. Er bestätigte uns erneut, daß man die Festung nicht hätte stürmen können. Weder Fußsoldaten noch Pfeile, noch Steinkugeln, noch Sturmleiter, noch Mauerbrecher, noch Schleuder, noch Wurfspieße hätten gegen die festen Mauern etwas ausrichten können. Und die Garnison sowie die Einwohner der Stadt, die dies wußten, waren entschlossen, Widerstand zu leisten. So begann die Belagerung. „Wir machten es uns während des schönen Sommerwetters auf den Wiesen und unter schattigen Bäumen bequem", begann Hugo seinen Bericht, während Muriel, die seit einiger Zeit hier ist, ihr Töchterlein auf dem Schoß hielt und mit leuchtenden Augen zuhörte. „Es gab nicht viel für uns zu tun – bis auf tägliche Gefechtsübungen, kurze Ausritte, um Wild zu erbeuten, und Gebetsversammlungen, die mir viel zu lange dauerten. In der Zwischenzeit hatte ich mich mit mehreren Kindern angefreundet, die an den Abhängen spielten und bald zutraulich wurden; denn wir ließen sie gewähren und trieben oft unseren Scherz mit ihnen. Unter ihnen waren zwei Brüder, die besonders gern zu mir kamen. Sie sagten mir eines Tages, ihr Vater, einer der Büttel, sei ganz dagegen, daß man die Festung weiter verteidige, denn dann gäbe es wieder eine schlimme Hungersnot im Winter – wie damals in Le Mans. Andere Kinder wiederum sagten, ihre Väter wollten die Burg bis zum letzten in ihren Händen halten. Ich habe ihnen sehr grausig ausgemalt, wie das Aushungern sein werde – wie herrlich sie es aber haben würden, wenn bald Friede einträte. Allmählich begannen mir die Kinder mehr über die Burg zu erzählen, und dabei erfuhr ich, daß die Gebäude im inneren Burghof zumeist aus Holz gebaut waren – als da sind der innere Zwinger, der Saalbau, das Brunnenhaus, die Burgschenke, die Backstube und der Pferdestall mit anliegender Scheune. Es habe einmal ein Feuer in der Scheune gegeben, sagte einer der Knaben, doch da es am Tage geschehen sei, habe man es gleich entdeckt und löschen können. Stolz erzählte er, daß er in der Eimerkette gestanden habe, ‚wie ein richtiger Mann'." Hugo machte eine kleine Pause, trank einen Schluck Wein, und fuhr dann fort: „Seitdem ging mir der Gedanke nicht aus dem Kopf, man müsse die Burg von innen her anzünden, und zwar des Nachts, damit das Feuer sich schon weit ausgebreitet habe, ehe die meisten Bewohner es merkten. Ich stellte mir vor, welche Panik ausbrechen würde, wie man die Burgtore öffnen müßte, um Hilfe herbeizurufen, denn bei einem großen Brand muß die ganze Stadt auf den Beinen sein, um Wasser herbeizuschleppen. Das wäre der geeignete Augenblick, die Burg zu erobern. Doch wie hineingelangen?" Wir hörten alle mit solch angespannter Aufmerksamkeit zu, daß wir fast zu atmen vergaßen. „Schließlich", sagte Hugo, „sprach ich mit den beiden Brüdern, deren Vater keine Verteidigung wollte. Ich sagte ihnen, sie könnten uns helfen, den Krieg und die Belagerung ganz schnell zu beenden – ob sie das wollten. Es wäre etwas Abenteuerliches, und sie sollten einen guten Lohn vom Herzog haben. Sie könnten später ins herzogliche Heer und vom Herzog selbst zum Ritter geschlagen werden. Ich versprach ihnen all dies und noch mehr mit Handschlag, und sie willigten daraufhin ein, die Scheune und zwei andere Gebäude in Brand zu setzen. Ich erklärte ihnen, daß sie es nachts tun müßten, wenn alle schliefen; und sobald es schön hell brenne, sollten sie ‚Feuer!' rufen. Die Normannen würden dann sogleich hineinstürzen, die Burg erobern und beim Löschen helfen, und der Krieg würde zu Ende sein. Ich gab den Kindern Feuerschwamm mit und zeigte ihnen, wie sie es machen müßten. Sie übten es ein paarmal mit trockenem Stroh, bis sie es gut konnten. Erst nach dieser Abmachung mit den Kindern erzählte ich alles dem Herzog, der mich bei den Schultern packte und sagte: ‚Ihr seid ein Teufelskerl, Hugo!' Dann wurde das Heer in aller Eile benachrichtigt und in Stellung gebracht. Gegen zwei Uhr morgens sahen wir Rauchschwaden aufsteigen und hörten bald großes Geschrei und Getöse. Die Zugbrücke wurde heruntergelassen, Menschen eilten laut rufend heraus, und wir stürmten hinein und nahmen sie alle gefangen. Nun ist Gottfried in unseren Händen, und der Krieg in Maine ist aus!" Wir taten alle einen tiefen Atemzug; dann fragte ich, wann der Herzog heimkehren werde. „In spätestens zwei Wochen", sagte Hugo. Niemand ist seliger als ich.

Rouen, Dienstag, am 23. des Herbstmonds 1063

Wilhelm ist zurück und sagte, als er mich in die Arme schloß: „Es scheint, ich bin noch zur Zeit gekommen. Doch reichen meine Arme kaum noch um dich herum." Später beim Festessen erzählte er uns etwas über St. Julian, einen Heiligen von Le Mans, welcher der erste Bischof der Stadt gewesen war. Als der zuerst von Rom nach Le Mans kam, um die Kelten zu bekehren, ließ man ihn nicht in die Stadt hinein. So predigte er draußen vor den Toren. Dann hörte er, daß die Stadt unter Wassermangel leide und ließ vor den Augen der erstaunten Menge einen Quell entspringen, indem er seinen Stab in den Boden bohrte. Als dieses Wunder bekannt wurde, öffneten sich ihm alle Türen, und er wurde im Triumph empfangen. Der größere Teil des Palastes wurde ihm übergeben, und daraus machte er die erste Kathedrale von Le Mans, die heute noch dasteht.

Ich zog mich schon früher zurück, denn ich wurde auf einmal sehr müde. Wilhelm sah mich fragend an, als ich aufstand, und hielt eine Weile meine Hand fest. „Ich kann nicht mehr in diesem Stuhl sitzen", flüsterte ich ihm zu, „auch tut mir der Rücken so weh." Da flüsterte er zurück: „Morgen machen wir eine Bootsfahrt." Ich erschrak ein wenig, freue mich aber doch darauf. Ich habe meine Übungen ganz vernachlässigt.

Rouen, Mittwoch, am 24. des Herbstmonds 1063

Das Rudern hat mich sehr angestrengt, und ich bin danach mitten am Tag eingeschlafen. Wilhelm hat mir später die Glieder und den Rücken gerieben, und das hat mir wohlgetan. Dabei erzählte er mir einiges von seinen Plänen. „Du bist die erste, der ich es sage", begann er, „und ich will wissen, was du dazu meinst." Ich war nun begierig, mehr zu hören. „Gottfried von Mayenne ist jetzt unser Gefangener und sitzt im Turm von Le Malpalu." – „Was wirst du mit ihm tun?" fragte ich. „Das kommt auf ihn an", meinte Wilhelm. „Wenn er mir wieder Vasallentreue schwört, soll er Mayenne behalten." – „Er hat den Treueschwur aber schon zweimal gebrochen, Wilhelm!" – „Ja", sagte er, „und beim dritten Mal gibt es keine Nachsicht mehr." – „Solltest du ihn nicht lieber des Landes verweisen?" fragte ich. „Wenn er meine dargebotene Hand ausschlägt, ja", sagte Wilhelm. „Doch er ist ein tapferer Streiter – einer, den ich gern für mich gewönne." Er blickte längere Zeit nachdenklich vor sich hin. „Was wolltest du mir sagen, Wilhelm, das du noch niemand anderem gesagt hast?" Er nahm meine Hand und drehte an dem Ring, der seiner Mutter gehört hatte. Dann sagte er: „Anjou hat seit jeher Anspruch auf Maine erhoben, ebenso wie die Normandie. Der junge Gottfried von Anjou hat sich in diesem entscheidenden Endkampf ruhig verhalten und mir dadurch geholfen. Ich will ihm anbieten, die Lehnsherrschaft über Maine zu übernehmen, was Gottfried von Mayenne leichter schlucken wird. Anjou muß mir dafür versprechen, Robert als Grafen von Maine anzuerkennen. Dies scheint mir die beste Lösung – was meinst du?" Ich war zuerst sprachlos; dann sagte ich: „Das ist etwas, was sich Lanfranc ausgedacht haben könnte." Wilhelm lächelte. „Ich bin sein gelehriger Schüler. Oft denken wir beide dasselbe und wissen nachher nicht mehr, wem es zuerst eingefallen ist." Ich sah ihn eine Weile bewundernd an und bemerkte, wie schon so oft, einen plötzlichen Ausdruckswechsel in seinem Blick. Er schaute wie ein Adler weit in die Ferne, als sähe er Dinge, die anderen noch verborgen sind. „Ich meine", sagte ich da, „daß dieser Plan vorzüglich ist und den Frieden sichern wird." Er drückte meine Hände und erwiderte: „Wenn meine Mitregentin einverstanden ist, will ich es der Curia unterbreiten." Wieviel schöner ist es doch, den Frieden als den Krieg zu planen!

Rouen, Montag, am 29. des Herbstmonds 1063

Man denke sich nur: Arnold von Echauffour ist aus Italien zurückgekehrt! Er hat den Mut gehabt, vor seinen Herzog zu treten und ihn darum zu bitten, wieder in seinen Dienst aufgenommen zu werden. Dabei überreichte er Wilhelm einen kostbaren Mantel, den er aus Kalabrien mitgebracht hatte. Mit ihm ist noch ein anderer Verwandter, Robert fitzGiroye, heimgekehrt, der jetzt Mönch werden will. Das Kloster in Marmoutier wird ihn aufnehmen. Dieser Robert fitzGiroye hat Wilhelm eindringlich gebeten, seinen Verwandten – Robert von Grandmesnil – wieder als Abt in St. Evroul einzusetzen; der Papst fordere es, sagte er. Doch Wilhelm bleibt fest und läßt Osbern im Amt. „Was ich entschieden habe, das mache ich nicht rückgängig." Diese Feindseligkeiten zwischen den Adelsfamilien erschweren die Zusammenarbeit der Magnaten sehr. Roger und Mabille sind aufgebracht über die Echauffours, denn sie fürchten, daß Wilhelm dem Arnold seine Burg wiedergeben wird, die vorläufig von Roger mitverwaltet wird und die dieser schon als sein Eigentum betrachtet hatte. „Wenn ich Arnold wieder aufnehme", sagte Wilhelm mir später, „kann ich es Roger nicht antun, Grandmesnil zurückzuholen. Außerdem ist dieser kein vorbildlicher Abt." – „Wilhelm", sagte ich, „das Leben ist ein großes Schachspiel. Man muß sich jeden Zug gut überlegen, wenn man Sieger bleiben will." Da sah er mich nachdenklich an und meinte: „Es ist ein Spiel zwischen dem König des Lichts und dem Fürst der Finsternis. Im Leben gibt es Überläufer, die mal dem einen und mal dem anderen König dienen. Im Schachspiel jedoch bleibt jeder auf seinem eigenen Feld; da weiß man, woran man ist." – „Dennoch ist es gut, Wilhelm, wenn solche, die dem Fürst der Finsternis gedient haben, zum König des Lichts überlaufen!" – „Gewiß", sagte er. „Und jeder Mensch hat die freie Wahl, sich an die göttlichen Spielregeln zu halten oder sie zu mißachten." Der „große Philosoph" hat mir wieder einiges zu denken aufgegeben.

Rouen, Montag, am 6. des Weinmonds 1063

Während der letzten Tage habe ich Wilhelm wenig gesehen; alles rüstet sich auf das große Kirchenkonzil, das heute in Rouen unter der Leitung von Maurilius beginnt. Wilhelm ist bei jedem dieser Konzile zugegen, weil er sich nicht gern auf Berichte aus zweiter Hand verläßt. Auch behält er sich das Recht vor, alle Entscheidungen zu bestätigen oder zu widerrufen.

Es dauert jetzt nur noch Tage, bis mein Kindlein das Licht der Welt erblicken wird. Richard stellte heute eine kluge Frage an mich: „Wie kriegt das kleine Kind denn Luft, wenn es ganz in dir drin ist?" – „Ich atme für es mit", sagte ich. Damit schien er zufrieden zu sein. Doch ich selbst denke nun darüber nach. Wie kommt die Luft, die ich atme, in die Lunge des Kindes?

Später

Ich habe Wilhelm deswegen gefragt, und er sagte, die Lunge des Kindes sei noch nicht geöffnet. Das geschähe erst nach der Geburt und täte dem Kind immer weh, darum schreie es zuerst. Vorher aber werde es durch das Blut der Mutter und die Luft, die sie einatme, ernährt. Ist es nicht erstaunlich, wenn man sieht, wie weise Gott alles eingerichtet hat?

Es ist jetzt mit den beiden Gottfrieds vereinbart worden, daß sie sich am 15. des Weinmonds in Le Mans mit Wilhelm treffen, um den Friedensvertrag abzuschließen. Gottfried von Mayenne hat sich bereits wieder als Wilhelms Untertan erklärt. Dann wird auch das übrige nach Wunsch verlaufen.

Rouen, Donnerstag, am 9. des Weinmonds 1063

Ich hätte gedacht, daß unser Kind bis heute schon geboren worden sein müßte, aber es rührt sich noch gar nicht. Jetzt habe ich Angst, es könne sich so sehr verspäten, daß Wilhelm schon wieder aufbrechen muß. Er kann oder will den Termin nicht aufschieben. Lanfranc hat gesagt, es sei ein besonders günstiger Tag. So jedenfalls behauptet es ein weiser Sterndeuter aus Le Bec, der öfter zu Rate gezogen wird. Es ist schon alles vorbereitet, und Clothilde streut jeden Abend Labkraut in mein Bett, das manchmal nachts an meinen Rücken oder meine Beine scheuert. Ich dulde es aber, weil ich heimlich hoffe, daß es die Geburt beschleunigen wird. Bin ich selbst schon dem Aberglauben verfallen? In der Not klammert sich der Mensch an jeden Strohhalm.

Rouen, Freitag, am 10. des Weinmonds 1063

Noch immer stellen sich keine Wehen ein, und Adelaide neckt mich öfter, indem sie sagt: „Bei dir geht das Kind wieder zurück!" Was tue ich nur, wenn Wilhelm nicht hier sein sollte? Ich kann mir dies gar nicht vorstellen, und ohne ihn hätte ich Angst. Er war bisher immer dabei; kann er nicht die Verhandlungen ein paar Tage hinausschieben? Er scheint nicht weiter bekümmert, doch ich muß mich nun nach einer weisen Frau umsehen. Obgleich Barbara schon vieles weiß, kann sie sich nicht mit einer erfahrenen Wehmutter messen. Am 13. muß Wilhelm aufbrechen, und bis dahin sind es nur noch drei Tage!

Rouen, Samstag, am 11. des Weinmonds 1063

Das Kloster St. Etienne zu Caen braucht einen neuen Abt, und Wilhelm hat entschieden, daß Lanfranc dieses Amt bekleiden soll. Das freut mich sehr, aber es wird nicht leicht sein, Lanfranc zu überzeugen. Bisher hat er jedes höhere Amt abgelehnt. Wilhelm plant, nach seiner Rückkehr aus Le Mans über Le Bec zu reisen, um persönlich mit dem Prior zu sprechen. In zwei Tagen muß er aufbrechen, und mir geht es gar nicht gut. Vorige Nacht bin ich aus einem Alptraum aufgeschreckt. Es war etwas ganz Furchtbares: Das Kind hatte sich in der Nabelschnur verwickelt, und die weise Frau konnte es nicht lösen. Wie nur kommt es, daß es sich derart verspätet? Haben wir uns so sehr verrechnet, oder ist vielleicht etwas nicht so, wie es sein sollte? Nichts kann mir jetzt helfen, als täglich verzweifelt zur Muttergottes zu beten.

Rouen, Dienstag, am 14. des Weinmonds 1063

Ich sitze in meinem Bett und schreibe auf einem kleinen Brett. Neben mir in der Wiege schlummert mein Kindlein, und alle Schrecken der letzten Tage sind vergessen. Ich will nun beschreiben, wie alles zugegangen ist.

Am Sonntag, dem letzten Tag, an dem Wilhelm hier war, kam er nach seinem Morgenritt an mein Bett. Ich war schon wach und sagte ihm: „Wilhelm, ich bekomme heute gar keine Luft, was ist nur mit mir?" Er setzte sich zu mir, beugte sich leicht über mich und faßte meine Schultern. Nach einer Weile sagte er: „Du bist vor Angst angespannt wie ein Bogen. Deshalb bekommst du keine Luft. Wovor fürchtest du dich?" Dabei schüttelte er mich leicht. Ich begann zu weinen. „Was soll ich ohne dich machen, Wilhelm, wenn das Kind kommt? Niemand kann mir so helfen wie du!" Er nahm meine Hände und sagte sanft und eindringlich: „Wer ist es, Mathilde, der über uns allen wacht, der uns hilft und uns beschützt? Könnte ich irgend etwas für dich tun, wenn Gott mir nicht dazu verhülfe? Und meinst du nicht, daß Er sich auch eines anderen Werkzeugs bedienen kann, um dir zu helfen? Hast du so wenig Vertrauen?" Ich sah ihn unter einem Schleier von Tränen an, und er wischte mir mit einem Tuch das Naß aus den Augen. Auf einmal wurde ich ruhig. Tapfer sagte ich: „Es wird schon alles gut werden, wenn du in Gedanken bei mir bist." Er nickte und legte seine Hände eine Weile auf meinen Leib. Auf einmal fühlte ich einen heftigen, ziehenden Schmerz, der keinen Zweifel zuließ. „Wilhelm", rief ich laut aus, „jetzt eben beginnt es herauszudrängen!" Und nun ging alles ziemlich schnell. Barbara und Ursula wurden gerufen, unsere Töchter wurden zu Adelaide geschickt, um dort zu warten, und meine alte Héloise betreute die kleinen Buben. Am späten Nachmittag wurde das Kind geboren, und als Wilhelm es hochhielt und sagte: „Dein Wunsch ist in Erfüllung gegangen, Joujou!" wußte ich, daß es ein Mädchen war. Ich habe viel Grund zur Dankbarkeit, weil alles so gut verlaufen ist. Als ich das Kind zum ersten Male im Arm hielt, hatte es seine Äuglein noch fest geschlossen. Das Köpfchen ist kahl und hübsch geformt, und die Fingernägel erstaunlich lang. Die müssen wir ihm bald schneiden! Es scheint ein ruhiges Kind zu sein, schläft die meiste Zeit und saugt mit großem Eifer. Wilhelm hat es nur einen Tag sehen können, dann mußte er fort. Aber ich will nicht klagen; hat der Himmel doch ein Einsehen gehabt und es gerade zur rechten Zeit kommen lassen! Mein kleines Mädchen ist ein Sonntagskind, und das freut mich besonders, weil ich es als gutes Omen betrachte. Da liegt es in der Wiege, die kleinen Fäustchen seitlich an die Schläfen gepreßt, und träumt unschuldig der Zukunft entgegen. Auf dem Tisch neben meinem Bett stehen die weißen Chrysanthemen, die Wilhelm mir gebracht hat, und in einer Schale liegen die ersten Trauben aus St. Wandrille.

Die anderen Kinder durften nicht alle auf einmal kommen, um das Kleine zu sehen; zuerst kamen die Mädchen herein, die sich gar nicht von ihrem Schwesterlein trennen wollten; und später brachte Barbara die beiden Buben. Rufus zappelte ungeduldig und wollte es dauernd anfassen. „Nur ganz leise streicheln", sagte ich, doch er griff gleich heftig zu, so daß das Kind zu weinen anfing. „Nu wein man nich", sagte er, „mach Augen auf!" Wie leid es mir tut, daß Robert nicht hier ist! Ganz gleich, wie viele Kinder ich habe, das eine, das fehlt, kann durch kein anderes ersetzt werden!

Rouen, Freitag, am 17. des Weinmonds 1063

Ich vergaß zu schreiben, daß ich Wilhelm am Morgen, ehe er abreiste, fragte, wie unser Kind heißen solle. Er sah es eine Weile an und sagte dann lächelnd: „Adele!" – „O wie schön, Wilhelm, Mamàs Name!" rief ich bewegt aus. Keinen besseren hätte er ihr geben können. Klein-

Adele hat braune Augen, ein hübsches, rundes Köpfchen, aber noch keine Härchen. Man kann sich nichts Lieberes vorstellen!

Rouen, Freitag, am 24. des Weinmonds 1063

Ich habe eine Woche lang nichts eingeschrieben, denn ich war viel mit meinem jüngsten Kindlein beschäftigt und habe auch wieder damit begonnen, die beiden Mädchen zu unterrichten. Richard lernt jetzt schon Buchstaben schreiben. Die Zahlen kennt er bereits alle.

Es gab heute eine Überraschung für mich, denn Wilhelm kehrte zurück und brachte gute Nachrichten. Der Friedensvertrag ist abgeschlossen, Gottfried von Anjou ist Roberts Lehnsherr, und Wilhelm hat jenem, im Namen seines Sohnes Robert, Untertanen-Treue gelobt. Gottfried von Mayenne hat Robert daraufhin als Grafen von Maine anerkannt und ist freigelassen worden.

Noch etwas Erfreuliches teilte Wilhelm mir mit: Lanfranc hat das Amt des Abtes in Caen angenommen und vorgeschlagen, daß Anselm nun Prior von Le Bec werden solle. Dem hat Wilhelm von ganzem Herzen zugestimmt. Der treue Gundolf soll Lanfranc nach Caen folgen, denn er kann ihm dort gute Dienste leisten, weil er mit Lanfrancs Lehr- und Arbeitsmethoden vertraut ist. Anselm ist, wie Wilhelm mir sagte, betrübt über Gundolfs Fortgehen. Dieser ist im Gehorsam, im regelmäßigen Fasten und Beten ein Vorbild für alle. Oft betet er mit solcher Inbrunst, daß ihm die Tränen aus den Augen stürzen. In den drei Jahren, die er in Le Bec zugebracht hat, ist er Anselm ein guter Freund geworden. Ich kann verstehen, warum Lanfranc sich gerade diesen Mönch ausgesucht hat.

Rouen, Dienstag, am 28. des Weinmonds 1063

Nach all den guten Nachrichten folgte jetzt eine beunruhigende: Der Papst hat Osbern, den Abt von St. Evroul, exkommuniziert und verlangt, daß Grandmesnil wieder an dessen Stelle eingesetzt werde. Grandmesnil besteht jetzt hartnäckig auf seinem Recht. Doch Wilhelm ist dieses Spiels nun leid. Er hat Grandmesnil angedroht, ihn hängen zu lassen, wenn er sich wieder in St. Evroul blicken ließe. Als ich das hörte, wurde es mir angst und bange. Ich fragte Wilhelm heute, ob er von seinem Grundsatz abweichen und wirklich jemanden mit dem Tode bestrafen würde. „Nein", sagte er ruhig. „Wenn man laut genug bellt, braucht man nicht zu beißen." Ich glaube nicht, daß Grandmesnil es darauf ankommen lassen wird. Sorge bereitet mir nur Wilhelms Ungehorsam dem Heiligen Vater gegenüber. Wilhelm aber meint, er habe alles mit Lanfranc besprochen. Da Osbern ein vorzüglicher Abt sei, einer, wie man ihn sich nicht besser wünschen könne, und da der Papst wohl unwissentlich dunklen Machenschaften zum Opfer gefallen sei, solle nichts geändert werden. Man werde dem Heiligen Vater später alles erklären. Grandmesnil habe genug Unheil angerichtet, indem er Thierry vertrieben habe; ähnliches solle nun nicht noch einmal geschehen. Ich bewundere Wilhelms Mut. Er tut immer das, was ihm sein Gewissen befiehlt, und beugt sich dann vor keiner anderen Macht, nicht einmal vor dem Heiligen Stuhl.

Rouen, Donnerstag, am 30. des Weinmonds 1063

Ich fühle mich jetzt, nach der Geburt des Kindes, so leicht wie eine Feder und bin schon wieder ganz bei Kräften. Heute ging ich mit Adelaide durch den Herzogsgarten, den Schloßpark und Obstgarten und habe die frische Herbstluft genossen. Das Laub erfreute unser Auge, und wenn die Sonne ab und zu durch die Wolken schien, leuchtete es wie Bronze. Wir beobachteten einen Finken, der auf dem obersten Ast einer Buche saß und stolz in die Höhe schaute. Wie ein kleiner König thronte er da. Was er wohl fühlen mag, wenn er so von oben auf die Welt herabblickt?

Als ich danach wieder in meinen Räumen war und mir gerade Adele zum Stillen bringen lassen wollte, hörte ich großen Lärm aus dem Kinderzimmer. Ich blickte hinein und sah, wie sich Richard und Rufus auf dem Fell am Boden balgten. Es schien, daß Rufus etwas nicht hergeben wollte, was Richard ihm gewaltsam entriß. Daraufhin begann Rufus arg an Richards Haaren zu zerren, was diesen empört aufschreien ließ. Cäcilie beklagte sich, daß sie bei dem Lärm nicht auf ihrer Laute üben könne, während Agathe aufsprang und sich vor die beiden Buben hinstellte: „Schämen solltet ihr euch, ihr Bösewichter! Wollt ihr euch sogleich wieder liebhaben?“ Doch erst Barbaras Dazwischentreten brachte die Kampfhähne auseinander. Ich holte Klein-Adele aus dem Körbchen und rief den Buben zu: „Euch schlimmen Kindern erzähle ich vorläufig keine Geschichten mehr.“ Das ist nämlich eine der schwersten Strafen für sie. Während ich Adele die Brust gab, kam ich zu dem Schluß, daß das Kinderzimmer zu voll sei. Die beiden größeren passen nicht mehr zu den kleineren. Ich muß Wilhelm nachher einmal fragen, ob wir die Töchter jetzt nicht ins Mädchenzimmer ziehen lassen sollen. Auf einmal stand Richard vor mir und hielt mir tränenden Auges ein Tonpferd hin. Es war das größte, das er hatte und auf das er sehr stolz war. „Sieh mal, Mamà, was Rufus damit gemacht hat – der ganze Schwanz ist ausgerissen!“ Ich sah mir das Tier an, von dessen Schwanz nur noch ein paar kümmerliche Haare übriggeblieben waren. „Und ganz zerkratzt hat er es auch!“ fuhr Richard heulend fort. Mir tat das Kind herzlich leid, denn es geht immer sehr sorgfältig mit seinem Spielzeug um. „Wir wollen sehen, daß wir ein neues für dich bekommen“, sagte ich, um ihn zu trösten. Doch er schluchzte: „Das ist dann aber nicht dasselbe. Dies ist doch mein Bucephus!“ So ein kleiner Bub hängt genauso an seinem Spieltier wie wir Großen an unserem lebendigen Pferd. Ich nahm ihn in den Arm und sagte: „Ich weiß, was wir tun! Wir geben es dem jungen Schreinergesellen, der ihm bestimmt einen neuen Schwanz machen kann; und er wird auch die Kratzer übermalen, so daß dein Pferdchen ein schönes, glänzendes Fell bekommt." – „Dann nimmst du es jetzt weg?" – „Nur für eine Weile, Schatz; es muß jetzt ins Spital, und wenn es wieder gesund ist, kommt es zurück."

Später

Wilhelm sagte mir soeben, daß Roger und Mabille mit bitteren Gefühlen abgereist seien. Sie müssen jetzt ihr Schloß von Echauffour wieder an Arnold zurückgeben, und ich kann mir denken, daß Mabille vor Haß ganz krank ist. Roger hat es dann immer schwer mit ihr.

Die Mädchen werden nun aus dem Kinderzimmer ausziehen – Wilhelm hat dem zugestimmt –, und ich will es ihnen gleich morgen sagen. Die Betbank, die seit Margaretes Tod im Kinderzimmer steht, dürfen sie mitnehmen.

Rouen, Sonntag, am 2. des Nebelmonds 1063

Heute am Allerseelentag gedenke ich meiner lieben Mamà und Margaretens. Vor einem Jahr lebten sie beide noch, und ich hatte mein Jüngstes noch nicht einmal empfangen. Was alles innerhalb eines Jahres geschehen kann! Und was mag sich bis zum nächsten Allerseelentag ereignet haben? Wenn ich meine kleine Adele im Arm halte, denke ich: „Möge sie meiner lieben Mamà ähnlich werden!" Sie bekommt jetzt dunkle Härchen und schaut mich oft lange und ernst an. Wie bei manchen meiner anderen Kinder, als sie noch so klein waren, denke ich auch bei ihr: „Es sind die Augen eines alten Menschen."

Robert von Grandmesnil ist inzwischen nach Kalabrien aufgebrochen, wo er ein Amt als Abt zu erhalten hofft. Elf Mönche hat er mitgenommen. Sein Vetter Robert fitzGiroye, der jetzt Mönch in Marmoutier ist, soll ein Sterndeuter und Zauberer sein. Er ist auch sehr in der Heilkunde bewandert. Ich habe nie ein gutes Gefühl, wenn ich an diese Sippe denke.

Später

Ein Kurier brachte soeben ein Brieflein für mich und Wilhelm – denn es stand auf der Rolle: „An den Herzog und die Herzogin in Rouen von ihrem Sohn Robert." Gerührt brach ich den Brief auf und las: „Lieber Vater und Mutter! Ich bin schon lange weg, wie geht es Euch? Die Präzeptoren reden sehr viel, und ich behalte nicht alles. Oheim Robert ist immer viel weg, und dann bin ich allein. Gut, daß Kasimir mitgekommen ist, das ist wenigstens einer, den ich kenne. Können Robbi und Roger nicht auch herkommen? Wenn der Oheim mit mir ausreitet, ist das immer fein. Ich kann schon fechten. Nur wenn es regnet, ist es nicht schön. Gestern kamen wir ganz naß zurück. Das Pferd hat mich gern. Die Burg hier ist nicht so schön wie die in Flandern, aber der Hund vom Oheim ist viel schöner. Der heißt Makko und ist mein Freund. Deshalb wedelt er immer mit dem Schwanz, wenn ich komme. Ich hab schon drei Silbergroschen bekommen, wofür ich mir was kaufen kann, weil ich so gut geschossen habe. Bald reiten wir nach Bayeux. Ich brauche mehr warme Kleider, sagt der Oheim, dort ist es kälter. Schickt mir welche. Kann Richard schon lesen? – Euer Sohn Robert." Der dritte Buchstabe seines Namens hatte einen Tintenklecks, der sich wie ein Wimpel über das ganze Wort erstreckte. Darunter hatte er noch geschrieben: „Ich will bald meine neue Schwester sehen! Hier sind gar keine Kinder, weil der Oheim noch keine Frau hat." Ich habe jetzt solche Sehnsucht nach meinem Ältesten, daß ich kaum bis zum nächsten Monat warten kann, wenn er zurückkommen soll.

Rouen, Mittwoch, am 12. des Nebelmonds 1063

Es ist sehr unfreundlich draußen – der Regen klatscht gegen die Scheiben, und man spürt den Wind draußen im Gang so stark, daß die kalte Luft über die trennende Mauer hinweg ins Zimmer weht. Ich werde heute trotz des hellen Feuers gar nicht warm. Meine beiden Mädchen freuen sich sehr über ihr neues Zimmer. „Jetzt haben wir ein ganz anderes Leben", sagte Agathe, indem sie mich strahlend ansah. „Nun bringt uns keiner mehr alles durcheinander, und wir können so schön Musik machen und sticken und abends zusammen beten." Barbara schafft es kaum noch mit allen Kindern. Ich will den Mädchen eine Kammerjungfer besorgen, die sie auch in manchem unterweisen kann. Dabei habe ich die Tochter eines unserer Aldermänner im Auge, die Odilie heißt. Ich habe sie ein paarmal gesehen, und sie gefällt mir. Sie ist noch nicht versprochen, und man sagt, sie sei ein sehr kluges und geschicktes Mädchen. Wilhelm soll sie sich bald einmal ansehen.

Richard ist jetzt sehr lerneifrig, sitzt stundenlang bei Adelaide, besieht Bücher und läßt sich alles von ihr erklären. Rufus darf man keinen Augenblick lang allein lassen. Als er gestern seine Milch nicht austrinken wollte, hat Barbara ihm den Becher ins Kinderzimmer auf eine Bank gestellt, damit er ihn nach und nach leeren konnte. Da ist er auf die Bank geklettert und hat in einem Augenblick, da Barbara ihm den Rükken kehrte, den Becher hochgenommen und Klein-Adele in die Wiege gereicht. Dabei hat es natürlich ein Malheur gegeben, und das Kleine war danach in Milch gebadet. „Soll das doch austinken!" empörte er sich, als er gescholten wurde.

Wilhelm hat Arnold von Echauffour freie Reise durch die Normandie gewährt und will ihm nun endgültig sein Erbteil zurückgeben. Er hat Arnold gesagt, daß der Baron von Montgommeri es bereits wisse; er könne sich also auf den Weg machen. Zum Schutz und Geleit gab er ihm Rogers Bruder Gilbert mit. Als dieser sich von uns verabschiedete und strahlend zu Wilhelm sagte: „Zum Weihnachtsfest bin ich wieder hier, Sire, und hoffe, Euch nach Lillebonne begleiten zu dürfen", hatte ich auf einmal ein wehes Gefühl. Warum sehe ich ihn so ungern ziehen? Er beträgt sich, weiß Gott, nicht immer, wie er sollte; dennoch muß man ihn gern haben, weil er sich mit seinem sonnigen Wesen in alle Herzen stiehlt. Wie Mabille sich wohl verhalten wird, wenn Arnold in

Echauffour eintrifft, um die Burg wieder in Besitz zu nehmen? Es sollen jetzt Einzelheiten wegen der Übergabe zwischen ihnen besprochen werden.

Rouen, Dienstag, am 25. des Nebelmonds 1063

Ich habe einige Zeit nichts eingeschrieben, denn ich hatte viele Briefe zu versenden. In der Bretagne gibt es wieder Unruhen durch Conan, in Caen gibt es manches wegen meiner Abtei zu regeln, mehrere Armenhäuser in verschiedenen Städten sind nun bald fertiggebaut, und ich muß mich um die Einrichtungen kümmern. Etwas enttäuscht sagte ich zu Wilhelm: „Du hast mir dieses Mal kaum Schonzeit gegönnt." Er sah mich erstaunt an: „Hast du mir deine Hilfe nicht selbst angeboten? Ich habe dir nichts auferlegt." – „Du hättest meine Hilfe aber nicht anzunehmen brauchen", neckte ich ihn. „Ich sollte die Hilfe meiner Mitregentin ausschlagen? Bei Gottes Herrlichkeit, da müßte ich ja von Sinnen sein!" Ich lehnte den Kopf gegen ihn und stieß einen kleinen Seufzer aus. „Was willst du von mir, Mahaut?" fragte er. „Eine Woche lang einmal nichts tun und nur bei den Kindern sein." – „Das steht dir bis zum Ende des Jahres frei." – „Wenn ich aber sehe, was es alles zu schaffen und zu entscheiden gibt, dann will ich auch mithelfen." – „Ich stehe dir dabei nicht im Wege." – „Ein guter Ehemann täte das aber!" Da griff er in mein Haar und zog meinen Kopf hin und her. „Als der Herrgott das Weib erschuf", sagte er, „muß Seine Hand stark gezittert haben, darum ist Ihm das Werk nicht ganz gelungen." – „Ich weiß auch, warum sie gezittert hat", erwiderte ich schnell. „Nun?" – „Weil Er sah, wie sehr Ihm bereits der Mann mißlungen war..." Zur Strafe für meine Worte wurde mir von ihm der Mund verschlossen, und als seine Lippen mich wieder freigaben, war ich mit Gott und der Welt ausgesöhnt.

Später

Wie ich soeben hörte, ist Arnold von Echauffour zurück und hat sich bei Wilhelm ankündigen lassen. Ich bin begierig zu erfahren, wie die Verhandlungen mit den Montgommeris verlaufen sind und ob Arnold nun in seine Burg zurückkehren kann. Es schneit draußen, wie Clothilde mir sagte; darüber werden sich die Kinder freuen. Wenn es die ganze Nacht hindurch schneit, dann... Wilhelm läßt mich soeben rufen, ich schreibe morgen weiter.

Rouen, Mittwoch, am 26. des Nebelmonds 1063

Die schrecklichen Nachrichten hören dieses Jahr gar nicht auf. Als ich gestern in den kleinen Audienzsaal trat, erhob sich Arnold von seinem Schemel und kniete vor mir nieder. Er war ziemlich erregt und noch zerzaust und bespritzt, als sei er in aller Eile hergeritten. „Erzählt es nun noch einmal ausführlicher, Arnold", forderte Wilhelm ihn auf, „damit die Herzogin und ich es zusammen erfahren." Arnold berichtete daraufhin folgendes: Als er und Gilbert in den äußeren Schloßhof von Echauffour eingeritten waren, habe man sie in den Innenhof gebeten und so freundlich begrüßt, daß es ihm befremdend erschienen wäre. „Ich wußte, daß ich dort nicht gern gesehen werde", sagte er, „und einer meiner Freunde hatte mich vorher gewarnt. Als man uns daher sogleich Wein anbot, trank ich keinen davon. ‚Es ist guter Burgunder, Sire', sagte ein junger Ritter, den ich nicht kannte, und reichte mir nochmals den Becher hin. Doch ich gab vor, keine Lust auf Wein zu haben. Da rief Gilbert: ‚Was ist mit Euch, Freund? Dann will wenigstens ich den Willkommenstrunk genießen!' Damit nahm er dem Ritter den Becher aus der Hand und trank ihn auf einen Zug aus. Dann ritt er weiter, denn er mußte noch am selben Tag nach Rémalard, wo er einiges zu regeln hatte. Ich wurde nach oben geführt, wo Sire Roger und seine Gemahlin mich erwarteten. Roger sah leicht verbittert aus, doch Madame Mabille begrüßte mich äußerst liebevoll, was mich verwunderte. Sie ließ mir sogleich ein Stück kalten Hasenbratens bringen, wobei sie sagte, ich sei sicher hungrig nach der langen Reise; doch ich aß nichts und sagte, ich sei zu müde. Da bemerkte der junge Ritter: ‚Nicht einmal den Willkommenstrunk hat er genommen; Gilbert hat den Becher für ihn leeren müssen.' Da sah ich, wie Madame Mabille plötzlich weiß im Gesicht wurde und stammelte: ‚Gilbert hat den Wein getrunken?' – ‚Gewiß', sagte der Ritter, ‚er hat noch nie einen guten Tropfen ausgeschlagen.' – ‚Ich wußte gar nicht, daß Gilbert mitgekommen ist', sagte sie mit heiserer Stimme; ‚wo ist er jetzt?' Sie schien ziemlich erregt, so daß sich auch Sire Roger sehr verwunderte. ‚Er mußte sofort weiter, Madame', erklärte ich ihr, ‚wird jedoch morgen oder übermorgen wieder hier sein, nachdem wir unsere Geschäfte beendet haben, und dann noch einen Tag bleiben, ehe wir zurückkehren.' Sie ging gleich darauf hinaus und kam den ganzen Abend nicht wieder. Ein Diener berichtete dem Herrn Roger, daß es ihr nicht wohl sei.

Nun, um es kurz zu machen: Gilbert starb nach drei Tagen in Rémalard. Wir sahen ihn nie wieder!" Eine Weile herrschte bedrücktes Schweigen, dann sagte Wilhelm: „Dank für den Bericht, Arnold. Laßt uns nun allein." – „Gilbert ist tot?" fragte ich, noch ganz fassungslos. Wilhelm blickte ernst vor sich hin, ohne etwas zu sagen. „Wilhelm", fragte ich da, „kann Mabille so etwas wirklich getan haben?" – „Möglicherweise stellt Arnold, der mit den Montgommeris und den Talvas verfeindet ist, sich dies in seiner überhitzten Phantasie so vor. Wir wollen abwarten, was weitere Nachrichten bringen." Dabei ließ er es bewenden und gebot mir auch, nichts über diesen Vorfall verlauten zu lassen. Es solle nur bekannt gemacht werden, daß Gilbert aus noch ungeklärten Gründen plötzlich gestorben sei. Nun hat der arme Gilbert seinen letzten Ritt und letzten Trunk getan. Mir tut sein plötzlicher Tod sehr weh; und wie erschüttert wird erst Roger darüber sein – und auch Mabille, die ihn ganz besonders gern hatte. Großer Gott, ob Mabille wirklich ihre Hand hier im Spiel hatte? Und wenn ja, welche Ironie des

Schicksals! Ich bin so aufgewühlt von all diesem, daß ich heute gar nichts mit mir anzufangen weiß. Ich habe auch unruhig geschlafen. Gilbert ist mir im Traum erschienen, wie er sein Pferd mitten im Lauf anhalten ließ und sich den Schweiß von der Stirn wischte, obgleich der Schnee um ihn herum niederfiel. Dann blickte er mich flehend an – und danach weiß ich nichts mehr. Es wäre leichter zu ertragen gewesen, wenn er im Krieg auf dem Schlachtfeld gefallen wäre.

Rouen, Mittwoch, am 3. des Christmonds 1063

Man denke sich nur: Arnold hat sein Schloß in Echauffour mit Gewalt zurückerobert, weil ihm die Verhandlungen zu lange dauerten, und hat die herzogliche Garnison ausgetrieben, indem er mitten in der Nacht mit seinen Leuten ein greuliches Geheule anhub. Dann ist er sogar nach St. Evroul geritten, hat die Festung in Brand gesteckt und ist ins Kloster eingedrungen. Der Abt Osbern verteidigte das Kloster, und Arnold griff ihn an. Da hat sich der Kellermeister dazwischengestellt und Arnold angefleht, diese heilige Stätte, die sein eigener Vater gestiftet habe, doch nicht zu entweihen. Daraufhin steckte Arnold sein Schwert in die Scheide, gab ein Almosen und stürzte davon. Jetzt soll er vor das Gericht gestellt werden – doch erst im nächsten Jahr, weil wir bereits in der Weihnachtszeit sind. Bis dahin wird er hier am Hof streng bewacht.

Rouen, Donnerstag, am 4. des Christmonds 1063 – Barbaratag

Heute hat unsere neue Kammerjungfer, die unsere beiden ältesten Töchter versorgen soll, ihren Dienst angetreten. Sie heißt Odilie, und ihre Mutter kommt aus dem Burgundenland. Da sie noch jung ist, soll sie, ehe die Eltern sie vermählen, an unserem Hof einiges lernen und uns gleichzeitig dienen. Das Barbarafest hat ihr sehr gefallen, und sie hat viele Fragen gestellt, auf die Agathe ihr bereitwillig antwortete. Leider ist Rufus heute erkrankt; er hustet sehr, und ich hoffe nur, daß es nicht wieder ein Keuchhusten wird wie damals bei Robert. Wir haben das Kind sofort warm eingewickelt und uns vom Arzt eine Kräutertinktur geben lassen, die erst vor kurzem von einem Heilkundigen erprobt worden ist. Sie soll schon vielen auf wunderbare Weise geholfen haben.

Später

Arnold von Echauffour hat kein sehr einnehmendes Wesen. Ich hörte ihn heute, als ich oben im Gang stand, mit seinem Kammerdiener sprechen, den er in recht derben Worten schalt. Ich hielt diesen Lärm in unserem Schloß, so nahe am Herzogsflügel, für sehr unangebracht und ging zum nächsten Stockwerk hinunter. Da sah ich, wie er mit dem Fuß nach dem Diener stieß und schrie: „Geh jetzt, du Maulaffe, und tu, was ich dir sage!" Der Diener, eine füllige Person, drehte sich geschwind um und lief polternd die Treppen hinab. Ich blieb noch eine Weile stehen und sah plötzlich Mabille daherkommen, die den Vorfall sicher beobachtet hatte, denn sie warf Arnold einen verächtlichen Blick zu. Arnold neigt sehr zum Jähzorn und vergißt sich dann. So war es auch kürzlich, als er die Abtei von St. Evroul überfiel. Nur der mutige Abt hat ihn zur Raison bringen können. Gottlob reist Arnold übermorgen wieder ab. Er darf Verwandte in Chartres besuchen, wird aber von bewaffneten Rittern aus Wilhelms Heer eskortiert.

Rouen, Freitag, am 5. des Christmonds 1063

Heute nach dem Mittagsmahl sah ich, wie Mabille einige freundliche Worte an Roger Gulafre, den Kammerdiener von Arnold, richtete. Ich konnte nicht hören, was sie sagte, sah aber, wie Gulafre lächelte und ihr danach die Hand küßte. Noch merkwürdiger aber ist, was ich soeben gesehen habe. Es war schon spät, und da es Rufus noch nicht gut geht, schickte ich Barbara in den Büchersaal, wo sie nach einem bestimmten Heilkundebuch suchen sollte. Der Husten hat zwar durch die Wundertinktur nachgelassen, aber jetzt kann Rufus nicht mehr sprechen; er ist völlig heiser. Barbara kam sogleich wieder herauf – ohne das Buch und ziemlich erregt. „Denkt Euch nur, Madame“, sagte sie, „wen ich unten im Büchersaal gesehen habe. Da ist die Madame Mabille und bei ihr jener Gulafre, der dem Arnold dient. Sie sitzen in der Nische beim heiligen Georg.“ Ich ging ohne Verzug selbst hinunter und trat durch eine kleine Seitentür ein, die jener Nische schräg gegenüber liegt. Da nur eine Lampe im Saal brannte – dicht bei der Nische, wo sie saßen –, konnte ich nicht gesehen werden. Leider fing ich nur wenige Brocken von ihrem Flüstergespräch auf. Mabille sagte: „Ich biete Euch den Posten des Kellermeisters in Bellême... hohen Lohn... Eure Schulden aus meiner Schatzkammer decken.“ Ich konnte nicht hören, was er erwiderte. Nach einer Weile jedoch drangen hin und wieder einige Worte an mein Ohr: „...jedoch auf Eure Verantwortung... weiß nicht, was es enthält... in gutem Glauben...“ Dies war kein amouröses Geflüster. Ich denke mir, sie will Arnold den Diener abspenstig machen oder ihn aushorchen, um vielleicht auf irgendeine Weise das Schloß von Echauffour wiederzugewinnen. Ich habe ein ungutes Gefühl bei allem.

Rouen, Mittwoch, am 24. des Christmonds 1063

Robert kommt nun in diesem Jahr doch nicht mehr zurück. Er ist bei Odo in Bayeux, wo gerade ein guter neuer Präzeptor eingetroffen ist. Odo will diesen beobachten, und wenn er sich bewährt, soll er Robert nach Rouen begleiten und bei uns bleiben. Er heißt Ferrutius und hat eine gute Schulung in Tours und Chartres erhalten. Zu den Festtagen entbehre ich meinen Ältesten immer besonders; wie er mir schon am Barbaratag gefehlt hat! Rufus ist gottlob wieder munter, und Odilie hat sich bei uns eingewöhnt. Sie ist den beiden Mädchen eine ältere Schwester, ist ordentlich, immer gefällig und voller Lebensfreude. Cäcilie sagte neulich zu ihr: „Du bist so lieb wie Margarete – nur nicht so fromm!“

Wilhelm bleibt zu Weihnachten hier, weil wir einen ungewöhnlich starken Schneefall hatten. Im Augenblick macht ihm die Lage in der Bretagne Sorgen. Einer der Barone von Dôle, Riwallon, ist seit einiger Zeit bei uns am Hof und berichtete manches über Conan, den jungen Grafen von der Bretagne. Er habe überall in öffentlichen Versammlungen behauptet, daß er sich nie unter das normannische Joch beugen werde, daß er die Bretagne als eine unabhängige Grafschaft betrachte. Wilhelm bemerkte daraufhin: „König Karl hat Rolf, dem ersten Normannenherzog, die Bretagne als Vasallenstaat übergeben, und daran wird sich nichts ändern." Hoffentlich kommt es nun nicht wieder zu einem Krieg wie kürzlich in Maine! Wilhelm meint, wenn Eudo von Penthièvre Graf geworden wäre, hätte man manche kirchlichen und gesetzlichen Neuerungen in der Bretagne einführen können; Conan aber sei ein Raufbold, der nur an seinen eigenen Gewinn denke, nicht an den seines Landes. Leider hat Conan als Sohn des ehemaligen Grafen Alan das Erbrecht, während Eudo, als Bruder Alans, zurückstehen mußte. Doch ist er der fähigere Herrscher. Nun will ich meine Gedanken aber dem Weihnachtsfest zuwenden und mich freuen, daß Wilhelm bei uns ist. Für die Kinder ist der dicke Schnee das schönste Festgeschenk. Die Schneeburgen wachsen wie Pilze aus dem Winterboden.

Rouen, Mittwoch, am 31. des Christmonds 1063

Welch schreckliche Nachricht uns gestern, zum Ende des Jahres erreichte! Ein aus Chartres zurückkehrender Ritter, der Arnold begleitet hatte, berichtete, was sich in Courville, nicht weit von Chartres, zugetragen hat. Arnold von Echauffour und zwei seiner Verwandten, Giroye von Courville und Wilhelm von Montmirail, seien alle am selben Tage schwer erkrankt. Man vermute, daß etwas in dem Wein gewesen sei, den man ihnen gereicht hatte, und man verdächtige den Kammerdiener Arnolds, der angeblich den Wein in die Krüge gefüllt habe. Doch dieser habe gemeint: „Was sollte ich dadurch gewinnen? Ich wäre dann ja ohne Brot." Nun erzählte ich Wilhelm von dem Gespräch zwischen Mabille und Gulafre im Büchersaal, und er wurde sehr nachdenklich. Dann sagte er: „Manchmal bleibt einem nichts anderes übrig als zuzusehen, wie sich die Raubtiere gegenseitig zerfleischen." Er will gleich vertraulich mit Roger sprechen.

Wenn ich auf dieses Jahr zurückblicke, kann ich nur hoffen und beten, daß das nächste ein besseres werden möge. Doch darf ich nicht klagen. Dieses Jahr hat uns auch den Sieg über Maine gebracht und uns die herzige kleine Adele geschenkt. Nun habe ich drei Buben und drei Mädchen. Noch einen Sohn und vielleicht auch noch eine Tochter mehr – dann wäre ich zufrieden.

Später

Ich werde Wilhelm vor der Mitternachtsmesse wohl nicht mehr sehen. Er spricht noch immer mit Roger. Mabille hat sich zu Bett gelegt, wie ich gehört habe. Sicher flüchtet sie sich jetzt in eine Krankheit hinein, weil ihr nichts Gutes schwant. Welch eine Last es doch sein muß, eine solch schwere Schuld auf dem Gewissen zu haben! Gütiger Gott, schicke mir an Prüfungen, was Du willst, aber laß mich immer reinen Gewissens zu Dir aufschauen und im Innersten fühlen, daß ich mein Bestes versucht habe. Und möge ich Dir, meinem Land, meinem Gemahl und meinen Kindern von Jahr zu Jahr besser und williger dienen! Dies ist mein Gebet zum Ausklang des alten Jahres.

ZWEITER TEIL

AUFBRUCH

Drittes Tagebuch der Herzogin der Normandie

(1064–1068)

Rouen, Donnerstag, am 1. des Hartung 1064

Es war ein herrlicher, klarer Tag. All unsere Kinder, bis auf das kleinste, vergnügten sich draußen im Schnee, und ich sagte zu Wilhelm: „Ich möchte manches Mal auch noch Kind sein und im Schnee spielen." Da sagte er: „Komm! Laß uns auf den Herzogsteich gehen – die Kinder sind heute alle bei ihren Schneeburgen." Seligen Herzens ging ich mit ihm; doch wir mußten uns den Weg durch den dicken Schnee bahnen, weil noch nicht überall Wege geschaufelt worden waren. Eine Stelle des Teiches war für die Kinder freigefegt worden, damit sie auf dem Eis laufen konnten. Wir fanden dort eine glattgescheuerte Bahn, die ich mehrere Male entlangglitt, wobei ich am anderen Ende von Wilhelm aufgefangen wurde. Es machte mir großen Spaß. Schließlich sagte er, daß er nun dasselbe tun wolle und ich ihn auffangen solle. „Ich kann dich aber nicht halten, Wilhelm, wenn du so schnell dahergeflogen kommst; gib nur gut acht!" Da sah ich ihn bereits auf dem Eis auf mich zugleiten, und als er mich erreicht hatte, warf er mich durch sein Gewicht um. Wir purzelten beide in den Schnee und lachten wie zwei ausgelassene Kinder. „Wilhelm", rief ich schließlich, „ich bin völlig naß – von Kopf bis Fuß!" – „Nur dein Gesicht ist noch trocken", meinte er und begann mich mit einer Handvoll Schnee zu waschen. Ich schrie empört auf, doch es half mir nichts. Mein Haar hatte sich zum Teil gelöst und war feucht geworden. Als wir uns wieder auf die Füße geholfen hatten, sagte ich kläglich: „So kann ich aber nicht ins Schloß zurück, Wilhelm, wie sehe ich jetzt nur aus!" – „Liebreizender denn je", sagte er, „mit roten Apfelbäckchen und Schnee in Haaren und Wimpern." – „Du mußt mich jetzt hinter dir herziehen", meinte ich, leicht außer Atem; „ich habe gar keine Kraft mehr." Er nahm mein Gesicht in seine Hände, gab mir einen feuchten Schneekuß und zog mich dann an der Hand auf dem Eise mit sich fort. Am Ufer hob er mich auf seine Arme und trug mich so ins Haus, während ich mein Gesicht an seiner Brust verbarg. So dachten die Diener vielleicht, es sei eine seiner Töchter oder Nichten, die er trug. Héloise jedoch erkannte mich. Sie begegnete uns oben im Herzogsflügel auf dem Gang und schrie erschrocken auf: „Gütiger Gott, hat sich die Frau Herzogin wieder ein Bein gebrochen?" – „Komm und überzeuge dich selbst", sagte Wilhelm. „Bereite ihr auf jeden Fall ein warmes Bad." Im Badezuber habe ich die Glieder wieder aufgewärmt und sitze jetzt im weichen, wolligen Hausgewand am Feuer und fühle mich sehr wohl. Die Schneeluft und das Umhertollen draußen hat mir gutgetan. Ich habe Wilhelm den ganzen Nachmittag für mich gehabt; solche Stunden sind immer ein Geschenk. Ich muß jetzt mit Schreiben aufhören; meine beiden Töchter wollen mir zeigen, was sie zum Beginn der Klosterschule an Aufgaben vorbereitet haben müssen. Sie erhalten jetzt dreimal in der Woche Unterricht bei einer Benediktinerschwester.

Rouen, Samstag, am 10. des Hartung 1064

Meine Töchter sind fleißig gewesen und haben viel für die Bibelstunde gelernt. Beide müssen morgen, nach der Messe, die Lebensgeschichte eines Heiligen erzählen. „Welche Heiligen habt ihr euch ausgesucht?" fragte ich. „Wir durften gar nicht aussuchen", sagte Agathe. „Die Schwester hat uns gesagt, über welchen wir erzählen sollen – solche, die wir am 11. des Hartung ehren. Ich muß über den hl. Balthasar reden und Cäcilie über den hl. Theodosius." Ich schaute auf meine kleine Cäcilie, die mich tiefernst ansah, und bat sie, mir etwas über diesen Heiligen zu berichten, an den ich mich selbst nicht erinnere. „Ja", sagte sie. Dann holte sie einen Schemel herbei, setzte sich zu mir, stützte die Ellbogen auf die Knie und das Gesichtchen in ihre Hände. Sie schien nachzudenken. Ich schaute sie eine Weile still an und dachte: Was für ein hübsches Kind sie ist! Sie hat die bronzefarbene Haut ihres Vaters, eine klare Stirn, die in der Mitte etwas herzförmig verläuft, so daß der Haaransatz wie eine kleine Spitze in die Stirn ragt; die Augenbrauen sind dunkel und seidig, die Wimpern über den großen braunen Augen schön geschwungen, das Näschen sehr regelmäßig und der hübsche Mund, obwohl noch kindlich, von großer Gefühlskraft. Eine leise Bewegung ihrer Lippen oder Mundwinkel verrät oft genau, was sie denkt oder fühlt. Plötzlich sah sie mich an, lächelte wie ein kleiner Seraphim und sagte: „Ihr sollt nun alles über ihn erfahren, Mamà!" Ich war überrascht, wie folgerichtig und gefühlvoll sie alles berichtete: „Das war ein wirklich großer Heiliger. Zuerst wollte er ganz allein leben, wo niemand ihn bei seinem Beten stört. Aber dann dachte er an die Klosterbrüder, denen er das richtige Beten zeigen wollte, und ging lieber zu ihnen. Zuerst hatte er aber gar nicht viele, denn er wohnte nicht in einem großen Kloster; er suchte sich in der heiligen Stadt Höhlen, wo er mit ihnen hineinkroch, und dort mußten sie ganz still sitzen und immerzu ans Sterben denken." Hier machte sie eine Pause, als meditiere sie selbst darüber. „Denn manche sterben ja schon früh – so wie Margarete und Herbert", fuhr sie fort. „Da bleibt sonst keine Zeit mehr, seht Ihr! Und er aß gar nicht viel, nur immer Früchte und Pflanzen, aber niemals ein Stück Brot. Das verwunderte alle Klosterbrüder, die doch gern an einem schönen Stück Brot kauten. Und dann baute er auch Kirchen, nicht nur für die Jerusalemer, auch für die vielen anderen – die Griechen, die Armenier und noch viele, so daß die alle in ihrer eigenen Sprache dort beten konnten. Darüber freuten sich alle ganz sehr. Aber der Kaiser, der damals regierte, schickte ihn fort in ein anderes Land, weil er ihn nicht mochte. Dafür mußte der Kaiser bald sterben, und dann konnte Theodosius zurückkommen, und er wurde ganz alt, 105 Jahre, und war immerzu krank. Doch er klagte nie und trug es alles mit Geduld – bis ihn schließlich die Engel in den Himmel holten." – „Das hast du sehr schön erzählt, Cäcilie", sagte ich, und sie schaute mich glücklich an. „Soll ich

Euch nun vom hl. Balthasar erzählen?" fragte Agathe eifrig. „Ja, aber zuerst hole mir Klein-Adele, sie hat bestimmt Hunger." Kurz danach lauschte ich der Geschichte von den drei Weisen aus dem Morgenlande, während Adele von meiner Brust trank und Cäcilie ihr Köpfchen in meinen Schoß gelegt hatte und zuschaute. Es war eine innige Stunde, die ich allein mit meinen drei Töchtern verbrachte. Diese reinen Seelen hat mir der Himmel geschenkt. Für einige Zeit schien die Welt mit all ihren Sünden und Kriegen in weite Ferne gerückt.

Rouen, Samstag, am 17. des Hartung 1064

Nun ist die Welt mit ihren Schrecken wieder in den Frieden der Familie eingedrungen. Wir erfuhren soeben, daß Arnold von Echauffour am 1. des Hartung seinem Leiden erlegen ist. Die anderen beiden, Giroye und Wilhelm, sind wieder genesen. Arnolds Witwe ist sogleich mit ihren Söhnen außer Landes geflohen, um nicht auch ein Opfer der nicht endenwollenden Blutfehde zu werden. Roger, mit dem Wilhelm vor einiger Zeit gesprochen hat, muß Mabille mehrere Fragen gestellt haben; doch sie hat ihm nur gesagt, Gulafre, den man des Mordes verdächtige, habe seinen Herrn eben gehaßt, und sie habe ihn lediglich in diesem Haß bestärkt, was recht und billig sei. Denn sie könne nie ohne die furchtbare Angst leben, daß die Echauffours ihrem eigenen Ehemann eines Tages ein Leid antun würden. Indem sie nichts gestand, hat sie doch sehr viel zugegeben. Gulafre selbst leugnet die Tat. Und man kann ihm nichts beweisen. Mich regt dies sehr auf, doch Wilhelm meinte ruhig: „Gott schaut ins Verborgene. Wir wollen die Rache Ihm überlassen."

Später

Soeben erfuhr ich noch mehr über diese Angelegenheit. Mabille hat einen Brief von Gulafre empfangen, den Roger zufällig sah. Darin stand, daß sie Gulafre versprochen hätte, in Bellême in ihre Dienste treten zu können. Und Roger hat, wie er Wilhelm berichtete, entsetzt ausgerufen: „Einen Mörder willst du dingen?" Da habe sie nur gesagt, sie hätte damals ja noch nichts von dieser Tat gewußt, und vielleicht sei er überhaupt unschuldig. Doch Roger will ihn aus der Normandie verbannen lassen und damit die Angelegenheit aus der Welt schaffen. So leicht aber vergißt dies niemand! Am Hof spricht man zur Zeit von nichts anderem, und jeder macht einen Bogen um Mabille, was sie genau spürt. Arnold war gewiß kein liebenswerter Mensch, wohl aber einer, den man bedauern mußte. Unliebsame Eigenschaften zu haben, ist noch viel schlimmer als zu darben. Er hatte keine Bleibe, als er – krank von dem Gift – aus dem Haus seiner Gastgeber floh, denn seine Burg hatte er nach seinem gewaltsamen Überfall noch nicht wieder in Besitz nehmen dürfen. So flüchtete er sich zu den Mönchen von St. Evroul und starb daselbst. Möge seine Seele jetzt Frieden finden!

Rouen, Freitag, am 6. des Hornung 1064

Ich entbehre meinen Ältesten sehr, aber Wilhelm sagt, er solle diesen Monat noch in Bayeux bleiben. Dort scheint es ihm besser zu gefallen als in Mortain. Er schrieb uns ein Brieflein, in dem er erwähnte, daß es beim Oheim Odo immer „viel Kurzweil" gäbe. Hugo von Avranches wird in Kürze nach dem Westen des Landes aufbrechen und einen Brief von mir an Robert mitnehmen. Ich habe in letzter Zeit bemerkt, daß Hugo des öfteren mit Odilie liebäugelt. Er scheint kein hübsches Mädchen sehen zu können, ohne sich ihm zu nähern. Ich hörte zufällig, wie er Odilie zu einem Ausritt mit einigen Freunden aufforderte. Da trat ich sofort herzu und sagte: „Odilie ist anderweitig beschäftigt, Graf Hugo." Später machte ich ihm Vorwürfe. „Wenn man mit einer solch lieben Frau, wie Ihr sie habt, vermählt ist, darf man keine Augen mehr für andere haben. Ihr seid jetzt auf immer gebunden." Hugo versuchte, das Gespräch ins Scherzhafte abzubiegen, indem er über einige Edelleute sprach, die sich ihrer Frauen entledigt hätten. „Sie brauchten nur eine entfernte Blutsverwandtschaft mit ihrer Gemahlin nachzuweisen – oder aber vorzugeben, daß einer ihrer Ahnen Knecht oder Leibeigener gewesen sei; das ist Grund genug, die Ehe als nie bestanden zu erklären." Er führte den Grafen von Chartres an, der sich Gersendis (die Muhme Herberts) „vom Halse geschafft" habe, weil sie ihm zu herrisch gewesen sei. Ob es mit ihrem zweiten Gemahl, dem Grafen von Este, besser gehen werde, müsse man erst abwarten. „Ihr lenkt ab, Hugo", sagte ich ernst. Da küßte er meine Hand und versicherte mir, daß er Muriel sehr liebe und hoffe, daß sie ihm bald einen Sohn schenken werde. Nun, da es mit dem armen Gilbert ein solch trauriges Ende genommen hat, hoffe ich, daß Hugo seinem erneuten Vorsatz, nicht mehr zu trinken, treu bleiben wird.

Rouen, Montag, am 9. des Hornung 1064

Gestern sagte Clothilde mir, die Madame Mabille habe Afra zu ihr geschickt und darum gebeten, die Herzogin allein sprechen zu dürfen – dort, wo niemand anders sie hören könne. Mir war nicht wohl bei dem Gedanken, aber ich konnte es ihr nicht verweigern. Da Wilhelm den ganzen Tag fort war, ließ ich sie zum Söller kommen. Sie sah recht elend aus, denn in letzter Zeit hat sie die Abneigung der meisten Frauen des Hofes gespürt, und einige Verse von Bouboule haben alles noch schlimmer für sie gemacht. Nachdem sie längere Zeit um die Sache herumgeredet hatte, sagte sie, daß sie sich vor dem Herzog fürchte. Er habe ihr kürzlich gesagt, da sie zu viele Feinde in der Normandie habe, sei es vielleicht besser, wenn Roger mit ihr außer Landes ginge. Er wolle von keinen Blutsfehden mehr hören, seine Geduld sei am Ende. Dabei habe er sie auf eine Art angesehen, daß sie große Angst bekommen habe. „Ich wollte Roger ja nur schützen", sagte sie, „denn Arnold hatte vor, ihm den Garaus zu machen." – „Wißt Ihr das so genau?" – „Er haßte Roger und uns alle", behauptete sie. „Und Gulafre haßte seinen Herrn. Arnold hatte ihm den Namen ‚Schlemmer' gegeben, und er wurde von allen verhöhnt. Zwar schmauste er gern und viel und hatte sich einen runden Leib angegessen, war aber aus edlem Hause, hatte gute Manieren und verdiente keine solch niederträchtige Behandlung. Arnold hatte keinen Sinn für Tafelfreuden; dafür aber brannte er vor Ehrgeiz und hat Roger seine Stellung beim Herzog immer geneidet. Ich habe nur Mitleid mit Gulafre gehabt und ihn in seinen Haßgefühlen gegen seinen Herrn bestärkt. Außerdem mag Arnold gar nicht an irgendeinem Gift gestorben sein; denn seine beiden Verwandten, die auch krank waren, sind wieder genesen. Vielleicht hatten sie nur etwas Verdorbenes gegessen..." Als ich schwieg, ohne etwas zu erwidern, erzählte sie immer weiter und widersprach sich dabei ein paarmal. Schließlich sagte sie: „Ihr könntet mir helfen, Madame. Ein Wort von Euch an alle Hofleute würde die Sache wiedergutmachen, denn auf Eure Meinung hören alle." Dabei sah sie mich aus ihren schrägen Augen bittend und zugleich lauernd an. Da sagte ich: „Ihr habt *mich* nicht überzeugen können, Madame Mabille; wie sollte ich da andere überzeugen?" – „Ihr glaubt mir also nicht?" fragte sie, indem sie sich bemühte, eine unschuldige Miene aufzusetzen. „Glaubt Ihr selbst, was Ihr sagt, Madame Mabille?" fragte ich, indem ich ihr gerade in die Augen schaute. Da senkte sie den Blick und sagte ausweichend: „Wer kennt sich schon selbst?" Ich teilte ihr daraufhin mit, daß Lanfranc zu Ostern hier erwartet werde; ob sie ihm nicht beichten wolle. Ich könne ihr keinen besseren geistigen Vater empfehlen. Sie seufzte, stand auf und wandte sich mit folgenden Worten zum Gehen: „Mir glaubt eben keiner. Und all das habe ich den Echauffours zu verdanken!" Ich sah ihr nach und dachte: „Ihr kann keiner helfen; sie dreht sich in ihrem eigenen Teufelskreis und findet nicht mehr hinaus."

Rouen, Aschermittwoch, am 25. des Hornung 1064

Heute hatten wir Agathe und Cäcilie mit zur Messe genommen, und sie sind den ganzen Tag sehr ernst gewesen und haben ihr Aschenkreuz nicht abwischen wollen. Sie saßen in ihrem Zimmer und lasen sich gegenseitig Geschichten aus dem Leben der Heiligen vor. Als ich am Nachmittag Adele aus dem Kinderzimmer holen wollte, hörte ich, wie Rufus zu Richard sagte: „Sie haben sich die S-tiern ganz besmiert!" – „Wer?" fragte Richard. „Gathi und Cilie! Geh mal sehen!" Richards Neugier war erweckt; er lief hinaus und Rufus hinter ihm her. Da legte ich Klein-Adele wieder hin, die enttäuscht weinte, und ging den beiden Buben nach. An der offenen Tür zum Mädchenzimmer blieb ich stehen und schloß die Türe bis auf einen Spalt, durch den ich die Kinder beobachten konnte. Richard ging ein paarmal um seine Schwestern herum und sah sie sich aufmerksam an. Dann fragte er: „Spielt ihr Nordmänner?" – „Was sagst du?" fragte Agathe verwundert. „Na ja, die hatten sich doch die Stirnen bemalt, sagt Papà." – „Ach, das war doch ganz anders, Richard. Die hatten sich Blut auf die Stirn geschmiert. Aber dies ist ein Kreuz aus Asche." – „Warum?" wollte er wissen. „Weil heute ein Feiertag ist – aber ein ernster, nicht ein solch fröhlicher wie Ostern, wo wir die Auferstehung des Herrn feiern. Am Aschermittwoch sollen wir alle daran denken, daß wir einmal sterben müssen und wieder zu Erde werden." – „Das versteht er doch noch nicht", sagte Cäcilie mit weiser Miene. „Ich versteh's schon!" behauptete Richard ärgerlich, „und ich will jetzt auch so'n Kreuz haben." – „Das geht nicht, das kann uns nur der Priester auf die Stirn zeichnen", erklärte Agathe. „Kann ich ganz allein!" rief Richard mit Nachdruck und wandte sich um, auf den Kamin zulaufend. Da schloß ich schnell die Tür, damit er mich nicht sähe, und ging wieder zu Adele, die noch immer jämmerlich schrie. Ich tröstete sie sogleich, nahm sie in mein Zimmer und gab ihr zu trinken.

Bald darauf kam Richard herein, Rufus an der Hand nach sich ziehend. Stolz stellten sie sich vor mich hin, und ich erschrak nicht wenig; denn beide trugen über die ganze Stirn hingezogen ein breites Kreuz. Es reichte von einem Ohr zum anderen, vom Haaransatz bis zur Nasenwurzel, und auch Wimpern und Wangen wiesen Spuren von Holzasche auf. Da sie mich aber beide so stolz und erwartungsvoll ansahen, wollte ich sie nicht enttäuschen und sagte: „Das ist aber schön, daß auch ihr den Feiertag ehrt. Wer hat euch die Kreuze aufgemalt?" – „Haben wir ganz allein gemacht", sagte Richard strahlend. „Ich hab es dem Rufus aufgestrichen, und der Rufus hat meins gemacht." – „Ja, ganz ellein gemacht!" echote Rufus stolz. „Zeigt euch dem Vater", sagte ich, weil ich Wilhelm dieses Bild nicht vorenthalten wollte. Sogleich stürzten sie eifrig nach nebenan in Wilhelms Zimmer. Später traf ich Konstantin auf dem Gang, der über das ganze Gesicht grinste. Als er mich erblickte, fragte er: „Madame, habt ihr Eure beiden Buben gesehen?" Ich nickte lächelnd. „Was hat der Herzog zu ihnen gesagt?" – „Er hat gefragt: ‚Wer hat euch so verunstaltet?' Und Richard hat gesagt: ‚Das sind Aschenkreuze', und Rufus hat wiederholt: ‚Assenkeuze!' – ‚Wißt ihr auch, was die bedeuten?' hat der Herzog weiter gefragt, der Mühe hatte, ernst zu bleiben. ‚Ja', hat Richard gesagt, ‚wir müssen alle sterben!' Da hat der Herzog ihn an sich gezogen und ganz ernst gemeint: ‚Du sollst aber noch lange leben, Richard, und später mein Werk fortführen.' Das hat der Bub aber nicht verstanden, sondern gefragt: ‚Wen soll ich fortführen, Papà?' Der Herzog hat ihn nur stumm in die Arme genommen, und Rufus hat etwas enttäuscht abseits gestanden und plötzlich gerufen: ‚Ich auch!' – ‚Ja gewiß', hat der Herzog gesagt, ‚auch du wirst deine Last zu tragen haben.' Dann hat er Rufus bei der Hand genommen, hat dessen kleine Hand in die Richards gelegt und gesagt: ‚Haltet immer gut zusammen; und jetzt geht und laßt euch waschen.'"

Als Barbara die beiden später sah, hat sie so gelacht, daß Richard ärgerlich wurde. „Es ist jetzt alles 'n bißchen verschmiert“, sagte er, „aber das waren schöne Kreuze; solch schön große hatten die Schwestern nicht!“ Barbara küßte sein Aschengesicht und sagte: „Du bist mein Engelsbub, was du dir auch aufmalen magst.“ Rufus sah still zu, als Barbara seinen Bruder herzte; und als sie es bemerkte, wollte sie auch Rufus an sich ziehen, doch der wandte sich schnell ab und war sehr spröde, wie er es oft ist. Er hat nicht denselben Liebreiz, den meine anderen beiden Buben besitzen. Manchmal tut er mir leid, weil fast jeder Richard viel lieber hat und ihm mehr Aufmerksamkeit schenkt. Vielleicht wird dies später noch anders, wenn sie heranwachsen.

Rouen, Donnerstag, am 26. des Hornung 1064

Ich habe jetzt wirklich große Sehnsucht nach meinem Ältesten. Wilhelm hat noch nichts über seine Rückkehr gesagt, obwohl ich ihn des öfteren daran erinnere. Zu Ostern will ich ihn bestimmt wieder bei mir haben. Vielleicht können meine Töchter mir helfen, bei ihrem Vater ein gutes Wort einzulegen.

Agathe war heute bei Tisch sehr schweigsam. Wir aßen mit der Familie im kleinen Saal, als Wilhelm ihr plötzlich leicht auf den Kopf klopfte und sagte: „Träume nicht so viel!“ Da blickte sie ihn aus ihren dunkelblauen Augen strahlend an und sagte: „Mir hat aber etwas sehr Schönes geträumt, Vater – etwas vom Roland!“ – „So?“ sagte er. „Mir scheint, wir müssen einen *richtigen* Roland für dich finden.“ – „Papà“, fragte sie, „welche Farbe hatte Rolands Haar?“ – „Schwarz oder braun“, erwiderte Wilhelm, ohne zu zögern. „Nein“, sagte sie da, „in meinem Traum war er ganz blond.“ Worauf Wilhelm bemerkte: „Warum fragst du mich, wenn du es weißt?“ Sie sagte eine Weile nichts; dann fragte sie: „Soll ich Euch den Traum erzählen?“ – „Ich kann es kaum abwarten; du hast mich neugierig gemacht.“ – „Also: Er stieg von einer schönen Burg herab und war groß und blond und hatte blaue Augen. Die Zugbrücke war heruntergelassen, und er war gerade auf der Mitte der Brükke, als er mir zuwinkte. Da freute ich mich und eilte ihm entgegen, und als er mir just die Hand reichen wollte, da zog jemand plötzlich die Brücke hoch, und er stürzte in den schäumenden Burggraben.“ Wilhelm schüttelte mißbilligend den Kopf. „Ein Burggraben schäumt nicht.“ – „Aber in meinem Traum tat er es doch, Papà.“ – „Und was geschah mit dir?“ wollte Wilhelm wissen; „bist auch du hinabgestürzt?“ – „Nein, ich hielt mich an der Brücke fest und schwebte mit ihr in die Höhe – und ich sah immerzu hinunter, konnte Roland aber gar nicht mehr sehen. Und dann bin ich immer höher geschwebt, und dann wachte ich auf.“ – „Wie gut“, sagte Wilhelm, „daß du aufgewacht bist.“ – „Ich will heute nacht weiterträumen“, sagte sie, „bis mein Ritter gerettet wird.“ – „Iß deine Suppe“, befahl er ihr da, „sonst hast du keine Kraft, in deinem schäumenden Burggraben zu schwimmen und ihn herauszufischen.“ Sie lachte und schob langsam den Löffel in den Mund. Cäcilie bemerkte:

„So was träume ich nie!" – „Ich auch nicht!" bestätigte Richard. „Auch nich!" echote Rufus. Agathe aber hörte sie kaum; sie starrte wieder gedankenverloren auf ihren Suppenteller. Was wohl in ihrem kleinen Kopf vor sich gehen mag? Ich erinnere mich noch gut meiner eigenen Kinderjahre und mancher Träume, denen ich damals nachhing.

Rouen, Sonntag, am 29. des Hornung 1064

Wilhelm hat mir heute gesagt, daß Robert bald zurückkehren werde, und ich bin ihm vor Freuden an den Hals gesprungen. Jetzt geht es daran, alles für ihn vorzubereiten, denn es scheint, er ist schon auf dem Wege hierher. Alle Kinder freuen sich mit mir. Er soll sein Lieblingsgericht erhalten: Apfelsuppe mit Maisklößen, und Wilhelm hat einen neuen Rappen für ihn bereitstehen, den er jetzt an Stelle seines Ponys reiten darf. Wie stolz er darauf sein wird! Bis zu seiner Ankunft werde ich keine Zeit mehr zum Schreiben haben.

Rouen, Mittwoch, am 10. des Lenzmonds 1064

Roberts Heimkehr war ein Festtag für uns alle. Er kam, als ich gerade einer Sitzung der Curia beiwohnte; doch sobald ich oben mein Zimmer betrat, hörte ich die lebhaften Stimmen vom Kinderzimmer und besonders eine Stimme, die ich seit Monaten nicht mehr vernommen hatte. Ich eilte hinein, und er sprang auf mich zu und hing sich an meinen Hals. Ich umarmte und küßte meinen Erstgeborenen voller Seligkeit und fand, daß er etwas gewachsen war und sich ganz wie ein weltgewandter junger Knabe verhielt. „Ferrutius ist mitgekommen", sagte er, „und der hat mein Geschenk für Euch." Damit zog er mich mit sich ins Knabenzimmer, wo sein Diener Kasimir und der neue Präzeptor Ferrutius mit dem Auspacken seiner Truhen beschäftigt waren. Auf einer leeren Reisetruhe stand eine kleine Kiste, in der es lebhaft zuging; es flatterte und piepste darin, so daß ich sofort fragte, was es damit auf sich habe. „Die sind für Euch", sagte Robert mit erwartungsvollem Lächeln, „die hab ich Euch mitgebracht." Die Kiste enthüllte drei winzige Küken, die mich sofort aufs höchste entzückten. „Sie sind aus Oheim Odos Hühnerstall", sagte er, „und als ich die sah, fiel mir ein, daß Ihr sie doch so gern habt." Ich hatte den Kindern in Brügge den Kükenstall gezeigt und dabei alte Erinnerungen wachgerufen.

Die ersten beiden Tage nach seiner Rückkehr stand sein Mund kaum still; er erzählte seinen Geschwistern und Freunden pausenlos von all seinen Abenteuern auf der Reise und bei den beiden Oheimen. Über sein neues Pferd freute er sich so sehr, daß er zuerst die Sprache verlor; und das geschieht bei ihm selten. Dann stammelte er: „Das soll ich wirklich haben – für mich ganz allein?" – „Nur, wenn du alleine hinaufkommst", schmunzelte Wilhelm. Robert, der sich zuerst mit dem Pferd befreundete und ihm eine Handvoll Futter hinhielt, bestieg dann sehr geschickt den Sattel, so daß der Vater ihn lobte: „Du hast manches gelernt, Gamberon. Nun geht es aber auch bald an die Wissenschaften.

Mit der nächsten Reise wollen wir noch ein Jahr warten." Ich war froh, als ich das hörte. Vorerst kann ich meinen Ältesten wieder längere Zeit bei mir haben.

Rouen, Montag, am 29. des Lenzmonds 1064

Seit einigen Tagen ist Bertha hier, über deren Aussehen ich zuerst erschrak. Sie ist dünn geworden und hat viele scharfe Falten im Gesicht. Wundern tue ich mich darüber nicht; es muß schrecklich sein, die eigenen Kinder in solch jungem Alter zu verlieren. Paula ist mit ihr gekommen, und diese ist ein hübsches Mädchen geworden. Sie mag etwa 13 Jahre alt sein und hat dasselbe blonde Haar wie Margarete, doch ihre lebhaft dreinblickenden Augen sind von grauer Farbe. Sie hat ein frisches rundes Gesichtchen und lacht gern. Sicher ist sie der Mutter ein Trost; auch scheint sie als einziges von Graf Hugos Kindern guter Gesundheit zu sein. Bertha wollte viel über Margarete hören, und wir saßen heute länger mit ihr und Paula im kleinen Saal zusammen. Wilhelm schaute öfter zu Paula hinüber, die sich von Zeit zu Zeit an die Mutter schmiegte und dann wieder mit Agathe flüsterte, die auch bei uns war. Einmal sagte Bertha mit wehleidiger Stimme, indem sie Paula an sich zog: „Diese und Hawise sind die einzigen Kinder, die mir geblieben sind." (Denn Conan hat sich seiner Mutter sehr entfremdet.) „Ja", sagte Wilhelm, indem er sich an das Mädchen wandte, „du bist das letzte von Graf Hugos Kindern. Was tun wir nun mit dir?" In diesem Augenblick kam mir der Gedanke, daß Wilhelm das Mädchen vielleicht Robert anverloben wolle. Etwas erschrocken sah ich zu ihm hin, während er fortfuhr: „Wir wollen einen guten Mann für dich finden." Ich bemerkte, wie Bertha Wilhelm einen hoffnungsvollen Blick zuwarf und konnte ihre Gedanken lesen. Wilhelm schaute mich daraufhin verstohlen an und sagte, wieder zu Paula gewandt: „Damit können wir noch einige Jahre warten. Es wird sich gewiß der rechte Freier finden." Als ich später allein war, dachte ich: Paula ist nur zwei Jahre älter als Robert und viel mehr in dieser Welt verwurzelt als Margarete es war. Wenn Wilhelm wirklich vorhaben sollte, sie unserem Sohn anzuverloben und die Kinder sich gern mögen, hätte ich nichts dagegen einzuwenden.

Am nächsten Tage sah ich Robert mit Adi und Paula, denen er sein Pony zeigte. Dabei meinte er stolz: „Ich habe jetzt auch schon ein großes Pferd, das zeige ich euch später. Der Pferdeknecht wäscht es gerade." Paula sah etwas belustigt an Robert herab und bemerkte: „Für ein großes Pferd mußt du aber erst noch wachsen." Robert erwiderte ärgerlich: „Du sollst mal sehen, wie gut ich darauf reite; der Vater hat es mir geschenkt, weil ich ein solch guter Reiter bin." – „Schon gut", sagte sie. Dann nahm sie ihn bei der Hand und bat: „Erzähl nun auch du mir was von Margarete; ich habe sie die letzen Jahre ja gar nicht mehr gesehen." Robert aber riß sich los und sagte barsch: „Nein, von der erzähle ich nichts!" Dann lief er davon. Ich fand ihn später in seinem Zimmer, wo er auf seinem Psalterium spielte. „Warum warst du so häßlich zu Paula und hast ihr nichts von Margarete erzählt?“ fragte ich ihn. Er sah mich traurig an und sagte: „Dann weine ich nur wieder, und das soll sie nicht sehen.“ Ich küßte ihn auf die Stirn und dachte: „Vorläufg wird mein Sohn keine andere Braut in Erwägung ziehen.“ Ich glaube auch nicht, daß Wilhelm solches vorhat. Robert ist Graf von Maine – es ist deswegen keine Allianz mehr nötig.

Rouen, Samstag, am 10. des Ostermonds 1064

Es ist der Abend vor Ostern, und meine beiden Töchter sind – in Erwartung der Frühmette – schon voller Vorfreude. Richard hörte sie davon sprechen und will auch mitkommen. Doch dafür ist er noch zu klein. Unsere vier Mädchen – Agathe, Cäcilie, Adi und Judith – ziehen alle neue, weiße Kleider an, und zum Frühstück wird der geschmückte Ostertisch bereitstehen. Wilhelm ist dieses Ostern in Lisieux, wo morgen ein Kirchenkonzil beginnt.

Rouen, Ostermontag, am 12. des Ostermonds 1064

Heute hat Adelaide mit Agathe und Cäcilie und ihren eigenen Töchtern zwei neue Spitäler in Rouen besucht. Sie kamen alle mit hochroten Wangen zurück, denn draußen weht ein starker Wind, und erzählten mir, was sie alles gesehen hatten. Agathe und Cäcilie waren voller Bewunderung für die Benediktiner-Schwestern, welche die Kranken im Frauenspital pflegen, und wollen jetzt auch solche Schwestern werden. Ich denke oft an Margarete, wenn ich ihren Eifer sehe. Zwar möchte Wilhelm eine seiner Töchter Gott schenken, aber gewiß nicht beide von ihnen. Wir müssen abwarten, ob eine unserer Töchter später eine echte innere Berufung fühlt.

Nikolaus hat fast alle Messen gelesen, weil Maurilius ebenfalls zum Kirchenkonzil nach Lisieux gereist ist. Es werden dort wieder die alten Fragen besprochen: das Zölibat der Priester und der Kampf gegen die Simonie. Was wohl Odo während solcher Konzilien vorbringen mag, der doch ganz gegen das Zölibat ist? Je länger sich die Besprechungen hinziehen, um so lieber ist es ihm. Wilhelm meint, daß die Priester, die bereits vermählt sind, sich nicht von ihren Frauen zu trennen brauchten. Odo jedoch ist nicht einmal getraut!

Rouen, Montag, am 19. des Ostermonds 1064

Klein-Adele ist jetzt in dem Alter, wo sie krabbelnd auf Entdeckungsreisen geht und wir sie oft lange suchen müssen. Heute fanden wir sie auf dem Boden hinter meinem Bettvorhang, wo sie eingeschlafen war. Da sie sehr lebhaft ist, stößt sie sich oft an Stühlen und Truhen und schreit dann empört. „Du solltest besser auf sie aufpassen, wenn Barbara nicht da ist“, sagte ich zu Richard; „du bist jetzt der älteste im Kinderzimmer.“ Er sah mich überrascht an, als sei dies ein ganz neuer Gedanke für ihn. „Ja“, sagte er dann, „ich werd ihr ein Band um den Fuß binden und sie daran festhalten.“ – „Ich paß auch auf“, sagte Rufus bereitwillig. „Du bist mir der Richtige", meinte ich, denn er erschreckt das Kind oft und lacht dann, wenn es schreit. Oder er gibt ihr Gegenstände in die Hand, die sie nicht haben dürfte und in den Mund steckt. Je mehr Kinder es sind, um so schwieriger wird es, auf sie alle achtzugeben.

Rouen, Mittwoch, am 28. des Ostermonds 1064

Wilhelm ist endlich zurückgekehrt. Er war noch in Falaise und hat sich dort mit einigen Magnaten aus den westlichen Bistümern getroffen. Conan werde immer aufsässiger, sagt er, so daß selbst seine eigenen Barone schon gegen ihn rebellierten. Viele von ihnen sind herzogstreu und Wilhelm sehr ergeben. Aber Conans Einfluß ist dennoch sehr stark, und ich hoffe nur, daß es nicht wieder zum Kriege kommt.

Rouen, Freitag, am 30. des Ostermonds 1064

Was mache ich nur mit meinen frommen Töchtern? Barbara sagte mir, daß beide noch immer so äßen wie in der Fastenzeit und kein Fleisch anrührten. Dabei ist Ostern lange vorbei. Ich habe dies ebenfalls bemerkt, aber gedacht, daß sie vielleicht das eine oder andere Gericht nicht mögen. Heute fragte ich sie deswegen, und Agathe sagte mir mit großem Ernst, der hl. Theodosius hätte auch nie Fleisch gegessen, weil er die Tiere liebhatte, und sie wollten es ihm nun gleichtun, denn sie würden von den anderen Speisen gut satt. Ich denke, sie treiben es da zu weit, und will Wilhelm einmal deswegen fragen. Agathe, die in letzter Zeit sehr gewachsen ist, scheint mir ohnehin zu dünn; gerade sie sollte öfter Wildbret und Geflügel essen.

Es will dieses Jahr gar nicht Frühling werden. Immer noch stürmt es draußen, und es regnet, mit wenigen Unterbrechungen, schon seit zwei Wochen.

Später

Wilhelm sagt, ich brauchte mir keine Gedanken wegen der Mädchen zu machen. „Ein Kind verhungert nicht, solange die Vorratskammern voller Speisen sind", sagte er. „Das mag schon stimmen", sagte ich, „aber deine Töchter haben ihren eigenen Kopf." Er nickte. „Sie sind nicht weit vom Stamm gefallen." Da er sich nicht zu sorgen scheint, will auch ich es nicht tun. Sicher ändern die Kinder ihren Sinn später wieder. Richard und Rufus essen gern Fleischgerichte, und Richard sagte neulich zu seinem Vater: „Wenn ich groß bin, jage ich auch viel. Du sollst mich bald mal mitnehmen." Wilhelm lächelte und meinte: „Sobald du auf einem großen Pferd sitzen kannst." – „Das kann ich schon!" – „Ich meine, sobald du es *reiten* kannst." – „Laß mich mal probieren, ja? Gleich morgen?" Wilhelm schaute sein Ebenbild wohlgefällig an, dann schüttelte er den Kopf. „Die Jagd ist noch nichts für dich; aber wenn du sicher auf deinem Pony reitest, nehme ich dich vielleicht zu Pfingsten mit nach Caen." – „Wilhelm!" rief ich entsetzt aus, „doch nicht das kleine Kind!" Er dachte eine Weile nach und sagte dann: „Robert und Richard können bis Bonneville mitkommen. Ich breche diesmal schon früh auf, weil ich Geschäfte in Bonneville habe. Warenne kann die Knaben dann zum Pfingstfest zurückbringen." Meine beiden Söhne sind außer sich vor Freuden, und Richard umhalste mich ein übers andere Mal. „Ich reite mit dem Vater mit – ganz allein auf meinem Pony! Und du sollst mal sehen, wie gut ich das kann, und dann jagen wir vielleicht doch, wenn wir durch den Wald kommen, und dann sammeln wir Blaubeeren, und dann können wir die Rehe füttern, und vielleicht sind auch Störche da..." Ich schickte mich seufzend in das Unvermeidliche, denn nun will ich ihm die Vorfreude nicht verderben.

Rouen, Mittwoch, am 12. des Wonnemonds 1064

Schon seit vorigem Jahr beschäftigt sich die Curia mit der Streitaffäre zwischen der Abtei von Marmoutier und der von St. Pierre-de-la-Couture in Le Mans. Es handelt sich um das Land, das Guido von Laval damals Marmoutier geschenkt hatte und das ganz in der Nähe des Schlosses von Laval liegt. Guido wollte, daß die Mönche dort eine Siedlung bauen lassen. Doch die von St. Pierre behaupten jetzt, das Land habe früher ihnen gehört. Papà Roger hat diese Angelegenheit jetzt in die Hand genommen und hofft, daß der Herzog nicht selbst einzugreifen braucht. Und das hoffe auch ich. Wilhelm hat im Augenblick genug andere Sorgen wegen der Bretagne, in der es fühlbar gärt. Wie weltlich es doch selbst in den Klöstern zugeht! Überall spielt das Gold eine Rolle. Auf seiner nächsten Reise nach Le Mans will Wilhelm sich das Land bei Laval selbst ansehen und auch Robert mitnehmen, damit sich die Leute an den jungen Grafen gewöhnen. Noch spielt der Knabe gern und leidenschaftlich, doch versucht Wilhelm ihn immer wieder mit einigen Regierungsangelegenheiten vertraut zu machen. So hat er ihm neulich die Zusammensetzung und Aufgabe der Curia erklärt. Wenn übermorgen die nächste Sitzung wegen Marmoutier stattfindet, soll Robert dabeisein. Viel wird er wohl noch nicht davon verstehen.

Rouen, Samstag, am 15. des Wonnemonds 1064

Wilhelm bricht schon morgen nach Caen auf, weil er vorher noch etwas in Bonneville-sur-Touques zu regeln hat. Barbara hat Kasimir beim Einpacken der Sachen geholfen und ihm erklärt, worauf er besonders achthaben müsse. Ich bin froh, daß der Diener mitreist, denn bei ihm habe ich ein sicheres Gefühl; er wird gut für meine Buben sorgen.

Adeliza erwartet nun doch wieder ein Kind, aber dieses Mal fühlt sie sich wohl und hofft, daß alles gutgehen wird. Auch Fredesensis ist guter Hoffnung, wie ich gestern erfuhr; sie erwartet ihr Kind Anfang des nächsten Jahres und hofft sehr, daß es dieses Mal ein Mädchen wird, weil sie ja schon zwei Söhne hat. Nun will ich zu den Kindern. Sie machen einen Heidenlärm, weil sie alle freudigen Anteil an der Reise der Brüder nehmen. Roberts Stimme übertönt alle anderen.

Rouen, Dienstag, am 25. des Wonnemonds 1064

Nun ist es auf einmal Sommer geworden; wir haben sonnige Tage und sind viel im Garten. Rufus hat heute lange am Herzogsstrand geplanscht. Er fragt jeden Tag nach Richard, denn er entbehrt seinen Bruder sehr.

Heute traf ein Brief vom englischen Königshof an Wilhelm ein. Ich machte ihn auf und las zu meinem Erstaunen, was der Seneschall ihm mitteilt. Der König habe Harald Godwineson nach dem Kontinent entsandt, damit er eine Botschaft nach Rouen bringe. Er werde zuerst in Flandern landen und Graf Balduin in einer bestimmten Angelegenheit aufsuchen; alsdann werde er zum herzoglichen Hof weiterreisen und hoffe, Anfang des Brachmonds in Rouen einzutreffen. Ich ließ den Brief überrascht sinken. Jetzt, da diese Nachricht mich erreicht, ist Graf Harald vielleicht schon in Flandern. Was, wenn er eintreffen sollte, noch ehe Wilhelm zurück ist? Ich läutete sofort dem Pagen und ließ Roger Beaumont in den Audienzsaal bitten. Wir kamen überein, daß wir Wilhelm unverzüglich benachrichtigen müßten. Bis zum 27. des Mondes ist er noch in Bonneville, dann bricht er nach Caen auf, denn das Pfingstfest fällt auf den 30. Wir haben auf der Stelle einen Sonderkurier ausgesandt, der Tag und Nacht reiten muß, um Wilhelm ja noch zu erreichen. Es muß eine wichtige Mission sein, weil der König Graf Harald selbst sendet, den man in England schon als seine „rechte Hand" bezeichnet.

Rouen, Samstag, am 29. des Wonnemonds 1064

Heute, am Abend vor Pfingsten, ist Wilhelm mit beiden Söhnen zurückgekehrt. Der Bote hat ihn noch in Bonneville angetroffen – doch nur, weil Wilhelm seine Abreise um einige Stunden verzögert hatte. „So feiern wir das Pfingstfest dieses Mal hier", sagte er lachend, als ich ihm auf dem Gang entgegeneilte. „Was mag dieser Besuch bedeuten, Wilhelm?" – „Vermutlich etwas Gutes", meinte er. „Es mag sein, daß Harald die Geiseln zurückerbittet; aber die erhält er nicht ohne guten Preis." Als ich Wilhelm nur fragend ansah, zog er mich an sich und meinte: „Dies ist der dritte der Godwinesons, der zu uns kommt – das Oberhaupt der Sippe." Ich hätte noch tausend Fragen an Wilhelm zu stellen, doch vorerst muß ich mehreres wegen der Pfingstfeierlichkeiten umändern, weil durch die Anwesenheit des Herzogs plötzlich alles einen etwas anderen Verlauf nehmen wird. Wilhelm meint, jeden Tag könne Nachricht aus Flandern eintreffen, daß Graf Harald auf dem Wege zu uns sei.

Rouen, Pfingstmontag, am 31. des Wonnemonds 1064

Gestern war ein herrlicher Festtag mit Sonnenschein und einem fröhlichen Turnier bei Le Malpalu. Warenne hat dieses Mal vor allen anderen den Sieg davongetragen, und Barbara freut sich darüber wie ein Kind. Adi und Agathe durften ihn bekränzen. Am Abend geschah noch etwas Aufregendes mit unserem ältesten Sohn. Kasimir ließ sich bei mir melden, weil er mir etwas Wichtiges mitzuteilen habe. Ich traf ihn unten in der Halle, wo er mir erregt zuflüsterte, was Robert ihm befohlen habe. Er solle Zelte, Decken, Fackeln und genug Speisen einpacken und dann, wenn es ruhig im Schloß sei und die anderen Kinder schliefen, mit ihm und seinen Freunden zum nahen Walde aufbrechen, wo sie sich um ein Lagerfeuer versammeln und die Nacht im Zelt verbringen wollten. Am Morgen würden sie dann zurückkehren, ehe man sie vermißte. Sie hätten sich die Stelle gut ausgesucht und freuten sich alle auf dieses Abenteuer. Ihm aber sei es nicht geheuer dabei, und er wolle es mir daher mitteilen. Andererseits aber wolle er nicht das Vertrauen seines jungen Herrn verlieren und befände sich deshalb arg in der Klemme. Ich wußte sogleich einen Ausweg. „Ich werde zu später Stunde in Roberts Zimmer gehen, wie ich es manchmal tue, um ihm noch gute Nacht zu wünschen, und dann kommst du herein und tust, als ob du mich nicht sähest, und sagst: ‚Alles ist vorbereitet, wir können aufbrechen, junger Herr.' Dann werde ich Robert fragen, was das zu bedeuten habe, und er wird es mir gestehen müssen." Kasimir war sichtlich erleichtert, und wir kamen überein, daß er erst dann sprechen sollte, wenn ich schon wieder nahe der Tür sei. Robert werde sich sicher schlafend stellen, wenn ich ihn küßte, und wenn ich mich anschickte hinauszugehen, sollte Kasimir durch die andere Tür hereinkommen und zu sprechen beginnen.

Alles verlief auch genauso, wie wir es geplant hatten. Robert setzte sich mit wutgerötetem Gesicht im Bett auf und gestand alles. „Wir wollten das Pfingstfest mal schön für uns feiern", sagte er: „Ihr laßt uns ja nie alleine weg!" – „Wie habt ihr euch das nur gedacht?" fragte ich vorwurfsvoll, „einfach nachts auf und davonzugehen, ohne euren Eltern etwas zu sagen?" FitzOsbern und Roger Montgommeri hatten von mir natürlich erfahren, was die Knaben im Schilde führten, und so mußte ich auch Wilhelm davon unterrichten. Spät wie es war, ließ er seinen Sohn zu sich kommen. Als ich Robert sagte, daß der Vater ihn sprechen wolle, begann er leicht zu zittern. Sein Gesicht verliert immer alle Farbe, wenn er sich vor etwas fürchtet. „Kommt Ihr mit, Mutter?" fragte er mit flehendem Blick. Ich nickte. „Wenn der Vater mich dabeisein läßt." Wilhelm saß an seinem Arbeitstisch, auf dem eine helle Öllampe brannte. Er lehnte sich in den Stuhl zurück, als wir eintraten, und sagte, indem er Robert zu sich heranwinkte: „Da kommt der flüchtige Vogel." Zögernd trat Robert näher. „Du schuldest mir eine Erklärung", sagte Wilhelm. „Wo wolltest du bei Nacht und Nebel hin?" – „Wir wollten ums Lagerfeuer sitzen, Vater, und Zelte aufschlagen. Wir haben uns eine Burg in der Felsenhöhle bei Emandreville eingerichtet, und da wollten wir uns gegen die Bretagne rüsten. Aber keiner wollte Conan sein; da habe ich Kasimir dazu bestimmt, der muß mir ja gehorchen. Wir wollten auch gleich morgen wiederkommen und Conan als Gefangenen mitbringen."

Wilhelms Miene blieb unbewegt, doch konnte ich seinen Augen ansehen, daß er seinem Sohn nicht allzu gram war. Sicher gingen seine Gedanken in die eigene Kindheit zurück. Dann sagte er: „Du bist alt genug zu wissen, wessen du dich schuldig gemacht hast. Sage es mir also selbst!" Robert schaute verstockt zu Boden, bis Wilhelm befahl: „Sieh mich an!" Unter dem durchdringenden Blick dieser schwarzen Augen stammelte Robert schließlich: „Ich habe Euch nichts davon gesagt." Wilhelm nickte. „Du bist nicht nur mein Sohn, sondern auch der Graf von Maine", sagte er ernst. „Als solcher bist du Vasall des Herzogs. Keiner meiner Vasallen verläßt die Residenz, ohne mich vorher zu fragen oder von mir geschickt worden zu sein. Ich muß wissen, wo sie alle sind, denn ich bin ihr Herr. Verstehst du das?" – „Ja, aber wenn ich's Euch gesagt hätte, so hättet Ihr mich nicht gehen lassen." – „Warum denkst du das?" – „Ihr meint sicher, ich sei zu jung und mir könne was geschehen." – „Richtig!" – „Deshalb wollte ich nicht fragen." – „Das bedauere ich", meinte Wilhelm, „denn es gibt nichts Besseres für heranwachsende Knaben, als sich den Wind um die Nase wehen zu lassen, auf kalter Erde in Zelten zu schlafen, sich morgens im Bach zu waschen und auf Abenteuer auszugehen." Robert sah seinen Vater verwirrt an. „Ich denke, Ihr wolltet uns Knaben nicht ziehen lassen..." – „Nicht allein! Kasimir ist kein Schutz für Euch; der ist kein Ritter und hat keine Waffen. Ich als Herzog kann dir aber einige meiner Ritter mitgeben, damit ich weiß, daß ihr beschützt seid. Dann könntet ihr sogar, nachdem ihr alles gut vorbereitet habt, drei Tage unterwegs bleiben." Roberts Wangen röteten sich vor Eifer. „Wir könnten wirklich – und Ihr wollt uns Geleit geben – richtige Ritter?" – „Zuerst wird der flüchtige Graf bestraft", sagte Wilhelm ruhig. „Ich werde dich zwar nicht in den Turm sperren, aber du darfst drei Tage lang dein Zimmer nicht verlassen. Danach sprechen wir weiter über die Sache." Robert zog die Mundwinkel etwas herab, dann aber sagte er: „Ich kann während dieser drei Tage meine Pläne machen, Vater." Wilhelm nickte und schmunzelte leicht, und mein Ältester sagte uns, sichtlich erleichtert, gute Nacht.

Rouen, Dienstag, am 1. des Brachmonds 1064

Es ist immer noch keine Nachricht aus Flandern eingetroffen, die uns etwas über die Landung des Grafen Harald berichtet. Der Wind hat die meiste Zeit günstig gestanden, denn er kam von Norden. In der letzten Woche hat es sogar heftig gestürmt.

Rouen, Freitag, am 4. des Brachmonds 1064

Sehr aufregende Nachrichten haben uns heute erreicht, und der erste, der sie mir überbrachte, war Richard. Ich saß unten im Herzogsgarten und hatte nur Klein-Adele bei mir, die ich gerade stillte. Es war ein warmer Tag, und in meiner Rosenlaube waren schon mehrere Knospen aufgesprungen. Nicht weit von mir, auf einem schwankenden Zweig, saß ein hellgelber Schmetterling, den ich längere Zeit stillfreudig beobachtete, bis er auf einmal davonflog – dicht am Kopf des Kindes vorbei, das augenblicklich meine Brust losließ und versuchte, mit dem Händchen nach ihm zu greifen. Auf einmal hörte ich schnelle, kleine Schritte, und dann stand Richard vor mir und stieß mit wichtiger Miene hervor: „Da ist ein Mann in der Halle, dem ist sein Schiff zerbrochen." – „Wo ist das Schiff zerbrochen?" fragte ich, „hier auf der Seine?" – „Nein, am Strand", sagte er, „und er ist drollig angezogen und sein ein Strumpf ist geplatzt!" Nun kam Robert hinterhergelaufen, der es mir etwas ordentlicher erzählte. „Vater sagt, Ihr sollt mal kommen, Mamà, denn da hat ein Mann Schiffbruch gehabt, und wir sollen ihn retten kommen, und Warenne soll hinreiten, auch Robert und Heinrich Beaumont, aber ich darf nicht mit." – „Und er spricht ganz ulkig", grinste Richard. „Ja, angelsächsisch", erklärte Robert, „er sagt immerzu: ‚Good Sir, good Sir!'" Ich war nun neugierig geworden, mußte aber erst Adele austrinken lassen. „Sagt dem Vater, ich komme gleich", ließ ich ihm bestellen, und vier kleine Beine liefen eilig davon. „Hoffentlich war es nicht Graf Haralds Schiff", dachte ich, weil wir doch bislang nichts von ihm gehört haben.

Meine Befürchtung bestätigte sich. Der „drollig angezogene" Mann war einer der Diener Graf Haralds, der im großen Saal vor Wilhelm stand, während kleine Gruppen von Hofleuten und Bedienten hie und da in der Halle zusammengelaufen waren, die aufgeregt flüsterten und gestikulierten. Als ich in den Saal trat, winkte Wilhelm mich heran und sagte zu Wulfnoth, der die Worte des Fremden für Wilhelm übersetzt hatte: „Erklärt es jetzt der Herzogin noch einmal!" Und zu mir gewandt, sagte er: „Graf Harald ist mit seinem Schiff an der Küste von Ponthieu gestrandet." Wulfnoth erklärte nun, was der Angelsachse berichtet hatte. Als die gestrandeten Engländer im nächsten Dorf nach Hilfe suchten, erkannte ein Fischer den Grafen Harald wieder, denn jener war schon öfter an die englische Küste gefahren. Er muß sofort den Grafen von Ponthieu davon unterrichtet haben, denn dieser schickte alsbald seine Krieger und ließ Harald und die ganze Besatzung, die noch am Leben war, gefangennehmen und in den Turm werfen. Er würde die Leute nicht eher freigeben, als bis er ein entsprechendes Lösegeld erhielte. Für den Grafen Harald verlange er 1000 Pfund. In Ponthieu herrsche das „Strandgesetz", demzufolge alles Gut von gestrandeten Schiffen dem Besitzer der Küste gehöre – es seien „Geschenke des Himmels". Haralds Los sei besonders schlimm, weil es sich um eine Person von hohem Rang handele. Die würden oft sogar gemartert und erpreßt, damit möglichst viel Lösegeld erzwungen werden konnte. Die Schiffbrüchigen befänden sich jetzt im Turm von Beaurain bei Montreuil-sur-Mer. Der Diener habe Wilhelm angefleht, seinem Herrn zu helfen.

„Wie bist du denn entkommen?" fragte Wilhelm ihn. Er sei ziemlich am Ende des Zuges gewesen, sagte dieser, und kurz vor Beaurain habe es zu regnen begonnen, und das Pferd, auf das man ihn gebunden hatte, sei ausgeglitten; er sei eine Böschung hinabgerollt und habe sich im losen Sand gut vergraben, so daß nur sein Kopf herausragte, den er mit Laub verdeckt hatte. Man habe nicht lange nach ihm gesucht, weil er nur zu den Bedienten gehörte. Früh am nächsten Morgen habe er sich ein Pferd gestohlen und sei so schnell wie möglich über die normannische Grenze entkommen und nach Rouen geeilt. Ich war zutiefst erschrocken und entsetzt, als ich diesen Bericht hörte. „Das verstößt gegen jede Gerechtigkeit und vor allem gegen die christlichen Gebote!" rief ich aus. Wilhelm sah ernst drein, denn wenn Ponthieu auch nicht zur Normandie gehört, so ist es dennoch ihr Vasallenstaat. Er ließ dem Angelsachsen übersetzen, daß er bereits Ritter nach Ponthieu entsandt habe, die den herzoglichen Befehl überbringen würden, Graf Harald freizugeben. Zu mir gewandt, fügte er hinzu: „Ich werde in zwei Tagen selbst mit Turold aufbrechen und Harald bis Eu entgegenreiten. Graf Guido ist von mir unterrichtet worden, daß Harald mein vom englischen König gesandter Gast ist und ich seine Auslieferung fordere. Ich will ihm das gewünschte Lösegeld zahlen." – „Sire", rief ich erstaunt aus, „für dieses Verbrechen wollt Ihr Guido noch belohnen?" Wilhelm zog seine Augenbrauen hoch und sagte mit ruhiger Miene: „Wir dürfen keine Zeit mit Verhandlungen verlieren. Drohungen meinerseits könnten Haralds Los erschweren. Guido ist seinem verstorbenen Bruder Angelrann nicht unähnlich." Dann ließ er den Angelsachsen speisen und neu kleiden. Dieser hatte seine zerrissenen Kleider in Eu, wo er sich dem Statthalter melden ließ, gegen heile eintauschen können, denn der Statthalter hatte ihm welche seines eigenen Dieners gegeben, die dem langen Engländer aber nicht richtig passen.

Ich habe meinen Töchtern und Odilie von dem Geschehenen erzählt und überlege mir nun, was alles zur Ankunft des Grafen vorbereitet werden muß. Er wird zunächst Ruhe brauchen und dann völlig neue Kleider, Pferd und Waffen haben müssen. Wenn ich mir sein Los vorstelle, so ergreift mich helle Empörung – besonders, weil Guido nicht für seine Tat bestraft wird. Adelaide denkt hierin „weiser" als ich. Sie sagte: „Gottes Mühlen mahlen langsam, aber sicher." Dann fügte sie hinzu: „Wenn ich an Angelrann denke – gar nicht einmal so langsam." Sie erzählte mir auch, daß sie, als sie noch in Ponthieu lebte, von einem Strandgut hörte, das Angelrann sich bringen ließ und das kostbare Ware von einem flandrischen Handelsschiff enthielt. Auch damals seien Besitzer und Steuermann gefangengenommen worden, während man die einfachen Leute habe frei laufenlassen. Roberts Phantasie ist ob des Gehörten erhitzt worden; er war lange im Kinderzimmer und hat seinen kleinen Brüdern Geschichten von Seeräubern erzählt. Meine beiden Töchter dagegen beten für den englischen Grafen. Und Klein-Adele weiß noch nichts von den Schrecken dieser Welt. Sie liegt wohlbehütet in ihrer Wiege, den Daumen im halbgeöffneten Mündchen, einem neuen Tag entgegenträumend.

Rouen, Freitag, am 11. des Brachmonds 1064

Gestern abend sind sie eingetroffen. Es war schon spät. Der letzte helle Streifen am westlichen Horizont war ins Dunkel der Nacht getaucht, und die ersten Sterne waren aufgegangen. Ich trat gerade, von unserer Hauskapelle kommend, auf den Gang hinaus, als ich Wilhelms Stimme zu hören glaubte. Sie war gedämpft, was mich wunderte, und ich hörte vom Schloßhof her das Anhalten von Pferdehufen, murmelnde Stimmen und dann schwere Schritte. Doch niemand kam die Treppe herauf. Erst nach längerer Zeit erschien Wilhelm bei mir und sagte, dem Grafen ginge es sehr elendiglich; er habe deshalb möglichst unbemerkt ins Schloß gelangen wollen. Er sei jetzt in der Obhut von Doktor Maminot, den man gleich habe rufen lassen, und die ganze Nacht werde ein Krankenpfleger von St. Ouen bei ihm wachen. Ich hatte Graf Harald in unser bestes Gästezimmer bringen lassen – dasselbe, das Papà vor kurzem bewohnt hat. Es mochte gegen Mitternacht sein, als Wilhelm mich holte, damit ich unseren Besucher sehe. Doktor Maminot war noch bei ihm und flüsterte Wilhelm etwas zu, was ich nicht verstand. Ich schaute derweil auf unseren Gast, dessen Gesicht ich beim gedämpften Lampenlicht nicht klar erkennen konnte. Auf seiner Stirn lag ein feuchtes Tuch, das der Pfleger öfter in kaltes Wasser tauchte und ihm wieder auflegte, um das Fieber zu kühlen. Er hatte die Augen geschlossen, und ab und zu erzitterte sein Körper heftig. Ich sah sein langes, leicht gelocktes Haar auf dem Kissen liegen; auf der Oberlippe hatte er einen Bart, der seitlich des Mundes herabhing. Hin und wieder stöhnte er und versuchte sich aufzurichten; doch dann drückte der Mönch ihn wieder sanft in die Kissen zurück. „Der lange Ritt hat ihn überanstrengt", sagte Wilhelm zu mir. „Wir wollten ihn in eine Sänfte setzen, doch dagegen hat er sich gesträubt." Er schaute nachdenklich auf den Angelsachsen herab und sagte: „Wer weiß, was er in Beaurain erduldet haben mag. Man behandelt die Gefangenen dort nicht gerade sanft. Auch sagte er mir, daß er beim Kentern des Schiffes mit dem Kopf irgendwo hart aufgeschlagen sei und seitdem immer starkes Kopfweh habe." Wilhelm wechselte danach noch einige Worte mit dem Arzt, der versprach, am frühen Morgen wiederzukommen. Als er gegangen war, zog Wilhelm das Tuch von Haralds Stirn, gab es dem Krankenpfleger zum Kühlen und legte seine Hand auf Haralds Kopf. Ich hörte, wie der Graf einen tiefen Seufzer ausstieß und wie Wilhelm sagte: „Alles wird gut!" Er ließ seine Hand lange auf Haralds Stirn liegen, während er liebevoll auf ihn herabsah. Der Mönch, der Wilhelm das Tuch schon zugereicht hatte, zog es wieder zurück und legte es erneut ins kühle Wasser. Harald lag nun ganz still da, und seine Atemzüge wurden regelmäßiger. Schließlich winkte Wilhelm dem Mönch, ihm das

Tuch zu geben, und legte es lose auf des Kranken Stirn. Dann machte er, kaum merklich, das Zeichen des Kreuzes über ihn, nahm mich bei der Hand und ging mit mir hinaus. „Steht es sehr schlimm um ihn?" fragte ich flüsternd. Wilhelm nickte. „Ich fühle mich dem König gegenüber verantwortlich für den Grafen", sagte er. „Wenn er doch aber Schiffbruch erlitten hat, Wilhelm, kann dich der König nie und nimmer verantwortlich machen." – „Nein", sagte er, „aber nun ist er in *meinen* Händen, und wenn ihm hier etwas zustößt, reimen sich unsere Gegner manches daraus zusammen – so wie sie es bei Walter und Biota getan haben." Ich verstand jetzt, was er meinte, und habe die Nacht noch lange für Harald gebetet.

Rouen, Samstag, am 12. des Brachmonds 1064

Obgleich es gestern sehr spät geworden war, bin ich schon früh aufgestanden, und als Wilhelm von seinem Morgenritt zurückkehrte, gingen wir beide wieder in Haralds Zimmer. Wilhelm war schon bei Tagesanbruch dort gewesen und hatte mit dem Arzt gesprochen. Der kam gerade aus dem Krankenzimmer, als wir eintreten wollten, und meinte, heute früh sähe es erheblich besser aus! Das Fieber sei zurückgegangen, und der Kranke scheine ruhiger. „Ich will hoffen", sagte Wilhelm, „daß es nur eine Erschöpfung ist und kein heimtückisches Fieber." – „Der Graf hat einen kräftigen Körper, Sire", meinte Doktor Maminot. „Den hatte mein Vater auch", sagte Wilhelm, „dennoch hat ihn das Fieber dahingerafft." Ich wunderte mich über Wilhelms Äußerung, denn meist läßt er solchen Gedanken gar keinen Raum. Wir traten, Hand in Hand, an Haralds Bett, während der Mönch, der in einer Ecke saß und in einem frommen Buche las, aufstand, sich aber auf Wilhelms Wink wieder setzte. Ich konnte das Gesicht des Grafen nun im Tageslicht besser erkennen. Er hat eine wohlgeformte Stirn, eine kräftige, regelmäßige Nase und blonde, buschige Brauen. Das Kinn ist fest, aber der Mund unter dem blonden Bart sehr weich; die füllige, geschwungene Oberlippe überragt die untere ein wenig, was ihm etwas fast Kindliches im Ausdruck verleiht.

Wir hatten eine Weile so stumm dagestanden, als er plötzlich die Augen aufschlug. Er sah mich, blickte dann auf Wilhelm und wieder zurück zu mir und schien sich auf einmal daran zu erinnern, wo er war. Ich sah in ein paar tiefblaue Augen von der Farbe des Meeres – so wie wenn sich an klaren Tagen der Himmel darin widerspiegelt. Einige Sekunden ruhten unsere Blicke ineinander, dann sah er zu Wilhelm auf und bemerkte: „Ich verdanke Euch mein Leben, Sire." Er sprach französisch, doch klang es in seinem angelsächsischen Tonfall weich und verschwommen. „Dankt Gott!" sagte Wilhelm schlicht. Dann legte er seine Hand auf die Haralds und fuhr fort: „Macht Euch keine Gedanken um irgend etwas. Ihr seid unser Gast und erhaltet von uns alles, was Ihr braucht. Ruht Euch jetzt gut aus." Dann wies er auf mich und sagte:

„Die Herzogin wird für Euch sorgen." Ich lächelte ihm ermutigend zu, und da huschte auch über sein Gesicht ein Lächeln, das es geradezu verzauberte. „Ihr seid uns willkommen, Sire", sagte ich, indem ich ebenfalls kurz meine Hand auf die seine legte. Dabei bemerkte ich auf seinem Handgelenk und Arm helles, lockiges Haar, das sich zu dichten Ringeln ballte. Es fiel gerade ein Sonnenstrahl durch das offene Fenster, der diese golden aufleuchten ließ. Wir blieben nicht lange, denn der Kranke ist noch recht schwach. Als wir wieder draußen auf dem Gang waren, fragte Wilhelm: „Was sagst du zu ihm?" – „Ich kann gut verstehen, daß die Angelsachsen ihn lieben", sagte ich; „er ist ganz anders als sein Vater – und auch als Tosti. Eher erinnert er mich ein wenig an Gyrth." Wilhelm nickte, sagte aber nichts weiter. Ich muß nun mit dem Kleidermacher vom Hof sprechen, damit dem Grafen neue Gewänder gefertigt werden. Adelaide soll mir mit ihrem Rat helfen, denn wir wollen ihm nur das Beste schneidern lassen.

Später

Wilhelm wollte, daß ich dem Gast einen Schlaftrunk bringe, so wie es in der Normandie Brauch ist. „Kommst du mit?" fragte ich ihn. Er schüttelte den Kopf. „Das ist Aufgabe der Schloßherrin", sagte er. „Berichte mir danach, wie es ihm geht." Ich hatte schon ein bequemes Hausgewand angezogen und wollte mich umkleiden, doch Wilhelm meinte, ich solle nur so bleiben, wie ich sei, das Weinrot stünde mir vortrefflich zu Gesicht. Ich lachte und sah ihn fragend an. „Geh nun", drängte er. Ich brachte Harald einen Becher heißen roten Weines, der von lombardischen Trauben gekeltert war. Er richtete sich etwas auf dem Ellbogen auf und sah mich dankbar an. „Wie fühlt Ihr Euch?" fragte ich. „Wie im Himmel, Mylady", sagte er. „Ihr betreut mich wie ein guter Engel." Ich blickte staunend auf seine hellen, herabhängenden Locken, denn hier bei uns tragen die Männer das Haar kurz – zumindest die Ritter und Krieger. Nur Eremiten, Gelehrte oder die älteren Herren haben zuweilen längeres Haar. „Wir haben bereits ein Schreiben an den König gesandt", erklärte ich ihm, „und ihm mitgeteilt, was geschehen ist – auch, daß Ihr nun in guter Obhut seid." – „Ja", sagte er mit einem leisen Seufzer, „aber ich fühle gar keine Kraft in mir. Ich bin wie ein am Boden moderndes Blatt." – „Mitnichten", sagte ich; „die Sonne der Normandie wird Euch bald wieder zu Kräften bringen. Tut nur gehorsam das, was der Arzt Euch sagt." Er sah mich mit unverhohlenem Wohlgefallen an und sagte: „Euer Anblick wärmt mich mehr als die Sonne." Das machte mich etwas verlegen, doch als ich in seine Augen schaute, blickten diese unschuldig, fast wie die eines Kindes, drein. Dann sank er ins Kissen zurück, und ich gebot ihm sanft, nun zu schlafen. „Wenn mir nur nicht immer vom Schiffbruch träumte", sagte er seufzend. „Ihr habt sicher noch Fieber", meinte ich. „Fühlt einmal meine Stirn", bat er da, und ich legte meine Hand auf seine Brauen, während er sagte: „Ich habe eine seltsame Leere im Kopf – so als sei mein Hirn ausgelaufen." – „Denkt an etwas Schönes", riet ich ihm, „dann kommen die guten Gedanken wieder." Er blinzelte mich unter halbgeschlossenen Lidern an und sagte: „Himmel und Hölle liegen oft dicht beieinander." Dann machte er die Augen zu und lag still da. Leise zog ich mich zurück.

Ich konnte aber noch nicht schlafen, sondern saß lesend im Bett, auf Wilhelm wartend, der wohl noch in der Hauskapelle war. Er kam etwas später zu mir und fragte: „Wie ist es gegangen?" Ich erzählte ihm von Haralds seltsamer Bemerkung, daß Himmel und Hölle dicht beieinander lägen. „Er hat recht", meinte Wilhelm. „Jeden Tag muß sich der Mensch für das eine oder andere entscheiden." – „Ich denke aber, er hat im Fieber geredet, Wilhelm. Er träumt noch immer vom Schiffbruch." – „Bald wird er von etwas anderem träumen", meinte Wilhelm. „Wovon meinst du?" – „Was hat er dir gesagt?" fragte Wilhelm zurück. „Er hat mir allerhand Liebes gesagt, ich sei sein guter Engel, ich sei wärmer als die Sonne... Wilhelm, ich möchte nicht mehr allein zu ihm gehen." – „Fürchtest du ihn?" – „Nein, aber es ziemt sich nicht." – „Du bist die Schloßherrin!" Ich schwieg eine Weile. Dann sah ich ihn an und wunderte mich über den verschmitzten Ausdruck seiner Augen. „Wir haben die Maus in der Falle", sagte er. „In was für einer Falle, großer Stratege?" – „Er sieht es zwar noch nicht", fuhr Wilhelm fort, als spräche er zu sich selbst, „und wenn er es schließlich merkt, wird es zu spät sein. Siehst du, Mahaut, er ist uns nun zu Dank verpflichtet, und wir müssen ihn uns zum Freunde machen. Ich werde ihn lange hierbehalten, bis ich ihn inwendig und auswendig kenne. Er soll es nicht bereuen, wenn er meine Freundschaft annimmt. Erweise ihm jede erdenkliche Freundlichkeit und Aufmerksamkeit, und umsorge ihn so, wie du mich umsorgst." – „Das ist ein wenig viel verlangt, Wilhelm. Auch kann ich mich nicht gut verstellen." – „Das brauchst du auch nicht, er wird dir und uns allen gefallen; es wird sich alles von selbst ergeben." – „Was sollte sich von selbst ergeben?" Da nahm er meinen Kopf in seine Hände und sagte: „Schlafe jetzt, Joujou. Morgen erkläre ich dir meinen Plan."

Rouen, Sonntag, am 13. des Brachmonds 1064

Nun will ich von heute früh berichten... Ich wurde gerade unterbrochen, denn Cäcilie ist vom Baum gefallen und liegt mit Nasenbluten auf ihrem Bett. Barbara braut ihr Schafgarbe, und Clothilde hat ihr einen Umschlag von Misteln aufgelegt. Das Kind klagt aber gar nicht, obgleich es sich das Knie stark aufgeschlagen hat. Mit irgendeinem der Kinder gibt es doch immer eine Aufregung! Aber noch viel aufregender sind Wilhelms seltsame Ideen. Als ich heute morgen in Haralds Zimmer schaute, lag er in tiefem Schlaf, und der Klosterbruder meinte, es ginge ihm besser; er habe in der Nacht ruhig geschlafen, und es sei Genesungsschweiß auf seiner Stirn. Ich trat etwas näher an sein Lager und beobachtete eine Weile seine ruhigen Atemzüge. Dann ging ich in mein

Zimmer zurück. Nebenan in meinem Schlafzimmer hörte ich jemanden an meiner Spiegeltruhe kramen; es klang fast so, als ob der Kasten mit den Juwelen aufgeschlossen würde, denn dabei knarrt es immer. Keine meiner Kammerfrauen würde es wagen, an den Schmuckkasten zu gehen; ob eines der Kinder den Schlüssel gefunden hatte? Ich schob die Portière zur Seite und schaute hinüber. Da sah ich zu meinem Erstaunen Wilhelm auf der Spiegeltruhe sitzen und verschiedene meiner Spangen und Ketten durch seine Finger gleiten lassen. „Bei Gottes Herrlichkeit!“ rief ich aus, indem ich seinen berühmten Spruch anwandte, „was ist in dich gefahren, Wilm?“ Er schaute flüchtig zu mir herüber und fragte, anstatt zu antworten: „Wie geht es unserem Gast?“ – „Viel besser“, sagte ich, „aber er schläft noch fest.“ Nun blickte Wilhelm auf und sagte: „Du solltest öfter Schmuck tragen!“ – „Doch nicht jeden Tag, Wilhelm“, wandte ich ein, „nur zu besonderen Festen.“ Er hob ein Stirnband aus dem Kasten, das mit Edelsteinen besetzt war und von dem in der Mitte ein ovaler Rubin herabhing. Er legte es mir um den Kopf, so daß der Rubin auf meine Stirn zu liegen kam. „Schmuck hebt deine Schönheit noch hervor“, meinte er. „Dieses Band sollst du zum Festessen tragen, wenn wir Graf Harald öffentlich am Hof begrüßen.“ Ich nahm das Stirnband in die Hand und muß gestehen, daß ich ganz vergessen habe, was ich eigentlich an Juwelen besitze. Wilhelm streifte mir ein paar goldene Spangen über den Arm und hielt dann eine goldene Kette mit einem Saphir gegen meine Tunika. „Du sollst dich für unseren Gast schmükken“, meinte er, „und ihn dir auf geschickte Weise geneigt machen. Harald hat ein Auge für liebliche Frauen und ist es gewohnt, von ihnen umsorgt zu werden.“ – „Er hat doch aber eine eigene Frau – wenn auch keine angetraute – und mehrere Kinder, nicht wahr?“ Wilhelm nickte. „Das hat ihn aber nie davon abgehalten, sich auch anderer Amouren zu erfreuen.“ Ich schaute ihn verblüfft an, und er lachte. Dann legte er eine goldene Armspange, die mit kleinen Smaragden besetzt war, um mein Handgelenk und sagte: „Sieh zu, daß du unseren Gast begrüßt, sobald er aufgewacht ist.“

Es dauerte fast noch zwei Stunden, bis ich vom Krankenpfleger hörte, daß Harald wach sei. Man habe ihn gewaschen und ihm etwas Milch eingeflößt. Ich ging, leicht erregt, zu ihm, und er schaute mir aus seinen großen blauen Augen entgegen. Es sind Augen von der Bläue des Meeres – gefühlvolle Augen unter dichten, dunkelblonden Brauen. Sie blickten mir mit kindlicher Freude entgegen. Das hellblonde, vom Waschen noch feuchte Haar lag zurückgekämmt und fiel in welligen Strähnen auf das Kissen. „Ihr laßt mir gute Pflege angedeihen“, sagte er. „Es ist des Herzogs und mein aufrichtiger Wunsch, Euch bald wieder ganz gesund zu wissen“, meinte ich, indem ich meine Hand ausstreckte, die er mit seinen noch fieberheißen Fingern umfaßte. Dabei streifte meine goldene Spange seine Hand, und ich sah, wie er sie aufmerksam musterte. „Habt Ihr gut geruht?" fragte ich. Er seufzte und meinte: „Ich habe keine guten Träume." – „Vergeßt all das Schreckliche, das geschehen ist, denn Ihr seid nun bei Freunden", gebot ich ihm. Er versuchte zu lächeln, sah aber traurig dabei aus. Ich verabschiedete mich bald, denn ich merkte, daß er noch sehr schwach war und ihm die Worte nicht leicht von den Lippen kamen. Dieser Gast wird uns viel Mühe machen!

Rouen, Freitag, am 18. des Brachmonds 1064

Es geht dem Grafen schon viel besser, und er scheint sich jedesmal sehr zu freuen, wenn ich komme. Doch blickt er immer noch ziemlich verwirrt und oft etwas gequält drein. Als ich ihn heute fragte: „Habt Ihr noch Schmerzen?" sah er mich lange nachdenklich an und sagte: „Mir träumt fast jede Nacht vom Schiffbruch und vom... vom Kerker." – „Das ist nun alles vorbei", versuchte ich ihn zu trösten. „Draußen wird es Sommer, seht nur!" – und damit wies ich auf den Strauß bunter Wiesenblumen, die ich ihm in einem Tonkrug ans Lager gestellt hatte. „Die Sonne, die jetzt bis spät abends scheint, erweckt alles zu neuem Leben, und auch Ihr werdet bald wieder bei Kräften sein. Dann zeige ich Euch unseren Park im Blütenschmuck und den Teich mit den Wasserrosen und den nahen Wald mit den hohen Eichen, und der Herzog nimmt Euch mit auf die Jagd. Ihr sollt auch unsere Schlösser in Bonneville und Lillebonne und vielleicht sogar in Caen sehen." Ich schien den rechten Ton getroffen zu haben, denn seine Augen leuchteten mit einem Mal auf, und er sagte: „Wenn Ihr dabei seid, wird alles zu einem Fest werden." Ich senkte, leicht verlegen, die Augen; doch noch ehe mir eine Antwort einfiel, merkte ich, als ich wieder hochblickte, wie Harald in eine andere Richtung sah, wo etwas seine Aufmerksamkeit zu fesseln und ihn zu belustigen schien. Ich folgte seiner Blickrichtung und sah hinter mir in einiger Entfernung Rufus stehen, der mir unbemerkt vom Spielzimmer aus gefolgt sein mußte. Da stand er, die Händchen an sein blaues Wams gepreßt, und schaute neugierig zu unserem Gast hinüber. „Kind!" rief ich aus, „was tust du hier?" Er blinzelte mich schelmisch an und sagte: „Will nur mal gucken...", dann lief er schnell hinaus. „Das ist mein Sohn Wilhelm", erklärte ich. Harald lächelte und richtete sich etwas im Bett auf, um dem Kind nachzuschauen. Dann fragte er: „Ist das Euer Ältester?", denn er weiß bereits, daß ich eine kleine Tochter habe. „Nein", sagte ich, „das ist mein jüngster Sohn, ich habe noch zwei ältere – Robert und Richard." Er blickte mich erstaunt an. „Ihr habt bereits vier Kinder?" – „Sechs", erwiderte ich stolz, „drei Söhne und drei Töchter." Das wollte er kaum glauben, weil ich doch so sehr jung aussähe. Er sprach nun von seinen eigenen fünf Kindern, erwähnte aber deren Mutter gar nicht. Ich höre ihn gern sprechen; seine Stimme ist weich, und seine Vokale klingen verschwommen – so als ob ein leichter Nebel darüber läge. Wilhelm meint, wir sollten in wenigen Tagen ein Festmahl für Graf Harald halten. Er steht heute nachmittag zum ersten Male auf.

Der ihn pflegende Klosterbruder ist sehr zufrieden mit dem Fortschritt in der Genesung.

Rouen, Samstag, am 19. des Brachmonds 1064

Heute haben Wilhelm und ich Graf Harald zum ersten Mal in den Park geführt. Wir taten dies gegen Abend, während die meisten Schloßbewohner bei der Mahlzeit saßen, und gingen eine Weile mit ihm durch den Herzogsgarten. Dort steht alles in voller Blüte – Mohn, Levkojen, Rosen, Phlox, Schwertlilien, Fingerhut und der zart duftende Holunder. „Es ist dies alles das Werk der Herzogin", sagte Wilhelm anerkennend; „sie hat diesen Garten, der nach dem Tode der letzten Herzogin zu einer Wildnis wurde, wieder zu neuem Leben erweckt." Harald nickte und bemerkte: „Ich meine, sie hat auch *mich* zu neuem Leben erweckt." Wilhelm lächelte zufrieden, nahm meine Hand und drückte sie leicht. Harald war gesprächiger als bisher; man merkt, daß er langsam kräftiger wird. Morgen beim Festessen soll er dem versammelten Hof vorgestellt werden.

Rouen, Sonntag, am 20. des Brachmonds 1064

Morgen ist bereits der längste Tag des Jahres. Da das Wetter heute milde und sonnig war, speisten wir draußen auf der Terrasse, das heißt, nur die Mitglieder der Curia mit ihren Frauen. Die anderen aßen drinnen und kamen später heraus, als Graf Harald allen vorgestellt wurde. Er erzählte dann auf Drängen aller Anwesenden noch einmal sein fatales Erlebnis. Sie seien guten Mutes aufgebrochen, begann Harald, hätten ihre Falken und Jagdhunde bei sich gehabt und seien so bis Bosham gelangt, wo sie sich zum Gebet versammelt und um eine gute Überfahrt gebeten hätten. „Geholfen hat es uns aber nicht", bemerkte er etwas bitter. Ich schaute zu Wilhelm hin, der spontan erwiderte: „Gott achtet mehr auf unsere Gedanken als auf unsere Worte." Diese Bemerkung schien Harald vorübergehend der Sprache zu berauben, denn es war keine sehr höfliche Äußerung, die Wilhelm soeben getan hatte. Wenn es darum geht, unseren Herrgott zu rechtfertigen, vergißt er sogar seine strategischen Pläne! „Nach einer letzten Mahlzeit", fuhr Harald nun schnell fort, indem er Wilhelms Worte überging, „schürzten wir unsere Tuniken und wateten barfuß auf die Schiffe zu, Falken und Hunde mit uns nehmend. Unser Schiffsknecht kletterte am Mast meines Bootes empor, welches das längste von allen war, und verkündete gutes Wetter." Er lachte wieder etwas bitter und berichtete dann von dem erschreckenden Sturm, der die Boote an die Küste von St. Valéry getrieben hatte. Die Segel seien alle niedergerissen worden und keine Steuerung mehr möglich gewesen. Da die Küste dort ziemlich felsig ist, zerschmetterten die Schiffe. Harald schlug mit dem Kopf auf die Planken und wurde ohnmächtig. Als er wieder zu sich kam, befand er sich völlig durchnäßt am Strand mit einigen lebhaft gestikulierenden Normannen, die ihn und seine Gefährten umringten. Man erwartete den Grafen von

Ponthieu, den man schon vor längerer Zeit verständigt hatte, denn Harald war von einem Fischer, der oft das Inselreich besucht, erkannt worden.

Als Graf Guido schließlich eintraf, während Harald und seine Männer in einem Bauernhaus warteten, wurde ihnen der verbrecherische Plan enthüllt. „Guido verlangte unter Drohungen ein unglaublich hohes Lösegeld von mir", sagte Harald; „und da habe ich ihm, uneingedenk meiner großen Schwäche, nicht gerade sanft erklärt, daß er kein Edelmann, sondern ein Schurke und Erpresser sei, daß ich im Auftrag des englischen Königs die Normandie besuche und er mir unverzüglich freie Reise gewähren solle. Statt dessen nahm er mir mein Schwert ab und ließ mich in den Kerker führen, bis ich mich anders besänne." Hier machte Harald eine längere Pause und hatte wieder den gequälten Ausdruck in seinen Augen. „Wie sah es im Kerker aus?" fragte Wilhelm. Harald preßte die Lippen zusammen; dann sagte er: „Es war ein finsteres Loch, feucht und ohne Fenster, so daß ich nie wußte, ob es Tag oder Nacht war. Dort lag ich angekettet, und nur ab und zu erschien ein Wächter, der mir eine dünne Suppe oder trockenes Brot brachte und einen Krug Wassers niederstellte. Dann sah ich im Schein seiner Fackel die trostlose Zelle, wo mir eine harte Holzbank als Lager diente und die Ratten gleich schwarzen Schatten umherhuschten." Als er wieder eine Pause machte und ich mich umsah, blickte ich in entsetzte und betroffene Gesichter. Dann wurden Rufe der Empörung laut, und man stellte Harald viele Fragen. Er sagte, er habe ausgeharrt, weil er gesehen hatte, daß sein Diener entkommen war; er sei sicher gewesen, daß dieser sich um Hilfe bemühen werde. „Ich wußte nicht, ob Tage, Wochen oder Monate verstrichen", sagte er, „ich lebte in der Hölle." – „Sire", sagte fitzOsbern da zu Wilhelm, „man hätte dem Grafen kein Lösegeld geben, sondern ihn mit unserem bewaffneten Heer zur Herausgabe Graf Haralds zwingen sollen." Wilhelm wiegte leicht den Kopf hin und her und erwiderte: „Ich hielt es für besser und sicherer, ihn auf friedliche Weise einzuhandeln, damit ihm kein Leid geschieht. Da Guido sich schon seit langem das Land am Eaulne gewünscht hat, versprach ich es ihm." – „Und obendrein habt Ihr ihm einen guten Batzen Geldes gegeben", sagte fitzOsbern. Wilhelm machte eine wegwerfende Handbewegung, als wolle er dies nicht erwähnt wissen; und ich bemerkte, wie Harald ihn dankbar und zugleich verwundert anblickte. Graf Harald kennt Flandern bereits, auch ist er schon in Frankreich gewesen, doch die Normandie besucht er zum ersten Male. „Laßt uns hoffen, daß Euer Besuch freudiger endet, als er begonnen hat", sagte Wilhelm schließlich, woraufhin sich die beiden Männer eine Weile stumm und abschätzend ansahen. Mir war es, als läse ich leises Mißtrauen in Haralds Blick.

Barbara sagt mir soeben, daß sie die Kinder fertig angezogen habe; sie sollen jetzt Graf Harald im kleinen Saal vorgeführt werden. Es hat lange gedauert, bis Barbara sie alle fand. Die kleineren waren unter dem Maulbeerstrauch und hatten blauschwarze Münder und Hände. Sie mußten erst gewaschen werden.

Später

Wir haben ihm zuerst die Söhne gebracht. Robert sagte gleich: „Ich bin auch ein Graf – der von Maine." Harald schaute leicht überrascht drein, so daß Wilhelm erklärend hinzufügte: „Vorerst regiere ich für meinen Sohn; doch steht Maine unter der Oberherrschaft von Anjou." – „Eine kuriose Vereinbarung", sagte Harald lächelnd, und ich mußte ihm heimlich recht geben. Es ist Wilhelm, der Maine wirklich in der Hand hat. Richard schaute unseren Gast neugierig an und fragte mit seiner hellen Stimme: „Bist du ein Held, weil du im Schiffbruch warst?" Harald lachte und hob ihn auf den Arm. „Im Augenblick bin ich ein recht trauriger Held", meinte er. „Ja, das ist schade, daß dein schönes Schiff nun kaputt ist", sagte Richard; „aber der Vater baut dir ein neues." Wilhelm sah sein Ebenbild stirnrunzelnd an; dann bemerkte er zu Harald: „Darüber ließe sich reden." Rufus sagte zuerst gar nichts, doch als Harald ihn fragte: „Kennen wir uns nicht schon?" murmelte er: „Da wars du in Bett und sahs ganz anners aus."

Nun brachte Barbara die Mädchen. Sie reichte mir zuerst Adele, und ich sagte: „Diese kennt Ihr schon, Graf Harald, das ist meine Jüngste." Sie brachte mich allerdings arg in Verlegenheit, weil sie an meinem Kleid zerrte, um es aufzumachen. Es war um die Zeit, wo ich sie sonst stille. „Noch nicht, Schatz", sagte ich leise, „du mußt noch ein wenig warten." Dann wies ich mit der Hand auf Agathe und Cäcilie, die den Grafen stumm und bewundernd anschauten. „Ihr habt schöne Töchter", sagte Harald anerkennend, worauf Cäcilie überzeugt erwiderte: „Ihr seid aber auch schön!" Graf Harald warf mir einen belustigten Blick zu, und da sagte Agathe: „Ich habe Euch schon im Traum gesehen." – „So?" fragte Harald verwundert; „dann bin ich Euch also kein Fremder?" Ich war überrascht, daß er mein Kind mit „Ihr" anredete; sicher hielt er Agathe für älter als sie ist, denn man könnte denken, sie sei schon zwölf Jahre alt. Deshalb sagte ich erklärend: „Meine Tochter zählt erst neun Jahre, Sire." Er sah sie überrascht an. „Ich dachte, sie sei das älteste Eurer Kinder." – „Nein", rief Robert empört aus, „*ich* bin der Älteste und schon elf Jahre!" Harald nickte, dann sagte er zu Wilhelm und mir: „Ihr habt eine große Familie." Wilhelm sah mit Wohlgefallen auf seine Kinder und meinte dann zu Harald: „Ich sehe sie selten alle zusammen." Da schlug Agathe vor: „Das können wir ja jeden Tag so machen und alle zusammen sein." – „Bei Gottes Herrlichkeit!" rief Wilhelm aus, „das fehlte mir noch in meinem Tagesplan." Und meine weise Cäcilie bemerkte: „Das geht ja gar nicht, denn Papà ist so oft weg, und Adele schläft noch so viel, und Robert ist beim Präzeptor." Adele zerrte wieder an meinem Kleid, und ich übergab sie Barbara. „Schon gut", sagte

Wilhelm, „ihr könnt jetzt alle gehen." Adele weinte auf Barbaras Arm und wollte zu mir. Ich nahm sie zurück und ging mit den Kindern zur Tür. Dort wandte ich mich noch einmal um und sah, wie Wilhelm und Harald mir nachlächelten. Haralds Lächeln ist sonnig, etwas verwegen, aber auch gütig. Wilhelms Lächeln ist anders: wissend, überlegen, von abgeklärter Heiterkeit. Ich dachte hinterher noch darüber nach, was ihrer beider Lächeln so verschieden macht. Bei Harald scheint es, als ob er noch mehr erfahren und genießen wolle – und bei Wilhelm, als habe er bereits alles erfahren und genossen und erfreue sich nun eines geheimen Wissens, von dem die meisten nichts ahnen.

Rouen, Montag, am 21. des Brachmonds 1064

Die Buben waren heute am Teich, denn das Wetter ist auf einmal sehr warm geworden. Nach dem Unterricht bei ihrem Oheim, Abt Nikolaus, sind auch die beiden Mädchen zum Baden hinuntergegangen. Plötzlich kam Kasimir zurück, den Robert geschickt hatte, und ließ mir sagen, Agathe habe sich an einem scharfen Stein die Fußsohle aufgeschnitten; es blute sehr, und sie könne nicht gehen. Ich erschrak und ließ nach Odilie schicken, damit diese sie heimbringe. Doch sie war nirgendwo zu finden. Geraume Zeit verging beim Suchen, bis sich Barbara anbot, ihr Pferd zu satteln. Als sie jedoch gerade die Treppen hinunter wollte, begegnete ihr Graf Harald, der Agathe auf seinen Armen heraufrug. Er war mit Warenne ausgeritten, und sie hatten den Uferweg genommen. Natürlich waren die Kinder nicht am Herzogsstrand geblieben, wie sie es hätten sollen, sondern waren weiter am Ufer entlanggelaufen und sind dort im Teich gewatet. Harald trug das Kind ins Mädchenzimmer, wo Barbara Agathes Fuß auswusch und ihn fest mit einer Binde umwickelte. Derweil schaute Harald teilnehmend zu, und Agathe lächelte selig vor sich hin, als sei ihr ein großes Glück widerfahren.

Später erzählte sie mir freudig: „Denkt Euch nur, Mamà, als ich da am Ufer saß und gar nicht mit dem Fuß auftreten konnte, sah Robert von fern zwei Reiter und rief sie herbei – und da war der eine Graf Harald! Er nahm mich gleich auf sein Pferd und hielt mich sicher und fest – und so sind wir nach Hause geritten... Ich ganz allein mit ihm!" Ich lächelte und sagte: „Das war sehr freundlich von ihm", worauf sie fortfuhr: „Es war ganz himmlisch! Er ist ein solch edler Ritter, mit solch wunderschönen blonden Haaren. Und seine Augen sind so blau wie der Himmel!" – „Du hast deinen Traumritter gefunden", meinte ich scherzend, und da seufzte sie tief auf. Offensichtlich beeindruckt er sie noch viel mehr als sein Bruder Gyrth, den sie damals so sehr bewunderte. Harald hat etwas Strahlendes in seinem Wesen. Nun, da es ihm besser geht und er sich hier viel ausruhen kann, macht er sich allmählich Freunde am Hof. Auch scheint er Kinder sehr zu lieben.

Am frühen Abend hatte Richard ihn ins Kinderzimmer geführt und ihm einige seiner Spielzeugtiere gezeigt. Als ich später dazukam, sah ich ihn zu meiner Überraschung auf den Binsen sitzen, Rufus (der sich sonst gar nicht so schnell an Fremde anschließt) auf seinen Knien, Richard und Cäcilie mit einem großen Bilderbogen vor ihm und Barbara etwas scheu in einiger Entfernung an Adelens Bettchen stehen. Ich war gekommen, um das Kind zu stillen, und schaute recht konsterniert auf unseren Gast. Er bemerkte meine Verlegenheit und sagte, wie um sich zu rechtfertigen: „Euer Sohn hat darauf gedrängt, mir einiges zu zeigen, und nun erzähle ich den Kindern Märchen aus England." – „Zähl weiter!" sagte Rufus, „wo gingte der Bär dann hin?" Mir blieb nichts anderes übrig, als zustimmend mit dem Kopf zu nicken und das Kind von Barbara in mein Zimmer tragen zu lassen. Ganz so eng will ich ihn nun nicht im Kreis unserer Familie wissen – und schon gar nicht in unserem Wohnflügel. Ich muß Wilhelm deswegen fragen.

Rouen, Mittwoch, am 23. des Brachmonds 1064

Wilhelm ist sehr zufrieden darüber, daß Graf Harald sich bei uns wohl fühlt. Er solle in nichts beschränkt werden. Heimlich läßt er ihn beobachten, wenn er einmal allein ausreitet; meist jedoch begleitet ihn jemand. Ich soll ihm jeden Abend Gesellschaft leisten und ihm, wie es hier bei hohen Gästen Brauch ist, vor dem Schlafengehen einen Trunk Weines oder Mets in sein Zimmer bringen. Das tue ich nun, da er wieder gesund ist, gar nicht gern; aber Wilhelm besteht darauf.

Später

Harald hat mir einiges über England erzählt, als ich soeben bei ihm war. Er trug bereits ein bequemes Hausgewand aus blaugrünem Samt und lag, halb ausgestreckt, auf der Liege. Ich setzte den Krug auf den kleinen runden Tisch aus Nußbaumholz – eine Schnitzarbeit aus Flandern – und füllte ihm den Becher. „Habt Ihr schon Heimweh?" fragte ich, nachdem er längere Zeit über seine Güter in Wessex und seine Kinder geplaudert hatte. Er schwieg einige Sekunden; dann sagte er, indem er mich lieb anlächelte: „Ihr, Mylady, versüßt mir den Aufenthalt in der Fremde." Dabei griff er nach meiner Hand, die ich schnell zurückzog. „Ich muß nun wohl gehen", sagte ich; „es ist schon spät." – „Kommt morgen wieder", bat er. Ich nickte, wünschte ihm eine gute Nacht und ging hinaus. Soll das nun jeden Abend so weitergehen? Wie denkt Wilhelm sich das?

Rouen, Donnerstag, am 24. des Brachmonds 1064

Ich habe Wilhelm erst jetzt am Nachmittag sprechen können und ihm von gestern abend erzählt. „Ausgezeichnet", sagte er, „der Fisch ist bereits ins Netz geschwommen. Nun mußt du ihn darin festhalten." – „Wilhelm, sei doch einmal verständig! Was soll ich tun, wenn er meine Hand nimmt?" Wilhelm zwinkerte leicht mit dem einen Auge und meinte unbekümmert: „Du wirst ihn schon im richtigen Abstand halten, mußt ihn aber dennoch ermutigen, sich dir immer mehr aufzuschließen." – „Das ist ein Weg, der aufs Glatteis führt, Wilhelm!" – „Dann gib acht, daß du nicht ausrutschst!" – „Das geschähe dir sogar recht, wenn du solches von mir verlangst." – „Was verlange ich?" fragte er zurück, indem er mein Kinn faßte. „Daß ich mich entwürdige." – „Nein", sagte er, „deine Würde wirst du stets wahren." Er hat immer das letzte Wort! Heute abend brauche ich sicher nicht zu Harald, denn es wird sehr spät werden. Wir veranstalten nämlich heute, am Johannistag, ihm zu Ehren ein Lampionsfest. Ich muß ihm die Kerze für den ersten Lampion reichen. Er freut sich schon auf das Fest, und Agathe ebenfalls, die mit Robert dabeisein darf. Ihr Fuß ist schnell geheilt – das Johanniswasser wirkt immer Wunder.

Rouen, Samstag, am 26. des Brachmonds 1064

Es ist vorgestern auf dem Johannisfest etwas ganz Entsetzliches geschehen. Schlimm war es für Harald und noch schlimmer für die arme Aelfgiva. Aber wie konnte sie nur so herausfordernd sein? Es waren hohe Gäste zugegen – der Erzbischof Maurilius, Abt Nikolaus, Anselm, der junge Prior von Le Bec, und die ganze *Curia ducis*. Wir waren gerade vom Garten hereingekommen, weil es anfing, kühl zu werden, und ich hatte gottlob die beiden Kinder schon zu Bett geschickt, als plötzlich eine Frau in mittleren Jahren in den Saal stürzte, die sich von einem der Wächter losgerissen hatte. „Ich verlange, vor dem Herzog Gehör zu finden!" rief sie. Als der Wächter des Saales unschlüssig zu Wilhelm hinblickte, nickte dieser und fragte, ob sie in Not sei. Jetzt erst sah ich, daß sie einen Knaben von etwa 15 Jahren bei sich hatte, der Hakon ähnlich sah.

Einige Augenblicke später sollte ich erfahren, daß er Hakons Halbbruder war, denn die Frau war niemand anders als die ehemalige Äbtissin zu Leominster, die Sven, der älteste der Godwinesons (der auf seiner Pilgerfahrt ins Heilige Land erfroren ist) verführt hatte. Sie klagte die gesamte Sippe der Godwines in bitteren Worten an, sagte, daß Sven ihr die Ehe versprochen und sie dann verstoßen habe, daß sie mit seinem Sohn habe nach dem Festland flüchten müssen, wo sie jetzt in Ponthieu in Armut lebe, verlassen von ihrem Liebhaber und ausgestoßen aus der Kirche. Als sie von Graf Haralds Ankunft gehört, habe sie sich sogleich auf den Weg nach Rouen gemacht und fordere jetzt Genugtuung von ihm. Harald, als der älteste Oheim ihres Sohnes, solle seinen Neffen bei sich aufnehmen und ihn zum Ritter schlagen. Dieser sei adligen Geblüts, und Harald müsse für seinen Bruder einstehen. Harald, dessen Gesicht bereits etwas vom Wein gerötet war, wurde nun puterrot. Er erhob sich und rief in plötzlich aufflammendem Zorn: „Soll ich meines verruchten Bruders Hüter und Erbe sein? Was habe ich mit seiner Gotteslästerung zu schaffen? Konntet Ihr Euer Keuschheitsgelübde nicht halten, so sehet Ihr zu und nehmt Gottes gerechte Strafe hin!" Sie schlug die Hände in jammervoller Geste zusammen und rief: „Wie kann sich ein armes Weib gegen einen starken Krieger wehren?" – „Mylady", erwiderte Harald verächtlich, „ich erinnere mich allzugut daran, wie sich die Bischöfe Sorgen um die Nonnen Eures Klosters machten. Kostbare Roben habt Ihr gewoben, in die Ihr Euch wie Bräute kleidetet und somit Eure Tugend aufs Spiel setztet; ebenfalls habt Ihr farbige Gewänder für weltliche Männer gestickt und sie ihnen geschenkt, um sie Euch geneigt zu machen. Mein Bruder, lasterhaft wie er war, hätte keiner Äbtissin Gewalt angetan, wohl aber mag er sie verführt haben, wenn sie sich ihm gegenüber schwach zeigte." – „Nun wohl!" sagte sie herausfordernd, während sie die Hände in die Seiten stemmte, „wenn selbst die Äbte und Bischöfe sich Konkubinen halten, warum sollte einer Äbtissin nicht ein ähnliches Recht zustehen?" Hier erhob sich Maurilius und gebot mit strenger Stimme: „Genug! Führt dieses freche Weib hinaus! Sie hat keine Rechte geltend zu machen, denn die Kirche hat sie verdammt." Das Gesicht der Frau verfinsterte sich. Sie zog den herabgeglittenen Umhang wieder über den Kopf, starrte eine Weile zu Boden und sagte dann verächtlich: „Ich weiß von Erzbischöfen, die kirchliche Güter verkauften, um sich Weiber zu halten. Was einem Mauger recht war, wird auch einem Maurilius billig sein." Ein empörtes Gemurmel wurde laut. Ich sah ängstlich zu Wilhelm hinüber, der die Frau fest im Auge behielt, während er einigen Wächtern zuwinkte, sie abzuführen.

Doch da geschah etwas Unerwartetes. Ein Priester, der am Tisch der Geistlichen saß, sprang auf die Frau zu und schlug ihr heftig ins Gesicht. Ich weiß nicht, was er ihr zurief, denn es entstand ein solches Getümmel, daß niemand sein eigenes Wort verstand. Da erhob sich Wilhelm, gebot mit der Hand Ruhe und sagte in lautem, aber beherrschtem Ton zu der Frau: „Geht nun und denkt über Eure eigenen Sünden nach. Der Verstorbene, den Ihr anklagt, steht bereits vor dem Ewigen Richter, vor den auch Ihr bald treten müßt." Die Frau senkte den Kopf, drückte einen Zipfel ihres Umhanges gegen ihr Gesicht und wankte hinaus. Der Knabe, Tränen in den Augen, folgte ihr. Ich sah noch, wie Aelfgivas Dienerin ihre Herrin beim Arm faßte und stützte; und mit einem Mal ergriff mich heftiges Mitleid mit dieser von aller Welt verstoßenen Frau. Welch ein schreckliches Los! Was soll nun aus ihr werden? Es hatte hernach keiner mehr Lust zum Feiern; man saß in kleinen Gruppen zusammen und sprach über das Geschehene. Harald, Wulfnoth und Hakon berieten sich mit Wilhelm, und Maurilius nahm Anselm und Nikolaus beiseite, während die Frauen der Curia lebhaft auf der Empore flüsterten. Schließlich befahl Wilhelm den Musikanten, einige Lieder über Johannes den Täufer anzustimmen. „Er starb, weil er die Sittenlosigkeit verdammte", sagte er. „Möge jeder den Rat des großen Propheten beherzigen und seine Sünden bereuen. Auch wollen wir nicht vergessen, daß nur der, welcher selbst rein ist, andere schuldig sprechen darf." Ich sah, wie Harald leicht betreten dreinblickte und wie viele Gesichter ernst wurden. Nach dem ersten Lied bin ich auf meine Zimmer gegangen.

Später

Ich habe der Aelfgiva eine Dienerin nachgeschickt, die ihr aber nicht sagen durfte, daß sie von mir kam. Eine Wohltäterin unter den Adligen, so soll sie ihr ausrichten, gäbe ihr den guten Rat, sich in der Beichte dem Prior Anselm anzuvertrauen. Wenn sie dies wirklich tut, weiß ich sie in guten Händen.

Rouen, Sonntag, am 27. des Brachmonds 1064

Harald hat uns heute bei der Tafel viel von der neuen Kathedrale in Waltham erzählt, die er am 3. des Wonnemonds 1060 hat weihen lassen. Dort in Waltham liegt ein heiliges Kreuz begraben, das schon viele Wunderheilungen bewirkt hat. Als Harald einmal schwer krank war, hatte sein Arzt, Adelhard, ihm geraten, dieses Kreuz zu berühren; und er wurde tatsächlich geheilt. Das Kreuz hat eine denkwürdige Geschichte. Der Statthalter König Knuts, namens Tovi, hatte einmal einen Traum, in dem er bei Lutegarbury ein Kreuz unter der Erde sah. Man grub dort nach und fand es auch an besagter Stelle – neben einer Bibel. Diese beiden Reliquien wurden nach Tovis Tod König Eduard übergeben, der sie seinem Schwager Harald schenkte. Harald hat auch schon eine Pilgerfahrt nach Rom unternommen, hat an den Gräbern der Apostel gebetet und mehr Reliquien für Waltham heimgebracht. Ich spürte, mit welch innerer Bewegung er von seiner Kathedrale sprach. Agathe hing förmlich an seinen Lippen und stellte immer neue Fragen, auf die er bereitwillig einging. „Gott hat Euch immer beschützt", sagte sie schließlich, „auch jetzt bei Eurem Schiffbruch." – „Ja", gab Harald zu, „bisher hat Er es gut mit mir gemeint." – „Gott hilft den Redlichen und oft auch den Unredlichen", sagte Wilhelm da; „nur der Verräter findet keine Gnade vor Ihm." Harald schaute unsicher zu Wilhelm hinüber. „Sprecht Ihr von Sven?" fragte er, denn dieser hatte ja schändlichen Verrat an seinem eigenen Vetter geübt und ihn töten lassen. Doch Wilhelm mag auch den Grafen Godwine im Sinn gehabt haben, der Alfreds Ermordung verschuldet hat. „Ich spreche von niemandem im besonderen", sagte Wilhelm, indem er Harald fest ansah. Und Agathe rief: „Roland war der tapferste und treueste. Und mein Vater ist ebenso tapfer und treu, und Ihr auch, Graf Harald." Da ergriff dieser ihre Hand und sagte lächelnd: „Das Lob einer lieblichen Demoiselle, wie Ihr es seid, macht uns zu immer größeren Taten fähig." Sie errötete vor Freuden und fragte: „Ihr mögt mich also gern?" – „Ganz gewiß, Mademoiselle." Ich wechselte einen schnellen Blick mit Wilhelm, der mich vielsagend und leicht verschmitzt ansah. „Bleibt Ihr noch lange bei uns?" fragte Agathe weiter, und da erwiderte Harald verlegen: „Das will ich bei Gott nicht hoffen." Er vermied es jedoch, Wilhelm anzusehen. Ich muß Wilhelm einmal fragen, was er weiterhin mit Harald im Sinne hat.

Später

Die Kinder spielen jetzt immerfort „Schiffbruch". Robert und Richard kamen ganz durchnäßt vom Herzogsteich zurück. Rufus aber hat nicht mit aufs Wasser hinausgewollt. Er kann noch nicht schwimmen. Doch sicher haben ihn die Brüder dazu gedrängt, denn er kam später zu mir gelaufen und klagte: „Die wollen mich ertrinken machen!" Harald ist heute den ganzen Tag mit Wilhelm auf der Jagd. Abends aber muß ich wieder zu ihm. Wilhelm sagt, er warte darauf, daß Harald ihm sein Anliegen vorbringe; denn, wie wir ja vom König wissen, hat dieser ihn mit einer Botschaft hergesandt.

Rouen, Dienstag, am 29. des Brachmonds 1064

Wilhelm ist mit allen Kindern – mit Ausnahme Adeles – nach Calonne geritten. Seinem Oheim Walter geht es nicht gut, und dieser möchte die Kinder gern noch einmal sehen. Wilhelm hängt sehr an diesem Oheim, der ihm während seiner Kindheit oft das Leben gerettet hat, und läßt ihn von den besten Ärzten betreuen. Doch nun scheint es dem Ende zuzugehen. Robert durfte auf seinem Pferd reiten, Agathe jedoch nicht. „Ich bin doch schon größer als Robert und brauche keine Sänfte mehr", sagte sie beharrlich. „Für ein Mädchen ist der Weg zu Pferde zu weit", bestimmte Wilhelm. Doch immer wieder versuchte Agathe ihren Vater zu überzeugen, bis dieser schließlich barsch erwiderte: „Du bleibst hier!" Da erschrak sie und kam zu mir gelaufen, damit ich den Vater versöhne. Sie durfte dann doch mit, aber nur in der Sänfte, worüber ich froh bin. Sie kann oft sehr hartnäckig sein, fast so wie Margarete. Auch plant sie alles, was sie tut, sehr genau – man sieht sie nie müßig.

Ehe Wilhelm abreiste, sprach ich noch länger mit ihm über Harald. „Jetzt läßt du mich mit ihm allein", sagte ich vorwurfsvoll. „Eine gute Fügung", meinte er lächelnd. "Es wird dem Grafen gefallen, mich nicht in nächster Nähe zu wissen. Sei recht liebenswürdig zu ihm." – „Du weißt gar nicht, wie es mit ihm ist, Wilhelm! Ich dürfte mir gar nicht anhören, was er alles zu mir sagt. Die Stunde am Abend, da ich zu ihm käme, sei die schönste des ganzen Tages – ich sei wie eine Lilie, wie ein Geschöpf aus der Märchenwelt, die Zeit stünde für ihn still, wenn ich bei ihm sei – und dergleichen." – „Und sagst du ihm ähnlich Liebenswertes?" – „Wie könnte ich, Wilhelm! Das hieße mich als Ehefrau herabwürdigen!" Wilhelm sah mich mit einem seiner rätselhaften Blicke an. „Du sollst dich nicht von ihm herabziehen lassen – du mußt ihn zu dir hinaufziehen." – „Das kann ich aber nicht auf die Weise, wie du es mir vorschreibst." – „Ich schreibe dir nichts vor, ich lasse dich frei schalten und walten!" Ich sah ihn in komischer Verzweiflung an, während er gelassen nach einigen Briefen griff, die er noch prüfen mußte, ehe er reiste. Da trat ich hinter ihn, legte meine Arme um seine Schultern und fragte: „Bist du gar nie eifersüchtig?" Er lächelte mit dem einen Mundwinkel. „Wenn es dich zufriedener macht, will ich versuchen, es zu sein." Ich seufzte und sagte: „Du bist so unempfindlich wie ein Stein." – „So?" meinte er, während er den Kopf in den Nacken legte und mich ansah. Ich tauchte in diese unergründlichen schwarzen Augen hinein, die mich vom ersten Augenblick an in ihren Bann gezogen hatten, und dachte: „Sie lassen sich mit nichts anderem vergleichen – auch nicht mit Haralds gefühlvollem, schmeichelndem Blick." Dann fragte ich ihn: „Was soll ich tun, wenn er kühner wird?" – „Dich geschickt verhalten, aber ihn immerfort ermutigen." – „Wilhelm! Bei aller Einsicht für deine politischen Pläne – das geht zu weit. Anfassen lasse ich mich von ihm nicht!" – „Er wird nicht mehr wagen, als du ihm gewährst." Dabei kniff er mich in die Wange. Ich war in diesem Augenblick so aufgebracht, daß ich seine Hand ergriff und ihn heftig in den Ballen biß. Er gab einen erstaunten Ruf von sich und sagte: „Ich wußte nicht, daß ich eine Tigerin zum Weibe habe!" Dann besah er seine Hand und hielt sie mir hin. Wahrlich – ich erblickte dort deutlich den Abdruck meiner scharfen Zähne. Betroffen sah ich ihn an. „Du hast mich eben zu sehr herausgefordert, Wilhelm – und wie sonst soll sich ein schwaches Weib wehren?" – „Katzenhaftes Geschöpf", sagte er, „schmeichele Harald, so viel du vermagst; aber wenn es dich nach Kratzen und Beißen gelüstet, komme zu mir. Ich bin imstande, dich zu zähmen."

Seit Graf Harald hier ist, befindet sich Wilhelm in sehr heiterer, oft sogar ausgelassener Stimmung. So ganz verstehe ich das nicht. Harald ist nicht nur unser Gast, wie es scheint, sondern auch unser Schuldner. Er scheint mir oft unsicher in seinem Gebaren, als verberge er seine wahre Absicht.

Am letzten Abend bemerkte Wilhelm während der Mahlzeit zu Harald, daß er ihn bei meiner Fürsorglichkeit gut aufgehoben wisse, und Harald erwiderte: „Gewiß. Eine Frau von solcher Sanftheit und Ergebenheit ist selten zu finden." Wilhelm räusperte sich leicht, blickte auf seine Hand und rieb sich den Ballen. Dann meinte er: „Selbst die ergebensten Frauen, Graf Harald, kennen Zeiten, da sie ihrer ureigensten Natur ledig werden und..." Hier unterbrach ich Wilhelm geschwind und sagte: „Wir wollen doch lieber vom bevorstehenden Turnier sprechen, Sire; werdet Ihr unmittelbar von Calonne nach Compiègne reiten? Und wann soll Graf Harald von hier aufbrechen?" König Philipp, der für längere Zeit in Frankreich ist, hat für den nächsten Monat ein Turnier ansagen lassen, in dem die Franzosen gegen die Normannen kämpfen sollen, und Wilhelm hat auch Harald dazu geladen. „Ich bin ein schneller Reiter", meinte Harald, womit er andeutete, daß er noch nicht so bald aufzubrechen gedenke. „Schickt ihn, wenn es Euch gutdünkt", meinte Wilhelm zu mir. „Werdet Ihr nicht dabeisein?" fragte Harald mich leicht enttäuscht. „Ich kann wegen meiner kleinen Tochter nicht so weit fort", erklärte ich ihm, und er sagte: „Das bedauere ich sehr." Ich fühlte, wie Wilhelm seinen Fuß unter dem Tisch auf meinen setzte, und hatte Mühe, ernst zu bleiben. Harald durfte jedoch auf keinen Fall wissen, daß wir uns über seine Worte lustig machten, und so biß ich mir heftig auf die Lippen. Gleich darauf verspürte ich Blutgeschmack im Mund. Ich habe wahrhaftig scharfe Zähne!

Rouen, Mittwoch, am 30. des Brachmonds 1064

Ich bin mit Graf Harald ausgeritten, weil er sich einen Falken zähmen will. Doch wir fanden trotz Hakons erfahrener Führung keinen. Alle Versuche, einen einzufangen, scheiterten. Hakon hat die angelsächsische Sprache fast vergessen und muß sich mit seinem Oheim auf französisch verständigen. „Es wird Zeit, daß du heimkehrst", hörte ich Harald zu ihm sagen. „Wird der Herzog mich freigeben?" fragte Hakon, und Harald erwiderte: „Das hat er mir in Aussicht gestellt; doch will er mit mir über die genauen Bedingungen sprechen." Jetzt weiß ich, warum Harald oft so unsicher scheint. Er zögert dieses Gespräch hinaus, bis er sich der Forderungen Wilhelms sicherer ist. Meine Aufgabe ist es, die Bedenken unseres Gastes zu zerstreuen.

Rouen, Donnerstag, am 8. des Heumonds 1064

Die Kinder sind aus Calonne zurück und haben viel erzählt. Nun geht es wieder lebhaft im Herzogsflügel zu. Ich habe die letzte Woche gar nichts eingeschrieben, obgleich ich Zeit dazu gehabt hätte. Während des Tages war ich oft in Haralds Gesellschaft; wir sind ausgeritten, oder er wohnte einigen Gerichtssitzungen bei, in denen nichts allzu Vertrauliches behandelt wurde. Papà Roger begleitete uns die meiste Zeit. Abends nahm ich oft Klein-Adele mit mir, wenn ich zu Harald ging und ihm den Schlaftrunk brachte. So fühlte ich mich sicherer, während Wilhelm fort war. Ich bin deshalb auch nie zu später Stunde zu ihm gegangen. Eines Abends fand ich ihn auf seiner Liege mit einem Buch über den ersten Normannenherzog: Rolf den Wikinger. Er meinte, daß dieser Nordländer wohl ganz anders ausgesehen hätte als der jetzige Herzog. „Ja", sagte ich, „gewiß! Des Herzogs Großmutter war eine Römerin." Darauf sah Harald mich mit verstohlener Neugier an. Er weiß wohl, daß Wilhelm ein Bastard ist. Ob er vielleicht durch Tosti oder Judith von meinem früheren Zwist mit Wilhelm erfahren hatte? Nach einer Weile bemerkte er: „Des Herzogs Mutter soll sehr schön und die große Liebe Herzog Roberts gewesen sein." – „Ja", bestätigte ich, „seine einzige Liebe." Harald schwieg lächelnd. Wieder nach einer Weile sagte er: „Der Herzog starb früh, deshalb hatte er keine anderen Amouren mehr." Diese Bemerkung ärgerte mich sehr. „Für Herzog Robert hätte es nie eine andere Frau gegeben", erwiderte ich. „Das weiß man nicht", meinte Harald; „die meisten Männer lieben mehr als nur eine Frau." – „Das mag sein", gab ich zu; „dennoch gibt es Männer, die ihrer einen Frau treu bleiben." Da antwortete er liebenswürdig: „Wenn es sich um eine Frau wie Euch handelt, kann ich das verstehen."

Ich fragte ihn nun nach seiner eigenen Frau. Sie sei ein schönes Weib, sagte er, von stattlicher Gestalt, mit langen, hellblonden Flechten. Sie versorge seine Kinder gut, und er besuche sie mehrmals im Jahr. „Sie wohnt nicht bei Euch?“ fragte ich überrascht. Er schüttelte lächelnd den Kopf und sagte: „Sie ist eine Bürgerliche, Mylady.“ Ich erwiderte nichts, dachte aber an Arletta, die Herzog Robert immer bei sich gehabt hatte. „Sicher sehnt Ihr Euch nach ihr“, meinte ich, um von mir selbst abzulenken. „Sie ist mir teuer, und ich habe ihr viel zu danken“, erwiderte er. Dann fuhr er fort: „Ihr, Mylady, seid ganz anders – zart und zauberhaft wie eine Fee; einem solchen Märchenwesen bin ich nie zuvor begegnet.“ Ich senkte höchst verlegen den Blick und beschäftigte mich mit Adele, die müde und zugleich hungrig schien, denn sie gestikulierte lebhaft mit den Händchen und lehnte ihr Köpfchen an meine Brust. „Es ist an der Zeit, daß ich sie stille“, sagte ich, indem ich mich erhob – froh, mich für dieses Mal verabschieden zu können. Harald blickte lächelnd zu mir auf und bemerkte: „Wie gern würde ich während der nächsten halben Stunde mit ihr tauschen!“ Dies fand ich im höchsten Grade ungehörig; so sagte ich nur kurz: „Schlaft wohl!“ und ging mit dem Kind hinaus. Just vor der Tür jedoch blieb ich mit dem Umhang an einem Speer hängen, der von der Wand herabhing, und Harald sprang auf, mir behilflich zu sein. Ich dankte ihm und fing seinen Blick auf, der so viel Liebes und Unschuldiges an sich hatte, daß ich fast wieder versöhnt war. Ich kann mir wohl vorstellen, daß er den Frauen gefällt. Gottlob ist er jetzt für einige Zeit fort.

Rouen, Samstag, am 10. des Heumonds 1064

Es ist so still am Hof, und ich habe Zeit für meine Stickereien und für das Musizieren. Da fast die ganze Curia abwesend ist, gibt es auch keine Gerichtsverhandlungen. An den langen Sommerabenden sitzen Adelaide und ich oft mit den Kindern im Herzogsgarten, wo die Diener uns Körbe mit Milch, Obst und Brot herausbringen. Wenn die Sonne im Westen sinkt und die kleinen Kinder zu Bett müssen, bleiben Adelaide und ich noch mit den größeren draußen und erzählen Geschichten. Nur Adi und Robert sind nicht bei uns; Wilhelm hat sie mit nach Compiègne genommen, sehr zum Kummer Agathes, die nicht mitreiten durfte.

Heute erzählte Adelaide etwas über Auvre Géant, der Herzog Richard II. noch gut gekannt und ihr und Wilhelm während ihrer Kinderjahre viel über dessen Vater, Herzog Richard I., mitgeteilt hatte. Man nannte ihn den „Furchtlosen“, weil er nie irgendwelche Angst kannte. Auch konnte er im Dunkeln gut sehen, selbst wenn der Mond nicht leuchtete. Einmal, so erzählte Adelaide, begab er sich um Mitternacht in eine Kirche, um dort zu beten. Es befand sich daselbst aber eine Leiche auf der Bahre, die sich – weil es Mitternacht war – erhob und ihn bedrohte. Richard zog sofort sein Schwert und köpfte sie. Er hatte oft Begegnungen mit Geistern. Einmal traf er im Walde von Moulineaux mit dem Geist Karls I. von Frankreich zusammen, der in Begleitung der Seelen mehrerer seiner Ritter war. Dieser büßte seine Sünden dadurch ab, daß er ständig mit den Heiden – den verlorenen Seelen in der Unterwelt – kämpfen mußte. Richards Ritter flohen in größtem Entsetzen, doch der Herzog stellte sich mit den Geistern in den magischen Kreis und focht eine ganze Nacht lang mit. Dann ritt er so schnell davon, daß er am nächsten Morgen der Frühmette in der Abtei der hl. Katharina auf dem Berg Sinai beiwohnen konnte. „Wo ist dieser Berg?" wollte Judith wissen. „Weit, weit fort von hier – im Heiligen Land", sagte Adelaide. Robbi, der auch zuhörte, meinte zweifelnd: „Das kann ja jeder sagen, daß er in einer Nacht zum Heiligen Land geritten ist. Hat ihn da überhaupt jemand gesehen?" – „Gewiß", erwiderte Adelaide; „er begegnete dort einem normannischen Ritter, der längst totgeglaubt war, und dieser gab ihm seinen Ring, den er seiner Gemahlin in der Normandie bringen solle zum Zeichen, daß er noch lebe. Doch die war bereits zum zweiten Male vermählt, erkannte aber den Ring ihres Gatten sofort wieder. Später ließ Herzog Richard diesen Ritter in seine Heimat zurückgeleiten." – „Dann hatte er aber seine Frau nicht mehr", sagte Judith, indem sie ihre Muhme mit großen Augen ansah. „Oder die Frau hatte dann zwei Männer", meinte Cäcilie; „geht das, Mamà?" – „Nein, das geht nicht", versicherte ich ihr, „da mußte der eine oder andere verzichten." Fragend sah ich Adelaide an. „Ich weiß auch nicht, wie es weitergegangen ist", meinte diese; „das hat Auvre Géant uns nicht erzählt." – „Wenn Robert zurückkommt, dann spielen wir das hier im Wald!" rief Robbi begeistert, „dann bin ich der Herzog!" – „Und ich", rief Richard, „ich bin die tote Leiche – da mach ich dir aber Angst, daß du wegläufst." Ich überließ die Kinder Adelaide und ging ins Haus, um Adele zu versorgen. Es ist so still hier ohne Wilhelm und Harald. Sie werden jedoch in Bälde zurückerwartet.

Rouen, Mittwoch, am 14. des Heumonds 1064

Nun ist wieder Leben im Haus. Gestern fand ein großes Festessen statt, und heute erzählte Harald den Kindern manches über das Turnier. Robert und Adi saßen stolz dabei, als hätten sie zu den Hauptpersonen gehört. Es hatte eine vorgetäuschte Schlacht zwischen den Franzosen und Normannen stattgefunden, und vorher hatten Herolde überall das Turnier angekündigt. Die Ritter, alle in Kettenhemden und mit Halsbergen, hatten sich an den gegenüberliegenden Enden aufgestellt. „Die Franzosen wurden geschlagen", berichtete Harald, worauf alle Kinder in Jubelrufe ausbrachen. „Ja!" rief Robert eifrig, „und die Normannen haben sie verfolgt wie im richtigen Krieg und viele Gefangene gemacht. Für die mußte ein Lösegeld gezahlt werden." – „Wieviel denn?" fragte Robbi. „Sie mußten ihr Pferd hergeben und auch die Rüstung." – „Oh, und Ihr hättet den Grafen Odo sehen sollen!" rief Adi nun aus, „das ist der Graf von der Champagne, der hat den ersten Preis gewonnen!" Ich blickte das Mädchen an, das mit seinen dunklen Augen und Haaren und den leicht geröteten Wangen ein hübsches Bild bot. Sie ist zwei Jahre älter als Agathe und sieht obendrein älter aus als sie ist. „Aber er kriegte dann seinen Helm nicht mehr ab", lachte Robert, „denn der hatte sich durch einen Lanzenhieb ganz nach hinten verdreht – und dann mußte er so zum Waffenschmied." – „Das brauchst du gar nicht alles zu erzählen", unterbrach Adi ihn ärgerlich. „Ja – erzähl!" rief Richard begierig. „Da mußte er seinen Kopf auf den Amboß legen..." fuhr Robert fort, als Adi ihm beide Hände auf den Mund legte. Robert aber schüttelte sie kräftig ab und lief lachend im Kreise umher, während er hervorstieß: „Und der Schmied nahm den Hammer, schlug auf den Helm, daß es dröhnte – und der Graf stöhnte – und..." – „Hör auf!" schrie Adi ärgerlich. „...und der Helm sprang in Stücke – o Tücke!" fuhr Robert fort, während er froh auf einem Bein hüpfte, „...und der geborstene Helm baumelte – und der erschöpfte Graf taumelte..." Nun schlug Adi ihm ärgerlich mit den Fäusten auf den Rücken. „Du Schelm und Schurke, ich wünschte nur, daß dir der Helm mal über die Ohren gedrückt wird und du nie wieder davon loskommst! Ha – dann lachen wir aber alle und nennen dich den eisernen Drachen mit den kurzen Beinen!" – „Genug!" gebot Harald da mit gebieterischer Stimme, indem er die kleinen Kampfhähne trennte. „Es stimmt, das Graf Odo der kühnste Ritter von allen war." – „Ja, das war er!" bestätigte Adi mit glänzenden Augen. Sie erinnert mich an Muriel, die schon als Kind den Grafen Hugo bewunderte.

Später saßen wir mit Harald im kleinen Saal zusammen. Ich weiß nicht, warum Wilhelm auf einmal von seinem Besuch in England im Jahre 1051 sprach; das war noch vor unserer Vermählung gewesen. „Ich fühlte mich dort wie zu Hause", sagte er zu Harald, „so als hätte ich die Normandie nie verlassen. Es waren Normannen, welche die Flotte in Dover befehligten; in Canterbury bestand die Garnison aus normannischen Soldaten, und es begrüßten mich normannische Rittmeister und Prälaten. Der König empfing mich mit großen Ehren, überreichte mir kostbare Geschenke, darunter diesen Goldbecher mit den feinen Reliefs, auch Waffen, Pferde, Jagdhunde und Falken. Er fühlt sich der Normandie tief zu Dank verpflichtet." Ich sah, wie Harald seine Unterlippe einzog und sich eine Falte zwischen seinen Brauen bildete. „Inzwischen, Sire", sagte er, „sind überall mehr Angelsachsen als Normannen im Amt. Dafür hat mein Vater Sorge getragen, als er aus der Verbannung heimkehrte." Mir war auf einmal sehr unbehaglich zumute. Wo würde dieses Gespräch hinführen? Da fragte Wilhelm ganz unvermittelt: „Was ist der eigentliche Grund Eures Kommens, Graf Harald? Der König ließ mir mitteilen, daß Ihr mir eine Botschaft überbringen werdet." Harald aber erwiderte ausweichend: „Ich bin durch meinen Schiffbruch verhindert worden, Flandern aufzusuchen und warte noch auf gewisse Nachrichten von dort." Ich blickte unsicher zu Wilhelm hinüber, und der fragte mich:

„Habt Ihr den flandrischen Bischof angehört?“ Es handelte sich um eine verwickelte Gerichtsverhandlung, die Adelaides Güter in Lens betrifft. Ich nickte. „Ich muß Euch um Rat fragen“, meinte ich – froh, dem Gespräch eine andere Wendung geben zu können; „denn der Erzbischof teilt meine Meinung nicht.“ – „Das tut mir leid“, meinte Wilhelm, „aber Ihr werdet Euch selbst mit ihm auseinandersetzen müssen. Ich habe zur Zeit Wichtigeres zu tun.“ Ich seufzte ein wenig und fing einen zärtlich-mitleidigen Blick von Harald auf. „Er würde seiner Frau solches nie zumuten“, dachte ich. Könnte ich mich wenigstens abends noch etwas mit dieser Sache befassen, um alles zu durchdenken; aber um diese Zeit muß ich immer zu Harald, und später steht mir der Sinn danach nicht mehr.

Rouen, Donnerstag, am 15. des Heumonds 1064

Als ich gestern abend Graf Harald den Met brachte, meinte er: „Euer Herr macht es Euch nicht leicht. Er wälzt manche Last auf Euch ab, anstatt Eure Bürden zu erleichtern.“ Ich lächelte und sagte mit gewissem Stolz: „Ich habe Schwereres als dies bewältigt, Sire.“ Da sah er mir tief in die Augen und meinte: „Eine Frau wie Euch sollte man auf Händen tragen.“ Doch ich erwiderte: „Dann käme ich mir recht unnütz vor.“ Harald aber sagte lächelnd: „Ihr wißt vielleicht gar nicht, Mylady, wie süß es ist, geliebt und verwöhnt zu werden.“ Dabei wurde sein Blick weich und verlangend, so daß es mich verlegen machte. Gottlob kam in diesem Augenblick Robert gelaufen und rief: „Der Vater sagt, er braucht Euch, Mamà.“ – „Wo ist er?“ fragte ich. „In seinem Zimmer, und Ihr sollt gleich kommen.“ – „Um diese Stunde?“ fragte ich verwundert, stand aber gleich auf, um zu gehen. Robert lief wieder davon, und Harald bemerkte: „Ein Ehemann sollte seine Frau nicht zu sich befehlen, sondern warten, bis die Stunde reif ist.“ Ich sah ihn erschrocken an, weil er Wilhelms Aufforderung völlig falsch verstanden hatte. Erklären konnte ich es ihm aber nicht. So wünschte ich ihm nur kurz eine angenehme Nacht und ging hinaus. Ich fand Wilhelm in seinem Zimmer am Tisch, wo er eine Wachsfigur über das Lampenlicht hielt. Als ich nähertrat, sah ich, daß er mit Messer und Feile ein Gebäude aus dem weichen Wachs formte. „Du wolltest, daß ich komme?“ fragte ich. Er nickte. „Ich meine, du bist lange genug dort gewesen.“ Da trat ich hinter ihn, legte meine Hände um seinen Nacken und sagte: „Du hast mich zur rechten Zeit gerufen – mir wurde es unbehaglich.“ Er nickte wieder: „Ich weiß.“ Da legte ich meine Wange auf sein Haar und fragte: „Darf ich zusehen?“ – „Gewiß!“ Er zog mich auf seine Knie und ließ mich das Wachs anwärmen. „Dies darf noch niemand anders sehen“, sagte er; „es zeigt die Änderungen, die ich an dem Entwurf für St. Etienne vornehmen will.“

Eine Weile arbeiteten wir schweigend Hand in Hand; dann sagte ich ihm: „Ich möchte abends viel lieber bei dir sein.“ – „Bist du nicht bei mir?“ – „Ja, aber erst, nachdem du mich gerufen hast... Wie lange bleibt Harald noch?“ – „Bis ich ihn gehen lasse.“ – „Es hängt also von etwas ab?“ Er sah mich nachdenklich an und fragte: „Kannst du es nicht aus ihm herauslocken?“ – „Was, Wilhelm?“ – „Das, was ihm der König aufgetragen hat und was er mir nicht sagen will.“ – „Wenn er doch aber im Auftrag des Königs gekommen ist, so muß er es dir sagen.“ – „Ja, auf seine Weise, nachdem er mich, wie er hofft, etwas mehr enträtselt hat.“ – „Dich zu enträtseln, ist selbst mir noch nicht gelungen“, sagte ich voller Überzeugung; „darauf kann er vergebens hoffen.“ Wilhelm lachte und zog mich fest in seinen Arm. „Und warum sollte es ihm besser gehen als dir?“ Ich war wieder mit allem ausgesöhnt – mit der bevorstehenden Auseinandersetzung mit dem Erzbischof, mit meinen abendlichen Besuchen bei Harald – alles war ein geringer Preis verglichen mit dem überwältigenden Glücksgefühl, ihm anzugehören...

Rouen, Dienstag, am 20. des Heumonds 1064

Heute hat Harald Agathe beim Reiten zugesehen, und sie erzählte mir danach begeistert: „Er sagt, ich reite schneller und graziler als die älteren Edelfräulein – und er will mich morgen mitnehmen, wenn sein Falke zum ersten Male bei Tageslicht hinaus darf. Ihr sollt aber auch mitkommen, sagt er.“ Ich werde dies wohl tun müssen, denn es ist in Wilhelms Sinn.

Später

Wir fanden unterwegs noch einen jungen Falken, der aus dem Nest gefallen war. Harald wollte gerade ein Netz über ihn werfen, als Agathe Einspruch erhob. Sie sprang vom Pferd herab, ging leise auf den Vogel zu und nahm ihn behutsam auf den Arm. Er sträubte sich auch gar nicht, sondern lag ganz friedlich da, blinzelte aus halbgeschlossenen Augen und sperrte ab und zu hungrig den Schnabel auf. „Was mache ich nun, Mamà?“ fragte Agathe. „Wenn wir den Vogel heimnehmen, kann ich nicht aufs Pferd und die Zügel halten.“ Harald wußte eine Lösung. Er nahm sie auf seinen Hengst und hielt sie fest in seinem linken Arm. Niemand war glücklicher als meine Tochter. Es war ein herrlicher Tag für sie: ein junger Falken-Findling und ein Ritt mit ihrem Traumhelden. Leider ist Rufus wieder das Unglückskind des Tages. Er hat im Garten Schierling gekaut und konnte sich danach kaum noch auf den Beinen halten. Auch schien er lauter Gestalten zu sehen, die gar nicht da waren, und Angst vor ihnen zu haben. Ich ließ sofort Doktor Maminot rufen, der ihm ein Mittel zum Erbrechen gab. Nun geht es ihm wieder besser; aber ich habe mich doch tüchtig erschrocken.

Rouen, Donnerstag, am 22. des Heumonds 1064

Heute habe ich mich wieder sehr geängstigt, denn ich hörte Rufus draußen auf dem Gang rufen: „Dann hab ich aber Angst!“ Ich machte geschwind die Tür auf und hörte Richard laut von unten hinaufrufen: „Ich paß schon auf und zeig dir, wie man's macht!“ Ehe ich es verhindern konnte, sah ich Rufus auf einem länglichen Stück Holz die steinernen Treppen hinabgleiten und eilte mit einem erschrockenen Ruf hinzu.

Doch konnte ich ihn nicht mehr sehen, sondern hörte nur ein erschreckliches Klappern und seine angstvollen Schreie. Dann aber vernahm ich unten Haralds Stimme, der wie durch eine Fügung dazugekommen war und das Kind auffing. Richard hätte seinen kleinen Bruder, der in vollem Fluge hinabsegelte, nicht aufhalten können – sie wären beide übereinandergefallen.

Nach dem Mittagsmahl hörte ich die Kinder im Spielzimmer und ging zu ihnen hinein. „Mamà!" rief Richard, „Graf Harald will uns mit einem Schiff nach Irland mitnehmen, wo wir die Schustergnomen besuchen wollen. Ich will mir einen fangen und mitbringen. Die sind ganz putzig und tun alles, was wir wollen, wenn wir sie gefangen haben. Sie geben uns dann all ihr Gold und machen uns einen Met, den sie aus Heidekraut brauen – und noch mehr." – „Und ßöne Ssuhe!" fiel Rufus ein, „und dann singn se und tanzen..." – „Hat Graf Harald euch dies alles erzählt?" – „Ja, und er hat sogar welche gesehen, die er beinahe gefangen hätte – aber dann sind sie weggelaufen, in ein Loch beim Baum; denn da unten wohnen sie bei den Wurzeln, da ist es schön warm und gemütlich." – „Und da find se keina!" sagte Rufus. „Und sie haben alle ihre Schätze auf den Bergen begraben – da, wo der Regenbogen auf den Berg aufstößt." – „Der Redenboden!" echote Rufus andächtig. Cäcilie hatte nachdenklich zugehört und sagte dann: „Warum sollen die nur in Irland sein? Wir gucken mal bei unseren Bäumen im Garten, ob da welche Löcher sind..."

Später

Es war ein herrlicher Nachmittag im Herzogsgarten. Auf den Wiesen wächst der bunte Klee, Pimpinelle und Sauerampfer. Die Kinder suchten nach den Schustergnomen, bis ihnen dies zu langweilig wurde. Dann begannen sie sich mit Kletten zu bewerfen und sich Disteln unter die Nasen zu halten. Auch ich habe etliche Kletten an meinem Gewand hängen, und einige davon sind sogar in die Binsen geraten, so daß man unvermutet darauf tritt. Ich bin sehr froher Stimmung. Mit dem Erzbischof bin ich übereingekommen, und Wilhelm hat mich gelobt. Ich habe Sehnsucht nach St. Wandrille; doch solange Harald hier ist, können oder wollen wir dort nicht hin. „Wir müssen unseren Gast im Auge behalten und ihn zutraulicher machen", sagte Wilhelm. „Noch zutraulicher?" fragte ich leicht verzweifelt. Harald fragt mich jetzt oft, wie ich meinen Tag verbracht habe, doch erzähle ich ihm nie viel von den Regierungsgeschäften, sondern nur von den Kindern, den Waisenhäusern und Klöstern.

Rouen, Freitag, am 30. des Heumonds 1064

So viel wie in diesem Sommer war ich noch nie auf dem Pferderükken. Heute waren wir mit Harald auf der Falkenjagd, und auch unsere beiden Ältesten waren dabei sowie Wulfnoth und Hakon. Als wir uns gegen Mittag auf einem schattigen Platz ausruhten, fragte Agathe unseren Gast manches über England, und Harald erzählte von der Küste und der Flotte, vom Leben der Bauern im flachen Land, von den Viehherden, den Sümpfen und Wäldern und auch von den Bergen im Norden des Landes. Ferner wußte er von guten und bösen Geistern zu erzählen, von Volksfesten und den Bräuchen der Angelsachsen. Ich merkte, wie besonders Hakon mit großer Aufmerksamkeit zuhörte. „Ja, ich entsinne mich noch, Oheim", sagte er des öfteren zu Harald, und schließlich bemerkte dieser: „Es wird Zeit, daß du nach England zurückkehrst – und Wulfnoth auch –, ehe ihr eure Heimat ganz vergessen habt." Da sagte Wilhelm, der sich – auf den linken Ellbogen gestützt – ins Gras gelagert hatte, zu meiner Verwunderung: „Darüber ließe sich reden, Graf Harald." Dieser schaute ihn freudig überrascht an und erwiderte: „Ich wollte ohnehin mit Euch darüber sprechen, Sire – und auch über etwas anderes." – „Wir sollten dies nicht auf die lange Bank schieben", meinte Wilhelm.

Rouen, Mittwoch, am 4. des Erntemonds 1064

Ich weiß, daß Wilhelm mit Harald gesprochen hat, und wollte deshalb abends nicht eher zu Harald gehen, als bis ich mir von Wilhelm Rat geholt hatte. Aber ich fand ihn nirgends. Schließlich wollte ich in seiner Hauskapelle nachschauen, doch der Schlüssel lag in der Schublade; er war also nicht dort. Da schickte ich Konstantin zum Herzogsgarten und durch das ganze Schloß – umsonst. Da es schon um die Stunde war, wo ich Harald aufsuchen sollte, entschloß ich mich, nicht zu ihm zu gehen, sondern weiter in Wilhelms Zimmer zu bleiben und zu warten. Nach einer Weile wurde ich müde und ging durch unsere Schlafzimmer in mein Wohnzimmer zurück, um Ursula zu rufen, damit sie mich für die Nacht fertig mache. Doch wen fand ich in meinem Zimmer? Dort saß Wilhelm in meinem Lehnstuhl, wo er auf mich gewartet hatte, und blickte mir leicht vorwurfsvoll entgegen.

„Endlich!" sagte er, „wo warst du? Etwa schon bei Harald?" – „Mitnichten", rief ich erstaunt aus; „ich habe in deinem Zimmer auf dich gewartet, um dich wegen Harald zu fragen." Nun lachten wir beide herzlich, und ich rückte einen Schemel heran und sah ihn erwartungsvoll an. „Was hat Harald dir gesagt?" – „Daß der König sich seines Versprechens erinnere, mir die Krone zu vererben, und daß er mich fragen ließe, ob ich mich dazu bereit fühle. Er sagte auch, die Lage in England habe sich seit meinem Besuch vor 13 Jahren wesentlich geändert; es seien nurmehr wenige Normannen in öffentlichen Ämtern, und der König frage sich besorgt, ob ich die Gesetze und Sitten des Landes genügend kenne, um es entsprechend regieren zu können." – „Wilhelm, meinst du, daß der König dies wirklich gesagt hat?" – „Nein, Mahaut – es ist Haralds Deutung oder Darstellung. Er bezeichnet sich als die rechte Hand des Königs." – „Was hast du ihm gesagt?" – „Daß ich seit eh und je auf die Aufgabe, die meiner harrt, vorbereitet gewesen sei und daß weder

der König noch der Witan sich zu sorgen brauchten. Daß ich Harald weiterhin als rechte Hand des Königs schätzen und im Amt lassen werde und daß er, wenn er mir Treue verspräche, die Geiseln mit nach England nehmen könne." – „Du willst sie ihm beide geben? Dann hast du aber keine Rückendeckung mehr." Wilhelm sah mich lächelnd an und sagte zufrieden: „Du bist eine weise Mitregentin."

Dann schwieg er eine Weile und bemerkte: „Ich werde ihn in Kürze durch ein Gelübde zu binden versuchen. Leistet er es, so soll er die Geiseln zurückerhalten." – „Du wirst es am besten wissen", meinte ich, wenn auch nicht ganz überzeugt. Dann fragte ich ihn: „Soll ich nun noch zu Harald gehen – ist es nicht zu spät?" – „Für ihn ist es nie zu spät." – „Er hat sich vielleicht schon hingelegt, Wilhelm." – „Als du ihn zum ersten Male sahst, Mora, lag er ebenfalls im Bett. Du bist den Anblick also gewohnt." Ich seufzte, stand auf und küßte ihn zur guten Nacht. Dann wandte ich mich an der Türe noch einmal zögernd um. Doch er winkte mir, daß ich gehen solle.

Harald lag wahrhaftig schon im Bett, schlief aber noch nicht. Er hatte die Arme hinter dem Kopf verschränkt und sah mir, wie vorhin Wilhelm, leicht vorwurfsvoll entgegen. „So kommt Ihr also doch noch", sagte er, nachdem ich den Krug neben ihn hingestellt hatte. „Ich dachte schon, Ihr hättet mich heute vergessen." – „Wie sollte ich Euch vergessen?" fragte ich mit liebenswürdigem Lächeln. „Es tut mir wohl, dies zu hören", sagte er freudig. „Werdet Ihr manchmal an mich denken, wenn ich wieder in England bin?" Statt zu antworten, fragte ich ihn: „Ihr fahrt doch noch nicht so bald?" Er sah mich stumm an, als wolle er ergründen, ob ich etwas von seiner Unterredung mit Wilhelm wisse. Dann sagte er: „Um Euretwillen bliebe ich gern noch länger, wenn es mir auch schwerfällt, einen wundersamen Vogel nur hinter Gittern betrachten zu dürfen." Ich verstand die Anspielung und blickte verlegen zu Boden. „Die Gitterstäbe sind recht weit, meint Ihr nicht auch?" fragte ich und erschrak gleichzeitig ob meiner Kühnheit. „Wie weit, meint Ihr, daß sie sind?" fragte er zurück, indem er meine Hand ergriff und an seine Lippen zog. Ich überließ sie ihm eine Weile; dann stand ich schnell auf und verabschiedete mich. Er sah mir mit einem langen Blick nach.

Rouen, Freitag, am 6. des Erntemonds 1064

Gestern sagte ich Wilhelm, daß Harald mir leid täte, weil ich ein unaufrichtiges Spiel mit ihm triebe. „So?" fragte er überrascht. „Würde auch *ich* dir leid tun, wenn ich mich um die Gunst einer anderen Frau bemühte, die ihr Spiel mit mir treibt?" Darauf konnte ich nur erwidern: „Bei dir ist ja alles ganz anders." Heute allerdings gebe ich ihm recht, denn ich bin ziemlich aufgebracht über Haralds Verhalten. Ich war schon früh am Abend zu ihm gegangen und hatte Adele mit mir genommen. Auf diese Weise konnte ich mich unter einem glaubwürdigen Vorwand eher zurückziehen. Das Kind kann jetzt schon laufen, wenn es sich an etwas festhält, und steuerte gleich freudig auf Harald zu, indem es sich an der Kante seiner Liege entlangtastete. Harald ist sehr lieb mit Kindern; er hob Adele auf und setzte sie neben sich. Sie griff sofort nach seinem blonden Schnauzbart, mit dem sie sich lebhaft vergnügte. Harald schnitt ein paar Grimassen, worüber sie laut jubelte. Dann sagte er, zu mir gewandt: „Mir ist es noch nie so gut gegangen wie jetzt, Mylady. Ich lebe in den Tag hinein, verschaffe mir Zeitvertreib, habe keine Verantwortung zu tragen und werde von Euch so liebenswürdig unterhalten." – „Gefällt Euch ein solches Leben?" fragte ich. Er sah mich überrascht an; dann lächelte er resigniert: „Nicht auf die Dauer; und wenn Ihr nicht wäret, könnte es meine Geduld hart auf die Probe stellen." Dabei nahm er meine Hand in die seine, die sich heiß anfühlte. Das war mir unangenehm, und so zog ich sie zurück. Er schien enttäuscht; dann wies er auf Adele, die jetzt neben seiner Schulter kniete und ihm mit den Händchen ins Gesicht patschte. „Eure Tochter ist viel liebevoller zu mir als Ihr es seid", meinte er. „Ihr kann ich all die Zärtlichkeiten schenken, die ich lieber Euch erweisen würde." Nachdem er das gesagt hatte, küßte er sie auf die runden Bäckchen und strich mehrmals sanft über ihr Haar.

Ich fühlte leichten Unwillen in mir aufsteigen und sagte, daß ich das Kind nun zu Bett bringen müsse. „Schon?" fragte er in bedauerndem Ton. Er hielt Adele noch eine Weile fest und ließ sie an seinem Schnurrbart ziehen; dann sagte er: „Ich träume oft von Euch, Mylady." – „So?" bemerkte ich nur, ohne aufzuschauen. „Und Ihr", fragte er, „träumt auch Ihr manches Mal von mir?" – „Das weiß ich nicht; jedenfalls erinnere ich mich an nichts." – „Oh!" rief er aus, „wenn ich von Euch geträumt habe, dann ist mir jede Einzelheit in Erinnerung. Soll ich Euch verraten, was Ihr in meinem Traum getan habt?" – „Nein", sagte ich fast heftig, „und ich muß nun gehen, Graf Harald." Er reichte mir Adele hin, drückte ihr aber vorher einen Kuß auf die Lippen. „Wenn Ihr das Kind gleich zur guten Nacht küßt", sagte er, „so empfangt Ihr einen Abdruck meines Kusses." Ich erwiderte nichts, sondern nahm das Kind schweigend auf den Arm und ging zur Tür. Dort wandte ich mich noch einmal kurz um und sagte: „Gute Nacht, Graf Harald." Da erwiderte er: „Meine Nächte sind einsamer als Eure. Mich kann nur der Traum darüber hinwegtrösten." Darauf wußte ich nichts zu sagen; denn daß auch ich die meisten Nächte allein schlafe, mochte ich ihm nicht verraten. Und verstehen würde er es ohnehin nicht.

Rouen, Samstag, am 7. des Erntemonds 1064

Nun ist wieder etwas ganz Unerwartetes geschehen. Wilhelm erhielt einen Brief aus Dôle, der von einem Sonderkurier überbracht wurde. Er ließ mich und die beiden ältesten Kinder in den kleinen Saal rufen, um uns mitzuteilen, daß Riwallon von Caubourg, ein Vasall Conans, der gegen diesen rebelliert und sich in seiner Festung zu Dôle verschanzt hat, seinen Herzog um Hilfe anflehe. Conan belagere die Festung in Dôle, in der Riwallon und sein Bruder – der Bischof von Dôle – ausharrten. „Wirst du ihm zu Hilfe eilen?" fragte ich beunruhigt. „Gewiß", meinte Wilhelm; „es wird Zeit, daß ich den Bretonen wieder einmal zeige, wer ihr Herr ist. Conan muß in die Schranken gewiesen werden." – „Ja!" rief Robert begeistert, „schlagt ihn nur ganz zurück, Vater! Ferrutius hat mir gerade von der Glocke auf dem Mont-Saint-Michel erzählt, die immer dann geläutet wird, wenn die bretonischen Banden wieder gegen die Grenzen stürmen – damit sich die ganze Stadt rüstet." – „So etwas behältst du gut", sagte Wilhelm, indem er seinen Sohn zufrieden anblickte. Papà Roger erschien in der Tür und winkte Wilhelm beiseite. Hinter ihm bemerkte ich Harald, den Wilhelm ebenfalls hatte rufen lassen. Während Wilhelm und Roger Beaumont einige Worte wechselten, gesellte sich Harald zu mir in die Fensternische. „Was gibt es?" fragte er, als er mein betretenes Gesicht sah. „Ihr werdet es gleich vom Herzog erfahren", sagte ich. Er sah mich gedankenverloren an. „Ich hänge noch meinem Traum nach", flüsterte er mir zu. Seine Augen blickten weich und zärtlich drein, als er fortfuhr: „Ich hielt Euch in meinen Armen, und Ihr habt nicht widerstrebt. Ihr habt mir viel gewährt..." – „Ich will es nicht hören!" sagte ich leise, aber bestimmt, indem ich auf Robert und Agathe zuschritt, die lebhaft miteinander sprachen. Die Neuigkeit hatte sie aufgerührt.

Nun trat Wilhelm auf Harald zu und teilte ihm mit, daß er nach der Bretagne aufbreche, um die herzogstreuen Vasallen zu unterstützen. „Ich kenne das Volk der Bretonen", sagte Harald, „denn ich habe die walisischen Bretonen in England bekämpft – es sind ungeschlachte Kerle, die über Leichen gehen und vor nichts zurückschrecken. Nach welchen Gesetzen sie leben, weiß ich nicht – doch entbehren sie jeder Kultur." – „Es gibt ihrer viel zu viele", bemerkte Papà Roger. „Da sie sich mehrere Frauen nehmen dürfen, haben sie viele Söhne und deshalb auch ein starkes Heer von Kriegern. Dabei essen sie kaum Fleisch; sie ernähren sich fast nur von Milch und Käse." Wilhelm schaute Harald nachdenklich an, so als sei ihm ein plötzlicher Gedanke gekommen. Dann fragte er ihn: „Wenn Ihr im Kampf gegen die Bretonen geübt seid, könntet Ihr mit uns ziehen. Steht Euch der Sinn danach, Graf Harald?" Ich sah Haralds Augen aufleuchten. „Nichts täte ich lieber, Sire", sagte er. „Ich bin des Nichtstuns wahrhaft müde, und es wird sich gut anfühlen, die Glieder im Kampf zu strecken." Wilhelm nickte zufrieden und reichte ihm die Hand. „So sei es. Ich gebe Euch eine eigene Reiterschar, und Ihr sollt mein Zelt teilen und an meiner Tafel speisen." – „O wie himmlisch!" rief Agathe begeistert aus. „Dann bleibt der Graf jetzt immer bei uns, Papà?" – „Das sähest du wohl gern?" fragte Wilhelm lächelnd. „Ja", sagte sie; „dann hättet Ihr den besten Ritter der Welt, und Ihr könntet zusammen alle Feinde besiegen." – „Das könnten wir", sagte Wilhelm mit Überzeugung und sah Harald bedeutungsvoll an. Harald lächelte und strich über Agathes Haar. „Es freut mich, daß Ihr so edel über mich denkt." Sie nickte. „Ich möchte später einen solchen Gemahl haben wie Euch. Aber vielleicht gibt es den gar nicht noch einmal. Da hätte ich am liebsten Euch selbst." Harald lachte, doch Wilhelm sagte ganz im Ernst: „Dagegen hätte ich nichts einzuwenden, meine Tochter. Du hast gut gewählt." – „Ja, Ihr meint es auch?" rief sie Wilhelm glückstrahlend zu. Ich fing Haralds Blick auf, der komische Verzweiflung ausdrückte.

Doch mich überfiel auf einmal große Angst. Sollte Wilhelm dies wirklich im Sinn haben – so wie damals bei Herbert, als es um die Eroberung von Maine ging? „Der Vater macht doch nur Spaß", lenkte ich ein. „Nein, das ist kein Spaß, Papà, nicht wahr?" fragte sie flehentlich. „Es kommt auf deinen Ritter an", meinte Wilhelm vorsichtig. „Du bist jetzt noch zu jung für ihn, Agathe. Frage ihn, was er meint." – „Oh, ich wachse noch tüchtig", versicherte sie ihm. „Bis ich Eure Frau werde, Graf Harald, reiche ich Euch gewiß bis an die Schulter." Harald fuhr sich mit der Hand über die Stirn und sah halb verwirrt, halb gerührt in das eifrige Mädchengesicht. „Wir wollen abwarten, bis Ihr etwas größer geworden seid", sagte er. „Aber Ihr habt mich doch gern, nicht wahr?" fragte sie, ihn mit ihren großen, klaren Augen prüfend anblickend. „Ja, sehr gern habe ich Euch", versicherte er ihr, indem er ihr Gesichtchen in seine Hände nahm. „Aber ich bin schon zu alt für Euch." – „Keineswegs", versicherte sie ihm. „Ich will gar keinen solch jungen Mann, der erst zum Ritter geschlagen wird, sondern einen wirklichen Helden." – „Schon gut", nickte er, „ich weiß es nun und werde darüber nachdenken." Er blickte schnell zu Wilhelm hin, um dessen Lippen ein zufriedenes Lächeln spielte. „Es freut mich", sagte er, „daß das Herz meiner Tochter Euch zufliegt. An ihr hättet Ihr ein Juwel von einem Weib."

Während es jetzt hochemsig im Schloß hergeht und sich alle zum Krieg rüsten, sitze ich noch wie betäubt da und denke über alles nach. Ob ich mit Wilhelm sprechen soll? Das wird vor seiner Abreise kaum noch möglich sein. Er kann doch unsere Tochter nicht diesem Mann anverloben, der bereits fünf eigene Kinder hat, von denen einige sicher schon in Agathens Alter sind. Wenn Agathe dies erführe, was dann? Ich klammere mich an die Hoffnung, daß Harald sich hiermit nicht einverstanden erklären wird. Er ist nicht so sanft und nachgiebig wie Herbert es war.

Rouen, Montag, am 9. des Erntemonds 1064

Gestern morgen fand eine besondere Messe statt, und einige Stunden danach zogen sie aus. Harald trug normannische Kleider, so daß er, bis auf seinen Bart, wie einer der unsrigen aussah. Wir standen alle am Portal, und ich ritt mit Robert und Agathe ein Stück des Weges mit. Am Stadttor jedoch hieß Wilhelm uns umkehren. Als ich mich von Harald verabschiedete und sagte: „Kommt gesund zurück!", erwiderte er: „Ich habe immer Glück im Kampf gehabt." Ich aber antwortete: „Möge Gott Euch behüten, denn ohne Ihn steht unser Glück auf schwankenden Füßen." Er senkte etwas verlegen den Blick und sagte: „Es ist gut zu wissen, daß eine fromme Schutzherrin für mich betet." Danach ritt ich zu Wilhelm heran, der das Innere meiner Hand küßte und mir zuflüsterte: „Wache über unser Land!" Eine Weile lang winkten wir den Reitern noch nach; dann entschwanden sie unserer Sicht. „Wie leer wird es jetzt im Schloß sein", sagte Agathe, „ohne Papà und den Grafen!" Ja, sie hat recht. Das Schloß scheint wie ausgestorben, und ich weiß kaum etwas mit mir anzufangen.

Wegen Agathes Verlobung hat Wilhelm kein Wort mehr erwähnt, und ich wagte nicht, davon zu sprechen. Ich sagte ihm aber, wie schwer Harald es mir in den letzten Tagen gemacht hatte. „Er gibt meinem kleinen Kind die Liebkosungen, die er mir erweisen möchte, er träumt von mir, daß ich in seinen Armen liege – und dergleichen mehr." – „Du bist seiner nun eine Weile ledig", meinte Wilhelm. „Wenn ein Mann von Leidenschaft entbrannt ist, gibt es kein besseres Mittel, als ihn ins Kampfgetümmel zu schicken, damit er sich dort abkühlen kann. Das beruhigt die Triebe wieder." Ich warte nun sehr auf die erste Nachricht von Wilhelm.

Rouen, Samstag, am 14. des Erntemonds 1064

Papà Roger erklärte mir heute einiges über die Geschichte der Bretagne. Schon seit dem ersten Normannenherzog, Rolf dem Wikinger, sei die Bretagne unser Vasallenstaat; so habe es der damalige französische König, Karl der Einfältige, bestimmt. Aber die Aufstände hätten bis zum heutigen Tag nicht nachgelassen. Eudo von Penthièvre habe als Oheim die Vormundschaft über Conan, und sie hätten sich nach langen Auseinandersetzungen wieder versöhnt. Dennoch lehne Conan es ab, Wilhelms Vasall zu sein, während Eudo und seine Söhne dem Herzog sehr ergeben seien.

Später

Ich wurde unterbrochen, weil ein Bote Nachrichten von Wilhelm brachte. Der Brief kam aus Mortain, und darin teilte Wilhelm mir mit, daß er binnen 24 Stunden auf dem Mont-Saint-Michel zu sein hoffe. „Gott gebe, daß wir sicher hinüberkommen", schrieb er, „denn dort gibt es weite Strecken voll Triebsand. Jedoch ist der Erntemond der trockenste und günstigste Monat. Ich werde an Dich denken, wenn ich vor dem heiligen Schrein bete. Möge der hl. Michael unser Unternehmen segnen! Wir werden zunächst eine Holzburg an der Grenze errichten und dann die Belagerer von Dôle angreifen." Jetzt, da mich dieser Brief erreicht hat, befindet sich Wilhelm wohl schon in der Bretagne und hat den Mont-Saint-Michel verlassen. Wie sehr ich mich danach sehne, diese berühmte Benediktinerabtei einmal mit eigenen Augen zu sehen!

Herzog Richard I. hat sie 966 – also vor fast 100 Jahren – erbauen lassen. Sie ist das Wahrzeichen der Normandie.

Rouen, Montag, am 16. des Erntemonds 1064

Gestern habe ich einen stillen Sonntag verbracht und an Wilhelm geschrieben. Agathe hat ein Brieflein für Harald beigelegt. „Mit 16 Jahren kann ich schon vermählt werden, nicht wahr, Mamà?" fragte sie mich mit erwartungsvollem Blick. Ich antwortete nicht, denn das Kind tat mir in diesem Augenblick leid. „Dann müßte er noch sechs bis sieben Jahre warten", fuhr sie fort; „ob er das tut?" – „Niemand weiß es, Kind", sagte ich. „Denke jetzt nicht weiter daran. Vielleicht möchtest du doch lieber in ein Kloster gehen." Ich weiß nicht, warum ich das sagte; es war wohl eine Art Notwehr, um ihre Gedanken von Harald abzulenken. Sie sah mich eine Weile nachdenklich an; dann sagte sie: „Dann müßte Cäcilie mit mir kommen, damit ich einen von Euch bei mir habe." – „Kommt Zeit, kommt Rat", meinte ich. „Geh jetzt und laß die Schwester nicht länger warten." Es war Zeit für ihre Lektion bei der Augustinerin. Ich gäbe wahrlich keines meiner Kinder gern in ein Kloster, doch wünschte ich meiner Agathe lieber dieses Los als eine Ehe mit einem Mann, der dem Alter nach ihr Vater sein könnte.

Rouen, Freitag, am 20. des Erntemonds 1064

Heute war ein ereignisreicher Tag. Ein Sonderkurier aus der Bretagne traf ein, um uns von den letzten Geschehnissen zu berichten. Der Herzog sei mit seinen Mannen sicher nach dem Mont-Saint-Michel gelangt, doch nicht ohne Gefahr. Eine ganze Strecke lang ging es durch sandiges Gebiet, und die Reiter mußten von ihren Pferden steigen und ihre Schilde hoch über dem Kopf tragen. Doch an einer Stelle gab der weiche Boden nach. Während die Pferde sich durch ihren Instinkt zu helfen wußten, versanken zwei der Fußsoldaten im Triebsand und schrien jämmerlich um Hilfe. Da sprang Graf Harald kühn herzu, hielt sich mit dem einen Fuß auf einer festen Stelle nahe eines Baumes und beugte sich nach vorn, die Hand des Mannes ergreifend, der schon bis über die Knie im Triebsand steckte. Er riß ihn mit voller Kraft hoch, legte ihn auf seine Schulter und lief dann zu einer anderen weichen Stelle, wo jemand auf dem Bauche lag und sich vor dem Einsinken zu retten versuchte, indem er sich seitlings auf eine Baumgruppe zuwand. Harald wagte sich einige Schritte auf den weichen Boden, ergriff den Arm des Mannes und zog ihn hinter sich her. Ohne seine Hilfe wären beide des Todes gewesen. Lebhafte Beifallsrufe wurden laut, und Agathe sah mich mit glänzenden Augen an. „Der edle Graf hat auch mit den einfachen Fußsoldaten großes Mitgefühl", fuhr der Kurier fort, „und die Herzen aller Krieger fliegen ihm zu." – „Wo war der Herzog, als dies geschah?" fragte ich. „Er war dort, wo der Boden weich zu werden begann, stehengeblieben und saß regungslos auf seinem Rappen – die Reitgerte über die Schulter gelehnt. Fast hätte man denken können, er sei ein Standbild. Mit unverwandtem Blick schaute er auf die Gruppe vor ihm – oder auch nicht, denn mir war es, als schaue er durch sie hindurch in die Ferne. Ich konnte es beobachten, weil ich seitlich von ihm zu Pferde saß und jeden Augenblick einen Befehl von ihm erwartete. Aber er gab keinen Laut von sich, bis die Gefahr vorüber war. Dann sagte er ruhig: „Gott sei's gedankt!"

Ja, ich kenne diesen Blick an ihm. Was mag er in solchen Augenblikken denken? Ob er betet? Der Bote berichtete weiter, daß der Herzog bereits eine Burg an der Grenze errichten ließe, was Conan als Herausforderung ansähe. „Er schickte dem Herzog einen Boten und forderte ihn zum Zweikampf heraus. Der Herzog aber lachte und sagte: ‚Das meint er nie und nimmermehr!' Und richtig – am besagten Tage hatte Conan an der sandigen Mündung des Couesnon eine ganze Armee aufgestellt. Der Herzog marschierte ihm sofort entgegen – und als Conan sah, daß es Ernst wurde, hob er die Belagerung von Dôle auf und floh. Der Herzog verfolgte ihn bis nach Rennes. Als Conan sich auch dort nicht mehr sicher fühlen konnte, floh er weiter. Der Herzog nimmt an, daß er sich in Dinan befindet, und ist ihm auf der Spur." – „Mein Gott!" rief ich aus, „so weit sind sie ins Landesinnere eingedrungen?" – „Ja, und ohne allen Widerstand", meinte der Bote. „Es ist eine wilde Jagd, die nun gewiß bald zum Ende gelangt." Robert klatschte begeistert in die Hände und drehte Agathe mit sich im Kreise. Ich bin unendlich erleichtert darüber, daß alles so gut verlaufen ist. Harald habe seine eigene Reiterschar, wie der Bote berichtete, und habe sich durch große Tapferkeit ausgezeichnet. „Er ist Papàs bester Ritter", sagte Agathe mit tiefer Überzeugung; „er soll nun immer bei uns bleiben und lieber gar nicht nach England zurückkehren." Was mag geschehen, wenn sie alle zurück sind? Ob Wilhelm seinen Gast dann mit den Geiseln heimkehren läßt?

Rouen, Samstag, am 28. des Erntemonds 1064

Ich habe längere Zeit nichts eingeschrieben, denn es geschah bis gestern nichts Nennenswertes. Nun aber ist Odo, der Wilhelm begleitet hatte, aus Dinan zurückgekehrt und schnurstracks nach Rouen geritten, um mir Kunde zu bringen. „Dinan ist gefallen", erzählte er, gleich nachdem ich ihn begrüßt hatte. „Wilhelm hatte begonnen, Dinan zu belagern, und die bretonischen Krieger schlugen sich tapfer. Sie brachen oft aus der Festung aus, wurden aber jedesmal zurückgeschlagen. Und dennoch: Unsere Speere und Geschosse brachten den Sieg nicht zustande; deshalb ließ Wilhelm schließlich die äußeren Befestigungsanlagen der Stadt, die aus Holz bestanden, anzünden. Als die Palisaden und dann auch die Stadt zu brennen anfingen, übergab Conan die Festung, indem er Wilhelm die Schlüssel derselben auf seiner Schwertspitze überreichte; und Wilhelm fing sie mit seiner Schwertspitze auf. Dabei trug er noch seinen Nasenschutz", bemerkte Odo lachend; „er traute Conan gewiß nicht ganz." – „Und wo sind sie jetzt?" fragte ich. „Wilhelm will Graf Harald noch einige Städte der Normandie zeigen", meinte Odo. „Doch daselbst, in Dinan, schlug er ihn zum Ritter, gab ihm neue Waffen und machte ihn zu seinem Gefolgsmann." – „Das ist ja wunderbar, Odo – meinst du, daß Wilhelm ihn nun ziehen läßt?" Odo fuhr sich mit der Hand durch seinen buschigen Haarschopf und meinte: „Er hat ihn die ganze Zeit wie seinen besten Freund behandelt und ihm manches Vertrauliche erzählt – so wie es Freunde untereinander tun." – „Was denn, Odo?" – „Es war am letzten Abend, ehe ich mich von ihnen trennte", sagte er. „Ich hatte anläßlich des Sieges auf freiem Feld eine Dankesmesse gehalten, und anschließend saßen wir drei Brüder noch mit Graf Harald zusammen.

Da erzählte Wilhelm viel über seine Kindheit, wie er oft verraten und verfolgt worden sei und wie er gegen die aufsässigen Barone und schließlich gegen seinen eigenen König habe kämpfen müssen. Dann sprach er von König Eduard, als der noch im Exil in der Normandie lebte. Der sei ihm ein rechter Vater gewesen und habe ihm schon damals gesagt: Solle er – Eduard – je König werden, so wolle er Wilhelm zu seinem Thronerben machen. Dieses Versprechen habe der König im Jahre 1051 wiederholt, als Wilhelm ihn in England besuchte, und nun habe er ihm durch Graf Harald die gleiche Botschaft überbringen lassen. ‚Harald', sagte Wilhelm da, indem er seine Hand auf dessen Schulter legte, ‚ich werde nicht zugegen sein, wenn der König einmal seine Augen schließt. Deshalb sollt Ihr mir helfen, das Königreich für mich zu sichern. Ich will es Euch reichlich lohnen und Euch geben, was Ihr verlangt.'" – „Und was hat Harald gesagt?" fragte ich. „Er schien ein wenig betreten, sagte Wilhelm aber seine Hilfe zu. Doch meinte er, es könne Widerstand von seiten der Angelsachsen geben. Da sagte Wilhelm mit großer Festigkeit: ‚Richtet ihnen folgendes aus: Wer sich den Herzog der Normannen zum Feinde macht, wird erfahren, daß es mir weder an Mut noch Geld, noch Kriegern fehlt, mein Ziel zu erreichen.' Als Harald nichts dazu sagte, fuhr Wilhelm fort: ‚Da Ihr versprochen habt, mir zu helfen, sollt Ihr die Festung Dover verstärken und sie, sobald ich es verlange, meiner Garnison übergeben.' Harald nickte schweigend.

Dann fragte Wilhelm, ob Harald eine noch unvermählte Schwester habe. ‚Ja', sagte dieser, sie hieße Aelgiva; und Wilhelm meinte, diese solle einen normannischen Baron zum Gemahl erhalten. Er wisse einen, der einer Grafentochter würdig sei und den er später selbst in den Grafenstand erheben werde." Ich befürchtete nun, daß Wilhelm auch etwas wegen Agathe vereinbart hatte – doch Odo sagte nichts davon; er erwähnte nur, daß der Graf unter Wilhelms forderndem Blick alles versprochen habe. Als Pfand dieses Versprechens müsse er ihm noch eine Geisel hierlassen, habe Wilhelm gesagt; die andere dürfe er mit nach England nehmen. „Ehe ich am nächsten Morgen aufbrach", fuhr Odo fort, „nahm Wilhelm mich beiseite und sagte mir, er habe ein unsicheres Gefühl, was Haralds Versprechen anbelange; es wäre besser, wenn er ihn durch einen feierlichen Eid bände. Und das solle vor vielen Zeugen – vor einer Anzahl normannischer Magnaten und Prälaten geschehen. Er wollte dies zuerst in Bayeux tun lassen, habe dann aber gemeint, Bonneville sei der bessere Ort, weil die Entfernung von Rouen nicht so weit sei und er dort den ganzen Hof versammeln könne. „Er will nun, daß ich alles vorbereite und selbst die Zeremonie leite", sagte Odo. Dann zog er einen Brief aus der Tasche und überreichte ihn mir. „Er ist von Wilhelm", sagte er. Ich las den Brief nicht gleich, sondern nahm ihn mit auf mein Zimmer, wie ich es immer tue, wenn ich Nachricht von ihm erhalte. Er schrieb, daß er Harald durch ein heiliges Gelübde zu binden gedenke; Odo werde mir Näheres mitteilen. Ich solle der Feier beiwohnen, es sei denn, daß ich aus dringenden Gründen nicht fort könne. Er kehre jetzt von Bayeux über Caen und Bonneville-sur-Touques zurück und werde dann, über Lillebonne reitend, nach Rouen kommen. In acht bis zehn Tagen könne ich ihn zurückerwarten. Wie soll ich denn nur nach Bonneville reisen, wenn ich Adele noch stillen muß? Hat er das ganz vergessen? Er schreibt nichts davon, daß ich sie entwöhnen soll. Auch möchte ich gern hiersein, um den Empfang in Rouen festlich vorzubereiten. Ich werde deshalb lieber nicht mit nach Bonneville reiten.

Später

Abends saß Odo noch mit den Kindern zusammen und erzählte ihnen viel vom Feldzug in der Bretagne. Agathe wollte immer mehr über Harald erfahren. „Was hatte er an, als Papà ihn zum Ritter schlug?" - „Er trug ein neues, langes Kettenhemd und hatte eine Lanze mit dem Wimpel des Herzogs in der Hand", sagte Odo, während sie entzückt lauschte. Sie liebt ihren Oheim sehr, und auch Odo ist in seine älteste Nichte vernarrt. „Ich höre, du willst ihn zum Gemahl?" fragte er neckend, während er mir einen prüfenden Blick zuwarf. Mir war nicht wohl dabei; ich meine sogar, Odo verheimlicht mir etwas. Agathe nickte: „Ja, meint Ihr, Oheim, daß er auf mich warten wird?" – „Wenn er es verspricht, muß er es tun." – „Wir wollen nicht so viel darüber reden", sagte ich, „damit sich das Kind nicht etwas Falsches in den Kopf setzt." Odo schwieg, und wieder hatte ich das Gefühl, daß er mir etwas nicht sage. Wenn nur Harald schon wieder fort wäre! Ich fürchte mich etwas davor, ihn wiederzusehen.

Rouen, Sonntag, am 12. des Herbstmonds 1064

Heute soll Graf Harald sein Gelübde in Bonneville ablegen. Solange Odo hier war, hat Maurilius ihn einige Messen lesen lassen – und die höre ich immer gern. Auch Agathe bemerkte: „Wenn doch Oheim Odo einmal unser Erzbischof würde und immer hiersein könnte!" – „Das glaube ich nicht", entfuhr es mir, denn Wilhelm wird ihm kein solch hohes Amt geben, da er nicht in Keuschheit lebt. „Warum nicht?" wollte Agathe wissen, aber das konnte ich ihr nicht erklären. Ich lenkte daher ab und erzählte ihr von dem Gelübde, das den Grafen heute für immer zu einem Vasallen des Herzogs mache. „Bleibt er nun immer hier?" – „Nein, Kind, er hat doch eine Grafschaft in England." – „Wie kann ein englischer Graf Papàs Vasall sein?" – „Laß es dir vom Vater selber erklären", sagte ich ausweichend. Ich weiß nicht, wieviel das Kind schon darüber erfahren soll.

Später

Soeben erreicht uns durch einen spanischen Tuchhändler die Nachricht, daß der Herzog von Aquitanien Barbastro erobert habe. Er soll dort furchtbare Greueltaten an den Mohren verübt haben. Ich mag so etwas gar nicht anhören. Wenn ich den Mohren, welche die Christen verfolgen, auch nicht gut gesinnt bin, so sollte doch ein Christ Barmherzigkeit üben. Genügt es nicht, zu siegen? Muß man obendrein solche Schändlichkeiten begehen?

Rouen, Mittwoch, am 15. des Herbstmonds 1064

Heute morgen, als ich gerade dabei war, Richard im Schreiben zu unterweisen, kam Barbara und meldete mir den Baron von Warenne. „Sind sie schon alle zurück?" fragte ich verwundert. „Nein, nur der Herr von Warenne, der eine Botschaft vom Herzog für Euch hat." Ich fühlte mich beunruhigt, und dieses Gefühl verstärkte sich, als Barbara sagte: „Er sieht traurig aus, Madame." Ich ließ Warenne in den kleinen Saal kommen, wo er mich etwas förmlicher als sonst begrüßte. „Was gibt es, Sire?" fragte ich, „Ihr seht ernst aus." Er versuchte zu lächeln. „Da Ihr nicht habt nach Bonneville kommen können, Madame, hat mich der Herzog vorausgeschickt, damit ich Euch genaue Kunde von dem Vorgefallenen gebe." – „Hat der Herzog mich erwartet?" – „Ich denke schon, Madame; es war ja fast der ganze Hof versammelt." Als er weiter nichts sagte, fragte ich: „Hat Graf Harald geschworen?" – „Ja, er hat alles geschworen: daß er den englischen Königsthron für unseren Herzog sichern und die Festung Dover ausliefern wolle – und daß er mir..." Hier stockte er ein wenig, ehe er weitersprach: „...daß er mir seine Schwester Aelgiva zur Frau geben will." – „*Ihr* seid es also, Sire?" rief ich mitfühlend aus. „Ja, der Herzog meint, es sei an der Zeit, daß ich eine Frau nehme."

Ich schwieg betreten, dann sagte ich tröstend: „Wer weiß, sie mag Euch gefallen. Ihr könnt ja um der Barbara willen nicht Euer ganzes Leben unbeweibt bleiben." Er lächelte etwas bitter. „Graf Harald gestand mir später, daß seine Schwester deshalb noch nicht vermählt sei, weil sie von Kind an kränklich gewesen ist. Sie habe die Bleichsucht und verliere oft das Bewußtsein." – „Oh, wirklich?" rief ich erschrocken aus. „War das dem Herzog bekannt?" – „Ich glaube nicht, Madame. Graf Harald hat es mir ganz vertraulich mitgeteilt – vielleicht, um mich gegen den Herzog auszuspielen." – „Es ist ein schweres Los, Sire", sagte ich mit echtem Mitempfinden. „Ja, Madame, ebenso wie das Eurer Tochter Agathe." – „Agathe?" rief ich, während mein Herz stark zu klopfen begann. „So ist es. Der Graf hat geschworen, sie zur Frau zu nehmen." Ich lehnte den Kopf gegen die Stuhllehne und wurde von einer plötzlichen Schwäche befallen. Wie aus weiter Ferne hörte ich Warenne weitersprechen. „Die Siegesfeier soll am kommenden Sonntag gehalten werden, und es soll gleichzeitig unser beider Verlöbnis verkündet werden. Graf Harald soll sein Bündnis mit Eurer Tochter durch das Geschenk eines Ringes besiegeln, und ich soll einen Ring nach England senden."

Ich konnte immer noch nichts sagen. „Der Graf hatte bereits alles in Bayeux versprochen", meinte Warenne, „aber in Bonneville war es ganz anders. Dorthin hatte der Herzog zwei Reliquienschreine bringen lassen. Und so wie Bischof Odo die Worte des Schwurs vorsprach, wiederholte sie der Graf, während er seine rechte und linke Hand auf je einem der Heiligenschreine liegen hatte. Danach entfernte Bischof Odo die Tücher und ließ den Grafen die Reliquien sehen, ihm erklärend, was sie enthielten. Graf Harald sah die ganze Zeit sehr blaß aus und war in sich gekehrt. Nun muß er in Rouen zum dritten Male seine Verlobung bezeugen." – „Wann kommt der Herzog wieder?" fragte ich mit gepreßter Stimme. „Er zeigt dem Grafen heute Lillebonne und mag morgen im Laufe des Tages mit dem gesamten Hof eintreffen." Hier sitze ich nun und schreibe mir dies alles vom Herzen. Dabei sollte ich die Feierlichkeiten vorbereiten und Agathe von allem unterrichten. Aber ich kann es noch nicht. Wie soll ich Wilhelm und Harald gegenübertreten? Meine Pflicht ist es, sie öffentlich zu begrüßen. Alle, die nicht mit Wilhelm mitgeritten oder ihm nach Bonneville nachgereist sind, befinden sich in freudiger Stimmung. Wenn ich es Agathe jetzt nicht selbst sage, wird sie es von anderen erfahren.

Rouen, Donnerstag, am 16. des Herbstmonds 1064

Ich habe schlecht geschlafen und manch wirre Dinge geträumt. Ich sah, wie Agathe auf einem silbergeschmückten Roß saß und an Haralds Seite dahinritt und wie alle Angelsachsen ihr zujubelten. Doch plötzlich trat eine große Frau aus der Menge hervor, die sich in einen riesigen Schwan verwandelte und mit fünf jungen Schwänen krächzend über die Köpfe des Paares flog. „Du hast Frau und Kinder verwünscht", schrie der Schwan, „Fluch über dich!" Ich hörte Agathe aufschreien und bin darob erwacht.

Eigentlich wollte ich in die Hauskapelle gehen und beten, aber es kommen ständig Boten und Diener mit Fragen, und Adelaide ist nicht hier, die mir sonst helfend zur Seite steht. Sie ist mit nach Bonneville geritten. Die Kinder waren lauter als sonst; Richard und Rufus spielten „Krieg in der Bretagne" und hatten sich Burgen aus Schemeln, Kisten und Bottichen gebaut. Barbara hatte ihre liebe Not mit ihnen. Gegen

Mittag endlich ging ich ins Mädchenzimmer, wo es still und friedlich war und Agathe mit Cäcilie lateinische Texte einübte. „Stimmt es, Mamà, daß Papà und Graf Harald heute zurückkehren?" fragte Agathe; „die Diener sagen es alle." – „Vielleicht gegen Abend", erwiderte ich; „die Herolde sind bis zur Stunde nicht eingetroffen." – „Barbara sagt, am Sonntag gibt es ein großes Fest", bemerkte Cäcilie. „Ja", sagte ich, „und deswegen will ich mit euch sprechen." Sie sahen mich aufmerksam an, und ich brachte die Neuigkeit mit leicht zitternder Stimme hervor. „Agathe, du sollst am Sonntag dem Grafen als Braut anverlobt werden." Sie sah mich still und fast ungläubig an. „Schon jetzt?" fragte sie. Ich nickte stumm. Da faltete sie andächtig die Hände im Schoß und sagte: „Ich habe darum gebetet, daß er auf mich warten möge – und seht Ihr, nun hat die Heilige Jungfrau mein Gebet schon erhört. Ist das nicht himmlisch?" Ach, hätte doch auch ich so inbrünstig gebetet wie meine Tochter – vielleicht hätte mein Gebet den Sieg davongetragen! Nun umarmte Agathe mich freudig und umhalste auch ihre Schwester. Cäcilie sah sie lächelnd an, dann sagte sie zu mir: „Ich möchte mal keinen Mann haben, mit dem ich weit fort von Euch ziehen müßte. Ich bleibe lieber hier bei den frommen Schwestern." – „Im Kloster bist du aber auch fort von deiner Familie, Kind", sagte ich. „Ja", nickte sie, „aber das ist anders. Da sind wir ja alle zusammen bei Gott." Ich sah das süße Kind nachdenklich an. Die Zeit wird kommen, da ich die Kinder eines nach dem anderen verliere; und wer kann sagen, ob sie wirklich glücklich werden? In plötzlichem Gefühlsüberschwang zog ich Agathe an mich und begann zu weinen. „Aber Mamà", tröstete sie mich, „noch bin ich ja lange, lange bei Euch."

Später

Soeben erklingen die Hörner der herannahenden Herolde. Wilhelm trifft also doch noch heute ein. Ich kann jetzt nicht mehr in die Kapelle gehen, es bleibt mir keine Zeit dazu. Odilie kleidet die beiden Mädchen an, und Kasimir ist um Robert bemüht. Barbara bringt die drei Kleinen zu Bett. Adele hat heute gar nicht von meiner Brust getrunken. Sie saugte ein paarmal und wandte dann ihr Köpfchen zur Seite. Vielleicht ist meine Milch ob der inneren Unruhe versiegt? Oder sie mundet dem Kind deshalb nicht? Ich warte nun hier im festlichen Kleid – warte zitternd auf den gefürchteten Augenblick. Ebenso wie damals, als er unsere Kinder Herbert und Margarete anverlobte, hat er mich nicht gefragt, und diesmal ist es fast noch schlimmer, denn Herbert war nur 15 Jahre älter als Agathe und ein reiner, unschuldiger Jüngling. Je mehr ich über alles nachdenke, um so größere Bitterkeit fühle ich in mir aufsteigen.

Rouen, Freitag, am 17. des Herbstmonds 1064

Es regnet draußen, und der Himmel ist trüb verhangen. Ich selbst bin ich in ebensolch trostloser Stimmung. Ach, wie viele einfache Bürger mögen die Leute vom Adel beneiden – doch je höher der Stand, um so schwerer das persönliche Los. Und ist irgendein Druck schwerer als derjenige der Königskrone? Warum – warum mußte alles so kommen? Nur, damit Wilhelm König werden kann? Was ist wichtiger, das Glück des einzelnen Menschen oder die ruhmreiche Krone? Könnten Wilhelm und ich doch irgendwo unbekannt leben, unserem Handwerk nachgehen und uns der Kinder freuen, die keine erzwungenen, unnatürlichen Ehen einzugehen brauchten!

Als ich Wilhelm in der großen Halle begrüßte, sah er mir meine Verfassung sogleich an. „Ich habe bedauert, daß Ihr nicht nach Bonneville gekommen seid", sagte er leise zu mir; „ich hätte Euch entsprechend vorbereiten können." Ich nickte ernst und fragte: „Wann kann ich mit Euch sprechen?" – „Morgen früh nach meinem Morgenritt." Es regnete aber am Morgen noch immer, und Wilhelm ritt nicht aus. Ich schlief wieder sehr unruhig, stand früh auf und aß nur ein kleines Stück Brot und einen halben Apfel. Und auch das blieb mir fast im Halse stecken. Wilhelm saß an seinem Arbeitstisch, wo sich während seiner Abwesenheit viele Briefe angehäuft hatten. Egon brachte einen Stuhl für mich herbei, und als ich mich gerade darauf niedergelassen hatte, kam Konstantin mit einem Brief, den soeben ein Sonderkurier aus London gebracht hatte. Dieser habe den Auftrag, eine Antwort des Herzogs zurückzubringen. „Von König Eduard", sagte Wilhelm, als er das Siegel betrachtete, und befahl Konstantin, den Boten gut zu beköstigen. Dann brach er den Brief auf und sagte: „Ich dachte es mir. Der König fragt, wann er den Grafen zurückerwarten dürfe. Es sähe bedenklich in Northumberland aus, denn die dortigen Barone seien Tosti nicht gewogen. Er fürchte einen Aufstand, und da er selbst sehr leidend sei, brauche er die tatkräftige Hilfe Graf Haralds. Kein anderer als er könne alles wieder ins Gleichgewicht bringen. Du siehst", sagte Wilhelm zu mir gewandt, „daß ich habe schnell handeln müssen. Es ist jetzt alles bestens geregelt, und wir können Vorkehrungen treffen, Harald ziehen zu lassen. Ich werde ihn fragen, wo er übersetzen will; dann können wir Anfang des Weinmonds aufbrechen und dort auf günstigen Wind warten."

Ich schaute eine Weile stumm vor mich hin; dann sagte ich: „Wie kannst du behaupten, alles sei bestens geregelt, wenn du dein Kind an einen Mann verkauft hast, der bereits Frau und fünf Kinder hat? Agathe ahnt nichts hiervon, und wenn sie es erfährt, wird ihr das Herz bluten." – „Sie braucht vorerst nichts davon zu wissen", sagte Wilhelm ruhig; „kommt Zeit, kommt Rat." – „Soll Harald nun seine Frau verstoßen, oder wie hast du es dir gedacht?" Wilhelm zuckte gleichmütig mit den Achseln. „Er ist seit je darauf vorbereitet gewesen, eine politisch günstige Ehe zu schließen und hätte dies ohnehin eines Tages getan. Bis Agathe reif für die Ehe wird, sind seine Kinder erwachsen, und er kann ein neues Leben beginnen. Edith Schwanenhals erwartet es gewiß nicht anders." Das beruhigte mich jedoch keineswegs. „So wie ich Harald kenne, mag er Agathe nicht einmal treu bleiben. Und wer weiß, wie viele Frauen er schon gekannt hat." – „Es wird schwer sein, Mahaut", meinte Wilhelm, „Ehemänner für unsere Töchter zu finden, die noch keine Frau gekannt haben." Ich seufzte verzweifelt auf und sagte: „Wie du es auch drehen und wenden magst, Wilhelm, irgend etwas stimmt hier nicht. Irgend etwas hast du diesmal falsch gemacht."

Da erhob er sich von seinem Stuhl, und ich sah gefährliche Blitze aus seinen Augen schießen. „Du wirst dich meinem Willen fügen – gleich, ob es dir richtig oder falsch erscheint!" rief er drohend aus, so daß ich erschrocken aufsprang. „Mir wird nichts anderes übrigbleiben", erwiderte ich mit tränenerstickter Stimme; „aber du sollst wenigstens wissen, wie ich hierüber denke und daß mein eigenes Kind keine Handelsware für mich ist!" Damit wandte ich mich um und lief in mein Zimmer. Dort weinte ich mich gründlich aus. Ursula fand mich so und rief entsetzt: „Madame, was ist Euch nur geschehen? Alle sind in froher Siegesstimmung, und Ihr weint?" – „Laßt mich alle allein", erwiderte ich schluchzend. Doch sie muß Héloise Bescheid gesagt haben, denn diese kam kurz darauf zu mir und streichelte mir mit mütterlicher Zärtlichkeit über das Haar. „Wenn Ihr so weint, Madame, dann ist etwas zwischen Euch und dem Herzog geschehen. Er ist wohl ein strenger Herr, aber auch gerecht, und auch weise – es wird alles wieder gut werden."

Als ich mich etwas gefaßt hatte, bat ich sie, Adelaide zu rufen. Diese würde mir jetzt am besten helfen können. Als Adelaide meine verweinten Augen sah, ahnte sie den Grund. „Bist du Wilhelm gram, weil er Agathe zum zweiten Male versprochen hat?" Ich nickte. „Es ist schlimmer als das erste Mal, Adelaide." – „Warum nicht gar! Dieses Mal weiß Agathe, worum es geht, und sie betet ihren Bräutigam an!" – „Adelaide, sie ist noch ganz Kind. Und dieser Mann ist ein Jahr älter als Wilhelm und hat fünf Kinder mit einer anderen Frau." – „Ja, gewiß", sagte sie, „aber er sieht jünger aus. Die Angelsachsen altern nicht so schnell wie die Menschen auf dem Kontinent. Außerdem ist es eine große Ehre für Graf Harald, die Tochter seines künftigen Königs freien zu können. Wie du weißt, ist seine Schwester die Gemahlin König Eduards." – „Warum aber ist eine solche Ehe überhaupt nötig, Adelaide? Genügt es nicht, daß Harald Wilhelm Vasallentreue gelobt hat?" Sie schüttelte den Kopf. „Ich wünschte, du hättest in Bonneville dabeisein können, Mahaut. Es war eine solch feierliche, fast erdrückende Stimmung in dem großen Saal; und je mehr Graf Harald geloben mußte, um so eindrucksvoller prägte sich den Anwesenden alles ins Gedächtnis. Er tat seinen Schwur über den heiligen Reliquien. Die Gebeine des hl. Ouen waren mit einem grünen, bestickten Samttuch bedeckt und diejenigen der hl. Katherina mit einer roten Samtdecke. Alle trugen festliche Gewänder: Graf Harald eine Tunika aus schwarzer Seide und einen golddurchwirkten Mantel – beides Geschenke von Wilhelm. Und Wilhelm selbst trug ebenfalls ein golddurchwirktes Gewand und darüber einen schwarzen Sammetmantel mit rot bestickter Borte. In der rechten Hand hielt er sein Schwert, das gegen seine Schulter lehnte. Zum Schluß reichte Wilhelm dem Grafen beide Hände und sagte: ‚Wahrlich, ich will Euch ein guter Herr und Vater sein und will Eurer Grafschaft noch mehr Land hinzufügen.' Später bat Wilhelm Graf Harald, Warenne und mich in sein Wohnzimmer, und wir sprachen von alten Zeiten, als unser Vater noch lebte und König Eduard bei uns im Exil war. Wilhelm war sehr herzlich zu Harald, und dieser konnte sich seinem Zauber nicht entziehen. Du weißt, daß Wilhelm jeden in seinen Bann ziehen kann, wenn er es will. Sieht man die beiden nebeneinander, so kann man sich gut vorstellen, daß sie zusammen die Welt erobern könnten."

Soeben kam Ursula und sagte mir, der englische Graf habe nach mir gefragt. Ich seufzte und ließ einen heißen Met für ihn zubereiten. Gestern war ich nicht zu ihm gegangen, und auch heute hatte ich es vermieden, ihm zu begegnen. Aber nun beginnt meine Pflicht wieder. Wie werde ich ihn vorfinden?

Später

Mit leichtem Herzklopfen betrat ich Haralds Zimmer und stellte den dampfenden Krug vor ihn hin. Er saß in seinem Lehnstuhl, die Füße auf den Schemel gestreckt, und reichte mir die Hände entgegen. „Nun geht die Sonne wieder für mich auf", sagte er, indem er meine Finger einige Augenblicke lang an seine Lippen preßte und mich dann mit kindlicher Dankbarkeit ansah. Sein Blick rührte mich, und ich setzte mich zu ihm. „Wie ist es Euch im Feldzug ergangen, Graf Harald? Wir haben manch Wunderbares über Eure Taten gehört." Er senkte ob der Anerkennung leicht den Kopf und sagte: „Es war mir eine Freude, im Heer des Herzogs mitkämpfen zu dürfen. Zwar bin ich es nicht gewohnt, auf dem Pferderücken zu streiten, doch war es eine lehrreiche Erfahrung für mich. Die Normannen fechten wie die Teufel, und es ist ein leichtes, sie mitzureißen." Wir schwiegen eine Weile und fühlten beide, daß wir nun über das Wesentliche sprechen müßten. Schließlich fragte ich: „Ihr fahrt bald heim, nicht wahr? Wir werden Euch sehr vermissen." – „Ja", sagte er, „der Herzog läßt mich nun ziehen. Ihr wißt sicher, was er mir abgefordert hat?" Ich nickte. „Er gibt Euch unsere Tochter", sagte ich zögernd. „Doch wie stellt Ihr Euch dazu, Graf Harald? Ihr habt doch bereits eine Frau, die Mutter Eurer Kinder ist." – „Eure Tochter ist Euch an Schönheit und Tugend ebenbürtig", sagte er. „Wenn die Zeit gekommen ist, daß ich Agathe zur Frau nehme, werde ich allen früheren Schmuck im Kasten der Erinnerung verschließen und nur noch die eine kostbare Perle tragen. Genügt Euch das?" – „Ich habe keine andere Wahl", erwiderte ich, worauf er sagte: „Auch ich, Frau Mathilde, habe keine andere Wahl." Ich sah ihn an und las in seinen gefühlvollen Augen alles, was er empfand – seinen ganzen inneren Zwiespalt. In diesem

Augenblick fühlte ich mich ihm nahe wie einem echten Freund; und da fragte ich ihn, indem ich ihn bittend ansah: „Ihr werdet gut zu meinem Kinde sein, nicht wahr?“ Er lächelte und versicherte mir: „Ich bin gut zu allen Frauen.“ Das glaubte ich und reichte ihm spontan meine Hand. Über ihm wie über mir steht der eiserne Wille eines Größeren, dem wir uns beide fügen müssen.

Rouen, Samstag, am 18. des Herbstmonds 1064

Heute hat der Wind die Regenwolken vertrieben Es ist kühl, aber sonnig, und die Kinder haben sich um Harald geschart, der ihre Burg ansehen und ihnen einiges von den Kämpfen in der Bretagne erzählen will. Es geht sehr geschäftig bei uns zu, denn für Agathe wird ein Kleid aus weißem Samt genäht, das von einer schwarzen, buntbestickten Borte umsäumt ist. Adelaide sagt, ich solle das Kind auch etwas von meinem Schmuck tragen lassen.

Mich bedrückt es, daß ich Wilhelm gar nicht sehe. Nach unserem letzten Streitgespräch habe ich nicht mehr mit ihm reden können und habe ihn doch so vieles zu fragen. Vor allem kränkt es mich, daß er sein Versprechen nicht gehalten hat, nie wieder eines unserer Kinder in eine Ehe zu geben, ohne mich zu Rate zu ziehen. Morgen bereits findet das große Fest statt.

Später

Jetzt ist es Abend, und Wilhelm war ständig unterwegs. Ich habe soeben den Kindern gute Nacht gesagt; sie sind alle noch munter und erzählen begeistert von dem herrlichen Tag mit Graf Harald. Robert war bei den kleinen Buben im Kinderzimmer, und selbst Adele schlief noch nicht; sie rüttelte lebhaft an den Gittern ihres Bettchens. Auch heute hat sie wieder nicht von meiner Brust getrunken. Im Mädchenzimmer lag Cäcilie schon im Bett; doch Agathe saß gegen ihre Kissen gelehnt, den Rosenkranz betend. „Ich bin so aufgeregt, daß ich gar nicht schlafen kann, Mamà“, sagte sie; „auch beim Beten denke ich immerfort an morgen.“ Sie sah aus wie ein Engel, und ich hielt sie lange in meinen Armen. Möge Gott ihr wahres Glück bescheren! Wer hätte es mehr verdient als sie?

Nach Mitternacht

Ich wurde im Schreiben unterbrochen, weil Wilhelm in mein Zimmer kam. „Oh“, rief ich freudig aus, „ich habe dich schon den ganzen Tag gesucht.“ – „Ich dachte es mir“, sagte er, indem er sich auf meinen Lehnstuhl setzte. Ich klappte mein Memoirenbuch zu und zog einen Schemel herbei. „Wilhelm“, begann ich, „weißt du noch, was du mir vor vielen Jahren versprochen hattest, als ich so verzweifelt über die Verlobung unserer Kinder war? Du wolltest mich in Zukunft immer zu Rate ziehen.“ – „Du wußtest es doch“, sagte er ruhig; „du warst dabei, als Agathe sich ihn erwählte und ich dem zustimmte.“ – „Das hat doch damals niemand ernst genommen, Wilhelm.“ – „Ich wohl!“ – „Wilhelm, Agathe weiß ja die volle Wahrheit noch gar nicht. Es ist nicht richtig, daß wir das Kind hintergehen. Denke einmal an die Zukunft." – „Dasselbe möchte ich *dich* bitten, Mahaut. Denke an die Zukunft – aber nicht an deine kleine Familie, sondern an das Los ganzer Völker. Als Mitregentin darfst du nicht das persönliche Glück eines kleinen Mädchens voranstellen – auch nicht, wenn es die eigene Tochter ist."

Er lehnte sich vor, griff meine Schultern und fragte: „Weißt du, was auf dem Spiele steht, Mathilde? Leben oder Tod von Tausenden von Menschen. Ich sehe es deutlich vor mir: Habe ich Harald zum Freund, so bedeutet das ein mächtiges England, das ebenso aufblühen wird wie die Normandie es getan hat. Habe ich ihn aber zum Feind, bedeutet es einen blutigen Krieg, wie ihn die Welt nur selten gesehen hat. Nicht Hunderte, sondern Tausende werden dabei ihr Leben lassen müssen. Was in meiner Macht steht, dies zu verhüten, muß ich tun. Ich kenne die Seele meiner Tochter; sie wird mir helfen, meine Pläne zu verwirklichen. Sollte ich dasselbe nicht auch von meiner Frau erwarten?" – „Du meinst, es sei unsere Pflicht, das Glück unseres Kindes zu opfern?" – „Wer seine Pflicht tut, geht des Glückes nicht verlustig. Harald hat einen edlen Charakter, wenn er unter gutem Einfluß steht. Er wird immer gerecht zu seinen Leuten sein – den großen wie den kleinen. Einen solchen Mann brauche ich später an meiner Seite. König Eduard hat weise gehandelt, indem er ihn hersandte, so daß wir uns aus nächster Nähe kennenlernen konnten." Ich nickte, doch meine Augen füllten sich mit Tränen. „Meinst du, daß sie glücklich mit ihm wird und daß er ihr treu bleibt?" fragte ich. „Das wollen wir annehmen. Außerdem kann eine tugendhafte Frau einen Mann verwandeln. Agathe ist eine starke Seele, die imstande ist, die Zügel ihres Lebens fest in die Hand zu nehmen."

Er sah mich eine Weile still an und sagte dann: „Ich wollte dir dies alles vorher erklären, doch du bist nicht nach Bonneville gekommen." – „Es war wegen der Vorbereitungen zur Siegesfeier, Wilhelm, und dann wegen Adele. Sie mag aber gar nicht mehr von mir trinken." – „Das braucht sie nun nicht mehr", meinte er. Ich legte den Kopf auf seine Knie und fühlte seine Hand auf meinem Haar. Langsam wurde ich ruhiger. Plötzlich aber hob ich den Kopf wieder und sah vorwurfsvoll zu ihm auf. „Und der arme Warenne soll eine solch kranke Frau erhalten?" Wilhelm sah mich belustigt an. „Damit hat es keine Eile", sagte er. „Wichtig ist nur, daß er Haralds Schwester versprochen ist und sich innerlich von Barb löst. Er wird später eine andere finden." – „Dann muß ihm aber vorher die erste Frau sterben!" Wilhelm fuhr mit der Hand über mein Gesicht und sagte: „Zermartere dir nicht das Hirn über die Zukunft. Sorge dich lieber um das Heute. Dann wirst du auch das Morgen meistern können." Ich will nun getrost dem morgigen Tag entgegensehen und versuchen, mich mit Agathe mitzufreuen.

Rouen, Sonntag, am 19. des Herbstmonds 1064

Es ist abends, und das große Fest ist vorüber. Agathe sah sehr liebreizend in ihrem weißen Kleid aus. Sie trug ihr langes schwarzes Haar offen, in dem ein Reif mit Juwelen schimmerte. Eine goldene Kette schmückte das Kleid, und an den Handgelenken trug sie kleine Silberspangen. Vor Erregung hatte sie gerötete Wangen, so daß ihr helles Gesicht wie Milch und Blut aussah; und ihre tiefblauen Augen leuchteten vor Glück. Harald sah sie des öfteren bewundernd an, und ich habe die innere Gewißheit, daß er sich in einigen Jahren, wenn sie herangewachsen ist, sehr in sie verlieben wird. Er unterhält sich schon jetzt gern und viel mit ihr, denn sie ist ihrem Alter weit voraus. Es herrschte freudige Stimmung, denn Wilhelm sorgte dafür, daß es viel Kurzweil gab. Er selbst trug durch seine lebhaften Berichte über die jüngsten Ereignisse am meisten dazu bei. Robert hing an seines Vaters Lippen, als dieser von dem dramatischen Augenblick erzählte, als Conan dem Herzog die Schlüssel zur Festung von Dinan auf seiner Schwertspitze überreichte. Später wurden Wilhelm und Harald mit Kränzen aus Eichenlaub geehrt, und Wilhelm erzählte viel von Haralds Heldentaten und stellte ihn als den tapfersten Krieger in diesem Feldzug dar.

Dann verkündete er die Verlobung seiner Tochter, von der natürlich alle schon wußten, und unter lauten Beifallsrufen schritt meine kleine Agathe auf ihren väterlichen Bräutigam zu. Er hob sie etwas an, ganz wie Wilhelm es damals mit mir getan hatte, und küßte sie auf den Mund. Daraufhin steckte er ihr einen Goldreif mit einem blauen Edelstein an den Finger der linken Hand. Es war kein Familienring, weil dieser nicht auf ihren kleinen Finger gepaßt hätte; er hatte einen Goldschmied kommen lassen und sich den Ring für sie selbst ausgesucht. „Der Stein hat die Farbe Eurer Augen", sagte er, worauf sie erwiderte: „Ich meine, er hat *Eure* Augenfarbe, Sire. Meine sind dunkler. Wenn Ihr nun wieder heimreist, wird mich der Stein immer an Eure Augen erinnern." Er sah sie überrascht und gerührt an. Dann ließ er seine Hand über ihr langes Haar gleiten und flüsterte ihr etwas zu, was ich nicht verstand. Ich sah sie daraufhin eifrig nicken. Auf einmal schmiegte sich Cäcilie an mich, die heute auch dabeisein durfte, und sagte: „Gelt, Mamà, Agathe ist die allerschönste Braut, die man sich denken kann?"

Als die Musikanten erschienen, um zum Tanz aufzuspielen, lockerte sich die Tischordnung; man saß hie und da in kleinen Gruppen zusammen. Wie sehr mich dieses Fest plötzlich an meine eigene Verlobung erinnerte! Als ich an Wilhelms Hand dahinschritt, hatte ich eine ganz ähnliche Empfindung wie damals. Alle Menschen um mich herum, der festliche Saal und die Musik erschienen mir so unwirklich. Wirkli h waren nur Wilhelm und ich; wir zogen Hand in Hand durch den Saal, der mir wie ein kleiner Ausschnitt der Ewigkeit vorkam. Und wieder war es mir, als hätten wir dies schon oft getan – als seien auch diese Menschen schon früher dabeigewesen, nur mit etwas anderen Gesichtern und Kleidern... Etwas später gesellte sich Mabille zu mir, die Harald bisher wenig zu sehen bekommen hatte. Wilhelm läßt ihn absichtlich nur von ausgesuchten Vasallen umgeben: von Roger Beaumont und seinen Söhnen, von Warenne und fitzOsbern. „Ein Ritter, wie er in den Märchen steht", sagte Mabille, indem sie auf Harald wies. „Leider wird sich Eure Tochter ihren Gemahl später mit seiner schönen Geliebten, der Schwanhalsigen, teilen müssen." Sie hätte mich an keiner verwundbareren Stelle treffen können, und sie wußte dies sehr wohl. Ich biß mir auf die Zunge und suchte nach der richtigen Antwort. Als ich nicht gleich etwas sagte, fuhr Mabille fort: „Sie soll wirklich sehr schön sein mit ihrer schneeweißen Haut und dem langen, biegsamen Hals..." Da unterbrach ich sie: „Diese Verbindung wird jetzt selbstverständlich gelöst, Madame." – „Und das glaubt Ihr?" fragte sie mit listigem Lächeln. Ach nein, ich glaube es nicht! Ich fürchte, er wird sie bald aufsuchen, wenn er zurück ist, wird seine Kinder begrüßen, von seinen Abenteuern in der Normandie erzählen und Trost in ihren Armen finden. Und ich dachte bei mir: „Harald kann nicht ohne eine Frau sein. Wilhelm dagegen könnte gut ohne eine solche auskommen." Ich schaute zu ihm hinüber. Er sprach gerade mit Harald und hielt Agathe an der Hand, die glücklich zu ihm aufsah. „Ich bin seine einzige Frau", dachte ich mit heimlichem Stolz. „Er hat nie eine andere gehabt und wird auch nie eine zweite nehmen, selbst wenn ich früh sterben sollte." Das weiß ich genau. Bouboule unterbrach mein Sinnieren, denn er kam mit seiner Laute gesprungen, umkreiste Harald und dann Wilhelm einige Male, während er seine Saiten stimmte. Und als sich alle Köpfe ihm zugewandt hatten, begann er zu singen:

Was ist das – ein Angelsachse?
Das ist ein geangelter Sachse!
Ein Strandgut, das in Ponthieu gefischt
Und in der Normandie aufgetischt –
Fürwahr – fürwahr –
In der Normandie aufgetischt!

Ich erschrak und blickte fragend zu Wilhelm hinüber. Nahm sich der Narr hier nicht zuviel heraus? „Hört, hört!" lachte Mabille mit ihrer hohen, spitzen Stimme. Doch schon fuhr Bouboule fort, und seine folgenden Verse glätteten die Wogen wieder:

Es zog der englische Ritter
In ein gar teuflisch Gewitter,
Das über Bretagnien tobt;
Drob wurde er höchlichst gelobt,
Fürwahr – fürwahr –
Er wurde höchlichst gelobt.
Willkommen dem neuen Vasallen,

Er wird den Normannen gefallen!
Willkommen der lieblichen Braut,
Doch wird sie noch längst nicht getraut,
O weh – o weh –
Sie wird noch längst nicht getraut.

Der Narr erntete reichlichen Beifall; viele kleine Silber- und Kupfermünzen flogen ihm zu, und Wilhelm gab ihm ein Goldstück. Harald schaute etwas verwirrt drein; sicher ist er diese Art Narren von England her nicht gewohnt. Auch dort gibt es Possenreißer, wie Judith schrieb, doch nicht solch geistreiche wie sie hier auf dem Kontinent an den großen Fürstenhöfen sind.

Warennes Verlobung wurde ebenfalls verkündet, und nun weiß es auch Barbara. „Er tut mir leid, Madame", sagte sie. „Ich hätte ihm eine gewünscht, die er von Herzen lieben kann." – „Ich weiß eine solche", neckte ich sie. Barbara senkte den Kopf. „Dann könnte ich nicht mehr in Eurer Familie bleiben", sagte sie leise. „Mit dem Erscheinen des Herzogs hat mein Leben erst wirklich begonnen – im Schatten seiner Gegenwart soll es enden."

Nun ist es spät geworden; meine Agathe schläft bereits und träumt einer seligen Zukunft entgegen. Ich jedoch habe eine innere Unruhe um sie, die nicht weichen will.

Rouen, Montag, am 20. des Herbstmonds 1064

Wilhelm ist Harald gegenüber jetzt von einer besonderen Herzlichkeit; er beweist ihm in allem seine Freundschaft und bezieht ihn ganz in die Familie ein. Auch vertraut er ihm manches an, was die Staatsgeschäfte betrifft, oder er fragt ihn um seine Meinung. Sie scheinen sich fast immer einig zu sein, und heute sagte Wilhelm zu ihm: „Ihr werdet mir später ein guter Mitregent sein." – „Sagen wir lieber ‚Regent' – ohne ‚mit'", meinte Harald; „denn die Grafen in England regieren selbständiger als es die Grafen hier tun." Wilhelm musterte ihn still und sagte: „Zum selbständigen Regieren gehört ruhiges Blut und politische Weitsicht. Beides müßt Ihr noch mehr entwickeln." Haralds Augen flammten zornig auf. „Und kennt Ihr mich so genau, daß Ihr wißt, es mangelt mir daran?" fragte er hitzig. Wilhelm lachte gutmütig: „Ihr beweist es mir in diesem Augenblick durch Euer leicht erregbares Gemüt. Auch ist es nicht weise von Euch, mir Eure Ambitionen zu enthüllen." Als Harald nichts zu erwidern wußte, legte Wilhelm seinen Arm um dessen Schultern und sagte wie zum Scherz: „Nichts für ungut, Harald – ich necke meine Freunde gern."

Am Nachmittag erhielten wir eine traurige Botschaft aus England. Gyrth hat Harald einen Brief gesandt, in dem er ihm den Tod von Gospatric mitteilte, des Sohnes von Uhtred, des früheren Grafen von Northumberland. Keiner von Uhtreds Söhnen erhielt später die Grafschaft; es war sein Neffe Siward, dem Tosti als Graf folgte. Gospatric sei am

Hofe des Königs in seinem Blute liegend gefunden worden; jemand habe ihn erschlagen. Harald überbrachte Wilhelm die Nachricht und schüttelte bedenklich den Kopf. „Ich hoffe, daß es nicht Tosti ist, der hinter dieser Tat steckt. Gospatric ist ihm als der Oheim Siwards immer im Wege gewesen, schon deshalb, weil jener ihn des öfteren gewarnt hat. Northumberland ist eine schwer zu regierende Grafschaft, und kaum ein anderer könnte dort so fehl am Platz sein wie mein Bruder Tosti." – „Das war von Anfang an meine Meinung", stimmte Wilhelm ihm zu. „Es mag böse Folgen haben", sagte Harald; „deshalb wird es Zeit, daß ich heimkehre." Wilhelm nickte. „Wir wollen in den nächsten Tagen Schiffe bereitstellen und die nötigen Einzelheiten besprechen. Ihr dürft Hakon mit Euch nehmen." – „Wollt Ihr es ihm sagen?" fragte Harald. Wilhelm nickte und ließ den jungen Mann rufen.

Ganz wider Haralds Erwarten machte Hakon Einwände und sagte, er bliebe viel lieber in der Normandie. „Hier bin ich die letzten 14 Jahre groß geworden", sagte er; „hier wurde ich erzogen, und hier habe ich meine Freunde. Laßt mich bitte hier." – „Du bist aber ein Angelsachse, hast du das ganz vergessen?" fragte Harald vorwurfsvoll. „Die Sprache habe ich ziemlich vergessen", gab Hakon zu. „Auch habe ich nie ein richtiges Zuhause gehabt. Von der Mutter hat man mich getrennt – und mein Vater..." Hier stockte er und sah verlegen zu Boden. „Du bist mein Mündel", sagte Harald beschwichtigend, „und sollst jetzt bei mir bleiben." Nun legte Wilhelm dem jungen Hakon die Hand auf die Schulter und sagte: „Es freut mich, daß du gern bei uns warst. Gehe nun mit deinem Oheim. Später, wenn ich König von England bin, lasse ich dich vielleicht zurückkehren."

Ich fragte Wilhelm später: „Warum schickst du nicht Wulfnoth zurück und behältst Hakon hier? Wulfnoth ist zu nichts nütze – er ist ein echter Schmarotzer, während Hakon dir durch und durch treu ist und einen tüchtigen Ritter abgeben wird." – „Eben deshalb schicke ich ihn", lächelte Wilhelm. „Ich will solche in England wissen, die mir treu sind. Wulfnoth aber kann ich nicht trauen. Er ist neugierig, ränkevoll und genußsüchtig. Der könnte Schaden anrichten." Wir sprachen diesen Abend noch länger über Tosti und Harald und die Lage in England. „Ich habe manchmal das Gefühl, Wilhelm", sagte ich, „daß Harald nicht gern den zweiten Platz einnehmen wird. Er ist ein fähiger Herrscher, und das Volk liebt ihn." – „Hellsichtiges Weib!" erwiderte er, „warum meinst du, daß ich ihm das halbe Inselreich verspreche? Genügt ihm das nicht, dann helfe ihm Gott! König von England kann nur einer sein, und das Los ist mir bestimmt." Ich mochte diesen Abend nicht zu Harald gehen, denn es war wunderbar, länger mit Wilhelm über alles sprechen zu können. So schickte ich Agathe mit einem Schlaftrunk zu ihm. Wilhelm lachte darüber, ließ es aber zu. „Sie muß als Braut neue Pflichten übernehmen."

Etwa eine halbe Stunde später kam Agathe strahlenden Gesichts wieder. „Was hat Graf Harald gesagt?" fragte ich. „Er hat ausgerufen: ‚Ah, da kommt meine kleine Braut!' Und dann hat er mir von England erzählt und von einer Hexe, die es in Waltham gab – eine ganz richtige, lebendige; die konnte andere Menschen krank machen oder ihnen einen Trank brauen, so daß sie die Zukunft sehen konnten, und jeder fürchtete sie. Da haben die Leute sie eines Tages in der Scheune verbrannt, und ein ganz schwarzer Rauch ist herausgezogen, der aussah wie eine Geistergestalt." – „Was für eine gruselige Geschichte!" rief ich aus. „Ja – ich hab' ihn gefragt, ob die Seele der Hexe erlöst werden kann, und er hat gesagt, nein. Aber ich glaube das nicht und sagte, ich würde den Vater fragen. Da hat er gelacht und gefragt: ‚Weiß der es denn?' – ‚Ja', hab' ich gesagt, ‚der weiß alles!'"– „Nun gut", meinte Wilhelm, „damit du schlafen kannst, kleine Philosophin: Alle Seelen werden erlöst – aber die dunklen Seelen müssen länger darauf warten." – „Dann ist es gut", sagte Agathe, „dann will ich für diese arme Hexe beten." Ich gehe abends immer noch an die Betten der Kinder, und oft kann ich mich an ihren lieblichen Gesichtern nicht satt sehen. Das sanfte Nachtlicht verleiht ihnen allen etwas Engelhaftes.

Rouen, Freitag, am 24. des Herbstmonds 1064

Wir warten nun auf Nachricht aus Caen, wo die Schiffe für Harald geliefert werden sollen. Harald möchte sich daselbst einschiffen lassen, aber Wilhelm meint, dort könne er unter Umständen lange auf den günstigen Wind warten, weil der Hafen geschützt in einer Bucht liegt.

Beim Mittagsmahl im kleinen Saal trug Wilhelm mir plötzlich auf, der Curia morgen am frühen Nachmittag vorzusitzen, weil er durch andere Geschäfte verhindert sei. „Das kann ich nicht, Sire", sagte ich, „denn ich habe für diese Zeit bereits die Äbtissinnen aus Bernay und Montivilliers bestellt." – „Dann müßt Ihr sie umbestellen", sagte er nur kurz, wie es seine Art ist. Dies brachte meinen ganzen schönen Plan durcheinander. Ich war gut vorbereitet auf das Gespräch mit den Äbtissinnen, doch über die Sitzung der Curia wußte ich überhaupt nicht Bescheid. Als ich betreten schwieg, nahm Wilhelm dies als Zustimmung und fuhr fort: „Es handelt sich um Marmoutier." – „Sire", wandte ich ein, „ich habe noch nicht zugestimmt, ich muß mir dies erst überlegen." – „Darauf kann ich nicht warten", sagte er. „Die Sitzung der Curia kann nicht vertagt werden; doch zwei Nonnen können warten und derweil beten." – „Sire", fragte ich, „ist wegen Marmoutier nicht bereits alles entschieden worden?" – „Ja, aber nun muß alles bis ins einzelne geplant werden, damit die Übergabe reibungslos verläuft." – „Ich habe aber keine Zeit mehr, mich damit zu befassen, wenn es bereits morgen ist", versuchte ich ihn umzustimmen. „Ihr habt die Abendstunden und den frühen Morgen – und die ganze Nacht", sagte er ruhig.

Auf einmal fühlte ich Haralds Blick auf mir ruhen und sah zu ihm hinüber. Er schaute mich zärtlich und mitfühlend an, als wollte er sagen: „Wäret Ihr *meine* Frau, verlangte ich solches nie von Euch!" Nun blickte ich von ihm zu Wilhelm, der mich fest, aber leicht schelmisch musterte. Da war es mir plötzlich, als befände ich mich auf einer Bühne, als sei dies alles ein Spiel. „Wenn Ihr es mir anvertrauen wollt", sagte ich einlenkend. Er nickte. „Der Seneschall wird Euch die nötigen Dokumente beschaffen." Ich erhob mich darauf, um die Sache gleich in die Hand zu nehmen, und fing Wilhelms anerkennenden Blick auf. Wie nur kommt es, daß mich immer eine große Glückswelle überflutet, wenn ich mich selbst überwinden und ihn zufriedenstellen kann? Von all diesem ahnt Harald nichts. Er sieht in Wilhelm nur meinen strengen Herrn, der über mich herrscht. Ich wünschte, er könnte uns auch einmal anders sehen...

Später

Am frühen Abend wurde ich etwas müde, hatte aber noch viel zu tun. Die Übergabe von Marmoutier ist recht verwickelt, weil die fähigsten Menschen für die Leitung nicht freigegeben werden können. Sollen wir die Sache nun hinziehen oder gleich handeln – oder welche Stellvertreter sollen wir wählen? Ich habe eine lange Liste von Vorschlägen, konnte aber im Augenblick keinen klaren Gedanken fassen. Wilhelm hatte mir einmal gesagt, er könne sich durch wenige Minuten tiefen Schlafs völlig erfrischen. Er hatte es mir sogar vorgemacht, indem er sich hinlegte, alle Glieder lockerte und sofort einschlief. Ich versuchte das nun auch, und ich schlief tatsächlich bald ein. Doch wachte ich nach wenigen Minuten nicht wieder auf. Ich träumte etwas Herrliches – daß ich ganz hoch flog und allen anderen zeigen wollte, wie man das macht. Es war gar nicht schwer; man brauchte sich nur etwas vom Boden abzudrücken. Auf einmal jedoch fühlte ich ein Gewicht auf meinem Leib, das mich herabzog. Als ich aufwachte, spürte ich Wilhelms Hand auf mir ruhen. Er beugte sich lächelnd über mich und sagte: „Ich wollte nur verhüten, daß du bis zum späten Morgen durchschläfst." Da schlang ich meine Arme um seinen Nacken und sagte, noch etwas schlaftrunken: „Ich bin herrlich hoch geflogen, Wilhelm." – „Ja", sagte er, „aber ohne meine Erlaubnis." Er hielt mich einige Augenblicke in seinen Armen, und nun bin ich wieder ganz munter. Ich habe das meiste schon geschafft...

Rouen, Sonntag, am 26. des Herbstmonds 1064

Es ist kalt geworden, aber ich bin dennoch etwas ausgeritten, weil ich ein großes Verlangen nach frischer Luft hatte. Die gestrige Sitzung war anstrengend, und danach sprach ich am Abend noch mit den Äbtissinnen. Ziemlich spät suchte ich Harald auf. Er freute sich sehr, als ich kam, denn am Vortag hatte ich wieder Agathe zu ihm geschickt. „Was für Greuelmärchen erzählt Ihr meinem Kinde nur?" fragte ich scherzend. Er aber sagte, daß er jene Hexe selbst gekannt habe; sie sei nicht alt und häßlich gewesen, nur sehr verwildert, und einen Blick hätte sie gehabt, der seine Opfer nicht mehr losließe. „Ich habe mir einmal einen Trank von ihr brauen lassen, der Zukunftsbilder enthüllt", sagte er, „nur so zum Zeitvertreib." – „Und habt Ihr etwas gesehen?" fragte ich. „Ja, ich fiel daraufhin in einen tiefen Schlaf und träumte von der Zukunft." – „Und was ist Euch enthüllt worden?" Er jedoch winkte mit der Hand ab: „Darüber will ich nicht sprechen." Als er mein enttäuschtes Gesicht sah, lachte er. Doch obwohl er scherzte, meine ich fast, daß er etwas abergläubisch ist. Wilhelm hätte sich nie und nimmer einen solchen Trank brauen lassen.

Heute, kurz nach dem Mittagsmahl, ließ Wilhelm mich in das Audienzzimmer im Mittelgeschoß rufen. Ich erwartete außer ihm noch andere dort zu finden, doch er saß allein am Tisch. Vor ihm lag eine aufgeschlagene Karte, die den Süden Englands und den Norden der Normandie sowie Flandern zeigte. Er blickte kurz auf, und als er mich sah, sagte er: „Setze dich nieder, Mahaut, ich bin gleich fertig." Dann nahm er ein Zollmaß zur Hand und legte es an die Karte. Es war kalt im Raum, und im Kamin schwelte ein Feuer, das nicht richtig brennen wollte. Da kein Diener oder Page im Saal war, nahm ich selbst den Schürhaken und stocherte damit im Feuerloch. Das Holz knisterte und sandte große Rauchschwaden aus, die mir in den Augen brannten. „Will das Feuer nicht angehen?" frage Wilhelm. „Nein, das Holz ist zu feucht", sagte ich; „es hat sicher im Holzschober durchgeregnet." Wilhelm lehnte sich in den Stuhl zurück und bemerkte in der Art des „großen Philosophen": „Ähnlich ist es, wenn das Holz unserer Begeisterung feucht wird; dann kann es nicht hell brennen." Ich vermutete, daß diese Bemerkung auf mich gezielt war, und fragte: „Meinst du die gestrige Sitzung wegen Marmoutier? Die konnte mir gewiß nicht viel Begeisterung einflößen." – „Nein, die meine ich nicht. Ich spreche von deiner künftigen Aufgabe als Königin." Da hatte er in der Tat ins Schwarze getroffen. Ich trat vor ihn hin und sagte: „Die Aufgabe schreckt mich wirklich, Wilhelm. Ich habe gar keine Beziehung zu diesem fremden Inselreich." Er nickte. „Darum werden deine Augen von Rauchschwaden verdunkelt."

Eine Weile stand ich unschlüssig da, dann trat ich ans Fenster, um es zu schließen, denn es wehte kalt von draußen herein. „Ich hatte es geöffnet, damit der Rauch abziehen kann", sagte er, „frierst du?" – „Ja", sagte ich, nahm mir seinen gefütterten Mantel, der über der Stuhllehne hing, und legte ihn mir um. Dann setzte ich mich auf den Tisch neben die Karte. „Willst du dort sitzen bleiben?" fragte er verwundert. Nicht ahnend, daß noch jemand erwartet wurde, sagte ich: „Ja, denn wenn ich so sitze, berühren meine Füße nicht den kalten Boden. Der Binsenbelag ist schon arg niedergetreten." Ich war müde, denn der vorige Tag war anstrengend für mich gewesen, und auch sonst war es mir nicht gut. Er muß es plötzlich gefühlt haben, denn er sah mich teilnehmend an, zog mir die Schuhe aus und begann meine Füße warm zu reiben. Es fühlte sich wunderbar an, und ich warf ihm einen dankbaren Blick zu. „Wir müssen nun entscheiden, auf welchem Weg Harald zurückkehren soll", sagte er. „Ich weiß nicht, ob er noch vorhat, seinen versäumten Besuch in Flandern nachzuholen. Wenn nicht, könnten wir ihn in Caen oder Fécamp einschiffen." Wir sprachen eine Weile über Papà und meine Brüder, und allmählich begann ich mich in dem weiten Mantel wohlig warm zu fühlen. Auch in meinen Füßen prickelte angenehme Wärme.

Auf einmal hörte ich jemanden näherkommen und wandte mich erschrocken um. Da stand Harald mitten im Raum und sah verwundert auf das Bild, das sich ihm bot. Ich saß, in Wilhelms großen Mantel gehüllt, auf dem Tisch und hatte meine Füße auf seinem Schoß liegen, die er kräftig rieb. Es war zu spät, etwas zu verbergen, und Wilhelm schien nicht im geringsten verlegen. „Kommt nur näher", sagte er freundlich; „wie Ihr seht, ist es der Herzogin kalt, denn das Feuer will nicht richtig brennen." Als Harald lächelnd nähertrat, fuhr Wilhelm fort: „Ihr gehört jetzt zu unserer Familie." Ich bemerkte Haralds Verwunderung, und plötzlich war es mir ganz recht, daß er Wilhelm einmal anders sah und nicht nur als den strengen, fordernden Ehemann. Wilhelm zeigte ihm nun die Karte. „Welche Route wollt Ihr nehmen, Harald? Euer Schiff liegt in Caen bereit – doch habt Ihr von dort keinen guten Wind. Eine andere Möglichkeit böte Dives, wo die Flußmündung sehr breit ist, oder Fécamp. Ich nehme an, daß Ihr nicht nach St. Valéry zurückkehren wollt, wo Ihr gestrandet seid?" Harald schüttelte heftig den Kopf. „Es sei denn", fuhr Wilhelm fort, „daß Ihr noch nach Flandern wollt und die Strecke bis dahin zu Pferde zurücklegt. Von Flandern bis nach Dover ist die Seestrecke am kürzesten." – „Keine Macht der Welt bringt mich je wieder nach Ponthieu, Sire."

Wilhelm nickte verständnisvoll. Er hatte inzwischen seine Hände unter meinen Rock geschoben und rieb meine noch kalten Waden. Sicher war er sich dessen gar nicht bewußt, denn er schaute aufmerksam auf die Seekarte. Harald aber bemerkte es, denn er blickte des öfteren auf meine Füße. Da sagte ich: „Wenn der Graf von Caen aufbricht, könnte ich dort meine neue Kathedrale besuchen. Ich habe die Glasfenster noch gar nicht mit eigenen Augen gesehen." – „Es ist mir recht so", sagte Harald, doch Wilhelm wiegte bedenklich den Kopf. „Ihr könntet dort unter Umständen lange festliegen und auf günstigen Wind warten – und selbst dann kommen die Schiffe nicht so leicht in Fahrt wie vor Fécamp." – „Sire", unterbrach ich ihn da, „er kennt Fécamp ja noch gar nicht." – „Richtig!" sagte Wilhelm; „diese Perle der Normandie müßt Ihr noch sehen." Harald war mit dem Vorschlag einverstanden und fragte erwartungsvoll: „Kommt auch Ihr mit nach Fécamp, Mylady?" – „Gewiß", sagte ich und, zu Wilhelm gewandt: „Nicht wahr, Sire? Auch Agathe und Robert sollten mitreisen und Adelaides Kinder und Roberts Freunde." – „Ihr werdet ein großes Geleit haben, Harald", schmunzelte Wilhelm.

Später

Als ich Harald heute abend den Met brachte, sagte ich zu ihm: „Lange werde ich dies nun nicht mehr tun können." Und er fragte: „Werdet Ihr mich etwas entbehren?" – „Gewiß", sagte ich, „liebe Freunde entbehrt man immer." Er lächelte, nahm einen Schluck aus dem Becher und sagte: „So gut wie hier hat mir der Met noch nirgendwo gemundet. Ihr habt ein besonderes Rezept." Plötzlich fragte er ganz unvermittelt: „Liebt Ihr den Herzog sehr, Frau Mathilde?" Ich sah ihn groß an. „Mehr als ich es in Worten sagen könnte, Sire." Er nickte und meinte: „Ja, er kann sehr liebenswert sein, wenn er diese Seite nach außen kehrt." Ich wußte wohl, wie er das meinte, und erwiderte: „Er ist weich wie Seide, Sire, wenn es um die Gefühle des Herzens geht, aber hart wie Eisen, wenn jemand an seinen Grundsätzen rüttelt." – „Ja", sagte er, „oder an seinem Ehrgeiz." Diese Bemerkung ärgerte mich, doch besaß ich genug Geistesgegenwart zu erwidern: „Man vermutet in anderen oft die Eigenschaften, die man selber hat, Sire." Harald musterte mich etwas verblüfft, dann sagte er: „Ein Mann ohne Ehrgeiz ist wie ein Fisch auf dem Trockenen." – „Vielleicht", sagte ich; „doch der beste Ehrgeiz ist der, daß man seinem Land und seinen Leuten ein guter Vater sein will." – „Das ist auch mein Bestreben", sagte er mit großer Aufrichtigkeit.

Rouen, Montag, am 27. des Herbstmonds 1064

Mir hat heute nacht etwas Merkwürdiges von Harald geträumt, und ich erzählte es Wilhelm am Morgen. „Denke nur, in meinem Traum war Harald gar nicht in England, sondern in Schottland gelandet, und da begegneten ihm die Nordmänner, die aus Norwegen kamen und mit denen er kämpfen mußte." – „Prophetische Träumerin", sagte Wilhelm, indem er mich verwundert anblickte. „König Hardraada mag tatsächlich Ambitionen auf den englischen Königsthron haben. Er weiß, daß keine leiblichen Thronerben vorhanden sind, und – wie manch einer seiner Vorfahren – könnte auch er es versuchen, sich die Krone zu rauben. Ein solcher Kampf steht dann entweder Harald oder mir bevor." Ich war entsetzt. „Und trotz alledem willst du das Land regieren?" – „Wer sonst, meinst du, kann es zusammenhalten?" Auf diese so einfache und klare Frage wußte ich keine Antwort. Mir bangt bei dem Gedanken, daß König Eduard nicht mehr lange leben könnte. Doch vorerst will ich die Gegenwart noch genießen, so gut ich es vermag.

Später

Beim Waffenschmied sind junge Hunde geboren worden. Richard, der sich immer mit allen Kindern anfreundet, auch mit denen der Handwerker, die oft in den Ställen spielen, hat davon erfahren und so lange gebettelt, bis ich den Kindern erlaubte, sie sich anzusehen. Kasimir ging mit ihnen. Als sie jetzt zurückkehrten, sahen sie bestaubt und zerzaust aus und rochen nach Stall. Richard kratzte sich zudem fortwährend. Nachdem Barbara die Kinder früher als sonst gebadet hatte, durften sie noch etwas aufbleiben. Wilhelm hatte mich, Adelaide und Harald in sein Wohnzimmer rufen lassen, wo wir die bevorstehende Reise besprachen. Adelaide soll während meiner Abwesenheit manche meiner Aufgaben am Hof übernehmen. Auf einmal stand Rufus vor uns – im blauen Beinkleid und einer kurzen weißen Tunika. „Richadd hat ein Floh gestecht", sagte er; „und Robett will kein von seine Floh haben, ich auch nich." Harald begann herzlich zu lachen, während ich erschrocken ausrief: „Gott bewahre! Womöglich sind all unsere Kinder von Flöhen zerstochen worden!" Jetzt erschien Richard, den Barbara geschickt hatte, damit er den Rufus einfange, denn sie selbst wagt sich nicht in Wilhelms Zimmer. „Stimmt es, daß du Flöhe aus dem Stall mitgebracht hast?" fragte ich. Er kratzte sich verlegen am Bein und sagte: „Barb hat sie alle abgewaschen. Einer ist ganz hoch gesprungen." – „So hoch!" zeigte Rufus mit der Hand. Während ich Richard in Wilhelms Schlafzimmer zog, um ihn dort näher zu untersuchen, durfte Rufus bei Wilhelm auf dem Stuhl sitzen. Ich fand auf Richards Beinen und am Bauch allerlei rote hügelige Stiche – viele davon dicht beieinander. „Barb hat mir schon was draufgeschmiert", sagte er; „aber es juckt immer noch." – „Und Rufus und die anderen haben keine Stiche?" – „Nein, die kratzen sich nich." Ich zog ihm wieder die Tunika über und sagte: „In ein paar Tagen sind die Stiche weg, wenn du nicht dauernd kratzt. Hol jetzt deinen kleinen Bruder, denn Barbara wartet auf euch."

Ich schob Richard vor seinen Vater hin, damit er ihm gute Nacht sage. Richard aber fragte statt dessen: „Warum hat der liebe Gott Flöhe gemacht, und Mücken und Wespen und Spinnen?" – „Böse Pinnen!" rief Rufus dazwischen, denn auf diese Tiere ist er gar nicht gut zu sprechen. „Hast du mal deine Mamà gefragt?" meinte Wilhelm, wie schon öfter, wenn er eine unbequeme Frage der Kinder an mich weiterreicht. „Nein", sagte Richard, der sich nun an mich wandte: „Weißt du es, Mamà?" – „Gott erschafft keines der Tiere umsonst", sagte ich, „auch wenn sie nur Futter für andere größere Tiere sind, siehst du?" Er dachte einen Augenblick nach, dann sagte er: „Ja, die Vögel fressen die Mücken und Fliegen, und die Störche die Frösche, aber wer frißt schon Flöhe?" Ich schaute ratlos zu Wilhelm hinüber, während Harald leise in sich hineinlachte. „Sire, wißt Ihr, wer Flöhe frißt?" fragte ich Wilhelm. Agathe, die soeben in der Portière erschien, enthob ihn einer Antwort. „Barbara fragt, was mit den Buben ist", begann sie, doch dann erblickte sie Harald und begann zu strahlen. „Oh – hier seid Ihr alle so schön beisammen", sagte sie; „kann ich auch hierbleiben?" – „Dann wird Barbara sogleich Cäcilie herschicken, euch alle zu holen", meinte Wilhelm. „Das wäre schön", frohlockte unsere Tochter; „dann könnten wir alle beieinander sein." – „Komm einmal her, kleine Philosophin", sagte Wilhelm, „und erkläre deinem Bruder, warum Gott die Flöhe erschaffen hat." – „Was soll ich erklären?" rief sie lachend, und Richard sagte sofort: „Die

Mücken hat Er erschaffen, damit die Vögel sie fressen können, und die Frösche, damit die Störche was zu fressen haben. Aber wer frißt die Flöhe? Die würden den ganz schön in'n Hals beißen, und da innen kann man sich nicht kratzen." Während Wilhelm und Harald ihrer Heiterkeit freien Lauf ließen, dachte Agathe tief nach und sagte dann ganz ernst: „Gott hat die Flöhe den bösen Menschen zur Strafe geschickt." – „Ich wußte, daß sie eine Antwort findet", sagte Wilhelm stolz, doch Richard erhob lebhaften Einspruch: „Ich bin aber nicht böse und bin doch gestochen worden." – „Komm einmal her, mein Sohn", sagte Wilhelm da, „und sieh mir in die Augen. Hast du wirklich keine Strafe verdient?" Der Knabe wurde unsicher, dann gestand er: „Ich hab den Rufus gehauen, weil er mich nachgemacht hat." – „Und was sonst noch?" Wilhelms forschender Blick brachte weitere Geständnisse: „Ich hab Agathes Band zerrissen, aber nicht aus Absicht – nur so." – „Noch etwas?" Er seufzte, als fiele ihm die folgende Beichte schwer: „Als ich im kleinen Saal allein war, hab ich Wein von einem Becher getrunken und dann ausgespuckt." – „Wohin ausgespuckt?" – „In die Binsen, dann merkt es keiner." Wilhelm hatte Mühe, ernst zu bleiben, und Harald gab vor, sich die Nase zu schneuzen. „Was weiter?" – „Wenn du mich immer so anguckst, dann fällt mir immer noch was ein." – „Aha! Dann trage deine Flohstiche mit Geduld, mein Sohn."

Rufus, dem diese Gewissenserforschung gar nicht genehm war, hatte sich von des Vaters Seite weggestohlen und in meinen Rockfalten versteckt. „Wie ist es mit dir, kleine Philosophin?" fragte Wilhelm seine Tochter. „Ihr braucht mich gar nicht so anzusehen, Papà – ich kann Euch alles schon so sagen: Ich bin nicht zur Schulstunde gegangen, sondern ausgeritten, ohne Mamà zu fragen, und ich hab 'ne kleine Katze ins Mädchenzimmer gebracht." – „Was hast du getan?" rief Wilhelm streng, der keine Tiere in den oberen Wohnräumen duldet. „Und was hast du nach dem Ausritt den ganzen Tag gemacht, wenn du nicht zum Lernen gegangen bist?" – „Ich hab Mamà beim Sticken geholfen und mit Cäcilie die Laute geübt und mit Richard das Zählen; das kann er jetzt schon gut. Dann hab ich den Rufus getröstet, der schrie, und unseren kranken Vogel gefüttert – und der andere Vogel ist gestorben. Da hab ich die Begräbnisfeier ausgedacht, und wir haben ihn im Herzogsgarten begraben – und jetzt muß ich noch beten gehen." Wilhelm blickte zu Harald hinüber und sagte: „Eure künftige Frau weiß sich zu beschäftigen." Als in diesem Augenblick Cäcilies Kopf in der Portière erschien, lachten wir alle auf, so daß das Kind ganz verwundert dreinblickte. „Ins Bett mit euch allen!" befahl Wilhelm jetzt; „ich habe genug von euren Sünden gehört." Rufus stürzte den anderen eilig voraus und sparte sich den Gute-Nacht-Kuß. Agathe war die letzte und küßte jeden von uns zärtlich, Harald eingeschlossen, der hernach sagte: „Ich habe selbst zwei Töchter; die anderen drei sind Buben und wilder als die Euren. Auch sind sie nicht so redegewandt. Sie sind viel in den Ställen und spielen mit Schleudern und Reifen.“ Wenn nur Agathe noch nichts von diesen Kindern erfährt!

Rouen, Sonntag, am 3. des Weinmonds 1064

Dies ist Haralds letzter Sonntag bei uns. Maurilius hielt die Messe und verlas ein besonderes Gebet für unseren Gast, damit er sicher heimkehre. Übermorgen in aller Frühe brechen wir auf. Wilhelm hat Harald reichlich beschenkt – hat ihm einen neuen Mantel mit kostbar bestickter Borte gegeben, ferner Falken, zwei Pferde und neue Waffen. Der ganze Hof war versammelt, und mehrere Mitglieder der Curia werden uns nach Fécamp begleiten: Roger Beaumont, Roger Montgommeri, Warenne und Hoël de Cornouailles. Ich will Clothilde mit mir nehmen, und Odilie soll unterwegs die drei Mädchen – Agathe, Adi und Judith – betreuen. Letztere stellte sich heute vor Harald hin und sagte ganz ernst: „Wenn Agathe Euch später doch nicht nehmen will, so könnt Ihr mich fragen. Ihr gefallt mir gut, denn kein anderer hat solch schönes blondes Haar wie Ihr.“ Wilhelm, der dies hörte, lachte und zog Judith an ihrem rötlichen Zopf: „Wir werden in England später einen schönen blonden Ritter für dich finden, Mouche.“ Sie schmiegte sich zufrieden an ihn und sagte: „Vielleicht kann der Graf mir schon einen aussuchen.“ Mehr kann ich nicht schreiben, es gibt noch so viel zu tun, ehe wir aufbrechen.

Fécamp, Samstag, am 9. des Weinmonds 1064

Nun sind wir seit gestern hier, und der Wind hat sich vor einigen Stunden gedreht. Wenn er morgen früh noch von Südosten weht, sollen die Schiffe auslaufen. Harald nahm bewegten Abschied von Rouen. „Ihr werdet wieder einmal herkommen“, sagte ich tröstend zu ihm, „und darauf wollen wir uns schon freuen.“ Er sah nicht überzeugt aus und sagte leicht traurig: „Wenn das Schicksal es so will!“ Das Wetter war angenehm trocken. Wir hielten uns kurz in Jumièges und in der Abtei zu St. Wandrille auf, und in Le Tréport machten wir länger Rast. Hakon sah ernst aus. Er ritt die ganze Zeit zwischen Heinrich und Robert le Beau, die ihm echte Brüder geworden sind. Was ihn drüben erwartet, weiß er nicht. Wilhelm hat auch ihn reichlich beschenkt, doch das konnte ihn nicht trösten. Traurig war meine Cäcilie, weil sie nicht mit auf die Reise durfte. „Wenn ich im nächsten Frühjahr nach Caen reite“, sagte ich ihr, „so nehme ich dich mit, damit du unsere neue Abtei siehst.“ Ich denke, Wilhelm wird dies erlauben. Er hatte ohnehin vor, sie einige Zeit zu den Benediktinerinnen zu geben.

Agathe ist heute mit Harald am Strand entlanggeritten und hat sich die Schiffe zeigen lassen. Auf ihre Bitte hin hat er sie in das Schiff getragen, das ihn hinüberfahren wird. Sie durfte sich alles ansehen und erzählte mir in Einzelheiten, was sie dort gesehen habe und was für ein Fabeltier am Bug des Schiffes hinge – ganz zum Fürchten. Adi und Judith sind enttäuscht und auch ärgerlich, weil sie das Schiff nicht sehen durften. „Ihr seid ja auch nicht seine Braut“, sagte Agathe.

Rouen, Freitag, am 15. des Weinmonds 1064

Es scheint so leer im Schloß. Wilhelm ist noch in Lillebonne geblieben und wird erst morgen zurückkehren. Haralds Schiff ist am 10. des Weinmonds ausgelaufen. Es war ein trauriger Augenblick, als er von uns Abschied nahm. Agathe hing weinend an seinem Hals, und auch ich war sehr bewegt, als er mich zum letzten Mal tief anblickte und ich in seine mir so vertraut gewordenen blauen Augen sah. Ich weiß nicht, was ich darin las, aber es machte mich traurig. „Gott schütze Euch, Sire“, sagte ich mit leicht zitternder Stimme. „Laßt oft von Euch hören!“ Er küßte meine Hände und wandte sich dann Wilhelm zu, der ihn lange und durchdringend ansah, während er seine Hände hielt. „Kehrt gesund heim und bleibt mein treuer Vasall“, sagte er; „Ihr sollt es nicht bereuen.“ Harald dankte uns noch einmal mit lebhaften Worten für alles, was wir für ihn getan hatten, und dabei wurden seine Augen feucht. „Ich weiß nicht, was drüben auf mich wartet“, sagte er, und dann: „Ich verdanke Euch viele liebe Erinnerungen.“ Hakon konnte seiner Tränen nicht Herr werden – so sehr er sich auch bemühte, ein „echter Mann“ zu sein. Und als das Schiff ablegte, als die bunten Schilde der Ritter die Bordwand säumten, die Ruder ins Wasser tauchten und die Segel sich blähten, hielt Agathe meine Hand fest, und wir beide weinten, bis der kalte Herbstwind unsere Augen trocknete. Der Heimritt ging schneller und stiller vor sich. Ich weiß nicht, warum eine solch große Traurigkeit auf mir lastet. Solange Harald hier war, schien es, als könnten Wilhelm und ich alles überwachen und in die richtigen Bahnen lenken; nun aber ist er wieder in England, bei seinen Brüdern, seiner Frau und seinen Kindern. Was werden diese zu allem sagen – wie ihn beeinflussen? Er ist uns jetzt entglitten, und wie wird alles enden?

Rouen, Samstag, am 16. des Weinmonds 1064

Ich war soeben in Haralds Zimmer und stand nachdenklich vor seinem Armstuhl, wo ich ihm so oft den Abendtrunk gereicht hatte. Auf irgendeine Weise scheint er mir hier noch lebendig. Ob nicht jeder Mensch dort, wo er lange geweilt hat, etwas von sich selbst zurückläßt, das man nicht mehr sehen, wohl aber fühlen kann? Vorerst soll niemand anders in diesem Zimmer wohnen.

Gottlob ist Wilhelm zurück. Er kam erst gegen Abend, als ich bei den Kindern war; so hörte ich ihn gar nicht. Als ich dann aber in mein Schlafzimmer trat, sah ich Licht durch die Portière schimmern und ging gleich hinüber. Egon sagte mir, der Herzog bade gerade, er wolle ihm aber bestellen, ich sei dagewesen. Etwas später kam Wilhelm und setzte sich zu mir. Da sagte ich, indem ich den Kopf gegen seine Schulter lehnte: „Wilhelm, seit Harald hier war, ist es nicht mehr so wie früher – jetzt ist England nahe gerückt, so erschreckend nahe, und wir können von einem Tag auf den anderen nicht wissen, was geschieht.“ Er hielt mich fest in seinem Arm, ohne etwas zu erwidern. Plötzlich weinte ich wieder. „Joujou“, sagte er zärtlich, „du sollst einmal alles vergessen. Bist du bereit, morgen mit mir zu reisen? Ich habe schon alles vorbereiten lassen.“ – „Nach St. Wandrille?“ fragte ich zaghaft. Er nickte. „Der Weinmond verspricht schön zu werden“, sagte er. „Nimm Ursula mit und lasse die Kinder hier.“ – „Sollten wir nicht Adele mitnehmen, Wilhelm? Ich möchte unser Kleinstes nicht allein lassen. Ursula wird sehr gut mit dem Kind fertig.“ – „Wie du denkst, kleine Mutter. Bald jedoch wird sie nicht mehr dein Jüngstes sein.“ Ich sah zu ihm auf und sagte: „Du sehnst dich nach deinem vierten Sohn, gelt?“ Da nahm er lächelnd mein Gesicht in seine Hände und sagte: „Kannst du es erraten? Ich sehne mich nach *dir*.“ Dann küßte er mich, und ich vergaß für die nächsten Augenblicke alles, was mich in letzter Zeit so bedrückt hat.

St. Wandrille, Dienstag, am 19. des Weinmonds 1064

Ich bin soeben mit Wilhelm durch den Herbstwald geritten. Der Himmel war leicht verhangen, aber ab und zu schimmerte das Sonnenlicht hindurch. Wie still und abgeschieden es hier nach all den aufregenden Wochen ist! Es scheint, daß ich wieder zu mir selbst finde und in einen wunderbaren Frieden getaucht werde. Wilhelm sagte mir, daß mit Haralds Besuch alles bestens verlaufen sei; ein günstiges Schicksal habe ihn unter solch außergewöhnlichen Umständen an seinen Hof gebracht und ihn völlig abhängig von seiner Gnade gemacht. „Es hätte nicht besser sein können“, sagte er, „und nun ist er obendrein durch seinen feierlichen Schwur gebunden. Wir wollen also ruhig in die Zukunft sehen.“ Abends sitzen wir in unserem traulichen Wohnzimmer, in dem ein lustiges Feuer brennt, und während ich sticke, liest Wilhelm mir etwas vor. Heute las er, was Avitus über das „Paradies auf Erden“ geschrieben hat. Es fängt so an:

Wo die Welt beginnt, dort – jenseits von Indien,
Wo es heißt, daß sich Erde und Himmel berühren,
Da steht auf einer Höhe ein Hain,
Den kein Sterblicher je erreicht,
Umschlossen von einer ewigen Mauer.

Es heißt dann weiter, daß seit dem Sündenfall keine Menschen mehr dort lebten, sondern nur Engel. Es gäbe keinen Winter dort und keine heiße Sommersonne. Während auf Erden Eis und Schnee auf den Feldern liege und im Sommer die Ernte unter der sengenden Sonne vertrockne, gäbe es dort nur einen milden, ewig währenden Frühling. Kein heißer Südwind blase dort, keine Wolken verdunkelten den Himmel, der Boden brauche keinen Regen, denn den Pflanzen genüge der tägliche Tau. Das Gras sei ewig grün, und auf dem warmen Boden gedeihe alles prächtig. Es gäbe Kräuter auf den Hügeln und Blätter an den Bäumen. Die Pflanzen trieben ständig Blüten und würden vom eigenen Saft genährt. Früchte, die bei uns einmal im Jahr reifen, erstünden dort jeden Monat neu. Lilien blühten, ohne in der Sonne zu welken, die Veilchen entfalteten sich, ohne niedergetreten zu werden, ein sanfter Wind streiche über sie hin und erhielte ihre Farben leuchtend. Die letzten beiden Zeilen lauten so:

Da es dort keinen Winter gibt
Und keinen trockenen, heißen Sommer,
Reifen das ganze Jahr die Früchte des Herbstes,
Blühen ewig die Blumen des Frühlings.

„Wilhelm", fragte ich, „hat sich der Dichter dies nur ausgedacht, oder sieht es im Paradies wirklich so aus?" – „Die Dichter", sagte Wilhelm, „sind mit höheren Geistern im Bunde, die ihnen einen Einblick in die andere Welt gewähren. In jenen Sphären des Lichts und der Freude herrscht ewiger Frühling, und alles, was die Seelen brauchen, fließt ihnen von selbst zu. Alles besteht aus Licht – die Blumen, die Früchte, die Seen, die Berge..." Hier brach er ab und schloß eine Weile die Augen. „Wenn ich wüßte, daß wir einmal in einen solchen Himmel kommen", sagte ich, „würde ich gern alles Leid hier auf Erden ertragen." Wilhelm öffnete die Augen wieder und sah mich nachdenklich an – so als schaue er durch mich hindurch und hinter mich, wie er es zuweilen tut. „Die schweren Jahre liegen noch vor uns, Mora", sagte er; „doch wenn wir uns tapfer bewähren, erwartet uns eine himmlische Ruhestätte – ähnlich wie sie der Dichter beschrieben hat." – „Lies es noch einmal vor, Wilhelm, und ganz langsam", bat ich. Dabei ließ ich meine Stickerei sinken und sah ihn an. Wenn er liest, beginnt jedes Wort zu leben und eine Stimmung hervorzuzaubern, die einen über diese Welt hinaushebt.

Ich werde von der frischen Luft immer schon früh müde – auch kommt es sicher davon, daß ich nach langer Zeit wieder der Ruhe pflegen kann. „Du sollst morgen noch einmal so lange schlafen, wie du magst", sagte Wilhelm gestern abend zu mir; „dann bist du hoffentlich ausgeruht genug für mich." Ich schlafe hier immer sehr tief und höre ihn morgens gar nicht aufstehen. Heute abend wollen wir in unserer kleinen Kapelle für unser nächstes Kind beten, damit eine gute Seele zu uns kommt.

St. Wandrille, Mittwoch, am 20. des Weinmonds 1064

Hier ist der richtige Ort, ein Kind zu empfangen – hier steht das Weltgeschehen still, umgeben uns nur die Tiere des Waldes, die Vögel in den golden und rot schimmernden Laubbäumen und der duftende Wald, dessen modernde Blätter einen würzigen Duft aussenden. Er ruft eine süße Wehmut in mir wach – wie eine Mahnung, daß einem nichts auf immer bleibt, daß man den Augenblick genießen soll. Jedesmal, wenn ich mich ganz an ihn verliere, denke ich, daß es noch nie so innig war wie jetzt. Wir wachsen ja auch immer mehr zusammen. „Du bist ein Stück von mir", sagte er. Wenn er mich am festesten umschlungen hält, schaut er mich immer an, und dann zwingt sein Blick meine Augen nach oben. Ich weiß, daß ich dann an die kleine Seele denken soll, die auf dem Wege zu uns ist. Ich fragte ihn hernach: „Wenn es ein Sohn wird, Wilhelm, ist es dann unser letztes Kind?" – „Warum fragst du das jetzt?" – „Vielleicht... weil ich nicht möchte, daß es das letzte Mal gewesen sein könnte." – „Wenn ich vier Söhne habe, darfst du auch vier Töchter haben", meinte er. Ich schaute ihn lange an und strich leise mit meinen Fingern durch sein Haar. Dabei dachte ich: „So etwas kann man doch nur mit dem einzig geliebten Menschen erleben – nie und nimmer mit einem anderen."

Als ich heute morgen aufwachte, fühlte ich seine Hand auf meinem Arm. Ich blieb ganz still liegen, drehte aber leise den Kopf zu ihm hin. Er schlief nicht mehr – oder kann man mit halb offenen Augen schlafen? Ich beobachtete seine schönen Gesichtszüge, besonders den ausdrucksvollen Mund, der solch tiefe Empfindungen widerspiegelt – aber noch viel mehr als das: einen ganz eigenen Zauber, ein geheimes Wissen. Plötzlich fragte er: „Bist du wach, Mora?" – „Ja", sagte ich, „und gar nicht mehr müde. Ich habe so fest geschlafen, daß ich mich kaum von der Stelle gerührt habe." Er strich ein paarmal mit der Hand über mich hin, dann fragte er: „Wollen wir ausreiten?" Ich stimmte freudig zu. Als wir nach unten kamen, war Klein-Adele schon wach; ich hörte sie im Kinderzimmer plappern und jauchzen. Im Wohnraum stand eine große Schale frisch geernteter Äpfel aus dem Obstgarten. Wilhelm warf mir einen davon zu. „Damit du nicht zu hungrig wirst, bis wir zum Frühstück zurückkommen." Der Apfel schmeckte köstlich; man sollte einen solchen immer zu Beginn des Tages essen. Ein leichter Nebel lag über Wald und Wiesen, so als habe die Nacht ihren Traumschleier noch nicht ganz gelüftet. Ich spürte den feuchtkalten Wind auf meiner Haut, die leise zu prickeln begann, und mir schien es, als seien wir ganz allein auf der Welt, denn niemand begegnete uns. Von fern sahen wir den Kirchturm von St. Wandrille wie eine geisterhafte Silhouette aus dem Nebel ragen.

Ich war unsagbar glücklich. Mag die Welt ihren Lauf nehmen – ich habe ja ihn! Was kann ich mir auf Erden mehr wünschen, als ihn zu besitzen? Als er sein Pferd an einer Lichtung anhielt und sich nach mir umwandte, traf mich sein sonnenhafter Blick, der mich heute noch ebenso verzaubert wie beim allerersten Mal. „Mein ewig neuer Geliebter", dachte ich, „wir werden unserer Liebe nie müde werden." Ich glaube, es ist deshalb, weil sich unsere Leiber nur selten zusammenfinden; dann jedoch geschieht es mit ganzer Seele. Heute nacht schlafen wir noch einmal hier, und morgen im Laufe des Vormittags will er schon aufbrechen. „Die Pflichten rufen", sagte er mir auf dem Heimritt. „Du hast deine Haushaltsabrechnung zum Michaelistag nicht fertig gehabt, was ich dir um Haralds willen nachsehe. Aber bis zum Ende des Weinmonds will ich sie erhalten haben." – „Ja, Wilhelm, aber den heutigen Tag wollen wir noch recht genießen."

Adele durfte bei uns sein, als wir frühstückten. Wir hatten ihr ein Lammfell auf die Binsen im Wohnzimmer gelegt, wo sie mit allerlei Stofftieren und Puppen spielte. Aber sie will jetzt immerfort laufen und freut sich, wenn sie es bis zu mir geschafft hat. Wilhelm ließ sie eine Weile auf seinen Knien sitzen. Sie kann schon deutlich „Mamà" sagen, und heute sagte sie zu Wilhelm: „Mapà". – „Das ist zumindest ein Anfang", meinte er; „sie beginnt zu merken, daß sie auch einen Vater hat." – „Es ist gut, daß wir sie mitgenommen haben, Wilhelm", sagte ich; „denn du siehst sie ja nicht oft." Er vergnügte sich eine Weile mit ihr und warf sie dann mehrmals in die Luft. Wie all unsere anderen Kinder liebt sie diese Luftsprünge und kann deren nie genug haben. Jetzt, da ich schreibe, ist der Himmel klar geworden. Die Knechte haben schon einen großen Korb mit Äpfeln gefüllt, den wir nach Rouen nehmen. Mehr sollen später in einem Wagen folgen.

Rouen, Dienstag, am 26. des Weinmonds 1064

Nun bin ich schon wieder ein paar Tage hier und habe endlich das Haushaltsjahr abgeschlossen. Wir hatten diesmal wegen Harald viel mehr Ausgaben. Nun aber geht das Leben am Hof wieder seinen gewohnten Gang. Als wir die erste Nacht hier waren, blieb Wilhelm nicht so spät auf wie sonst, und da ging ich zu ihm hinüber. „Ich möchte heute nacht nicht allein schlafen", sagte ich, „denn ich bin in Gedanken noch ganz in St. Wandrille." Er saß lesend im Bett, denn Ralf hatte vergessen, ihm den gestern eingetroffenen Brief eher zu geben. „Komm", sagte er, indem er mich zu sich winkte, „wir haben einen Brief von Harald erhalten." Dieser hatte gleich in Bosham an uns geschrieben, damit das nächste Schiff uns Nachricht brächte. Er habe eine ruhige Überfahrt gehabt, und in Bosham hätten ihn Gyrth und Leofwine erwartet. Tosti dagegen sei vom König nach Northumberland beordert worden, damit er die dortigen Unruhen glätte und sich geduldig die Beschwerden der Barone anhöre. Hakon sei seekrank geworden, als kurz vor der Landung ein starker Wind aufgekommen war, der das Boot abzutreiben drohte. Durch Einziehen der Segel und kräftiges Rudern sei die Landung dann aber doch geglückt. „Gott sei's gedankt", sagte ich, „daß er nicht noch einen Schiffbruch erlitt." Dann legte ich mich unter die Felldecke, weil es kalt im Zimmer wurde. Wilhelm löschte die Lampe und sagte, wie schon manches Mal: „Wir wollen uns fühlen, ohne uns zu sehen." Ich wachte davon auf, daß er mich am Morgen in mein Bett hinübertrug.

Bald ist Allerseelentag, und dann geht es auf den Winter zu. Zum Barbaratag wollen die Kinder diesmal die drei Weisen aus dem Morgenland aufführen. Agathe hat sich manches dazu ausgedacht, was gar nicht in der Bibel steht, und Judith hat das ihrige dazugetan. Sie will einen der Könige darstellen, den mit dem Weihrauch, und hat ihren

Oheim Nikolaus schon um richtig brennenden Weihrauch gebeten. Wilhelm muß die Goldstücke für den ersten König geben. Die Myrrhe ist am leichtesten zu beschaffen; dafür nehmen wir einfach ein anderes grünes Gewächs.

Später

Clothilde erzählte mir soeben etwas Garstiges über die Leibeigenen in England. Sie wisse genau, daß einige der Sklavinnen, die von ihren Herren schwanger gemacht worden seien, ins Ausland verkauft würden, damit diese sie loswürden. Ich höre selten etwas Gutes über dieses Land, und es wird mir immer unheimlicher.

Rouen, Dienstag, am Allerseelentag 1064

Gestern hat Adeliza eine Tochter geboren. Es ist ein sehr kleines Kind, auch nicht sehr kräftig. Die weise Frau hat große Sorgen um das Mägdlein, denn es schreit oft stundenlang. Die arme Adeliza tut mir herzlich leid. Sie ist selbst noch so schwach nach der Geburt.

Harald hat uns wieder geschrieben, nachdem er das erste Mal beim König war. Dieser sei sehr gealtert, schrieb er, und kaum noch fähig, sich der Regierungsgeschäfte anzunehmen. Es gäbe jedoch viel für ihn zu entscheiden – besonders, was Tosti anbelange. Der Bau der neuen Kathedrale von St. Peter im westlichen Münster schreite gut voran, und es sei der sehnlichste Wunsch des Königs, sie noch mit eigenen Augen vollendet zu sehen. Der Nebel sei zur Zeit so dicht, daß man die Hand nicht vor den Augen sehen könne. „Ihr habt bei Euch den Gottesfrieden", schrieb er; „bei uns gibt es den Nebelfrieden, denn selbst ein Zweikampf wäre bei diesem Wetter ein Unding." Als letzten Satz schrieb er: „Einen Kuß meiner kleinen Braut." Agathe schreibt schon seit gestern an einem Brief, der an Harald gehen soll. Doch darf er keinen Tintenklecks haben. Sie hat ihn schon zum dritten Male angefangen.

Rouen, Freitag, am 5. des Nebelmonds 1064

Die kleine Makrina von Adeliza hat dauernd Durchfall, und die beiden Ärzte, die fitzOsbern hat kommen lassen, sind sehr besorgt. Héloise, die so gut mit Heilkräutern Bescheid weiß, hat Fencheltee empfohlen, doch es war in der ganzen Stadt keiner zu finden. Die Diener sind bis Emandreville geritten, wo ein Kräuterweib welchen getrocknet hatte. Im Sommer bereiten wir ihn ja selbst aus frischen Früchtchen. FitzOsbern hat Wilhelm gebeten, sich das kranke Kind anzusehen. Das hat er auch getan und es lange auf seinem Arm gehalten. „Es wird bald genesen", waren seine tröstlichen Worte. Der eine Arzt meinte, die Mutter habe kein gesundes Blut, und darunter werde das neugeborene Kind einige Zeit zu leiden haben.

Rouen, Dienstag, am 16. des Nebelmonds 1064

Wenn die eine Sorge schwindet, so taucht eine neue am Horizont auf. Während die kleine Makrina jetzt gesund und munter ist, liegt Herluin schwer krank darnieder. Der Arzt meint, es sei wegen der Nieren;

er muß fest liegen und bekommt Kräuterumschläge. Oft hat er große Schmerzen in der Nierengegend. Fredesensis schrieb ganz unglücklich, daß er elendiglich gelb im Gesicht und an den Händen aussähe. „Dazu erwarte ich wieder ein Kind", schrieb sie, „und wir hoffen, daß es dieses Mal ein Mädchen wird, weil wir schon zwei Buben haben." Ihres wird eher zur Welt kommen als meines. Wilhelm muß morgen nach Coutances und will von dort aus nach Caen, weil in Kürze mit dem Bau seiner Kathedrale St. Etienne begonnen werden soll. Es hat so lange mit dem Planen gedauert, weil das Material, das die Baumeister dazu brauchen, zum Teil aus Italien kommt und die ausgesandten Händler manches falsch verstanden hatten, so daß die falschen Steine angefahren wurden. Wilhelm hat sie alle wieder zurückgesandt; er hat etwas ganz Bestimmtes im Sinn und läßt sich auf nichts anderes ein. „Es ist *meine* Abtei", sagte er; „sie soll so werden, wie sie mir vor Augen schwebt." Es ist kein schönes Reisewetter, wenngleich es noch nicht winterlich kalt ist. Aber es nieselt draußen. Die Tage werden jetzt schon so kurz!

Rouen, Sonntag, am 28. des Nebelmonds 1064

Richard hat während der letzten Tage ein paarmal Nasenbluten gehabt. Ich glaube, er ist im Spielen zu wild. Auch bläst er gern auf einem alten Olifant, das Ralf Tesson ihm geschenkt hat, und dabei platzen ihm vielleicht einige Äderchen. Ich habe Mägde ausgeschickt, neue Misteln zu sammeln, denn unser Vorrat vom Frühjahr ist schon aufgebraucht. Mistelumschläge helfen immer sehr schnell.

Die Kinder üben jetzt täglich ihr Weihnachtsspiel für den Barbaratag. Sie hatten gehofft, sich Klein-Makrina auszuleihen, die das Jesuskind darstellen sollte, doch Adeliza hat es ihnen entschieden verweigert. Sie hütet das Kleine nach seiner Genesung wie ihren Augapfel. So haben sie sich mit Adele abgefunden, obgleich diese ja schon viel zu groß ist.

Rouen, Dienstag, am 30. des Nebelmonds 1064

Heute haben sich unsere Kinder lange mit Barbara beraten und sind überein gekommen, ihr Spiel zu ändern. Denn Adele werde gewiß nicht still und artig in der Krippe liegen; sie klettere bei den Proben jedesmal heraus und kippe dabei die Krippe mit dem Stroh um. Die älteren schelten sie dann, aber Barbara sagt ganz richtig, daß das kleine Kind dies ja noch nicht verstehe. Sie wollen nun ein ganz anderes Spiel machen, in dem das Jesuskind schon etwas größer ist. Es handelt von der Heiligen Familie in Ägypten, die in der großen Sandwüste umherirrt. Robert soll den Joseph und Agathe die Maria darstellen, aber die drei Könige brauchen sie nun gar nicht. Judith jedoch hat schon ihr Weihrauchgefäß erhalten und will sich nicht davon trennen. Sie schlug deshalb gleich etwas Neues vor: „Ich bin dann eben ein ägyptischer Priester, der die Weihrauchschale auf seinem Altar stehen hat – und dann kommt die Heilige Familie zu ihm in den Tempel, um zu beten, und er freut sich, als er das Jesuskind sieht, und nimmt die Familie bei sich auf." Das finden sie alle sehr schön, doch Robert will auch als Joseph seine Goldstücke behalten, damit die Familie auf der Reise nicht verhungert. Adi aber stört sich daran, daß Maria größer ist als Joseph. „Dann laßt doch Cäcilie die Maria sein", schlug Judith vor. „Ja, das möchte ich wohl gern", sagte Cäcilie mit leuchtenden Augen. „Und was mache ich?" fragte Agathe enttäuscht. „Das mit den Königen war viel schöner. Wir haben ja auch schon den großen Stern, der vor ihnen herziehen soll." Judith fand wieder eine Lösung. „Du bist dann ein Engel, Agathe, der den Stern vor ihnen herträgt und die Heilige Familie zu mir in den Tempel führt." Nun war Agathe zufrieden, denn einen Engel spielt sie noch viel lieber. Rufus soll ein Wolf sein, der die Heilige Familie in der Wüste anfällt, und Richard ein tapferer Schäfer, der ihn bezwingt und die Familie rettet. Es geht nun jeden Tag lebhaft im Kinderzimmer zu. Barbara ist am Abend immer ganz erschöpft. „Es werden aber alle ihren Spaß daran haben", sagte sie mir mit einem lustigen Augenzwinkern. Ich darf vorher nichts sehen, weil es eine Überraschung für Wilhelm, Adelaide und mich sein soll. Ich hoffe sehr, daß Wilhelm bis zum Barbaratag zurück ist.

Rouen, Freitag, am 3. des Christmonds 1064

Wilhelm ist heute nachmittag eingetroffen, gerade als der erste Schnee fiel. Sein Reitknecht brachte uns frische Tannenzweige für den Barbaratag mit. Wir freuen uns alle sehr auf das morgige Fest. Wilhelm hat auch manch schöne Geschenke und Naschwerk für die Kinder mitgebracht. Es herrscht große Vorfreude im ganzen Haus, und die Kinder waren heute abend gar nicht zur Ruhe zu bringen. Adi, die morgen beim Spiel der Heiligen Familie die Erklärungen sprechen soll, hat jedoch einige Bedenken wegen Adele. „Manchmal geht es ganz gut mit ihr, Muhme", sagte sie, „aber dann wieder tut sie etwas ganz Falsches." – „Laß uns hoffen, daß sie es morgen richtig macht", sagte ich. Adeliza ist wieder gesund genug, daß sie dabeisein kann. Es kommen fast alle Frauen vom Hof, auch Hawise und Rohese mit ihren Kindern.

Rouen, Sonntag, am 5. des Christmonds 1064

Das Spiel fand erst heute statt, weil Wilhelm gestern in einer wichtigen Versammlung sein mußte; und ohne ihn wollten die Kinder es nicht aufführen. Es verlief nicht ganz nach Plan. Als sich die Heilige Familie in der Sandwüste erschöpft niederlegte, um zu schlafen, war das Jesuskind wach und munter. Adele sah in ihrem weißen Umhang recht drollig aus. Agathe behauptet nämlich, daß das Jesuskind immer weiße Gewänder getragen und sich nie schmutzig gemacht habe. „Ich glaube schon, daß seine Mutter es hat waschen müssen, wenn es draußen gespielt hat", meinte ich, doch das will sie nie hören. Adele krabbelte fröhlich umher, fand eine von Josephs Goldmünzen, drehte sie in den Händen und begann daran zu kauen. Doch ganz aus der Rolle fiel sie, als Rufus, in ein echtes Tierfell gehüllt, heulend auf die Heilige Familie zustürzte. Mit entsetzten Schreien flüchtete sie sich zu mir und wollte nicht mehr in das Spiel zurück, obgleich Richard, der Schäfer, mit seinem Stab gelaufen kam, um den Wolf zu bändigen. Rufus jedoch war ein hartnäckiger Wolf, der seine Heultöne nicht so bald einstellte. Maria und Joseph waren aufgewacht, und Maria kam, ihr Kind zurückzuholen, das sich weinend an mich klammerte. Erst als der Engel mit dem großen Stern erschien, wurde es genügend abgelenkt und schaute auf das glitzernde Gebilde, das Agathe vor sich hertrug. Der Engel nahm das Jesuskind bei der Hand, und inzwischen hatte der kräftige Schäfer auch den Wolf aus dem Zimmer gestoßen. Als nächstes erschien der ägyptische Priester mit der goldenen, rauchenden Schale. Judith war in einen gelben Umhang mit Kapuze gekleidet und sang selbst erfundene Worte und Melodien. Adele aber erkannte sie wieder und rief freudig: „Da – da!", indem sie am Umhang des Priesters zerrte, der zum Entsetzen aller Darsteller zu Boden glitt und Judith in ihrem Unterkleid enthüllte. Ich sah Wilhelm Tränen lachen. Judith aber vergoß Tränen der Enttäuschung, als sie nachher zu mir kam. „Es ist alles ganz verkehrt gegangen", schluchzte sie. „Rufus und Adele sind noch viel zu klein. Sie haben uns alles verdorben." – „Wir haben uns aber alle sehr an dem Spiel gefreut, meine Mouche", sagte ich, indem ich sie in die Arme nahm. Doch sie meinte weinerlich: „Der Ohi hat uns ausgelacht, und die anderen auch!" Ich aber versicherte ihr: „Es war aber alles sehr herzig, und ihr Großen habt ganz wunderschön gespielt." Das tröstete sie ein wenig.

Abends wartete ich noch auf Wilhelm, denn ich hatte ihn seit seiner Rückkehr nur kurz gesehen und ihm noch nicht sagen können, daß ich nun Gewißheit wegen unseres siebenten Kindes habe. Er fand mich spät, als er an mein Bett kam, mit einem Buch in der Hand. Ich war eingenickt und wachte davon auf, daß er mir das Buch aus der Hand nahm. „Ich habe auf dich gewartet", sagte ich, „denn ich wollte dir etwas Wichtiges sagen." – „Und ich bin gekommen, meinte er, „dich etwas Wichtiges zu fragen." Als ich ihm die erhoffte Nachricht bestätigte, nahm er mein Gesicht in seine Hände und sah mich freudig an. Dann küßte er mich zur guten Nacht.

Rouen, Mittwoch, am 8. des Christmonds 1064

Muriel schrieb, daß es Herluin etwas besser ginge. Sie und ihre Stiefmutter würden wohl zur selben Zeit niederkommen. Dann werde ihr Kind später gleichaltrig mit seinem Neffen oder seiner Nichte sein.

Rouen, Montag, am 13. des Christmonds 1064

Mein Bruder Robert schrieb mir aus Kennemerland, daß Gertrude ihm eine Tochter geboren habe. Sie solle nach unserer Mutter „Adele" heißen. So sind die beiden Basen fast gleichaltrig und tragen denselben Namen; ob sie sich wohl je einmal begegnen werden? Ich erhielt auch Nachricht von Judith, die völlig verzweifelt ist. Mit den Rebellen lasse sich nicht fertig werden, obgleich Tosti manche von ihnen sehr hart bestraft habe. „Es ist ein elendes, kaltes, rauhes Land", schrieb sie. Wilhelm wiegte bedenklich den Kopf. „Ich fürchte, es wird mit Tosti nicht gut enden. Er war seit je ein Heißsporn, und von Menschenführung versteht er nichts." Judith tut mir herzlich leid. Aber wie sollen wir ihr helfen? Sie muß ja bei dem Mann, dem sie angetraut ist, ausharren.

Rouen, Weihnachten 1064

Es ist Abend, und das schöne Fest geht wieder einmal zur Neige. Wir haben uns alle darüber gewundert, daß Harald noch keine weitere Nachricht gesandt hat. Vielleicht sind wegen des Winterwetters wenig Schiffe zum Kontinent gelangt. Zu unserer Freude hatten wir den Prior Anselm am Hof, den Maurilius in der Heiligen Nacht die Messe lesen lies. Er sagte einiges über die ewige Geburt Gottes auf Erden, was nicht leicht zu verstehen war. Ich habe es ungefähr so in Erinnerung: Alles, was besteht, das bestehe nur aus einem Grunde, und dieser Grund sei Gott selbst. Das regt zu tiefem Nachdenken an.

Nun ist das Jahr bald zu Ende. Wir haben viele Gäste am Hof, und ich komme nur wenig zum Schreiben.

Rouen, in der Neujahrsnacht 1065

Wir haben heute einen schlimmen Schneesturm gehabt. Ich blieb am Abend mit Clothilde allein. Später ging ich zu Wilhelm, den ich mit einem Buch in der Hand am Kamin fand. Es war das Buch vom Leben der großen Heiligen, das seiner Mutter gehört hat. „Komm", sagte er, indem er die Hand nach mir ausstreckte, „ich habe dich erwartet." – „Es stürmt heute so arg, Wilhelm,", sagte ich, „daß wir nicht auf den Turm gehen wollen." Er lächelte und meinte: „Von dort aus begrüßt man das neue Jahr doch am besten, wie du immer sagst." Ich lehnte den Kopf an seinen Arm und erwiderte: „Ich mag das neue Jahr diesmal gar nicht begrüßen – ich erwarte nichts besonders Freudiges von ihm." – „So?" meinte er, leicht vorwurfsvoll; „auch nicht im Heumond?" – „O doch", versicherte ich ihm; „unser siebentes Kind wird wieder im Sommer geboren, Wilhelm. Wäre es nicht schön, wenn es in St. Wandrille zur Welt käme? Es ist warm um diese Zeit, und ich könnte Barbara, Ursula und Josephine mit mir nehmen. Ich stelle mir das wunder-, wunderschön vor." Als er nichts sagte, fragte ich: „Meinst du das nicht auch?" – „Es wird auf die Regierungsgeschäfte ankommen", sagte er. „Ich kann die Curia nicht im Stich lassen. Und mich willst du doch sicher dabeihaben?" – „Ganz gewiß! Wenn du nicht dasein solltest, halte ich das Kind solange zurück." Er lachte, hielt mich eine Weile still im Arm und schlug vor, daß wir statt auf den Turm in unsere kleine Hauskapelle gehen. Ich habe dort fast eine Stunde mit ihm gesessen und für viele gebetet. „Wilhelm", flüsterte ich ihm zu, „wir wollen auch für Harald beten." – „Ja", sagte er, „und für den König. Er darf im nächsten Jahr noch nicht sterben, ich habe noch viel vorzubereiten." – „Was denn, Wilhelm?" – „Bete jetzt, Mora; ich erkläre es dir im neuen Jahr." Es geschieht nicht sehr oft, daß wir beide zusammen in der Kapelle sind, aber wenn er bei mir ist, kann ich mich viel besser sammeln; dann wird alles in mir still und friedlich. Mag nun das neue Jahr bringen, was es will. Wilhelm ist meine feste Burg, die allen Stürmen trotzen wird.

Rouen, Sonntag, am 2. des Hartung 1065

Wir haben das neue Jahr mit zwei Feiertagen begonnen, denn gestern war Neujahr, und heute ist ein Sonntag. Wilhelm war beide Tage auf der Jagd und hat Robert und dessen Freunde mitgenommen. Jedoch durften sie noch keine Armbrust tragen, sondern nur zusehen. Ich unterhielt derweil unsere Gäste, die nicht an der Jagd teilnahmen. Wir hatten deren viele während der Festwochen: Ralf Tesson hatte Mathilde mitgebracht, die es immer bedauert, ihren Vetter Wilhelm so wenig zu sehen, ferner Ralf von Tosny mit Isabel und deren Sohn Roger, und dann Eustachius mit seiner Frau Ida. Mit dieser freundete ich mich sogleich an. Es war das erste Mal, daß Eustachius seit seiner zweiten Eheschließung vor fast acht Jahren wieder an unserem Hof war. Ida hat bereits drei Kinder und erwartet jetzt ein viertes. Ich vertraute ihr an, daß auch ich guter Hoffnung sei, mich heimlich wundernd, warum ich einer mir Fremden dies erzählte. Selbst meine Kammerfrauen wissen es, bis auf Clothilde, noch nicht. Doch Ida schien mir gleich von Anfang an wie eine vertraute Freundin, der ich mich aufschließen kann. Man denke sich nur: Im Laufe des Gespräches stellten wir fest, daß auch sie Karl den Großen zu ihren Vorfahren zählt. So sind wir uns sogar blutsmäßig ein wenig verwandt.

Wir sprachen viel von Anselm, dem Prior von Le Bec, den sie zu ihrem geistigen Berater gewählt hat. Ich sagte ihr, daß ich in Lanfranc meinen Beichtvater gefunden habe; sollte der aber einmal nicht zur Verfügung stehen, ginge auch ich gewiß zu Anselm. Ida macht, wie ich, gern feine Nadelarbeiten, besonders Ornamente für Altartücher. Als sie von meinen Stickereien erfuhr, wollte sie diese gern sehen. Ich konnte sie jedoch nicht in den Herzogsflügel führen, obgleich ich das gern getan hätte. So vertröstete ich sie auf einen anderen Tag – vorgebend, daß ich erst einiges heraussuchen müsse. Ida ist erheblich jünger als ich – sie zählt erst 25 Jahre. Auf ihre Bitte hin ließ ich alle Kinder in den kleinen Saal führen, damit sie diese sähe. Wie herzlich sie gleich mit ihnen war! Sie hat sanfte braune Augen und leicht welliges Haar, das sie aufgesteckt trägt und das ihr – genau wie mir – stets wieder auseinanderfällt. Ihre Haut sieht auch jetzt im Winter frisch aus. Ich finde sie sehr schön, obgleich ihre Gesichtszüge gar nicht regelmäßig sind; es ist vor allem der Ausdruck, der sie verschönt. Ich könnte sie immerzu ansehen. Sie zog sich schon früh in ihre Kemenate zurück, da sie abends gern länger betet.

Als sie gegangen war, vermißte ich sie, wurde aber bald darauf von Mathilde abgelenkt, die mehr über Graf Haralds Besuch erfahren wollte. „Warst du dabei, Mathilde, als er seinen Schwur ablegte?" fragte sie. „Nein", sagte ich, „das mußt du dir von anderen erzählen lassen." Robert le Beau begann daraufhin alles zu beschreiben, und sie hörte aufmerksam zu. „Ist er nun für immer an diesen Schwur gebunden?" fragte sie. Papà Roger, der bei uns saß, nickte und erklärte: „Er ist jetzt ein Vasall des Herzogs und, wie Ihr sicher wißt, kann man nur unter ganz besonderen Umständen von seinem Vasallenschwur entbunden werden." – „Nein, sagt mir unter welchen!" Papà Roger lächelte. „Solche, die bei unserem Herzog nie eintreten können: wenn der Herr versuchte, seinen Vasallen zu töten oder zu verwunden, wenn er seine Frau oder Tochter verführte oder ihr Gewalt antäte, wenn er ihm einen Teil seines Landes raubte oder ihn zu seinem Leibeigenen machte, oder wenn er ihn nicht vor seinen Feinden schützte, wie er es versprochen hat." – „Was geschieht", fragte Mathilde, „wenn der *Vasall* sich etwas zuschulden kommen läßt? Kann sein Herr ihn dann strafen, so wie es ihn gutdünkt?" – „Mitnichten," sagte Papà Roger. „Er hat kein Eigentumsrecht auf seinen Vasallen. Er müßte ihn in einem solchen Falle vor ein Gericht laden, wo er von den Schöffen und auch von solchen, die gleichen Ranges sind wie er, verhört wird." Und er fügte hinzu: „Möge dies nie nötig sein!" Ich selbst mache mir Sorgen, weil Harald manche Briefe von Wilhelm noch nicht beantwortet hat.

Rouen, Montag, am 10. des Hartung 1065

Ein Kurier aus Conteville brachte uns die freudige Nachricht, daß Fredesensis ein Mädchen geboren hat. So ist ihr Wunsch nun erfüllt worden. Herluin sei noch sehr schwach, schrieb Muriel in ihrem kurzen Brief, aber er könne wieder einige Stunden am Tag aufstehen. Zum Schluß bemerkte sie: „Hugo ist immerzu im Avranchin bei seiner Schwester Magdalena und deren Gemahl Rannulf. Es handelt sich um Erwerbung von Land, das ihm zusteht. Aber ich glaube fast, daß ihn dort etwas anderes festhält. Kann Wilhelm einmal nachforschen lassen?" Wie nur denkt sich Muriel das? Wenn sie ihrem Gemahl nicht traut, so muß sie selbst Boten aussenden! Wie sollte Wilhelm sich hier einschalten? Muriel ist sehr um ihren kranken Vater besorgt und will deshalb noch länger in Conteville bleiben. Sie hat ihre beiden Töchter mitgenommen. Irgend etwas aber ist mit dieser Ehe nicht so, wie es sein sollte – beide reisen so viel umher, daß sie nirgendwo zu Hause sind. Hugo sollte sich die meiste Zeit am Hof zu Lillebonne aufhalten, sucht aber oft einen Grund, abwesend zu sein.

Rouen, Mittwoch, am 12. des Hartung 1065

Richard kann schon einiges lesen. Agathe hat es ihm beigebracht, und bald soll er Unterricht bei Magister Samson erhalten. Wenn ihm irgendein Brief oder beschriebenes Papier in die Hände fällt, beginnt er es zu buchstabieren. So hatte er heute in einem der Turmzimmer einen alten Plan von der Schlacht zu Varaville gefunden und brachte ihn mir wie eine Trophäe. „Das lese ich dir jetzt mal vor", sagte er, hockte sich vor mir auf den Boden und begann die fett geschriebenen Worte zu buchstabieren: „Va-ra-vill-le! Was ist das eigentlich, Mamà, Varaville?" – „Das ist der Ort, wo dein Papà eine große Schlacht gewonnen hat." –

„Ja? Gegen wen?" – „Gegen die Franzosen, die schon bis dicht an die Küste gekommen waren. Es wurde Zeit, daß der Vater sie aus dem Lande trieb." – „Sind da viele gestorben?" fragte er. „Ja", sagte ich, und mit einem Male stand mir dieses Jahr wieder lebhaft vor Augen. „Viele der Feinde hatten sich auf eine Brücke geflüchtet, und die ist zusammengebrochen, so daß die Feinde im Fluß ertranken." Er sah eine Weile still vor sich hin und dann auf den Plan. Plötzlich sagte er: „Hier ist die Brücke!" Er hatte sie tatsächlich gefunden, obgleich Fluß, Straßen und Brücke nur mit Linien angedeutet waren. „Wann kommt wieder eine große Schlacht?" wollte er wissen. „Gott gebe, daß keine solche mehr kommt", sagte ich. „Wir wollen hoffen, daß die Menschen endlich in Frieden miteinander leben können." Richard war bereits dabei, die Namen anderer Orte zu buchstabieren: „Douv-res – Tro-arn..." Da kam Clothilde mit einer Tasse dampfenden Tees für mich. „Euer Marienkraut", sagte sie lächelnd. Sie behauptet, daß man vom dritten Monat der Schwangerschaft an täglich diesen Tee trinken solle, dann würde die Geburt ganz leicht sein. Nun, ich füge mich willig. Ich kann nicht leugnen, daß das Labkraut, das sie mir vor der Niederkunft der letzten beiden Kinder ins Bett streute, geholfen hat.

Es ist Zeit, zum Abendessen hinunterzugehen. Eustachius und Ida werden morgen wieder abreisen. Noch liegt erst eine dünne Schneedekke auf dem hartgefrorenen Boden, und wenn sie der Küste entlangreiten, ist es weniger kalt. Ich will Ida einen schönen wollenen Umhang schenken, den ich selbst bestickt habe.

Später

Es tut mir wirklich leid, daß dies der letzte Abend war, an dem ich mit Ida zusammensein konnte. Nun sehe ich sie vielleicht lange Zeit nicht mehr. Sie erzählte mir heute etwas sehr Fesselndes von der Schwester Karls des Großen, die eine wahre Heilige gewesen sein soll. Sie hieß Gisela und hatte Papst Stephan II. als ihren Gevatter. „Sie lebte im Artois", sagte Ida, „und ging oft zu einem alten Eremiten, dem hl. Venantius. Dieser ermutigte sie dazu, ihr Leben Gott zu weihen. Doch immer wieder hielt ein Freier um ihre Hand an. Einmal half ihr der Papst, den Freier abzuweisen; doch das nächste Mal war es ein schottischer Fürst, dem der Vater sie versprochen hatte. Da betete Gisela inbrünstig zur Heiligen Jungfrau, daß diese sie doch häßlich machen möge. Und denkt Euch, ihr Gebet wurde erhört. Als der Prinz das häßliche Mädchen sah, zog er seine Werbung zurück. Doch kurz darauf hörte er, daß sie ihre Schönheit wiedererlangt habe und daß dies alles den Zauberkräften des Eremiten Venantius zuzuschreiben sei. In seinem Zorn ließ er den Heiligen ermorden." Ich seufzte tief auf, und Ida fuhr nach einer kleinen Pause fort: „Noch ein drittes Mal versuchte Giselas Mutter, die Königin Bertha, ihre Tochter zu vermählen, und zwar mit dem König der Lombarden; aber Gisela weigerte sich beharrlich. Sie wollte als Jungfrau sterben." – „Und was wurde aus ihr?" – „Sie gründete später eine Benediktinerinnen-Abtei in Aire, wo sie als Nonne lebte. Kaiser Karl hat sie dort des öfteren besucht und sich bei ihr Rat geholt." – „Ein wenig von ihrem Blut fließt auch in unseren Adern", sagte ich. Ida nickte und meinte: „Wir wollen ihr nacheifern. Zwar haben wir Mann und Kinder, aber unser Herz kann dennoch Gott gehören." Ich sagte nichts darauf. Mein Herz gehört Wilhelm, aber Gott bin ich tief dankbar dafür, daß Er ihn mir geschenkt hat. Ich bin Ihm überhaupt dankbar für so vieles – für alles! Aber wenn jemand mich fragte, wem mein Herz gehöre, so würde ich immer nur einen Namen nennen.

Rouen, Donnerstag, am 20. des Hartung 1065

Heute ist der Tag des hl. Sebastian, und ein Kaplan hat den Kindern aus seinem Leben erzählt. Jetzt spielen sie es nebenan im Kinderzimmer. Robert hat sich die Rolle des Heiligen gegeben, doch spielt er ihn hauptsächlich als den wackeren Krieger, den Anführer der Wachmannschaft. Robbi und Roger sind Marcus und Marvellinus, die als Christen schon zum Sterben verurteilt waren und die Sebastian durch seine Redekunst rettete. Alle anderen Kinder sind Heiden, die er zum Christentum bekehrt. Jetzt streiten sie sich gerade, wer den Römer spielen soll, der Sebastian mit dem Pfeil durchbohrt, und ich höre Roberts Stimme: „Wir spielen es aber nicht ganz zu Ende – nur bis ich den Pfeil rausziehe und weiterlebe. Damit hört es auf." – „Nein", ruft Cäcilie ärgerlich, „ein Märtyrer stirbt zum Schluß immer, und wir können draußen weiterspielen. Da wirft Emma dich in den Schnee – das ist ganz ähnlich wie ins Wasser." – „Ich soll mich von der Emma in'n Schnee werfen lassen?" empörte sich Robert. Neugierig trat ich an die Portière, um zu sehen, welche Rolle Emma erhalten hatte. Das Mädchen spielt viel mit den Buben und ist noch wilder als diese. Sie hatte sich ein Beinkleid angezogen und einen ledernen Gürtel um ihre Tunika geschlungen. In der Hand hielt sie etwas, was wie eine Holzkeule aussah, und die langen Haare hatte sie unter einer Kappe versteckt. In dieser Verkleidung erinnerte sie mich sehr an fitzOsbern; sie ist ihm wie aus dem Gesicht geschnitten. Während das Getümmel dort weitergeht, denke ich darüber nach, wie die Kinder doch immer gern Heldenrollen spielen und von einer großen Zukunft träumen. Das ist aber gut so. Wilhelm sagt, daß man alles, was man einmal werden oder erreichen wolle, sich zuerst lebhaft vorstellen müsse.

Rouen, Sonntag, am 30. des Hartung 1065

Gestern endlich ist Nachricht von Harald eingetroffen. Er schreibt, daß es ihn bedenklich stimme zu sehen, wie der König die Kinder des Thronfolgers Eduard (der in England so rätselhaft ums Leben gekommen war) betreue. Er ziehe sie wie seine eigenen Kinder auf, so daß viele dächten, er betrachte den jetzt elfjährigen Edgar als den wahren Thronfolger. Dessen beide Schwestern Christine und Margarete seien mit ihrer Mutter Agathe ständig in der Gegenwart des Königs, und besonders mit Christine führe er lange Gespräche über das Leben der Apostel und Heiligen, worüber sich der ganze Hof wundere. Er überließe ihm, Harald, alle Angelegenheiten der Regierung, weil er sie dort in guten Händen wisse. Der König selbst befasse sich fast nur noch mit Fragen der Kirche, dem Bau der Kathedrale St. Peter und der Betreuung der Kranken. „Seine Kraft nimmt zusehends ab“, schrieb er. „Der Witenagemot berät bereits, was im Falle eines plötzlichen Ablebens des Königs zu tun wäre. Da ich jedoch nicht zum Witan gehöre, weiß ich nicht, was sie beraten.“ Über diesen Satz hat Wilhelm sich sehr gewundert. Harald betonte mit keinem Wort seine Treue zu Wilhelm als dem rechtmäßigen Thronfolger, wie er es durch seinen Schwur bestätigt hatte. „Er redet um die Sache herum“, meinte Wilhelm, „um mich wissen zu lassen, daß man in England andere Pläne hat, die mit den meinen nicht übereinstimmen.“ – „Er sagt aber nicht, wie er selber darüber denkt“, meinte ich besorgt. Wilhelm schwieg und rollte den Brief langsam zusammen. Dann sagte er: „Das weiß er vielleicht selbst noch nicht.“

Rouen, Sonntag, am 6. des Hornung 1065

Seit Ida hier war, habe ich wieder Auftrieb zum Sticken erhalten. Aber ich möchte gern etwas Besonderes machen, vielleicht für meine neue Abtei in Caen, die sicher noch in diesem Jahre fertig wird. Als Agathe gerade zu mir kam, um sich Rat wegen einer Stickerei zu holen, fragte ich sie, was für einen Wandteppich ich für die Abtei in Caen sticken solle. Sie dachte eine Weile nach, dann rief sie plötzlich freudig aus: „Mamà – ich weiß, was Ihr sticken sollt. Nicht für die Abtei, sondern für uns – einen Teppich, auf dem etwas geschieht, so wie beim Froschkönig. Ihr sollt Haralds Reise und Schiffbruch sticken, und dann, wie er bei uns in Rouen war, und dann, wie Papà und er in die Bretagne zogen und Conan besiegten, und wie er die Krieger aus dem Sumpf zog, und wie er den Schwur leistete und wie er wieder abfuhr. Das gäbe einen schönen Teppich, und wenn er wiederkommt, oder wenn ich später nach England fahre, bekommt er diesen als Geschenk – o ja!, als Vermählungsgeschenk.“ Ich schaute meine Tochter überrascht an, doch reizt mich ihr Vorschlag sehr. Und sie hat recht: Welch schöneres Geschenk könnte ich dem Paar später machen? „Wenn es ein Geschenk für Eure Vermählung werden soll“, meinte ich, „darfst du es vorher nicht sehen.“ Sie sah sehr enttäuscht drein, und ich lachte. Aber nun geht mir der Gedanke nicht mehr aus dem Kopf. Schiffe lassen sich sehr schön sticken, und Pferde auch – ebenfalls die Schilde der Krieger und die Lanzen...

Rouen, Montag, am 7. des Hornung 1065

Wenn ich diesen Wandteppich wirklich mache, so muß er einen guten Anfang haben. Ich stelle mir vor, daß ich König Eduard im vollen Königsornat auf seinem Thron zeige, wie er Harald ausschickt. Aber wie sieht der König aus? Sicher hat er graues oder weißes Haar und auch einen Bart. Wilhelm müßte es wissen, ich werde ihn fragen...

Rouen, Aschermittwoch, am 9. des Hornung 1065

Die trüben Nachrichten häufen sich. Herluin geht es wieder schlechter, und Fredesensis ist ganz trostlos darüber. Nun haben sie ein kleines Töchterlein, wie sie es sich so sehr gewünscht hatten, und er kann sich kaum daran freuen. Es steht recht hoffnungslos um ihn.

Agathe drängt mich dauernd, daß ich mit dem Wandteppich beginnen solle. Sie fürchtet, daß ich den Gedanken aufgeben könne. So fragte ich Wilhelm gestern: „Wie sieht der englische König eigentlich aus, Wilhelm?" Er sah mich etwas überrascht an und sagte dann: „Fürwahr, du hast ihn nie gesehen, Joujou." – „Nein", erwiderte ich, „und Agathe meint, ich solle einen Teppich sticken..." Da weiteten sich seine Augen. „Einen Teppich, der Haralds Besuch aufzeichnet?" – „Ja, woher weißt du das?" – „Weil du nach dem König gefragt hast." Er lehnte sich in den Armstuhl zurück, richtete die Augen leicht empor und sagte: „Er hat silbergraues Haar und einen ebensolchen Bart. Würdig und majestätisch ist er, und dennoch demütig, weil er sich als einen Diener des Allerhöchsten betrachtet. Er ist nun vom Alter gebeugt und von Krankheit heimgesucht, doch hat er in all seinem Leiden etwas Verklärtes an sich. Aus seinem Antlitz strahlt Güte und Mitempfinden mit den Kranken, von denen er viele mit seinen segnenden Händen gesund gemacht hat."

Während er sprach, sah ich den König auf einmal so deutlich vor mir, daß ich begeistert ausrief: „Nun weiß ich, wie ich es beginne. Einen solch schönen, ehrwürdigen König, wie ich ihn sticken werde, hat noch niemand gesehen!" Wilhelm lächelte zufrieden. „Du kannst es während deiner kommenden Schonzeit beginnen." – „Ich mache den Entwurf aber schon sehr bald", sagte ich. „Jetzt, da die leidige Sache mit Marmoutier hinter mir liegt, habe ich wieder neuen Lebensmut." – „Ich kann deine Lebensgeister noch weiter anregen", meinte Wilhelm mit verheißungsvollem Lächeln; „wir erhalten Besuch aus Caen." – „Etwa Lanfranc?" fragte ich erwartungsvoll. Er nickte. „Ich denke, es ist an der Zeit, daß du dich in einer Beichte von der Last deiner Sünden befreist." – „Das will ich gern tun", sagte ich bereitwillig. „Wann wird er eintreffen?" – „Ich warte noch auf Nachricht. Zuerst reist er nach Le Bec, um dort nach dem Rechten zu sehen. Dann kommt er nach Rouen und wird daraufhin mit mir weiter nach Jumièges und Fécamp reiten, wo wir das Osterfest verbringen wollen." Ich sah Wilhelm mit einem bittenden Blick an, den er sich wohl zu deuten wußte. Doch er schwieg. Da sagte ich: „Wenn ich einmal alt bin und keine Kinder mehr trage und keine mehr stille, dann kann ich auch wieder mit dir reisen, gelt?" Und er fragte: „Was möchtest du lieber, alt sein und reisen oder jung sein und Kinder haben?" – „Ach geh, Wilm", erwiderte ich ärgerlich, „so etwas läßt sich nicht beantworten." – „Dann brauchen wir auch nichts zu planen", sagte er, indem er aufstand. „Du hast wieder einmal den letzten Schachzug getan", meinte ich kleinlaut, und er tröstete mich mit einem Kuß.

Rouen, Freitag, am 25. des Hornung 1065

Seit gestern ist Lanfranc hier, und ich habe ihm heute morgen gebeichtet. Wie frei ich zu ihm immer über alles sprechen kann! Oft schon hat er mir eine Last von der Seele genommen. So auch dieses Mal. Es hatte mich immer noch gequält, daß ich ein falsches Spiel mit Harald treiben mußte, aber wem sonst könnte ich dies anvertrauen, ohne Wilhelm dabei bloßzustellen? Bei Lanfranc ist es anders – der ist sein und mein geistiger Vater. Es ist nun alles gut, denn meine Absicht sei immer rein gewesen, sagt er. Auf meine Bitte hin segnete er auch mein noch ungeborenes Kind.

Rouen, Donnerstag, am 3. des Lenzmonds 1065

Jetzt in der Fastenzeit finden keine fröhlichen Feste am Hof statt; dafür werden oft ernste Lieder oder Heldensagas gesungen, und ich staune über Taillefer, der nach längerer Abwesenheit im Heer jetzt wieder am Hof ist. Er hat mehrere Versdichter mitgebracht, von denen einige aus Frankreich kommen, und auch Musiker, die uns der Kastellan empfohlen hat. Diese ernsten Feste habe ich viel lieber; sie lenken den Geist der Menschen mehr nach innen. Wein darf während der Fastenzeit nicht getrunken werden, und Bouboule kommt sich recht überflüssig vor. Oft reist er um diese Zeit nach Bayeux, aber im Augenblick geht es ihm nicht gut; er wagt die weite Reise nicht.

Agathe hilft mir jetzt, Hemdlein und Windeln für das neue Geschwisterkind zu nähen. „Ich habe es schon arg lieb", sagt sie mir oft, und Cäcilie beteuert mir: „Und ich erst!" Doch ich übertrumpfe beide und rufe aus: „Ich aber habe es vor lauter Liebu schon aufgegessen!", und dann lachen sie. Wilhelm wird nun bald nach Jumièges und Fécamp aufbrechen. Könnte ich doch mit!

Rouen, Freitag, am 11. des Lenzmonds 1065

Als ich Wilhelm heute sagte, wie gern ich ihn und Lanfranc nach Le Bec and Jumièges begleitet hätte, meinte er mit einem lustigen Augenzwinkern: „Ich habe einen Trost für dich ersonnen. „So?" fragte ich, indem ich aufhorchte. „Dein Vetter Philipp trifft nächste Woche bei uns in Rouen ein." Ich sah ihn nicht gerade erfreut an. Da lachte er. „Er soll gleich nach Ostern nach Reims und von dort nach Paris, wo er bis zum Pfingstfest bleiben und seine Mutter treffen wird." – „Das ist doch aber kein Trost für mich, Wilhelm!" – „Dein Vater und Balduin werden Philipp begleiten", sagte Wilhelm nun; „sie sind bereits unterwegs, wie ich diesem Schreiben hier entnehme, und könnten in einer Woche eintreffen." Ich fiel wie aus allen Wolken. „Warum hast du mir das nicht schon früher gesagt, Wilhelm? Ist es wirklich wahr? Ich hätte mich doch schon seit langem freuen können – so sag doch etwas!" Ich begann seinen Arm zu schütteln, weil er so regungslos vor mir stand. „Joujou", meinte er, indem er mich beim Schopf faßte, „man soll das Fell des Bären nicht verkaufen, bevor man ihn erlegt hat." – „Das soll einer verstehen, Wilhelm!" – „Also gut! Dein Vater hat bis zum letzten Augenblick daran gezweifelt, daß er in dieser Jahreszeit die weite Reise zurücklegen kann. Er war zwei Monate lang krank, wollte aber nicht, daß du es erfährst, weil du dich in deinem Zustand nicht aufregen sollst. Nun aber geht es ihm wieder soviel besser, daß er sich entschlossen hat, herzukommen. Er will dich und die Enkelkinder noch einmal sehen." Da stürzten mir die Tränen aus den Augen – ich konnte sie nicht zurückhalten. Mein geliebter Papà! Ich kann es nun kaum abwarten, ihn wieder in meine Arme zu schließen. Doch gleichzeitig bin ich traurig. Wenn es nun wirklich das letzte Mal sein sollte? Ach, wie weh es doch tut, wenn man Menschen so von Herzen liebhat, wenn man ihnen die Sterne vom Himmel holen möchte und dennoch nichts tun kann, um sie so glücklich zu machen, wie man sie sehen will!

Rouen, Dienstag, am 15. des Lenzmonds 1065

Wilhelm, der eigentlich Ostern in Fécamp feiern wollte, hat seine Pläne geändert, was mit Papàs Herkommen zusammenhängt. Anstatt selbst nach Fécamp zu reiten, schickt er fitzOsbern und Warenne dorthin, die Papà in Empfang nehmen sollen. Papà reist, weil es Winter ist, der Küste entlang, was zwar etwas länger dauert, aber mit weniger Strapazen verbunden ist. Und nun kommt das Allerschönste: Wilhelm will das Osterfest in Jumièges verbringen und mich mitnehmen! Ich darf also zum ersten Male in dieser ehrwürdigen Abtei wohnen und, wie Wilhelm es schon so oft getan hat, heilige Einkehrtage halten. Ich hatte dies in keiner Weise erwartet, weil ich mein Kind ja schon im fünften Monat trage. Wilhelm sagte mir mit einem schelmisch-warnenden Blick: „Ich werde neben deiner Sänfte herreiten und dir nicht von der Seite weichen." Leider muß ich mich nun für zwei Wochen von den Kindern trennen, aber alles Gute kann man im Leben nie auf einmal haben.

Später

Es gab auch für Cäcilie eine besondere Überraschung: Wilhelm hat ihr gesagt, sie dürfe mit nach Jumièges kommen und zwei Tage dort bleiben. Dann aber müsse sie wieder heim. Odilie soll sie begleiten. Cäcilies Seligkeit kennt keine Grenzen, weil sie in einer richtigen Nonnenzelle schlafen darf. Ich fragte Wilhelm, ob auch ich eine solche Zelle erhalten würde, und er meinte mit ernster Miene: „Gewiß! Bist du auch vorbereitet darauf? Es wird sehr kalt dort sein, denn Kamine haben die Nonnen nicht." Ich erschrak ein wenig, ließ es mir aber nicht anmerken. „In der Fastenzeit verzichte ich gern auf das Angenehme und entbehre etwas", sagte ich tapfer, und er nickte zufrieden. Mich haben die Schriften von Anselm begeistert, und ich möchte einmal selbst erleben, wie es ist, in der klösterlichen Einsamkeit zu leben.

Jumièges, Samstag, am 19. des Lenzmonds 1065

Nach einem langsamen Ritt, der bei dem Nieselregen recht ermüdend war, trafen wir gestern in der Abtei ein und wurden herzlich vom Prior Gontard empfangen, der sich unserer liebevoll annahm. Hier muß ich getrennt von Wilhelm wohnen und sehe ihn nur zu den gemeinsamen frugalen Mahlzeiten mit dem Prior und dem Abt, dessen Namen ich nicht behalten habe. Ich durfte aber Wilhelms Zelle sehen, die in einem kleinen Anbau des Mönchsklosters liegt. Wilhelm sagte dem Prior, daß ich guter Hoffnung sei, was mich wunderte. Eine Laienschwester führte mich dann zu meinem Raum im Gästeflügel. Wie überrascht war ich, als ich in dem kleinen Zimmer, das ganz wie eine Zelle eingerichtet ist, ein Feuerloch entdeckte, in dem einiges Holz brannte. Sicher hat man mir als der Herzogin die annehmlichste Zelle gegeben, und ich bin dankbar dafür. Man brachte mir auch warmes Wasser, und ich ging schon früh schlafen, nachdem ich einige Zeit auf der Betbank vor dem großen Kruzifix gekniet hatte. In diesem Flügel der Abtei wohnen Laienschwestern, die für das Kloster nähen und die Wäsche besorgen. Man gelangt durch einen kleinen Torbogen hierher, und mein Zimmer liegt in einem Türmchen, von wo aus ich auf die grünen Wiesen blicke und in einiger Entfernung die Boote auf der Seine dahingleiten sehe. Schon früh weckten mich die Glocken der Kathedrale; doch heute nahm ich noch nicht an der Frühmette teil.

Abends

Ich habe heute viel über das Leben der Benediktiner-Mönche erfahren. Der hl. Benedikt schätzte das Gemeinschaftsleben der Mönche mehr als das Einsiedlertum. Ich fragte den Prior nach dem Grund, und er meinte, es sei ein ausgewogeneres Leben. Der Abt solle seinen Mönchen ein Vater sein und geliebt, nicht gefürchtet werden. Und obwohl ihm alle Gehorsam schuldeten, würden wichtige Fragen, welche die ganze Ordensgemeinschaft beträfen, von allen gemeinsam besprochen, wobei jeder Bruder in aller Demut seine Meinung sagen dürfe. Streitgespräche aber würden nicht geduldet. Die Mönche haben acht Gebetsstunden am Tag. Erst nach der Prim dürfen sie sich in einem Becken waschen und dann etwas essen. Nach der Terz versammeln sich alle im Domkapitel, um die Angelegenheiten des Tages zu besprechen, Beschwerden anzuhören und dergleichen. Dann verrichten die Mönche Feld- und Gartenarbeit, und die Novizen erhalten besonderen Unterricht. Viele von ihnen lernen das Abschreiben von Manuskripten. Es gibt einen Kellermeister, der Speisen und Getränke einkaufen muß, und einen Gästebetreuer für das Gästehaus, dem ich heute begegnete. Im Büchersaal ist ein Wart, der die einzelnen Bände aushändigt und das Kopieren von solchen überwacht. Nach der Sext folgt die Hohe Messe. Dann essen die Mönche, während einer der Brüder aus einem heiligen Buche vorliest. Nach der Non arbeiten sie fünf Stunden, doch beten tun sie viel mehr Stunden am Tag. Vor der Vesper haben sie eine kurze Ruhepause, und vor dem Abendessen können sie sich wieder waschen. Dann folgt die Komplet und um Mitternacht die Mette und früh das Laudes. Die Mönche können also gar nie eine Nacht durchschlafen; immer wieder müssen sie zum Gebet aufstehen. Der Tag ist ganz zerstükkelt. Ich wüßte gar nicht, was ich immerzu beten sollte; so viel würde mir gar nicht einfallen. Und nur die Gebete ablesen, die geschrieben stehen, das müßte doch, wenn Tag für Tag getan, recht eintönig werden!

Jumièges, Montag, am 21. des Lenzmonds 1065

Heute beginnt der Lenz, und es ist wirklich etwas wärmer geworden; von Süden her wehen laue Winde. Gestern hat der Abt eine Menge Bettler und Arme speisen lassen, die in den Vorhof der Abtei kommen durften. Gontard hat die Mönche dabei beaufsichtigt, und ich schaute vom Fenster des Kapitelsaals herab. Mir blutete das Herz, als ich die jammervollen Gestalten sah – barfuß, mit Löchern in den Beinkleidern und zerrissenem Wams, mit Stoppelbärten und oft triefenden Augen. Sie sehen so hoffnungslos aus – als gäbe es nichts, worauf sie sich freuen könnten. Ich mußte an das Fegefeuer denken, wo man aus der Ferne viele gute Dinge sehen mag, ohne sie je erhalten zu können. Die meisten der Armen hatten eine Tonschale in den Händen, in welche die Mönche aus großen Säcken Hirse und Hafermehl verteilten. Jeder bekam etwa einen halben Krug davon. Das stillt den Hunger jedoch nicht für lange. Ich wünschte, man könnte dem Armenhaus mehrere Scheffel davon bringen lassen, doch bekommen die Mönche jede Woche selbst nur ein Maß von der Abtei. Und obwohl sie frugal leben, verbrauchen sie im Monat fast immer einen ganzen Scheffel Getreide. Sie geben den Armen bereits ein Drittel davon ab. Ach, könnte man doch die Not der Menschen lindern! Aber selbst wenn ich all meine Schätze hergäbe, bedeutete das nur einen Tropfen auf den heißen Stein.

Ein Bote aus Fécamp brachte uns Nachricht von Balduin. Er und Papà seien wohlbehalten in Fécamp eingetroffen und hofften, bis zum Osterfest Jumièges erreicht zu haben. Mein Vater sei etwas schwach von der anstrengenden Reise, werde sich aber bei uns bald erholen. Ich warte nun schon ungeduldig auf sein Kommen. Hier vergehen die Tage schnell, wenn man das Brevier mitmacht, zwischendurch einiges liest, etwas ausreitet und den Mönchen in Feld und Garten bei der Arbeit zusieht. Ich werde morgen auch zwei Armenhäuser und ein Spital besuchen und Geschenke hinbringen lassen.

Jumièges, Karfreitag, am 25. des Lenzmonds 1065

Inzwischen sind Papà und Balduin mit Philipp eingetroffen, und ich sorge mich um meinen alten Vater. Die Reise hat ihn sehr angestrengt – aber wie er sich freute, mich wiederzusehen! Er, der seine Gefühle sonst kaum zeigt, hatte Tränen in den Augen und wollte mich gar nicht aus seinen Armen lassen. „Seit Mamàs Tod fehlst du mir sehr, Mathilde", sagte er, und das schnitt mir ins Herz. Ich ließ ihn gleich in einem bequemen Krankenzimmer unterbringen. Der Prior Gontard ist sehr bewandert in der Heilkunde und hat sich meines Vaters bereits angenommen. Balduin ist mit fitzOsbern und Philipp nach Rouen weitergeritten, denn wir alle meinen, daß Philipp sich hier in Jumièges nicht wohlfühlen würde und auch nicht hierherpasse. Auch Balduin schien ganz froh zu sein, diesen „heiligen Bau" wieder verlassen zu können. Ich bemerkte, wie vertraut er mit fitzOsbern sprach und wie dieser oft nach Richilde und den Kindern fragte. Richilde hat vor kurzem eine zweite Tochter geboren, sonst wäre auch sie mitgereist. „Sie ist eine gute Regentin", meinte Balduin, „und deshalb ist es mir lieber, sie bleibt in der Residenz, wenn Vater und ich nicht dort sind." Ich fragte nach meinem anderen Bruder. „Ihm gefällt es in Friesland", sagte Balduin; „so sind wir uns nicht im Wege. Wenn wir ständig zusammen sind, macht er oft mein Blut wallen. Doch er ist schon wesentlich milder geworden, seit er ein eigenes Kind hat. Er möchte natürlich bald einen Sohn haben, und ich glaube, daß Gertrude wieder guter Hoffnung ist." Philipp ist sichtlich gewachsen und ein beträchtliches Stück größer als Robert. Wir können jetzt nicht mehr „du" zu ihm sagen; schließlich ist er der König. Nach einigen Äußerungen von Papà zu urteilen, hat dieser es nicht immer leicht mit seinem Mündel.

Heute haben zwei Mönche das große Kruzifix vom Altar genommen und es dahinter verborgen. Dort wird es auch morgen, am Ostersamstag, noch bleiben.

Jumièges, Ostersonntag, am 27. des Lenzmonds 1065

Heute ging es Papà schon viel besser, so daß er der Ostermesse beiwohnen konnte. Es war eine erhebende Feier. Ich hatte mich in zwei warme Tücher gehüllt, weil es sehr kalt in der Kathedrale war. Dort sahen wir drei weißgekleidete Gestalten – die drei Marias – das Mittelschiff entlangschreiten. Und aus dem Grabe tönten ihnen die Engelsstimmen entgegen: „Wen suchet ihr Diener Christi?" Da antworteten die drei Frauen: „Wir suchen ihn, der gekreuzigt ward, o ihr himmlischen Heerscharen." – „Er ist nicht hier", erscholl es aus dem Grabe, „er ist auferstanden. Gehet und bringet allen die freudige Kunde, daß er den Tod bezwungen hat."

Erst später beim Hochamt, als es schon hell geworden war, sah ich, wie wunderbar man die Kirche ausgeschmückt hatte. Überall hingen kostbare Wandteppiche herab, und einige schmalere Teppiche waren über die Bänke gebreitet, auf denen wir saßen. Auf dem Altar stand ein goldenes Kruzifix, und vielarmige Kerzenhalter erleuchteten die Kirche mit einem sanften Licht. Dazu die festlichen Gewänder der Priester und Chorknaben, der goldene Hostienteller und der mit Juwelen besetzte Kelch auf dem schimmernden Marmor – es war ein unvergeßliches Bild!

Ich dachte an die Armen, die wir vor einigen Tagen gespeist hatten, und fragte mich, warum diese Welt so voller Gegensätze ist. Hier sehe ich Gold und Juwelen – ich selbst trage solche an meinen Armen und Handgelenken –, und dort gibt es Armut und Trostlosigkeit. Hier sind die asketischen Mönche, die fasten und beten – und dort die reichen Grafen und Bischöfe mit großem Landbesitz. Wer hat alles so ungerecht verteilt? Wilhelm hat mir oft auf ähnliche Fragen geantwortet, daß jeder das ernte, was er gesät habe. Aber alle armen Menschen sind doch nicht schlecht! Wenn man allerdings bedenkt, daß sie schon früher gelebt haben könnten, wie die alten Griechen sagen, so kann man es besser verstehen.

Morgen müssen wir wieder Abschied von diesem heiligen Ort nehmen. Ich freue mich auf die Kinder und meine gewohnte Umgebung im Schloß, aber ein Stück von meinem Herzen wird hierbleiben. Die Abtei ist wie ein Asylum, in das die bösen Gedanken der Welt nicht eindringen. Ganz so soll meine Abtei in Caen werden. Könnte ich nur bald einmal dorthin! Doch wenn mein siebentes Kind einige Monate alt ist, geht es schon auf den Winter zu. Ich werde mich bis zum nächsten Frühjahr gedulden müssen. Bei wärmerem Wetter kann ich mein Jüngstes vielleicht mit mir nehmen.

Es läutet zur Vesper. Erst in Rouen werde ich weiterschreiben können.

Rouen, Donnerstag, am 31. des Lenzmonds 1065

Am letzten Tage in Jumièges wußte ich erst richtig, wie schön es dort gewesen war. Es ist doch meist so im Leben, daß man etwas erst richtig zu schätzen weiß, wenn es einem wieder entgleitet. Ich war dort ganz frei von allen Sorgen, die mit der Haushaltung des Schlosses, den Kindern, den Dienstboten und unzähligen anderen Dingen zusammenhängen. Jetzt habe ich zu allem übrigen noch Philipp am Hof, der aber in den nächsten Tagen nach Reims und Paris weiterreist. Der Aufenthalt in Jumièges läßt mich oft an Margarete denken. Sie sagte immer, im Kloster sei alles „viel heiliger". Ich weiß jetzt, was sie damit meinte. Dort herrscht eine Atmosphäre der Stille und des Betens, und der Lärm der Welt dringt nicht ein. Und dennoch – in Wilhelms Hauskapelle fühle ich etwas noch Schöneres – eine Stille, die nicht ernst und schwer, sondern eher heiter und erhebend ist, so als ob die Seele anfinge zu schweben. Dasselbe Gefühl habe ich auch oft in seinen Räumen. Eben war ich in seinem Wohnzimmer, um ihm einige Wiesenblümchen zu bringen, die Josephine auf unserer Rückreise gepflückt hat. Es war niemand dort, und dennoch konnte ich seine Gegenwart spüren. Es ist Wilhelms Geist, der die Räume erfüllt, auch wenn er selbst anderswo weilt. Und dieses schwer zu beschreibende Gefühl ist für mich das wahre Zuhause.

Später

Es scheint, daß der junge König nur gewartet hat, bis Wilhelm und sein Vormund nach Rouen zurückkehren, denn er will schon übermorgen nach Frankreich aufbrechen. Papà hatte sich bereits früh zurückgezogen, weil ihn alles Reisen anstrengt. Wie er nur den langen Rückweg bewältigen wird? Aber bis dahin ist es schon fast Sommer. Heute abend hat Wilhelm sich etwas mit Philipp beschäftigt und ihm von seinen Kindheitserinnerungen am Hof Heinrichs I. erzählt – unter anderem, wie der König ihn zum Ritter geschlagen habe, als er gerade 15 Jahre alt geworden war. „Euer Vater kannte mich bereits, als ich ein Kind von vier Jahren war", sagte Wilhelm zu Philipp. „Im Jahre 1031 floh er an den Hof zu Rouen, um vor dem Zorn seiner eigenen Mutter Schutz zu suchen. Herzog Robert nahm ihn freundlich auf und half ihm später, die Königskrone wiederzugewinnen. Und jetzt", fuhr er lächelnd fort, „ist sein Sohn an meinem Hof, und ich – der Sohn des damaligen normannischen Herzogs – bin wiederum bemüht, dem jungen König auf seinen Thron zu verhelfen." Philipp hatte aufmerksam zugehört; dann sagte er: „Ihr habt aber später meinen Vater bekämpft." – „Nein", erwiderte Wilhelm, „Euer Vater hat *mich* bekämpft, doch ich niemals ihn. Ich habe nur meine Grenzen verteidigt. Und auch Euch, junger Herr, werde ich nie bekämpfen, wenn Ihr diesem treuen Vasallen gegenüber Eure Pflicht erfüllt."

Sicher wollte Wilhelm gute Saat in den Geist des jungen Königs streuen in der Hoffnung, später ein besseres Verhältnis zur französischen Krone zu gewinnen. Ich sah mir den jungen Franzosen nachdenklich an. In seinen Augen liegt etwas Unstetes – ein Ausdruck, dem ich nicht trauen kann. Mit Robert scheint er gut auszukommen, doch wenn ich Roberts Blick mit Philipps vergleiche, so ist der meines Sohnes viel wärmer und unschuldiger. „Freut Ihr Euch darauf, Eure Mutter wiederzusehen?" fragte ich Philipp, denn er soll auf seiner Rückreise durch das französische Vexin auch Anna besuchen. Er zuckte gleichgültig mit den Schultern. „Die hat jetzt ja einen anderen Mann und Sohn." Auf meine weiteren Fragen sagte er mir, daß sein Halbbruder Simon hieße und daß seine Mutter diesen jüngsten Sohn am liebsten habe. „Das scheint wohl nur so", sagte ich, „weil er noch so klein ist." Doch heimlich glaube ich, daß er recht hat. Anna ist sicher viel glücklicher in ihrer zweiten Ehe. Aber Philipp tut mir leid. Er hat weder Vater noch Mutter, und das ist, als ob man eine junge Pflanze aus dem Nährboden risse und die Wurzeln im trockenen Sand eingrübe. Dann kann sie nicht gut gedeihen.

Rouen, Sonntag, am 3. des Ostermonds 1065

Heute nach der Frühmette ist Philipp aufgebrochen. Papà scheint erleichtert, für einige Zeit der Sorge um ihn enthoben zu sein. „Er lernt nicht gern, ist träge und anspruchsvoll", sagte er. „Doch wenn irgend etwas seine Aufmerksamkeit erweckt, kann er sehr lebendig und sogar ungestüm werden und versteht es dann auch, die Lage zu seinem Vorteil zu nutzen. Wenn ich ihm etwas verbiete, tut er es dennoch heimlich. Religiöse Lehrer haben bei ihm nicht viel ausrichten können." Er seufzte leicht auf und meinte: „Erzwungener Gehorsam bildet keinen Charakter. Wenn der eigene Trieb nicht da ist, fehlt das Fundament."

Nun habe ich aber etwas Erfreuliches zu berichten: Wilhelm will mich für einige Tage mit nach Le Bec nehmen. Er hat dort etwas Wichtiges mit Lanfranc zu besprechen, der von Caen aus unterwegs ist und sich mit Wilhelm in Le Bec treffen will. Wie ich mich freue, diese geliebte Abtei wiederzusehen! Le Bec hat dieselbe wunderbare Atmosphäre, die ich mein „Zuhause" nennen könnte – eine heitere Heiligkeit, denn dort hat Lanfranc seinen Geist hinterlassen; auch hat er jetzt einen würdigen Nachfolger in dem weisen Anselm, der trotz seiner großen Klugheit die heitere Unschuld eines Kindes besitzt. Beide darf ich nun wiedersehen! Papà jedoch wird in Rouen bleiben; er bedarf noch der Ruhe.

Le Bec, Mittwoch, am 6. des Ostermonds 1065

Wir sind soeben eingetroffen und wohnen wieder in denselben Räumen wie damals. Oh, wie lange, lange scheint das her! Unterwegs stellte Wilhelm fest, daß er sich, was die Zeit meiner Schwangerschaft betrifft, verrechnet und geglaubt hatte, ich trüge das Kind erst im Anfang des fünften Monats. Es ist aber bereits der sechste Monat, und ich fühle, wie es sich oft bewegt. Es scheint jedoch kein besonders großes Kind zu sein, denn bei den meisten anderen war ich um diese Zeit schon viel runder. Wenn es nur kein allzu kleiner Knabe wird! Das würde Wilhelm gewiß enttäuschen.

Wir hatten herrliches Reisewetter, und ich fühlte mich nicht einmal müde nach dem bequemen Schaukeln in der Sänfte. Lanfranc ist noch nicht hier, aber Anselm begrüßte uns sehr herzlich und sorgte dafür, daß wir etwas Gutes zu essen und warme Decken in unseren Zimmern hatten. Leider ist es jetzt schon dunkel, so können wir draußen nicht mehr viel sehen – auch die Sterne nicht, denn der Himmel hat sich wieder bewölkt.

Le Bec, Sonntag, am 10. des Ostermonds 1065

Da der Herzog zum Osterfest nicht hier war, sang man ihm heute bei der Hohen Messe eine besondere Litanei, die er mit gesenktem Haupt anhörte, während er am Altar niederkniete. Lanfranc sagte mir später, daß Wilhelm der einzige Fürst sei, den man weder gekrönt noch gesalbt habe und dem man dennoch im Gottesdienst eine Litanei sänge. Unter allen Magnaten von Gallien sei er eine Ausnahme – wohl deshalb, weil er große Verantwortung für die normannischen Kirchen übernommen hat und auch, weil die Kirchenväter ihn als ihren Wohltäter lieben und ehren. Mich hat dies noch nie so ergriffen wie hier in Le Bec, obgleich ich es in Rouen und auch anderen Kathedralen schon öfter gehört habe. Leider müssen wir morgen wieder aufbrechen, und der Abschied fällt mir schwer. Hier fühle ich mich leichter und beschwingter als in Jumièges, was mit der Anwesenheit der beiden heiligen Männer zu tun hat. (Damit meine ich Lanfranc und Anselm.)

Während Wilhelm oft mit Lanfranc allein war, bin ich mit Josephine ausgeritten oder saß still in einer Nische der Kapelle, zu Füßen der Muttergottes, und bat immer wieder um ihren Segen für das in mir wachsende Kind. Zum Schreiben bin ich nicht sehr aufgelegt, aber eines muß ich noch berichten, und das hat mit dem Kaplan Herfast zu tun. Der scheint von großer Gelehrsamkeit zu sein. Wilhelm sagte mir, daß er bei einer Mahlzeit mit den Mönchen, als er eigentlich nur lesen sollte, allerhand Gescheites daherredete, um seine Brüder zu beeindrucken. Als er dies am nächsten Tage wieder tat, stand Lanfranc am Ende der Mahlzeit auf und gab ihm ein Buch, bemerkend, daß er hieraus bestimmt einiges lernen könne. Und was für ein Buch war es? Eine Fibel für Analphabeten, die daraus ihre ersten Buchstaben lernen. Herfast sei rot angelaufen, erzählte Anselm später mit großer Heiterkeit, und scheine sehr erzürnt darüber. „Vielleicht bleibt er nicht mehr lange bei uns", meinte er, „denn er fühlt sich in seiner Würde tief verletzt." Wilhelm hat herzlich darüber gelacht und gemeint: „Vor Gott sind wir alle Analphabeten. Je eher wir dies einsehen, um so heilsamer ist es für uns."

Es läutet zur Vesper. Morgen um diese Zeit bin ich schon bald zu Hause.

Rouen, Dienstag, am 12. des Ostermonds 1065

Ich bin froh, wieder zu Hause zu sein. Für das Reisen bin ich schon etwas zu schwerfällig. Ich will nun freudig auf den Sommer warten und alles für mein Kind vorbereiten. Außerdem will ich meinen lieben Papà noch recht genießen. Jetzt wissen auch alle anderen Kinder schon um meinen Zustand, und einige haben Wetten abgeschlossen, ob es ein Knabe oder Mädchen wird.

Hier am Hof haben sich einige über Lanfrancs Verhalten gegenüber Herfast empört, besonders Abt Nikolaus, der schon manches Mal die Neckereien Lanfrancs hat über sich ergehen lassen müssen. Der machtvolle Geist Lanfrancs ist wie ein Sturmwind, der die kleineren Geister beunruhigt und unsicher macht.

Rouen, Mittwoch, am 27. des Ostermonds 1065

Aus Conteville erreichte uns wieder eine traurige Nachricht über Herluins Zustand. Er liegt jetzt darnieder und ist sehr schwach, mag auch gar nicht mehr essen. Fredesensis schrieb, daß ihr kleines Mädchen gut gedeihe und sich die Eltern weidlich an ihm freuen könnten – doch die Sorge um Herluin läßt ihr keine Ruhe. „Gott kann ihn mir doch noch nicht nehmen!" schrieb sie ganz verzweifelt. Ich weinte, als ich das las. Wie sehr ich ihr den Schmerz nachempfinden kann! Ich bete ganz innig um Herluins Genesung. „Meinst du", fragte ich Wilhelm, „daß er wieder gesund wird?" – „Nur, wenn Gott ein Wunder an ihm vollbringt", sagte Wilhelm. „Ich habe vorigen Monat Maminot zu ihm geschickt, der meinte, die Krankheit sei bereits zu weit fortgeschritten." Das macht mich nun noch trostloser.

Rouen, Sonntag, am 1. des Wonnemonds 1065

Es ist ein herrlicher Frühlingstag, und die Kinder durften mit Odilie, Barbara und Kasimir hinausreiten, um den Tanz der Maienkönigin zu sehen. Auch Papà ist mitgeritten; er freut sich so sehr an den Kindern. Ich selbst hatte keine rechte Lust, denn mir ist unsagbar weh ums Herz. Wenn man mit anderen mitleidet, ist es genauso wie eigenes Leid. Sind letzten Endes nicht alle Seelen eins? Sie kommen alle von Gott und sind ein Stück von Ihm. Wenn nur einer meiner Finger weh tut, so tut es auch *mir* weh. Ganz so ist es, wenn sich Seelen zugetan sind; dann fühlen sie alles gemeinsam und teilen Freud und Leid miteinander.

Rouen, Dienstag, am 10. des Wonnemonds 1065

Wilhelm ist heute nach Caen aufgebrochen. Er meint, daß meine Kathedrale noch in diesem Jahr fertig werden könne. Ich hoffe fast, daß es noch etwas länger dauert, denn im nächsten Jahr kann ich ja wieder reisen. Wilhelms Abwesenheit wird mir etwas durch Papàs Hiersein versüßt. Doch leider hat mein lieber Vater manche Sorgen, die ich ihm nicht abnehmen kann. Das gespannte Verhältnis zwischen seinen Söhnen gibt ihm zu denken. Balduin ist nie wirklich damit einverstanden gewesen, daß sein Bruder Robert Reichsflandern als Erbteil erhalten hat. Solange Papà Graf ist, kann Balduin zwar nichts dagegen tun, aber Papà befürchtet, daß jener – hitzig, wie er oft ist – später mit Robert in Streit darüber geraten wird. Wenn mein Bruder doch einmal mit Wilhelm ruhig über alles sprechen könnte! Wilhelms Rückkehr zögert sich jedoch etwas hinaus, weil er vorhat, auch noch Domfront aufzusuchen; die Festung dort ist weiter ausgebaut worden, und Wilhelm will sich alles ansehen.

In einigen Tagen ist bereits Pfingsten, und bald danach wird auch der junge König wieder in Rouen eintreffen.

Rouen, Pfingstsonntag, am 15. des Wonnemonds 1065

Dieser Pfingsttag ist uns ganz verregnet; schon seit vorgestern ist das Wetter schlecht. Papà hat das Gliederreißen und sitzt die meiste Zeit, in ein warmes Fell gehüllt, am Kamin, wo wir eigens für ihn ein Feuer haben anzünden lassen. Er kam auch nicht mit zur Messe, weil es in der Kathedrale immer kalt und zugig ist. Ich saß mit Adelaide und den Kindern vorn am Altar, und da der Himmel draußen grau und finster war, herrschte in der Kirche, die nur schwach von den Kerzen erleuchtet war, mattes Dämmerlicht. Der starke Wind wehte durch die Spalten der Fenster und ließ das Räucherwerk am Altar lustig tanzen. Ich schaute die längste Zeit auf die spiralförmigen Gebilde, die – durchsichtig und nebelhaft – um die Gestalt des hl. Johannes am Fuße der Kanzel kreisten und hin und wieder seine Locken, dann sein Gesicht, dann sein Gewand berührten. Dieser ätherische Rauch schien ein eigenes Leben zu haben, schien sich ständig zu verwandeln, sich lustig zu kräuseln, sich schelmisch abzubiegen und dann engelhaft in die Höhe zu steigen, um sich aufzulösen – gefolgt von anderen Schwaden, die alle so zart, so durchsichtig, so transzendent wirkten, daß ich mich ganz in ihren Anblick vertiefte und überhaupt nichts von der Litanei hörte. So etwa stelle ich mir den Heiligen Geist vor – körperlos und doch spürbar wie einen Hauch und sogar sichtbar, in den Menschen eingehend, dort seine Wunder wirkend und ihn schließlich wieder verlassend – wie ein feiner Rauchfaden. Und das Wunderlichste dabei war, daß sich keine Bewegung, die der Weihrauch vollzog, wiederholte; immer sah es ein wenig anders aus, immer wieder war es neu. So ist es auch mit allen Geschehnissen des Lebens: Es ist nie genau das gleiche. Und ebenso mag es mit Gott sein: Er wiederholt sich nie, Er ist in alle Ewigkeit ewig neu!

Rouen, Sonntag, am 29. des Wonnemonds 1065

Heute ist Wilhelm aus Domfront zurückgekehrt. Gegen Abend erzählte er mir einiges, was ich wissen muß – so den Verlauf der Gerichtssitzung, die Marmoutier betraf. Wilhelm hatte für die Mönche von Marmoutier das Gottesurteil vorgeschlagen. Der Abt Reinald von St. Pierre sollte einen Schwur leisten – und als er sich weigerte, dies zu tun, gab Wilhelm das Land ganz einfach den Mönchen von Marmoutier zurück. Ich freue mich darüber, denn ich hatte heimlich diesen Entscheid erhofft.

Als ich schon längst wieder in meinem Zimmer war und gerade zu Bett gehen wollte, sah ich plötzlich Wilhelm an der Portière stehen. Als ich ihn fragend anblickte, winkte er mich zu sich. Mir war etwas bange zumute, als er mich bei der Hand nahm und an sein Bett führte. Ob er wieder für längere Zeit fort mußte und es mir schonend mitteilen wollte? Er bettete mich auf sein Lager und sagte mir sehr viel Liebes – daß er Gott jeden Tag für mich danke und daß ich dies auch wissen solle. „Ich habe doch gar nichts besonders Gutes getan", sagte ich erstaunt. Da nahm er mich in seine Arme und sagte: „Du brauchst nichts Besonderes zu tun, Mora; du brauchst nur das zu sein, was du bereits bist." Dann fühlte er mit der Hand die Bewegungen des Kindes in meinem Leib und sagte: „Ich glaube, es wird wieder eine Tochter, Joujou." – „Das kannst du doch aber nicht fühlen, Wilhelm!" Er lachte leise. „Nicht mit der Hand – nur mit dem Herzen." Meinen Kopf an seine Brust gelehnt, schlief ich ein, und mir träumte, daß ich mit ihm auf einem silbernen Schiff durch die Wolken segelte. Ob es im Himmel solche Erlebnisse wirklich gibt?

Rouen, Montag, am 30. des Wonnemonds 1065

Balduin und Philipp sind aus Paris zurückgekehrt. Heute saßen wir mit unseren Gästen draußen im Herzogsgarten, und auch Roberts

Freunde waren zugegen. Philipp betrachtete sie mit einigem Mißtrauen. Es scheint ihm nicht zu gefallen, daß Robert sie offensichtlich lieber hat als ihn. Ich weiß nicht mehr, was den Anlaß dazu gab, aber ich hörte Robert auf einmal zu Philipp sagen, daß Kaiser Karl der Große sein Vorfahre gewesen sei, der ein viel, viel größeres Reich gehabt hätte als Philipp es jetzt habe. „Sogar die Normandie ist größer als Frankreich!" rief er triumphierend. Da griff Wilhelm ein und sagte: „Wir wollen sehen, wie gut du Bescheid weißt, Gamberon. Sage mir einmal, wie die Grenzen des damaligen Frankenreiches verliefen." Robert erwiderte, ohne zu zögern: „Das ging bis nach Aquitanien hinunter, und eine spanische Mark hatte er auch noch – und dann hinauf bis nach Friesland; und wo jetzt die Normandie ist, war es damals Neustrien, das gehörte ihm auch, und die bretonische Mark, und alles Land bis nach Sachsen und hinunter nach Italien, und dann noch Austrien – und im Osten auch noch welches Land..."

Wilhelm schien freudig überrascht. „Das hast du gut behalten, Gamberon." – „So ein Kaiser möchte ich wohl sein", sagte Robert mit träumerischem Blick. „Das wünsche dir nur nicht", meinte Wilhelm. „Kaiser Karl hatte sein Lebtag keine Ruhe vor Feinden, mußte allerlei Verschwörungen gegen seine Person entgegenwirken, und sogar sein eigener Sohn wollte ihn ermorden." – „Wirklich?" fragte Robert erstaunt, „warum denn?" – „Weil es ihn nach Macht gelüstete, die ihm nicht zustand. Was sich niedrig gesinnte Menschen nicht auf rechtlichem Wege beschaffen können, das versuchen sie sich mit Gewalt zu nehmen." – „Wenn der Kaiser aber so viel Land hatte, so konnte er seinem Sohn ruhig was abgeben", meinte Robert. „Grafschaften müssen weise verwaltet werden, wenn Friede im Königreich herrschen soll", sagte Wilhelm. „Das wirst du später selbst noch erfahren, Gamberon. Im Reiche Karls des Großen begann es überall zu gären. Es ist schwer, so viele Volksstämme unter einer Krone und einem Gesetz zu vereinigen. Dazu sind sie ihrer Herkunft nach zu verschieden." – „Ja, und die vielen Sprachen!" warf Philipp ein. Und Balduin bemerkte: „Der Kaiser konnte nicht einmal schreiben und lesen – oder nur ganz wenig; man muß sich wundern, wie er das Reich zusammengehalten hat." – „Er war ein unerschrockener Feldherr", sagte Wilhelm, „der sich vor Tod und Teufel nicht fürchtete. Wohl aber fürchtete er Gott." – „Und die heidnischen Sachsen fürchteten *ihn*", warf Balduin ein. „Er mag viel für die Kirche getan haben, aber die Blutschuld wäscht ihm keiner ab." – „Wir wissen nicht, wie alles zusammenhing", meinte Wilhelm; „viel mehr stand auf dem Spiel als die Bekehrung der Heiden zum Christentum." – „Vielleicht – aber er hat 4500 Menschen an einem Tage niedermetzeln lassen, Sire!" – „Was sagst du?" fragte ich, indem ich Balduin erschrocken anblickte. „So ist es!" sagte mein Bruder. „Selten hat die Welt desgleichen gesehen." Ich schaute zu Wilhelm hin, dessen Blick über uns hinweg in die Ferne ging. „Wer ist es, der tötet?" fragte er dann, wie zu sich selbst sprechend. „Ohne Gottes Willen wird selbst kein Sperling abgeschossen." Wir schwiegen eine Weile, dann sagte Papà, der bis dahin still zugehört hatte: „Es wiederholt sich alles in der Welt, denn auf irgendeine Weise müssen die Sünden der Menschen gesühnt werden." Wilhelm legte seine Hand auf Papàs Schulter, wie um anzudeuten, daß er ihm zustimme. Dann unterbrachen uns die Mädchen, die mit Metkrügen gelaufen kamen und sie vor unsere Gäste hinstellten. „Nirgendwo gibt es besseren Met als in der Normandie", sagte Balduin anerkennend; „und wo könnte es einen lieblicheren Frühling geben? Es fällt mir wahrlich schwer, ins rauhe Küstenklima zurückzukehren." Ich sah meinen Bruder liebevoll an. Wie gern hätte ich ihn öfter hier! Aber in einer Woche müssen sie alle aufbrechen.

Rouen, Samstag, am 4. des Brachmonds 1065

Ich sagte heute zu Wilhelm, wie schön es doch gewesen wäre, wenn Papà unser kleines Paradies in St. Wandrille hätte sehen können. „Wenn ich noch reiten könnte", sagte ich, „hätten wir ihn bis St. Wandrille begleiten können, denn es liegt auf dem Wege nach Fécamp. Papà will ja der Küste entlang zurückreiten." Wilhelm sah eine Weile nachdenklich vor sich hin, dann lächelte er mich verheißungsvoll an. „Ich wüßte schon, wie ich dich und deinen Vater nach St. Wandrille bringe." – „Doch nicht in einem holprigen Wagen?" fragte ich ängstlich, denn das täte mir in meinem Zustand gewiß nicht gut. Er wiegte verneinend den Kopf. „Etwas viel Schöneres!" – „Im Schlitten können wir jetzt nicht fahren, Wilhelm. Was sonst könnten wir tun?" Er sagte nichts, sondern ging schweigend an eine Truhe, aus der er eine Rolle zog. Diese entfaltete er, und ich sah, daß es eine Landkarte der östlichen Normandie war. Er wies mit dem Finger auf die Stadt Rouen, die an der Seine liegt, und fuhr dann mit seinem Finger die Seine entlang – gen Süden bis Couronne, wieder nach Norden bis kurz vor Boscherville, wieder nach Süden bis Jumièges, und wieder nach Norden bis St. Wandrille. „Wilhelm!" rief ich begeistert aus, „du willst uns auf einem Schiff fahren lassen?" – „Und warum nicht?" fragte er. „Zwar wird es doppelt so lange dauern wie das Reiten, weil der Fluß viele Windungen macht; doch geht es stromabwärts, so daß die Strömung die Fahrt beschleunigt. Was meinst du?" Ich hing bereits an seinem Hals und küßte ihn auf Wangen, Stirn, Nase und Mund. „So etwas Himmlisches kannst nur du dir ausdenken!" Nun bin ich mit Ursula und Josephine damit beschäftigt, meine Truhe zu packen. Auf diese Fahrt nehme ich keine Kinder mit – ich will einige Tage ganz allein mit meinem Vater sein. Wilhelm will nachkommen und Papà später nach Fécamp begleiten. Wie herrlich, daß Papà unsere Zufluchtsstätte nun doch noch zu sehen bekommt!

St. Wandrille, Freitag, am 10. des Brachmonds 1065

Wir sind schon seit vorgestern hier und haben unterwegs wunderschönes Wetter gehabt. Heute ist es wolkig und etwas schwül. Papà genießt diese Tage sehr. Er sieht sich alles genau an – die Lage der Zimmer, die Vertäfelungen, die Wandbehänge, den runden Leuchter, der von der Decke des Wohnzimmers herabhängt und in dem verschiedene Ölflammen ein helles Licht verbreiten, die Ställe und das Wirtschaftsgebäude. Alles gibt ihm Anregungen für künftige Bauten in Flandern. Ich selbst fühle mich ohne Wilhelm etwas einsam in den oberen Räumen. Frühmorgens weckt mich immer ein Specht, der an der Borke des Eschenbaumes hämmert. Andere Tiere kann man leichter verscheuchen, aber ein Specht ist derart beharrlich, daß er sich durch nichts stören läßt. Wir sahen gestern einen Eremiten in der Nähe unseres Schlößchens, der auf der Suche nach Honig war, wie einer der Diener uns erzählte. Jener hatte nicht erwartet, das Jagdschloß bewohnt zu finden, sonst wäre er nicht so dicht herangekommen.

Ich bat ihn herein und beköstigte ihn, wie Wilhelm es auch getan hätte. Dabei führten wir ein angeregtes Gespräch, denn auf Papàs Bitte hin erzählte er manches über sein Leben im Walde, und ich erwähnte dabei den Specht, der mich immer so sehr stört. Der Klausner meinte jedoch, man solle diese Vögel nicht in ihrem Werk behindern, sie befreiten die Bäume von lästigen Ameisen und anderen Insekten. Sie hätten kurze, kräftige Beine mit scharfen Krallen, so daß sie sich gut damit festklammern könnten. Er habe sie oft beobachtet. Zuerst klopften sie am Baum an und lauschten dann mit dem Ohr, ob sie im Inneren des Baumes Insekten schwirren hörten. Sobald sie die Gewißheit hätten, daß dort etwas Lebendiges sei, klopften sie schneller und schneller. „Das kann ich bezeugen!" warf ich entrüstet ein. Der Eremit lachte und fuhr fort: „Es ist ein kurioser Vogel. Manchmal schleckt er mit seiner langen Zunge das Harz auf – und zwar so viel, daß er sich daran berauscht und durch die Lüfte torkelt. Ich habe manches Mal gesehen, wie solch trunkene Vögel gegen einen Baumstamm prallten." – „Das muß ich meinen Kindern erzählen", sagte ich. Schon nach diesen wenigen Tagen entbehre ich sie sehr. Ich erfuhr vom Eremiten, daß die Spechte auch noch aus einem anderen Grunde ständig Löcher in den Baum hämmerten. Sie sammelten sich Vorrat für den Winter, und in die ausgehöhlten Stellen brächten sie Eicheln und Nüsse. „Ich hatte mir einmal einen Specht gezähmt", sagte er; „doch leider hat er, als ich ihn in meine Hütte brachte, lauter Löcher in den Holztisch gebohrt. Nach einer Weile zog ich es vor, ihn wieder fliegen zu lassen." Nun sind mir die Spechte etwas liebenswerter geworden.

St. Wandrille, Samstag, am 11. des Brachmonds 1065

Heute früh, als ich wieder nicht schlafen konnte, weil mein Spechtfreund nach Herzenslust hämmerte, trat ich ans Fenster und beobachtete ihn genau. Er muß Erfolg gehabt haben, denn oft sah ich seine unglaublich lange Zunge herausschnellen, mit der er die Insekten auffing; es war eine schlangenartige Bewegung. Seine Zunge ist um vieles länger als sein Schnabel.

Wilhelm soll noch heute eintreffen. Der Bote, der seine Ankunft verkündete, sagte jedoch, der Herzog müsse unterwegs irgendwo Gericht halten. So wird es sicher Abend werden, bis er kommt.

Später

Wilhelm kam schon am späten Nachmittag, und wir aßen mit Papà das Abendbrot draußen auf der Terrasse, von wo aus wir geradewegs in den Wald hineinblicken können. Ab und zu sahen wir Rehe vorbeiziehen. Papà fragte Wilhelm einiges über die Gerichtsverfahren in der Normandie und welche Verbrechen hier bestraft würden. Wilhelm konnte sie ihm alle aus dem Kopf nennen: das Töten, das Zufügen von schweren Wunden, das Vergewaltigen von Frauen, Brandstiftung, Angriffe auf das Eigentum eines Menschen in Haus oder Garten, Angriffe gegen einen Landmann am Pflug oder gegen Reisende, die sich auf den Heerstraßen des Herzogs befinden, und Angriffe während der Zeit des Gottesfriedens. Auch wer gestohlenes Gut verbirgt oder vergräbt, wer Schiffbrüchige beraubt oder Wale und Störche vor der normannischen Küste einfängt, wird bestraft. Papà wunderte sich darüber, daß Wilhelm seinen Herzogsstuhl mitgebracht hatte; das sei deshalb, weil er unterwegs habe Gericht halten müssen, erklärte ihm dieser. Oft müsse er dies im Freien tun, besonders, wenn er unterwegs sei.

Morgen müssen wir schon wieder weiter. Viel zu schnell sind diese schönen Tage vergangen!

Rouen, Mittwoch, am 15. des Brachmonds 1065

Der Abschied von meinem Papà ist mir sehr, sehr schwergefallen. Am erschütterndsten war es, als er bei unserer letzten Umarmung auf einmal in ein trockenes Schluchzen ausbrach. Es schüttelte ihn richtig, so daß seine Schultern zuckten. Noch Stunden danach habe ich geweint, und selbst auf der langen Bootsfahrt zurück war ich todtraurig. Ob wir beide die Vorahnung haben, daß wir uns nicht wiedersehen? Ach, manchmal denke ich, wenn man Menschen nicht so liebhätte, dann brauchte man um ihretwillen nicht so zu leiden. Aber ohne die Liebe wäre das Leben auch ohne Freude, und ohne Freude zu leben, bedeutete noch viel größeres Entbehren. Wie man es drehen und wenden mag, man kann diese Erde unter keinen Umständen in einen Himmel verwandeln; dazu ist sie zu unvollkommen.

Rouen, Samstag, am 2. des Heumonds 1065

Ich habe seit längerer Zeit nicht geschrieben; es ging mir nicht so gut, was wohl mit der plötzlich eintretenden Hitze zu tun hat. Und dann hatte ich mich wegen Agathe sehr aufgeregt. Bei einem Ausritt mit Hawise und Adi, wo sie Blaubeeren im Wald fanden und Agathe sich etwas weiter von den anderen entfernt hatte, entdeckte sie etwas, was ihre Augen nicht hätten sehen sollen. Sie kam aufgeregt zu Hawise gelaufen und sagte, da sei ein Mann hinter dem Busch, der einem Mädchen etwas zuleide täte – vielleicht wolle er sie erwürgen, denn er habe sie fest umklammert, doch sie habe gar nicht geschrien. Hawise erzählte mir dies und sagte: „Zuerst war ich verblüfft, dann aber lachte ich und sagte zu Agathe: ‚Rede keinen Unsinn, die lieben sich nur!' Aber ich merkte sofort, daß Agathe mir dies nicht glaubte, denn sie rief ängstlich: ‚Schick unseren Knappen hin, damit er dem Mädchen hilft!' – ‚Ja, ich lasse nach ihr sehen', beruhigte ich sie und führte sie fort. Sie weiß wohl noch gar nichts vom richtigen Leben?" Ich fühle mich jetzt schuldig, weil ich so lange damit gesäumt habe. Da Agathe schon Braut ist, hätte ich ihr diese Dinge viel früher erklären sollen. Aber jetzt scheint mir nicht der richtige Augenblick. Als ich es Wilhelm sagte, meinte er, ich solle warten, bis sie das Gesehene vergessen habe, damit sie es nicht mit dem, was ich ihr erklären muß, in Zusammenhang bringe.

Heute war ich wieder im Herzogsgarten, aber das Steigen der Treppen fällt mir schon sehr schwer. Dieses Mal habe ich mir noch gar nicht überlegt, wie das Kind heißen soll, wenn es ein Knabe wird. Ich würde es ganz gern nach meinem berühmten Vorfahren „Karl" nennen. Aber seit ich weiß, daß der so viele Menschen an einem Tag hat töten lassen, bin ich weniger stolz auf ihn. „Hättest du das tun können?" fragte ich Wilhelm, worauf er erwiderte: „Ich töte Menschen nur in der Schlacht, wenn sie sich verteidigen können. Einen Wehrlosen werde ich nie töten." Das beruhigte mich.

Rouen, Montag, am 11. des Heumonds 1065

Wilhelm erfuhr, daß Conan jetzt in Blois ist, wo er sich Verbündete gegen Anjou sucht. Der junge Gottfried von Anjou aber bleibt Wilhelm treu. Wilhelm will morgen nach Bonneville aufbrechen, doch nur für wenige Tage, damit er zur Geburt meines Kindes zurück ist. Mabille meinte heute, ich solle mir dieses Mal bestimmt eine weise Frau nehmen, ich sei jetzt doch schon viel älter, und da wären die Muskeln längst nicht mehr so stark wie bei jungen Frauen. Ich dachte heimlich an mein regelmäßiges Rudern und lächelte. Als ich Mabille ansah, merkte ich, daß sie tatsächlich älter geworden ist. Einige scharfe Linien ziehen sich von ihrer Nase bis zu den Mundwinkeln; auch hat sie Fältchen auf der Stirn und um die Augen, obgleich sie einige Jahre jünger ist als ich. Als ich später in meinem Zimmer war, trat ich dicht vor den Spiegel, um zu sehen, ob auch ich bereits Falten im Gesicht habe, die ich bisher vielleicht noch nicht bemerkt hatte. Aber nein – meine Haut ist glatt und weich, nur um die Augen sind ein paar kleine Linien zu sehen, die nach oben verlaufen. Einmal jedoch wird dieses noch so junge Gesicht Spuren des Alters aufweisen. Aber der Gedanke schreckt mich gar nicht. Mit Wilhelm wird das Leben immer schön sein. Ich schaute noch einmal in den Spiegel und vertiefte mich in meine eigenen Augen. Sie erinnern mich an etwas – oder an jemanden –, nicht an mich selbst, sondern an einen Menschen, den ich gut kenne. Und auf einmal wußte ich es: Sie erinnern mich an Wilhelm! Nicht im Aussehen, denn sie sind ja von ganz anderer Farbe als seine schwarzen Augen, sondern in dem, was mir daraus entgegenleuchtet. Man sagt, daß Blicke sich ineinander senken können; vielleicht bleibt dabei etwas vom Blick des anderen im eigenen Blick haften?

Rouen, Dienstag, am 12. des Heumonds 1065

Heute morgen ist Wilhelm nach Bonneville aufgebrochen. Die Kinder waren alle schon auf und wollten ihm Lebewohl sagen; dabei waren sie etwas zu ungestüm. „Rasselbande!" schalt Wilhelm sie. „Stellt euch jetzt einmal ordentlich hintereinander auf!" Dann rief er sie einzeln herbei: „Gamberon! Agathe! Cäcilie! Richard! Rufus! Adele!" Die Kleine verstand noch nicht, worum es ging, und so zog Rufus sie neben sich. Als sie alle aufgereiht vor ihm standen, sagte er: „Nun strafe ich euch alle mit einem Schlag, damit spare ich mir Zeit." Dann holte er mit der Hand aus und gab ihnen allen einen einzigen Backenstreich, der von Robert bis hinunter zu Klein-Adele reichte. Dabei muß ihm die Hand etwas ausgeglitten sein, denn die Kleine erhielt einen recht kräftigen Schlag und verzog das Gesicht zum Weinen. „Oh!" rief Wilhelm bedauernd aus, indem er sie hochhob, „hab ich dir weh getan?" Sie nickte: „Wehtan!" Die anderen Kinder lachten, doch mir tat das Kleine leid. „Sie hat es am wenigsten verdient!" sagte ich. Wilhelm aber hatte sie schon abgelenkt, denn sie durfte einige Luftsprünge tun, so daß sich ihr Weinen bald in Jauchzen verwandelte. Zuletzt nahm Wilhelm mich in den Arm. „Wenn ich wiederkomme, ist es soweit", flüsterte er verheißungsvoll. Ich zähle jetzt schon die Tage.

Rouen, Sonntag, am 17. des Heumonds 1065

Heute kehrte Wilhelm heim und brachte Lanfranc mit, der auf dem Rückweg nach Caen ist. Diesmal saß dieser lange mit uns und einigen der Kinder zusammen und berichtete mir viel über meine neue Kathedrale, die ich im Frühjahr selbst zu sehen hoffe. Dann sprach er mit Agathe und Cäcilie, und das Gespräch kam auf den hl. Antonius und sein Leben in der Wüste. „Er lebte jahrelang in dunklen Erdhöhlen, wo Schlangen, Skorpione und Giftspinnen hausten, mußte Hitze, Kälte, Überschwemmungen, Einsamkeit und Hunger ertragen. Doch Gott sorgte für ihn. Als er die Schlangen und Skorpione aufhob und aus seiner Höhle hinauswarf, taten sie ihm nichts zuleide – und es gab immer Leute, die von seinem Aufenthalt in der Höhle wußten und ihm Brot vor den Eingang legten." Da begann Wilhelm seine älteste Tochter zu necken: „Wie gefiele dir ein solches Leben in der Wüste, Agathe?" – „Ich könnte das schon", sagte sie tapfer; „denn dann käme ich bestimmt schneller in den Himmel." Doch Lanfranc erklärte ihr: „Vor allem muß man die *inneren* Gefahren bestehen, dann kann man später auch besser mit den äußeren fertig werden." Cäcilie, die bislang still zugehört hatte, sagte nun: „Ich ginge aber lieber in ein Kloster als in eine Wüste." Wilhelm zog sie zu sich heran. „Meinst du das wirklich, kleine Tochter?" Sie sah ihn aus ihren klaren, braunen Augen an und wiederholte: „Ja, ganz wahrhaft wirklich!" Da nickte er und sagte: „Wir wollen sehen. Vielleicht erfüllt dir die Muttergottes deinen Wunsch." Ihre Augen hingen erwartungsvoll an den seinen, und, wie schon so oft, kam es mir vor, als seien dies gar nicht die Augen eines Kindes.

Rouen, Mittwoch, am 20. des Heumonds 1065

Nun bin ich Mutter von sieben Kindern! Es geschah alles früher, als ich erwartet hatte. Am Sonntag abend merkte ich ein leises Ziehen im Leib, das sich nach einer Weile verstärkte. Ich sagte es Wilhelm, der alsdann von den Kammerfrauen das Nötige vorbereiten ließ und die Nacht bei mir verbrachte. Einige Stunden schlief ich gut, und wenn ich zwischendurch aufwachte, fühlte ich seine Hand über mich streichen, was mich sogleich beruhigte. Doch in der zweiten Hälfte der Nacht habe ich viel gestöhnt, und es schien, daß der Morgen gar nicht kommen wollte. Als schließlich der Tag dämmerte und ich von fern den Hahnenschrei hörte, sah ich Wilhelm zum Fenster gehen und den Kopf hinausstecken. „Es wird ein schöner Sommertag", sagte er, „der Himmel ist schon ganz purpurn." Dann kam er zu mir, küßte mich auf die Stirn und ging in sein Zimmer, um sich anzukleiden. Bald erschienen Barbara und Ursula, welchletztere zum ersten Male bei einer Geburt dabeisein durfte. Sie war leicht erregt und machte einiges falsch, weswegen Wilhelm sie schalt. Ich weiß, daß sie recht empfindlich ist und sich eine Rüge immer sehr zu Herzen nimmt. Heimlich wünschte ich mir meine liebe Fredesensis herbei, doch die hat jetzt selbst drei kleine Kinder und dazu einen schwerkranken Mann.

In den späten Morgenstunden wurden die Wehen auf einmal heftig, und nicht lange, nachdem Wilhelm mich auf den Gebärstuhl getragen hatte, kam das Kind schon – schneller als alle anderen. Ich sah, wie Wilhelm es auf seiner Hand wiegte und wie Barbara ihm die Schere reichte und den Nabelstrang festhielt. Das Schreien des Kindes klang fein und dünn. „Ist es ein Mädchen?" fragte ich, und Wilhelm nickte. „Ja, Madame – mit ziemlich langen Beinen." Bald lag ich friedlich und selig in meinem Bett, mein kleines Töchterlein, in ein weißes Leintuch gehüllt, anstaunend. Wilhelm hatte es mir auf die Decke gelegt, weil es ein solch warmer Tag war. Es hatte die Äuglein fest zugekniffen und schlief. Dieses Kind ist fast noch zierlicher als Cäcilie, aber von etwas längerer Gestalt als diese. Als Wilhelm es später messen ließ, hörte ich, daß es genau zwei Spannen lang sei.

Nachdem ich selbst etwas geschlafen hatte und gewaschen worden war, durften die Kinder hereinkommen. Barbara hielt die beiden kleinsten an der Hand und hatte besonders auf Rufus acht, der sich ungestüm losreißen wollte. Adele quiekte vor Freude, als sie das kleine Wesen sah und rief: „Sieh mal, sieh mal!" – „So ein feines Schwesterlein – das gefällt mir aber!" sagte Richard, der jetzt seine Vorderzähne verloren hat und daher das „f" nicht richtig sprechen kann. Es klang sehr ulkig, und Robert äffte ihn nach, so daß Richard mit der Faust ausholte, bis Wilhelm beide Knaben an den Ohren zog. Agathe und Cäcilie waren an meinem Lager niedergekniet und starrten in seliger Versunkenheit auf ihr Geschwisterkind. Sie sagten nicht viel, sondern streichelten es nur leise. Heute fragte ich Wilhelm, wie es heißen solle, doch er wußte es noch nicht.

Ich bin immer noch sehr müde, was wohl an dem warmen Wetter liegt. Oder aber am Duft der Rosen, die mich hier umgeben. Wilhelm hat das ganze Zimmer mit Rosen anfüllen lassen, die mich mit ihrem süßen Aroma bezaubern. Ein bitterer Tropfen für mich ist, daß Robert in einigen Tagen fort soll. Wilhelm schickt ihn für mehrere Monate nach Tours, wo es sehr gute Präzeptoren gibt, denn er meint, unser Sohn brauche neue Anregungen, sonst sei er wenig zum Lernen geneigt.

Rouen, Sonntag, am 24. des Heumonds 1065

Heute früh ist Robert mit seinem Diener und Robert Beaumont nach Tours aufgebrochen. Er freute sich einerseits auf die Reise und all das Neue, aber es fiel ihm doch schwer, von mir und den Geschwistern Abschied zu nehmen. Seinen Vater scheint er weniger zu entbehren, denn dessen Strenge ist ihm oft unbequem. Gerade in letzter Zeit hat Wilhelm ihn oft ermahnt, weil er nicht genug studiert – oder nur das, was ihm Freude macht. Er habe keinen Sinn für Philosophie, sagt Wilhelm; aber dazu ist er ja noch zu jung. Doch Wilhelm meint, seine Schwestern seien ihm hierin weit voraus, und das ist wahr.

Später

Wir erfuhren durch einen Kurier aus dem Bistum Caen, daß es dem Vicomte von Conteville sehr elendiglich ginge; man hielte seinen Zustand für hoffnungslos. Wilhelm hat sich deshalb entschlossen, sofort nach Conteville zu reiten. Vorher aber fragte ich ihn noch, wie unser jüngstes Kind heißen solle. Er sah es sich lange an, nahm es auf den Arm und sagte dann: „Adelaide". Das überraschte mich. „Wir haben doch bereits eine Adelaide – deine Nichte." Er nickte. „Ja, aber ich möchte auch eine haben." Als ich nichts sagte, fügte er hinzu: „Du kannst sie auch Adeliza nennen, wenn du magst; es ist im Grunde derselbe Name." Ich schaute auf das kleine Wesen, das er mir wieder hinreichte und das mich aus seinen großen schwarzbraunen Augen ernst anblickte. Es stimmt, daß sein Blick mich an Adelaides erinnert. „Ich bin es so zufrieden", sagte ich, und da nahm er mich mitsamt dem Kind in seine Arme. „Kehre bald zurück", sagte ich, „damit wir die Taufe vorbereiten können." Ich möchte Adelaide und Adeliza bitten, Gevatterinnen zu sein. Während meiner Schonzeit will ich viel in den Garten gehen und an meinem Wandteppich sticken. Ich habe den König Eduard schon fast fertig, nur seinen Thron noch nicht. Auch weiß ich schon sechs Bilder, die als nächste folgen sollen.

Rouen, Samstag, am 6. des Erntemonds 1065

Meister Samson hat heute mit meinen beiden Söhnen einen Rundritt durch die Stadt Rouen gemacht, damit sie einmal sehen, wie es bei den Handwerkern und Kaufleuten zugeht. Hinterher erfuhr ich einiges von ihren Abenteuern. Der fast zahnlose Richard erzählte mir alles in lebhaften Bildern und lispelnden Zischlauten, was besonders die Mädchen zum Kichern reizte. „Und am Fischstand hat der Rufus einen Fisch am Schwanz gefaßt und unter seinen Rock gesteckt. Das hat nachher ganz schlimm gestunken, sagt Meister Samson!" Oder: „Da, wo die Brezeln und Nüsse und Honigkugeln verkauft werden, hat die Frau uns eine geschenkt, und die hatte einen Knaben bei sich, der ihr Sohn war und der ihr schon half. Der hat die kleinen Gewichte auf die Waage gestellt, und hinten in den großen Säcken war Mehl und Hirse, und an der Decke hing ein Vogelbauer mit einer kleinen Drossel drin." Rufus hatte mit ergriffenem Gesicht zugehört und sagte dann seufzend: „Ich will das alles zum Spielen haben." – „Was willst du haben, Rufus?" fragte ich, indem ich ihn an mich zog. „Solche Säcke und Dosen und Waagen – und 'ne Leiter, wo man an die oberen Fächer ran kann – aber klein, so daß ich mit spielen kann." – „Das müssen wir der hl. Barbara ausrichten", sagte ich schmunzelnd. Im Geiste sehe ich bereits eine solche Kaufmannsbude vor mir, die wir von einem Schnitzer anfertigen lassen können.

Ich genieße es, die Kinder so viel um mich zu haben. Adele zieht sich jetzt dauernd ihre Schuhe aus, weil sie am liebsten barfuß läuft, und dabei ist sie so gescheit, diese irgendwo zu verstecken, damit Barbara sie nicht findet. Gestern ist sie im Waschraum in den Bottich gefallen und hat sich tüchtig erschrocken. Sie sah drollig aus, als sie pitschnaß dastand und jämmerlich weinte, während ihr die feuchten Haarsträhnen ins Gesicht fielen. Adeles Haar ist von einem hellen Braun, und ihre Bäckchen sind rund und rot. Sie sieht aus wie ein pausbackiges Englein. Am meisten freut sie sich, wenn sie mir etwas holen darf. Oft bringt sie mir auch Sachen aus anderen Zimmern, die nachher gesucht werden – einen Hausschuh von Wilhelm oder ein kleines Kissen; oder sie zieht aus den Betten im Kinderzimmer die Nachthemden heraus oder trägt Bauklötze umher und vergräbt diese in den Binsen. Ich freue mich, daß ich nun noch ein achtes Kind haben werde, denn ich muß Wilhelm ja seinen vierten Sohn schenken; der wird sicher unser letztes Kind sein.

Ich entbehre meinen Ältesten sehr. Wie es ihm wohl bei Bischof Hildebert ergehen mag? Odo hatte vorgeschlagen, daß er im Hause dieses Geistlichen wohnen solle, den er in hohem Ansehen hält. Sobald Wilhelm zurückkehrt, hoffe ich, eine Woche lang mit ihm nach St. Wandrille reisen zu können. In einer Sänfte wird er mich vielleicht ziehen lassen.

Rouen, Mittwoch, am 10. des Erntemonds 1065

Wilhelm brachte gute Nachrichten aus Conteville mit. Herluin ginge es besser, und Fredesensis habe Freudentränen vergossen. Gilbert Maminot, der sich ebenfalls unter Wilhelms Begleitern befand, hat Herluin eine sehr eingeschränkte Kost verordnet. „Wenn er die einhält", sagte Wilhelm, „ist Hoffnung auf bleibende Besserung vorhanden."

Nun muß ich noch das Wichtigste niederschreiben: In zwei Stunden brechen wir nach St. Wandrille auf. Wir nehmen alle sechs Kinder mit, denn jetzt in der Erntezeit gibt es keine Schulaufgaben für sie.

St. Wandrille, am Abend

Ich bin schon sehr müde, aber ich sitze noch bei einer dicken Kerze am kleinen Tisch in der Fensternische und genieße die kühle Abendluft, die vom Garten heraufweht. Jetzt um diese Stunde duften die rosa Lilien sehr stark, und die Grillen zirpen ihr nächtliches Lied. Die Kleinen schlafen schon, aber Agathe und Cäcilie kramen noch in ihrem Zimmer, und Richard kam eben mit Wilhelm zurück. Sie waren beim letzten Tageslicht zum Bach geritten, wo es leider allerlei Mücken gab. Als ich Vater und Sohn nebeneinander sah und beobachtete, wie Wilhelm seinem Ebenbild etwas über das Einfangen von Wildpferden erklärte, was der Knabe begeistert aufnahm, merkte ich, wie stolz Wihelm auf diesen Sohn ist. „Nehmt mich nun aber bestimmt bald mit auf eine Jagd", bettelte dieser. Er wirkt viel älter als seine sechs Jahre, und oft frage ich mich, warum Wilhelm ihn noch nie bei einer Jagd hat zuschauen lassen. Robert durfte im selben Alter schon öfter dabeisein.

Nun will ich zu Bett gehen, die Augen fallen mir fast zu. Und in einigen Stunden muß ich meine kleine Adeliza stillen, die in einem Körbchen in unserem Schlafzimmer träumt.

St. Wandrille, Samstag, am 13. des Erntemonds 1065

Es gab heute ein Wiedersehen mit Pater Laurentius, dem Klausner, den Wilhelm und ich damals bei Moulin-le-Torrent aufgesucht hatten. Diesem ist seine Hütte bei einer Frühjahrsüberschwemmung zerstört worden, und er hat sich daraufhin anderswo eine Klause gebaut – nahe am hiesigen Flußufer. Wilhelm hatte von irgend jemandem davon erfahren und ihn aufgesucht. Diesmal gab ihm der Pater zu verstehen, daß er ihn erkannte. Und heute sind wir mit den beiden Mädchen dort gewesen, auf die er einen tiefen Eindruck machte. Cäcilie fragte ihn: „Wenn Ihr aber keine Kirche zum Beten habt und keine Kommunion empfangt, was macht Ihr dann?" Zuerst lächelte der Klausner über ihre Frage; dann aber sagte er ganz ernst: „Ich habe eine sehr schöne Kirche hier – denn es gibt keinen erhabeneren Dom als die Baumkronen über mir. Und sind das klare Brunnenwasser und das einfache Brot, das ich esse, nicht von Gott geschaffen? Für mich ist alles der Leib des Herrn –

alles Gute und Reine, was Er erschuf." Diese Worte begeisterten Agathe; Cäcilie aber schwieg nachdenklich und fragte mich hernach am Abend: „Aber die Hostie, die der Priester gibt, ist doch etwas anderes, Mamà, nicht wahr?" Ich nahm sie in den Arm und sagte: „Vater Laurentius ist ja selbst ein Priester, Kind. Und er geht gewiß hin und wieder in eine Kirche zur heiligen Kommunion." Das hat sie nun vollends beruhigt. Heute spielen die beiden Mädchen „Einsiedler", und die Buben sind fromme Ritter, die ihnen etwas zu essen bringen. Etwas später war Rufus ein Verfolgter, der bei dem Einsiedler Zuflucht suchte. Er erwies sich aber als recht undankbar, denn er entwendete die Zinnkanne, die ihm so gut gefiel. Agathe lief in ihrem langen Pilgergewand empört hinter ihm her. Meine kleine Adeliza ist viel draußen auf der Wiese, und manchmal lasse ich sie ganz nackt auf einer Decke liegen und nach Herzenslust strampeln. Darüber freut sich besonders Adele, die ihrem Schwesterlein kaum von der Seite weicht. Mögen diese beiden Mädchen mir später ebensoviel Freude bereiten wie jetzt meine älteren Töchter!

Rouen, Freitag, am 19. des Erntemonds 1065

Mein Bruder Robert hat nun endlich seinen ersehnten Sohn, und er hat ihn „Robert" genannt. Wir haben bereits eine Unmenge von diesen in der Familie und am Hof: meinen Bruder, Wilhelms Bruder, meinen Sohn, Roberts Sohn, den Sohn von Roger Montgommeri und den Sohn von Papà Roger, den Grafen von Eu, Robert Guiscard und andere. Ich möchte meinem vierten Sohn einen Namen geben, den noch kein anderer in unserer Familie gehabt hat...

Rouen, Montag, am 29. des Erntemonds 1065

Heute feiern wir den Tag, an dem Johannes der Täufer enthauptet wurde. Odo ist zu Besuch hier, und Maurilius ließ ihn die Messe lesen. Dabei erklärte Odo uns allen, daß der Tag der Enthauptung nicht in den Sommer, sondern in die ersten Monate des Jahres gefallen sei. Des Herodes Geburtstag sei im Hornung oder Lenzmond gewesen, und dazu hätte er allerlei Gäste aus der Provinz in seine Festung Machaerus geladen, um sie mit seiner prachtvollen Residenz zu beeindrucken. Man reichte gute Speisen und viel Wein, und am Abend tanzte die Tochter seiner Gemahlin, die Salome, mit solcher Anmut und Grazie, daß Herodes entzückt von ihr war und ihr versprach, sie könne sich wünschen, was sie wolle; er werde es ihr geben. Angestiftet von ihrer Mutter, verlangte sie das Haupt Johannes des Täufers. Und zur Genugtuung der rachsüchtigen Herodias brachte man dem Mädchen das abgeschlagene Haupt des Propheten. Herodes erlaubte den Jüngern des Johannes jedoch, den Leib ihres Meisters zu begraben. Ich kannte diese Geschichte natürlich, doch immer wieder überläuft es mich ganz kalt, wenn ich darüber nachdenke. Solche Haßgefühle kann ich mir ganz und gar nicht vorstellen. Was geschieht mit diesen Seelen im Fegefeuer? Agathe hat mich dies sogleich gefragt. Ich schickte sie zu Odo, und der sagte lachend: „Irgendein Teufelchen sticht die Herodias nun immerfort mit einem spitzen Dolch ins Fleisch, bis sie ganz zerlöchert ist; und wenn die Wunden wieder heilen, so fängt es von neuem damit an. Meinst du nicht, daß das eine gute Strafe ist?" Agathe saß still da und brütete vor sich hin. Sie nimmt solche Dinge sehr ernst und kann nicht darüber scherzen. Später ging sie zu Wilhelm und fragte ihn dasselbe. Der sagte: „Jeder grausame Mensch muß solange selber leiden, bis er gelernt hat, mit anderen mitzuleiden." Diese Antwort hat sie ziemlich beruhigt, und sie sagte mir abends vor dem Schlafengehen: „Wenn der Vater etwas erklärt, dann weiß ich, daß es so stimmt." – „Und woher weißt du es?" fragte ich, leicht neugierig. „Weil es dann ganz hell in mir wird, so als ob das Licht wieder scheint." Ich sah meine Tochter überrascht an; ihre Augen leuchteten. Da nahm ich ihren Kopf und küßte sie auf den Mund. „Du hast recht, Agathi", sagte ich; „so fühle ich es auch immer." Lanfranc hat wahr gesprochen: Ich habe begnadete Töchter.

Rouen, Freitag, am 2. des Herbstmonds 1065

Noch ist das Wetter milde, und ich bin täglich mit den kleinen Kindern im Garten. Die größeren müssen wieder lernen, denn Wilhelm hält sie streng dazu an. Richard lernt gern und eifrig und stellt viele Fragen, und oft geht er zu seinen Schwestern, wenn die ihre Unterrichtsstunden bei den Nonnen gehabt haben, um zu erfahren, was es dort zu lernen gab. Und beide Mädchen sind immer gern bereit, ihm alles Neue zu erklären. Richard sorgt auch dafür, daß Rufus das Zählen lernt, doch mit Buchstaben mag dieser sich noch nicht befassen. Er ist ein rechter Tunichtgut. Draußen im Herzogsgarten macht er meiner kleinen Adele das Leben schwer, denn er denkt sich immer neue Dinge aus, mit denen er sie ärgern kann. Er nimmt ihr weg, was sie in der Hand hat, zerrt an ihrem Haar oder kneift sie in den Zeh, bis Barbara oder ich dazueilen und ihm einen derben Klaps geben. Wilhelm zieht ihn manchmal an den Ohren, so daß er mörderisch schreit. Heute stillte ich meine kleine Adeliza im Garten, während Rufus eine Weile aufmerksam zuschaute. Auf einmal sagte er: „Ganz so wie ein kleiner Hund." – „Was sagst du?" fragte ich empört. „Ja, die saugen auch so", meinte er; dann lief er davon.

Später

Wilhelm kam soeben zu mir und sagte: „Ich habe schlechte Nachrichten wegen Tosti erhalten. Es scheint, daß Rebellen in Northumberland einen Aufstand gegen ihn begonnen haben. Doch sind dies nur Vermutungen, die ich von einem Normannen aus London erfuhr. Er schrieb, daß Harald nach Northumberland aufgebrochen sei, um nach dem Rechten zu sehen." – „Wilhelm!" rief ich erschrocken aus, „hoffentlich sind Judith und die Kinder nicht in Gefahr!" Er machte eine leicht resignierende Geste. Ich will jetzt in unsere Kapelle gehen und für die ganze Familie beten.

Rouen, Mittwoch, am 7. des Herbstmonds 1065

Robbi und der kleine Roger entbehren meinen Robert sehr. Manchmal kommt einer von ihnen zu Barbara gelaufen, um zu fragen, wann Robert denn endlich heimkehre. „Noch lange nicht", sagt sie dann, „wohl erst zum Christfest." Die beiden Knaben üben sich jetzt im Bogenschießen, und Rogers Schwester Emma macht alles mit den Buben mit. Jetzt werden auch Richard und Rufus von dem „Pfeilfieber" erfaßt. Sie haben bereits kleine Armbruste, mit denen sie üben. Bald ist Michaelistag, und bis dahin muß das Haushaltsjahr abgeschlossen sein. Von dieser Pflicht befreit Wilhelm mich selbst während meiner Schonzeit nicht. Die Vorbereitungen für das Fest überlasse ich Adelaide und Cordula. Adelaide hat besondere Sänger und Jongleure engagiert. Hoffentlich ist es bis dahin noch nicht zu kalt; denn wenn wir kein Feuer im Kamin brauchen, können wir schöne Wandteppiche davorhängen. Es soll ein Spiel vom hl. Michael aufgeführt werden.

Rouen, Sonntag, am 18. des Herbstmonds 1065

Wilhelm Crispin ist vor kurzem aus Barbastro zurückgekehrt und hat uns mehr von den Greueltaten berichtet, die der Herzog von Aquitanien dort vollbracht hat. Dieser überließ Crispin später die Befehlsgewalt, doch der konnte sich dort nicht lange halten, zog nach Norden bis zum Perthus und führte den Zug mit der Beute und den vielen Gefangenen nach Ronceveaux. Zahllose Ochsenkarren befanden sich in dem Zug, viele ritten auf Eseln, andere auf Pferden; sie waren sonnengebräunt, mit Blut befleckt und sangen viele Heldenlieder. Zum Michaelisfest sollen besonders einige Lieder über Roland vorgetragen werden; sicher wird Taillefer dies tun.

Ich glaube, in diesem Haushaltsjahr haben wir viel eingespart; wir hatten keine „teuren" Gäste bei uns. An Harald haben wir damals viel verschwendet, das sehe ich jetzt aus den Aufzeichnungen.

Rouen, Mittwoch, am 28. des Herbstmonds 1065

Heute, am Vorabend des großen Festes, bin ich ganz aufgewühlt, denn es hat mich ein Brief von Judith aus Flandern erreicht. Sie schreibt, daß die ganze Familie habe fliehen müssen. Eine blutige, gegen Tosti gerichtete Revolte war in Northumberland ausgebrochen, während er mit ihr am Hof zu London weilte. Tosti konnte vom König keine Hilfe erbitten, denn dieser ist schwer krank und muß die meiste Zeit liegen. Und Harald, der die Barone aus Northumberland angehört hat, half Tosti nicht, sondern riet ihm, das Land zu verlassen. Viele von Tostis Gefolgsleuten sind grausam ermordet worden – und nun ist er heimatlos, hat seine Grafschaft verloren und liegt im Zwist mit den eigenen Brüdern. Ich habe schon viel geweint, weil ich dauernd an meine arme Judith und ihre Kinder denke. Papà hat ihnen natürlich sogleich Asylum angeboten. „Wie konnte es nur dazu kommen?“ fragte ich Wilhelm. „Tosti hat nie die Gabe besessen, Menschen zu führen“, sagte Wilhelm ernst. „Er lebt sein Leben so, wie er es will, und erwartet von seinen Untertanen, daß sie sich duldsam von ihm ausbeuten lassen. Mit grausamen Strafen bekehrt man keine Rebellen; man kann sie nur in die Enge treiben. Doch dazu fehlt es ihm an Geschick. Ich habe dies alles vorausgesehen.“ Das hat mir viel zu denken gegeben. Später fragte ich ihn: „Wenn manche Menschen das Schicksal anderer schon vorausahnen, so wie du, können sie dann nicht helfen, ehe es zu spät ist?“ – „O ja“, meinte er lächelnd, „doch zum Helfen gehören zwei!“ Da verstand ich, was er meinte. Wie blind doch die meisten Menschen sind! Sie sehen nur das vor Augen, was sie gerade begehren, und verfolgen dieses Irrlicht, bis es sie in den Sumpf gelockt hat, in dem sie elendiglich versinken. Und die Stimmen der Weisen, an denen es nie gemangelt hat, verhallen im Wind...

Rouen, Donnerstag, am 29. des Herbstmonds 1065

Der festliche Tag ist vorbei – doch alles zog wie in einem Traum an mir vorüber, ohne daß ich mich richtig freuen konnte. Da waren all unsere Edelleute in Samt und Seide gekleidet, mit golddurchwirkten Stoffen, und die Edelfräulein in reich bestickten Gewändern. Ich hörte die Trompeten, die den Beginn des Festessens ankündigten, sah, wie die Speisen gereicht wurden, von denen ich nur wenig aß, und schaute geistesabwesend den Jongleuren, den Sprungkünstlern, Narren und Possenreißern zu. Dann folgte ein erhebendes Spiel über den hl. Michael, den Roger Montgommeri darstellte. Er pries die Normandie als das freie, das edle Land, das er unter seine Schutzherrschaft genommen habe. Zum Schluß sprach Wilhelm zu seinen Vasallen, schenkte ihnen Pferde, Waffen und Kleidung und ermahnte sie, ständig den Armen zu helfen. Anschließend mußte ich allen etwas über die Ausgaben des vergangenen Jahres berichten, besonders, was für die Neustädte getan worden ist. Odo von der Champagne war auch zum Fest erschienen, und Wilhelm scheint ihm sehr gewogen. Ich bemerkte, wie er des längeren mit ihm sprach und ihn reich beschenkte. Adi staunte ihn an und flüsterte mir zu: „Wie schön, daß Graf Odo nun hier am Hof bleibt!“

Zum Abschluß baten die jungen Edelfräulein um ein besonders schönes Lied, und die junge Mathilde Montgommeri wandte sich an Taillefer und bat: „Singt wieder das Rosenlied, ja?“ Ich sah, wie Wilhelm seinen Bruder Robert anstieß und lächelnd fragte: „Sieht sie nicht selbst wie eine Rosenknospe aus?“ Ach, wie lange scheint es her, daß er mich – damals in Brügge – so nannte. Ich dachte an das Johannisfest in Brügge, an Judith und Tosti, wie sie einander kennenlernten und zusammen ausritten und wie festlich die Trauung gewesen war. Dann blickte ich auf Robert, der nachdenklich auf die junge Mathilde schaute; ihr blondes Haar fiel, nur von einem roten Seidenband gehalten, lose herab, und ihre braunen Augen blitzten vor Lebenslust. „Ich habe sie dir bestimmt", hörte ich Wilhelm zu seinem Bruder sagen. Auf einmal wurde ich tieftraurig. Alles schien so unwirklich – das Fest, die lauten Menschen, die kostbaren Geschenke und schimmernden Gewänder, die silbernen Teller, die funkelnden Leuchter –, und ich fragte mich: „Wozu dies alles, wozu? Heute lachen sie und trinken und lärmen, und morgen schon ist das Glück ausgeträumt, sind sie krank, verlassen oder verstoßen. Wer hat sich dieses Spiel ausgedacht? Gott – oder der Teufel?" Da fühlte ich Wilhelms Hand auf meinem Arm, und er flüsterte mir ins Ohr: „Worüber sinnst du, kleine Philosophin?" Ich blickte zu ihm auf und sah in seine lächelnden schwarzen Augen, in denen sich – wie in einem unergründlichen See – die Kerzenlichter widerspiegelten. Seine Blicke träufelten – wie schon so oft – Balsam in meine Seele.

Rouen, Donnerstag, am 6. des Weinmonds 1065

Heute machen die Kinder einen wahren Heidenlärm in ihrem Zimmer; es sind vor allem die beiden Buben. Adele schreit meist nur dann, wenn Rufus sie foppt, und Klein-Adelaide nur, wenn sie von dem Lärm aufgeweckt wird. Das Kleine muß ja noch viel schlafen. Wenn nur das Wetter wieder besser würde, damit die Knaben draußen spielen können!

Ich habe eben bei den Kindern reingeschaut, und nun weiß ich, warum es dort so wild hergeht. Die Emma ist bei ihnen, und Barbara ist nicht da. Diese muß sich jetzt auch etwas um die größeren Mädchen kümmern, weil Odilie zu ihrer Familie zurückgekehrt ist. Wir entbehren dieses kluge, feine Mädchen sehr, die sich unserer Töchter so lieb angenommen hatte. Adelaide versucht, eine andere Kammerjungfer zu finden, aber das ist gar nicht so einfach; denn es muß eine aus gutem Adelshause sein, die noch dazu Verständnis für meine frommen Töchter hat.

Eben kam Richard, leicht aufgebracht, zu mir – eine zusammengerollte Fibel unter den Arm geklemmt. „Wenn die Wilde bei uns ist, kann ich nichts lernen. Ich gehe jetzt in Vaters Zimmer!" Und mit großen Schritten ging er davon – mit demselben Gang, der Wilhelm zu eigen ist. Ich möchte Richard während Roberts Abwesenheit in dessen Zimmer umsiedeln lassen. Wilhelm wird dies sicher gutheißen, wenn ich es ihm erkläre.

Rouen, Donnerstag, am 13. des Weinmonds 1065

Wir hörten gerade, daß Conan den ehemaligen Rebellen Riwallon des Landes verwiesen hat. Das tut mir sehr leid. Ich frage mich, ob Wilhelm das nicht hätte verhindern können. Er hat ihm doch damals beigestanden, indem er mit Harald gegen die Bretagne zog. Meine Gedanken gehen jetzt oft zu Judith, die mit ihrem Mann aus England verbannt ist. Zwar fühlt sich Judith in Flandern zu Hause, aber sie leidet doch mit Tosti mit, der nicht nur seinen Grafentitel, sondern auch sein Schloß und alles verloren hat.

Später

Wilhelm findet es gut, daß Riwallon außer Landes ist. Es wäre nie zu einer Einigung zwischen ihm und Conan gekommen, meint er. Dann fügte er hinzu: „Gottes Mühlen mahlen langsam, aber sicher. Die Zeit wird kommen, da Conan sich selbst zugrunde richtet und Graf Eudo wieder das Zepter führt." Eudo ist der Bruder Alans III., des früheren Vormunds von Wilhelm. Auf dessen Treue könne er bauen, sagt Wilhelm.

Rouen, Samstag, am 15. des Weinmonds 1065

Es ist ein stiller Abend, und man spürt schon das Nahen des heiligen Sonntags. Ich bin heute mit Wilhelm und den größeren Kindern ausgeritten, weil es ein klarer, wenn auch kühler Herbsttag war. Richard hat sich einen Sack blanker Kastanien gesammelt. Nach dem Abendessen kam Agathe und schaute mir beim Sticken zu. Sie schwieg lange, und ich fühlte, daß ihr etwas auf der Seele lag, denn es ist nicht ihre Art, unbeschäftigt dazusitzen. Plötzlich fragte sie: „Bekommt Ihr noch mehr Kinder, Mamà? Oder hört das dann von selbst auf?" Ich sah sie leicht verblüfft an. „Papà möchte noch einen Sohn haben", sagte ich, „und das ist dann sicher unser letztes Kind." – „Wie könnt Ihr das aber wissen?" fragte sie; „bestimmt Gott das nicht?" – „Gewiß", sagte ich, „aber..." (Hätte ich mich nur etwas auf dieses Gespräch vorbereiten können!)

Dann jedoch sprach ich mutig weiter: „Gott bestimmt, ob das Kind ein Knabe oder Mädchen wird – doch die Eltern bestimmen, wann sie ein Kind haben wollen." – „Betet Ihr dann darum?" Ich nickte. „Ja, das tun wir, Kind..., aber wir müssen dann auch zusammenkommen und ganz eins werden... Sieh mal, es ist so ähnlich wie überall in der Natur. Du weißt schon, wie es mit den Apfelblüten geht; da muß zuerst der Blütenstaub auf den Fruchtknoten fallen, und dann kann dort ein Apfel wachsen. Und so ein ähnlicher Fruchtknoten liegt auch im Mutterschoß, so daß dort ein Same hineinfallen kann... Deshalb nämlich sind die Leiber von Mann und Frau verschieden – so daß sie ineinanderpassen..." Auf diese Weise erklärte ich es ihr ganz langsam, während sie mich aufmerksam ansah. Dann lehnte sie sich in den Stuhl zurück und sagte leise: „Ach – so ist das!" Sie schwieg längere Zeit und schaute auf die Figuren, die ich in die Leinwand stickte. Ich war gerade dabei, Harald zu gestalten, der vor dem König steht und seinen Worten lauscht. „Harald will bestimmt auch einen Sohn haben", sagte Agathe, „der später mal Graf von Wessex werden soll." Ich dachte mit Schrecken daran, daß das Kind noch gar nichts von Haralds drei Söhnen weiß. Ich habe immer ein unruhiges Gefühl, wenn ich an Harald denke. Lange, lange haben wir nichts von ihm gehört. Als ich in das unschuldige Gesichtchen meiner kleinen Agathe sah, tat mir das Herz weh.

Rouen, Donnerstag, am 27. des Weinmonds 1065

Es hat wieder aufregende Nachrichten gegeben. Wir erfuhren jetzt durch Papà Näheres über Tosti. Die Rebellen haben ihn als geächtet erklärt. Harald soll umsonst versucht haben, zu vermitteln. Die Grafschaft ist jetzt an Morcar übergegangen, der ein verkappter Feind der Godwinesons ist. Das sei Harald natürlich wenig recht, aber es sei die einzige Lösung, wieder Frieden in der Grafschaft herzustellen. Morcar und Edwin sind Aelfgars Söhne und somit Leofrics Enkel. Edwin hat die Grafschaft seines Vaters, Mercia, übernommen. „Diese beiden jungen Grafen will ich mir zu Freunden machen", sagte Wilhelm. „Leofrics Blut rinnt in ihren Adern." – „Wenn sie doch aber Haralds Feinde sind?" warf ich fragend ein. Wilhelm lächelte. „Warum sollte ich nicht auch in England die Adelsfamilien miteinander versöhnen?" Ich dachte an die vielen normannischen Geschlechter, die durch sein Einwirken Frieden miteinander geschlossen hatten. Vielleicht ist es trotz allem richtig, daß es so gekommen ist? Es kenne sich einer in dieser Welt aus!

Rouen, Donnerstag, am 3. des Nebelmonds 1065

Die Emma macht wieder einmal mein Blut wallen! Sie hat Agathe bestohlen – und zwar hat sie ihr einen kleinen lavendelfarbenen Beutel entwendet, den Adelaide meiner Tochter geschenkt hatte. Emma behauptet, es sei ihrer – sie habe genauso einen wie Agathe, was natürlich nicht stimmt. Ich mag mich deswegen nicht an Adeliza wenden, denn der ist es in letzter Zeit gar nicht gut gegangen; und ich will ihr keine zusätzlichen Sorgen machen. „Es ist ja ganz gleich, ob ich den hübschen Beutel behalte oder nicht", sagte Agathe; „aber wenn sie ihn gestohlen hat, das ist doch etwas ganz Schlimmes, Mamà. Darüber habe ich heute nacht gar nicht schlafen können." Muß ich nicht dankbar sein, daß meine Kinder so lauteren Herzens sind?

Rouen, Sonntag, am 6. des Nebelmonds 1065

Heute kam Agathe strahlenden Gesichts zu mir und schwenkte ihren Beutel in der Hand. „Hier, seht, Mama! Sie hat ihn mir wiedergegeben!" Ich blickte erstaunt auf. „Hat sie es dir gestanden?" fragte ich. „Zuerst wohl nicht", sagte meine Tochter, indem sie sich zu meinen Füßen niedersetzte; „aber ich hab' ihr viel erzählt, wie es mit richtigen Freundinnen ist, die sich immer alles ehrlich sagen und keine Geheimnisse voreinander haben und treu zueinander halten – wie schön das doch ist, und daß sie eine solche Freundin für mich ist." – „Und dann?" fragte ich erwartungsvoll. „Dann ist sie nach Hause gegangen, aber heute morgen nach der Messe brachte sie mir den Beutel und sagte: ‚Da hast du ihn wieder, er gehört doch dir.' Und dann, Mamà – denkt Euch nur, hat sie mir noch dieses Puppenkleid und diese kleine Bürste wiedergegeben, die sie mir auch weggenommen hatte. Das wußte ich noch gar nicht." Freudig zeigte sie mir die Sachen, aber ihre Freude galt nicht den Dingen, die wieder in ihrem Besitz waren, sondern der Bekehrung ihrer

Spielgefährtin. „Solch ein schöner Sonntag!“ sagte sie dann; „ich muß das jetzt gleich Cäcilie erzählen.“ Und damit sprang sie davon. Ich sah ihr lächelnd nach, während meine kleine Adeliza friedlich an meiner Brust lag und trank. Draußen weht der Herbststurm die welken Blätter von den Bäumen, aber in meinem Herzen ist es warm. Meine Agathe ist ein wahres Gottesgeschenk.

Rouen, Donnerstag, am 10. des Nebelmonds 1065

Es sind Boten aus England gekommen, doch sie brachten keine Nachricht von Harald. Wilhelm hatte erwartet, daß er ihm Näheres über den König und auch über die Lage in Northumberland berichten würde. Von einem der Kuriere hörten wir, daß König Eduard sich gar nicht mehr um die Affären seines Landes kümmere – daß er dagegen, krank wie er sei, immer noch andere Kranke durch Auflegen seiner Hände heile. Das Volk betrachte ihn als einen Heiligen. Doch nähme seine Kraft immer mehr ab. Er sähe verklärt aus, so als lebe sein Geist bereits mehr im Himmel als auf Erden.

Richard hat den Bibelunterricht gern, und er denkt immer tief über das Gehörte nach. Heute, als wir nach dem Mittagsmahl im kleinen Saal zusammensaßen, fragte er Wilhelm: „Wann ist denn eigentlich das Jüngste Gericht? Dauert das noch lange?“ – „Was sagt unsere kleine Nonne dazu?“ scherzte Wilhelm, indem er Cäcilie zu sich heranzog. Diese erklärte bereitwillig: „Ja, das dauert noch ganz lange. Bis dahin müssen erst alle Menschen gestorben sein, die jetzt noch leben, und auch alle, die noch viel, viel später geboren werden. Wenn die alle tot sind und alles aus ist, dann kommt das Jüngste Gericht, und der Engel Gabriel bläst seine Posaune, und dann stehen alle Toten auf und kommen aus ihren Gräbern hervor.“ Ich sah, wie Wilhelm seinen Sohn beobachtete, der stirnrunzelnd vor sich hinblickte. „Vater“, sagte er schließlich, „wenn die alle zusammen aufstehen, ist das aber nicht gerecht. Denn manche liegen doch schon viele tausend Jahre da in ihrem Grab, und die anderen sind gerade erst zuletzt gestorben. Warum ist das so?“ – „Ja, warum?“ echote Rufus. Wilhelm lachte laut auf. Dann nahm er seinen Sohn aufs Knie und sagte: „Das frage ich mich auch, kleiner Philosoph. Und weißt du, was ich glaube?“ – „Was denn?“ fragte Richard erwartungsvoll. Wilhelm flüsterte ihm etwas ins Ohr, und ich sah Richard lächeln und seinen Vater verständnisvoll anblicken. „Sie sind ein und dasselbe Gesicht“, dachte ich und freute mich insgeheim darüber. Später fragte ich Richard: „Was hat der Vater dir gesagt?“ – „Daß der Engel Gabriel schon ganz bald bläst, wenn jemand gestorben ist, und die Seele dann mitnimmt. So ist das auch richtig. Es können sich doch nicht alle auf einmal in den Himmel oder die Hölle drängeln – und solange bliebe es dort ganz leer!“ Ich lache noch immerfort vor mich hin. Aristoteles hat recht: Nichts kommt der Logik gleich.

Rouen, Montag, am 21. des Nebelmonds 1065

FitzOsbern hat in Erfahrung gebracht, daß der deutsche Kaiser, Heinrich IV., für mündig erklärt worden ist und sich mit der Tochter Ottos von Savoyen vermählen wird. Sie heißt Bertha. „Es muß nicht leicht sein, Wilhelm, als solch junger Mensch schon Kaiser zu sein und ein großes Reich zu regieren", meinte ich. „Er hat Ratgeber", sagte Wilhelm, „so er auf sie hören will." Wir wollen dem Kaiser unsere Glückwünsche und auch einige Geschenke übersenden. Wilhelm sagt, ich solle einen meiner Wandteppiche hergeben, ich könne später neue für uns machen. Ich habe noch einige in einer Truhe liegen, darunter den, der die Abtei in Jumièges darstellt. Das scheint mir der geeignete zu sein. Wilhelm will ein gutes Verhältnis zum deutschen Kaiserhaus behalten – es ist ja der mächtigste Staat des Kontinents.

Rouen, am 1. Advent, dem 27. des Nebelmonds 1065

Wir haben wieder Besuch aus Flandern – einen Gerichtsherrn namens Gerbod, der mit Wilhelm und Adelaide einiges wegen Lamberts Güter besprechen will. Er brachte uns auch Nachrichten von Tosti, der jetzt mit Judith in St. Omer lebt. Tosti meine, Harald habe die Revolte in Northumberland angestiftet, und sei deshalb von großem Haß gegen seinen älteren Bruder erfüllt. Meinem Vater ginge es nicht allzugut, er habe des öfteren Atemnot, besonders jetzt, wo es auf den Winter zuginge und es an der Küste oft nebelig sei.

Als ich später mit Clothilde im kleinen Saal war, um ihn für die Adventszeit mit grünen Tannenzweigen und Ilex zu schmücken, erschien Wilhelm mit einem anmutigen jungen Mädchen. Es war Gundrada, die Schwester Gerbods, die dieser mitgebracht hat, weil er sie gern bei uns am Hof eingeführt sehen will. Sie trug ihr schwarzes Haar offen und hatte ein blaues Band darein geschlungen. Ihre Haut ist zart, und sie hat liebe Augen, die von einem dunklen Grau sind. Am meisten aber gefällt mir ihr Lächeln, das ihrem Gesicht einen ganz eigenen Reiz verleiht. Ich sah Wilhelms Blicke wohlgefällig auf ihr ruhen. Sobald sie merkte, womit wir beschäftigt waren, ging sie uns zur Hand und hatte viele gute Einfälle, wie man die Zweige feststecken kann. Morgen schickt Wilhelm Gerbod mit seiner Schwester nach Quivilly, seinem neuen Jagdschloß, wo sie einige Tage wohnen dürfen. Adelaide wird mitreiten, ebenfalls Warenne und Richard fitzGilbert mit Rohese. „Gib mir gut acht auf Adi und Mouche", sagte Adelaide soeben zu mir, als sie sich einen warmen Umhang von mir auslieh. „Ich weiß nicht, was mit Judith ist; sie spielt jetzt immerfort Begräbnis und hat gestern eine ihrer Puppen unter den Schnee geschaufelt. Nachher konnte sie diese nicht mehr finden. Jetzt ist es dunkel; sie müssen morgen bei Tageslicht weitersuchen." Ich versicherte ihr, daß sie beruhigt fortgehen könne; heimlich aber dachte ich, daß ich mit meinen sieben Kindern gewiß genug zu tun habe. Denn bald wird auch Robert zurück sein.

Rouen, Dienstag, am 29. des Nebelmonds 1065

Heute am späten Vormittag traf Robert ein, und es gab eine herzliche Begrüßung. „Ich habe es gerade noch vor dem Barbaratag geschafft", sagte er mit großer Vorfreude. „Wie hat es dir in Tours gefallen, Gamberon? Du hast uns gar nie geschrieben!" – „Nein, da war immer so viel zu sehen und zu lernen, und der eine Präzeptor wollte alle meine Briefe sehen, ob ich sie auch richtig buchstabiere. Da hab ich den ersten gleich wieder zerrisen. Der war überhaupt... na ja, nachher ging es schon besser." – „Was hast du alles gelernt?" forschte ich weiter, indem ich ihm einen Goldapfel schälte und ein Diener heiße Milch brachte. Roberts Gedanken waren schon wieder abgeschweift: „Die haben dort einen Affen", rief er begeistert aus, „einen richtig lebendigen aus Arabien. Den hättet Ihr mal sehen sollen, Mamà – wie ein richtiger kleiner Mensch war der, und mich hatte er besonders gern. Er kroch mir immer auf die Schulter, und nachts kam er auf mein Bett. Der Bischof wollte ihn mir schon schenken, aber dann meinte er, ich solle lieber einen anderen haben; an diesem hänge er doch zu sehr." – „Gott behüte!" rief ich entsetzt aus, „einen lebendigen Affen! Den brauchten wir gerade noch!" – „Er soll ja bei mir wohnen, Mamà; da stört er keinen!" – „Richard wohnt jetzt in deinem Zimmer", sagte ich; „das weißt du noch gar nicht." – „So?" fragte er leicht empört. „Ja", sagte ich, „für das Kinderzimmer wird er jetzt zu groß, und die Kleinen stören ihn beim Lernen." Robert schwieg eine Weile; dann sagte er zufrieden: „Na gut, vielleicht wird das ganz nett mit ihm. Und er mag Affen bestimmt auch gern." – „Sprechen wir von etwas anderem, mein Sohn!" lenkte ich ab, heimlich hoffend, daß er wieder von diesem Wahngedanken abläßt.

Rouen, Mittwoch, am 30. des Nebelmonds 1065

Draußen fällt leichter Schnee nieder, und ich sitze traurig an meinem kleinen Tisch und erleichtere mir das Herz mit der Feder. Wir erhielten heute die erschütternde Nachricht, daß Herluin seinem Leiden erlegen ist. Ich war in Wilhelms Zimmer, als der Brief überbracht wurde, wo ich ihm beim Ordnen einiger Dokumente für die bevorstehende Sitzung der Curia half. Wilhelm rollte den Brief recht langsam auf, als habe er eine Ahnung. „Aus Conteville", sagte er, indem er zu lesen begann. Nach einer Weile blickte er auf, und ich sah, wie seine Augen feucht wurden. Da wußte ich, was die Nachricht enthielt. „Herluin?" fragte ich leise, und er nickte. Dann las er den Brief noch einmal und bat mich: „Überbringe du Adelaide die Kunde, wenn sie morgen wiederkehrt." – „Du willst es ihr nicht selbst sagen, Wilhelm?" Er schüttelte langsam den Kopf. „Nein, Mora, ich kann es nicht." Dann stand er auf, nahm den kleinen Schlüssel aus der Schublade und ging in seine Kapelle.

Ich folgte ihm nicht, denn ich fühlte, er wolle jetzt allein sein. Es ist das erste Mal, daß ich ihn weinen sah – ihn, der sich sonst durch nichts in der Welt erschüttern läßt. Doch weiß ich, wie teuer ihm treue Freunde sind; und dies war der Gemahl seiner geliebten Mutter, der sich ihrer in der schwersten Stunde ihres Lebens so liebevoll angenommen hatte, der ihr großer Beschützer und Freund und Adelaide ein wahrer Vater gewesen war. Sicher hat Wilhelm auch beim Tode seiner Mutter geweint. Ich saß noch lange am Tisch und starrte auf die Papiere, die auf einmal so gegenstandslos geworden waren. Viele Bilder zogen an meinem inneren Auge vorüber – unsere Besuche in Conteville und Herluins Aufenthalt hier am Hof, seine stille Liebe zu Fredesensis. Und da begann auch ich zu weinen und legte meinen Kopf auf den Tisch, das Gesicht in den weiten Ärmel meiner Tunika vergrabend. So fand mich Mouche, die nach Wilhelm suchte. Jetzt, wo Judith es weiß, wird Adelaide es am Ende durch ihre eigenen Kinder erfahren. Ich muß sehen, daß ich sie vorher abfangen kann; vielleicht reite ich ihr ein Stück entgegen.

Erst viel später las ich den Brief von Fredesensis. Herluin solle in St. Grestain, der von ihm gestifteten Abtei, beigesetzt werden, wo auch Arletta ruht. „Nun, da er tot ist, gehört er wieder seiner ersten Frau", schrieb Fredesensis. Als ich das las, mußte ich nur noch mehr weinen.

Rouen, Freitag, am 9. des Christmonds 1065

Nun ist der letzte Monat des Jahres angebrochen – Herluin liegt in der stillen Gruft, der Barbaratag ist vorbei, an dem die Kinder viel Spaß hatten, doch in meinem Herzen will es noch gar nicht weihnachtlich werden. Mir träumte heute nacht von einem großen, schattenhaften Wesen, das mit ausgebreiteten Flügeln über mich hinschwebte, so daß ich einige Zeit im Dunkeln stand, weil es den Himmel und die Sonne verdeckte. Dann zog es vorüber, und die Sonne, die vorher noch hell geschienen hatte, war blutrot geworden. Ich mag Wilhelm den Traum gar nicht erzählen. Irgendwie beschattet er mich noch immer.

Später

Vor einigen Tagen starb auch der Bischof von Le Mans, Vougrin. Wilhelm hat heute nach einer Sitzung mit den Bischöfen einen neuen ernannt, und zwar Arnold, der seinem Herzog sehr ergeben ist. „In Maine brauche ich treue Seelen, auch unter den Geistlichen", sagte Wilhelm.

Gerbod und Gundrada wollen Weihnachten wieder in Flandern verbringen, doch Wilhelm hat andere Pläne. Er möchte Gundrada hierbehalten, damit sie Odilie ersetze, die wir verloren haben. Das finde ich ganz wunderbar, denn ich hatte das Mädchen vom ersten Augenblick an lieb. Gerbod schien zugleich erfreut und traurig, denn er hängt sehr an seiner Schwester. „Ihr werdet sie doch einmal hergeben müssen", meinte Wilhelm. „Eine solch liebenswerte Demoiselle wird nicht lange unvermählt bleiben." Rohese, die zugehört hatte, begann in sich hineinzulachen und flüsterte mir zu: „Baron von Warenne läßt kein Auge von ihr, wie ich bemerkt habe." Ich sah sie überrascht an. „Warenne ist bereits versprochen, Rohese." Sie seufzte: „Ja, mit einer bleichsüchtigen Engländerin. Der Arme!" Mir geht dies noch immer im Kopf herum. Manchmal denke ich, Wilhelm ist grausam mit seinem Eheschmieden. Warenne ist einer seiner Getreuesten, und ihn kettet er an eine kranke Unbekannte – nur um eines politischen Bündnisses willen, während hier eine junge Menschenknospe erscheint – eine, wie ich sie ihm so sehr wünschen würde!

Rouen, Montag, am 12. des Christmonds 1065

Agathe hat ein Wortgefecht mit ihrem Vater gehabt. Bei der Rückkehr von einem Ausritt im Schnee hat sie das verkrüppelte Mädchen des Flickschusters gesehen, das mit mehreren anderen Gesindekindern im äußeren Burghof umherlief und oft gefoppt wurde, weil es nicht so flink und geschickt wie die übrigen Kinder war. Agathes Herz floß sofort vor Mitleid über. Sie sprang vom ihrem Pony, um sich des Kindes anzunehmen, das sie aber nur erschreckt anstarrte. Als sie Wilhelm erzählte, was sie dem Kind schenken und daß sie es besuchen wolle, verbot er es ihr ganz einfach. „Das Kind hat nicht nur einen verkrüppelten Körper, sondern auch einen verdunkelten Geist", sagte er. „Aber keine dunkle Seele", empörte sich Agathe; „und der Seele will ich ja gerade helfen." – „Du läßt das Mädchen in Ruhe, und ich will nichts mehr davon hören!" – „Und sie soll so elendiglich weiterleben, Vater? Das wollt Ihr? Habt Ihr denn kein Herz?" Mit tränenden Augen und hochroten Wangen stand sie vor ihm da – wie eine zürnende Göttin. Er erhob sich und packte sie bei den Schultern. „Es gibt zahllose elende Wesen auf dieser Erde, meine Tochter. Sie alle müssen ihr Schicksal erdulden, und es gibt Menschen, die ihnen helfen. Dieses Kind hat eine Mutter; außerdem gibt es barmherzige Brüder und Schwestern, die Not lindern. Du aber hast andere Pflichten und kannst nicht jedem Notleidenden nachlaufen." – „Nein, nicht jedem, aber solchen, von denen ich weiß!" – „Ich will nicht, daß du dich mit diesem Kinde befaßt. Damit mußt du dich abfinden."

Sie schluchzte auf und lief davon, und ich hatte große Mühe, sie zu beruhigen. „Wo sie schon einen solchen Buckel hat und die anderen über sie lachen – da darf ich ihr nicht mal helfen!" Cäcilie stand stumm daneben und sah mitleidig auf ihre Schwester. „Wir können ja viel für sie beten, Agathi", sagte sie, indem sie ihre größere Schwester umhalste; „und wir schicken ihr etwas von unseren Lebkuchen und auch Goldäpfel, ja, Mamà?" Agathe sah mich mit hoffnungsvoll flehendem Blick an. „Ja, das können wir tun", sagte ich, „das wird der Vater erlauben. Und darüber wird sie sich ganz gewiß freuen." Ich habe dies alles Gundrada erzählt, die so gerührt war, daß sie fast selbst geweint hätte. „Ich werde das schon erledigen, Madame", sagte sie mir, und sie hat dann sehr lieb zu Agathe gesprochen. Was für ein wunderbares Wesen uns der Herr mit diesem Mädchen zugeführt hat! Sie ist wie eine zweite Barbara, nur nicht so lebhaft wie diese.

Rouen, am 18. des Christmonds, dem 4. Advent 1065

Nach der Messe rief Wilhelm mich und die vier älteren Kinder zu sich. „Wir haben eine weitere Todesnachricht erhalten", sagte er. „Der König von Kastilien, Ferdinand I., ist gestorben, der über das Gebiet zwischen dem Duro und dem Golf von Biscaya regiert hat. Nun wird sein Sohn Alfons, von dem ihr alle schon wißt, weil er mir öfter Reitpferde gesandt hat, König von León und Kastilien." – „Kastilien ist weit weg, nicht wahr, Vater?" fragte Richard. „Ja, mein Sohn; es liegt weit unten im Süden, hinter dem großen Gebirge der Pyrenäen. Was ich euch aber erzählen wollte, ist, wie dieser große König, den man „El Magno"[3] nannte, gestorben ist. Als er ahnte, daß seine letzte Stunde gekommen war, ließ er sich den Königsmantel ausziehen und eine Mönchskutte anlegen. Dann befahl er, daß sein Leib mit Asche beschmiert werde – damit er als reuiger Büßer von dieser Welt scheide. Alfons teilte mir dies mit und bittet um mein Gebet für die Seele seines Vaters." Das überraschte mich sehr. „Du kennst ihn doch aber gar nicht, Wilhelm!" – „Doch", sagte er; „ich bin ihm vor vielen Jahren einmal am Hof zu Paris begegnet, als ich ein Jüngling und er noch Kind war. Aber wir haben einander nie vergessen – unsere Seelen sind sich verwandt." Robert schien sehr nachdenklich. Dann sagte er: „Wenn Ihr aber mal sterbt, Vater, und König seid, dann sollt Ihr Eure Krone aufhaben und Euren Purpurmantel anziehen und Euer goldenes Zepter in die Hand nehmen – und wir streuen Blumen über Euch hin und rufen dem Volk zu: ‚Seht Euren großen König!' Das fände ich viel schöner." Wilhelm sah mit abwesenden Augen in die Ferne. Dann sagte er ernst: „So wird es nicht sein, Gamberon!" Und nach einer kleinen Pause fügte er hinzu: „Im Tode ist jeder Mensch sehr allein." Diese Worte haben mich seltsam ergriffen. Plötzlich scheint der Tod nahe gerückt. Einmal wird er auch zu uns kommen. Möge Gott mir gewähren, daß ich vor Wilhelm sterbe! Ein Leben ohne ihn kann ich mir wahrlich nicht vorstellen.

Rouen, Montag, am 26. des Christmonds 1065

Dieses Weihnachten fühle ich mich traurig und einsam. Wilhelm ist in Lillebonne, will aber schon am 28. des Mondes zurückkehren. Der Schatten der Todesnachrichten lastet noch auf mir, ebenfalls Judiths schweres Los. Dazu hat meine kleine Adelaide dieser Tage dauernd Fieber; ihr Köpfchen fühlt sich ganz heiß an. Draußen ist leichter Frost, und es sieht nach Schnee aus. Ich hatte am frühen Abend Barbara und Gundrada zu mir gebeten, die mir beim Sticken des großen Wandteppichs helfen. Ich bin gerade bei dem Bild, das Harald mit seinen Gefährten, Hunden und Falken zeigt, wie sie nach Bosham ziehen, wo er sein Schiff besteigen will. Es macht mir viel Spaß, die Vögel und Hunde zu sticken – ebenfalls die Pferde. Sie sehen viel lebendiger aus als die Menschen. Agathe sagte neulich: „Mamà, Harald ist aber viel schöner, als Ihr ihn da gestickt habt." Warum wir gar nichts von ihm hören? Wilhelm hat ihn schon vor einigen Monaten gefragt, wann im nächsten Jahr die Trauung Warennes mit seiner Schwester stattfinden solle; er hat das Oster- oder Pfingstfest vorgeschlagen und auch Harald herzlich dazu eingeladen. Warenne scheint es ganz recht zu sein, daß dies noch nicht bestimmt ist. Gestern, am ersten Weihnachtstag, als wir Frauen nach Beendigung des Banketts von der Empore herabstiegen, bemerkte ich, wie er Gundrada begrüßte und sie fragte: „Wie habt Ihr Euch am Hof eingewöhnt, Mademoiselle?" Und sie erwiderte: „Es gefällt mir so gut hier, ich möchte gar nicht mehr anderswo sein." Und er lächelte sie so lieb an, wie er es vordem immer bei Barbara getan hat.

Rouen, Freitag, am 30. des Christmonds 1065

Gestern machte ich mir große Sorgen um meine Adeliza. Sie trinkt wohl, aber sie fühlt sich immer noch heiß an und hat fiebrig glänzende Augen. Ich stille sie meist gegen Mitternacht, und da kam mir der Gedanke, sie in Wilhelms Schlafzimmer zu tragen und ihr dort die Brust zu geben. Ich nahm an, daß er um diese Zeit kommen werde. Als sie gerade die eine Brust leer getrunken hatte und ich sie an die andere legte, hörte ich Wilhelm nebenan in seinem Wohnzimmer. Ich wollte um des Kindes willen nicht laut rufen und begann daher zu singen. Bald stand er in der Portière und sah lächelnd zu uns herüber. „Wilhelm", sagte ich, „Adelaide hat immer noch Fieber, fühle doch mal ihre Stirn. Was ist nur mit ihr?" Wilhelm trat näher, berührte die Stirn des Kindes und strich mit dem Zeigefinger leicht über den dunklen Flaum ihres Köpfchens. „Dies ist ein zartes, empfindsames Kind", sagte er, schien aber nicht sonderlich besorgt. Dann fügte er hinzu: „Als meine Schwester Adelaide so klein war, bekam auch sie öfter das Fieber, und zwar immer dann, wenn Mutter sich erregt hatte. Mutter hat mir dies später erzählt." Ich sah verwundert zu ihm auf. „Dann bin am Ende gar ich schuld daran? Ich habe mich ziemlich über Tosti und Judith aufgeregt – und dann Herluin...!" Er nickte und sah mich ein wenig besorgt an. „Wie fühlst du dich, Mora?" – „Viel besser, seit du zurück bist." Da neigte er sich herab und legte sein Gesicht an meines. Seine Lippen strichen leicht über meinen Mund. „Morgen zeige ich dir etwas Schönes", sagte er. „Warum erst morgen?"

Da hörten wir die große Wasseruhr zwölf Schläge tun, und Wilhelm meinte lächelnd: „Es ist bereits morgen." Er ging ins Wohnzimmer zurück und brachte mir gleich darauf einen kleinen Beutel aus roter Seide, den er vorsichtig aufzog. „Es ist ein Geschenk von Alfons", sagte er. „Vom neuen spanischen König?" fragte ich erstaunt. Er nickte. „Alfons schickte mir dies heute mit einem Brief." Hiermit zog er ein leicht ausgehöhltes Stück Holz aus dem Beutel, in dem ein von Edelsteinen besetztes goldenes Kreuz lag. „Es hat seinem Vater, dem Kaiser Ferdinand, gehört", sagte er. „Und das schenkt er dir, Wilhelm?" – „Ja, hier ist sein Brief." Ich las den in lateinischer Sprache abgefaßten Brief mit großer Bewegung. „In Euch sehe ich einen Fels der Christenheit und die Verkörperung von Kraft und Gerechtigkeit. Möge dieses Kreuz, das mein Vater aus Jerusalem mitbrachte, Euch ein Gruß aus dem heiligen Lande sein und Euch Segen bringen!" Mir wurde das Herz warm, als ich dies las. „Du hast viele gute Freunde, Wilhelm." – „Ich werde sie brauchen", meinte er ernst. Dann hielt er das Kreuz lange nachdenklich in der Hand – und seine Gedanken schienen in weiter Ferne zu sein.

Währenddessen las ich den Brief weiter. Ganz zum Schluß fragte Alfons, halb im Scherz: „Falls Ihr noch unvermählte Töchter haben solltet, so laßt es mich wissen." Das verursachte mir einen plötzlichen Schrekken. „Hast du gesehen, Wilhelm, was er wegen deiner Töchter fragt?" Wilhelm nickte. „Ja. Agathe ist bereits vergeben, Cäcilie wollen wir dem Herrn schenken, und die nächste, die in Frage käme, wäre Adele." Dabei sah er mich aus halbgeschlossenen Augen an, als fürchte er meine Antwort, die auch nicht ausblieb. „Wilhelm! Der König ist sicher schon 25 Jahre alt! Du denkst doch nicht im Ernst daran..." Ich hatte mich entrüstet aufgerichtet, und er drückte mich sanft auf den Stuhl zurück. „Wie fatal! Dann können wir ihm in dieser Hinsicht nicht dienen." Nun merkte ich, daß er nur gescherzt hatte. „Ich habe eine Bitte an dich, Wilhelm", sagte ich da. „Für unsere beiden kleinen Töchter Adele und Adelaide möchte ich selbst die Ehemänner aussuchen." Er runzelte die Stirn und meinte: „Darauf will ich mich nicht festlegen, Mahaut." – „Du darfst dafür die Frauen für unsere Söhne bestimmen", fügte ich hinzu. „Das ohnehin", meinte er, und ich ärgerte mich ein wenig. Ich bin sehr müde und will jetzt schlafen gehen.

Rouen, Samstag, am 31. des Christmonds 1065

Es ging mir gestern nicht sehr gut. Als ich etwas schnell die Treppen hinaufstieg, schwindelte es mir – so etwas habe ich noch nie erlebt. Barbara muß es Wilhelm gesagt haben; ich wollte gar nicht, daß er es erfährt. Er kam bald darauf zu mir, sah mich prüfend an und meinte: „Du gehst heute bei Sonnenuntergang zu Bett und schläfst bis Sonnenaufgang. Schlaf ist das beste Heilmittel für dich." – „Aber ich muß ja Adelaide stillen, Wilhelm!" – „Barbara kann sie dir bringen und an die Brust legen, während du ruhig weiterschläfst." Ich lachte hell auf. „Das würde ich aber schon merken, Wilhelm!" Er lachte mich schelmisch an, und ich fühlte mich bereits viel besser. Das Schlafen hat mir wirklich gutgetan. Spät am Morgen stand ich auf, denn es schneite draußen in dicken Flokken, und das Zimmer war kalt. Erst als das Feuer den Raum etwas angewärmt hatte, setzte ich mich an den Kamin, aß eine Suppe, stickte etwas und ging dann wieder zu Bett. Am Nachmittag schlief ich so fest, daß ich gegen Abend ganz erfrischt aufwachte; und heute bin ich wieder wohlauf.

Nun verrinnen die letzten Stunden des alten Jahres. Mir ist so, als wollte ich es festhalten, als hätte ich nicht den Mut, hinter den Vorhang des neuen Jahres zu blicken, wo etwas Schicksalhaftes auf uns wartet. Wilhelm meint, im nächsten Jahr werde König Eduard wohl seine Augen schließen, und ich weiß, was das bedeutet. „Was geschieht, Wilhelm, wenn du plötzlich König wirst?" fragte ich. Er zuckte die Schultern. „Oft schon habe ich mich dasselbe gefragt, Mathilde. Aber immer, wenn ich mir dies vorstelle, ist es, als ob ein Vorhang niederfalle und meine Gedanken abgelenkt werden. Sicher ist es ein Zeichen dafür, daß ich noch nicht daran denken soll." Um so mehr aber denke *ich* daran. Sobald er König wird, würde hier alles durcheinandergeworfen – unsere ganze Ordnung am herzoglichen Hof. Er müßte dann in das neue Land – und wohin ich? Wird er mich mitnehmen oder hierlassen, damit ich für ihn regiere? Auf jeden Fall bedeutet es eine Trennung von den Kindern – ein Auseinanderreißen der Familie. Die Tatsache, daß der König so krank ist und daß wir so lange nichts von Harald gehört haben, ist bedenklich. Am liebsten würde ich die Zeit jetzt anhalten. Ich kann mich gar nicht auf das neue Jahr freuen, wie es sonst meist der Fall war.

Später

Ich habe fast zwei Stunden mit Wilhelm in unserer Kapelle gebetet, und das hat mir gutgetan. Immer wieder dachte ich an die Worte: „Der Mensch denkt, und Gott lenkt." Er wird unsere Geschicke und die unseres Landes lenken und alles zum Besten wenden, wenn wir auf Ihn vertrauen.

Nach der Mitternachtsmesse

„Ich hebe meine Augen auf zu den Bergen, von welchen mir Hilfe kommt. Meine Hilfe kommt von dem Herrn, der Himmel und Erde gemacht hat. Er wird deinen Fuß nicht gleiten lassen: und der dich behütet, schläft nicht... Der Herr behüte dich; der Herr ist dein Schatten über deiner rechten Hand, daß dich des Tages die Sonne nicht steche noch der Mond des Nachts. Der Herr behüte dich vor allem Übel, Er behüte deine Seele; der Herr behüte deinen Ausgang und Eingang von nun an bis in Ewigkeit."

Rouen, Sonntag, am Neujahrstag 1066

Heute ist ein besonderer Feiertag, denn der Erzbischof meint, wenn der erste Tag des Jahres auf einen Sonntag falle, so bedeute das etwas Gutes; der Herr breite Seine segnende Hand über die Erde aus. Denn auch der letzte Tag des Jahres sei wieder ein Sonntag. Vielleicht wollte er uns allen durch diese Worte das Gefühl der Unsicherheit nehmen, das durch die schwere Krankheit des englischen Königs entstanden ist. Wir haben zur Zeit Besuch aus England, und zwar von einem Normannen namens Engelbert, der am Bau der Kathedrale von St. Peter mitgeholfen hat und uns heute einiges darüber erzählte. Als König Eduard erst kurze Zeit regiert hatte, legte er das feierliche Gelübde ab, das Grab des hl. Petrus in Rom aufzusuchen. Jedoch hat ihm der Witan immer wieder davon abgeraten, weil er es nicht für gut hielt, daß der König so lange von seinem Reich abwesend sei. Wenn man denkt, wie viele Neider er hatte, so wäre die Reise gewiß mit Gefahren verbunden gewesen. Schließlich hat Papst Leo den König von seinem Gelübde entbunden und ihm aufgetragen, statt dessen ein Kloster in England zu bauen, das dem hl. Petrus geweiht sein solle. Außerhalb der westlichen Stadttore von London gab es schon seit frühchristlichen Zeiten ein Kloster, das den Namen dieses Heiligen trug. Es war eine kleine Abtei mit ärmlichen Gebäuden und nur wenigen Mönchen, und diese wählte sich der König, um an ihr sein Gelübde zu erfüllen. Viele Jahre lang, so erzählte Engelbert, hätte der König den Zehnten all seiner Staatseinnahmen für den Bau dieser Abtei hergegeben. Doch erst an diesem letzten Weihnachtsfest sei die Abtei fertig geworden. Leider aber habe der König wegen seiner Krankheit nicht an der Einweihung derselben teilnehmen können. „Als wir ihm die Kunde brachten", sagte Engelbert, „legte er den Kopf auf sein Kissen und tat einen tiefen Seufzer – so als wollte er sagen: ‚Herr, nun lässest Du Deinen Diener in Frieden fahren...' Und es scheint tatsächlich so, daß er von Tag zu Tag schwächer wird, als habe er keinen Lebenswillen mehr."

Wilhelm meint, daß die Verbannung Tostis, die der König hilflos mit ansehen mußte, ihm einen seelischen Schmerz verursacht hat, von dem er sich nicht mehr erholen werde. Adelaide fragte, wer bei der Einweihung von St. Peter zugegen gewesen sei, und Engelbert sagte, die Königin Edith sei gekommen, ebenfalls Harald Godwineson und die beiden Erzbischöfe Stigand und Aldred. Er beschrieb Stigand als einen „politischen Bischof", eine machtvolle Persönlichkeit; früher sei er der Beichtvater König Knuts gewesen und habe auch auf Königin Emma großen Einfluß ausgeübt. „Stigand hat sein Pallium vom Gegenpast erhalten", bemerkte Nikolaus; „er ist also gar kein echter Erzbischof." Engelbert nickte und meinte, daß Aldred, der Erzbischof von York, daher auch größeres Ansehen genieße. Der König habe diesen oft zu seinem Botschafter gemacht und ihn sogar in seinem Auftrag nach Jerusalem reisen lassen. Aldred habe stets ein unbescholtenes, sittliches Leben geführt. „Als ich den König am Tag nach Weihnachten aufsuchen durfte, um ihm einiges über die neue Abtei zu berichten“, erzählte er weiter, „hat es mich tief ergriffen zu sehen, wie die Königin am Fußende seines Bettes kauerte und seine Füße wärmte. Sie ist dem König treu ergeben. Neben ihr befand sich Robert fitzWymarc, der Seneschall, der Euch herzlich grüßen läßt.“ Wilhelm erinnert sich gut an diesen Normannen, der schon seit vielen Jahren in England lebt.

„Wie geht es Graf Harald?“ fragte er dann, wie nebenbei. Engelbert meinte, dieser habe sehr oft und sehr lange mit der Königin gesprochen, die ja seine Schwester ist; man habe ihre erregten Stimmen vom nahegelegenen kleinen Saal hören können. Doch wisse er nicht, um was es sich gehandelt habe. „Graf Harald ist des Königs rechte Hand“, sagte er; „schon seit langem führt er das eigentliche Zepter in England.“ Wilhelm nickte und brachte das Gespräch dann auf die Jagd, die heute beginnen und bis zum 6., dem Dreikönigstag, andauern soll. Das Wetter ist günstig, denn es hat seit Tagen kaum geschneit, und der am Boden liegende Schnee ist hartgefroren. Robert darf an einem dieser Tage mit auf die Jagd und freut sich schon sehr darauf.

Meiner Adeliza geht es besser; sie ist ein munteres Kind mit blanken, dunklen Augen, einer hellen, zarten Haut und schwarzem Haar. Ich lasse sie jeden Tag einige Zeit auf dem Lammfell strampeln, auf das ich ein weißes Leintuch gebreitet habe. Dicht vor dem Feuer ist es angenehm warm. Die entfernteren Teile des Raumes jedoch bleiben den ganzen Winter kalt. Manche Frauen wickeln ihre Säuglinge jetzt mit Bändern fest; doch dann können sich die Kinder gar nicht bewegen. Ich lasse meine ganz lose wickeln, so daß die Bänder nur einmal um die Leibesmitte geschlungen werden.

Rouen, Freitag, am 6. des Hartung 1066 – am Dreikönigstag

Dies ist der letzte Tag der Jagd, an dem Robert und auch Richard eigentlich hätten mitziehen sollen. Doch nun erlaubt Wilhelm es ihnen nicht, weil sie einen wilden Bären einfangen und töten müssen, der die Dörfer unsicher macht. Er ist von jemandem angeschossen worden, und ein Bauer hat gesehen, daß das Tier einen Pfeil im Schenkel stecken hat und tollwütig alles zerstört, was ihm in den Weg kommt. „Gerade das aber möchte ich sehen“, sagte Robert enttäuscht. „Ich habe genug damit zu tun, auf den Bären zu achten“, sagte Wilhelm; „ich kann obendrein nicht noch dich bewachen.“ – „Ich kann ja mit Kasimir reiten, der gibt schon auf mich acht.“ – „So – und was täte dein unbewaffneter Diener, wenn sich der wilde Bär auf euch stürzte?“ Da schwieg Robert verlegen, doch Richard sagte: „Dann müssen wir Haken schlagen, so wie es die Hasen tun – und bis der wunde Bär sich umgedreht hat, sind wir schon wieder weg.“ Wilhelm klopfte seinem Sohn auf die Stirn und sagte: „Darauf lasse ich es nicht ankommen, Richard; ihr bleibt heute beide zu Hause. Sollten wir den Bären erlegen, so mache ich noch einmal eine Jagd, wenn das gute Wetter anhält, und dann nehme ich euch mit." Das hat die Buben getröstet, denn sie wissen, daß der Vater seine Versprechen immer hält.

Rouen, Dienstag, am 10. des Hartung 1066

Heute scheint sogar hin und wieder die Sonne, und Wilhelm ist schon früh mit seinen Gästen in sein neues Jagdschloß gezogen und hat auch die beiden Knaben mitgenommen. Es soll in Quivilly eine mehrstündige Jagd stattfinden. Dann wollen sie dort das Mittagsmahl einnehmen und noch vor Einbruch der Dunkelheit zurückkehren. Richard ist voller Begeisterung, weil Wilhelm seine neue Armbrust mitgenommen hat, die niemand anders als er selbst heben kann – so schwer ist sie. Voller Stolz erzählte Richard es allen möglichen Hofleuten, obwohl diese es bereits wissen. „Und keiner ist so stark wie mein Vater! Wenn der mit seinem Riesenbogen seine Pfeile abschießt, dann schwirren die wie Donner in der Luft!" Als ich dem Zug nachsah, freute ich mich über die stattliche Erscheinung Richards auf seinem Pony. Robert reitet schon seit längerem ein größeres Pferd. Doch braucht er wegen seiner kurzen Beine besondere Steigbügel; sein Oberleib aber ist von normaler Größe, und er sitzt gut zu Pferde.

Ich widme mich nun wieder meiner Stickerei. In den letzten Tagen bin ich gut vorangekommen. Es hat mir Spaß gemacht, das Einschiffen der Engländer in Bosham zu entwerfen: Zwei der Männer sind ohne Beinkleider und haben ihre Tuniken hochgeschürzt, während sie durch das flache Wasser zum Boot waten. Rufus hat laut darüber gelacht. Ich habe den Engländern kleine Schnauzbärte angestickt, und der eine hält einen rotgefiederten Falken auf seiner Hand. Harald sitzt noch an Land und hebt gerade einen Becher Weines empor. Das vorige Bild zeigte ihn im Gebet kniend vor einer Kathedrale. Der Wandteppich muß auch eine Borte haben. Gundrada meint, in England sticke man bei solchen Teppichen jetzt Tiere an den Rand – oder auch andere kleine Figuren. Die Borte schütze dann das eigentliche Tuch. Ich lasse mir dabei von ihr helfen. Die nächsten beiden Bilder habe ich auch schon entworfen: Da sitzen die Engländer dicht an dicht im Schiff, die Schilde alle gegen die Bordwand gelehnt, das Segel gespannt – und im zweiten Schiff lasse ich einen Burschen auf den Mast klettern, der nach Gefahren Ausschau hält. Danach kommt der Schiffbruch. Aber ein zerschmettertes Schiff kann ich nicht gut sticken; ich werde daher gleich den gestrandeten Harald und Graf Guido zeigen. Es macht mir große Freude, und jetzt während der langen Winterabende habe ich mehr Zeit als sonst.

Später

Ich bin sehr besorgt, denn ein Sonderkurier aus England war hier, der sofort den Herzog zu sprechen verlangte. Als der Kastellan ihn zu mir führen wollte, weigerte er sich und sagte, er müsse den Herzog selbst sprechen und würde deshalb nach Quivilly reiten. Und sogleich war er auf und davon. Ob etwas mit dem König geschehen ist? Aber das hätte er doch mir, der Herzogin, sagen können!

Am Abend

Sie sind alle von der Jagd zurück, und Robert war der erste, der mir Nachricht brachte. „Denkt Euch nur, Mutter – die Jagd hatte noch gar nicht richtig begonnen, als ein Bote kam und den Vater beiseite nahm. Wir warteten alle schon ungeduldig, und dann kam der Bote zurück, aber der Vater stand noch da im Schnee und starrte auf den Boden; ganz lange stand er so. Und dann kam er schnell daher und sagte nur: ‚Zurück nach Rouen!' Wir sind richtig erschrocken, denn er sah ganz finster aus; und er sprach kein einziges Wort, als wir über die Seine zurückruderten. Und die anderen waren auch alle ganz stumm und erschrocken. Jeder dachte, jetzt würde er vielleicht was sagen – aber er sagte gar nichts. Und nun sitzt er unten in der großen Halle – in der Ecke, wo der große Pfeiler ist, und hat den Mantel ganz über sein Gesicht gezogen." Ich hatte mit wachsender Unruhe zugehört; dann sagte ich: „Wenn er sein Gesicht so bedeckt hat, Robert, dann ist sicher der englische König gestorben." – „Ja, meint Ihr, Mutter?" fragte Robert. „Und wird der Vater nun König?" Ich seufzte tief auf, und da lief er nach nebenan – wohl um es den Geschwistern zu sagen. Ich hielt es jetzt für richtig, selbst nach unten zu gehen, um Wilhelm zu fragen und, falls das Gefürchtete wahr sein sollte, einige Minuten mit ihm zu beten. So verlangt es der Brauch, und so wollte es auch mein Herz. Ich war erst wenige Stufen hinuntergestiegen, als ich fitzOsbern heraufeilen sah. Er winkte mir mit der Hand, oben zu bleiben, und zog mich dann auf den Gang – dicht an die Fensternische. „Geht nicht hinunter, Madame", sagte er; „der Herzog ist in tiefem Aufruhr. Lange hat er stumm dagesessen, dann ist er aufgestanden und, immer auf den Boden starrend, durch den Saal gestampft, hat seinen Mantel auf- und wieder zugeknöpft und sieht so finster aus, daß niemand ihn anzusprechen wagt."

Er machte eine kleine Pause, als wolle er mir Zeit lassen, das Gehörte zu verarbeiten, dann fuhr er fort: „König Eduard ist am 5. des Hartung verschieden, Madame. Er wurde am 6. des Mondes unter dem Geläute der Sterbeglocken zu Grabe getragen. Und unmittelbar danach hat Harald von Wessex sich zum König krönen lassen." Ich starrte fitzOsbern fassungslos an; mein Verstand konnte das soeben Vernommene zuerst gar nicht fassen. „Das – das ist doch nicht möglich, Sire, nach allem, was er hier geschworen hat..." – „Ich fürchte, der Bote hat wahr gesprochen, Madame." Als ich, wie nach einem Halt suchend, seinen Arm faßte, führte er mich in mein Wohnzimmer, wo ich mich auf die Bank am Kamin niedersetzte. „Ich will jetzt versuchen, mit dem Herzog zu sprechen", sagte er; „niemand anders wird es wagen. Ich berichte Euch später, wenn der Herzog es nicht selbst tun sollte." Damit ging er, und ich blieb wie betäubt zurück. „Es ist nur ein böser Traum", dachte ich; „es kann nicht wahr sein!" Was aber, wenn es wahr wäre? Wie soll es dann in der Welt weitergehen? Ich dachte an Wilhelm und fürchtete mich. Wenn sein Zorn entflammt ist – was selten geschieht –, so ist nicht abzusehen, was er tun mag. Da kam Barbara zu mir herein, Klein-Adele an der Hand führend. „Stimmt es, Madame, daß König Eduard tot ist?" Ich nickte stumm. „Laß mich allein", bat ich mit erstickter Stimme. Sie wollte umkehren, doch Adele schrie und strebte zu mir hin. „Laß das Kind nur hier", sagte ich. Adele kam auf mich zugelaufen und wollte auf meinen Schoß. Ich hob sie auf und zog sie fest an mich. Als ich in ihr frisches Gesichtchen blickte, dachte ich: „Dies ist das Kind, das Harald geküßt hat, damit es seinen Kuß auf mich übertrage." Wie unfaßbar, wie ungeheuerlich ist das Geschehene! Lange konnte ich keinen klaren Gedanken fassen. Etwas später kam Richard gelaufen. „Mamà, der König von England ist tot. Wird nun der Vater König?" – „Ach geh!" sagte ich weinerlich, „ich will nichts mehr davon hören!" Er sah mich verständnislos an, und da tat er mir leid. „Ich erzähle euch alles später", sagte ich; „geh jetzt!" – „Tot! Mamà weint!" bemerkte Adele mit ernstem Gesicht. So viel verstand sie schon von allem. Ich weiß nicht, wie lange ich so gesessen hatte. Es war längst an der Zeit, Adeliza zu stillen; doch ich wollte das Kind nicht an die Brust nehmen, weil ich noch so aufgewühlt war. Schließlich trat ich auf den Gang hinaus und lauschte hinab. Ich hörte lebhafte Stimmen – und alle anderen übertönend diejenige fitzOsberns. Doch verstand ich nicht, was er sagte.

Es war schon sehr spät, als ich endlich meine kleine Tochter herüberholte, und während ich sie stillte, kam Wilhelm herein. Er sah mich stumm an; sein Blick war dunkel, unheilverkündend und zugleich schmerzvoll. „Ich weiß schon alles, Wilm", sagte ich leise. Er nickte, legte stumm die Hand auf meinen Kopf und sah auf seine kleine Tochter hinab. Dann ging er wortlos in seine Zimmer hinüber. Als ich Adeliza zu Bett gelegt hatte, folgte ich ihm. Er stand aufrecht vor dem Kamin, und im flackernden Schein, der auf den steinernen Boden fiel, sah ich seinen Schatten – grotesk wie ein Teufelchen – auf und abtanzen. Ohne ein Wort zu sagen, ging ich zu ihm hin, nahm seinen Arm und lehnte mein Gesicht daran. Nach einer Weile, als ich schon dachte, er bemerke mich gar nicht, griff er nach meiner Hand und sah mich an. Ich blickte ängstlich fragend zu ihm auf: „Wie konnte er das tun, Wilm?" – „Er wird es bitter bereuen", war die Antwort; „fitzOsbern meint, wir sollten uns rüsten." – „Zum Krieg?" fragte ich erschrocken. „Wenn Harald nicht anders zur Umkehr zu bewegen ist, ja", sagte Wilhelm ruhig, aber mit eiserner Entschlossenheit. „Bei Gottes Herrlichkeit – an mir kann niemand Untreue und Verrat üben, ohne die Folgen zu spüren!" – „Was wirst du jetzt tun, Wilhelm?" – „Mich zuerst mit Lanfranc beraten", erwiderte er. „Ich habe bereits nach ihm schicken lassen." Wir gingen alsdann in seine Hauskapelle, doch blieb ich dort nicht lange. Ich fühlte mich zu sehr erschöpft. Jetzt, da ich dies alles niedergeschrieben habe, bin ich sehr müde. Das Feuer ist herabgebrannt, und mich fröstelt. Wie wunderbar hat Gott es doch eingerichtet, daß man im Schlaf alles vergessen kann!

Rouen, Mittwoch, am 11. des Hartung 1066

Das Allerschlimmste steht mir noch bevor! Ich muß es Agathe sagen. Wilhelm hat mir dies aufgetragen. Sie weiß bereits, daß der König tot ist, doch weiteres haben wir den Kindern noch nicht gesagt. Wie nur kann ich dies möglichst schonend tun?

Papà Roger sagte mir, daß Wulfnoth leichenblaß geworden sei, als er von Haralds Krönung vernommen habe. Da Harald ihn als Geisel hinterlassen hat, die für ihn bürgen soll, bange er jetzt um sein Los. Bisher hat er unbekümmert in den Tag hinein gelebt und sich ein gutes Leben an unserem Hof gemacht. Nun aber fand ihn Robert le Beau, wie er hastig seine Sachen zusammenpackte. „Ihr könnt nicht einfach auf und davonziehen", hat Robert ihm gesagt. Da hat Wulfnoth gefragt, was der Herzog mit ihm tun werde – würde er ihn gar blenden lassen, wie es oft mit Geiseln geschieht? Und Robert hat gemeint: „Ich glaube nicht, daß Ihr im Augenblick seine Gedanken beschäftigt. Doch wenn Ihr auf der Flucht gefangen werdet, habt Ihr Euer Leben verwirkt. Bleibt also im Lande und verhaltet Euch ruhig." Robert le Beau hat Wilhelm gegenüber aber etwas wegen Wulfnoth erwähnt, und Wilhelm hat gemeint: „Ich glaube nicht, daß Harald um *dieses* Bruders willen seine Krone hergeben wird. Wenn es Gyrth wäre, so bestünde einige Hoffnung."

Später

Ich habe Adelaides Beistand erbeten, bevor ich mit Agathe sprach. Diese muß etwas gefühlt haben, denn sie fragte mich: „Warum war Papà so aufgebracht? Was ist in England geschehen, Mamà?" – „Etwas sehr Schlimmes, Kind", sagte ich und blickte Adelaide hilfesuchend an. „Graf Harald hat sein Versprechen nicht gehalten." – „Hat er Dover nicht hergegeben?" – „Etwas viel Ärgeres, Agathe... er hat sich zum König von England krönen lassen... von dem falschen Erzbischof von Canterbury, den der Papst exkommuniziert hat." Einige Augenblicke lang sah mich Agathe verständnislos an, dann stammelte sie: „Harald – König?" Ich nickte ernst. Da begann es um ihre Mundwinkel zu zucken. „Das kann er doch aber nicht, Mamà – er hat doch geschworen!" Fast flehentlich blickte das Kind mich an. Da sagte Adelaide ruhig: „Du hast bisher dein ganzes Leben bei guten, edlen Menschen verbracht, Agathe, hast immer deinen Vater vor Augen gehabt. Doch draußen in der weiten Welt sind nicht alle so edel. Die meisten Menschen begehren Ruhm und Ehre mehr als alles andere und werden deshalb oft zu Verrätern." – „Aber doch nicht Harald!" rief sie wieder beschwörend aus. Da zog Adelaide ihre Nichte an sich heran. „Das habe ich auch von meinem ersten Mann gedacht, Agathi. Und es war sehr schwer für mich einzusehen, daß er deinen Vater verriet und sich an einer Verschwörung beteiligte." – „Hat er das wirklich getan?" fragte sie ungläubig. „Ja", fuhr Adelaide fort; „es war der Vater von Adi, der gegen deinen Vater kämpfte." – „Aber Papà hat gesiegt?" fragte sie. „Das hat er, und mein Mann ist auf dem Schlachtfeld getötet worden. Ich mußte mit meinem kleinen Kinde fliehen, weil mein Schwager mich als Geisel behalten wollte." Entsetzt sah Agathe ihre Muhme an, denn dies alles hatte sie nicht gewußt. „Wenn die Menschen so schlecht sind, dann will ich gar nicht mehr leben", weinte sie. Adelaide strich ihr zärtlich über das Haar. „Die Hauptsache ist, daß *wir* immer edel handeln, Kind, und der Stimme unseres Gewissens folgen. Dann lenkt Gott alles zum Guten für uns. Und dann können wir auch mit dem Schmerz fertig werden, den andere uns zufügen." Eine Weile sagte das Mädchen nichts, dann wandte sie sich mir zu, sah Tränen in meinen Augen und warf sich heftig aufschluchzend in meine Arme. Ich hielt sie fest umschlungen, und wir weinten uns von Herzen aus.

Rouen, Donnerstag, am 12. des Hartung 1066

Aufgrund dieser aufregenden Nachrichten hatte ich etwas Wichtiges vergessen: Als ich gestern, nachdem ich mit Agathe gesprochen, in unsere kleine Hauskapelle gegangen war, habe ich sie hernach nicht abgeschlossen. Etwas später kam Gundrada und sagte, man habe schon eine Stunde lang nach Cäcilie gesucht, sie aber nirgends finden können. Als ich in allen möglichen Räumen nachgesehen hatte, entschloß ich mich, kurz in die Kapelle zu gehen und um göttlichen Beistand zu beten. Doch als ich hinüberging, fand ich die Türe gar nicht verschlossen, und in unserer Kapelle, auf Wilhelms Bärenfell kniend, erblickte ich Cäcilie in tiefer Versunkenheit. Sie schaute mit andächtigen Augen auf die Madonna der Rosen, deren Füße von Tannenzweigen umrahmt waren. Die Ewige Lampe hauchte die Statue mit einem rosaroten Licht an, und tiefer Frieden erfüllte den Raum. Gerührt sah ich auf meine kleine Tochter hinab, die mein Kommen gleich bemerkte. „Mamà", sagte sie ganz selig, „ist dies eine ganz neue Kapelle?" – „Es ist Vaters Kapelle, und da darf gar niemand hinein", sagte ich. Was würde Wilhelm sagen, wenn er von meiner Nachlässigkeit erfuhr? Cäcilie jedoch schien nicht im geringsten besorgt. „Der wird sich sicher freuen, daß ich hier gebetet habe", meinte sie. „Ich habe der Muttergottes gesagt, sie solle Graf Harald wieder herkommen lassen, damit Papà ihm alles erklären kann." Ich muß dies gleich Wilhelm gestehen, wenn ich ihn sehe.

Später

Wilhelm hat Cäcilie zu sich kommen lassen und sie gefragt: „Wie bist du da hineingelangt?" – „Agathe hat so geweint, und Mamà auch, und dann sah ich Mamà im Gang um die Ecke biegen, und nachher war sie nicht mehr da. Und als ich zu Agathe zurückging, war die immer noch so traurig, und ich wußte gar nicht, was ich machen sollte. Da suchte ich Mamà, doch die war noch immer nicht zurück. Und da bin ich auf den Gang hinaus und um die Ecke gegangen, wo ich sie hab hingehen sehen. Dann sah ich die Tür und ging hinein." Sie stockte einen Augenblick und sah dann mit leuchtenden Augen zu ihrem Vater auf: „O Papà, dies war mein schönster Tag von allen – es ist dort wie im Himmel!" – „So – so!" meinte er und sah seine Tochter nachdenklich an. Dann wandte er sich mir zu und sagte: „Vielleicht ist dies ein Zeichen vom Himmel. Sollen wir sie Gott schenken?" Sie hatte dies sogleich verstanden und fragte: „Ihr meint, ich kann später in einem richtigen Kloster leben?" Wilhelm nahm ihre kleinen Hände in seine und fragte zurück: „Möchtest du das wirklich?" – „Ja, ganz, ganz wirklich!" beteuerte sie ihm. Da tauschten die beiden einen langen Blick aus, den ich nie vergessen werde. Schließlich sagte Wilhelm feierlich: „Dann soll es so sein!" Cäcilie sah mich mit einem strahlenden, fast triumphierenden Blick an, und ich brachte es nicht übers Herz, ihr die Freude zu trüben. Noch ist sie ja zu jung für eine solche Entscheidung; in einigen Jahren werden wir klarer sehen.

Rouen, Freitag, am 13. des Hartung 1066

Heute am Vormittag ist Lanfranc eingetroffen und hat lange mit Wilhelm gesprochen. Wie ich soeben hörte, hat Lanfranc als ersten Schritt vorgeschlagen, Harald durch einen Brief aufzufordern, die Krone niederzulegen und sie Wilhelm zu übergeben. Sie haben den Brief schon zusammen aufgesetzt und ihn heute nachmittag der versammelten Curia vorgelesen. Wilhelm fordert ferner, daß Harald ihm die Festung Dover ausliefern und Vorkehrungen treffen solle, seine Schwester Aelgiva nach der Normandie zu senden, damit sie – wie es vereinbart worden sei – dem Baron von Warenne angetraut werde. Auch erinnert er ihn an das Verlöbnis mit seiner Tochter Agathe. Ein Eilbote ist schon auf dem Weg nach Dieppe und wird in einigen Tagen mit Haralds Antwort zurückerwartet. Bis dahin werden wir alle in großer Sorge sein. FitzOsbern meint, Harald werde sich niemals anders besinnen. Jetzt, da er die Krone trage, gäbe er sie freiwillig nicht mehr her. Agathe betet sehr darum, daß er seinen Verrat bereuen möge. Bis wir von ihm hören, will Wilhelm noch keine weiteren Schritte unternehmen. Aber er ist ständig mit seinen Getreuen zusammen, um sich mit ihnen zu beraten. Mir hat Wilhelm aufgetragen, Schiffe von den flandrischen Werften zu kaufen und dem Bischof von Coutances einen Boten mit der Nachricht zu senden, daß Schiffe bei den kleineren Werften auf den Kanalinseln bestellt werden sollen. Nachdem ich dies heute erledigt hatte, sah ich ihn nicht mehr. Auf der Bank am Kamin lag immer noch meine Stickarbeit – so wie ich sie vor drei Tagen bei der plötzlichen Nachricht hingeworfen hatte. Da ich nichts anderes anzufangen wußte, nahm ich sie wieder zur Hand und stickte Guido von Ponthieu, der auf seinem Pferd sitzt und mit ausgestrecktem Arm auf Harald weist. Wenn ich daran denke, wie Harald damals sein Opfer geworden war und elendiglich hätte umkommen können, wenn Wilhelm ihm nicht so großzügig geholfen hätte, so fasse ich das alles gar nicht. Das nächste Bild soll zeigen, wie sie Harald in die Festung abführen...

Rouen, Montag, am 16. des Hartung 1066

Gestern war ein ruhiger Sonntag, an dem Wilhelm viele Stunden in seiner Hauskapelle zubrachte. Heute früh gab es eine lange Besprechung mit der Curia, während der Wilhelm alle fragte, ob sie bereit seien, England zu erobern, falls dies nötig werden sollte. FitzOsbern versicherte sofort begeistert seinen Beistand, Odo und Robert – die beiden Brüder – ebenfalls, und außerdem der Graf von Eu, Richard von Evreux, Roger Beaumont und Roger Montgommeri. Als ich später mit Wilhelm allein war, fragte ich ihn: „Wilhelm, England erobern – wie willst du das machen? Ich meine, über den Kanal hinweg mit deinem Kriegsheer und den Pferden und Vorrat... Du weißt, dein Vater hat es auch einmal versucht und ist gescheitert.“ Wilhelm sah mich ruhig an und erwiderte: „Hast du mich je scheitern sehen?“ Ich fühlte eine Welle von Kraft auf mich zuströmen und sagte, der Wahrheit gemäß: „Nein, aber...“ – „Vergiß das ‚Aber‘“, sagte er; „kommt Zeit, kommt Rat.“ Ich glaube, heute nacht finde ich keinen Schlaf.

Rouen, Freitag, am 20. des Hartung 1066

Heute ist Antwort von Harald eingetroffen. Der Bote, der ziemlich atemlos in die Halle stürzte, war von Schnee bedeckt, denn es hat seit gestern nachmittag ununterbrochen geschneit. Wir ließen ihn in ein warmes Zimmer führen und gut speisen. Mittlerweile gingen Wilhelm und ich in den kleinen Saal, wo wir Haralds Brief zuerst allein lesen wollten; er trug das königliche Siegel! „Wohl habe ich einen Eid abgelegt“, schrieb er, „doch unter Zwang. Ihr hättet mich sonst nicht ziehen lassen. Über die englische Krone kann ich selbst nicht verfügen. Es ist der Witenagemot, der – im Auftrag des Volkes – den neuen König bestimmt. Da die Wahl auf mich fiel, weil ich das englische Volk im letzten Jahr bereits regiert habe, sehe ich darin den Willen Gottes und konnte den Entscheid nicht ändern. Meine Schwester, die Ihr für einen Eurer Barone verlangt, ist diesen Monat gestorben; soll ich Euch ihre Leiche auf der Bahre senden?“ Entsetzt sah ich Wilhelm an: „Er wagt es, so etwas zu schreiben?“ Ich bemerkte die mir bekannte drohende Falte auf Wilhelms Stirn und sah, wie er die Lippen aufeinanderpreßte. Dann läutete er dem Pagen und sagte: „Laßt sofort den Abt Lanfranc zu mir kommen!“

Ich war zugegen, während sie miteinander sprachen, und Lanfranc riet uns, Harald einen weiteren Brief zu senden. Er habe nichts über die vereinbarte Ehe mit Agathe erwähnt. Sei er noch gewillt, diese einzugehen? Wilhelm schüttelte ärgerlich den Kopf: „Vater, unter diesen Umständen würde ich ihm nie und nimmer meine Tochter geben." – „Ich weiß", lächelte Lanfranc, „doch es geht hier um einen Grundsatz. Außerdem gewinnen wir so Zeit. Wir müssen uns jetzt an die Normannen in England wenden und an solche, die Euch wohlgesinnt sind. Ihr wißt, welche ich meine. Und was am allerdringendsten ist: Ihr müßt an den Heiligen Vater appellieren." Wilhelm horchte auf. „Das will ich, aber Euch werde ich nicht fortlassen, Vater, ich brauche Euch jetzt." – „Ich weiß bereits, wen wir senden können", sagte Lanfranc, „einen sehr geschickten Vermittler, nämlich den Archidiakon von Lisieux – Euren Leibarzt." Lanfranc meinte ferner, der Papst habe von Wilhelms untadeligem Lebenswandel, seiner Frömmigkeit und seinem Dienst an der Kirche erfahren. Kaum ein anderer der europäischen Fürsten folge den päpstlichen Anordnungen so getreulich wie er – „abgesehen von Eurer vorzeitigen Eheschließung", fügte er scherzend hinzu. Wilhelm hat bereits nach Archidiakon Gilbert schicken lassen, der sogleich nach Rom aufbrechen soll.

Wie sage ich dies alles nur Agathe? Sie fragt mich schon seit Tagen, ob Antwort von Harald eingetroffen sei.

Rouen, Samstag, am 21. des Hartung 1066

In seinem Brief an den Papst hat Wilhelm genau den Eid wiedergegeben, den Harald über heiligen Reliquien geleistet und später gebrochen hat. Auch erwähnte er König Eduards Versprechen und Haralds Entsendung in die Normandie, durch den dieses Versprechen bestätigt wurde, die vielen Zeugen, die zugegen gewesen seien und dergleichen mehr. Als ich den Brief las, fühlte ich große Hoffnung in mir. Lanfranc bemerkte heute: „Der Heilige Vater hat einen weisen Ratgeber in Hildebrand, und dieser weiß einen Mann wie unseren Herzog zu schätzen, weil er Ordnung in die verwahrloste Kirche Englands bringen würde."

Agathe fragte mich heute wieder nach Harald, wie ich befürchtet hatte. Von seiner herausfordernden Antwort bezüglich seiner Schwester erwähnte ich nichts, sagte ihr aber, daß er behaupte, vom Volksrat gewählt worden zu sein und daß das Volk einen normannischen König nicht wünsche. „Schreibt er etwas von mir?" forschte sie mit ängstlichen Augen. „Nein, gar nichts, Agathe. Der Vater schreibt ihm aber wieder und fragt ihn deswegen." Sie sah mich nachdenklich an. „Ich kann aber nicht seine Frau werden, solange er König bleibt. Das geht ganz sicher nicht." – „Natürlich nicht, Kind." Wieder sah sie nachdenklich vor sich hin. „Stimmt das, Mamà, daß das Volk den König wählt? Aber er hat doch den Eid geschworen – da kann er das doch nicht tun!" Sie quält sich sehr mit widerstreitenden Gefühlen. Ich weiß, daß sie das Bild ihres Helden noch tief im Herzen trägt und versucht, ihn zu rechtfertigen. Aber ihr starker Gerechtigkeitssinn läßt dies nicht zu.

Rouen, Mittwoch, am 25. des Hartung 1066

Ich habe dieser Tage gar nichts mehr gestickt, alles ist so von Unruhe erfüllt. Außerdem weiß ich nun, daß der Teppich kein Geschenk für Agathes Vermählung werden kann – wozu also damit fortfahren? Doch heute sah Wilhelm, wie ich meine angefangene Arbeit zusammenrollte, und fragte mich deswegen. „Ich mag es nicht mehr weitersticken", erklärte ich ihm, „denn es sollte ja ein Geschenk für Agathes Vermählung werden." Er nahm mir die Rolle aus der Hand, entfaltete sie und winkte Odo herbei, der bei ihm war. Dann sagte er zu mir: „Du wirst dies zu Ende sticken, Mahaut – wirst alles aufzeichnen: seinen Empfang bei uns am Hof, unseren Feldzug in die Bretagne, den feierlichen Schwur – alles! Ich will es so." Da verstand ich, daß er es als ein „Dokument" wünsche. Nun sprach auch Odo sehr anerkennende Worte: „Ich nähme diesen gern von dir an, liebe Schwägerin – vielleicht schenkst du ihn mir, wenn ich Erzbischof werde?" Dabei zwinkerte er Wilhelm zu, doch der schwieg zu Odos Bemerkung.

Wir haben bereits von mehreren regierenden Fürstenhäusern gehört, die empört über Haralds Tat sind. Balduin schrieb uns dieserhalb, ebenfalls Tosti, der ja jetzt in Flandern ist, und der junge König Alfons, der es auch schon vernommen hat.

Rouen, Donnerstag, am 2. des Hornung 1066

Haralds Antwort ist eingetroffen. Er erklärt Wilhelm, daß er ohne die Einwilligung des Witenagemot keine ausländische Frau freien könne, und in England sähe man nicht gern eine Fremde als Gemahlin des Königs. Er sei deshalb bereits einer angelsächsischen Edelfrau versprochen, der Schwester Morcars, des Grafen von Northumberland. Nun war Wilhelms Geduld am Ende. Er sandte sofort eine Botschaft an Harald, in der er ihm mitteilte, daß er noch vor Ende dieses Jahres alles, was sein sei, zurückfordern und ihn, den Verräter, dort aufspüren werde, wo er sich am sichersten fühle. Mich überlief es ganz kalt, als ich den Brief las und dann sah, wie er versiegelt und dem Boten übergeben wurde. Nun also ist der Krieg unvermeidbar. Wilhelm will sofort eine Sitzung mit den Magnaten einberufen.

Später

Bei der Versammlung waren Odo und Robert, fitzOsbern, Hugo d'Ivry, Hugo von Grandmesnil und noch mehrere andere zugegen. „Da Graf Harald in jeder Hinsicht seinen Schwur gebrochen hat", sagte fitzOsbern, „indem er in aller Hast, am Tage des Begräbnisses des alten Königs, die Krone an sich gerissen hat und sich nun gegen alle Vereinbarungen mit Alditha vermählen will, hat er sich aufs schwerste schuldig gemacht." – „Seine Ehe soll eine politische Rückendeckung für ihn sein", meinte Robert von Mortain; „denn die Grafen Morcar und Edwin sind den Godwinesons nicht wohlgesinnt. Er hofft sie sich durch die Ehe mit ihrer Schwester zu Freunden zu machen." Hugo von Grandmesnil berichtete, daß Tosti nach Dänemark gesegelt sei, um die Gunst des dortigen Königs zu gewinnen und Schiffe von ihm zu erbitten, die er gegen Harald einsetzen wolle. Nun sprach Wilhelm, der bis dahin still zugehört hatte, zum ersten Male und bemerkte spöttisch: „Tosti ist wie ein Irrlicht, das hie und da umhergeistert, ohne fähig zu sein, ein Feuer anzuzünden." – „Wir könnten uns seine Dienste nutzbar machen", wandte Robert ein, „denn Harald hat es mit ihm auf immer verdorben." – „Kommen wir zum Eigentlichen", lenkte Wilhelm ab. „Wir müssen eine große Versammlung einberufen, an der nicht nur die Curia und die Prälaten, sondern auch andere Männer – Heerführer, Kaufleute und sonstige einflußreiche Personen – teilnehmen sollen. Wir brauchen die Stimme des Volkes." Es wurden nun alle möglichen Namen vorgeschlagen und aufgeschrieben. Ich stahl mich leise hinaus, weil Adeliza schon auf ihre Mahlzeit wartete. Das Kind ist in diesen Tagen ruheloser als sonst; sicher trinkt es meine innere Unruhe mit ein.

Rouen, Sonntag, am 5. des Hornung 1066

Heute nach der Frühmette, als Agathe zu mir kam und mich wieder einmal fragte: „Hat Harald noch nichts geantwortet?", habe ich es ihr gesagt. „Vaters Briefe haben nichts bewirkt, Kind; es wird nun sicher einen Krieg geben." In ihren Augen las ich stummes Entsetzen. Sie sagte gar nichts, sondern ging still hinaus. Mir blutete das Herz, aber helfen kann ich ihr jetzt nicht. Der Stachel sitzt zu tief, und sie muß es allein durchkämpfen. Ich denke oft daran, wie es ihm wohl zumute sein mag. Ob er gar keine Gewissenspein hat? Er war bei uns wie zu Hause, hat auf dem gemeinsamen Feldzug mit Wilhelm dessen Tisch und Zelt geteilt, hat jeden Abend von mir seinen Krug Met oder Wein entgegengenommen und mir viel Liebes gesagt. Ist das alles vergessen? Ist die menschliche Natur so wankelmütig? Macht der Besitz einer Krone alle menschlichen Beziehungen zunichte?

Rouen, Montag, am 6. des Hornung 1066

Unsere Kinder sind von den jüngsten Ereignissen am wenigsten betroffen. Sie wissen zwar, daß wir auf den Krieg rüsten, aber sie belasten sich nicht damit. Robert heftet sich viel an fitzOsberns Fersen oder, wenn dieser nicht da ist, an die seines Sohnes Will. Er findet alles herrlich abenteuerlich. Agathe ist die einzige, die gänzlich aus dem Gleichgewicht geworfen ist. Man erkennt das fröhliche, sonnige Kind gar nicht wieder. Cäcilie versucht sie zu trösten, aber ohne viel Erfolg. Die kleineren Knaben spielen ihre Spiele und lernen ihre Lektionen, ohne sich viel um die Welt der Erwachsenen zu kümmern, und meine beiden kleinen Mädchen wissen überhaupt noch nichts von den Übeln dieser Welt. Adele ist sehr zärtlich mit ihrem Schwesterlein, und Adeliza stößt oft selige Quieklaute aus, wenn jene sich ihr naht. Ach, wo sind die unbesorgten Jahre geblieben, als jeder Gedanke an Krieg fern lag, weil die Normandie so sicher und unangreifbar schien? Das ist sie auch noch, aber in was für ein Wagnis stürzt sie sich nun?

Agathe kommt öfter nicht zu den Mahlzeiten; heute aber hat Wilhelm ihr befohlen, bei der Tafel zugegen zu sein. Sie aß nur wenig, und als Wilhelm nach dem Essen noch am Tisch sitzen blieb, um eine soeben eingetroffene Botschaft zu lesen, ging sie leise zu ihm hin und wartete, bis er aufsah. „Was gibt es?" fragte er. „Wann zieht Ihr in den Krieg, Vater?" Er sah sie leicht belustigt an. „Wenn wir alles vorbereitet haben", sagte er. „Und dann zieht Ihr über den Kanal mit vielen Schiffen und Waffen?" – „Ja, das werde ich." – „Und dann sterben viele Menschen im Kampf?" Wilhelms Stirn verdunkelte sich. Er griff Agathe beim Arm und sagte: „Sobald ich drüben mit meinen Mannen gelandet bin, werde ich Harald zum Zweikampf herausfordern, damit nicht so viel unschuldiges Blut vergossen wird." – „Ihr sollt ihn aber nicht töten!" rief sie ängstlich aus. Er sah sie mitfühlend an. „Ich will dir sagen, wie ich es machen werde: Ich stürze ihn vom Pferd, setze ihm mein Schwert auf die Brust, und dann muß er sich ergeben." Sie nickte, sah aber ganz verstört aus. Ihren Helden besiegt zu sehen, tut ihr weh. Sie begann plötzlich erbärmlich zu schluchzen, und ich sah, wie Wilhelm sie hinausführte. Ob Wilhelm das wirklich tun wird – ihn zum Zweikampf fordern? Ich kann mir kaum denken, daß Harald darauf eingehen wird. Er kennt Wilhelm und wird es nicht über sich bringen, ihm in die Augen zu sehen.

Robert, Wilhelms Bruder, meinte neulich, es sei ein großer Nachteil, vom Wasser aus fechten zu müssen. Ach, ich mag gar nicht daran denken! Wilhelm sagt, wir brauchten ein großes Söldnerheer; eigene Krieger hätten wir nicht genug.

Rouen, Donnerstag, am 9. des Hornung 1066

Wir hoffen sehr auf eine günstige Nachricht vom Papst. Wilhelm ist zuversichtlich, weil Papst Alexander früher ein Schüler Lanfrancs war, und will noch einige Tage mit der großen Versammlung warten, denn er meint, daß bis dahin schon Nachricht vom Heiligen Vater eingetroffen sein könnte. Wenn nicht, müssen wir uns in spätestens zehn Tagen mit allen zusammenfinden, denn sie sind ja allesamt aufgefordert worden, um diese Zeit nach Rouen zu kommen. Robert führt große Reden und sagt seinen Freunden, daß er am liebsten als Standartenträger mit in den Krieg zöge. Dann necken ihn seine Freunde und sagen: „Wenn der kurzbeinige Gamberon die Standarte trägt, sieht sie gar niemand." Das kann ihn immer furchtbar ärgern. Und in solcher Stimmung läßt er seinen Unwillen an Agathe aus, indem er ihr sagt: „Einen schönen Freier hast du, der seinen Schwur bricht und sich eine andere Frau nimmt!" Sie geht dann jedesmal aus dem Zimmer, und er ruft ihr noch auf dem Gang nach: „Den werden wir schön aufspießen, den Verräter!" Ich habe heute deswegen mit Robert gesprochen. „Wie kannst du solch häßliche Dinge sagen", schalt ich ihn. „Merkst du gar nicht, wie weh ihr das tut?"

Er sah mich verwundert an. „Sie sollte nicht traurig, sondern empört sein!" sagte er. „Ich bin voller Wut auf ihn." – „Mädchen fühlen da anders", erklärte ich ihm, „das versteht ihr Knaben nicht." – „Na gut, ich sag nichts mehr", meinte er einlenkend; „aber sie soll nicht so herumschleichen wie eine halbtote Nonne!" Ich wünschte, ich könnte ihr helfen, aber ich brauche nur an meine eigenen Jugendjahre zurückzudenken, um zu verstehen, daß solch tiefe Wunden nicht in kurzer Zeit heilen.

Rouen, Mittwoch, am 15. des Hornung 1066

Der Schnee beginnt jetzt mit Macht zu schmelzen, und unten im Schloßhof sind große Wasserlachen, in denen die Kinder sich vergnügen. Die meisten von ihnen haben den drohenden Krieg bereits vergessen und sind wieder mit ihren Kinderspielen beschäftigt. Nur Agathe zittert jedesmal an Leib und Seele, wenn sie einen Sonderkurier eintreffen sieht. Heute fragte sie Wilhelm: „Was habt Ihr alles an den Papst geschrieben, Vater?" – „Mancherlei", erwiderte er; „willst du es in allen Einzelheiten wissen?" – „Ja, bitte!" – „Nun gut", meinte er. „Ich habe Harald der Gotteslästerung bezichtigt, weil er über den Reliquien der heiligen Kirche einen Meineid geschworen hat; ferner beschuldigte ich ihn, den Thron Englands an sich gerissen zu haben, den König Eduard mir, als seinem Blutsverwandten, seit 15 Jahren fest zugesprochen hatte. Dann erinnerte ich den Heiligen Vater daran, daß Harald mitschuldig an zwei verjährten, aber unvergeßlichen Verbrechen sei: dem Mord an Alfred, König Eduards jüngerem Bruder, und der Vertreibung des Erzbischofs von Canterbury, Robert von Jumièges." Ich sah in Agathes blasses Gesicht und grollte Wilhelm insgeheim, weil seine Worte ihr ja tief in die Seele schneiden mußten.

Sie sagte eine Weile gar nichts, bis Wilhelm schließlich ihre Hände faßte und sie in die seinen nahm. „Ich weiß, es tut weh", sagte er, während seine Stimme weich wurde; „es tut auch mir weh, meine Tochter. Dennoch müssen wir Gottes Willen tun – und deshalb habe ich dem Heiligen Vater alles unterbreitet. Er soll entscheiden, wen er als christlichen König auf dem Thron Englands sehen will." – „Ganz sicher Euch, Papà", sagte sie und fügte mit gepreßter Stimme hinzu: „Und was wird mit Harald geschehen? Kommt er dafür lange ins Fegefeuer?" Wilhelm antwortete nicht. Da sagte sie: „Es ist schon so, Ihr wollt es nur nicht sagen..., und ich muß viel, viel für ihn beten." Da zog Wilhelm sie in seine Arme und sagte: „Wenn jemand die Engel, die Gott ihm sendet, zurückweist, wer soll ihm dann noch helfen?" Ach, wenn ich denke, wie alles so wunderbar hätte werden können! Wilhelm hätte friedlich seinen Einzug in London gehalten. Harald wäre sein Seneschall und der mächtigste Graf im Lande geworden und hätte Agathe als seinen guten Engel zur Seite gehabt, die das Beste in ihm zum Leuchten gebracht hätte. Statt dessen läßt er es nun auf einen grimmigen Krieg ankommen – nur um die *alleinige* Macht zu haben. Ich hoffe immer noch, daß Harald sich anders besinnen wird, wenn er sieht, daß Wilhelm sich auf einen großen Krieg rüstet.

Rouen, Dienstag, am 21. des Hornung 1066

Es treffen immer mehr Normannen aus England hier ein, die Harald verbannt hat. Zwei davon hat Wilhelm an den Hof kommen lassen, denn sie waren während der letzten Lebenstage des Königs bei ihm. Von ihnen erfuhren wir Genaueres über des Königs Zwiespalt. Er sei so schwach gewesen, daß er sich nicht mehr habe durchsetzen können, sagten sie. Einer vom Witan hätte den König im Namen aller gebeten, ihnen einen Herrscher zu nennen, der England vor den ihm drohenden Gefahren bewahren könne. Da habe sich der König etwas aufgerichtet und in französischer Sprache gesagt: „Ihr lieben Freunde und Vasallen, ich danke Euch für Eure Treue, und Ihr wißt, ich habe das Beste für unser Land im Sinn. Wenn Ihr mich nun bittet, Euch den künftigen König zu nennen, so erinnere ich Euch daran, daß ich mein Königreich Wilhelm von der Normandie versprochen und dies mit einem Schwur besiegelt habe." Da seien Stimmen laut geworden, die Harald als König forderten, weil er ein Angelsachse sei und das Land schon jetzt fest in der Hand habe. Und der König habe gesagt: „Wenn ich jetzt Harald das Reich übergebe, so fürchte ich, daß es keinen Frieden geben wird." Harald aber, der dabeistand, habe eifrig gesprochen: „Meiner Treu, gebt es mir, und ich werde es tapfer gegen alle Feinde verteidigen." Dem hätten viele lebhaft zugestimmt, und die Mehrzahl der Anwesenden habe den König gedrängt, seine Krone Harald zu vermachen. Schließlich sei der König in seine Kissen zurückgesunken, habe eine Weile nach Atem gerungen und dann mit kaum hörbarer Stimme gesagt: „Harald, wenn Ihr darauf besteht, könnt Ihr das Reich haben; doch wie ich Herzog Wilhelm und seine Normannen kenne, seid Ihr bereits jetzt ein toter Mann." Auf nochmaliges Drängen habe der König ihm dann sein Reich übergeben – doch mit großem Widerstreben, und zwei Tage später habe er für immer seine Augen geschlossen. Wilhelm hörte sich diesen Bericht ruhig an und sagte dann: „Soviel ich weiß, erkennen die Päpste keine freien Königswahlen an; ein Königreich wird vererbt, solange es Blutsverwandte des verstorbenen Königs gibt." Da bis jetzt noch keine Nachricht aus Rom eingetroffen ist, will Wilhelm nicht länger mit der Versammlung der Magnaten und Volksvertreter warten. Sie sind schon alle gekommen, doch wir können sie nicht samt und sonders hier im Schloß unterbringen. Die meisten wohnen daher in unserem Palast in Lillebonne. Und dort soll die Beratung auch stattfinden.

Rouen, Freitag, am 24. des Hornung 1066

Wilhelm ist noch in Lillebonne, aber Papà Roger kehrte heute zurück und berichtete mir über das Vorgefallene. Es hat mich alles sehr aufgeregt. Der Herzog habe zuerst gesprochen, sagte Papà Roger, habe die Lage erklärt und die geplante Eroberung erwähnt, die nötig geworden sei. Er habe seine Untertanen um Beistand gebeten, damit sie ihm Geld, Krieger und Schiffe zur Verfügung stellten. Als daraufhin nur betretenes Schweigen herrschte, habe der Herzog absichtlich den Saal verlassen, damit sie sich – ohne durch seine Gegenwart in ihrer Meinung behindert zu werden – untereinander beraten könnten. Doch zu seiner Enttäuschung habe Papà Roger feststellen müssen, daß die meisten tief erschrocken waren und sich ganz und gar nicht damit einverstanden erklärten. Das Land habe schon in früheren Kriegen zahlreiche Menschen und Pferde geopfert; außerdem fühlten sie sich nicht verpflichtet, ihrem Herrn bei der Eroberung eines fremden Landes zu helfen, sondern nur dazu, das eigene Land zu verteidigen. Einige hätten sogar gemeint, es sei ein Wahnsinn, solches zu unternehmen; sie würden keinen Heller aus ihrer eigenen Tasche dazugeben noch einen Tropfen Bluts um die Sache vergießen. Die nicht weit zurückliegende Eroberung von Maine laste noch auf ihren Gemütern und ihrem Geldbeutel. Außerdem seien die Angelsachsen erfahrene Seeleute und würden die Normannen vernichten, noch ehe diese die Küste Englands erreicht hätten. Eine Katastrophe sei unvermeidbar.

Schließlich aber habe sich fitzOsbern mit Mühe und Not Gehör verschafft und voller Überzeugung gesprochen: „Wozu dieser ganze Disput? Wilhelm ist Euer Herr, und Eure Pflicht ist es, ihn in jeder Hinsicht zu unterstützen; er braucht Euch nicht darum zu bitten. Wenn Ihr ihn jetzt im Stich laßt und er dennoch sein Ziel erreicht, wird er es Euch nie verzeihen. Handelt also, wie es Euch geziemt." Doch daraufhin sei der Tumult nur noch ärger geworden, und einige hätten gesagt: „Wir wissen wohl, daß er unser oberster Herr ist, doch er verlangt Unmögliches. Wir wollen bei unseren Familien bleiben und nicht Frau und Kinder im Stich lassen, um ein fremdes Land zu erobern. Wenn wir ihm jetzt über das Meer folgen, so wird er dasselbe in Zukunft von unseren Kindern verlangen – und das darf nie sein!" Daraufhin sei die Sitzung abgebrochen worden. Der Herzog sei zwar enttäuscht gewesen, habe aber gesagt, daß die meisten Menschen immer der lautesten Stimme folgten, ohne selbst richtig nachzudenken. Er wolle jedem einzelnen seiner Vasallen die Möglichkeit geben, sich ihm gegenüber zu äußern. So habe er dann zwei Tage lang mit verschiedenen Grafen und Baronen gesprochen – zuerst mit den mächtigsten und einflußreichsten – und habe ihnen erklärt, daß er diesen Dienst nicht von ihnen *fordere*, sondern nur als einen Beweis ihrer Freundschaft erbitte. Auch habe er ihnen geschworen, daß sich dies nie wiederholen werde, daß er nie einen ähnlichen Dienst von ihnen noch ihren Kindern verlangen werde, daß er keine weiteren Eroberungen im Sinne habe, sondern nur das fordere, was ihm zustünde. Einige hätten sich daraufhin sogleich bereit erklärt, andere hätten sich Bedenkzeit erbeten. Es solle in wenigen Tagen eine weitere Versammlung in Rouen stattfinden, bei der ihm seine Getreuen helfen wollten, indem sie vor allen anderen ihr volles Einverständnis gäben. Auch habe der Herzog vor, Krieger aus anderen Ländern zu werben – doch wolle er vorerst auf den Entscheid aus Rom warten.

Dies alles macht mir große Sorge, besonders, nachdem ich mit Adeliza, Mabille und anderen Edelfrauen gesprochen habe, die sich ganz dagegenstellen. Sie wollen ihre Männer nicht in einem solch gefährlichen Kampf wissen. Nur Rohese und Hawise sind voller Begeisterung. Jetzt weiß ich, warum ich mich vor diesem Jahr gefürchtet habe; doch so schlimm hatte ich es mir nicht vorgestellt!

Rouen, Montag, am 27. des Hornung 1066

Wilhelm ist zurück, und ich konnte an seinem Blick, seinen Gesten erkennen, daß er für nichts anderes Sinn hat als für die Planung seines großen Unternehmens. „Wie ist die allgemeine Stimmung hier, Mahaut?" fragte er mich. Da erzählte ich ihm von dem Widerwillen der Edelfrauen und daß ich sie gut verstehen könne. Er aber packte mich bei den Schultern und rüttelte mich kräftig. „Und du als Herzogin redest ihnen das Wort?" rief er, so daß ich erschrocken verstummte. „Von nun an wirst du mir helfen, Begeisterung in allen zu erwecken und keinen Gedanken an eine mögliche Niederlage aufkommen zu lassen. Merke dir eines, Mahaut: Gedanken sind wie Gewichte. Sie wiegen schwer wie Blei. Die Normannen siegen mehr mit ihrem Geist als mit dem Schwert." Ich nickte gehorsam, während ich versuchte, mich seinem schmerzhaften Griff zu entwinden, denn seine Hände hielten meine Schultern noch immer eisern umklammert. „Ich will alles tun, was ich vermag, Wilhelm, das weißt du", versicherte ich ihm. Da ließ er mich los und sagte, ich würde nun mehr Regierungspflichten übernehmen müssen denn je – er habe sich um andere Dinge zu kümmern. Zunächst muß ich einen Disput wegen der Oberhoheit über St. Philibert regeln. Der Streit ist zwischen der Kirche von Avranches und Roger Beaufou ausgebrochen. Roger ist ein Neffe des Bischofs Johannes von Avranches und fordert die Oberhoheit im Namen seines Oheims. Das ist wieder ein höchst unerbaulicher Streit, den ich schlichten soll.

Rouen, Aschermittwoch, am 1. des Lenzmonds 1066

Obgleich heute ein Feiertag ist, hat Wilhelm eine neue Versammlung wegen der geplanten Eroberung einberufen lassen. Sie verlief diesmal viel erfolgreicher; auch ich konnte dabeisein, weil sie ja hier in Rouen stattfand. Wilhelm sagte, bis zum Ende des Brachmonds müßten die Schiffe, die er brauche, fertig sein; einige werde er kaufen, viele aber müßten erst gezimmert werden. Er brauche einige Tausend. Als er dies sagte, wurden Rufe des Erstaunens laut. „Ich meine nicht nur Kriegsschiffe", erklärte Wilhelm, „sondern auch solche zum Transport von Pferden, Bauteilen, Speisevorräten und dergleichen." Dann fragte er, wer bereit sei, dem Land Kriegsschiffe zu schenken. Ohne zu zögern, rief Odo aus: "Ich schenke Euch 100 Schiffe, Sire!" Ich sah, wie sich die Versammelten untereinander verwundert und fragend anblickten. Dann sprach Robert, der andere Bruder: „Und ich schenke Euch 120!" Nun folgten andere dem Beispiel seiner Brüder. Der Graf von Evreux will 80 schenken, der Graf von Eu 60, fitzOsbern und Roger Beaumont, Roger Montgommeri und Hugo von Avranches ebenfalls 60. Monfort schenkt 50, Fulk der Lahme ebenfalls, Gérald 40, Walter Giffard und Vulgrin, der Bischof von Le Mans, je 30. Zum Schluß sagte Nikolaus, daß er 20 schenken wolle. Meinolf hat eine Liste geführt, und ich habe sie mir soeben angesehen. Das sind bereits 820 Schiffe, mit denen Wilhelm rechnen kann; ein guter Anfang! Nachdem Wilhelm mit bewegten Worten seinen Dank ausgesprochen hatte, wandte er sich zu mir und sagte: „Wir können stolz auf unsere treuen Vasallen sein." Lächelnd blickte ich zu ihm auf und erwiderte: „Das Schiff, auf dem Ihr segelt, Sire, das schenke *ich* Euch." Da klatschten alle in die Hände, und Wilhelm nahm zärtlich meine Hand und drückte sie. Allmählich erfaßt auch mich Begeisterung. Ich will das Schiff für Wilhelm aus meiner eigenen Schatztruhe bezahlen. Das wird ein ziemliches Loch in sie reißen, doch für ihn gäbe ich alles her!

Rouen, Donnerstag, am 2. des Lenzmonds 1066

Wir lassen die meisten Schiffe aus starkem Eichenholz fertigen. Ich habe bereits mit einigen Schiffsbaumeistern gesprochen. Wilhelm überläßt jetzt so vieles mir, und ich merke, daß ich über manches noch gar nicht gut Bescheid weiß. Heute bei der Sitzung wegen St. Philibert habe ich das festgestellt. Ich muß mir wieder einmal bei Romuald Rat holen.

Rouen, Donnerstag, am 9. des Lenzmonds 1066

Nun ist die lang erwartete Antwort aus Rom eingetroffen. Gilbert und seine Begleiter sind zurück und haben uns heute in einer geheimen Sitzung, bei der außer Wilhelm und mir nur fitzOsbern, Papà Roger, Warenne und Roger Montgommeri zugegen waren, alles erklärt. Wilhelm konnte an Gilberts Miene sofort erkennen, daß es eine gute Nachricht war, und ließ daher gleich die kleine Versammlung einberufen. Der Papst habe von Anfang an der Sache ein gnädiges Ohr geliehen, sagte Gilbert, weil die angelsächsische Kirche immer sehr eigenmächtig gehandelt habe. Zwar sei König Eduard ein zutiefst frommer Mann gewesen, doch habe er sich gegen die mächtigen Bischöfe nicht durchsetzen können. In England ließe man immer noch Eheschließungen der Priester zu; auch habe der Heilige Stuhl seit vielen Jahren nicht den Zehnten von dort erhalten. Allerdings, sagte Gilbert, hätten mehrere Kardinäle Einspruch gegen die geplante Eroberung erhoben und behauptet, die Kirche könne einer solch kriegerischen Aktion nicht ihren Segen geben, denn das Volk der Angelsachsen trage ja keine Schuld am Verrat eines einzigen Grafen, und es werde dabei sicher viel Blut vergossen. Es sei hauptsächlich dem vornehmsten Ratgeber des Papstes, dem Archidiakon Hildebrand, zu verdanken gewesen, daß der Heilige Vater schließlich voller Überzeugung auf des Herzogs Anliegen eingegangen sei.

Gilbert ließ sich nun von einem Diener eine Rolle überreichen, entfernte die Hülle und entfaltete ein vom Papst geheiligtes Banner, das Wilhelm an Englands Küste wehen lassen solle. Ferner zog er aus einer kleinen Schachtel einen Gegenstand, den er ehrfürchtig auf Wilhelms Hand legte. Es war ein goldener Ring, in dem ein großer Diamant funkelte. Wie wir erfuhren, schließt dieser Ring ein Haar des hl. Petrus ein. Noch eine andere Reliquie erhielt Wilhelm: einen Zahn des großen Apostels! Ehrfürchtige Stille herrschte im ganzen Saal, die der Archidiakon Gilbert nach einer Weile brach, indem er uns eine weitere überwältigende Neuigkeit verkündete: König Harald sei vom Papst exkommuniziert worden, ebenfalls alle, die ihm anhingen, und hier sei die päpstliche Bulle, die Wilhelm Harald selbst überbringen dürfe. Es war mehr – weit mehr, als wir erwartet hatten. Als ich später eine Weile mit Wilhelm allein war, warf ich mich in seine Arme und sagte: „Nun muß alles gut werden, Wilhelm! Jetzt haben wir den göttlichen Segen erhalten." Er hielt mich lange fest, ohne etwas zu sagen. Als ich ihn schließlich fragend ansah, sagte er: „Gott hat entschieden!" Doch seine Augen waren ernst.

Später

Ich habe es jetzt den Kindern gesagt, die alle jubilieren – alle bis auf Agathe. Daß Harald exkommuniziert worden ist, hat sie völlig niedergeworfen. Eine solche Seele gilt als verloren, und was könnte sie mehr schmerzen als diese Gewißheit?

Rouen, Freitag, am 10. des Lenzmonds 1066

Soeben erfuhren wir durch Boten aus England, daß der englische König sich vermählt habe. Die Trauung habe in York stattgefunden, wo die Braut beheimatet ist. Sie sei 20 Jahre jünger als er und bereits Witwe. Wie seltsam das Schicksal den Menschen doch mitspielt! Alditha ist die Witwe von König Griffydd, dem Waliser-Fürsten, dessen Kopf Harald seinem König als Trophäe überbrachte. Und diesen Mann, der ihren ersten Gemahl besiegt hat, muß Alditha nun freien. Sie hat bereits eine Tochter, die ein Kind Griffydds ist. Ich denke an die langjährige Geliebte Haralds, die er nun aufgeben muß, um sich die feindlichen Grafen Edwin und Morcar geneigt zu machen. Kann er sich da noch glücklich schätzen?

Rouen, Sonntag, am 12. des Lenzmonds 1066

Ich weiß nicht, wo mir der Kopf steht. Täglich gibt es neue Aufgaben und umwälzende Ereignisse. Gestern spät traf Tosti bei uns ein, der von Wilhelms Plänen erfahren und eine kleine Gruppe von flämischen Abenteurern um sich geschart hat, mit denen er Wilhelm helfen will, Englands Krone zu gewinnen. „Ihr wollt gegen Euren eigenen Bruder zu Felde ziehen?" fragte Wilhelm ihn, indem er den verbitterten Ausgestoßenen prüfend ansah. „Jederzeit", versicherte ihm dieser. „Doch erwarte ich von Euch einen entsprechenden Lohn." – „Und der wäre?" – „Ihr sollt mir die Hälfte des Landes geben, einschließlich der verlorenen Grafschaft Northumberland." – „Kein geringer Preis für Euren geringen Beitrag", spottete Wilhelm. „Ich werde mehr Krieger anwerben", versicherte ihm Tosti, „Ihr könnt Euch auf mich verlassen. Und wir sollten keine Zeit verlieren!" Wilhelm hat ihn nicht sehr lange angehört, und ich konnte merken, daß ihm dieser Besuch wenig genehm ist. Tostis ungestümes Gebaren hat keinen guten Einfluß auf unsere Leute. Meine liebe Judith hat mir ein kostbar besticktes Umhangtuch geschickt. Sie selbst konnte nicht mitkommen, denn um ihre kleine Tochter steht es sehr kritisch; sie fürchtet, daß diese den nächsten Monat nicht überleben wird. Wie leid mir die Ärmste tut! Ihr ältester Sohn wird nun schon 15 Jahre alt. Fast hätte Tosti ihn mitgenommen, doch Judith fürchtete, er könne mit in den Kampf verwickelt werden, und dafür sei er noch zu jung. Da hat Tosti ihr zuliebe nachgegeben. Ich weiß, daß er Judith immer noch sehr liebhat und daß auch sie an ihm hängt. Aber was für ein Heißsporn er ist!

Rouen, Dienstag, am 14. des Lenzmonds 1066

Wilhelm ist mit seinen Magnaten, der ganzen Curia und allen bedeutenden Männern des Landes in Lillebonne, wo er ihnen den Entscheid des Papstes und dessen Segen mitteilen will. Es gehen gleichzeitig Aufrufe an alle Nachbarländer und andere befreundete Staaten, die Wilhelm zur Mithilfe auffordert. Er wird nun selbst viel umherreisen – zuerst nach Frankreich zum König, dann nach Boulogne und Ponthieu, vielleicht auch noch nach Nantes und der Bretagne. Es ist still hier im Schloß, und ich denke mit heimlicher Angst an die bevorstehende Zeit der Trennung von ihm. Schon jetzt ist er mehr in Lillebonne als hier, dann die Reisen zu den Vasallenstaaten und danach – ich mag gar nicht daran denken! Gleich kommt der Schiffsbaumeister, den ich mit dem Bau des Herzogsschiffes beauftragt habe. Es soll ein ganz besonderes werden, größer als die anderen, und es soll das herzogliche Emblem – die beiden Leoparden – tragen. Der Baumeister hat sicher noch andere Vorschläge, die ich mir anhören will.

Rouen, Mittwoch, am 15. des Lenzmonds 1066

Tosti ist aus Lillebonne zurückgekehrt. Er ist sehr ungeduldig und sagt, Wilhelm habe vorläufig noch gar keinen Angriff vor – nicht vor Ende des Brachmonds, wahrscheinlich sogar erst im Heumond oder Erntemond – je nachdem, wie es mit dem Bau der Schiffe voranschreite und wie schnell er ein großes Heer aufstellen könne. Bis dahin aber habe Harald sicher die ganze Küste mit seinem Kriegsheer besetzt. Man müsse sofort etwas unternehmen! „Wie denkt Ihr Euch das, Tosti", warf ich ein. „Wir haben doch noch längst nicht genug Schiffe und Krieger, um das Land zu erobern." – „Wir können es aber bereits hie und da angreifen und schwächen", meinte er beharrlich. Er wollte sofort aufbrechen, um sich mehr Schiffe zu besorgen, doch ich riet ihm, auf Wilhelms Rückkehr zu warten, weil ich weiß, daß dieser bis morgen abend wieder hier sein will. Es gibt so viel für mich zu tun, ich kann immer nur das Wichtigste aufschreiben...

Rouen, Mittwoch, am 22. des Lenzmonds 1066

Ich war überhaupt noch nicht im Herzogsgarten. Barbara sagte mir, daß dort die Krokusse auf dem Rasen blühten – es sei eine wahre Pracht. Ich habe die Kinder mit ihr hinuntergeschickt; ich selbst komme zu gar nichts anderem, als mich um Angelegenheiten der Regierung zu kümmern, Menschen zu empfangen, Briefe aufzusetzen, bei Gerichtsverhandlungen zu entscheiden und dergleichen mehr. Ferner muß ich den Bau der Schiffe vorantreiben und auch den Entwurf für das Heck meines Herzogsschiffes fertigstellen. Es soll etwas Hübsches sein – vielleicht ein schützender Engel; aber es muß sich für ein Schiff eignen. Der Baumeister meinte, es dürfe nicht an ein Kirchenportal erinnern. Wilhelm hofft, daß die meisten Schiffe bis zum Johannisfest fertig sein werden. Es ist ein Kommen und Gehen im Schloß wie noch nie zuvor. Jeden Tag überträgt Wilhelm mir wieder etwas Neues; ich habe schon eine Liste von Dingen, die ich noch lernen muß, weil ich manches bisher nie getan oder zumindest noch nie entschieden habe. Er selbst kann sich jetzt um vieles nicht mehr kümmern, weil er auf Reisen ist. Ich erwarte ihn jeden Tag aus Frankreich zurück.

Ehe er abreiste, sah er mich seufzend vor dem Pergament sitzen, auf dem alle die Aufgaben aufgezählt sind, die ich während seiner Abwesenheit übernehmen muß. „Ich kann dies alles nur schaffen, Wilhelm, wenn ich sehr früh aufstehe", sagte ich ihm. „Und – *wirst* du es schaffen?" fragte er. „Ja, Wilhelm – und wenn ich die ganzen Nächte durchwachen müßte!" Er sah liebevoll auf mich herab und nahm mein Gesicht in seine Hände. „Wenn du es dir richtig einteilst und alles mit ganzer Aufmerksamkeit tust, wird es besser gehen als du denkst", sagte er. Dann umschlossen seine Lippen meinen Mund, und ich fühlte mich wie in einer seligen Wolke; gleichzeitig spürte ich große Kraft in mich einströmen. Seit er fort ist, habe ich mir einen guten Plan zurechtgelegt: Ich gehe jeden Morgen zur Frühmette, und gleich danach widme ich mich den Regierungsgeschäften, indem ich die schwierigen Sachen zuerst vornehme und sie mit Papà Roger bespreche. Am Morgen ist jeder noch am frischesten. Kurz vor dem Mittagsmahl erkundige ich mich, wer an Besuchern da ist und wen ich sprechen muß. Der Kastellan oder sein Stellvertreter schreibt dann alle Namen in der Reihenfolge auf, wie ich sie bestimme. Nach dem Essen ruhe ich mich ein wenig aus oder gehe kurz in den Garten hinunter; dazu nehme ich mir jetzt Zeit! Und dann halte ich die Besprechungen. Oder ich mache Besuche oder vereinbare mit der Curia die nächsten Gerichtsverhandlungen. Früh abends gehe ich zur Vesper, sehe dann ein wenig nach den Kindern, und später mache ich mir Aufzeichnungen für den nächsten Tag, so daß alles schon im voraus richtig geplant ist. Auch führe ich ein Buch für Wilhelm, wo ich alles, was er wissen oder prüfen muß, aufschreibe. Ich bin ganz glücklich über diesen Plan, denn bisher habe ich immer alles geschafft. Wenn ich nach dem letzten Abendgebet ins Bett falle, schlafe ich auch gleich ein.

Ich muß noch berichten, daß Tosti abgereist ist. Als Wilhelm aus Lillebonne zurückkehrte, war er in bester Stimmung, denn der Entscheid des Papstes hat die Vasallen und anderen führenden Männer im Volk tief beeindruckt, so daß jetzt alle voller Begeisterung hinter Wilhelm stehen und ihm ihre Hilfe anbieten. Es treffen auch schon einige Freiwillige ein, die sich nach den näheren Bedingungen erkundigen wollen. Ich muß sie hier beherbergen, damit Wilhelm sie nach seiner Rückkehr selbst sprechen kann. Es kostet alles erschreckend viel Geld. Jetzt beginne ich zu verstehen, warum Wilhelm in all den vergangenen Jahren so sparsam mit den Ausgaben für den Staatshaushalt gewesen ist.

Tosti wollte sofort die Insel Wight erobern und sie für Wilhelm bereithalten. „Ich werde mir 50 bis 60 Schiffe von verschiedenen Fürsten besorgen“, sagte er, „und dann kann mich niemand mehr aufhalten.“ Wilhelm lachte spöttisch: „60 Schiffe, Freund? Für das Unternehmen, das ich vorhabe, genügen nicht einmal 600; 6 mal 600, so wäre es mir recht.“ – „Bis Ihr eine solche Riesenflotte beisammen habt, ist die Küste Englands so eisern bewacht, daß Ihr nie und nimmer dort landen könnt“, sagte Tosti. „*Jetzt* müssen wir mit kleinen Angriffen beginnen und Haralds Krieger mürbe machen.“ – „Tut, was Ihr wollt“, sagte Wilhelm gleichmütig. „Ich werde die Insel Wight für Euch erobern und bereithalten“, versprach Tosti zuversichtlich. Wilhelm sah ihn abschätzend an: „Dafür gebe ich Euch aber nicht das halbe Königreich. Ihr seid an Eurer eigenen Grafschaft gescheitert – sollte ich Euch da das halbe Land anvertrauen?“ Tosti war schließlich so aufgebracht, daß er sagte, er wolle es bei König Sven von Dänemark versuchen; der werde ihm eher Gehör schenken. Er ist dann gleich am nächsten Tag abgereist, und danach konnte ich wieder aufatmen. Er gleicht einem Ast in den Speichen, der das Rad am Drehen hindert. Jetzt, da er fort ist, hat alles wieder seine Ordnung.

Rouen, Freitag, am 24. des Lenzmonds 1066

Gottlob ist Wilhelm wieder für einige Zeit im Lande. Er hat in Frankreich nicht so viel Glück gehabt wie in Rom. Der König ist ja noch zu jung, als daß er solch wichtige Dinge selbst entscheiden könnte! Er ist erst 14 Jahre alt und wird nun langsam in sein Amt eingeführt. Wilhelm sagte dem jungen Philipp, daß er ihn, als seinen Herrn, um Unterstützung bitte. Wenn er England erobert hätte, würde er dem König die

Oberherrschaft über das Land anbieten. Doch die Ratgeber flüsterten dem König ein, daß er den Normannen nicht trauen dürfe. Hätten die England erst einmal erobert, wären sie mächtiger denn je und würden dem französischen König in keiner Weise mehr untertan sein wollen. Und sollte er den Krieg verlieren, so würde England für immer Frankreichs Feind sein. So jedenfalls wurde es Wilhelm später von einem seiner guten Freunde am französischen Hof wiedererzählt. Ich hörte Wilhelm heute in einer Versammlung der Curia sagen: „Vielleicht ist es besser so. Die Franzosen haben seit langem in keinem entscheidenden Kampf mehr gesiegt; einige jedoch, die mir zugetan sind, haben mir bereits versprochen, freiwillig an diesem Feldzug teilzunehmen." Wilhelm möchte nun noch mit Papà sprechen, der ja Philipps Vormund ist, und sehen, ob jener nicht etwas ausrichten kann, so daß wir uns wenigstens der Neutralität Frankreichs sicher sein können. Er bricht sehr bald wieder auf.

Später

Meine Agathe macht mir Kummer. Ich habe jetzt leider so wenig Zeit für die Kinder. Abends aber sage ich ihnen immer gute Nacht, und manchmal bin ich dabei, wenn Adele gebadet und zu Bett gebracht wird. Sie ist jetzt in einem solch wonnigen Alter. Rufus ist ein rechter Poltergeist im Kinderzimmer, aber Barbara hat eine feste Hand und wird ganz gut mit ihm fertig. Am vorletzten Tag, als Wilhelm hier war, ging ich noch spät ins Mädchenzimmer. Cäcilie schlief mit einem seligen Lächeln auf ihrem Gesicht. Seit Wilhelm ihr versprochen hat, daß sie ins Kloster darf, lebt sie in großer Vorfreude. Doch meiner armen Agathe scheint die Zukunft grau. Sie lag mit offenen Augen da und hatte ihren Rosenkranz zwischen den Fingern. „Warum schläfst du noch nicht, Kind?" fragte ich, indem ich mich an ihr Lager setzte. Sie sah mich aus ihren blauen Augen ernst und traurig an. „Ich muß jetzt solange beten, Mamà, bis Harald alles bereut, denn sonst kann er ja nicht erlöst werden." Ich strich sanft über ihr Haar und ihre blassen Wangen. „Gott hat dich schon gehört", sagte ich; „du brauchst es Ihm nicht immer wieder zu sagen." – „O doch", meinte sie; „meine Gebete müssen Ihm richtig in den Ohren gellen, bis Er sagt: ‚Nun hab' Ich genug – nun will Ich sie endlich erhören!'" Ich dachte bei mir: „Sie hat Wilhelms Zähigkeit – denselben unbezwingbaren Willen." Nach einer Weile fragte sie: „Mamà, wenn ich ständig für Harald bete, fühlt er das dann?" Ich bemerkte den fast flehenden Blick ihrer Augen und erwiderte: „Das glaube ich gewiß, Agathe. Der Vater sagt immer, Gedanken seien sehr mächtig, und Gebete sicher noch viel mehr." – „Ja!" sagte sie mit einem zufriedenen Seufzer und schloß dann die Augen.

Ich ging daraufhin in Wilhelms Zimmer in der Hoffnung, ihn dort zu finden. Egon war gerade dabei, ihm in ein bequemes Hausgewand zu helfen. Als Wilhelm mich kommen sah, winkte er mich zu sich.

„Ich habe dir etwas zu sagen, Mora." Erwartungsvoll setzte ich mich zu ihm auf die lange Bank am Kamin. Egon kam kurz darauf zurück und reichte ihm einen heißen Trunk. Als er ihn entgegennahm, dachte ich: „Jede seiner Bewegungen ist königlich!" Wilhelm lächelte mir zu, ließ mich einen Schluck aus seinem Becher tun und sagte dann: „Warenne hat mich heute zu sprechen verlangt." – „War es etwas Wichtiges, Wilhelm?" – „Für ihn gewiß!" Er machte eine Pause, trank einen Schluck, setzte den Becher nieder und fuhr fort: „Er erinnerte mich daran, daß er nun frei von seinem Verlöbnis sei. Ehe ich wieder einen ähnlichen Plan für ihn ersänne, wolle er mir zuvorkommen und mich von seiner eigenen Wahl unterrichten." Ich sah Wilhelm mit wachsender Spannung an. „Ist es Gundrada, die er sich erwählt hat?" fragte ich. Wilhelm nickte. „Ja, er scheint immer ein Auge auf unsere Kammerjungfern zu haben." – „Wilhelm, Gundrada ist ein wunderbares Geschöpf; so eine finden wir nie wieder. Aber wenn sie Warenne glücklich machen kann, gebe ich sie gern her. Er hat sie wahrlich verdient." Wilhelm hat ihm erlaubt, bei Gerbod um die Hand seiner Schwester Gundrada anzuhalten. Ihrer Neigung sei er sich schon ziemlich gewiß, behauptet Warenne.

Rouen, Mittwoch, am 29. des Lenzmonds 1066

Nun ist Wilhelm wieder fort, und die wenigen Tage, die er hier war, schienen mir wie ein Fest. Er war sehr zufrieden mit dem, was ich getan hatte, und hat alle meine Fragen beantwortet. Niemand kann es so deutlich erklären wie er, und immer so, daß ich alle Zusammenhänge sehe – ähnlich wie ein Vogel von der Spitze des Kirchturms aus das ganze Dorf überblickt.

Am Morgen, ehe er aufbrach, war ich schon früh wach. Er kam in mein Zimmer, als Ursula mir gerade den Umhang über den Kopf legte, der mich vor dem kalten Wind schützen sollte. Ich sah, wie er mich liebevoll anblickte, und da lief ich auf ihn zu und faßte seine Hand. „Du wirst mich ein Stück des Wegs begleiten?" fragte er, und ich nickte. „Ja, Wilhelm. Nun bist du wieder einige Wochen fort. Ich zähle immer die Tage bis zu deiner Rückkehr." Er strich zärtlich über meine Schultern, ließ dann seine Hände an meinen Seiten herabgleiten und auf meinen Hüften ruhen. Beim leichten Druck seiner Hände erzitterte ich leicht – ganz so wie damals in der ersten Zeit unserer Liebe. Immer noch schauten seine Augen innig auf mich herab; dann sagte er: „Mein kleines Juwel!" Er küßte mich, ehe wir hinuntergingen, und ich ritt einige Meilen lang neben ihm her; dann sah ich ihn, als die Reiter schneller weitertrabten, in einer Staubwolke entschwinden. Wilhelm will auf dem Rückweg von Flandern über Boulogne und Ponthieu nach Fécamp reisen, wo er das Osterfest verbringen wird. Und kurz danach erwarte ich ihn zurück. Möge seine Mission erfolgreich sein!

Rouen, Sonntag, am 2. des Ostermonds 1066

Meine kleine Cäcilie nimmt die Fastenzeit sehr ernst. Jetzt, wo sich das Osterfest naht, ißt sie sehr wenig und geht zu allen Messen und anderen Gebetsstunden. Da Wilhelm es ihr erlaubt hat, die Hauskapelle zu besuchen, nehme ich sie manches Mal mit mir. Sie darf nicht alleine dorthin und es auch niemandem sagen – nicht einmal Agathe. Ich habe Wilhelm gebeten, auch Agathe hineinzulassen, die es doch sicher besonders brauche; doch er erlaubt es nicht. „Ich zeige diesen Raum niemandem", sagte er. „Wenn jemand ihn von selbst entdeckt, dann hat Gott es so gewollt." Was mache ich nur mit meiner Agathe? Ich versuche, sie zu beschäftigen, und obgleich sie mir mit einigen Sachen zur Hand geht, ist ihr Geist nicht dabei. Hätte ich nur mehr Zeit für sie!

Rouen, Donnerstag, am 6. des Ostermonds 1066

Judith ist jetzt öfter bei Agathe, um sie aufzuheitern. Als Adelaide ihren Töchtern erklärte, warum Agathe so verändert sei, flossen bei Judith gleich die Tränen. Sie versteht es, Agathe aus ihrem Zimmer zu locken, mit ihr auszureiten, ihr eine schöne Heiligengeschichte vorzulesen und sie bei lateinischen Texten um Hilfe zu bitten. Judith lernt viel lieber die englische Sprache, besonders jetzt, da ihr Ohi vorhat, nach England zu segeln. Jedesmal, wenn es ihr gelingt, Wilhelm in den Weg zu laufen, fragt sie ihn: „Ich darf später auch nach England, gelt, Ohi?" Dann lacht Wilhelm, und neulich sagte er: „Gewiß, ich werde dir dort einen schönen Angelsachsen aussuchen." – „Aber einen, der Euch treu ist!" erwiderte sie.

Mit dem Bau der Schiffe geht es gut voran, und die letzten Vorkehrungen für die Inneneinrichtung meiner Abtei sind ebenfalls getroffen worden. Zum Pfingstfest soll die Weihe stattfinden, und ich kann es kaum erwarten.

Heute bei einem Ausritt mit Adelaide und Clothilde, der uns weiter führte, als ich beabsichtigt hatte, hörten wir von fern laute Axtschläge, und da wußte ich, daß wir an den Wald gelangt waren, in dem ich eine Anzahl hoher Eichen fällen lasse; deren Stämme werden auf Flößen nach Dives gebracht, wo jetzt eine große Werft entstanden ist. Auch Tannen und Föhren werden hier gefällt, die als Masten dienen sollen. In Bonneville gibt es eine Zunft von Segeltuchmachern, bei denen wir viel in Auftrag gegeben haben. Warenne berichtet, daß es in Rouen von Fremden wimmele, alle Herbergen seien besetzt, und reisende Kaufleute überböten sich, alle möglichen Dinge für die Ausrüstung der Schiffe anzupreisen. Viele Kettenpanzer müssen genäht werden, und so sind auch die Schneiderwerkstätten pausenlos beschäftigt. Mir kommt es vor, als ob es im ganzen Land summe und brumme.

Rouen, Freitag, am 7. des Ostermonds 1066

Heute war ein Freudentag! Wir empfingen hohen Besuch am Hof – einen deutschen Baron namens Walter, den der Kaiser uns gesandt hat.

Wie leid es mir tut, daß Wilhelm nicht hiersein konnte! Ich forderte den Boten auf, bis nach Ostern unser Gast zu sein, doch er sagte, daß er noch andere Aufträge für seinen Herrn zu erledigen habe. Als ich die Botschaft des jungen Kaisers Heinrich las, war ich zutiefst bewegt. Er versprach uns nicht nur die Dienste mancher seiner Vasallen und eine beträchtliche Anzahl von Kriegern; er versicherte Wilhelm auch, daß er während der Abwesenheit des Herzogs die Normandie unter seine Schutzherrschaft nehmen und sie gegen etwaige Feinde verteidigen werde. Diese Versicherung des mächtigsten Herrschers auf unserem Kontinent wird genügen, der Normandie in jeder Hinsicht den Rücken zu decken. Es scheint, daß sich alles, alles zu Wilhelms Gunsten wendet, so als schlösse sich die ganze abendländische Welt zusammen, um das in England geschehene Unrecht zu sühnen. Papà Roger meint, es handele sich um mehr als nur einen Kampf gegen den Usurpator – es sei die Auseinandersetzung zwischen dem halb-heidnischen Norden (und dazu gehören auch Dänemark und Norwegen, die sich ja oft des englischen Thrones bemächtigt hatten) und dem christlichen Abendland. Ich habe Wilhelm die Botschaft sogleich nach Fécamp gesandt, die man dort für ihn bereithalten will.

In Kürze muß ich mir berichten lassen, wie viele Ritter und Kriegsknechte wir schon für unser Heer bereitstehen haben. Es kommen immer mehr Franzosen und auch Bretonen, die am Kampf teilnehmen wollen. Wir brauchen auch Fußvolk, Landsknechte, Diener, die Ritter und Pferde versorgen, Handwerker und Kunsthandwerker, die Waffen polieren und heilmachen sowie Feldschanzen und Holzburgen bauen sollen. Es werden zumindest 10 000 Menschen, wenn nicht mehr sein, die hinübergeschafft werden müssen. Und sie alle müssen gut versorgt werden; dazu brauchen wir Hunderte von Schiffen, die allein die Speisevorräte befördern. Einige Rechenkünstler haben mir die richtigen Zahlen ermittelt, aber Wilhelm verlangt, daß ich alles nachprüfe. Seine eigenen Barone und Ritter üben sich täglich im Kampf, wenn sie ihn nicht begleiten. Es beginnt immer mehr auf mir zu lasten. Wenn ich manchen Tag denke, es sei zuviel, so stelle ich mir seine Augen vor, seinen stolzen, zufriedenen Blick, der mein schönster Lohn ist; und dann geht es wieder. Ich darf keine Schwäche zeigen, es geht jetzt um alles!

Rouen, Sonntag, am 9. des Ostermonds 1066

In einer Woche bereits ist Ostern. Ich hatte gehofft, heute am Sonntag etwas mehr Zeit für die Kinder zu haben, aber nun muß ich bis morgen früh den Plan für das Herzogsschiff fertig haben, weil der Baumeister nach St. Honorine abreist, um mit dem Bau des Schiffes zu beginnen. Das Eichenholz und den Stamm einer kerzengeraden Föhre nimmt er von unserem Wald bei Rouen mit; so will ich es!

Irgendwann aber muß ich mit Robert sprechen. Er vernachlässigt seine Studien jetzt ganz und treibt sich den lieben langen Tag in den Wäldern umher, wo er mit seinen Freunden „Seekrieg" spielt. Richard ist zu einem Erbauer kleiner Schiffe geworden, denn er schnitzt sich lauter Schifflein aus Holzresten, die er auch selbst bemalt. Sechs davon hat er schon fertig, und in den Finger geschnitten hat er sich auch. Er ist in letzter Zeit sehr gewachsen, und wenn man ihn neben Cäcilie sieht, glaubt man, diese wäre seine jüngere Schwester.

Später

Ich habe nun das Heck des Herzogsschiffes fertig entworfen. Es soll dort die goldene Figur eines Kindes angebracht werden, das in ein Horn bläst und in der anderen Hand eine winzige Lanze mit dem herzoglichen Banner hält. Auf dem Mast wird eine wunderbare Laterne angebracht, die den anderen Schiffen als Leuchtfeuer dienen soll. Die will ich aber selbst – mit meinen eigenen Händen – anfertigen.

Rouen, Ostersonntag, am 16. des Ostermonds 1066

Es war ein klarer, sonniger Tag. Im Herzogsgarten blühen Veilchen und Narzissen, und Odo ist aus Bayeux gekommen und durfte die Messe lesen, weil Maurilius sich unwohl fühlte. Ich glaube, der Erzbischof ist zu asketisch, gönnt sich nicht genug Schlaf und fastet auch während der Karwoche zu viel. Ich muß seinetwegen einmal mit Wilhelm sprechen, wenn mir Zeit dazu bleibt. Odo verstand es, die versammelte Gemeinde in helle Begeisterung zu versetzen. „Es ist das Jahr des Aufbruchs – das Jahr der großen Siege, das uns mit der Hilfe des Herrn in die Glorie führen wird!" Oft denke ich: Wenn doch schon alles überstanden wäre!

Meine größte Osterfreude war ein Brieflein von Wilhelm, das er mir aus Ponthieu geschickt hatte. „Alles geht nach Wunsch. Dein Vater hat eine Botschaft an König Philipp gesandt, von der ich mir viel verspreche. Eustachius ist Feuer und Flamme für das Unternehmen und will eine meiner Armeen anführen. Ich habe ihn mit Vorbehalt angenommen und seinen ältesten Sohn als Geisel verlangt. Dieser ist in Richards Alter. Ida wird ihn im Sommer zu uns bringen. Auch Guido von Ponthieu will mir beistehen und Krieger schicken. Ich breche morgen nach Fécamp auf. Dir und den Kindern wünsche ich ein gesegnetes Auferstehungsfest. Wenn ich heimkehre, habe ich eine Überraschung für Dich; kannst Du sie erraten? Ich küsse Deine Hände. Wilhelm." Wie immer, wenn ich ein Schreiben von ihm erhalten habe, las ich es viele Male und preßte es an meine Wange. Nun läßt mich die Neugier nicht los, und ich zerbreche mir den Kopf darüber, was für eine Überraschung er im Sinn haben mag. Sicher wird er in dieser unruhigen Zeit nicht an einen Besuch in St. Wandrille denken!

Später

Soeben traf ein Normanne aus England ein, der erst jetzt geflohen ist. Er sagte, König Harald sei zum Osterfest von York nach London gereist, um seine Krone dort zu tragen. Ob es die Krone ist, die einst Wilhelms Haupt zieren wird?

Rouen, Sonntag, am 23. des Ostermonds 1066

Nun ist Wilhelm schon seit einigen Tagen zurück, aber ich habe bislang noch keine Zeit zum Schreiben gehabt. Wir haben jetzt viel wegen der bevorstehenden Einweihung der Abtei zu besprechen. Wilhelm hat bestimmt, daß Cäcilie an diesem Tag als Nonne geweiht werden soll. Als er mir das sagte, war ich ganz erschrocken und rief aus: „Ist das etwa deine Überraschung, daß du mir das Kind wegnehmen willst?" Er lachte und sagte: „Nein, du sollst kein Kind verlieren, Mora, sondern eines gewinnen!" Dabei blitzten seine Augen übermütig. Ich verstand seine Worte nicht, und da versicherte er mir, daß Cäcilie nach der Weihe wieder heimkehren werde, bis sie alt genug sei, als Nonne aufgenommen zu werden. Ich solle alles weitere mit der Äbtissin Mathilde besprechen, wenn wir in Caen seien, und ich dürfe die Neuigkeit jetzt auch Cäcilie überbringen. „Wie wird sie sich freuen, Wilhelm!" Er nickte still und sah mich verheißungsvoll lächelnd an. Auf einmal durchzuckte mich ein freudiger Schreck; ich fühlte, daß er jetzt an seinen lang erwarteten vierten Sohn dachte. Es war, als könnte ich seine Gedanken lesen. „Wilhelm", fragte ich, „wolltest du mir noch etwas sagen?" Dabei legte ich meine Arme um seinen Hals. „Ja", sagte er. „Ich muß vor der Feier, die in Caen stattfinden wird, noch in die Bretagne und dann hinunter nach Nantes. Danach bleibe ich im Lande, bis die Eroberung beginnt."

Er machte eine Pause und fragte mich dann: „Möchtest du mich zum Mont-Saint-Michel begleiten?" Ich öffnete vor Überraschung meinen Mund, den er mir – wie schon manches Mal – lächelnd zuklappte. „Wilhelm – ich soll den Mont-Saint-Michel selbst sehen? Wirklich? Wie sehr ich mir das immer gewünscht habe!" Er zog mich auf seine Knie und sagte: „Manchmal nehme ich mir ein Spielzeug auf die Reise mit, damit es mir nicht zu langweilig wird." Ich habe recht gehabt: Er möchte bald seinen vierten Sohn haben. Als ich ihn wegen Klein-Adelaide fragte, ließ er sie sich bringen, und sie durfte zu ihrem Entzücken eine Weile auf seinen Knien tanzen. „Papà!" rief sie ganz deutlich aus. Sie ist nun bald ein Jahr alt. „Ich hätte dir gern etwas länger die Muttermilch gegönnt", sagte er ihr, „doch du bist ein Opfer der Umstände, meine Tochter. Es gilt ein Königreich zu erobern, und du mußt von nun an von Geißen- und Kuhmilch gespeist werden." Sie jauchzte zu seinen Worten und überzeugte ihn davon, daß sie gesund und kräftig sei. „Wann geht es auf die Reise?" fragte ich erwartungsvoll. „In etwa einem Monat. Zuerst habe ich noch manches hier zu erledigen." Ich bin in einem Zustand seliger Vorfreude – so als ob der Krieg gar keine Wirklichkeit sei. Noch liegt er in der Zukunft, und noch habe ich Wilhelm bei mir – vielleicht zwei ganze Monate lang!

Rouen, Montag, am 24. des Ostermonds 1066

Heute habe ich alle Kinder zu mir kommen lassen, auch Judith; nur Adi war fort. Sie hat jetzt Unterricht in der Klosterschule von St. Ouen. Adele saß auf meinem Schoß, und Rufus zog dauernd an ihrem Zeh, so daß sie lachte und fast von meinem Schoß gerutscht wäre. „Seid nun einmal ruhig", gebot ich, „denn ich habe euch etwas Wichtiges wegen unserer Cäcilie zu sagen." Da horchten sie alle auf. Als sie erfuhren, daß Cäcilie ins Kloster gehen werde, waren sie zuerst erschrocken. „Sie bleibt aber noch nicht dort", beruhigte ich sie alle; „wir wollen sie nur weihen lassen, und dabei wird sie auch zum ersten Male die heilige Kommunion empfangen." Agathe schaute mit andächtigem Blick auf ihre Schwester, dann sagte sie zu mir: „Ich will auch geweiht werden und mit Cäcilie ins Kloster gehen, Mamà! Ja, das möchte ich!" Sie sah zum ersten Male wieder hoffnungsvoll aus. Da fiel ihr Robert ins Wort: „Wir können doch nicht all unsere Mädchen im Kloster verschwinden lassen. Zuerst Margarete, und jetzt meine eigenen Schwestern!" Empörung spiegelte sich auf seinem Gesicht. „Ich kann dies nicht entscheiden, Agathe", sagte ich; „da mußt du den Vater fragen." Sie kehrte auf der Stelle um und lief davon. „Und dann zieht sie ein richtiges Nonnenkleid an?" fragte Richard grinsend. „Ja, wir müssen eigens eines für sie fertigen lassen." – „Haste das denn nachher immer an?" wollte Rufus wissen. Cäcilie sah fragend zu mir auf. „Nein, natürlich nicht", sagte ich; „sie ist ja noch keine wirkliche Nonne." – „O ja, Mamà, wenn ich geweiht werde, dann bin ich das schon!" wandte Cäcilie ein. „Nonne!" wiederholte Adele, indem sie mich verschmitzt ansah. Was sie sich wohl darunter vorstellen mag?

Rouen, Dienstag, am 25. des Ostermonds 1066

Ich bin heute früh mit Wilhelm ausgeritten, was ich jetzt oft tue. Das frühe Aufstehen gefällt mir gut, denn es gibt nichts Herrlicheres, als bei Tagesanbruch durch den Wald oder am Flußufer entlangzureiten, wenn die Natur langsam aus ihrem Schlaf erwacht. Alles ist noch so still, so unberührt, und ein ganz eigener Duft liegt über dem Land. „Wie weit ist mein Schiff?" fragte er mich neckend. „Sie sind schon dabei, es zu zimmern", versicherte ich ihm; „es wird aus Bäumen von unserem Wald gefertigt, und ich habe eine der schönsten Föhren als Mast ausgesucht." – „Ist es größer als die anderen Schiffe?" – „Ja, viel größer, mit einem höheren Mast, so daß deine Laterne allen anderen Schiffen voranleuchten kann." – „Welche Farbe soll es haben?" – „Das ist ein Geheimnis!" – „Hat es mein Wappen?" – „Du wirst es dann schon sehen." – „Und wie soll es heißen?" – „Das ist das allergrößte Geheimnis." – „Wie sehr ein Weib ihren Mann quälen kann", neckte er weiter. Dann schwiegen wir eine Weile und hörten dem Morgenlied der Vögel zu, während wir im mäßigen Trab dahinritten. Rechts von uns begann sich das Wasser der Seine zu röten: Die Sonne ging auf. Wilhelm hielt sein Pferd an und schaute auf das Weideland, das sich vor uns ausbreitete und über dem sich langsam der rote Sonnenball erhob. Plötzlich sagte er: „Da bewegt sich etwas in der Nähe der Sonne." Ich schaute in die Richtung seiner ausgestreckten Hand und sah tatsächlich ein kugelähnliches Gebilde an der Sonne vorbeiziehen, das ebenfalls rot schimmerte. Allmählich entschwand es unseren Blicken. „Was kann das sein, Wilhelm?" fragte ich erstaunt. „Wir müssen unseren Sterndeuter fragen", meinte er; „es könnte sich um einen Kometen handeln." – „Daß man ihn aber am hellen Tage sieht!" sagte ich verwundert.

Agathe hat jetzt öfter heftige Wortgefechte mit ihrem Vater, denn Wilhelm will sie keineswegs in ein Kloster geben. „Eine ist genug! Die anderen sollen sich vermählen." – „Ich vermähle mich aber nie – nie!" rief sie mit blitzenden Augen; „mehr als einmal will ich solches nicht erleben. Es ist ja doch keiner so wie Ihr, Papà!" Wilhelm aber ließ sich nicht umstimmen. „Man geht nicht deshalb ins Kloster, weil man von den Menschen enttäuscht worden ist." – „Das will ich ja auch nicht. Auch sonst wollte ich das schon immer gern." – „Wenn ich ‚nein' sage, so bleibt es dabei." – „Dasselbe werde ich *Euch* sagen, wenn Ihr mich wieder vermählen wollt!" Vater und Tochter sahen sich fest in die Augen, keiner von beiden im geringsten nachgebend. „Ich habe mir da ein tückisches Ei ausgebrütet", sagte er schließlich zu mir. „Wo hat sie diesen Starrsinn her?" Auch mit Robert gibt es Auseinandersetzungen. Wilhelm erklärt ihm fortwährend, wie wichtig es für einen künftigen Herzog sei, klug und belesen zu sein und etwas von den Wissenschaften zu verstehen. Robert lernt nur das, was ihm Spaß macht, das aber auch gut. Wilhelm hat ihn jetzt für drei Tage in sein Zimmer sperren lassen, bis er gewisse Lektionen im Gedächtnis hat, und Robert wütet so arg, daß sich sein Diener kaum zu ihm hineinwagt. Mein Gott, wie anders war es doch, als er noch so klein und unser ganzes Entzücken war! Aber im heranwachsenden Alter sind wohl alle Kinder schwierig. Sie sind nicht mehr ganz Kind, und in die Welt der Erwachsenen passen sie auch noch nicht hinein.

Später

Es gab am frühen Abend eine große Aufregung. Ein Page kam nach dem Abendessen, das wir heute ein wenig später einnahmen als sonst, in den kleinen Saal gestürzt und rief: „Sire – Madame – sie sind alle draußen, wo ein feuriger Komet am Himmel fliegt!" – „Also doch!" sagte Wilhelm. Dann nahm er mich bei der Hand, öffnete die Tür zur Terrasse und blickte in den Nachthimmel, der zum Teil von Wolken bedeckt war. Wir sahen zuerst gar nichts, doch als wir uns umdrehten und in Richtung des Schloßhofs gingen, sahen wir hinter der dünnen Wolkenwand einen hellen Schein, der langsam verblaßte. Die anderen hatten den Kometen am unbedeckten Nachthimmel gesehen und sprachen alle in höchster Erregung durcheinander: „Das hat etwas zu bedeuten!"

– „Kometen bringen Unglück..." – „...oder auch großen Aufstieg!" – „Wenn ein Komet erscheint, gibt es Krieg." – „Das wissen wir ja eh, daß wir Krieg haben werden..." Wilhelm hat jetzt den Sterndeuter vom Hof damit beauftragt, den Lauf des Kometen zu verfolgen, der sich länger in Erdnähe aufzuhalten scheint. Ich will nun zu den Kindern und muß dann noch meine Pläne für morgen machen.

Rouen, Donnerstag, am 27. des Ostermonds 1066

Der Komet[4] ist das Gespräch des Tages! Gestern stiegen wir um die Zeit der Abenddämmerung alle auf die Schloßtürme, aber es war nichts zu sehen. Schließlich gingen wir wieder hinunter, ließen aber einige Diener und Michael, unseren Sterngucker, oben, damit sie uns Bescheid sagten, falls das seltsame Gestirn wieder erschiene, denn es war eine klare Nacht und nahezu Neumond. Nach etwa zwei Stunden hörte ich großes Geschrei und wußte sofort, daß es wegen des Kometen sein müsse. So schnell uns die Füße trugen, eilten wir alle hinauf. Es war ein unbeschreibliches Schauspiel, das sich uns bot: Der Komet hatte einen glühenden Kopf, wie von geschmolzenem Eisen, und einen kurzen Schweif, der in drei Teile gespalten war; er sah grausig aus, haarig, so als bestünde der Schweif aus den aufgelösten Haaren einer Frau – nur ganz feurig. Und aus dem Kopf züngelten nach Süden hin schreckliche Flammen. „Nun kommt das Jüngste Gericht – das ist der Anfang vom Ende!" hörte ich eine Stimme jammern. Es war Clothilde. Wilhelm sagte nichts; er schaute mit fast verzücktem Blick auf das Phänomen, bis es unserer Sicht entschwunden war. Das Unheimlichste daran war, daß der Nachthimmel ganz hell wurde – so als ob die Sonne gleich aufgehen sollte; nur kam die Helligkeit nicht von Osten, sondern von Süden. Ich merkte, wie mein Herz schneller zu schlagen begann, und griff nach Wilhelms Hand. „Wenn der Komet herabfällt, was dann, Wilhelm?" – „Das werden wir dann schon sehen", meinte er lächelnd. „Wenn er ins Meer fällt, gibt es ein großes Zischen!" Richard begann zu lachen und sagte: „Den hat der liebe Gott aber ganz gewaltig gemacht, nicht wahr, Papà?" – „Ja, mein Sohn – und in den Himmelsgärten gibt es noch viel gewaltigere Dinge zu sehen." Es wurde wieder dunkel, und man sah die Sterne am Himmel schimmern. Frieden senkte sich über die Stadt; doch in den Straßen lief das Volk noch lange umher und vergaß ganz die Sperrstunde, so daß die Wächter noch einmal ihre Runde mit der Glokke machen mußten. Michael sagt, aus den Sternbüchern habe er ersehen, daß ein solch feuriger Komet eine Umwälzung in den Häusern der Könige bewirke – so sei es schon bei den alten Kulturen gewesen. „Ihr habt wahr gesprochen", sagte Wilhelm; „eine Umwälzung wird es geben."

Über all diesen Aufregungen bin ich mit meinen Pflichten etwas in Rückstand geraten. Cäciliens Ausstattung macht mir jetzt manche Sorge. Die Näherin hat schon das erste Gewand verschnitten, eben weil das Kind so klein ist. Sie soll ganz so wie eine Nonne gekleidet sein, aber der Stoff ist fast zu schwer für die zarte Gestalt.

Wilhelm hat an den Heiligen Vater geschrieben und ihm für seine Unterstützung gedankt. „So wahr mir Gott helfe", beschloß er seinen Brief, „Ihr werdet dasselbe Aufblühen der Kirchen und Klöster in England erleben wie hier in der Normandie!" Sobald meine Abtei fertig ist, soll auch ich dem Papst schreiben und ihm ausführlicher darüber berichten. Ich will ihm dann mitteilen, daß wir eine unserer Töchter Gott geschenkt haben.

Später

Soeben ist Odo von der Champagne eingetroffen. Er will den Abend auf dem Schloßturm verbringen und dort – wenn nötig – viele Stunden warten, bis der Komet erscheint, der jede Nacht zum Tage macht. Adi – ich weiß nicht, wo sie so plötzlich hergekommen war – rief sogleich: „Ich komme mit Euch, ja, darf ich?" Odo sah belustigt in das frische Mädchengesicht und meinte: „Es wird mir ein Vergnügen sein, Mademoiselle!" Ich mag den jungen Grafen sehr gern und kann verstehen, daß Adi ihn so tief bewundert.

Rouen, Sonntag, am 30. des Ostermonds 1066

Es haben sich schon mehrere Sterndeuter zusammengetan, die meinen, dieser Komet sähe so aus, wie schon die alten Griechen einen beschrieben hätten. Heute nacht war er näher als sonst, und es war wieder sehr klar, so daß sein feuriger Schweif über den ganzen Horizont streifte. Die letzten beiden Tage war es wolkig, und wir merkten nur, daß es heller wurde; den Komet selbst aber konnten wir nicht sehen. Graf Odo hat Adi gesagt, daß dies ein widerspenstiger Stern sei, der sich vom Himmelszelt losgerissen und durch seinen schnellen Lauf entzündet habe. „Sterne sind doch aber nicht lebendig so wie Seelen", warf Judith ein, worüber Wilhelm lachte. „Nun höre einmal", rief Richard aus; „wenn dieser Komet nicht lebendig ist, dann lebt überhaupt gar nichts!" Er schleicht sich oft an den Magister Michael heran, der ihm gern mehr erzählt. „Ihr dürft Euch glücklich schätzen, junger Herr", hat dieser ihm gesagt, „denn seit ich lebe – und das ist schon sehr lange –, habe ich noch nie einen solchen Kometen gesehen. Das geschieht nur ganz, ganz selten, und danach ereignet sich immer etwas Großes – oder auch Furchtbares." – „Ja, ja!" rief Richard begeistert aus; „wir landen mit 1000 Schiffen in England!"

Rouen, Montag, am 1. des Wonnemonds 1066

Heute haben wir Nachricht vom französischen König erhalten, das heißt, er hat den Brief nur unterschrieben; aufgesetzt haben ihn wohl seine Ratgeber. Der Graf von Flandern, so hieß es in dem Brief, habe dem König versichert, daß der Herzog, solle er König werden, die Regierung der Normandie seinem ältesten Sohn übergeben werde und daß England und die Normandie künftig – als verschiedene Länder –

von je einem seiner Söhne regiert würden. Unter diesen Bedingungen wolle der König den Herzog an seinem Unternehmen nicht hindern. Wilhelm zog belustigt die Augenbrauen hoch und sagte: „Teilnahmslose Unterstützung ist besser als teilnehmender Widerstand." Auf jeden Fall wird Frankreich sich ruhig verhalten. Eudo von Penthièvre schrieb Wilhelm gestern, daß sein Neffe Conan ernstlich erkrankt sei; dieser habe ihm vorerst die Regierung übergeben und schriebe sein Unglück dem Kometen zu. „Der Herr räumt mir die Widersacher aus dem Weg", sagte Wilhelm, und es lag stille Dankbarkeit in seinen Augen. Wo wir hinblicken, ist der Weg geebnet, und immer mehr Freiwillige strömen in das Land. Wilhelms Generale sind vollauf beschäftigt, sie alle unterzubringen, auszubilden und den Adligen unter ihnen einen bestimmten Anteil an der Kriegsbeute zu versprechen. Einige wollen Land, andere Gold, wieder andere eine hübsche angelsächsische Maid zur Frau.

An den Kometen haben wir uns gewöhnt. An klaren Nächten staunen wir die Erscheinung an und fragen uns, wie lange er noch unseren Nachthimmel erleuchten mag. Es muß wirklich etwas zu bedeuten haben; ein solches Schauspiel zeigt Gott uns doch nicht umsonst!

Rouen, Mittwoch, am 3. des Wonnemonds 1066

Ich freue mich jetzt sehr auf die Reise. Zwar gibt es vorher noch viel, viel zu tun, aber jeder Tag bringt gute Nachrichten. Wilhelms Flotte wächst an, und die Begeisterung im ganzen Volk ist groß. Wilhelm läßt sich oft sehen, ermutigt alle, spricht ihnen ermunternd zu, verteilt Geschenke an die emsig Arbeitenden, und heute hat er mehrere Barone aus der Bretagne empfangen. Eudo hat nicht kommen können, doch Wilhelm wird ihn selbst aufsuchen, ehe er nach Nantes weiterreist. Wir haben Hawises Sohn Alan und die Herren von Dinan, Vitré und Château-Giron zu Gast. Sie sprechen ein ulkiges Französisch, das Richard manchmal nachzuahmen versucht, wodurch er seine Geschwister zum Lachen bringt. Er ist ein guter Mime.

Das Söldnerheer wächst täglich an, und es finden von morgens bis abends Gefechtsübungen statt. Wir haben bereits Krieger aus Flandern, Maine, Frankreich, Anjou, Poitou, der Bretagne, Aquitanien, Burgund, Deutschland, den Alpenländern und Italien angeworben. Dies wird weiß Gott kein normannischer Feldzug, sondern ein Aufbruch des christlichen Abendlandes gegen den heidnischen Norden. Man sagt, daß heidnische Bräuche und Göttervorstellungen dort noch längst nicht ausgestorben seien.

Rouen, Freitag, am 5. des Wonnemonds 1066

Der Komet wird allmählich kleiner – er scheint sich zu entfernen. Man kann ihn aber noch deutlich sehen. Heute ist der Himmel bewölkt, es sieht sogar nach Regen aus. Der Komet scheint auch das Wetter verändert zu haben; es ist viel wärmer als sonst im Wonnemond, und die Sommerblumen blühen zum Teil schon. In den nächsten Tagen und

Wochen werde ich wenig Zeit zum Schreiben haben, was mir leid tut, denn gerade jetzt gäbe es so viel zu berichten; es sind so viele ungewöhnliche Leute am Hof. Taillefer unterhält sie alle, denn Bouboule ist schon seit längerer Zeit nicht mehr bei Kräften. Wir vermissen seine Lieder sehr. Was hätte er in einer Zeit wie dieser sonst alles erdacht! Klein-Adelaide kann schon einige Schritte allein laufen. Sie ist ein munteres Kind, und Adele ist so vernarrt in ihr Schwesterlein, daß sie es oft viel zu kräftig drückt. Welch ein Reichtum doch die eigenen Kinder sind!

Rouen, Sonntag, am 14. des Wonnemonds 1066

Weitere aufregende Nachrichten haben uns erreicht – und zwar durch einen Boten von der Insel Wight. Tosti sei dort gelandet und habe von der Insel aus mit seinen Schiffen die Küste von Sussex und Kent angegriffen. Dabei hätten seine Krieger viel geplündert und gemordet. Doch die Bevölkerung bliebe ihrem König treu; Tosti sei gescheitert – wie Wilhelm es richtig vorausgesagt hat. Soviel der Bote hat in Erfahrung bringen können, soll Tosti die Absicht haben, nach Flandern zurückzukehren. „Der Wind stand jedoch nicht günstig", sagte jener; „er wehte immer noch von Süden und wird ihn eher nach Dänemark oder Schottland treiben." Wilhelm hat mich nun gebeten, sofort an Papà zu schreiben, damit er Tosti das Handwerk legt und ihm auf keinen Fall weitere Unterstützung gewährt. „Die Küste ist gut bewacht", meinte Wilhelm; „soviel haben wir erfahren."

Wilhelm hat die Einweihung meiner Abtei vertagt; er will erst abwarten, ob noch weitere Nachrichten wegen Tosti eintreffen. Die Feier wird nun zwei Wochen später stattfinden.

Der Komet hat sich während der letzten Woche nicht mehr gezeigt, und ich bin recht erleichtert darüber wie auch alle anderen. Nur die Kinder sind enttäuscht. „Der Komet war schöner als alle Jongleure und Bären und Affen – und überhaupt alles!" sagte Richard. Ich selbst habe jetzt etwas anderes, was mich mehr ergötzt und beschäftigt als der Komet: die Laterne für Wilhelms Schiff. Ich habe schon aufgezeichnet, wie groß sie sein soll. In ihr soll ein Öllicht brennen, das in einem durchsichtigen Glasgehäuse eingeschlossen ist; an allen vier Seiten soll ein Kreuz auf das Glas gemalt werden, und auch ganz oben soll noch ein Kreuz auf dem Dach der Laterne stehen, damit dieses heilige Zeichen Wilhelms Schiff und alle anderen Schiffe überragt. Ich will das Kreuz selbst aus starkem Holz schnitzen, und sobald das Glas geschnitten worden ist, will ich es zusammenleimen und die Kreuze aufmalen. Wilhelm weiß nichts hiervon. Ich möchte gern, daß er etwas von mir mitnimmt, was ich mit meinen eigenen Händen gefertigt habe.

Rouen, Dienstag, am 16. des Wonnemonds 1066

In wenigen Tagen schon brechen wir nach dem Mont-Saint-Michel auf, und vorher werden wir kurz Caen aufsuchen, um uns davon zu überzeugen, daß alles für die große Feier vorbereitet worden ist.

Es gab heute eine erneute Verhandlung wegen St. Philibert; die Sache zieht sich lange hin! Wenn ich sie nur bald zu Ende bringen könnte! Mir scheint, daß Roger von Beaufou mit seinen Behauptungen recht hat, aber Wilhelm mißtraut ihm. Und wenn er solche Zweifel hegt, will ich lieber noch warten, ehe ich darüber entscheide.

Cäciliens Ausstattung ist immer noch nicht fertig, obwohl die Näherin emsig bei der Arbeit ist. Sie hat einen Schleier genäht, wie ihn die Nonnen bei der Weihe tragen. Der wird auf eine ganz bestimmte Weise gerafft, was nicht leicht zu nähen ist. Ich kann so etwas nicht gut; es fällt mir viel schwerer als das Sticken. Cäcilie freut sich sehr auf den nächsten Monat und die Reise. Ich glaube, Wilhelm wird, bis auf die beiden Kleinen, alle Kinder mitnehmen. Richard erheitert uns manchmal, wenn er in seiner kindlichen Art den Nagel auf den Kopf trifft. Als die Männer der Curia neulich in Gegenwart unserer Kinder davon sprachen, was alles auf die Schiffe verladen werden müsse: Bogenschützen, Bauern, Tischler, Baumeister, Schmiede, Handwerker, Pferde und andere Tiere, sagte er plötzlich: „Das wird eine richtige Arche Noah!"

Mont-Saint-Michel, Montag, am 22. des Wonnemonds 1066

Es war eine lange Reise, die wir nur zwei Tage lang in Caen unterbrachen. Meine Kathedrale ist ein Wunderwerk, und ich kann es kaum abwarten, dem Heiligen Vater darüber zu berichten. Ich will auch eine Zeichnung beilegen, damit er sie richtig vor Augen sieht. Von der Äbtissin Mathilde halte ich das Beste; sie wird eine gute Mutter für die dortigen Nonnen sein. Ich habe mit ihr besprochen, welcher Flügel der Abtei für Gäste vorgesehen werden soll, denn die Edelfrauen vom Hof und auch solche aus anderen Städten sollen dort Tage der inneren Einkehr verbringen können.

Aber nun muß ich vom Mont-Saint-Michel berichten und von der letzten Wegstrecke, die wir zurücklegten. Ich weiß jetzt, warum es nicht ungefährlich ist, dorthin zu gelangen. Als die Abtei gebaut wurde, erstreckten sich die ausgedehnten Wälder von Scissy bis hierhin. Doch später überschwemmte das Meer einen großen Teil der Wälder, so daß der Mont-Saint-Michel zu einer Insel wurde. Man erzählte uns, daß schon viele Pilger, die diese heilige Stätte aufsuchen wollten, in dem häufig vorhandenen Triebsand umgekommen seien. Auch jetzt ist es noch gefährlich, und die Reisenden erhalten einen Führer, der ihnen voranreitet. Dieser wartete schon auf uns, als das Schiff anlegte und wir über lange Planken an den feuchten Strand schritten. Wilhelm hatte Bucephalos mitgenommen und ich meinen neuen Schimmel Marisa. Als wir ein Stück des Weges geritten waren, wobei der lose Boden unter uns oft gluckste, sah ich Wilhelm auf Bucephalos an einer Wegbiegung nach links reiten, während der Führer weiter geradeaus ritt. Dieser rief Wilhelm zu, ihm zu folgen, aber Wilhelm meinte, er könne seinem Pferde trauen, das nicht weiter vorwärtsgehen wolle. Ich folgte natürlich Wilhelm und merkte, daß der Boden nach einer Weile fester wurde.

Der Führer war in einiger Entfernung stehengeblieben und sah uns ziemlich ratlos nach, denn auch die anderen folgten Wilhelm. Schließlich ritt er hinter uns her. „Dies ist ein langer Umweg, Sire", rief er Wilhelm zu, „und alles ist zugewachsen; da werdet Ihr nicht durchkommen." – „Wir wollen es versuchen", sagte Wilhelm ruhig, und tatsächlich bahnte Bucephalos uns den Weg. Es waren schmale Fährten, die er entdeckte; oft streiften die Zweige unser Gesicht, aber wir kamen durch. Der Führer sagte später, daß die letzte Flut sehr heftig gewesen sei und den Boden mehr als üblich aufgeweicht habe; vielleicht habe der Herrgott heute ein Unglück verhütet. Ich dachte an den Feldzug vom Jahre 1064, als Harald einige Leute aus dem Triebsand gezogen hatte. Das war hier ganz in der Nähe gewesen, wo der Couesnon ins Meer mündet. Als wir vor der Abtei angelangt waren, klopfte ich dankbar Bucephalos' Hals. „Wenn Ihr diesen mit nach England nehmt, Sire, brauche ich mich nicht zu sorgen", sagte ich. Doch Wilhelm schüttelte den Kopf. „Bucephalos bleibt in der Normandie!" – „Sire!" rief ich verwundert; „er hat Euch mehr als einmal das Leben gerettet!" – „So ist es", meinte Wilhelm; „deshalb will auch ich ihm das Leben retten!" Das verstehe ich nun nicht, aber Wilhelm sagte nichts weiter darüber.

Auf den Stufen der Benediktiner-Abtei stand der Abt, der uns mit bewegten Worten willkommen hieß. Es wurde langsam Abend, und wir saßen im großen Refektorium zur gemeinsamen Mahlzeit. Dabei erfuhr ich mehr über die Entstehung dieser Abtei. Der hl. Aubert hatte im Jahre 708 einen Traum gehabt, in dem ihm der Erzengel Michael erschienen war; der trug ihm auf, an dieser Stelle eine Kapelle errichten zu lassen. Schon in alten Zeiten war dieser Felsen ein Ort der Anbetung gewesen, als hier noch die Druden lebten; damals stand hier ein heidnischer Tempel. Es war Wilhelms Urgroßvater, Herzog Richard I., der 966 die Benediktiner-Abtei errichten ließ; sie feiert jetzt ihr 100jähriges Bestehen. Es kommen daher in diesem Jahre viele Pilger hierher. Während der Herzog zugegen ist, müssen sie jedoch auf dem Festland bleiben. Als wir zur Zeit des Sonnenuntergangs einen Rundgang machten, sahen wir, daß die alte, von Herzog Richard erbaute Kirche ziemlich abgesunken ist; sie liegt erheblich tiefer als die Abtei selbst. „Ich werde eine neue errichten lassen", versicherte Wilhelm dem Abt. Sie besprachen daraufhin, ob der Granit vom Mont-Saint-Michel dazu genügen würde, kamen aber überein, daß mehr Granit von einer nahegelegenen Kanalinsel herbeigeschafft werden solle.

Übermorgen findet die Hundertjahrfeier statt, bei der Wilhelm und ich mit allen Rittern im großen Gästesaal speisen werden.

Mont-Saint-Michel, Dienstag, am 23. des Wonnemonds 1066

Wir wohnen in einem großen Raum des Gästeflügels, in dem ein ziemlich breiter Eichenholztisch und hohe Lehnstühle stehen; und abgeteilt hinter einem Vorhang liegt der Schlafraum mit einem breiten Bett, Wandnischen und Fellen am Boden. Glasfenster sind erst im vorigen Jahr eingesetzt worden, wie uns der Diener stolz erzählte. Die Fenster führen nach Westen auf das Meer hinaus, das sich endlos vor unseren Augen erstreckt. Gen Nord, Süd und Ost liegt das Festland, das den Felsen von drei Seiten umgibt. Bei Ebbe kann man auch weiter hinausgehen oder -reiten, denn das Wasser weicht ganz zurück, so daß der Fels dann inmitten einer Sandwüste liegt. Doch gibt es seichte Stellen, in denen man versinken kann. Reiten kann Wilhelm hier am Morgen nicht, denn es gibt keine Wege – nur das Gestrüpp, durch das wir uns hindurchgekämpft hatten. Aber er steht weiterhin früh auf, während ich es mir dieser Tage etwas bequemer mache. Es ist so herrlich, sich einmal nicht um den großen Haushalt, die Kinder, die Kriegsvorbereitungen und andere Dinge sorgen zu müssen, sondern nur Gast zu sein und so viel Schönes zu sehen! Als ich heute morgen aufwachte und den Vorhang etwas zurückschob, sah ich Wilhelm am Fenster stehen und mit stillem Blick auf das Meer hinausschauen. Ich trat leise zu ihm und sagte ihm guten Morgen. Er grüßte mit leichtem Kopfnicken und schaute dann wieder hinaus.

Ich stieg auf den hohen Lehnstuhl, der neben ihm stand, damit ich besser sehen konnte, denn ich reiche nicht an die hochgelegenen Fenster heran. Jetzt konnte ich auf ihn herabblicken, während ich sonst immer zu ihm aufsehen muß. Ich strich über sein Haar und legte meine Hände um seinen Nacken. „Woran denkst du, Wilhelm?" – „An das Land, das dort in weiter Ferne liegt." – „An England?" – „Nein, England liegt gen Norden – aber im fernen Westen soll ein Land liegen, von dem die alten Wikinger oft sprachen. Herzog Rolf erzählte seinen Leuten davon." – „Das ist sicher nur eine Legende?" meinte ich. Er zuckte leicht mit den Achseln. Dann sagte er: „Mir träumte heute nacht, daß unsere Nachkommen dort einmal siedeln werden – gottesfürchtige Menschen, die sich nicht von einem König oder Kaiser regieren lassen, sondern – ähnlich wie die alten Griechen – ihre eigenen Gesetze machen, so wie ihr Gewissen es ihnen eingibt." Er sagte das sehr ernst, während seine Augen weit fort zu sein schienen – so als schaue er in eine ferne Zukunft. „Wilhelm, wenn es ein solches Land wirklich gibt, sollten wir nicht lieber dorthin als nach England?" Er schaute lächelnd zu mir auf: „Wie aber, wenn es eine Wildnis wäre und wir zuerst Urwälder roden müßten?" – „Ach, so meinst du das!" sagte ich ein wenig enttäuscht. Er blickte mich leicht belustigt an, wie ich da in meinem langen Hemd, mit aufgelösten Haaren, auf dem Lehnstuhl stand. „Wir haben noch Zeit bis zur Versammlung mit den Prälaten", sagte er, „und es ist

Ebbe. Wollen wir ein wenig wattlaufen?" – „O ja!" rief ich begeistert, „aber wo, Wilhelm? Man kann uns doch von überall sehen." – „Nicht, wenn wir dicht hinter dem Mauerwerk bleiben."

Ich hatte mich schnell angezogen, und dann sind wir – von einem Diener geführt – die hintere Treppe hinuntergegangen, durch das Tor und dann einen schmalen Pfad hinab bis an den feuchten Strand. Wir gingen Hand in Hand, während unsere Füße im Schlick versanken. Es war fast so herrlich wie damals bei unserem ersten Besuch in Caen – als wir noch jung waren und keine Kinder hatten. Ich hätte ewig so weiterlaufen können, obgleich meine Füße allmählich müde wurden; doch der Stand der Sonne zeigte uns, daß wir zurückkehren mußten. „Morgen, nachdem die große Feier vorbei ist", sagte Wilhelm, indem er meine Hand drückte, „feiern wir zwei für uns allein." – „Wie denn, Wilhelm?" Er zog mich dicht an sich heran und sagte: „So!" Da verstand ich, was er meinte, und erwiderte zärtlich den Druck seiner Hand. Dieses Mal soll es bestimmt ein Knabe werden!

Mont-Saint-Michel, Mittwoch, am 24. des Wonnemonds 1066

Heute muß ich mich festlich kleiden und meinen fürstlichen Schmuck anlegen. Ich habe eine liebe Dienerin hier, die in bretonischer Mundart spricht; sie kommt aus einem Dorf in der Nähe von Dôle und dient den Gästen. Da sie sehr gesprächig ist, erfahre ich von ihr allerlei über dieses wilde Land jenseits des Couesnon. Ich glaube fast, es herrschen dort noch druidische Bräuche. Gisla, wie sie heißt, behauptet fest, daß sie des öfteren Feen im Wald gesehen habe. „Mein Oheim weiß auch, wie man in Zeiten der Dürre Regen herbeizaubern kann", sagte sie. „Erzähle mir, wie er das macht", forderte ich sie auf. „Bei Brecheliant gibt es einen Zauberstein, dem ein unterirdischer Brunnen entspringt", sagte sie im Flüsterton. „Mein Oheim und andere Geweihte gehen dann zu dem Bach, der aus jenem Bronn quillt, füllen ihre Hörner damit und gehen zu dem magischen Stein, wo sie das Wasser aus ihren Hörnern herabtropfen lassen; und ganz bald darauf regnet es!" Ich weiß nicht, ob ich ihr Kauderwelsch richtig verstanden habe, aber sehr überzeugt hat es mich nicht. Ich muß nun aufhören, es ist Zeit, mich festlich schmücken zu lassen.

Mont-Saint-Michel, Donnerstag, am 25. des Wonnemonds 1066

Es war eine wunderbare Feier mit viel schönen Gesängen und Reden – und diesem besonderen Tag folgte eine traumhafte Nacht. Die kirchliche Feier mit dem folgenden Festessen war schon am frühen Abend zu Ende, und danach gingen Wilhelm und ich in unsere Gemächer hinauf. „Schau!" sagte Wilhelm, indem er mich auf seine Arme hob, so daß ich aus dem Fenster blicken konnte. Himmel und Meer waren in ein tiefes Purpurrot getaucht, und einige Möwen schwebten wie feenhafte Silhouetten über dem Wasserspiegel. „Es ist eine Märchenwelt", sagte ich. Nach einer Weile sah ich ihn an und rief bewundernd aus: „Dein Gesicht ist so feurig wie Kupfer!" – „Und deines ist rosig wie eine aufgeblühte Päonie!" meinte er, indem er mich küßte. Wir hatten während der Nacht die Vorhänge zurückgezogen, so daß wir vom offenen Fenster her die Meeresluft einatmen konnten. Ich dachte wieder, wie schon so oft: „So tief habe ich ihn noch nie geliebt." Und dann war eine leise Traurigkeit in mir, und ich dachte: „Vielleicht ist es nun das letzte Mal, daß ich ihm so ganz gehören kann", denn ich glaube doch sicher, daß es diesmal der ersehnte Knabe wird. Ich konnte lange nicht einschlafen, sondern lauschte den brausenden Wellen, die von der Flut gegen den Felsen geworfen wurden. Meine Gedanken wanderten zu den Schiffen, die bald über den Kanal segeln würden, zum bevorstehenden Kampf und der Trennung von ihm.

Als ich ihn schlafend glaubte, richtete ich mich etwas auf und schaute ihn lange an. Wir hatten keine Lampe am Bett stehen; die Schale mit dem Nachtöl stand in einiger Entfernung und flackerte leise im Wind. Doch das Licht reichte aus, so daß ich ihn betrachten konnte. Ich wünschte, ich könnte seinen Mund beschreiben, der so unendlich viel ausdrückt: tiefen Frieden, ein verstecktes Lächeln und ein heimliches Wissen. Seine Wimpern warfen lange Schatten auf die Wangen, und die Stirn wölbte sich wie ein Dom, umrahmt vom dunklen, lockigen Haar. „Auch wenn er in die fernste Ferne zieht", dachte ich bei mir, „kann ich mir sein Bild jederzeit wieder vergegenwärtigen. Es hat sich mir unauslöschlich eingeprägt." Als ich mich etwas tiefer über ihn beugte, schlug er die Augen auf. „Du belauschst mich?" fragte er lächelnd. „Solange ich es noch kann", sagte ich, indem ich seine Wange küßte. „Du sollst jetzt schlafen, Joujou", sagte er, indem er mich in seinen Arm zog. Ich bin dann auch sehr bald eingeschlafen.

Rouen, Dienstag, am 30. des Wonnemonds 1066

Nun sind die herrlichen Tage, die ich an der Schwelle zur Bretagne verbracht habe, vorbei, und viel wartete hier auf mich. Vor allem die Kinder, die mich sehr entbehrt hatten. Klein-Adelaide kam an Barbaras Hand eilig auf mich zugelaufen. In etwas über einem Monat wird sie schon ein Jahr alt.

Heute hat mir unser Kunsthandwerker das eiserne Gestell meiner Laterne gezeigt. Es ist sehr stabil und fest vernietet. Dort, wo die kleinen Glasfenster eingesetzt werden sollen, hat er tiefe Rillen gemacht, die er hernach verkitten will. Und auf dem Dach der Laterne ist eine kleine Mulde, wo später das Kreuz eingekittet werden soll. Dieses Kreuz wird nun aber nicht aus Holz sein, wie ich zuerst dachte, sondern aus Gold, damit es im Licht der Laterne glänzt.

In weniger als drei Wochen ist schon die hohe Feier in Caen, und alle Kinder dürfen mit – bis auf die beiden kleinen Mädchen, die mit Barbara zurückbleiben. Gundrada darf uns begleiten, und ich glaube, Barbara ist traurig darüber. Wie gern wäre sie bei der Weihe ihrer geliebten Cäcilie dabeigewesen! Ich habe heute länger mit Cäcilie gesprochen und ihr erklärt, was während der Feier geschehen wird – so wie ich es von der Äbtissin erfahren habe. Sie darf ein paar Tage lang in dem neuen Kloster wohnen und den Tageslauf der Nonnen mitmachen. Nur die Gebetsstunden in der Nacht erlaube ich ihr nicht; das Kind braucht vorläufig seinen Schlaf. Sie hörte mir aufmerksam zu, und in ihren braunen Augen leuchtete stille Vorfreude.

Rouen, Dienstag, am 6. des Brachmonds 1066

Wir hörten von einem Boten aus Norwegen, daß der Komet dort noch vor einigen Tagen zu sehen gewesen sei – aber schon aus weiter Ferne. Man sei deswegen sehr in Unruhe und deute dieses Himmelszeichen als einen Kriegsboten. Von Tosti haben wir nichts Weiteres gehört; doch Papà schrieb, jener habe Judith eine recht verschleierte Nachricht zukommen lassen, daß er auf dem Wege „nach Norden" sei. Wilhelm meint, er werde zu seinem Freund Malcolm, dem Schottenkönig ziehen, um ihn gegen Harald zu beeinflussen. Papà versicherte uns, daß er Wilhelm unterstützen und auch mehr Freiwillige aufrufen werde.

Wir hatten zu Pfingsten Regen mit Gewitter, und es ist danach etwas abgekühlt. Viel Zeit zum Schreiben habe ich vor der Reise nicht mehr; mit fünf Kindern unterwegs zu sein, ist nicht einfach – besonders, wenn ich meine Barbara nicht dabeihabe. Zu allem Überfluß soll nun auch noch ein Kirchenkonzil in Bonneville stattfinden. Der Disput zwischen der Kirche von Avranches und Roger Beaufou wird zugunsten von Avranches entschieden. Ich selbst kann aber nicht zugegen sein, weil das Konzil auf denselben Tag fällt wie die Weihe in Caen.

Rouen, Donnerstag, am 8. des Brachmonds 1066

Es treffen immer mehr Verbündete bei uns ein: aus Apulien, Kalabrien, der Bretagne, Poitou, Ponthieu und Flandern. Auch Eustachius ist gekommen. Als Wilhelm nach seinem Sohn fragte, den er als Geisel verlangt hat, meinte Eustachius, seine Frau Ida werde ihn im nächsten Monat bringen. Er solle noch so lange wie möglich bei der Mutter sein. „Er wird auch hier eine gute Mutter haben", meinte Wilhelm, indem er auf mich wies; „wo acht aufwachsen, findet auch ein neuntes noch Platz." – „Acht Kinder habt Ihr schon?" fragte Eustachius erstaunt. „Noch nicht ganz", lächelte Wilhelm.

Heute hat Wilhelm in einer Versammlung die Namen seiner Feldherren aufrufen lassen: Wilhelm fitzOsbern, Eustachius von Boulogne, Aimeri von Thouars, Wilhelm von Evreux, Hugo d'Estaples, Gottfried von Rotou, Robert von Beaumont, Karl Martel, Gottfried Giffard, Hugo von Grandmesnil, Wilhelm von Aubesmare und Wilhelm von Warenne.

Rouen, Samstag, am 10. des Brachmonds 1066

Wilhelm schickt öfter seine Späher auf Fischkuttern an die englische Küste, die berichten, es seien dort viele Kriegsschiffe in den verschiedenen Häfen – von Sandwich bis Bosham. Was soll nur werden, wenn Wilhelm bereits vom Wasser aus kämpfen muß?

Wir brechen schon morgen auf, damit wir einige Tage vor der großen Feier eintreffen. Eigentlich habe ich gar keine Zeit zum Schreiben, doch ehe ich es vergesse, will ich berichten, was Agathe heute gesagt hat. Es war, nachdem wir Cäcilie das fertige Nonnenkleid mit dem Schleier angelegt hatten, um zu sehen, ob es richtig paßt und sie gut darin schreiten kann. Die Näherin war ganz überwältigt, als sie Cäcilie in der Tracht erblickte, und sagte: „Wie eine kleine Braut!" Cäcilie nickte ernst: „Ja, ich bin jetzt die Braut unseres Herrn Jesu!" Agathe schaute ihre Schwester mit einem tiefen Blick an, ohne etwas zu sagen. Später, als ich ins Mädchenzimmer ging, um meinen großen Töchtern gute Nacht zu wünschen, sagte Agathe mit sehnsuchtsvollem Blick: „Mamà, kann nicht auch ich eine Braut des Herrn Jesu werden? Wollt Ihr Papà nicht darum bitten? Wenn ich unserem Herrn Jesus Christus angetraut werde, dann weiß ich, daß ich ihn für immer habe; denn er kann nicht plötzlich anders werden – er bleibt immer und in alle Ewigkeit der gleiche!"

Was sollte ich darauf erwidern? Ich kämpfte mit den Tränen, als ich ihr sagte: „Du kannst ihm ebenso angehören wie Cäcilie, Kind. Denn wenn du ihm dein Herz schenkst, ist er dein eigen – auch wenn du nicht ins Kloster gehst. Und dann wird er alles richtig für dich lenken." – „Ja", sagte sie, indem sie mit ihren großen Augen emporblickte; „und vielleicht läßt er mich auch bald sterben so wie Margarete. Dann bin ich immer bei ihm." Ich erschrak über ihre Worte. „Einen solchen Kummer wirst du deinen Eltern doch nicht antun wollen?" fragte ich. Sie sah mich mit abwesendem Blick an. „Etwas Schöneres gäbe es gar nicht, als im Himmel zu sein und immerzu für die Menschen auf der Erde beten zu können, Mamà!" Ich muß einmal mit Wilhelm über Agathe sprechen; wir sollten sie durch irgend etwas ablenken. Doch hat sie ihren eigenen Kopf; zudem hat sie von klein auf unter Margaretens Einfluß gestanden. Könnten wir doch einen Mann für sie finden, der Wilhelm ebenbürtig ist, der sie nie enttäuscht! Wenn ich an die 15 Jahre meiner Ehe mit ihm zurückdenke, kann ich nur sagen; „Er ist sich immer gleich geblieben und hat sogar alle meine Erwartungen übertroffen." Zwar hat er viele Gesichter und ist mir immer wieder neu – doch eher so wie ein unveränderlicher Diamant, in dem das Sonnenlicht in vielerlei Farben schillert.

Caen, Sonntag, am Abend des 18. Brachmonds 1066

Heute haben wir den ganzen Abend mit den Kindern verbracht, und nun sind sie endlich zur Ruhe gegangen. Wilhelm spricht noch mit Lanfranc, und ich bin eine Weile allein. Es war ein herrlicher Tag, und das Wetter warm und sonnig. Welch ein erhebendes Gefühl es war, meine fertige Abtei auf der Anhöhe, inmitten einer schönen Baumgruppe und blühender Wiesen, in den Himmel ragen zu sehen! Die Äbtissin, Mathilde von Préaux, nahm sich meiner Cäcilie liebevoll an, und das Kind hatte sogleich Zutrauen zu ihr. Cäcilie wohnt bei uns im Gästeflügel der Abtei, darf aber an den Mahlzeiten und Betstunden der Nonnen teilnehmen. Dieser Flügel soll künftig ein Refugium für Adelsfrauen werden. Lanfranc hat der Äbtissin ein großes Vorrecht eingeräumt: Sie dürfe einmal im Jahr das Losungswort für die Garnison in Caen bestimmen. Morgen wollen wir uns das Baugelände von St. Etienne ansehen, wo schon fleißig gearbeitet wird. Wilhelms Abtei wird anders aussehen als meine – strenger, ohne viele Ornamente und auch viel größer – majestätischer noch als die Kathedrale in Bayeux.

Nun will ich einige Worte über die Feier schreiben. Meine kleine Cäcilie sah aus wie ein Engel, als sie mit ihrer großen Kerze in der Hand zum Altar schritt, wo Lanfranc ihr den Segen gab. Zum Schluß wurde die wunderschöne neue Hymne über das Himmlische Jerusalem angestimmt, die Peter Damian geschrieben hat. Damian, ein Eremit und Vertrauter des mächtigen Hildebrand, ist schon fast 60 Jahre alt. Lanfranc meint zu wissen, daß Hildebrand ihn zum Kardinal vorgeschlagen habe. Die drei schönsten Verse habe ich mir abgeschrieben, weil ich sie noch oft lesen will:

Dort gibt es keinen eisigen Winter
Und keinen glühenden Sommer.
Dort blühen ewig die Rosen
In einem niemals endenden Lenz.
Weiße Lilien und rosa Krokos
Erfüllen die Lüfte mit Balsam.
Es blühen die Wiesen, es grünen die Felder,
Ströme von Honig fließen dahin,
Liebliche Düfte fächeln euch an,
Gewürze verbreiten ein süßes Aroma,
Und nie verderbende Früchte
Hängen im blumigen Hain.
Dort ist kein Wechsel des Mondes,
Kein Lauf der Sonne, keine wandelnden Sterne.
Das Lamm ist das nie verlöschende Licht,
Das die glückliche Stadt erleuchtet.
Dort kennt man nicht Nacht und nicht Zeit,
Nur den Tag, der in Ewigkeit währt.

Ich sah, wie Agathe weinte, als diese Hymne gesungen wurde, und drückte ihre Hand. Wie gut ich meine Tochter verstehen kann! Auf gewisse Weise fühlte ich mich eins mit ihr in der Sehnsucht nach dem himmlischen Reich, und heimlich nahm ich mir vor, Lanfranc ihretwegen zu fragen.

Eine Enttäuschung aber haben mir diese Tage in Caen gebracht: Ich weiß nun, daß ich kein Kind empfangen habe, und das besorgt mich etwas. Ich habe es Wilhelm noch gar nicht gesagt, will es aber gleich morgen tun.

Caen, Montag, am 19. des Brachmonds 1066

Wilhelm weiß es nun auch, sagte aber beruhigend: „Das kann vorkommen, Mora. Mache dir keine Gedanken deswegen." – „Meinst du nicht, daß ich vielleicht schon unfruchtbar werde?" fragte ich ängstlich. Da lachte er und erwiderte: „Wir werden es bald wissen, mein Lieb."

Am frühen Abend sprach Wilhelm lange mit Lanfranc, der nun für immer in Caen bleiben soll. Bisher hat er seine Aufgaben noch zwischen Le Bec und Caen geteilt; doch nun ist Anselm in der Lage, seinen Platz in Le Bec auszufüllen. Als Wilhelm von fitzOsbern hinausgebeten wurde, nahm ich die Gelegenheit wahr, mich Lanfranc zu nähern und ihn einiges wegen Agathe zu fragen. Ich erzählte ihm, daß sie gern eine Braut Christi werden würde, weil dieser Bräutigam sich immer gleich bliebe. "Meint Ihr, Vater, daß meine Tochter eine echte Berufung für das klösterliche Leben hat?" Er nickte, erklärte mir aber: „Es gibt viele, die eine Berufung haben, jedoch nicht für ein Klosterleben bestimmt sind. So wie ich Eure älteste Tochter kenne, tut sie alles mit Leib und Seele. Sie würde sich dabei verzehren – und sie ist kein sehr kräftiges Kind." – „Ganz so wie Margarete", fügte ich hinzu. „Eure zweite Tochter dagegen ist anders", fuhr Lanfranc fort. „Sie ist eine stille, heitere Natur und wird freudig den Klosterregeln folgen, immer Maß halten und durch ihre Weisheit vielen Menschen helfen. Ihre Gedanken fliegen himmelwärts; dennoch steht sie mit beiden Füßen fest auf der Erde." Ich lauschte dankbar seinen Worten und fühlte im Herzen, daß er wahr gesprochen hatte.

Dann fragte ich ihn etwas wegen des kommenden Krieges: „Ihr gebt dem Herzog Euren besonderen Segen, nicht wahr, Vater?" Er nahm lächelnd meine Hand. „Der Heilige Vater selbst hat seinen Segen erteilt", meinte er; „wes bedarf es mehr?" – „Ich habe manchmal Angst um ihn, Vater – es ist ein gewaltiges Unternehmen!" – „Gewiß", meinte er, „es ist kein gewöhnlicher Krieg. Es ist ein Kreuzzug, der England dem Christentum sichern soll. Wenn es nicht jetzt geschieht, da die Stunde reif ist, wird es zu spät sein; dann wird England eine Beute der Nordmänner. Und ein solch halb-heidnischer Norden würde dem christlichen Kontinent viel zu schaffen machen. Seit eh und je haben seine Seeräuber unsere Küsten bedroht." Er schwieg eine Weile und fuhr dann fort: „Einen Feldherrn, wie Euer Gemahl es ist, Madame, sieht die Welt nicht oft. Ihm ist dieser heilige Kampf bestimmt, und selbst die Naturgewalten werden ihm untertan sein."

Während er dies sprach, war Anselm leise zu uns getreten, der die letzten Worte mit angehört hatte. Und im selben Augenblick erschien Wilhelm wieder in der Tür und winkte Lanfranc hinaus. Sicher war der

Hauptmann der Garnison endlich eingetroffen, den beide zu sprechen verlangt hatten. Wilhelm legte seine Hand auf Lanfrancs Arm und flüsterte ihm etwas zu, und beide tauschten ein verständnisinniges Lächeln aus. „Sie sind wie Vater und Sohn", sagte ich zu Anselm, und er erwiderte: „Mehr noch als das: Es sind zwei sich ebenbürtige Weise, von denen der eine in der Welt, der andere im Kloster lebt. Doch ihre Gedanken verfolgen die gleiche Bahn." Bewegt schaute ich den jungen Prior an. „Solange sie unser Land regieren, wird alles gut werden, nicht wahr, Sire?" – „Daran zweifelt nicht", meinte er; „der Herzog übertrifft an Weisheit und Frömmigkeit alle seine Bischöfe. Doch das Edelste an ihm ist, daß er seine wahre Größe zu verbergen weiß und anderen nur so viel davon enthüllt, als für seine Aufgabe nötig ist." Diese Worte überraschten mich. Noch nie hatte ich jemanden mit solch tiefer Einsicht über Wilhelm sprechen hören. Was er sagte, habe ich schon oft gefühlt, nur konnte ich es nicht so trefflich in Worte kleiden wie dieser Prior. „Und dasselbe gilt für den Abt Lanfranc", fügte Anselm hinzu.

Jetzt muß ich nach den Kindern sehen, sonst wird es zu spät. Rufus hat Leibschmerzen; sicher hat er etwas Unrechtes gegessen.

Rouen, Samstag, am 24. des Brachmonds 1066

Nun sind wir zum Johannisfest wieder zu Hause, und die Kinder haben ihr geliebtes Lampionsfest gefeiert. Agathe hat ihren Lampion weit in den Garten hinausgetragen. Cäcilie erzählte mir später: „Sie hat ihre Laterne dem Herrn Jesus gebracht – an eine ganz einsame Stelle, so daß niemand es sehen konnte." Das hat mir innerlich sehr weh getan, und ich bin ziemlich ratlos, wenn ich an das Kind denke. Weder ihre irdischen noch ihre himmlischen Wünsche werden ihr erfüllt; ist sie denn zum Leiden geboren? Sie empfindet alles so tief, daß sie nicht leicht auf andere Gedanken gebracht werden kann. Sie müßte eine Aufgabe haben – wie ich sie mir damals schuf, als meine Seele so schmerzlich verwundet war. Aber dazu ist sie noch zu jung. Ich muß einmal länger darüber nachdenken – doch komme ich vor lauter dringenden Aufgaben gar nicht dazu...

Robert ist heute sehr stolz, weil er eine Charte mit unterzeichnen durfte. Jetzt steht sein Name neben denen von Robert Mortain, dem Erzbischof Maurilius, den Bischöfen von Evreux und Avranches, fitzOsbern und Roger Montgommeri.

Wilhelm hat nichts wieder von unserem achten Kind gesagt. Ob ich ihn daran erinnern soll?

Rouen, Donnerstag, am 29. des Brachmonds 1066

Ich erwartete Wilhelm gestern, hatte mich aber schon früh für die Nacht fertig gemacht und stand dann lange am Fenster auf dem Gang, sah den roten Sonnenball versinken und später am noch hellen Horizont die blasse Mondsichel erscheinen. Ich war ganz in den Anblick versunken und achtete nicht auf das leise Knarren der Tür. Auf einmal stand Wilhelm hinter mir und sagte: „Hier also finde ich dich. Ich dachte schon, du seist mir davongelaufen." – „Davonlaufen? Nachlaufen werde ich dir, Wilhelm – bis an dein Schiff." Ich schlang meine Arme um seine Brust und sagte: „Ich hatte dich nicht so früh erwartet", worauf er mit zärtlichem Blick erwiderte: „Ich habe dich ja nicht mehr lange." Das, was man bald verliert, weiß man am meisten zu schätzen. Jeder Augenblick ist dann von besonderer Süße, weil man weiß, daß man noch lange davon zehren muß. Ich war diesmal traurig und konnte es nicht verhindern, daß ich leise zu weinen begann. Gern hätte ich ihm meine Tränen verborgen, aber er sah sie doch. „Was ist mit dir, Mora?" fragte er; „willst du unseren Sohn mit Tränen empfangen?" Während er über meine nassen Wangen strich, sagte ich: „Manchmal habe ich große Angst um dich, Wilhelm, wenn ich an den Kampf denke, und dann fällt mir deine Mutter ein und wie es ihr ergangen ist." – „Schwaches Weib!" sagte er; „weißt du nicht, daß ich unbesiegbar bin? Vor mir flieht selbst der Teufel!" – „Das hat dein Vater sicher auch gedacht, Wilhelm, und er ist dennoch nicht wiedergekehrt." – „Meinem Vater mangelte es an Besonnenheit", sagte Wilhelm; „er hätte zu jener Zeit nie sein Land verlassen dürfen. Doch ich kann in Frieden ziehen; überall ist mir der Rücken gedeckt." – „Aber der Feind lauert in England, Wilhelm; die Küsten sind bewacht!" – „Ich sterbe nicht von Feindeshand", sagte er mit tiefer Überzeugung. „Wenn ich sterbe, so tue ich das ganz allein, weil die Zeit gekommen ist." – „Ich will es ja auch glauben, mein Geliebter!" sagte ich, indem ich sein Gesicht an meines zog. Wie wahr hat der Dichter gesprochen: Könnte man doch in der seligen Umarmung sterben und nichts mehr von dieser unseligen Welt wissen!

Rouen, Sonntag, am 2. des Heumonds 1066

Heute, nach der feierlichen Messe, ist Will zum Ritter geschlagen worden. Er wird im nächsten Monat schon 18 Jahre alt. Robert, der tief beeindruckt von der Zeremonie war, sagte: „Bald bin ich auch ein Ritter!" Ja, die Zeit wird allzuschnell kommen! Es geschieht jetzt immer so viel, daß es mir scheint, alles überstürze sich. Fredesensis ist mit ihren Kindern gekommen; sie will sich bei uns etwas aufrichten und auch Näheres über Wilhelms Pläne erfahren. Wir haben nun noch ihre drei Kinder hier. Rolf und Johannes sind willkommene Spielgefährten für Richard, da sie alle etwa im gleichen Alter sind, und die kleine Emma spielt mit meiner Adele im Herzogsgarten. Leider habe ich jetzt so wenig von meinen Kindern. In einigen Tagen soll eine große Sitzung der Curia stattfinden, bei der die Vasallen Robert, als ihrem künftigen Herzog, die Treue schwören werden. Dies tut Wilhelm zur Vorsicht, wie es üblich ist, wenn ein großer Fürst in den Krieg zieht und die Nachfolge gesichert sehen will.

Rouen, Mittwoch, am 5. des Heumonds 1066

Heute hat die feierliche Versammlung stattgefunden, bei der Robert mir schon fast wie ein Erwachsener schien. Wilhelm hatte ihn zum ersten Male in eine lange Tunika kleiden lassen, und er trug einen goldenen Reif um den Kopf, der mit kleinen Edelsteinen besetzt war. Es hat mich tief bewegt zu sehen, wie ein Vasall nach dem anderen auf Robert zuging, der vor seinem Lehnstuhl stand, und seine Hände in die des Knaben legte – angefangen mit dem alternden Roger Beaumont, danach fitzOsbern, Roger Montgommeri, Wilhelm Warenne, Beaumonts Söhne Robert und Heinrich, der Graf von Eu, der Graf von Evreux, der Bischof von Avranches, Ralf Tesson und zuletzt seine Oheime Odo und Robert. Walter Giffard ist auf einer Pilgerfahrt nach Spanien und muß den Schwur später leisten. Wilhelm sprach danach vor der versammelten Curia und bestimmte mich während seiner Abwesenheit zur Regentin. Robert ist seinem Titel nach der oberste Kriegsherr der Normandie und soll nun allmählich in die Regierungsgeschäfte eingeführt werden. Roger Beaumont wird jedoch weiter Mitregent bleiben. Weiteres einzuschreiben, reicht mir die Zeit nicht.

Rouen, Montag, am 10. des Heumonds 1066

Heute hat Robert seine erste Aufgabe in der Regierung übernehmen müssen, weil Wilhelm eine Reise nach Dives gemacht hat, um sich von der Fertigstellung seiner Schiffe zu überzeugen. Die Kampfschiffe liegen alle bereit; es wird nur noch an den Transportschiffen gebaut. Heute also kam ein Mönch aus Marmoutier namens Bartholomäus, den sein Abt geschickt hatte, um eine Schenkung an die Abtei bestätigt zu wissen. Ich ließ Robert die Urkunde im Namen seines Vaters unterschreiben und dem Mönch aushändigen und war überrascht, mit welcher Natürlichkeit und Hoheit er dies tat. Ferner traf heute eine Nachricht vom Hof in Boulogne ein, in der Wilhelm und mir mitgeteilt wird, daß die Gräfin Ida in einigen Tagen mit ihrem Sohn Gottfried eintreffen werde. Soviel ich weiß, ist Gottfried ihr zweiter Sohn. Wilhelm aber hatte den ältesten Sohn, Eustachius, als Geisel verlangt. Eine Erklärung war in dem Brief nicht enthalten. Hoffentlich ist es Wilhelm so recht.

Rouen, Mittwoch, am 12. des Heumonds 1066

Ich habe wieder eine große neue Sorge. Meine Agathe ist mondsüchtig geworden. In diesen warmen Sommernächten scheint manchmal der volle Mond ins Mädchenzimmer, und Cäcilie kam heute morgen ganz aufgeregt zu mir und erzählte, daß sie mitten in der Nacht vom Jaulen eines Katers aufgewacht sei, und da habe sie gesehen, daß Agathes Bett leer war. Eine Weile habe sie gewartet und von ihrem Bett aus in alle Winkel des Zimmer geblickt, ohne sie zu entdecken. Plötzlich aber habe die Tür leise geknarrt, und Agathe sei hereingekommen, habe mit starren Augen geradeaus geblickt, sei schnurstracks auf ihr Bett zugegangen und habe sich wieder hingelegt. „Aber es war ganz unheimlich,

Mamà", sagte sie, „so als ob sie blind sei und sich vorwärtstastete. Ich hatte richtig Angst!" Wenn doch nur Wilhelm hier wäre! Ich habe sofort Gundrada verständigt, damit sie die nächste Nacht achtgäbe. Dann habe ich Doktor Maminot kommen lassen und ihn befragt. Der sagte mir, ich solle das Kind unter keinen Umständen anfassen oder auch nur ansprechen, wenn es in diesem Zustand sei; das könne ihm schaden. Er meinte, daß der uns bekannte Eremit, Vater Laurentius, vielleicht ein gutes Heilmittel wisse – er sei in der Anwendung sämtlicher Kräuter bewandert und habe ihm schon oft guten Rat gegeben. Ja, zu dem will ich gleich schicken lassen. Wie gern ritte ich selbst mit – nach St. Wandrille!

Rouen, Donnerstag, am 13. des Heumonds 1066

Gestern nacht ist Agathe wieder aufgestanden, wie Gundrada mir erzählte, doch erst, als der volle Mond ins Zimmer schien. Wie ich Gundrada aufgetragen hatte, ist sie Agathe leise gefolgt. Diese sei in das große Gästezimmer gegangen, sagte sie, wo wir stets höhere Würdenträger wohnen lassen, sei am Bett stehengeblieben und habe mit ihren Händen das Lager abgetastet. Dann sei sie in derselben Starre zurückgegangen. Mein armes Kind! Es ist das Zimmer, in dem Harald gewohnt hat und wohin sie ihm manches Mal den Nachttrunk brachte. Gundrada jedoch hatte eine andere Erklärung: „Das hat gewiß der Komet verschuldet, Madame. Der bringt auch die Seelen der Menschen ganz durcheinander." Heute abend will ich selbst im Gästezimmer warten und sehen, ob sie wiederkommt.

Rouen, Freitag, am 14. des Heumonds 1066

Gestern nun hatte ich mich auf das Bett im Gästezimmer gelegt, während Gundrada im Mädchenzimmer wachte und Agathe folgen sollte. Diese stand auch wieder auf, nur etwa eine Stunde später als am Vortag. Wieder kam sie auf Haralds Lager zu, beugte sich herab, während ich klopfenden Herzens dalag – und berührte mich. Im selben Augenblick erwachte sie und stieß einen leisen Schreckensruf aus. Ich setzte mich schnell auf, und sie flüsterte erschrocken: „Wie kommt Ihr hierher, Mamà?" Ich sah, wie sie zitterte, und zog sie fest in meine Arme. Das schien sie zu beruhigen. Nach einer Weile begann sie leise zu weinen. Ich strich sanft über ihr Haar und sagte: „Wir wollen jetzt zu Bett gehen, Agathi. Morgen reden wir über alles, ja?" Sie nickte und ließ sich von mir zurückführen.

Heute am späten Vormittag ging ich zu ihr; sie saß am Fenster, hatte ein offenes Buch auf ihren Knien liegen und blickte teilnahmslos vor sich hin. Gundrada war damit beschäftigt, frisch gewaschene Unterkleider in eine Truhe zu legen. Ich gab ihr einen Wink, und da ging sie hinaus. „Wo ist Cäcilie?" fragte ich Agathe, um sie auf mich aufmerksam zu machen. Sie wandte mir ihr Gesicht zu und sagte: „Drunten im Garten. Richard baut den Mädchen eine Hütte für die Puppen, und sie schauen alle zu." – „Und du willst nicht hinuntergehen?" Sie sah mich ernst an und schüttelte den Kopf. „Agathe", fragte ich sie nun, „bist du schon öfter nachts im Traum aufgestanden?" Sie zuckte bei meiner Frage etwas zusammen; doch dann sagte sie: „Ja. Einmal wachte ich auf, als ich draußen auf dem Gang stand. Es kam jemand polternd die Treppen herauf, und ich lief davon; da rief er mir nach: ‚Kleine Demoiselle, es ist Zeit zum Schlafengehen!' Ich weiß nicht, wer es war." – „Weißt du noch, wie lange das her ist?" Sie dachte einige Augenblicke nach und sagte dann: „Kurz ehe wir alle nach Caen reisten." Das war vor etwa einem Monat – und damals hatte ebenfalls der volle Mond geschienen. Dann fragte sie mich: „Ist das sehr schlimm, Mamà? Bin ich krank?" – „Nein, es ist gar nicht schlimm", versicherte ich ihr. „Manche reden und singen im Schlaf – wieder andere schnarchen, und manche wandeln umher, während sie träumen." – „Ja", sagte sie, „ich träume immer von Harald. Er ist wiedergekommen und hat alles eingestanden, und ich bringe ihm den Met..." Hier brach sie ab, weil ihr die Stimme versagte. Und auch ich kämpfte mit den Tränen. Wie gut ich mich an meine eigenen Träume von Wilhelm erinnern kann – damals, als ich ihn für immer verloren glaubte! Sogleich aber hatte ich mich wieder in der Gewalt und sagte ihr, wir hätten einen Boten zu Vater Laurentius gesandt, der ihr ein gutes Kraut gegen das Schlafwandeln schicken werde.

Später

Konstantin, den ich nach St. Wandrille geschickt hatte, ist soeben zurückgekommen. Er habe den Eremiten nicht gleich gefunden, sagte er; denn der sei fast den ganzen Tag im Walde gewesen. Seine Klause sei an eine Höhle angebaut. Es sei dort eine Gruppe hoher Felsen mit manchen Höhlungen, wo der Klausner sich Vorrat für den Winter aufbewahre. Zwei große, aneinanderstoßende Felsen bildeten einen Torbogen, und ringsum seien prächtige Eichen und einige Klafter weiter ein murmelnder Bach. Dort habe er sein Pferd getränkt und dann im Schatten eines Baumes im Grase geschlafen. Ihm habe der Magen sehr geknurrt, und schließlich sei Vater Laurentius gekommen und habe sein karges Mahl mit ihm geteilt. Nun zog er einen kleinen, prallen Beutel hervor, der mit einem Kraut angefüllt war. Auch überreichte er mir ein Fläschchen und ein in Tuch gewickeltes Stück Schiefer, auf das der Eremit eine Botschaft eingeritzt hatte. „Laßt Eure Tochter dreimal täglich von dem Tee trinken", hieß es darauf. „Ich schicke Euch etwas von dem Johanniskraut, das ich im vorigen Sommer selbst gesammelt habe. Reibt auch ihre Schläfen und ihren Scheitel mit dem roten Öl des Krautes ein, von dem ich Euch etwas mitsende. Haltet sie in Eurer Nähe. Es wird mit Gottes Hilfe alles gut werden." Ich will all diese Ratschläge befolgen und Agathe die nächsten Nächte bei mir schlafen lassen.

Rouen, Montag, am 17. des Heumonds 1066

Heute ist Ida bei uns eingetroffen und hat uns ihren Sohn Gottfried gebracht. Ich freue mich sehr, sie einige Tage bei mir zu haben; lange kann sie leider nicht bleiben, denn sie hat kleine Kinder zu Hause. Wohl fällt ihr der Abschied von ihrem Sohn schwer, aber sie ist sehr tapfer und sogar heiter. „Ich weiß ihn bei Euch gut aufgehoben", sagte sie. Mir gefällt der Knabe sehr. Er ist regen Geistes, hat offene, gute Augen und freundete sich sofort mit Richard an, der ein Jahr älter ist als er. „Er darf mit in den Herzogsgarten, nicht wahr, Mamà – und meine neue Hütte sehen, ja?" fragte Richard erwartungsvoll. „Ja, Kind, er darf überall mit euch hin", versicherte ich ihm, und bald schon hatten die Kinder ihn mit sich fortgezogen. Nach dem Abendessen fragte ich Ida, warum sie nicht ihren ältesten Sohn Eustachius gebracht habe. Da meinte sie, Eustachius würde später einmal die Grafschaft seines Vaters übernehmen, deshalb wolle der Vater ihn bei sich behalten. Jedoch sei der zweite Sohn von gleichem Wert, denn sein Großvater, der Herzog von Lothringen, habe ihn zu seinem Nachfolger und Erben bestimmt. „Ich hoffe, es ist unserem Herzog recht so", sagte ich. Dann erzählte ich ihr von meinem Kummer mit Agathe und von Vater Laurentius, dessen Heilmittel sehr geholfen hätten. Sie schlafe jetzt jede Nacht durch. Es war schön, alles mit ihr bereden zu können. Sie sprach mir auf ganz liebe Art Mut zu und gab mir manch guten Rat. Nun ist es schon wieder spät, und ich muß am Morgen früh aufstehen!

Rouen, Dienstag, am 18. des Heumonds 1066

Heute ist Walter Giffard von seiner Wallfahrt nach Santiago de Compostela zurückgekehrt. Lange schon hatte er sich danach gesehnt, diesen heiligen Ort aufzusuchen, und Wilhelm hat es ihm in diesem Jahre erlaubt. Er hat dort um Erfolg für den großen Feldzug gebetet. Man erkannte den rauhen Krieger kaum wieder, als er vom Heiligtum des Apostels Jakobus erzählte, welcher der Schutzheilige Spaniens ist, von den vielen Kranken, die dort genesen seien, von den Abenteuern, die er zu bestehen hatte, als ein überladenes Boot in der Strömung kenterte und einige der Pilger ausgeraubt wurden. Er brachte eine Jakobsmuschel mit, die den Pilgern dort als Eßnapf und Wasserschale dient. Auch ist sie ein Erkennungszeichen für die Pilger. Man könne diese Muschel an der nördlichen Küste Spaniens finden, sagte er. Die Kinder drängten sich um ihn, und auch Ida wollte viel über den heiligen Ort erfahren. „Als wir auf dem Wege nach Santiago de Compostela das große Pyrenäen-Gebirge überquert hatten, knieten wir nieder und sprachen ein langes Gebet", sagte Giffard. „Und jeder Pilger fertigte ein Kreuz aus zwei Holzstücken, das er zum Zeichen des Dankes am Weg aufstellte. Es standen dort viele, viele solcher Kreuze." Ich freute mich über Agathe, denn sie zeigte zum ersten Male wieder eifrige Teilnahme an einem Gespräch. Walter Giffard hatte eine besondere Überraschung für den

Herzog mitgebracht. Zuerst wollte er es gar nicht sagen, sondern auf Wilhelms Rückkehr warten. Dann aber führte er uns in den Stall und ließ einen prächtigen Rappen herausführen. „Dieses Schlachtroß sendet der König von Arragon dem großen Herzog der Normandie. Er soll es mit zum Inselreich nehmen." Wir bewunderten das feurige Tier, über das Wilhelm sich sehr freuen wird. Denn da er Bucephalos nicht mitnehmen will, braucht er ein gutes Reittier; und dieser Rappe scheint für den Zweck wie geschaffen.

Rouen, Mittwoch, am 19. des Heumonds 1066

Es ist unmöglich, alles niederzuschreiben, was jeder Tag bringt. Ich kann immer nur das Wichtigste festhalten. Judith hat mir einen Brief geschrieben und sagt, Tosti sei wieder in Flandern, nachdem er König Hardraada in Norwegen besucht habe. „Mir schwant nichts Gutes", schrieb sie, „denn Tosti behauptet, der König werde ihn im Kampf gegen Harald unterstützen. Das tut er aber gewiß nicht Tosti zuliebe. Irgend etwas verheimlicht er mir. Denke Dir, Hardraada hat zwei Frauen, das heißt, die eine ist ihm nur auf dänische Art angetraut. Die eigentliche Königin heißt Elisabeth, doch die hat ihm nur zwei Töchter geboren – Maria und Ingigerd. Thora, seine Geliebte, aber hat ihm zwei Söhne – Magnus und Olaf – geschenkt. Tosti sagt, Maria sei des Königs Lieblingskind, die nähme er gewiß mit nach England – vielleicht sogar die ganze Familie. Wußtest Du, daß die norwegische Königin Elisabeth eine Schwester der ehemaligen französischen Königin Anna ist?" Ganz unten an den Rand hatte sie noch geschrieben: „Der furchtbare Komet war in Norwegen bis zur Mitte des Brachmonds zu sehen." Ich kann Judiths Sorge sehr wohl verstehen, besonders, weil Tosti seinen ältesten Sohn Skule mitnehmen will. Gottlob braucht noch keines *meiner* Kinder in den Krieg zu ziehen. Und was mag Tosti vorhaben? Ob er es sich nur einbildet, daß Hardraada ihm helfen wird – ob der norwegische König ihn für seine Zwecke ausnutzt? Ich erwarte Wilhelm bald zurück und habe ihm dann viel mitzuteilen.

Rouen, Donnerstag, am 20. des Heumonds 1066

Eudo von Penthièvre ist mit all seinen Söhnen bei uns eingetroffen. Er war enttäuscht, den Herzog nicht hier zu finden, aber ich versicherte ihm, es könne nun nicht mehr lange dauern, bis er zurückkehre. Aufgrund der Bretonen geht es jetzt noch viel lauter am Hof zu als bisher. Eudos fünf Söhne – Gottfried, Brian, Stephan und die Zwillinge Alan der Rote und Alan der Schwarze – sind baumlange, kräftige Gestalten, Ritter, wie Wilhelm sie brauchen kann. Mit ihnen sind noch andere bretonische Edelleute gekommen: Ralf de Vitré, Bertrand de Dinan, Ralf de Fourgères und Ralf de Gaël. Ich überlege, ob ich die Bretonen nach Lillebonne schicken oder lieber andere von hier umquartieren soll. Es sind dies keine leichten Entscheidungen, denn ich darf niemandes Gefühle verletzen, da sie doch alle als Freiwillige kommen! Aber es ist wirklich nicht für alle Platz in unserem Schloß. Conan soll es gar nicht gutgehen, wie Eudo mir mitteilte. Man munkelt sogar, daß jemand ihm Gift auf sein Jagdhorn gestrichen habe.

Rouen, Samstag, am 22. des Heumonds 1066

Soeben haben Herolde ihren Herzog angekündigt. Er wird in wenigen Stunden hiersein. Ich bin voller Vorfreude, denn ich habe ihn viel zu fragen und ihm unendlich viel zu berichten!

Später

Nun ist es spät – die Sommernacht ist warm, und ich bin von dem freudigen Wiedersehen und all dem Gehörten noch so munter, daß ich einiges niederschreiben will. Ich wartete auf Wilhelm in seinem Zimmer, weil sich unten in der Halle eine Menge von Gästen und ausländischen Rittern befanden. Da wollte ich ihn nicht vor allen Fremden begrüßen, was bei einer solch kurzen Abwesenheit vom Hof auch nicht nötig ist. Als er in sein Zimmer trat und mich sah, breitete er die Arme aus. Ich flog auf ihn zu, und er hob mich in die Höhe und schwenkte mich einige Male im Kreise. „Mora!" rief er, „tausend Kampfschiffe liegen bereit – ebenfalls andere tausend, die unsere Pferde und unser Bauholz transportieren, und an einigen Kuttern, die Nahrung hinüberschaffen, wird noch gebaut." – „Wie nur haben sie alle dort Platz, Wilhelm?" - „Du wirst es selbst sehen, Joujou. Die breite Flußmündung, die sich viele Meilen hinzieht, ist der beste Ort, den wir finden konnten, und die vorspringenden Dünen bieten Schutz vor der Flut. Es ist gut, daß ich dort war, denn wir mußten Ordnung in die Menschenmassen bringen und alles für unser Heer vorbereiten, das dort warten muß, bis wir günstigen Wind bekommen. Das kann Tage, vielleicht sogar Wochen dauern. Vor dem Erntemond will ich sie nicht hinführen. Tausende von Kriegern müssen dort untergebracht werden. Wir bauen Zelte und Holzhütten, Vorratskammern, Gräben und Latrinen – und ein freier Platz ist für den täglichen Gottesdienst bestimmt worden, denn in die Kathedrale paßt eine solch große Menschenmenge nicht hinein." Er scheint sehr zufrieden mit dem bisher Erreichten und unterhielt uns später alle an der Tafel. Seine Stimme hat einen gewaltigen Klang, und wir Frauen konnten ihn gut von der Empore aus hören. Er berichtete von einem angelsächsischen Späher, den man entdeckt und zu ihm geführt habe. „Was habt Ihr mit ihm getan, Sire?" fragte Papà Roger. „Ich habe ihm eine Botschaft an Harald aufgetragen", sagte Wilhelm, „und ihm versichert, dieser brauche sein Gold und Silber nicht dafür zu opfern, geheime Späher zu bezahlen. Er werde bald ein sicheres Zeichen haben, das ihn von meinen Plänen in Kenntnis setzt – ein Zeichen, das ihm zwar nicht lieb sein, ihm aber Klarheit verschaffen werde: meine persönliche Gegenwart.

Ehe ich den Späher entließ, sagte ich ihm: ‚Berichtet Graf Harald, wenn er mich nicht noch vor Ende dieses Jahres an jener Stelle sieht, wo er sich jetzt so sicher fühlt, dann habe er keinen Schaden mehr von uns zu befürchten und könne sich bis ans Ende seines Lebens in Sicherheit wiegen.'" Da brachen viele der Anwesenden in laute Beifallsrufe aus, doch Eustachius, Guido und noch einige andere äußerten ihre Bedenken. Sei dies nicht eine voreilige Behauptung des Herzogs? Haralds Streitkräfte seien nicht zu unterschätzen, und wenn man die Gefahren auf See und im fremden Lande bedenke, den Nachschub, dessen man bedürfe, falls die erste Schlacht nicht gewonnen würde, und außerdem die Erfahrung der Angelsachsen im Seekrieg... „Habt Ihr meine Schiffe gesehen?" fragte Wilhelm zurück. Eustachius verneinte es. „Wenn Ihr die zu Gesicht bekommt, werdet Ihr eines Besseren belehrt", meinte Wilhelm. Dann fuhr er fort: „Ich kenne Haralds Gedanken. Er besitzt weder die Geistesgegenwart noch den Mut, seinen Vasallen, die an seiner Seite kämpfen sollen, nur den geringsten Teil seines Besitzes zu versprechen. Ich aber wage es, nicht nur meinen eigenen Reichtum zu verteilen, sondern auch das, was jetzt noch ihm gehört. Wer fähig ist, den Besitz seines Feindes zu verschenken, wird siegen. Es ist der Kampfesmut der Krieger, nicht ihre Zahl, der den Ausgang einer Schlacht bestimmt. Harald verteidigt das, was er sich unrechtmäßig erworben hat. Wir verlangen nur das, was uns zugesprochen wurde und was wir uns durch all die Wohltaten, die König Eduard von uns empfangen hat, verdient haben. Unsere Zuversicht spottet allen Gefahren und wird uns den Sieg sowie höchste Ehre und höchsten Ruhm bringen."

Diese Worte des Herzogs zerstreuten alle Zweifel. Doch in den Gesichtern der Frauen las ich heimliche Angst. „Wenn sie nur alle heil wiederkommen", flüsterte Adeliza. „Und nicht so lange bleiben", fügte Mabille hinzu. Durch Wilhelms Worte beflügelt, sagte ich: „Es geht jetzt ums Sein oder Nichtsein – es gibt kein Zurück. Darum müssen wir alles opfern, auch unsere Männer und Söhne, wenn dies nötig wird. Habt Ihr nicht vernommen, daß Harald Hardraada sich rüstet? Soll das Land der Angelsachsen ein Opfer der Nordmänner werden? Ihr wißt, daß nur unser Herzog dies verhindern und dem Seeräubertum ein Ende machen kann." Ich hatte mit flammender Begeisterung gesprochen, so daß alle mich verwundert ansahen. „Wir sind ja selbst die Nachfahren des großen Seeräubers Rolf", warf Mabille ein. „Gewiß", sagte ich; „doch Rolf hat sich zum Christentum bekehrt und Gesetz und Ordnung in seinem neuen Land geschaffen – einem Land, das er für seine Leute erobert hatte, weil sie im engen Norwegen keinen Lebensraum mehr fanden. Seht, wie weit unsere Herzöge es gebracht haben! Nun müssen wir dem rauhen Norden weiterhelfen, damit nicht alles schlimmer endet, als es begonnen hat." Keine der Frauen wußte etwas dagegen einzuwenden, und bald wurden wir durch die Lieder Taillefers abgelenkt, der ein übriges tat, die Gemüter zu erheitern.

Rouen, Sonntag, am 30. des Heumonds 1066

Gottlob geht es Agathe besser. Während Ida hier war, hat sie sich viel mit dem Kind unterhalten. Sie ist vor einigen Tagen leider wieder zurückgekehrt, und ich entbehre sie sehr. Könnte ich doch einen Menschen wie sie immer um mich haben!

Während der letzten Woche habe ich gar nichts geschrieben – nicht nur, weil ich sehr beansprucht war, sondern auch, weil ich meine tiefe Enttäuschung nicht verschmerzen kann. Ich habe wieder kein Kind empfangen, und diesmal kann mich gar nichts trösten. Wilhelm sagt, es sei deshalb, weil ich so viele Aufregungen hatte – wegen Agathe und all der Vorbereitungen; außerdem nagt der Schmerz um den kommenden Abschied von Wilhelm an mir. Das mag wohl alles stimmen, aber wie soll ich das ändern? Ich kann zwar alles tapfer ertragen, aber ich kann meinem Herzen nicht befehlen, anders zu fühlen. Wilhelm wird nicht mehr lange hiersein, und je näher der Abschied rückt, um so ängstlicher wird mir zumute.

Später

Es ist heute abend wieder spät geworden, denn nach der Abendandacht habe ich noch länger mit Wilhelm über verschiedene Prozesse und Schenkungen gesprochen, die ich bald regeln muß. Er sah, daß ich immer noch niedergeschlagen war, und sagte mir etwas Tröstendes: „Vergiß nicht, Mathilde, daß Gott nach Seinem weisen Willen entscheidet. Hättest du unser Kind bereits empfangen, wäre es vielleicht dann zur Welt gekommen, wenn ich nicht hätte bei dir sein können. Wir wollen noch einen Monat warten – beim dritten Male wird alles nach Wunsch gehen. Und so Gott will, bin ich bis zur Geburt unseres Sohnes wieder bei dir." An diesem Gedanken halte ich nun fest. Ein Kind zur Welt zu bringen, ohne daß Wilhelm bei mir ist, kann ich mir gar nicht vorstellen. Er glaubt nicht, daß er noch in diesem Jahre zurückkehrt. Ich bete jetzt jeden Morgen und Abend um zwei Dinge, die mir am meisten auf der Seele brennen: um den Sieg für die Normandie und um einen vierten Sohn für Wilhelm.

Rouen, Montag, am 31. des Heumonds 1066

Es regnet seit heute nacht, und daher sind die Kinder alle oben in ihrem Spielzimmer. Es herrscht dort ein furchtbarer Lärm, und sie haben solch wilde Spiele, daß ich Adeliza zu mir geholt habe. Adele und Klein-Emma spielen friedlich im Schlafzimmer der Kinder, während das Spielzimmer von den Buben besetzt ist; es tummeln sich dort Richard, Rufus, Gottfried, Rolf und Johannes. Jetzt eben poltern einige von ihnen die Treppen zum Turm hinauf, wo sie sich verschanzen wollen; ich höre ihre hellen Stimmen auf dem Gang – und darunter ist auch Emmas Stimme. Sie zieht es immer vor, mit Knaben zu spielen. Klein-Adeliza hat eines meiner Wollknäuel in den Händen und läßt es von Zeit zu Zeit fallen, um es am losen Faden hinter sich herzuziehen. Nach einer

Weile sind ihre Füße ganz in Wollfäden verwickelt; dann setzt sie sich nieder und versucht sich „aus der Schlinge" zu ziehen. Ihr Anblick heitert mich immer auf.

Ich muß nun zu einer Besprechung wegen des Landes in Giverville, das Roger meiner neuen Abtei geschenkt hat. Ich war freudig überrascht und auch sehr bewegt, als ich dies hörte; doch fragte ich vorher Wilhelm, ob ich das annehmen dürfe. Er meinte, ja, denn Roger wolle ihm damit beweisen, daß er treu zu ihm stünde. Da Wilhelm entschieden hat, daß Roger nicht mit nach England ziehen soll, fühlt dieser sich vielleicht etwas zurückgesetzt. Er ist ja durch seine Ehe mit Mabille mit dem Hause Talvas verbunden und auch im Besitz von dessen Gütern. Einige Männer der Curia meinen, Wilhelm habe Bedenken wegen Roger. Als ich Wilhelm deswegen fragte, sagte er nur: „Ich will ihn bei Mabille wissen. Es sollen während meiner Abwesenheit keine neuen Fehden entstehen, die sie so meisterhaft einzufädeln versteht; und ich will von keinen Giftmorden und dergleichen mehr hören. Roger kann sie am besten bändigen." Ich gebe ihm recht, und es ist wirklich eine Erleichterung für mich, die beiden Rogers hier zu wissen. Konstantin darf mit seinem Herrn mitziehen und ihn versorgen, was ihn unendlich stolz macht.

Rouen, Samstag, am 5. des Erntemonds 1066

Wilhelm hat durch Auskundschafter erfahren, daß Harald noch immer Krieger auf der Insel Wight bereithalte, die auf den Angriff der Normannen warten. „Dort werde ich nicht landen", sagte er; „sie warten umsonst." Er will in einer Woche nach Dives aufbrechen, und plötzlich steht der Abschied nahe bevor. Falls kein günstiger Wind kommt, will er bis zum Ende des Monats warten. Er meint, dies sei sogar besser, denn es koste Harald Geld und Menschen, die Küste ständig bewacht zu halten. Und wer soll drüben die schnittreife Ernte einbringen, wenn die Küste so dicht von Kriegern und Landvolk besetzt bleibt? „Warten erfordert viel Geduld", meinte er, „denn es ist nicht leicht, eine Masse Menschen, die in Untätigkeit verharren muß, zufriedenzustellen." Er selbst hat schon viel darüber nachgedacht, wie er seine Leute beschäftigen will, während sie in Dives auf die Ausschiffung warten. Es muß ein Wind kommen, der genau von Süden weht, so daß die Schiffe schnell an die Küste getrieben werden. Wenn sie gegen Wind und Wellen ankämpfen müssen, sind sie nicht kriegstüchtig und werden außerdem an eine andere Stelle der Küste getrieben, als Wilhelm es plant. Es werden jetzt noch die letzten Transportschiffe für die Pferde geteert. Die Kriegsschiffe fassen je 20 bis 60 Menschen. Mein Herzogsschiff ist schon fertig, und Wilhelm hat es in Dives gesehen. Er ist sehr zufrieden mit ihm, doch hat es noch nicht die letzten Verzierungen: die Laterne und den vergoldeten Cherub. Meine Laterne sieht wunderschön aus. Neulich habe ich am Abend, als es dunkel wurde, das Öllicht darin angezündet und mir vorgestellt, wie diese Laterne ihn begleiten und in hoffentlich nicht allzulanger Zeit wieder an unsere Küsten führen wird.

Rouen, Montag, am 7. des Erntemonds 1066

In spätestens einer Woche will Wilhelm nach Dives aufbrechen, und wir alle ziehen mit; damit meine ich die ganze Familie bis auf die beiden kleinen Mädchen und Agathe. Wir haben diese gestern auf Anraten Wilhelms für zwei Monate nach Boulogne zur Gräfin Ida geschickt. Da Agathe sich weigert, mit nach Dives zu kommen, und wir einsehen, daß dies zu schmerzlich für sie wäre, weil es ihr den Abschied von Harald in Erinnerung ruft, meinte Wilhelm, ein Ortswechsel würde ihr guttun. Die Gräfin von Boulogne hat einen heilsamen Einfluß auf Agathe, und wir erhoffen uns viel von diesem Besuch. Das Mädchen soll bis zum Michaelisfest dort bleiben. Wilhelm hielt sie zum Abschied lange im Arm, legte seine Hand auf ihre Stirn und sagte: „Wenn wir uns wiedersehen, wird meine Agathe wieder froh sein, nicht wahr?" Sie sah ihn ernst an und sagte: „Bestellt Harald, daß ich jeden Tag für ihn bete." Ich sehe einen Kurier in den Schloßhof reiten, der sicher Briefe bringt.

Später

Ich habe mir für jeden Tag einen trefflichen Plan zurechtgelegt, und alles geht gut, wenn ich ihn einhalten kann. Doch wenn Wilhelm hier ist, bringt er ihn mir immer durcheinander, so daß ich nichts so tun kann, wie ich es vorhatte. Dabei hat er mir selbst einen solchen Plan empfohlen. Als er mich soeben noch spät über einige Dokumente gebeugt sitzen sah, aus denen ich mir die lateinischen Worte herausschrieb, die ich nicht kenne, trat er zu mir und sagte: „Es ist Zeit, zu Bett zu gehen, Mahaut." Da erwiderte ich, leicht entrüstet: „Ich wäre schon längst mit allem fertig geworden, wenn du mich nicht ständig unterbrochen hättest. Ich konnte nie eine Sache zu Ende bringen." Er hob mein Kinn an und meinte: „Ganz so geht es auch mir, Mora. Und ich habe nicht viel Hoffnung, daß sich dies in meinem Leben noch ändern wird." Dabei lächelten seine dunklen Augen mich an, und ich war sofort ausgesöhnt. Wenn ich denke, was er jetzt alles bewältigen muß, so darf ich nicht klagen!

Rouen, Mittwoch, am 9. des Erntemonds 1066

Heute verläßt Wilhelm den Hof, und die meisten seiner Heerführer reisen mit ihm. Sie ziehen zuerst nach Bonneville, und von dort aus nach Dives. Ich folge in wenigen Tagen mit den Kindern und einigen Edelfrauen nach. Die beiden Rogers werden uns das Geleit geben. Auch Adelaide mit ihren beiden Töchtern reist mit, ebenfalls Gottfried; es sind im ganzen sieben Kinder. Ich muß noch entscheiden, welche Diener und Kammerfrauen wir mitnehmen wollen.

Später

Es war ein feierlicher Augenblick, als Wilhelm die Residenz verließ. Wir wissen nun, daß er nicht eher wiederkehrt, als bis der Sieg errungen ist. Taillefer ritt allen voran, ein munteres Kampflied anstimmend und sein Schwert hoch in die Luft werfend, das er geschickt wieder auffing. Es waren mehrere aus Robert Guiscards Heer dabei, die uns viel von ihren Abenteuern in Süditalien erzählten. Nun ziehen sie zu einem noch größeren Abenteuer aus. Es war ein herrlicher Sommertag, denn das warme Wetter hält an.

Ich habe noch nicht erwähnt, daß Wilhelm gestern ein weiteres Pferd aus Spanien als Geschenk erhielt. Es kam von Alfons VI., dem Bruder des Königs von Arragon, der ebenfalls ein Sohn Ferdinands I. ist. Richard kündigte uns den Boten an, den er im Schloßhof erspäht hatte. „Er sieht fein aus, aber er riecht ganz furchtbar", sagte er uns. Mit einigem Unbehagen empfing ich daher den Ritter, weil wir Wilhelm nicht sogleich finden konnten. Richard hatte recht: Der Mann roch stark nach Knoblauch, und da sein Wortschwall gar nicht enden wollte, hatte ich allerhand darunter zu leiden. Auch verstand ich sein Französisch nicht gut, weil er in einem fremdländischen Tonfall sprach. Wilhelm hat drei edle Pferde mitgenommen, die ihm alle geschenkt worden sind. Ich weinte ein wenig, als ich den Zug fortreiten sah, mußte dann aber meine Augen schnell trocknen und den neuen Prior von St. Evroul empfangen. Ich werde kaum zur Besinnung kommen, bis wir selbst aufbrechen.

Dives, Donnerstag, am 17. des Erntemonds 1066

Nun sind die Tage für Wilhelm und mich gezählt. Es ging zuletzt alles drunter und drüber; doch schließlich waren wir so weit, daß wir aufbrechen konnten. Hier lebe ich wie in einer anderen Welt. Wilhelm hat dicht am Strand eine Holzburg erbauen lassen, in der wir mit den Kindern und einigen Dienern wohnen, bis die Flotte aufbricht. Oben vom Turm aus können wir den ganzen Hafen überblicken, der ein unbeschreibliches Bild bietet. Da sind Hunderte und aber Hunderte von Schiffen, die in den verschiedenen Flußarmen liegen; denn der Hafen hier ist außergewöhnlich breit. Etwas weiter landeinwärts sind grüne Weiden, wo das Vieh unbehelligt grast, denn Wilhelm achtet streng darauf, daß die Landbevölkerung in keiner Weise von den Kriegern belästigt wird. Sie sorgt für deren Ernährung, und Wilhelm bezahlt es den Bauern gut.

Die Schiffe bieten einen überwältigenden Anblick. Sie sind alle bunt bemalt und ordentlich nebeneinander aufgereiht. Es wimmelt von Rittern, Kriegern, Schiffern, Handwerkern, Dienern und auch Frauen, die ihre Männer bis hierher begleitet haben. Große Zelte sind aufgeschlagen worden, wo viel gesungen, aber auch getrunken und gewürfelt wird. Doch Wilhelm hält seine Leute beschäftigt; es gibt Gefechtsübungen, hin und wieder eine Jagd, und bei dem schönen Wetter tummeln sich manche im Wasser, wenn die Flut hereinkommt. Wilhelm hat befohlen, daß alle, die noch nicht des Schwimmens kundig sind, es von Schwimmern lernen sollen. Das ist oft ulkig anzusehen, und die Kinder ergötzen sich an dem Anblick, wenn sie von einem der Turmfenster aus zuschauen.

Später

Ich bin soeben mit Wilhelm durch das ganze Hafengebiet geritten. Manche der Schiffe haben Tierkreiszeichen auf die Bordwand gemalt; andere ihre Namen. Ich wartete voller Ungeduld, bis wir an die Stelle kamen, wo mein Schiff – das Herzogsschiff – vor Anker lag. Ohne Wilhelms Wissen hatte ich inzwischen die letzten Verzierungen anbringen lassen. „Oh!" rief Wilhelm aus, als er den goldenen Cherub erblickte, „hast du dir das ausgedacht, Mora?" Ich nickte und schaute stolz auf die Figur des Knaben, der ein elfenbeinernes Horn an seine Lippen hält – das uralte Symbol der Nordmänner, mit dem sie ihre Ankunft an fremden Küsten verkündeten. Seine rechte Hand weist nach England und hält eine kleine Lanze mit dem normannischen Banner. „Die Laterne habe ich selbst bemalt, Wilhelm", sagte ich nun, da er diese noch gar nicht bemerkt hatte. Nun schaute er zum Mast empor, und ich konnte an seinem Blick erkennen, wie freudig überrascht er war. Er rückte sein Pferd nahe an meines heran, griff meine Hand und fragte: „Und wie soll das Schiff heißen, Mora?" – „Ebenso soll es heißen." Er sah mich fragend an und ich erwiderte lächelnd: „Es heißt ‚Mora'." Da blickte er mich mit unaussprechlicher Zärtlichkeit an und drückte meine Hand. „So wahr ich Herzog bin und König sein werde", sagte er, „dieses Schiff soll meine künftige Königin in ihr neues Land tragen!" Seine Worte flößten mir etwas Angst ein – Angst vor dem Neuen und Unbekannten; aber ich wußte auch, daß es nun kein Zurück mehr gibt.

Überall, wo uns die Leute sahen, winkten und jubelten sie uns zu. Ich sah die Ritter ihre Stechlanzen prüfen; diese haben einen schweren Holzschaft und sind unterhalb der Eisenspitze mit Stacheln versehen. „Wozu haben die Lanzen solche Stacheln, Wilhelm?" fragte ich. „Damit die Waffe nicht zu tief eindringt", sagte er; „sonst kann man sie schlecht wieder herausziehen." Mich überlief ein heimliches Gruseln, als ich das hörte. Ich darf gar nicht daran denken, was in einem solchen Kriege alles geschieht. Wir sahen einen Wagen, auf dem Hunderte von Schilden lagen; sie sehen mandelförmig aus, und Wilhelm erklärte mir, daß durch diese Form auch das Bein des Reiters geschützt werde. Die Ritter trugen ihre Kettenhemden mit den Eisenmaschen noch nicht, weil das Wetter warm ist und diese ja erst im Kampf gebraucht werden. Wir sahen aber die eisernen Hemden auf einer Karre liegen, ebenfalls einen Haufen von Halsbergen und Helmen. Gestern hat Wilhelm seine Rüstung angelegt, weil die Knaben sie sehen wollten. Der Helm ist wie eine Pyramide geformt und hat ein Nasenstück, welches das Gesicht schützt. Auch Beinschienen werden angelegt. Die Krieger tragen Bänder um die Strümpfe, einen kurzen Rock, der ihnen Bewegungsfreiheit läßt, eine Tunika mit langen Ärmeln und darüber einen Mantel, der an der einen Schulter gerafft wird. Doch diesen legen sie nur bei kaltem Wetter um. Obgleich wir hier an der See sind, ist es sehr warm, so daß ich meine obere ärmellose Tunika gar nicht trage; die untere genügt. Wir kamen auch an Robert Mortains Schiff vorbei, dem er den Namen „Bel Hazard"[5] gegeben hat. Morgen will er unsere Knaben dort hinaufführen. Odo rudert öfter einmal mit den Kindern in einem kleinen Kutter auf die See hinaus. Sie haben so viel zu sehen, zu bestaunen und auszuprobieren, daß sie keinen Augenblick Langeweile haben. Ich habe hier viel mehr Zeit als in Rouen, besonders, wenn Wilhelm unterwegs ist, um durch das Lager zu reiten, seine Leute zu begeistern und tätig zu halten. Die Regierungsgeschäfte müssen in Rouen auf mich warten; dafür kann ich mich hier viel meinen Kindern widmen.

Dives, Samstag, am 19. des Erntemonds 1066

Wilhelm hat gestern einen Brief von Lanfranc erhalten, den er sofort aufbrach und las. Dann rollte er ihn wieder zusammen, ohne ihn mir zu zeigen. Er hat mir auch nichts darüber gesagt, und als ich ihn fragte, sagte er nur: „Du wirst es später erfahren."

Es ist noch ein großes Zelt errichtet worden, wo morgen für die riesige Menschenmenge eine Messe gehalten wird. Das Zelt beherbergt aber nur den aufgebauten Altar und einige der Magnaten und Edelleute; die meisten Menschen müssen draußen auf dem freien Platz stehen. Odo wird die Messe lesen, denn seine Stimme ist weithin zu hören, wenn er predigt.

Ich hoffe, daß Wilhelm nicht vergessen hat, daß ich noch kein Kind trage. Er hat gar nichts mehr davon gesagt, und wenn nun plötzlich ein günstiger Wind kommt, dann ist es vielleicht zu spät? Wilhelm sagt zwar, er habe vor, noch zu warten; er wolle nicht vor dem Herbstmond auslaufen. Roger fragte ihn verwundert, weshalb nicht, alles stünde doch bereit? „Die Zeit arbeitet für uns", sagte Wilhelm. „Laßt uns auf günstigen Wind hoffen, wenn der Herbstmond beginnt." Es weht meist ein Wind von Osten, der trockene, warme Luft bringt. Jeder wundert sich über diesen herrlichen Sommer. Mir ist die Verzögerung lieb; so habe ich Wilhelm noch etwas länger bei mir. Die Tage vergehen schnell, doch kommt es mir vor, ich könne jeden Augenblick wie aus einem Traum erwachen und feststellen, daß sie alle schon fort sind.

Dives, Mittwoch, am 30. des Erntemonds 1066

Die Tage verfliegen wie im Nu. Es gibt immer viel Kurzweiliges zu sehen, und ich habe auch Zeit, kleine Schiffsfahrten mit den Kindern zu machen oder in die nahen Wälder zu reiten. Nach der ersten Zeit hier, wo es so viel zu regeln gab, verlaufen die Tage jetzt gleichmäßiger. Für die Kinder sind sie herrlich; sie erzählen sich noch spät abends, wenn sie im Bett liegen, ihre Abenteuer.

Ich hoffe sehr, nun wieder ein Kind zu tragen. Wie lebhaft mich die gestrige Nacht an diejenige im Wonnemond auf dem Mont-Saint-

Michel erinnerte, wo die würzige Seebrise in unseren Schlafraum wehte. Ich saß gestern Abend auf der breiten, hölzernen Fensterbank und schaute auf das Meer hinaus. Nach einer Weile setzte Wilhelm sich zu mir. Die Mondsichel stand am Himmel und warf ihr silbernes Licht auf die Wellen, die sich in der herannahenden Flut kräuselten und das Mondlicht hüpfen und tanzen ließen. „Sieh, Wilhelm", sagte ich, „wie das Mondlicht mit den Wellen spielt." – „Ja", sagte er, „ganz so spielt auch das Schicksal mit dem Leben der Menschen." Ich dachte über seine Worte nach und fragte ihn: „Woher kommt das Schicksal eigentlich, Wilhelm – von Gott?" Er schüttelte den Kopf. „Jeder Mensch schafft sich sein eigenes." Nach einer Weile fragte ich weiter: „Wenn wir nun keinen Sohn mehr bekommen, Wilhelm, ist das dann nicht ein Schicksal, an dem wir nicht schuldig sind?" – „Nein", sagte er, „wenn das geschieht, dann ist die Kleingläubigkeit meiner Gemahlin schuld daran." – „Ich bin aber gar nicht kleingläubig, Wilm", wandte ich ein; „ich bin sogar sehr tapfer und würde mit dir in den Krieg ziehen, wenn es nötig wäre." Er neigte sein Gesicht über meines und sagte leise: „In einer solch tapferen Mutter wird mein Sohn gern Wohnung nehmen." Ich habe dieses Mal alle Sorgen um die Regierung, um den Krieg und um Agathe vergessen – ich fühlte mich mit Wilhelm wie auf einer seligen Insel, die keine Feindesmacht erreichen kann. Und ich dachte: „Heute noch habe ich ihn ganz – und morgen liegt weit."

Später

Einige der Ritter aus fremden Ländern, die zum Söldnerheer gehören, scheinen ungeduldig zu werden, weil ihnen die Wartezeit zu lang dünkt. Doch Wilhelm frohlockt und meint, er habe keine Eile. Mir und einigen Vertrauten sagte er, daß ihm Späher berichtet hätten, es seien jetzt weniger Kriegsschiffe an der angelsächsischen Küste zu sehen; wahrscheinlich seien viele der Krieger zur Erntearbeit ausgezogen, denn das lange Nichtstun habe zu Plünderungen und anderen Missetaten geführt. Wilhelm lachte, als er das hörte. „Es gibt nichts Schwereres, als Hunderte von Menschen, die in Untätigkeit verharren müssen, in Zucht zu halten." Wie ich Wilhelm bewundere, denn er versteht es, Leben in die Wartezeit zu bringen. Unsere Leute machen Wettkämpfe, sie schwimmen, tauchen, unternehmen Bootsfahrten und führen Spiele auf. Für morgen, den letzten des Mondes, ist ein Spiel über Rolf den Wikinger angesagt worden, das sie am späten Nachmittag, zur Zeit der Ebbe, am Strand vorführen wollen. Die Kinder können es kaum abwarten.

Dives, Freitag, am 8. des Herbstmonds 1066

Seit einer Woche schon regnet es, und nun werden sie in den Lagern unlustig. Manche von den Söldnern murren und meinen, es sei ein böses Omen, daß noch immer nicht der rechte Wind gekommen sei. Warenne hat durch einige Knechte erfahren, was man raunt: Der Herzog leide an Größenwahn, daß er ein fremdes Land erobern wolle. Gott stimme seinem Plan nicht zu und versage ihm den günstigen Wind. Wenn nur das Wetter besser würde! Regen und Wind machen die Zelte zu einem ungemütlichen Ort, denn der Sand unter ihnen ist naß. Wilhelm hat mehr Fleisch und Wein verteilen lassen, aber viel hat es nicht geholfen. Ich denke an Lanfrancs Worte: „Selbst die Naturkräfte werden ihm untertan sein." Aber nun sieht es ganz anders aus. Das Warten in dem trüben, naßkalten Wetter ist schwer zu ertragen.

Dives, Montag, am 11. des Herbstmonds 1066

Von Rouen kam ein Bote mit verschiedenen Briefen, die inzwischen am Hof eingetroffen sind. Einer war von Judith. Sie schreibt ganz verzweifelt, daß Tosti wieder nach Norden aufgebrochen sei, um sich mit König Hardraada zu verbünden. Er habe Skule und Ketel mitgenommen, und sie sei mutterseelenallein zurückgeblieben, denn auch ihr Töchterlein ist inzwischen gestorben. „Tosti stürzt sich ins Unglück", schrieb sie; „ich habe seinetwegen böse Träume gehabt. Und nun hat er mir auch die Söhne fortgenommen; Ketel ist doch erst zwölf Jahre alt!" Sie nimmt an, daß Hardraada die Söhne als Geiseln verlangt hat. Mein Gott, was für ein bitteres Los sie doch hat! Ich zeigte den Brief Wilhelm, der daraufhin lange mit abwesendem Blick vor sich hinsann. „Harald wird zwei feindliche Einfälle zu bekämpfen haben", sagte er. „Nichts könnte günstiger für uns sein, als wenn der Südwind noch auf sich warten ließe." Er versammelte sogleich seine Curia. Die meisten von ihnen waren jedoch wegen der Leute besorgt, die sich in dem anhaltend schlechten Wetter nur schwer in Zucht halten lassen. Während wir noch sprachen, tauchte ein völlig durchnäßter Bote auf, der Wilhelm etwas zuflüsterte. Wenn wir den Berichten unserer Späher Glauben schenken dürfen, hat Harald jetzt alle Schiffe und Krieger von der Küste zurückgezogen. Wilhelm meint, Harald werde vorläufig nicht mit einem Angriff von seiten der Normandie rechnen, da das Wetter nicht mehr günstig sei. „Aber irgend etwas müssen wir mit den Leuten tun", meinte fitzOsbern. „Es herrscht nicht mehr derselbe Geist unter ihnen." Auch unsere Kinder sind nicht länger zu bändigen. Wilhelm will sie heimschicken. „Ich gehe aber nicht, als bis Ihr abgefahren seid, Vater", sagte Robert hartnäckig, und Richard stimmte ihm bei: „Ich will all die Schiffe auslaufen sehen, und Ihr habt es uns versprochen, Vater!" – „Dann betragt euch besser", sagte Wilhelm. Doch ich sehe ihm an, daß er besorgt ist. Er selbst ist von unerschütterlicher Zuversicht – aber wie soll er dasselbe Vertrauen den Tausenden von Kriegern einflößen? Es herrscht so viel Aberglauben im Volk.

Dives, Mittwoch, am 13. des Herbstmonds 1066

Wir brechen gleich auf. Der Regen hat nachgelassen, doch sind immer noch drohende Wolkenballungen am Himmel zu sehen. Der Wind hat sich gedreht, weht aber nicht, wie seit langem erhofft, von Süden, sondern von Westen her. Wilhelm hat nun bestimmt, daß die ganze

Flotte ostwärts nach St. Valéry ziehen soll. Dafür hat er drei Gründe: Zum ersten muß er Bewegung in die Leute bringen, weil die Unzufriedenheit und Unsicherheit anwächst. Und außerdem glaubt er, daß Harald durch Späher längst unseren Standort erfahren hat und ihn in Bosham erwartet. Wenn Wilhelm aber von St. Valéry übersetzt, landet er an einer Stelle, wo er nicht erwartet wird. Er hofft, daß nach dem Westwind bald wieder eine Wetteränderung kommt. Einige Heerführer stimmen sogar dafür, die Küste von England bei Dover anzustreben. Westwind und kräftiges Rudern gen Norden würden sie dort hinbringen; doch Wilhelm hat dies als Wahnwitz abgelehnt. Dover sei die stärkste Festung, dort werde er nie landen. Außerdem werde er die vielen Schiffe nur dann den Kanal überqueren lassen, wenn der Wind genau von Süden wehe, so daß sie mühelos dorthin getrieben würden und nicht ihre Kräfte in Sturm und Wetter erschöpften. Ein dritter Grund ist der, daß Wilhelms zahlreiches Heer die Vorräte des Küstenlandes schon abgeerntet hat. In Ponthieu ist fruchtbares Ackerland, und Graf Guido, der sich hier unter den Wartenden befindet, ist stolz, daß die Überfahrt von seiner Grafschaft aus erfolgen soll. Die Kinder reisen, bis auf Robert, Richard und Gottfried, nach Rouen zurück. Alle Mädchen haben geweint, denn nun heißt es Abschied vom Vater und den Oheimen nehmen. Ich werde mit den Knaben auf dem Landwege nach St. Valéry reiten; wir benutzen Sänften, weil es noch immer nach Regen aussieht. Ich muß nun aufhören und das letzte zusammenpacken lassen.

St. Valéry, Samstag, am 16. des Herbstmonds 1066

Hier herrscht ein rauheres Klima als in Dives, und es weht ein kalter Wind; auch geht der Sommer zur Neige, und der Herbst kündigt sich an. Beim Transport der Schiffe nach St. Valéry kam ein schlimmer Sturm auf, und wir haben einige Schiffe verloren, wobei mehrere unserer Leute ertrunken sind. Darob hat es wieder allerhand Murren gegeben. Wilhelm hat die Toten bei Nacht begraben lassen, damit die meisten es nicht sehen. Die beschädigten Schiffe werden jetzt in der Werft instand gesetzt. Wir wohnen hier in einem alten Herrenhaus, nicht weit von der Kirche, in der die Gebeine des hl. Valerius ruhen. Dort gehen Wilhelm und ich oft hinein, um zu beten. Es ist eine Prüfung für uns alle, denn wenn der Wind nicht bald von Süden weht, sieht es schlimm für die Leute aus, die längst nicht mehr dieselbe Begeisterung verspüren wie am Anfang. Ich bewundere Wilhelm, der stets heiter und unbekümmert bleibt, obwohl jetzt sogar seine engsten Vertrauten Bedenken haben. FitzOsbern, welcher der erste war, England den Kampf anzusagen, ist in großer Unruhe. „Sorgt Euch nicht", sagte Wilhelm heute zu ihm. „Der Herr hat Seine Pläne, und alles wird nach Seinem Willen geschehen." – „Daran glaubt aber die Masse der Menschen nicht mehr", sagte der Seneschall; „es muß etwas geschehen!" – „Laßt mich darüber nachdenken", sagte Wilhelm ruhig, während fitzOsbern mit einem ärgerlichen Achselzucken hinausging.

Ich fühlte auf einmal, welch harten Stand Wilhelm mit seinen Heerführern hat, daß sich alles gegen ihn verschworen zu haben scheint. Das tat mir unsagbar weh, und ich ging leise zu ihm hin und schob meine Hand unter seinen Arm. Er stand in tiefem Nachsinnen am Fenster und blickte auf die regennassen Straßen. „Ich weiß, daß alles gut wird", sagte ich zuversichtlich; „mir träumte heute nach vom warmen Südwind und weißen Segeln – und die Sonne schien auf das blaue Meer." Er nahm meine Hand und hielt sie fest. „Irgend etwas wird jetzt droben im Norden geschehen", sagte er. „Tosti ist nicht in der Kunst der Verschwiegenheit geübt, und nach allem, was Judith uns mitgeteilt hat, gibt es zwei Möglichkeiten." Meine Aufmerksamkeit war erweckt. „Welche, Wilhelm?" – „Entweder landen die Norweger in England, und ich muß sie später bekämpfen, nachdem ich Harald besiegt habe – oder aber Harald bewältigt die Eindringlinge, was gut in meinen Plan passen würde; dann hat er mir die Arbeit abgenommen und seine eigene Armee geschwächt." – „Warum sagst du das deinen Vasallen nicht, Wilhelm?" – „Weil ich sie nicht vom Ziel ablenken will. Wenn sie zu viel wissen, brüten sie mancherlei Zweifel aus, und die Söldner mögen zum Norweger überlaufen, wenn er ihnen mehr Gold verspricht." – „Ich wünschte, sie würden es dir nicht so schwermachen, Wilhelm. Du hast die ganze Last zu tragen, und sie bürden dir noch ihre eigenen Sorgen und Zweifel auf!" Da blickte er zärtlich auf mich herab und sagte: „Der Herr prüft die Seinen. Doch mich wird Er nie wanken sehen." Er stand da wie ein Fels, an dem die tosenden Wellen der Schicksalsgewalten zerbrechen. Hätte nur ich solche Kraft in mir! Doch obgleich ich meine eigenen Ängste bekämpfen muß, lasse ich mir das nicht anmerken. Ich muß eine feste Stütze für ihn sein – auch wenn ich die einzige wäre!

St. Valéry, Montag, am 18. des Herbstmonds 1066

Noch immer weht kein Südwind. Es ist wieder wärmer geworden, aber auch ganz windstill. „Laßt uns hinüberrudern", sagte fitzOsbern heute; „es weht kein Gegenwind, und die Kampfschiffe sind beweglich und werden gut vorankommen. Der Nachschub kann ruhig einige Tage später eintreffen." – „Zu welchem Wahn und Wagnis ratet Ihr mir da", sagte Wilhelm. „Im Seekrieg seid Ihr nicht erfahren, Wilhelm!" – „Ihr wißt gar nicht, Sire, was die Leute sich erzählen. Sie sprechen von Eurem Vater, dem Herzog Robert, der auch an seiner geplanten Eroberung gescheitert ist." – „Eben! Aus seinem Fehler habe ich gelernt. Ehe *ich* segele, müssen alle günstigen Umstände zusammentreffen." – „Sire, darauf warten wir schon seit Mitte des Erntemonds!" – „Und wir werden weiter warten, Wilhelm. Derjenige, der die größere Ausdauer hat, trägt den Sieg davon." In diesem Augenblick trat Robert Beaumont zu uns und meldete seinem Herrn, daß einige der Soldaten fahnenflüchtig geworden seien; man fürchte, weitere würden folgen. „Wer mir nicht vertraut, mag ziehen", sagte Wilhelm; „ich halte niemanden." Doch merkte ich ihm an, wie ihn die Nachricht schmerzte. Ach, könnte ich nur Gottes Herz bewegen, daß Er uns bald zum Aufbruch verhilft! Obwohl dieser mir die lange Trennung bringt, ist die jetzige Ungewißheit viel schwerer zu ertragen.

St. Valéry, Dienstag, am 19. des Herbstmonds 1066

Wilhelm ist viel unterwegs, besucht alle Lager und muntert die Leute auf. Er läßt sie gut speisen und auch unterhalten. Wir haben einen Verbündeten gefunden – einen Sterndeuter und Wahrsager, der sich heute früh bei Wilhelm melden ließ. „Hoher Herr", sagte er, als Wilhelm ihn nach dem Zweck seines Kommens fragte, „ich wollte Euch versichern, daß die Sterne günstig für Euch stehen, daß sie Euch unbezwingbar machen und über alle Feinde siegen lassen werden." – „Ich danke Euch", sagte Wilhelm; „geht und verkündet dies auch den anderen." Als er gegangen war, fragte ich Wilhelm: „Glaubst du an die Botschaft der Sterne?" – „Ich brauche diese nicht, um Gewißheit zu haben", sagte er; „was ich weiß, das weiß ich." – „Weißt du dann auch, warum es sich alles so lange hinauszögert? Jetzt, wo die englische Küste nicht mehr bewacht ist und der norwegische König vielleicht auch angreift, jetzt müßte doch die Zeit gekommen sein." Er sah mich aufmerksam an und neckte mich: „Schuld an allem bist du, Joujou." – „Wie denn ich?" fragte ich, wußte aber, daß er nur scherzte. „Du hast meinem Herzogsschiff den Namen ‚Mora'[6] gegeben", sagte er, indem er mich leicht am Ohr zog. „Ich will es aber nicht umtaufen", erwiderte ich. „Nein, das sollst du nicht. Aufgeschoben heißt nicht aufgehoben." Wir gehen jetzt gleich in die Kathedrale. Ob die Muttergottes unserer nicht bald überdrüssig wird? Wir bringen ihr Tag für Tag dasselbe Gebet dar.

St. Valéry, Montag, am 25. des Herbstmonds 1066

Mein Gott, wie hart stellst du Deine Kinder auf die Probe! Als wir heute aus der Kathedrale traten und ich einen ziemlich starken Wind auf meinem Gesicht spürte, blickte ich sogleich zum Wetterhahn hinauf. Wilhelms Augen waren ebenfalls dorthin gewandert. Doch ach, der Wind blies von Osten. Er brachte uns ein dänisches Schiff in den Hafen; und der Steuermann berichtete einigen unserer Krieger, daß man sich in Dänemark erzähle, König Hardraada sei bereits in England gelandet und habe die Grafen von Northumberland und Mercia besiegt. Das hat große Aufregung im Lager hervorgerufen. „Nun wissen sie es alle", sagte ich zu Wilhelm. „Ja", meinte er, „und du wirst sehen, wie sie darüber denken." Schon einige Stunden später hörten wir, daß mehr Leute fahnenflüchtig geworden seien, weil sie fürchteten, sie müßten nicht nur gegen König Harald, sondern auch noch gegen Hardraada kämpfen. „Wenige besitzen genug Verstand, um sich die Geschehnisse vernünftig zusammenzureimen; die meisten lassen sich in Aufruhr und Schrecken versetzen", sagte Wilhelm verächtlich. Dann saß er lange schweigend da. Schließlich ließ er Odo rufen und verkündete uns beiden seinen Plan. Um die Krieger seelisch zu stärken und weitere Fahnenflucht zu verhindern, will er den Schrein des hl. Valerius, der in der Kathedrale aufgebahrt liegt, durch das ganze Lager tragen lassen. Es soll eine feierliche Zeremonie werden. Alle sollen inbrünstig zu dem Heiligen beten, daß er uns den günstigen Wind schicke. Odos Begeisterung war sofort entflammt, und nun sind sie beide beim Abt des Klosters, um seine Zustimmung zu erlangen.

Später

Die Prozession soll schon morgen stattfinden. Der Abt will den Sarkophag des Heiligen von einigen seiner Mönche tragen lassen, so daß alle ihn sehen können. „Er freut sich gewiß auch über das Geld, das ihm zufließen wird", meinte Odo schmunzelnd; „denn jeder soll aufgefordert werden, dem Heiligen etwas zu opfern." Unsere Söhne und Gottfried befinden sich in freudiger Erregung, weil sie neben Wilhelm und mir herreiten dürfen. Das Herzogspaar soll als erstes dem Zug der Mönche folgen. „Hat der Heilige schon viele Wunder vollbracht?" fragte Gottfried. „Gewiß", sagte Wilhelm; „du wirst selbst sehen, welches Wunder er morgen wirken wird." Ich staunte über Wilhelms zuversichtliche Worte – denn während der letzten langen Wochen hatte der Heilige keines unserer Gebete erhört. Wilhelm fing meinen zweifelnden Blick auf und sagte etwas in lateinischer Sprache aus der Heilige Schrift – daß ein jegliches seine Zeit brauche und daß für alles, was geschieht, vom Himmel die rechte Stunde bestimmt sei. Es gibt jetzt viel vorzubereiten, und im ganzen Lager herrscht große religiöse Inbrunst, wie Odo uns versicherte. Die hat er gewiß in den Menschen zu erwecken verstanden.

St. Valéry, Dienstag, am 26. des Herbstmonds 1066

Nun ist der große, festliche Tag vorüber. Er begann frühmorgens mit einer Messe in der Kathedrale, während welcher der Heiligenschrein vor dem Altar stand. Danach trugen ihn die Mönche durch das ganze Lager. Der Abt schritt dem Zug voran, begleitet von zwei Meßknaben, die Weihwassergefäße in den Händen hielten, aus denen der Abt ständig etwas heiliges Wasser in die Menge sprengte. Wilhelm und ich ritten mit den Kindern hinter dem Heiligenschrein her, danach folgten einige Leibwächter und die *Curia ducis.* Es war ergreifend zu sehen, wie die Menge niederkniete und sang und wie die Menschen Gold- und Silbermünzen auf den heiligen Schrein warfen, den vier Träger mit Stangen auf ihren Schultern hielten. Der war mit einem roten Samttuch bedeckt, und nach vielen Stunden, als der Zug zur Kathedrale zurückkehrte, war das Tuch kaum noch zu sehen – so viele Geldstücke hatten die Menschen daraufgeschüttet. Die Begeisterung der Menge war groß und ihre Gebete inbrünstig, das konnte ich fühlen. Auch das Wetter war sonnig und gar nicht kalt. Jeder schien neue Hoffnung zu schöpfen.

Ich war müde von dem langen Ritt durch die Stadt und das Lager, und die Kinder ebenfalls, die auch bald einschliefen. Als ich ein Bad in meinem Zuber genommen hatte und in unseren Schlafraum trat, stand Wilhelm dort am Fenster und schaute in die stille Nacht hinaus. Kaum ein Lufthauch war zu spüren – es lag eine erwartungsvolle Stille über dem Meer. Ich sah ihn nach rechts blicken und lehnte mich, gleich ihm, aus dem Fenster, das hier keine Glasscheiben hat. Dort, am westlichen Horizont, schimmerte die Mondsichel dicht über den dunklen Wellen, in denen sich das silberne Licht glitzernd widerspiegelte. „Ganz so sah es vor einem Monat aus, als wir in Dives waren", sagte ich. „Ja", meinte Wilhelm, „auch damals stand der Mond günstig; und wäre zu jener Zeit der Südwind gekommen, hätten wir aufbrechen müssen."

Er schwieg eine Weile und fuhr dann, indem er meine Hand nahm, fort: „Mathilde, damals habe ich gebetet, daß Gott uns noch Aufschub gewähren möge – niemand weiß dies, nur dir sage ich es. Ich fühlte, daß die Zeit verfrüht war. Und immer, wenn ein solches Gefühl sehr stark in mir wird, muß ich ihm folgen." – „Gott hat dein Gebet wahrhaftig erhört, Wilhelm! Es scheint, du mußt vorsichtiger mit dem sein, was du Ihm sagst." Da lachte er. „Nachdem wir hier in St. Valéry so lange gewartet haben und es nun wieder Neumond wurde, habe ich Ihm das gegenteilige Gebet gesandt, und heute habe ich mir dabei vom ganzen Kriegsheer und der Stadtbevölkerung helfen lassen. Jetzt ist die richtige Zeit gekommen. Die Küste ist unbewacht, und ich habe inzwischen erfahren, was Tosti und Hardraada im Schilde führen." – „Ob es wahr ist, daß sie die Nordostküste Englands angegriffen haben, Wilhelm?" – „Das halte ich für gut möglich, doch niemand weiß es genau." – „Ob Harald dann die Eindringlinge bekämpfen wird?" – „Zweifelst du daran?" fragte er zurück. „Sie täten mir gute Dienste, wenn sie sich gegenseitig schwächten." Ich schwieg nachdenklich, und mir fielen all die früheren Kriege wieder ein, aus denen Wilhelm so siegreich hervorgegangen war. Da sagte er: „Alles hat sich zu meinen Gunsten gewendet – nun brauchen wir nur noch den Südwind." – „Wir wollen die ganze Nacht darum beten, Wilhelm", schlug ich vor. Doch er sagte: „Wir haben den ganzen Tag gebetet, nun wollen wir uns früh zur Ruhe legen, denn morgen ist wieder ein großer Tag!" Soeben höre ich ihn kommen und will jetzt schließen.

St. Valéry, Mittwoch, am 27. des Herbstmonds 1066

Ich stehle mir einige Minuten nach einem hastigen Mittagsbrot mit den Kindern, um das Wichtigste und Herrlichste aufzuschreiben. Schon gestern nacht, als Wilhelm mich im Arm hielt, sein Kinn auf meinem Haar ruhend, fühlte ich plötzlich, daß der Abschied gekommen sei. Er strich leise mit der Hand über meinen Leib und fragte: „Weißt du, ob du unser Kind diesmal eingefangen hast?" – „Ja", flüsterte ich, „dieses Mal scheint es so zu sein, Wilhelm." Ich fühlte seine warme Nähe und dachte: „Wann werde ich ihn wieder bei mir haben?" Dann schlief ich ein, wachte aber mitten in der Nacht auf. Vielleicht war es auch schon gegen Morgen, aber es war noch dunkel draußen, und durch die nächtliche Stille erschollen die schrillen Schreie zweier Möwen. Mir klang es wie ein Fanfarenruf. Im Hintergrund vernahm ich das leise Rauschen der zurückweichenden Wellen; sie schienen fern. Sicher war es Ebbe. Ich dachte an vielerlei und fühlte mein Herz auf einmal stark pochen. Wilhelm lag regungslos mit geschlossenen Augen da. Ich lehnte mein Gesicht an seine Schulter und schlief wieder ein.

Da hatte ich einen seltsamen, aber wunderschönen Traum. Ich sah den Erzengel Michael in einer lichten Wolke herabsteigen, so daß das Meer unter ihm erglänzte, sah ihn auf die Kathedrale zuschweben und mit einem Stab, den er in den Händen hielt, die Wetterfahne berühren. Darauf wendete sich die Fahne, und der Engel schwebte davon. Mit großer Begeisterung und lauter Stimme rief ich aus: „Nun weiß ich, daß der Erzengel das Geschick unseres Landes regiert!" Ich wachte von meiner eigenen Stimme auf und sah, wie Wilhelm mir erstaunt das Gesicht zuwandte. Draußen dämmerte der Morgen. „Mir hat vom Erzengel Michael geträumt", sagte ich. Da erhob er sich rasch, warf seinen Hausrock über und ging ans Fenster, die Hand hinausstreckend. „Es weht ein Wind", sagte er, „doch kommt er nicht von Norden." (Unser Schlafraum liegt gen Norden, dem Meer zugewandt.) Sogleich ging er ins gegenüberliegende Zimmer, wo die Fenster nach Süden, auf die Stadt hinausgehen. Nicht lange danach hörte ich ihn laut rufen: „Mora!" Mich durchlief es vom Scheitel bis zur Sohle, als ich diesen Ausruf hörte. So wie ich war, mit aufgelösten Haaren, meinen Umhang schief von den Schultern herabhängend, lief ich zu ihm hinüber. Er wies mit der ausgestreckten Hand auf den Turm der Kathedrale, wo die Wetterfahne gen Norden wies – ein Zeichen, daß der Wind von Süden blies. „Wilhelm!" rief ich mit einem Jauchzer, der aber mehr wie ein Schluchzen klang, und warf mich in seine Arme.

In wenigen Minuten schon stürzten die Diener die Treppen hinab, um die Herolde zu wecken. Diese ritten sofort durch das Lager und trompeteten zum Aufbruch. Wilhelm hat nur wenige Sätze niederschreiben lassen, die überall ausgerufen wurden: „Der hl. Valerius hat unsere Gebete erhört. Wir segeln noch heute! Lasset uns im Frühgottesdienst in der Kathedrale Dank sagen!" Auf dem Platz vor der überfüllten Kathedrale staute sich die Menschenmenge. Sie alle hörten die Messe auf ihren Knien, und hernach waren viele Bischöfe, Äbte und Priester damit beschäftigt, jedem das heilige Abendmahl zu geben. Dann aber ging es ans Laden der Schiffe; und nun, um die Mittagszeit, gleicht St. Valéry einem aufgestörten Ameisenhaufen. Wilhelm ist überall und nirgends; fitzOsbern sagte mir, er gleiche einem allgegenwärtigen „Geistreiter", der an allen Orten die Menschen zur Eile antreibe. Bis Abend soll alles aufgeladen sein, so daß die Schiffe die Nacht hindurch segeln können. Ich will gleich mit den drei Knaben zur „Mora" reiten, um mich zu vergewissern, daß alles richtig ins Herzogsschiff verladen wird. Die Zeit drängt, und ich komme gar nicht dazu, traurig zu sein. Der Südwind ist ein solches Gottesgeschenk, daß ich nur Dankbarkeit empfinden kann. Wie gut Gott sich dies alles ausgedacht hat!

Später

Nach dem langen, ereignisreichen Tag ist die Nacht angebrochen; die Kinder schlafen, doch unten am Strand vernimmt man noch Stimmen, sieht Pechfackeln leuchten und hört Wagenräder knarren. Nun ist er fort, und ich glaube kaum, daß ich diese Nacht Schlaf finde – meine Gedanken ziehen, Meile für Meile, mit ihm. Ich will nun von den letzten Stunden erzählen. Die Knaben waren voll überschäumender Begeisterung, besonders Robert, den es nicht einmal störte, daß er sich beim Abspringen vom Pferd den großen Zeh verstaucht hatte. Er humpelte fröhlich weiter. Besondere Aufmerksamkeit schenkten sie den Fußsoldaten, die in langer Reihe aufmarschierten. Jeder von ihnen trug Armbrust und Schwert. Auf dem Kopf hatten sie Kappen, und die Füße steckten in Schnürstiefeln. Einige hatten Felle um den Leib gebunden und Pfeile vom Gürtel herabhängen. Die Ritter kamen etwas später mit ihren Halsbergen, stählernen Stiefeln und glänzenden Helmen. Um den Hals trugen sie Schilde und in der Hand eine Lanze. Und jeder von ihnen hatte dieselben Insignien, damit sie sich später im Kampf unterscheiden können und nicht ihre eigenen Leute töten. Alle mußten jetzt ihre Waffen abgeben, die auf die Schiffe verladen wurden – bis auf die eigenen Schwerter. Die Pferde standen noch eingezäunt; sie wurden zuallerletzt auf die Schiffe geführt. Hunderte von Fässern wurden über den Sand gerollt, Wagen, auf denen Streitäxte aufgereiht standen, zogen an uns vorüber, Seile, Schraubhebel, Holzplanken und Teile von Burgwänden wurden auf den ins seichte Wasser reichenden Steg gefahren, Säcke mit Nahrungsvorräten, lebendes Vieh und Felle, die als Lager dienen sollen – ein nicht endenwollender Zug. Und dazwischen flatterten und kreischten die Möwen, die sich ein besonderes Mahl erhofften. Mehr als 7000 Mann zählt Wilhelms Kriegsheer. Dazu kommen noch einige Tausend anderer Menschen – Handwerker, Diener und dergleichen. Der Sterndeuter, der Wilhelm viel Glück vorausgesagt hatte, wollte nach England mitgenommen werden. Wilhelm hat gelacht und gesagt: „Ich brauche keine Wahrsager in England; dort gibt es deren genug." Doch als der Mann weiter bettelte, ließ Wilhelm ihn gewähren. Ich sah, wie jener freudig erregt umkehrte, um einige Sachen aus seinem Haus zu holen und seiner Familie Lebewohl zu sagen; und plötzlich tat er mir leid. Ich weiß selbst nicht, warum. Er schien ein wenig verwachsen, hatte aber ein kluges, feines Gesicht. Was nur will er ohne seine Familie in der Fremde? Aber Wilhelm ist wie ein Magnet, der sie alle mit sich zieht.

Am frühen Nachmittag war das meiste geschafft, und Wilhelm kehrte noch einmal zu uns zurück. Den Kriegern wurde ein gutes Mahl am Strand gekocht, und der Bratenduft vermischte sich mit der würzigen Seeluft. Wir nahmen eine letzte Mahlzeit miteinander ein, dann war es Zeit, zum Hafen zu reiten. Vom Westen her warf die Sonne ihr purpurnes Licht über das Wasser, und die Dämmerung senkte sich nieder. Wie im Traum sah ich Wilhelms Begleiter auf die „Mora" steigen – den Grafen von Eu, Hugo von Monfort-sur-Risle, Wilhelm Warenne, Robert Beaumont und andere. Ich schaute auf das stolze Herzogsschiff mit den vergoldeten Seiten und den leuchtenden Segeln, auf welche die normannischen Leoparden gestickt sind, auf den Cherub, der in Fahrtrichtung blickte, in der linken Hand sein elfenbeinernes Horn haltend und mit der Rechten nach England weisend. Das weiße Banner des Papstes, das blau bestickt und oben mit einem goldenen Kreuz versehen ist, flatterte vom Großmast herab. Herolde verkündeten von Schiff zu Schiff, daß sich alle Fahrzeuge auf hoher See nach dem Herzogsschiff ausrichten und dicht beisammen bleiben sollten. Die Laterne am Mast der „Mora" werde ihnen den Weg weisen.

Nun wurden die 3000 Pferde mit Hilfe eines Geschirrs, das an Seilen hing, aufgeladen. Wilhelm sagt, so ähnlich hätten schon die Byzantiner ihre Reittiere verladen. Es ist geplant, die Schiffe 5-6 Knoten laufen zu lassen. Als die meisten Leute an Bord waren und es langsam dunkel wurde, erscholl aus den Kehlen vieler hundert Ritter ein altes Wachlied. Ich kenne es, und einige Versbrocken sind mir in Erinnerung geblieben:

Lasset uns Christus, den göttlichen Herrn, anbeten
Und ihm unsere Hymnen des Lobes singen!
Auf seinen mächtigen Schutz vertrauend,
Lasset uns wachsam sein und in Liedern frohlocken!

...

Ist er unser Führer, so siegt unsere Hand im Kampfe,
Doch ohne ihn sind all unsere Speere machtlos.

...

Tapfere Jünglinge, stark und kühn im Streite,
Laßt eure Lieder von diesen Mauern erschallen!

Dann sah ich einen Burschen auf den hohen Mast klettern und meine Laterne anzünden. Als ihr helles Licht, das sich vielmals im geschliffenen Glas brach, in die Dunkelheit hinausstrahlte, fühlte ich, wie sich mir die Kehle zuschnürte. Wilhelm nahm mich zum letzten Mal in den Arm – nur wenige sahen es, weil es bereits dunkel war –, grüßte die Kinder, ermahnte Robert, mir beizustehen, und dann sah ich ihn den Bootssteg zur „Mora" hinaufsteigen, gefolgt von fitzOsbern und Odo. Bald war er meiner Sicht entschwunden. Regungslos wie eine Statue saß ich auf meinem Pferd und sah das Schiff langsam aufs schwarze Meer hinausgleiten. Plötzlich griff der Südwind in seine Segel und trieb es schnell voran. Andere Schiffe folgten, und noch lange sah ich meine Laterne hin und wieder zwischen Hunderten von Segeln aufblitzen – ein Wald von Masten, der im matten Licht der Laternen geisterhaft davonschwebte. Laute Rufe erschollen am Strand, die von fernen Stimmen auf den Schiffen erwidert wurden. Doch ich brachte keinen Ton hervor. Ich starrte in die Nacht hinaus, und in meinen Augen brannten Tränen. Auch jetzt, wo ich dies niederschreibe, sind meine Wangen ganz naß.

Rouen, Montag, am 2. des Weinmonds 1066

Nun sind wir wieder im Schloß. Die Heimreise führte mich durch dieselben Städte, die ich damals – nach unserer Vermählung in Eu –, passiert hatte. Welche Erinnerungen sie in mir wachriefen: Eu, Longueville-sur-Scie, Tôtes, Clères – endlich die Wälder von Rouen. Wir sind gleich am Morgen des 28. Herbstmonds aufgebrochen. Wie verödet der Strand dalag! Die bunten Schiffe, die dort dicht an dicht gelegen hatten, waren verschwunden; nur zwei halb zerbrochene Kutter schaukelten auf den Wellen, und am Strand lag allerlei Unrat, verbeulte Beinschienen, Holzspäne, Pferdeäpfel, Balken von den hölzernen Einzäunungen, Speisereste und Tierknochen, um die sich Hunde und Möwen scharten. Ruhig lag das Meer unter dem wolkenlosen Himmel da, und ich dachte freudig: „Sie haben eine gute Überfahrt gehabt, denn der Südwind bläst noch immer!" Doch während der Reisetage änderte sich die Windrichtung, und es wurde ständig kühler.

Das Schloß scheint mir wie ausgestorben. Die meisten Edelfrauen – solche, deren Männer mit Wilhelm mitgezogen sind – haben inzwischen die Residenz verlassen und sind auf ihre eigenen Güter gereist. Nur Mabille ist hier, weil Roger am Hof geblieben ist, und auch Adeliza, die schon seit längerer Zeit kränkelt. Ich habe jetzt das Haushaltsjahr abzurechnen. Ach, dieses Mal kann ich es Wilhelm nicht zeigen! Cordula seufzt, weil wir so viel ausgegeben haben wie nie zuvor; denn in keinem anderen Jahr hat es so viele Gäste am Hof gegeben wie in diesem. Die Ausgaben für Brot und Korn, für Apfelwein und Met, für Heu und Hafer, Stallvorräte und Küchenbedarf sind derart, daß ich jetzt viel einsparen muß. Doch Cordula weiß nichts von den anderen Kosten – für Pferde, Waffen, Schiffe und alle möglichen Ausrüstungen sowie Vorschüsse für die Söldner. Wilhelm hat zuversichtlich gemeint, daß alles, was jetzt an Geld geopfert werde, später durch Englands Gold und Silber wieder zurückgezahlt würde.

Agathe wird in den nächsten Tagen heimkehren. Gleich nach dem Aufbruch der Flotte habe ich Ida in Boulogne, Papà in Brügge und Fredesensis in Conteville Bescheid zukommen lassen. Wenn ich nur schon Nachricht von Wilhelm hätte!

Später

Soeben, als ich alle Papiere ordnete, die Wilhelm mir noch vor seiner Abreise übergeben hatte, fand ich einen Brief mit der Handschrift Lanfrancs. Ich entfaltete ihn und sah, daß es das Schreiben war, das er Wilhelm nach Dives geschickt hatte. Darin stand dieser Satz: „Segelt nicht im Erntemond. Die Zeit ist verfrüht. Wartet bis zum nächsten Neumond.“ So hatte ihm also auch Lanfranc den Rat gegeben zu warten! Gott hat das übrige dazu getan, indem Er den Wind auf sich warten ließ.

Rouen, Donnerstag, am 5. des Weinmonds 1066

Heute ist ein Freudentag – denn es ist ein Bote aus England gekommen, den Wilhelm unmittelbar nach seiner Landung auszusenden versprochen hatte; doch mußte auch er auf eine Änderung der Windrichtung warten. Ich lief sogleich mit dem dicken Brief in mein Zimmer und drückte ihn an mein Herz. Viel steht in seinem Brief, denn er hatte ihn zu verschiedenen Zeiten geschrieben. „Mein Lieb, unsere ‚Mora‘ segelte unter blauem Himmel auf ruhiger See dahin“, begann er. „Wir hatten eine stille Nacht unter sternbedecktem Himmel, und der Südwind trieb uns geschwind voran – ja, so rasch, daß ich die übrigen Schiffe aus den Augen verlor. Am Morgen merkten wir, daß wir allein dahinsegelten. Du hast mein Schiff zu groß und mit zu mächtigen Segeln bauen lassen, so daß es den anderen davongeschwommen ist. Es herrschte ziemliche Besorgnis an Bord, doch ich war voller Zuversicht, obwohl der Bursche, der oben auf dem Mast saß, herunterrief: ‚Ich sehe nichts als Himmel und Meer.‘ Um sie alle zu beruhigen, habe ich ein gutes Frühstück mit Wein auftischen lassen und einige Lieder angestimmt, die alle anderen bald mitsangen. Das Schiff lag eine Weile still, denn ich hatte Anker werfen lassen, bis die anderen Schiffe nachkamen. Danach segelten wir wieder. Als ich den Knaben erneut auf den Mast schickte, klang seine Botschaft etwas hoffnungsvoller: ‚Ich sehe vier Schiffe kommen.‘ Und beim dritten Male rief er: ‚Ich sehe einen Wald von Masten und Segeln!‘ Alle waren freudiger Stimmung, denn von fern sahen wir den Streifen der angelsächsischen Küste auftauchen.“

Hier ließ ich den Brief sinken, um das Gelesene richtig nachzuerleben. Dann las ich weiter: „Gegen neun Uhr morgens, am 28. des Herbstmondes, hatten die meisten Schiffe die Küste der Bucht bei Pevensey erreicht. Kein einziges englisches Schiff war zu sehen. Zuerst schickte ich die Bogenschützen an Land, die mit ihren kurzen Röcken viel Bewegungsfreiheit haben und zum Angriff bereit waren. Danach folgten die bewaffneten, behelmten Ritter mit ihren schützenden Halsbergen, die Schilde um den Nacken geschlungen. Sie drangen in das umliegende Land vor, ihr Schwert an der Seite und die Lanze in der Hand. Dann stiegen die Zimmerleute mit ihren Äxten an Land; sie hatten ihre Pläne und Breitbeile am Gürtel hängen und begannen, die erste

Holzburg zu errichten, für die wir die fertigen Teile mitgebracht hatten. Schon vor Einbruch der Nacht stand die erste Burg da, in die wir den Vorrat schaffen ließen. Die Ritter waren zurückgekehrt und berichteten, sie seien keinen feindlichen Kriegern begegnet. So nahmen wir in unserer neuen Burg dankbar das erste Mahl miteinander ein. Doch scheint das Land hier nicht günstig für uns; es gibt zu viele Sümpfe, und ich will morgen den östlichen Teil erkunden, um einen besseren Platz zu finden. Der Wind hat sich gelegt, und ich hoffe, Dir diesen Brief bald zuschicken zu können. Bete für uns alle – der Herr hat uns einen guten Anfang bereitet, und wir sind voller Zuversicht. Mein Herz ist bei Dir und den Kindern. Wilhelm."

Etwas später kam Ursula zu mir und kündete Adeliza an, die mit mir zu sprechen wünsche. Auch sie hatte einen Brief von ihrem Gemahl erhalten und konnte kaum warten, mir einiges daraus vorzulesen. FitzOsbern hatte ihr ebenfalls von den bangen zwei Stunden berichtet, als sich die ‚Mora' von allen anderen Schiffen abgetrennt fand. „Du hättest den Herzog sehen sollen", schrieb er. „Nicht einen Augenblick zeigte er irgendwelche Besorgnis; statt dessen sang er lustige Lieder und ließ Speisen und Wein reichen, bis er uns alle genügend aufgeheitert hatte. Und kurz danach tauchten die Schiffe auf. Seine Geistesgegenwart findet nicht seinesgleichen. Er war einer der ersten, die mit Pfeil und Bogen an Land gingen. Der Sandstrand war weich und hatte einige tiefe Stellen. Der Herzog muß in ein solches Loch getreten sein, denn er verlor plötzlich das Gleichgewicht und fiel hin. Diejenigen von uns, die es sahen, erschraken, und ich hörte einige Rufe: ‚Das ist ein böses Omen!' Als ich mich gerade ärgerlich umwandte, um die Stimmen zum Schweigen zu bringen, hörte ich den Herzog laut ausrufen: ‚Hier, seht!' – und dabei hielt er in seinen ausgestreckten Händen eine Masse Sand, die er aufgehoben hatte – ‚seht, ich habe diese Erde mit beiden Händen ergriffen, und so weit sie sich erstreckt, gehört sie uns!' Da schollen ihm laute Jubelrufe entgegen. Er macht aus jeder heiklen Lage einen Triumph. Ein mächtiges Heer von begeisterten Kriegern steht hier zum Kampfe bereit – falls ein solcher nötig werden sollte." Wir holten nun unsere Kinder herbei und erzählten ihnen, was in den Briefen stand. Überall am Hof herrscht große Freude, und mein Herz ist voller Dankbarkeit.

Rouen, Samstag, am 7. des Weinmonds 1066

Es kam Nachricht von Judith aus Flandern. Ihr Brief hat sich mit dem meinen gekreuzt, in dem ich ihr vom Aufbruch unserer Flotte schrieb. Sie hat nun Gewißheit, daß Tosti mit König Hardraada nach England gesegelt ist, denn ein Bote aus Dänemark, der sich des öfteren am Hof des norwegischen Königs befindet, hat in Flandern berichtet, daß Hardraada fast seine ganze Familie aufs Schiff genommen habe – seine Gemahlin Elisabeth mit ihren Töchtern Maria und Ingigerd und seinen Sohn Olaf, dessen Mutter die Thora ist. Thora ist in Norwegen verblieben, ebenfalls sein zweiter Sohn Magnus, der den König vertreten soll. Hardraada habe große Worte geredet und gesagt, daß er Kaiser über England, Dänemark und Norwegen werden würde. Ehe er segelte, habe er das Grab des heiligen Königs Olaf aufbrechen lassen und sich eine Haarlocke und Fingernägel von ihm mitgenommen, die er später in der neuen Abtei St. Peter, im westlichen Münster, aufbewahren lassen wolle. Tosti sei nach Tyne gesegelt, wo er Hardraada erwarte. „Du kannst Dir meine Angst vorstellen“, schrieb sie. „Hardraada ist Wilhelms Feind, weil er den Thron an sich reißen will – und Tosti ist auf seiner Seite!“ Ich teilte dies sofort Papà Roger mit, der bedenklich den Kopf wiegte. „Wißt Ihr, was ich glaube?“ fragte er dann. „Harald liegt bereits im Kampf mit Hardraada – deshalb ist die Südküste unbewacht, und deshalb hat unser Herzog eine solch unbeschwerte Landung gehabt.“ Wenn ich mir dies alles vorstelle, so schwindelt es mir.

Später

Bei uns am Hof ist ein Barbier, der aus dem Norden stammt und früher am Hofe Hardraadas gedient hat. Der hat erzählt, der König sei von gewaltiger Statur, habe blondes Haar, einen ebensolchen Bart und langen Schnauzbart. Eine seiner Augenbrauen sei etwas höher als die andere, wodurch er immer leicht drohend aussähe. Er sei fünf Ellen lang und habe große Hände und Füße, die jedoch schön geformt seien. Gegen seine Feinde sei er grausam, und wenn jemand ihn besiegt habe, so brüte er fortwährend Rache. Er sei machthungrig, doch großzügig seinen Freunden gegenüber. Im Kampf sei er mutig, aber auch klug und treffe immer schnelle und richtige Entscheidungen. Mabille, die diesen Bericht auch angehört hatte, sieht in diesem Hardraada eine größere Gefahr als in Harald. „Jener gilt als unbesiegbar“, sagte sie. „Womöglich wird er sich den Norden und der Herzog den Süden erobern.“ Ich werde keine Ruhe finden, als bis mich weitere Nachrichten aus England erreichen.

Rouen, Dienstag, am 10. des Weinmonds 1066

Heute ist Agathe eingetroffen. Ida brachte sie selbst, weil sie ihren Sohn Gottfried wiedersehen wollte. Sie will zwei Tage bei uns bleiben, und darüber freue ich mich sehr. Agathe ist wieder ganz gesund, wie ich von Ida hörte. Sie sei niemals nachts aufgestanden und umhergewandelt. Auch ist sie jetzt gefaßter. Seit sie weiß, daß Wilhelm eine solch gute Landung hatte, hofft sie auf eine Versöhnung zwischen ihm und Harald. Es ist noch keine weitere Nachricht gekommen. Wenn Wilhelm nur bald schreiben würde! Vielleicht aber steht der Wind für die Schiffe von drüben nicht günstig. Richard kommt soeben herein und sagt, ein Kurier sei im Schloßhof. Sicher ist dies endlich der ersehnte Brief.

Später

Es war eine ganz andere Nachricht als ich sie erwartet hatte. Sie kam wieder von Judith und enthielt schreckliche Neuigkeiten – schrecklich für sie, aber günstig für die Normannen. Wie doppelseitig doch das Schicksal ist! Es hat furchtbare Schlachten im Norden von England gegeben – zuerst eine zwischen Hardraada und den englischen Grafen Edwin und Morcar, die York verteidigen wollten. Doch Hardraada hat gesiegt und York eingenommen. Dann aber, schrieb Judith, sei nach einigen Tagen Harald mit seinem Heer erschienen, und wieder habe es eine grausige Schlacht gegeben, bei der Harald gesiegt habe. Es sei ein warmer Tag des Herbstmonds gewesen, die Norweger hätten ihre Rüstungen abgelegt gehabt und sich des schönen Wetters erfreut. Auf einmal sei das angelsächsische Heer aufgetaucht, und die Norweger hätten ohne ihre Rüstungen kämpfen müssen, die sie auf den Schiffen gelassen hatten. Der Nachschub sei zu spät gekommen, es habe ein entsetzliches Blutbad gegeben. Sowohl Hardraada als auch Tosti seien tot. Judiths Söhne jedoch leben; jemand habe berichtet, sie seien mit Olaf, dem Sohn Hardraadas, nach Norwegen geflüchtet. Harald habe Tosti zurückgewinnen wollen, doch dieser habe es abgelehnt und gegen seinen Bruder gefochten. „Nun habe ich Mann und Kinder verloren und stehe ganz allein“, schrieb sie. „Mein Leben hat keinen Sinn mehr.“

Ich habe schon viel über ihr Schicksal geweint. Unter was für einem Unstern war Tosti nur geboren? Warum hat er nicht auf Wilhelms Rat gehört und sich seinem Heer angeschlossen? Papà Roger und Roger Montgommeri frohlocken über den Tod Hardraadas. „Der mächtigste Feind ist aus dem Wege geschafft, ohne daß unser Herzog einen Finger zu rühren brauchte“, sagte Roger. „Und Harald hat in der Schlacht manche Verluste erlitten. Sicher hat er inzwischen auch erfahren, daß die Normannen unvermutet gelandet sind. Bei Gott – ich möchte nicht in seinen Schuhen stecken!“ Diese Neuigkeiten haben sich, wie alle übrigen, wie ein Lauffeuer am Hof und in der Stadt verbreitet. Herolde ziehen umher, um die Kunde auszurufen. Wilhelm wird wenig Zeit zum Schreiben haben; wenn er doch bald einen Kurier schickte, der uns mehr mitteilt! „Es mag nicht viel zu berichten geben“, meinte Papà Roger; „sie lassen es sich in England wohl ergehen und harren der Dinge, die da kommen sollen. Der Herzog wird sich nicht weit von der Küste entfernen, weil er dort Schiffe und Vorrat hat.“

Spät abends

Inzwischen haben die Kinder von allem erfahren; Roger hatte sie zu sich gerufen, auch die von fitzOsbern, und ich hörte nachher im Spielzimmer ihre lebhafte Unterhaltung. „Jetzt kommt bald die Schlacht, wo der Herzog siegt“, rief Gottfried begeistert aus, und Richard stimmte ihm zu: „Ja, und dann fahren wir alle mit den Schiffen nach England und feiern den Sieg!“ – „Ich komm' auch mit“, sagte Rufus, „ich kann jetzt schon schwimmen!" – „Ich will aber nicht nachts fahren", meinte Judith, „lieber am Tag, wo man alles sehen kann!" Wie sorglos doch die kindlichen Gemüter sind! Sie wissen nichts von dem, was ihren Vätern noch bevorsteht. Agathe kam vor dem Schlafengehen zu mir und fragte: „Stimmt es, Mamà, daß Harald Hardraada der kühnste aller Krieger war?" – „So sagt man, Kind. Er ist durch die halbe Welt gezogen, bis zum Heiligen Land, und niemand hat ihn je völlig besiegt." – „Und nun hat Harald ihn geschlagen!" sagte sie stolz. Als sie meinen verwunderten Blick sah, senkte sie verlegen die Augen. Dann meinte sie: „Hardraada war sein Feind und ist auch Vaters Feind. Wenn zwei einen gemeinsamen Feind haben, müßten sie wieder zu Freunden werden – so denke ich es mir." – „Wir wollen es hoffen, Kind", sagte ich; „Papà wird dies gewiß versuchen." Innerlich aber glaube ich nicht daran. Der Sieg wird Harald nur in seinem Machthunger bestärkt haben. Das meinen die beiden Rogers auch.

Rouen, Freitag, am 13. des Weinmonds 1066

Ich habe heute nachmittag wieder meinen Wandteppich zur Hand genommen, weil mir einige Mußestunden blieben, und war dabei, Wilhelm auf seinem gepolsterten Stuhl sitzend zu sticken, wie er den Bericht Haralds anhört. Harald trug damals eine purpurne Tunika und Wilhelm ein golddurchwirktes Gewand mit schwarzem Umhang. Es macht mir große Freude, ihn auf dieses Tuch zu zaubern. Als nächstes Bild will ich die unglückliche Aelfgiva zeigen und den Geistlichen, der gerade mit der Hand zum Schlag ausholt. Es soll alles so aufgezeichnet werden, wie es war. Danach kommt der Feldzug in die Bretagne... Ach, wie sorglos war die Zeit vor zwei Jahren! Damals schien alles in die richtigen Wege geleitet, und wir glaubten, Haralds Freundschaft gewonnen zu haben.

Während ich so vor mich hinsann, wurden Briefe für mich abgegeben. Einer davon war von Wilhelm, und ich öffnete ihn mit großer Ungeduld. Wie den ersten Brief, hatte er diesen wieder an verschiedenen Tagen geschrieben, meist nachts in seiner Holzburg, beim Schein einer Öllampe, wenn der ereignisreiche Tag vorbei war. „Wir haben unser Lager in Hastings aufgeschlagen", schrieb er, „wo sich die Einwohner sofort ergaben. Hier haben wir eine größere Fläche Landes und bessere Möglichkeiten zur Verteidigung. Das Wetter ist immer noch warm. Gestern bin ich mit 25 Mann ausgeritten, um die Landschaft zu erkunden. Es ist eine echte Wildnis hier, und wir kamen schließlich mit unseren Pferden nicht mehr durch; so mußten wir den Weg zu Fuß machen, was einen langen Rückmarsch bedeutete. Wir zogen unsere Panzerhemden aus, weil sie uns zu schwer am Leibe waren. Manche der Leute ächzten auch dann noch unter dem Gewicht der Rüstung, so auch mein sonst so wackerer Seneschall. Schließlich nahm ich ihm seinen Kettenpanzer ab und trug zwei – in jedem Arm einen. Du siehst, daß meine Kraft unversehrt ist."

Am nächsten Tag hatte er geschrieben: „Mich erreichte eine kuriose Botschaft von Robert fitzWymarc, dem Bretonen, der König Eduards Haushofmeister war und ein entfernter Verwandter von mir ist. Dieser sandte mir durch seinen Boten einen Brief, in dem stand, daß Harald soeben einen großen Sieg im Norden errungen habe und daß Köng Hardraada sowie Tosti dabei ihr Leben eingebüßt hätten. Harald habe seinen Bruder Tosti in York begraben und sei nun auf dem Wege nach Süden, um die neuen Eindringlinge zu schlagen. Er sei der mächtigste Krieger, den die Welt gesehen habe, und führe eine riesige Armee mit sich, der unsere Krieger nicht gewachsen seien. Weise wie ich sei, solle ich mir seinen Rat zu Herzen nehmen und die Küste verlassen, solange noch Zeit sei. Ich brauche Dir nicht zu sagen, was ich ihm geantwortet habe! Ich dankte ihm für seine Warnung, bemerkte jedoch, daß diese mich nicht im günstigsten Licht darstellte. Ich würde mich weder verschanzen noch zurückziehen, sondern Harald so bald wie möglich angreifen – selbst wenn ich statt meiner 60 000 Mann nur 10 000 hätte. Mag er diese Nachricht überall verbreiten! Obwohl wir in Wirklichkeit knapp den zehnten Teil an Kriegern haben, ist jeder Normanne zehn gewöhnliche Krieger wert."

Am übernächsten Tage schrieb er folgendes: „Harald hat mir einen Boten gesandt, den ich angehört habe, ohne mich ihm zu erkennen zu geben. So hatte ich etwas Zeit, mir die Antwort zu überlegen. Harald ließ mir mitteilen, er erinnere sich sehr wohl daran, daß König Eduard mich zuerst als seinen Nachfolger bestimmt und daß er, Harald, mir dies selbst bestätigt habe, als er in die Normandie gesandt wurde; daß der König sich in seinen letzten Stunden jedoch anders besonnen und das Königreich ihm übergeben habe. Und in England sei es seit der Zeit des hl. Augustin üblich, die Schenkungen, die im letzten Augenblick vor dem Sterben getätigt werden, zu würdigen. Daher fordere er mich auf, mit meinem Heer in die Normandie zurückzukehren, andernfalls er die freundschaftlichen Beziehungen zu mir und zur Normandie abbrechen müsse.

Ich gab dem Boten daraufhin einen unserer Mönche, Hugo Maigret, mit auf den Weg, der Harald meine Botschaft überbringen soll. Sie lautet: ‚Ich bin in dieses Land gekommen, um Gerechtigkeit walten zu lassen, denn mein Blutsverwandter König Eduard hatte mich seit eh und je zu seinem Erben bestimmt. Er tat dies nicht zuletzt aus Dankbarkeit für die zahllosen Wohltaten, die er, sein Bruder und seine Landsleute von mir und meinen Baronen empfangen haben. Von all seinen Blutsverwandten hielt er mich für den fähigsten, ihm entweder noch zu seinen Lebzeiten oder nach seinem Tode als regierender König nachzufolgen. Diese seine Wahl wurde durch eine Anzahl angelsächsischer Vasallen bestätigt – den Erzbischof Stigand, Euren Vater, den Grafen Godwine, ebenfalls die Grafen Leofric und Siward, die den Eid ablegten, mich nach dem Tode König Eduards als ihren Herrn anzuerkennen. Sie alle versprachen, daß sie nicht danach trachten würden, die Krone zu erlangen und mich meines Besitzes zu berauben. Schließlich sandte König Eduard Euch, Harald von Wessex, selbst in die Normandie, damit Ihr denselben Eid ablegen könntet, wie Euer Vater und die vorgenannten Männer es getan hatten. Auf dem Wege zu mir seid Ihr in Gefangenschaft geraten und nur dank meiner Macht und Weisheit freigelassen worden. Ihr habt mir in die Hand versprochen, daß das Königreich England mein sein werde. Ich bin daher bereit, meinen Fall entweder nach den Gesetzen der Normandie oder nach denen Englands entscheiden zu lassen. Wenn die Normannen oder Angelsachsen nach dem Gesetz der Wahrheit und Gerechtigkeit entscheiden, daß das Königreich rechtmäßig Euch gehört, dann sollt Ihr es in Frieden behalten. Doch wenn sie zu dem Schluß kommen, daß es rechtmäßig mir gehört, müßt Ihr es mir übergeben. Lehnt Ihr diesen meinen Vorschlag ab, ist ein Kampf unvermeidbar. Doch sollen deshalb nicht meine und Eure Krieger, die in keiner Weise schuld an diesem Streit sind, ihr Leben lassen. Ich fordere Euch in diesem Falle zum Zweikampf heraus und setze mein eigenes Leben aufs Spiel, um von Gott entscheiden zu lassen, ob das Köngreich Euch oder mir gehört.' Nun warte ich auf seine Antwort."

Als ich so weit mit dem Bericht gekommen war, atmete ich tief auf und konnte vor Erregung kaum weiterlesen. Gibt es ein großherzigeres Anerbieten als dieses, das es dem Gesetz beider Länder anheimstellt, den Fall zu entscheiden? Die nächste Seite von Wilhelms Brief war hastig geschrieben; ich konnte sehen, daß er nicht viel Zeit gehabt hatte. „Hugo Maigret ist soeben zurückgekehrt. Er berichtete, daß Harald nach der Verlesung meiner Botschaft ganz blaß geworden sei und lange vor sich hingestarrt habe. Schließlich fragte der Bote, was er seinem Herzog melden solle. Da sagte Harald nur: ‚Wir marschieren sofort!' Und dann: ‚Wir ziehen zum Kampf.' Wieder mahnte ihn der Bote daran, daß der Herzog einen Zweikampf wünsche, nicht die Vernichtung zweier Armeen. Da habe Harald sein Gesicht zum Himmel erhoben und gesagt: ‚Möge der Herrgott jetzt zwischen Wilhelm und mir entscheiden, wer von uns recht hat.' Bete für einen guten Ausgang, meine Mora, denn ich will noch einen letzten Versuch machen. Ich will ihn erneut bitten, sein Versprechen mir gegenüber zu halten, will ihm das ganze Land jenseits des Humber und seinem Bruder Gyrth das Land, das seinem Vater, dem Grafen Godwine, gehörte, geben. Doch sollte er auch dies ausschlagen, so würde ich ihn vor allen Menschen als Verräter und Lügner bezeichnen und verkünden lassen, daß er sowie alle, die ihm anhängen, durch die päpstliche Bulle, die sich in meinen Händen befindet, exkommuniziert seien." Darunter schrieb er einen kurzen Gruß an mich und die Kinder. „Der Wind steht gut, und ich will den Brief jetzt auf den Weg bringen. Gott behüte uns alle!" Ich rief sogleich Agathe zu mir. Ihr wollte ich dies vor allen anderen sagen, damit sie bete. „Vielleicht wird ihm die Drohung, exkommuniziert zu werden, vor dem Schlimmsten bewahren", sagte ich, und sie nickte, indem sie mich aus großen, angsterfüllten Augen ansah. Inzwischen weiß es der ganze Hof. Ich bin heute sehr unruhig; wer weiß, was drüben bereits geschehen ist?

Später

Ich mußte zu einer Gerichtssitzung, weil zwei Junker angeklagt worden sind, den Gottesfrieden gebrochen zu haben. Zeuge steht hier gegen Zeuge, und ich weiß nicht, wem ich recht geben soll. Schließlich fiel mir das Gottesurteil ein. Doch es gibt deren viele. Die am meisten angewandten sind das Brennen der Hand mit einem glühenden Eisen oder das Herausziehen eines Gegenstandes aus einem Kessel siedenden Wassers. Wenn am nächsten Morgen unter dem Verband keine Blasen entstanden sind, so ist der Mensch unschuldig. Eine andere Art des Gottesurteils ist, beide Gegner miteinander kämpfen zu lassen. Wer bis zum Aufgehen des Abendsternes besiegt worden ist, gilt als der Schuldige. Ich fragte Robert, der an der Sitzung teilnehmen durfte: „Entscheide du für die Art des Gottesurteils." Er sagte, ohne zu zögern: „Sie sollen miteinander kämpfen, und ich will zusehen." Der Zweikampf soll morgen früh beginnen.

Rouen, Samstag, am 14. des Weinmonds 1066

Es war ein unruhiger Tag. Ich konnte Robert nicht davon abhalten, sich den Zweikampf anzusehen; er dauerte bis in den frühen Nachmittag. Da stürzte der eine Junker vom Pferd, und der andere setzte ihm die Lanze an die Kehle. Der Schiedsrichter sprang hinzu, weil er fürchtete, der Jüngling könne getötet werden, denn der Kampf war hitzig gewesen, und beide bluteten aus mehreren Wunden. Robert erzählte mir, daß er gut zugesehen habe und jetzt genau wisse, wie man eine Lanze halten und ein Schwert führen müsse. Doch ich hörte ihm kaum zu. Ich habe immerfort das Gefühl, daß Wilhelm in Gefahr ist. Vielleicht rührt dies von Agathes Traum her. Sie kam gestern nacht in mein Schlafzimmer und legte sich zu mir ins Bett. Zuerst dachte ich, sie sei wieder mondsüchtig; doch dann flüsterte sie mir zu, ihr habe etwas ganz Schreckliches geträumt. Sie habe lauter Tote gesehen, und Harald sei blind gewesen und habe sein Schwert nicht finden können. Ich versuchte sie zu beruhigen, konnte dann aber selbst nicht mehr einschlafen. Ich mußte immerfort an Wilhelm denken. Gegen Abend nahm ich meinen Wandteppich zur Hand und zeichnete mit einem Stift die Figuren der Krieger, die in die Bretagne zogen. Doch dann ließ ich die Arbeit sinken und ging in unsere Hauskapelle. Während ich dort den Rosenkranz in meinen Händen hielt und zur Muttergottes betete, fühlte ich, daß es keine gute Lösung geben, daß es gewiß zu einem blutigen Kampf kommen werde. Ich saß lange dort, bis mir die Augen zu brennen begannen. Gebe Gott, daß ich heute nacht schlafen kann!

Rouen, Sonntag, am 15. des Weinmonds 1066

Heute hat Maurilius auf meine Bitte hin eine besondere Messe gehalten und um Schutz für unseren Herzog und sein Heer gebetet. Danach bin ich mit Robert ausgeritten. Ich habe eine solche Unruhe in mir, daß ich es in meinen Räumen nicht aushalte. Wir ritten am Seine-Ufer entlang, und als die Sonne aus den Wolken hervortrat, wurde es sogar warm – so wie es sonst nie im Weinmond ist. Auf den Feldern sammelten die Bauern Kohlrüben ein, und Kinder schleppten Körbe voller Kastanien zum Markt, die über einem Feuer geröstet wurden. Wir waren hungrig geworden, und ich ließ von Josephine einige der heißen Kastanien kaufen, die wir – auf einer steinernen Brücke sitzend – verzehrten. In den Dörfern geht alles seinen friedlichen Gang. Dankbar dürfen wir sein, daß der Krieg diesmal nicht im eigenen Lande stattfindet. FitzOsbern schrieb in einem Brief an Adeliza, daß der Herzog das Land verwüste und dadurch Harald zu sich locken wolle. Es muß ähnlich schlimm sein wie damals bei uns, als der französische König in die Normandie einfiel. Ich fühle mich nach dem Ausritt aber etwas frischer, und mir ist leichter ums Herz. Bald werden uns sicher wieder Nachrichten aus England erreichen. Ich habe Sonderkuriere nach Le Tréport gesandt, wo die meisten Schiffe aus England eintreffen, damit jene sogleich auf dem schnellsten Wege nach Rouen reiten, wenn Briefe von drüben kommen.

Rouen, Mittwoch, am 18. des Weinmonds 1066

Der heutige Tag brachte die lang erwartete Nachricht und solch heftige Gemütsbewegungen, daß ich mich frage, ob auch das in mir schlummernde Kindlein sie spürt. Ich erschrak zutiefst, als auf einmal vom Schloßhof her die bekannten Hörner erklangen – jener hohe Ton, der mir von vergangenen Jahren her noch gut in Erinnerung ist. Dann erscholl eine kräftige, helle Stimme, die ausrief: „Sieg! Sieg! Unser Herzog hat den größten aller Siege errungen! Es lebe unser Herzog – der neue König!" Als ich auf den Gang ans Fenster sprang, sah ich, daß es Ralf von Tosny war – derselbe, der uns damals den Sieg von Mortemer verkündete. Ich befahl dem Pagen, der an der Türe stand und mich strahlend ansah, alle Schloßbewohner in den großen Saal rufen zu lassen, doch diese Aufforderung war nicht nötig; sie strömten bereits von überall herbei – Ritter, Edelfrauen, Kinder, Diener, Gesinde –, um mehr zu erfahren.

Als ich die lange Treppe hinuntergelaufen war, trat Ralf von Tosny gerade in die Halle, ein Banner in der Hand schwingend, das von golddurchwirktem Stoff war und einen kämpfenden Krieger zeigte. Er kniete vor mir nieder und sagte: „Hohe Herrin, im Auftrag des Herzogs bringe ich Euch und dem ganzen Hof Kunde vom Sieg der Normannen über die Angelsachsen. Die Schlacht währte vom Morgen des 14. Weinmonds bis zur Abenddämmerung, als die noch überlebenden Feinde flohen und wir das Banner des Papstes dort aufstellten, wo diese Standarte des ehemaligen Königs Harald stand. Diese soll ich nun dem Heiligen Vater als Trophäe überbringen." – „Gott sei's gedankt – Sein Name sei gelobt", sagte ich mit leiser Stimme. „Ist der Herzog wohlauf?" – „Das kann ich Euch versichern", sagte Ralf. „Er, der Unbezwingbare, ist jetzt auf dem Marsch nach Dover, um die dortige Festung einzunehmen." – „Und Harald?" fragte ich, „hat er sich ergeben?" Ralf erhob sich und sah mich mit einem langen Blick an. „Harald ist im Kampf erschlagen worden, ebenso seine Brüder Gyrth und Leofwine."

Da hörte ich hinter mir einen kurzen Aufschrei, der wie ein Schluchzen klang. Ich wandte den Kopf und sah Agathe, die ihre Hände vors Gesicht hielt und davonlief. Ich konnte ihr nicht nacheilen, ich mußte zuerst mehr in Erfahrung bringen. „Mein Gott", murmelte ich, „und Tosti ebenfalls!" – „Ja", sagte Ralf, „die Sippe der Godwines ist so gut wie ausgelöscht." Jetzt erklang Gottfrieds helle Stimme: „Und mein Vater, Sire? Lebt er?" – „Gewiß", sagte Ralf, „er hat dem Herzog tapfer zur Seite gestanden und ist ihm zu Hilfe geeilt, als das Pferd unter ihm wegsank." – „Oh!" schrie Richard erregt, „der schöne Rappen vom König Alfons?" – „Ich weiß es nicht, junger Herr", lächelte Ralf, „der Herzog hat drei seiner Pferde verloren." – „Wie gut, daß er noch Bucephalos hat!" bemerkte Judith, die sich an meine Seite gedrängt hatte. „Wir wollen dem Siegesboten nun etwas Ruhe gönnen und ihn speisen", sagte ich. "Später erzählt er uns mehr." Ich sah, wie Ralf heftig atmete und sich ab und zu den Schweiß von der Stirne strich.

Doch vorher fragten viele noch, ob ihre Männer oder Söhne den Kampf überlebt hätten, und da zog er eine Liste aus seinem Beutel und rief alle Namen auf, die am Abend der Schlacht als lebend verzeichnet worden waren. Darunter befanden sich Wilhelms Brüder Odo und Robert, Robert Beaumont, Wilhelm Mallet, Warenne, fitzOsbern, Wilhelm d'Aubemare, Niguel de St. Sauveur, Robert von Grandmesnil, Wilhelm Crispin, Ralf von Tancerville, der Graf von Eu, Hugo von Avranches und andere, die mir jetzt nicht alle einfallen. Ich staunte, weil fast keiner unserer Heerführer und tapferen Ritter fehlte; alle, die zur Curia gehören, waren unter den Lebenden. Dennoch hat es auch unter den Normannen viele, viele Tote gegeben, wie Ralf mir sagte.

Wir bereiteten nun in aller Eile ein Festessen vor, denn Ralf und seine Begleiter sollten gut gespeist, und möglichst viele zum Mahl geladen werden. Über all dem Trubel hätte ich fast Agathe vergessen. Erst als Gundrada zu mir kam und mich ernst ansah, dachte ich wieder an sie. „Was macht Agathe?" fragte ich. „Sie kniet auf ihrer Betbank und hat ihr Gesicht in die Arme vergraben. Sie ist ganz erstarrt, und ich kann sie nicht zum Reden bewegen." – „Wir müssen sie eine Weile sich selbst überlassen", sagte ich; „später werde ich zu ihr gehen." Wilhelm hat mir keinen Brief geschickt, sondern mir nur mündlich durch Ralf mitteilen lassen, daß er diesmal einen lebenden Boten sende, der alles von Anfang bis Ende miterlebt habe und meine Fragen beantworten könne.

Vor der Versammlung am Abend ließ ich eine Dankesmesse in der Kathedrale halten. Nach derselben sagte Maurilius zu mir: „Ich danke Gott, daß ich dies noch erleben durfte, Madame." Als ich in das asketische Antlitz des alt gewordenen Erzbischofs blickte, dachte ich: „Er klagt nie." Doch weiß ich, daß er viel leidet.

Danach suchte ich Agathe auf, die nicht mit zur Kathedrale gekommen war, sondern in ihrer Kemenate gebetet hatte. Ich fand sie dort mit Adelaide, die ihre Nichte im Arm hielt und ihr gerade sagte: „Als Angelrann auf dem Schlachtfeld sein Leben ließ, dachte ich: ‚Nun hat er durch seinen Tod vieles gesühnt und kann keine neue Sünde mehr begehen.'" Agathe jedoch bemerkte mit leiser Stimme: „Harald aber stand im Kirchenbann, Muhme. Er kann nie mehr erlöst werden." Adelaide warf mir einen etwas ratlosen Blick zu, denn in geistlichen Fragen fühlt sie sich nicht sicher. Da trat ich schnell herzu, nahm Agathes Hand und sagte: „Der Vater meint, daß jede Seele einmal erlöst wird. Gott läßt es nicht zu, daß auch nur eine verlorengeht." Sie sah mich aus trostlosen Augen an und bemerkte: „Wenn der Papst doch aber den Bann über ihn gesprochen hat!" – „Gott allein kann den Bann lösen, wenn die Seele ihre Tat bereut", erwiderte ich mit großer Überzeugung. Ich sah ein wenig Hoffnung in ihrem Blick aufleuchten – so als griffe ihre Seele nach einem letzten Strohhalm.

Am frühen Abend wurde der Sieg gebührend gefeiert, und Ralf erzählte uns die Geschehnisse in solch lebhaften Bildern, daß wir ihm die Worte von den Lippen lasen. „Harald hat also nicht in den Zweikampf eingewilligt?" begann ich. „Nein", sagte Ralf, „er zog mit seinem Heer unserem Lager entgegen und stellte sich auf einem Hügel auf, wo er einen vortrefflichen Überblick auf unsere Armee hatte. Ich weiß noch, daß dort ein riesengroßer, alter Apfelbaum stand, von dem einige goldrote Früchte zu uns herabrollten, als wir schließlich den Hügel stürmten. Aber ich will von Anbeginn berichten."

Er dachte eine Weile nach und erzählte dann: „Unsere Späher unterrichteten uns vom Anmarsch der Angelsachsen, und unser Herzog ließ Harald bestellen, daß er sich für den nächsten Tag auf den Kampf rüsten solle. Dann ging es an die Vorbereitungen. Die Schlachtordnung wurde bis ins einzelne durchgesprochen, die Krieger gut gespeist, und dann ließ der Herzog eine Messe halten und ermahnte alle, die Nachtstunden so weit wie möglich im Gebet zu verbringen. Überall im Lager erschollen fromme Lieder, und unsere Priester gingen umher, um allen das heilige Abendmahl zu reichen. Bischof Odo sprach die feurigsten Worte von allen. Am frühen Morgen, als die Sonne den Himmel rot färbte, erklang die Stimme unseres Dichters und Sängers Ivon Taillefers, der das *Laudamus Dominum* sang, in das bald alle einstimmten. Wir sahen, daß sich das feindliche Heer aufzustellen begann, und wir taten desgleichen. Die halbe Nacht hatten wir aus der Ferne das Singen der Angelsachsen gehört. Aber es waren keine frommen Lieder, die sie sangen; wir hörten Lachen und das Klirren von metallenen Bechern. Unser Herzog hatte das Heer in drei Teile aufgegliedert: In der Mitte befanden sich die Einheiten der Normannen, links davon die Bretonen und rechts die Franzosen, Flamen und anderen Freiwilligen. Ganz vorn aber standen die Bogenschützen. Bischof Odo segnete das gesamte Heer, und dann sprach der Herzog zu uns – Worte, die ich nie vergessen werde. Denn ich hörte sie dreimal – zuerst, als er sie vor dem Heer der Normannen, dann vor dem bretonischen Heer und schließlich noch einmal vor den Franzosen, Flamen und Söldnern sprach. Da ich sein Bannerträger war, befand ich mich jedes Mal an seiner Seite.

Ich will nun versuchen, seine Rede, so wie sie mir in Erinnerung geblieben ist, wiederzugeben: ‚Meine teuren Freunde und Vasallen', begann er, ‚ich schulde Euch allen großen Dank und vertraue auf Euch. Ihr seid mir über das Meer in dieses Land gefolgt. Es dauert mich, daß ich Euch nicht jetzt die Dankesschuld zahlen kann, die Euch zusteht, doch werde ich dies tun, sobald ich es vermag; denn das, was mir gehören wird, will ich mit Euch allen teilen. Wenn ich siege, so siegt auch Ihr, wenn ich Land erobere, so gewinnt auch Ihr Land. Ich kann Euch besten Gewissens beteuern, daß ich nicht nur gekommen bin, mein eigenes Recht zu fordern, sondern auch, um Verbrechen, Verrat und Falschheit zu sühnen, welche die Männer dieses Landes seit eh und je begangen und sich damit an unserem Volk versündigt haben. Sie haben uns großes Leid angetan, und unter ihnen sind viele Verräter und Missetäter. In der Nacht zum Fest des hl. Bricun übten sie grausamen Verrat. Sie erschlugen alle Dänen an einem Tag – jene, mit denen sie zu Tisch gesessen hatten –, indem sie diese im Schlaf überfielen. Es gibt keine schwärzere Tat, als Verrat an Freunden zu üben, die einem vertrauen. Denkt an das Verbrechen, das sie an König Eduards Bruder Alfred begingen, denkt daran, wie sie in Guilfort jeden zehnten Normannen mordeten – und dies dreimal hintereinander. Alle diese Übeltaten und noch andere, die sie an unseren Vorfahren und Freunden verübt haben, obwohl diese sich ehrenwert betrugen, werden wir – so Gott will – nun rächen. Wir werden mit Sicherheit über sie siegen, denn wo in aller Welt gibt es eine solch tapfere Armee, solch erfahrene und erprobte Vasallen, wie ich sie hier versammelt sehe?'

Da hörte man viele von ihnen ausrufen: ‚Herr, Ihr werdet keinen Feigling unter uns sehen, jeder wird, wenn es sein muß, sein Leben für Euch lassen!' Und der Herzog erwiderte: ‚Ich danke Euch, Freunde. Bei Gottes Herrlichkeit, haltet nicht zurück! Schlagt von Anfang an heftig zu, und laßt Euch nicht ablenken, um Beute zu raffen. Alle Beute gehört uns gemeinsam, und jeder wird zum Schluß reichlich davon erhalten. Merkt Euch außerdem: Flucht bringt Euch keine Rettung. Denn die Angelsachsen werden die Normannen weder willkommen heißen noch schonen. Zeigt ihnen gegenüber keine Schwäche. Auch könnt Ihr nicht übers Meer entfliehen, denn dort stehen unsere Wachen; noch gibt es irgendwo sonst eine Ausflucht.'

Diese letzten Worte sprach er nur vor dem Söldnerheer, und der Seneschall wurde ungeduldig und flüsterte dem Herzog zu: ‚Wir sollten nicht länger warten, Sire!' In aller Eile setzte ein Krieger dem Herzog den Helm auf, doch geschah dies verkehrt herum, so daß das Nasenstück im Nacken saß. Manche begannen zu murmeln und darin ein böses Omen zu sehen, und der Herzog bemerkte dies. Deshalb hielt er noch eine kurze Rede, indem er sagte: ‚Ich habe manche Krieger gekannt, die bei einem ähnlichen Versehen wie diesem den ganzen Tag lang keine Waffen getragen noch in den Kampf gezogen wären. Doch ich halte nichts von Omen und verabscheue jeglichen Aberglauben. Ich vertraue auf Gott. Er leitet alle Dinge nach Seinem Ermessen und bestimmt, was jedem von uns geschehen soll. Deshalb auch achte ich wenig auf das, was die Wahrsager und Hellseher verkünden. Seht, was dem Wahrsager geschah, der mit uns über das Meer fahren wollte und unterwegs ertrank. Er konnte seinen eigenen Tod nicht voraussehen. Ich vertraue mich ganz der Muttergottes an. Sorgt Euch daher nicht wegen dieses Versehens. Der Helm wurde mir falsch aufgesetzt, und ich habe ihn richtig hingerückt. Das bedeutet, daß ich Unrecht in Recht verwandeln werde, daß der Herzog in einen König verwandelt wird!' Da riefen alle laut Beifall, und jeder war zum Kampf bereit."

Ralf atmete tief auf, griff nach seinem Becher Wein und fuhr dann fort: „Ivon Taillefer stimmte daraufhin das Heldenlied von Rolf dem Wikinger an, und Bischof Odo schwang sich, die Keule in der Hand, auf seinen Schimmel. Auch der Herzog trug zu Beginn nur eine Keule – die anderen Waffen wurden ihm vom Waffenknecht nachgetragen. Taillefer bat den Herzog um die Ehre, den ersten Angelsachsen töten zu dürfen. Da blickte der Herzog ihn eine Weile nachdenklich an, sagte dann aber: ‚Zieht mit Eurem Lied vor uns her und gebt den Auftakt zum Kampf!' Nun bat ich den Herzog, auch mit in den Kampf ziehen zu dürfen, anstatt das Banner zu tragen, und der Herzog forderte Walter Giffard auf, ihm diesen Dienst zu leisten. Doch auch dieser weigerte sich. Obwohl nicht mehr jung, wollte er um jeden Preis sein Schwert gebrauchen. Schließlich erklärte sich Toustain le Blanc bereit, und ich übergab ihm das Banner des Papstes, dessen Anblick uns alle beflügelte. Taillefers klangvolle Stimme erscholl, während er auf seinem Pferd vor uns her galoppierte. Er warf sein Schwert in die Luft, fing es wieder auf, sah sich nach uns um, winkte und stürmte dann – immer noch singend – voran, den steilen Hügel hinauf, wo sich die angelsächsische Armee aufgestellt hatte. Er zückte seine Lanze und tötete mit geschicktem Wurf einen der Angelsachsen. Doch gleich darauf verstummte sein Lied – er wurde von einer feindlichen Streitaxt niedergehauen und war der erste Normanne, der sein Leben ließ." Ich war nicht die einzige, die einen Klageruf von sich gab. „Taillefer – o nicht unser Taillefer!" rief Adi, und Judiths Augen füllten sich mit Tränen.

Es dauerte geraume Zeit, bis Ralf weitersprechen konnte. „Sowohl die Normannen als auch die Angelsachsen hatten das heroische Schauspiel in stummem Schweigen mit angesehen und verharrten einige Zeit in Ehrfurcht. Dann aber erklangen die Fanfaren zur Schlacht auf beiden Seiten, und man hörte das Schwirren der ersten abgeschossenen Pfeile. Stoisch ertrugen die Angelsachsen den Hagel der Geschosse, und viele wurden verwundet oder getötet. Dann rückten die normannischen Fußsoldaten vor und forderten die Angelsachsen zum Handkampf heraus. Diese widerstanden dem Angriff mit ihren Speeren und Steinen, die sie aus Schlingen abschossen, und vor allem mit ihren furchterregenden Streitäxten. Als nächstes stürzte unsere Reiterschar voran mit dem bewährten Kampfruf: ‚*Diex aie!*'[7] Doch die Angelsachsen hatten die bessere Stellung inne und standen dicht an dicht, so daß kein Hindurchkommen möglich war. Sobald einer von ihnen tot niederstürzte, rückte ein anderer nach und schloß die Reihe wieder. Manche unserer Bogenschützen wurden durch die Schleudersteine verletzt. Ich war die ganze Zeit nahe beim Herzog. Die bretonische Armee wurde von Alan angeführt und die Franzosen und Flamen von Eustachius.

Dann geschah das Unglaubliche: Ein wilder Angriff der Angelsachsen veranlaßte die bretonischen Reiter zur Flucht. Dabei lockerten sich die Reihen der Angelsachsen, denn sie begannen die Flüchtenden mit wilden Schreien zu verfolgen. Gleichzeitig geschah noch etwas Unerhörtes: Es hatte sich in unseren Reihen die Kunde verbreitet, der Herzog sei gefallen – denn niemand konnte ihn sehen; er war im dichtesten Schlachtgetümmel. Doch als er die fliehenden Bretonen sah, ritt er ihnen, außer sich vor Zorn, nach. ‚Schaut her!' schrie er, indem er seinen Helm vom Kopf riß, ‚ich lebe und werde mit Gottes Hilfe siegen. Was für ein Wahn hat Euch ergriffen, daß Ihr flieht? Keiner von Euch wird so dem Tode entrinnen!' Dann setzte er sich an die Spitze der Bretonen und ließ alle Reiter umkehren, die nun wiederum die Angelsachsen angriffen. Diese waren jetzt eine leichte Beute für uns, da sie nicht mehr in dicht geschlossenen Reihen dastanden, sondern einzeln umherliefen und unberitten waren. Etwa 1000 von ihnen wurden getötet."

Ralf machte wieder eine Pause, und ich sah ringsum in angespannte Gesichter. Richard hatte beide Hände an seine Wangen gepreßt und war hochrot im Gesicht. „Durch diesen Erfolg ermutigt, stürzten wir den Hügel hinauf, wo der falsche König mit seinen Mannen seine Stellung hielt. Zwar hauten wir große Lücken in die Reihen der Angelsachsen, doch diese füllten sich gleich wieder. Die Lebenden hielten die Toten zwischen sich aufrecht. Es war ein schauriges Bild, und der Todesmut der Angeln war bewundernswert. Einer unserer kühnsten Kämpfer war Robert Beaumont, der zum ersten Male ein Heer zu befehligen hatte. Öfter rief ihm der Herzog ermunternde und lobende Worte zu; er focht unermüdlich – wie ein junger Gott! Sehr erschrak ich, als ich sah, wie ein Angelsachse von kräftiger Gestalt das Pferd des Herzogs mit einem Pfeil durchbohrte, so daß es unter ihm zusammenbrach. Doch geschwind sprang unser Herr auf seine Füße, zückte seine Lanze und warf sie so geschickt, daß er seinen Gegner damit ins Herz traf. Dabei fiel diesem der Helm vom Kopf, und wir erkannten ihn: Es war niemand anders als Gyrth Godwineson. Er war auf der Stelle tot."

Wieder wurden erregte Rufe laut. Manche erinnerten sich des Besuches von Tosti und Gyrth, die vor einigen Jahren bei uns zu Gast gewesen waren. „Noch zweimal während der langen Schlacht verlor der Herzog sein Pferd, und einmal zerbrach ihm sein Schwert. Ich sah ihn mit der zersplitterten Waffe und sogar mit seinem Schild weiterkämpfen, mit dem er auf seine Feinde einschlug, bis man ihm neue Waffen brachte. Er war die ganze Zeit im Kampf, und obendrein entwarf er neue Schlachtpläne. Da wir einmal viele unserer Feinde dadurch hatten töten können, daß wir sie durch die fliehenden bretonischen Reiter aus der festen Menschenmauer herauslockten, versuchte der Herzog nun dasselbe mit seinem normannischen Heer. Er ließ uns einen Angriff beginnen und dann plötzlich wilde Flucht vortäuschen. Bald stürzten uns die Angeln auch nach und verfolgten uns mit ihren Äxten. Auf Kommando des Herzogs aber kehrten wir alle um und umzingelten unsere Feinde, was schnell getan war, da wir ja unsere Pferde hatten, und hauten sie in Stücke. Dann wiederholten wir dieses noch einmal am Flügel, wo die Franzosen und Flamen kämpften, wobei wir Normannen die Führung übernahmen. Wir hatten nur wenig Verluste, der Feind aber wurde empfindlich geschwächt. Den Angelsachsen war befohlen worden, nicht aus ihrer Stellung zu weichen – und hätten sie dies befolgt, wäre die Schlacht nicht so schnell entschieden worden. Aber sie waren einen solchen Krieg des Stillstehens nicht gewohnt und nur zu froh, die angeblich fliehenden Feinde zu verfolgen; und das war ihr Untergang.

Der Tag ging allmählich zur Neige, und noch immer stand eine Masse von Kriegern auf dem Hügel um ihren König und seine goldene Standarte, die eine kämpfende Figur zeigte. Um den Sieg zu erlangen, mußten wir den Hügel in unsere Hände bekommen. Ich sah den Herzog eine Weile ruhig auf seinem vierten Pferd dasitzen und nachdenklich vor sich hinblicken, während er an einem Apfel kaute, der von dem alten Baum auf der Spitze des Hügels herabgerollt war. Schließlich befahl er: ‚Wir beginnen jetzt mit einem Angriff der Bogenschützen.' – ‚Sire', wandte Robert Beaumont ein, ‚unsere Pfeile prallen an den Schilden ab. Wir haben es ja schon seit Stunden versucht.' Da lächelte der Herzog und meinte: ‚Ihr schießt sie jetzt so hoch, daß sie in einem Bogen niederfallen und den Feind ins Gesicht und in den Hals treffen!' Dies wurde sogleich ausprobiert, und wir merkten, welche Unruhe in die bis dahin feste Menschenmasse kam. Es war ein tödlicher Pfeilregen, der auf unsere Feinde niederprasselte. Zum ersten Male war das Fallen der Toten deutlicher zu sehen als die Bewegungen der Lebenden. Die noch lebenden Krieger standen nicht mehr dicht genug aneinander, um die Toten aufzufangen, und es schien, daß die Masse der aufeinander liegenden Leiber so hoch war, daß selbst die noch lebenden darunter ersticken mußten. Es war zu dieser Zeit, als Harald von einem Pfeil durchbohrt wurde. Dieser traf ihn ins Auge, so daß er nicht mehr sehen konnte. Man sagt, er habe noch eine Weile weitergekämpft, aber dann stürzten vier normannische Ritter auf ihn zu, die sich – wie auch etliche andere – geschworen hatten, den englischen König zu töten und seine Standarte zu erobern. Harald empfing viele Wunden und lag tot in seinem Blute da, wie uns die vier berichteten." – „Wer waren die?" wollte Adi wissen. „Der Graf von Boulogne, Hugo von Montfort, Guido von Ponthieu und der junge Walter Giffard." – „Der Graf von Boulogne ist mein Vater!" sagte Gottfried stolz.

Ich fühlte ein Würgen in meiner Kehle und schloß eine Weile die Augen. Da hörte ich Ralf sagen: „Als Harald schon längst tot war, kam noch einer, der sein Schwert zückte und ihm ein Bein abhieb." – „Leichenschändung!" rief Papà Roger entrüstet aus, und Ralf fuhr fort: „Das war eine schändliche Tat. Als der Herzog davon erfuhr, entflammte sein Zorn, und er entließ den Ritter sofort aus seinen Diensten. Er hat seine Zukunft verwirkt." Ich blickte zu Agathe hinüber, die kreideweiß im Gesicht war und mit starren Augen auf den Erzähler schaute, wobei sie krampfhaft Adelaides Hand festhielt. „Der Sieg war nun so gut wie errungen", fuhr Ralf von Tosny fort, „doch gab es noch ein trauriges Nachspiel. Als schließlich die letzten Angelsachsen bei Einbruch der Dunkelheit in die nahen Wälder flohen, setzten ihnen die Normannen nach, und dabei stürzten viele mitsamt ihren Pferden in den ‚Unglücksgraben', eine von Zweigen und Brettern überdeckte Schlucht, die sie in der Dämmerung nicht hatten erkennen können. Als die fliehenden Angeln dies sahen, kehrten sie um und töteten viele von den hilflosen Kriegern. Es gab großen Aufruhr, und als ich herzuritt, sah ich den Grafen von Boulogne auf und davon...' Auf einmal verstummte er und blickte auf Gottfried, so als zögere er um des Knaben willen, weiterzusprechen. „Was tat mein Vater?" fragte Gottfried erwartungsvoll. Ralf schien verlegen, dann stammelte er: „Er wollte gerade mit dem Herzog sprechen, als ihn ein Schleuderstein auf den Rücken traf und ihm das Blut aus Nase und Mund floß." Als Ralf das erschrockene Gesicht des

Knaben sah, fuhr er fort: „Es geht ihm aber schon wieder besser."

„Und was kam dann?" fragte Richard, der immer mehr hören wollte. „Die Nacht brach ein, und wir waren die Sieger. Doch in der Nähe gab es noch vereinzelte Kämpfe, wo einige unserer Krieger abgeschnitten worden waren, an denen sich die Angeln grausam rächten. Oft waren es Bauern, die primitive Waffen bei sich trugen. Der Hügel aber, auf dem die Angelsachsen den Kampf begonnen hatten, war von Toten und Verwundeten übersät. Man konnte den Leib des Königs gar nicht finden." Ich spürte, wie sich eine kleine Hand in die meine schob und sah, daß es Cäcilie war, die bei mir Schutz suchte. Der schreckliche Bericht hatte sie verängstigt.

Doch Ralf war noch nicht am Ende seiner Erzählung. „Ich wünschte, Ihr alle hättet den Herzog sehen können", sagte er; „uns schien es, daß er an vielen Orten zu gleicher Zeit war; denn immer dort, wo es besonders gefährlich wurde, tauchte er plötzlich auf, um seine Leute zu ermutigen, und seine Stimme war weithin zu hören. Wo er erschien, gab es Tod und Verwirrung für den Feind. Immer war er an der Spitze und befahl seinen Leuten, ihm zu *folgen,* nicht ihm voranzureiten. Sein schnelles Schwert durchbohrte Schilde, Helme und Harnische. Es war jedoch nicht nur die Kraft seiner Arme, sondern vor allem die Kraft seines Geistes, mit der er seine Krieger zum Siege führte. Seine beiden Brüder hielten sich die ganze Zeit in seiner Nähe. Bischof Odo auf seinem Schimmel, die Keule in der Hand schwingend, spornte die Krieger fortwährend an, und Robert wich dem Herzog nicht von der Seite. Wenn man denkt, daß der Bischof weder Schild noch Helm hatte, um sich zu schützen, so bewundert man ihn um so mehr. Einmal, als sich ein Ritter mit Namen fitzWilhelm durch seinen Kampfesmut besonders auszeichnete, zog der Herzog seinen Schal vom Hals und legte ihn dem wackeren Ritter – als Zeichen seiner Anerkennung – um."

Nun schwieg Ralf eine Weile, trank einen Schluck Wein und sagte dann mit feierlicher Miene: „Schließlich wehte oben auf dem feindlichen Hügel das Banner des Papstes, und unser Herzog kniete mitten auf dem Schlachtfeld nieder, um Gott zu danken. Und wir alle, die wir um ihn versammelt waren, taten desgleichen. Der Herzog tat den Schwur, hier auf diesem Hügel eine Kathedrale bauen zu lassen, die er dem hl. Martin, dem Schutzpatron der gallischen Krieger, weihen wolle. Sie soll ‚Bataille'[8] heißen. Wir errichteten ein Zelt auf dem Schlachtfeld, und der Herzog blieb die Nacht über dort. Walter Giffard warnte ihn und meinte, es könnten sich Angelsachsen in den Wäldern versteckt halten und das Zelt überfallen, doch der Herzog war unbesorgt. Er ließ Speisen und Getränke auftischen, und wir nahmen dort, inmitten der Toten und Verwundeten, ein wohlverdientes Mahl ein.

Am nächsten Morgen, einem Sonntag, versammelten sich alle Truppen um ihren Obersten, und die Namen der Überlebenden wurden aufgeschrieben. Ich habe sie Euch mitgebracht." Damit überreichte er mir eine dicke Rolle. „Und wurden die Toten alle begraben?" fragte Judith. „Ja, der Herzog ließ alle toten Normannen ehrenvoll begraben; und am nächsten Tag erlaubte er auch den Familien der Angelsachsen, nach ihren Toten zu suchen und sie zu bestatten. Nur der Mutter des Königs, der Gytha, verweigerte er dies. Sie bot ihm einen Klumpen Goldes für den Leib ihres Sohnes an, doch der Herzog meinte, jemand, der seiner Treue und seinem Glauben Abbruch getan habe, verdiene nichts anderes als ein Grab am Sandstrand[9] – an jener Küste, die er zu seinen Lebzeiten so gut bewacht habe und die er nun im Tode weiter bewachen solle. Er ließ nach dem Leichnam suchen, doch man konnte ihn nicht finden." – „Aber sie müssen ihn finden – er kann doch nicht unbegraben dort liegen bleiben!" rief Agathe heftig aus. „Gewiß nicht, Mademoiselle", beschwichtigte sie Ralf, „ich bin ja schon am nächsten Morgen nach Pevensey aufgebrochen und weiß nicht mehr, was danach geschehen ist. Es war jedoch keine leichte Aufgabe, nach den Toten zu suchen. Die meisten von ihnen waren schon ihrer Kleider und Waffen beraubt worden und lagen halbnackt da. Denn die Überlebenden nahmen sich, was sie brauchen konnten; viele von ihnen hatten ihre Waffen eingebüßt, und ihre Kleider waren zerrissen. Als der Herzog mit einigen seiner Vasallen am nächsten Morgen das grauenhafte Bild auf dem Schlachtfeld sah, konnte er seiner inneren Bewegung nicht Herr werden. ‚Wahrlich, dieses Tal ist ein Blutsee geworden', rief er aus." Hier brach Ralf ab und starrte ernst vor sich hin. „Und ist mein Vater nun König?" fragte Rufus. „Noch ist das Land nicht erobert, junger Herr", erwiderte Ralf. „Der Herzog marschiert jetzt gen Dover. Wenn der nächste Bote kommt, werdet Ihr mehr erfahren."

Während die anderen noch länger beisammensaßen, ließ ich die Kinder zu Bett bringen. Ich blieb bei Agathe und Cäcilie und half ihnen selbst; Gundrada durfte unten im Saal bleiben. Beide Mädchen waren recht still, und Agathe befand sich in einer Starre, die ich nur zu gut an ihr kenne. Ich saß länger an ihrem Bett und strich leise über ihr Haar. „Mutter", fragte sie, „wo gehen die Seelen von solchen hin, die aus der Kirche ausgestoßen sind? In die Hölle?" Ich zögerte mit einer Antwort – wußte ich es doch selbst nicht. Als ich den verzweifelten Blick meines Kindes auffing, sagte ich: „Wenn reine Seelen für die Sünder beten, so können sie im Fegefeuer alles büßen und schließlich erlöst werden." – „Ja, stimmt das, Mutter?" – „Ich glaube, so hat es der Vater einmal gesagt." – „Dann bete ich jetzt mein ganzes Leben lang für ihn. Und wenn ich sterbe, dann möchte ich auch ins Fegefeuer, um ihn dort zu trösten." Cäcilie hatte zugehört und sagte: „Ich helfe dir, Schwester, denn ich bin ja später im Kloster und kann ganz viel beten." – „Ich möchte auch mit ins Kloster", sagte Agathe, „was soll ich denn sonst noch..." Hier brach sie ab, drehte den Kopf zur Seite und begann zu weinen. Ich war erleichtert, daß sie endlich weinen konnte, und hielt ihre Hand, während ihr schmal gewordener Körper von Schluchzen geschüttelt wurde. Nun ist es sehr spät geworden, aber ich kann noch keinen Schlaf finden...

Rouen, Donnerstag, am 19. des Weinmonds 1066

Wieder ist ein Tag vergangen, und ich habe etliche Zeit damit zugebracht, an Wilhelm zu schreiben. Niemand hier weiß, wo er sich jetzt aufhält; der Bote muß ihm nachreiten. Ich ging erst spät zu Bett, wurde aber schon früh durch die Stimmen der Kinder aufgeweckt, die aus deren Schlafzimmer drangen. Es war vor allem Rufus, den ich hörte; er erzählte seinen kleinen Schwestern all die Abenteuer, von denen er gestern erfahren hatte. „Und da fielen die Feinde alle tot um, von den Pfeilen geschossen und vom Schwert zerhauen, und auch die Pferde waren tot – und dann fielen die Reiter in den Graben, wo es ein ganz großes Malheur gab. Und die Fußsoldaten kamen gerannt und stachen sie alle mit ihren Schwertern tot, und sie lagen da übereinander im Graben. Und dann hat der Vater kein Pferd mehr gehabt und hat die Feinde mit der Keule zerhauen..." Es war ein schauerlicher Bericht, so daß ich aufstand und hinüberging. Er stand dicht vor der Portière, deshalb hatte ich ihn so gut hören können, und mimte dort mit seinem Holzschwert den Kampf. „Rufus!" rief ich, indem ich hastig eintrat und ihn fast umgerannt hätte, „das ist aber eine grausige Mär, die du deinem Schwesterlein schon beim Aufwachen erzählst." Adele saß ganz verstört in ihrem Bett und sagte mit weinerlicher Stimme: „Sind alle tot, und dann fressen sie die Wölfe und die Raben!" Ich setzte mich zu ihr und nahm sie in den Arm. „Der Vater ist im Krieg, und da hat es eine Schlacht gegeben", sagte ich. „Und dabei sterben immer viele. Aber, siehst du, die Seelen sind jetzt alle schon im Himmel, denn sie haben tapfer gekämpft; und wenn sie tot sind, kommen gleich die Englein und holen sie." – „Ja", sagte sie, indem sie mich vertrauensvoll anblickte, „und die Englein machen sie wieder heil, ja?" – „Ganz gewiß", versicherte ich ihr. Ich überlege mir, ob ich Rufus nicht ins Knabenzimmer ziehen lassen soll. Im nächsten Jahr haben wir wieder ein ganz kleines Kindlein, dann wird es hier zu laut mit ihm.

Ralf will morgen wieder aufbrechen, um seine Reise nach Italien fortzusetzen und dem Heiligen Vater Haralds Banner zu überbringen. Papà Roger fragte ihn heute, was er uns über den Grafen von Boulogne habe erzählen wollen. Ihm habe es geschienen, als hätte er seinen Bericht um Gottfrieds willen abgebrochen. „So ist es", bestätigte Ralf. „Als das Unglück mit unseren Reitern geschah, die in den tiefen Graben fielen, und als viele der Angeln erneut auf uns zustürzten, schickte sich Eustachius an, mit seinem Trupp von 50 Reitern zu fliehen. Als der Herzog das sah, rief er ihn zornig an und befahl ihm, umzukehren. Doch Eustachius ritt geschwind zum Herzog heran und flüsterte ihm zu, daß alles verloren sei, denn die Angelsachsen kehrten mit Verstärkung zurück und würden ein furchtbares Blutbad anrichten. Er solle sich deshalb zurückziehen, so lange noch Zeit sei. In diesem Augenblick traf ihn der Schleuderstein und er fiel, heftig blutend, vornüber. Man trug ihn mehr tot als lebendig fort. Was danach geschah, weiß ich nicht." Ich war froh, daß Gottfried dies nicht erfahren hatte. Jetzt verstehe ich, warum Wilhelm Eustachius nie ganz traute und eine Geisel von ihm verlangte.

Rouen, Samstag, am 28. des Weinmonds 1066

Draußen stürmt und regnet es noch immer. Die ganze letzte Woche war das Wetter schlecht. Dennoch, weil der Wind von Norden kam, sind weitere Boten aus England eingetroffen: Wilhelm von Moulins und Hugo von Courne. Sie berichteten, daß man den Leib Haralds gefunden habe. „Doch war dies keine leichte Aufgabe", meinte Hugo. „Selbst seine Mutter konnte ihn unter den vielen Toten nicht erkennen. Der Herzog aber gebot, weiterzusuchen." Agathe saß neben mir, als wir den Bericht hörten, und ich hielt ihre Hand fest in der meinen. Sie unterbrach den Boten, indem sie sagte: „Harald sah aus wie kein anderer. Wie hat man ihn denn so schwer finden können?" – „Mademoiselle", meinte der Bote mit einem schmerzlichen Ausdruck in seinen Zügen, „die Leichenfledderer hatten den Toten längst ihre Rüstungen und Waffen abgenommen – ja, oft hatten sie ihnen die Köpfe, Arme oder Beine abgeschlagen, damit das Ausziehen schneller ginge. Sie verkaufen diese Sachen später – so ist das eben im Krieg. Seht Ihr, Haralds Gesicht war durch den Pfeil entstellt und von Blut übergossen, und die Leiber kann man kaum unterscheiden, wenn man sie so starr und halbnackt daliegen sieht. Unser Herzog hat selbst den Hügel abgesucht, und dabei konnte er seine Tränen nicht zurückhalten. Es war ein grausiges Bild." Agathe biß in ihr Tuch, blieb aber tapfer sitzen, um ja alles zu hören.

„Schließlich", fuhr Wilhelm von Moulins fort, „kam eine Frau zum Herzog, die bat, nach dem Leichnam suchen zu dürfen; sie würde ihn gewiß erkennen. Die Mönche hatten ihre Suche schon aufgegeben, und so erlaubte der Herzog dieser Frau, das Schlachtfeld zu betreten. Es war Edith, die man ‚Schwanenhals' nennt, und die von allen Leuten am Hof – selbst von der Königin – geduldet wurde. Nach langer Suche sank sie schließlich, von Kummer überwältigt, neben dem verstümmelten Leichnam nieder, den sie an geheimen Muttermalen erkannt hatte. Da gebot der Herzog einem Anglo-Normannen, Malet von Graville-St. Honorine, der ein Freund des toten Königs gewesen war, den Leichnam in ein purpurnes Tuch zu wickeln und zum Strand bei Hastings zu tragen. Dort wurde er begraben, und man türmte schwere Steine über der Stelle auf. Und folgende lateinische Inschrift wurde im Auftrag des Herzogs dort angebracht: *Auf Befehl des Herzogs ruhst du hier, König Harald, damit du ein Hüter der Küste und des Meeres bleibst.*

Wir erfuhren ferner, daß Odo vor der Schlacht folgendes Gelübde getan habe: Sollte Gott ihnen den Sieg schenken, wollten sie an jedem folgenden Samstag kein Fleisch mehr essen. Dies werde nun von allen eingehalten, darauf achte der Herzog. „Und wo ist Haralds Mutter hingegangen?“ wollte ich wissen. Ihr tragisches Schicksal – mit dem einer Mutter aus griechischen Tragödien vergleichbar – ergreift mich zutiefst. Sie hat fünf von ihren sechs Söhnen verloren. Nur Wulfnoth lebt noch, ist jedoch als Geisel für sie unerreichbar. „Gytha ist nach Exeter gezogen“, sagte er. „Und niemand weiß, wo Alditha, Haralds Gemahlin ist. Wie ich hörte, trägt sie sein noch ungeborenes Kind unter dem Herzen.“ Mein Gott, wenn ich an diese Frauen denke, so muß ich tief dankbar für mein Los sein. Papà Roger meint, diese erste Schlacht bedeute noch nicht die Eroberung des ganzen Landes. Man müsse sehen, wie es nun weitergehe, denn die Grafen im Norden seien nie sehr königsfreundlich gewesen. Ich sehne mich nach ein paar Zeilen von Wilhelms Hand.

Rouen, Allerheiligen, am 1. des Nebelmonds 1066

Heute haben wir alle Heiligen angefleht, uns mit ihrem Schutz beizustehen. Maurilius sprach davon, daß der Krieg eine Sühne für alle sei und der Frieden ein Geschenk Gottes, für das die Menschen nie dankbar genug seien. Wenn ich daran denke, wie viele tapfere Krieger ihr Leben lassen mußten und wie viele Frauen und Mütter nun um ihre getöteten Männer und Söhne trauern, so kommt mir dies alles wie Teufelswerk vor. In ihrem letzten Brief schrieb Judith, Skule und Ketel seien nun in Norwegen, wohin Hardraadas Sohn Olaf sie mitgenommen habe und wo sie ein ihrem Stande gemäßes Leben führten. Dies habe ihr Herz zwar erleichtert, aber nicht getröstet. Sie selbst wolle nicht nach Norwegen ziehen, die nördlichen Länder seien ihr verhaßt. „Hätte Hardraada nur auf alle Warnungen gehört“, jammerte sie in ihrem Brief. „Skule schrieb mir, daß viele seiner Vasallen während des Wartens auf den günstigen Wind Träume und Visionen von Hexen gehabt hätten, welche die blutenden Leiber der Nordmänner forttrugen. Und dem Hardraada habe es geträumt, daß der heilige Olaf ihm voraussagte, sein Leib werde bald von den Krähen gefressen werden. So ist es nun auch, und sein Sohn Magnus regiert in Norwegen.“

Während ich ungeduldig auf weitere Nachrichten warte, sticke ich wieder etwas. Ich habe gerade die Pferde angefangen, auf denen die Ritter in die Bretagne reiten. Wilhelm sitzt auf Bucephalos, während sie sich dem Mont-Saint-Michel nähern. Knappen und Waffenknechte begleiten sie. Ich habe mir inzwischen aufgezeichnet, was die Boten aus England berichtet haben – denn all dieses soll später auf der Leinwand erscheinen. Es wird ein langes, langes Tuch werden!

Rouen, Allerseelen, am 2. des Nebelmonds 1066

Heute haben wir all der Toten gedacht, und nach der Messe kam Agathe zu mir und sagte: „Mamà, Harald war ein solch guter und tapferer Mann. Er hat gesündigt und Verrat geübt, aber er war nicht so schlecht, daß er die ewige Hölle verdient hat, nicht wahr?" Diese Gedanken lassen ihr keine Ruhe. „Alle Seelen kommen ja von Gott, Agathe", sagte ich ihr, „und daher hat auch jede Seele etwas von Gott in sich. Aber die sündigen müssen eine bestimmte Zeit büßen." – „Und wie lange, Mamà?" – „Das weiß nur Gott." Sie schwieg nachdenklich und fragte dann unvermittelt: „Wer ist Edith Schwanenhals?" Ich erschrak und erinnerte mich dann, daß Agathe dabeigewesen war, als die beiden Boten von ihr berichteten. Im ersten Augenblick wußte ich nicht, was sagen – es kam so unvorbereitet. Als ich verlegen zu Boden blickte, fragte Agathe weiter: „Wie konnte sie ihn an seinen Muttermalen erkennen? Ist sie seine Schwester?" – „Nein, Kind", sagte ich zögernd – in Gedanken nach einer guten Erklärung suchend. Da es wahrscheinlich war, daß Agathe es ohnehin von irgend jemandem erfahren würde, dachte ich, daß es besser sei, wenn ich selbst es ihr sage.

„Diese Edith", begann ich also, „war schon seit vielen Jahren seine Frau – aber nicht von der Kirche angetraut... Siehst du, in England und auch hier kann man sich eine Frau nehmen, ohne daß die Kirche ihren Segen gibt..., so war es auch bei Harald." Agathe schaute mich aus großen, ungläubigen Augen an. „Aber er war doch gar kein Vater, Mamà?" – „Doch, Kind. Er hat mit der Edith Schwanenhals fünf Kinder gehabt." Sie schloß einen Augenblick die Augen, als könne sie das Gehörte nicht fassen. Mir tat das Herz dabei so weh, daß ich es kaum ertragen konnte. Hatte das Kind doch schon so viel Leid um seinetwegen mitgemacht, und nun mußte es auch diese erschütternde Wahrheit noch erfahren! Nach einer Weile sagte Agathe mit tonloser Stimme: „Aber dann kann er doch keiner anderen Frau angetraut werden – wenn die erste noch lebt..." – „Doch, Agathe, weil eine solche Ehe ja für die Kirche nicht gilt. Sieh mal, du mußt es so verstehen: Die Edith ist eine Bürgerliche und konnte nicht seine Gräfin werden. Dazu braucht ein Mädchen die richtige Erziehung; sie muß das Lateinische verstehen und die feinen Künste erlernen und sich auch mit den Wissenschaften und anderen Dingen befassen, wie du es jetzt tust. Er hätte schließlich eine solche Gräfin gebraucht, und dich hatte er ganz gewiß lieb. Aber als er dann König wurde und die Grafen des Nordens ihm nicht wohlgesinnt waren, nahm er deren Schwester zur Frau, um sich die Krone zu sichern." – „Und da hat er die arme Edith und seine Kinder verlassen?" – „Ich weiß es nicht, Agathe; es ist alles so verworren." – „Ja, und es ist unrecht. So etwas darf man doch nicht tun. Wußte Papà das nicht?"

Ich sah ihren durchdringenden Blick und antwortete ihr, der Wahrheit gemäß: „Doch, der Vater wußte es. Aber er kannte Haralds Ehrgeiz und Machthunger und wollte ihn an sich binden, indem er ihm seine Tochter gab; damit, so hoffte er, könne ein künftiger Krieg vermieden werden." – „Aber das durfte er doch nicht tun, Mamà – weil es nicht recht ist!" Ihre Stimme klang vorwurfsvoll, fast verzweifelt. „Ja, Kind, ich weiß. Und ich habe das ganz so gefühlt wie du. Aber denke einmal an die vielen, vielen Menschen, die auf dem Schlachtfeld verblutet sind, an die vielen weinenden Frauen und Mütter, an die vielen Verwundeten und Verstümmelten – all das hat der Vater vorausgesehen und wollte es abwenden. Denn er ist unser Landesvater, der nur das Beste für seine Landeskinder will." Sie sann eine Weile vor sich hin. Dann sagte sie: „Aber man kann doch nicht etwas Unrechtes tun, um etwas Rechtes zu erwirken – so will Gott es doch nicht!" Ich wußte nichts darauf zu antworten. Bei Agathe muß alles in der Welt seine Richtigkeit haben und wie eine Gleichung aufgehen. Sie weiß noch nicht, daß alles Böse etwas Gutes und alles Gute etwas Böses in sich trägt, solange wir in dieser Welt, die so voller Gegensätze ist, umherirren. Sie verließ mich – sicher, weil sie mit ihren Gedanken allein sein wollte. Wie mag es jetzt in ihrer aufgewühlten Seele aussehen? Die Welt ihrer hohen Ideale ist zusammengebrochen, und es wird lange dauern, bis sie sich in unserer irdischen Welt, so wie sie ist, zurechtfindet.

Rouen, Sonntag, am 5. des Nebelmonds 1066

Gottlob kam heute wieder Nachricht aus England. Wilhelm schrieb mir dieses Mal selbst aus Dover. Unter anderem berichtete er: „Nach der Schlacht habe ich fünf Tage in Hastings gewartet, bis der Nachschub aus der Normandie eintraf, den Du mir unverzüglich hast senden lassen, denn auch wir haben große Verluste erlitten. Keiner der englischen Grafen und Barone kam, um sich mir zu unterwerfen; so mußte ich mich auf den Weg zu ihnen machen. Durch meine Späher habe ich erfahren, daß sich der englische Adel in der Festung London verschanzt hat und wahrscheinlich den jungen Edgar, den Enkel König Edmunds, zum König wählen wird. Der falsche Erzbischof Stigand, dem der Papst das Pallium verweigerte, soll dies vorgeschlagen haben. Zuerst marschierten wir gen Dover, und trotz der von Harald erbauten starken Feldschanzen ergab sich die Festung ohne jeden Widerstand. Doch Söldner aus meinem eigenen Heer, die ihre niederen Instinkte nicht zügeln konnten, zündeten die Burg in Dover an, um etwaige Verteidiger auszutreiben, und das Feuer breitete sich auch auf einige Wohnhäuser aus. Ich mußte meinen Zorn gegen meine eigenen Leute richten. Dann habe ich den Bürgern allen Schaden ersetzt und lasse die Burg wieder aufbauen. Doch Gottes Zorn ergoß sich über die Frevler. Da sie unmäßig gegessen und getrunken und wohl auch schlechtes Wasser und verdorbenes Fleisch zu sich genommen hatten, liegen jetzt viele an der Ruhr darnieder. Ich muß sie in der Festung zurücklassen, während ich mit den anderen weitermarschiere. Ich bin nicht in Eile. Mein nächstes Ziel ist Canterbury. Wie ich hörte, haben Edwin und Morcar ihre Schwester Alditha nach Chester in Sicherheit gebracht. Von mir jedoch hat sie nichts zu befürchten."

Am übernächsten Tage schrieb er aus dem Zelt, das er auf dem Wege nach Canterbury hatte aufschlagen lassen: „Morgen werden wir in Canterbury einziehen. Die Stadt hat sich bereits ergeben, denn eine Abordnung von Würdenträgern zog mir entgegen und bot mir Geiseln an. Sie versicherten mich ihrer Treue. Ich lasse diesen Brief jetzt nach Pevensey bringen, damit er Dich bald erreicht. Es wird guttun, uns einige Tage in Canterbury auszuruhen." Dieser letzte Satz beunruhigte mich etwas. Ich stelle mir vor, welche Anstrengung es sein muß, sich in diesem fremden, noch feindlichen Land voranzutasten – jeden Schritt des Weges erkämpfend, den eigenen Soldaten nicht trauen könnend, bei Regen und Wind immer weiter ins Ungewisse marschierend. Er schrieb, daß das Wetter neblig und unfreundlich sei. Ach, wäre er doch wieder hier!

Später

Agathe ist erkrankt. Ich war am frühen Morgen noch nicht bei den Kindern gewesen, denn es gab viel mit Papà Roger zu besprechen. Gundrada sagte mir später, daß Agathe hohes Fieber habe. Ich ließ Doktor Maminot herbeiholen, der meinte, sie habe eine Entzündung des Rippenfells, sie solle das Bett hüten und den Leib warm halten. Das Mädchen wächst jetzt sehr schnell, und der Arzt meint, das koste es viel Kraft. Doch ich weiß, daß der seelische Kummer meine Tochter mehr zermürbt als das Wetter oder Wachstum. Als ich soeben eine Weile bei ihr saß, sagte sie, während sie mich aus fiebrig glänzenden Augen anschaute: „Mamà, Harald hat nicht nur Papà verraten, als er König wurde, sondern auch mich, als er die Alditha nahm, und auch Edith Schwanenhals, als er sie verließ. Das sind drei Menschen – und das ist schlimm!" Ich legte meine Hand auf ihre Stirn und sagte beruhigend: „Er hat durch seinen furchtbaren Tod schon viel gebüßt, Agathe. Wir wollen nun beten, daß seine Seele Frieden findet." – „Ja", sagte sie, „aber ich glaube nicht, daß er Frieden hat. Ich kann das fühlen." Fast könnte ich Wilhelm gram sein, wenn ich sehe, was er seiner Tochter durch diesen Bund mit Harald angetan hat. Es ist manchmal schwer, das Leben zu verstehen – besonders, wenn die Unschuldigen so sehr leiden müssen.

Rouen, Freitag, am 10. des Nebelmonds 1066

Nun habe ich eine große neue Sorge. FitzOsbern schrieb seiner Gemahlin, daß der Herzog in Canterbury schwer erkrankt sei. Der Marsch ist aufgehalten worden. Sie seien dort im alten „Zerfallenen Turm", einer Römerruine, untergebracht, wo man den Herzog pflege. Niemand wisse genau, was für eine Krankheit es sei; er habe große Schmerzen in allen Gliedern. Sicher sei das feuchte Wetter und das Schlafen auf dem Zeltboden daran schuld. Auch habe der Herzog seine Kräfte in den letzten schweren Wochen aufgebraucht, habe sich kaum Schlaf gegönnt und nachts oft über Landkarten und Schlachtplänen für die Umzingelung Londons gesessen. „Die Herzogin soll sich aber nicht sorgen", schrieb er, „wir alle brauchen etwas Ruhe, und wir erhalten sie jetzt mitsamt dem Herzog." Ich kann mir Wilhelm nur schwer als Kranken vorstellen. Noch nie habe ich ihn in geschwächtem Zustand gesehen – und nun, da dies zum ersten Male geschieht, bin ich nicht bei ihm, um ihn zu pflegen! Ach, hätte ich nur Flügel, daß ich unmittelbar zu ihm eilen könnte! Wie oft hat er mich umsorgt – besonders dann, wenn ich unsere Kinder gebar; und nun kann ich ihm nicht den gleichen Liebesdienst erweisen! Ich ließ den Boten kommen, der die Briefe gebracht hatte, aber der wußte auch nicht mehr – nur soviel, daß der Seneschall ihn im Namen des Herzogs mit einer Botschaft nach Winchester gesandt habe und dann – über die Insel Wight – nach Rouen. „An wen ging die Botschaft in Winchester?" fragte ich. „An die Witwe des früheren Königs, die Lady Edith." Das ist Haralds Schwester. Sie ist Wilhelm bestimmt freundlich gesinnt.

Agathe ist noch nicht genesen. Zwar ist das Fieber nicht mehr so hoch, aber sie hustet viel, und dabei tut ihr die Brust sehr weh. Cäcilie erzählte mir heute, daß Agathe manchmal nachts aufstehe, um auf der Betbank zu knien. Wenn sie das tut, kann sie ja auch nicht gesund werden! Ganz so war es früher mit Margarete; mir ist, als ob ich dies nun alles ein zweites Mal durchleiden müsse.

Später

Als ich soeben zu Agathe ging, fand ich Judith bei ihr. „Es gibt noch viele schöne blonde Ritter und Grafen in England", hörte ich diese sagen. „Da findet der Ohi schon einen für dich." Agathe lächelte wie über das Geplapper eines Kindes. „Ich nehme keinen aus dem Land mehr – und überhaupt keinen", sagte sie, worauf Judith bemerkte: „Ich aber wohl! Der Ohi hat mir schon einen versprochen – und der soll auch so blond sein und lange Locken haben!" Als sie mich kommen sah, stand sie auf und lächelte mich etwas verlegen an. Ich blickte auf Agathens Milchschwester, die mit ihren rötlich-blonden Haaren und schwarzen Augen einmal ein anziehendes junges Mädchen sein wird. Sie ließ uns allein, und ich setzte mich zu Agathe. „Quält dich der Husten noch?" fragte ich. Sie schüttelte den Kopf. „Nein, der Husten quält mich gar nicht, nur Haralds Schuld quält mich im Herzen." Sie unterbrach sich, weil sie wieder einen Hustenanfall hatte. Ich bettete ihren Oberkörper etwas höher und sah besorgt auf sie herab. „Wißt Ihr, was ich gedacht habe, Mamà?" fragte sie. „Wenn ein Mensch eine Schuld begangen hat, die er nicht mehr sühnen kann, ehe er stirbt, so müßte Gott ihn eigentlich auf die Erde zurückschicken, bis er alles gutgemacht hat. Dann könnte er erlöst werden." Ich sah meine Tochter überrascht an. Waren dies ihre eigenen Gedanken? Dann sagte ich: „Viele der griechischen Philosophen glaubten dies, Kind. Und ich meine, der Vater glaubt es ebenfalls." – „Ja?" fragte sie mit einem hoffnungsvollen Aufleuchten in den Augen; „dann will auch ich es glauben." Ach, könnte ich doch ebenfalls das glauben, was mir am besten gefällt!

Rouen, Montag, am 20. des Nebelmonds 1066

Agathes wegen habe ich viel Sorgen gehabt und deshalb auch gar nichts mehr eingeschrieben. Nun endlich geht es ihr etwas besser. Draußen ist Frost, was angenehmer ist als das naßkalte Wetter, das wir bisher hatten.

In England gibt es immer noch Kämpfe. Gottlob ist Wilhelm wieder gesund. Warenne sandte mir einen Bericht, in dem er schrieb: „Um den 10. des Nebelmonds warf der Herzog seine Krankheit plötzlich ab und sagte: ‚Es wird Zeit, daß wir gen London marschieren!' Niemand glaubte, daß er schon reisefähig sei, denn er hatte in hohem Fieber gelegen und war kaum fähig gewesen, seine Glieder zu bewegen. Doch er belehrte uns eines Besseren. Sein starker Wille hat auch die Krankheit besiegt. Wir zogen zunächst nach Winchester, doch da die Lady Edith die Stadt sofort auslieferte und den Herzog willkommen hieß, belästigte er die Stadtbewohner nicht, sondern zog am Ort vorbei und hinauf bis nach Southwark, was am südlichen Ende der großen Holzbrücke liegt, die über die Themse führt. Ein feindlicher Spähtrupp zog uns entgegen, den wir zurückschlugen. Doch war die Brücke so stark befestigt, daß wir sie nicht überqueren konnten. Der Herzog befahl daher, die Herrenhäuser, die in der Nähe lagen, in Brand zu setzen, und zog mit seiner Armee weiter im Kreise um die Stadt herum. Wo er Widerstand fand, zerstörte er Häuser und Felder; wo man sich ihm ergab, war er großzügig zu allen. Es ging weiter westwärts über Hampshire und Berkshire bis Wallingford, wo wir die Themse überquerten und uns bei Oxfordshire niederließen. Bald haben wir London von allen Seiten umzingelt und hoffen, daß uns die Stadt in die Hände fällt." Sein Brief enthielt außerdem die Nachricht, daß die Grafen Edwin und Morcar in ihre Grafschaften zurückgekehrt seien, weil ihnen in London der Boden unter den Füßen zu heiß geworden sei. Ich zweifle nicht daran, daß nun bald der völlige Sieg errungen sein wird, und lasse die hoffnungsvolle Botschaft überall verkünden.

Rouen, Freitag, am 24. des Nebelmonds 1066

Es hat zum ersten Male geschneit, und zwar die ganze Nacht. Immerfort denke ich an England und wie das Wetter dort sein mag – ob die Kämpfe inzwischen beendet sind. Hoffentlich werden die Nachrichten an mich nicht durch die Kälte verzögert.

Roger berichtete mir heute stolz, daß Mabille ihm einen Sohn geboren habe. Während der letzten Wochen haben wir sie gar nicht mehr gesehen, weil sie sich im hochschwangeren Zustand nicht gern vor den Leuten zeigt. Mich dagegen haben die Blicke der Menschen nie geniert; ich denke immer, daß sich alle mit mir freuen. Noch ist mein Kindlein ja ganz winzig, so daß ich Hoffnung habe, daß Wilhelm zurück sein wird, bis es zur Welt kommt.

Rouen, Sonntag, am 3. des Christmonds 1066

Heute ist der erste Adventssonntag, doch mir ist noch gar nicht weihnachtlich zumute. Alles ist so ungewiß, und es sind keine weiteren Nachrichten von drüben eingetroffen – bis auf den mündlichen Bericht eines Anglo-Normannen, der mit einem Fischerboot die Seine hinab nach Rouen kam und berichtete, Haralds Mutter sei mit dessen drei Söhnen nach Irland geflohen. Sie habe einer Dienerin erzählt, daß Harald sich einmal von einer Hexe einen Trank habe brauen lassen, der ihm die Zukunft enthüllen sollte. Er konnte wählen, ob er den glücklichsten oder unglücklichsten Tag seines Lebens zu sehen wünsche; da habe er sich für das erstere entschieden und sich als König gekrönt gesehen. Adelaide, der ich dies erzählte, sagte: „Wäre er weiser gewesen, hätte er den Tiefpunkt seines Lebens zu schauen verlangt und danach sicher anders gehandelt." Der Bote berichtete auch, daß Abt Leofric aus Peterborough am letzten Tag des Weinmonds gestorben sei. Hier in der Normandie kenne ich alle Bischöfe, doch über die meisten in England weiß ich nicht Bescheid.

Agathe ist wieder aufgestanden, hat aber keine rechte Lust, etwas anzufangen. Ich will sie morgen mit ins große Waisenhaus nehmen; das mag sie ablenken. Wie sehr hat es mir damals in meinem großen Leid geholfen, das Leid anderer lindern zu können!

Rouen, am 10. des Christmonds, dem 2. Adventssonntag 1066

Es gibt wegen Anjou wieder einige Sorgen für mich. Zwar steht der dortige Graf Gottfried treu zu Wilhelm, aber Conan bekämpft das Land schon seit Monaten. Seit vorigem Jahr, als er in Blois war, hat er Verbündete gegen Anjou gesucht. Wenn diese Unruhen nur jetzt nicht auf die Normandie übergreifen! Ich habe Spähtrupps aussenden lassen. Es heißt, daß Conan das Schloß zu Gonthier belagert habe. Und auch in England ist noch kein Frieden. Möge uns dieser doch bis zum Weihnachtsfest beschert werden!

Rouen, Mittwoch, am 13. des Christmonds 1066

Soeben komme ich von einer Schlittenfahrt zurück. Es ist nicht mehr so kalt, denn der dicke Schnee macht die Winterluft milder. Die Kinder bauen Burgen, Tunnel und Gräben im Schnee und spielen die ganze Schlacht von Hastings auf einer kleinen Anhöhe, nahe beim Wald. Dort bewerfen sie sich mit Kugeln und schneeverkrusteten Stöcken, welche die Pfeile darstellen. Auch die Knaben vom Gesinde spielen mit; diese müssen Waffenknechte sein und ständig neue Schneekugeln formen, welche sie „Schleudersteine" nennen. Für die Kinder ist alles noch Spiel – aber was ist Spiel anderes als die Vorbereitung auf das, was später einmal kommen wird?

Rouen, Mittwoch, am 20. des Christmonds 1066

Es hat uns eine überraschende Nachricht erreicht: Conan ist tot. Am 16. des Christmonds, als er noch Château-Gonthier belagerte, ist er ganz plötzlich verschieden. Ich habe es Wilhelm sofort durch einen Sonderkurier mitteilen lassen. Papà Roger meint, wir würden bald wieder aus England hören, es seien Schiffe in Dives eingetroffen; ein schneller Vorreiter habe Boten angekündigt. Nun ist wieder einer von Wilhelms Feinden von Gottes Hand entfernt worden, und Anjou kann sich zum Weihnachtsfest des Friedens erfreuen. Hoffentlich erhalten wir bald ähnlich freudigen Bescheid aus England.

Rouen, Donnerstag, am 21. des Christmonds 1066

Ich habe einen Brief von meinem geliebten Mann vor mir liegen, den ich schon viele Male gelesen habe. Nun will ich kurz beschreiben, welche Nachrichten er enthielt. Er schrieb zunächst aus Wallingford, wohin der Erzbischof Stigand gekommen sei, um Frieden mit ihm zu schließen und ihm Treue zu geloben. Dieser habe sich angeboten, auch die anderen Günstlinge des jungen Edgar zu ihm zu führen. „Ich bin derweil weiter nach Berkhamsted gezogen", schrieb Wilhelm einige Tage später, „wohin die englischen Magnaten kamen: der zuvor als Thronfolger erklärte Edgar, ein zarter Jüngling, den ich aufhob und auf die Stirn küßte, Aldred, der Erzbischof von York, auf den Du Dich besinnen wirst, Bischof Wulfstan von Worcester, ein Mann von großer Festigkeit und Frömmigkeit, Walter, der Bischof von Hereford, Robert fitzWymarc und andere Würdenträger der Stadt London. Sie schworen mir Treue und übergaben mir Geiseln. Ich habe versprochen, ihnen ein gerechter Herr zu sein und die Gesetze König Eduards in Ehren zu halten. Daraufhin boten sie mir die Königskrone an; doch ich lehnte dieses Angebot ab. Es kommt zu früh. Noch ist nicht Frieden im ganzen Land. Ich habe noch nichts von den Grafen Edwin und Morcar gehört. Auch möchte ich nicht ohne Dich, die Du mein halbes Leben bist, gekrönt werden. Die Bischöfe behaupten jedoch, die Angelsachsen seien es gewohnt, von einem König regiert zu werden, und dies sei besser für das Land. Ich habe meine normannischen Grafen und Barone sowie Generäle befragt, die zur Zeit untereinander beraten." Nachdem Wilhelm in London eingezogen war, hatte er noch einige kurze Sätze dazugeschrieben: „Die Stadt hat sich ergeben, und wir verhandeln, was weiter geschehen soll. Ich will innerhalb der Stadtmauern eine mächtige Festung errichten lassen, die unserem ‚Großen Alten Turm' in Rouen ähnlich werden soll. Vorerst wohne ich mit meinem Hof östlich außerhalb der Stadt in Barking. Ich hoffe, Dir noch vor Weihnachten weiteren Bescheid senden zu können. Küsse die Kinder von mir. Wilhelm." Dem Brief lag ein kleiner Mistelzweig aus dem Walde von Barking bei. Ich küßte den Zweig, und meine Sehnsucht nach ihm wird nun fast unerträglich.

Rouen, Sonntag, am Heiligen Abend des Jahres 1066

Was für ein festlicher Tag ist heute! Nicht nur, daß jetzt, während der kurze Winternachmittag in den Abend sinkt, draußen leise der Schnee herniederrieselt, nicht nur, daß dies die Nacht ist, in der einst unser Heiland geboren wurde – es gab noch eine besondere Freude für uns, für die Familie, den ganzen Hof und das ganze Land. Ich will nun einiges aus dem langen Brief von Wilhelm von Poitiers abschreiben: „Meine verehrte Herzogin und hohe Herrin", begann er. „Im Auftrag unseres geliebten und verehrten Landesvaters schreibe ich Euch – hoffend, daß Euch dieser Brief noch vor dem Weihnachtsfest erreicht. Wie der Herzog Euch schon mitteilte, ist ihm angetragen worden, die Krone Englands in Empfang zu nehmen. Er jedoch, in seiner Demut und weisen Voraussicht, wollte warten, bis das Volk besser darauf vorbereitet sei. Aber die Bischöfe drängten ihn dazu, während die normannischen Edelleute sich noch im unklaren waren; einige meinten sogar, der Herzog werde sich als König von England nicht mehr so ganzherzig der Normandie widmen können. Ich bat den Seneschall, doch zu den Normannen zu sprechen – so wie er es damals mit großer Begeisterung getan hatte, als er zum Kampf gegen Harald Godwineson aufrief.

Doch noch ehe dieser dazu kam, erhob sich bei der nächsten Versammlung eine andere Stimme – die eines Freiwilligen aus Aquitanien namens Aimeri, der im Besitz von Thouars ist. Dieser hatte sich im Kampf besonders ausgezeichnet und sprach nun für das ganze Heer, das einstimmig die Krönung des Herzogs zum König verlange. ‚Noch nie hat man davon gehört', sagte er, ‚daß ein Fürst, dem die Königskrone angeboten wird, zuerst seine Ritter um ihre Meinung fragt. Und zweifelt Ihr im geringsten daran, daß Euer Herzog als König dieselben edlen Eigenschaften zeigen, ebenso weise regieren und das Land zum Wohlstand bringen wird wie er es zuvor mit der Normandie getan hat? Wenn Ihr des Herzogs Macht vergrößern helft, seid Ihr die Gewinnenden, nicht die Verlierenden.' Als Aimeri seine feurige Rede beendet hatte, gab es keine Zweifelnden mehr. Sie gingen gemeinsam zu ihrem Herzog, dankten ihm dafür, daß er sie zu Rate gezogen hatte, und baten ihn, die Krone anzunehmen. Der Herzog hat nun endlich zugesagt, und es ist beschlossen worden, daß er am ersten Weihnachtsfeiertag in der neuen Kathedrale St. Peter im westlichen Münster zum König von England gekrönt werden soll. Möget Ihr und alle am Hof von Rouen diesen Tag besonders festlich begehen!"

An anderer Stelle beschrieb er Wilhelms Einzug in London. „Der Herzog hatte eine Botschaft an den Sheriff von London, namens Eseger, senden lassen, der in der Schlacht von Hastings verwundet worden war. Der sandte dem Herzog Boten, welche die Übergabe vorspiegeln und ihm Geschenke überbringen sollten. Ich war dabei, Herrin, als diese Begegnung stattfand. Ich wünschte, Ihr hättet die Verwandlung in den Gesichtern der Gesandten sehen können! Zuerst waren sie voller Furcht und Mißtrauen, dann aber – als der Herzog sie herzlich empfing, länger mit ihnen plauderte und sie reich beschenkt wieder zurücksandte – küßten sie ihm die Hände, und ihre Gesichter glänzten vor Freude. Wie ich später vom Grafen Edwin von Mercia hörte, haben sie dem Sheriff berichtet: ‚Er ist strahlender als die Sonne, weiser als Salomon, klüger als Magnus und hochherziger als Karl der Große.' Daraufhin wollten auch Edwin und Morcar den Herzog sehen und kamen mit Edgar, der zuvor als Thronfolger erklärt worden war, um den Herzog zu bitten, ihr König zu werden. Als der Herzog schließlich zusagte, war es hauptsächlich deshalb, weil er glaubte, die Rebellen im Lande würden einem König eher gehorchen als einem Feldherrn. Er sagte auch, das Land sei noch längst nicht erobert; aber wer kann unserem herrlichen Herzog und baldigen König lange widerstehen? In Sussex haben einige sogar seine Füße geküßt. Er wird ihre harten Herzen schmelzen." Eine herrlichere Weihnachtsbotschaft hätte es für mich nicht geben können. Ich habe sie zuerst Adelaide und den Kindern vorgelesen und dann dem Erzbischof und Nikolaus sowie anderen vom Hof. Mabille ist noch nicht ganz genesen, ließ mir aber durch Roger bestellen, daß ihr Herz einen Sprung getan habe. Und meines tut tausend Sprünge in einem einzigen Augenblick!

Rouen, Montag, am Ersten Weihnachtstag 1066

Ich habe heute nacht unruhig geträumt, weiß aber nicht mehr genau, was es war. Ich sah viel Rauch, wie von einem Feuer, und hörte ein Dröhnen – und dann sah ich Wilhelm aus den Rauchschwaden auftauchen – die Krone auf dem Haupt, den Blick aufwärts gerichtet und die rechte Hand ausgestreckt, so wie es die Priester beim Segnen tun. Während er meiner Sicht entschwand, hatte ich auf einmal Angst und dachte: „Nun kommt er nicht wieder!" Während der Mitternachtsmesse hat Maurilius wunderbare Worte gesprochen, mußte dann aber plötzlich arg husten und wurde am Ende der Feier von Nikolaus abgelöst. Ich mache mir Sorgen um den Erzbischof. Er läßt andere nie wissen, wie es um ihn steht. Ich habe jetzt einen Priester damit beauftragt, ihn zu pflegen und ein Auge auf ihn zu haben. Dieser Priester besitzt gute Kenntnisse in der Heilkunde. Am frühen Abend wird eine besondere Krönungsmesse in unserer Kathedrale gehalten, und alles Volk darf daran teilnehmen. Ich fürchte, viele Menschen werden draußen im Schnee stehen müssen, denn die Kunde ist durch Herolde in ganz Rouen ausgerufen worden.

Rouen, Samstag, am 30. des Christmonds 1066

Wir haben zum Jahresende hohen Besuch erhalten: Lanfranc und den Bischof Guido von Amiens, der ein Bruder des verstorbenen Angelrann ist. Wie wunderbar war es, mit meinem geistigen Vater sprechen zu können, der gerade einen Brief von Wilhelm erhalten hatte. Darin schrieb dieser, daß er Ring und Schwert König Eduards noch zu dessen Lebzeiten erhalten habe und daß er nurmehr die Krone brauche. Er werde jedoch nicht dieselbe tragen, die Harald besessen hatte, sondern sich eine neue mitsamt Zepter und Stab von einem griechischen Goldschmied anfertigen lassen. Außerdem gehörten noch Armringe und ein besonderer Mantel zur königlichen Ausstattung. Nun versuche ich mir vorzustellen, wie Wilhelm darin ausgesehen haben mag.

Später

Ein Bote aus London ist ganz überraschend eingetroffen, und zwar der Wilhelm so sehr ergebene Niguel de St. Sauveur, der bei der Krönung zugegen gewesen ist und uns darüber berichten will. Zuerst aber soll er ein wenig ruhen, denn er ist fast ohne Rast von der Küste durch den Schnee hergeritten. Er übergab mir ein kleines Kästchen, das ihm „der König" für mich mitgegeben hatte. Meine Hände zitterten leicht, als ich es in Empfang nahm. Soeben habe ich es geöffnet. Es enthielt einen zusammengefalteten Bogen, auf den er in Eile die folgenden Worte geschrieben hatte: „Meine Mora! Die Krone zwar ist mein, aber noch nicht das ganze Land. Edwin und Morcar erhoffen sich große Selbständigkeit für ihre Grafschaften, und die Waliser und Schotten werden sich gewiß nicht unter mein Joch beugen. Ich werde um jede Grafschaft ringen müssen wie vordem in der Normandie. In dem Kästchen sende ich Dir eine Trophäe – einen Edelstein aus Haralds Schwertknauf. Noch kann ich nicht zu Dir kommen, doch hoffe ich, daß dies nicht später als Ostern der Fall sein wird. Bete für unser neues Land. Du bist alle Tage in meinen Gedanken. Wilhelm." Ich küßte den Brief und öffnete dann das Kästchen. In weiches Wachs gebettet lag dort ein roter Stein von runder Form – wie ein großer Blutstropfen. Lange starrte ich auf den Granat und dachte an Harald, der sein Schwert einst im normannischen Heer gegen die Bretonen geschwungen hatte; und nun hatten die Normannen und Bretonen gemeinsam die Angelsachsen besiegt. Es scheint mir alles wie ein großes, grausames Spiel, in dem die Würfel willkürlich fallen. Doch muß es irgendein höheres Gesetz geben, dem alle menschlichen Geschicke unterliegen.

Rouen, Sonntag, am 31. des Christmonds 1066

Wie sehr ich Wilhelm heute entbehre! Der letzte Tag des Jahres war immer ein ganz besonderer für uns! Doch niemand hätte mir meinen lieben Gemahl heute näherbringen können als Niguel, der bei der Krönung zugegen war und uns allen davon berichtete. Er sprach von den emsigen Vorbereitungen, von der Ausschmückung der Abtei, die von beiden Erzbischöfen überwacht wurde, und wie er, Niguel, zu den Rittern gehört hatte, die schon lange vorher in der Abtei Wache hielten. „Alles war schließlich bereit", sagte er, „die Phiole mit dem Salböl und dem Löffel, das Zepter mit der Taube, welche ein Emblem König Eduards war (denn dieser konnte, nachdem die Dänen vertrieben worden waren, in Frieden regieren), die Handschuhe, das Gnadenschwert ohne Spitze, die goldenen Sporen ohne Spornrädchen – all diese waren aus der königlichen Schatzkammer herbeigeholt worden. Der Herzog wollte nicht die Krone Eduards tragen, weil sie fast ein Jahr lang Haralds Haupt geschmückt hatte, und ließ sich eine anfertigen, die aus arabischem Gold gegossen war und seltene Juwelen vom Nil in sich funkeln hatte – wahrlich ein Diadem, das eines großen Königs würdig ist! Sein Mantel war von feinstem purpurrotem Stoff, mit Gold und Silber bestickt und mit kostbarem Pelz gefüttert."

Die Kinder stießen bewundernde Rufe aus, und ich konnte an Roberts Augen ablesen, was er alles an phantasievollen Bilder zu weben begann. Ich werde Wilhelms Kleidertruhen verriegeln lassen müssen! „Hat der Erzbischof von Canterbury die Krönung vollzogen?" fragte Papà Roger. „Mitnichten! Der hat sein Pallium ja von einem Gegenpapst empfangen, und obgleich er sich große Verdienste um die Unterwerfung Londons gemacht hat, übertrug der Herzog die heilige Handlung dem Erzbischof Aldred von York. Stigand durfte ihm lediglich Handreichungen machen. Der Herzog saß im Stuhle König Eduards, den viele den ‚Bekenner des Glaubens' nennen. Die feierliche Zeremonie begann damit, daß der Erzbischof von York die Angelsachsen in ihrer Sprache fragte, ob sie Wilhelm, den Herzog der Normandie, als ihren König anerkennen wollten. Dieselbe Frage wurde von Gottfried, dem Bischof von Coutances, in französischer Sprache wiederholt. Ohne jegliches Zögern erscholl von beiden Seiten – wie aus einem Munde – ein freudiges, zustimmendes Rufen, so daß die ganze Kathedrale davon erdröhnte.

Leider geschah nun ein Malheur, denn die Wachen, die draußen vor der Kathedrale standen, meinten, es sei drinnen eine Revolte ausgebrochen, und begannen, in Verteidigung ihres Herrn, die umstehenden Häuser in Brand zu stecken. Bald quoll Rauch in die Kathedrale, und man hörte lautes Schreien draußen. Einen Augenblick lang erstarrten wir alle und fürchteten dasselbe, was die Wachen draußen befürchteten: einen Aufstand! Die Bischöfe erblaßten und sahen den Herzog fragend an. Dieser schaute ernst und besorgt auf das Tor der Kirche, das sich geöffnet hatte – winkte dann aber mit der Hand, die Zeremonie fortzusetzen. Während im Hintergrund der Kirche große Verwirrung herrschte und einige Leute hinausstürzten, erklärten die Bischöfe Wilhelm von der Normandie zum König und Herrscher von Gottes Gnaden, salbten ihn mit dem heiligen Öl, übergaben ihm das Zepter und setzten ihm die Krone aufs Haupt. Die hinter ihm stehenden hohen Kerzen begannen im Windzug heftig zu flackern, und die Stimmen der Chorknaben klangen heiser.

Dann sprach der neue König mit fester Stimme seinen Schwur, indem er der Kirche Gottes und allen Christen Frieden, Gerechtigkeit und Gnade im Urteil versprach und der Raubgier und dem Laster den Kampf ansagte. Er versicherte den Angelsachsen, daß er sie so gut regieren werde wie der beste König, den sie je gehabt hätten. Danach ritt der neue König an der Spitze seiner englischen Grafen und normannischen Gefolgsleute – am Ufer der Themse entlang – nach Barking zurück. Als der König später mit uns, seinen Vasallen, allein war, sagte er: ‚Ich wollte mit der Krönung warten, weil ich fühlte, daß die Gemüter noch zu sehr vom Krieg erregt sind. Mein Gefühl hatte recht.' – ‚Wie immer, Sire', bestätigte Warenne."

Hier machte Niguel eine Pause, mußte dann aber noch viele unserer Fragen beantworten. „Wann kommt der Herzog – das heißt, der König, wieder?" wollten viele wissen. „Vorerst noch nicht", meinte Niguel. „Er darf das Land jetzt nicht verlassen, weil es dort überall noch brodelt und gärt. Zwar haben Edwin und Morcar dem König Treue geschworen, doch die nordischen Barone und Ritter stehen nicht alle hinter ihnen, und selbst in London gibt es manche Rebellen. Der König will ohne Verzug einige neue Gesetze erlassen, die den Einwohnern größere Sicherheit auf den Straßen gewähren – so wie er es vor vielen Jahren in der Normandie getan hat." Dann erzählte er uns noch, daß Odo Graf von Kent geworden sei und die Burg in Dover erhalten habe. FitzOsbern habe Winchester geschenkt bekommen. Auch Warenne und andere sollen später noch Grafschaften oder Land erhalten. „Der König wird alle Getreuen reichlich belohnen", sagte Niguel; „auch hat er den großen Schatz Hardraadas erobert, den Harald nach der Schlacht im Norden gewonnen hatte. Hardraada nahm seinen riesigen Barren Goldes stets mit sich, wohin er auch reiste; doch als ihn der tödliche Pfeil traf, fiel auch sein Schatz in Feindeshand." Richard wollte wissen, wie Hardraada besiegt worden war. „Er trug keine Rüstung, und ein Pfeil durchbohrte ihm den Hals", sagte Niguel. Nun will ich aber nicht mehr an die Kriegsgeschehen denken, sondern noch in unsere Hauskapelle gehen und für Wilhelm und das neue Land beten.

Später

Ich habe soeben einen Brief an Papà abgesandt, in dem ich ihm die große Neuigkeit mitteilte. Er hat mir lange nicht geschrieben, so daß ich mich etwas um ihn sorge. Dann zeigte ich meinen ältesten drei Kindern das Juwel aus Haralds Schwertknauf, das Wilhelm mir gesandt hatte. Agathe sah lange stumm auf meine Hand, in der die in Wachs gebettete Granatperle lag, und fragte dann scheu: „Darf ich es mal anfassen?" Ich legte das Juwel in ihre geöffnete Hand und sah ihre innere Bewegung. „Möchtest du es haben?" fragte ich, und sie sah mich freudig überrascht an, als könne sie dies kaum fassen. „Du sollst es behalten", sagte ich da. Was würde ich ihr nicht alles schenken, nur um ihr eine Freude zu machen! Sie umschloß den Granat mit ihrer zarten Faust; dann lief sie davon. „Und ich bekomme gar nichts?" fragte Robert enttäuscht. „Der Vater wird uns allen etwas mitbringen", tröstete ich ihn. „Vorerst aber heißt es warten, ungeduldiger kleiner Graf." Da lachte er und schlang seine Arme um mich. Er hat es gern, wenn man ihn bei seinem Grafentitel nennt.

Nun bin ich allein, und die letzte Stunde des Jahres naht. Ich denke an den vorigen Altjahrsabend zurück, an dem ich gar nicht freudig in das neue Jahr blicken konnte. Jetzt verstehe ich, warum! Er hat uns am Ende Großes, aber auch viel Schweres gebracht. Nichts ist schwerer zu ertragen, als der Verrat eines Freundes. Dem Feinde kann man leichter verzeihen als dem Freunde, der einen in die Ferse sticht. Nun hat der Kampf ausgetobt, nun ist das eingetreten, was ich immer befürchtet habe: Wilhelm herrscht über zwei Länder, und die Zukunft ist so ungewiß wie noch nie. Wie soll nun alles werden, wie wird er beides meistern, und wo werde ich sein – hier oder drüben? Es gibt so viele offene Fragen, und auch an diesem Altjahrsabend sehe ich dem neuen Jahr mit Bangen entgegen. Doch darf ich nicht kleinmütig werden. Habe ich nicht allen Grund, unserem Herrgott zu danken? Möge Er uns nun eine lange Friedenszeit schenken!

Rouen, Dienstag, am 2. des Hartung 1067

Es ist ein stiller Nachmittag, und schon beginnt es zu dämmern. Ich habe soeben meine Stickerei niedergelegt, weil nicht mehr genug Licht vom Fenster hereinfällt. Mein Teppichstreifen ist so lang, daß ich immer nur ein Stück auf die Staffelei spannen kann; das übrige hängt herab oder wird aufgerollt. Oft sind die Kinder bei mir und schauen zu – so auch heute, wie ich die Szene stickte, bei der einige der Reiter im Triebsand versinken und Harald sie herauszieht. Einen trägt er auf dem Rücken, und den anderen zieht er an der rechten Hand hinter sich her, während seine Linke den Schild hält. Man sieht, wie er unter dem Gewicht etwas zusammensackt. Hinter ihm stürzt noch ein anderer Reiter vom Pferd. „Er hat so viel Edles getan", sagte Agathe. „Das rechnet Gott ihm doch auch an, nicht wahr, Mamà?" – „Gewiß, Kind. Bei Gott ist kein Ding vergessen." Richard betrachtete die Figuren, die Gundrada in den unteren Rand gestickt hatte. Es wird nämlich oben und unten eine Borte an den Teppich genäht, die auch bestickt werden muß; das ist der „Schonstreifen", der das eigentliche Bild schützt. Sie hatte in das Meer beim Mont-Saint-Michel Aale und allerlei andere Fische hineingestickt, auch einen toten Krieger, der im Triebsand versunken war. „Ihr müßt aber auch raufschreiben, was das alles bedeutet, Mutter", sagte er, „sonst weiß das später keiner mehr." – „Ich weiß ja noch gar nicht, wo der Teppich hängen soll – in der Normandie oder in England. Wenn ich es auf französisch sticke, können die Angeln es nicht lesen." Robert wußte die richtige Lösung: „Ihr müßt es natürlich in Latein sticken, Mamà." – „Dann sage es mir auf lateinisch", scherzte ich. Er dachte eine Weile nach und sagte dann: „Hic Harald Dux trahebat eos de arena."[10] Ich denke, Richard hat recht: Es müßte eine Erklärung dazugeschrieben werden. Nur habe ich dafür nicht viel Platz gelassen – ich müßte die Buchstaben irgendwie über die Bilder sticken, wo gerade eine Lücke ist.

Agathe war heute mit Cäcilie und Gundrada in einem der Waisenhäuser, die sie jetzt oft und gern aufsucht. Sie nimmt diese Pflicht sehr ernst und erfüllt sie mit großem Eifer. Abends sitzt sie noch lange im Gebet auf und hält die kleine Granatperle in den Händen, die sie sich in ein Tüchlein genäht hat. Ich will sie morgen einem Goldschmied geben, damit er eine Fassung für den Edelstein macht und sie ihn an einer Kette tragen kann. Haralds Ring trägt sie nicht mehr.

Rouen, Samstag, am 6. des Hartung 1067

Heute sind Robert und Richard bei einem Ausritt mit Stanislaus einem Zug von Kriegsversehrten begegnet. Diese kamen vom Hafen her, wo man sie auf Wagen geladen hatte. Es sind alles Krieger, die in Hastings gekämpft haben und deren schwere Wunden einigermaßen verheilt sind, so daß man sie heimschicken konnte. „Wir sind ihnen lange nachgeritten", sagte Richard, „und haben ihnen zugewinkt. Denkt Euch, Mamà, einige haben ein Bein oder einen Arm verloren, und dem einen

Soldaten war sein Ohr ganz gespalten." – „Ja, und einer hatte eine lange Narbe über seinem ganzen Gesicht", fiel Robert ein, „und noch ein anderer hatte mehrere Zähne ausgeschlagen." – „Das sind alles Helden, nicht wahr, Mamà?" meinte Richard, „die bekommen alle eine Belohnung?" – „Ja, gewiß. Der Vater hat sie schon alle belohnt, ehe er sie heimschickte, denn so hatte er es ihnen versprochen." Nach einer Weile bemerkte Richard: „Das muß schon schlimm sein, wenn man nur noch einen Arm oder ein Bein hat." – „Ja", sagte ich; „danke Gott jeden Tag für deine gesunden Glieder." – „Warum hat Gott die tapferen Krieger nicht beschützt?" wollte er weiter wissen. Was für schwierige Fragen Kinder stellen können! Nach anfänglichem Zögern antwortete ich: „Gott lohnt es ihnen auf andere Weise, Richard. Das können wir jetzt noch nicht sehen, aber wir müssen daran glauben."

Er sah mich nachdenklich an und fragte: „Hat der Teufel den Krieg erfunden, Mamà?" Ich lächelte: „Ja, das glaube ich schon. Von Gott kann er nicht kommen." – „Wie können wir den Teufel totmachen?" Jetzt lachte Robert hell auf, und darüber ärgerte sich Richard. „Wenn wir alle zusammen mit Lanzen und Schwertern auf ihn einschlagen, dann sollst du mal sehen, wie er umfällt!" – „Ruf mich, wenn du ihn entdeckt hast", neckte Robert seinen Bruder. Richard sah mich etwas verwirrt an. „Den Teufel gibt es doch, Mutter, nicht wahr?" – „Ja, den gibt es schon, Kind, aber er sieht nicht schwarz aus und hat keine Hörner und keinen Schwanz; er ist unsichtbar und flüstert den Menschen heimlich ein, das Böse zu tun. Er ist wie ein unsichtbarer Geist – verstehst du?" Richard schien enttäuscht. „So einen Geist kann man nicht tothauen", sagte er. Ich überließ die Knaben ihren Betrachtungen über den Satan und ging zu meinen kleinen Mädchen, die ich von nebenan weinen hörte. Adeliza war auf einen Schemel geklettert und dann hinuntergefallen und mit dem Kof gegen eine Truhe gestoßen. Barbara holte bereits einen kalten Umschlag, während Adele ihr weinendes Schwesterlein zu trösten versuchte. Dieses ließ sich auch bald ablenken, weil ich ihr einen Bilderbogen zeigte – einen, den sie besonders gern sieht, denn er zeigt die Figuren von mehreren Heiligen, die leuchtende Gewänder tragen und um deren Häupter sich ein Strahlenkranz wölbt. Sie greift nach den Gestalten, und wenn sie merkt, daß diese nur auf dem Papier liegen, tippt sie mit ihrem Zeigefingerchen darauf und sagt: „Diesa – un diesa – un diesa...", und dann muß ich ihr immer den Namen des Heiligen sagen. Zum Schluß sind die Heiligen Drei Könige auf dem Bogen zu sehen, wie sie auf hohen Kamelen daherreiten. „Heute ist Dreikönigstag", sagte ich zu Adele, die sich zu uns gesellt hatte, „da kommen diese drei Heiligen Könige heimlich durch die Lüfte geritten und segnen uns." Adele blickte an die Zimmerdecke und fragte: „Sicher draußen in den Wolken, gelt, Mamà?" – „Ja, ganz hoch in den Wolken", sagte ich; „deshalb können wir sie nicht sehen. Aber sie sehen *uns* immer." Adele schaute bewundernd auf die drei bunten Figuren und sagte: „Die möchte ich gern mal am Himmel reiten sehen!"

Später

Agathe war soeben bei mir, und ich gab ihr – als große Überraschung – den eingefaßten Edelstein und eine kleine goldene Kette, an der sie ihn tragen kann. „Ich hatte dir versprochen, daß du den Stein in einigen Tagen wiederhaben würdest", meinte ich lächelnd, während ich in ihr freudig erregtes Gesicht schaute. „Es ist ein besonderes Geschenk zum Dreikönigstag." Sie umhalste mich zärtlich, und ich legte ihr die Kette um. Eine Weile saß sie still neben mir und sah auf die Stickerei, an der ich weiterarbeitete. „Wißt Ihr auch, Mamà", sagte sie schließlich, „wenn man jemanden sehr liebhabt und der stirbt, dann liebt man ihn immer noch weiter." Ich nickte stumm, und da sage sie: „Und auch, wenn er gesündigt hat, liebt man ihn noch. Dann muß man ihm ja gerade helfen, nicht wahr?" Ich sah meine engelhafte Tochter an und klopfte liebevoll ihre Wange. „Ja, Agathi – die wahre Liebe hört nimmer auf." Sie schien wieder in längeres Nachdenken versunken. Schließlich meinte sie: „Und solange man jemanden liebhat, solange gehört er einem auch. Nicht wahr, Mamà? Er gehört mir noch immer?" Ich ließ die Nadel sinken und sah in die Augen des Kindes, die so klar und durchsichtig sind wie ein Gebirgsbach. Ich konnte auf den Grund ihrer reinen Seele schauen und dachte: „Er hätte sie nie und nimmer verdient gehabt – er, der seine Edith verließ, um Alditha zu freien, der seine kleine Braut verstieß, der mir und wohl auch vielen anderen Frauen seine Liebe erklärte; wenn sie ihn nur vergessen könnte!" Als sie dann wieder fragte: „Wißt Ihr, wie ich es meine, Mamà?", nickte ich und sagte: „Ja, Kind. Im Himmel gehören uns alle lieben Menschen wieder." Der Tod löscht zwar alle Unterschiede aus, aber ich glaube, im Elysium finden sich nur solche wieder, die sich dies verdient haben.

Rouen, Mittwoch, am 10. des Hartung 1067

Wilhelm hat seinen Sonderkurier Florian gesandt, der mir jetzt öfter Botschaften von drüben bringen soll, „weil der König keine Zeit hat, viel zu schreiben", meinte der Bote. Ich empfing ihn im Jagdzimmer, und er entfaltete eine Rolle, auf der er verschiedenes niedergeschrieben hatte. Zuerst berichtete er, daß der König eine Festung innerhalb der alten römischen Stadtmauern von London zu bauen begonnen habe, in der er später Residenz nehmen werde. Sie solle dem „Hohen Alten Turm" in Rouen sehr ähnlich werden. Vorerst aber wohne er in Barking. Es erschienen noch ständig angelsächsische Magnaten, denen er sein Versprechen wiederhole, ihnen ein guter König zu sein. Er habe über ganz England den Frieden für Sieger und Besiegte erklärt und alle Grafen und Barone gebeten, diesen zu halten. Er entwerfe, bis auf wenige Ausnahmen, keine neuen Gesetze noch führe er neue Bräuche ein und habe den Londonern ihre früheren Vorrechte wieder eingeräumt. Doch halte er jetzt streng darauf, daß die Gesetze auch befolgt würden und habe schwere Strafen für Aufstand, Verschwörungen, Mord und Plünderung angesagt; auch dürften nur solche Männer Waffen tragen, die laut Gesetz dazu berechtigt seien. Räuber, Briganten und Übeltäter würden des Landes verbannt, damit die Häfen und Handelswege, die man im letzten Jahr wegen der großen Unruhen hatte sperren müssen, wieder sicher gemacht und für den Handel geöffnet werden könnten. Überall sähe man schon, wie Frieden und Ordnung wiederhergestellt würden.

Nun muß ich hinunter in den Gerichtssaal, um die Sache wegen der Mühle in Vains zu entscheiden. Der lange Disput zwischen Rannulf von Mont-Saint-Michel und seinen Klägern neigt sich dem Ende zu. Die Mönche von Saint-Michel sollen die Mühle zugesprochen bekommen, und Papà Roger stimmt mit mir überein. Doch die Verhandlung selbst ist immer sehr unerfreulich und fordert große Kraft von mir. In diesem Jahre werde ich mich kaum der üblichen Schonzeit vor der Geburt meines Kindes erfreuen können.

Rouen, Freitag, am 12. des Hartung 1067

Heute hatte ich alle Hofleute, die in der Residenz sind, um mich versammelt und ihnen die Nachrichten aus England verkündet. Florian ist bereits wieder mit einem Brief von mir zur Küste unterwegs. Er hatte mir außerdem noch mitgeteilt, daß die Grafen Edwin und Morcar, die Mercia und Northumberland regieren, bei Wilhelm gewesen seien und ihm erneut versichert hätten, seine Oberhoheit anzuerkennen. Weder der eine noch der andere hatte Harald beigestanden; beide waren neutral geblieben. Alle, die gegen Wilhelm gekämpft haben, sind ihres Landes verlustig gegangen. Es scheint nun, daß viele angelsächsische Edelleute es Edwin und Morcar gleichtun und sich dem neuen König unterwerfen.

Rouen, Donnerstag, am 18. des Hartung 1067

Rohese ist zur Zeit am Hof und hat ihre Kinder Jordem und Lätitia mitgebracht. Sie erwartet ihren Gemahl, Richard fitzGilbert, bald zurück. Deshalb will sie in Rouen bleiben, bis er eintrifft. Nun haben wir wieder zwei Kinder mehr am Hof. Heute nachmittag will ich sie alle in den Schlitten setzen und in den Wald fahren lassen. Es herrscht darob schon großer Jubel. Robert allerdings darf nicht mit; er hat in letzter Zeit seine Studien zu sehr vernachlässigt. Lernen tut er nun einmal nicht gern. „Wenn ich gut zu Pferde sitze und richtig kämpfen kann, so genügt das für einen Herzog", ist seine Ansicht. Ich kann mich im Gespräch mit ihm nicht immer behaupten; er umarmt und küßt mich dann und verspricht mir fest, am nächsten Tag bestimmt das Versäumte nachzuholen. So kann ich ihm nicht einmal böse sein. Ich wünschte, Wilhelm wäre erst wieder hier, denn ihm folgt er viel besser.

Rouen, Samstag, am 27. des Hartung 1067

Heute hat Robert ein Lob von seinem Präzeptor erhalten, weil er ein langes Gedicht auswendig aufgesagt hat. Als er freudig seine Arme um mich schlang, sah er mich plötzlich schelmisch an und sagte: „Mamà, nun bekommen wir bald wieder ein Geschwisterkind, gelt?" Er hatte die Wölbung meines Leibes unter der Tunika fühlen können. „Ja", sagte ich, „nun kann ich es nicht mehr lange verbergen." Er klatschte ausgelassen in die Hände und hüpfte dann in komischen Sprüngen einher. Wenn er es will, kann er ein rechter Possenreißer sein. „Weiß der Vater es schon?" fragte er, und da lachte ich und sagte: „Ja, der weiß es schon lange." – „Und uns habt Ihr gar nichts gesagt?" – „Ihr seid ja immer so ungeduldig, da warte ich lieber etwas länger damit." – „Wann merkt Ihr das eigentlich, Mamà, wenn das Kind zu wachsen beginnt? Zuerst sieht man doch gar nichts." Robert weiß schon, wie Kinder entstehen, aber noch nicht alle damit zusammenhängenden Vorgänge. Ich hieß ihn bei mir niedersitzen und erklärte es ihm nun. Zum Schluß meinte er: „Das nächste Mal müßt Ihr es mir aber gleich sagen, Mamà. Ich erzähle es den anderen bestimmt nicht weiter." – „Dies wird sicher unser letztes Kind sein, Robert – denn wir hoffen, daß es ein Knabe wird. Dann hat der Vater seine vier Söhne, die er sich gewünscht hat." Er schien zufrieden damit und meinte: „Acht sind auch genug. Und dann kommen manchmal noch Gäste – so wie Gottfried!" Jetzt, wo ich dies niederschreibe, fühle ich deutlich die Bewegungen des Kindleins in meinem Leib. Ach, käme Wilhelm doch bald!

Rouen, Montag, am 5. des Hornung 1067

Nun taut es bereits, und das Schneewasser tropft vom Dach. Die Kinder sind enttäuscht, weil sie sich schöne Burgen und Gräben im Schnee gebaut haben, und Gottfried hat sogar eine Kathedrale begonnen, die nun sehr traurig aussieht – „wie ein großer Eiszapfen", sagte er weinerlich. „Wenn der Frühling kommt, so baut ihr eine aus richtigem Holz", tröstete ich ihn.

Wilhelm hat in Hastings bereits mit dem Bau der Abtei begonnen und mich gefragt, ob ich einen Abt empfehlen könne. Er wolle dort einen Normannen einsetzen, und ich solle mich mit Lanfranc beraten. Was täte ich lieber? Ich habe diesem sogleich einen Boten gesandt.

Rouen, Mittwoch, am 7. des Hornung 1067

Ich bin heute allein – die meisten der Kinder sind beim Unterricht, und die kleinen Mädchen halten ihren Mittagsschlaf. Es ist grau und trübe draußen, aber in meinem Herzen ist es hell. Ich spüre die leisen Bewegungen meines Kindleins und halte heimlich Zwiesprache mit ihm. Bis eben habe ich an der Staffelei gesessen und gestickt, aber nun sind mir die Augen müde geworden. Die Schwänze der Pferde gelingen mir nicht so recht, auch mit den Mähnen bin ich nicht zufrieden. Ich lasse die Reiter jetzt auf Dôle zustürmen. Das erste Pferd steigt die Zugbrükke hinan, und oben soll aus dem Schloß eine flüchtende Figur an einem langen Seil herabklettern. Ich erlebe das längst Vergangene noch einmal nach; es war doch eine herrliche Zeit und, verglichen mit jetzt, noch so unbeschwert. Wie glücklich meine Agathe damals war! Ach, daß eine Mutter den Kindern nicht alles Leid abnehmen kann! Es scheint, daß jede Seele sich selbst den Weg durch das Dunkel bahnen muß.

Rouen, Donnerstag, am 15. des Hornung 1067

Heute ist ein großer Freudentag – ein Tag, auf den ich lange gewartet habe. Wilhelm hat seine Heimkehr angekündigt. Zwar weiß er noch nicht genau, wann er segeln wird, aber er gedenkt in der ersten oder zweiten Woche des Lenzmonds in Fécamp einzutreffen. Nun steht der ganze Haushalt auf dem Kopf – einmal, weil alle vor Freuden ganz außer sich sind, und dann, weil es unendlich viel vorzubereiten gibt. Ich muß jetzt ganz ohne Wilhelms Hilfe das größte aller Feste herrichten lassen – eine Siegesfeier, die alle bisherigen in den Schatten stellt. Noch kann ich meine Gedanken gar nicht richtig sammeln – vielleicht bin ich morgen schon etwas ruhiger.

Rouen, Montag, am 19. des Hornung 1067

Es herrscht fieberhafte Geschäftigkeit am Hof. Gottlob steht mir Adelaide tatkräftig zur Seite; sie sorgt für die Planung des Festessens, für die zusätzlichen Küchenmägde und Diener im Speisesaal und dergleichen, und ich plane die Unterhaltung. Saturin ist beauftragt worden, Willkommenslieder zu singen und ein Epos über die Schlacht von Hastings vorzutragen, das Guido von Amiens gedichtet hat. Ich habe auch andere Dichter und Musikanten engagiert, und selbst Bouboule ist aus seiner Lethargie erwacht und läßt sich öfter sehen, um Neuigkeiten zu erfahren. Die Kinder sollen etwas singen, was sie vorher einüben müssen, und dann wollen wir Wilhelms Räume besonders ausschmücken. Bis zum nächsten Monat blühen schon die Weidenkätzchen und manche Frühlingsblumen im Garten. Und einen ganzen Korb voller Muskatrenetten lasse ich aus dem Keller holen, weil er diese so gern ißt. Auch habe ich beim Händler Goldäpfel aus Apulien bestellen lassen. Cordula wird mehrere Male am Tag von mir gerufen, immer wieder fällt mir etwas Neues ein. Sie ist nicht mehr jung und in letzter Zeit recht behäbig geworden; wenn sie die vielen Treppen emporgestiegen ist, schnauft sie immer sehr. Selbst Klein-Adeliza merkt, daß irgend etwas Besonderes bevorsteht; sie hört es von den anderen Kindern. Heute kam sie, mit beiden Ärmchen rudernd, auf mich zugelaufen und rief: „Papà – is da!" Cäcilie lachte und sagte: „Sie hat einen Vers gemacht!" Dann griff sie ihr kleines Schwesterlein und drückte es zärtlich an sich. Agathe und Cäcilie sticken eine schöne Schärpe für ihren Vater. Ich selbst hätte so gern schon den Feldzug in der Bretagne für ihn fertig gehabt, aber das schaffe ich nicht mehr. Ich bin noch immer bei der Festung in Dôle; danach folgt Rennes, dann Dinan und schließlich, wie Wilhelm Harald zu seinem Vasallen macht. Das bedeutet noch viel Arbeit.

Ich höre Adele im Spielzimmer weinen; sicher hat Rufus sie wieder vom Schaukelpferd gestoßen...

Rouen, Aschermittwoch, am 21. des Hornung 1067

Dieses Mal war es eine fröhliche Gemeinde, der Abt Nikolaus die Aschenkreuze auf die Stirnen zeichnete. (Maurilius liegt wieder darnieder; das naßkalte Wetter macht ihm zu schaffen.) Wenn auch jetzt die Fastenzeit beginnt, sind doch die Gedanken aller auf das kommende Siegesfest gerichtet, und der Erzbischof hat fröhliche Unterhaltung erlaubt. Robert sagte heute während der Mahlzeit: „Vielleicht läßt der Vater jetzt auch Gold auf die Straßen streuen so wie damals mein Großvater." Gottfried sah ihn neugierig an. „Hat dein Großvater das wirklich getan?" – „Ja, das war Herzog Robert der Prächtige", erzählte der Enkel stolz; „und als der ins Heilige Land einritt, hat er die Esel mit Gold beschuhen lassen, und die verloren ihre Hufeisen, so daß die Leute sie aufsammeln konnten. Und im Heiligen Land verschenkte er immerzu Almosen und hat die Sarazenen vertrieben..." Ich merkte, daß er seine eigene Geschichte daraus machte und sagte: „Ganz so war es nicht, Robert!" Er aber hörte mich kaum. „Wenn ich größer bin, reite ich auch ins Heilige Land", sagte er. „Ich komme mit!" rief Gottfried begeistert aus; „wir nehmen ein großes Heer mit und jagen alle Sarazenen raus!" Sie redeten sich in Eifer und begannen mit ihren Hühnerkeulen zu fechten, bis ich sie ernsthaft in die Schranken wies. Manchmal strengen die vielen Kinder mich an, was wohl an meinem Zustand liegt. Ich trage mein Kindlein ja schon im sechsten Monat.

Später

Lanfranc hat mir wegen der künftigen Abtei „La Bataille" geschrieben und vorgeschlagen, mich an Bartholomäus, den Abt von Marmoutier, zu wenden. Auch wenn der Abt selbst nicht nach Hastings gehen wolle, so werde er sicher mehrere seiner Mönche schicken, von denen etliche bei der Schlacht zugegen waren. Lanfranc schreibt den Gebeten der tapferen Mönche einen wesentlichen Teil des Erfolges zu. Sie waren auf einer Anhöhe versammelt, von wo aus sie das ganze Schlachtfeld überblicken konnten, holten die Verwundeten unter Gefahr ihres Lebens heraus, pflegten sie und sangen mit kräftiger Stimme ihre frommen Lieder. Odo aber begnügte sich nicht damit; er war mitten im Kampfgetümmel und trieb die Reiter mit seinen feurigen Worten an. Ob wohl auch er mit Wilhelm heimkehrt? Ich warte sehr auf die nächste Nachricht.

Rouen, Samstag, am 24. des Hornung 1067

Ich habe nun entschieden, wer alles mit nach Fécamp ziehen soll. Am liebsten nähme ich *alle* Kinder mit, doch mit den beiden kleinen Mädchen wird das Reisen zu beschwerlich. Ich selbst muß wegen meines Zustands eine Sänfte nehmen. Wilhelm hat mir zwar nie erlaubt, ab dem fünften Monat der Schwangerschaft zu reiten, selbst nicht in Sänften, aber dieses Mal vergesse ich absichtlich alle Verbote; nichts und niemand kann mich zurückhalten. Ich muß diesen großen Tag miterleben! Dieses Mal werde ich Gundrada bei den kleinen Mädchen lassen und Barbara mit nach Fécamp nehmen, desgleichen Kasimir für die Knaben und außerdem alle Edelfrauen, die sich anschließen wollen. Auch Papà Roger soll uns begleiten sowie Roger Montgommeri mit Mabille und Adeliza, Rohese und Hawise, Fredesensis, die noch bei uns ist, Wilhelms Base Mathilde und viele andere samt ihren Kindern. Ich kann sie nicht alle aufzählen.

Rouen, Mittwoch, am 28. des Hornung 1067

Heute traf eine kleine Botschaft von Wilhelm ein: „Sobald der Wind günstig steht, segeln wir von Pevensey und steuern in gerader Linie Fécamp an. Ich erwarte Dich dort. Sage dem Abt Johannes Bescheid, wie viele Gäste aus Rouen und anderen Orten kommen werden, wenn wir dort das Osterfest feiern. Ich warte mit Ungeduld darauf, Dich wieder in meine Arme zu schließen. Wilhelm." Ach, er kann gewiß nicht mit größerer Ungeduld warten als ich! Fast jede Nacht träume ich von ihm. Nun kann es nur noch Tage dauern, bis ich ihn wieder leibhaftig vor mir sehe. Sogleich, als ich sein Brieflein gelesen hatte, ließ ich zum Aufbruch rüsten. Wir wollen schon morgen reisen, da das Wetter gerade klar und windstill ist. Jetzt muß ich das Packen überwachen. Hoffentlich ist bis morgen alles geschafft, so daß wir zur Zeit an die Küste gelangen. Es wäre zu traurig, wenn wir seine Ankunft versäumten. Ich will die hl. Gertrud um ihren Segen bitten, denn sie ist ja die Schutzpatronin der Reisenden.

Fécamp, Sonntag, am 4. des Lenzmonds 1067

Wir sind alle sehr müde von der Reise. Soeben habe ich in meinem Badezuber den Reisestaub abgewaschen und fühle mich etwas wohler. Das Bett sieht recht einladend aus, doch zuerst will ich noch etwas in mein Memoirenbuch schreiben. Es war das erste Mal, daß ich mit fünfen meiner Kinder gereist bin – damit meine ich eine weitere Strecke als bis nach St. Wandrille. Dies war mehr als das Doppelte des Weges. Auch wehte uns ein rauher Wind von Osten an, der das Fortkommen erschwerte. Einmal wurden wir vom Regen überrascht, und Rufus begann viel zu niesen und sich die Nase zu schnauben. „Wann sind wir denn endlich da?" lamentierte er des öfteren. Richard war mir eine große Stütze. Er nahm sich des kleineren Bruders an, erzählte muntere Geschichten und trug Cäcilie über eine große Pfütze, als wir einmal Rast machten, obwohl seine Schwester über zwei Jahre älter ist als er. Doch man könnte glauben, das Umgekehrte sei der Fall, so groß und kräftig ist er und so klein und zierlich ist sie. Soeben war er noch bei mir und fragte, ob es mir auch gutginge und ob ich alles hätte, was ich brauchte. Ich zog ihn an mich und sah in sein frisches Gesicht mit den blanken schwarzen Augen. „Alles, was ich jetzt noch brauche, ist der Vater selbst“, sagte ich. Er lächelte und hatte denselben schelmischen Ausdruck, den ich so oft an Wilhelm beobachtet habe. „Du bist der Vater in Miniatur“, sagte ich. „Was ist das, Miniatur?“ – „Ein kleineres Abbild von etwas Größerem.“ Er sah mich überrascht an. Dann sagte er: „Wenn ich erst groß bin, dann will ich auch ein solch großer Sieger werden wie der Vater.“ Während ich ihm durch das lockige schwarze Haar strich, dachte ich plötzlich: „Wenn Robert Herzog der Normandie wird, macht Wilhelm seinen zweiten Sohn später sicher zum König von England.“ Und wer könnte einen würdigeren Thronfolger abgeben als sein Ebenbild?

Morgen treffe ich mich mit Abt Johannes und dem Statthalter sowie anderen Prälaten und Würdenträgern, um die letzten Vorbereitungen für den Empfang im Hafen zu besprechen. Jetzt im Frühjahr weht der Wind oft von Norden; wir erwarten die Schiffe daher sehr bald.

Fécamp, Mittwoch, am 7. des Lenzmonds 1067

Nun haben wir uns hier etwas eingewöhnt. Jeden Tag kommen mehr Menschen, welche die Ankunft des Königs miterleben wollen, und immer neue Einfälle kommen mir für den Empfang. An der üblichen Landungsstelle, wo der lange Steg ins Meer ragt, ist schon eine Tribüne aufgestellt worden. Dort soll ich mit den Kindern und Magnaten stehen. Herolde auf Rossen traben den ganzen Tag am Strand entlang, um nach Schiffen auszuspähen. Zwar werden diese beim gegenwärtigen Wind noch nicht kommen, aber wir wollen der Sicherheit halber vorbereitet sein. Bei Wilhelms Ankunft sollen die Hörner laut erschallen. Auch werden Chorknaben aufgestellt, die ihm eine Willkommenshymne singen sollen. Die normannischen Banner wehen bereits auf der Tribüne, und man ist dabei, rundum grüne Zweige in den Sand zu stecken, an denen kleine Fähnchen angebracht werden sollen. Was für ein anderes, freudigeres Warten ist es diesmal als während der bangen Wochen im vorigen Jahr, da der ersehnte Wind nicht kommen wollte! Roger nimmt mir oft die Kinder ab, indem er mit ihnen umherreitet oder kleine Bootsfahrten mit ihnen unternimmt. Er hat Robbi, Hugo und Emma mitgenommen und natürlich seine Älteste, Mathilde, die mit ihrem krausen blonden Haar und den großen braunen Augen eine hübsche Demoiselle geworden ist. Mabille machte vorgestern die Bemerkung, daß ihre älteste Tochter doch bald dem Bruder des Königs anverlobt werden solle – vielleicht sei dies die richtige Zeit. Ob Robert mit auf dem Schiff ist? Agathe und Cäcilie sind von allen Kindern die ruhigsten. Sie gehen viel in die Dreifaltigkeitskirche, um zu beten oder die schönen Glasfenster und Statuen zu bewundern. Und auch ich gehe gern hinein. Die feierliche Stimmung dort beruhigt mein erregtes Herz. Abt Johannes sorgt gut für uns und hat den Gästeflügel der Abtei für den König und dessen Familie bereitgestellt.

Fécamp, Samstag, am 10. des Lenzmonds 1067

Der große, ereignisreiche Tag neigt sich dem Ende zu, und ich kann nun kaum warten, es alles aufzuschreiben. Wilhelm neckte mich, als er mich mit dem Tintenfaß an die Fensternische gehen sah; da er jetzt dem Abt eine private Audienz gewährt, habe ich etwas Zeit.

Es war ziemlich früh am Morgen, als Robert in mein Zimmer gestürzt kam. Er war bereits mit Will ausgeritten, und an seiner Tunika klebte feuchter Sand. „Mamà – sie sagen, der Wind weht von Norden, und heute kommen bestimmt die Schiffe!" Ich war mit einem Male hellwach und setzte mich auf. Er lachte, als er mein selig-überraschtes Gesicht sah, küßte mich schnell und lief wieder hinaus, es den Geschwistern zu sagen. Josephine machte mich in aller Eile fertig. Es konnte ja sein, daß die Schiffe schon die ganze Nacht gesegelt waren und jede Minute eintreffen würden. Die Sänfte trug mich zum Strand hinunter, wo es bereits von Menschen wimmelte. Etwa eine halbe Meile von hier steht ein Leuchtturm, auf dem ein Wächter mit einer Posaune wartete. Dieser würde die Schiffe als erster erblicken und hatte den Auftrag, sofort ins Horn zu blasen. Für mich stand ein Stuhl auf der Tribüne bereit, ebenfalls Bänke für die anderen Würdenträger. Ich hatte vor Aufregung kaum etwas essen können; deshalb hatte Josephine mir Honigbrot eingepackt, das in einem Körbchen neben mir stand. Ab und zu schob sie mir ein Stück davon in die Hand, das ich geistesabwesend kaute. Die größeren Knaben saßen auf ihren Pferden und trabten am feuchten Strand hin und her. Allmählich kam die Flut herein, und die brausenden Wogen warfen, während sie am Strand ausrollten, weiße Schaumköpfe. Die Mädchen hatten sich in ihre Mäntel gehüllt, denn es war kühl und windig, und suchten kleine Muscheln am Strand. Auch ich hatte mich warm eingewickelt, und auf meinen Knien lag eine kleine Felldecke. Ich spürte deutlich die Bewegungen meines Kindes, das wohl mein aufgeregtes Herz fühlte. Von den Holzplanken der Tribüne geschützt, merkte ich den kalten Wind nicht so sehr. Träumend schaute ich dem Tanz der Wellen zu. Am Meer kann ich mich nie satt sehen, es sieht immerfort anders aus, und dennoch ist es stets das gleiche, unverkennbare Meer. Aber wie viele Gesichter es hat! Meine Augen wanderten zu den grauen Wolkenfetzen, die am weiß verhangenen Himmel vorbeizogen. Im Westen aber wurde der Horizont klar, und wir hofften, daß es nicht regnen würde.

Auf einmal fuhr es mir durch Mark und Bein: Die Posaune erklang vom Leuchtturm, und aus tausend Kehlen erscholl ein lautes „Oh!" und „Ah!" Doch sehen konnten wir noch nichts. Meine Kinder kamen auf die Tribüne gerannt, und Robert versuchte, auf dem Rücken seines Pferdes zu stehen, was ihm jedoch nicht gelang. Rufus griff nach Rogers Hand und bat, hochgehoben zu werden. Willig setzte der lange, blonde Hüne den Knaben auf seine Schultern, der von dort stolz in die Runde blickte. Auf einmal schrie hinter uns eine Stimme: „Ich sehe ein Segel!" – „Wo – wo?" fragten alle. Zeigefinger deuteten in die Richtung; und dann sahen wir das erste Segel am Horizont auftauchen, und dann noch eines – kleine weiße Flecken zwischen Himmel und Wasser. „Ich seh' sie – ich seh' sie", schrie Rufus begeistert und trommelte vor lauter Freude mit beiden Händen auf Rogers Schädel. „Sachte, sachte, junger Prinz", sagte dieser. Rufus sah erstaunt zu mir herab. „Mamà", fragte er, „bin ich jetzt ein Prinz?" Ich war ebenso überrascht wie er, denn an die neuen Titel hatte ich noch gar nicht gedacht. „Ja", antwortete ich dann, „die Söhne eines Königs nennt man ‚Prinzen'." – „Dann bin ich jetzt ein Prinz und ein Graf", stellte Robert zufrieden fest. „Was ist das Größere von beiden, Mamà?" – „Frag den Vater", sagte ich und freute mich insgeheim, daß ich nun wieder diese Ausweichmöglichkeit hatte. Richard aber wußte die Antwort: „Prinz wird jeder Sohn, wenn der Vater König ist", meinte er, „aber Graf wird man nur, wenn man eine Grafschaft mit Land bekommt." Robert war anderer Meinung. „Es gibt aber viel mehr Grafen als Prinzen, weil es nur wenige Könige gibt. Darum ist Prinz etwas viel Selteneres." Sie stritten sich noch weiter, aber ich hörte nicht mehr zu. Ich fühlte mein Herz stark klopfen, als ich nun die Masten erkannte und als das erste Schiff mit der Breitseite auf die Küste zutrieb, sich langsam von Osten her dem Hafen nähernd. Es war zweifellos die „Mora", was ich an den Farben und dem besonders hohen Bug und Heck erkennen konnte. Diesmal aber hatte sie – zum Zeichen des Sieges – schneeweiße Segel gespannt. Die Flut war weiter angestiegen und spülte von allen Seiten an den Landungssteg. Ich blickte wie gebannt auf das Schiff, das nun schnell näherkam. „Wie werde ich ihn finden?" dachte ich; „wird er sehr verändert sein?"

Schließlich waren die ersten Schiffe bis dicht vor den Steg gelangt. Ich sah den Cherub mit seiner Posaune und auch meine Laterne am Großmast. Es standen mehrere Leute gegen die Bordwand gelehnt und winkten uns zu, doch Wilhelm konnte ich nicht erkennen. Bald hatte die „Mora" als erste den Landungssteg erreicht, und ein junger Bursche warf das lange Tau herüber, während ein anderer, der auf dem Steg stand, es an einem Pfosten befestigte. Eine Brücke wurde aus dem Schiff auf den Steg geschoben und mit einem roten Teppich bedeckt. Und nun stand mein Herz einen Augenblick still – ich vergaß zu atmen. Denn ich hatte Wilhelm erspäht, der vom Heck des Schiffes langsam zur kleinen Treppe schritt und dann auf die Brücke stieg. Er war, trotz des Windes, barhäuptig und trug die mir bekannte blaue Tunika mit einem dunkelblauen, an der Schulter gerafften Mantel darüber. Ich hatte ihn in einem purpurnen Königsgewand erwartet – doch er sah ganz so aus wie immer und winkte der begeistert jubelnden Menge zu. Dann schritt er mit seinem gewohnten federnden Gang über den Steg, gefolgt von vielen anderen, an die ich keinen Blick verschwendete. Meine Augen tranken sein Bild in mich ein, während er unmittelbar auf mich zuschritt. Langsam ging ich ihm mit ausgestreckten Händen entgegen, bis er diese ergriff und mich an sich zog. „Willkommen daheim, Sire!" sagte ich mit zitternder Stimme; „Gott sei's gedankt, daß Er Euch siegreich zurückgeführt hat." – „Es war Sein Werk – wir waren nur die Werkzeuge", sagte Wilhelm. Dann beugte er sich herab und küßte mich vor den Blicken aller auf Stirn und Mund.

Gleich darauf erscholl der Gesang der Chorknaben, der jedoch ziemlich in dem lauten Stimmengewirr unterging, und Wilhelm und ich konnten einige Worte austauschen, die kein anderer wegen des Lärms hörte. „Wie bist du hergekommen?" fragte er, als er meinen gewölbten Leib sah, „doch nicht auf dem Pferderücken?" Ich erschrak etwas und antwortete kühn: „Nein, in der Sänfte, Wilhelm." Er zog die Brauen leicht drohend zusammen: „Sänfte oder nicht, ich habe dir in diesem Zustand jedes Reiten verboten." Doch ich ließ mich nicht einschüchtern, sondern sagte mit fester Stimme: „Du hattest mich herbestellt, Wilhelm. Ich bin lediglich deinem Befehl gefolgt." Er kniff leicht das eine Auge zusammen und sagte: „Du sprichst wie eine, die es gewohnt ist, zu befehlen – nicht Befehlen nachzukommen." Es klang aber anerkennend, und als ich ihn fragte: „Was hättest du gesagt, wenn ich nicht hiergewesen wäre?", erwiderte er lachend: „Ich hätte es dir nie verziehen."

Seine eine Hand auf meine Schulter gelegt, wies er nun mit der anderen auf einige seiner Begleiter, die vor mir niederknieten. Ich entsinne mich an seinen Bruder Robert, auf Robert le Beau, Odo von der Champagne und eine Reihe von Angelsachsen, die ich zum ersten Male sah. Nur Edgar, den ehemaligen Thronfolger, hatte ich vor Jahren einmal gesehen, als er noch Kind war. Nun aber ist er zum Jüngling herangewachsen und mutet viel älter an als Robert. Nachdem Wilhelm die Würdenträger begrüßt hatte, kamen die Kinder an die Reihe, die schon ungeduldig warteten. Er küßte die beiden älteren Knaben und hob Rufus in die Höhe, um ihn besser sehen zu können. „Du siehst aus wie ein kleiner Angel", sagte er; „die sind manchmal auch rothaarig und haben Sommersprossen auf der Nase." – „Ich bin aber kein Angel!" rief Rufus empört aus. „Ein englischer Prinz bist du", sagte Wilhelm, „gefällt dir das besser?" – „Ja, das will ich schon sein", meinte er. Nun blickte Wilhelm auf seine Töchter und zog sie rechts und links in seine Arme. „Wir haben schon so lange auf Euch gewartet", sagte Cäcilie, während sie ihn glückselig anschaute. „Und wie geht es meiner Agathe?" fragte Wilhelm, indem er ihren Kopf anhob. Sie sah ihn ernst an und begann plötzlich zu weinen, ihr Gesicht im Ärmel seiner Tunika verbergend. „Schon gut, meine Tochter", sagte er, indem er ihr leicht auf die Wange klopfte, „und nur Geduld. Das Leben hält noch manches Schöne für dich bereit." Nachdem alle begrüßt worden waren, schritt ich wie im

Traum an Wilhelms Hand von der Tribüne und begab mich an seiner Seite zur Abtei.

Am Abend saßen wir alle an der festlichen Tafel, und auch die Kinder durften dabeisein. Und nun sah ich mir zum ersten Male die bedeutenden Männer aus England an, die Wilhelm mitgebracht hatte: den Erzbischof Stigand, die Grafen Edwin und Morcar sowie den jungen Grafen Waltheof, die ob ihrer langen blonden Locken Judiths Begeisterung erregten, und den Abt Ethelnod. Es sei eine ruhige Überfahrt gewesen, sagte Wilhelm, der Wind habe die Schiffe mühelos vorangetrieben. Er versprach dem Abt Johannes, daß er Ostern wiederkehren werde, um das hohe Fest hier zu feiern, und daß er seine Geschenke für die Abtei bis dahin zurückhalten wolle. Vorerst wolle er nach Rouen heimkehren und sich dort einige Tage der Familie und dem Hof widmen. Mehrere Männer der Curia sind in England verblieben. FitzOsbern und Odo sollen dort während Wilhelms Abwesenheit die Zügel der Regierung in Händen halten. Hugo von Grandmesnil und Hugo von Monfort-sur-Risle stehen ihnen zur Seite. Ich vermißte Warenne, der vorerst noch nicht zurückkommt. Doch hat Wilhelm all jene aus dem Heer entlassen, die in ihre Heimat zurückkehren wollten. Sie sind von ihm reichlich mit Gold und Silber belohnt worden. Ich will nun nicht weiterschreiben, denn ich höre Wilhelms Stimme von nebenan. Endlich kann ich eine Weile mit ihm allein sein!

Rouen, Samstag, am 17. des Lenzmonds 1067

Man sollte nicht denken, daß wir in der Fastenzeit sind. Das ganze Land befindet sich in Jubelstimmung. Wilhelms Heimritt von Fécamp nach Rouen war ein einziger Triumphzug. Fanfarenträger ritten ihm voran, und in allen Städten, allen Dörfern säumte das Volk die Straßen und jubelte ihm zu. Sprechchöre und Lieder erschollen, die Häuser waren mit Grün geschmückt, und Frühlingsblumen wurden ihm zugestreut. Äbte und Priester schritten ihm entgegen und besprengten unseren Zug mit heiligem Wasser. Oft suchten wir unterwegs eine Kathedrale auf, um eine Messe zu hören, oder Wilhelm ließ in einem der Dörfer anhalten, um einen Imbiß im Kreise des Volkes zu nehmen, das alle möglichen Speisen herantrug: Milch, Brot und Käse, geräuchertes Fleisch, Gebäck, Wein und Met. Wilhelm war wie ein richtiger Vater zu ihnen und dankte allen für ihre Treue und ihre Opfer – denn sie hatten ja ihre Männer und Söhne hergegeben, damit der Sieg errungen werden konnte.

Ich bemerkte, wie unsere angelsächsischen Geiseln (denn als solche hat Wilhelm sie vor allem mitgenommen, als er das neu eroberte Land verließ) erstaunt beobachteten, mit welchem Jubel ihr neuer König in seinem Heimatland empfangen wurde – und nicht nur das, sie spürten, wie sehr das Volk ihn liebt. Ich sah auch, daß der junge Waltheof oft dicht an Wilhelm heranritt, doch von Robert Beaumont wieder in die

Schranken gewiesen wurde. „Ich hab eine sehr ungeduldig Pferd", sagte er dann, wie zu seiner Entschuldigung, ein gebrochenes Französisch sprechend. Der junge Mann ist noch unter Zwanzig, und Wilhelm scheint ihn gern zu haben; ist er doch der Sohn von Siward, des ehemaligen Grafen von Northumberland, den er so sehr schätzte. Da Waltheof beim Tode seines Vaters noch Kind war, erhielt Tosti damals die Grafschaft. Waltheof ist ein kräftiger Jüngling mit breiten Schultern und mächtigem Brustkorb, doch seine Gesichtszüge sind überraschend weich, besonders der hübsch geschwungene Mund. Er hat eine feine, längliche Nase, ähnlich wie man sie bei den Statuen der alten Griechen findet, eine wohlgeformte Stirn und helles Haar. Graf Edwin hat ähnlich weiche Züge und sieht wegen seiner blonden Locken fast etwas mädchenhaft aus. Sein Bruder Morcar wirkt männlicher und ist von allen am zurückhaltendsten. Ihm scheint diese Reise gar nicht zu behagen. Die beiden Brüder haben auch ihre jüngere Schwester mitgebracht, die den schönen Namen Lucia trägt. Zu meiner Freude sehe ich, daß Agathe sich sehr zu ihr hingezogen fühlt. Sie verständigen sich teils auf französisch und teils auf englisch – oder auch durch das Lateinische.

Heute ist der erste Sonntag, an dem Wilhelm wieder in seiner Residenz ist, und es wurde eine festliche Messe gehalten. Doch der eigentliche Empfang war schon zwei Tage früher. Ich hatte Wilhelm gebeten, vorausreiten zu dürfen, weil ich die letzten Vorbereitungen für sein Kommen selbst überwachen wollte. Er hielt sich deshalb etwas länger in Boscherville auf, und als er eintraf, war alles so, wie ich es mir vorgestellt hatte. In seinem Zimmer hatten wir ein großes Pergament anbringen lassen, das von der einen Wand herabhing; es war von Anselm beschriftet worden. Er hatte die schönen Worte des Notker Balbulus gewählt, mit denen Kaiser Karl III. vor mehr als 200 Jahren begrüßt worden war:

Gesegnet sei dein Eingang und gesegnet dein Ausgang.
Gesegnet seist du in der Stadt und gesegnet auf dem Lande.
Gesegnet sei die Frucht deines Leibes und die Frucht deiner Erde,
Gesegnet seien deine Scheunen und gesegnet deine Keller.
Der Herr möge deine Feinde vor deinem Antlitz niederstürzen lassen.
Es mache dich der Herr erhaben vor allen Völkern!

Unsere beiden kleinen Töchter Adele und Adeliza standen mit Blumensträußen da, die sie ihrem Vater entgegenreichten. Er nahm sie auf seine Arme und begrüßte sie zärtlich. Wie unsagbar herrlich ist es, ihn wieder in seinen Räumen zu wissen! Am Abend fand die festliche Versammlung im großen Saal statt. Wilhelm und seine Hofleute trugen golddurchwirkte Gewänder, die mit Goldborten und Spitzen versehen waren, und es wurde von goldenen und silbernen Tellern gegessen und aus ebensolchen Bechern getrunken; auch die Trinkhörner waren an beiden Enden mit Goldplättchen besetzt. Man erzählte mir vom Empfang, den die Bürger von Rouen ihrem Herzog bereitet hatten und den ich leider nicht miterlebt habe, weil ich schon im Schloß war. Roger sagte, ganz so müsse es gewesen sein, als die Römer Pompejus nach seinem siegreichen Feldzug willkommen hießen – alles Volk sei auf den Straßen gewesen und habe den Herzog so bestürmt, daß er sein Pferd kaum habe durch die Menge steuern können. Es gab an diesem Abend viele Darbietungen. Saturin sang seine schönen Lieder und zum Schluß eine Lobeshymne auf Taillefer, den ersten Helden in der Schlacht von Hastings. Wir waren alle sehr ergriffen. Wie deutlich entsannen wir uns der vielen früheren Feste, bei denen Taillefer uns durch seine Lieder entzückt hatte. Wilhelm fragte nach Bouboule, der sich bisher im Hintergrund gehalten hatte. Da trat dieser hervor, humpelte auf seinen Herzog zu und sang dabei mit etwas kläglicher Stimme:

Der Herzog – der König ist zurück!
Für die Normannen – welch großes Glück!
Freudig tut ihm die Menge winken,
Doch den Narren sieht man nur hinken.
Es kreucht voller Demut zum Königsstuhl
Der gichtig', bejahrte, treue Bouboule.

Auch die Kinder durften dieses Fest mitmachen – bis auf die beiden Kleinen. Als die Unterhaltungen vorbei waren und Wilhelm die Tafel aufhob, begab er sich mit seiner Familie und einigen seiner Getreuen noch in den kleinen Saal, wo die Kinder ihn dicht umringten. Sie wollten mehr über die Schlacht hören, besonders die Knaben. „Wir wollen heute nicht davon sprechen", sagte Wilhelm, „später einmal." Worauf Richard sagte: „Später aber dann ganz gewiß, ja, Vater?" Wilhelm sah sein Ebenbild wohlgefällig an. „Ihr werdet das Schlachtfeld alle selbst sehen", sagte er. „Auch wir Mädchen?" fragte Agathe mit bittendem Blick. „Das weiß ich noch nicht", sagte Wilhelm, indem er tat, als ob er tief nachdächte. Und Cäcilie fragte: „Das ist doch jetzt nicht mehr gefährlich, Papà, oder doch? Sollte sich da noch jemand versteckt haben?" – „Vielleicht im Graben?" rief Rufus dazwischen. Wilhelm lachte und hob seinen jüngsten Sohn aufs Knie. „Du siehst aber noch ganz so aus wie ein Herzog", meinte dieser, „gar nicht wie ein König." – „So, meinst du?" fragte Wilhelm schmunzelnd. „Ja, du hast ja gar keine Krone auf'm Kopf, und der König hat doch auch ein Zepter." – „Das wirst du alles sehen, wenn du nach England kommst", versprach Wilhelm seinem Sohn. „Hier im Lande bin ich der Herzog – doch drüben bin ich der König." Die Kinder blieben so lange auf, bis ihnen die Augen zufielen. Es war einer der denkwürdigsten Tage in unserem Leben. Wilhelm steht auf der Höhe seines Ruhmes, und eine Steigerung kann man sich kaum noch vorstellen. Doch das Leben hat mich auch schon gelehrt, daß die Sonnentage nicht ewig währen. Ich will sie genießen, solange ich es kann. Heute ist der Tag der hl. Gertrud. Ich habe ihr für den Schutz gedankt, den sie uns während der Reise gewährt hat.

Später

Soeben kommt Robert vom Stall herauf, wo Wilhelm Bucephalos begrüßt hat. „Daß Ihr nicht dabeiwart, Mamà!“ rief er. „Zuerst hat er gar nicht den Kopf gedreht, obgleich Kuno mit der Hand auf den Vater zeigte. Dann schnupperte er auf einmal, und als Vater rief: ‚Bucephalos!‘, drehte er sich ganz schnell um, zitterte wie Espenlaub und sprang dann auf Papà zu und rieb seinen Kopf immer wieder an Papàs Schulter. Das sah so ulkig aus, daß alle lachten – aber man konnte das Lachen kaum hören, weil Bucephalos so laut wieherte. Er hörte gar nicht wieder auf – und als Papà schließlich seinen Kopf faßte, drehte er sich ein paarmal im Kreise. Er war fast so wild wie damals, als Papà ihn einfing.“ Beweist uns dies nicht, daß die Tiere ein Herz oder sogar eine Seele haben?

Rouen, Mittwoch, am 21. des Lenzmonds 1067

Wilhelm sagte mir soeben, daß er Guido von Amiens zu unserem Hofbischof ernennen will. Guido soll dies aber erst zu Ostern in Fécamp erfahren. Er hat eine schöne Hymne auf seinen Herzog gedichtet, die dort vorgesungen werden soll. Es tut mir etwas weh, daß ich nicht dabeisein kann, aber Wilhelm läßt mich nicht noch einmal so weit reisen. Auch könnte ich es nun nicht mehr; ich bin noch zu erschöpft. Wie sehr ich hoffe, ihm diesmal den erwünschten Sohn zu schenken!

Gundrada hat heute nach Warenne gefragt, und Wilhelm hat gemeint, vorerst käme er noch nicht zurück. Er hat große Besitztümer in Sussex erhalten und wohnt jetzt in Lewes, wo er ein prächtiges Herrenhaus hat. Robert Beaumont, wie Wilhelm mir heimlich sagte, soll auch eine Grafschaft in England bekommen, sobald sich die Gelegenheit dazu bietet.

Gottfried darf nun nach Boulogne zurückkehren, und Wilhelm hat vor, ihn Ostern mit nach Fécamp zu nehmen, von wo aus Ida und Eustachius ihn abholen wollen. „Das ist schade, daß er nun weggeht“, sagte Richard enttäuscht, und Robert stimmte ihm bei. „Ja, wir haben jetzt zwar den Edgar, aber mit dem kann man nicht viel anfangen. Der ziert sich immer so!“ Ich habe bei den Mahlzeiten, und auch abends beim geselligen Zusammensein, meine Freude an den jungen Menschen. Adi ist noch immer voller Bewunderung für Odo, den Grafen von der Champagne, den Wilhelm hat zurückkehren lassen; und Judith schaut begeistert auf die Angelsachsen, denen ihre besondere Aufmersamkeit gilt. Sie findet, daß Edwin der schönste Mann ist, den sie je gesehen hat; doch auch der junge Waltheof hat es ihr angetan, weil er solch meisterhafte Kunststücke auf dem Pferderücken vollbringt. Wir hatten gestern ein Turnier, bei dem er den Sieg davontrug, obgleich er der jüngste aller Wettkämpfer war. „Er ist außerordentlich kräftig und hat meisterhafte Herrschaft über seine

Glieder", sagte Wilhelm anerkennend. Waltheof hat Wilhelm gebeten, ihn zu seinem Ritter zu machen. „Wenn Ihr versprecht, mir ein treuer Vasall zu sein", erwiderte Wilhelm. „Gewiß", sagte jener, indem er Wilhelm mit kindlichem Vertrauen anschaute. „Noch nie hat Menschen ein König so geliebt wie Euch. Ich will mich nicht bewegen von Eure Seite." Als er dies sagte, bemerkte ich, wie Morcar ihm einen leicht verwunderten und sogar mißbilligenden Blick zuwarf. Später, als ich aus dem Saal ging, sah ich, daß Morcar ihn beiseite nahm und ihm etwas zuflüsterte. Waltheof nickte dazu und schien nachdenklich. Was wohl in den Herzen dieser Angelsachsen vor sich gehen mag? Sie sehen und fühlen Wilhelms Größe, aber im Verhalten ihm gegenüber sind sie noch unsicher. Stigand allerdings tut sein möglichstes, Wilhelm seine Ehrerbietung zu zeigen. Er ist sehr beredt, die Worte fließen ihm leicht von den Lippen, aber seine Augen sind verschleiert – ähnlich wie es die von Mauger waren. Nur ist Stigand kein unsittlicher Mensch; er scheint jedoch von großem Ehrgeiz besessen.

Rouen, Mittwoch, am 4. des Ostermonds 1067

Nun ist Wilhelm nach Fécamp aufgebrochen, und es ist wieder still im Schloß. Die meisten der Hofleute, auch unsere drei Söhne, sind mit ihm gezogen. Die vier Mädchen hat er mir hiergelassen. Am letzten Abend bemerkte ich, wie Agathe ihren Vater während der Mahlzeit aufmerksam anschaute und wie Wilhelm schließlich ihren Blick erwiderte. Sie sahen sich lange in die Augen; dann sagte Agathe traurig: „Nun geht Ihr wieder fort, Vater – und wenn Ihr dann noch nach Dives reitet und dann nach Jumièges..." Wilhelm tröstete sie: „Ich werde nicht länger als einen Monat fortbleiben, denn ich will im Wonnemond unser neues Kind begrüßen. Nach Jumièges reite ich später." Und er fügte mit einem Augenzwinkern hinzu: „Wenn ich meine Tour durch das Land beendet habe, packe ich meine ganze Familie ein, und dann geht es nach St. Wandrille!" Ein ohrenbetäubendes Freudengeschrei aus allen Kinderkehlen ließ mich zusammenschrecken. Die Kinder waren nicht mehr zu bändigen. „Deshalb braucht ihr doch nicht so zu schreien!" sagte ich. „Laß sie nur", meinte Wilhelm, „das ist gut für ihre Stimmen." Dann forderte er jedes der Kinder einzeln auf, so laut zu schreien, wie es konnte. „Zuerst Robert!" Ich war entsetzt, aber er ließ wirklich jedes der Kinder aus voller Kehle schreien und lobte sie dafür. Es machte ihnen allen einen Riesenspaß. Ich bin schließlich hinausgegangen. Wie ich hörte, hat die kleine Adele den Sieg davongetragen. Ihre Stimme sei am kräftigsten, sagt Wilhelm.

Lucia ist gern bei uns; sie hat sich schon mit Gundrada angefreundet, die das Angelsächsische gut versteht. Agathe lernt es mit ihnen, und oft höre ich, wenn ich am Mädchenzimmer vorbeikomme, ihre fröhlichen Stimmen. Dieser Umgang ist gut für meine Agathe.

Rouen, Ostersonntag, am 8. des Ostermonds 1067

Es ist ein solch strahlender, wunderbarer Tag, fast wie im Sommer. Ich hoffe sehr, daß es auch in Fécamp an der Küste ähnlich warm ist. Wenn ich an das dortige Fest denke, wird mir ein wenig weh ums Herz, weil ich nicht dabeisein kann. Doch brauche ich mir Wilhelm nur in Gedanken vorzustellen – so wie ich ihn vor wenigen Wochen sah, als er seinen Einzug in das Land hielt. Majestätisch saß er auf seinem Rappen und grüßte mit der Hand nach rechts und nach links, und dabei lächelte er den Menschen, die dicht gedrängt in den Straßen standen, zu, als sähe er jeden einzelnen von ihnen, als begrüße er lauter Freunde. Trotz seiner Hoheit zeigte er keinen Stolz, keinen Überschwang des Gefühls; er war, wie immer, beherrscht und doch so gelöst wie ein Kind im Spiel. Ich kann es aber nicht alles so in Worten ausdrücken, wie ich es fühle.

Wir hatten eine sehr ergreifende Ostermesse mit Maurilius, der es sich nicht hatte nehmen lassen, die Messe selbst zu lesen. Als ich ihn danach ermahnte, sich mehr Ruhe zu gönnen, sagte er mit feinem Lächeln: „Es mag das letzte Mal gewesen sein, Madame, daß ich die heilige Ostermesse lesen durfte."

Heute erhielten die Kinder ihre hartgekochten Eier, die der Priester am Karfreitag gesegnet hatte und die danach bunt bemalt worden waren. Wir verbrachten einen Teil der warmen Nachmittagsstunden im Herzogsgarten, wohin ich auch Lucia und Gundrada gebeten hatte. Doch Gundrada war nicht gekommen. Sie ist schon seit einigen Tagen sehr still, als hätte sie einen geheimen Kummer. Ich schaute später nach ihr und sah sie im Mädchenzimmer in der Fensternische sitzen, den Kopf aufs Kinn gestützt und hinausschauend. Als sie mich kommen hörte, wandte sie etwas erschrocken den Kopf, und ich sah, daß sie rote Augen hatte. Ich liebe das Mädchen sehr; erinnert es mich doch an die Heimat. Sie hat es gern, wenn ich flämisch mit ihr spreche, was mir bereits ein wenig schwerfällt; aber ich versuche es dennoch. Als ich sie fragte, ob sie Heimweh habe, schüttelte sie den Kopf. „O nein, Madame. Ich habe es so gut hier, und was sollte ich in Flandern? Die Eltern sind tot, der Bruder ist beschäftigt und hat seine eigene Familie. Ich bin dort überflüssig. Hier aber, wo ich Eure Töchter betreuen darf, habe ich eine richtige Aufgabe." Wir plauderten eine Weile, und dann fragte ich sie: „Ihr scheint traurig, Gundrada. Kann ich Euch irgendwie helfen?"

Da begann sie wieder zu weinen und erzählte mir schließlich stokkend, sie habe zufällig ein Gespräch zwischen dem Herrn Robert Beaumont und dem Grafen von der Champagne aufgefangen, die sich über Wilhelm von Warenne unterhalten hätten. Der junge Beaumont habe lachend gesagt, Warenne werde vorerst in England bleiben müssen. Da seine frühere Braut, die Schwester Haralds, gestorben sei, suche der König nun nach einem anderen angelsächsischen Edelfräulein für ihn. Er, Robert, sei froh, daß er schon eine Frau habe, denn eine Normannin sei ihm lieber. „Nun", sagte ich beruhigend, „das sind nichts als Vermutungen. Ich will den Herzog einmal selbst fragen, denn ich weiß, daß Warenne bereits um Eure Hand gebeten hat." Sie sah mich halb hoffend, halb zweifelnd an. „Vielleicht gefällt ihm aber nun eine andere besser", meinte sie. „So wie ich den Baron von Warenne kenne", sagte ich, „ist er treu und beharrlich und ändert seinen Sinn nicht leicht. Wenn der Herzog zurückkehrt, werde ich mit ihm sprechen." Da lächelte sie unter Tränen und sagte: „Er ist jetzt doch König, Madame." Daran kann ich mich noch gar nicht gewöhnen; außerdem bleibt er hierzulande ja der Herzog.

Rouen, Freitag, am 20. des Ostermonds 1067

Das Leben besteht doch zum großen Teil aus Warten. Es liegt immer etwas vor einem, was es zu erstreben gilt und was man noch nicht erreicht hat – etwas, wonach man sehnsüchtig verlangt und was noch im Schoße der Zukunft liegt. Ich bin mit meinen Gedanken bei Wilhelm und lese immer wieder seinen letzten Brief, den er aus Fécamp schrieb. „Wir sind im Aufbruch und segeln morgen mit günstigem Wind aus Osten dicht der Küste entlang nach Dives. Ich fühle mich auf Deiner ‚Mora' zu Hause; sie wird mich noch oft von hüben nach drüben und zurück tragen." Dann schrieb er von den französischen Edelleuten, die von König Philipp gesandt worden waren, um ihn zu seiner Königswürde zu beglückwünschen. „Der machtvolle Graf Ralf von Mantes", schrieb er, „dessen Tochter dem König anverlobt ist, stellte viele Fragen an mich. Ihm traten fast die Augen aus dem Kopf, als er die goldbestickten Gewänder sah, die wir – die englischen Grafen eingeschlossen – trugen, die Vasen und Becher aus massivem Gold und Silber – alles Geschenke für die normannischen Kirchen. Ich erklärte ihm, daß die englischen Kirchen diese der Normandie geschenkt hätten, daß es keine Beute sei. Schließlich fragte Graf Ralf im Namen des Königs, was ich meinem obersten Herrn als Tribut für England zu geben gewillt sei. Du wirst erraten können, was ich ihm erwiderte: ‚Genausoviel wie der König mir gegeben hat, um mir bei der Eroberung zu helfen – nichts! Ich habe mir das Land aus eigener Kraft erobert und schulde meinem König nichts dafür.' Der Graf nickte nur ruhig mit dem Kopf, ohne etwas zu erwidern. Er war es ja, der dem König am dringendsten davon abgeraten hatte, mich zu unterstützen, und er weiß, daß ich es weiß."

Am 1. des Wonnemonds, zum Fest des hl. Philippus und Jakobus, wird Wilhelm die Abteikirche in St. Pierre-sur-Dives einweihen und dann, nachdem er einige Tage dort verbracht hat, nach Rouen zurückkehren und hier bleiben, bis unser Kind geboren worden ist. Ich freue mich sehr, daß Fredesensis hier ist und mir wieder helfen kann. Alle sind schon voller Vorfreude, besonders Agathe, Gundrada und Lucia.

Später

Ich habe soeben etwas Kurioses von Florian erfahren, der meinen Brief an Wilhelm abholte. Er sagte, in Fécamp sei zum Osterfest eine solche Fröhlichkeit unter den jungen Rittern gewesen, daß sie die Messe versäumt hätten. Da sei der König während des Gottesdienstes hinausgegangen, habe die Lärmenden gerügt und in die Kirche befohlen. Er achte immer darauf, daß niemand der heiligen Messe fernbleibe.

Rouen, Montag, am 23. des Ostermonds 1067

Robert hat mir ein Brieflein geschrieben, was mich tief rührte. „Es ist so schade, Mamà, daß Ihr nicht hier seid. Wir haben lauter Feste und Singen und Turniere, und jetzt ist Gottfried schon weg. Die Madame Ida hat ihn geholt. Sein Vater war nicht gekommen, dem geht es noch nicht so gut. Aber sein Bruder Eustachius war da, der ist schon viel größer, und den mag ich nicht so gut leiden wie den Gottfried. Es hat immer die Sonne geschienen, und der Vater hat lauter Blumenkränze bekommen, und er hat Goldenes und Silbernes verschenkt, daß die Mönche nur so staunten. Morgen segeln wir weiter, und ich freue mich schon auf die Fahrt auf der ‚Mora' – denkt nur mal, das Schiff, das wir damals abfahren sahen, und nun bin ich selbst drauf!" Ich saß lange mit dem Brief in der Hand da und sann vor mich hin. Wie gut ich mir alles vorstellen kann und wie ich mich für die drei Knaben freue! Es ist ein Erlebnis, das sie nie vergessen werden.

Später

Ich habe mich über Clothilde geärgert. Sie hat durch Gundrada erfahren, woher der rote Stein kommt, den Agathe ständig an einem Kettchen trägt. „Ihr solltet dem Kinde diesen Stein nicht lassen", sagte sie warnend und mit dem unheilverkündenden Blick, den ich an ihr kenne. „Es ist ein Unglücksstein, weil er einem gehört hat, der eines gewaltsamen Todes starb. Wenn Eure Tochter ihn trägt, wird sie ein ähnliches Los ereilen." – „Sprecht in meiner Gegenwart nicht so", tadelte ich sie. „Edelsteinen wohnt keine solche Macht inne. Das ist Altweibergeschwätz." – „Wie ist es denn aber mit den heiligen Reliquien?" meinte sie triumphierend. „Diesen allein hat der Herzog seinen Sieg zu verdanken." – „Reliquien sind etwas anderes, Clothilde, die haben eine heilige Strahlung. Doch der Sieg ist der vorzüglichen Planung unseres Herzogs zu verdanken, der Tüchtigkeit seiner Krieger und vor allem Gottes Gnade." Sie sagte zuerst nichts, seufzte dann ein wenig und murmelte: „Ich meine es nur gut. Meine eigene Muhme ist wegen eines solchen Unglückssteins gestorben. Sie fiel die Wendeltreppe hinab, als ihr ein starker Wind, wie von Geisterhand, die Lampe löschte, und brach sich das Genick. Immer schon hatte sie so etwas befürchtet, konnte sich aber nicht von dem Smaragden trennen, den ihre Schwester getragen hatte. Diese wurde von ihrem eigenen Mann vergiftet, weil er sich eine andere nehmen wollte." Ich versuchte, meinen inneren Ärger zu bezwingen, und sagte möglichst ruhig: „Der Herzog meint, daß ein Unglück, an das man fest glaubt, einen schließlich auch trifft. Es seien hauptsächlich die Gedanken, die es herbeiführten." Sie starrte mich verblüfft an. „Madame, wenn die Gedanken, die man nicht sehen kann, schon solche Kraft haben, dann haben Edelsteine, die man deutlich sieht, doch viel mehr Macht!" Auf diese Logik wußte ich nichts zu erwidern und lenkte vom Thema ab.

Rouen, Sonntag, am 6. des Wonnemonds 1067

Nun wird das Kindlein in mir von Tag zu Tag lebhafter. Ich bitte die Mädchen öfter, mit mir eine Ruderfahrt auf unserem Teich zu machen – eingedenk dessen, was Wilhelm mir anbefohlen hat –, und dabei rudere ich selbst ein großes Stück, sehr zur Verwunderung von Gundrada und Lucia. Abends sitze ich öfter vor meiner Stickerei, während die Mädchen sich im Schachspielen üben oder die Laute spielen. Im Herzogsgarten blühen schon einige Rosen, und heute ist die erste der roten Pfingstrosen aufgegangen. Ich habe sie leise gestreichelt und an Wilhelm gedacht. Soeben höre ich eine Fanfare vom Schloßhof – das mag Nachricht von Wilhelm sein.

Später

Nun ist der Abend angebrochen, aber es ist noch hell draußen. Der Himmel ist blaßlila, und dünne graue Wolken ziehen an der Mondscheibe vorüber, die – leicht verschleiert – ein liebliches, sanftes Licht verbreitet. Wilhelm schrieb nur kurz, wie sehr es sein Herz erfreue, daß er nun endlich die Kirche der von der Gräfin Lesceline gegründeten Abtei habe weihen lassen können. Er wolle noch nach St. Grestain, zur ewigen Ruhestätte seiner Mutter, von dort aus nach Bonneville und dann zurück nach Rouen. „Sorge Dich nicht, meine Mora, ich werde zur rechten Zeit bei Dir sein", beendete er seinen Brief. Ich denke, in spätestens zwei Wochen werde ich ihn wieder hier am Hof haben.

Rouen, Samstag, am 19. des Wonnemonds 1067

Morgen kehrt er heim! Ein Bote aus Lillebonne ist ihm vorangeeilt, um mir die Nachricht zu bringen. Und morgen ist ein Sonntag, der letzte vor dem lieblichen Pfingstfest. Ob unser vierter Sohn gerade zu diesem Fest das Licht der Welt erblicken wird? Ich fühle mich sehr wohl – und wie sollte ich nicht! Es ist eine solch freudige Zeit für unsere Familie und für das ganze Land.

Rouen, Sonntag, am 20. des Wonnemonds 1067

Nun ist er wieder hier, und die drei Knaben haben schon kunterbunt durcheinandergeredet, bis Cäcilie dazwischenrief: „Nun erzählt doch mal der Reihe nach – zuerst von Fécamp und von Ostern..." Ich hörte ihre Stimmen aus dem Spielzimmer, wo sich die Buben mit ihren vier Schwestern versammelt hatten. Morgen wollen wir ein Festmahl mit den Heimgekehrten halten; es soll Musik und Tanz geben – so hat Wilhelm es bestimmt. Heute abend sind sie alle zu müde.

Rouen, Montag, am 21. des Wonnemonds 1067

Wir nahmen unsere Abendmahlzeit schon früh auf der Terrasse ein, bevor es dunkel wurde. Es war ein warmer Tag, und ich hatte meine Freude an den hübschen jungen Menschen. Die langsam untergehende Sonne warf ihr goldenes Licht über die Tafel und die Jasminzweige, mit denen sie geschmückt war. Ich schaute immer wieder zu Agathe, Judith und Adi hin, die sich lebhaft vergnügten und dabei viel lachten. Agathe ist in letzter Zeit etwas fröhlicher geworden; die allgemeine freudige Siegesstimmung hat auch sie erfaßt. Ich hörte, wie Judith den Mädchen etwas über Edwin erzählte, der es ihr besonders angetan hat. „Du hättest hören sollen, Adi, was er zu Agathe gesagt hat!" Und nun mimte sie ihn so vortrefflich, wie nur sie es kann. „Er sah sie in ihrem schönen blauen Samtgewand und sagte: ‚Eine so schene Fraulein habe ich nie geseht... Da hat Kenig Harald schlechtes Tausch gemacht mit altere Alditha...!'" Alle lachten, nur Agathe senkte verlegen den Kopf. Nun bemerkte Adi: „Graf Edwin hat gemeint, Agathe sei schon 14 Lenze alt – ebenso wie ich. Er weiß nicht, daß sie noch mit Puppen spielt." – „Das tust du ja auch noch", verteidigte sich Agathe. „Na ja, manchmal...", gab Adi zu. Etwas später führten unsere Mädchen einen Reigen auf dem runden Rasenstück auf, wobei Adele in der Mitte stand, sich drehen und mit den Händchen klatschen mußte. Nach einer Weile wurde es ihr schwindelig, und sie setzte sich ins Gras, während die anderen weiter um sie herumtanzten. Ich beobachtete dabei unsere angelsächsischen Gäste und manche der jungen Ritter, für die unsere Mädchen eine Augenweide waren. Mathilde war die älteste; sie ist bereits 15; dann folgt Adi, die 14 Lenze zählt, und danach Agathe und Judith, die jetzt beide 12 Jahre alt sind. Die wilde Emma ist etwa 11 und Cäcilie 10. Unsere kleine Adele wird in diesem Jahre schon 5 und ist ein sehr liebreizendes Kind. Es wurde langsam dunkel, und wir schickten die Kinder zu Bett.

Die ältesten vier Mädchen durften noch aufbleiben und am Tanz, der im großen Saal stattfand, teilnehmen. Wilhelm sprach die meiste Zeit mit Stigand und Nikolaus. Als die Musikanten eine Pause machten, kam Waltheof an den Herzogstisch und wartete, bis Wilhelm aufblickte. Dann stellte er eine Frage an ihn, die ich nicht verstand, doch ich sah, wie Wilhelm nickte, und bald darauf kamen auch Edwin und Morcar hinzu, die Waltheof herbeigewinkt hatte. Das Gespräch kam auf zukünftige Pläne für England. Man sprach mit Rücksicht auf Wilhelm, der das Englische nicht gut beherrscht, französisch; und Wulfnoth, den man geholt hatte, übertrug die Sätze, die der eine oder andere nicht verstand, in die jeweilige Sprache.

Edwin meinte, der König habe manche der jungen angelsächsischen Edelfrauen, die ihre Männer im Kriege verloren hatten, an seine normannischen Barone versprochen. Er müsse nun dafür sorgen, daß die Angelsachsen auch Bräute aus der Normandie erhielten. Es sei ein leichtes, sich für sie zu entflammen. Wilhelm lächelte zufrieden. Edwin ahnte wohl kaum, daß Wilhelm genau das beabsichtigt – Verbindungen zu schaffen, die beide Länder auch gefühlsmäßig aneinander ketten. Immer wenn das Gespräch auf Harald kam, bemerkte ich, daß Wilhelm die Zeit, während der Harald König war, lediglich als Interregnum betrachtet, daß er sich als den unmittelbaren Nachfolger König Eduards ansieht. Morcar bemerkte, daß König Eduard den Grafen große Selbständigkeit und Freiheit eingeräumt habe. „Frei wird derjenige sein, der nach den Gesetzen König Eduards lebt und handelt", sagte Wilhelm. „Diese gelten für ganz England." Das Gespräch kam auf Schottland und Wales, die England seit jeher zu bekämpfen gehabt habe, während man König Dermot von Irland und den Dänenkönig Sven als Freunde betrachten dürfe. Man sprach von Haralds drei Söhnen, die jetzt in Irland seien und hoffentlich keine Blutrache für ihren Vater im Sinne hätten. Tostis Söhne seien in Norwegen. Hüten müsse man sich vor den Grafen Paul und Erlend von Orkney, die mehr oder weniger Vasallen des norwegischen Königs seien. Es ist eine ganz neue Welt für mich – ähnlich wie damals, da ich als junge Frau in die Normandie kam und so gut wie nichts über die Vasallenstaaten wußte. Nun muß ich wieder von vorn beginnen und mich an ein neues Land gewöhnen.

Ich habe Gundradas Anliegen nicht vergessen und fragte Wilhelm später, als er in mein Zimmer kam, deswegen. „Gundrada ist ein liebes Mädchen", sagte er, „doch Warenne ist einer meiner Getreuesten; für den möchte ich eine englische Gemahlin aus adligem Geschlecht finden." – „Wilhelm!" wandte ich ein, „es kommt doch viel mehr darauf an, daß es die richtige Frau für ihn ist. Gib ihm nicht wieder eine, die er nicht gern haben kann." Wilhelm blickte eine Weile vor sich hin und sagte dann: „Gundradas Vater war ein Advokat, wie es auch ihr Bruder ist, der jetzt an der Abtei von St. Bertain ein Amt innehat." Er schwieg wieder und meinte schließlich: „Wir wollen abwarten. Gundrada ist noch jung, und Warenne mag sich anders besinnen." – „Das glaube ich nicht, Wilhelm." – „Es steht dir frei zu glauben, was du magst", erwiderte er, und damit war die Sache für ihn abgeschlossen.

Rouen, Mittwoch, am 23. des Wonnemonds 1067

Es ist wolkig und schwül draußen. Mir ist der Kopf schwer, und ich wünschte, es gäbe einen guten Regen. Die Kinder haben heute zum ersten Male im Herzogsteich gebadet, doch das Wasser sei noch sehr kalt, sagen sie. Wilhelm plant für das Pfingstfest einen Umzug durch die ganze Stadt, an dem auch die Gäste aus England sich dem Volk zeigen sollen. Er hat darauf verzichtet, Pfingsten, wie es seine Gewohnheit ist, in Caen oder seiner Geburtsstadt Falaise zu verbringen, denn um diese Zeit kommt ja unser Kind zur Welt! „Es wird bestimmt ein Knabe", sagte ich ihm heute; „er stößt schon ganz kräftig mit seinen Füßen." Wilhelm, der an seinem Tisch über Listen gebeugt saß, schaute kurz auf und winkte mich zu sich.

Ich setzte mich neben ihn und sah auf die Liste von Namen und dann auf die Landkarte von England, die ausgebreitet vor ihm lag – aufgeteilt in Grafschaften, Rittergüter, Stadt- und Landbezirke. Er rechnete sich aus, wieviel Land er jedem seiner bewährten Vasallen schenken sollte. Keiner wird von ihm vergessen – ich sah die Namen vieler seiner Getreuen verzeichnet: Hubert von Ryes, Ralf von Tosny, Richard von Evreux, Richard und Balduin von Brionne, Hugo von Montfort, Hugo d'Ivry, Ralf von Tancerville, fitzOsbern, Thurstan, Walter Giffard, Hugo von Grandmesnil, Robert und Heinrich Beaumont, Wilhelm Malet, der Bischof von Coutances, Wilhelm Warenne und viele andere. „Ich muß auch für die Witwen der Angelsachsen sorgen, die bei Hastings getötet worden sind", sagte er. „Sie dürfen nicht darben." Der Witwe Godrics, der die Jagdhunde König Eduards versorgt hatte, gibt Wilhelm etwa 40 Hektar Land, doch muß sie dafür die Hunde weiterhin füttern. Ferner sollen noch manche Kirchen und Abteien in Frankreich und der Normandie Land in England erhalten. Fécamp erhält das meiste, weil es viele Mönche nach England geschickt und sogar ein Schiff geschenkt hat; doch auch Marmoutier und andere werden bedacht. Theoderich, der Goldschmied, der Wilhelms Krone gefertigt hat, soll fünf Rittergüter erhalten.

Zum Schluß griff Wilhelm nach einem Brief, der unter vielen anderen lag, und las ihn mir vor. Er war von einem normannischen Ritter namens Gilbert von Hengleville. Dieser schrieb, daß er seinem Herzog freudig nach England gefolgt, weil dies seine Pflicht gewesen sei; doch habe er nie im Sinne gehabt, dafür als Belohnung fremdes Land zu erhalten. Er bäte darum, in die Normandie zurückkehren zu dürfen, wo er ein eigenes Gut habe, das ihm für seinen Lebensunterhalt genüge. „Solcher Menschen gibt es wenige", sagte Wilhelm, und ein fast mütterlicher Ausdruck trat in seine Augen. „Was wirst du ihm geben, Wilhelm?" – „Ich weiß es noch nicht. Er erhält seinen größten Lohn vom Himmlischen Vater selbst – einen Lohn, der in der anderen Welt ausgezahlt wird."

Rouen, Samstag, am 26. des Wonnemonds 1067

Heute habe ich sicher meine letzte Ruderfahrt auf dem Teich gemacht. Es hat mich sehr angestrengt, und nur Wilhelms ermutigende Blicke haben meinen Muskeln die nötige Kraft gegeben. Wir haben jetzt warmes, sommerliches Wetter, und die Wiesen sind mit Gänseblümchen, Tausendschönchen und blühendem Klee übersät. Wilhelm hat bereits einige Geschenke für Caen durch einen Boten übersenden lassen, damit sie zum Pfingstfest eintreffen. Gern wäre er selber dort gewesen, und besonders in seiner Geburtsstadt Falaise erwartet ihn das Volk mit Ungeduld. Wilhelm will jedoch bis zum Johannisfest hierbleiben, denn das will er mit seinen Gästen festlich begehen. Für Anfang des Heumonds hat er sich in Jumièges angesagt. Es sind unruhige Wochen – doch erfüllt von großer Freude. Morgen ist Pfingstsonntag, an dem wir den „Kranich" zu Gast haben, der die Messe zelebrieren wird.

Rouen, Pfingstsonntag, am 27. des Wonnemonds 1067

Es fand heute am Nachmittag ein Gartenfest statt, auf das sich besonders die Kinder und jungen Leute sehr gefreut hatten. Leider war es wolkig und schwül, und es sah nach Regen aus. Wilhelm schien enttäuscht, daß ich nicht mit hinunterkommen wollte. „Ich bin jetzt so schwer und unbeholfen, Wilhelm, und mag nicht unter den Leuten sein... und dann die vielen Treppen!" Er schob seinen Arm unter den meinen und fragte, indem er mich bittend ansah: „Wie aber, wenn ich dich hinunter- und wieder herauftrage? Ohne dich ist es nicht dasselbe." Da konnte ich nicht länger widerstreben. Er führte mich zu einem bequemen, gepolsterten Gartenstuhl, wo ich von den jungen Mädchen umgeben war und die Kinder beobachten konnte. Die angelsächsischen Gäste trugen uns einige Lenzeslieder aus ihrer Heimat vor, und wir hörten besonders den jungen Waltheof gern, der eine sehr schöne Stimme hat. „Wißt Ihr, Muhme", sagte Judith plötzlich zu mir, „wenn die Engländer auf angelsächsisch reden und singen, dann sind sie gar nicht mehr so ulkig – ich meine, dann sind sie ganz adlig." Ich mußte lachen. „Jeder, der in einer fremden Sprache reden muß, wirkt etwas unbeholfen, Mouche; das wird dir auch so gehen, wenn du nach England kommst." – „Ich lerne es jetzt schon fleißig mit Lucia, damit ich dort richtig sprechen kann." Und sie sagte mir einige englische Sätze, die ich gut verstand. Wir kamen überein, daß auch ich mit Lucia lernen wolle, sobald das Kindlein geboren ist. „Es muß nun aber ganz bald kommen, nicht wahr, Muhme?" Ich glaube, sie hat wahr gesprochen. Heute abend spüre ich schon das mir bekannte Ziehen im Leib – so als ob es in der Nacht geschehen könnte. Draußen fallen die ersten schweren Tropfen hernieder, und ich bin sehr müde. Ich habe Wilhelm gebeten, bei mir zu schlafen, denn ich will ihn nahe wissen, falls das Kind in dieser Nacht kommen sollte.

Rouen, Donnerstag, am 31. des Wonnemonds 1067

Nun sitze ich zum ersten Male wieder in meinem Stuhl in der Fensternische und will niederschreiben, was inzwischen geschehen ist. In der Nacht zum Pfingstmontag spürte ich ab und zu Schmerzen, doch zwischendurch schlief ich immer wieder fest ein. Es war um die Zeit der Morgendämmerung, als der erste Hahnenschrei erklang und ein Lerchenpaar vor meinem Fenster jubilierte, als sich das Kind ganz plötzlich ankündigte. Wilhelm eilte nach nebenan, um den Frauen Bescheid zu sagen. Es stand schon ziemlich alles bereit, aber nun mußte Wasser erhitzt, und es mußten möglichst viele Lampen herbeigeschafft werden, denn es war noch nicht sehr hell in den Räumen. Als Wilhelm mit Barbara wiederkehrte, saß ich schon auf dem Gebärstuhl, und mir war es unsagbar heiß. Die Geburt geschah sehr schnell und leicht; ich weiß jetzt besser Bescheid, wie ich mich verhalten muß, und auch Wilhelm hat inzwischen viel Erfahrung gesammelt und macht es mir dadurch leichter.

Als ich das Kind bei der zweiten starken Preßwehe hinausgleiten fühlte und Fredesensis mich festhielt, hörte ich Barbaras helle Stimme ausrufen: „Es ist ja ein Mädchen!" – „O nein!" rief ich enttäuscht aus, noch hoffend, daß sie sich geirrt habe. Wilhelm sagte nichts, er war mit der Nabelschnur beschäftigt. Dann hörte ich, wie er dem Säugling auf den Rücken klopfte, und gleich darauf erklang ein zartes, klägliches Stimmchen. Eine Welle des Mitgefühls überlief mich, als ich den ersten Schrei meines Kindes hörte, das ich mit einem solch enttäuschten Ruf empfangen hatte. Es fuhr fort zu weinen, und auch mir war nach Weinen zumute. Als ich wieder im Bett lag und Wilhelm mir das Kind auf den Leib legte, betrachtete ich das kleine Wesen, das seine Äuglein fest zugekniffen hatte. Seine Haut war bräunlich, und ein zarter schwarzer Flaum bedeckte das Köpfchen. Ich streichelte es leise und blickte Wilhelm an, der ruhig lächelnd auf uns herabsah. „Wilhelm, wie sehr habe ich mir einen Sohn für dich gewünscht", sagte ich, doch er erwiderte: „Sollten wir nicht dankbar das annehmen, was Gott uns geschenkt hat?" Da schämte ich mich und stimmte ihm zu. „Ein neues Juwel in der Kette unserer Töchter", sagte er. Dann ließ er mich mit dem Kind allein und machte seinen Morgenritt. Ich schlief einige Stunden, und als ich am späten Vormittag aufwachte, sah ich Fredesensis mit Blumen hantieren. „Diese sind vom König", sagte sie, indem sie mir die roten Pfingstrosen und süß duftenden weißen Rosen zeigte. „Er sagt, die Farben der Blumen hätten etwas zu bedeuten." – „Was denn?" – „Das hat er mir nicht verraten."

Als sie mich gewaschen hatte, wachte das Kind im Körbchen auf und begann zu weinen. „Hol den Herzog", sagte ich, denn ich wußte, daß das Kind nun Hunger hatte. Während ich mein kleines Mädchen zum ersten Male stillte, war nur Wilhelm bei mir; so wollte ich es. Ich dankte ihm für die Rosen und sagte: „Ich weiß schon, was sie zu bedeuten haben, Wilm." – „So sage es mir." – „Die weißen Rosen sollen mir sagen, daß ich dieses Mal auf einen Sohn verzichten muß – und die roten Pfingstrosen sind das Sinnbild für dich, und die bedeuten..." Hier hielt ich inne und sah ihn etwas scheu an. Seine Augen senkten sich in meine und durchglühten mein Herz. Ich konnte nicht weitersprechen; ich fühlte eine unendliche Süße in mich eindringen, die viel beseligender war als der Rosenduft, der das Zimmer erfüllte. Nach einer Weile sagte er leise: „Du hast deinen Satz nicht beendet, Mora." Da fuhr ich fort: „Die roten Pfingstrosen bedeuten, daß ich dir nun noch einen Sohn schenken muß." Er lächelte kaum merklich, und nach einer Weile sagte er: „Wenn du in England bist. Er soll auf englischem Boden geboren werden." Ach, England liegt vorerst weit für mich! Ich habe meinem Kinde gegenüber noch ein schlechtes Gewissen, denn ich kann die Enttäuschung doch nicht ganz verwinden. Was, wenn auch das neunte Kind kein Knabe werden sollte?

Rouen, Sonntag, am 3. des Brachmonds 1067

Jedes winzige Kind bringt unendlich viel Freude und Wonne ins Haus. Die Geschwister erscheinen ständig, um nach ihm zu sehen, besonders die Schwestern. Cäcilie, die sich immer viel mit ihren kleineren Schwestern beschäftigt, kann die längste Zeit zuschauen, wie das Kleine trinkt oder schläft oder mit seinen Ärmchen rudert. „Seht nur, Mamà, wie winzig die Fingerlein – und die kleinen Nägel, und es hat schon richtige Linien in der Hand. Wie soll es heißen, Mamà?" – „Der Vater hat es mir noch nicht gesagt", erwiderte ich. Diesmal will ich Wilhelm nicht ständig danach fragen, sondern warten, bis er mir von selbst den Namen nennt – oder bis die Kinder ihn daran erinnern.

Später

Als er soeben zu mir kam, während ich das Kleine stillte, fragte er gleich beim Eintreten: „Wie geht es unserer Constanze?" Ich sah überrascht auf. „Constanze soll sie heißen?" Er nickte. „Gefällt dir der Name?" – „Ja, sehr. Es war eine Heilige, nicht wahr, Wilhelm? Wurde sie nicht vom Aussatz geheilt?" – „So ist es. Ich habe alles über ihr Leben nachgelesen. Sie war die Tochter Kaiser Konstantins und sollte dem berühmten General Gallicanus anvermählt werden, der Persien erobert hatte. Nach langem Weigern willigte sie schließlich ein; doch ehe er nach Syrien zog, gaben sie sich – als Pfand ihres Paktes – Geiseln mit. Er erhielt ihre beiden Diener und sie seine beiden Töchter aus erster Ehe. Doch dann geschah es, daß seine beiden Töchter zum Christentum bekehrt wurden, und Gallicanus selbst wurde von den Dienern Constanzes ebenfalls bekehrt und starb den Märtyrertod. Constanze behielt seine beiden Töchter bis an ihr Lebensende bei sich." Ich sah nachdenklich auf mein kleines Töchterlein herab und sagte: „Sie soll aber eine glückliche Ehe haben und sich eigener Kinder erfreuen, Wilm." – „So Gott will!" erwiderte er schlicht. Wir sprachen über Maurilius, dem es nicht gutgeht, der aber darum gebeten hat, die Feierlichkeiten in Jumièges zu leiten. Wilhelm sagt, es gäbe in London einen guten Arzt, den Abt von St. Peter, der König Eduard und auch Harald betreut habe. „Ich wünschte, ich hätte ihn jetzt hier", sagte er. „Maminot kann nicht überall zugleich sein." – „Ich käme so gern mit nach Jumièges, Wilm", sagte ich; „meinst du, daß es geht?" Er antwortete nicht gleich. „Es ist doch gar nicht weit", sagte ich, „und in dieser Jahreszeit kann ich Constanze gut in der Sänfte mit mir nehmen." – „Wir wollen sehen", sagte er und fügte hinzu: „Was meinst du dazu, wenn wir das Kind am Johannistag taufen ließen? Der fällt dieses Jahr auf einen Sonntag." – „Das wäre wunderschön!" rief ich begeistert aus; „und es soll ein großes Lampionsfest geben, wenn das Wetter schön ist." – „So laß alles vorbereiten", schmunzelte Wilhelm. Ich will heute Adelaide Bescheid sagen, damit sie mir dabei hilft.

Rouen, Donnerstag, am 7. des Brachmonds 1067

Heute war ich zum ersten Male seit der Geburt meines Kindes im Herzogsgarten. Es war ein warmer, sommerlicher Tag, und ich hatte die Kinder um mich versammelt. Robert sehe ich nicht mehr viel unter den Geschwistern. Gestern kam er ins Kinderzimmer, als gerade Klein-Constanze gebadet und abgetrocknet wurde. Er schaute sie sich eine Weile an und meinte dann: „Mädchen habe ich jetzt genug gesehen. Wir brauchen endlich wieder einen Knaben." – „Du mußt es dem Herrgott sagen", neckte ich ihn. „Der weiß das doch, warum schickt Er Euch denn keinen?" Ich blieb meinem Ältesten die Antwort schuldig. Drunten im Garten saß ich in meiner Rosenlaube auf der Liege und hatte das Körbchen mit dem Kindlein dicht neben mir stehen. Der Korb hat einen Vorhang, der halb geschlossen war, um die Insekten abzuhalten. Alle Augenblicke kamen Adele und Adeliza, Hand in Hand, angelaufen, um ins Körbchen zu schauen. „Mal gucken?" fragte Adeliza, indem sie mit ihrem Händchen den Vorhang leicht beiseite schob. Und Adele sagte: „Die schläft aber lange. Sollen wir sie mal wecken?" – „Nein, Kind; Säuglinge müssen viel schlafen", erklärte ich ihr. „Aber mitten am hellen Tag", sagte Adele empört, „wo wir alle so schön spielen!" Es scheint mir erst gestern gewesen zu sein, daß Adele noch ein solch kleines Bündel war.

Rouen, Montag, am 18. des Brachmonds 1067

Wilhelm läßt Robert jetzt jeden Tag zu sich kommen und erklärt ihm vieles, was mit den Gesetzen des Landes, der *Curia ducis* und der Verwaltung der Grafschaften und Bistümer zusammenhängt. Er soll später auch Unterricht bei Romuald haben. Doch genehm sind ihm diese Stunden nicht; er betrachtet sie als Raub an seiner Freizeit. Wenn seine Freunde draußen umhertollen dürfen und er über Büchern sitzen muß oder Fragen beantworten soll, die Wilhelm mit Absicht recht schwierig stellt, wird er ungeduldig: „Ich bin noch nicht mal ganz 14", sagte er neulich, leicht entrüstet. Doch Wilhelm erwiderte: „Als ich noch viel jünger war als du, konnte ich das Lateinische ebensogut lesen wie das Französische, wußte über den Lauf der Sterne, über Logik, Länderkunde, Algebra und politische Dinge Bescheid. Merke dir, mein Sohn: Ein unwissender Regent ist nicht viel besser als ein gekrönter Esel." – „Aber keiner von all meinen Freunden weiß so viel, und auch keiner von den Erwachsenen; warum soll ich es denn? Es kann doch nicht jeder sein wie Ihr, Vater!"

Als Wilhelm nachher mit mir darüber sprach, sagte er mit merkbarer Enttäuschung: „Er hat's nicht in sich." – „Was hat er nicht in sich, Wilhelm?" fragte ich. „Den eigenen Antrieb, die Wißbegierde, den Forschergeist, den Fleiß, die hohen Gedanken..." Er unterbrach sich und sah mich abwartend an. „Du verlangst wirklich zu viel von ihm, Wilhelm", sagte ich. „Er ist doch noch ein Kind, und er hat recht, wenn er sagt, niemand ist so wie du!" Er sah über mich hinweg auf den Wandteppich, der den Mont-Saint-Michel darstellt; dann sagte er: „Was ich für das Land errungen habe, soll ihm erhalten bleiben. Als Herzog muß Robert die anderen Männer am Hof überragen. Man kann es sich nicht bequem machen und dennoch an Kraft und Weisheit zunehmen. Das eben ist es, was er nicht versteht." – „Was er *noch nicht* versteht, Wilhelm", versuchte ich ihn zu beschwichtigen. „Warte noch ein paar Jahre, dann wird er sich weiter entwickelt haben." Wilhelm zuckte resignierend die Schultern und sah mir eine Weile zu, während ich an meiner Stickerei arbeitete. Ihm gefallen die vier Ritter, die auf die Festung Rennes zustürmen, und er meinte: „Es war ein wahres Rennen, um Rennes zu erreichen und Jagd auf den flüchtigen Conan zu machen. So etwas ist nur möglich, wenn man *Renn*pferde unter sich hat. Ähnlich ist es auch, wenn man ein ganzes Volk anführt. Man muß einem Rennpferd gleichen, nicht einem Schaukelpferd." Seine Worte hallen noch jetzt in mir nach und machen mich etwas traurig. Robert wird es nicht leicht mit seinem Vater haben, wenn er heranwächst; denn gleich werden kann er ihm nicht, und Wilhelm scheint mit nichts Geringerem zufrieden zu sein.

Rouen, Mittwoch, am 20. des Brachmonds 1067

Ich freue mich unendlich, denn Wilhelm hat erlaubt, daß ich mit nach Jumièges reise. Die vier ältesten Kinder dürfen auch mit und natürlich mein Jüngstes, das bei mir bleiben muß. Maurilius wird die neue Abteikirche weihen, und auch alle anderen Bischöfe werden dazu geladen. Vor mehr als 20 Jahren ist mit dem Bau dieser Kirche begonnen worden; damals war Robert von Jumièges noch der Abt, der später Erzbischof von Canterbury wurde, bis Stigand ihn vertrieb.

Vorläufig aber kann ich nur an die Taufe denken, die am nächsten Sonntag stattfinden soll. Bischof Hugo ist schon eingetroffen und freut sich, daß meine Tochter den Namen Constanze erhält. Er erzählte uns noch mehr aus dem Leben der Heiligen. Sie sei durch die hl. Agnes geheilt worden, sagte er, und habe bis ans Ende ihres Lebens in der Nähe der Kirche der hl. Agnes in Rom gelebt.

Rouen, Dienstag, am 26. des Brachmonds 1067

Morgen sollen wir nach Jumièges aufbrechen. Ich nehme Josephine und Gundrada mit und lasse die Kleinen bei Barbara zu Hause. Rufus ist sehr enttäuscht. „Ich bin gar nicht so viel jünger als Richard", beschwerte er sich. Doch schließlich ließ er sich trösten, weil er mit einigen anderen Knaben zum Gaukler-Platz gehen darf, wo man tanzende Bären vorführt. Ich glaube, das reizt ihn mehr als die Reise zu einer Abteikirche.

Ehe wir das letzte packen, will ich noch schnell vom Johannisfest schreiben. Als Bischof Hugo mein Töchterlein taufte und seine Hand über es ausstreckte, richtete es die Augen nach oben, so als ob es in den Himmel blicken wollte. Es hatte einen solch seligen Ausdruck, daß ich mich nach Wilhelm umblickte – ob auch er es sähe. Ja, seine Augen waren fest auf seine kleine Tochter gerichtet, und ich sah, daß er lächelte. Der Abend wurde wunderschön; wir saßen beim Schein von Fackeln und Lampions draußen, und nur die Mücken, die ständig unsere Gesichter umschwirrten, störten das Idyll. Doch das verdarb uns die freudige Stimmung nicht.

Ich hörte Muriel nach Graf Odo fragen, womit sie natürlich Odo von der Champagne meinte, der mit Wilhelm aus England zurückgekehrt ist. Doch es tauchte ein anderer Odo auf, ein Baron al Chapel, den man hierzulande jedoch Eudes nennt; der ist im Besitz von la Haie-du-Puits, was bei Coutances liegt. „Ihr habt nach mir gefragt?" sagte er, als er vor Muriel stand. Sie schaute ihn verwundert an und ich ebenfalls; denn ich hatte ihn noch nie zuvor am Hof bemerkt. Er ist groß und stattlich, und in seinen blauen Augen liegt ein freudiges Leuchten, das mir sofort auffiel. Sein volles blondes Haar ist glatt gescheitelt, und auf der linken Wange hat er eine kleine Narbe – wie von einem Schwertstreich. Es stellte sich heraus, daß man den falschen „Odo" gerufen hatte, denn Muriel hatte vom Grafen von der Champagne etwas über ihren eigenen Gemahl Hugo erfahren wollen, der das gleiche Zelt mit ihm geteilt hatte. „Den kenne ich gut", sagte Baron al Chapel; „es ist der mit dem Wolfsschild. Wir nennen ihn alle ‚Hugo den Wolf'." – „So seid auch Ihr in der großen Schlacht gewesen?" fragte Muriel. „Das war ich", erwiderte Baron Eudes, „und der König hat uns reichlich belohnt." Dann fügte er hinzu: „Ich wußte gar nicht, daß Graf Hugo vermählt ist – noch dazu mit einer Schwester des Königs!" Diese Bemerkung schien Muriel zu beunruhigen. Sie stellte dem Baron mehrere Fragen, auf die er jedoch ausweichend antwortete. Sie tat mir leid, denn es war offensichtlich, daß der Baron sich nicht gut verstellen konnte. Zum Schluß, bevor er Abschied nahm, sagte er: „Madame, Ihr könnt Euch immer an mich wenden, wenn Ihr einmal Hilfe braucht."

Inzwischen war wieder zum Tanz aufgespielt worden, und ich sah, wie Muriel sich aus dem Kreis der jungen Leute entfernte und umhersuchte. Bald danach sah ich sie mit Wilhelm sprechen. Er nahm ihren Arm, ging etwas mit ihr auf und ab und zog sie schließlich auf das Rasenstück zu den Tanzenden. Es schien, daß er versuchte, sie aufzuheitern, denn ab und zu lachte sie über das, was er sagte, oder über die Art, wie er sie im Kreise schwang. Schließlich ließ er sie los, und sie kam wieder zu mir. „Ich muß dir etwas sagen, Mahaut", begann sie. „Denke dir, Hugo hätte mit in die Normandie kommen können. Wilhelm hat es ihm angeboten, und er hat drüben bleiben wollen. Was sagst du dazu?" Sie sah sehr unglücklich aus. Heimlich ärgerte ich mich über Wilhelm. Auch wenn dies stimmt, warum sagt er dies seiner Schwester?

Gleich darauf erschien Wilhelm, um mich zum Tanz zu holen. „Aber nur ganz langsam", sagte ich, denn ich fühlte mich noch nicht kräftig genug. Er tanzte den Reigen nur einmal mit mir; dann nahm er mich beim Arm und winkte einem Diener, daß dieser ihm eine Fackel reiche. Wir schritten in den Park hinaus, in dem es dunkel war, denn es war um die Zeit des Neumonds. Über uns funkelten zahllose Sterne. Ich sagte ihm gleich, was ich auf dem Herzen hatte. „Wilhelm, was ist mit Hugo? Warum hat er nicht kommen wollen? Und warum hast du es Muriel gesagt? Das macht ihr jetzt Kummer." – „Es ist besser, daß ich sie vorbereite, Mathilde", sagte er. „Hugo hat eine Konkubine, und fast jeder weiß es – manche meinen sogar, er habe mehr als nur eine." – „O wie schrecklich, Wilhelm! Was soll nun werden?" Wir waren am Römischen Brunnen angelangt und schauten eine Weile auf die plätschernden Wasser, die im Feuerschein unserer Fackel silberhell erglänzten. „Ich habe noch nicht Muße gehabt, mit Hugo zu sprechen", sagte Wilhelm. „Da er seit unserem Sieg wieder zu trinken begonnen hat, was zu seinem liederlichen Leben führte, kann ich ihm meine Schwester wegnehmen." – „Aber sie sind vor Gott getraut!" warf ich ein. „Gewiß. Es müßte vom Heiligen Vater entschieden werden." Das alles erschüttert mich sehr. Warum nur haben Wilhelms Schwestern so viel Unglück mit ihren Ehemännern? Während wir weitergingen, lehnte ich meinen Kopf an seinen Arm. „Wie gut hat Gott es mit mir gemeint", sagte ich, und er verstand, was ich damit sagen wollte. „Und mit mir", fügte er hinzu.

Jumièges, Mittwoch, am 4. des Heumonds 1067

Heute ist unser letzter Tag hier, und morgen schon geht es weiter nach St. Wandrille. Der Tag der Einweihung wurde mit großen Feierlichkeiten begangen. Der Erzbischof erschien mir fast überirdisch, als er zum Schluß den Segen gab, und jeder wunderte sich, daß er an diesem Tag so kräftig und strahlend schien. Ich hörte ihn später zu Wilhelm sagen: „Wenn wir im Dienste Gottes stehen, müssen wir zuerst an Sein Werk denken; dann wird Er im richtigen Augenblick auch für unser leibliches Wohl sorgen." Als ich an Wilhelms Seite den Mittelgang zum Altar entlangschritt, konnte ich seine innere Bewegung spüren. Jumièges ist sein Refugium – der Ort, den auch sein Vater sich als geistige Zuflucht erkoren hatte. Das Sommerwetter war prächtig, alle Wiesen mit Blumen übersät, der Himmel tiefblau und die Luft klar und von einem goldenen Schein erfüllt. Und welch herrliches Bild es ist, wenn man aus dem dichten grünen Wald die beiden Türme der Abtei wie betende Arme emporragen sieht, während sich drunten die Seine durch das blühende Tal windet!

Die Abtei erhielt wunderbare Geschenke von ihrem Herzog – darunter Kruzifixe mit kostbaren Edelsteinen, goldene Vasen und reich bestickte Gewänder für die Priester. Auch versprach Wilhelm, eine Charte aufzusetzen, die diesem altberühmten Kloster die Insel Hayling als Besitz zuschreiben soll. Die Tage danach widmete sich Wilhelm viel den Mönchen der Abtei und hatte lange Gespräche mit dem Abt Gontard und den Bischöfen, die erschienen waren. Wilhelm erwähnte mir gegenüber, daß Eustachius, der nach Jumièges geladen worden, nicht erschienen war und daß ihn dies wundere. „Es geht ihm wohl noch nicht so gut", meinte ich; doch Wilhelm schüttelte den Kopf. „Als er England verließ, war er wieder ganz genesen. Doch glaube ich, daß er nicht zufrieden mit dem ist, was ich ihm geschenkt habe." – „Er soll dankbar sein, daß du ihm überhaupt Land geschenkt hast", sagte ich, „wo er doch im letzten entscheidenden Augenblick der Schlacht die Flucht ergreifen wollte." – „Ja", sagte Wilhelm; „er läßt sich oft von einer plötzlich aufsteigenden Laune bewegen, ohne nachzudenken. Doch werde ich es ihm nie vergessen, daß er mir sein eigenes Pferd gab, als das meine zusammenbrach. Dadurch wird er immer in meiner Gunst bleiben."

Ich sehe soeben durch das Fenster Robert mit Edgar daherreiten. Die zwei haben sich nach anfänglichem beiderseitigem Mißtrauen gut angefreundet. Doch mir ist der Jüngling gar nicht genehm. Er scheint von großem Dünkel besessen, denn er spielt oft auf seine königlichen Vorfahren an. Nun will ich zur Ruhe gehen. Hoffentlich kann ich ob der großen Vorfreude einschlafen.

St. Wandrille, Dienstag, am 10. des Heumonds 1067

Unvergeßlich war der Ankunftstag! Wie ein lieber, vertrauter Freund begrüßte mich das Schlößchen und jeder Raum. Die Bäume sind inzwischen gewachsen, und eine wahre Blumenpracht leuchtet im Garten hinter dem Haus. An der Südmauer rankt sich das Weinlaub empor, und Rosen verschiedenster Art duften im warmen Sonnenschein. Ich ging durch alle Räume und atmete den besonderen Landgeruch ein, der hier überall zu spüren ist. Wie viele liebe Erinnerungen mit jedem Zimmer, jedem Winkel des Gartens verwoben sind! Hier kann ich sofort alle Sorgen abwerfen und die Welt, den Hof, England und alles andere vergessen. Noch am selben Abend trug ich meine Constanze in den Garten (ich lasse sie noch von niemand anderem tragen, weil sie mir zu kostbar ist!) und zeigte ihr alles. Sie schaute mit ihren großen braunen Augen in die Baumwipfel und ruderte lebhaft mit den Ärmchen. Die ersten Tage konnte ich mich viel meinen Kindern widmen. Constanze hat immerfort Gesellschaft. Ihre großen Schwestern sind die ganze Zeit bei ihr, wenn sie auf einem kurzhaarigen Fell auf der Wiese liegt, nur mit einem Hemdchen bekleidet, und nach Herzenslust strampeln kann. Dabei stößt sie jauchzende Laute aus. Robert und Richard sind ständig in den Wäldern, um kleines Wild zu jagen. Zu meinem Glück fehlte mir nur noch Wilhelm.

Er kam einige Tage später mit den anderen drei Kindern. Adele, die sich kaum noch auf diesen Ort besinnt, ist am Abend gar nicht ins Haus zu bringen. Heute sagte sie mir: „Wir bleiben jetzt immer hier, ja, Mamà?" – „Sag es dem Papà", meinte ich, und sie lief sofort, ihn zu suchen. Wilhelm war am Bach, wo er mit Rufus kleine Boote segeln ließ. Diese waren an einem langen Band befestigt, so daß sie nicht davonschwimmen konnten, denn der Bach hat eine ziemlich starke Strömung. „So schnell ist die ‚Mora' den anderen Schiffen vorausgesegelt", hörte ich Wilhelm sagen, während ich Adele folgte. „Papà", rief diese schon von weitem, „wir bleiben jetzt immer hier wohnen, sagt Mamà." Wilhelm sah sich um und erblickte uns beide. „Frag deine Mamà", antwortete er, „ob sie ganz vergessen hat, wer jetzt Königin von England ist." Adele sah auch gleich zu mir auf und wiederholte getreulich: „Du has das vergessen, wer Königin von England is." – „Sprechen wir nicht davon, Wilm", sagte ich, indem ich mich zu ihm ans Ufer des Baches setzte und meine Füße ins Wasser tauchte. „Ich bin eine Maid vom Lande, die ihre Füße im Bach kühlt und plötzlich aus dem Wald einen stattlichen Ritter auf sich zureiten sieht..." – „Nein, einen Satyr", sagte Wilhelm, „der mit triumphierenden Sprüngen dahertanzt." – „Oh, wir wollen wieder Satyr spielen", schrie Rufus begeistert, und Adele stimmte ihm bei: „Ja, mach mal den Satyr, Papà." – „Nein, nur nicht!" rief ich ängstlich aus, doch schon im nächsten Augenblick hielt Wilhelm mich auf seinen Armen, setzte mit einem gewaltigen Sprung über den Bach und verschwand mit mir im Walde.

Die Kinder, die nicht allein durch den tiefen Bach waten konnten, schrien hinter uns her, doch bald waren ihre Stimmen verhallt. Wilhelm trug mich unter eine Kastanie mit tief herabhängenden Zweigen, und dort waren wir eine Weile allein – so wie dereinst in Moulin-le-Torrent. Er hatte meinen Kopf auf seine Knie gebettet, und meine bloßen Füße lagen im Gras. Von Zeit zu Zeit fühlte ich kleine Käfer über meine Beine krabbeln und spürte die kitzelnden Gräser. „Jetzt müßte die Zeit stillstehen", sagte ich, während ich zu ihm aufschaute. Er lächelte und strich liebkosend über meinen Arm. „Ist es nicht gut, daß wir die Erinnerung haben?" meinte er; „auf diese Weise können wir die Zeit verewigen." So ist es auch. Das, woran man sich am liebsten erinnert, war immer das Schönste in unserem Leben.

St. Wandrille, Donnerstag, am 19. des Heumonds 1067

Nun ist diese herrliche Zeit schon fast zu Ende. Am Sonntag will Wilhelm wieder in Rouen sein, um bald seine Reise nach Caen und Falaise anzutreten, die er immer wieder aufgeschoben hat. Der lebhafte Einspruch der Kinder ist umsonst. „Wann kommen wir nun wieder her?" fragte Richard, „vielleicht im Herbstmond, wenn man so schön jagen kann?" – „Im Herbst beginnt wieder der Unterricht, mein Sohn", sagte Wilhelm. „Doch wenn du fleißig zu lernen fortfährst, nehme ich dich auf einige meiner Jagden mit. Du mußt zuerst richtig angewiesen werden, denn du bist noch viel zu ungestüm." Rufus hat in den letzten Tagen eine Eule beobachtet, die ihr Nest in der großen Esche dicht beim Hause hat. Einmal hat er gesehen, wie sie einen Maulwurf in ihren Krallen trug. Die Beschließerin sagt, Eulen seien nützliche Tiere, weil sie Ratten und Mäuse wegfingen. „Du sollst nur mal sehen, wie sie den Kopf rumdreht", erzählte Rufus mir eifrig. „So ganz rum, so daß das Gesicht wie hinten ist – so ganz kugelig. Warum macht sie das?" – „Weil sie ihre Augen nicht drehen kann", sagte ich; „bei ihr muß immer der ganze Kopf mitgedreht werden, wenn sie etwas von der Seite sehen will." Er machte dies ein paarmal nach, sehr zur Erheiterung seiner Schwestern Adele und Adeliza. „Du bist ein Eulerich!" neckte ihn Adele. „Eulelick", echote Adeliza. Wie viel die Kinder auf dem Lande doch lernen können, indem sie die Tiere selbst beobachten! Wenn wir nur öfter herkommen könnten! Nun heißt es wieder Abschied nehmen – vom Jasminstrauch und den Rosenbeeten, vom Wald und den Rehen, vom Bach und den vertrauten Räumen, in denen ich Wilhelm immer bei mir hatte. „Wenn die schönen Tage zu lange währten, würde ihre Schönheit verblassen", sagte der ‚große Philosoph'; „da sie aber so kurz sind, leuchten sie in der Erinnerung weiter." Damit muß ich mich vorerst zufriedengeben.

Rouen, Dienstag, am 24. des Heumonds 1067

Das schöne Sommerwetter hält an, und ich reite häufig in der Frühe mit Wilhelm aus. Danach nehmen wir auf der Terrasse ein leichtes Frühstück ein und planen unseren Tag. Heute aber bin ich morgens in meinem Zimmer geblieben, weil Constanze weinte und nicht trinken mochte. Ob die plötzliche Umstellung nach der Rückkehr aus St. Wandrille sie verwirrt hat? Ich trug sie eine Weile auf meinem Arm umher, bis sie sich beruhigte. Als ich ihr endlich die Brust gab, kam Rufus ganz aufgeregt gelaufen: „Mamà, da sind zwei Buben auf unserem Kirschbaum gewesen, aber Papàs Jagdhunde haben sie entdeckt und ganz furchtbar laut gebellt – sind immer um den Baum rumgesprungen, und die Buben konnten nicht runter!" Er holte tief Luft, ehe er weitersprach: „Und dann ist der Papà auf Bucephalos durch den Obstgarten geritten und hat sie gefunden, wie sie oben auf dem Baum zitterten. Und nun hat er sie in den Turm gesperrt – und sie sitzen im finsteren Loch!" – „Meiner Treu!" rief ich aus; „wer waren denn die Buben?" – „Die vom Schmied – der Franz und sein Bruder, und jetzt sind sie eingesperrt!" Er lief gleich wieder davon, um es nebenan seinen Schwestern zu erzählen. Kurz darauf kam Barbara herein. Der König sei von seinem Morgenritt zurück und frage, ob ich mit ihm frühstücken wolle. „Gern", trug ich ihr zu bestellen auf, „sobald unser Jüngstes zu Ende getrunken hat."

Als ich eine Weile später auf die Terrasse trat, saß Wilhelm schon am Tisch und plauderte mit dem Pagen. Nachdem die Diener uns die frische Milch und das warme Brot gebracht hatten und wieder gegangen waren, fragte ich Wilhelm: „Stimmt es, daß du zwei Buben, die auf unserem Kirschbaum waren, in den Turm gesperrt hast?" Er lachte und sagte: „Die sitzen jetzt ihre Strafe ab. Es sind die Söhne vom Waffenschmied – prachtvolle Burschen. Doch die sollen eine Lehre erhalten! Bis heute abend lasse ich sie im Turm; zu essen bekommen sie dort nichts, nur Wasser habe ich ihnen hinstellen lassen." – „Und abends läßt du sie nach Hause?" – „Zuerst werde ich sie verhören", sagte er. „Möchtest du dabeisein?" – „Gewiß", sagte ich. „Die armen Kinder werden bestimmt noch von ihrem eigenen Vater verprügelt." Wilhelm schien nicht sonderlich bekümmert darüber, doch mir taten sie leid. Unsere Kinder sprechen heute morgen von nichts anderem als den beiden Kirschdieben. Auch Barbara ist ganz entsetzt. „Das ist schon arg dreist – in den herzoglichen Obstgarten gehen und dort die Kirschen stehlen!" – „Ja, darum sitzen sie jetzt auch im Loch!" rief Rufus mit Triumphstimme. Richard aber schien Mitleid mit ihnen zu haben und sagte zu Rufus: „Du hast auch schon gestohlen – hast dir Goldäpfel aus dem Korb genommen, der für unsere Gäste raufgetragen werden sollte. Ich hab's selbst gesehen." – „Hab ich gar nicht!" antwortete Rufus ärgerlich und lief davon. Doch Richard rief ihm nach: „Und lügen tust du auch noch!" Ich habe Wilhelm gefragt, ob der Waffenschmied schon Bescheid wisse, damit er sich nicht um seine Söhne ängstige, und er sagte, ja, er habe einen Diener hingeschickt. Ich finde Wilhelms Strafe etwas zu streng – es sind doch noch Kinder!

Später

Ich will nun noch schreiben, wie es mit den Knaben weitergegangen ist. Als die Sonne zu sinken begann und es am westlichen Himmel purpurrot wurde, ließ Wilhelm die beiden Waffenschmiedssöhne, Franz und Kunz, zu sich ins Jagdzimmer führen. Sie sahen im Gesicht leicht verschmiert aus, und man sah ihnen an, daß sie geweint hatten. Nun knieten sie zerknirscht vor Wilhelm nieder. Nach einer Weile des Schweigens fragte er sie: „Habt ihr mir nichts zu sagen?" – „Ja", stammelte der ältere, „es tut uns so arg leid, daß wir auf Euren Baum gestiegen sind." – „Und warum habt ihr euch Kirschen gestohlen, die euch nicht gehören?" – „Herr, wir sahen, daß die Vögel sie oben von den Zweigen wegpickten, und da dachte ich, da wollen *wir* sie lieber essen; und mein Bruder hat gar keine Schuld, den habe ich mitgenommen, der wollte zuerst gar nicht." Wilhelm zog die Unterlippe etwas ein, um ein Lächeln zu verbergen. Dann sagte er: „Die Vögel wissen es nicht besser, denen kann man keine Schuld geben. Aber ihr kennt doch sicher das siebente Gebot? Wie heißt das?" – „Du sollst nicht stehlen", erwiderte Franz ganz richtig; „und ich will es auch nie wieder tun." – „Das will ich hoffen", sagte Wilhelm mit strenger Stimme. „Wißt ihr auch, was mit Dieben geschieht, die man zum zweiten Male fängt?" Mit angstvollen Augen sahen die Knaben ihn an. Dann fragte Franz stammelnd: „Hängt man sie an den Galgen?" – „Nein", sagte Wilhelm, „aber man schlägt ihnen eine Hand ab. Und ihr braucht eure Hände, wenn ihr Schmiede werden wollt, nicht wahr?" – „Ich will gar kein Schmied werden", sagte Franz; „ich will später ins herzogliche Heer." – „So? Dort kann ich aber keine Diebe und Plünderer gebrauchen." – „Ich will es ganz bestimmt nie wieder tun!" beteuerte Franz, und Kunz echote: „Wir wollen es nie wieder tun!" – „Könnt ihr mir dies in die Hand versprechen?" fragte Wilhelm ernst, und Franz nickte und streckte seine Hand aus, die Wilhelm ergriff und ihm dabei tief in die Augen sah. Dann nahm er ebenfalls die kleine Hand des Kunz und hielt sie fest. So streng seine Stimme auch war, seine Augen schauten liebevoll auf die Knaben herab, so daß sie Zutrauen faßten. Kunz sagte mit seiner hellen Stimme: „Der Vater und die Mutter und wir alle haben den Herzog so lieb!" – „Von Menschen, die man liebhat, stiehlt man aber nichts." – „Wir tun es auch nie wieder!" erklang es jetzt zweistimmig. „Gut, ich will es euch glauben und euch nach Hause gehen lassen", sagte Wilhelm.

Die Knaben sahen sich unsicher an, denn sie schienen sich heute nicht auf die Heimkehr zu freuen. Da rief Wilhelm einen Diener herbei und sagte ihm: „Bring die Knaben zum Waffenschmied zurück und bestelle ihm, sie wären schon schwer bestraft worden und brauchten keine weitere Strafe mehr." Die dankbaren Knaben küßten Wilhelms Hände und gingen, sichtlich erleichtert, davon. Später sagte Wilhelm zu mir: „Diese werden nie wieder auf fremde Bäume klettern oder fremdes Eigentum entwenden." Wenn ich jetzt alles überdenke, so hat Wilhelm wohl recht mit seiner Strenge. Ein milder Verweis macht bei Kindern keinen nachhaltigen Eindruck. Es ist gut, wie Gott es eingerichtet hat – daß alle Kinder einen Vater und eine Mutter haben. Denn sie brauchen beides: die väterliche Zucht und die zärtliche, mütterliche Liebe.

Rouen, Donnerstag, am 26. des Heumonds 1067

Heute gab es eine traurige Nachricht für uns: Maurilius hat einen Herzkrampf erlitten und liegt darnieder. Wilhelm hat ihn jetzt von seinem Amt dispensiert und Gilbert Maminot kommen lassen, der vorläufig bei ihm bleiben soll. Auch hat er sogleich einen Boten nach Lisieux gesandt, damit Bischof Hugo bis auf weiteres den Erzbischof vertrete. Nun brauchen wir noch einen Vertreter für Bischof Hugo in Lisieux. Ich habe Wilhelm von Poitiers vorgeschlagen, den Wilhelm zum Archidiakon machen will. Doch Wilhelm sagt, er will sich dies zuerst überlegen. Maurilius hat uns lange und treu gedient und viele Änderungen zum Guten in den Bistümern bewirkt. Ihm ist es zu verdanken, daß dieses Amt – nach Maugers Entlassung – wieder zu Ehren gekommen ist. Sein eigenes Beispiel hat besonders die Mönche beflügelt, denn sein Verhalten war immer untadelig. Könnten solch edle Menschen doch mehrere hundert Jahre alt werden!

Rouen, Montag, am 6. des Erntemonds 1067

Ich muß nun allerlei für Wilhelms Reise nach Caen und Falaise planen. Robert, Richard, Agathe und Cäcilie dürfen ihn begleiten, ebenfalls Adi und Judith. Und die angelsächsischen Geiseln reisen auch wieder mit, damit das Volk sie sieht. Agathe und Judith lernen fleißig die englische Sprache, und so oft ich es kann, bin auch ich dabei, wenn Lucia sie unterrichtet.

Heute findet wieder ein Turnier statt – doch nur für die jungen Leute. Robert, Will und Edgar nehmen daran teil, und Waltheof hat den Plan entworfen. Er ist ein großer Pferdekenner, und manchmal sehe ich ihn staunend vor Bucephalos stehen, wenn der Reitknecht Wilhelm das Tier bringt. Waltheof hält sich so oft wie möglich in Wilhelms Nähe auf, so als wolle er seine Gunst erwerben. Wilhelm meint, dieser sei ein ehrgeiziger und auch kluger Jüngling, dem es jedoch an „Kernigkeit" fehle. „Was meinst du damit?" fragte ich ihn; „er ist kräftig wie kaum ein anderer und sieht aus wie ein junger Siegfried." Wilhelm lachte: „Er hat starke Knochen und große Kraft in den Gliedern – doch im Inneren, wo der Mensch Festigkeit braucht, ist er wie weiches Wachs." Seine Worte verwunderten mich. Zwar weiß ich, wie trefflich Wilhelm in andere Menschen hineinzuschauen vermag, doch mir gefällt der junge Waltheof, und ich meine, Wilhelm übertreibt ein wenig. „Kannst du ihn nicht härten?" fragte ich, halb im Scherz. Da sah er mich ernst an und sagte: „Eben das will ich tun, wenn er sich mir anvertrauen will. Zuerst aber muß ich sein Herz gewinnen, damit er sich meiner Zucht nicht widersetzt. Dieser junge Mann ist ohne Vater aufgewachsen, als er diesen am meisten gebraucht hätte. Doch er hat viel Gutes in sich, und das gilt es zu entwickeln." Ich hoffe, daß Wilhelm sich viele Freunde unter den Angelsachsen machen kann. Es war ein kluger Schachzug von ihm, die Sachsen von hohem Rang in die Normandie zu bringen und sich ihnen gegenüber so großzügig zu zeigen.

Rouen, Donnerstag, am 9. des Erntemonds 1067

Unser guter und von allen verehrter Erzbischof Maurilius ist gestern verschieden. Es wurde eine feierliche Totenmesse für ihn gehalten. Viele der Bischöfe waren schon am Hof, weil sie sein Ende herannahen fühlten. Ich weinte sehr, als ich ihn so still, mit wachsbleichem Antlitz, im Sarg liegen sah. Doch er hatte einen wunderbar friedlichen Ausdruck, als erfreue er sich einer himmlischen Ruhe. Maminot sagt, er sei ohne jeden Todeskampf ruhig entschlafen und habe es noch voll bewußt erlebt, wie man ihm die Letzte Ölung gab. Nun findet eine wichtige Versammlung mit allen Bischöfen statt, damit sein Nachfolger bestimmt wird. Ich weiß, wen Wilhelm im Sinne hat, und auch ich kann nur an diesen einen denken, welcher der würdigste von allen ist: Lanfranc. Wilhelms Reise nach Caen ist wieder auf unbestimmte Zeit verschoben worden.

Rouen, Montag, am 13. des Erntemonds 1067

Es ist gut, daß ich die Kinder habe, die mich oft aufheitern, wenn mir das Herz schwer werden will. Adeliza ist so herzig mit ihrem kleinen Schwesterlein, und Adele ist bereits eine richtige Mutter. Ich bin jedoch immer dabei, wenn sie meine Constanze halten wollen; und das Kleine freut sich dann derart, daß es laut jauchzt, sobald es seine Schwestern erblickt. Ach, könnte auch ich noch einmal so klein und sorglos sein! Ich muß immerfort an meinen armen Papà denken, denn heute erhielt ich einen Brief von Balduin. Darin schrieb er mir, daß Papà sich über die Geburt meines Töchterleins freue und mir Glück wünsche, daß er jedoch selbst nicht mehr schreiben könne; er habe seit einigen Wochen eine Lähmung auf der ganzen rechten Seite und könne seinen Arm nicht mehr bewegen. „Er will nicht, daß Du es weißt", schrieb er, „damit Du Dich jetzt nicht sorgst, wo ihr doch alle in froher Siegesstimmung seid. Aber ich will es Dir nicht verschweigen, Schwester." Jetzt, da ich dies niederschreibe, rollen mir wieder die Tränen aus den Augen.

Mein guter, edler Papà! Er will mir meine Freude nicht trüben, obgleich er jetzt so hilflos ist. Warum nur müssen auch die besten Menschen schließlich so sehr leiden? Am liebsten eilte ich zu ihm hin, aber das ist jetzt gar nicht möglich. Ich werde hier gebraucht und habe außerdem einen Säugling zu nähren. Die Reise nach Flandern ist weit und beschwerlich.

Noch etwas hat mich enttäuscht: Lanfranc will das Amt des Erzbischofs nicht übernehmen. Er hat mehrere Stunden mit Wilhelm gesprochen und gemeint, er sei noch nicht lange genug in Caen gewesen, um dort alle seine Pläne zu verwirklichen. Doch Wilhelm sagt, dies sei kein Grund, den er gelten lasse. Lanfranc schlägt den Bischof Johannes von Avranches vor und führt überzeugende Gründe an. Es war ein langes Gespräch, doch keiner von beiden hat nachgegeben; sie haben den gleichen harten Kopf! Wilhelm hat Lanfranc deshalb nach Rom gesandt, damit er die Angelegenheit dem Heiligen Vater unterbreitet. „Soll er entscheiden, worüber wir uns nicht einigen können", sagte er. „Wilm", bemerkte ich gestern abend, „es mag sein, daß Odo sich dieses Amt erhofft. Er hat manchmal solches angedeutet." – „Odo hat hochfliegende Pläne", sagte Wilhelm; „er eignet sich jedoch besser zum Grafen als zum Geistlichen. Außerdem ist sein Sittenleben beklagenswert." – „Meinst du, daß er auch drüben in England...?" fragte ich zögernd. „Ja", sagte Wilhelm, „er hat hüben wie drüben seine Konkubine. Mit neuen geistlichen Ämtern betraue ich ihn nicht." Ich merkte ihm den Ärger über seinen Bruder an, der andererseits seine rechte Hand ist und mit seiner Tatkraft Berge versetzen kann. Es sind nur selten alle Tugenden in einem Menschen vereint.

Rouen, Samstag, am 25. des Erntemonds 1067

Gestern abend ist Lanfranc eingetroffen, und obgleich er nur kurz mit Wilhelm gesprochen hat, weiß ich schon das Wichtigste: Papst Alexander hat Lanfranc zugestimmt und Johannes von Avranches zum Erzbischof von Rouen ernannt. Lanfranc hat ihm das Pallium mitgebracht – eines aus feinster weißer Wolle. Bischof Johannes soll noch Ende dieses Monats geweiht werden. Ich muß nun dafür sorgen, daß die kostbaren Geschenke, die Wilhelm für Caen und Falaise mitgebracht hat, sorgfältig verpackt werden. Für meine Abtei, die „Dreieinigkeit", ist ein Buchdeckel für eine Bibel dabei, der mit Silber und Elfenbein ausgelegt ist und vier goldene Figuren von Heiligen zeigt. Ein anderer Buchdeckel ist für Falaise bestimmt, für die Kirche, in der Wilhelm getauft wurde. Der Deckel ist ganz mit Edelsteinen besetzt, hat goldene kleine Reliefs und in der Mitte eine Madonna mit Kind aus Elfenbein.

Rouen, Montag, am 3. des Herbstmonds 1067

Heute liegt schon etwas wie Herbstesahnung über dem Land, und ich bin trauriger Stimmung. Wilhelm ist bis zum Ende dieses Monats im Westen des Landes, und ich entbehre ihn sehr. Manchmal schwindelt mir etwas, wenn ich daran denke, welch neue Würde er erlangt hat und welch hohe Aufgaben seiner harren. Ich hörte ihn mit Roger sprechen, dem er einiges über die englischen Gesetze erklärte – über die Aufteilung des Landes in Grafschaften und über die Gelder, die jedes Shire aufbringen müsse, wie man über die verschiedenen Gebiete eine Steuer erheben und alles gerecht auf das Volk verteilen könne. Es ist eine ganz neue Welt für mich. Wieviel lieber beschäftigte ich mich mit unseren Hofdichtern und -sängern oder mit den erbaulichen Herzensergießungen des Priors Anselm, von denen ich einige lesen durfte. Agathe hat sie mir bereits entwendet, kann aber noch nicht alles verstehen. Sie lernt jetzt sehr viel – das Englische, das Lateinische, Algebra, Geschichte, Länderkunde – und außerdem sorgt sie sich sehr um die Armen und Waisen. Mir scheint, daß diese emsige Tätigkeit ihr hilft, das jüngst Vergangene zu vergessen.

Rouen, Samstag, am 8. des Herbstmonds 1067

Heute habe ich viel, viel geweint, und nun soll das Memoirenbuch mein einziger Trost sein, dem ich meinen Kummer anvertrauen will. Schon ziemlich früh am Morgen – ich war gerade unten im Saal erschienen, um einen Gesandten des neuen Erzbischofs zu empfangen – traf ein Sonderkurier aus Flandern ein, der mir einen Brief überreichte. Ich erkannte Balduins Handschrift. Nichts Gutes ahnend, steckte ich ihn zu mir, erledigte alles Nötige mit dem Abt und ging dann geschwind in mein Zimmer, um den Brief zu lesen. Er enthielt die traurige Nachricht, daß mein geliebter Papà am 1. dieses Mondes für immer seine Augen geschlossen hat. Eine Weile saß ich wie versteinert da. Ich habe nicht bei ihm sein können, um ihm noch einmal all meine Liebe und Dankbarkeit zu bezeugen! Nicht nur meinen Vater habe ich verloren, sondern einen treuen Freund, der ein Stück von meinem Herzen war. Ich fühle mich plötzlich um vieles ärmer, und der Gedanke, daß ich ihn nie wieder sehen und sprechen – ihm nichts Gutes mehr tun kann, macht mich unsagbar traurig. Seine lieben, verstehenden Augen, die seine reine Seele widerspiegelten, werden sich nie mehr auftun – sie haben sich für immer geschlossen.

Balduin schreibt, Papà habe nicht mehr sprechen und auch nichts mehr essen können und sei eines Nachts ruhig entschlafen. Nun habe ich keine Eltern mehr, und mit ihnen ist auch meine Heimat wie im Nichts versunken. Was soll ich noch auf der alten Burg, wenn Vater und Mutter nicht mehr da sind? Sie wird mir leer und öde vorkommen. Und die Brüder leben nicht einmal in Frieden miteinander. Balduin schrieb in seinem Brief, er werde dafür sorgen, daß er Kron- und Reichsflandern wieder in seine Hand bekäme – denn er sei nun der neue Graf von Flandern, Balduin VI. Ich kann nicht verstehen, daß er schon an derartiges denken kann, wo unser Vater kaum unter der Erde liegt. Wie anders war da mein Papà. Er sprach immer mit viel Ehrfurcht von seinem eigenen Vater, der ein Ritter des Heiligen Römischen Reiches und ein Vasall des Kaisers gewesen war. Wenn doch nur Wilhelm hier wäre! Er allein kann mir Trost geben.

Später

Ich bin in unsere Hauskapelle gegangen und habe für die Seele meines Vaters gebetet. Es steht dort jetzt ein neues Weihwassergefäß, das Wilhelm aus England mitgebracht hat. Der Henkel wird von zwei Drachenleibern gebildet, deren Schwänze sich ineinander verschlingen und deren Mäuler die Ringe des Gefäßes halten. Das ganze Gefäß ist mit Edelsteinen und Elfenbeinfiguren geschmückt. Als ich meine Finger hineintauchte und auf die beiden Drachen sah, die wie in eines verschlungen waren, dachte ich: So sind auch Papàs und meine Seele miteinander verschmolzen, und vielleicht fühlt er jetzt meine Gedanken und meine Trauer. Als ich wieder in mein Zimmer ging, war es um die Mittagszeit. Ich rief Barbara und teilte es ihr als erste mit. Von ihr erfuhren es Rufus und Adele. Wie lieb die Kinder zu mir waren! Adele, die sich nicht mehr auf ihren Großvater besinnt und nur sah, daß ich weinte, kletterte auf meinen Stuhl und umhalste mich zärtlich. Rufus, der sehr an seinem Großvater gehangen hat, stand etwas ratlos da; dann streichelte er scheu meine Hand. Er hat mich selten weinen sehen und wußte nicht recht, was anfangen. Nun will ich es Wilhelm schreiben und ihm Balduins Brief nachsenden. Adelaide ist ausgeritten und kehrt erst in einigen Stunden wieder. Wie gut, daß ich wenigstens sie hier habe!

Rouen, Freitag, am 14. des Herbstmonds 1067

Die Welt, die mir vor kurzem noch so golden schien, ist nun von tiefen Schatten verdunkelt. Ich kann mich der Erinnerungen nicht erwehren, die auf mich einstürmen. Wie reich hat mich mein Vater das ganze Leben beschenkt! Ich denke an die erste Fahrt auf seinem Schiff, das „Adele" hieß und mit dem er öfter zu den östlichen Inseln fuhr – zur Wester und Ooster Schelde und manchmal bis nach Kennemerland. An einem schönen Sommertag durfte ich mit den Eltern zu den Inseln fahren; die Brüder waren noch zu klein und blieben zu Hause. Begeistert lief ich auf dem Schiff umher, betrachtete alles und kletterte die kleine Stiege in den Schiffsleib hinunter, wo ich die Wellen gegen die Bordwand klatschen hörte, ohne daß ich sie sehen konnte. Ich legte mein Ohr gegen die hölzerne Wand und lauschte dem erregenden Rauschen, wissend, daß ich nun auf dem großen Meere war. Papà zeigte mir alles und ließ mich zuschauen, wie die Segel gespannt wurden und wie man die Ruder faßt. Ich konnte mich an den Ruderern nicht satt sehen, und erst nach vielen Stunden wurde ich müde und schlief in Papàs Armen ein. Ab und zu wachte ich auf und spürte im Halbschlaf das leise Wiegen des Schiffes auf den Wellen, atmete die würzige Meeresluft ein und schlief dann selig weiter. Auf den Inseln angekommen, durfte ich zum ersten Mal auf einen Leuchtturm steigen, das heißt, Papà trug mich die größte Strecke hinauf. Es wurde schon dämmrig, und wir blieben oben beim Wächter, bis die großen Feuer angezündet wurden. Es war ein schaurig-schönes Bild – die riesigen Feuer in den runden Pfannen, die eine große Hitze verströmten.

Noch viele andere Erinnerungen drängen sich in mein Herz, denen ich mich mit wehen Gefühlen hingebe. So mein erster Ausritt mit Papà. Das war am Ostermontag gewesen, kurz nach meinem zehnten Geburtstag. Ich hatte von den Eltern ein junges Pony geschenkt bekommen, auf das ich sehr stolz war. Nachdem ich etwas im Burggarten umhergeritten war, versprach mir Papà einen Ausflug, den er ganz allein mit mir machen wollte. Meine Freude schlug solch hohe Wogen, daß Mamà zu Papà sagte: „Sie wird vor lauter Vorfreude heute nacht nicht schlafen können." Doch ich schlief fest, wachte aber schon früh auf und wartete nicht auf das Kindermädchen, sondern zog mich allein an. Es war ein sonniger Frühlingstag, die Bäume blühten, und im Wald duftete es würzig nach Erde und Moos. Ich war selig, neben meinem geliebten Papà daherreiten zu können. Ab und zu blickte er mich liebevoll und mit gewissem Stolz an. Damals hatte er noch rotbraunes, leicht welliges Haar, das unter seiner Mütze hervorquoll. Wir machten nach etwa zwei Stunden Rast und saßen auf den Steinen am Bach, der in lauter Windungen durch die weichen, grünen Moosmatten floß.

Dann ritten wir bis nach Zeehoven, wo einige Bauern auf dem großen Marktplatz gefärbte Eier und auch andere schöne Dinge – wie Honigkugeln – zum Verkauf boten, von denen mir Papà ein ganzes Säckchen kaufte. Auf dem Rückweg überholten wir eine Gruppe von Händlern, die auf dem Weg nach Brügge waren, um dort am nächsten Tag ihre Sachen an die Läden zu verkaufen. „Zeigt einmal, was Ihr habt", sagte Papà, und da breiteten sie eifrig ihre Schätze vor ihm aus, darunter auch einige Schmuckstücke. „Gefällt dir eines davon?" fragte Papà mich lächelnd. Ich wies scheu auf einen kupfernen Schmetterling, der an einem silbernen Kettchen hing und es mir sofort angetan hatte. „Da du nun zehn Jahre alt bist und schon so gut reiten kannst", sagte Papà, „sollst du ihn als Erinnerung an deinen ersten Ausritt haben." Ach, wie selig war ich, als er mir die Kette um den Hals legte. Ich habe den kleinen Schmetterling immer noch... Soeben habe ich in meiner Schmucktruhe nachgesehen, wo er im untersten Fach unter den abgelegten Sachen war. Er ist inzwischen ganz grün geworden, und ich will ihn putzen lassen. Ist er doch ein besonderes Andenken an meinen geliebten Papà!

Welch unbeschwerte, sorglose Zeiten es damals waren, als ich geborgen in der elterlichen Burg lebte, von viel Liebe umgeben war und die Welt so viel Schönes bot! Papà konnte jeden Tag zu einem Fest machen. Ist dies nun auf immer dahin? Woraus besteht unser Leben eigentlich? Vielleicht nur aus einer Reihe von Bildern – wie in einem großen Buch –, und auf der letzten Seite dieses Bilderbuches steht der Tod gemalt; und dann klappt man das Buch zu, das sich nie wieder öffnet. Die Bilder der Vergangenheit lassen sich nicht wieder heraufbeschwören; sie sind unwiederbringlich dahin. Wie wirklich ist das Leben dann aber? Wenn alles Zukünftige in Windeseile zur Vergangenheit wird – was ist der Sinn von allem? Vor einem Jahr saßen wir in St. Valéry und warteten auf den günstigen Wind, und die Eroberung Englands lag noch im Schoß der Zukunft. Nun ist dies bereits Vergangenheit geworden. Die Zeit läuft jetzt viel schneller als damals – in meiner Jugend. Ich bin nun schon 35 Jahre alt, und Wilhelm ist 39 geworden. Weit über die Hälfte meines Lebens liegt hinter mir. Heute noch sind die meisten meiner Kinder klein, und bald werden sie selbst Kinder haben, wenn Wilhelm und ich im Grabe ruhen. Eine endlose Kette von Geschlechtern, die aus dem Nichts auftauchen und wieder im Nichts entschwinden...

Rouen, Sonntag, am 23. des Herbstmonds 1067

Der neue Erzbischof Johannes hat heute nach der Messe mit mir gesprochen und mich wunderbar getröstet. Er sprach vom ewigen Leben nach dem Tode und von dem wunderbaren Frieden, dessen sich die guten Seelen erfreuen. Dann fragte er: „Fühlt Ihr nicht manchmal, Madame, daß die Seele Eures Vater bei Euch ist?" Da wußte ich, daß es so war. Oft sogar meine ich, daß ich seine Freude und seine Liebe spüre, und heute nacht träumte mir von ihm. Wir stiegen die Treppen zum Bergfried hinan, auf den er uns Kinder hin und wieder geführt hatte, und es war genauso wie früher. Auch wunderte ich mich im Traum gar nicht darüber, daß ich daheim in Brügge war und daß Papà noch lebte. Aber er lebt ja auch noch – nur in einer viel schöneren Welt – einer Welt, die er sich verdient hat. Ob er dort alle meine Gedanken und meine Dankbarkeit fühlt?

Rouen, Michaelistag – Samstag, am 29. des Herbstmonds 1067

Wilhelm und die Kinder sind zurück; sie trafen etwas früher als erwartet ein. Wie tröstend war es, mich von seinen starken Armen umfangen zu fühlen und wieder seine Stimme zu hören. „Du hast deinen Vater immer im Paradies der Erinnerung bei dir", sagte er, und schöner hätte es niemand ausdrücken können. Wir saßen am ersten Abend lange beisammen und sprachen von Brügge und der Zukunft Flanderns. Dann erzählte er mir von den Festlichkeiten in Caen, von dem jubelnden Empfang in seiner Geburtsstadt Falaise, von den Kindern, die sich wie echte Prinzen und Prinzessinnen verhalten und überall Bewunderung erweckt hätten, von den Angelsachsen, die gut Freund mit unseren Kindern seien, von Stigand, der immer das sage, was die anderen gern hören wollen, um ihre Gunst zu erwerben – und darüber war es sehr spät geworden. Das Feuer war ausgegangen, und ich begann zu frösteln. „Ich muß nun Constanze die Brust geben", sagte ich; „darf ich dann wiederkommen?" – „Zuerst komme ich mit dir", sagte er, „um meine kleinen Mädchen zu begrüßen." – „Sie schlafen aber schon längst, Wilm." – „Dann brauche ich eine Lampe", meinte er lächelnd. Die erste Nacht, die er wieder hier war, schlief ich, an seine Schulter gelehnt, ein und fühlte mich so geborgen wie ein Vogeljunges in seinem Nest. Wenn er nur bei mir ist, dann ist alles gut!

Rouen, Samstag, am 6. des Weinmonds 1067

Es wird mit Macht herbstlich, aber es ist eine schöne Zeit zum Ausreiten. Noch sind die meisten Bäume grün, doch einige welke Blätter fallen schon herab, und ein ganz besonderer Duft liegt über dem Land. Während der Abende lernen die Kinder mit unseren angelsächsischen Gästen gegenseitig ihre Sprachen. Lucia und Edwin lernen das Französische, das Agathe sie lehrt. Sie macht es sehr gut und nach einer bestimmten Methode. Dabei lebt sie sichtbar auf; sie sieht viel frischer aus als seit langem. Sie selbst spricht das Angelsächsische schon recht fließend und übt sich auch mit Richard darin. Rufus hat noch nicht viel Lust zum Lernen von Sprachen, und Cäcilie braucht es gar nicht gut zu können, weil sie ja ins Kloster geht.

Wilhelm erzählte mir heute von der neuen Festung, die er in London bauen läßt. Es war das erst Mal, daß er edavon sprach, nach England zurückzukehren. „Wann willst du reisen?" fragte ich, leicht traurig. „Ich reise nicht allein", meinte er lächelnd; „ich nehme die ganze Familie mit." Ich sah ihn fragend an und versuchte mir dies vorzustellen. Da sagte er: „Doch nicht vor dem nächsten Jahr. Wenn alles gut geht, können wir Anfang des Lenzmonds segeln, damit wir zum Osterfest dort sind. An diesem Tag sollst du gekrönt werden." Ich sah ihn erschrocken an. „Warum denn ich, Wilhelm? Ich bin doch nur die Gemahlin des Königs." – „Eben darum." Dann nahm er meine Hand zwischen seine beiden Hände und blickte mich zärtlich an. „Es war mein größter Wunsch, Mathilde, mit dir zusammen gekrönt zu werden. Aus diesem Grund allein hätte ich die Krönungszeremonie gern aufgeschoben. Doch es hat nicht sein sollen. Nun aber will ich, daß auch du als Englands Königin geweiht wirst." Seine Worte bewegten mich tief. Ich fühlte seine Anerkennung und Dankbarkeit – obgleich ich doch gar nicht viel für ihn habe tun können. „Es sei, wie du sagst, Wilhelm", erwiderte ich leise, und da zog er mich in seine Arme und hielt mich lange an sich gepreßt. „Wir können noch nicht im neuen Schloß wohnen", sagte er; „aber es wird dir auch in Barking gefallen, denn du magst doch die Landluft gern, nicht wahr?" Das konnte ich von Herzen bejahen. Er erzählte mir dann vom Baumeister Gundolf, der Bischof von Rochester sei und den er mit dem Bau der neuen Festung betraut habe. „Sie soll ganz so werden wie unser Heimatschloß in Rouen", sagte er, „damit wir uns dort zu Hause fühlen."

Später

Als wir heute im kleinen Saal bei Tisch saßen, sagte Wilhelm, daß alles Land in England nun Eigentum des Königs sei, was bislang nicht der Fall gewesen wäre. Jeder habe sich Land, das frei dalag, nehmen können. Aber von nun an werde er darüber bestimmen und es nach seinem Gutdünken verschenken. „Das sehen die Angeln natürlich nicht gern", warf sein Bruder Robert ein. „Noch sehen die Raubritter die strengen Gesetze gern", sagte Odo von der Champagne. „Kaufleute und Reisende dürfen nicht belästigt werden, das unmäßige Trinken ist verboten, und die härtesten Strafen werden gegen solche verhängt, die plündern und Frauen Gewalt antun." Wilhelm schützt den Holzhandel in England und wird später dieselben strengen Jagdgesetze einführen, die auch in der Normandie bestehen.

Mir hat wieder von Papà geträumt. Er saß in seinem Lehnstuhl und sah alt und müde aus. Als ich auf ihn zutrat, streckte er seine Hand aus und sagte: „Endlich bist du gekommen, Tilde. Ich habe nicht mehr viel Zeit." Als ich darüber aufwachte, fühlte ich ihn so nahe!

Rouen, Mittwoch, am 10. des Weinmonds 1067

Ich habe nun, etwas verspätet, das Haushaltsjahr abgerechnet, und Robert mußte dabeisein, als Wilhelm es prüfte. „Wenn ich wieder in England bin, mußt du dich solcher Dinge annehmen", sagte er seinem Sohn. „Bin ich nun Herzog, Vater, wo Ihr der König seid?" fragte Robert. „Nicht eher, als bis du richtig regieren kannst", erwiderte Wilhelm. „Doch du darfst Mitregent sein." – „Ich will aber auch mit nach England und alles sehen", sagte er. „Das sollst du, und zu Mutters Krönung darfst du mitkommen; dann aber schicke ich dich wieder zurück. Wenn weder Mutter noch ich in der Normandie sind, mußt du alle Charten unterschreiben." Robert schaute eine Weile nachdenklich vor sich hin und sonnte sich im Gefühl seiner neuen Würde.

Die Kinder wissen schon um meine Krönung und freuen sich alle sehr auf die Reise. „Fahren wir dann alle auf deinem Schiff, Mamà?" fragte Adele. „Ja, gewiß", fiel Richard ihr ins Wort. „Wir fahren so weit raus, daß wir nur noch Himmel und Wasser sehen und sonst gar nichts." Rufus sah seinen älteren Bruder etwas unsicher an. „Ich glaub, da hab ich Angst", meinte er. „Du kannst doch schon schwimmen", neckte ihn Cäcilie. „Ja, aber dann ist es weit vom Land weg, und dann geht mir die Luft aus." – „Der Vater läßt dich schon nicht ertrinken!" beruhigte ihn Agathe. Sie freut sich ganz besonders auf die Reise. Heute abend kam sie zu mir und fragte: „Nicht wahr, Mamà, wenn wir in England sind und nach Hastings kommen, dann kann ich auch Haralds Grab sehen?" – „Wir alle werden es sehen", sagte ich, und da meinte sie: „Ich möchte aber gern eine Weile ganz allein dort sein." Sie bewahrt ihm ein treues Andenken, und ich glaube, daß sie im Reich ihrer Gedanken viel glücklicher ist als in der irdischen Welt.

Rouen, Mittwoch, am 17. des Weinmonds 1067

Wir haben wieder eine traurige Nachricht erhalten. Richard, der Graf von Evreux, ist ganz plötzlich nach kurzer Krankheit verschieden. Balduin, der neue Bischof von Evreux, der erst seit vorigem Jahr im Amt ist, hat uns dies mitgeteilt. Wilhelm ist sehr betrübt darüber, denn der Graf war ein Vetter seines Vaters und ihm von Kindheit an vertraut. Nun ist Godehildis zum zweiten Male Witwe geworden. Richards Sohn Wilhelm ist noch in England, und wir müssen ihn vom Tode seines Vaters unterrichten. Wilhelm hat vor, dies selbst zu tun. Es tut mir weh, wenn ich daran denke, daß die Nachricht den jungen Grafen bestimmt unerwartet treffen wird. Die Wunde in meinem eigenen Herzen ist noch zu frisch.

Rouen, Dienstag, am 30. des Weinmonds 1067

Gestern sagte Wilhelm ganz unvermittelt, daß Odo und fitzOsbern es nicht leicht hätten, in seiner Abwesenheit die Zügel fest in der Hand zu halten; es klang, als ob er etwas Ungutes ahne. Und heute bereits erreichten uns betrübliche Nachrichten. Die Bürger von Dover, die sich Wilhelm ohne Widerstand ergeben hatten, müssen sich eines anderen besonnen haben, oder aber – wie Wilhelm vermutet – Odo hat sich bei den Leuten verhaßt gemacht. Wir erfuhren dies durch Hugo von Montfort-sur-Risle, den Odo geschickt hatte, dem König alles zu berichten. Es hat eine Revolte in Dover gegeben; doch was ich so gar nicht verstehen kann, ist, daß Eustachius sich von den Rebellen hat aufwiegeln lassen. Die Männer von Dover haben, während Odo und Hugo für kurze Zeit abwesend waren, eine Delegation nach Boulogne gesandt und

Eustachius um Unterstützung durch Waffen gebeten, ihm auch ein großes englisches Heer versprochen. Sie wollten ihn während Wilhelms Abwesenheit zum König erklären. Und Eustachius ist sofort mit seiner Flotte über den Kanal gesegelt, hatte viele Ritter bei sich, aber nur wenig Pferde. Die Verstärkung sollte in einigen Tagen nachkommen. Unbedacht, wie er ist, griff er die Normannen in Dover sofort an. Doch diese, obwohl gering an der Zahl, weil viele mit Odo mitgezogen waren, verteidigten die Festung so hartnäckig, daß Eustachius bald die Zwecklosigkeit seines Vorhabens einsah. Er zog sich mit seinen Leuten auf die Schiffe zurück.

Und da öffneten sich die Tore der Festung, die belagerten Normannen stürzten heraus und griffen die fliehenden Ritter des Eustachius mit solcher Wildheit an, daß dieser glaubte, Graf Odo selbst sei zurückgekehrt und führe die Garnison an. Er floh mit seinem Heer so schnell er konnte. Viele seiner Männer sprangen sogar vom Kliff herab und zerschellten auf den Felsen oder ertranken im Meer. Andere drängten sich in solchen Massen auf die Schiffe, daß einige davon kenterten. Hugo sagt, daß Eustachius selbst entkommen sei, indem er auf das schnellste Pferd sprang; und da er die Gegend gut kenne, habe er entfliehen können. Doch seinen Neffen habe man gefangen. Ich sah, wie Wilhelm den Kopf schüttelte, die Ellbogen auf den Tisch stützte und sich in komischer Verzweiflung mit beiden Händen durch das Haar fuhr. „Dieser Narr! Dieser Faseler und wankelmütige Kauz! Dem will ich es heimzahlen!“ Hugo versicherte uns, daß nun alles in bester Ordnung sei und daß die Normannen unumschränkte Herrschaft über Dover hätten.

Als ich später mit Wilhelm allein war, fragte ich ihn, wie sich Eustachius so habe umstimmen lassen können. „Er hat in Hastings treu an deiner Seite gekämpft“, sagte ich. „Ja“, meinte Wilhelm, „doch sein Ehrgeiz ist unersättlich. Er hatte mehr Kriegsbeute von mir erwartet. Ich habe ihm nie ganz getraut, und es war ein Fehler von mir, Gottfried so bald zurückzuschicken. Nun werde ich seinen ältesten Sohn Eustachius als Geisel verlangen. Und er selbst kommt vor das Gericht.“ Mir tut Ida aufrichtig leid. Sie hat sicher nichts hiervon gewußt und hätte einen besseren Mann verdient.

Rouen, Freitag, am 9. des Nebelmonds 1067

Die Tage werden jetzt kürzer, denn es wird früh dunkel. Es ist eine trauliche Zeit, weil Wilhelm daheim ist und sich oft seinen Gästen widmet. Es wird Schach gespielt, es werden Lieder zur Laute und Harfe vorgetragen, und sogar ich habe wieder auf meinem Instrument gespielt. Unsere angelsächsischen Gäste unterhalten sich gern mit Agathe, die heute fragte, ob es auch große Heilige in England gegeben habe. Da erzählte Morcar ihr etwas über die hl. Edith, welche die natürliche Tochter König Edgars gewesen und im Kloster zu Wilton aufgezogen worden sei. Ihre Mutter, die hl. Wilfride, war dort Äbtissin. Edith starb schon sehr jung. „Sie hatte der Welt gar nicht entsagt", meinte Morcar auf englisch, was ich ganz gut verstand, „denn sie kannte die Welt überhaupt nicht. Sie wuchs im Kloster auf und starb daselbst, noch ehe sie 24 Jahre alt war." Edwin erzählte auf französisch, daß vor kurzem die jetzige Äbtissin Aelviva von Wilton durch die hl. Edith geheilt worden sei. Sie habe an Skrofulose gelitten und sei schon fast erblindet gewesen. Als die Äbtissin vor dem Grabe der Heiligen betete, geschah das Wunder, und sie war geheilt. Über solche Dinge unterhält sich meine Agathe nur zu gern, dabei glühen ihre Wangen, und ihre großen blauen Augen haben eine solche Leuchtkraft, daß die jungen Angelsachsen ihr bewundernde Blicke zuwerfen. Doch sie ist sich dessen gar nicht bewußt; dazu ist sie viel zu unschuldig. „Ihr habt ein holde Tochter", sagte Edwin zu mir; „wenn sie gekommt zu England, will ich ihr schöne Kirches und Klosters zeigen." Agathe hörte es und lächelte mir verstohlen zu. Sie hört ihn gern sprechen, denn er erinnert sie ein wenig an Harald. Einem solchen Mann würde ich sie schon gern geben; er ist jung und war noch nie vermählt. Auch hat er etwas kindlich Unschuldiges in seinem Wesen.

Rouen, Donnerstag, am 15. des Nebelmonds 1067

Heute hat uns ein Brief von Warenne erreicht, der Wilhelm sehr zu denken gibt. Er schrieb seinem König vertraulich über die beiden Regenten fitzOsbern und Odo, die – wie es scheint – ihre Macht mißbrauchen. „Das neu erworbene Königreich scheint sie weniger zu kümmern als die Vergrößerung ihres eigenen Besitzes und ihrer Macht. Sie sind taub gegen das Murren des Volkes, das sich unterdrückt fühlt, denn die verschiedenen Übertretungen der normannischen Krieger werden nicht bestraft. Manche der Bürger und Bauern wollen diese Behandlung nicht länger dulden; wie mir vertraulich von einem meiner Kuriere mitgeteilt wurde, haben sich einige angelsächsische Barone an den Dänenkönig gewandt. Nach dem, was in Dover geschehen ist, müssen wir auf alles gefaßt sein. Falls die Dänen unsere Küsten angreifen sollten, müssen wir gewappnet sein." – „Mein Gott, Wilhelm!" rief ich aus; „es kann doch nicht erneut zu einem Kriege kommen!" Er sah mich lange nachdenklich an. Dann sagte er: „Das Land ist wie ein Vulkan, an dessen Abhängen blumige Wiesen wachsen, in dessen Innerem jedoch feurige Lavamassen brodeln, die jeden Augenblick ausbrechen können." – „Das hört sich aber schlimm an, Wilhelm!" Er lachte verächtlich und schlug mit der flachen Hand auf den Tisch. „Bei Gottes Herrlichkeit! Ich werde sie unter meine Faust zwingen – zuerst meine eigenen Vasallen, dann die Fremden." Er stand auf und ging einige Male im Zimmer auf und ab. Dann läutete er dem Diener und ließ die Curia einberufen. Ach, ich wußte es ja immer, daß dieses Land ein Wespennest ist. Warum mußte alles so kommen? Eine Königskrone drückt sehr viel schwerer als die eines Herzogs.

Später

In der Sitzung der Curia, bei der auch Robert zugegen sein durfte, wurde beschlossen, daß Wilhelm sofort an fitzOsbern schreiben solle, und dann wolle man auf dessen Antwort warten. „Es ist möglich, daß ich bald selbst hinüber muß", sagte er mir soeben. Ich konnte meine Enttäuschung nicht verbergen, und Wilhelm sah, daß ich Tränen in den Augen hatte. „Ich wäre gern mit dir und den Kindern hinübergefahren, Mahaut", sagte er. „Doch will ich das Land erst in Frieden und Ordnung wissen, ehe wir uns auf die Krönung rüsten. Sorge dich nicht, ich hole dich bald nach." Ich hoffe und bete nun, daß drüben vielleicht doch noch alles ins Gleichgewicht kommt und fitzOsbern uns schreibt, Wilhelm brauche nicht zurückzukehren. Jetzt, wo das Weihnachtsfest naht, soll er es in seiner Normandie feiern. Er war bereits vorige Weihnacht nicht hier!

Rouen, Samstag, am 17. des Nebelmonds 1067

Heute erhielten wir einen Brief von Balduin, der uns schrieb, Eustachius habe um Asylum in St. Omer gebeten, doch er, Balduin, wolle zuerst bei uns anfragen, was es mit dem kürzlichen Aufstand in Dover auf sich gehabt habe. Sei Eustachius aus England verbannt worden, und sei es Wilhelm recht, daß er Zuflucht in Flandern nähme? Er sei mit einem Fischkutter aus Dover gekommen, wolle aber nicht nach Boulogne zurück, wo der König „ihn leicht finden" könne. Wilhelm trug mir auf, Balduin zu antworten, er solle Eustachius zunächst festhalten. Normannische Ritter seien unterwegs, ihn nach England vors königliche Gericht zu führen. „Weiß Ida gar nicht, wo er ist?" fragte ich Wilhelm. „Sie tut mir so sehr leid, Wilm." – „Schreibe ihr", sagte Wilhelm, „daß ihr Gemahl bei mir in Ungnade gefallen sei." Das ist nun eine schwere Aufgabe für mich. Gibt es eine tugendsamere, frömmere Frau als Ida? Sie hätte den besten Ehemann verdient – nicht einen, der seine Ehre auf immer verspielt hat.

Rouen, Donnerstag, am 29. des Nebelmonds 1067

Fast zwei Wochen sind vergangen, seit ich das letzte Mal etwas in mein Memoirenbuch geschrieben habe. Inzwischen ist die gefürchtete Nachricht aus England eingetroffen. FitzOsbern schrieb in großer Verzweiflung, daß die Aufstände sich mehrten. Er und Odo hätten versucht, diese durch strengere Strafen zu unterdrücken, doch nun fürchteten sie den Einbruch feindlicher Krieger aus Dänemark. „Auch Bischof Odo bittet Euch, nach England zurückzukehren", schrieb er. „Die Anwesenheit des Königs allein kann jetzt noch helfen, denn man baut bereits in verschiedenen Städten Festungen, die man mit bewaffneten Angelsachsen besetzt; und diese weigern sich, ihre Tore den Normannen zu öffnen." Wilhelm war sehr aufgebracht darüber. „Ich wollte das angelsächsische Volk im Guten für mich gewinnen", sagte er, „durch Gerechtigkeit und Großzügigkeit. Doch weder Odo noch fitzOsbern wissen Maß zu halten. Sie haben das Volk in Aufruhr gebracht, und mir bleibt nur noch der Weg der Gewalt." – „Was wirst du tun, wenn du zurückkehrst?" fragte ich ängstlich. „Ich werde alle Grafschaften, die ich noch nicht unter meiner Herrschaft weiß, unter mein Joch beugen", sagte er. „Kann ich sie nicht auf friedlichem Wege gewinnen, dann muß es mit Hilfe von Waffen geschehen. Ehe England nicht unter einer Krone vereinigt ist, wird es nie Ruhe geben. Ich kann nicht länger warten." In einigen Tagen schon will er aufbrechen, damit er Anfang des Christmonds segeln kann. Er hat sich Dieppe als Hafen ausgesucht, von wo aus man im Winter eine bessere Überfahrt hat.

Nun verlassen uns auch die angelsächsischen Geiseln wieder – sehr zur Betrübnis der Mädchen. Sogar Agathe sieht sie ungern ziehen. „Wir werden jetzt gar keinen Spaß mehr haben", meinte Judith. Waltheof hat ihr gestern gesagt: „Bin traurig, von besteste Mädchen zu scheiden." Dieses Wort ist nun in aller Munde. Adi sagte heute zu mir: „Du bist meine besteste Muhme." Wilhelm nimmt diesmal Roger mit nach England, der sich sehr darüber freut. Doch Mabille, die wieder ein Kind unter dem Herzen trägt, ist darob voll Unwillens. „Ich brauche ihn", sagte Wilhelm ruhig, aber bestimmt. „Roger ist wie ein Fels, doch hat er genug Herz, andere nicht zu unterdrücken." Er versprach Mabille, daß Roger eine Grafschaft erhalten werde und daß sie selber später als englische Gräfin auf das Inselreich übersiedeln könne. Das hat die ehrgeizige Mabille genügend getröstet. „In England hat sie noch keine Erzfeinde", meinte Wilhelm später zu mir. „Ich sähe sie lieber dort als hier in der Normandie."

Wie schnell sind doch diese herrlichen Monate dahingeflogen – der Frühling, der Sommer und der schöne, klare Herbst! Nun ist es Winter geworden, und der Himmel sieht nach Schnee aus. Auch durch meine Gedanken ziehen dunkle Wolken, die ich nicht verscheuchen kann. Wo ich auch hinblicke, sieht es düster aus. In Boulogne ist Eustachius untreu geworden, und in Flandern streiten sich die Brüder. Wilhelm hat Balduin ausrichten lassen, er solle nichts übereilen. „Geduld ist die oberste Tugend eines weisen Regenten", waren seine Worte. Mir sagte er, Papà hätte Flandern nie aufteilen sollen – aber nun, da es geschehen sei, solle man am besten eine Generation verstreichen lassen, um den Frieden zu erhalten. „Wenn Balduin diesen Rat befolgt", meinte er, „wird sein Sohn später über ein vereinigtes Flandern regieren." In England gärt es, und in Dänemark rüstet man sich auf einen Krieg. Es ist ähnlich wie am Anfang von Wilhelms Regierungszeit in der Normandie; da war er von Feinden umzingelt, hat aber nach und nach sein Land zu Frieden und Wohlstand gebracht. Dasselbe in England zu vollbringen, erscheint mir aber eine viel gewaltigere Aufgabe.

Rouen, Donnerstag, am 6. des Christmonds 1067

Heute denke ich viel an Wilhelm. Ob er wohl schon auf dem Meer ist? Es stürmt hier sehr. Regen, vermischt mit Hagel, trommelt ans Fensterglas. Es ist die schlimmste Jahreszeit zum Segeln. Ehe Wilhelm aufbrach, hat er noch Geschenke für die Kirchen hinterlassen, die er nicht mehr – wie er gehofft hatte – persönlich aufsuchen kann: für Cormeilles, Conches, Montebourg, Mont-Saint-Michel – ebenfalls für einige Kirchen, die außerhalb der Normandie liegen wie Marmoutier, St. Riquière und Cluny. Die Geschenke bestehen aus wunderbaren Kelchen und Trinkbechern aus Gold und aus priesterlichen Gewändern, die selbst einen Byzantiner oder Araber mit Neid erfüllt hätten. Diese Geschenke muß ich nun verteilen und durch Sonderboten übersenden lassen. Ein sie begleitender Brief muß geschrieben werden, den Robert im Namen seines Vaters unterzeichnen soll. Wilhelm will, daß Robert den Brief allein schreibt und daß ich ihn nur verbessere. Das lenkt mich ein wenig von meinem Kummer ab. Wilhelm hat Robert zum Mitregenten bestimmt, damit er sich an die künftige Verantwortung gewöhnen lernt; doch habe ich auch noch manche Bischöfe und Barone als Stütze, die in England nicht gebraucht werden.

Waltheof schenkte Judith zum Abschied ein silbernes Armband, an dem ein kleiner silberner Fisch mit beweglichem Schwanz hängt. Das Geschenk entzückte sie. „Der Abreise hat mich ganz übergerascht", sagte er ihr. „Diese Fisch ist ich, die Ihr habt gefangen." Sie lächelte unter Tränen und dankte ihm, indem sie ihm beide Hände reichte. Er drückte sie recht kräftig, so daß sie, wie sie mir später sagte, fast aufgeschrien hätte. „Eigentlich gefällt mir der Edwin viel besser", meinte sie; „aber der hat ja nur Augen für Agathe. Und der Waltheof mag mich so gern, daß er mir sogar was geschenkt hat! Er ist auch so gefühlvoll, Muhme, besonders, wenn er singt."

Wilhelm hat den Geiseln nicht gesagt, warum er so plötzlich abreist. Aber sie haben sicher einiges erfahren, weil am Hof davon gesprochen wird. „Wie gern reiste ich mit dir an die Küste", sagte ich am Morgen des Aufbruchs zu Wilhelm. Er zog mich zärtlich in seine Arme. „Von nun an wird unser Leben, mehr als zuvor, aus ständigem Abschied und Wiedersehen bestehen", sagte er. „Freue dich deshalb bei jedem Abschied auf das baldige Wiedersehen." Und dann sagte er noch etwas, was mich tief bewegte: „Bei dir weiß ich unsere Normandie in guter Hut. Ich kann jetzt mein ganzes Augenmerk auf England richten." Als er dann mit Roger und seinem übrigen Gefolge davonzog, hielt sich Mabille an meinem Arm fest und weinte. „Ihr werdet ihm bald nachfolgen", tröstete ich sie; doch auch mir steckte das Weinen in der Kehle. „Es ist ganz anders, wenn er über das Meer fährt", jammerte sie. „Wenn er mir nur treu bleibt! Es gibt viele hübsche Mädchen dort – ähnlich wie Lucia es ist –, denen er gefallen mag." Diese Sorge kann ich ihr nicht abnehmen; ich habe genug meiner eigenen. Es gab manche Tränen bei diesem Abschied, wie ich bemerkte. Denn als die Reiter außer Sicht waren und ich mich umwandte, sah ich Muriel, deren Herz schwer ist, Fredesensis, Adeliza, Agathe, Judith, Adi und Cäcilie ihre Augen trocknen. Wilhelms Gegenwart ist immer wie ein Licht, das jeden Tag erhellt; und wenn er wieder fort ist, herrscht Dämmerung. Möge seine Gegenwart nun Licht über England bringen!

Rouen, Mittwoch, am 12. des Christmonds 1067

Heute erhielt ich eine Nachricht von Roger, und Mabille hat ebenfalls ein Brieflein von ihm bekommen. „Der König läßt Euch mitteilen, daß wir nach einer stürmischen Überfahrt gut in Winchelsea gelandet sind. Es hat mich gefreut zu sehen, daß unser König mit großen Ehren empfangen wurde und daß sein Erscheinen Freude auslöste – nicht nur bei seinen Vasallen und normannischen Getreuen, sondern auch beim Volk. Wir hoffen, daß seine Gegenwart allein die Rebellen in Schach halten wird." An Mabille schrieb er voller Stolz, daß der König ihn zum Herrn zweier Städte gemacht habe: Chichester und Arundel. Er plane nun, ein Schloß für sich und Mabille bauen zu lassen. „Roger liebt mich sehr", sagte sie mit einem selbstzufriedenen Lächeln. „Ich soll, sobald mein Kind geboren ist, nach England kommen." Sie möchte natürlich gern bei meiner Krönung zugegen sein; doch wenn die wirklich Ostern stattfinden sollte, kann sie ihren Säugling noch nicht allein lassen. Sie möchte ihn ja nicht gleich von Anfang an einer Amme übergeben. Es scheint, daß sie sich jetzt weniger um Roger sorgt. „Selbst, wenn er mal eine andere fände", sagte sie zu mir, „könnte die ihn nie so befriedigen wie ich." Als ich ihre schräg verlaufenden bernsteinfarbenen Augen sah, die triumphierend schillerten, und sie ihren Leib zurückbog, die Hände hinter dem Kopf verschränkt und versonnen lächelnd, glaubte ich wohl, daß sie einen Mann zu fesseln versteht. Aber nicht so, wie *ich* meinen Gemahl an mich fesseln möchte. Das starke Band zwischen uns ist durch unsere Seelen geknüpft worden und wird auch den leiblichen Tod überdauern.

Rouen, Samstag, am 22. des Christmonds 1067

Heute ist der Tag der hl. Cäcilie, den unsere künftige kleine Nonne immer besonders festlich begeht. Sie hat sich ein Bild von ihrer Schutzheiligen im Zimmer aufgestellt und übt auf ihrer Laute eine Lobeshymne auf dieselbe. Auch holte sie ihre kleinen Schwestern ins Mädchenzimmer, um ihnen etwas über die Heilige vorzulesen und mit ihnen zu singen.

Meine größte Weihnachtsfreude ist ein Brief von Wilhelm. „Ich bleibe diesen Winter über in Winchester", schrieb er; „und dort sollst auch Du zuerst wohnen, wenn Du herkommst. Ich sehne mich nach Dir und den Kindern. Hier ist bislang alles ruhig, und wir rüsten uns auf das hohe Fest, das ich mit meinen Vasallen in London feiern werde." Er teilte mir ferner mit, daß er Copsi, einen Freund Tostis, der ihm sehr ergeben ist, nach Northumberland gesandt habe, damit er bei der Verwaltung der Grafschaft helfe. „Freue Dich auf das neue Jahr und unser Wiedersehen", beschloß er seinen Brief. Ach, es gibt noch mancherlei zu regeln, ehe ich alles beruhigt in andere Hände legen kann! Papà Roger hat schon öfter die Bemerkung gemacht, daß er seine letzten Lebensjahre im Kloster verbringen möchte – er warte nur darauf, daß des Herzogs Sohn älter werde und höhere Aufgaben übernehmen könne.

Rouen, Weihnachten 1067

Der erste Feiertag ist vorüber; unser neuer Erzbischof hat eine wunderschöne Christmette gehalten, und am Nachmittag und Abend widmete ich mich den hier verbliebenen Mitgliedern der Curia. Guido von Amiens spielte Schach mit Robert, während Richard zusah und seinem Bruder oft guten Rat gab. Ich habe noch nie ein Kind in solch jungem Alter so eifrig beim Schachspiel gesehen. Mehr aber als das begeistert ihn die Jagd. Er darf morgen mit Will und dessen Freunden ausreiten. Sie haben ihn dazu aufgefordert, weil sie meinen, mit ihm gäbe es immer viel Spaß. Ich saß noch bis spät mit Nikolaus und Bischof Guido beisammen. Letzterer las uns die Fortsetzung seines langen Epos vor, das er über die Schlacht von Hastings gedichtet hat. Ich könnte ihm immerfort zuhören. „Es ist so schön, Sire", sagte ich, „daß es wie ein zweites Rolandslied anmutet." Guido stieß einen leichten Seufzer aus und sagte: „Ich wünschte, ich könnte unserem Herzog und König in Worten gerecht werden! Er ist ein größerer, als Roland es war." Nichts Lieberes hätte er mir sagen können! Dankbar sah ich ihn an. Er hat edle Gesichtszüge, und seine graublauen Augen sind von großer Tiefe und Klarheit; die feinsten Regungen der Seele spiegeln sich darin wider. Ich bin Gott dankbar dafür, daß er mich während Wilhelms Abwesenheit immer mit treuen Freunden umgibt.

Rouen, Sonntag, am 30. des Christmonds 1067

Dies ist eine stille Zeit. Die Bauern und Knechte ruhen von ihrer harten Arbeit aus, die Felder schlafen unter der Schneedecke, und wenn wir bei diesem klaren Winterwetter ausreiten, hören wir nur ab und zu das rhythmische Schlagen eines Dreschflegels. So wie die Natur schläft, so sollte auch der menschliche Geist zur Ruhe kommen. Die einfachen Menschen haben es in manchem leichter. Zwar arbeiten sie schwer und haben weniger Bequemlichkeiten als wir, aber sie haben auch weniger Sorgen, denn sie brauchen nur für sich selbst und ihre kleine Familie zu schaffen. Wir aber haben für das Wohl eines ganzen Landes, sogar zweier Länder zu sorgen, für die Gesetze, die geistlichen und weltlichen Ämter, den Kauf und Verkauf von Waren, für Handelswege und Ernteertrag, für das Heer und die Sicherheit des Landes, für den Bau einer Flotte, die Errichtung von Kirchen und Klöstern, das Schlichten von Fehden – eine endlose Kette von Verantwortungen, die immer schwerer auf mir lasten. Der stellvertretende Haushofmeister sagte mir gestern, wir brauchten mehr Schafe für den Bedarf des Hofes, ob er sie aus der Bretagne kaufen solle. Ich aber meine, wir müßten genug durch die regelmäßigen Abgaben der Vasallen erhalten, was er verneint. Es sei nicht genug Schafskäse für den Winter vorhanden; wichtiger aber noch als das sei, daß es an Schafsfett zur Herstellung von Kerzen mangele. Die Kerzengießer müßten oft ihre Auftraggeber warten lassen; der Hof werde zwar zuerst bedacht, aber wir dürften die Kirchen und die Bürger nicht vergessen.

Auch forderten die neuen Klöster immer mehr Pergament an, und zur Herstellung des Pergaments brauche man eben die Schafhaut. Ich habe nun Zahlen zu sehen verlangt, denn mit Worten läßt sich vieles trefflich ausmalen, so daß es anders scheint, als es in Wirklichkeit sein mag. Um solche Dinge braucht sich ein einfacher Landmann nicht zu sorgen. Er füttert und melkt die Schafe, er schert sie, und die Mägde sammeln die borstigen Distelköpfe und kämmen damit die Schafwolle aus, spinnen sie und liefern das Gesponnene ab. Ihre größte Sorge ist, daß sie genug zu essen haben und sich Kleider weben können, die sie vor der Kälte schützen. Doch oft gibt es Zeiten, in denen sie darben müssen. Ich denke gerade, daß die Herrscher dieser Welt und deren Vasallen von solcherlei Lasten frei sein müssen, wenn sie für das Wohl eines ganzen Volkes verantwortlich sind. Für ihre Bedürfnisse muß gesorgt sein, damit sie ihre Gedanken auf höhere Dinge lenken können. Aber wie viele der Herrscher mißbrauchen ihre Freiheit, indem sie nur für sich selbst Reichtümer erwerben!

Nun stehe ich wieder an der Schwelle eines neuen Jahres, das mir ein großes Ereignis bringen wird. Ich denke an das Jahr 1051 zurück, als ich Herzogin der Normandie wurde; bald werde ich Königin von England sein. Doch fühle ich darob keinerlei Triumph, eher eine heimliche Angst. Ich weiß sehr wohl, daß der Glanz einer Krone deren Druck nicht aufwiegen kann.

Es läutet zur sonntäglichen Abendandacht, und meine älteren Kinder warten auf mich. Ich will nun alles in die Hände meines Himmlischen Vaters legen.

* * *

Rouen, Mittwoch, am 2. des Hartung 1068

Das neue Jahr hat mildes Wetter gebracht; der meiste Schnee ist getaut, und die Wege sind aufgeweicht. Wie schnell doch das alte Jahr dahingeeilt ist! Scheint es nicht erst gestern, daß ich von Wilhelms Krönung erfuhr und ungeduldig auf seine Rückkehr wartete? Es war ein Jahr des großen Triumphes – aber wie wird es nun weitergehen? Wilhelm hat mich zur Hauptregentin der Normandie ernannt; bedeutet das nun eine ständige Trennung von ihm, die nur durch Besuche unterbrochen wird? Roger schrieb, daß sie ein unvergeßliches Christfest in London verbracht hätten. „Der König gab allen, die zu ihm kamen, den Friedenskuß und strahlte große Güte aus. Alle fühlten dies – von den Vornehmsten zu den Niedrigsten, und er versprach ihnen allen ein Jahr der Gerechtigkeit und Gnade." Ach, es ist nicht dasselbe, wenn man solches durch einen Brief erfährt! Nichts kann seine lebendige Gegenwart ersetzen!

Rouen, Donnerstag, am 10. des Hartung 1068

Ida hat mir in einem Brief geschrieben, daß Eustachius diesen Monat in London verklagt und sicher verurteilt werde. Sie bittet um meine Hilfe im Gebet und um meine Fürsprache bei Wilhelm. Eustachius sei ein guter Vasall, der seine Tat längst bereut habe. Er hätte in einem Augenblick des Zornes gehandelt, weil er sich leicht beeinflussen ließe. „Wenn Ihr ihn jetzt sehen könntet, Madame, würde Euer Herz von Mitleid bewegt", schrieb sie. Ida will selbst nach England mitfahren, um für ihren Gemahl um Gnade zu bitten. Was für eine tapfere und treue Frau sie ist! Wilhelm schrieb in seinem letzten Brief nichts von Eustachius. Er teilte mir aber seine Sorgen wegen der Mitregenten – fitzOsbern und Odo – mit. „England besitzt große Schätze", schrieb er, „und diese sind eine Versuchung für die Sieger. Tausende von Soldaten führen jetzt ein gutes Leben, ergeben sich dem Spiel, suchen Schenken auf, und die Sitten lockern sich. Ich habe deshalb für die Sieger strenge Gesetze erlassen: Sie dürfen die Besiegten nicht ausbeuten, weil das, was wir in den vergangenen Monaten gesehen haben, zu Diebstahl, Meuterei, Trunksucht und Hurerei führt. Fortan gehören alle Schätze des Landes dem König, und der König allein verfügt über sie. Über unsere ehemaligen Feinde, die mich in der großen Schlacht bekämpft haben, werde ich noch ein Sondergericht halten. Das aber kann warten, bis Du hier bist. Vorerst habe ich einiges im Westen des Landes zu regeln, wo es noch rebellische Städte gibt." Er schrieb Lobendes über Warenne, bedauert aber, daß dieser sich nicht zum Regenten eigne. „Seine Weise, mit Menschen umzugehen, vereinbart mit Odos oder fitzOsberns Führernatur, gäbe die rechte Zusammensetzung. Doch leider zeigen die meisten Menschen auf dem dunklen Gewand ihres Charakters nur einige helle Tupfen der Tugend; selten sieht man solche, bei denen das ganze Kleid von tugendhafter Helligkeit durchtränkt ist." Wilhelms Ideale sind so hoch, daß wohl kaum einer seiner Vasallen sie völlig mit ihm teilt.

Rouen, Montag, am 21. des Hartung 1068

Wilhelms letzter Brief hat viel Aufruhr am Hof verursacht. Er schrieb kurz vom Gericht über den Grafen von Boulogne, das von den Prälaten und Baronen der *Curia regis,* dem neu gegründeten Staatsrat des Königs, gehalten wurde. Eustachius sei eines Staatsverbrechens – nämlich der Verschwörung – angeklagt, und über ihn sei das übliche Urteil gesprochen worden: All seine Besitztümer in England sind vom König beschlagnahmt worden, und er darf nie wieder englischen Boden betreten. Das ist eine recht milde Strafe, wenn man seinen Treuebruch bedenkt.

Was mich aber viel mehr erregt hat, ist die Nachricht, daß die Stadt Exeter, in der Haralds Mutter bis vor kurzem lebte, mit anderen Städten einen Pakt geschlossen hat, um sich der Herrschaft des neuen Königs zu widersetzen. Exeter ist, wie er schreibt, eine alte, reiche Handelsstadt. Sie hat ihre Befestigungen verstärkt und zwingt nun die Handelsleute, die innerhalb der Stadtmauern wohnen, in ihre Dienste. Als Wilhelm von diesen Vorbereitungen erfuhr, wollte er sich der Lage vergewissern und sandte der Stadt eine Botschaft. Darin lud er die Stadtobersten zu sich, damit sie ihm den Treue-Eid schwören. Die Antwort des Stadtrates lautete jedoch, daß sie weder Treue schwören noch den König innerhalb ihrer Mauern empfangen würden; doch seien sie bereit, ihm Tribut zu zahlen, wie es seit je Brauch gewesen. „Meine zweite Botschaft an die Stadt war kurz und klar", schrieb Wilhelm. „Sie lautete: ‚Es ist nicht meine Gewohnheit, mir von meinen Untertanen Bedingungen stellen zu lassen.' Ich schicke jetzt mein Heer nach Westen; der Vortrupp besteht aus Angelsachsen. Dies ist das erste Mal, daß die Angeln und Normannen gemeinsam ins Feld ziehen." So ist nun wieder Krieg, und ich werde keine Ruhe finden, bis ich bessere Nachrichten von drüben erhalte.

Rouen, Freitag, am 25. des Hartung 1068

Es ist wieder sehr kalt geworden, und ein eisiger Nordwind weht ins Spielzimmer der Kinder. Die Kleinen sind sich der Kälte oft gar nicht bewußt, sondern spielen in den Fensternischen auf dem Gang, bis sie ganz blaue Hände haben. Soeben war ich bei ihnen und habe Adeliza zu mir geholt; sie spielt jetzt auf einem Fell vor dem Kaminfeuer mit Bauklötzen, während Klein-Constanze im Körbchen auf der Bank schlummert. Sie hat schon seit Tagen mit dem Zahnen zu tun und weint viel. Wir lassen sie oft auf Zahnkorallen beißen, und dann wird sie auch gleich ruhiger. Ich habe in diesen Tagen etwas Zeit, an meinem Wandteppich zu sticken und bin jetzt soweit, daß die Normannen Dinan erobert haben und die Festung anzünden. Viel Spaß habe ich an der Szene, wo Conan auf seiner Schwertspitze den Schlüssel zur Festung herabreicht und Wilhelm ihn auf seinem Schwert auffängt. Wilhelms Schild, der ein Kreuz aus Edelsteinen zeigt, soll von der Seite zu sehen sein. Rufus will gleich nach der Bibelstunde zu mir kommen, weil er hofft, daß ich das Bild bis dahin fertiggestickt habe; er hat schon lange auf dieses gewartet. Wenn die Übergabe von Exeter nur ähnlich schnell vor sich ginge!

Rouen, Sonntag, am 10. des Hornung 1068

Dies ist der erste Sonntag in der Fastenzeit, die wir in diesem Jahre wieder mit größerem Ernst einhalten. Exeter wird belagert – es hat sich noch nicht ergeben. Devonshire, das Wilhelm vorher passierte, hat den neuen König gebührend empfangen, doch nicht Exeter! FitzOsbern schrieb mir in Wilhelms Auftrag, daß die Fußsoldaten den Belagerungsturm dicht vor der Stadtmauer angebracht hätten. Unter dem Turm werde ein Loch in den Wall geschlagen, das mit Reisig ausgestopft werden solle. Man bereite alles auf den Sturmangriff vor. Richard, der aufmerksam zugehört hatte, als ich dem versammelten Hof den Brief vorlas, fragte: „Warum stopfen sie den Reisig ins Loch, und was machen sie beim Sturmangriff?" Da erklärte Papà Roger den Kindern, daß der Reisig später angezündet werde, damit die Mauer einstürze; dann wäre der Weg für den Sturmangriff frei. Man würde die Gräben mit Steinen und Reisig zuschütten, die Wälle mit Wurfmaschinen beschießen, und schließlich würden Leitern angelegt, auf welchen die Krieger hochkletterten. „Doch sie müssen sich vor dem flüssigen Pech oder heißen Öl hüten, das die Verteidiger oft auf sie herabgießen", sagte Papà Roger; „darum halten sie ihre Schilde dicht vors Gesicht." Alle Buben lauschten mit angehaltenem Atem. Ich fürchte nur, daß sie sich jetzt ein solches Spiel ausdenken und irgendwo ein Feuer anzünden; ich werde Robert Bescheid sagen, damit er auf die Brüder achtgibt. Wenn nur die Belagerung nicht zu lange währt! Ich studiere jetzt oft die Landkarte von England. Exeter liegt im westlichen Zipfel. Wenn Wilhelm sich diese Halbinsel unterworfen hat, ist der ganze Süden Englands sein. Im Norden ist das Volk seit je rebellischer Natur gewesen. Ich hoffe, daß Wilhelm Edwin und Morcar hat für sich gewinnen können. Es darf doch nicht um jede englische Grafschaft einen Krieg geben!

Rouen, Mittwoch, am 13. des Hornung 1068

Draußen herrscht starker Frost. Wir sind auf dem Schlitten in den Wald gefahren, um den armen Tieren etwas zu bringen. Alles ist zugeschneit, sogar die Bäche, die im Eis erstarrt sind. „Was tun die armen Rehe und Hasen nun", fragte Adele, während sie mir traurig ihr vermummtes Gesichtchen zuwandte. Ich hatte den kleinen Kindern ein wollenes Tuch fest um den Kopf gewickelt. „Und die Vöglein", sagte Cäcilie, „wo wohnen die jetzt – die Finken und Meisen und Amseln und – und..." – „...und Stare, Krähen und Raben", fuhr Judith fort. „Und Eulen!" rief Rufus, „uhu!" Mit diesem Ruf erschreckt er oft Adele, wenn es schon dunkel ist und sie im Bett liegt. Dann stiehlt er sich ins Kinderzimmer und mimt eine Eule. „Sei still, du oller Eulerich!" sagte Adele. „Olle Eulelick", echote Adeliza. „Ich werde euch heute nacht schon was Schreckliches vorheulen", drohte er; „und dann kratz ich euch mit meinen Krallen!" – „Hör mit dem Unfug auf, Rufus", gebot ich ihm; „wir sind gleich bei der Futterstelle, da müßt ihr alle helfen." Es war ein hübsches Bild, als die neun Kinder aus dem Schlitten sprangen und die Futterstelle freischaufelten. Agathe und Judith reichten Adi das Futter hin, die es in das kleine Häuschen legte, während die Knaben einen Schneewall errichteten, damit der Neuschnee nicht so leicht in das Häuschen wehen konnte. Nachher hatten sie alle eiskalte Hände, denn ihre Handschuhe waren naß geworden, und der Schnee krustete daran.

Adeliza weinte – ich hatte sie einige Zeit sich selbst überlassen, während ich den Buben mit dem Schneewall half. Schließlich entdeckte ich sie im Schnee sitzend, wo sie fast angefroren war. „Geschwind zurück!" sagte ich und gebot dem Pferdelenker, den Schlitten zu wenden. Dann nahm ich Adeliza unter die Wolldecke, wo sie sich an mich kuschelte. Zu Hause angekommen, rieb ich ihr noch lange die Füße, die ihr weh taten. Das plötzliche Auftauen kann sehr schmerzhaft sein. „Ich erzähle dir nach dem Baden eine schöne Geschichte", tröstete ich sie. „Mir auch", rief Adele; „erzähl mal von der Schneekönigin." – „Gibt es eine solche Geschichte?" fragte ich verwundert; „hat jemand sie dir erzählt?" – „Nein, aber wenn es im Sommer eine Elfenkönigin gibt, dann muß es im Winter auch eine Schneekönigin geben, nicht wahr, Mamà?" Ich schloß einen Augenblick die Augen – und schon zogen Bilder an meinem Geist vorüber: Ich sah ein durchsichtiges Wesen im schneeigen Gewand, in dessen Haar Eiszapfen funkeln und das die kahlen Sträucher mit den Blüten der Schneeflocken bestreut, das die Erde im Winter warm zudeckt und den Tieren die Futterstellen zeigt. Es wurde eine sehr schöne Geschichte, und als ich meine drei kleinen Mädchen in ihren warmen Betten sah, wie sie zufrieden die Augen schlossen und ins Traumland hinüberglitten, fühlte ich im Herzen das selige Mutterglück, das man niemand anderem beschreiben kann, das eben nur eine Mutter ganz versteht. Ich will den Geist meiner Kinder mit lauter schönen Dingen anfüllen, damit sie später an das Gute glauben und auch das Gute tun, selbst wenn alle anderen sündigen.

Rouen, Montag, am 18. des Hornung 1068

Exeter hat sich ergeben, wie Wilhelm in seinem letzten Brief schrieb. „Doch hat es meine Geduld hart auf die Probe gestellt. Noch ehe mein Heer Exeter erreicht hatte, kamen mir die Stadtobersten entgegen, baten um Frieden und boten mir Geiseln an. Sie versprachen, die Stadttore zu öffnen und mir in allem zu willfahren. Doch als ich vor den Toren stand, fand ich sie verrammelt und die Insassen der Festung nicht im geringsten geneigt, sich zu ergeben. Dieser Verrat kostete eine der Geiseln das Augenlicht. Es müssen oft die Unschuldigen für die Schuldigen leiden; aber wenn die Auslieferung von Geiseln ihren Sinn erfüllen soll, kann ich sie nicht insgesamt schonen. Die Stadt ergab sich erst nach 18 Tagen, nachdem die Magistrate ihre Bürger endlich dazu bewegen konnten. Dann aber war die Unterwerfung rückhaltlos – sie erinnerte mich an den Ritus der römischen Städte bei der Eroberung durch die Germanen. Die edelsten Jünglinge und Jungfrauen der Stadt, die ehrwürdigsten Greise, die Priester mit ihren heiligen Büchern und Altarschätzen schritten aus den geöffneten Toren und fielen vor mir aufs Angesicht. Ich verzieh ihnen ihre Anmaßung und auch ihre früheren Vergehen; denn 1066, bei der Landung unserer Schiffe, hatten sie die bei ihnen Zuflucht suchenden Schiffbrüchigen elendiglich behandelt.

Ich verlangte von Exeter keinen höheren Tribut als den, welchen sie König Eduard und später Harald gezahlt hatten. Doch ließ ich eine starke Wachmannschaft vor den Toren aufstellen. ‚Fürchtet Ihr, Sir, daß die Bürger aus der Stadt fliehen werden?' fragte mich der Stadtoberste. ‚Nein', erwiderte ich, ‚doch fürchte ich, daß die Normannen, die sich außerhalb der Stadtmauern befinden, die Lust ankommen könnte, die Stadt in Brand zu setzen und zu verwüsten.' Ich lasse jetzt innerhalb der Stadtmauern eine Festung bauen, in der eine normannische Garnison Wache halten soll, und habe schon die Stelle bestimmt. Die dort stehenden Häuser werden niedergerissen. Der Boden hier ist von rötlicher Erde, die gottlob ihre Farbe nicht vom Blut erhalten hat. Außer der einen geblendeten Geisel gab es keine Opfer. Roger will die neue Burg in Exeter, die wir bereits auf einen Bogen Pergament gemalt haben, ‚Rougemont'[11] nennen, denn sie soll auf einer Anhöhe stehen, die uns einen vortrefflichen Blick über die Stadt gewährt." Er schloß seinen Bericht mit der Mitteilung, daß er jetzt nach Cornwall aufbreche, das sich hoffentlich ohne Widerstand ergeben werde. Ich bin erleichtert, weil alles gut verlaufen ist; aber die Zähigkeit der Angelsachsen im Widerstand beweist, daß sie Wilhelm nicht als ihren eigenen betrachten, sondern als einen Fremden. Er spricht ja eine andere Sprache als sie, und es ist vor allem die Sprache, welche die Menschen miteinander verbindet.

Rouen, Mittwoch, am 27. des Hornung 1068

Die Kinder stellen oft Fragen wegen der Geschehnisse in Exeter an mich, die nicht so leicht zu beantworten sind. So fragte Richard heute: „Es ist schlimm, eine Geisel zu sein, Mamà, nicht wahr? Was hätte der Vater mit Gottfried getan, wenn der noch bei uns gewesen wäre, als sein Vater Verräter wurde? Hätte er ihn auch blenden lassen?" Ich erschrak, denn an so etwas hatte ich nie gedacht. Als ich nicht gleich antwortete, fuhr Richard mit weinerlicher Stimme fort: „Das kann er doch nicht, Mamà; Gottfried ist doch unser Freund!" Da fiel mir eine gute Antwort ein: „Wenn Gottfried noch als Geisel bei uns gewesen wäre, so hätte Graf Eustachius das gewiß nicht getan." Richard aber schien nicht ganz zufrieden mit meinen Worten. Da sagte Judith: „Als Harald uns verriet, hat der Ohi dem Wulfnoth auch nichts angetan." – „Er hat ihn aber in den Turm sperren lassen, bis der Krieg vorbei war", erklärte ich. Nun schien Richard erleichtert. „Das hätte der Vater sicher auch mit Gottfried getan – und ich hätte ihm heimlich was Schönes zu essen und zu spielen gebracht." Die Kinder spielen jetzt täglich „blinde Geisel". Sie haben unter sich ausgemacht, daß einer von ihnen den ganzen Tag mit verbundenen Augen umhergehen und so tun muß, als sei er blind. Nur Robert macht das Spiel nicht mit. „Den ganzen Tag? Ich bin doch nicht närrisch!" – „Ich habe das aber gestern gemacht", sagte Richard stolz; „und dabei merkst du erst, wie das ist – so ohne Augen! Du mußt alles fühlen – oder hören, sonst weißt du gar nicht, wo du bist oder wer kommt." Die Kinder sagen, daß morgen Adeliza an der Reihe sei, aber da habe ich Einspruch erhoben. „Euer Schwesterlein ist dazu noch zu klein!" Rufus ärgert sich darüber, und ab und zu, wenn ich nicht da bin, verbindet er ihr die Augen, und zwar so fest, daß sie das Tuch nicht so leicht wieder aufknoten kann. So fand ich sie heute nachmittag auf ihrem Schemel sitzend, ihre Händchen am Hinterkopf mit dem Knoten beschäftigt. „Will nich mehr blind sein", sagte sie; „mach das mal auf, Mamà!"

Cornwall hat sich ergeben, und Wilhelm hat die Grafschaft seinem Bruder Robert geschenkt. Nun geht es über Glastonbury nach Winchester zurück, wo Wilhelm das Osterfest verbringen will. „Deine Krönung wird erst zu Pfingsten stattfinden", schrieb er. „Bis dahin ist wieder Ruhe und Frieden im Land. Ich habe Balduin von Meules, den Sohn meines ehemaligen Vormunds, mit der Aufsicht der Garnison von Exeter betraut. Gytha, Haralds Mutter, ist, wie Du sicher weißt, mit Haralds drei Söhnen nach Irland geflohen." Gythas jüngste Tochter gleichen Namens soll in einem Kloster sein, und ihre andere Tochter Edith ist Wilhelm sehr ergeben und darf, als Witwe König Eduards, all ihren Besitz behalten. Gern möchte ich ihr später begegnen. Wilhelm sorgt dafür, daß die verantwortlichen Ämter in England alle von treuen Vasallen besetzt werden – als da sind Balduin von Meules, der Sohn Graf Gilberts, Warenne, Roger Montgommeri, fitzOsbern und Wilhelms Brüder. Aber gerade das mag die Angelsachsen aufreizen.

Rouen, Montag, am 3. des Lenzmonds 1068

Nun hat der Frost nachgelassen, die Schneemassen schmelzen, und der Herzogsgarten gleicht einem Teich. In der Luft liegt bereits Frühlingsahnung. Meine kleine Constanze steht schon fest auf ihren Beinchen, wenn ich sie an den Händen festhalte. Ich wünsche mir so sehr, daß sie laufen kann, ehe wir die Reise nach England antreten. Wir müssen nun warten, bis Wilhelm mir Endgültiges schreibt; doch plane ich schon das ganze Haushaltsjahr, damit während meiner Abwesenheit nichts aus den Fugen gerät. Es wird seltsam still am Hof sein, wenn Wilhelm und ich, alle Kinder sowie die meisten unserer Diener fort sind. Ob ich meine eigenen Kammerfrauen hinübernehme, oder ob ich dort neue bekomme – solche, die früher am königlichen Hof waren? Cäcilie beschäftigt sich jetzt viel mit ihrer kleinen Schwester Adeliza, die schon eine Reihe von Gebeten gelernt hat. Adele dagegen ist nicht so sehr fürs Beten. Sie spielt viel lieber mit ihren Tieren und Puppen – oder sie tollt mit Rufus umher. Obgleich er oft grob mit ihr ist und sie viel neckt, hängt sie dennoch an ihrem Bruder. Richard zählt jetzt schon zu den „Großen". Er ist so hochgewachsen und kräftig, daß man ihn für einen Elf- oder Zwölfjährigen halten könnte. Auch ist er bereits sehr verständig und denkt über alles tief nach. Seinen kleinen Schwestern ist er ein Beschützer, und einen solchen brauchen sie, wenn Rufus und seine Freunde ihnen arg zusetzen. Agathe und ich sind fleißig bemüht, die angelsächsische Sprache zu lernen. Wilhelm hat Lucia hiergelassen, die abwechselnd die Knaben und die Mädchen unterweist. Sooft ich es kann, bin ich dabei. Auch Barbara lernt mit, während Gundrada das Englische schon gut beherrscht. Mir gefällt die Sprache aber nicht, obgleich sie dem Flämischen ein wenig ähnelt. Doch die Vokale klingen so unschön, sie wollen mir gar nicht gelingen. Warum sprechen nicht alle Menschen auf Erden die gleiche Sprache? Wie ist es zu so vielen Sprachen gekommen?

Rouen, Montag, am 10. des Lenzmonds 1068

Wenn ich Robert in die normannischen Gesetze einführen will, merke ich, daß es ihm noch arg an Kenntnissen des Lateinischen mangelt. So muß ich ihm manches mühsam übersetzen. Doch er ist leicht abgelenkt und hört manchmal gar nicht richtig zu. Dabei hat er einen regen Verstand, denn er kann lange Gedichte auswendig lernen und sich Spiele ausdenken, die er bis ins einzelne plant. Er denkt aber noch zu kindlich und meint, man solle nur das tun, was einem Spaß macht. „Das Leben eines Herzogs besteht aus vielen bitteren Pflichten", erklärte ich ihm. „Die übergebe ich später anderen", meinte er unbesorgt. Nun, wenn er größer wird, werden ihm die Augen schon aufgetan werden. Richard verhält sich da ganz anders. Er kann sehr zäh etwas verfolgen, auch wenn es ihn große Anstrengungen kostet. So hat er neulich für seinen kleineren Bruder eine Armbrust geschnitzt, weil dieser die seine zerbrochen hatte. Es war nicht leicht für ihn, und ich schlug vor, sie dem Waffenmeister zu übergeben. Doch da Richard es sich in den Kopf gesetzt hatte, sie ganz allein zu machen, ließ er sich nicht davon abbringen; er ließ sich lediglich einiges vom Waffenmeister zeigen und quälte sich dann weidlich damit. Schließlich aber konnte er die fertige Armbrust Rufus übergeben, und das strahlende Gesicht seines kleinen Bruders war ihm Lohn genug. „Bald werde ich mal Pfeile machen", sagte er mir, „solche mit Knochenspitzen." Er ist unermüdlich mit etwas beschäftigt. Wilhelm sorgt dafür, daß seine Söhne jedes Handwerk aus eigener Anschauung kennenlernen. Und sobald Richard etwas gesehen hat, will er es selbst nachmachen und ist meist sehr geschickt darin. Manchmal kommen sogar ältere Buben zu ihm und fragen ihn um Rat. Er hilft allen bereitwillig, macht vieles heil und schlichtet oft einen Streit. Ähnlich mag Wilhelm als Kind gewesen sein, denke ich manches Mal. Richard ähnelt dem Vater immer mehr, nur Mund und Kinn gleichen mehr den meinen. Ich kann mir unseren Richard gut als künftigen König vorstellen.

Rouen, Freitag, am 14. des Lenzmonds 1068

Agathe ist in letzter Zeit wieder sehr still. Als die Gäste aus England hier waren und es so viel Kurzweil am Hofe gab, war sie vorübergehend zu neuem Leben erwacht. Es kann auch sein, daß der augenblickliche Wandel vom Kind zur Jungfrau ihr zu schaffen macht. Sie denkt immer tief über alles nach. Adelaides Töchter sind ganz anders. Sie leben mehr in der Wirklichkeit und sprechen schon jetzt von ihren künftigen Ehemännern; ja, sie haben sich diese sogar schon erkoren. Meine beiden ältesten Töchter dagegen leben ganz in der Welt ihrer Ideale – sie lesen Geschichten über Heilige und wollen diesen nacheifern. Vielleicht wird die baldige Reise nach England meiner Agathe helfen. Bis dahin aber gibt es noch unendlich viel zu tun. Unsere Schneiderinnen und Näherinnen arbeiten den ganzen Tag an nichts anderem als unseren Festkleidern für die Krönung.

Rouen, Mittwoch, am 19. des Lenzmonds 1068

Heute kam ein Kurier mit vielen Briefen aus England. Ich freute mich, sie alle an der Tafel verteilen zu können. Auch Judith hat einen erhalten, den sie mit glänzenden Augen in Empfang nahm. Wilhelm schreibt, daß er in einem weiteren Tage Winchester erreicht haben werde. „Dort können wir das Osterfest in Frieden feiern. Und im Ostermond kehre ich nach London zurück, um die Vorbereitungen für Deine Krönung voranzutreiben. Ab dem 20. des Ostermonds erwarte ich Dich in Bosham. Nur noch wenige Wochen, und ich habe meine Königin bei mir! Ich sende Dir die ‚Mora'. Alle Kinder sollen bei Deiner Krönung zugegen sein." An den unteren Rand des Briefes hatte er geschrieben: „Was sagt Mouche zu ihrem Brief?" Ich brauchte nicht lange zu warten, bis ich es erfuhr. Judith kam bald darauf in mein Zimmer gestürmt, einen Brief schwenkend, den sie von Graf Waltheof erhalten hatte. „Er schreibt alles auf englisch, Muhme, und ich kann es verstehen – nur ein Wort nicht!" Er sagte manch Lobendes über seinen König und unterschrieb den Brief wie folgt: "*Waltheof, the fish thou hast caught.*"[12] Erwartungsvoll fragte sie, ob sie bestimmt mit nach England dürfe. Ich nickte lächelnd. „Meinst du, dein Ohi werde seine Mouche an diesem wichtigen Tag entbehren wollen?" Da sah sie mich strahlend an. Ich wünschte, ich könnte mich ebenso vorfreuen wie die Kinder, die noch so unbesorgt in die Zukunft sehen. Doch das ist das Vorrecht der Jugend!

Rouen, Freitag, am 21. des Lenzmonds 1068

Wilhelm hat mir einen weiteren Brief geschickt, denn ihm ist eingefallen, daß er vergessen hatte, das bedürftige Kloster St. Jacques an der bretonischen Grenze zu beschenken. Das betrübt ihn jetzt sehr, aber alle Geschenke sind bereits verteilt. „Sende dem Kloster sogleich einen Boten", schrieb er, „und laß ihm bestellen, daß es ab sofort die Hälfte der Abgaben erhalten soll, die dem dortigen Schloß zufallen, und daß ich ihnen das Recht gebe, im großen Schloßteich zu fischen." Es rührt mich tief, daß er so getreulich an alle denkt und niemanden vergißt! Selbst aus der Ferne macht er dieses unbeabsichtigte Versehen noch gut!

Rouen, Ostersonntag, am 23. des Lenzmonds 1068

Heute sind meine Gedanken viel bei Wilhelm, denn bei diesen hohen Festen vermisse ich ihn ganz besonders. In sieben Wochen ist Pfingsten – so nahe steht das Ereignis jetzt bevor! Am Nachmittag wurde Mabilles kleine Tochter getauft, der sie ihren eigenen Namen gegeben hat. Jetzt hat Mabille drei Söhne und drei Töchter. Sie sagt wieder, dies sei ihr letztes Kind, aber ich glaube es nicht recht.

Viele werden mich nach England begleiten – ich weiß gar nicht einmal, ob sie alle auf der „Mora" Platz finden. Mabille und Adeliza wollen mit hinüber, ebenfalls Wilhelms Schwestern mit Kindern und Wilhelms Base Mathilde.

Wenn nur die Festkleider schon fertig wären! Es nimmt kein Ende mit dem Anprobieren, den Änderungen und den Einfällen, die Adelaide hat. Wilhelm hat sie damit betraut, für meine und der Kinder Ausstattung zu sorgen, denn sie versteht sich viel besser darauf als ich. Mein Krönungsgewand ist aus arabischer Seide und am Handgelenk und Saum reich mit Juwelen besetzt. Dazu bekomme ich einen Krönungsmantel, der mit Pelz gefüttert und außen mit Gold bestickt ist. Der Schleier für mein Haar ist besonders lang und so fein gesponnen, daß er wie ein silbernes Spinnweben anmutet. „Aus Mondlicht gewoben", sagte unsere poetische Judith, die viele Stunden des Tages bei den Näherinnen verbringt und ihnen zusieht. Unser Hofschneider fertigt die samtenen Mäntel und Tuniken für die Knaben. Nicht alle sind so hocherfreut über die neuen Kleider wie Judith – besonders Rufus nicht, dem es schwerfällt, beim Anprobieren längere Zeit stillzustehen. Gestern sagte Adele zu ihm, als ihm die fertig zugeschnittene Tunika angepaßt wurde: „Du siehst jetzt wahrhaft vornehm aus, Rufus." Er jedoch schnitt ihr eine Grimasse. „Richard ist auch vornehm", fuhr sie fort, während ihre Augen zu dem älteren Bruder wanderten, „doch das ist er immer. Rufus aber ist nur heute vornehm."

Alle lachten, und Rufus ärgerte sich. „Vogelige Schwester", sagte er, und sie: „Garstiger Eulerich!" – „Taube Nuß!" – „Roter Fuchskopf!" – „Dumme Gans!" – „Hört jetzt auf, Kinder!" unterbrach ich das Wortgefecht, „und du, Rufus, steh endlich einmal still – halte die rechte Schulter nicht so schief." Er aber zog das linke Bein hoch und gebärdete sich so ungezogen, daß ich ihm schließlich einen kräftigen Klaps versetzte. Er sah mich empört an. „Ich bin jetzt ein Prinz, den dürft Ihr nicht schlagen." – „Es wird Zeit, daß du wieder in des Vaters Zucht kommst", sagte ich; „der wird dir noch manchen Schlag versetzen, wenn du so widerspenstig bist." Ich muß mir heute abend die Juwelen ansehen, die Herzog Robert damals aus dem Orient hat senden lassen und die Wilhelm mir zur Vermählung schenkte. Adelaide sagt, ich solle die kostbarsten davon mitnehmen. „Die Angelsachsen sollen staunen, wenn sie dich sehen", meinte sie. „Dort ist noch nie die Gemahlin eines Königs gekrönt worden; du bist die erste – und es soll ein prachtvoller Anblick sein." Wenn ich daran denke, wird mir ganz bange. Wenn wenigstens Wilhelm zusammen mit mir gekrönt würde – aber ich allein? Das kann ich mir gar nicht vorstellen. Ob er wenigstens neben mir sitzen wird? Wenn er doch mehr darüber schreiben würde!

Rouen, Freitag, am 4. des Ostermonds 1068

Wie Wilhelm mir soeben mitteilen ließ, soll die „Mora" in einigen Tagen aus Bosham auslaufen und mich, wenn der Wind günstig steht, Mitte des Monats nach England bringen. Er werde Warenne mitschikken, und Bischof Guido solle mich begleiten. Darüber freue ich mich sehr, denn seine Nähe gibt mir immer große Sicherheit. Diesem Mann kann ich ganz und gar vertrauen. Als ich Gundrada sagte, daß der Baron von Warenne käme, entging mir ihre freudige Erregung nicht. Da sie mit nach England kommt, wird sie Warenne auch dort öfter sehen. Wenn Wilhelm doch nur ein Einsehen hätte!

Rouen, Sonntag, am 6. des Ostermonds 1068

Auch am Sonntag herrscht keine Ruhe im Schloß – es geht jetzt an die letzten Vorbereitungen. Gottlob sind die Gewänder für die Kinder fertig. Ich sticke noch an einer Schärpe für Constanzes Kleidchen. Zu meiner Freude läuft sie jetzt schon einige Schritte allein. Bis zum Pfingstfest wird sie, so hoffe ich, an Barbaras Hand in die Kathedrale laufen können. Das wäre viel hübscher, als wenn jemand sie tragen müßte. Meine Kinder sollen alle so schön aussehen, daß jeder sie anstaunt. Und habe ich nicht hübsche Kinder? Robert mit seinem braunen Lockenkopf, den großen Augen und frischen Wangen ist ein schmucker Jüngling. Er darf zu dem Anlaß sogar ein kurzes Schwert tragen. Agathe und Cäcilie sind von solcher Lieblichkeit, daß mir immer das Herz aufgeht, wenn ich sie in ihren neuen Kleidern sehe. Richard ist schon so groß wie Robert und nicht nur ein schöner, sondern auch strahlend freundlicher Knabe, der alle Herzen gewinnt. Rufus sieht eher drollig als schön aus, aber er verhält sich sehr selbstsicher, und meine drei kleinen Mädchen sind eine Wonne anzuschauen: Adele mit ihrem goldbraunen Haar und den blanken Augen, pausbäckigen Wangen und Grübchen sieht aus wie ein Cherub; Adeliza mit ihren schwarzen Locken, dunklen Augen und der milchig-weißen Haut hat etwas Feenhaftes im Aussehen, und meine kleine Constanze mit ihrer bräunlichen Haut, dem dunkelbraunen, welligen Haar und dem hübschen Mündchen, das Wilhelms so ähnlich sieht, erinnert mich an Cäcilie, als diese noch klein war. Nur ist Constanze nicht ganz so zierlich; sie hat kräftige Glieder.

Ob ich meinen Wandteppich mitnehmen soll? Am Ende habe ich drüben gar keine Zeit dafür. Doch Wilhelm sagte mir damals, ich solle unser nächstes Kind in England zur Welt bringen. Ich werde die Stickerei doch mitnehmen...

Rouen, Samstag, am 12. des Ostermonds 1068

Die „Mora" liegt bereits in Dives und erwartet uns. Wilhelm möchte, daß wir schon drei Wochen vor der Krönung in England eintreffen, damit ich mich etwas eingewöhnen kann. Warenne brachte mir einen Brief von ihm. Darin schrieb er: „Ich erwarte Dich mit großer Freude, meine Mora. Wirf allen Kleinmut ab. Ich habe eine Überraschung für Dich, die ich Dir noch nicht verrate. Winchester wird Dir gefallen. Es liegt nicht allzuweit von der Küste, so daß Du bald nach der Landung Deine Räume im Schloß beziehen kannst. Ich habe an alles zu denken versucht, was Du brauchen wirst. Dir mag es leichterfallen, Dich mit den Kammerdienern am englischen Hof zu verständigen; meine Zunge sträubt sich noch gegen die Sprache, und wenn ich mich darin versuche, haben die Angeln Mühe, ernst zu bleiben. Du siehst, ich brauche Dich hier! Säume nicht – und vergiß der Kinder keines! Sie sollen alle acht bei Deiner Krönung zugegen sein. Ich küsse die Hände meiner ‚Regina'." Als ich den Brief zu Ende gelesen hatte, schienen die Jahre zurückzurollen – und ich sah mich wieder in Flandern, kurz vor meiner Abreise in die Normandie. Damals blickte ich ebenso ängstlich in die Zukunft, bis ich Wilhelms aufmunternden Brief erhielt. Heute wie damals fühle ich mein Herz von derselben warmen Glut erfüllt und kann nur das eine denken: „Ich folge ihm überall hin – wenn es sein muß, bis ans Ende der Welt!" Lucia sagt, daß ich in England „cween"[13] heißen werde; so jedenfalls werde mich das Volk nennen. Ich halte jetzt an dem Gedanken fest, daß ich Wilhelm bald wiedersehe und daß dann alles gut werden muß. Eine heimliche Freude beginnt in mir aufzukeimen, denn ich fühle, wie sehnlich er uns alle erwartet.

Rouen, Donnerstag, am 17. des Ostermonds 1068

Dies ist unser letzter Tag hier. Die Zimmer sehen bereits kahl aus, denn das meiste ist eingepackt. Héloise weint schon seit Tagen und sagt jammernd, daß sie mich vielleicht nie wiedersehen werde. Es geht ihr gar nicht gut, und ich sorge mich schon seit längerem um sie. Josephine, Clothilde und Ursula dürfen mich begleiten; ich erhalte drüben aber auch englische Kammerfrauen, von denen einige der Lady Edith gedient haben. Diese hat jedoch keine Krone getragen; ich werde die erste gekrönte Königin von England sein.

Im Herzogsgarten blühen die Osterglocken und Narzissen – es ist tatsächlich Frühling geworden. Wie schwer es mir fällt, von diesem vertrauten Ort zu scheiden! Die Normandie ist wahrlich zu meiner Heimat geworden, denn das Band, das mich an Mann und Kinder knüpft, ist ein viel stärkeres als das, welches mich ans Elternhaus gefesselt hielt. Auch habe ich ja keine Eltern mehr; die Normandie wird immer meine Heimat bleiben. Nun heißt es Abschied von ihr nehmen und in ein fremdes Land reisen – einer unbestimmten Zukunft entgegen.

Später

Soeben habe ich zum letzten Mal in unserer Hauskapelle gebetet und die Muttergottes um ihren Segen gebeten. Als ich dort mit geschlossenen Augen vor ihr kniete, war es mir plötzlich, als knie Wilhelm neben mir – als sei er mir ganz nahe. Und in Gedanken fühlte ich, wie er mir zuflüsterte: „Mein Los ist vorherbestimmt – und so ist deines. Es gibt kein Zurück!" Ich weiß nicht, wie ich es beschreiben soll – ich hörte diese Worte nicht so, wie man jemanden sprechen hört; aber sie hallten mehrmals deutlich in meinen Gedanken wider. Ich fühlte mit überzeugender Gewißheit, daß Wilhelm einer von den Großen ist, welche die Geschicke der Welt lenken helfen – einer von denen, welche die Kraft, den Mut, die Weisheit und den Glauben besitzen, allen Hindernissen zum Trotz ein hohes Ziel anzustreben und nicht eher zu ruhen, als bis es erreicht ist. Da es im Leben nie ein Zurück gibt, muß ich nun vorwärts schauen und mich immer mehr bemühen, seiner würdig zu werden. Denn meine wahre Heimat ist er!

DRITTER TEIL

DAS FREMDE LAND

Erstes Tagebuch der Königin von England

(1068–1070)

Dives, Mittwoch, am 23. des Ostermonds 1068

Nach einer beschwerlichen Reise sind wir mit allen acht Kindern hier eingetroffen. Es war nicht leicht, die Kleinen unterwegs ruhig zu halten; besonders Rufus war sehr wild und abends, wenn er müde wurde, oft unwirsch. Wie bin ich froh, daß er bald wieder unter die Aufsicht des Vaters kommt! Wir wohnen hier in derselben Holzburg, in der ich vor zwei Jahren mit Wilhelm auf den Südwind wartete, der aber, solange wir hier waren, nie kam. Dieses Mal jedoch haben wir günstigeres Wetter. Es weht ein Wind von Südost, der uns mühelos nach Bosham treiben wird, wenn er bis morgen abend anhält. Bischof Guido meint, wir sollten bei Sonnenuntergang auslaufen, denn es sei besser, nachts zu segeln und bei Tage zu landen, wenn man die Küste gut erkennen könne. Die „Mora" liegt bereits im Hafen und ist für uns ausgestattet worden. Ein Brief von Wilhelm wartete hier auf mich, den er so begann: „Ich sende der Mora die ‚Mora'. Labora, o Mora, et ora!"[14] Als ich dies las, lachte ich hell auf. Soviel wie in den letzten Wochen habe ich noch nie schaffen müssen, und ohne das Beten gelänge mir auch das Schaffen nicht. Die hölzerne Burg am Strand erweckt manche Erinnerungen an die Zeit vor zwei Jahren. Die älteren der Kinder, die damals mit uns waren, freuten sich über die bekannten Räume und zeigten ihren kleineren Geschwistern vieles. Gottlob sind sie nun nach dem Abendessen alle müde in die Betten gesunken. Auch mir fallen nach dem Bad bald die Augen zu. Erst in England werde ich weiterschreiben können. Gott beschütze uns auf der Seefahrt!

Winchester, Sonntag, am 27. des Ostermonds 1068

Dies ist der erste Tag, an dem ich etwas Muße habe und schreiben kann. Wir haben soeben die Messe in der Kathedrale gehört, und am Nachmittag soll der Erzbischof von York eintreffen, der mich am Pfingstsonntag krönen wird. Die Seefahrt war ein großes Erlebnis für uns alle. Da die Strecke von Dives bis Bosham etwas länger ist als diejenige, die Wilhelm damals von St. Valéry aus nahm, liefen unsere beiden Schiffe schon am Nachmittag aus, als es noch hell war. Die „Mora" ist wunderschön eingerichtet – mit bemalten Holzwänden, bequemen Bänken, von denen einige sogar gepolstert sind, und im Schiffsleib befinden sich, durch Planen abgeteilt, einige Kammern. Ich erhielt diejenige des Königs; eine andere Kammer war für Adelaide und ihre Töchter und eine dritte für den Bischof. Ich nahm Constanze zu mir; die anderen Kinder hatten sich auf Fellmatten längs der Bordwand gelagert – die Mädchen auf der einen Seite und die Knaben auf der gegenüberliegenden. Es war ein ergreifender Augenblick, als die „Mora" langsam ablegte und sich vom Land entfernte und als die am Strand zurückbleibenden Menschen ein altes normannisches Volkslied anstimmten:

Der Normandie gehört mein Herz,
Von ihr zu scheiden – welch ein Schmerz.

Tücher wurden geschwenkt, Tränen flossen, und während die Ruder heftig ins Wasser klatschten, wurden die Gestalten am Strand kleiner und kleiner – und schließlich sahen wir die Küste der geliebten Normandie im dämmernden Tageslicht entschwinden. Gegen Abend hatte der Wind die Wolkenwand aufgerissen, so daß wir den Abendstern erblicken konnten. Die Kinder waren vom vielen Schauen müde geworden und schliefen dem neuen Tag entgegen. Ich aber saß noch lange mit Adelaide dicht neben der schützenden Bordwand, in warme Tücher gehüllt, und erlebte die feierliche, nächtliche Stille des Meeres. Mich mutet das Meer wie eine Gottheit an – oder wie eine große Mutter, die ihre Kinder in den Schlaf wiegt und ihnen ein murmelndes Wellenlied singt. Endlich ging auch ich unter die Plane in meine Kammer und schlief bald ein. Nach einigen Stunden jedoch wachte ich auf, weil das Schiff auf den lebhafter werdenden Wellen zu tanzen begann. Constanze schlief ruhig weiter in ihrem Körbchen, in das sie gerade noch hineinpaßt; doch ich warf meinen warmen Mantel über und ging die paar Stufen zum Bug des Schiffes hinan, wo ich dem Schiffsherrn begegnete. „Es ist hier an der tiefsten Stelle des Kanals immer etwas stürmischer", sagte er; „der Ostwind hat sich verstärkt, und wir müssen achtgeben, daß wir nicht auf die Insel Wight zutreiben. Gottlob ist der Himmel heute nacht klar." Er zeigte mir den Polarstern, der den Schiffen die Himmelsrichtung weist, und das Sternbild der Kassiopeia. Am nördlichen Himmel leuchtete der halbvolle Mond. Robert und Agathe waren ebenfalls wach geworden, während die Kleineren fest schliefen.

Ich ruhte noch bis zum Morgen, lag aber die meiste Zeit nur im Halbschlaf und war leicht erregt, wenn ich an den nächsten Tag dachte. Einige der Kinder waren früh wach und konnten den Sonnenaufgang sehen. Ich selbst war um diese Zeit gerade wieder eingeschlafen. Am Morgen wurde das Meer ganz ruhig, die Kinder aber um so unruhiger; ihre lebhaften Schritte waren überall zu hören. Sie rannten hierhin und dahin, und sogar Rufus hatte seine Angst vor dem großen Wasser überwunden und schaute bewundernd den Ruderern zu, die sich alle Stunden abwechselten. Wie der Schiffsherr uns sagte, hatte uns der südöstliche Wind dicht an die Ostküste der Insel Wight getrieben, so daß wir deren fernen Küstenstreifen erkennen konnten. Kurz darauf aber wurde es fast windstill und die Luft viel wärmer; der Himmel war, bis auf einige flockige Wölkchen, klar. „Wir fahren den richtigen Kurs und werden bald Land sehen", versicherte uns der Schiffsherr. Die letzten beiden Stunden waren am aufregendsten. Ständig kletterte ein junger Bursche den Mast hinauf und herab, bis er schließlich laut schrie: „Land in Sicht!" Während die Diener eifrig unsere Sachen zusammenpackten, schaute ich unverwandt gen Norden, bis ich deutlich einen Streifen am

Horizont erblickte, der immer näherrückte. Agathe sagte: „Dort liegt Bosham, wo Haralds Schiff damals auslief, ehe er den Schiffbruch erlitt." Ich fürchte, dieser Aufenthalt in England wird viele Erinnerungen an Harald in ihr wachrufen.

Bald sahen wir eine mit Wald bestandene Anhöhe, Häuser, den breiten Strand, Menschen, den Landungssteg, und – es konnte kein Zweifel mehr sein – dort stand Wilhelm und neben ihm Roger; doch wer waren die anderen? Als das Boot den Steg erreicht hatte, riefen mehrere Kinderstimmen lebhaft: „Der Vater – der Ohi – Oheim Odo – der Seneschall!" All unsere Getreuen standen dort, um mich und die Kinder in Empfang zu nehmen. Mir war gar nicht zumute, als käme ich in ein fremdes Land. Nach der freudigen Begrüßung und einem kurzen Imbiß mußten wir noch mehrere Stunden auf dem Pferderücken zubringen. In den verschiedenen Ortschaften, die wir durchquerten, schauten uns die Dörfler groß an, aber nur wenige winkten. Vielleicht wußten sie gar nicht, wer es war, der vorbeizog – oder sie bemerkten das Banner des Königs zu spät. Wilhelm hatte uns nicht ankündigen lassen; er wartet damit, bis ich zur Krönung geführt werde. Als wir gegen Abend Winchester erreichten, war ich am Ende meiner Kraft; die halb durchwachte Nacht und lange Reise mit den lebhaften Kindern hatte mich erschöpft. Wilhelm versprach, mich nicht wegen meines langen Schlafens zu nekken; ich solle soviel ruhen, wie ich könne, denn es warteten große Ereignisse auf mich.

Später

Soeben habe ich mit dem Erzbischof Aldred gesprochen, dem ich ja schon einmal begegnet bin – damals, als er Tosti und Gyrth nach Rom begleitete. Er ist eine kräftige, knorrige Erscheinung, und sein klarer, gerader Blick gefällt mir. „Ihr könnt meiner treuen Dienste gewiß sein", sagte er; „mein Leitspruch ist seit je gewesen: ‚Fürchte Gott und ehre den König.'" Er besprach mit Wilhelm und mir, wie die Krönungszeremonie verlaufen werde, und überreichte mir hernach einen Bogen, wo alles aufgezeichnet stand, damit ich sehen konnte, wie das Innere der neuen Kathedrale im westlichen Münster aussieht.

Nun aber will ich etwas über dieses Schloß schreiben, in dem wir bis zur zweiten Woche des Wonnemonds bleiben werden. Es ist traulich und liegt inmitten eines kleinen Parks, in dem die Kinder zu ihrer Freude spielen können. Ein Wäldchen liegt nahebei, doch – wie Wilhelm sagt – läßt es sich nicht mit den dichten Wäldern der Normandie vergleichen. Die Räume sind kleiner als in unserem Schloß in Rouen, aber schön ausgestattet, sogar mit seidenen Wandbehängen. Hier hat König Eduard des öfteren gewohnt und sich mehr seinem geistlichen Leben gewidmet. Überall sehe ich Figuren oder Bilder von Heiligen. Selbst der Wetterhahn auf dem Turm stellt eine heilige Figur dar: den Erzengel Gabriel mit seiner Posaune. Die Lady Edith, des Königs Witwe, hat jedoch nur selten hier gewohnt. Deshalb sind in diesem Schloß gar keine Räume für eine Königin. Wilhelm sagt, Edith lebe in ihrem eigenen Schlößchen, nicht weit von uns, und etwas später würde ich Gelegenheit haben, sie kennenzulernen. Ich freue mich schon darauf; ist sie doch Haralds Schwester und hat Wilhelm stets ihre Treue bewiesen. Wilhelm hat mir das Schlafzimmer des früheren Königs gegeben, und er selbst schläft in einem kleinen Raum nebenan, welches dessen Ankleidezimmer war. Er will es nicht anders und erinnerte mich scherzend an meine erste Reise mit ihm durch die Normandie, als wir – von Eu kommend – in Clères übernachteten. Dort schlief ich in der kleinen Kammer, weil ich Wilhelms Bett nicht teilen wollte. Wie lange liegt das zurück! Damals war ich gerade Herzogin geworden und hätte es mir nie träumen lassen, daß ich einmal die Königskrone tragen würde.

Nun muß ich noch das Allerherrlichste mitteilen. Nachdem ich mich gut ausgeruht und Wilhelm mich durch die Räume des Schlosses geführt und mir einige der angelsächsischen Hofleute vorgestellt hatte, ging er mit mir in unser gemeinsames Wohnzimmer. Das sieht ganz so aus wie zur Zeit, als König Eduard zum letzten Male hier wohnte. Mehrere Figuren von Heiligen stehen auf Simsen und in Nischen – unter ihnen eine wunderschöne Muttergottes, auf deren ausgestreckter Hand eine Taube sitzt. Sowohl die Madonna als auch die Taube tragen einen Heiligenschein. Wilhelm nahm im Lehnstuhl des Königs Platz und zog mich auf seine Knie. „Nun endlich habe ich dich bei mir", sagte er, während ich glücklich meine Arme um seinen Hals schlang. „Hast du mich nichts zu fragen?" meinte er. „Ja, etwas ganz Wichtiges: Was ist es für eine Überraschung, die du für mich bereithältst?" – „Du darfst dreimal raten." – „Deine Überraschungen lassen sich nie erraten, Wilhelm." – „Versuche es!" – „Kommen meine Brüder aus Flandern?" – „Ich habe sie eingeladen." – „Wirklich, Wilhelm?" – „Ja, aber das ist nicht die eigentliche Überraschung." – „Kommt auch Judith mit?" – „Nicht, daß ich es wüßte." – „Nun kann ich nur noch einmal raten..." Ich sah ihn lange an und trank seinen zärtlichen Blick in mich ein. Plötzlich sagte ich: „Wir wollen bald einen Sohn haben, ja, Wilhelm?" Er nickte. „Gewiß, mein Lieb, sehr bald sogar, denn er soll hier geboren werden, noch ehe ich dich zurückschicke. Aber das wußtest du ja bereits." – „Nun weiß ich aber nichts mehr, Wilhelm!" Er lachte. „Dreimal fehlgeraten!" Als er schwieg und mich nur schelmisch ansah, sagte ich: „Du läßt mich zappeln wie einen Fisch an der Angel." – „Du bist ein kostbarer Fisch", meinte er, indem er mich an sich drückte, und dann: „Es hat etwas mit dem 11. des Wonnemonds zu tun." – „Dem Tag meiner Krönung?" Er schüttelte den Kopf. „Es ist nicht der Tag *deiner* Krönung." – „Oh, so ist die Krönung aufgeschoben worden?" – „Keineswegs." Ich sah ihn ratlos an. Da sagte er: „Es ist der Tag *unserer* Krönung." Da brach ich in einen lauten Jubelruf aus. Wilhelm läßt sich noch einmal mit mir krönen, weil er seine erste Krönung als eine „verunglimpfte" bezeichnet. Ich kann kaum sagen, wieviel leichter ich mich jetzt fühle. Mit Wilhelm zusammen weiß ich mich geborgen.

Winchester, Montag, am 28. des Ostermonds 1068

Ich bin heute am späten Nachmittag mit Wilhelm ausgeritten. Wie gut, daß ich meinen Schimmel mitgenommen habe! Meine Marisa hat die Seefahrt auf unserem Begleitschiff gut überstanden. Die Landschaft hier ist lieblich, die Häuser sind kleiner als in der Normandie, die Wege schmaler und die Dörfer winziger. Ab und zu, wenn wir an spielenden Kindern oder Landarbeitern vorüberritten, hörte ich die fremde Sprache, die mich daran erinnerte, daß ich nicht mehr in der Normandie bin. Im Schloß bin ich meist von meinen eigenen Kammerfrauen und von der Familie umgeben; auch die meisten der am Hof lebenden Vasallen sind Normannen. Unsere Kinder haben in diesem Schloß weniger Platz als daheim. Das stört sie zwar wenig, aber Barbara hat ihre liebe Not mit Rufus. Als er ihr heute wiederholt nicht gehorchte, kam sie verzweifelt in unser Wohnzimmer. Dort saß ich mit Wilhelm über eine Karte von London gebeugt. Barbara war hochrot im Gesicht und dem Weinen nahe. „Er gibt das Messer nicht her, und das ist zu gefährlich, wo unsere kleinen Mädchen im selben Zimmer schlafen. Ja, er ist sogar mit dem gezückten Messer auf mich zugegangen, als ich versuchte, es ihm aus der Hand zu nehmen." Ich war froh, daß Wilhelm sich diesmal seines Sohnes annehmen konnte, der natürlich entsprechend bestraft wurde. Wilhelm ließ ihn kommen, verlangte ihm das Messer ab und hieb ihm mit einem Rohr über die ausgestreckten Hände. „Sag Barbara nun, daß es dir leid tut", verlangte er. Rufus schluckte ein paarmal, um seine Tränen zu unterdrücken. Dann sagte er: „Es tut mir leid. Aber jetzt müßt auch Ihr sagen, daß es Euch leid tut, Vater, weil Ihr mich geschlagen habt." Ich sah, wie Wilhelm die Hand über Kinn und Mund legte – doch hatte er sich gleich wieder gefaßt und antwortete seinem Sohn: „Es tut mir immer leid, wenn ich meine Söhne so ungebärdig sehe, daß ich sie schlagen muß. Bessere dich also, dann sind wir wieder Freunde." Rufus senkte den Kopf und blieb zögernd stehen. „Ich will doch mein Schiff fertigschnitzen", sagte er weinerlich. „Zeige mir morgen, wie weit du mit dem Schiff gekommen bist", sagte Wilhelm. Rufus nickte stumm und ging hinaus. Ich wollte ihm nachgehen, um ihn in den Arm zu nehmen und ihm gute Nacht zu sagen, aber Wilhelm hielt mich zurück. „Laß die Strafe einwirken", sagte er. Ich seufzte. „Er tut mir so leid, Wilhelm; du hast ziemlich kräftig zugeschlagen." – „Soll ich das etwa nicht?" Darauf wußte ich nichts zu antworten. Es stimmt, daß Rufus strenge Zucht braucht, und wir Frauen können ihm diese nicht richtig geben.

Winchester, Dienstag, am 29. des Ostermonds 1068

Gestern abend saß ich noch spät in meinem Bett auf und betrachtete den großen Bogen, den Erzbischof Aldred mir gegeben hat, um mich mit der Krönungszeremonie vertraut zu machen. Da hörte ich feste Schritte, so daß die Binsen darunter knirschten, und plötzlich stand Wilhelm vor meinem Lager. Er setzte sich zu mir, nahm mir den Bogen aus der Hand und rollte ihn säuberlich auf. „Nicht heute nacht", sagte er; „es gibt Wichtigeres für uns zu tun." Dabei lächelte er mich verheißungsvoll an, und ich fragte ihn freudig erschrocken: „Willst du bei mir bleiben?" Er nickte, und nun vergaß ich gern die bevorstehende Zeremonie und alles, was sie mit sich bringen würde. Viel, viel wichtiger ist es, daß ich ihm endlich seinen letzten Sohn schenke, ehe ich zu alt dazu werde. Vielleicht haben wir es dieses Mal beide gewußt, daß wir unser letztes Kind zeugten. Die erste, neu erwachte Liebe gleicht der zarten Baumblüte – doch die letzte voll ausgereifte Liebe hat die Süße einer sich vom Baum lösenden Frucht... Als ich mich wieder ganz an ihn verlor, hörte ich seine Stimme flüstern: „Bete!" Es war gut, daß er mich daran erinnerte, denn wir hatten uns beide vorgenommen, Gott in diesem Augenblick um den sehnlich erwarteten Sohn zu bitten.

Morgens wachte ich davon auf, daß er meinen Kopf sanft von seiner Schulter auf das Kissen schob. Der Tag war angebrochen, und er wollte seinen gewohnten Ausritt machen. Ich blinzelte ihn unter halb geschlossenen Lidern an und fragte: „Kommst du heute nacht wieder, Wilm?" – „Soll ich das?" – „Ich meine ja nur", erwiderte ich, „weil ich voriges Mal zweimal nicht empfangen habe... wo es doch an meinem Alter liegen könnte." Er lächelte: „Wir wollen es dieses Mal nicht darauf ankommen lassen." Als er gegangen war, schlief ich wieder ein und träumte, ich säße als Königin auf einem geschmückten Thron – aber es war mitten auf einer Wiese, wo die Vögel zwitscherten; und auf dem Grase schwebten durchsichtige Wesen einher, die aussahen wie Elfen. „Suche dir dein Seelenkind aus", hörte ich Wilhelms Stimme und wollte gerade die Hand nach einem Feenwesen ausstrecken, das mich aus schwarzen Augen anlächelte, als ich aufwachte. Es war bereits heller Tag; von draußen hörte ich das melodische Lied einer Amsel und von nebenan die lebhaften Stimmen der Kinder. „Ich bin in Winchester", dachte ich – und dann: „Die Krönung liegt noch vor mir." Ich weiß oft nicht, wo ich bin, wenn ich morgens aufwache.

Winchester, Mittwoch, am 30. des Ostermonds 1068

Gestern gewährte Wilhelm mir mehrere Mußestunden. Ich war viel bei den Kindern und besprach mit ihnen, was sie während der Krönungsfeier tun müßten und wo ihr Platz in der Kathedrale sein würde. Constanze soll an Adelaides Hand laufen und nicht getragen werden. Wir haben ihr heute das blauseidene, lange Festkleidchen anprobiert, das sie tragen soll – und im Haar soll sie einen Stoffkranz aus blauen

Vergißmeinnicht tragen. Sie sah so herzig aus, daß alle Geschwister sie abwechselnd an sich zogen und abküßten, bis es ihr zuviel wurde und sie zu schreien begann. Der Kranz war ihr über die Augen gerutscht. „Seid vorsichtig, Kinder!" warnte ich, „die Blümchen werden ja ganz zerdrückt." Jetzt hatte Rufus sich den Kranz gegriffen und über seine rötlichen Locken gezogen. Dazu schnitt er eine mädchenhafte, grinsende Grimasse und drehte die Augen nach oben. Die Kinder schrien alle vor Lachen. „Ich auch mal", sagte Richard, aber da griff ich ein. „Geht in den Garten und flechtet euch eure eigenen Kränze, ihr verrückten Burschen."

Ich habe in meinem Schlafzimmer einen kleinen Erker, wo ich gern am Fenster sitze, weil dort viel Licht hereinkommt. Dort schrieb ich gerade in mein Memoirenbuch, als Wilhelm eintrat, der nach mir gesucht hatte. „Wie geht es meiner alternden Frau?" neckte er mich. Ich sah lächelnd zu ihm auf und sagte: „Du darfst einmal die Falten in meinem Gesicht zählen." Er hob mein Kinn an und betrachtete mich aufmerksam. Wie ich mich unter seinem Blick doch immer ganz erkannt, aber auch anerkannt fühle! Da tippte er mit seinem kleinen Finger in meinen linken Augenwinkel und zählte: „Eins – zwei." Dann tat er dasselbe im rechten Augenwinkel: „Drei – vier! Eine gewaltige Zahl, meinst du nicht auch?" – „Nun laß mich deine Falten zählen", sagte ich, und er hielt mir willig sein Gesicht hin. Er sah aus wie ein kleiner Schalk und blickte mich aus erwartungsvollen, lustigen Augen an. „Ich sehe gar keine, Wilm", sagte ich enttäuscht; „aber manches Mal hast du welche auf der Stirn, die habe ich schon gesehen." – „Ja", sagte er, „wenn ich will"; und augenblicklich zog er seine Stirn in drohende Falten. Ich glättete sie ihm schnell wieder, und er küßte mich.

Winchester, Freitag, am 2. des Wonnemonds 1068

Nun ist es nur noch eine Woche, bis wir nach London aufbrechen. Zwei Tage vor der Krönung sollen wir dort eintreffen, um das Nötige vorbereiten zu können. Wilhelm möchte nicht, daß die Londoner mich vor meiner Krönung sehen; deshalb werden wir erst nach Einbruch der Dunkelheit in Barking einreiten. Auch mir ist es viel lieber so.

Agathe fragte heute ihren Vater: „Papà, wann führt Ihr uns nach Hastings? Ihr habt doch versprochen, uns alles zu zeigen. Und es ist gar nicht weit von hier." Doch Wilhelm meinte: „Nicht vor der Krönung, Agathe. Später, wenn wir Robert zum Hafen geleiten, will ich euch den Platz zeigen." Ich selbst bin sehr begierig, diese Stätte zu sehen, kann vorerst aber nur an das bevorstehende Pfingstfest denken. Ich wünschte, es wäre schon alles vorüber.

Später

Heute erhielt ich zwei Briefe von meinen lieben Schwestern. Fiti, die nur selten schreibt, beglückwünschte mich zur Krönung. Gern wäre sie selbst gekommen, doch erwarte sie in Bälde ihr viertes Kind. Judith schrieb, daß sie England nicht wiedersehen wolle und deshalb nicht käme. Zu viele schmerzvolle Erinnerungen an den Hof zu London und die Zeit König Eduards seien damit verbunden. Doch wolle Balduin und vielleicht auch Robert kommen. Dann schrieb sie hocherfreut, daß Fiti sie gebeten habe, zu ihr nach Deutschland zu ziehen. Die Familie ihres Mannes wolle sie gern aufnehmen. Ich bin sehr froh darüber. Dort kann sie das Geschehene am ehesten vergessen oder zumindest Abstand davon gewinnen.

Winchester, Sonntag, am 4. des Wonnemonds 1068

Dies ist der letzte Sonntag vor Pfingsten. In drei Tagen schickt Wilhelm die Kinder voraus. Barbara und Gundrada ziehen mit ihnen, ebenfalls Adelaide; und Warenne soll ihnen das Geleit geben. Mich wundert es, daß Wilhelm diesen schickt. Ob er sich wegen Gundrada doch eines anderen besonnen hat? So lieb ich meine Kinder habe – in diesen Tagen sind sie mir oft zuviel gewesen, denn sie fragen mich lauter Dinge, auf die ich keine Antwort weiß. „Mamà, wo wohnen wir in Barking? – Bei wem lernen wir dort? – Was gibt es zum Krönungsmahl zu essen? – Ist da ein Garten? – Kriegen wir jeder unser eigenes Beet wie in Rouen? – Haben wir da ein großes Spielzimmer? – Ist da ein Schaukelpferd?" Ich fühle mich selbst wie ein hilfloses Kind, das sich erst zurechtfinden muß.

Soeben wird mir ein nachgesandter Brief aus London überreicht. Er kommt von Balduin, der sich mit Richilde und seinen beiden Söhnen ankündigt. Robert sei verhindert, schreibt er, doch sende er mir ein Ausstattungsstück für die Krönung. Der König wisse davon, aber für mich solle es eine Überraschung sein.

Winchester, Mittwoch, am 7. des Wonnemonds 1068

Gottlob sind die Kinder auf dem Weg. Morgen reisen Wilhelm und ich und alle von der *Curia regis*, die noch hier sind. Ich erfuhr soeben von fitzWymarc, daß Haralds Witwe, Alditha, Zwillinge geboren hat; Graf Morcar habe dies geschrieben. Es seien zwei Söhne, die sich jedoch nicht gleich sähen. Ich denke mit tiefem Mitgefühl an diese Frau. Ihre Söhne werden den Vater nie kennen, und ihre Tochter war noch ganz klein, als ihr erster Mann Griffydd von Harald, ihrem zweiten Gemahl, besiegt wurde, der dessen Kopf zum König trug. Alditha war nur kurze Zeit Königin, und nun soll ich ihre Stelle einnehmen. Ob sie wohl von meiner bevorstehenden Krönung erfahren hat? Wie mag es in ihrem Herzen aussehen?

Später

Wilhelm ist oft so unberechenbar und kann seine Pläne ganz plötzlich wieder ändern, so daß alles über den Haufen geworfen wird. Er will, daß wir noch heute aufbrechen und bei Dunkelheit die breite Straße bis nach Guildford ziehen, wo wir über Nacht bleiben sollen. Dies sei nicht so anstrengend, sagt er, und weniger Leute würden uns sehen.

Hätte er mir das nur eher gesagt! Ich weiß nicht, wie ich nun noch alles schaffen soll.

Barking, Samstag, am 10. des Wonnemonds 1068

Morgen nun ist der große Tag, und ich darf heute viel allein sein, um zu ruhen. Die Kinder werden mir ferngehalten. Adelaide wird sich ihrer annehmen und sie morgen dem Anlaß gemäß kleiden lassen. Es war richtig von Wilhelm, daß er mich nicht die ganze Strecke auf einmal reiten ließ. Es wäre so kurz vor der Krönung zu anstrengend gewesen.

Wie viele neue Eindrücke gibt es hier in Barking! Ich habe das Äußere des Schlosses und den Park noch gar nicht gesehen, denn wir sind bei Dunkelheit eingetroffen, und ich wurde sogleich in meine Zimmer geführt, wo ich nun „gefangen" bin, bis die Feier vorüber ist. Wilhelm hat alles wunder-, wunderschön für mich einrichten lassen. Er sagt, es wird noch viele Jahre dauern, bis unser „Weißer Turm" fertiggebaut ist, so wie er ihn mit Gundolf entworfen hat, und bis dahin solle ich mich in dieser Residenz wohlfühlen können. Die Wände sind hier, wie in Winchester, mit seidenen Decken behangen – fast wie in einem Tempel. Vor meinem Bett liegt sogar ein Teppich auf dem Boden; der sei im Auftrag des spanischen Königs Alfons eigens für mich angefertigt worden. Gewebt wurde der Teppich von den Mohren, die große Fertigkeit darin besitzen. Meine Räume hier sind nicht ganz so groß wie in Rouen, aber sehr hübsch ausgestattet. In die frischen Binsen sind manche Kräuter gestreut, die wir in der Normandie für diesen Zweck gar nicht benutzen: Fenchel, Gamander, Kamille, Balsam, Veilchen und das streng riechende Flohkaut, das man hier „Pennyroyal" nennt. In einer kleinen Truhe liegen noch andere bereit: Basilikum, Himmelsschlüsselchen, Maßliebchen, Rainfarn und die mir vertrauten Lavendel und Rosmarin. Das schönste Möbelstück in meinem Zimmer, das mich hoch entzückt, ist ein schwebender Tisch. Er besteht aus einer Messingplatte, die an einer ebensolchen Kette von der Decke herabhängt. Die Platte ist fein geschliffen und so aufgehängt worden, daß der Tisch die richtige Höhe für mich hat. Über ihm hängt eine Öllampe, die ihr Licht unmittelbar auf den Tisch wirft. Mein Bett im Schlafraum hat kostbare blaue Vorhänge aus arabischer Seide, in die eine goldene Krone gestickt ist. Ach, meine Krone! Von der muß ich erzählen.

Wilhelm ließ mich in seine Räume rufen, die den meinen gegenüberliegen. Doch es besteht ein verbindender, durch Portièren abgeteilter Doppelraum am Ende des Ganges – ein Ankleideraum mit hohen Spiegeln, den wir morgen beide benutzen werden. Als ich in Wilhelms Zimmer trat, erblickte ich auf dem großen Eichentisch, in einem mit rotem Samt ausgepolsterten Messinggefäß, meine Krone. Ich schaute überrascht zu ihm auf und sah den Erzbischof Aldred neben ihm stehen. „Madame", sagte Wilhelm lächelnd, „wir haben es für ratsam befunden, Euch die Krone vorher aufzuprobieren, damit morgen kein Malheur geschieht." Ich mußte mich setzen; doch noch ehe der Erzbischof versuchte, die Krone auf mein aufgestecktes Haar zu setzen, sagte er: „Es geht nicht, Madame, wenn Euer Haar auf diese Weise gekämmt ist."

Wilhelm schickte mich daraufhin zu meinen Kammerfrauen, und Clothilde sowie Josephine begannen sich um mein Haar zu bemühen. Eines war sicher: Die Krone mußte fest auf meinem Scheitel sitzen und durfte nicht lose auf meinem aufgetürmten Haar schaukeln. Clothilde fand die richtige Lösung; sie flocht mein Haar in zwei lange Flechten, die sie kunstvoll ineinanderschlang und mir im Nacken aufsteckte. So frisiert kehrte ich in Wilhelms Zimmer zurück. Er musterte mich erstaunt, ging um mich herum und hieß mich dann niedersitzen. Nun drückte mir der Erzbischof die Krone aufs Haupt, rückte sie einige Male hin und her und ließ dann den Griechen hereinrufen – den Goldschmied, der im Vorzimmer wartete. Dieser hatte die Krone geschmiedet und vorgeschlagen, den inneren Rand mit Stoff auszukleiden, damit die Krone auf dem weichen Haar nicht rutsche. Wir sahen ihm zu, wie er den Rand mit goldgelbem Stoff verklebte – und danach schien die Krone nicht mehr zu gleiten, selbst nicht, als ich den Kopf nach rechts und links wandte oder leicht nickte, was ich alles ausprobieren mußte. Wilhelm sagt, ich werde die Krone auch am Abend zum großen Fest tragen müssen.

Als der Erzbischof wieder gegangen war, zeigte Wilhelm mir das Geschenk meines Bruders Robert. Es ist ein Krönungsmantel, der aus kostbarstem friesischen Manteltuch – der Pallia fresonica – gefertigt wurde. Schon mein berühmter Vorfahre Karl der Große hat sich diesen Stoff aus Flandern kommen lassen, um ihn hohen Würdenträgern zu schenken. Ich war tief bewegt über das wertvolle Geschenk und die Botschaft, die er mir geschrieben hatte: „Meiner königlichen Schwester wünsche ich Glück, Ruhm und Macht – und eine immerwährende Freundschaft mit ihrem Heimatland." Balduin und Richilde darf ich erst morgen sehen – ebenfalls die zahlreichen anderen Gäste. Heute soll ich viel Ruhe haben.

Ich erhalte hier zwei angelsächsische Kammerfrauen. Während meine normannischen Kammerfrauen mich in die Kathedrale begleiten, kehre ich mit den angelsächsischen aus der Kirche zurück. So verlangt es der Brauch. Doch werde ich noch nicht ganz auf meine alten Dienerinnen verzichten; die neuen müssen zuerst von ihnen eingeführt werden. Und ich selbst muß lernen, mich mit ihnen zu verständigen. Ich hoffe, daß sie das Französische verstehen, weil sie ja schon am Hofe König Eduards gedient haben.

Barking, am Pfingstmontag, dem 12. des Wonnemonds 1068

Der große, unvergeßliche Tag ist vorüber, und obgleich die Festlichkeiten noch Tage andauern werden, darf ich mich heute etwas ausruhen und im Kreise der Familie sein. Der Pfingstsonntag begann mit einem wunderschönen Frühlingsmorgen. Nach anfänglichem Nebel heiterte sich der Himmel auf. Ich aber war keineswegs heiter, sondern sehr erregt. Zum ersten Male sollte mich das englische Volk sehen. Was würden die Leute zu der fremden Königin sagen, die dazu noch so klein von Gestalt ist? Clothilde hatte mir das Haar kunstvoll im Nacken aufgesteckt, doch ich kam mir fremd vor, als ich im Spiegel mein glattes, gescheiteltes Haar erblickte, das mich noch kleiner erscheinen ließ. Nur die Krone würde mich etwas erhöhen. Mein Krönungsgewand aus orientalischer, elfenbeinfarbener Seide mit dem breiten, reich bestickten Gürtel und dem hauchdünnen Schleier entzückte meine Kammerfrauen. „Ihr seht aus wie eine Elfenkönigin, Madame!" Heimlich hoffte ich, daß Wilhelm noch einmal zu mir kommen würde, ehe wir in den Schloßhof hinunter mußten, wo die geschmückten Pferde, Sänften und königlichen Banner auf uns warteten. Ja, er kam – wie damals in Eu –, um mich noch einmal prüfend zu mustern. Wieder schaute er mich lange verwundert an, weil er es nicht gewohnt ist, mich mit dem ganz anders frisierten Haar zu sehen. „Es gefällt dir wohl nicht, Wilm?" fragte ich unsicher. „Ganz im Gegenteil", meinte er. „So solltest du es immer tragen, wenn du als Königin in England residierst." – „Wirklich, Wilhelm?" fragte ich erstaunt. Er nickte ernst. „Es verleiht dir mehr Würde." – „Die brauche ich auch, Wilm!" sagte ich scherzend und fragte dann: „Sind die Kinder bereit?" Er nickte. „Komm und sieh!" Ohne daß ich es wußte, hatte er sie alle in seinem Zimmer aufreihen lassen, und Adelaide wachte streng darüber, daß sie sich nicht von der Stelle rührten und kein Zipfelchen ihrer kostbaren Gewänder schmutzig machten. Die feierliche Atmosphäre dieses Tages hatte sie alle etwas eingeschüchtert. Als ich sie in ihren samtenen und seidenen Gewändern erblickte, ging mir das Herz auf. Sie standen da wie die Orgelpfeifen, mit blanken Augen und frischen Gesichtern – der schmucke Robert, der als Graf ein kleines Diadem im Haar trug, Agathe und Cäcilie in langen, mattweißen Tuniken, Richard und Rufus in schwarzen Samt gekleidet, und dann die drei kleinen Mädchen in ihren hellblauen Seidenkleidern mit breiten Schärpen und Blumenkränzen im Haar. Die älteren Mädchen trugen goldene Halsketten und hatten Elfenbeinkämme im Haar. Wilhelm schaute mit Wohlgefallen auf unsere acht Kinder, und ich sagte: „Sie bedeuten größeren Reichtum als das ganze Königreich." Er nickte und drückte meine Hand, und da sah ich zu ihm auf. Er trug an diesem Tag eine purpurne Tunika und einen schwarzen, goldbestickten Mantel, der durch eine große goldene Spange gerafft wurde.

Als ich an seiner Seite die Treppen hinunterschritt, als die Fanfaren im Schloßhof erklangen und er lächelnd seine Untertanen grüßte, dachte ich: „Hat die Welt je einen solch hoheitsvollen, heiteren König gesehen?" Seine Selbstsicherheit flößte mir Mut ein. Nachdem man mich in die Sänfte gehoben hatte, zog ich den Schleier übers Gesicht, der meine Züge jedoch kaum verhüllte, und schaute mich kurz nach den Kindern um. Die größeren saßen bereits auf ihren Reittieren, während Rufus sein Pony und Adele ihren weißen Esel bestieg. Es war ein liebliches Bild. Adeliza und Constanze saßen jeweils in Adelaides und Barbaras Sänfte. Angeführt von Bischof Guido und Erzbischof Stigand setzte sich der Zug in Bewegung. Alles Volk schien auf den Straßen zu sein, und die überall aufgestellten Wachen mußten die Menschen zurückdrängen. Es waren zumeist Angelsachsen, an denen unser Zug vorüberritt, und obgleich ich nicht alle Zurufe verstand, merkte ich die Begeisterung und das Entzücken der Menschen beim Anblick unserer Kinder. Nur Adi und Judith konnte ich nicht sehen, machte mir aber keine Gedanken darüber.

Es schien unendlich lange zu dauern, bis wir das westliche Münster erreicht hatten und der Zug anhielt. Odo und Bischof Hugo erwarteten uns an den Stufen zur Kathedrale; weiterhin erblickte ich Bischof Gottfried von Coutances, Bischof Wilhelm von London und andere englische Bischöfe, die ich noch nicht kenne. Da waren auch die vertrauten Gesichter von Robert Mortain, fitzOsbern, Roger Montgommeri – und als Wilhelm mir die Hand reichte, um mich in die Kathedrale zu führen, erblickte ich Adi und Judith, jede einen Korb voll Rosen am Arm tragend, die einige Schritte vor uns hergingen und rote und weiße Rosenblüten auf den Teppich streuten, über den wir schritten. Gewaltige Orgelklänge erschollen, und ich wagte nicht aufzublicken; ich hielt die Augen gesenkt und achtete darauf, daß meine Füße in den zierlichen Stiefeln nicht auf den Rosenköpfen ausglitten. Dicht vor dem Altar schaute ich auf und sah auf einem erhöhten Platz zwei thronartige Stühle stehen, die mit kostbaren Stoffen behangen waren. Doch ehe wir uns dort niederließen, schritten wir, auf Wilhelms Wunsch, zu König Eduards Gruft, die sich in selbiger Kathedrale befindet, und knieten stumm davor nieder. Mir war es, als wolle Wilhelm den Segen seines Oheims erbitten, auf dessen Wunsch er nun als König gekrönt wurde. Als unsere Kinder ebenfalls hinter uns knieten, ging ein wohlwollendes Raunen durch die Menge, besonders beim Anblick von Adele, Adeliza und Constanze, die sich alle drei an den Händen hielten. Sie betrugen sich untadelig, selbst unsere Allerjüngste, die kaum ein Jahr alt ist und mit großen Augen um sich schaute.

Als Wilhelm und ich unsere Sitze eingenommen hatten, begann die Zeremonie. Es war ein feierlicher Augenblick, als Bischof Aldred die Phiole zur Hand nahm, unsere Häupter mit dem geheiligten Öl salbte und uns zum König und zur Königin des englischen Volkes erklärte. Erzbischof Stigand hob die Königskrone empor, so daß alle sie sehen konnten, und überreichte sie dann Aldred, der sie Wilhelm aufs Haupt drückte. Gleich darauf fühlte ich, wie sich eine schwere Goldkrone auch auf mein Haar senkte. Nun stimmte der Chor das *Laudes Regiae* an, das alles Volk mitsang. Ein Schauer der Ehrfurcht durchrieselte mich, als ich es hörte und mir seiner Bedeutung bewußt wurde: *Wilhelmo serenissimo a Deo coronato, magno et pacifico regi et victoria!*[15] Für einige Augenblicke wurde alles um mich herum unwirklich; ich fühlte eine große Leichtigkeit des Körpers, ein feines Summen in meinen Ohren, und fast war es mir, als säßen Wilhelm und ich in einer lichten Wolke, durch die ich nur undeutlich die Dinge um mich herum erkennen konnte. Dann spürte ich den Duft des Weihrauchs, hörte wieder das Brausen der Orgel und fühlte, wie Wilhelm meine Hand ergriff und mir andeutete, daß wir uns erheben müßten. Alsbald streckte er beide Hände aus, wie um das Volk zu segnen, und ich mußte desgleichen tun. Wie aus einer Kehle ertönte der Ruf: „Heil dem König und der Königin!" Von feierlichen Orgelklängen begleitet, schritten wir hinaus, wobei ich merkte, daß mich die Krone nicht wenig drückte; doch ließ ich es mir nicht anmerken. Diesmal schaute ich nach rechts und links und grüßte, wie ich es Wilhelm tun sah, mit der Hand.

Der Ritt vom westlichen Münster bis nach Barking war ein einziger Triumphzug. Noch viel mehr Volk war auf den Straßen als bei unserem Hinritt, denn alle wollten das gekrönte Herrscherpaar sehen. Die Sonne war hinter den Wolken hervorgetreten, und alle Glocken der vielen Kirchen in London läuteten. Immer wieder hörte ich die englischen Rufe: *Hail to the king! – Hail to the cween!*, und oft wurden uns Blumen zugeworfen, die der Wind jedoch größtenteils wieder davontrieb. „Ob das englische Volk auch Harald damals so begeistert empfangen hat?" dachte ich. „Ob es jedem so zujubelt, der die Krone trägt, ganz gleich, wer es ist?" In Barking angekommen, führte Wilhelm mich in seine Räume, während die Seneschalle fitzWymarc und fitzOsbern hinter uns herschritten. Letztere trugen die Behälter für unsere Kronen. Niemand anders als sie dürfen die Kronen in die Hand nehmen und sie dem Schatzmeister überreichen, der sie in einem besonderen Schrein verschließt. Zuerst nahm Wilhelm meine Krone ab und überreichte sie fitzOsbern, der sie in den Kasten bettete, und dann nahm er seine eigene ab, die er fitzWymarc übergab. Bis zum frühen Abend konnte ich nun ein wenig ruhen und einen Imbiß mit meiner Familie einnehmen. Ich herzte und küßte meine drei kleinen Mädchen, die sich so artig verhalten hatten, und Barbara gab ihnen ein Naschwerk.

Am Abend mußten wir wieder unsere Kronen tragen, und der große Festsaal, den ich zum ersten Male sah, war von Hunderten von Menschen angefüllt. Wie seltsam es mich anmutete, daß ich zum ersten Mal eine Festlichkeit am Hofe nicht selbst hatte überwachen müssen; alles war von den Verwaltern und Dienern des englischen Königshofs unter Wilhelms Anleitung getan worden. Es gab sogar normannische Gerichte, worauf Wilhelm bestanden hatte. Nach den verschiedenen Darbietungen, die teils in französischer und teils in angelsächsischer Sprache vorgetragen wurden, erhob sich Wilhelm und sprach zu all seinen Vasallen. Er sah hoheitsvoll aus, jede seiner Gesten war die eines Königs. Er dankte all seinen Untertanen für ihr Vertrauen, ihre Unterstützung und Freundschaft und versicherte ihnen von neuem, ihnen ein guter, gerechter König und Landesvater sein zu wollen. „Mehr als die Krone und das Reich weiß ich treue Freunde zu schätzen", sagte er. „Möge Gott sie mir erhalten!"

Dann blickte er auf mich und sagte, es sei ihm ein Herzensbedürfnis gewesen, die Herzogin – gleich sich selbst – gekrönt zu sehen, denn sie sei nicht nur seine Gemahlin, sondern auch seine Mitregentin, seine rechte Hand. Als ich gerade, verlegen ob des Lobs, den Blick senkte, sagte er: „Und nun will Eure Königin einige Worte an Euch richten." Erschrocken blickte ich zu ihm auf, denn er hatte mich gar nicht darauf vorbereitet gehabt. Er blinzelte mir ermutigend zu, und mir blieb nichts anderes übrig, als aufzustehen und etwas zu sagen. Als ich in die vielen, mir vertrauten Gesichter blickte, als ich mir gegenüber meine Kinder sah: Robert, Agathe, Cäcilie, Richard und Rufus, die mich erwartungsvoll und mit unverhohlener Bewunderung anblickten, schöpfte ich Mut. Ich weiß nicht mehr genau, was ich gesagt habe, aber es war etwa dies: „Liebe Freunde und Vasallen unseres Königs! Als ich im Jahre 1051 meine Heimat verließ und Herzogin der Normandie wurde, hätte ich es mir nie träumen lassen, daß ich einmal die Königinnen-Krone Englands tragen würde. Viel habe ich an der Seite Eures Königs gelernt – auch, daß Gott uns Aufgaben stellt, denen wir uns nicht entziehen dürfen – gleich, ob wir uns ihrer würdig erachten oder nicht. Euer Vertrauen bewegt mein Herz, und obgleich ich nicht allezeit bei Euch in England weilen kann, verspreche ich Euch eine gute Landesmutter zu sein und – wie in der Normandie – mehr Kirchen und Klöster bauen zu lassen und die Armen und Waisen zu betreuen." Dann blickte ich etwas hilfesuchend auf Wilhelm herab, der mich liebevoll anlächelte. Und da sagte ich aus übervollem Herzen: „Gott hat Euch nicht nur einen weisen, sondern auch einen frommen König geschenkt, der Treue mit Treue vergilt und in allem, was er tut, Gottes Beistand erfleht. Lang lebe unser König!" Nun erklangen laute Beifallsrufe, und Robert fitzWymarc übertrug meine Worte in die angelsächsische Sprache.

Ehe Wilhelm und ich den Festsaal verließen, durften alle Vasallen, die ihre Königin noch nicht kannten, zu mir kommen. Sie knieten auf einem gepolsterten Kissen vor Wilhelm und mir nieder, und ich reichte jedem die Hände. Wie Wilhelm mir später sagte, hätte dies vor mir noch keine Königin getan – aber es ist ja auch noch nie zuvor eine gekrönt worden. Auch einige der mir bereits bekannten Grafen kamen auf mich zu: Edwin und Waltheof, die beide ein freundliches Lächeln zeigten, und Morcar, dessen Lächeln mich nicht ganz überzeugte, ferner Edgar, der junge Thronfolger. Danach begrüßte ich einige Bischöfe und Äbte – und dann durfte ich an Wilhelms Seite endlich den Saal verlassen.

Als wir unsere Kronen abgelegt hatten, als die Seneschalle gegangen waren und die Kammerdiener mit dem Bad auf uns warteten, flüsterte ich Wilhelm zu: „Komm nachher noch zu mir, gelt?" Er nickte zustimmend. Wie froh war ich, das festliche Kleid ablegen zu können, den schweren Knoten im Nacken zu lösen! Als ich mich nach dem Bad auf meinem Lager ausstreckte, tat ich einen erleichterten Seufzer. Der anstrengende Tag war vorüber, das Eis war gebrochen, und die englischen Untertanen hatten mich kennengelernt. Wenig später kam Wilhelm und nahm meinen Kopf in seine Hände. „Habe ich alles richtig gemacht, Wilm?" fragte ich leicht besorgt. Er sah mich lange stumm an, während seine Augen mich liebkosten. Dann sagte er: „Du und die Kinder – ihr habt den Königshof verzaubert. Vorerst behalte ich euch alle hier. Viele Herzen fliegen euch zu." Dankbar lächelte ich ihn an. „Ich habe Lanfranc und Anselm vermißt, Wilhelm." – „Ja, ich weiß. Doch wenn du und ich in England sind, will ich Lanfranc in der Normandie wissen." Hierin muß ich ihm recht geben. „Es ist gut, daß es nur einmal im Leben eine Krönung gibt", sagte ich. „Für mich gab es zwei", meinte er. Dann nahm er mich in seinen Arm und hielt mich lange so fest. „Jetzt werde ich dich nicht mehr ‚Joujou', sondern ‚Bijou'[16] nennen", sagte er scherzend. Doch ich sagte: „Ich möchte nie auf den Namen ‚Joujou' verzichten, Wilm." Er blieb die Nacht bei mir und, an seine Schulter gelehnt, glitt ich sanft ins Traumland hinüber.

Barking, Dienstag, am 20. des Wonnemonds 1068

Heute morgen sind Balduin, Richilde und meine beiden Neffen wieder nach Flandern abgereist. Sie schiffen sich in Dover ein, wohin fitzOsbern sie begleitet. Wilhelm hat mehrere lange Unterredungen mit Balduin gehabt und ihm geraten, vorläufig keinen Anspruch auf Reichsflandern zu erheben. Zwar hat Robert durch seine Ehe mit Gertrude auch Kennemerland erworben, doch Wilhelm meint, dies sei nur vorübergehend; später würde Gertrudes Sohn die Grafschaft erhalten. Das bezweifelte Balduin, weil Robert sehr machthungrig sei. Bei einem dieser Gespräche war ich dabei, sonst aber widmete ich mich mehr Richilde, die sehr viel wissen wollte und nicht genug von London und der Umgebung sehen konnte. FitzOsbern, der sie sehr verehrt, war ihr ständiger Begleiter und versäumte deswegen sogar eine Versammlung der *Curia regis*, was Wilhelm ihm verübelte. Dieser rechtfertigte sich auf eine Weise, die Wilhelm ganz und gar nicht billigte. Später sagte Wilhelm mir: „Odo und fitzOsbern haben zu lange selbständig regiert; es ist an der Zeit, daß ich ihnen die Flügel beschneide." Arnulf und der kleine Balduin sind prächtige Buben; besonders Arnulf gefällt mir sehr. Wilhelm hat ihn nach Rouen geladen, wo er ein paar Monate zusammen mit Robert unterrichtet werden soll – doch erst, wenn ich wieder dort bin. Ich habe Balduin einen Brief an meinen Bruder Robert mitgegeben, dem ich für sein kostbares Geschenk dankte. Wie gern hätte ich gerade ihn hier gesehen, wo er Wilhelm hätte besser kennenlernen können!

Es ist Abend; meine beiden neuen Kammerfrauen sind in meinem Schlafraum beschäftigt und tun dort unter Josephines Anleitung alles Nötige. Ich will sie nun ein wenig beschreiben. Die Helmtrud habe ich besonders lieb. Sie hat ein sanftes, frisches Gesicht mit meerblauen, treuherzigen Augen und ist immer liebenswürdig und ausgeglichenen Gemüts. Nichts scheint sie zu bekümmern, und sie ist auch gar nicht neugierig, was eigentlich alle meine anderen Kammerfrauen sind. Sie spricht etwas französisch, aber ich versuche meist, englisch mit ihr zu reden, und habe schon einiges von ihr gelernt. Sie versorgt mich ebensogut wie Ursula und soll hier in England deren Stelle einnehmen. Die andere heißt Hedwiga und ist etwas älter und zurückhaltender. Sie stammt aus der Familie eines Priesters, trägt ihr Haar streng gescheitelt und nimmt nie ihre Haube ab. Da sie aus dem Norden des Landes kommt, verstehe ich sie nicht so gut; auch ihr Französisch klingt fremdartig. Hedwiga ist meine Gesellschafterin, die alle Besuche für mich vormerkt und all meine Ausgänge regelt. Sie begleitet mich meist in der Sänfte, wenn ich ausreite. Hier in Barking reite ich nie auf dem Pferderücken; das scheint sich für eine Königin nicht zu ziemen. Wilhelm sagt aber, ich könne es später in Winchester tun. In etwa einem Monat werden wir dorthin zurückkehren.

Ach, es ist doch alles sehr fremd hier trotz der vielen bekannten Gesichter. Ich denke an meine erste Zeit in Rouen zurück, als ich mir so verloren vorkam – besonders, als Wilhelm auf längere Zeit die Residenz verließ. Ich fühlte mich wie in einem goldenen Käfig und von allen beobachtet. Hier ist dies aber noch viel, viel mehr der Fall! Wie vermisse ich unseren Herzogsgarten! Einen solch abgetrennten, privaten Teil des Schloßparks gibt es hier nicht. „Wir schaffen uns später einen in London", tröstete Wilhelm mich. Hier in Barking seien wir nur die ersten Jahre, und da lohne es sich nicht, einen Garten anlegen zu lassen. „Es wird uns außerdem wenig Zeit dazu bleiben", sagte er; „und du wirst ohnehin die meiste Zeit nicht hier sein." Der Gedanke an lange Trennungen von ihm bedrückt mich sehr.

Barking, Donnerstag, am 22. des Wonnemonds 1068

Ich lerne immer mehr über unser neues Land, und es ist hauptsächlich Hedwiga, die mir viel darüber berichtet. Sie spricht dann ganz langsam, und ich verstehe sie jetzt schon besser, obwohl sie eine etwas harte Sprache hat. Ihre Mutter stammt aus York, was dicht bei Schottland liegt. Sie erzählte mir etwas über die vier wichtigsten Grafschaften: den Süden, der seit je unter der Herrschaft der Grafen von Wessex gestanden habe, den Osten, zu dem Kent gehört und der sichtlich von den Dänen geprägt worden sei, den Westen – insbesondere Mercia –, der bis an die Waliser Grenze reiche, und den Norden, Northumberland, der an Schottland grenze. Es gäbe in England eigentlich drei Sprachen:

das Sächsische im Süden, das Keltische im Westen und das Skandinavische im Norden. Da das Königshaus aber immer im Süden gewesen, sei die dortige Sprache, das Angelsächsische, die eigentliche Landessprache. Ich bin auch wenig geneigt, das Keltische oder Skandinavische zu erlernen.

Barking, Samstag, am 24. des Wonnemonds 1068

Wilhelm hat manche Hofleute, die schon bei König Eduard im Dienst standen, behalten – so Robert fitzWymarc und auch Bundi, den Stallmeister. Ich habe jeden Tag Verpflichtungen am Hof und soll mich besonders den jungen Grafen von Northumberland und Mercia sowie dem jungen Waltheof widmen. Unsere älteren Kinder sind immer dabei. Es werden Lieder zu verschiedenen Instrumenten vorgetragen, es wird Reigen getanzt und Schach oder Tricktrack gespielt, und es wird viel erzählt oder in das nahe Wäldchen geritten. Dabei hat Agathe heute einen kleinen, aus dem Nest gefallenen Vogel gefunden. Sie sprang sogleich vom Pferd, und Edwin folgte ihr. Er weicht kaum von ihrer Seite, und sie scheint gern mit ihm zu reden. Er durfte das Vöglein in der Hand halten, während sie ein kleines Nest für das Tierlein flocht, wobei Judith und Adi ihr halfen. Cäcilie suchte weiches Gras, mit dem das Nest ausgestopft wurde. Ich freue mich immer, wenn ich Agathe so lebhaft sehe – sie ist meist die Anführerin bei derlei Dingen, und die anderen folgen ihr willig. Auch Morcar ist liebenswürdiger geworden. Ich sehe ihn des öfteren in Adis Gesellschaft. „Magst du den Grafen Morcar gern?“ fragte ich sie neulich. „Es geht!“ war ihre Antwort. „Solange Graf Odo nicht da ist, dulde ich ihn.“ Sie hat ihr Herz bereits vergeben. Später sagte Agathe mir: „Wißt Ihr, Mamà, als wir heute das Vöglein fanden, das war ganz ähnlich wie damals mit Harald – als wir den jungen Falken einfingen. Nur war es diesmal Edwin.“ Traurig sah sie vor sich hin. „Edwin ist ein feiner junger Graf; ich habe ihn sehr gern – du nicht auch?“ fragte ich vorsichtig. Sie nickte. „Ja – er erinnert mich ein wenig an Harald, und doch: Keiner ist so, wie Harald es war.“ – „Das solltest du nicht sagen, Agathe“, erwiderte ich. „Es gibt viele Männer, die ihn an Tugend übertreffen.“ Sie lächelte resigniert: „Wer kann sagen, was die tun werden, wenn sie in eine ähnliche Versuchung fallen?“ Darauf wußte ich nichts zu antworten.

Barking, Mittwoch, am 4. des Brachmonds 1068

Heute war die erste Versammlung der *Curia regis,* an der ich als Königin teilnahm. Es wurde aber französisch gesprochen, denn auch die Angelsachsen, die in die Curia aufgenommen worden sind – wie fitzWymarc – beherrschen diese Sprache gut. Danach hieß Wilhelm mich in sein Zimmer kommen und fragte mich, was ich von Edwin hielte. Er sowie Waltheof seien sehr darauf bedacht, sich durch eine Eheschließung an das neue Königshaus zu binden. „Sie erhoffen sich dadurch besondere Gunst von mir“, meinte er. Da sagte ich: „Dennoch glaube ich, daß

Edwin unsere Agathe aufrichtig liebhat – und daß auch Waltheof Judith von Herzen zugetan ist. Sie haben gewiß nicht nur politische Ziele im Sinn, Wilhelm." Er sah mich mit nachdenklichem Lächeln an. „Das mag sein. Doch sind beide Mädchen noch zu jung für die Ehe. Wir wollen abwarten, wie es mit der Treue dieser Engländer bestellt ist. Ich gebe ihnen daher noch keine Zusage." Ich nickte und freute mich heimlich, weil er mich dieses Mal gefragt hatte. Nun, da er König ist, fühlt er sich nicht mehr abhängig von politischen Eheschließungen. Er fragte mich sogar: „Wird Agathe ihn wollen?" Nun sagte ich ihm, was sie mir gestern erzählt hatte – daß keiner Harald gleichkäme. „Du siehst", meinte er, „es ist alles verfrüht. Agathe braucht mehr Zeit. Ich werde die Grafen daher hinhalten."

Ehe ich wieder in meine Zimmer ging, trat ich neben Wilhelms Stuhl, legte meine Hände auf seine Schultern und sagte: „Ich habe dir noch etwas Schönes mitzuteilen." – „Nur zu!" ermunterte er mich. Ich setzte mich auf die Lehne, schlang meine Hände um seinen Nacken und sagte: „Ich glaube, unser kleiner Sohn schlummert schon in meinem Schoß." Da zog er mich auf seine Knie und hielt mich lange stumm an sich gepreßt.

Barking, Mittwoch, am 11. des Brachmonds 1068

Es ist hier am Morgen fast immer neblig und längst nicht so warm wie bei uns in Rouen um diese Zeit. Ich reite öfter, von Josephine und Hedwiga begleitet, mit den Kindern aus. Leider stehen die beiden Kammerfrauen in keinem guten Einvernehmen miteinander; es scheint etwas Eifersucht dabei im Spiele zu sein. Auch versteht keine die Sprache der anderen allzugut, und das hat des öfteren zu Mißverständnissen geführt. Ich muß hernach immer schlichten. Hedwiga ist sehr streng in ihren Ansichten, und zum Teil hat sie recht; denn eine Königin ist in dem, was sie tun darf, noch mehr eingeschränkt als eine Herzogin. Ich muß, wenn ich ausreite, immer mein Haar bedeckt haben, darf nur auf bestimmten Wegen reiten – und weil Josephine dies alles noch nicht weiß, kommt Hedwiga immer mit uns. Clothilde ist nicht mehr gut zu Pferde, sie wird merklich älter. Doch mit ihrer Erfahrung kann sich kaum eine andere messen. Heute beschwerte sich Josephine bei mir über Hedwiga. „Sie tut mir gegenüber, als sei ich ganz neu in meinem Amt; dabei habe ich Euch über 15 Jahre gedient." – „Aber nicht in England", versuchte ich ihr zu erklären. „Gottlob nicht!" rief sie aus. „Hier gibt es nur wenig freie Menschen unter dem Volk, dafür viele Sklaven, mit denen man macht, was man will. Ich habe Schlimmes von den Dienern darüber gehört, Madame. Die Hurerei ist hier nicht verboten – und sogar die Priester tun nichts dagegen. Die wissen oft noch nicht mal die richtigen Worte für die heilige Kommunion; sie haben kaum das Lateinische studiert, und sie essen und trinken nach Herzenslust und halten sich ihre Weiber." Josephine hatte sich in Eifer geredet, und ihre Wangen glühten. „Es hilft nichts, Josephine", sagte ich; „wir müssen jetzt hier leben. Unser König wird gewiß alles zum Besten lenken."

Später

Ich mußte unterbrechen, denn ich wollte meine Kleinen noch sehen, ehe sie zu Bett gingen. Sie warten dann immer auf mich, damit ich ihnen ein Märchen erzähle. Es ist jetzt abends so lange hell, daß sie gar nicht einschlafen wollen. Wenn ich bei den Kindern bin, vergesse ich für einige Minuten die vielen anderen Sorgen.

Wilhelm macht sich zur Zeit Gedanken wegen des Nordens, denn Edgar ist nach Schottland gereist, weil er es vorzieht, bei Malcolm zu Gast zu sein. Er hat auch seine Mutter und Schwestern dorthin geholt. Das wäre jedoch weniger bedenklich, wenn nicht auch Morcar und Edwin in Unfrieden abgereist und in ihre Grafschaften zurückgekehrt wären. Edwin hat eine frühere Andeutung Wilhelms, daß dieser nicht abgeneigt sei, ihm seine Tochter Agathe zu geben, als festes Versprechen gedeutet. Als er nun sah, daß Wilhelm ihn hinhielt, ärgerte ihn das. Er fühlt sich unsicher, und außerdem gefällt es den englischen Grafen, besonders denen im hohen Norden, nicht, daß Wilhelm Vasallentreue von ihnen verlangt. Sie haben jetzt nicht mehr dieselbe uneingeschränkte Freiheit wie früher, denn Wilhelm hat vor, die Gesetze König Eduards sowie andere strengere Sittengesetze und prompte Bestrafungen von Vergehen nun auch in den nördlichen Grafschaften gültig zu machen. Das behagt den Baronen wenig, die bis jetzt ein willkürliches Leben geführt und sich wenig um den König gekümmert haben. Morcar und Edwin wollen es nicht mit ihnen verderben. Wilhelm erfuhr dies alles von Waltheof, dem Edwin und Morcar es anvertraut hatten. Da hat Wilhelm gesagt: „Fortan soll es keine Normannen und Angelsachsen und Northumberländer mehr geben, sondern nur noch Engländer." Diese Worte haben Waltheof begeistert, aber er meint, der Unabhängigkeitsdrang der nordischen Adligen sei sehr stark, ob Wilhelm ihnen nicht einiges zugute halten wolle. „Das hieße mein Werk untergraben", hat Wilhelm gesagt. „Merkt Euch, Waltheof, wer mir die Treue bewahrt, wird seinen Lohn ernten. Wer sich gegen mich stellt, wird untergehen." Diese Worte Wilhelms, mit der ihm üblichen Überzeugungskraft gesprochen, müssen den jungen Grafen erschreckt haben. „Und was ist Euer Lohn?" hat er gefragt. Wilhelm hat lächelnd gesagt: „Für Euch: meine Nichte Judith." Da hat Waltheof feierlich erklärt: „Ich will Euch folgen wie Euer Schatten, Sir, denn Ihr habt Großes mit diesem Lande vor." Vielleicht kommen auch die anderen Grafen noch zu dieser Einsicht.

Barking, Sonntag, am 15. des Brachmonds 1068

Heute hatten wir einen herrlichen Sonntag. Drunten im Park blühen die Kastanien, und ich habe Sehnsucht nach St. Wandrille. Wilhelm von Poitiers ist seit gestern hier und hat Nachrichten aus Rouen gebracht. Meiner alten Héloise geht es sehr schlecht; sie ist jetzt bei den frommen

Schwestern, die sie pflegen. Das tut mir sehr weh. Ob ich sie überhaupt noch wiedersehe? Wilhelm von Poitiers ist eigens gekommen, um sich mit Wilhelms englischem Kastellan in London zu beraten. Der wohnt zur Zeit auch in Barking. Wilhelm möchte die Ämter an seinem Hof nicht nur mit Normannen besetzen, sondern auch Angelsachsen heranziehen, und das Amt des Kastellans ist ja ein besonders wichtiges. Er muß das königliche Siegel verwahren, Briefe für den König in lateinischer, englischer und französischer Sprache schreiben, für die Meßgewänder sorgen und bei Reisen des Königs den Hausaltar einpacken, der hier aus einem hölzernen Tisch mit steinernem Mittelstück besteht, in dem immer einige Reliquien liegen. Auch haben wir hier einen neuen Schreiber für die Eintragungen der täglichen Ausgaben; der macht auch Botengänge und kauft für uns ein. Am besten gefällt mir unser Almosenpfleger. Er sammelt eifrig alle Überbleibsel von der Tafel ein, damit die Diener und Knechte sich diese nicht nehmen. Dann läßt er sie den Armen bringen und besucht auch die Kranken und Gefangenen. Ferner sorgt er für die mittellosen Reisenden im Lande und für arme Witwen. Oft bittet er die reichen Barone um alte Pferde, Kleider oder auch um Geld – besonders an den hohen Festtagen, wo diese sich immer freigebiger zeigen. Wilhelm läßt ihm jeden Tag vier Heller für die Armen auszahlen. Zu unserem Hofstaat gehören auch Barbiere, die zudem Knochen flicken, Zähne ziehen und Kranke zur Ader lassen können. Wilhelm hat vor, das Los der Leibeigenen erträglicher zu machen. Bis jetzt sind diese vom königlichen Hof nie beschützt worden. Jeder von ihnen schuldet seinem Herrn zwar nur drei Tage Arbeit in der Woche, unterliegt aber ganz dessen Willen. Er kann das Land, das er beackert, nicht erwerben noch das Vieh verkaufen, und wenn seine Töchter sich vermählen, muß er seinem Herrn eine Gebühr dafür zahlen. Er muß jedes Jahr das Land bestellen, das Heu mähen, die Ernte einbringen, das Korn dreschen, die Schafe waschen und scheren – und all das für so wenig Geld, daß er nur von der Hand in den Mund lebt.

Später

Robert kam soeben gelaufen und sagte mir, er müsse bald in die Normandie zurückkehren, der Vater habe ihm dies soeben gesagt. „Freust du dich darüber?" fragte ich, doch er schüttelte den Kopf. „Ohne euch alle mag ich da nicht sein." – „Du hast ja Robbi und Roger dort", versuchte ich ihn zu trösten. „Ja", sagte er, „und Will kommt auch mit zurück; der soll nicht länger hierbleiben." Will ist der einzige von fitzOsberns Söhnen, der zur Krönung hat mitkommen dürfen. „Wie bald wird es denn sein? Hat der Vater das gesagt?" wollte ich wissen. „In einigen Wochen, weil die See jetzt so schön ruhig ist. Ich helfe dann Roger Beaumont beim Regieren", meinte er mit wichtiger Miene, „damit ich bald Herzog werden kann." – „Wünsche dir das noch nicht so bald, mein Sohn", sagte ich lächelnd, indem ich ihm durch die braunen

Locken strich. Nun muß ich meinen Ältesten schon wieder hergeben. Noch viel schlimmer wird es später werden, wenn meine Cäcilie ins Kloster geht. Dann sehe ich sie kaum noch. Wir haben schon bestimmt, daß sie ins Kloster der „Dreieinigkeit" nach Caen soll.

Barking, Samstag, am 28. des Brachmonds 1068

Man soll es nicht glauben – wir haben noch immer keine Ruhe vor den Godwinesons. Soeben erfuhr ich durch Wilhelm, daß Haralds drei Söhne am Strand von Bristol gelandet sind, wohin sie von Irland aus kamen. Sie haben sich dänische und irische Krieger mitgebracht. Hatten sie wirklich geglaubt, sie könnten sich den Süden Englands erobern, der fest in des Königs Hand liegt? Die Bürgerwehr in Somerset und Bristol hat sie sofort zurückgeschlagen, ohne viel Verluste zu erleiden.

Barking, Montag, am 30. des Brachmonds 1068

Wir reisen nun bald nach Winchester, und ich bin froh darüber. Es liegt ziemlich weit von der Hauptstadt entfernt, und wir haben dort einen von Hecken umzäunten Garten, in dem wir nicht von jedermann gesehen werden können. Ich habe mir aber auch für Barking etwas Schönes ausgedacht und es heute Wilhelm gesagt. Rund um das obere Geschoß, wo die Kemenaten und am gegenüberliegenden Ende Wilhelms und meine Räume liegen, verläuft ein großes Rasenstück. Josephine meint, man könne dort gut etwas anpflanzen – man könne sogar einen richtigen kleinen Garten daraus machen. Sie sagt, wir sollten Erde aufschichten und Beete anlegen lassen, Bänke aufstellen, Rosensträucher pflanzen und es alles noch höher einzäunen lassen, damit die Kinder nicht den Abhang hinunterfallen können. Dieser Garten wird zwar zwergenhaft klein sein, aber auch sehr anheimelnd, und niemand kann uns dort sehen oder von irgendwoher hingelangen. Da der Garten um das ganze Obergeschoß läuft, ist er am Ende gar nicht einmal so klein. Sobald wir hierher zurückkehren, will ich das beginnen lassen. Ich habe schon mit einem Gärtner gesprochen, der mir seine Pläne vorlegen soll.

Winchester, Donnerstag, am 3. des Heumonds 1068

Es ist erholsam, wieder hier zu sein. Alles spielt sich in einem kleineren Rahmen ab. Die Räume sind anheimelnd, und die Muttergottes mit der Taube lächelte mir ein liebes Willkommen zu. Es ist jetzt viel wärmer hier als am Ende des Ostermonds, als wir zuerst eintrafen. Im Garten blühen Kaiserkronen und Schwertlilien, auch roter Mohn und eine Anzahl gelber und roter Rosen. Vor der südlichen Terrasse breitet sich eine große Wiese aus, die mit Klee und Gänseblümchen übersät ist. Reihen von Johannisbeer- und Stachelbeersträuchern säumen die Wiese ein, und etwas tiefer liegt der kleine Teich, dessen stilles Wasser von lichtgrüner Farbe ist. Hier sitze ich gern und schaue den spielenden Kindern zu. Robert werde ich nicht mehr lange bei mir haben; er wird von Pevensey aus mit seinem Diener in die Normandie zurückkehren. Warenne soll ihn begleiten. Die anderen Kinder bleiben vorerst bei mir.

„Ohne euch alle gefällt es mir zu Hause aber gar nicht mehr", meinte Robert. „Wenn wenigstens Richard mitkäme..." Aber gerade den will Wilhelm in England behalten – wohl deshalb, weil er in ihm den künftigen König sieht. Lady Edith hat sich bei Wilhelm angesagt; sie will mit ihm über ihre rebellierenden Neffen – Haralds Söhne – sprechen, die von unseren Küsten vertrieben worden sind und nach Irland zurückkehren mußten.

Später

Die langen Abende sind voller Vogelsang und Rosenduft. Nur gibt es leider in der Nähe des Teiches viele Mücken. Rufus hat Adele heute in einem kleinen Ruderboot umhergefahren, und sie ist der Bewunderung voll. „Mamà", sagte sie mir soeben, ehe sie schlafen ging, „Rufus kann Boot fahren wie ein richtiger Schiffsherr. So ein kleines Boot sollten wir auch in Rouen haben. Können wir das?" Ach, wie weit liegt Rouen! Diesen Sommer werde ich es nicht mehr sehen – und auch nicht St. Wandrille. Winchester ist mir ein kleiner Ersatz für unser Waldparadies in der Normandie.

Winchester, Samstag, am 5. des Heumonds 1068

Heute hatten wir die Lady Edith zu Besuch, und Wilhelm empfing sie mit großer Herzlichkeit. Als sie vor ihm knien wollte, fing er sie auf und sagte: „Von einer ehemaligen Königin erwarte ich dies nicht." Sie lächelten sich einige Augenblicke an, und dann sagte Wilhelm: „Es ist genau 17 Jahre her, seit wir uns begegneten." Sie nickte. „Ich weiß! Damals hat der König seinen goldenen Reif vom Arm gezogen und ihn Euch ums Handgelenk getan. Es sollte ein Pfand seines Versprechens sein. Erinnert Ihr Euch?" – „Wie könnte ich diesen Tag je vergessen, Mylady!" Damit streifte Wilhelm den Ärmel seiner Tunika zurück und zeigte ihr den Reif, den er stets trägt. Erst jetzt erfuhr ich von dessen Herkunft. Während unseres Gesprächs fragte Lady Edith, ob Wilhelm die Söhne Haralds nach England zurückkehren lassen würde, wenn diese ihm Treue versprächen. „Ich habe sie nie verbannt", sagte Wilhelm; „sie sind aus eigenem Antrieb außer Landes gegangen." – „Ich weiß nicht, ob ich sie davon überzeugen kann, wieder in ihre Heimat zurückzukehren", sagte sie, „aber ich will es versuchen. Zumindest möchte ich, daß Haralds Töchter diese Möglichkeit haben." Sie erzählte dann, daß besonders Gunhild, die ältere Tochter, sehr unter dem Tod ihres Vaters gelitten habe, daß sie sich nie vermählen wolle, sondern vorhabe, in ein Kloster zu gehen. Wilhelm schlug vor, sie in das von Wilton einweisen zu lassen, worauf Lady Edith sagte, sie wolle der Mutter des Mädchens einen besonderen Boten senden, der ihr Nachricht bringen solle, daß sie und ihre Töchter in England willkommen seien – ebenfalls ihre Söhne, falls diese ihre Feindseligkeiten einstellten. Wilhelm schlug vor, daß Haralds Kinder, falls sie kämen, zuerst in Lady Ediths Schloß in Winchester wohnen sollten, bis weiteres für ihre Zukunft geregelt werden könne.

„Ich weiß, Ihr laßt Vorsicht walten", meinte Edith lächelnd. Ich sah in ihre klugen, grauen Augen, die viel Güte ausstrahlten, zugleich aber traurig dreinblickten. Ihr ovales, hellhäutiges Antlitz zeigt Spuren des Alters. Feine Linien ziehen sich über die Stirn, um die Augen und auch um den schmalen Mund, der früher in ihrer Jugend sicher voller gewesen ist. Sie ist eine hoheitsvolle Erscheinung, wie es alle Kinder Graf Godwines waren. „Wie steht es um Eure Mutter?" fragte ich sie. Lady Ediths Züge verfinsterten sich leicht. „Meine Mutter wird nie wieder englischen Boden betreten", sagte sie. „Und ich fürchte, daß ihre Enkel unter ihrem Einfluß stehen. Sie bestärkt diese in ihrem Haß gegen den neuen König. Doch will ich tun, was ich kann." Wir erfuhren von ihr noch mehr Einzelheiten über die Tage vor der großen Schlacht. Sowohl sie als auch ihre Mutter und ihre Brüder Gyrth und Leofwine hatten Harald beschworen, nicht selbst am Kampf teilzunehmen, da er doch einen Schwur geleistet habe und sich keines Meineids schuldig machen solle. „Laß mich das Heer anführen", hatte Gyrth gesagt, „damit dich kein Fluch trifft, Bruder." Doch Harald sei nicht zu überzeugen gewesen. Wilhelm fragte nach Hakon, von dem er seit seiner Ankunft in England noch nichts gehört hatte. „Er ist in Schottland", sagte Edith, „denn er wollte, als es zur Schlacht kam, nicht mitkämpfen; seine Treue gehöre dem Herzog. Deshalb ging er außer Landes. Wir haben bislang nichts über ihn erfahren."

Ehe sie ging, bat sie uns, einen Rundgang durch den Park machen zu dürfen, der für sie mit vielen wehmütigen Erinnerungen verbunden sei. Das gewährten wir ihr gern. Sie sprach derweil kaum und sah traurig aus. Als wir den Uferpfad am Teich entlanggingen, begegneten wir Barbara, welche die drei kleinen Mädchen ins Haus zurückführte. Sicher hatten sie am Ufer gespielt, denn Sand und Gras hing an ihren Röcken. Lady Edith blieb stehen und schaute lächelnd auf die Kleinen hinab. Da winkte ich Barbara, näherzukommen, und sagte: „Dies sind meine drei kleinen Töchter, Mylady; ich habe noch zwei ältere und auch drei Söhne." Sie lächelte wieder und sagte: „Harald hat mir von Euren Kindern erzählt." Dann neigte sie sich hinab und strich über Adeles Haar. „Wie lieb sie alle aussehen", sagte sie. Adele griff Ediths herabhängende Hand mit ihren beiden Händchen und sagte: „Und du bist eine liebe Muhme." – „Liebe Mumu", echote Adeliza, indem sie ebenfalls ein Händchen ausstreckte. Doch Constanze schmiegte sich verlegen an Barbara und steckte drei ihrer Finger in den Mund. Als Lady Edith sich wieder aufrichtete und mich ansah, sagte sie leise zu mir: „Ich habe nie Kinder um mich gehabt und mich manches Mal danach gesehnt." Wie gut ich sie verstehen kann! Wenn ich mir vorstelle, daß Wilhelm hätte wie ein Mönch leben wollen – so wie König Eduard... Gewiß, es wäre immer wunderbar in seiner Nähe gewesen, auch wenn er mir nur ein

Bruder gewesen wäre. Aber einmal wäre die Zeit gekommen, daß ich mich nach eigenen Kindern krank gesehnt hätte!

Später

Heute Abend sprach ich mit Wilhelm über Ediths Besuch und besonders über ihr wichtigstes Anliegen: die Kinder ihres Bruders Harald zurückzurufen. „Edith ist vereinsamt", sagte Wilhelm. „Niemand von ihrer Sippe ist im Lande geblieben; und sie ist die einzige, die dem neuen König von Anbeginn ihre Treue erwiesen hat." Er schien nachdenklich; dann sagte er: „Ich versage keinem von ihnen die Rückkehr – doch glaube ich nicht, daß sie sich hier wohlfühlen werden. Es ist mir wenig daran gelegen, die Erinnerung an Harald wachzuhalten; schon deshalb würde ich seine Kinder streng beaufsichtigen lassen." Helmtrud erzählte mir, daß die ehemalige Königin sehr hager geworden sei; seit König Eduard gestorben sei, führe sie ein fast asketisches Leben und bete viel. Sicher lebt sie ganz seinem Andenken. Alle von ihrer Sippe, die noch leben, haben sich von ihr abgewandt.

Winchester, Sonntag, am 6. des Heumonds 1068

Agathe hat mich viel über den Besuch von Lady Edith gefragt, und als sie hörte, daß Haralds Tochter Gunhild ins Kloster wolle, war sie voller Begeisterung. „O Mamà!" rief sie aus, „wie schön wäre es, wenn Gunhild und ich zusammen in ein Kloster gingen! Wir würden dann unser ganzes Leben darum beten, daß Haralds Seele erlöst wird." Hätte ich ihr dies nur nicht gesagt! Ich weiß genau, daß Wilhelm andere Pläne für unsere älteste Tochter hat.

Morgen brechen wir nach Hastings auf, und die größeren Kinder – einschließlich Rufus – dürfen mitkommen und freuen sich schon unbändig darauf. „Jetzt können wir sehen, wo die große Schlacht war", sagte Richard zu seinem kleineren Bruder. „Der Vater hat gesagt, er reitet überall mit uns hin." – „Auch auf den Hügel, wo der Verräter totgeschlagen wurde!" fügte Robert hinzu. Meine beiden Töchter Agathe und Cäcilie dagegen sind sehr still – wenn auch emsig beschäftigt, alles für den Ritt vorzubereiten. Ich selbst sehe diesem Besuch mit gemischten Gefühlen entgegen; er mag manch kaum verheilte Wunde wieder aufreißen.

Hastings, Dienstag, am 8. des Heumonds 1068

Wilhelm läßt uns hier in demselben Holzturm wohnen, den er kurz nach seiner Landung vor fast zwei Jahren hat bauen lassen. Er besteht aus lauter vorher gefertigten Teilen. Der Ritt vom frühen Morgen bis zum späten Abend war anstrengend, und wir werden erst morgen den Rundritt über das Schlachtfeld machen. Ich habe mich schon gewaschen; und Josephine, die gerade mein Lager bereitet, klagt darüber, daß es allzu hart sei. „Nun", sagte ich, „diese Betten sind für Krieger gezimmert worden, nicht für zarte Frauen." Ich werde auch auf hartem Lager gut ruhen – so müde bin ich. Die Mädchen sind schon schlafen gegangen, doch Wilhelms Stimme ist noch zu hören; er erklärt den Buben, wie der Turm zusammengesetzt wurde, und sie stellen viele Fragen. Ich höre Rufus die hölzernen Treppen hinunterpoltern und rufen: „In solchem Turm will ich immer wohnen – den lassen wir uns auch in Rouen bauen, ja, Vater?" Daß Kinder doch meist das Einfache dem Bequemen vorziehen!

Hastings, Mittwoch, am 9. des Heumonds 1068

Ein ereignisreicher Tag liegt hinter uns. Wilhelm nahm schon zu früher Stunde ein einfaches Mahl mit uns ein, und gegen neun Uhr morgens ritt er mit uns allen zu der Stelle, wo sich sein Heer versammelt und wo er zu den Normannen gesprochen hatte. Uns war sehr feierlich zumute, als er uns das Gebet vor der Schlacht wiederholte. Dann zeigte er uns, wo die Bretonen und wo die Franzosen und Flamen aufgereiht standen, und wies auf den Hügel in der Ferne, wo die Angelsachsen ihre Stellung hielten und wo sich jetzt das Fundament einer Kathedrale abzeichnet. „Sie sind gut vorangekommen", sagte Wilhelm lobend. Ich weiß, wieviel ihm daran liegt, die „Bataille" sobald wie möglich fertig gebaut zu sehen. Er scheint diesem Bau sogar mehr Aufmerksamkeit zu schenken als seiner Abtei St. Etienne in Caen.

Wir erlebten nun die ganze Schlacht im Geiste noch einmal mit. Bisher hatte ich das meiste darüber von anderen erfahren. Nun aber, da Wilhelm selbst erzählte, erstand alles in viel lebhafteren Bildern vor unseren Augen. Wir ritten kreuz und quer zu den Stellungen der verschiedenen Regimenter, zum entfernten Hügel, wo die Mönche gebetet hatten, und schließlich hinauf zur begonnenen Kathedrale – dort, wo Haralds Leben geendet hat. Den alten Apfelbaum hat Wilhelm stehen lassen, und wir sahen die winzigen, kaum geformten Früchte daran hängen.

Die Bauhandwerker hielten in ihrer Arbeit inne, als sie ihren König kommen sahen, doch er winkte ihnen zu, fortzufahren. Er hat besondere Bauleute und verschiedene Meister ihres Gewerbes aus der Normandie kommen lassen: Steinbrecher, Steinmetze, Mörtelmischer und Maurer, dazu Zimmerleute und Schmiede, Dachdecker und Glasbläser. Jeder von diesen hat viele Lehrlinge und Gesellen, doch selbst diese reichen für den Bau einer solch großen Abtei nicht aus. Deshalb sind auch Tagelöhner beschäftigt, die keine besondere Fertigkeit besitzen und die schwereren Arbeiten verrichten. Überall in der Nähe sahen wir Bauhütten, wo die Handwerker jetzt wohnen und bei Regenwetter auch arbeiten. Sogar einen Bildhauer hat Wilhelm kommen lassen. Doch die Steine, die zum Bauen herangeschafft worden sind, gefallen ihm nicht sonderlich. Er meint, er wolle für die Kathedrale und das Kloster besondere Steine aus der Normandie kommen lassen. Wir schauten eine Weile zu, wie die Arbeiter die zuvor behauenen Steine zu einer Winde trugen, mit der sie hochgezogen wurden. Sie hatten bunte Tücher um den Kopf gebunden, denn es staubt bei der Arbeit sehr. Einer hatte sich ob des heißen Wetters das Hemd ausgezogen und schaffte mit bloßem Oberkörper. Rufus ging nahe an eine Hebemaschine hinan und beobachtete genau, wie zwei Männer einen großen behauenen Stein in eine Eisenzange zwängten. Manche Arbeiter trugen die Mauersteine auch auf ihrem Nacken, und die Maurer nahmen sie ihnen ab. Am besten ging es aber mit dem Flaschenzug, bei dem ein Seil über ein Rad läuft. Wir konnten die Buben kaum von der Stelle bewegen. Nur Robert wurde es allmählich langweilig, und er fragte: „Wo ist nun der Unglücksgraben, Vater?" Da horchten auch die anderen auf, denn jeder wollte diese Stelle sehen. Wilhelm blickte ins Tal hinab und wies mit der ausgestreckten Hand in die Richtung.

Dann ritt er uns voraus, und wir folgten ihm. Der Graben ist zugeschüttet worden, und eine Reihe hölzerner und steinerner Kreuze ist dort errichtet, auf denen normannische Namen stehen. Wilhelm saß eine Weile ernst und regungslos da; dann betete er still, und wir alle taten desgleichen. „Als die Schlacht schon gewonnen war", sagte er, „mußten diese Normannen noch ihr Leben lassen. Möge der Herr ihnen ewigen Frieden schenken!" Da ritt Agathe an ihren Vater heran und fragte: „Wollt Ihr uns jetzt Haralds Grab zeigen, Papà?" Er nickte, sah aber einen Augenblick auf die drohenden Wolken, die sich am Himmel zusammenballten. „Es mag eine halbe Stunde dauern, bis wir an jener Stelle sind", sagte er; „hoffentlich ereilt uns nicht ein Gewitter." – „Dann laßt uns gleich im Galopp hinreiten", drängte Agathe. Wilhelm gab seinem Pferd die Sporen und stob davon, und Agathe folgte ihm. Ich hatte Mühe, nachzukommen. Den anderen Kindern war es nicht so eilig – sie folgten in größerem Abstand. Haralds Grab liegt am Strand, am Fuße eines Kliffs – hoch genug, daß eine Sturmflut es nicht unterspülen kann. Wir mußten unsere Pferde einen schmalen Pfad zwischen felsigem Geröll hinanführen. Dann stiegen wir ab und bewunderten den aus großen Felsblöcken errichteten Hügel, vor dem eine Tafel mit der mir schon bekannten lateinischen Inschrift steht. Wie ein Mahnmal überragt dieses massive Steingrab das Meer, dessen Küste der Tote nun in alle Ewigkeit bewachen soll. Ich sah zu Agathe hinüber, die sehr blaß war und regungslos wie eine Säule auf ihrem Pferd saß. In ihren großen Augen brannte ein inneres Feuer – als wisse sie, daß sie nun am Ziel ihrer Sehnsucht stünde; aber gleichzeitig lag ein unendlich schmerzlicher Ausdruck auf ihrem Gesicht, als fühle sie, daß unter diesen Steinmassen auch all ihre Hoffnungen begraben lägen. „Warum hat es alles so enden müssen?" dachte ich und fragte plötzlich laut: „Wenn die Menschen ein wenig in die Zukunft schauen könnten, Wilhelm, dann würden sie manches nicht tun, meinst du nicht auch?" Wilhelm zog seine Stirn in Falten und sagte: „Dann handelte der Mensch aus einem gewissen Zwang. Gott aber will, daß wir aus freiem Willen das Rechte tun. Nur so können wir uns das Himmelreich erobern." Und mit leiser Stimme fügte er hinzu: „Es ist gut, daß wir die Zukunft nicht kennen, Mora. Jeder Tag bringt uns genug zum Bewältigen."

Er wandte sein Pferd um, und ich folgte ihm. Nur Agathe blieb zurück, und wir ließen sie absichtlich etwas allein. Wilhelm und ich setzten uns dichter ans Wasser und schauten eine Weile stumm aufs Meer hinaus. „Dort liegt die Normandie", sagte ich sehnsüchtig. Wilhelm merkte mir mein Heimweh an. „Möchtest du zurück?" fragte er. „Nur mit dir", erwiderte ich. „Dann mußt du noch längere Zeit hier ausharren", lächelte er. Nach einer Weile sahen wir die anderen Kinder auf ihren Pferden nahen, und da schaute ich mich nach Agathe um. Sie machte sich an einem Spalt zwischen zwei großen Steinen zu schaffen, als wolle sie in das Grab hineinschauen – es schien mir fast so, als ob sie einen Gegenstand hineinzwängte. Dann kniete sie einige Augenblicke nieder und betete. Als sie die herannahenden Pferde hörte, stand sie auf, nahm ihr Pferd beim Zügel und führte es langsam den Pfad herab. Dabei hielt sie den Kopf gesenkt. Spät abends, als ich ihr gute Nacht wünschte, vertraute sie mir ein Geheimnis an. Sie hatte Harald den Ring, den er ihr damals geschenkt, zurückgegeben und ihn in eine Spalte zwischen die Felssteine geworfen. „Ich habe ja ein anderes Andenken an ihn", sagte sie, indem sie den roten Granat zwischen ihre Finger nahm; sie trägt ihn Tag und Nacht an einem Kettchen. Ich hoffe, daß ihre Seele nun, da sie sein Grab aufgesucht hat, mehr Ruhe findet.

Winchester, Samstag, am 12. des Heumonds 1068

Wilhelm will bald nach London zurückkehren, weil er Bischof Wulfstan aus Worcester erwartet, der sich mit einem Brief angekündigt hat. Es scheint, daß dieser ihn vor Graf Morcar gewarnt hat, der sehr unter Gospatricks Einfluß stünde. „Northumberland ist und bleibt ein Wespennest", sagte Wilhelm nur. „Wir müssen ein wachsames Auge auf den Norden halten." Ich sitze jetzt am Fenster und habe die Karte von England vor mir liegen, auf der alle Grafschafen zu sehen sind, so wie sie im Wonnemond – zur Zeit meiner Krönung – aufgezeichnet worden waren. Der ganze Süden ist unter der Herrschaft des Königs, Kent gehört Odo und Arundel mit umgebendem Land Roger Montgommeri. Die Grafschaft Huntington ist in Waltheofs Besitz, Norfolk gehört Ralf de Wader, den wir in der Normandie Ralf de Gaël nennen. Er ist bretonischer Herkunft, doch sein Vater hat am Hof König Eduards gedient und auch jetzt Wilhelm geholfen, das Land zu verteilen. Die Grafschaft Hereford im Westen gehört fitzOsbern, und darüber liegen die beiden größten Grafschaften – Mercia und Northumberland –, die von Edwin und Morcar regiert werden. Ganz im Norden herrscht Gospatrick, und ein kleines Mittelstück von Northumberland ist Brian, dem Sohn Eudos, zugesprochen worden. Dann liegt noch Wales im Westen und Schottland im Norden, und es bleibt abzuwarten, wie diese sich Wilhelm gegenüber verhalten werden. In dieses Land soll nun mein nächstes Kind hineingeboren werden und es sein eigen nennen. Mir erscheint das Land oft wie ein Ungetüm, das sich nur schwer bändigen lassen wird.

Barking, Mittwoch, am 16. des Heumonds 1068

Der Abschied von Robert fiel nicht nur mir, sondern auch ihm sehr schwer. Wir brauchten in Pevensey nicht lange auf den günstigen Wind zu warten. Wilhelm erklärte Robert, daß er an genau derselben Stelle abführe, wo sein Vater zuerst Fuß auf dieses Land gesetzt habe. Robert versuchte, tapfer zu sein, weinte aber dennoch, als ich ihn zum Abschied in den Arm nahm, und das machte es für mich noch schwerer. Danach umschlang er die Brust seines Vaters und sagte: „Schickt Mutter bald zurück in die Normandie!" – „Ganz so bald noch nicht", meinte Wilhelm. „Erst nach der Geburt deines neuen Geschwisterkindes." Robert sah mit großen Augen vom Vater zu mir und wieder zurück zum Vater. Dann beklagte er sich mit weinerlicher Stimme: „Immer bin ich nicht da, wenn wir ein Kind bekommen – ich war schon so oft weg!" Wilhelm nickte. „Der Abstand zwischen dir und den Kleinen wird immer größer, denn du bist ja bereits mein Mitregent." – „Ja, aber so ganz alleine drüben..." sagte er kläglich. Als er dann die „Mora" bestieg, als die Segel sich blähten und das Schiff sich langsam entfernte und als ich sein weißes Tüchlein flattern sah, tat er mir auf einmal unsagbar leid. Er ist ja fast noch ein Kind und der Verantwortung, die er nun erhält, kaum gewachsen.

Barking, Samstag, am 19. des Heumonds 1068

Auf dem Rückweg nach Barking zogen wir durch London und sahen uns den begonnenen Bau unseres künftigen „Weißen Turmes" an. Mit diesem ist man noch nicht sehr weit gekommen, denn Wilhelm möchte dazu besondere helle Steine haben, die wir sicher von der Normandie beschaffen müssen. Richard und Rufus fanden die Handwerkerhöfe, an denen wir vorbeikamen, viel fesselnder. Da die Herolde uns immer voranritten, um den Weg für den König und sein Gefolge zu bahnen, hielten alle Leute in ihrer Arbeit inne, um ihren Herrscher zu grüßen. Beim Vorüberreiten sahen wir die Tische der Geldwechsler, die von Münzen bedeckt waren, und einige bärtige Männer, die Schwerter polierten oder Gold und Silber schmolzen. Wir sahen scharlachrote Tuche, die gewalkt und gehechelt wurden, kleine graue Pelze, die ein Kürschner auf einem großen Tisch aufschichtete, und verschiedene Wachsfiguren, die bemalt wurden. Die Handwerker von London besitzen große Fertigkeit. Ich habe noch nirgendwo einen solch großen Handwerkerhof gesehen, wo alle so fröhlich und geordnet bei der Arbeit sind. Ich glaube, das englische Volk ist viel liebenswerter als der englische Adel. Es gibt noch mehr Höfe, die wir aber nicht alle aufsuchten: die der Tintenmacher, Seilstricker, Kupferschmiede, Tuchscherer, Drechsler, Gürtler und andere, die alle stolz auf ihre Zunft sind.

Nun plane ich eifrig meinen „Ringgarten", der um das obere Geschoß laufen soll. In dieser Jahreszeit ist es gut, damit zu beginnen. Ursula und Helmtrud helfen mir emsig und voller Begeisterung, und Clothilde sagt, ich solle ein großes Beet mit Heilkräutern anlegen lassen, denn im Park hinter dem Schloß sei von diesen nur wenig vorhanden. Mir soll dies recht sein; aber vor allem will ich viele Blumen haben, besonders Rosen.

Meine Stickerei halte ich hier in einem Wandschrank verborgen. In meinem Schlafzimmer befindet sich eine halbhohe Tür, die ins Zimmer der Kinder führt, und darüber liegt dieser Wandschrank – wie eine in die Mauer gelassene Truhe. Ich kann sie kaum erreichen und muß mich dazu auf die Zehenspitzen recken. Bislang habe ich noch gar nicht an meinem Teppich sticken können. Man spinnt hier viel Flachs. Ich sehe Hedwiga oft mit ihrem Spulgestell; dazu hat sie noch eine Flachsbreche, die sie selbst betreibt, weil niemand es ihr gut genug macht. Selbst die winzigsten Holzstäubchen duldet sie nicht im Flachs.

Ich soll nun bald bestimmen, wie viele Bediente wir hier am Hof brauchen. Adelaide hilft mir dabei, doch leider werde ich auch sie nicht mehr allzulange bei mir haben. Sie will mit Adi in die Normandie zurückkehren, während Judith gebeten hat, hierbleiben zu dürfen; und Wilhelm hat seinem Mündel diesen Wunsch erfüllt.

Hier sind viel mehr Bediente am Hof als in der Normandie. Der Haushofmeister ist der wichtigste von allen, weil er die übrigen Diener überwacht und mich über Wichtiges, was sie anbelangt, unterrichtet. Ich schaue auf die Liste der Namen und weiß, daß ich sie nie alle behalten werde – als da sind: Austeiler, Mundschenke, Obsthändler, Fleischer, Bäcker, Brauer, Tischtuchwascher, Hostienmacher, Kerzenzieher, Suppenköche, Geflügelhändler mitsamt den Knaben, die ihnen helfen. Unser Kämmerer hat einen besonderen Schatzmeister im Dienst, der für die Geldtruhen und das Silbergeschirr sorgt. Der Kleidermeister stellt seine eigenen Schneider ein und fertigt die Mäntel und Gewänder für die königliche Familie. Dann gibt es Wäscherinnen, welche die Kleider reinigen, und andere, die sich der Bettücher, Tischtücher und Handtücher annehmen und auch mein Haar waschen. Ferner die Schmiede und Stallknechte, die Fuhrmänner und Schreiber, die vom Marschall selbst ausgesucht werden, Träger, welche die Haushaltsgüter für die Reisen des Königs packen, die Einkäufer, die den Vorrat an Schrot sowie Hafer und Heu für die Pferde besorgen und die auch Hufeisen und Nägel beschaffen. Ich sah die Ausgaben für alles dies, auch für neue Karren und Säcke, für Pferde und Wagen. Es ist hier Brauch, die ausgedienten Pferde den Armen zu schenken. Wagen aber werden wieder heilgemacht, die Eisenscharniere ersetzt, die Axen gut geölt und dergleichen mehr. Wenn ich nur hier in England kein Haushaltsjahr abzurechnen brauche! Manches wird hier ganz anders aufgeschrieben als bei uns. Ich hoffe heimlich, daß Wilhelm seinen angelsächsischen Seneschall damit betrauen wird, denn ich muß mich ja bald der Normandie annehmen.

Barking, Mittwoch, am 23. des Heumonds 1068

Bischof Wulfstan ist hier. Ihn gesehen zu haben, bedeutet, mit dem ganzen Lande versöhnt zu sein. Er ist – ähnlich wie Aldred – kräftig und von gewaltiger Statur, doch im Wesen ganz anders. Ich kann es am besten so erklären: Er verbreitet Licht um sich. Seine von Herzen kommende Heiterkeit ist ansteckend, und wenn er lacht, schüttelt sich sein ganzer Körper. Ähnlich wie Odo hat er Wirbel in seinen Haaren, die sich nicht bändigen lassen. Einige seiner grauen Locken hängen ihm in die Stirn, und er schiebt sie des öfteren zur Seite. Kämmen tut er sich nicht sehr sorgfältig, und sein Gewand ist arg abgeschabt, so als hätte er es schon die meiste Zeit seines Lebens getragen. Das Schönste an ihm sind die meerblauen Augen, die sehr gütig und wissend, aber auch fröhlich – ja, sogar ein wenig schelmisch dreinblicken. Er sieht anderen gerade in die Augen und läßt sie wissen, daß er ihnen freundlich gesinnt ist. Wie Wilhelm mir sagte, hat Wulfstan im Jahre 1062 nur widerstrebend das Amt des Bischofs in Worcester angenommen. Er hatte lange Jahre als Mönch unter seinem Vorgänger, Bischof Aethelwold, gedient und den Bau der mächtigen Kathedrale miterlebt. Wulfstans Tatkraft war es zu verdanken, daß in dieser Kathedrale eine mächtige Orgel eingebaut wurde. 70 Männer sind nötig, um die 26 Blasebälge im Schweiße ihres Angesichts aufzupumpen. Die Orgel hat nicht weniger als 400 Pfeifen, und die Tasten sind, als Hilfe für die beiden Organisten, mit Buchstaben versehen. Allein das Herunterdrücken der Tasten erfordert große Kraft. Aber der Klang dieser Orgel, so erzählte Wulfstan, sei so mächtig, daß man ihr nicht nahekommen könne, ohne sich die Hände fest an die Ohren zu pressen. Man könne den Orgelklang in der ganzen Stadt hören. Wulfstan beschäftigt auch viele Künstler, die Bücher bemalen und die Lebensgeschichten der Heiligen aufschreiben.

Nachdem wir eine Weile angeregt über diese Dinge gesprochen hatten, brachte der Bischof sein eigentliches Anliegen vor. Er teilte uns mit, daß Graf Morcar mit den Königen Sven und Malcolm verhandele und daß es seiner Ansicht nach besser sei, möglichen Feindseligkeiten vorzubeugen. „Ich kenne meine Leute", sagte er. „Sie sind keine Freunde der neuen Zucht, die Ihr hier eingeführt habt, Sir; und da sie selbst nicht genug Streitkräfte haben, versuchen sie sich diese aus anderen Ländern zu beschaffen." – „Es überrascht mich nicht", sagte Wilhelm ruhig. Und dann: „Ich werde Festungen bauen lassen – und zwar sofort." Er ließ Heinrich Beaumont rufen und teilte ihm mit, daß sie sogleich nach Warwick aufbrechen wollten, das auf dem Wege nach Worcester liegt. Von dort solle es weiter nach Norden gehen. „Wenn sie mich anrücken sehen", meinte Wilhelm, „mögen sie sich eines Besseren besinnen.“ Ich hoffe, daß er recht hat. Doch Bischof Wulfstan ist zuversichtlich. „Was unser König unternimmt, das muß gelingen“, sagte er.

Wulfstan war auch König Eduard sehr ergeben, dem er ein treues Andenken bewahrt. Dieser muß wahrhaftig ein Heiliger gewesen sein, denn Bischof Wulfstan erzählte uns von einem Erlebnis des Königs, das sich in dessen letztem Lebensjahr zugetragen hatte. Als der alternde Monarch eines Tages ausritt, bat ihn ein Pilger um der Liebe des hl. Johannes willen um Almosen. Da der König aber keine Geldstücke bei sich hatte, zog er seinen goldenen Ring vom Finger und gab ihn dem Pilger. Es mochte über ein Jahr verstrichen sein, als zwei Angelsachsen den König zu sprechen verlangten; es waren Pilger, die aus dem Heiligen Land zurückkehrten. Da es ihnen dringend schien, ließ der König sie kommen. Sie erzählten ihm, daß sie auf dem Rückweg vom Heiligen Land vom richtigen Weg abgekommen wären. Da seien sie einem alten Manne begegnet, der ihnen die richtige Straße gezeigt und ihnen dann einen Ring gegeben habe. „Ich bin Johannes“, habe der alte Mann gesagt. „Gebt diesen Ring meinem Diener Eduard und sagt ihm, ich werde in einigen Monaten kommen und ihn zu mir in den Himmel holen.“ Die Pilger versprachen, den Auftrag auszuführen, wußten aber nicht recht, was sie davon halten sollten. Der Alte hätte sehr verklärt ausgesehen und mit einer festen, wohlklingenden Stimme gesprochen, die jedoch etwas fremdländisch geklungen habe. Der König nahm den Ring entgegen und erkannte ihn als denjenigen wieder, den er vor nicht langer Zeit dem bettelnden Pilger gegeben hatte. Da füllten sich seine Augen mit Tränen, und er wußte, daß er nun bald abgerufen werden würde. Das war im Herbstmond des Jahres 1065, und im Hartung 1066 schloß er seine Augen für immer. Diese Erzählung hat mich tief bewegt. Die großen Heiligen und Apostel sind also stets unter uns, doch erkennen wir sie nicht immer.

Barking, Mittwoch, am 30. des Heumonds 1068

Seit Wilhelm fort ist, komme ich mir hier sehr verlassen vor. Mein einziger Trost ist der kleine Ringgarten, der von Tag zu Tag schöner wird und in dem ich mit den Kindern und Kammerfrauen allein sein kann. Auch das in mir wachsende Kind macht mich glücklich, wenn ich innig an es denke. Die anderen Kinder wissen es noch nicht; nur Robert hatten wir es gesagt. Noch ist es Sommer, und ich genieße die langen Abende in meinem Gärtchen, denn von dort aus habe ich einen wunderbaren Blick über das Land und sehe von fern die Stadt London – doch nur bei klarem Wetter.

Adele lernt jetzt eifrig Lesen und Schreiben; sie ist ein kluges Kind und behält alles leicht. Adeliza ist fast immer bei ihr, denn sie liebt ihre ältere Schwester innig. Was Adele lernt, will die kleinere mitlernen, und ich freue mich darüber. Richard und Rufus dürfen sich heute Bären im

Zwinger ansehen, die aus Schottland kommen. Ganz hoch im Norden gibt es auch weiße Bären, die im Eis leben.

Barking, Donnerstag, am 7. des Erntemonds 1068

Es ist endlich Nachricht von Wilhelm gekommen. In Warwick haben sie in aller Eile eine Burg errichtet – ähnlich wie damals, als Wilhelm das Land eroberte; und nun ist er in Nottingham eingezogen, wo ebenfalls eine solche Burg gebaut wird. Es scheint alles ruhig zu bleiben, und Wilhelm ist auf dem Marsch nach York. „Ich habe Heinrich Beaumont in Warwick gelassen, und Wilhelm Peverel soll die Burg in Nottingham befehligen", schrieb er. „Bete für einen friedlichen Ausgang unseres Unternehmens." Das tue ich wahrlich jeden Tag!

Barking, Mittwoch, am 13. des Erntemonds 1068

Es hat in diesem Monat viele Gewitter gegeben. Sie erschienen mir viel schlimmer als diejenigen in der Normandie – vielleicht, weil mir hier alles noch so fremd ist und weil Wilhelm nicht bei mir sein kann. Vor einigen Tagen bin ich beim Verlassen des Ringgartens auf der Treppe zu meinen Gemächern gefallen und dabei mit dem Kopf gegen die Mauer gestoßen. Es war nicht allzu schlimm, aber ich hatte mehrere Tage Kopfweh und wußte nichts mit mir anzufangen. Clothilde hat mir Stirn und Schläfen mit einer Kräuteressenz eingerieben, aber dadurch hat sie mein Haar sehr verschmiert, und die bräunlichen Flecken sind zum Teil auch auf der Haut zurückgeblieben. Viel geholfen hat es nicht. Heute aber geht es mir schon besser, und ich habe meinen Wandteppich wieder vorgenommen. Es folgt nun die Szene, da Wilhelm Harald zu seinem Vasallen macht und ihm den Helm auf den Kopf setzt. Und danach reiten sie gemeinsam nach Bayeux, wo Harald den Schwur leisten soll. Ich weiß nicht mehr genau, wo die feierliche Zeremonie vollzogen wurde, weil ich nicht dabei war. Vielleicht war es in Bonneville. Ich muß einmal in meinem Memoirenbuch nachlesen, weil ich damals alles genauso beschrieben hatte, wie es mir erzählt wurde. Ich will auch einige Nebenfiguren hineinsticken, die auf Harald weisen oder miteinander flüstern. Denn es war ja ein feierlicher Schwur, den viele, viele mit angehört haben.

Wilhelm hat einen Boten aus York gesandt, der mir berichtete, der König sei in die Stadt eingeritten, ohne Widerstand zu finden, und etliche der Barone aus Yorkshire und Northumberland hätten sich dem König unterworfen – sogar der bisherige Anführer der Rebellen, Edgar Archill, der dem König seinen Sohn als Geisel geliefert habe. Wilhelms Brief, den er mir übergab, erklärte noch weiteres: „Ich weiß nicht, ob ich den Grafen im hiesigen Norden Glauben schenken darf. Waltheof beteuert mir mit vielen Worten, daß alles seine Ordnung habe, daß es jedoch besser wäre, wenn ich die neuen Gesetze dort noch nicht erließe, da dies den größten Aufruhr beim Adel verursacht habe. ‚Es sind die Gesetze König Eduards', erklärte ich ihm, ‚nicht meine eigenen.' – ‚Ich weiß es wohl', sagte Waltheof, ‚aber der frühere König hat nie darauf bestanden, daß sie eingehalten werden, noch hat er dies nachprüfen lassen, sondern den Grafen eigenständige Regierung gewährt.' Als ich nichts darauf sagte, meinte er, das Danegeld[17] sei von König Eduard abgeschafft worden, und das Feuerlöschgesetz sei auch nicht in England üblich gewesen. ‚Eben deshalb habe ich König von England werden müssen', versuchte ich ihm zu erklären, ‚damit im ganzen Lande Gesetz und Ordnung wiederhergestellt werden.' Waltheof gestand mir daraufhin, daß König Malcolm sich darauf rüste, in Northumberland einzufallen und den jungen Edgar als Herrscher des Nordens zu erklären. Deshalb ziehe ich jetzt weiter nach Norden – bis nach Durham, was dicht an der schottischen Grenze liegt –, von wo aus ich Malcolm eine Botschaft zukommen lassen will. Ich halte es für das Beste, sie alle herauszufordern, um zu sehen, wer es wagen wird, mir die Stirn zu bieten." Wie sehr ich in solch unruhigen Tagen meinen guten Papà Roger entbehre, der mir immer gut zusprach und mir mit seinem weisen Rat half! Hier am Hof habe ich niemanden außer meinem Bischof Guido, der sich aber in Dingen der Staatsführung nicht so gut auskennt wie Roger Beaumont. Wilhelms treue Vasallen sind fast alle mit ihm gezogen, oder sie bewachen hier den Süden – wie Odo, den ich nur selten in London sehe. Ich habe oft Heimweh, und mein größter Trost sind die Kinder, die sich hier gut eingelebt haben und das Englische immer besser lernen. Adelaide trifft bereits Vorbereitungen, in die Normandie zurückzukehren, denn Wilhelm möchte sie während meiner Abwesenheit dort wissen.

Barking, Freitag, am 15. des Erntemonds 1068

Ob es wohl im Norden des Landes jetzt auch so heiß ist wie hier? Dieses Schloß läßt die Hitze mehr ein als unser „Alter Hoher Turm" in Rouen, der aus festerem Mauerwerk erbaut ist. Obgleich das heiße, gewittrige Wetter mich müde und matt macht, bin ich heute froher Stimmung. Denn soeben erhielt ich einen Brief von Wilhelm, der mich viel schneller erreicht hat als der vorige. Er schrieb darin, daß der schottische König ihm Gesandte entgegengeschickt habe, die ihn seiner Treue versichern sollten. Der Bischof von Durham habe mit Malcolm verhandelt und es sehr geschickt gemacht. „Er ist der Meinung", schrieb Wilhelm, „daß die Schotten zwar tapfere Krieger seien, sich aber lieber mit Gebetsübungen befaßten als mit Waffen." So können wir uns also des fortdauernden Friedens erfreuen. Mein letztes Kind soll in eine friedliche Welt hineingeboren werden.

Barking, Samstag, am 23. des Erntemonds 1068

Ich hatte gehofft, daß Wilhelm nun bald zurückkehren werde, aber er will während des kommenden Monats den Bau verschiedener Burgen im Lande überwachen. Von London bis hoch in den Norden sollen sie sich erstrecken, und er will weitere in Lincoln, Huntington, Cambridge und Grimsey bauen lassen. Aber eben dies sehen die englischen Barone nicht gern. Doch wird es sie, so hoffe ich, in Schach halten können.

Ich spüre jetzt schon das Wachsen des Kindes in mir, fast so, als ob es sich etwas bewege. Aber dazu ist es eigentlich noch zu früh. Heute habe ich meinen beiden ältesten Töchtern das große Geheimnis gesagt, und sie helfen mir beten, daß es ein Knabe wird. Ich bin immer so sehr müde; vielleicht liegt es an der feuchten Luft hier im Lande.

Barking, Dienstag, am 26. des Erntemonds 1068

Nun haben auch Richard und Rufus vom neuen Geschwisterkind erfahren, denn Cäcilie hat sich verplappert. Von den Hofleuten weiß es noch keiner und von meinen Kammerfrauen auch nicht. Ich hörte Cäcilie zu ihren Brüdern sagen: „Auch ihr müßt uns beten helfen, damit es ein Bruder wird." Richard aber sagte: „Das Beten kommt viel zu spät, denn das Kind ist ja schon halb fertig und kann jetzt nicht mehr als Knabe weiterwachsen, wenn es als Mädchen angefangen hat." Ich mußte laut lachen, als ich das hörte. Richard denkt immer gründlich über alles nach und behält auch sehr viel. Er hat neulich seinen Freunden Hugo und Ralf die ganze Schlacht von Hastings erzählt und dabei keine Einzelheit ausgelassen.

Aus der Normandie kamen keine guten Nachrichten. Papà Roger schrieb, daß Robert wohlbehalten eingetroffen sei und vom nächsten Monat ab wieder regelmäßige Lehrstunden erhalten werde. Er nannte die Namen zwei seiner Präzeptoren: Raherius und Hilgarius. Letzterer soll sein „Magister militum"[18] werden. In Maine gäbe es dauernd kleine Unruhen, denn die Bürger von Le Mans widersetzten sich der normannischen Herrschaft. Er schlage vor, Robert dort hinreisen zu lassen, den er natürlich begleiten werde. Es wäre gut, wenn die Bürger ab und zu ihren Grafen sähen. Er habe Robert noch nichts hiervon gesagt, sondern wolle erst die Meinung des Königs wissen. Ich denke, ich werde warten, bis Wilhelm zurück ist, weil mir diese Angelegenheit nicht so eilig scheint. Roger Beaumont schrieb auch Bedenkliches über den jungen französischen König, der den Gottesfrieden nicht streng genug einhalten lasse und sogar die Simonie dulde.

Wenn Adelaide in einigen Tagen aufbricht, will ich sie ein Stück des Weges begleiten. Ob sie nicht bis zu Wilhelms Heimkehr warten wolle, fragte ich sie; doch sie sagte, Wilhelm hätte ihr geschrieben, sobald wie möglich in die Normandie zurückzukehren und ihm sowie fitzOsbern über Adelizas Zustand zu berichten. Wie wir erfuhren, war diese schwer krank, und fitzOsbern sorgt sich sehr um sie.

Winchester, Samstag, am 30. des Erntemonds 1068

Nun sind Adelaide und ihre ältere Tochter auf dem Wege zur Küste, und der Abschied von ihnen fiel mir sehr schwer. Ich habe meine fünf Töchter nach Winchester mitgenommen, während Richard und Rufus bei ihren Präzeptoren in Barking geblieben sind. Ich weiß sie bei Robert fitzWymarc gut aufgehoben.

Die weiten Wiesen vor unserem Schlößchen entzücken mich stets aufs neue, und meine drei kleinen Mädchen bringen fast den ganzen Tag draußen zu. Heute war ich mit auf der Wiese, dicht am Teich, und schaute zu, wie Barbara Blumenkränze mit den Kleinen flocht. Adele kann das schon sehr hübsch, und die beiden Schwestern halfen beim Pflücken. „Reiß nicht nur die Köpfe ab", sagte Adele zu unserer kleinen Constanze; „ich brauch längere Stengel zum Flechten." Das Gras ist mit Sommerblümchen übersät: rotem Klee, Margeriten, Glockenblumen, Löwenmäulchen und Butterblumen. Ich denke mir oft, daß sich die Muttergottes all diese schönen Muster in der Natur ausgedacht hat – daß sie schon immer da war und nur zur Zeit, da unser Heiland geboren werden sollte, auf die Erde herabstieg, um ihn selbst zu empfangen.

Wilhelm hat mir eine recht schwierige Aufgabe übertragen. Ich soll eine neue Münze entwerfen und einige Münzpräger zu Rate ziehen. Hier in Winchester wurden die letzten Münzen mit dem Abbild König Eduards gegossen, und vor zwei Jahren, als Wilhelm König geworden war, ließ er eine neue prägen. Sie zeigt ihn linkswendig mit gekröntem Haupt und dem Lilienkreuz. In England hat es zum ersten Male für König Edgar eine Lilienkrone gegeben, und Wilhelm liebt dieses Symbol, das auch die französischen und deutschen Könige gebrauchen. Er sagt, es sei ein Sinnbild der Himmlischen Jungfrau – der Himmelsbraut. Die neue Münze soll auf dem Revers ebenfalls das Lilienkreuz zeigen, auf der anderen Seite aber den König in Vorderansicht. Ich sprach gestern mit Bischof Guido über das schöne Liliensymbol, und er sagte, schon die Kirchenväter Origenes und Hieronymus hätten es bevorzugt. Dabei erwähnte er ein wunderbares Lied in der Bibel, welches der Weise Salomon geschrieben habe. Manche meinen, es bezöge sich auf die Himmlische Jungfrau, andere wieder, es handele sich um die reine Seele des Menschen.

Dann las er mir das zweite Kapitel vor, das so anfängt: *Wie eine Lilie unter den Dornen, so ist meine Freundin unter den Mädchen.* Ich hörte ihm voller Entzücken zu. „Solch wunderbare Gedichte stehen in der Bibel?" fragte ich erstaunt. „Ich dachte, nur die alten Griechen und Römer hätten derartiges geschrieben." Guido erwiderte: „Salomon war ein Weiser und auch ein Dichter. Es ist der Dichter, der die Weisheit in das Gewand der Schönheit kleidet, und es ist die Schönheit, der sich das menschliche Herz öffnet, so daß es die Weisheit besser versteht." Wenn ich diese Worte lese: *Wie ein Apfelbaum unter den wilden Bäumen, so ist mein Freund unter seinen Gefährten. Wie verlangt es mich, unter seinem Schatten zu sitzen und seine reife Frucht zu genießen!* – dann muß ich an Wilhelm denken. Ganz so erscheint er mir auch – wie ein edler Stamm unter so vielen wildgewachsenen menschlichen Gewächsen. In seinem erhabenen Geist reifen die Früchte der Weisheit; und wie oft habe ich im erquickenden Schatten dieses Baumes gesessen und Trost gefunden!

Ich muß nun aufhören und mich dem Bild der Münze widmen. Schöner aber noch als die Münzen ist das königliche Siegel, das Wilhelm auf der Vorderseite auf dem Thron sitzend zeigt – die Krone auf dem Haupt, in den Händen das Schwert und das Zepter. Das Revers zeigt ihn auf dem Pferderücken, den spitzen Helm auf dem Kopf, mit der einen Hand die Zügel haltend und mit der anderen ein kleines Banner schwingend. Auf dem Siegel ist sein Gesicht von vorn zu sehen, und so ähnlich soll es auf der neuen Münze auch sein.

Barking, Montag, am 8. des Herbstmonds 1068

Bei meiner Rückkehr erwartete mich ein Brief von Papà Roger, der nun meint, er wolle Robert doch nicht nach Le Mans reisen lassen; dieser sei wenig geneigt dazu. Wenn überhaupt, so solle sein Vater dabeisein. Papà Roger preist Roberts Gewandtheit in allen Gefechtsübungen. Er sei tapfer und kühn und könne die Leute am Hof gut unterhalten, indem er ihnen manches aus England erzähle. Sogar einige Lieder, die er dort gelernt, habe er vorgesungen. Doch wisse er in verschiedenen wichtigen Dingen zu wenig Bescheid, woran er selbst die Schuld trage. Denn er lerne ungern Dinge, die mit der Verwaltung und Justiz zusammenhingen. Aber gerade solches müsse ein künftiger Herzog wissen. Wenn Wilhelm dies erfährt, wird es ihn sicher verdrießen. Ich habe lange nichts von ihm gehört. Ob er wohl noch in diesem Monat zurückkehrt?

Barking, Samstag, am 13. des Herbstmonds 1068

Nach einem Gewitter hat es sich sehr abgekühlt, und morgens liegt ein leichter Nebel über dem Land. In meinem kleinen Gärtchen blühen jetzt die Zwergastern, deren blaßlila Farbe ich besonders liebe. Wilhelm hat Nachricht gesandt, daß er in einigen Wochen wieder hier zu sein gedenke. Er schrieb: „Es wird sich gut anfühlen, wieder zu Hause zu sein." Für mich ist dies jedoch noch kein Zuhause; es ist ein fremdes Land, in dem ich erst Wurzel fassen muß. Wie Wilhelm ferner schrieb, erwecken die vielen Burgen, die aus dem Boden wachsen, Unwillen beim Volk. „Sie fühlen sich vom Auge der Justiz bewacht", schrieb er. „Doch wie sonst sollen wir den Aufständen vorbeugen?"

Ich weiß jetzt, wie ich meinen kleinen Sohn nennen werde, aber ich sage es noch niemandem – ich schreibe es nicht einmal nieder. So hat noch kein normannischer Herzog oder englischer König geheißen. Zwar wird der vierte Sohn weder Herzog noch König werden, soll aber seinen älteren Brüdern eine große Stütze sein.

Barking, Donnerstag, am 18. des Herbstmonds 1068

Es ist mir durch Hugo von Grandmesnil zu Ohren gekommen, daß Hugo von Avranches ein natürliches Kind hat, und zwar einen Knaben, an dem er sehr zu hängen scheint. Er sei oft bei seiner Konkubine, und das Kind sei bereits ein halbes Jahr alt. Hiervon muß die arme Muriel nun aber erfahren. Sie darf nicht länger im Ungewissen bleiben. Sobald Wilhelm zurück ist, muß ich deswegen mit ihm sprechen. Hugo von Grandmesnil meinte, das käme von der langen Trennung – es ginge vielen so, die nach England gegangen wären und ihre Frauen in der Normandie hätten. Er erzählte dann von seiner eigenen Frau, die man als eine der schönsten im ganzen Frankenreich betrachte, und von seinen Söhnen Hugo und Alberich, die er so lange nicht gesehen habe. Herholen wolle er sie nicht, weil er um ihre Sicherheit bange. Diese Worte waren wenig dazu angetan, mich zu beruhigen. Doch glaube ich, daß die neuen Burgen für mehr Ordnung im Lande sorgen werden.

Barking, Samstag, am 20. des Herbstmonds 1068

Gottlob ist morgen Sonntag. In dieser Woche gab es manch schlechte Nachrichten. Adelizas Krankheit hat sich verschlimmert, und auch Papà Roger hat eine schwere Influenza gehabt. In Le Mans sei der Graf Azzo d'Este eingetroffen, dessen Gemahlin Gersendis die Schwester des ehemaligen Grafen von Maine ist – des Vaters unseres verstorbenen Herbert. Sie hätten ihren Sohn Hugo mitgebracht, für den sie Ansprüche auf die Grafschaft erhöben. Wenn nur in Maine keine Unruhen ausbrechen! Es gibt schon hierzulande genug von diesen, wenn sie bisher auch immer schnell unterdrückt worden sind.

Ich hatte in dieser Woche zwei Gerichtssitzungen – und das ohne Wilhelms ermutigende Nähe. In der Normandie ist es ganz anders; da fühle ich mich sicher, da weiß ich genau, wie er es haben möchte. Aber hier ist alles so neu und fremd. Besonders verzwickt ist es mit der Rechtssprechung, weil die in England oft anders ist als in der Normandie. Wilhelm hat angeordnet, daß die Angeklagten wählen können, nach welcher Justiz sie gerichtet werden wollen: der normannischen oder der angelsächsischen. Das Gottesurteil ist auch hier üblich – entweder entscheidet ein Wettkampf oder eine Prüfung. Hierzulande gibt es Todesstrafen für Verbrecher und Verräter, während in der Normandie die Übeltäter lediglich verstümmelt werden, damit sie das Verbrechen nicht wiederholen können. Wilhelm sagt, daß die Seele dann noch lange Zeit habe, ihre Sünden zu bereuen, und im Zustand göttlicher Gnade sterben könne.

Barking, Samstag, am 27. des Herbstmonds 1068

FitzOsbern ist schon vor Wilhelm eingetroffen. Er hatte das Kommando über Baile Hill, hat Wilhelm aber gebeten, wegen seiner todkranken Frau in die Normandie zurückkehren zu dürfen. Das ist ihm gewährt worden. Ich habe bereits von mehreren anderen gehört, die ebenfalls gern zu einem Besuch heimreisen würden, und habe sie auf Wilhelms Rückkehr vertröstet. Besonders Onfroi du Tilleul scheint es daran gelegen zu sein, sogar für immer in die Normandie heimzukehren. Die Trennung von der Familie mag wohl schwer sein – und ich selbst weiß das am besten –, aber ein treuer Vasall sollte zuerst seine

Pflicht tun. Wilhelm wird später sicher dafür sorgen, daß die Familien wieder zusammenkommen. Er hat jedem seiner Getreuen genug Land geschenkt.

Barking, Montag, am 29. des Herbstmonds 1068

Wir haben heute zum ersten Male das Kaminfeuer angemacht, denn es ist kühl und regnerisch geworden. Draußen duftet es nach moderndem Laub, und ich bin diesen Monat täglich in den kleinen Wald geritten, sehnsüchtig von der Normandie träumend, wo die Wälder viel dichter und majestätischer sind. Hier ist alles so winzig. Ich hatte heute morgen die älteren Kinder mit mir genommen, und auf dem Rückweg kamen wir an einem großen Brunnen vorbei, der mit einem Drahtgitter bedeckt war, auf dem viele welke Blätter lagen. Einige hölzerne Stufen führten zu einem Brunnenhäuschen. Ich sah Rufus sein Pferd anhalten und lange in den Brunnenschacht schauen. „Meinst du, daß dort ein goldener Schatz verborgen liegt?" neckte ihn Agathe. „Kann schon sein", meinte Rufus; „aber ich gucke nach einem Drachen." Die beiden Mädchen begannen zu lachen, doch er erwiderte eifrig, daß es im Lande der Angeln und auch in Norwegen wirkliche Drachen gäbe, das habe ihm sein Präzeptor erzählt. Hoffentlich erfährt Clothilde dies nicht!

Später

Die Kinder sind zu Bett gegangen, doch meine drei kleinen Mädchen hatten heute Angst im dunklen Zimmer; ich mußte die Lampe brennen lassen. Rufus hatte ihnen von den schrecklichen Drachen erzählt, die einen giftigen Atem und scharfe Zähne hätten und an deren Schwanz lauter Stacheln säßen. Ihre Haut sei von harten Schuppen bedeckt. Sie wohnten in Höhlen oder Brunnenschächten und kämen besonders des Nachts heraus, um ganze Bäume, Viehherden und Kinder zu verschlingen. „Die können gut die Mauern raufklettern und sich ins Fenster schieben", hatte er gesagt, und ich habe ihn dafür tüchtig gescholten. Lange noch habe ich bei meinen kleinen Töchtern gesessen und ihnen Geschichten von ihren Schutzengeln erzählt, damit sie beruhigt einschlafen konnten.

Barking, Dienstag, am 30. des Herbstmonds 1068

Mir hat heute nacht von einem Drachen geträumt, der eine Haut von goldenen Schuppen hatte und sich dem Land Maine näherte. Aus seinem aufgesperrten Maul drang ein gelber Nebel, der sich bald über das ganze Land breitete. Dann sah ich Wilhelm daherreiten, einen Speer in der Hand, mit dem er nach dem Drachen zielte. Doch der Speer verschwand im dichten Nebel, der sich mir plötzlich schwer auf die Lunge legte, so daß ich husten mußte. Davon bin ich aufgewacht. Es war tatsächlich dicker Nebel draußen, und es war kalt im Zimmer. Der Traum hat mich sehr niedergedrückt. Obgleich ich mir sage, daß er nichts als ein Phantasiegebilde ist, mache ich mir große Sorge um Maine.

Barking, Dienstag, am 7. des Weinmonds 1068

Meine Stimmung ist auf einmal umgeschlagen, und ich kann nur noch an morgen denken, denn Wilhelm kehrt heim. Endlich kann ich ihm alles sagen, was mich in diesen Wochen bedrückt hat. Ich lasse ein besonderes Mahl zubereiten, und die beiden Buben dürfen ihm entgegenreiten...

Barking, Mittwoch, am 8. des Weinmonds 1068

Nun ist er zurück, und ich fühle mich wie ein Schiff, das nach dem Sturm den sicheren Hafen erreicht hat. „Vorerst ist Frieden im ganzen Lande", sagte er, als er mich in die Arme schloß. Er sah sogleich, daß mein Leib viel runder geworden war und fragte, ob ich noch ausreite. „Jetzt nicht mehr", sagte ich, der Wahrheit gemäß. „Außerdem habe ich Angst vor den hiesigen Drachen." Er sah mich mit einem prüfenden Lächeln an und meinte: „Es scheint, daß wir uns viel zu erzählen haben." Wie herrlich ist es, wieder über alles, alles mit ihm sprechen zu können!

Barking, Freitag, am 10. des Weinmonds 1068

Wilhelm bringt Lachen und Fröhlichkeit ins Haus. Es war gestern wieder ganz so wie in unseren schönsten Jahren in der Normandie. Er fragte mich, ob ich schon einen Namen für unseren künftigen Sohn wisse, und ich sagte sehr geheimnisvoll, ja, aber den werde noch niemand erfahren. „Mir aber wirst du ihn sagen?" bat er. Doch ich schüttelte den Kopf. Er versuchte mich auf mancherlei Art zu überreden, und schließlich begann er voller Übermut gewisse Stellen an meinen Rippen zu berühren, die mich immer furchtbar zum Lachen reizen. Hilflos wie ich war, sagte ich ihm eine Reihe von Namen, die aber nicht die richtigen waren: „Eustachius." – „Nein!" rief er entsetzt aus. „Conan!" – „Wage es, du schändliches Weib!" – „Harald!" – „Ich werde dir zeigen, wer der Herr ist!" Unter Anfällen von Gelächter stieß ich hervor: „Hinz!" Von meinem Schreien angelockt, erschien Agathe und sah sofort, wie hilflos ich dem Vater ausgeliefert war. Da sie in dieser Hinsicht selbst sehr empfindlich ist und immer schrecklich unter solchen Angriffen leidet, eilte sie mir sofort zu Hilfe. Keiner wird erraten können, was sie tat! Sie holte den Hofarzt Balduin herbei, dem sie gesagt hatte, es gehe ihrer Mutter, der Königin, nicht gut. Als der Arzt gemeldet wurde, ließ Wilhelm mich los und sah seine Tochter mit einem Blick an, der zugleich Bewunderung und eine geheime Drohung ausdrückte. „Es geht mir schon besser, Sir", sagte ich, nach Atem ringend; „meine Tochter war wohl zu sehr besorgt." Wilhelm aber sagte mit ernster Miene: „Die Königin wird von schweren Träumen geplagt, Sir. Vielleicht wißt Ihr ein gutes Beruhigungsmittel." Der Arzt fühlte meinen Puls und meinte, er ginge etwas zu schnell, ich brauchte ein paar Tage Bettruhe. Ich blickte verstohlen zu Wilhelm hinüber, der eine Grimasse schnitt. „Sonst aber sieht die Königin gesund aus", meinte Balduin. „Sie hat eine frische Gesichtsfarbe, und die Augen sind klar."

Als der Arzt gegangen war, wollte sich Agathe hinausschleichen, doch Wilhelm rief sie zurück. „Heute abend", sagte er, „wirst du Anlaß haben, deine infame Tat zu büßen." Sie schaute ihn ängstlich-fragend an, sagte aber nichts. Hoffentlich tut er ihr nicht das gleiche an. Als er sie gehen ließ, richtete ich mich auf und sagte einlenkend: „Du darfst das aber wirklich nicht wieder tun, Wilhelm. Denke mal, das Kind könnte dadurch zu früh geboren werden und nicht lange leben." Er nahm mich in die Arme, sah mir tief in die Augen und sagte: „Diesen Sohn brauche ich! Den mußt du, wie alle anderen, gesund zur Welt bringen." – „Wofür meinst du, daß du ihn brauchst?" fragte ich. Doch er antwortete nicht, sondern blickte nur lange nachdenklich vor sich hin. Da erschien Helmtrud mit besorgtem Gesicht in der Tür. „Der Königin geht es nicht gut?" fragte sie. Wilhelm erhob sich und sagte mit vielsagendem Lächeln: „Es geht ihr ausgezeichnet, Lady. Der Arzt hat sie bereits gesund gemacht." Damit ging er hinaus. Helmtrud sah mich etwas ratlos an, denn sie war soeben dem Arzt begegnet. „Es war nur ein kleiner Anfall", sagte ich. Zu meinem Entsetzen erwiderte sie: „Ihr habt aber laut geschrien, Mylady." – „Ich war eingeschlafen und hatte geträumt", sagte ich, fühlte mich aber bei dieser Lüge nicht wohl. „Das kommt gewiß von dem verdorbenen Hasenbraten, von dem Ihr gegessen hattet", meinte sie. „Auch mir ist es nicht ganz wohl. Ich kann Euch aber ein Kräutermittel geben, welches ‚Sieben-Kraut-Zauber' genannt wird. Es treibt üble Geister aus und kann den Menschen von neun Giften und neun ansteckenden Krankheiten heilen. Auch Schwertwunden und Schlangenbisse heilt es." – „Das muß ein gutes Kraut sein", sagte ich; „woraus besteht es?" Durch diese Frage hoffte ich sie abzulenken. „Ich weiß es nicht mehr genau", sagte sie, „doch schaute ich einmal zu, wie meine Großmutter es herstellte. Sie kochte die Kräuter mit Asche und einigen Eiern in Wasser auf und machte eine Salbe daraus. Es wird dazu aber auch noch ein Zauberspruch gesungen. Den kann ich Euch gern geben." – „Ja, tut das", sagte ich, heimlich in mich hineinlächelnd.

Später

Als ich schon im Bett lag, kam Agathe zu mir und sagte: „Der Vater hat seine Drohung wahr gemacht." – „O wirklich?" fragte ich mitfühlend; „war es sehr schlimm?" – „Zuerst ja. Ich habe ganz schrecklich lachen müssen, und als er mich endlich losließ, habe ich ihn gefragt, woher das komme – daß man lachen müsse, obwohl man es gar nicht wolle. Und er sagte, dann wolle ich es nicht stark genug, sonst geschähe es mir nicht. ‚Wie soll ich es aber anfangen, Vater?' fragte ich, und da sagte er, ich müsse meine Muskeln straffen und mir fest vornehmen, nicht zusammenzuzucken und mich nicht zu bewegen. Das habe ich dann versucht." – „Nun – und?" fragte ich neugierig. „Ja, und dann brauchte ich gar nicht mehr zu lachen. Ich mußte mich aber anstrengen und ganz stillhalten – ganz steif werden... Ich weiß nicht richtig, wie ich es sagen soll." – „Und hat der Vater sich da gewundert?" Sie lächelte triumphierend: „Er hat gesagt: ‚Diese Tochter hat denselben starken Willen wie ich.'" Dann umarmte sie mich fröhlich und sagte: „Mamà – nun bin ich frei davon. Nun kann er versuchen, was er will, und andere auch. Ihr müßt es ebenfalls lernen." Im Augenblick aber habe ich Wichtigeres zu tun.

Barking, Sonntag, am 12. des Weinmonds 1068

Obgleich es ein heiliger Sonntag ist, habe ich nicht länger warten wollen, Wilhelm einen kuriosen Streich zu spielen. Helmtrud hat den richtigen Spruch für den Sieben-Kraut-Zauber nicht gefunden, dafür aber einen, der sofort bei der Ruhr helfen soll. Unter dieser Krankheit leiden die Landsknechte manchmal, und es heißt, wenn man dem Kranken diesen Spruch um den Hals hänge, werde er geheilt. Ich habe die Rolle mit einem Band umwickelt, ein Gesicht darauf gemalt und oben aus der Rolle lauter Wollfäden hängen lassen, die wie Haare über das Gesicht fallen. Diese Rolle legte ich auf sein Lager. Nun warte ich ungeduldig darauf, daß er sie findet.

Später

Ein Page bat mich soeben, zum König zu kommen, und ich wußte, weshalb. Wilhelm hatte ein bequemes purpurnes Hausgewand angezogen und musterte ein kurzes Schwert, das er in den Händen hielt. Als ich eintrat und ihn recht unschuldig ansah, schob er die Klinge in die hohle Pergamentrolle und drehte sie so ein paarmal im Kreise, daß die haarigen Wollfäden flatterten. „Was hat es damit auf sich?" fragte er; „ist das ein heidnischer Fluch?" – „Ganz im Gegenteil, Wilhelm – es ist ein Heilspruch für die Ruhr." – „Und was soll ich damit?" – „Ihn deinen Kriegern um den Hals hängen lassen, falls wieder einmal die Ruhr ausbricht", sagte ich mit mühsam bewahrtem Ernst. Er entfaltete die Rolle mit spitzen Fingern und las: "*Ranmigan. Adonai. Eltheos. Mur. O. Ineffabile. Omiginan. Midanmian. Misane. Dimas. Mode. Mida. Mamagartem. Orta min. Sigmone. Heronice. Irritas. Venas quasi dulpa. Fervor. Fruxantis. Sanguinis. Siccatur. Fla. Fracta. Frigula. Mirgul. Etsihdon. Segulta. Frautanur. In arno. Midoninis. Abar vetho. Sydone multo. Sacculo. pp. pppp sother sother. Misere. Mei deus deus mini deus mi. Alleluiah, Alleluiah.*" (Dieser Spruch scheint eine seltsame Mischung aus lateinischen und angelsächsischen Wörtern zu sein.) Er zitierte diese Worte mit beschwörender, klangvoller Stimme, die sich allmählich immer mehr steigerte; dabei rollte er seine Augen auf eine Weise, daß ich hilflos lachend auf sein Bett fiel und nach Atem ringen mußte. Angelockt von Wilhelms lauter Stimme und meinem nicht endenwollenden Lachen kamen Richard und Rufus in des Vaters Zimmer gelaufen – denn die Knabenzimmer liegen neben Wilhelms Räumen. Sie haben nie ganz erfahren, was es mit dem Zauberspruch auf sich hat; doch Richard hat ihn sich erbettelt und will ihn mit seinem Magister des Lateinischen studieren. „Ich sage Euch dann, was wir entziffert haben", rief er uns hoffnungsvoll zu, als er mit seiner Trophäe davonzog. Wenn nur Helmtrud nicht erfährt, was mit dem mir anvertrauten Spruch geschehen ist!

Barking, Montag, am 13. des Weinmonds 1068

Die Wände hier in Barking halten Geräusche nicht so gut ab wie die bei uns in Rouen. Es war fatal, als Hedwiga mich heute morgen besorgt ansah und fragte, ob es mir besser ginge. Ich dachte zuerst, daß sie vielleicht von Helmtrud über den kürzlichen Besuch des Arztes bei mir erfahren habe, und sagte, ja, es ginge mir wieder gut. In dem Augenblick kam Richard gelaufen und sagte, der Vater wolle mich sogleich sprechen, es sei wegen des Briefes an den Bischof von London. „Ach, du liebe Güte!" entfuhr es mir, weil ich vergessen hatte, Wilhelm gestern meinen Entwurf zu geben. „Sputet Euch", sagte ich zu Hedwiga, die noch mit meinem Haar beschäftigt war, „damit ich den König nicht länger warten lasse." Sie flocht es mir geschwind und steckte die Flechten auf. Plötzlich fragte sie: „Zürnt Euch der König noch sehr?" – „Warum meint Ihr das?" fragte ich verwundert. Sie zögerte ein wenig, dann stammelte sie: „Gestern hat er doch sehr drohend zu Euch gesprochen, und Ihr habt laut geschluchzt. Ich habe es auf dem Gang gehört, als ich vorbeiging, und es hat mir wirklich leid getan." Sie war baß erstaunt, als sie mich hell auflachen hörte. „Wir haben nur Spaß miteinander gehabt", versicherte ich ihr. Doch sie sah mich bestürzt an. Am Hof König Eduards hat es ähnliches wohl nie gegeben.

Barking, Mittwoch, am 22. des Weinmonds 1068

Heute erreichten uns schlimme Nachrichten aus Rouen. Papà Roger berichtete, daß der Wilhelm so freundlich gesinnte Gottfried von Anjou von seinem Bruder Fulk überwältigt und ins Gefängnis geworfen worden sei. Fulk le Réchin habe sich zum Grafen von Anjou erklärt, während sein Bruder im Turm von Chinon schmachte. Das mag böse Folgen für Maine haben, welches unter der Oberherrschaft von Anjou steht, wenngleich Robert noch Graf von Maine ist.

Odo wird heute aus Kent erwartet, und Wilhelm hat vor, ihn am Sonntag im neuen Münster predigen zu lassen.

Barking, Montag, am 27. des Weinmonds 1068

Gestern abend, als ich Wilhelm aufsuchen wollte, um ihn etwas Wichtiges zu fragen, fand ich ihn nicht in seinem Wohnzimmer – auch nicht in seinem Schlafraum. Doch von nebenan, vom Knabenzimmer, hörte ich merkwürdige Töne, so wie ein dumpfes Fallen, dazu Ächzen und Stöhnen, und dann Wilhelms kräftige Stimme: „Nur zu – in die Magengrube... fest zuschlagen..." Ich trat schnell ein, um zu sehen, was in aller Welt dort vor sich ginge, und sah zu meinem Erschrecken Wilhelm mit den beiden Buben ringen. Sie alle waren nur mit kurzen Beinkleidern bedeckt – die Oberkörper bloß – und standen sich mit geballten Fäusten gegenüber. Bald verstand ich, daß Wilhelm ihnen beibrachte, wie sie mit einem Feind ringen müßten, wenn sie keine Waffen hätten. Etliche Male warf er sie zu Boden, um ihnen zu zeigen, wie man seinen Gegner geschickt umwerfen könne. Sie hatten alle das Haar wirr in die Stirn hängen, und die beiden Buben waren ziemlich außer Atem. Sie mußten versuchen, Wilhelm an bestimmten Stellen zu treffen, ehe er sie abwehren konnte. Ich sah eine Weile heimlich zu, bis Richard mich entdeckte. „Die Mamà ist hier!" rief er aus, froh, vom heißen Kampf abzulenken. Wilhelm wandte sich um und ging mit drollig drohender Geste auf mich zu. Ich stieß einen kleinen Schrei aus und lief sogleich wieder davon. Hoffentlich hat keiner seiner Diener den Schrei gehört – sonst kommt die königliche Familie bald in Verruf.

Ich will noch von Odos Sonntagspredigt berichten. Sie war recht ungewöhnlich. Das Volk in London, das ihn noch nicht kennt, war ihm nicht aufmerksam genug. Viele, so sagte er uns später, hätten sich gegen die Säulen gelehnt und geschlafen oder die Köpfe nach unten hängen lassen. Ich wußte das nicht, denn ich sitze immer vorn in den Bänken, die für die königliche Familie und die *Curia regis* bereitstehen. Ich wunderte mich nur, daß er auf einmal vom Thema abwich, seine Stimme erhob und laut rief: „Und nun will ich Euch ein besonderes Erlebnis von der großen Schlacht bei Hastings erzählen, als mich der Feind von allen Seiten umringte und ich nichts anderes als meine Keule hatte – kein Schwert und keine Lanze..." Alle Köpfe, so sagte Odo uns später, hätten sich plötzlich aufgerichtet. Tausend Augenpaare seien mit lebhafter Erwartung auf ihn gerichtet gewesen. Und da begann er sie alle zu schelten. „Seht," sagte er, „wie Ihr alle wach und munter seid, wenn ich Euch etwas vom Schlachtgetümmel erzähle! Doch wenn ich über Gott zu Euch spreche, so hört keiner zu. Meint Ihr, daß Gott die schlafenden Seelen in Sein Himmelreich einläßt? Mitnichten! Er erhitzt sie zuerst im Fegefeuer, bis sie schweißtriefend zum kühlenden Born der Erkenntnis laufen und nach einigen Tropfen frischen Wassers verlangen. Doch aus dem Brunnen fließt noch längst kein Wasser – statt dessen ertönt eine hohle Stimme aus dem Schacht: ‚Ihr Saumseligen und Schlafmützigen – berichtet Mir zuerst ganz genau, was Ihr auf Erden an guten Predigten gehört habt. Wißt Ihr das nicht mehr, so müßt Ihr weiterschwitzen.'" Ein banges Raunen war zu hören, und ich blickte heimlich zu Wilhelm hin, den die Predigt seines Bruders sehr zu ergötzen schien. Bald werden sich auch die Angelsachsen zu Odos Predigten drängen!

Barking, Mittwoch, am 12. des Nebelmonds 1068

Die Tage sind trübe und neblig. Vorgestern konnten wir draußen die Hand vor den Augen nicht sehen. Über die Lage in Anjou haben wir keine weiteren Nachrichten erhalten. Doch schrieb mir Balduin aus Flandern. Er klagte im allgemeinen über seinen Bruder Robert, der ihm oft dreinzureden versuche, und berichtete mir dann vom Tode meiner Gevatterin, der Muhme Aurelie. Sie habe sich in ihren letzten Lebensjahren ganz abgesondert gehabt, sei all ihren Verwandten gram gewesen und habe seit Papàs Tod nur noch ihr Dasein beklagt und die früheren guten Zeiten gepriesen. Eines Tages sei sie nirgends zu finden gewesen. Ihre Kammerfrau habe das ganze Haus nach ihr durchsucht. Erst einige Tage später habe man ihre Leiche in einem Gartenhaus gefunden, wo sie manche ihrer Kostbarkeiten in einer Schatztruhe verwahrt hielt. Den Schlüssel zur Truhe habe sie noch in ihrer erstarrten Hand gehalten. Wie schrecklich das ist! So hat die arme Muhme ohne die Letzte Ölung sterben müssen – abseits von allen anderen, einsam und verlassen. Ob sie wohl lange hilflos dagelegen hat? Ich denke an meine Kindertage zurück, wo mich die Muhme so lieb betreut, Bilderbögen mit mir besehen, mich zum Jahrmarkt nach Brügge genommen und mir schöne Dinge dort ausgesucht hatte – wie sie mich das Nähen und Stikken gelehrt... Wie hätte sie sich wohl über meinen schönen großen Wandteppich gefreut und ihn bewundert! Leider stand sie mit Mamà stets auf dem Kriegsfuß, weil sie die Leute aus Frankreich ihrer lockeren Sitten wegen verachtete. Ihren Bruder, meinen Papà, bewunderte sie über alles, und ihr größter Schmerz war es, mich mit einem Bastard vermählt zu wissen. In welch engem Käfig manche Menschen doch ihr ganzes Leben verbringen! Sie haben ihre eigenen, verschrobenen Ideen und sehen die ganze Welt und alle Menschen so verzerrt widergespiegelt wie in einem schwankenden Wassertopf. Mich schaudert, wenn ich denke, daß ich Wilhelm nie zum Gemahl erhalten hätte – so wie sie es gehofft hatte. Wie wäre mein Leben verlaufen? Es ist gar nicht auszudenken. Ich will jetzt für ihre Seele beten. Trotz all ihrer Marotten habe ich sie doch liebgehabt, denn sie hat mich immer wie ihr eigenes Kind betreut.

Barking, Dienstag, am 18. des Nebelmonds 1068

Oh, in diesem Land wird es nie Ruhe und Frieden geben! Wir hörten soeben, daß Copsi, der Freund Tostis, den Wilhelm nach Northumberland gesandt hatte, erschlagen worden ist. Es sollen Oswulf und Gospatrick hinter dieser Tat stehen, die sich beide um die Grafschaft bemühen, obwohl sie Morcar zugesprochen worden ist. Es heißt sogar, daß die rebellischen Grafen sich an Malcolm und Sven Estrithson, den König von Dänemark, gewandt haben. Ich hoffe nur, daß Wilhelm nicht wieder selbst nach dem Norden reist. Er ist besorgt, weil er lange nicht von Edwin und Waltheof gehört hat. Die haben sicher keinen leichten Stand mit den rebellierenden Baronen. Ich bin jetzt in großer Unruhe.

Später

Soeben erfahre ich durch einen Boten, daß Ida sich angesagt hat. Sie will zuerst mit mir und dann mit Wilhelm sprechen. Auf diesen Besuch freue ich mich sehr. Idas Gegenwart ist immer ein Trost für mich; aber sicher braucht auch sie jetzt Trost, den ich ihr gern geben will.

Barking, Donnerstag, am 27. des Nebelmonds 1068

Inzwischen ist weiteres Schreckliches in Northumberland geschehen. Oswulf, der an Copsis Tod schuld war, ist nun selbst von einem Briganten ermordet worden. Ich muß an Wilhelms Worte denken, die er einmal vor langer Zeit sagte: daß die Raubtiere sich gegenseitig zerfleischen. Nun hat Gospatrick, der ja ein Vetter Copsis ist, Wilhelm eine große Summe Geldes für die Grafschaft geboten. Er selbst stammt aus einem alten Grafengeschlecht. Sein Großvater war Graf Uhtred, und sein Urgroßvater König Ethelred von England. Wilhelm ist noch unentschlossen, denn er traut im Augenblick keinem der nordischen Grafen.

Ida ist schon seit zwei Tagen hier und hat eindringlich mit mir und später auch mit Wilhelm gesprochen, um für ihren Mann um Gnade zu bitten. Eustachius habe in schwerem Fieber gelegen, sagte sie, und er litte furchtbar darunter, in des Königs Ungnade gefallen zu sein. Er habe damals in der Hitze des Zornes gehandelt, weil er sich in der Verteilung der Länder in England übergangen fühlte, habe es aber gleich hernach bereut. Diesmal habe er wirklich seine Lehre aus allem gezogen. Sie erzählte uns auch, daß er im Schlaf oft von der Schlacht zu Hastings träume und immer wieder dieselben Sätze dabei ausrufe: „Zu Hilfe! Eilt dem Herzog zu Hilfe! Er braucht ein Pferd... Laßt mich durch – macht Platz... Ich gebe ihm mein eigenes Pferd..." Einmal habe er sich dabei so heftig bewegt, daß er aus dem Bett gefallen sei. Während sie sprach, wischte sie sich die Tränen aus den Augen. Wilhelm hörte sie geduldig an und sagte nach kurzem Schweigen: „Er hat mir damals in einem sehr kritischen Augenblick geholfen und vielleicht sogar das Leben gerettet. Das vergesse ich ihm nie. Nach England aber kann er, aufgrund dessen, was seitdem geschehen ist, nicht zurück. Jedoch soll er in der Normandie willkommen sein, und ich will ihm seine Grafschaft lassen." Als Ida gerührt vor Wilhelm niederkniete, legte er ihr die Hand aufs Haupt und sagte: „Er hat einen guten Engel an seiner Seite. Euretwegen will ich meine Freundschaft mit ihm erneuern. Ein Mann, der eine solche Frau sein eigen nennt, kann nicht verlorengehen." Er versprach ihr auch, den ältesten Sohn in Kürze heimkehren zu lassen. Euchstachius' Gesundheit scheint seit seinem letzten wilden Abenteuer recht angegriffen zu sein, und Wilhelm befürchtet wohl nichts mehr von ihm.

Barking, Sonntag, am 30. des Nebelmonds 1068

In den letzten Tagen hat Wilhelm oft mit seinen Vasallen verhandelt, und es waren lange Gespräche. Am Abend saß er öfter über der Landkarte Englands und zeichnete mit einem Stift neue Linien hinein. Als ich ihn deswegen fragte, antwortete er nicht, sondern sagte nur: „Ich muß jetzt allein sein, Mathilde." Das kränkte mich ein wenig, denn ich spüre, daß ihn etwas sehr niederdrückt. Aber warum sagt er es mir nicht? Ich denke, ich werde später noch einmal zu ihm gehen, um ihm gute Nacht zu wünschen. Vielleicht sagt er mir dann etwas darüber. Ich entbehre unsere Hauskapelle in Rouen sehr. Wilhelm hat jedoch auch für sein neues Schloß in London eine solche vorgesehen.

Barking, Montag, am 1. des Christmonds 1068

Als ich gestern abend zu Wilhelm gehen wollte und die Tür zu seinem Wohnzimmer öffnete, sah ich den Seneschall bei ihm. Da ging ich leise wieder hinaus. Keiner von beiden hatte mich gesehen, weil sie in der Ecke am Kamin saßen. Eine Weile stand ich unschlüssig vor der Tür, als ich Wilhelm sagen hörte: „Robert von Commines würde ich nur im äußersten Notfall senden." – „Er ist Euch ein treuer Vasall", hörte ich fitzWymarc bemerken, „und er hat bewiesen, daß er Kühnheit bis zum Todesmut besitzt." – „Das ist es nicht, was er in erster Linie braucht", erwiderte Wilhelm. „Er ist mir nie und nimmer ein Ersatz für Hugo von Grandmesnil. Ich brauche jemanden, der mit Geschick verhandeln kann." – „Versucht es noch einmal, Graf Hugo für diese Mission zu gewinnen; die Belohnung müßte jedoch entsprechend sein." Da hörte ich Wilhelm sagen: „Ich habe ihm die große Grafschaft angeboten und mehr noch als das..." Die weiteren Worte verstand ich nicht. Nach einer Weile aber hörte ich deutlich, wie fitzWymarc vorschlug: „Wenn Ihr Robert von Commines schickt, solltet Ihr ihn vorher zum Grafen machen." – „Das hieße, Öl ins Feuer gießen", meinte Wilhelm, „denn Gospatrick hat sich bereits zum Grafen erklärt und mir einen Batzen Goldes dafür geschickt." – „Northumberland ist groß – man kann es aufteilen." Danach hörte ich nichts mehr, doch vernahm ich Wilhelms Schritte im Zimmer, und da ging ich schnell davon. Was mag mit Graf Hugo sein? Wäre doch fitzOsbern hier, den Wilhelm sicher sehr entbehrt. Ich saß eine Weile betrübt in meinem Zimmer. In Rouen hatte ich oft in Wilhelms Schlafzimmer gewartet, wenn ich ihn dringend sprechen wollte. Dort konnte ich die Kammerdiener einfach fortschicken; doch hier bin ich mit denen nicht so gut vertraut, und es wäre mir unangenehm, ihnen solches zu sagen – besonders in der englischen Sprache. Auch fällt es mir jetzt schwer, lange aufzubleiben. Das Kind in mir wird schon sehr lebhaft, und ich bewege mich nicht mehr mit derselben Leichtigkeit.

Schließlich legte ich mich zu Bett, wachte aber bald wieder auf und entschloß mich, leise in Wilhelms Zimmer zu gehen. Ich wußte nicht, wie spät es war, wollte aber nicht warten, bis die große Uhr schlug. In seinem Schlafzimmer war das Lager schon aufgeschlagen, und seine Kleider lagen sauber gefaltet auf dem gepolsterten Schemel. Der Kammerdiener hatte also seine Pflicht getan. Ich schaute durch die Portière in Wilhelms Wohnzimmer und sah ihn dort an seinem Tisch bei einer Öllampe sitzen, den Kopf über Papiere gebeugt. Ich wollte ihn nicht stören und setzte mich still auf seinen Lehnstuhl im Schlafzimmer. Nach einer Weile wurde ich sehr müde; auch war es mir kalt. Deshalb legte ich mich auf sein Bett und zog die Felldecke über mich. Als ich gerade im Halbschlaf lag, kam er, und ich richtete mich etwas schlaftrunken auf. „Was gibt es, Mathilde?“ fragte er, leicht überrascht. Er stand in seinem blauseidenen Hausrock vor mir, das Licht in der Hand haltend. „Du bist noch so spät auf“, sagte ich; „kann ich dir mit irgend etwas helfen, Wilm?“ Er setzte sich zu mir und sah mich ernst, aber liebevoll an. „Du sollst jetzt ein wenig Schonzeit haben, Mora. Und ich muß die Lösung doch allein finden. Auch du wirst später in der Normandie manches allein zu lösen haben.“ – „Aber ich bin auch Königin von England, Wilhelm, und sollte daher wissen, was dir Sorgen macht.“ Er sah nachdenklich auf mich herab. „Wärest du jetzt in der Normandie, hättest du manches verhüten können.“ – „Meinst du die Tat des Usurpators in Anjou? Darauf hätte ich gewiß keinen Einfluß gehabt.“ Er lächelte. „Nein, ich meine die normannischen Edelfrauen, die sich alle zusammengeschlossen haben, um ihre Männer aus England zurückzufordern.“ Ich sah ihn erstaunt an. „Es wäre viel besser, wenn die Frauen hierherkämen, Wilhelm.“ – „Meine Vasallen haben hüben und drüben Besitz, und die Frauen müssen die Güter in der Normandie verwalten.“ Als ich ziemlich ratlos dreinblickte, sagte er: „Geh jetzt schlafen, Mora. Wir sprechen ein andermal darüber.“ Dann nahm er mich auf seine Arme und trug mich durch unser gemeinsames Ankleidezimmer in meinen Schlafraum. Heute ist er wieder mit Hugo von Grandmesnil zusammen – und das schon seit Stunden.

Später

Ich habe jetzt alles erfahren. Wahrscheinlich war es der Besuch fitz-Osberns in der Normandie, der dies ausgelöst hat. Ihn hat Wilhelm zurückkehren lassen, weil Adeliza so sehr krank ist. Und da haben alle anderen Frauen der Curia ihre Männer auch zurückhaben wollen. Besonders die Gemahlin Hugo von Grandmesnils hat eine dringende Botschaft im Namen aller anderen Frauen gesandt. Schon zwei Jahre wären ihre Männer fort, und wenn sie nicht bald wiederkehrten, könnten sie nicht für ihre weitere eheliche Treue bürgen. Es gäbe viele Edelleute, die ihnen den Hof machten und gewillt seien, ihnen Trost und Schutz zu gewähren. Auch sei ihnen zu Ohren gekommen, daß manche der in England lebenden Vasallen ihren Frauen in der Normandie nicht treu geblieben seien. Sie würden nun ein gleiches tun. Diese Nachricht hat Hugo von Grandmesnil und andere sehr erschüttert. Hugos Gemahlin ist von großer Schönheit; man sagt, sie sei die allerschönste Edeldame in der ganzen Normandie. Deshalb hat man ihr den scherzhaften Namen „die schöne Helena“ gegeben, obgleich Helena gar nicht ihr Name ist. Hugo ist schon immer von Eifersucht erfaßt worden, wenn andere Männer sie bewunderten und hat jene selten in sein Haus kommen lassen. FitzOsbern soll in den nächsten Tagen zurückkehren; da werden wir sicher mehr erfahren. Wilhelm sagt, wer in die Normandie zurückfährt und hier seine Pflichten im Stich läßt, geht all seiner Länder verlustig. Das werden doch die wenigsten wagen!

Barking, Dienstag, am 2. des Christmonds 1068

Ich bereite jetzt mit Barbara und Gundrada alles für den Barbaratag vor. Diesen begeht man in England gar nicht. Die Kinder werden hier zum Julfest beschenkt; das ist der Tag der Wintersonnenwende, was ich recht heidnisch finde. Helmtrud erzählte mir, daß irgendwann an jenem Abend eine geisterhafte Hand die Tür aufstoße und Geschenke in den Raum werfe, daß es nur so klappere und poltere. Dann stürzten sich die Kinder mit großem Jubel darauf. Ich finde unseren normannischen Brauch aber viel schöner, und unsere Kinder sind daran gewöhnt. Die drei kleinen Mädchen sind kaum noch zu bändigen. Barbara hat Adele geneckt und gesagt, es sei schon möglich, daß die hl. Barbara gar nicht nach England käme, dann gäbe es in diesem Jahr keine Geschenke. Darüber kann das Kind nun kaum einschlafen.

Barking, am 2. Adventssonntag, dem 8. des Christmonds 1068

FitzOsbern ist seit einigen Tagen zurück und hat uns mündlich berichtet, wie aufgebracht die normannischen Edelfrauen seien. Adeliza ginge es etwas besser, aber er wolle bald wieder hinüber, um nach ihr zu sehen. Er hat seine Kinder Roger, Ralf und Emma mitgebracht; nur die beiden kleinen Mädchen hat er bei Adeliza gelassen. Will, der älteste, verwaltet jetzt die Güter des Vaters in der Normandie. Mehrere von Wilhelms bisher treuen Vasallen haben sich schon fest entschlossen, in ihr Heimatland zurückzukehren und ihren Landbesitz, den sie hier nach der großen Schlacht erworben hatten, aufzugeben. Darunter sind Hugo von Grandmesnil und Onfroi de Tilleul, der von Anbeginn das Schloß in Hastings in seinem Besitz hatte. Sie sehen sehr bedrückt aus und sind sich ihrer Schuld bewußt. Gerade jetzt, wo es im Norden so brenzlig wird und Wilhelm all seine Getreuen brauchte, tun sie ihm dies an!

Aber noch etwas anderes lastet auf meiner Seele: Wilhelm hat vor, Cäcilie mit den heimkehrenden Vasallen zurückzuschicken. Er sagt, sie gehöre nicht nach England, da sie ja für das Kloster in Caen bestimmt sei, und er wolle sie jetzt einem guten Lehrmeister übergeben. Anselm hat ihm den flämischen Präzeptor Arnulf de Chocques höchlichst empfohlen, der sie von nun an unterweisen soll. Gundrada wird mit ihr fahren, und das tut mir leid. Wilhelm hat noch immer nichts wegen ihr und Warenne entschieden; nun müssen sich beide wieder trennen. Wilhelm möchte Lucia, die Schwester Edwins und Morcars, mit einem Normannen vermählen und hat Warenne im Sinn; doch dieser will nicht darauf eingehen. Daß meine Cäcilie nun noch vor dem Weihnachtsfest hinüber muß, ist mir gar nicht recht. „Laß uns bis zum Frühjahr warten", bat ich Wilhelm. Doch er meint, er wolle dies nicht länger aufschieben; man wisse nicht, was die nächsten Monate bringen würden, und jetzt habe sie gute Begleitung. Ich kann ihr in meinem augenblicklichen Zustand gar nicht einmal das Geleit bis zur Küste geben. Doch Agathe und die Buben dürfen mit nach Winchelsea reiten.

Meinen englischen Kammerfrauen hat der Barbaratag sehr gefallen Sie erzählen mir allerlei von den Weihnachtsbräuchen in England. Es sei zu empfehlen, Wächter aufzustellen, sagen sie, weil man allerlei Radau im Haus und auf den Straßen mache. Es böten sich immer etliche Wächter an, für Ruhe zu sorgen; die erhielten dann gewöhnlich vom Schloßherrn einen Lohn, auch ein Brot und gekochte Mahlzeiten sowie eine Kanne Bier. Es wird hier am Hof mehr getrunken als bei uns in Rouen. Wilhelm will dem bald Einhalt gebieten – besonders an den hohen Feiertagen – und hat bereits dem Mundschenk Ednoth entsprechende Anweisungen gegeben.

Barking, Mittwoch, am 10. des Christmonds 1068

Man denke sich nur: Lady Edith hat uns aus Winchester geschrieben, daß Edith Schwanenhals mit ihren beiden Töchtern auf dem Wege nach Flandern sei, wo ihr Asylum gewährt worden ist. Sie wollten aber zuerst Haralds Grab in Hastings aufsuchen. Nun habe Lady Edith alle drei nach Winchester geladen, um mit ihnen die Möglichkeit zu besprechen, daß sie in England bleiben. Gunhild sei noch zu jung, ins Kloster einzutreten, aber sie könne in der Klosterschule zu Wilton geschult und darauf vorbereitet werden. Ob der König damit einverstanden sei. Wilhelm erzählte uns dies bei Tisch im kleinen Saal, und Agathe rief sofort aus: „Papà, kann ich nach Winchester reisen und sie alle sehen und ihnen Haralds Grab zeigen?" Wilhelm krauste die Stirn und antwortete nicht gleich. Schließlich sagte er: „Wilton wäre ein guter Platz für die Gunhild. Doch schicke ich keines meiner Kinder zu Haralds Töchtern. Sie sind jederzeit im Königsschloß willkommen, um weiteres zu besprechen, wenn sie in England bleiben wollen." Wilhelm sagte mir später, ich solle dies überdenken und dann selbst entscheiden, was ich der Lady Edith mitteilen wolle. Agathe wird mir jetzt keine Ruhe lassen, weil sie äußerst begierig ist, Gunhild kennenzulernen. Gytha, die jüngste von Haralds Kindern, mag kaum älter als zehn Jahre sein. Es herrscht große Unruhe am Hof und auch keine gute Stimmung, weil die vielen Vasallen, die nun abreisen, eine große Lücke hinterlassen.

Barking, Dienstag, am 16. des Christmonds 1068

Wilhelm hat jetzt entschieden, daß Robert von Commines in das Gebiet nördlich von Teesdale gesandt werden soll. Ich war dabei, als er es der *Curia regis* verkündigte; später sprach er mit Commines persönlich und verlieh ihm den Grafentitel. Ich bemerkte die tiefe Bewegung in Robert Commines Augen, denn die Ehrung bedeutet ihm viel. Dennoch kommt es ihm vor, als müsse er „in die Wildnis" ziehen, so fremd sei ihm der Norden des Landes. „Habt Ihr an 500 Rittern genug?" fragte Wilhelm ihn. „Das sollte genügen", erwiderte Robert zuversichtlich.

„Wenn wir mit einem solchen Kampftrupp anrücken, werden wir schon Ordnung schaffen." – „Laßt immer Vorsicht walten", warnte Wilhelm ihn, „und schickt Spähtrupps voraus. Laßt Euch vom Bischof in Durham weitere Anweisungen geben; er ist mit der dortigen Gegend vertraut und hat sich mir gegenüber immer treu erwiesen." Robert nickte zustimmend und zeigte großen Eifer. Dennoch schien Wilhelm besorgt. Er sagte mir später: „Der junge Mann ist zu unerfahren – doch habe ich keinen besseren, den ich schicken könnte. Meine ehemaligen Getreuen verlassen mich jetzt." Es ist wirklich schmerzlich, sie alle ziehen zu sehen. Hätten sie nicht warten können, bis sich im Norden des Landes alles beruhigt hat? Die meisten Menschen denken doch zuerst immer an sich selbst.

Barking, Donnerstag, am 18. des Christmonds 1068

Der Abschied von meiner Cäcilie fiel mir unendlich schwer. Wilhelm tröstete mich, indem er sagte: „Du siehst sie bald wieder – spätestens im nächsten Jahr." Aber das nächste Jahr fängt ja schon in wenigen Wochen an; er meint wohl, gegen Ende des nächsten Jahres. Cäcilie ist sehr enttäuscht, weil sie nicht bis zur Geburt des Geschwisterkindes bleiben kann; doch, gehorsam wie sie ist, beklagt sie sich nicht darüber. Der einzige, der sich freuen wird, ist Robert. So ist er Weihnachten nicht ganz allein in Rouen, sondern hat wenigstens eine Schwester bei sich. Er weiß es noch gar nicht und wird freudig überrascht sein, wenn die Boten sie ankündigen. Clothilde ist auch mit zurückgekehrt, weil ihr das feuchte Klima nicht behagt und ich sie überdies nicht mehr viel brauche. Agathe und Judith, in Begleitung von Lucia und Wilhelm Warenne, sowie Richard und Rufus durften mit zur Küste reiten. Das Wetter ist noch milde – eigentlich viel wärmer als es in Rouen um diese Zeit des Jahres ist. Agathe hat vor, nach der Abreise Cäciliens noch einmal Haralds Grab aufzusuchen, das ja nicht weit von dort liegt. Was Haralds Töchter anbetrifft, habe ich beschlossen, nichts zu unternehmen. Ich habe der Lady Edith lediglich einen Boten gesandt und ihr mitteilen lassen, Gunhild sei im Kloster Wilton willkommen und könne sich, so sie diese Gelegenheit wahrnehmen wolle, an mich wenden, um Näheres mit mir zu besprechen. Wir haben jedoch nichts aus Winchester gehört, und es kann sein, daß Edith Schwanenhals mit ihren Töchtern bereits auf dem Wege zum Kontinent ist; denn sie will gewiß noch vor Weihnachten dort eintreffen und während des jetzigen milden Wetters segeln.

Barking, am Heiligen Abend 1068

Nun ist das Weihnachtsfest da – und es ist alles so anders als sonst. Vor einigen Tagen ist Robert von Commines aufgebrochen; der wird zu diesem heiligen Fest irgendwo in einer fremden Stadt sein müssen. Weiter als bis nach Nottingham oder Lincoln wird er mit seinen Kriegern nicht gekommen sein. Wenn sie sehr schnell geritten sind, vielleicht bis

York, wo ihn der Erzbischof Aldred herzlich empfangen wird.

Wir haben die Säle mit Ilex und Efeu ausgeschmückt, wie es in England üblich ist. Auch anderes Grün wird gepflückt. Es gibt hier viele Eiben, die ähnlich wie Tannen aussehen, doch keinen Duft verbreiten. Im Süden des Landes findet man keine ausgedehnten Wälder, aber Wilhelm spricht bereits davon, einen neuen Wald anlegen zu lassen – und zwar nicht weit von der Küste entfernt, so daß die Stecklinge von der Normandie aus ohne langen Anfahrtsweg hergebracht werden können. Heute abend nehmen wir ein festliches Mahl im großen Saal ein, und die Diener haben schon den Julstamm in den Kamin gelegt – ein riesiges Stück von einem Baumstamm, das während der Zwölf Heiligen Nächte unentwegt brennen soll. So ist es hier Brauch. Der ganze Kamin scheint damit ausgefüllt. Stigand wird die Mitternachtsmesse lesen.

Später

Agathe ist vorgestern mit den Brüdern heimgekehrt, hatte aber eine starke Verkühlung und liegt noch mit Fieber im Bett. Sie wollte mir viel erzählen, doch da das Sprechen sie anstrengt, gebot ich ihr zu schweigen und mir später zu berichten. Von Lucia erfuhr ich, daß die „Mora" unter günstigem Wind gesegelt sei. Ich denke heute viel an meine beiden Kinder, die nicht bei mir sind.

Von Judith habe ich schon das Wichtigste in Erfahrung gebracht: Es hat auf dem Wege von Winchelsea nach Hastings eine Begegnung mit den Töchtern Haralds gegeben. Das Schiff, auf dem diese gekommen seien, habe in Winchelsea gelegen, und von den Schiffern hatten unsere Diener erfahren, daß die Reise weiter der Küste entlang nach Dover gehen solle, von wo aus sie nach Flandern übersetzen wollten. Doch zuvor sei die Frau Edith mit ihren beiden Töchtern nach Hastings geritten, damit diese das Grab ihres Vater sehen könnten. „Agathe hat dann mit ihnen gesprochen", sagte Judith, „aber ich war nicht dabei. Ich wollte nicht zum Grab, ich habe mir mit Lucia die ‚Bataille' angesehen und wie sie daran bauten. Das wird eine ganz herrliche Abtei, Muhme, und der Ohi sagt, er will dort viele Fahnen aufreihen lassen, von allen Ländern, die in der Schlacht mitgeholfen haben." Judith scheint frisch und munter, doch Agathe ist viel zarter und wird so oft krank. Die Reise bei dem feuchtkalten Winterwetter war zu anstrengend für sie.

Barking, Sonntag, am 28. des Christmonds 1068

In diesem Jahr fällt das Fest der Unschuldigen Kinder auf einen Sonntag. Wir waren mit den Kindern in der Kathedrale, und sogar Klein-Constanze kam mit und saß artig neben mir auf der Kirchbank. Zu diesem Fest gibt es hier in England einen hübschen Brauch: Man kleidet die Chorknaben in Bischofsgewänder und läßt sie den heiligen Gottesdienst leiten. Das hat besonders unsere Kinder entzückt. Ich habe ihnen später erzählt, daß diese unschuldig gemordeten kleinen Kinder die ersten Märtyrer Christi gewesen seien. Constanze versteht das zwar noch nicht, aber Adeliza hörte sehr aufmerksam zu und sagte später zu mir: „Die sind nun alle wieder heil und fliegen im Himmel rum, ja, Mamà?" Dabei schaute sie mich aus ihren dunklen Augen so engelhaft an, daß ich sie an mich drückte. „Ja, mein Schatz – sie sind nun ewig unsere Schutzengel und behüten uns." Das hörte sie gern und saß eine Weile ganz andächtig da.

Später

Nun habe ich endlich von Agathe erfahren, was alles während der Reise geschehen ist. Nachdem die Schiffe von Winchelsea ausgelaufen waren, hätten sie sich auf den Weg nach Hastings gemacht. Da habe ein seltsames Schiff aus Irland im Hafen gelegen, das man an dem Namen „Dermot" habe erkennen können. Und die Schiffer hätten gesagt, daß die Töchter König Haralds aus Irland gekommen wären und weiter nach Flandern wollten – zuerst der Küste entlang nach Dover und von dort nach Dunkerque, wo man sie erwarte und nach St. Omer geleiten wolle. Das wußte ich alles schon von Judith und war nun begierig, mehr zu hören. „Ich wollte Haralds Töchter so gern einmal sehen, und die Schiffer sagten, sie seien alle auf dem Schiff, und wir warteten lange, aber niemand kam heraus", erzählte sie. „Da sind wir schließlich nach Hastings geritten und haben das Grab besucht. Das sieht immer noch so aus wie damals, nur waren die Steine vom Nebel ziemlich naß. Als wir zurückritten, trafen wir am Strand eine Frau auf einem Pferd, die neben sich zwei kleine Mädchen auf Ponys reiten hatte. Die winkte dem Baron von Warenne und fragte ihn, ob er wisse, wo sich das Grab König Haralds befände. Nun wußten wir, wer die waren, und Warenne fragte sie: ‚Sind das die Töchter Haralds von Wessex?' Er nannte ihn nicht König. Da nickte die Frau, und Warenne bot sich an, sie hinzugeleiten. Er sagte auch, daß ich Prinzessin Agathe, die älteste Tochter des Königs, sei. Da schaute mich die Edith Schwanenhals ganz groß an und ich sie auch. Endlich nickte sie mit dem Kopf, und wir kehrten alle um, bis wir an den riesigen Steinhügel gelangt waren.

Dann ließen wir sie dort mit den Töchtern allein und ritten ein Stück zurück. Ich schaute mich ein paarmal um, und einmal sah ich, wie sie sich auf den Sand vor seinem Grab hingeworfen hatte. Da tat sie mir ganz furchtbar leid." Agathe machte eine Pause und sagte dann: „Wißt Ihr, Mamà, Harald hat eigentlich immer nur ihr gehört. Mir hat er sich anverlobt, weil Papà es so wollte – und Papà ist immer der stärkste von allen. Und die Alditha hat er nur genommen, weil er sich die Grafen zu Freunden machen wollte. Wenn wir ihn später durch unsere Gebete aus dem Fegefeuer erlöst haben und ihn im Himmel wiedersehen, dann bin ich nicht mehr seine Braut – dann bin ich eine Seele, die geholfen hat, ihn zu erlösen. Und die Edith ist dann wieder seine Frau." Sie sagte dies mit großer Überzeugung, und ich fühlte, daß ihre Seele bei dieser Vorstellung Frieden gefunden hatte. „Wir ritten nun ganz langsam zurück", fuhr sie fort, „so daß die anderen uns wieder einholten. Ich ritt an das ältere der beiden Mädchen heran und fragte sie, ob sie Gunhild sei, und sie sagte, ja. Sie sieht dem Harald sehr ähnlich, hat blonde Locken und ebensolch blaue Augen wie er. Sie war sehr ernst, während ihre kleinere Schwester Gytha lebhafter und lustiger war. Ich glaube, Gunhild weiß schon genau, was damals geschehen ist und besinnt sich besser auf ihren Vater. Ich fragte sie, ob es stimme, daß sie Nonne werden wolle, und als sie lebhaft nickte, sagte ich ihr, auch meine Schwester werde in ein Kloster gehen. Darüber wollte sie mehr wissen, und wir ritten eine ganze Weile am Strand entlang nebeneinander her, und ich sagte ihr, daß sie gern in England bleiben und in Wilton auf die Klosterschule gehen könne – daß der König das gesagt habe. Das schien sie zu freuen, denn sie gestand mir, daß sie viel lieber im Lande bleiben würde. In Irland hätte sie ständig Heimweh gehabt, und nach Flandern wolle sie schon gar nicht. Doch müsse sie zuerst ihre Mutter fragen.

Als wir wieder in Winchelsea angekommen waren, lud ich sie alle zum Haus des Stadtobersten zu einer Mahlzeit ein und fragte dann auch Gunhilds Mutter deswegen. Doch die schüttelte den Kopf und sagte: ‚In England will ich meine Töchter nicht wissen, da wird es immer wieder Krieg geben.‘ Ich aber sagte: ‚Der König wird Frieden im Land bewahren, Lady.‘ Sie sah mich aus großen, traurigen Augen an und meinte: ‚Ihr kennt die Angelsachsen nicht, Prinzessin, auch die Schotten und Dänen nicht. Und meine Söhne werden sich mit ihnen verbünden.‘ Dann starrte sie eine Weile vor sich hin und sagte mit ziemlichem Stolz: ‚Vor den Norwegern seid Ihr sicher – die hat König Harald noch besiegt.‘ Ich sah, daß sie ihren Sinn nicht ändern würde, und sagte dann nichts mehr. Plötzlich fragte sie mich: ‚Was steht auf der Tafel vor dem Steingrab?‘ An dieser Frage merkte ich, daß sie kein Latein versteht, und so sagte ich ihr: ‚Du ruhst hier auf Befehl des Herzogs, König Harald, damit du weiter Küste und Meer behüten kannst.‘ Da starrte sie mich aus schmerzvollen Augen an, legte die Hände vors Gesicht und begann zu schluchzen. Es war ganz schrecklich, Mamà; ich habe auch mitgeweint. Ich dachte, daß sie es ja gewesen war, die ihn so zerfleischt auf dem Schlachtfeld gefunden hat, und nun ist seine große Niederlage durch diese Inschrift verewigt worden.“ – „Wie sieht Edith Schwanenhals aus?“ fragte ich, und Agathe sagte: „Sehr schön, von großer Gestalt, mit langen blonden Flechten, die sie ums Haupt gelegt hat. Als sie ihr Tuch abzog, das sie draußen um sich gehüllt hatte, sah ich auch, daß sie einen langen und schönen Hals hat und ihren Kopf sehr zierlich hält. Man könnte sie für eine Edelfrau halten.“

Agathe beendete ihren Bericht, indem sie sagte: „Sie sind dann bald wieder auf ihr Schiff zurückgegangen, und ich habe Gunhild zum Abschied in die Arme genommen und ihr zugeflüstert: ‚Du kannst später bestimmt nach Wilton kommen. Wenn du einige Jahre älter bist, schreibe mir nur.' Da hat sie mich freundlich angelächelt und ihren Kopf an mich gepreßt. Das war ganz himmlisch, Mamà – denn sie ist ja ein Stück von Harald. Ich denke, es macht ihm Freude, wenn er – ich meine, wenn seine Seele sieht, daß ich seiner Tochter helfen will." Ich bin ganz froh, daß diese Begegnung stattgefunden hat. Agathe scheint nun inneren Frieden gefunden zu haben und wird sich hoffentlich davon überzeugen lassen, daß sie jemand anderen freien kann. Ich habe dies alles Wilhelm erzählt, und er meint das auch.

Barking, Mittwoch, am 31. des Christmonds 1068

Der letzte Tag eines ereignisreichen Jahres ist gekommen. Es hat mir höchste Ehrungen, aber auch viele neue Sorgen gebracht. Und die innere Unruhe will nicht von mir weichen. In Rouen bin ich am letzten Tag des Jahres immer mit Wilhelm auf den Turm gestiegen, und wir haben auf unser Land – die Normandie – herabgeblickt. Nun haben wir zwei Länder, doch zu diesem neuen habe ich noch gar keine Beziehung. Es scheint mir wie ein tückischer Urwald, in dem zwar wunderschöne Bäume und Pflanzen wachsen, in dem aber auch heimliche Gefahren lauern. Ich will sehen, ob ich Wilhelm finde, ehe wir zur Mitternachtsmesse gehen. Auf meinen Wunsch wird heute eine Hymne von Prudentius gesungen, die ich so sehr liebe. In der Normandie singt man sie oft während der Zwölf Heiligen Nächte.

In der Neujahrsnacht

Ich bin mit Wilhelm in meinen kleinen Ringgarten gegangen, und wir haben in westlicher Richtung gen London geschaut, wo später unser neues Schloß stehen wird. Dann haben wir gen Osten nach Flandern geschaut, gen Süden nach der Normandie und schließlich gen Norden, wo jetzt so viele Unruhen sind. Schweigend haben wir für unsere beiden Länder gebetet. Als wir so nebeneinander standen und in die dunstige Nacht hinausblickten, fühlte ich das lebhafte Stoßen des Kindes in meinem Leib. Die Geburt meines Kindes wird das freudigste Ereignis des Jahres sein. O Gott, schenke uns endlich den ersehnten Sohn! Und schenke uns den Frieden für unsere Länder. Laß alle Herzen in diesen heiligen Nächten vom Alpdruck der Sünde erwachen und Dich lobpreisen – so wie es in dem schönen Lied des Prudentius heißt:

Singet aus höchstem Himmel, o singet, ihr Engel,
Singet zum Lobe Gottes mit aller Kraft!
Keine Zunge soll schweigen,
Laßt all eure Stimmen erschallen!
Laßt die murmelnden Flüsse, die Wellen des Meeres,
Den Regen, die Hitze, den Schnee,
Den Frost, den Wald und die Winde
Sich Tag und Nacht vereinigen
Und Dich lobpreisen in Ewigkeit!

Barking, Freitag, am 2. des Hartung 1069

Nun ist bereits wieder ein neues Jahr angebrochen. Es war ein ganz anderer Jahresanfang, als wir es von Rouen her gewohnt sind. Schon zu Weihnachten gab es allerlei Lärm, aber zum Neujahrstag war es noch schlimmer. Ich traute meinen Augen nicht, als sich Priester und Laien vermummt hatten und maskiert in die Kirche traten, Räuchergefäße in den Händen schwenkend, aus denen ein übelriechender Rauch aufstieg. Später erfuhr ich, daß sie darinnen alte Schuhsohlen verbrannt hatten. Sie setzten sich vor den Altar und verzehrten Würste – ein entsetzlicher Anblick! Ich sagte Wilhelm später, daß wir dies in England verbieten sollten, nun, da er König sei und darüber bestimmen könne. Doch Wilhelm winkte ab. Er meint, es gäbe viel Wichtigeres zu entscheiden, und außerdem sei dies eine Sache, deren sich die Bischöfe annehmen müßten. „Man kann alteingesessene Bräuche nicht von heute auf morgen abschaffen", sagte er. „Zuvor muß man das Volk erziehen, damit es umdenken lernt. Und das dauert lange." Sicher hat er recht; aber meine Empörung lodert immer noch hell. Richard und Rufus dagegen fanden dies sehr lustig, und Rufus vermummte sich am Abend selbst und spielte den „Bärenhäuter" aus dem Märchen. Seine roten Haare hingen ihm wirr ins Gesicht; er hatte sich mit Holzasche beschmiert und kleine Eisennägel an seine Finger gebunden, die er spreizte und so auf seine kleinen Schwestern zuging. Sie erkannten ihn nicht und schrien wie am Spieß. Ich war froh, als sich der Tag dem Ende zuneigte und diese Narrenspiele vorüber waren. Unser Mummenschanz in der Normandie ist viel heiterer und hübscher und fällt zudem in eine andere Jahreszeit.

Barking, Montag, am 5. des Hartung 1069

Soeben hat mich eine traurige Nachricht ereilt: Meine liebe Héloise ist in eine bessere Welt hinübergegangen. Schon seit langem war sie leidend. Adelaide schrieb mir, daß sie eines Nachts ruhig entschlafen sei. Sie habe sehr friedlich und glücklich ausgesehen. Ich muß noch ständig weinen und weiß vielleicht erst jetzt, wie lieb ich sie hatte. Sie war mir fast eine zweite Mutter; hat sie mich doch in den ersten Jahren, als ich noch die ganz junge Herzogin war, so mütterlich betreut und ist immer für mich dagewesen. Wenn ich nun in die Normandie heimkehre, finde ich sie nicht mehr. Clothilde hat sie nach ihrem Tode zuerst gefunden und geglaubt, daß sie nur schliefe, so friedlich habe sie ausgesehen. Möge der Herrgott ihr all das Gute, das sie in ihrem Leben getan hat, vergelten!

Barking, Montag, am 12. des Hartung 1069

Der ständige Nebel hier drückt ein wenig aufs Gemüt. Dennoch habe ich die nebelige Luft gern und gehe täglich in meinem Ringgarten spazieren, um mich genug zu bewegen. Ich bin jetzt sehr schwer und unförmig, aber ich fühle mich gut, und Agathe hilft mir, meine Arme und Beine zu bewegen, so als ob ich schwömme oder ruderte – und daran haben wir jeden Tag viel Spaß. Sie näht auch manches für das kleine Geschwisterkind, denn wenn es der ersehnte Knabe wird, so kann er nicht viel von dem tragen, was seinen Schwestern gehört hat. Manchmal habe ich Angst, daß es wieder ein Mädchen sein könnte. Was soll dann werden? So sehr wird Gott uns doch nicht prüfen wollen? Meine Töchter sind fürwahr ein Gottesgeschenk, aber ich habe deren ja schon fünf und erst drei Söhne. Wilhelm, der über zwei Länder herrscht, braucht gewiß noch einen Sohn. Mein Ungeborenes strampelt so heftig, daß es mich nachts oft nicht schlafen läßt. Dann bin ich morgens immer sehr müde. Seinen Bewegungen nach zu urteilen, müßte es ein Knabe werden.

Barking, Dienstag, am 13. des Hartung 1069

Ich hatte einen schweren Traum, wo ich in Geburtswehen lag und das Kind endlich unter großen Schmerzen gebar. Dann aber hörte ich Barbaras Stimme rufen: „Es ist ja wieder ein Mädchen – das vierte in der Reihe!" Ich war so verzweifelt, daß ich im Traum ausrief: „Nun bin ich zu alt, noch einen Sohn zu gebären." Darüber wachte ich auf. Wenn es auch nur ein Traum war, so lastet er dennoch auf meiner Seele. Ich kann ihn einfach nicht abschütteln. Wilhelm hat vorgeschlagen, daß ich dieses Mal eine weise Frau als Geburtshelferin nehme. „Barbara ist doch bei mir", wandte ich ein, „und auch Ursula kann helfen. Und außerdem bist du da, Wilhelm." Er nickte, sagte aber: „Es ist für alle Fälle besser. Falls es im Norden weitere Unruhen gibt, kann es sein, daß ich von einem Tag auf den anderen aufbrechen muß." – „Aber nicht, ehe das Kind geboren wird, Wilhelm! Hier im fremden Lande darfst du mich nicht allein lassen!" – „Ich hoffe, daß es nicht nötig sein wird, Mathilde. Aber wir müssen vorbereitet sein. Im letzten Augenblick ist es nicht leicht, die richtige Person zu finden." Die Sage-femme, die er sich hat empfehlen lassen, heißt Amanda und ist schon recht betagt. Sie hat den jungen Waltheof ans Licht der Welt geholt und soll sehr erfahren sein. Wie mag es diesem gehen? Wir hören weder von ihm noch von Edwin, und das stimmt Wilhelm bedenklich.

Barking, Mittwoch, am 21. des Hartung 1069

Ich wollte heute an meinem Wandteppich sticken, habe aber keine rechte Lust dazu. Auch soll ich mich etwas mit meinen Staatseinnahmen hier in England vertraut machen, wie Wilhelm mir sagte. Dazu gehören meine persönlichen Vorrechte als Königin von England. Ich erhalte mein *aurum reginae,* das heißt mein Königinnen-Gold, welches im zehnten Teil jeder freiwilligen Übereignung an die Krone besteht. Dann erhalte ich von der Stadt London genug Gelder für das Lampenöl und Brennholz, zudem den Brückenzoll für Güter, die in Queenhithe abgeladen werden, und noch andere Sonderrechte, die ich nicht alle aufzählen will. Die Beschließerin sagte mir neulich, daß 40 Schillinge für die täglichen Mahlzeiten bereit lägen und 12 Pence für jeden meiner fast hundert Bedienten. Ich habe hier ein viel größeres Gefolge bei jedem Ausritt als in der Normandie. Doch nun bin ich schon lange nicht mehr ausgeritten. Ich komme mir eingefangen vor – wie ein Vogel in einem goldenen Käfig. In den Park mag ich in meinem Zustand nicht hinuntergehen – die Menschen sind mir alle noch so fremd. Nun will ich zu schreiben aufhören und mich heute früh zu Bett legen.

Barking, Freitag, am 30. des Hartung 1069

Viel werde ich vor der Geburt des Kindes nicht mehr schreiben können, denn es beginnt schon herauszudrängen. Seit etwa zwei Stunden habe ich die mir wohlbekannten, ziehenden Schmerzen. Alles steht bereit – nur einen Gebärstuhl kennt man in England nicht. Ich hätte mir meinen aus der Normandie bringen lassen sollen. Aber Wilhelm meint, es ginge auch ohne diesen – er werde mich im Augenblick, da das Kind sich zeige, anheben. Wie froh bin ich, daß er da ist! Agathe möchte gern dabeisein, aber ich will nicht, daß sie eine Geburt sieht, ehe sie selbst ein Kind bekommen hat. Ich kann ja nicht wissen, wie es sie beeinflussen mag.

Später

Soeben besuchte mich Judith und sah, in welchem Zustand ich war. Sie lenkte mich etwas von den Schmerzen ab, indem sie allerlei fragte – wie das Kind denn aus der engen Öffnung hinausgelangen könne. Ich sagte ihr, daß sich in dem Augenblick alles dehne. „Tut das nicht sehr weh?" fragte sie. „Kinder gebären tut immer weh, Mouche, aber es dauert ja nicht allzulange." Sie dachte eine Weile nach und sagte dann: „Gott hätte es so einrichten sollen, daß die Kinder viel kleiner geboren werden – wenn sie erst fünf Monate alt sind oder so. Dann schlüpfen sie viel leichter heraus." Ich lachte. „Das geht ja gar nicht, Mouche, weil das Kindlein dann noch längst nicht fertig ist." – „Das schadet ja nichts, es kann doch hernach noch wachsen." – „Es ist aber noch gar kein Kind, wenn es fünf Monate alt ist, sondern eher eine kleine Kaulquappe." Und dann erklärte ich ihr alles. Sie aber war gar nicht damit einverstanden. „Wenn ich der liebe Gott wäre, würde ich es so machen, daß die Kinder mit fünf Monaten schon ganz fertig sind, aber noch so klein, daß sie leicht geboren werden und dann langsam wachsen können. Das wäre viel, viel besser." Ich mußte die Unterhaltung mit ihr abbrechen, denn die Wehen wurden stärker, und Barbara führte sie hinaus. Nun hat sich alles wieder beruhigt, so daß ich ein wenig schreiben kann. Wilhelm ist noch in einer Verhandlung mit Roger. Es wird langsam Abend. Sicher wird das Kind mitten in der Nacht geboren.

Barking, Dienstag, am 3. des Hornung 1069

Mein neuntes Kind erblickte noch vor Mitternacht das Licht der Welt. Die Geburt verlief sehr schnell, doch die letzten Wehen waren schlimm, und da ich den mir gewohnten Gebärstuhl nicht hatte, kam ich mir etwas hilflos vor. Wilhelm hielt mich derweil im Arm und sprach geduldig auf mich ein. Schließlich fühlte ich es hinausgleiten, und die alte Amanda empfing es in ihren Händen und rief laut und freudig aus: „Es ist ein Knabe, Mylady." Ich stieß einen seligen Seufzer aus, während meine Augen diejenigen Wilhelms suchten, der mich noch immer festhielt. Gleich darauf fühlte ich mich sehr schwach und zitterte leicht. Das Kind ist kräftig und hat zu Wilhelms Freude normal lange Glieder und ein hübsches ovales Köpfchen. Kann es eine glücklichere Mutter geben als mich? Ich habe eine große Schale voller Christrosen in meinem Schlafraum stehen, die Wilhelm mir hat bringen lassen. Und mein kleiner Sohn hat eine Wiege von Wilhelms Vasallen erhalten, die von dunkelblauer Farbe ist und an beiden Seiten eine goldene Krone zeigt. Noch aber habe ich das Kind dort nicht hineingelegt; es schläft vorerst in einem kleinen Körbchen dicht neben meinem Bett. Wenn ich das winzige Gesichtlein anschaue, denke ich manchmal, er sähe Wilhelm ähnlich, oder auch Balduin, dessen Stirn ähnlich verläuft. Der kleine Mund jedoch ähnelt mehr dem meinen. Er hat die Augen die meiste Zeit geschlossen, sehr zur Enttäuschung seiner Schwestern, die etliche Male am Tag zu mir kommen, um ihn anzuschauen. Barbara muß Constanze und Adeliza anheben, weil sie noch nicht an das Körbchen heranreichen. Ich bin heute, wie auch gestern, ein wenig aufgestanden. Aber nach der Geburt meiner anderen Kinder war ich schon viel früher auf. Ich merke doch, daß ich älter werde. Dieses letzte Kind ist die Krönung all meiner Wünsche. Sicher werden seine älteren Geschwister es sehr verwöhnen. Agathe ist immer dabei, wenn es gebadet wird und hält es danach liebevoll auf ihrem Schoß. Sie wird bestimmt einmal eine gute Mutter werden; ich wünsche es ihr sehr.

Ich muß noch von gestern berichten, als Wilhelm mich etwas fragte, worauf ich schon lange gewartet hatte: „Darf ich nun erfahren, wie mein jüngster Sohn heißen wird?" – „Gewiß", sagte ich, „willst du versuchen, es zu erraten?" Er setzte eine nachdenkliche Miene auf und sagte: „Rolf?" – „Nein!" – „Karl?" – Auch nicht. – „Alfred?" Ich schüttelte den Kopf. „Etwa gar Eduard?" Ich freute mich, daß er so oft falsch riet, und er merkte es mir an. „Wie lange willst du mich noch quälen?" neckte er mich, und da hatte ich endlich ein Einsehen. „Er soll Heinrich heißen", sagte ich und sah dann mit heimlicher Besorgnis, wie Wilhelms Augen sich weiteten. „Etwa nach deinem tückischen Oheim?" fragte er verwundert. „Nein, an den habe ich gar nicht gedacht. Wohl aber an den deutschen Kaiser, der die Normandie während des Kampfes um England unter seinen Schutz nahm und welcher der höchste Herrscher auf Erden ist." – „Meinst du, daß er das ist?" – „Nun ja – als Kaiser..." sagte ich zögernd, und dann: „Gefällt dir der Name nicht?" Wilhelm lächelte und hob seinen kleinen Sohn aus dem Körbchen. Der öffnete die Augen und sah seinen Vater groß an. „Wenn du einmal König wirst", sagte er, „bist du der erste Heinrich, so wie ich der erste Wilhelm bin."

– „König wird er wohl nicht werden", meinte ich, „sicher aber ein Graf, nicht wahr?" – „Das liegt in Gottes Hand", sagte Wilhelm und studierte dann das Gesichtlein seines Sprößlings lange – so als sähe er Dinge, die in weiter Ferne liegen. Wie gut, daß wir nicht in die Zukunft schauen können! Ich finde es viel schöner, wenn die Kinder noch ganz klein sind und ich sie dicht bei mir habe. Nun will ich mit Schreiben aufhören. Ich bin wieder sehr müde, und Klein-Heinrich schreit, weil er hungrig ist. Ich habe ihn ungebührlich lange warten lassen.

Barking, Sonntag, am 8. des Hornung 1069

Es liegt noch immer Schnee draußen, und leise läuten die Kirchenglocken zur Messe. Ich vergaß zu erwähnen, daß am Morgen nach Heinrichs Geburt der erste Schnee zu fallen begann. Nun sieht die Landschaft zu meinen Füßen sanft und friedlich aus und erinnert mich an die Winter in der Normandie. Gestern hat Wilhelm den Hofarzt, Abt Balduin, zu mir geschickt, weil ich mich noch immer so schwach fühle. Der hat gemeint, es hinge sicher mit dem anderen Wetter in England zusammen – die nebelige Luft mache manchen Normannen zu schaffen. Auch litte ich etwas unter Heimweh und machte mir Sorgen wegen der Unruhen im Lande, und das alles zehre an meinen Kräften. Ich war erstaunt, als Wilhelm mir dies wiedererzählte. Der Abt hat sich eigentlich nur mit mir unterhalten und mich dabei aus seinen gütigen Augen tief angeschaut. Dann hat er meinen Puls gefühlt, meine unteren Augenlider angesehen und gesagt, ich sei ganz gesund. Doch hat er meine Gedanken und Gefühle richtig erschaut. Ich habe großes Zutrauen zu ihm.

Mein kleiner Heinrich ist immer vergnügt, und fast scheint es mir, daß er mich schon anlacht. Er hat hellbraune Augen, aber noch gar keine Härchen. Richard und Rufus freuen sich unsagbar über ihren kleinen Bruder. „Der kann all mein Spielzeug haben – das von früher", sagte Richard; „aber alles ist nicht mehr heil." Und Rufus meinte: „Es dauert jetzt aber noch arg lange, bis er mit uns spielen kann. Kinder wachsen so langsam. Constanze kann jetzt noch nicht richtig sprechen." Wie langsam doch den Kindern die Zeit vergeht! Und ich habe das Gefühl, daß sie mir davonläuft. Viel zu schnell wachsen die Kinder heran. Rufus wird in diesem Jahre schon acht und Richard zehn. Und mein Ältester wird im Erntemond 16. Wo nur sind die Jahre geblieben?

Barking, Montag, am 9. des Hornung 1069

Meine innere Unruhe war nicht umsonst. Nun ist wieder eine schwarze Wolke am Horizont unseres Glücks heraufgezogen. Erst heute erfuhren wir von der furchtbaren Mordtat an unseren Leuten im hohen Norden. Wilhelm Malet hat seinem König eine dringende Botschaft gesandt, und nur mit Mühe und Not ist der Bote aus der jetzt königsfeindlichen Stadt York entkommen. „Es begann alles droben in Durham", erzählte er uns. „Der Bischof dieser Stadt hatte den Grafen von

Commines gewarnt und gesagt, daß ein englisches Heer in der Nähe sei; er war überrascht, daß dieser darauf bestand, mit seinen Leuten im Hause des Bischofs und in den Nachbarhäusern zu übernachten. In der Nacht vom 27. auf den 28. des Hartung wurden sie von den Englischen umringt, welche die Häuser in Brand steckten und die Normannen entweder erschlugen oder lebendig verbrennen ließen – einige davon sogar in ihren Betten. Nachdem unsere Feinde nun das Land nördlich von York in ihre Hand bekommen hatten, belagerten sie die Festung von York. Unter den Anführern befanden sich Gospatrick, der Schwede Marius und Edgar Archill, der Euch, Sire, zuvor Treue geschworen hatte. Die Burg von York hielt dem massiven Angriff nicht stand, und der Burgherr wurde erschlagen. Die Englischen versuchten die Bürger von York zu überreden, sich für den Thronfolger Edgar zu entscheiden, der von Schottland aus unterwegs sei. Gottlob hat Wilhelm Malet jetzt die Verteidigung der Burg übernommen und will solange ausharren, bis Ihr Hilfe sendet."

Wilhelms Stirn hatte sich verfinstert. Er ging mit raschen Schritten im Saal auf und ab und ließ dann fitzOsbern kommen, den man erst nach geraumer Zeit fand. „Wir brechen sofort mit einem großen Heer auf und marschieren Tag und Nacht", befahl er. „Laßt genug Landsknechte als Ersatz bereitstellen, welche die Vorhut ablösen können. Wir dürfen keine Minute verlieren." Während es bei den plötzlichen Vorbereitungen im Schloß summt und brummt, sitze ich traurig an meinem schwebenden Tisch und schreibe dies alles mit unsicherer Hand nieder. Der Schein des Öllichts flackert auf der sich leicht bewegenden Tischplatte und wirft gespenstische Schatten auf die gegenüberliegende behangene Mauer. Mein Gott, ob am Ende Edwin und Morcar an allem beteiligt sind? Wilhelm meint, er müsse schnell handeln, ehe die Schotten nachrückten oder die Dänen einen Einfall planten. Es wird nun wieder eine lange Trennung geben, denn der Weg nach Norden ist weit. Ich bete um einen schnellen Sieg ohne großes Blutvergießen. Nur um eines bin ich froh: daß dies alles nicht früher geschehen ist, ehe mein Kind geboren wurde.

Barking, am Aschermittwoch, dem 25. des Hornung 1069

Die Kinder haben heute den lieben langen Tag im Schnee gespielt, denn nach dem kürzlichen Tauwetter ist noch einmal Neuschnee gefallen. Doch ist die Luft so milde, daß er sich nicht lange halten wird. Ich habe soeben Wilhelm von Poitiers empfangen, der mir Nachrichten aus der Normandie gebracht hat und erstaunt war, seinen Herzog und König nicht hier zu finden. Als er von den jüngsten Ereignissen erfuhr, schüttelte er verwundert den Kopf: „Ich verstehe das alles nicht, Madame. Man müßte denken, daß dieses Volk seinem herrlichen König, der nichts als Einheit und Gerechtigkeit für alle erstrebt, zu Füßen liegt. Wer kann ihm widerstehen, wenn er ihm in die Augen blickt?" Ich lächelte und sagte: „Keiner, solange seine Augen die Menschen in Bann halten. Doch wenn er außer Sicht ist, siegt ihr Ehrgeiz über ihre Tugenden. So ist es auch Graf Harald ergangen."

Nun ist es Abend, und ich bin allein mit meinem Jüngsten, der heute zum ersten Male friedlich in seiner Wiege schlummert. Ich habe ihm leise ein Schlaflied gesungen, das meine liebe Héloise den kleinen Kindern manchmal vorsang:

Schlafe, mein Kindlein, schlaf ein!
Dein Vater ist noch im Kriege,
Die Mutter sitzt bei der Wiege,
Näht dir ein Röcklein so fein.
Bist mit der Mutter allein.
Sie schaukelt leise die Wiege
Und träumt vom baldigen Siege.
Schlafe, mein Kindlein, schlaf ein.

Barking, Dienstag, am 10. des Lenzmonds 1069

Heute habe ich zum ersten Male wieder Lust, etwas in mein Memoirenbuch zu schreiben. Denn es ist soeben ein Bote aus York eingetroffen, der mir berichtete, der König sei in einem erstaunlich schnellen Marsch nach York gelangt – ähnlich wie damals König Harald, als er Hardraada angriff. Die Englischen hätten noch nicht einmal gewußt, daß er auf dem Wege war. Er habe mit seinem Heer die Belagerer zerstreut und getötet und die Stadt York wieder in Besitz genommen. Jetzt sei er dabei, eine neue Burg zu errichten, in der fitzOsbern, der Graf von Hereford, die Befehlsgewalt übernehmen solle. Gospatrick habe sich als des Königs Vasall erklärt und sei nun zum Grafen des nördlichen Northumberland ernannt worden. „Gospatrick, der Rebell?" fragte ich erstaunt. „So hat es mir der König gesagt", meinte der Bote mit unbewegter Miene. Ich sprach danach mit Wilhelm von Poitiers über diese Neuigkeiten, und der sagte, der König sei weise, derart zu entscheiden. So werde dort oben vorerst Ruhe herrschen, denn Gospatrick habe sein Ziel erreicht und sei nun vom König als Graf anerkannt. Wie bin ich froh, daß diese große Gefahr abgewendet wurde. Wo Wilhelm selbst erscheint, wendet sich alles zu seinen Gunsten.

Barking, Freitag, am 13. des Lenzmonds 1069

Ich habe Wilhelm von Poitiers gebeten, hierzubleiben, bis der König zurück ist. Wir alle hoffen, daß er noch vor dem Osterfest heimkehrt. Balduin von Meules, der dieser Tage am Hof weilt, sagte mir, der König habe schon einen großen Teil des Volkes auf seiner Seite – Angelsachsen, die ihm jetzt in diesem Kampf beigestanden hätten; und vor allem seien ihm die Geistlichen wohlgesinnt – unter ihnen Giso, der Bischof von Wells, Wilhelm, der Bischof von London, Abt Balduin von Bury St. Edmunds, vor allem aber die Prälaten Wulfstan und Aldred. „Lest Ihr noch viel, Madame?" fragte er dann mit leisem Lächeln. „Gar nicht mehr", erwiderte ich, „weil ich ja so viel über unser neues Land lernen muß." Da zog er ein ziemlich umfangreiches Buch aus seinem Beutel, das auf dem Ledereinband die Figur eines Mönches zeigte. „Es ist das Werk des Johannes Eriugena, welcher ein Schotte war", sagte er. „Er hatte bedeutende Kenntnisse der griechischen Sprache und schrieb ein hervorragendes Latein." Ich nahm das Buch auf meinen Schoß und schlug es auf. *De divisione naturae* stand auf dem ersten Blatt. „Es wird Euch gefallen", meinte er. „Lest zuweilen darin, denn es mag Euch auf andere Gedanken bringen. Ich denke jetzt oft, daß alles in unserem Universum ein ewiger Kreislauf ist." Ich sah ihn fragend an. „Wie meint Ihr das?" – „Eriugena erklärt es besser, als ich es könnte", sagte er bescheiden. „Er zeigt uns, wie wir unsere Vernunft richtig gebrauchen sollen." Es tat mir wohl, wieder mit ihm zu plaudern wie in alten Zeiten. Seit er in Lisieux ist, sehen wir ihn am Hof zu Rouen nur noch selten. Ich bin nun schon etwas begierig auf das Buch. „Einteilung der Natur" heißt es. Ja, in der Natur hat Gott alles weise eingeteilt – aber was haben die Menschen aus dieser schönen Welt gemacht?

Barking, Mittwoch, am 25. des Lenzmonds 1069

Nun ist es Frühling geworden. Ich war mit meinem kleinen Heinrich wieder draußen im Ringgarten und hatte sein Körbchen neben mir stehen. Alle hier am Hof sind entzückt von dem kleinen Prinzen, und sogar Mabille ist aus Arundel gekommen, um ihn sich anzusehen. Ihr gefällt es dort recht gut, wie sie mir sagte, denn Roger hat ihre Zimmer wunderschön einrichten lassen. Sie hatte ihre zwei kleineren Kinder, Philipp und Mabille, bei sich.

Heute erhielt ich ein kleines Billet von Wilhelm, in dem er seine Heimkehr für den Anfang des Ostermonds ankündigt. „Wir wollen das hohe Fest in Winchester verbringen", schrieb er. „Laß alles entsprechend vorbereiten." Wie freue ich mich darauf, und wie wird Wilhelm staunen, wenn er sieht, wie sein kleiner Sohn gewachsen ist! Er ist nun fast zwei Monate alt und hat kupferbraune Löckchen bekommen – ein wahres Engelsbild!

Später

Helmtrud erzählte mir ein wenig von den Osterbräuchen hierzulande. Die sind ebenso heidnisch wie die Weihnachts- und Neujahrsspiele. Die beiden Tage nach Ostern werden „Hocktide" genannt, und da herrscht ein barbarischer Brauch: Am Montag dürfen die Frauen ihre Männer auspeitschen, und am Dienstag die Männer ihre Frauen. Und das scheint den Menschen hier Vergnügen zu machen. Was für ein rauhes Volk!

Barking, Montag, am 30. des Lenzmonds 1069

Hier wird die Fastenzeit nicht so streng eingehalten wie in der Normandie. Doch bei uns am Hofe sorge ich dafür, und die Diener sagen, es sei nun wieder ähnlich wie zu König Eduards Zeiten.

Ich habe schon ein wenig in dem Buch von Eriugena gelesen, den man auch „Scotus" nennt, und es hat mich ergriffen, was er vom Heiligen Geist schreibt, der die ganze Schöpfung lenke. Er bezeichnet Gott als die Einheit (die Griechen nennen ihn Logos), und aus dieser Einheit flössen die ewigen Ideen oder Urbilder aus. Etwas erschrocken hat es mich aber, daß er schreibt, selbst das Böse sei ein verkehrtes Sein Gottes, die falsche Richtung des freien menschlichen Willens. Wenn man sich dies recht überlegt, so muß ja auch das Böse ein Stück von Gott sein, und das kann ich mir nicht denken. In Gott ist doch alles nur gut – und das Böse besteht getrennt von Ihm. Aber auch das kann nicht ganz stimmen. Wie könnte Gott es zulassen, daß es noch etwas außer Ihm gäbe, auf das Er gar keinen Einfluß hat? Ich zermartere mir darüber den Kopf. Mit Wilhelm kann ich jetzt über derartiges nicht sprechen – auch nicht, wenn er zurückkommt. Er wird viel mit seiner *Curia regis* zu verhandeln haben, sobald das Osterfest vorbei ist.

Barking, Donnerstag, am 2. des Ostermonds 1069

Ich hoffe sehr, daß Wilhelm mir erlauben wird, in der Sänfte nach Winchester zu reiten. Er ist gestern zurückgekehrt, und ich habe ihn noch gar nicht allein sprechen können. Er erwähnte vor einigen seiner Vasallen etwas über die beiden Burgen, die er in York vergeben habe – die eine an Wilhelm Malet, die andere an Wilhelm fitzOsbern. Dies scheint allen ein Gefühl der Sicherheit zu verschaffen. Wilhelm hat dringende Angelegenheiten mit der Curia zu besprechen. Es sollen in der Woche vor dem Osterfest viele Sitzungen stattfinden. Dazu kommen über 20 Personen, die ich alle auf einer Liste verzeichnet habe. Richard wird auch dabeisein, obgleich er erst zehn Jahre alt ist, aber Wilhelm möchte ihn früh in alles einführen; er meint, sein zweiter Sohn habe ein besseres Auffassungsvermögen als sein Erstgeborener.

Winchester, am Ostersonntag, dem 12. des Ostermonds 1069

Nun sind die vielen Sitzungen mit der Curia und den hohen Gästen vorbei, und wir haben ein wunderschönes Osterfest verlebt. Unter anderem besprach Wilhelm mit den Magnaten die Notwendigkeit, mehr Burgen zu bauen. Auch sagte er, daß er vorhabe, seinen Hof nach London zu verlegen, sobald die provisorische Holzburg dort fertiggestellt sei. Später solle ein Schloß aus Stein errichtet werden, doch wolle er nicht auf die Vollendung desselben warten, ehe er nach London zöge. Es sei besser für einen König, wenn er in der Hauptstadt lebe. Der Bischof von London erzählte uns später bei der Tafel von den Osterbräuchen daselbst, wo man Holzfiguren in Booten aufstelle und dann Wettspiele veranstalte, wobei jeder versuche, die Figuren im Boot des Gegners umzuwerfen – bis sie in die Themse stürzen. Wilhelm hat von all seinen englischen Vasallen Eier geschenkt bekommen, wie es hier Brauch ist. Ab morgen haben die Leibeigenen eine freie Woche, während der sie viele Spiele miteinander machen und allerlei Spaß haben.

Ich habe soeben etwas weiter im Eriugena gelesen. Der meint, der Mensch habe eine Sonderstellung unter allen Lebewesen, da er ein leiblich-geistiges Wesen sei und das Höhere mit dem Niederen in sich vereine. Dies müsse so sein, weil Gott aus der Einheit herausgetreten und zur Vielheit geworden sei. Doch dereinst werde die Vielheit wieder vom Logos zu Gott zurückgeführt, zu dem Einen, der weder schafft noch geschaffen ward. So sei das Endziel dem Uranfang gleich und der Kreis vollendet. Ich verstehe nicht recht, warum er von Gott sagt, Er schaffe nicht. Wer sonst hätte denn die Welt erzeugt?

Später

Ich habe alles noch einmal genau nachgelesen. Ich glaube, es ist so: Der Heilige Geist fließt aus Gott heraus und erschafft mit Hilfe des Logos die ganze Welt. Das ist dann die Heilige Dreieinigkeit: Gottvater, der Sohn (Logos) und der Heilige Geist. Ich freue mich sehr darüber, daß meine Abtei zu Caen den Namen „Dreieinigkeit" trägt. Findet man diese Drei-in-Einem doch überall in der Schöpfung – in der Familie und sogar in jedem Lebewesen, das aus Leib, Geist und Seele besteht. Wie der hl. Augustinus schreibt, ist es auch mit der Liebe so: Es gibt mich, die Liebende, es gibt den anderen, den ich liebe, und es gibt die Liebe selbst. Es gibt also beim Lieben immer drei: den Liebenden, das Geliebte und die Liebe. Es ist wunderbar, solchen Gedanken nachzuhängen.

Barking, Montag, am 20. des Ostermonds 1069

Während wir noch in Winchester waren, fragte Judith, wann denn die Grafen aus dem Norden wiederkämen. Wilhelm sagte, er habe sie nach Winchester geladen, doch sei keiner von ihnen erschienen. Das hat uns alle etwas bedenklich gestimmt. Doch nun, mit einer Woche Verspätung, sind Edwin und Waltheof in Barking eingetroffen. Dringende Geschäfte hätten sie abgehalten, sagten sie. Ich bemerkte, daß sie leicht verändert waren und etwas Unsicheres im Gebaren hatten. Nach einem längeren Gespräch mit beiden ließ Wilhelm mich in seinen Audienzsaal rufen. Ich bemerkte, wie besonders Edwins Blicke erwartungsvoll auf mich gerichtet waren. „Der Graf von Mercia", sagte Wilhelm, „hält um die Hand unserer Tochter Agathe an. Was haltet Ihr davon, Madame?" Es war das erste Mal, daß er mich ganz förmlich so etwas fragte. „Ich würde dies gern in Erwägung ziehen", sagte ich, „doch was unsere Tochter angeht, mag es etwas verfrüht sein." – „Wir wollen sie fragen", meinte Wilhelm und ließ Agathe herbeirufen. Die aber sagte, nachdem sie verwundert von einem zum anderen geblickt hatte: „Ich will in ein Kloster gehen und gar niemanden freien." Eine Weile herrschte betretenes Schweigen; dann sagte Wilhelm ruhig zu seiner Tochter: „Ins Kloster lasse ich dich nicht, wie du bereits weißt. Doch in eine Ehe zwinge ich dich nicht. Du darfst jetzt gehen." Als sie den Raum verlassen hatte, wandte sich Wilhelm an Edwin und sagte: „Ihr seht, daß es noch verfrüht ist, davon zu sprechen. Wartet ein paar Jahre, bis sie Zeit gehabt hat, Euch besser zu kennen und ihren Sinn zu ändern. Dann werden wir weitersehen." Edwin preßte unwillig die Lippen zusammen und murmelte einige Worte, die ich nicht verstand. Waltheof jedoch legte ihm die Hand auf den Arm und sagte: „Laßt die Flügel nicht hängen, Edwin. Ihr müßtet in jedem Falle noch einige Jahre warten, bis Ihr sie als Frau heimführen könntet." Waltheof selbst war weise genug, nichts wegen Judith zu erwähnen. Er mochte gespürt haben, daß dies nicht der richtige Zeitpunkt war, Wilhelm derartige Versprechungen abzugewinnen.

Barking, Montag, am 27. des Ostermonds 1069

Nachdem die beiden englischen Grafen wieder abgereist sind – Edwin sichtlich niedergeschlagen, doch Waltheof ziemlich hoffnungsvoll, da Judith ihm unverhohlen ihre Zuneigung bekundet –, erreichten uns schreckliche Nachrichten aus Maine. Wilhelms dortiger Seneschall Onfroi ist von den Rebellen getötet worden. Das Erscheinen Graf Azzos und seiner Gemahlin Gersendis habe bewirkt, daß sich manche Adlige und Bürger gegen die normannische Herrschaft aufgelehnt hätten und den Sohn von Gersendis, der ja ein Vetter Herberts und der Neffe des früheren Grafen von Maine ist, als ihren Grafen betrachteten. Gottfried von Mayenne, der Wilhelm erneut Vasallentreue geschworen hatte, ist auf ihrer Seite und hat die Normannen vertreiben lassen. Unter ihnen ist der blutjunge Wilhelm von La Ferté-Macé, der hoch in Wilhelms Ansehen steht. Robert schrieb uns einen verzweifelten Brief und fragte seinen Vater: „Wer ist denn nun der richtige Graf von Maine – ich oder der kleine Hugo? Der kann ja noch gar nicht regieren, und Gottfried von Mayenne wird alles an sich reißen. Ihr müßt sofort kommen, Vater, und das Land wiedererobern." Wilhelm aber sagte: „Ich kann im Augenblick nichts tun. Es gibt hier Wichtigeres für mich zu regeln. Für Pfingsten ist ein Konzil einberufen worden, bei dem meine Anwesenheit erforderlich ist. Danach werden wir weitersehen." Mein Gott, wenn in dem einen Land Ruhe ist, so bricht im anderen eine Revolte aus. Wird dies nie ein Ende nehmen?

Barking, Donnerstag, am 14. des Wonnemonds 1069

Der Bischof von Le Mans, Arnold, ist vor einigen Tagen hier eingetroffen und hat Wilhelm mehr über die Zustände in Maine berichtet. Er ist nur mit Mühe und Not – durch die Hilfe guter Freunde – entkommen und meint, der Herzog von Este hätte sich dort die Macht mit seinem Gelde erkauft, sei aber auf die Hilfe Gottfrieds von Mayenne angewiesen. Die Bürger von Le Mans jedoch seien Gottfried nicht allzu gewogen – und man wisse nicht, wie es weitergehen werde. Man habe viele der Normannen ermordet, alte Bräuche mißachtet, verhänge Todesstrafen wegen der geringsten Vergehen und verdrehe den liturgischen Kalender. Wilhelm hat mehrere Male lange mit Arnold gesprochen und ihn dann zurückgeschickt. Gerade jetzt solle die Stadt nicht ohne ihren Hirten sein. Er solle sich geschickt verhalten und sehen, daß weitere Gewalttaten verhindert würden. Wenn später die Zeit gekommen sei, werde er selbst eingreifen. Es fällt mir schwer, Le Mans unter der Herrschaft eines anderen Grafen als verloren zu betrachten. Wir kennen Gottfried von Mayenne und seine feindselige Einstellung zur Normandie. Er sieht nun eine günstige Gelegenheit, sich wieder ans Ruder zu setzen.

Ich habe inzwischen eine weitere Phase meines Wandteppichs beendet. Leider komme ich nur so selten dazu. Die Überschrift zu dem neuen Bild lautet: *Harold sacramentum fecit.*[19] Ich habe Harald zwischen zwei Heiligenschreine gestellt, mit jeder Hand einen berührend. Dabei zieht er seine Mundwinkel herab. Zwei der Dabeistehenden weisen mit dem Finger auf ihn, und auch Wilhelm hält seine eine Hand ausgestreckt. Dieser sitzt mit etwas angezogenen Knien auf seinem Thron – weil er doch solch lange Beine hat. Helmtrud schaut mir oft bei der Arbeit zu und läßt sich derweil von mir erzählen, wie sich alles zugetragen hat. Auch Hedwiga warf einen Blick auf das Bild und sagte: „Mit dem Meineid hat unser letzter König einen schweren Fluch auf sich geladen." Hedwiga ist sehr fromm, aber bei ihr ist es eine ernste, fast erdrückende Frömmigkeit.

Barking, Dienstag, am 19. des Wonnemonds 1069

Das Konzil zu Pfingsten soll im Westminster stattfinden. So nennt Wilhelm jetzt die Kathedrale von St. Peter, das westliche Münster, das König Eduard erbaut hat. Eine besondere Charte soll dort unterzeichnet werden. Es handelt sich um die Wiederverteilung von Land, das Harald anderen entwendet hatte; besonders die Kirche von Wells hat große Verluste erlitten.

Barking, Donnerstag, am 28. des Wonnemonds 1069

In diesem Monat komme ich gar nicht viel zum Eintragen der Geschehnisse. Meine Schonzeit ist längst vorbei, doch widme ich mich, so viel ich es kann, meinem jüngsten Kinde. Es ist sehr kräftig, mit wohlgeformten Gliedern, hellbraunen Löckchen und kleinen Grübchen in den Wangen, die man immer dann sieht, wenn es lacht. Frühmorgens sieht Wilhelm oft zu, wenn ich Klein-Heinrich stille, aber wir sind nie ganz so ungestört, wie wir es in Rouen waren. Es sind hier viel mehr Bediente am Königshof, und Wilhelm hat weniger Zeit für die Familie. Es liegt auch daran, daß es soviel Neues für ihn zu lernen und zu ergründen gibt, weil dies ja ein ganz fremdes Land ist.

Judith hat einen Brief von Waltheof erhalten, der sein Kommen zum Pfingstfest bestätigt. Dieses Mal werde er gewiß zur Zeit eintreffen und beim Konzil zugegen sein. Es kommen zu Pfingsten noch mehr in London zusammen als zum Osterfest in Winchester. Darunter sind wieder die beiden Erzbischöfe, auch Odo und Hugo von Lisieux, ferner mehrere englische Bischöfe, Wilhelms Bruder Robert, Walter Giffard, unser Richard und einer namens Brihtric. Als ich den Namen las, entsann ich mich plötzlich eines Mannes, der einmal vor vielen Jahren am Hof meines Vaters in Flandern gewesen war und ebenso hieß. Und mir fiel auch wieder ein, wie gut mir dieser Botschafter aus England gefallen hatte, weil er sein Haar in langen blonden Locken trug. Er war der Held meiner Kinderträume – ganz ähnlich wie Harald es für Agathe war. Damals war ich wohl nicht älter als zehn oder elf Jahre, und eines Tages sagte ich ihm, er solle mich doch zur Frau nehmen. Er gefiele mir besser als alle Ritter, die ich gesehen hätte. Da lachte er und sagte: „Selbst wenn du herangewachsen bist, wirst du noch zu klein für mich sein. Ich brauche eine stattliche Frau, keine zierliche Puppe." Das hat mich damals sehr gekränkt, und ich habe viele Tränen darob vergossen. Vielleicht waren seine Worte daran schuld, daß ich mir ob meiner Kleinheit immer sehr unscheinbar vorkam und es damals nicht glauben wollte, daß Wilhelm mich um meiner selbst willen begehrte. Ich muß ihm dies einmal erzählen, wenn wir Zeit dazu haben. Dieses Kindheitserlebnis war mir schon ganz entfallen – doch den Namen habe ich behalten. Ob es derselbe Brihtric ist?

Barking, Samstag, am 30. des Wonnemonds 1069

Wir brechen gleich nach London auf, denn wir wollen schon am Vorabend des heiligen Pfingstfestes dort sein. Das Konzil findet am Pfingstmontag statt. Wilhelm hat bestimmt, daß wir in einigen schon fertiggestellten Räumen des neuen Schlosses wohnen sollen. Der erste Flügel ist aus Holz und Lehm erbaut worden und wird später durch steinerne Mauern ersetzt.

In der letzten Nacht habe ich einen bedrückenden Traum gehabt. Ich sah den französischen König in Rouen einrücken und das Schloß erobern. Es war aber nicht Philipp, sondern ein anderer König. Er vertrieb alle Normannen und befahl dann, das Schloß bis auf den Grund zu zerstören. Ich selbst saß inmitten einer Menschenmenge auf dem Pferderücken und wollte auf das Schloß zureiten; doch rührte sich das Pferd nicht von der Stelle. Es stand wie angewurzelt. Der Traum war sehr lebhaft und wirklich. Was er wohl zu bedeuten hat? Ich muß Wilhelm einmal fragen.

Spät am Abend in London

Der erste Flügel dieses neuen Schlosses sieht nicht viel anders aus als die vielen Holzburgen, in denen wir vorübergehend in England gewohnt haben. Doch hat er schönere Möbel, darunter einen schweren Eichenholztisch in Wilhelms Wohnzimmer, den schon König Alfred benutzt hat. Dieser große englische König gehört ebenfalls zu meinen Vorfahren. Er hat während seiner Regierungszeit das Kulturgut der Antike und die Schriften der Kirchenväter verbreiten lassen, und an diese Tradition will Wilhelm wieder anknüpfen und fortan die geeigneten Bischöfe dafür auswählen. Er suchte mich soeben auf, um zu sehen, ob ich alles habe, was ich brauche. Ich stillte gerade unser Jüngstes, und er saß eine Weile bei mir, so wie er es früher immer tat. „Weißt du noch, Wilm," fragte ich ihn, „als ich unser erstes Kind stillte und du sagtest: ‚Es ist der Anfang einer großen Familie'?" Er nickte und nahm das Händchen seines kleinen Sohnes zwischen seine Finger. Lange sah er zärtlich auf das Kind herab. Plötzlich fiel mir mein Traum wieder ein, und ich erzählte ihn Wilhelm. Er sah mich ernst an, während sein Blick in die Ferne ging. Dann sagte er: „Zu meinen Lebzeiten liegt das Land fest in meiner Hand. Und auch die nächste Generation wird sich noch der Normandie zugehörig fühlen. Danach werden sich unsere in England geborenen Nachfahren nur noch als Engländer betrachten und sich nicht mehr um die Einheit beider Länder bemühen. Das wird sich das französische Königshaus zunutze machen und die Normandie erobern. Schließlich wird unser Land an die französische Krone fallen. Doch die besten der Normannen werden, gleich Pfropfreisern, eine neue Blütezeit im Inselreich herbeiführen. Hier liegt die Zukunft einer freien Menschheit, die dereinst über andere Weltteile herrschen wird." – „Warum meinst du das, Wilhelm?" – „Weil es ein Inselreich ist, dem ich eine große Seemacht schaffen will – ein sicheres Fundament, so daß es von keiner Feindesmacht angegriffen werden kann. Ich schaffe dieses Fundament nicht für mich selbst. Meine Jahre sind gezählt... Ich wirke für die Zukunft." Dann brach er ab, erhob sich und ging im Raum auf und nieder. „Das Schloß, das ich hier errichte", sagte er, „wird die Jahrhunderte überdauern. Es wird das Abbild unseres ‚Hohen Alten Turmes' von Rouen sein. In diesem Schloß soll unser Heimatschloß weiterleben." Er sprach das alles mit großer Sicherheit, und einige Augenblicke fühlte ich, wie Zeit und Stunde unwirklich wurden – wie sich der Raum weitete und ich einen Einblick in eine gewaltige Zukunft gewann, die Wilhelm bereits wie in einer Vision vor sich sieht.

London, am Pfingstmontag, dem 1. des Brachmonds 1069

Noch nie zuvor hatten wir so viele Gäste an einem der Pfingstfeste. Und noch nie ist Wilhelm mir so erhaben erschienen wie gestern, als er im purpurnen Königsgewand, mit der Krone auf dem Haupt, die feierliche Zeremonie einleitete. Alle Anwesenden sangen das *Laudes regiae*. Auch ich mußte meine Krone tragen und viele neue Menschen begrüßen. Wie am Hof zu Rouen zogen alle an mir vorüber, denen ich noch nicht begegnet war, und der Seneschall fitzWymarc nannte mir ihre Namen. Einer von diesen war Brihtric Mau, den ich trotz der vielen Jahre, die seitdem vergangen waren, wiedererkannte. Er trug sein Haar noch lang, doch als ich in seine blauen Augen schaute, verstand ich nicht mehr, was mich damals so sehr an ihm begeistert hatte. Sein Blick war kühl, sogar etwas hart, und ein paar scharfe Falten verliefen um seinen Mund und auf seiner Stirn. Ob er auch mich wiedererkannte? Um ihn zu prüfen, fragte ich: „Wart Ihr nicht einmal am Hof meines Vaters zu

Brügge, Sir?" Er senkte den Blick und sagte: „Das war ich, Madame. Doch das ist lange her. Ihr wart damals noch ein Kind." Ich erschrak ein wenig, weil er sich tatsächlich an mich erinnerte, und hoffe nur, daß er mein törichtes Anliegen von damals vergessen hat. Sein Gebaren war nicht sehr freundlich, obgleich er sich zu den Anhängern des neuen Königshauses zählt. Heute, beim großen Konzil, war er auch dabei und unterzeichnete mit vielen anderen die Charte. Das Land ist der Kirche von Wells wiedergegeben worden.

Wilhelm sagte mir hernach, daß er mich und die Kinder bald in die Normandie zurückschicken werde. Heinrich sei nun etliche Monate alt, das Wetter sommerlich warm, und es sei eine gute Zeit zum Reisen. Ich war gar nicht darauf gefaßt gewesen, und obgleich ich oft Heimweh nach der Normandie habe, ist die Trennung von Wilhelm noch viel schlimmer. „Kommst du mit mir?" fragte ich, indem ich ihn bittend ansah. „Wir werden sehen", meinte er. „Wenn im Norden alles ruhig bleibt, kann ich es vielleicht möglich machen." Wir kehren morgen nach Barking zurück, und dann soll ich mich schon für die Reise rüsten. Wilhelms Bruder Robert meint, daß Wilhelm eine Vorahnung habe und mich in Sicherheit sehen wolle. Ich denke doch aber, daß nun alles friedlich verlaufen wird. Die Grafen Edwin und Waltheof waren beim Konzil, und ich sah, wie Edwin sich einige Male bemühte, Agathes Aufmerksamkeit zu gewinnen. Sie war sehr artig zu ihm, zog sich aber bald wieder zurück. Das schien ihn zu enttäuschen. Er weiß wohl, daß Wilhelm und ich nicht abgeneigt sind, sie ihm zu geben, und daß er sich nun selbst um sie bemühen muß. Warum nur drängt er so sehr, wo das Mädchen doch noch viel zu jung ist? Sicher fürchtet er, daß ihm ein anderer zuvorkommen und er dann weniger in der Gunst des Königs stehen könne. Jedem geht es letzten Endes darum, mächtiger zu werden als die anderen.

Barking, Samstag, am 6. des Brachmonds 1069

Die Söhne Hugos von Grandmesnil, Ivon und Altheric, sind gestern hier eingetroffen und wollen im Lande bleiben. Sie berichteten Wilhelm von den letzten Ereignissen in Maine. Der Graf Azzo d'Este sei nach Ligurien zurückgekehrt. Ihm sei es in dem rebellischen Lande nicht geheuer gewesen. Seine Gemahlin Gersendis und sein Sohn Hugo jedoch seien in Le Mans geblieben, und man betrachte den kleinen Hugo als den rechtmäßigen Grafen von Maine.

Helmtrud weinte, als sie von meiner bevorstehenden Abreise hörte, denn ich nehme nur meine normannischen Kammerfrauen mit, die sich sehr auf die Heimreise freuen. Besonders Ursula hatte sich zurückgesetzt gefühlt, weil sie sich fast nur noch mit meinen Kleidern befaßte und weniger mit meiner Person. Hedwiga hat die Nachricht gleichmütiger hingenommen. Beide bleiben jedoch in meinen Diensten, werden sich anderer Dinge hier am Hof annehmen und mir in regelmäßigen

Abständen schreiben. Mein kleiner Ringgarten ist jetzt so hübsch in seinem Blumenschmuck, daß es mir fast leid tut, ihn verlassen zu müssen. Helmtrud hat mir versprochen, ihn weiter in ihre Obhut zu nehmen, manche der Heilkräuter zu trocknen und Salben und Essenzen daraus herzustellen.

Barking, Dienstag, am 9. des Brachmonds 1069

Es ist gut, daß Wilhelm dieses Mal mitfährt. Ich habe ein viel sichereres Gefühl, wenn er auf dem Schiff ist. Ehe wir heimkehren, will er noch einige Tage mit uns in Winchester verbringen. Wir nehmen aber bereits all unsere Kisten und Truhen mit.

Es trug sich heute etwas Kurioses zu. Wilhelm hatte dem Mönch Guitmond, den er ob seiner Frömmigkeit und Ehrlichkeit sehr schätzt, ein hohes Amt in der angelsächsischen Kirche angeboten. Doch er hat sich geweigert. Die normannischen Bischöfe und Priester hätten sich zum Teil sehr habgierig verhalten, und er wolle nicht zu dieser Art Menschen gezählt werden. Ob der König nicht dafür sorgen könne, daß die kirchlichen Würdenträger das eroberte Land nicht derart ausbeuteten? Wilhelm besprach dies mit Odo, der große Empörung zeigte. Wie könne ein einfacher Mönch es wagen, dem König solches zu erwidern und ihn sogar anzuklagen! Doch Wilhelm lachte: „Dieser wird es einmal weit bringen", sagte er, „denn ihm ist mehr an Gottes Werk gelegen als an irdischen Gütern. Ich werde ihm später ein hohes Amt in der Normandie geben." Das schien Odo zu verdrießen.

Dann aber heiterte Agathe ihn auf. Er hängt sehr an dieser Nichte, und auch sie fühlt sich schon seit frühester Kindheit zu ihrem Oheim hingezogen, obwohl beide sich im Wesen so ungleich sind. Sie kam und zeigte ihm ein Bildnis der hl. Pelagia, das sie selbst, unter Anleitung ihrer Freundin Lucia, auf ein Stück Glas gemalt hat. „Das sollt Ihr in eines Eurer Kirchenfenster einsetzen lassen", sagte sie ihm. „Heute gedenken wir dieser Heiligen, die schon ganz jung als Märtyrerin starb." Odo schien die Glasmalerei zu gefallen, und er hielt die kleine Scheibe gegen das Licht. „Ich schenke sie Euch", sagte Agathe, „wenn Ihr sie für Eure neue Kathedrale gebrauchen wollt." Er zog sie zärtlich an sich. „Was geschah mit dieser Heiligen?" fragte er. „Du weißt besser über diese Dinge Bescheid als dein bischöflicher Oheim." Sie erzählte ihm dies nur zu gern. „Als sie 15 Jahre alt war", sagte sie, „hatte Pelagia schon viele Freier. Aber sie wies alle ab, da sie sich geschworen hatte, Jungfrau zu bleiben. Doch da war ein Magistrat, der sie sehr begehrte und der wußte, daß sie eine Christin war. Da ließ er sie einfach rauben, als sie ganz allein im Hause war, weil die Christen ja noch verfolgt wurden. Pelagia aber war klug und dachte sich eine List aus. Sie sagte den bewaffneten Kriegern, die gekommen waren, sie zu holen, daß sie schmuckere Kleider anlegen wolle. Das ließen die Soldaten zu, weil sie das richtig fanden. Pelagia ging also ruhig aus dem Zimmer, lief geschwind aufs Dach des Hauses und stürzte sich von dort herab." Triumphierend blickte Agathe zu ihrem Oheim auf. Der aber verzog schmerzlich das Gesicht. „Was für ein Jammer um das schöne Mädchen!" – „Oh, wie könnt Ihr das sagen, Oheim! Sie ist nun ewig die Braut Christi. Und ich täte dasselbe, wenn mir solches geschähe." Odo blickte zu mir herüber und sagte: „Es sollte mich nicht wundern, liebe Schwägerin. Hab ein Auge auf dieses Mädchen." Dann küßte er sie auf die Stirn und schaute nachdenklich auf das bemalte Glas, welches die Heilige in einem blauroten Gewand, mit zum Himmel erhobenen Armen zeigte. „Es soll einen Ehrenplatz in meiner Kathedrale haben", sagte er. „Und ich lade dich ein, sie dir anzusehen, wenn sie fertig ist." Das schien sie sehr zu freuen. Sie ist froh, England verlassen zu können, und fährt gern in die Normandie zurück.

Winchester, Samstag, am 13. des Brachmonds 1069

Nun haben wir Barking verlassen, und ich beginne mich allmählich auf die Heimkehr zu freuen. Auch die Kinder erzählen sich viel von zu Hause und hoffen sehr, daß Wilhelm uns alle nach St. Wandrille reisen läßt. „Da ist es jetzt im Sommer bestimmt himmlisch!" sagte Adele. Wir haben Wilhelm deswegen noch nicht fragen können, weil er hier wichtige Dinge mit dem Schatzmeister zu besprechen hat. FitzOsbern ist vorausgeschickt worden, um unsere Ankunft vorzubereiten. Wilhelm sagte, ich solle einen würdigen Einzug in unser Land haben. „Ich bin doch aber nicht die Königin der Normandie", meinte ich. „Dennoch bist du eine Königin", erwiderte er. Wenn ich hierüber nachdenke, so kann ich nur sagen, daß der Titel den Menschen nicht ändert. Ich bin genau diejenige, die ich vorher war. Nur trage ich einige Lasten mehr.

Morgen ist Sonntag; da wollen Wilhelm und ich zur Frühmette in die Kathedrale reiten und den letzten Tag in unserem schönen Park genießen. Unsere Truhen sind schon nach Bosham unterwegs. Von dort geht es nach Dives, und am nächsten Tage nach Rouen.

Winchester, Sonntag, am 14. des Brachmonds 1069

Dies ist meine letzte Eintragung in England, denn morgen geht es zur Küste. Wenn die Windrichtung bleibt, wie sie ist, können wir gleich segeln. Ich habe etwas Ergreifendes zu berichten. Heute wachte ich schon früh auf, denn es wird ja bereits gegen vier Uhr hell, und hatte auf einmal das Verlangen, vor unserem Ritt zur Kathedrale in den Garten hinunterzugehen – ganz allein und von niemand gesehen. Ich zog mir ein bequemes Hauskleid an, ohne die obere Tunika, legte ein Tuch um Kopf und Schultern und stahl mich die gewundene Treppe hinab. Draußen lag ein leichter Nebelschleier auf Bäumen und Wiesen, und vom Teiche her ertönte das Quaken einiger erwachender Frösche. Ich zog meine Schuhe aus und watete durch das taufrische Gras. Was für ein herrliches Gefühl das war! Tief atmete ich die frische Morgenluft ein und lief zum Ufer hinunter. Dort tauchte ich die Hände ins Wasser und wusch mein Gesicht. Viele Vogelstimmen zirpten, und einige Fischlein plätscherten dicht am Ufer, so daß sich kleine Ringel auf dem Wasser bildeten. Ich ging einen schmalen Uferpfad entlang, der schließlich auf den etwas breiteren Weg führte, auf dem wir täglich vom Schloß in das nahe Wäldchen reiten.

Zu meiner Überraschung sah ich dort einen älteren Mann am Wege knien und das Unkraut ausreißen. Es wunderte mich, daß der Gärtner schon zu solch früher Stunde bei seiner Arbeit war, und überlegte gerade, wie ich mich am besten unsichtbar machen könne. Ich hatte ihn nicht früher gesehen, weil er hinter einem Busch kauerte, und nun war ich bereits zu nahe an ihn herangekommen. So ging ich an ihm vorbei, hoffend, daß er mich nicht erkennen würde, denn ich hatte das Tuch weit in die Stirn gezogen. Als ich ihm einen schnellen Blick zuwarf, schaute er auf, sah mich überrascht an und sagte: „Guten Morgen, junges Fräulein. Ihr habt gewiß auch schon erfahren, daß Morgenstunde Gold im Munde hat." Da wußte ich, daß er mich nicht erkannt hatte und mich, ob meiner kleinen Gestalt, für ein junges Mädchen hielt. Sein Tonfall verriet ihn als einen Normannen, und da erwiderte ich auf französisch: „Zu früher Morgenstunde schreitet der Herrgott selbst durch Felder und Wiesen." – „Da habt Ihr recht", sagte er und richtete sich vom Boden auf. Er hielt eine Distel in der bloßen Hand, die seine Haut leicht zerkratzt hatte. Dann sagte er: „Ich will Euch etwas verraten. In etwa einer Stunde werden der König und die Königin zur Messe reiten – diesen selben Weg entlang. Das Land hat wieder einen frommen König, so wie es der heilige Eduard war. Doch gleicht dieser mehr dem heiligen Georg, der das Schwert der Gerechtigkeit schwingt." Ich sah nun, daß der Mann eine Narbe im Gesicht hatte und daß er nicht wie ein Gärtner gekleidet war. „Seid Ihr in der großen Schlacht gewesen?" fragte ich, und er nickte. „Ich bin nur noch ein Krüppel, Mademoiselle, der am Stock hinkt. Die Angeln haben mir arg zugesetzt, und ich kann nicht mehr für den König fechten. Doch kleine Dinge kann ich noch für ihn tun – frühmorgens das Unkraut vom Wege entfernen, auf dem er reiten wird, damit es sein Auge nicht stört." Als ich das hörte, stiegen mir die Tränen in die Augen. Ich nahm seine Hand, schmutzig wie sie war, und drückte sie kräftig. „Gott segne Euch", sagte ich leise und mit halb abgewandtem Gesicht. Dann eilte ich ins Schloß zurück und mußte mich sputen, um nicht von den Knechten und Mägden gesehen zu werden, die um diese Stunde schon munter waren. Ehe wir zur Messe ritten, erzählte ich Wilhelm von meiner Begegnung, und wunderte mich, als er lächelnd sagte: „Ich kenne ihn." Möge Wilhelm mehr und mehr solch getreuer Seelen in diesem Lande finden!

Rouen, Freitag, am 19. des Brachmonds 1069

Wir sind erst heute hier eingetroffen, und der Empfang, den unsere liebe Normandie mir gab, war überwältigend. Nach einer ruhigen Überfahrt begrüßte uns eine jubelnde Menge in Dives. Der Dorfälteste hatte die ganze Jugend des Ortes am Hafen aufgestellt, die uns freudige Willkommenslieder sang. Wir blieben über Nacht in der Holzburg, konnten aber nicht gut ruhen. Die Kinder tollten bis spät umher, draußen sangen die Menschen in den Straßen, und Kuriere brachten Wilhelm bereits manche Briefe mit Angelegenheiten der Regierung. Ganz spät, gegen Mitternacht, trafen fitzOsbern und Roger Beaumont ein, die uns nicht vor dem nächsten Tag erwartet hatten. Es tat ihnen leid, unsere Ankunft versäumt zu haben. So wurde es sehr, sehr spät, bis wir etwas Schlaf fanden. Der nächste Tag war ein Triumphzug durch das Land, und wir nahmen kurz in Bonneville und Jumièges Aufenthalt. Ach, wie anders fühlt es sich an, wenn ich hier durch die Menschenmenge reite! So viel Liebe strömt uns entgegen, und das Volk drängte sich, um die königlich-herzogliche Familie zu sehen, besonders den neugeborenen Prinzen, den ich im Arm hielt, während Wilhelm neben meiner Sänfte einherritt. Kurz vor Rouen gab es einen kleinen Regenguß, den wir unter dem Dach einer Scheune abwarteten, und dann zogen wir in die Hauptstadt ein. Alles Volk war auf den Beinen, winkte und jubelte und warf uns Blumensträuße zu. Hier im Schloß haben Adelaide und fitzOsbern alles festlich vorbereitet – meine Lieblingsblumen standen in großen Schalen in meinem Zimmer sowie Waldbeeren aus St. Wandrille, und im Kinderzimmer fand ich eine blaue Wiege mit goldenen Streifen für unseren kleinen Prinzen. Beim Wiedersehen mit den Kammerfrauen, die hiergeblieben waren, flossen die Tränen reichlich. Nur meine liebe Héloise war nicht mehr dabei. Ich bin von all den Anstrengungen der letzten Tage sehr müde, doch in meinem Herzen singt es unentwegt: „Ich bin zu Hause – zu Hause!"

Rouen, Mittwoch, am 24. des Brachmonds 1069

Es soll am folgenden Sonntag ein Kirchenkonzil stattfinden, zu dem viele der Prälaten und Magnaten kommen werden. Kaum bin ich wieder ein wenig eingerichtet, geht es auch schon ans Werk. Wilhelm scheint es zu eilen, weil er nicht weiß, wie lange er hierbleiben kann. Aber wie herrlich war es, mit ihm zusammen heimzukehren! Klein-Heinrich fühlt sich hier wohl, besonders im Herzogsgarten, der jetzt in voller Blüte steht und wo ich ihn auf dem Rasen umherkrabbeln lasse. Der Garten ist gut instand gehalten worden, nur hinter einigen Büschen fanden die Kinder tote Vögel. Adele und Richard haben sich eine Begräbnisfeier ausgedacht, und jedes der Kinder mußte eine Blume dazu mitbringen. Rufus wollte lieber den Totengräber spielen und schaufelte die Gräber aus. Heute brachte mir Adeliza eine tote Biene. „Sieh mal, Mamà, die muß nun auch ein Grab haben, ein ganz, ganz kleines." Rufus aber rümpfte die Nase: „Bienen sind zu klein zum Begraben, das mach du man allein!" Sie brachte daraufhin ihre Biene zu Adele, und die beiden gruben ein winziges Grab unter meiner Rosenhecke und steckten einige Löwenmäulchen oben auf den kleinen Hügel. „Mamà", fragte Adeliza, „wie sieht es im Bienenhimmel aus?" – „Wunder-, wunderschön", sagte ich. „Da sind alle Bienlein von goldener Farbe und haben goldene Flügel und summen, daß es wie Harfenmusik klingt." Das Kind sah mich aus seinen großen dunklen Augen selig an und träumte dann still vor sich hin. Nach einer Weile fragte sie: „Hört das der liebe Gott, wenn sie singen?" – „Ja, der liebe Gott hört alles", versicherte ich ihr.

Rouen, Montag, am 29. des Brachmonds 1069

Das Konzil ist vorüber, und abends gab es nochmals ein Fest für alle Magnaten, die bei meiner Rückkehr nicht am Hofe gewesen waren. Unser armer Bouboule liegt mit der Gicht darnieder und kann sich nur noch an Krücken bewegen. Saturin aber unterhielt alle und erheiterte uns mit seinen Balladen.

Agathe hat mir ein Geheimnis anvertraut. Sie schreibt jetzt auch ein Memoirenbuch. Mich sieht sie öfter in meines schreiben, aber ihres soll anders werden. „Ich schreibe nur von dem, was früher war", sagte sie. „Ich will alles über Harald hineinschreiben. Über das, was vergangen ist, kann man viel besser erzählen, weil man dann schon weiß, was später kommt und *warum* es kommt." Diese Worte meiner Tochter haben mich sehr verwundert. Man könnte denken, sie kämen aus dem Munde eines Weisen, nicht eines 14jährigen Mädchens.

Rouen, Dienstag, am 30. des Brachmonds 1069

Aus England erreichten uns aufregende Neuigkeiten: Zwei von Haralds Söhnen sollen an der Mündung der Taw gelandet und weit nach Devonshire eingedrungen sein, wo sie große Zerstörungen angerichtet haben. Der Bote berichtete uns aber, wir brauchten uns nicht zu sorgen, denn Graf Odo habe Brian von der Bretagne (einen von Eudos Söhnen) mit einem Heer ausgeschickt, die Eindringlinge zu bekämpfen. Die ganze Bevölkerung stünde hinter ihnen. Auch Wilhelm Guald, der Brian zur Seite steht, gelte als hervorragender Heerführer. Wilhelm will erst weitere Nachrichten abwarten, ehe er entscheidet, ob er jetzt zurückkehren muß. Er hat noch manch Wichtiges hier zu erledigen. Vor allem will er mit Muriel sprechen, die er herbestellt hat.

Meine kleine Adeliza wird immer wonniger. Gestern abend war es schon ziemlich spät, als ich an die Betten der Kinder ging, um sie zur guten Nacht zu küssen. Adele und Constanze wachten gar nicht auf, doch Adeliza blinzelte mir zu und streckte ihre Ärmchen nach mir aus. Als ich leise über ihr Haar strich, sagte sie. „Mamà, ich habe das Summen der Bienen im Himmel gehört – ganz fein und leise." Ich glaubte es ihr, denn auch ich höre dieses feine Summen zuweilen, wenn es nachts ganz still ist. „Schlaf nun", sagte ich ihr, „und träume von den Tierlein im Himmel." Sie schloß wieder die Augen und sah aus wie eine kleine Fee – mit ihren langen Wimpern und dem krausen schwarzen Haar, das ihr Gesichtlein umrahmt. Nun habe ich wieder alle neun Kinder beisammen. Judith ist mehr bei uns als bei ihrer Mutter und Schwester – so habe ich eigentlich zehn Kinder.

Rouen, Donnerstag, am 2. des Heumonds 1069

Gestern ist Muriel eingetroffen, und Wilhelm hat lange mit ihr gesprochen. Sie hatte hernach verweinte Augen, und sie tut mir so sehr leid. Jetzt ist sie allein in ihrer Kemenate, und ich will lieber nicht zu ihr gehen, sondern etwas warten. Ich war aber in unserer Hauskapelle und habe für sie gebetet. Es ist wunderbar, diesen Zufluchtsort wieder aufsuchen zu können. Auch Wilhelm verbringt immer die frühen Nachtstunden dort.

Heute traf noch ein anderer Besuch bei uns ein: Edith, die Schwester von Warenne. Sie will in Angelegenheiten ihres Bruders mit dem König sprechen; sicher ist es wegen Gundrada. Sie selbst lebt in glücklicher Ehe mit einem Ritter, der zur Garnison einer der Neustädte gehört. Dort lebe es sich anders als in den alten Städten, erzählte sie mir. „Wir haben eine Anzahl Ritter, die anfangs Unfreie waren, aber dem Herzog Waffendienste zu Pferde geleistet haben, so daß sie schließlich zum Ritterstand aufstiegen. Auch haben sich viele unserer Bauern freikaufen können. Sie stehen noch in Abhängigkeit von einem Kloster, haben aber eben dadurch rechtlichen Schutz." Wilhelm hat die früheren Leibeigenen zu Deputanten gemacht, besonders solche, die an der Trockenlegung von Sümpfen oder Marschland teilgenommen haben oder die beim Roden der Urwälder helfen. Sie müssen ihrem Herrn nur noch Abgaben zahlen, sind aber sonst frei. Eine Freiheit allerdings besitzen sie noch nicht: Sie dürfen sich ohne Zustimmung ihres Herrn nicht vermählen.

Später

Muriel war bis soeben bei mir und hat mir ihr Herz ausgeschüttet. „Wilhelm meint, daß ich mit Hugo selbst über alles sprechen soll, doch will ich ihn gar nicht wiedersehen, Mahaut. Ich habe es mir gut überlegt und weiß, daß ich dies nicht ertragen könnte. Soll er tun, was er will – ich kann ohne ihn leben. Und meine beiden Töchter behalte ich. Wilhelm soll nun dem Papst alles unterbreiten, damit meine Ehe aufgelöst wird." Sie weinte dann wieder „ob der großen Schmach", die über ihr Leben gekommen sei. Doch ich tröstete sie, weil sie ja keine Schuld trifft. „Es braucht vorerst niemand etwas davon zu erfahren", sagte ich. „Und wenn es die Leute später hören, so ist alles schon verjährt. Hugo ist in England und wird auch dort bleiben, weil er einer der besten Krieger in Wilhelms Heer ist." Sie nickte und starrte eine Weile trostlos vor sich hin. „Nun habe ich Mutter, Vater und Ehemann verloren", sagte sie. „Und meine kleinen Kinder haben keinen Vater mehr." – „Du warst ohnehin nie viel mit Hugo zusammen", warf ich ein. „Oft bist du nach Conteville gereist, anstatt bei deinem Mann zu bleiben." Sie seufzte: „Immer, wenn er wieder zu trinken begann, lief ich ihm davon. Er roch dann so übel, Mahaut.“ So leid sie mir tut, ich bin ganz froh, daß sie frei von ihm wird.

Rouen, Sonntag, am 12. des Heumonds 1069

Ich bin sehr erleichtert, weil Wilhelm nun doch nicht, wie ich befürchtet hatte, nach England zurückzukehren braucht. Es erreichten uns gute Nachrichten von dort. Haralds Söhne mitsamt ihren irischen Anhängern sind in zwei großen Schlachten, die am selben Tage stattfanden, geschlagen worden. Brian und Wilhelm Guald haben sie derart zunichte gemacht, daß von ihren 66 Schiffen nur zwei nötig waren, die Überlebenden nach Irland zurückzutragen. Der Bote berichtete uns, daß auch die letzten von ihnen noch getötet worden wären, wenn sich nicht die Nacht niedergesenkt hätte. Brian ließe seinem König ausrichten, daß ein erneuter Überfall aus Irland nicht mehr zu befürchten sei. Diese Niederlage sei grauenhaft gewesen. Sie hätten nun gesehen, daß die Bevölkerung nicht auf ihrer Seite stünde. Sowohl die Bürgerwehr von Exeter als auch die Landwehr von Devonshire hätten das Land für ihren neuen König tapfer verteidigt. „Was meinst du“, fragte Wilhelm mich, als der Bote gegangen war, „sollen wir den Sieg mit einer kleinen Reise nach St. Wandrille feiern?“ – „O ja, Wilhelm! Das ist der beste Ort der Welt dazu,“ rief ich freudig aus. „Und unser kleiner Heinrich war noch gar nie dort!“ Mein großer Wunsch geht nun in Erfüllung, denn ich habe oft Sehnsucht nach unserem Refugium gehabt.

St. Wandrille, Mittwoch, am 15. des Heumonds 1069

Nach der langen Trennung erscheint mir dieser liebe Ort wie ein wiedergewonnenes Paradies. Zwar geht es wegen der vielen Kinder, die wir alle mitgenommen haben, sehr lebhaft zu, aber ich finde dennoch Zeit, mit Wilhelm oder mit mir selbst allein zu sein. Die älteren Kinder nehmen sich sehr lieb der jüngeren an, und außerdem habe ich meine treue Barbara. Robert macht mit Richard und Rufus Exkursionen in die Wälder – und meine beiden großen Töchter bemuttern ihre drei kleinen Schwestern. Sie haben ihr altes Puppenhaus draußen aufstellen lassen, wo es halb verdeckt unter einem Goldregenbusch steht. Nachts wird es mit einer Schafhaut zugedeckt, die es vor Regen und Tau schützt. Sie haben zwei ihrer Stoffpuppen als König und Königin aufgeputzt, und die großen Schwestern zeigen ihnen, wie man Kleider für sie näht. Alle Stoffreste von unseren Krönungsgewändern liegen vor ihnen ausgebreitet, und sie haben den ganzen Tag viel Spaß damit. Cäcilie hat mit Barbaras Hilfe zwei Kronen aus Pergament geschnitten – doch haben sie keine goldene Farbe zum Anmalen hier. Ich hörte Barbara sagen: „Wir können die Kronen auch aus Goldfäden sticken, dann sitzen sie enger an den Köpfen.“ Aus einiger Entfernung beobachtete ich, wie sie dort auf der Wiese saßen und sich bemühten, ihre Puppen königlich anzukleiden. Und ich – die Königin – saß im weichen Grase, glücklich, meine Krone weit fort von hier in England zu wissen. Es weht heute ein leichter Wind, und ich beobachtete den grazilen Tanz der Gräser und Blumen. Die Halme neigten sich tief und richteten sich wieder auf, als verbeugten sie sich vor den blaßblauen Glockenblumen, die feenhaft ihr Haupt wiegten. Es ist der Wind, der diesen Tanz aufführt. Vielleicht ist der Wind eine Gottheit. Er kann leise summen und kühlende Erfrischung bringen – und er kann stürmisch heulen und toben und die Dächer von den Häusern reißen, wenn sein Zorn entflammt ist.

Oben in unserem gemeinsamen Wohnraum hat Wilhelm mir einen neuen Tisch anbringen lassen, damit wir etwas mehr Platz haben. Die Kinder besuchen uns oft in diesem Zimmer, besonders an Regentagen, und dann wird es immer sehr voll im Raum. Der neue runde Tisch läßt sich zur Seite klappen und mittels eines hölzernen Hebels an der Wand befestigen. Klein-Heinrich ist den größten Teil des Tages draußen und strampelt fröhlich auf einem Fell, das im Grase liegt. Doch muß immer jemand auf ihn achtgeben, was Agathe und Cäcilie nur zu gern tun.

Es ballen sich Wolken an Himmel zusammen, und die Insekten fliegen tief. Ich habe schon einige Mückenstiche an meinen Armen entdeckt. Vielleicht regnet es heute nacht.

St. Wandrille, Donnerstag, am 16. des Heumonds 1069

Es gab gestern am frühen Abend ein heftiges Gewitter, und wir hatten die drei kleinen Mädchen bei uns am Fenster sitzen, um mit ihnen die Blitze zu beobachten. Klein-Heinrich schlief derweil friedlich in seiner Wiege, ohne aufzuwachen. Constanze hatte am meisten Angst und vergrub ihr Köpfchen an meiner Brust, sobald ein lauter Donnerschlag ertönte. Wilhelm hatte Adeliza und Adele auf seine Knie gesetzt und erzählte ihnen die Geschichte vom Kampf der Luftgeister. Hin und wieder blinzelte er mir dabei zu, und ich gedachte jener Gewitternacht vor vielen Jahren, als ich mich zum ersten Male scheu in sein Bett gelegt hatte. Als das Gewitter langsam abklang und der Regen nachließ, strebte Adele von Wilhelms Schoß herab, denn sie hörte die Brüder draußen in einer Wasserlache planschen. Wilhelm ließ sie gehen, doch Adeliza blieb still auf seinem Knie sitzen, während wir alle andächtig auf den Regenbogen schauten, der sich über den Horizont spannte. Auf einmal sagte das Kind in die Stille hinein: „Im Himmel is es auch so hell – und da is ganz so eine helle Blücke." Dabei zeigte sie mit ihrem Fingerchen in Richtung des Regenbogens. „Was ist im Himmel, Kind?" fragte ich, und sie wiederholte: „So ne Blücke." Ich sah Wilhelm ratlos an, und er erklärte mir: „Sie meint eine Brücke, Mora – eine Brücke aus Licht; stimmt es Adeli?" Diese nickte stumm, ohne etwas zu sagen, und mir schien es, als ob die dunklen, träumenden Augen des Kindes etwas viel Schöneres sahen, als was ich erblicken konnte. Kinder leben noch halb im Himmel, aus dem sie zu uns herabgestiegen sind.

Barbara kam nach einer Weile, als Constanze schon in meinen Armen eingeschlafen war. Als Barbara sie forttrug, wachte das Kind auf und murmelte: „Bösa Donna!" – „Der Donner ist schon schlafen gegangen", sagte Barbara lachend, indem sie Constanze auf die Stirn küßte. Klein-Heinrich war aufgewacht und schrie. Während ich ihn stillte, saß Wilhelm regungslos in seinem Lehnstuhl und sah zu. Durch das leicht geöffnete Fenster drang ein würziger Duft von feuchter Erde und Kräutern ins Zimmer; die Wolkenwand war aufgerissen und der Himmel von einem purpurnen Licht übergossen. Ich fühlte mich auf einmal so glücklich, so erfüllt, daß ich Wilhelm zuflüsterte: „Könnte doch die Zeit jetzt stillstehen!" Er lächelte: „Das hast du schon oft gesagt, Mora. Hätte sie es getan, so wäre unser vierter Sohn nie geboren worden." – „Du großer Philosoph!" bemerkte ich, während ich ihn zärtlich anblickte. „Nun aber, da wir unser letztes Kind haben, soll sie ruhig einmal ihren Lauf anhalten. Die Jahre verfliegen viel zu schnell." Er wiegte leicht den Kopf. Dann philosophierte er weiter: „Wenn wir lernen, in der Ewigkeit zu leben, wissen wir auch, daß die Zeit in Wirklichkeit stillsteht." Hierüber will ich heute nacht noch sinnieren, ehe ich einschlafe. Es ist wunderbar, sich mit solchen Gedanken zur Ruhe zu legen.

St. Wandrille, Samstag, am 18. des Heumonds 1069

Morgen ist unser letzter Tag hier, und wir wollen mit den größeren Kindern zur Kathedrale reiten. Es ist auch nach dem Gewitter sehr warm geblieben. Gestern hat unsere Adele etwas ganz Herziges gesagt. Sie kam abends, als es schon dunkel war, aufgeregt in mein Zimmer gelaufen und sagte: „Mamà, draußen ist ein Puppengewitter – lauter ganz kleine Blitze." Ich stand lachend auf und ging mir ihr ins Schlafzimmer der Kinder, während sie ungeduldig an meiner Hand zog. Die anderen Kleinen schliefen, nur Adele mußte aufgewacht sein. Sie kletterte auf einen Schemel und schaute durch das geöffnete Fenster in den Garten. „Sieh nur mal", sagte sie. „Ach, du Engelskind!" rief ich lachend aus, indem ich sie in den Arm nahm. Draußen schwirrten in der warmen Nacht unzählige Glühwürmchen umher – in den Zweigen der Bäume und im Gras. Sie hatte diese noch nie zuvor gesehen. Ich erzählte es Wilhelm, und der meinte: „Kinder denken immer sehr folgerichtig – gemessen an dem, was sie von der Welt kennen. Auch die Philosophen meinen, sie dächten richtig; nur die größten unter ihnen wissen, wie wenig sie wissen." – „Erkläre mir mehr über die Ewigkeit, Wilhelm", bat ich ihn da. „Warum sollte die Zeit da stillstehen?" – „Zeit steht im Gegensatz zur Ewigkeit, darum kann es in der Ewigkeit keine Zeit geben", sagte er ganz einfach. „Wie ist das dann aber, Wilhelm, wenn alles ewig so bleibt? Ich kann mir das nicht vorstellen." – „Dann sehen wir Gott von Angesicht zu Angesicht und werden dieses Anblicks nie müde, weil sich Sein Antlitz in alle Ewigkeit wandelt." Er sagte dies mit feierlicher Stimme und einem Ausdruck in den Augen, den ich gar nicht beschreiben kann. Obgleich ich seine Worte nicht richtig verstand, fühlte ich etwas Wunderbares von ihm auf mich überströmen. Ich saß still da, schaute ihn an und dachte: „So könnte auch ich mich in seinen Anblick versenken, denn seine Augen sind immer wieder neu. Wenn es schon bei ihm so wunderbar ist, wie herrlich muß dann erst Gott sein!" Und mit einem Male verstand ich, was er gesagt hatte – aber mehr mit dem Herzen, mit der Seele. Ich rückte näher an ihn heran, so daß ich ihn besser sehen konnte.

Plötzlich fragte ich: „Wilhelm, wie kommt es, daß dein rechtes Auge anders aussieht als dein linkes?" – „Das ist bei jedem Menschen so", meinte er. Ich hatte das noch nie zuvor bemerkt. Da legte ich meine Hand über sein linkes Auge, so daß ich nur sein rechtes sah. Strahlen der Liebe und des Gefühls gingen von diesem Auge aus, die mein Herz schon so oft zerschmelzen ließen und mich immer wie in einen warmen, schützenden Mantel hüllen. Nun deckte ich das rechte Auge zu und sah in sein linkes. Dort ging sein Blick in weite Fernen, sah Dinge, die mir verborgen waren. Es war jener erhabene, überlegene Blick, der ihn mir so unergründlich macht. Als ich die Hand zurückzog, schloß er die Lider und sagte: „Du forschest zu tief!" – „Wilhelm", sagte ich, „auch wenn du die Augen zuschließt, spricht dein Mund immer noch." Er lächelte, und ich küßte ihn schnell. Dann fragte ich: „Sind auch meine Augen verschieden?" Er nickte. „Das eine Auge ist das meiner Mora – und das andere das der kleinen Philosophin." Ich lachte. „Sage mir mehr darüber." Er schüttelte den Kopf. „Es ist reizvoller, sich nicht völlig zu ergründen. Nur Gott vermag dies." Darin muß ich ihm recht geben.

Rouen, Montag, am 20. des Heumonds 1069

Wilhelm wäre einverstanden gewesen, wenn ich noch länger mit den Kindern in St. Wandrille geblieben wäre, doch das wollte ich nicht. Wer weiß, wann er wieder reisen muß! Ich will jede Minute, die er im Lande bleibt, bei ihm sein. Heute hat er sich lange die Landkarte von England angeschaut und gemeint, die größte Gefahr läge hoch im Norden in der Gegend von Durham. Das Volk dort sei zu lange unabhängig gewesen und habe sich wenig vom Königshaus sagen lassen. Das müsse nun anders werden. „Laß uns heute nicht daran denken", sagte ich, indem ich ihm seinen kleinen Sohn aufs Knie setzte. Gleich darauf kam Rufus hereingestürzt: „Vater, der Bärenfänger ist immer noch in Emandreville und hat dort einen Zwinger. Ihr habt gesagt, wir dürften dorthin, wenn er noch da ist." Wilhelm sah vom einen Sohn zum anderen und sagte dann: „So sei es! Und Heinrich soll die Bären auch sehen; sie werden ihm Spaß machen." Nun sind alle Kinder schon vor Freuden außer Rand und Band, besonders, weil der Vater mit ihnen geht.

Rouen, Dienstag, am 21. des Heumonds 1069

Es war ein herrlicher Morgen, und das Volk jubelte uns überall zu. Selten sieht es einmal die ganze herzogliche Familie beisammen. Auf dem Rückweg vom Bärenzwinger, als wir durch den dichten Wald ritten, hörten wir von fern einen höllischen Lärm. Wilder Trommelklang und irre Schreie ertönten, so daß ich im ersten Augenblick dachte, es seien einige Wahnsinnige ausgebrochen. Wilhelm schien wenig besorgt und ritt geradewegs in diese Richtung. Schließlich erblickten wir einen Mann mit einer Trommel und nicht weit von ihm eine Bauersfrau im roten Rock, mit weißem Umhang und Kopftuch. Beide schlugen wie wild die Trommeln und stießen dabei tierische Schreie aus. Wilhelm begann zu lachen und sagte: „So taten sie es zu meiner Kinderzeit in Vaudreuil – sieh nur den Bienenschwarm." Und nun erfuhr ich, daß man die Bienen mit großem Lärm austreiben könne. Später räuchern die Bauern das Nest aus, um an den Honig zu gelangen. Ich zog mein Tuch über Kopf und Ohren, während wir einige Zeit zusahen. Schließlich hieß Wilhelm uns umkehren, ehe wir von den Bauersleuten gesehen würden. „So muß man es auch mit den Rebellen machen", sagte er zu mir. „Viel Lärm schlagen, um sie einzuschüchtern. Und wenn das nicht hilft, muß man ihre Ländereien verwüsten und abbrennen, um den Honig der Einheit zu gewinnen." Wir wollen hoffen, daß dies nicht nötig sein wird.

Später

Nun haben uns wieder sehr beunruhigende Nachrichten aus England erreicht. Die Dänen sind mit einer großen Flotte gegen Dover gezogen, doch man hat sie von dort vertrieben. Sie sollen jetzt der Ostküste entlang weiter nach Norden gesegelt sein, und in Sandwich rüstet man sich auf eine Verteidigung. Odo schrieb, Wilhelm brauche sich nicht zu sorgen; man werde die Dänen nicht landen lassen. Doch seien ihre Schiffe zahlreich. „Im Süden des Landes kann ich mich auf meine Getreuen verlassen", sagte Wilhelm; „doch wenn die Dänen nach Norden segeln, finden sie dort Verbündete. Ich muß dem vorgreifen." Er will sich Verstärkung aus der Normandie mitnehmen und in etwa drei Tagen übersetzen. So geht diese wunderbare Zeit seines Hierseins schon wieder zu Ende, und drüben gibt es weiterhin Kämpfe. Ich wünschte fast, der Herrgott hätte dieses Inselreich nie erschaffen. Es bereitet uns nichts als Unruhe und Sorgen.

Rouen, Samstag, am 25. des Heumonds 1069

Ich habe kaum die Kraft, das Furchtbare, das geschehen ist, niederzuschreiben. Doch mag es mein Herz etwas erleichtern, wenn ich es tue. Alles war schon für Wilhelms Abreise vorbereitet, als Judith plötzlich ganz verstört in Wilhelms Wohnzimmer stürzte, wo ich mit ihm noch einige wichtige Dinge beredete. Sie konnte vor Erregung nur stammeln und berichtete uns, ihre Mutter sei auf dem Heimritt vom Armenhaus vom Pferd gestürzt und läge hilflos mit großen Schmerzen da. Niemand könne sie von der Stelle bewegen. Wilhelm sprang sofort auf und war im Nu auf Bucephalos davongeritten. Judith sank auf einen Stuhl und schluchzte. Soviel ich von ihr erfahren konnte, ist das Pferd in eine Kohlgrube gestürzt, die nur mit losen Zweigen bedeckt war und die der Bauer nicht richtig gekennzeichnet hatte. Adelaide hat sich den Weg abkürzen wollen, eben weil Wilhelm nur noch diesen Abend hiersein würde, und da war es geschehen. Als man sie brachte, war sie mehr tot als lebendig und hatte furchtbare Schmerzen. Sie ist mit dem Leib auf einen Zaunpfahl geprallt. Wir riefen sofort Doktor Maminot, der kummervoll den Kopf schüttelte. „Da kann niemand mehr helfen als der Herrgott selbst", meinte er. „Sie aufzuschneiden wäre zu grausam, auch überlebte sie das nicht. Sie würde verbluten." So konnten wir nur hilflos zusehen, wie sie langsam vor unseren Augen starb.

Wilhelm war lange Zeit mit ihr allein und wollte niemanden von uns im Zimmer wissen. Danach schienen die schlimmsten Schmerzen nachgelassen zu haben, denn sie lag ganz still und friedlich da; und als ich nahe an ihr Lager trat und ihre Wange streichelte, sagte sie mit kaum hörbarer Stimme: „Mahaut, Wilhelms Hände können fürwahr heilen. Er sagte: ‚Ich nehme dir die Schmerzen ab, Schwester...', und bald spürte ich den reißenden Schmerz kaum noch." – „Du wirst nun sicher bald genesen", sprach ich tröstend auf sie ein. Doch sie lächelte mich aus halb verklärten Augen an und flüsterte: „Nein, Mahaut, das wird nicht sein. Er hat auch gesagt..." Hier verstummte sie, als habe sie keine Kraft zum Sprechen mehr. Ich aber beugte mich dicht über sie und fragte: „Was hat er dir gesagt, Adelaide?" Ohne die Augen zu öffnen, flüsterte sie: „Er sagte: ‚Deine Leidenszeit ist zu Ende, Schwester, und die meine beginnt.'" Diese Worte erschütterten mich sehr, und ich saß eine Weile in regungslosem Schweigen neben ihr, während ich ihre Hand hielt. Etwas später, als wir alle um ihr Lager standen – Wilhelm, Adi, Judith und meine älteren Kinder –, schlug sie noch einmal die Augen auf und sagte mit klarer Stimme: „Sorgt für meine beiden Töchter. Ich weiß sie bei Euch gut aufgehoben." Während aus vielen Kehlen ein unterdrücktes Schluchzen drang, setzte sich Wilhelm an ihr Bett und hielt ihre Hände in den seinen. Sie sah ihn noch einmal unendlich liebevoll an, dann fiel ihr Kopf zur Seite, und ihr Auge erlosch.

Wie nur soll ich dies fassen können? Meine Adelaide, mein Schwesterherz, die mir seit dem ersten Tag in der Normandie so treu zur Seite gestanden hat und mir besonders während Wilhelms Abwesenheit immer ein solch fester Halt war, meine Adelaide, deren stille und heitere Gegenwart mir so selbstverständlich geworden war, die sich so vieler Aufgaben am Hof angenommen und mir dadurch das Leben erleichtert hatte – sie ist nun nicht mehr. Ihre beiden Töchter gehören damit uns, denn Wilhelm ist ohnehin ihr Vormund. Ich darf mich nicht einmal rückhaltlos meinem Schmerz hingeben, denn ich muß die Kinder trösten, die mit dem Verlust ihrer Mutter und Muhme gar nicht fertig werden. Wie lieb wir sie alle hatten, wissen wir erst jetzt. Zu alledem muß Wilhelm noch fort, und ich bleibe in dieser trostlosen Lage mit den Kindern allein. Früher, bei leidvollen Geschehnissen, war es Adelaide, die mir Trost und Stütze war, zu der ich immer gehen und ihr alles sagen konnte. Die Welt scheint auf einmal um vieles ärmer geworden.

Jetzt rufen die Pflichten, denn vor Wilhelms Abreise gibt es noch manches zu regeln. Die Totenfeier hat der Erzbischof bereits gehalten. Mir kam der Gedanke: „Die Toten haben es viel leichter als die Lebenden."

Rouen, Samstag, am 1. des Erntemonds 1069

Wilhelm ist schon seit einigen Tagen fort, und ich komme mir sehr verlassen vor. Es ist so trostlos ohne Adelaide, besonders für ihre beiden Töchter und meine beiden ältesten Mädchen, die viel weinen und nichts mit sich anzufangen wissen. Richard fragte mich heute: „Wenn man tot ist, Mutter, weiß man das dann?" Was sollte ich darauf antworten? „Ich denke schon, Richard, daß die Seele es danach weiß, weil sie ja in einer anderen, himmlischen Welt aufwacht." – „Wenn doch aber der Tote im Grabe liegt, wie kann er dann irgendwo aufwachen?" – „Die Seele liegt ja nicht im Grab, Richard, nur der Leib. Die Seele aber schwebt in andere Welten empor." – „Aber hat die Seele denn Augen, daß sie den Himmel sehen kann? Wie sieht die Seele aus?" – „Die Seele braucht keine Augen, Kind, die weiß eben alles." – „Ja, aber wissen und sehen ist nicht dasselbe." Er hatte mich in die Enge getrieben, und ich wußte nicht, wie ich erklären sollte, was ich fühlte. „Wir wollen einen unserer Bischöfe fragen", lenkte ich ab. „Ja, aber schon heute", drängte er. „Das ist nämlich wichtig, denn es kann ja jeden Augenblick jemand sterben, und dann wissen wir wieder nicht, wo er ist!" Ich versprach es ihm und nahm mir vor, einmal mit dem Erzbischof Johannes darüber zu reden.

Wir saßen drunten im Garten, als Richard dies alles fragte, während dicht über uns ein Schwalbenpaar umeinander kreiste und schließlich Kopf an Kopf zum Nest flog. Nach einer Weile erschienen sie wieder und flatterten ganz tief. „Wir wollen fein still sitzen", sagte Richard, „dann kommen sie vielleicht näher." Sein Wunsch ging in Erfüllung. Die Vögel flogen auf einen nahen Jasminbusch und frischten sich mit dem Schnabel die Federn auf. Das Weibchen hatte ein hübsches blaues Gefieder und wunderschöne schwarze Augen; die Brust aber schimmerte rosa. „Haben die Vögel auch Seelen?" fragte Richard nun; „wir haben schon viele davon begraben. Gibt es einen Vogelhimmel, und ist es da anders als im Menschenhimmel?" – „Ich weiß es nicht, Kind", sagte ich, leicht ungeduldig, „ich war doch noch nicht dort." – „Aber irgend jemand muß es wissen; sicher die Priester, die immer vom Himmel sprechen." – „Unser Herr Jesus Christus wußte es, denn er kam ja aus dem Himmel, und ihm müssen wir glauben." Das befriedigte ihn jedoch nicht ganz. „Was nützt uns das, wenn nur er es weiß?" Ich lachte und sagte: „Du bist ein kleiner Philosoph. Später einmal wirst du Bücher über dies alles lesen." – „Warum erst später?" – „Weil es noch zu schwer für dich ist, dies alles im Lateinischen zu verstehen." – „Darum sollt Ihr es mir ja sagen, Mutter." Es war nicht leicht für mich, den Quälgeist loszuwerden. Die Fragen der Kinder zeigen uns Erwachsenen, wie wenig wir im täglichen Leben über die wichtigsten Dinge nachdenken. Wir haben uns an das Leben mit seinen Widersprüchlichkeiten gewöhnt und wundern uns nicht mehr darüber. Aber ist nicht derjenige am glücklichsten, der sich noch über alles wundern kann? Der Tod ist etwas sehr Ehrfurchtsvolles und ein großes Mysterium, und wir sollten oft über ihn meditieren. Denn einmal ereilt er uns alle.

Rouen, Montag, am 10. des Erntemonds 1069

Heute am St. Laurentius-Tag hat der Erzbischof einen wunderschönen Chorgesang mit verteilten Stimmen in der Kathedrale anstimmen lassen. Dieser Heilige wird in der Normandie sehr verehrt. Wie der Erzbischof erzählte, war Laurentius ein Archidiakon, der sich plötzlich vor der schwierigen Aufgabe sah, die Kirche unter seinen Schutz zu nehmen – als nämlich Papst Sixtus vom römischen Kaiser Valerianus entführt wurde. Damit der Kaiser nicht in den Besitz der kirchlichen Schätze kam, ließ Laurentius diese schnell unter die Armen verteilen. Als der Präfekt ihm später befahl, eine Aufstellung der Schätze zu machen, wies Laurentius nur mit der Hand auf die Armen und sagte: „Diese dort haben jetzt den Schatz der Kirche." Dafür wurde er schrecklich gemartert. Man ließ ihn langsam über einem niedrig brennenden Feuer rösten. Und der Heilige ertrug dies mit großer Tapferkeit und neckte sogar seine Folterer, indem er nach einer Weile sagte: „Meine eine Seite ist gut durchgebraten, dreht mich um und eßt!" Kurz darauf aber, so sagte der Erzbischof, kehrte er seinen Blick nach oben, betete für die heilige Stadt Rom und starb. Ich kann alle Sünden, alle Missetaten bis zu einem gewissen Grade verstehen, nur eine nicht: die Grausamkeit. Daß ein Mensch einem anderen Menschen voller Lust Qualen zufügt, wird mir immer unfaßbar bleiben. Richard, der den Worten des Erzbischofs aufmerksam zugehört hatte, ist im höchsten Grade entrüstet. „Der dem Heiligen das angetan hat, der kommt bestimmt ins Höllenfeuer", rief er aus. „Später ziehe ich in die Länder der Heiden und strafe die alle." – „Ich komme mit!" sagte Rufus begeistert. Ich blickte auf meine beiden kräftigen Söhne, in ihre blitzenden Augen, und dachte: „In acht Jahren könnte dies schon wahr werden." Und was sind acht Jahre? Vor dieser Zeit lebten Herbert und Margarete noch. Viel hat sich seitdem ereignet, doch die Jahre sind dahingeeilt, ohne daß wir's gewahr wurden. Robert wird in einer Woche 16. Bald wird es Zeit sein, sich nach einer Gemahlin für ihn umzusehen. Vorläufig aber hat er noch keine Augen für die Mädchen. Obgleich er nicht mehr oft von Margarete spricht, wird so leicht keine andere ihren Platz in seinem Herzen einnehmen.

Rouen, Freitag, am 14. des Erntemonds 1069

Endlich kam Nachricht von Wilhelm aus England. Er schreibt, daß die Dänen bis nach Norwich gesegelt, dort aber mit großen Verlusten von dem tapferen Ralf de Gaël geschlagen worden seien. Dieser ist ein Bretone, der in der Schlacht bei Hastings mitgekämpft hat. Wilhelm hatte ihn zum Grafen von Norfolk gemacht, und er verteidigte seine neue Grafschaft gut. Wilhelm möchte bald einige Bischöfe ihres Amtes entheben. Mit Stigand will er noch warten, doch dessen Bruder Aethelmaer von Elmham und einer von dessen Freunden, Aethelric von Selsey, sind nicht mehr im Amt. Auch der Bischof von Lichfield, Leofwine, soll auf Anraten Lanfrancs abgesetzt werden, weil er vermählt ist. Sicher werden diese Ämter mit normannischen Bischöfen besetzt, damit diese einen neuen Geist in die Kirche bringen.

Constanze ist schon seit einigen Tagen krank und kann sich gar nicht erholen. Sie hustet immer noch schlimm, und der Arzt meint, ihr würde die Landluft und warmer Sonnenschein guttun. Da das Wetter noch schön ist, will ich mit den kleineren Kindern eine Woche nach St. Wandrille reisen. Es ist seit Wilhelms Abreise alles ruhig am Hof; wir warten nur täglich auf weitere Nachrichten aus England und hoffen, daß die Dänen mit ihren Schiffen abgezogen sind.

St. Wandrille, Sonntag, am 23. des Erntemonds 1069

Nach einer Woche sind die größeren Kinder nachgekommen. Sie haben mich gar nicht einmal gefragt, sondern erschienen einfach eines Tages hier. Robert hatte sie dazu angestiftet und gesagt, als Mitregent könne er so etwas entscheiden. Das wäre nie geschehen, wenn Adelaide noch gelebt hätte. Aber ich bin den Kindern nicht allzu gram, denn wir versuchen immer noch, uns von dem großen Schmerz um sie zu erholen. Judith scheint viel mehr betroffen zu sein als Adi. Sie ist sehr still geworden, seit sie die Mutter verloren hat. Ab und zu fragt sie mich: „Wann kommt der Ohi wieder in die Normandie?“ Doch das weiß ich selbst nicht. Es wird alles von den Dänen abhängen.

St. Wandrille, Samstag, am 29. des Erntemonds 1069

Heute habe ich mich furchtbar aufgeregt, denn der Abend brach schon herein, und die drei Knaben waren immer noch nicht heimgekehrt. Sie hatten sich schon am frühen Nachmittag in den Wald aufgemacht. Es war ein wolkiger Tag, und gegen Abend fiel dichter Nebel über das Land. Da hatten sie den Weg verloren und kamen erst heim, als es schon dunkel war. Sie waren lange niemandem begegnet, dann aber schließlich auf ein altes Weib gestoßen, das ihnen den richtigen Weg zeigte, von dem sie nicht abweichen sollten. Er würde sie geradewegs auf das herzogliche Schlößchen führen. „Denkt Euch, Mamà“, sagte Richard, „sie hat unsere Hände genommen und sie sich ganz genau besehen und dann gewahrsagt.“ Ich hörte das gar nicht gern. „Wußte sie, wer ihr seid?“ fragte ich. „Das glaube ich bestimmt, wenn wir auch nichts gesagt haben“, meinte Robert. „Sie hat mir prophezeit, ich würde sehr alt werden, solle mich aber hüten, nicht in Ungnade zu fallen, sonst könne es mir schlimm ergehen.“ Er lachte darüber und meinte: „Bald bin ich der Herzog, da bin ich keinem mehr untertan." – „Und was sagte sie zu euch?" fragte ich Richard und Rufus. „Die alte Hexe", meinte Rufus verächtlich, „die weiß gar nichts. Sie sagte, ich bin der kleinste, aber ich werde der größte von uns dreien, doch ich soll mich vor meinen Feinden hüten, die mir ans Leben wollen." Als ich Richard fragend ansah, meinte er: „Mir sagte sie nichts, sondern jammerte nur: ‚O jemine – o jemine!'" – „Wie sah die Frau aus?" wollte ich wissen. „Zigeunerisch", meinte Robert. „Da waren später noch andere Zigeuner in der Nähe, die wir aber im Nebel nicht richtig erkennen konnten. Ich habe ihr Geld gegeben, weil sie uns den Weg gezeigt hat, und dafür hat sie unsere Hände besehen." Ich habe nun entschieden, daß wir nach Rouen zurückkehren. Wir waren länger hier, als ich es vorhatte, und Constanze hat sich gut erholt. Papà Roger ließ mir überdies mitteilen, daß weitere Nachrichten aus England unterwegs seien.

Rouen, Sonntag, am 30. des Erntemonds 1069

Zu meiner Überraschung fand ich Anselm am Hof, als wir zurückkehrten. Der Erzbischof hatte ihn kommen lassen. Es freute mich zu sehen, wie er sich meiner Söhne annahm und länger mit ihnen sprach. Er hat Richard viele Fragen beantwortet. Dann erzählte er ihnen etwas aus seinem Leben. Als junger Mann habe er gar nicht vorgehabt, Mönch zu werden, sondern sich an weltlichen Freuden ergötzt. Seine Mutter, Ermenberga, habe er sehr geliebt, doch mit seinem Vater habe er oft Streit gehabt und sei schließlich vom heimatlichen Schloß geflohen. Von Aosta aus sei er mit einem Eselswagen nach Süden gezogen und habe mit Mühe und Not den Berg Cenis überquert. Die folgenden Jahre habe er sehr unter Hunger gelitten und oft geglaubt, sterben zu müssen. „Es ist ein elendigliches Leben in der Fremde, wenn man nicht weiß, wo man hingehört", sagte er, während Robert ihm mit tiefer Anteilnahme zuhörte. „Wo seid Ihr dann hingegangen?" wollte er wissen. „Zuerst nach Burgund, dann nach Frankreich – und schließlich hörte ich viel von Lanfranc erzählen, der mein Leben vollends verwandelte. Ich wurde Mönch in Le Bec." – „Wart Ihr auch in Rom?" fragte Robert; „da möchte ich zu gern einmal hin." – „Nein", sagte Anselm. „Mein Vater ließ mich nie dorthin. Er meinte, Rom sei keine Handelsstadt. Früher hätten die alten Römer die Campagna bewässert, und es sei ein fruchtbares Land gewesen, doch nun nicht mehr. Es gäbe nur noch Weinberge und Ruinen dort, und auch viele kleinen Kirchen, etwa 300. Vom Gedränge der Pilger am Grabe des heiligen Apostels sprach er verächtlich. Dort würde einem nur das Geld aus der Tasche gelockt oder gestohlen. Ich zog deshalb nach Norden, um mein Glück zu suchen, und ich habe es gefunden. Rom hat keinen Lanfranc und keinen Herzog und König wie den unseren." Robert blickte enttäuscht drein. „Es ist doch aber eine herrliche Stadt", meinte er, leicht empört. Anselm sah ihm tief in die Augen; dann sagte er: „Ihr werdet sie später einmal sehen, junger Herr;

des bin ich gewiß."

Anselms Gegenwart ist mir ein großer Trost. Ich habe lange mit ihm über den Tod gesprochen, über meinen Schmerz um den Verlust Adelaides und über die besorgniserregenden Ereignisse in England. Die Dänen haben sich mit all ihren Schiffen in der Bucht des Humber eingenistet, und die Bevölkerung hat sie dort freudig als „Befreier" begrüßt. Wilhelm schrieb, daß er sofort die beiden Burgherren von York – Wilhelm Malet und Gilbert von Gent – benachrichtigt habe, damit sie auf der Hut seien. Wilhelm selbst hat Dean, wo er sich gerade zur Jagd befand, verlassen und wartet nun ab, welche Nachrichten er aus York erhält. Er befürchtet eine Verschwörung, weiß aber noch nicht, wer alles daran beteiligt ist. „Es ist gut, daß ich Euch alle in der Normandie weiß", schrieb er. Die Dänen marschieren bereits auf York zu. Dies ist nun das dritte Mal, daß dort oben Unruhen ausbrechen, aber dieses Mal ist es weit schlimmer, weil die Dänen daselbst gelandet sind. Deren König zwar ist nicht dabei, wohl aber drei seiner Söhne und sein Bruder Osbern. Harald und Knut sind zwei dieser Söhne. Solange die Einwohner die Dänen abwehrten, konnte nichts geschehen. Nun aber hat sich das Blatt gewendet. Anselm meint, ich solle mich nicht allzusehr sorgen, der König sei ein weiser Regent und werde tun, was nötig sei. Er versprach, eine besondere Messe lesen zu lassen und selbst viel zu beten, damit die Gefahr abgewendet werde.

Rouen, Dienstag, am 8. des Herbstmonds 1069

Arnulf ist auf dem Wege zu uns. Schon vor einiger Zeit hatte Balduin bei uns angefragt, ob er seinen ältesten Sohn nach Rouen schicken dürfe. Es sei sein Wunsch, daß er dort von Wilhelm zum Ritter geschlagen werde. Nun aber ist Wilhelm nicht hier; das wird ihn enttäuschen. Auch der Seneschall ist mit Wilhelm nach England zurückgekehrt. Arnulf wird jedoch länger bei uns bleiben, um zusammen mit Robert unterwiesen zu werden. In den wissenschaftlichen Fächern wird Robert jetzt von Raherius unterrichtet, und Hilgarius ist sein *Magister militum*, den Robert lieber hat als den ersteren. Das hat aber weniger mit der Person als mit dem Lehrfach zu tun. Robert hat noch immer nicht sein *Trivium*[20] beendet. In der Rhetorik ist er hervorragend, und mit der Grammatik geht es auch gut – aber das Pensum der Logik schafft er nicht. Es wird jedoch Zeit, daß er in diesem Winter sein *Quadrivium*[20] beginnt, denn er muß endlich bessere Kenntisse in der Arithmetik und Geometrie haben, und ohne diese kann er auch nicht die Astronomie studieren. Mit der Musik allerdings wird er es leicht haben, ebenso mit dem Auswendiglernen lateinischer Gedichte. Er liest gern im Vergilius und Ovidius, doch die Moralgedichte des Catos findet er langweilig. Richard und Rufus lernen bereits Latein bei unserem Kaplan. Auch das Tricktrack-Spiel hat er ihnen beigebracht, und Richard spielt mit Begeisterung Schach. Am liebsten aber geht er auf die Jagd, während Rufus sich mehr für das Fechten interessiert. Unser Kaplan kennt auch manche Taschenspielkünste, die er ihnen beibringt. Richard lernt leicht und gern und weiß bereits manches besser als Robert – besonders, was die Landesgesetze angeht. Darüber staunen seine Präzeptoren oft.

Heute kam er zu mir herein, als ich Heinrich stillte, und rief: „Wißt Ihr auch schon, Mamà, warum das Schwarze Meer und das Rote Meer schwarz und rot heißen?" Ich sah ihn überrascht an und bemerkte, wie seine Augen triumphierend blitzten. „Nein, ich weiß es nicht", gestand ich, der Wahrheit gemäß. „Ich habe heute den Magister gefragt, weil ich das wissen wollte", fuhr er fort. „Und nun kann ich es Euch sagen: Die Mohren haben die Himmelsrichtungen immer nach Farben benannt – bei ihnen ist der Norden schwarz, der Süden rot, der Westen weiß und der Osten gelb. Und so haben diese Meere ihre Namen bekommen." Ich staune über den Wissensdurst des Knaben. Er fragt so lange, bis er alle Antworten erhält; wenn er so fortfährt, kann er es weit bringen. Ich glaube, die meisten Menschen denken gar nicht viel über diese Dinge nach.

Robert hat vor einigen Tagen etwas über Hippokrates gelernt, der die Menschen in vier Temperamente aufteilte. Jetzt bespricht er mit Agathe und Richard, zu welchem Typus seine Eltern, Geschwister, Freunde und Lehrer gehören. Darüber geraten sie sogar in Streit. Robert bezeichnet sich selbst als Sanguiniker, während Richard meint, er sei ein Pflegmatiker, weil er so wenig lerne. Als sie sich deswegen in den Haaren hatten, griff ich ein und sagte, sie seien beide Choleriker. Sie überlegten dann, wie sie mich einordnen sollten, und meinten schließlich, ich sei meist sanguinisch, manchmal aber melancholisch. Doch beim Vater konnten sie sich nicht einig werden. „Er ist gar nichts von diesen vieren", sagte Richard schließlich. „Er ist eben ganz anders und überhaupt kein Typus." Über diese Feststellung von ihnen freute ich mich insgeheim.

Rouen, Samstag, am 12. des Herbstmonds 1069

Arnulf ist bereits eingetroffen und, wie ich vorausgesehen hatte, enttäuscht, seinen Oheim nicht mehr vorzufinden. Doch er tröstet sich damit, daß der Herzog ja wieder einmal nach seinem Land sehen muß. Ich mag den aufgeweckten Knaben gern; er erinnert mich an Balduin, obgleich er auch Richilde sehr ähnlich sieht. Er ist draufgängerisch und befiehlt über alle anderen Knaben, sogar die älteren. Auch sieht er schon viel älter aus als seine 13 Jahre. Adeliza hat mich gefragt, ob ihre beiden Mädchen, Emma und Hilda, mit den unsrigen unterrichtet werden dürften; dem habe ich zugestimmt. Es geht ihr noch immer nicht besser; zu alledem ist sie wieder schwanger und wird bald niederkommen. Ich finde es unverantwortlich von fitzOsbern, daß er ihr dies angetan hat, wo sie doch erst vor kurzem zwischen Leben und Tod geschwebt hat. Sie ist so matt, daß ich fürchte, dieses neue Kind wird sie all ihrer Kraft berauben. Ich will ihr daher gern helfen, wo ich nur kann. Nur spricht die wilde Emma nicht gut auf den Unterricht bei den frommen Schwestern an. Sie ist nicht zurückhaltend und bescheiden, sondern redet viel, ohne gefragt zu werden, rennt wie ein wilder Knabe und sitzt nie still mit gefalteten Händen bei Tisch, so wie es sich für ein junges Mädchen ziemt. Auch hält sie die Augen nicht gesenkt, sondern schaut allen Männern dreist ins Gesicht. Meine Töchter lernen jetzt Gold- und Silberstickerei. Auch ich will wieder an meinem Wandteppich sticken. Mir ist ein wunderschöner Einfall gekommen. Von Ida hörte ich einmal, daß sie ihr eigenes Haar in manche der Muster stickt. Ich will jetzt die Schwänze von Wilhelms Pferden mit meinem Haar ausstatten; der kupferne Farbton paßt sehr gut dazu.

Abends sitzen wir mit den heranwachsenden jungen Menschen zusammen, sticken, spielen Schach oder erzählen von fremden Ländern und von England. Arnulf und Robert sind die lebhaftesten der Knaben, und Mathilde und Adi die gesprächigsten unter den Mädchen. Judith ist noch sehr still, und es ist rührend zu sehen, wie tröstend Agathe um sie bemüht ist. Die beiden Milchschwestern hängen innig aneinander. Es ist im Augenblick alles sehr schön, denn die jungen Menschen sorgen dafür, daß wir älteren oft auf andere Gedanken kommen. Das Leben geht ja weiter seinen Gang, und man darf nicht immerfort um die Verstorbenen trauern.

Rouen, Samstag, am 19. des Herbstmonds 1069

Eine Woche ist vergangen, seit ich das letzte Mal in mein Buch schrieb. Und nun hat sich die Welt wieder verdunkelt. Aus Maine erfuhren wir wenig gute Neuigkeiten. Der Graf Azzo ist schon vor einiger Zeit nach Ligurien zurückgekehrt, aber jetzt hat Gersendis, seine Gemahlin, das Schloß dem Gottfried von Mayenne ausgeliefert und dem Volk gezeigt, daß sie auf seiner Seite steht. Aber nicht genug damit, sie ist auch seine Konkubine geworden. Was nun werden wird, weiß niemand, denn ob die Bürger sich damit abfinden, ist fraglich. Wenn Wilhelm jetzt nur eingreifen könnte! Aber der hat schwerere Sorgen. Robert von Beaumont ließ mir Nachricht über die jüngsten Ereignisse in England zukommen, die erschütternd sind. Der Graf von Northumberland, Gospatrick, und der junge Waltheof haben sich mit den Dänen verbündet und die Burg belagert. Die Kastellane Wilhelm Malet und Gilbert von Gent behaupten zwar, sie könnten der Belagerung ohne weitere Hilfe ein Jahr lang standhalten, doch meint Robert le Beau, der König werde einen Teil seines Heeres bereithalten und zu gegebener Zeit die Belagerer von Süden her angreifen. Ich zweifele nicht daran, daß Wilhelm siegen wird, aber tief erschüttert bin ich über den Verrat Waltheofs, der sich so eng an Wilhelm angeschlossen hatte. Sicher ist er von Gospatrick, einem alten Freund und Vetter seines verstorbenen Vaters, beeinflußt worden. Wie undankbar doch die meisten Menschen sind! Wilhelm hat Gospatrick großzügig seine frühere Revolte vergeben und ihn zum Grafen gemacht, und nun fällt er ihm in den Rücken! Und Waltheof! Ich habe es Judith noch gar nicht gesagt, doch sie hat es von jemand anderem erfahren und kam mit wachsbleichem Gesicht zu mir. „Das kann nicht wahr sein, Muhme..., da hat sich der Bote vielleicht verhört..., das kann ja nicht sein, daß er so einer ist wie Harald..., daß er..." und dann begann sie zu weinen. Wie soll es nur alles in England werden, wenn wir dort lauter Schlangen an unserem Busen nähren?

Später

Ein Sonderkurier kam soeben mit einem kleinen Billet von Wilhelm. Es enthielt nur einige Worte: „Der Erzbischof Aldred von York ist am 11. des Mondes verschieden. Er war meine größte Stütze droben im Norden. Wir sind zur Zeit ohne Erzbischof, denn Stigand erkenne ich nicht an, und er weiß es. Sobald ich die Rebellen besiegt habe, werde ich beide Erzbistümer neu besetzen. Sage Lanfranc Bescheid, daß ich ihn jetzt in England brauche. Reise persönlich zu ihm und überbringe ihm die Nachricht. Bete für einen guten Ausgang. Wilhelm." Dieser Tag hat wahrlich genug der Aufregungen gebracht. Ich habe nicht mehr Zeit zum Schreiben; ich muß gleich morgen aufbrechen und nach Caen reisen. Meinen kleinen Sohn muß ich mitnehmen. Wenn es nur aufhören würde zu regnen!

Caen, Mittwoch, am 23. des Herbstmonds 1069

Ich hatte mich durch einen Sonderkurier beim Abt Lanfranc ankündigen lassen, und er war sehr überrascht, mich zu sehen. „Es muß etwas Wichtiges sein, das die Königin zu mir führt", sagte er. „Ich komme im Auftrag des Königs von England, Sire", sagte ich. „Er läßt Euch ausrichten, daß er Eurer dringend bedarf. Auch bat er mich, Euch mitzuteilen, daß der Erzbischof von York in die ewige Ruhe eingegangen ist." Da wurde Lanfrancs Gesicht sehr ernst, und er schwieg geraume Zeit. Dann meinte er: „Ich kann das Kloster jetzt nicht im Stich lassen; es sind wichtige Entscheidungen wegen der neuen Kathedrale St. Etienne zu treffen." Als ich Lanfrancs Zögern bemerkte, verstand ich, warum Wilhelm mich persönlich geschickt hatte und nicht einfach nach ihm senden ließ. Er kennt seinen geistigen Vater gut und weiß, daß dieser stets seiner eigenen Überzeugung folgt. „Vater", sagte ich mit fast flehender Stimme, „es sieht ernst aus im Norden des Landes. Gospatrick und Waltheof haben sich mit den Dänen verbündet und belagern die Festung von York. Zu allem Unglück starb auch noch der Erzbischof, der dem König eine feste Stütze war. Gebt Eurem Herrn jetzt die Hilfe, um die er Euch bittet." Ich hatte aus der Not meines Herzens gesprochen, und Lanfranc sah mich lange schweigend an. Sein Blick drang tief in meine Seele. Dann nahm er meine Hände und sagte: „Madame, ich glaube zu wissen, was der König im Sinn hat, daher mein Zögern. Doch will ich seinem Ruf folgen und die Angelegenheit mit ihm besprechen.“ Da kam mir ein guter Gedanke. „Sire, ist der Prior Anselm noch in Caen?“ Als Lanfranc dies bestätigte, sagte ich: „Laßt ihn während Eurer Abwesenheit hierbleiben, dann seid Ihr gut vertreten; meint Ihr nicht auch?“ Er sah mich leicht überrascht an. „Ihr habt viel von Eurem großen Gemahl gelernt“, sagte er anerkennend. „Es ist ein weiser Rat, den Ihr mir gegeben habt. Wollt Ihr nicht selbst noch einige Tage bleiben? Die Äbtissin der ‚Dreieinigkeit‘ würde sich darüber freuen, und Ihr könntet hier mit Euren Töchtern einige Tage der Einkehr halten.“ Gern nahm ich seinen Vorschlag an, und Agathe und Cäcilie, die mich hierher begleitet haben, freuen sich sehr darüber.

Caen, Montag, am 28. des Herbstmonds 1069

Wir haben wunderschöne Tage hier verbracht. Meine Abtei ist ein Meisterwerk der Baukunst. Gestern, als der Prior Anselm zu uns kam, um einige Beichten abzunehmen, schaute er lange auf die schöne Kathedrale und sagte: „Wenn ich solche Vollendung sehe, denke ich immer an die Worte des hl. Augustinus: ‚Schönheit ist nichts anderes als das Gleichgewicht unter den ungleichen Dingen.‘“ Es ist immer lehrreich und erhebend, mit Anselm zu sprechen. In Le Bec folgt man den Regeln des hl. Benedikt und liest während der Messe inspirierende Stellen aus dem Alten und Neuen Testament, manchmal auch die Kommentare der Kirchenväter. Das will ich auch in meiner Abtei der ‚Dreieinigkeit‘ einführen lassen. Gundolf, ein guter Freund Anselms, der schon seit längerer Zeit in Caen ist, früher aber in Le Bec lebte, vertraute mir an, daß Anselm ihm ein selbstverfaßtes Gebet an die heilige Jungfrau geschenkt habe. Es sei in viele Strophen aufgeteilt, so daß er überall, wo es ihm beliebe, anfangen könne zu lesen. Ich wollte gern eines der Gedichte von Anselm sehen, und da ließ Gundolf mir eines abschreiben, in dem Anselm drei Psalmen in eine wunderbare lange Hymne an Christus verschmolzen hat. Hier ist einer der Verse, der mich besonders berührt:

Meine Freude erstirbt,
Mein Lachen wird zur Klage,
Mein Herz verzagt, mein Fleisch versagt,
O Gott, sei Du mein fester Fels.
Jeden andern Trost verweigert meine Seele,
Denn Du allein, Geliebter, kannst mich trösten.

Wie innig er mit Gott und Christus spricht! Ich kann dieses lange Gedicht immer wieder lesen, und mit jedem Male verstehe ich es besser, fühle ich eine tröstende, liebende Gegenwart – ähnlich wie ich sie in unserer Hauskapelle spüre.

Später

Ich muß sofort nach Rouen zurückkehren. Dort warteten Nachrichten aus England auf mich, und die schlimmste von allen sei, daß York am 20. dieses Mondes in die Hände unserer Feinde gefallen ist. Das ist eine erschreckliche Niederlage. Wie ist es nur dazu gekommen? Wir brechen noch heute auf und hoffen, in spätestens zwei Tagen in Rouen zu sein.

Rouen, Samstag, am 3. des Weinmonds 1069

Ich sollte mir die Abrechnungen für das Haushaltsjahr ansehen, aber mein Geist hat noch keine Ruhe gefunden. Ein ausführlicher Brief von fitzOsbern wartete hier auf mich, der mir Grüße von Wilhelm und Nachrichten über die jüngsten Ereignisse brachte. Der Verlust von York sei der Unvorsichtigkeit der Burgherren zuzuschreiben. Zwar hätten sie das englische Quartier in Brand gesetzt, noch ehe das anglo-dänische Heer eintraf, doch dann begingen sie den schweren Fehler, aus der Festung auszubrechen und sich in einen Kampf mit dem Feind innerhalb der Stadtmauern einzulassen. Durch die große Übermacht der Angeln und Dänen sind sie bis fast auf den letzten Mann niedergemetzelt worden. Wilhelm Malet mit seiner Frau und den beiden Kindern ist in Gefangenschaft geraten und die Festung ist in Händen der Engländer, die bereits damit begonnen haben, sie abzubrechen. Ich ließ den Brief entsetzt sinken, ehe ich weiterlas. Eine solch große Niederlage hat Wilhelm noch nie in seinem Leben erlitten. Wie wenig er sich auf seine Heerführer und Wachhabenden verlassen kann! Sie haben nichts von seiner strategischen Kunst gelernt! „Der König wird Euch selbst schreiben, sobald er Euch Besseres mitzuteilen hat", fuhr fitzOsbern fort. „Wir marschieren sofort nach Norden, ohne eine große Armee zu sammeln. Das würde zu lange dauern; wir müssen ohne Verzug handeln. Man hat uns bis zur Weißglut gebracht, denn unsere gesamte Garnison ist den Streitäxten der Feinde zum Opfer gefallen. ‚Bei Gottes Herrlichkeit!' hat der König ausgerufen, ‚dieses Mal werde ich den Rebellen ohne Gnade den Garaus machen. Nicht eher wird es Frieden geben.'" Im Postskriptum seines Briefes bat er mich, daß ich mich seiner Gemahlin Adeliza annehmen solle, um die er sich sehr sorge. Ich ließ sogleich jemanden zu ihr schicken, denn es ist um die Zeit, da sie niederkommen wird.

Rouen, Montag, am 5. des Weinmonds 1069

Es trifft uns ein Unglück nach dem anderen. Adeliza war so schwach, daß sie nicht die Kraft hatte, das Kind zu gebären – es lag auch nicht richtig im Mutterleib. Der Arzt mußte kommen und die arme Frau aufschneiden. Daran sind sowohl Mutter als auch Kind gestorben. Wie soll ich fitzOsbern nur diese Nachricht geben – jetzt, da er im Kampf seinen Mann stehen muß? Ich werde damit noch warten. Schlimme Nachrichten erfährt man immer zeitig genug. Adelizas Mutter, Godehildis, war die ganze Zeit bei ihr und bereitet nun alles für die Beerdigung vor. Ich kann es fitzOsbern einfach nicht verzeihen, daß er Adeliza in ihrem schwächlichen Zustand noch schwanger gemacht hat. Nun wird er sehen, was er angerichtet hat! Mir tun seine Kinder so leid. Besonders Ralf kann es gar nicht fassen, daß er seine Mutter verloren hat. Er ist ein sehr frommes Kind, wie Adeliza mir immer sagte. Godehildis erzählte mir, daß er seine kleine Schwester tröste und ihr vom Leben der Mutter im Himmel erzähle. Dabei aber beginne er immer wieder zu weinen. Den ältesten Sohn, Will, haben sie benachrichtigen müssen; er ist zur Zeit nicht in Rouen. Doch Roger, Emma, Ralf, Hilda und Makrina kommen zur Begräbnisfeier, auch alle unsere Kinder, bis auf die drei jüngsten. Meine liebe Adeliza! Wie liebevoll hat sie mir in meinen ersten Jahren in Rouen beigestanden! An sie konnte ich mich immer wenden, als mir alles noch so fremd hier war. Nun habe ich zwei meiner besten Gefährtinnen verloren: Wilhelms Schwester und die Frau seines Seneschalls. Wenn mir nur Papà Roger noch lange erhalten bleibt!

Rouen, Sonntag, am 11. des Weinmonds 1069

Nach der Mette am frühen Morgen bin ich an diesem schönen Herbsttag mit Agathe und Cäcilie ausgeritten und habe Adelizas Grabstätte besucht. Wie ich erst später erfuhr, ist ihr Kind erstickt, weil es die Nabelschnur um den Hals geschlungen hatte. Es lag nicht richtig, und bei den vergeblichen Bemühungen, Mutter und Kind zu retten, ist dies geschehen. Man hat sie zusammen mit dem totgeborenen Kinde begraben. Mabille ist auch wieder am Hof und war mit Mathilde, Robbi und Hugo zur Bestattung gekommen. Als ich vor der letzten Ruhestätte meiner lieben Adeliza stand und die Kinder dort bunte Asternkränze niederlegten, kam mir der Gedanke: Eines Tages werde auch ich irgendwo unter der Erde liegen, und meine Kinder werden an meinem Grabe stehen und weinen. Niemand weiß, wann dies sein wird. Wenn mir der Herrgott nur meinen Wunsch gewährt, daß ich vor Wilhelm gehen darf! Ich möchte gern in meiner Abtei zu Caen bestattet werden. Wie wohl fühle ich mich dort immer, wenn ich in der einfachen, aber bequemen Zelle wohne, welche die Äbtissin mir eingeräumt hat und stets für mich bereithält. Dort fühle ich mich Gott und dem Ewigen nahe – dort sind der Hof und das politische Leben vergessen...

Auf dem Rückweg machten wir einen längeren Ritt durch den Herbstwald und begegneten einigen Bauern, die mit großen Stöcken gegen die Äste der Eichen schlugen, damit recht viele Eicheln herabfallen sollten. Sie hatten einige ihrer Schweine dabei, grau, mit borstigem Fell, die fröhlich grunzend am Boden schnupperten und schmatzten. Die Sonne war milde, und die Luft klar. Gottes Welt ist immer herrlich – doch die Menschen entstellen sie, indem sie sich gegenseitig zerfleischen. Ich warte sehr auf weitere Nachrichten aus England.

Rouen, Dienstag, am 20. des Weinmonds 1069

Endlich, endlich eine Nachricht von Wilhelm selbst! Seine Gegenwart hat, wie immer, den Feinden Furcht eingeflößt. Beim Nahen seines Heeres zogen sich die Dänen sofort mit ihren Schiffen in den Humber zurück und nahmen ihre Beute mit. Sie überquerten die Bucht bei Lindsey und verschanzten sich auf der Insel Axholme, wo sie sich verteidigen wollten. „Wir sind ihnen sofort nachgerückt", schrieb Wilhelm, „mit dem Erfolg, daß sie die Insel verließen und weiter nach Norden zogen – wahrscheinlich zur Küste von Yorkshire. Wir haben seither nichts von ihnen gesehen, noch brauchten wir einen Angriff von ihnen abzuwehren. Das gab mir Zeit, verschiedene kleine Revolten, die anderswo ausgebrochen waren, im Keime zu ersticken. Die Nachricht von der Landung der Dänen hat alle rebellischen Geister rege gemacht. Es schwelt überall im Land. Ich mußte nach Devonshire und Cornwall hinunter, wo die normannischen Garnisonen angegriffen wurden. Besonders die Festung Rougemont hatten die Rebellen sich als Zielscheibe gewählt. Doch war ich froh zu hören, daß die angelsächsische Bürgerwehr von Exeter die normannischen Garnisonen unterstützt und die Angreifer vertrieben hat. Sie sandten mir eine Botschaft, die besagte, daß ich ihrer Treue gewiß sein dürfe; sie erinnerten sich sehr wohl daran, wie großzügig ich mich ihnen gegenüber gezeigt hätte, als ich Exeter eroberte. In Somerset und Dorset sind schwerere Kämpfe im Gange, und unsere neue Festung Montacute wird belagert. Ich stehe mit Gottfried von Coutances in Verbindung, der um Verstärkung gebeten hat. Wenn diese kleinen Feuer gelöscht sind, ziehe ich wieder nach Norden, um die Dänen zu vertreiben. Sie haben sich mit den Schotten verbündet und wollen Edgar zum König des Nordens erheben. Edgars Schwester Margarete ist nun mit Malcolm vermählt; damit wollen sie das Band zwischen dem Thronfolger und Schottland festigen. Es tut mir leid, daß ich ihre vorzüglichen Pläne zunichte machen muß." Er schrieb siegesgewiß, wie immer, und ich staune darüber, wie er von einer Gegend zur anderen zieht, Revolten niederkämpft, Ordnung schafft und gleichzeitig die Dänen im Norden in Schach hält. Ich berichtete einigen Edelfrauen vom Hof über diese Dinge. Mabille scheint sich weniger um die Rebellen als um die angelsächsischen Frauen zu sorgen, die ihren Mann verführen könnten. „Als ich in England war", sagte sie, „sah ich, wie viele Dirnen es dort gibt, die sich zum Spielzeug der normannischen Eroberer machen." – „Dirnen gibt es überall", wandte Godehildis ein, doch Mabille meinte, die angelsächsischen seien die schlimmsten; sogar der hl. Bonifatius habe das gesagt. Ich will einmal selbst im Bonifatius nachlesen. Die Dirnen kümmern mich wenig, doch über den Heiligen will ich mehr erfahren. Ich dachte, dieser sei ein deutscher Bischof gewesen.

Rouen, Donnerstag, am 22. des Weinmonds 1069

Es ist die Zeit der Weinlese. Meine drei Söhne kamen, etwas bestaubt und mit Laub und kleinen Zweigen in den Haaren, von einem Ausritt zurück und berichteten von den Weinlesern, die ein großes Fest – nämlich das „Stampffest" – feierten. Eine Weile haben die Buben ihnen zugesehen, wie sie die Trauben in großen Pressen mit den Füßen zerstampft hätten. Dabei hätten sie gesungen, mit Instrumenten gespielt und getrommelt; es sei ein vorzüglicher Lärm gewesen. „Aber glitschig war das", sagte Rufus; „einer von denen ist ausgerutscht und in den nassen Traubenmatsch gefallen." Cäcilie hörte mit sichtlichem Unbehagen zu. „Und das trinken wir dann", sagte sie, „nachdem die Männer mit ihren Füßen drauf getrampelt und auch noch hineingefallen sind?" – „Darum ist es besser, keinen Wein zu trinken", warf ich ein, und die Kinder stimmten mir alle bei – bis auf Robert. „Ich mag Wein ganz gern." – „Laß das nicht deinen Vater hören", warnte ich ihn, und er erwiderte grinsend: „Nein, dem sage ich nicht alles." Ich warf ihm einen vorwurfsvollen Blick zu, aber er lenkte ab, indem er fragte: „Soll ich morgen mit dem Straßenbaumeister sprechen? Roger Beaumont ist krank." Ich hatte mir bereits Gedanken darüber gemacht, wer Papà Roger vertreten sollte. „Weißt du über alles Bescheid?" fragte ich ihn. „Ja. Wir brauchen mehr Landwege, um den Wein von Rouen nach London zu schaffen; auf dem Wasserweg geht es zu langsam. Er soll alte Römerstraßen ausbessern, so wie sie es kürzlich in Flandern machten, als sie die Straße zwischen Köln und Brügge neu bauten." Ich nickte und war heimlich stolz auf ihn. Er wird es schon richtig machen, und ich habe dann mehr Zeit, meinen langen Brief an Wilhelm zu schreiben. Ich muß ihm endlich alles über Adeliza berichten. Sicher hat er es schon durch fitzOsbern erfahren, dem ich durch Will habe Nachricht zukommen lassen. Auch will ich Wilhelm schreiben, wie kräftig sein jüngster Sohn herangewachsen ist. Er kann schon fest auf seinen Beinen stehen, wenn man ihn an den Händen hält, und das begeistert ihn so sehr, daß er mit dem einen Fuß aufstampft und Freudenrufe von sich gibt. Wie leid es mir tut, daß Wilhelm seinen kleinen Sohn nun so lange nicht sehen kann! Er hat den ganzen Kopf voll brauner Locken, ähnlich wie Robert als Kind. Doch ist Heinrich ein viel kräftigerer Knabe.

Später

Ich habe inzwischen etwas über den hl. Bonifatius gelesen, der ein Angelsachse aus Devonshire war. Als junger Mönch hat er in Exeter, später in Winchester studiert und wurde dann ein großer Gelehrter und berühmter Prediger. Er ist später durch viele Länder gereist und war auch in Flandern. Dann wurde er Bischof von Mainz und Erzbischof von mehreren Bistümern am Rhein und in Utrecht. Ich las von einem theologischen Streit zwischen ihm und Virgil, dem irischen Bischof von Salzburg, der behauptet, es gäbe mehr Welten als nur die unsrige. Das hielt der hl. Bonifatius für Ketzerei. Nun möchte ich mehr über den Virgil lesen, doch wir haben gar kein Buch über ihn. Ich habe schon Wilhelm von Poitiers gefragt. Der Gedanke jedoch läßt mich nicht los. Warum sollte es nicht mehr Welten geben als die, welche wir kennen? Ist Gott nicht die Unendlichkeit selbst? Ob Lanfranc oder Anselm etwas darüber wissen? Wenn ich sie wiedersehe, will ich sie einmal fragen.

Rouen, Donnerstag, am 29. des Weinmonds 1069

Es nimmt gar kein Ende mit den Revolten in England. Jetzt ist eine neue in den mittelenglischen Grafschaften ausgebrochen, die von Edric dem Wilden angeführt wird. Der hat damals in Barking Wilhelm die Treue geschworen. Jetzt aber hat er, wie Wilhelm schrieb, ein gemischtes Heer von Angeln und Walisern um sich versammelt. Das Gebiet, das Wilhelm ihm anvertraut hat, reicht im Norden bis Cheshire und im Osten bis Stafford. Er greift jetzt sogar seine eigenen Leute in der Festung von Shrewsbury an, und die dortigen normannischen Anführer können ihn nicht abwehren. „Ich habe meinen Bruder Robert und meinen Vetter, den Grafen von Eu, nach dem Norden gesandt, um ein Auge auf das dänische Heer am Humber zu halten", schrieb Wilhelm, „und werde jetzt mit meinen Leuten Stafford angreifen. Ich habe mein Heer in besserer Zucht, und unsere Waffen sind denen der Rebellen überlegen. Sorge Dich nicht, wir werden bald zum Endspurt antreten und unsere ganze Kraft dem Norden zuwenden." Judith ist jetzt oft trüber Stimmung; seit sie gehört hat, daß Waltheof in York viele der fliehenden Normannen mit seiner Streitaxt niedergehauen hat, ist ihre innere Welt durcheinandergeraten. „Ich hasse ihn, Muhme", sagte sie mir heute, und in ihren schwarzen Augen glimmte ein gefährliches Feuer. Ich erschrak ein wenig und dachte: „Sie kann ebenso heftig hassen wie lieben." Wer sich zum Feind ihres Oheim erklärt, der ist auch ihr persönlicher Feind. Aber wie kann sich in einem Mädchenherzen Liebe plötzlich in Haß verwandeln? Bei meiner Agathe war dies nicht möglich. Sie nahm ihre Zuflucht zum Gebet; doch Judiths Enttäuschung sucht andere Wege des Ausgleichs.

Rouen, Dienstag, am 10. des Nebelmonds 1069

Der trübe Monat hat wieder seinen Einzug gehalten, aber hier in der Normandie liegt selten ein solch dichter Nebel wie in England. Das Wetter ist noch recht milde. Nach einem leichten Regen am Morgen ist die Luft jetzt frisch und würzig. Ich kehre soeben von einem Besuch im Waisenhaus zurück, wohin mich Agathe, Cäcilie und Judith begleitet haben. Hier erwartete mich eine von Warenne geschriebene Nachricht, daß Wilhelm auf seinem Marsch nach Norden bereits Oxford, Warwick, Leicester, Derby und Nottingham eingenommen habe und, nach einem leichten Sieg über die Rebellen in Stafford, den Vormarsch auf Lindsey plane. Die Dänen feierten im Norden manch religiöse Feste mit den Angelsachsen, die aber oft durch Überfälle seitens Roberts von Mortain und des Grafen von Eu gestört würden. Die Dänen, so habe man ihnen berichtet, beabsichtigten, ein prunkvolles Weihnachtsfest in York zu halten. Der König habe deshalb entschieden, nicht weiter nach Lindsey vorzudringen, sondern die Dänen auf ihrem Marsch nach York abzufangen und zu schlagen. Er hoffe, dies noch im Nebelmond zu vollbringen. Oh, was für ein trübes Weihnachtsfest wird dies für uns alle werden! Ich habe jetzt oft schlimme Träume. Gestern träumte mir, daß ein langes Knochengerippe auf einem Schimmel dahergeritten kam, in der dürren Hand einen schwarzen Wimpel schwingend. Und überall, wo er hinritt, verwelkten die Blumen, wurden die Äste der Bäume kahl, verdorrte das Gras und gingen die Häuser in Flammen auf. Der knöcherne Schädel grinste, und das Pferd wieherte unheimlich. Es war der Tod in Person, der bemüht war, alles Leben auf Erden zu vernichten.

Rouen, Samstag, am 21. des Nebelmonds 1069

Die Tage werden kürzer, und das Wetter draußen ist trostlos – Regen und Sturm und eine naßkalte Luft, die durch Fenster- und Mauerritzen in die Räume dringt. Robert ist bei solchem Wetter oft recht unleidlich. Dann kann er nicht ausreiten, und den Studien mag er sich nicht den ganzen Tag widmen. Zur Zeit gibt es auch keine Aufgaben in der Regierung für ihn. Papà Roger ist wieder von seiner Influenza genesen, und es sind vorerst keine Gerichtsverhandlungen angesetzt. Gottlob ist in der Normandie alles ruhig – und was mit Maine wird, müssen wir abwarten. Ich kann vorerst nichts tun, sondern muß Wilhelm entscheiden lassen, sobald er wieder im Lande ist. Die letzte Nachricht, die ich von Warenne erhielt, besagte, daß der König auf seinem Marsch nach York aufgehalten worden sei. Diesmal seien es nicht die Rebellen, sondern die Naturkräfte, die sich ihm in den Weg stellten. Es sei ihm im Augenblick unmöglich, die Aire mit seinem Heer zu überqueren. Einer seiner Baumeister habe vorgeschlagen, eine Brücke über den Strom zu bauen, doch der König habe dies als unsinnig zurückgewiesen. Der Feind sei ja im Besitz des gegenüberliegenden Ufers und würde die Brückenbauer angreifen und überwältigen, ehe sie ihr Werk beenden könnten. Der König warte also geduldig, während er über eine Lösung nachgrübele. Er habe aber einem Ritter aus Moutiers erlaubt, den Fluß auszuloten. Der sei jetzt mit einem Boot unterwegs. Die Landschaft sei felsig, und ausgedehnte Heiden und Moore machten das Fortkommen sehr schwer. Ich wünsche mir jetzt manches Mal, ich wäre in Barking, um Wilhelm etwas näher zu sein. Die Entfernung ist zu gewaltig – vom Norden Englands über den Kanal nach Rouen. Boten sind zwar ständig unterwegs, um uns Nachrichten zu bringen, aber wie lange dauert das jedes Mal!

Ich sticke jetzt Haralds Rückkehr nach England. Noch einmal kann ich den greisen König Eduard auf mein Tuch zaubern, wie er Haralds Bericht anhört und bedeutsam, fast warnend mit dem ausgestreckten Zeigefinger auf den Grafen weist, der ihm seine Geschichte erzählt. Haralds Stellung mit dem vorgestreckten Hals und den hochgezogenen Schultern soll anzeigen, daß er nicht die volle Wahrheit spricht. Ab und zu lasse ich meine Nadelarbeit sinken, weil mir die Augen schmerzen, denn das Öllicht flackert heftig. Obgleich ich ein wollenes Tuch fest um Kopf und Schultern geschlungen habe, fühle ich dennoch den kalten

Luftzug. Abends gehe ich in Wilhelms Zimmer, sitze eine Weile in seinem Lehnstuhl oder lege mich auf sein Bett und denke an ihn. Wenn meine Gedanken doch die Kraft hätten, ihn herbeizuzaubern!

Rouen, Dienstag, am 24. des Nebelmonds 1069

Heute brachte uns ein Bote die Nachricht, daß König Magnus von Norwegen gestorben sei. Sein Bruder Olaf sei jetzt König geworden. Beide sind Söhne von Harald Hardraada. So hat das Land im Laufe von drei Jahren zwei Könige verloren. Wie mag es Skule und Ketel ergehen? Judith hat mir lange nicht geschrieben. Fiti schreibt nur ein- oder zweimal im Jahr und nie sehr viel. Sie hat jetzt eigene Kinder, und Judith macht es Freude, diese betreuen zu helfen. Wie weit liegt Deutschland – noch viel weiter als England!

Rouen, am 1. Adventssonntag, dem 29. des Nebelmonds 1069

Nun beginnt die schöne Vorweihnachtszeit, und es sind nur noch wenige Tage bis zum ersehnten Barbaratag für die Kinder. Auch meine Großen werden noch beschenkt, wenngleich nicht mit Spielzeug. Für meine frommen Töchter hat Guido von Amiens die Geschichten einiger Heiligen abschreiben lassen, und ich schenke den kostbaren Einband dazu. Robert erhält einen Teil der Abschrift von Guidos Heldengesang über die Schlacht von Hastings. Mein kleiner Heinrich erlebt seinen ersten Barbaratag. Ich lasse ihn jetzt manchmal einige Schritte tun, indem ich ihn unter den Armen festhalte. Dabei wirft er seine Beine ulkig hoch, wie es keines meiner anderen Kinder getan hat. Er bekommt auch schon ein paar Zähne im unteren Gaumen und hat während der Zeit des Zahnens gar nicht geweint. Er ist überhaupt ein sehr munteres Kind und plappert oft lange vor sich hin. Ab und zu schaut er mich erwartungsvoll an, als erhoffe er eine Antwort. Ich wünschte nur, Wilhelm könnte seinen Sohn jetzt sehen. Ich habe einen Brief an ihn begonnen, an dem ich nun weiterschreiben will.

Später

Richard und Rufus lassen sich abends gern noch Märchen erzählen. Hernach gehe ich zu den kleinen Mädchen, denen ich auch etwas erzählen muß. Die Buben wollten etwas von einem Soldaten hören. So erzählte ich ihnen das Märchen von den drei Soldaten, die dem König davongelaufen waren, weil er ihnen zu wenig Sold gab. Die hatten sich in einem Kornfeld versteckt, um vom Heer nicht gesehen zu werden, verhungerten dort aber fast. Sie hatten große Angst, aufgehängt zu werden. Dann erzählte ich vom feurigen Drachen, der dahergeflogen kam und sie erlösen wollte. Der war aber niemand anders als der Teufel selbst. „Wenn wir wieder nach England fahren, dann suche ich nach solchen Drachen", unterbrach mich Rufus. „Die gibt es da bestimmt!" – „Laß Mamà weitererzählen", verlangte Richard. Nun, es war eine verwickelte Geschichte, die Soldaten mußten schwierige Rätsel lösen, was sie schließlich auch konnten, so daß der Teufel schreiend vor Wut davonlief. „Und wißt ihr, was die Geschichte zu bedeuten hat?" fragte ich sie zum Schluß. „Nein, was?" – „Daß man die Schliche des Teufels erkennen muß." – „Aber wir sehen ihn ja nie", meinte Rufus, „bis ich 'nen richtigen Drachen in England finde, in einem tiefen, leeren Brunnen." – „Der Teufel hat viele Verkleidungen", sagte ich; „darum erkennen die meisten ihn auch nicht." – „War er schon mal hier?" fragte Rufus neugierig. „Ja", sagte ich, „aber man sieht ihn dann nicht. Er flüstert den Menschen oft ein, das Böse zu tun, so wie er es bei Harald und Waltheof getan hat." – „Daß die das aber nicht merken!" meinte Richard empört. „Ich weiß das immer. Man kann doch keinen Schwur brechen und denken, das sei gut so!" Ja, für die Kinder sieht die Welt noch recht einfach aus!

Meinen kleinen Mädchen erzählte ich die Geschichte vom Land, wo es ständig dunkel war, weil es keinen Mond hatte, der nachts schien. Denn bei der Erschaffung der Welt hatte das Licht nicht ganz ausgereicht. Doch als einige der Landsleute eines Tages zu einem anderen Land wanderten, sahen sie dort einen Mond an den Ästen eines Eichbaumes hängen. Der wurde jeden Abend mit Öl gefüllt, so daß er die ganze Nacht hindurch brannte. Da stahlen sich die Leute den Mond, denn sie meinten, die Leute dort könnten sich einen neuen besorgen, die wüßten ja, woher die Monde kämen. Sie bedeckten ihr gestohlenes Gut mit einem großen Tuch und brachten den Mond auf einem großen Leiterwagen nach Hause. Barbara hatte sich zu uns gesetzt und hörte aufmerksam zu. Sie kannte das Märchen noch nicht. Als ich dann weitererzählte, wie die vier Brüder, die den Mond gestohlen hatten, jeder ein Viertel von ihm mit ins Grab nahmen und wie das Land wieder genauso dunkel wurde wie zuvor, blickten sie alle enttäuscht drein. „Was machen wir", fragte Adeliza, „wenn das Öl in unserem Mond mal ausgeht? Wer kann da so hoch raufliegen und die Lampe wieder vollgießen?" – „Der Mond geht noch lange, lange nicht aus", beruhigte ich sie, begab mich dann in meine Zimmer und nahm den Wandteppich zur Hand. Ich sticke jetzt König Eduards Begräbnis. Die Kathedrale St. Peter ist mir gut gelungen; nun bin ich beim Sarkophag, in dem der fest eingewickelte Leichnam liegt und von acht Trägern fortgeschafft wird – vier von denen gehen vorn und vier hinten, indem sie die Stangen, an denen der Sarkophag hängt, auf den Schultern liegen haben. Dabei dachte ich an das Märchen, das ich soeben den Kindern erzählt hatte. Große Männer wie König Eduard, so sinnierte ich, bringen viel Licht in die Welt; und wenn sie sterben, nehmen sie ihr Licht mit ins Grab, und die Welt um sie herum wird dunkel – bis wieder ein neuer Lichtträger kommt, welcher der Menschheit voranleuchtet.

Rouen, Sonntag, am 6. des Christmonds 1069

Wilhelms Bruder hat mir geschrieben, daß Wilhelm die Aire mit seinem Heer hat überqueren können. Ein Ritter namens Lisois sei tagelang geduldig mit seinem Boot stromauf- und stromabwärts gefahren und habe mit seiner langen Lanze die Tiefe gemessen. Schließlich sei er an eine seichte Stelle gekommen, wo die Aire passierbar gewesen sei. Und dort habe Lisois mit einer kleinen Truppe übergesetzt. Als er landete, wurde er von einer großen Menge berittener Dänen angegriffen, doch er wehrte sie tapfer ab. Dann kehrte er am nächsten Tage triumphierend zu seinem König zurück und teilte ihm seine Entdeckung mit. „Du wirst Dir denken können, Mahaut, wie stolz Wilhelm auf diesen Ritter ist", schrieb Robert. „Er ließ an dieser Stelle sofort sein ganzes Heer über den Fluß führen, doch ging es dann nur langsam vorwärts. Wir mußten viele Wälder, Moraste, steile Hügel und dicht bewaldete Täler durchqueren, und das auf sehr schmalen Pfaden, wo kaum zwei Männer nebeneinander hergehen konnten. Noch sind wir nicht in York. Manche der Krieger werden müde, doch Wilhelms Standhaftigkeit ist nicht zu erschüttern; an seinem Beispiel richten sich alle wieder auf. Er ist immer seinen Leuten voran, der Gefahr ins Auge sehend. Keiner wagt ihm gegenüber eine Klage laut werden zu lassen." Mein Gott, wenn ich an das Winterwetter droben im Norden denke, wo jetzt sogar Schnee fallen mag – an die unbekannte, rauhe Landschaft und die sich dort verbergenden Rebellen, so finde ich keine Ruhe.

Arnulf, der noch bei uns ist, fühlt sich hier sehr wohl und hört immer gern Neues vom Krieg in England. Manches Mal jedoch streitet er sich mit Robert, weil beide einen harten Kopf haben und keiner nachgeben will. „Ich bin hier der künftige Herzog und weiß besser, wie es bei uns gemacht wird", hörte ich Robert einmal sagen, worauf Arnulf erwiderte: „Es läßt sich aber anders viel schneller machen; probiere es doch wenigstens einmal." Dann hörte ich nicht mehr deutlich, was sie weiter sagten; sie waren schon vorübergegangen.

Später

Ich habe etwas Wichtiges in meinem Wandteppich ausgelassen. Aber ich kann das Gestickte nicht wieder aufmachen; ich bin schon zu weit. Und zerschneiden werde ich den schön gewebten langen Teppich gewiß nicht. So tue ich das vorher Geschehene als einen Rückblick. Ich sticke jetzt den König kurz vor seinem Tode, wie er mit seinen treuen Freunden verhandelt. Harald sitzt ihm gegenüber, und beide strecken sich die Hände entgegen. Im Hintergrund sitzt die Königin Edith und weint, sich mit ihrem Tuch die Augen trocknend. Gleich darunter habe ich das Sterbelager des Königs entworfen, so daß beides wie ein Bild wirkt. *Et hic defunctus est*[21] habe ich darübergestickt. Die Königin steht klagend neben ihm, zu seinen Häupten sitzt der Arzt, welcher gerade die Todesstarre am Leib des Königs feststellt, zu seinen Füßen ein trauernder Diener, der vor seinem toten Herrn kniet. Ich muß die nächste Bilderfolge besser planen, damit ich nicht wieder etwas auslasse.

Rouen, Donnerstag, am 10. des Christmonds 1069

Balduin hat Nachricht gesandt, daß Arnulf zum Weihnachtsfest zurückkehren solle. „Es sieht bedenklich mit Robert aus", schrieb er. „Aus allem, was er sagt, geht hervor, daß er gleichzeitig mit mir Graf sein und Flandern in zwei Länder aufgeteilt sehen will. So aber hat unser Vater es nicht gewollt. Wenn Robert darauf besteht, muß ich mich gegen ihn waffnen." Ich habe Arnulf gleich rufen lassen und ihm dies mitgeteilt. Er sah mich erschrocken an. „Ich kenne meinen Oheim kaum", sagte er, „aber ich mag ihn gut leiden. Wir sind ein paarmal miteinander auf die Jagd gegangen, und er hat mir viel erzählt. Das geht doch nicht, daß zwei Brüder sich bekriegen!" Ich habe mich entschlossen, Balduin einen warnenden Brief zu schreiben, denn ich denke immer noch an das, was Wilhelm sagte: Man solle eine Generation verstreichen lassen und dann sehen, wie man das Land unter einem neuen Herrscher wieder vereinigen könne. Balduin schätzt Wilhelms Rat sehr; ich will ihn jetzt eindringlich daran erinnern. Nun kommt zur Sorge um England und Maine auch noch die um Flandern hinzu!

Rouen, Freitag, am 18. des Christmonds 1069

Ein weiterer Bericht von Robert von Mortain hat mich erreicht. Beim Nahen des Königs, so schreibt er, hätten die Dänen York sofort verlassen und sich auf ihre Schiffe im Humber begeben. „Wilhelm hat sein Heer jetzt in drei Einheiten aufgeteilt", schrieb er. „Die eine schickt er nach York, damit sie dort die niedergebrochenen Festungen wieder aufbaut und die Stadt gegen mögliche neue Angriffe verteidigt; die zweite sendet er zum Humber, um die Dänen zu überwachen; und mit der dritten, die er selbst anführt, verfolgt er die Rebellen, die sich in waldigen und oft unzugänglichen Orten versteckt halten. Wir verteilen uns alle über einen Raum von hundert Meilen und zerstören sämtliche Lager der Rebellen, die wir finden können; wir verwüsten das Land, so daß vorerst nichts mehr darauf wachsen kann. Es muß alles Ödland werden, so daß die Rebellen dort nichts Lebendes vorfinden." Das ist eine grausame Methode, und ich weiß, daß Wilhelm dies nur in bitterer Notwehr tut. Sonst wird er die versteckten Rebellen dort nie aufspüren. Es muß bis zum Äußersten kommen, ehe er solche Mittel anwendet, aber ich weiß, daß er nicht vor ihnen zurückschreckt, wenn es in seine strategischen Pläne paßt. Daß gerade um die Weihnachtszeit ein solcher Krieg stattfinden muß, ist furchtbar traurig. Wie viele unschuldige Menschen müssen darunter leiden!

Rouen, Samstag, am 19. des Christmonds 1069

Heute ist Heinrich zum ersten Mal einige Schritte allein gelaufen; doch dann ist er gleich auf die Nase gefallen. Er strebte so schnell wie möglich zu Adele hin, die auf dem Schaukelpferd saß. Das ist nun schon stark abgenutzt, die Schwanzhaare fehlen, die Seiten sind abgeschabt, und die Steigbügel verbogen. Ich will ein neues bestellen lassen, damit unser kleiner Sohn sich noch manches Jahr daran freuen kann. Ob zu Weihnachten wohl Nachricht von Wilhelm kommen wird?

Rouen, am 1. Weihnachtsfeiertag 1069

Es ist dieses Mal ein trauriges Weihnachten am Hof. Wilhelm ist nicht hier – und auch der größte Teil der Curia nicht. Droben im Norden herrscht Krieg und Verwüstung. Meine einzige Freude war ein Brief von Wilhelm, den ich am 4. Advent erhielt. Er schrieb unter anderem: „Da die Dänen sich in ihr Winterquartier am Humber zurückgezogen haben, blieb mir genug Zeit, mich mit meinem Heer erneut in York zu etablieren. Wir bauen die Festungen wieder auf, und ich habe vor, das Weihnachtsfest mit großen Feierlichkeiten in York zu begehen. Krone und Zepter werden mir von fitzWymarc aus London gesandt. Ich gedenke, bis zum Jahresende hierzubleiben; doch dann geht die Jagd auf die angelsächsischen Rebellen weiter. Ich werde, uneingedenk des Wetters, bis zum Tees ziehen. Sie mögen sich jetzt sicher fühlen, doch ich bin ihnen auf der Spur. Meine Gedanken sind oft bei Dir und den Kindern. Verwalte meine Normandie weiterhin gut, damit mir dort der Rücken gedeckt bleibt. Das nächste Jahr wird kein leichtes sein, denn ich muß das Werk im Norden und auch im Westen beenden. Gebe Gott, daß ich die rechten Verwalter finde! Die Schuld am Aufruhr trifft nicht nur die Rebellen, sondern in gleichem Maße die Herren der Festung, die das Volk ungebührlich unterdrückt haben. Ich kann nicht an allen Orten zugleich sein. Meine treuen Vasallen sind meine Hände und Füße, mein Herz und mein Hirn; es ist schmerzlich, mich von ihnen im Stich gelassen zu fühlen. Es müssen viele Posten neu besetzt werden. Darüber später mehr. Küsse unseren jüngsten Sohn von mir. Wilhelm." So sehr ich mich über jeden Brief von ihm freue – dieser scheint mir unheilverkündend. So ist ein Ende des Krieges noch gar nicht abzusehen.

Rouen, Mittwoch, am 30. des Christmonds 1069

Ich muß das Bett hüten, weil ich mir eine starke Verkühlung zugezogen habe. Am 2. Weihnachtstag sind wir (die größeren Mädchen und ich) zum Waisenhaus geritten, wie wir es geplant hatten, obgleich ein starker Schneesturm herrschte. In den Räumen dort war es nicht sehr warm, und als wir zurückkehrten, mußte ich mich einer dringenden Rechtsfrage annehmen und kam nicht dazu, mich umzukleiden. Auch die Sorge um die Zukunft hat mich etwas matt gemacht. Doch wollte ich zum Ende des Jahres noch etwas eintragen. Er flatterte über ganz England und Schottland, und der letzte Zipfel reichte gerade noch über die Normandie. Ich hatte Angst, daß er unserem Land ganz entgleiten würde, und rief laut aus: „Es ist genug – genug!" Dann wachte ich auf, fühlte mein Herz aber noch stark klopfen. Ich glaube, die Trennung von ihm wird von Tag zu Tag schwerer. Gott gebe uns allen die Kraft, dem neuen Jahr tapfer entgegenzusehen und unser Bestes zu tun, der Menschheit Frieden und Gerechtigkeit zu sichern!

Rouen, Montag, am 4. des Hartung 1070

Gestern bin ich zum ersten Male wieder aufgestanden und zur Messe gegangen, doch fühle ich mich noch schwach. Ursula hatte Tag und Nacht das Feuer in meinem Schlafzimmer brennen lassen, und manchmal rauchte es, so daß ich großes Verlangen nach reiner, frischer Luft hatte. Ich war mit Clothilde und Agathe ein Stück ausgeritten, hatte mich aber warm eingehüllt. Die frische Winterluft war ein Elixier für meine Lunge. Der Schnee knirschte unter den Pferdehufen, und die Bäume trugen eine schwere Schneelast. Agathe und ich waren schneller vorangeritten und hatten Clothilde etwas hinter uns gelassen. An einer Waldschneise hielten wir die Pferde an und warteten auf sie. Eine Weile schaute ich still auf die friedliche Landschaft und genoß das tiefe Schweigen. Der Schnee dämpft alle Laute; wir hörten nur in der Nähe das Krächzen einer Krähe. Sie saß nicht weit von uns auf einem verschneiten Ast, und ich konnte deutlich ihr schwarzes Gefieder und ihre dunklen Augen sehen. Sie hockte leicht gebückt da – wie ein schuldbewußter Kobold. Als unsere Pferde zu stampfen begannen, flog sie in Windeseile davon – sie mißtraute uns. Ein paarmal sahen wir sie um die Äste der Bäume kreisen und hörten ihren melancholischen Klageruf. Er klang wie eine Herausforderung – wie eine Anklage an die schlimme Welt. Ich sah ihr nach, wie sie – gleich einer schwarzen Silhouette – über dem schneeigen Pfad dahinschwebte. Clothilde hatte uns inzwischen eingeholt, und hinter ihr flog ein ganzer Schwarm von Krähen. „Das sind Unglücksvögel", behauptete sie. „Dieses Jahr wird uns nichts Gutes bringen. Schon am Neujahrsmorgen habe ich sie gehört." Nun, daß uns Schweres bevorsteht, weiß ich eh, dazu brauche ich nicht die Botschaft der Krähen.

Ich habe König Eduards Begräbnis fertiggestickt, und nun bin ich bei dem Bild, wo zwei Männer des Witan Harald die Krone hinreichen. Er steht stolz da, den rechten Arm in die Seite gestützt, mit der Linken seine Streitaxt haltend, und um seinen Mund spielt ein zufriedenes Lächeln. *Hic dederunt Haroldo corona regis*[22], habe ich darübergestickt. Ich bin schon fast fertig und muß nur noch die Gewänder mit buntem Garn ausfüllen.

Rouen, Mittwoch, am 20. des Hartung 1070

Es ist ein sehr kalter Winter, und ich habe immer daran denken müssen, wieviel kälter es wohl hoch droben im Norden Englands sein mag. Nun erreichte mich heute ein Brief von Wilhelm mit guten Nachrichten. „Ich habe die Rebellen im Norden, wo sie ihre Schlupfwinkel haben, weiter verfolgt", schrieb er. „Bis zum Flusse Tees sind wir vorgedrungen, auf solch schmalen Pfaden, daß mein ganzes Heer oft zu Fuß marschieren mußte, die Pferde am Zügel haltend. Zwei Wochen lang habe ich das Flußufer abgesucht; und gestern kam einer der beiden größten Anführer der Rebellen freiwillig zu mir, um sich zu ergeben. Es war

Waltheof. Der andere, Gospatrick, kam nicht selber, sandte mir aber Boten, die mir seine Unterwerfung mitteilen sollten. Waltheof war in schlimmem Zustand, denn die Rebellen hatten lange gedarbt und viel Kälte erdulden müssen. Er stammelte voller Reue: ‚Ich will Euch alles erklären, Sir. Nehmt mich wieder in Gnaden bei Euch auf.' Ich ließ ihn abführen, ohne etwas zu erwidern. Seine Leute wurden gefangengenommen. Nachdem er sich in unserem Lager etwas gestärkt hatte, hörte ich ihn an. Er klagte bitter über das Verhalten von Wilhelm Malet und Gilbert von Gent, die seine Lehnsleute unterdrückt und für kleine Vergehen übermäßig grausam bestraft hätten. Einer von Gilberts Gefolgsleuten habe seine Base entführt und entehrt, und da habe er sich von der rebellischen Stimmung seiner Landsmänner mitreißen lassen, denn er habe großen Haß gegen die normannische Garnison empfunden und sich bereit erklärt, an der Vernichtung der Festung von York mitzuhelfen. ‚Es war eine Ehrensache für mich', erklärte er. Noch begnadige ich ihn nicht. Er behauptet, mir treu geblieben zu sein, versteht aber nicht, daß man seinem Herrn nicht ein Glied abhacken und ihm gleichzeitig ergeben sein kann. Seine Gefühle gleichen Irrlichtern, die ihn in den Sumpf locken. Doch ist er ein wackerer Ritter und feuriger Streiter. Ich werde ihn einige Zeit sich selbst überlassen. Gospatrick will ich die Grafschaft Northumberland zurückgeben; das ist vorerst der einfachste Weg zu einem schnellen Frieden."

Ich bin sehr erleichtert – doch schrieb Wilhelm auch, daß ihm noch ein schwieriger Rückmarsch nach York bevorstehe. Auf demselben Wege kehre er nicht mehr zurück, sondern wolle über das Penninische Gebirge marschieren – ein Weg, von dem man sagt, er sei für ein Heer unpassierbar. „Doch soll mich dies von meinem Vorhaben nicht abbringen. Im Hornung dürfte der strenge Frost nachlassen. Behüte meinen kleinen Sohn. Wenn alles ruhig bleibt, kehre ich in diesem Jahr für kurze Zeit zurück." Dieser letzte Satz ist ein Hoffnungsstrahl für mich, an dem ich mich aufrichte. Ich ließ sogleich Judith rufen, um ihr von Waltheofs Unterwerfung zu berichten. Sie hörte still zu, als ich ihr Wilhelms Brief vorlas; dann meinte sie: „Sein Name ist für immer befleckt; er gehört zu den Verrätern. Wie kann er das wiedergutmachen?" – „Wenn dein Oheim ihm vergibt, so mußt auch du es tun", sagte ich. „Du bist glücklicher dran als Agathe. Sie hat vergebens auf Haralds Umkehr gewartet." Dann zeigte ich ihr das Krönungsbild von Harald Godwineson, das ich gerade beendet hatte. An diesen langen Winterabenden sticke ich eifrig weiter. Sie betrachtete den stolzen König auf seinem Thron, mit Schwert und Zepter in den Händen, und den scheinheiligen Erzbischof Stigand neben ihm, der seine Hände seitlich ausbreitet und in dessen Augen heimlicher Triumph leuchtet. Danach las sie langsam die Überschrift: *Hic residet Harold rex anglorum.*[23] Eine Weile sinnierte sie vor sich hin; dann meinte sie: „Neun Monate lang war er nur König, und dann mußte er seine Tat büßen. So wäre es Waltheof auch gegangen, wenn er sich nicht anders besonnen hätte. Und wer weiß, vielleicht tut er es nur, weil er gegen den Ohi nicht ankann. Das kann keiner! Dann ist seine Bekehrung gar nicht mal echt." – „Dein Oheim wird es am besten wissen", versicherte ich ihr; „der kennt die Menschen gut." Sie seufzte und sah zu, wie ich das Garn aus einigen Pferdeschwänzen zog und statt dessen mein eigenes Haar hineinflocht. Das gefiel ihr gut. „So etwas will ich auch mal sticken, Muhme – mit meinem eigenen Haar." – „Das würde sehr hübsch aussehen", meinte ich, während ich ihr rötlich glänzendes Haar betrachtete. „Für wen willst du denn etwas sticken?" Sie errötete leicht und sagte: „Das weiß ich noch nicht." Judith ist nun fast 15 Lenze alt und ein hübsches, kräftiges Mädchen; ich wünsche mir sehr, daß mit Waltheof alles gut endet.

Rouen, Freitag, am 29. des Hartung 1070

Es hat sich nicht viel zugetragen. Mein kleiner Heinrich wird morgen schon ein Jahr alt; er wird von Tag zu Tag herziger. Ich frage mich, wie lange ich ihn noch nähren soll. Er ißt schon andere Dinge, doch trinkt er noch viel von meiner Brust, und das soll er auch. Ist er doch das letzte Kind, das ich stillen kann. Die drei kleinen Schwestern verwöhnen ihn sehr und sind immer um ihn. Wenn sie zusammen spielen, lachen sie oft, bis sie fast ersticken. Das Leben der Kinder ist so fröhlich und sorglos im Vergleich zu dem der Erwachsenen. Was geschieht, und wann geschieht es, daß die Welt auf einmal so ernst wird? Die Menschen ändern sich, wenn sie älter werden, aber nicht zum Besseren, wie es scheint. Ich werde das nie ganz verstehen.

Rouen, Freitag, am 12. des Hornung 1070

Robert von Mortain berichtete mir aus einem kleinen Dorf an der Wharfe, nicht allzuweit von York. „Liebe Schwägerin", begann er seinen Brief, „Du sollst wissen, wie es unserem König ergangen ist. Es war ein Todesmarsch durch das Gebirge, das noch von Schnee bedeckt ist. Endlose dichte Wälder im Winterfrost erstreckten sich vor uns, durch tiefe Täler ging es, fast ohne Rast, und nur selten fanden wir unterwegs ausreichend Nahrung für die Krieger. Wir verloren viele unserer Pferde, denn oft waren die Wege verschneit, so daß wir die richtige Spur nicht mehr fanden. Einmal sogar war Wilhelm uns abhanden gekommen. Erst nach Tagen fanden wir ihn mit sechs seiner Ritter wieder. Das Heer begann zu meutern, und fitzOsbern und ich hatten Mühe, die Leute aufzurichten. Doch Wilhelm trieb uns fortwährend zur Eile an. ‚Je mehr wir an einem Tage zurücklegen, um so eher sind wir am Ziel', sagte er immer wieder. Nun haben wir die schlimmste Strecke des Weges zurückgelegt, und das Land wird flacher. Bald werden wir in York sein, um die fertiggebauten Festungen zu besichtigen. Wir warten sehnsüchtig auf Tauwetter und den Beginn des Frühlings." Er legte auch ein kleines Billet für Mathilde bei, das ich ihr sogleich überbringen ließ.

Rouen, Aschermittwoch, am 17. des Hornung 1070

Ich bin soeben aus Bonneville zurückgekehrt, wo ich bei einer Gerichtsverhandlung zugegen sein mußte. Während meiner Abwesenheit war ein Brief aus York, aus Wilhelms Kanzlei, eingetroffen, der an die *Curia ducis* gerichtet war. Papà Roger hatte ihn geöffnet und teilte mir mit ernster Miene mit, daß es einen neuen Aufstand in England gegeben habe, diesmal in der Gegend von Chester – nicht weit von der walisischen Grenze. Der König, so habe man uns mitgeteilt, sei sofort aufgebrochen, ohne seinem Heer nach den schweren Strapazen eine Ruhepause zu gönnen. Obgleich der König damals die Rebellen bei Stafford zerstreut hatte, hätten sich wieder andere um Edric den Wilden geschart, welche die Festung Shrewsbury belagerten; und einige angelsächsische und walisische Aufrührer seien in Mercia am Werk. Wir würden vorerst nichts vom König hören, er sei auf dem Vormarsch nach Chester. Ich schaute Papà Roger so entmutigt an, daß er meine Hand nahm und sagte: „Madame, ich habe noch nie von einem König gehört, der im strengsten Winter Krieg führt. Nur unser Herzog und König vollbringt solches. Selbst Karl der Große hat den Winter am Herd verbracht und sich im Wonnemond jeden Jahres auf den nächsten Krieg gerüstet. Doch unser König tut, was nötig ist, ohne Verzug. Wir müssen ihm vertrauen. Er wird alles zum guten Ende führen."

Wir hatten am Morgen nach der Messe einen anhaltenden Schneefall. Ich habe mir auf der Landkarte den Weg von York nach Chester angeschaut. Er führt wieder über die Aire und einige Gebirgspässe. Dann aber wird das Land nach Westen hin flacher und passierbarer. So jedenfalls sieht es auf dem Pergament aus. Wie aber mag es in Wirklichkeit sein?

Rouen, Sonntag, am 28. des Hornung 1070

Nun ist schon der zweite Monat des Jahres zu Ende, aber ich habe noch nichts Weiteres von Wilhelm gehört. Es herrscht Tauwetter, und die Wege um das Schloß herum sind unpassierbar, das heißt, man kann schon darauf reiten, doch wird man dann arg bespritzt. Ich habe zu Judiths Entzücken damit begonnen, den Kometen zu sticken und davor mehrere Männer, die erregt mit ihren Fingern auf ihn zeigen. Der Komet sieht aus wie eine Sonne mit einem Schweif, der einem Besen gleicht. Judith ist wieder froherer Stimmung, seit sie weiß, daß Waltheof seine Tat bereut hat und zumindest eine kleine Rechtfertigung für sein Handeln hatte. Gerade jetzt regnet es in Strömen, doch es ist nicht mehr kalt draußen. In ein bis zwei Tagen sind wohl die letzten Reste des Schnees verschwunden. Mein kleiner Heinrich spielt vor mir auf einem Lammfell und läßt mehrere seiner kleinen Stofftierchen auf dem großen Zottelbären reiten. Er ist so vertieft in seine Beschäftigung, daß er nichts anderes um sich herum wahrnimmt. Doch wenn ich ihn leise anrufe: „Hein!", blickt er mich einen Augenblick lang strahlend an, wobei seine braunen Augen wie kleine Sterne leuchten. Dann aber senkt er wieder den Kopf und murmelt vor sich hin: „Da – Bäa – den mal, Bäa." Wenn die Tiere immer wieder herunterpurzeln, seufzt er schließlich auf: „O nei-nei-na!" Dann hält er inne, sieht mich ratlos an und erwidert mein Lächeln mit einem seligen: „Mamà!" Im nächsten Augenblick hält er mir freudig einen kleinen Esel hin. Nebenan im Kinderzimmer liest Adele ihren kleinen Schwestern Märchen vor. In der Normandie ist alles ruhig; die dramatischen Geschehnisse spielen sich im fernen Norden ab. Es gibt deshalb nicht oft etwas zu berichten.

Rouen, Samstag, am 13. des Lenzmonds 1070

Es liegt Frühlingsstimmung in der Luft, und heute hat Agathe mir die ersten Veilchen von einem Ausritt mitgebracht. Sie liegen in einer kleinen Schale neben mir, und ihr süßer Duft erinnert mich an Adelaide. Wie oft sind wir im Lenz ausgeritten und haben Büschel von diesen Frühlingsblümchen gepflückt! Sie fehlt mir auf Schritt und Tritt, denn ich konnte alles, alles mit ihr besprechen. Auch war sie für mich immer ein Stück von Wilhelm, denn sie war ja das einzige seiner Geschwister, das denselben Vater hatte.

FitzWymarc hat mir heute über eine furchtbare Hungersnot in Yorkshire geschrieben. Gospatrick hat es ihm mitgeteilt. Dort, wo der König weite Landflächen verwüstet habe, seien Tausende an Hunger gestorben. Zudem sei die Grafschaft noch ohne Erzbischof – wie zum Zeichen, daß sie verflucht sei. Ich bin zutiefst erschüttert. Kann denn gar keine Abhilfe geschaffen werden? Aber Wilhelm ist ja noch immer im Krieg, und er hat das Land droben so zugerichtet, daß die Rebellen sich in der Einöde nicht mehr halten können. Aber die vielen unschuldigen Menschen! Die lasten sehr auf meinem Gewissen.

Rouen, Samstag, am 20. des Lenzmonds 1070

Morgen beginnt der Frühling, und wir hatten schon recht warme Tage. Die vom Schnee durchtränkte Erde hat viele Frühlingsblümchen hervorgebracht, und auf dem Rasen im Herzogsgarten prangen Krokusse von blaßlila und gelber Farbe. Was mag mittlerweile in England geschehen sein? Ich höre von gar niemandem etwas und habe vor einigen Tagen an den Seneschall geschrieben, damit er mir Näheres mitteile oder einen Boten sende. Doch aus Maine sind sehr beunruhigende Nachrichten gekommen. Die Bürger von Le Mans haben sich gegen Gottfried von Mayenne aufgelehnt und sich als selbständige *Comune* erklärt. Dieses Wort habe ich noch nie zuvor gehört. Wie können Bürger etwas Selbständiges sein – ohne einen Lehnsherren? Gottfried hat sich gezwungen gesehen, ihre Forderungen anzuerkennen. Als sie dann mit Hilfe ihres Bischofs die Burg Sillé zerstörten, gelang es Gottfried, sie zu hintergehen und in verschiedene Richtungen zu zerstreuen. Er ist dann aber geflohen und soll sich in Château-du-Loir befinden, während man den jungen Hugo zu seinem Vater nach Italien zurückgeschickt hat. Die Gräfin Gersendis sitzt jetzt ganz allein in der Festung Le Mans. Ich möchte nicht in ihrer Haut stecken!

Als ich die Lage mit Papà Roger und Robert besprach, meinte ersterer, er habe schon als Kind von Verschwörungen gewisser Städte gehört, die sich *Communitas prima* nannten; auch in Neapel habe es sie unter dem Namen *Societas* gegeben. In Venedig sei es schon soweit gekommen, daß die Dogen nicht mehr das Erbrecht hätten, sondern vom Patrizierrat der Stadt gewählt würden. „So etwas kann ich mir gar nicht vorstellen, Sire", sagte ich. „Unser Herzog wird in seinem Lande nie ähnliches dulden." – „Im Augenblick kann er in Maine nicht eingreifen", sagte Papà Roger. „Doch wie ich Gottfried von Mayenne kenne, wird er nicht ruhen, als bis er wieder am Ruder sitzt. Hierzulande sind diese Freiheitsumtriebe noch ganz im Anfang. In Italien aber ist es anders; die Stadt Lucca hat seit einigen Jahren schon einen kommunalen Gerichtshof, der die Stadt verwaltet. Auch Mailand untersteht nicht mehr der bischöflichen Gewalt, und andere Städte kämpfen um denselben freien Stand, so zum Beispiel Piacenza und Cremona." Was sind dies nur für Zeiten! Überall herrscht Aufruhr und Unzufriedenheit! Während meiner Kinder- und Jugendzeit in Flandern habe ich nie Derartiges gehört. Jetzt aber ist selbst Flandern unter der Herrschaft meiner eigenen Brüder gespalten. Papà Roger sah mir meine Bestürzung an und sagte mit resigniertem Lächeln: „Madame, mit den Jahren gewöhnt man sich an die Welt und nimmt sie, wie sie ist. Ich habe zuviel gesehen, als daß mich noch etwas verwundern könnte. Doch wünsche ich mir einen ruhigen Lebensabend im Kloster – fernab der verderbten Welt." Als er das sagte, dachte ich an meine Abtei in Caen, an die stille Zelle, die dort für mich bereitsteht. Vielleicht kann ich zum Pfingstfest mit Agathe und Cäcilie dorthin. Wilhelm hat dieses schöne Fest fast immer dort verbracht. Wenn er mir nur bald schreiben würde!

Rouen, Freitag, am 26. des Lenzmonds 1070

Endlich ist Nachricht aus England gekommen, aber nicht von Wilhelm. Sein Bruder Robert schrieb mir in seinem Auftrag. Chester ist erobert worden, wobei sich Hugo von Avranches besonders ausgezeichnet hat, denn er habe – wie Robert schrieb – mit der Wildheit eines Wolfes gefochten. Man nenne ihn ja auch wegen seines Wappenschildes den „Wolf". Trotz seiner ständig zunehmenden Leibesfülle habe ihn niemand besiegen können. „Doch Du ahnst nicht, liebe Schwägerin, was Wilhelm seinem Heer mit diesem Marsch zugemutet hat. Es war furchtbarer als alles, was ich bisher an seiner Seite erlebt habe. Urwälder ohne Wege, steile Hügel und Moraste, ständige Überfälle der Feinde aus dem Hinterhalt, so daß die Krieger am Ende ihrer Kraft waren. Die Normannen murrten zwar laut, wagten aber nicht zu desertieren. Doch die Söldner – Bretonen und die aus Anjou – forderten ganz offen ihre Entlassung aus dem Heer. Sie könnten nicht länger einem Herrn dienen, der noch nie dagewesene waghalsige Unternehmungen verfolge, der ohne jedes Maßhalten ständig Dinge befehle, die undurchführbar seien. Wilhelm jedoch ließ sich dadurch nicht im geringsten erschüttern. Seinen Getreuen befahl er, ihm weiterhin zu folgen; die anderen würde er als Feiglinge verachten, wenn sie ihn zu diesem Zeitpunkt im Stich ließen. Doch wenn sie durchhielten, würde er sie – sobald der Feind besiegt sei – wie versprochen reich belohnen und alsdann entlassen. Es gelang ihm auch, die Meuterer zurückzugewinnen oder genug einzuschüchtern. Und weiter ging es durch Schluchten und Moore, über Berge und durch dichte Wälder, und die Schwierigkeiten schienen nur noch zuzunehmen, während wir uns durch dieses unbekannte Land vorwärtstasteten.

Glaube mir, ich habe an Wilhelms Seite in vielen Schlachten meinen Mann gestanden, in Valognes, in Val-ès-Dunes, in Mortemer und Varaville und dann in Hastings – doch noch nie hat Wilhelm über so viele Gefahren und Mißgeschicke triumphiert wie in diesem langen Feldzug durch den feindlichen Norden. Er war unbezwingbar, unermüdlich, marschierte seinen Rittern voran, die müde und hungrig einer traurigen Horde glichen und manche ihrer Pferde hatten töten müssen, um ihren Hunger zu stillen. Obgleich der Frost nachgelassen hatte, boten der schmelzende Schnee, der heftige und nicht endenwollende Regen sowie die Hagelstürme nicht weniger Unbehagen. Oft mußten wir einzeln hintereinander hergehen. Wilhelm selbst marschierte häufig zu Fuß und half den Fußsoldaten eigenhändig, einen Weg für die nachfolgenden Ritter zu bahnen. Als wir endlich, endlich Chester erreichten, schlug Wilhelm mit zäher Kraft das feindliche Heer nieder. In Chester und Stafford werden jetzt Festungen gebaut und mit genügend Vorrat versorgt. Es scheint, daß der Aufstand der Mercier endgültig gebrochen ist. Wilhelm hat die Grafschaft Chester Gundradas Bruder Gerbod zugedacht. Indem er ihn zum Grafen macht, wird sein Stand erhöht. Ich glaube, er wird Gundrada bald unserem Warenne zur Frau geben. Wir sind jetzt auf dem Weg nach Süden. Sobald wir Salisbury erreicht haben, wird Wilhelm sein Heer auflösen. Zu Ostern werden wir in Winchester sein. Auf Anraten fitzOsberns lassen wir unterwegs auch die Klöster durchsuchen, denn dort halten sich oft Rebellen versteckt, weil sie ihre Schätze daselbst verborgen haben. Die Dänen nisten noch immer im Humber. Osbern scheint es nicht damit zu eilen, nach Dänemark zurückzukehren. Wilhelm will deshalb noch vor Ostern mit ihm verhandeln."
Mein Gott, wenn ich mir dies alles vorstelle, so schaudert mir. Wilhelm muß in der Tat Übermenschliches vollbracht haben, wenn damit verglichen sogar die Schlacht bei Hastings verblaßt. Ich bin unsagbar stolz auf ihn. Hoffentlich wird nun endlich Frieden geschlossen, damit er heimkehren kann!

Rouen, Palmsonntag, am 28. des Lenzmonds 1070

Nun neigt sich die Fastenzeit dem Ende zu, und das Auferstehungsfest steht vor der Tür. Möge bald eine neue friedliche Zeit anbrechen! Ich habe heute etwas Trost im Plotin gesucht. Der spricht vom großen Weltenplan, der aus dem einen GEIST, dem einen Leben komme, und das bestehe aus lauter Teilstücken. „Indem Er die Teilstücke einander entgegenstellte und bedürftig machte, hat Er Ursprung und Bestand von Kampf und Schlacht bewirkt", so schreibt er. Wenn ich ihm Glauben schenken darf, so hat alles in der Welt seine Richtigkeit, „...denn obwohl Er sich selbst in Seinen Teilstücken feindlich gegenübersteht, ist Er ebenso mit sich eins und Freund wie der Plan eines Dramas einheitlich ist, obgleich es viele Kämpfe enthält. Das Drama hält die kämpfenden Elemente doch in einer gefügten Einheit zusammen, indem es den Gesamtverlauf der Kämpfe sich schließlich harmonisch abspielen läßt." Wie soll man das aber verstehen? Warum steht sich Gott in Seinen Teilstücken feindlich gegenüber? Um ein großes Drama mit unserem Leben zu beschreiben? Und warum? Warum müssen wir alle – doch eigentlich gegen unseren Willen – darin mitwirken? Manches im Leben spiele ich zwar sehr gern – aber anderes wieder gar nicht. Warum hat Er dies so eingerichtet?

Rouen, Mittwoch, am 31. des Lenzmonds 1070

Ich bin überaus glücklich, weil ich einen kleinen Brief von Wilhelm erhalten habe. „Mein Lieb! Verzeih mir das lange Schweigen, doch in den winterlichen Lagern blieb mir keine Muße zum Schreiben. Ich habe deshalb Robert von Zeit zu Zeit berichten lassen. Der lange Marsch von York über Chester nach Salisbury liegt wie ein Alptraum hinter uns. Trotz großer Entbehrungen und Prüfungen haben die meisten meiner Krieger tapfer durchgehalten. Ich habe heute die Söldner entlassen und ihnen reichlichen Lohn gezahlt, sie überdies mit einer Lobrede bedacht. Jene jedoch, die gemeutert und mich fast verlassen hätten, müssen noch 40 Tage länger im Dienst bleiben, ehe ich sie heimschicke. Dies um der Gerechtigkeit willen! Wir rüsten uns nun auf das Osterfest in Winchester. Wie sehr ich mir wünschte, daß Du mit unserem kleinen Sohn bei mir sein könntest! Doch will ich damit warten, bis ich weiß, daß keine Unruhen mehr vorauszusehen sind. In Gedanken schließe ich Dich in meine Arme. Wilhelm." Nun glaube ich, vor Sehnsucht nach ihm fast vergehen zu müssen. Möge Gott ein Einsehen haben und England den lang ersehnten Frieden schenken!

Rouen, Karfreitag, am 2. des Ostermonds 1070

Nach der Messe erreichte mich eine kurze Botschaft vom Seneschall fitzWymarc. Die Dänen, die sich den ganzen Winter über ruhig verhalten hätten, seien nun von ihrem eigenen König Sven verstärkt worden. Der Dänenkönig sei persönlich am Humber erschienen und habe eine neue Flotte mitgebracht. Alle Vogelfreien hätten sich um Hereward den

Wachen geschart und unterstützten die Dänen. König Wilhelm sei bereits auf dem Wege nach Osten, um ihnen entgegenzutreten. Das sieht sehr beunruhigend aus. Wilhelm wollte doch zu Ostern in Winchester sein. Ob dies einen erneuten Krieg mit den Dänen bedeutet? Ich will den Rest des Tages mit Beten verbringen. Gott *muß* mich heute erhören, und wenn ich bis zum frühen Morgen in unserer kleinen Kapelle zubringen müßte!

Rouen, Samstag, am 3. des Ostermonds 1070

Gestern, nach einem langen Gebet und dem Vergießen vieler Tränen, fühlte ich mit einem Male eine große Ruhe über mich kommen, und das verhaltene Lächeln der Madonna der Rosen schien mir sagen zu wollen: „Alles geht seinen richtigen Gang." Ich schlief in der Nacht gut und träumte etwas Schönes. Nur weiß ich nicht mehr genau, was es war; ich habe viele Blumen im Traum gesehen.

Rouen, Ostersonntag, am 4. des Ostermonds 1070

Heute fühle ich neue Hoffnung in mir aufsteigen. Die Sonne scheint am blaßblauen Himmel, und die ersten Narzissen blühen im Garten. Unsere Kinder haben freudig die mit Safran gefärbten Ostereier in Empfang genommen, und es gab eine süße Speise, mit Nelken und Zimt gewürzt, über die wir Traubensaft gossen. Unser neuer Koch bereitet seltsame Geflügelgerichte zu; so hatten wir heute gebratenen Schwan, neulich Möwen, die von der Küste gebracht wurden, und in seiner früheren Stellung als Hofkoch in Apulien, so sagt er, habe er öfter Pfauenbraten auftischen lassen, der besonders zart und schmackhaft sei. Er schenkte mir einige Pfauenfedern, die ich an meine Spiegeltruhe gesteckt habe, wo sie, ob der Spiegelung, doppelt zu sehen sind. Die Festessen und überhaupt alle Speisen werden in der Normandie viel besser zubereitet als in England. Doch ach, wieviel lieber wäre ich heute in Winchester! Ob Wilhelm überhaupt dort weilt – oder ob es wieder zu Kämpfen mit den Dänen gekommen ist?

Rouen, Mittwoch, am 14. des Ostermonds 1070

Es hat sich viel in England ereignet. Ganz plötzlich wurde mir Odo angekündigt, den Wilhelm geschickt hatte. „Frau Königin", sagte er lachend, indem er seinen starken Arm um mich legte, „diese Umarmung gebe ich dir im Auftrag deines Gemahls, der es für angemessen hielt, einen lebendigen Zeugen zu senden. Zum Schreiben hatte er noch keine Muße, geschweige denn zum Reiten. Und du weißt, daß dies eine Beschäftigung ist, auf die er nur ungern verzichtet." – „Wie ist es mit den Dänen gegangen, Odo?" fragte ich, nachdem wir ihm eine Erfrischung angeboten und ich Robert, Agathe, Cäcilie, Richard, Adi und Judith herzugerufen hatte. Die kleineren Kinder waren nach der Begrüßung wieder davongelaufen. „Wir wissen es nicht", sagte Odo. „Sie hatten sich den Winter über damit beschäftigt, die Insel Ely für eine Verteidigung vorzubereiten und hatten viele der Geächteten bei sich aufgenommen. Hereward ist ihr Anführer. Da er sich aber noch nicht gerührt hat, ist Wilhelm zuerst nach Winchester zurückgekehrt, um dort nicht nur das Osterfest zu feiern, sondern auch das nachfolgende Kirchenkonzil zu halten. Er meint zwar, daß er ein Auge auf die Lage in den Fenns halten müsse, daß jedoch vorerst keine Gefahr sei." Hier unterbrach ihn Cäcilie, die wissen wollte, wie es zu Ostern in Winchester gewesen sei. „Ganz prächtig", sagte Odo. „Dein Vater wurde wieder feierlich gekrönt, und zwar von drei Kardinälen, die eigens als Gesandte des Papstes gekommen waren und längere Zeit in England bleiben sollen. Sie haben dem König große Ehren erwiesen und nannten ihn einen durch seine Treue hervorragenden Sohn der Kirche."

Er machte eine kleine Pause und fuhr dann fort: „Sie kamen noch in einer anderen Affäre – und die hatte mit Stigand zu tun. Er ist durch das Kirchenkonzil seines Amtes enthoben worden – ein Amt, das er seit Jahren ohne kanonische Gültigkeit innehatte, während sein Vorgänger, Robert von Jumièges, noch lebte und politischer Gründe wegen aus dem Lande getrieben wurde. Das wißt ihr Kinder alles nicht mehr, denn das geschah schon vor vielen Jahren. Ich glaube, Stigand ahnte etwas, als man ihm die bevorstehende Verhandlung ankündigte. Wilhelm hatte ihm damals, im Christmond 1066, nicht gestattet, die Krönungsfeier zu halten, und hat ihn bisher nur geduldet, weil er nach der gewonnenen Schlacht zwischen ihm und den englischen Magnaten vermittelt hatte." Er stockte und sah etwas verdrossen vor sich hin. „Wer wird nun seine Stelle einnehmen?" fragte ich. Odo schaute mich von unten herauf an: „Warum meinst du, liebe Schwägerin, daß er Lanfranc hat nach England kommen lassen? Doch geht die Rechnung nicht auf, denn Lanfranc weigert sich, das Amt anzunehmen. Wilhelm hat lange mit ihm geredet und ihn zu überzeugen versucht, doch umsonst. Die Sache muß jetzt durch die drei Kardinäle Ermenfrid, Johannes und Peter dem Heiligen Vater unterbreitet werden." Ich merkte Odo an, daß er diesen Posten für sich selbst erhofft hatte, obgleich er nichts darüber erwähnte.

Nun fragte Robert: „Kann der Stigand denn jetzt nicht vom richtigen Papst eingesetzt werden? Dann wäre ja alles in Ordnung." Odo schüttelte den Kopf. „Es liegen andere Anklagen gegen ihn vor", sagte er. „Stigand hat neben dem hohen Amt des Erzbischofs auch noch den Bischofssitz von Winchester beibehalten. Außerdem hat er den Sitz des Erzbischofs innegehabt, während sein Vorgänger noch lebte, und hat während der Messe das Pallium getragen, das Robert von Jumièges in seiner eiligen Flucht vor den Godwines zurückgelassen hatte. Sein eigenes Pallium erhielt er ja vom Gegenpapst, Benedikt X. Stigand verteidigte sich mit keinem Wort, als diese Klagen gegen ihn vorgebracht wurden. Er wurde seiner Ämter enthoben, ebenfalls sein Bruder Aethelmer, der Bischof von Ost-Anglien, weil er vermählt ist." – „Was wird nun aus ihm?" fragte Robert mit einigem Mitgefühl. „Er hat einen großen Landsitz in Ost-Meon, wo er sorglos leben kann", meinte Odo leichthin. „Es wurden nur 8 der 15 Bischöfe als unbescholten befunden. Leofric von Lichfield, der eine Frau und zwei Söhne hat, entsagte seinem Sitz, noch ehe das Konzil begann. Er will in das Kloster zurückkehren, in dem er erzogen wurde. Wilhelm hat noch keinen Nachfolger für ihn ernannt. Auch ist noch nicht entschieden worden, wer den Sitz in York erhalten soll. Es gibt eben nicht allzuviele, die ein im allerhöchsten Sinne unbescholtenes Leben führen." Das sollte eine versteckte Anklage gegen Wilhelm sein, deshalb sagte ich geschwind: „Lanfranc ist ein solcher, und wir wollen hoffen und beten, daß er der oberste Hirte in Canterbury wird." Odo lachte daraufhin und sagte sarkastisch: „Ich bin froh, daß Wilhelm mir eine Grafschaft anvertraut hat. Als Bischof scheine ich ihm nicht mehr viel zu bedeuten."

Später kam Robert zu mir, als ich über meiner Stickerei saß, und betrachtete eine Weile den Kometen, den ich ganz oben in schönen Farben angebracht habe, und daneben König Harald, dem ein Bote gerade von der unheilverkündenden Himmelserscheinung berichtet. „Man kann sich nicht einfach zum König oder Bischof machen, Mutter, wenn ein anderer schon im Amt ist oder dafür bestimmt wurde", meinte er. „Dann kommt immer irgendein Unheil nach, nicht wahr?" Ich nickte. „Ja, Robert. Früher oder später gleicht Gott alles wieder aus." Dann seufzte ich und sagte: „Wenn nur diejenigen, die sich in allem trefflich für ein solches Amt eignen, es auch annehmen würden! Durch Lanfrancs weise Führung und deines Vaters Tatkraft würde England ebenso aufblühen wie jetzt die Normandie." Heimlich nahm ich mir vor, innig darum zu beten, als Robert zu meiner Überraschung sagte: „Wir müssen jetzt jeden Tag beten, Mutter, daß Lanfranc der Erzbischof wird." Ich schaute meinen Erstgeborenen liebevoll an. Robert ist ein schmucker Jüngling geworden, hat einen klaren, freien Blick und ist bei all seinen Gefährten beliebt. Auf meine Bitte holte er Agathe und Cäcilie herbei, und wir beschlossen, daß wir unseren Erzbischof Johannes bitten wollten, eine besondere Messe zu halten, die diesem Anliegen gewidmet ist.

Rouen, Sonntag, am 18. des Ostermonds 1070

Seit Tagen haben wir gebetet, und heute hat die sehr schöne Messe stattgefunden, während der unser Erzbischof Gott anflehte, Seinen Willen durch den Heiligen Vater kundzutun und der Kirche Christi in England den rechten Hirten zu senden. Ich fühlte mich danach im Herzen wunderbar gestärkt und bin, nur von Robert begleitet, ausgeritten. An einem sonnigen Platz, dicht am Ufer der Seine, machten wir etwas Rast und setzten uns auf zwei große Steine nieder. Im Gras blühten mancherlei Frühlingsblumen, und die Sonne schien warm. „An solch schönen Frühlingstagen würde ich gern irgendwohin reisen", sagte Robert mit sehnsüchtigem Blick. „Am liebsten nach Rom, um einmal den Heiligen Vater und das Grab vom Apostel zu sehen." Robert hat in letzter Zeit einen religiösen Eifer, den ich nie zuvor an ihm bemerkt habe. Das ist sicher dem guten Einfluß von Arnulf de Chocques zuzuschreiben, der Cäcilie unterrichtet, aber auch meine anderen Kinder öfter unterweist. Dieser hat eine Art, seinen Lehrstoff fesselnd darzustellen, und Robert reagiert mit derselben Begeisterung darauf, die seinem Großvater gleichen Namens zu eigen war.

Das Schönste an diesem Tag aber war eine Botschaft von Wilhelm. Er schrieb mir eigenhändig noch manche Neuigkeiten, die Odo mir nicht mitgeteilt hatte. Gerbod, Gundradas Bruder, ist nun Graf von Chester geworden. „Während des Kirchenkonzils", schrieb er, „wurde der Text verlesen, den wir trotz der vielen Störungen und Kämpfe vorbereitet hatten und der das Ende der Gewalttätigkeiten verkünden soll. In ihm sind die kanonischen Bußleistungen vermerkt, die all jenen vorgeschrieben werden, die mir im Kriege gedient haben. Dazu gehören als erstes: Gewalttaten, die in Hastings geschehen sind. Dafür gibt es ein Jahr Buße für jeden getöteten Mann, 40 Tage für jeden verwundeten. Wer nicht genau weiß, wie viele Opfer er verschuldet hat, soll sich nach dem Rat des Bischofs richten und einen Tag in der Woche Bußleistungen vollbringen, auch wenn sich dies bis ans Lebensende erstrecken sollte. Als Bußleistung gilt ebenfalls der Bau einer Kirche. Die Bogenschützen, deren Pfeile ins Unbekannte treffen, leisten eine Bußzeit, die insgesamt drei Fastenzeiten entspricht. Zweitens betrifft es Gewalttaten, die zwischen der Schlacht von Hastings und der Krönung geschehen sind: ein Jahr Buße für jeden getöteten Mann, den man aus Notwehr aus dem Wege schaffen mußte; drei Jahre Buße, wenn dies nicht der Fall war. Drittens geht es um Gewalttaten, die nach der Krönung geschehen sind: Wenn es sich um den Mord an einem Unbewaffneten handelt, so wird der Mörder nach den kanonischen Strafen für Totschlag verurteilt. Handelt es sich um einen bewaffneten Rebellen, so gelten die vorherigen Bestimmungen. Als viertes zählen Diebstahl und Angriffe gegen die Kirchen, für die der allgemeine Rechtsspruch gilt. Es war ein feierlicher Augenblick, als alle anwesenden Ritter und Krieger niederknieten und den heiligen Schwur taten, sich dieser Bußen zu unterziehen und sich dadurch von ihrer Blutschuld reinzuwaschen. Seit langem hat mir dies auf der Seele gelegen. Laß uns hoffen, daß dies der Auftakt zu einer langen Friedenszeit ist." Diese Botschaft hat mich sehr, sehr glücklich gemacht und mir neue Hoffnung eingeflößt. Ich habe sofort Robert und auch den anderen größeren Kindern davon berichtet. Wir alle fahren fort, für Lanfranc zu beten. Ans Ende seines Briefes hatte Wilhelm geschrieben, daß Mabille mit ihrer ältesten Tochter Mathilde spätestens am Anfang des Wonnemonds nach England kommen solle, und daß ich ebenfalls Gundrada und Judith schicken solle. Sie müßten vor dem Pfingstfest in Barking eintreffen. Zuerst verwunderte mich dies sehr. Warum läßt er nicht nach mir schicken, dachte ich, warum nach den anderen? Dann aber ahnte ich sein Vorhaben. Er wird zu Pfingsten einige Paare einander anverloben. Doch Judith scheint mir noch zu jung. Ob Wilhelm Waltheof wieder in Gnaden aufgenommen hat?

Rouen, Mittwoch, am 21. des Ostermonds 1070

Mabille will schon in einigen Tagen reisen und freut sich sehr darauf. Auch Gundrada ist freudig erregt. Nur Judith sieht der Reise mit widerstrebenden Gefühlen entgegen. Sie freut sich sehr auf ihren Ohi, aber warum ruft er nur sie und nicht ihre Schwester Adi? Sie ahnt wirklich nichts, fragte mich aber heute: „Was soll ich tun, Muhme, wenn Waltheof wieder am Hof ist? Ich will ihn mit meinen Blicken und Worten strafen, aber wie mache ich das am besten?" Ach – wie mir ihre Worte die eigenen qualvollen Wochen in Erinnerung rufen, als ich mich gegen Wilhelm aufzulehnen versuchte. „Frag deinen Oheim um Rat", sagte ich, „und folge ihm dann." Sie sah mich zweifelnd an. „So etwas kann man einen Mann nicht fragen", meinte sie. Ich lachte. „Du wirst, wenn du Waltheof wiedersiehst, schon wissen, wie es um ihn steht." Gundrada ist unentwegt beim Packen der Truhen, und Adi will ihre Schwester zur Küste begleiten. Wir schicken ein großes Geleit mit.

Rouen, Mittwoch, am 28. des Ostermonds 1070

So groß unsere Hoffnung auf den bleibenden Frieden auch war, sie wurde uns heute durch die Nachricht zunichte gemacht, daß König Malcolm im Norden Englands wieder die Grenzen übertreten und große Verwüstungen in Durham und Cleveland angerichtet habe. Doch was uns freute, ist, daß Gospatrick jetzt seine Grafschaft verteidigt und gegen seinen ehemaligen Verbündeten zu Felde zieht. Wilhelm meint, er selbst brauche diesmal nicht einzugreifen – es handele sich nur um einen der häufigen Grenzkämpfe im Norden. Ich muß mich damit abfinden, daß es immer irgendwo auf der Welt Krieg geben wird.

Rouen, Sonntag, am 2. des Wonnemonds 1070

Judith hat mir bereits ein Brieflein geschrieben, denn schon kurz nach ihrer Ankunft in Barking ist sie Waltheof begegnet. „Mir scheint es, als ob der Ohi das so gewollt hat", schrieb sie; „denn er veranstaltete eine kleine Jagd, wo ich dabeisein durfte und an der auch Waltheof teilnahm. Der hatte gar nicht gewußt, daß ich nach England gekommen war, und wurde vor Freude ganz rot im Gesicht, als er mich sah. Ich aber habe den Kopf gleich weggedreht und bin in eine andere Richtung geritten. Er soll nur wissen, wie ich über ihn denke. Aber dann, Muhme – denkt Euch nur, hat mich der Ohi am Abend zu sich gerufen und mir gesagt, daß er mich dem Waltheof versprechen will. Wir haben dann zum allerersten Mal ein Wortgefecht gehabt. Denn sonst tue ich immer gleich, was er will. Schließlich hat er meine Hand genommen und gesagt: ‚Mouche, du hast ihn gern, nicht wahr?' – ‚Ja', habe ich gesagt, ‚aber er hat Euch betrogen, Oheim.' – ‚Er hat es bereut', meinte der Ohi; ‚muß jemand für seinen Irrtum für immer bestraft werden? Du kannst ihm helfen, dem Königshaus treu zu sein und England unter meiner Führung stark zu machen. Ich brauche Angelsachsen, die mit mir am selben Strange ziehen. Und er ist willig und fähig. Willst du mir helfen?' Als er mich dann so ansah – Ihr wißt schon, Muhme, wie er einen manchmal anschaut –, da konnte ich nicht länger hart bleiben. ‚Aber ich will mir alles vom Herzen reden und ihm sagen, was ich denke', erklärte ich dem Oheim. Da nickte er und sagte: ‚Tue das. Du sollst bald Gelegenheit haben, mit ihm allein zu sprechen.' Davor habe ich jetzt schon Angst. Wenn das überstanden ist, schreibe ich es Euch. Ihr seid ja nun meine Mutter – und seid schon immer meine zweite Mutter gewesen. Verzeiht den Tintenklecks; ich mußte weinen und habe das Papier naß gemacht. In mir toben Freude und Schmerz wild durcheinander. Das Leben ist doch nicht einfach! Ich küsse Euch lieb. Judith." Ich ließ den Brief sinken und lächelte vor mich hin. Noch ein paar Jahre, und unsere kleine Judith wird sich vermählen. Wenn Adelaide dies doch noch erlebt hätte!

Rouen, Dienstag, am 11. des Wonnemonds 1070

Zu meiner Freude traf wieder ein Brief von Wilhelm ein, der mir und Robert für unsere Gebete dankt. „Es geht nicht nur um den Sitz des Erzbischofs von Canterbury, sondern auch um den von York", schrieb er. „Bisher war es in England üblich, nur einen *Bischof* für das Amt des Erzbischofs in Erwägung zu ziehen. Wie Du weißt, habe ich mich in der Normandie nie an eine solche Regel gehalten. Ich wähle diejenigen, die ich für die fähigsten halte. Lanfranc ist kein Bischof, noch ist es Thomas, der Kanonikus von Bayeux, der Odos besonderer Schützling war. Du wirst Dich auf ihn entsinnen. Es ist ein Mann von großer Geistes- und Willenskraft, den ich im Norden des Landes gut brauchen kann. Doch kann ich ihn nicht eher weihen lassen, als bis Lanfranc vom Heiligen Vater bestätigt worden ist. Mir eilt es damit, denn ich lasse die Bischofssitze nicht lange unbesetzt, wie es andere Fürsten tun, die derweil die Steuern selbst einziehen. Dies halte ich für ein weltliches Laster, dem ich durch mein Beispiel entgegenwirken will." Ob Odo gar nichts wegen Thomas gewußt hat? Er erzählte mir nichts darüber, obwohl er ihn besonders ins Herz geschlossen hat. Oder kränkt es ihn, daß sein Schüler nun ein solch hohes Amt erhält und er selbst nicht?

Wilhelm schrieb außerdem noch, daß man damit begonnen habe, in Hampshire 75 000 Ackerstücke Brachlands in einen Wald zu verwandeln. Eine große Anzahl Förster sei bereits damit beschäftigt, Bäume zu pflanzen. Doch wolle er auch noch einige der bereits fruchtbaren Landstücke hinzufügen, so daß man nicht ganz so lange auf den neuen Wald zu warten brauche. Es handele sich um etwa 20 Dörfer und ein Dutzend kleiner Weiler. „Ich werde einige Familien umsiedeln", schrieb er, „damit niemand in der Nähe dieses neuen Waldes wohnen bleibt. Die Gefahr des Wilderns ist zu groß, besonders bei den Angelsachsen." Was für große Pläne er hat! Aber ein richtiger Wald im Süden des Landes ist wirklich nötig, denn es ist immer Wilhelms Gewohnheit gewesen, seine Krieger während längerer Friedenszeiten in der Übung zu halten; und auf solche Zeiten wollen wir ja hoffen.

Rouen, Freitag, am 28. des Wonnemonds 1070

Heute endlich haben mich wieder Nachrichten aus England erreicht – Briefe von Wilhelm und Judith. Als wir vor fast zwei Wochen das Pfingstfest feierten, habe ich innig an meine Lieben in England gedacht und mich gefragt, was sich dort alles zugetragen haben mag. Wilhelm berichtete, daß die beiden Kardinäle noch nicht aus Rom zurückgekehrt seien, doch sei unter der Leitung des dritten Kardinals, Bischof Ermenfrid, ein neues Kirchenkonzil in Windsor gehalten worden, wo auch König Eduard oft Hof gehalten habe. „Während des Konzils wurden mehrere englische Bischöfe ihres Amtes enthoben", schrieb Wilhelm. „Die Bischofssitze wurden mit Normannen besetzt. Zum Bischof von Winchester habe ich meinen Kastellan Walchelin ernannt. Ich hege große Hoffnungen, daß diese neuen Prälaten die angelsächsischen Kirchen in Rom wieder zu Ansehen bringen werden. Ermenfrid hat Walchelin sofort geweiht, doch mit der Weihe des Thomas müssen wir noch etwas warten. Bete weiter, denn Lanfranc ist nach Caen zurückgekehrt, wie wir hörten, und hat sich noch immer nicht geäußert. Sobald die Kardinäle aus Rom eintreffen, werde ich sie in die Normandie schicken. Einige meiner dortigen Vasallen, darunter Roger Beaumont, sollen sie zu Lanfranc hingeleiten.

Lanfranc behauptet, der englischen Sprache nicht mächtig genug zu sein, noch die Sitten und Bräuche der Angelsachsen genügend zu kennen. Doch was tut das schon? Seine Weisheit, seine Heiligkeit bedarf keiner englischen Worte, um sich Ausdruck zu verschaffen. Ich setze meine ganze Hoffnung auf den Papst, der damals in Le Bec Lanfrancs Schüler war. Auch habe ich dem Abt Herluin von Le Bec geschrieben, Lanfranc umzustimmen. Mir sagte letzterer, ehe er England verließ: ‚Ich eigne mich zum Lehren und zum mönchischen Leben, doch nicht zum Regieren.' Du aber weißt, Mora, wie oft ich gerade ihn in Fragen der Staatsführung um seinen weisen Rat gebeten habe; nie ist er mir eine Antwort schuldig geblieben. Ich will keinen anderen in diesem Amt wissen als ihn und werde nicht eher ruhen, als bis ich ihn mit Hilfe des Heiligen Vaters umgestimmt habe." Ich will nun weiter beten, denn es scheint mir nicht so gewiß, daß es Wilhelm gelingen wird. Als er Lanfranc damals zum Erzbischof von Rouen machen wollte, hat dieser sich ebenfalls geweigert, ist selbst nach Rom gezogen und hat die Zustimmung des Papstes für seine Weigerung erhalten. Wer wird dieses Mal der stärkere von beiden sein?

Zum Schluß teilte Wilhelm mir mit, daß es zwei Vermählungen zu Pfingsten gegeben habe: Gundrada sei Wilhelm von Warenne angetraut worden und Mathilde seinem Bruder Robert. Unsere Judith habe er dem Waltheof anverlobt, was Edwin und Morcar mit bitterer Miene hingenommen hätten. Edwin habe nach Agathe gefragt und sei sehr enttäuscht gewesen, daß sie nicht mit nach England gekommen war. „Ich dränge Agathe nicht zu einer Ehe mit ihm", schrieb er, „denn ich bin mir Edwins nicht sicher. Zwar hat er sich nicht an der Revolte beteiligt, kann sich aber auch nicht voll mit meinen Maßnahmen einverstanden erklären. Er steht unter Morcars Einfluß, der mich meidet und vorhat, den Hof bald zu verlassen, um in seine Grafschaft zurückzukehren. Wie Du weißt, trügt mich mein Gefühl selten."

Der Brief von Judith hat mich aufgeheitert. Sie schrieb sich alles vom Herzen, und ich will es hier wiedergeben: „Meine geliebte Muhme! Ach, hättet Ihr doch bei diesem Pfingstfest dabeisein können! Es war so festlich in diesem Schloß mit den beiden Vermählungen und meiner Verlobung. Könnt Ihr Euch denken, daß ich nun Braut bin? Ich muß Euch erzählen, wie alles gegangen ist – es war ganz anders, als ich es mir gedacht hatte. Der Ohi rief mich eines Abends zu sich, und als ich in den kleinen Audienzsaal trat, spielte er dort Schach mit Waltheof. Ich erschrak nicht wenig, als ich diesen erblickte, und auch Waltheof wurde rot im Gesicht und schob verlegen eine Figur auf dem Schachbrett hin und her. Ich hatte ihm ja bei unserer ersten Begegnung gleich den Rükken gekehrt. Da sagte der Ohi: ‚Ich habe dich rufen lassen, Mouche, damit du mich ablöst. Das Spiel ist gut im Gange, doch darf ich die Bischöfe nicht länger warten lassen. Beende du das Spiel mit ihm.' Dann stand er auf, zwinkerte mir zu und drückte mich auf seinen Stuhl nieder. Ich sagte nichts und blickte auch nicht auf. Eine Weile stand der Oheim noch neben mir, seine Hand auf meiner Schulter, und sah, wie ich mit dem Springer Waltheofs Turm bedrohte. Dann ging er. Waltheof schien mit seinen Gedanken ganz woanders zu sein, denn er schob ziellos einen Bauern nach vorn, und ich nahm ihm den Turm weg. ‚Oh', sagte er da, ‚meine Festung ist erobert worden.' Dann begann er von allen Seiten meine Dame anzugreifen. Ich stellte schließlich meinen Läufer so hin, daß er seinen König verlieren mußte, wenn er meine Dame nahm, und sagte stolz: ‚Schach dem König!' Da blickte er auf und lachte: ‚Was kümmert mich der König? Ich habe es auf seine Dame abgesehen;' und damit nahm er die Schachfigur von meinem Brett und hielt sie an sein Herz. Das ärgerte mich, und ich sagte: ‚Der König kommt in allem zuerst.' – ‚Ja', sagte Waltheof, indem er seine Hand auf meine legte, ‚ohne den König erhalte ich auch meine Dame nicht.' Das machte mich sehr verlegen, und ich schaute verstohlen zu den beiden Pagen hin, die gelangweilt an der Tür standen und auf dem Mauervorsprung mit Würfeln spielten. Meine Dienerin saß am anderen Ende des Raumes und stickte. Ich war wirklich ganz allein mit ihm.

Da sagte er: ‚Unser großer König hat mir vergeben. Wollt auch Ihr es tun?' Da stieg wieder der ganze Kummer in mir auf, und ich sagte recht heftig: ‚Wie konntet Ihr ihm das antun und ihn verraten?' Da hielt er meine Hand nur noch fester und sagte: ‚Ich habe es tief bereut, Mademoiselle, denn ich handelte im Affekt. Nun aber bin ich ihm so treu ergeben, wie ich es von Anfang an war.' Als ich nichts sagte, nahm er meine beiden Hände und drückte sie so fest, daß ich leise aufschrie und sagte: ‚Das tut weh!' Da ließ er mich los und meinte: ‚Es tut noch viel weher, bei Euch in Ungnade gefallen zu sein.' Ich schaute ihm daraufhin in die Augen – oh, Muhme, er hat solch wunderbare blaue Augen, unschuldig und voller Gefühl, und diese Augen flehten mich an, und da konnte ich nicht anders, da mußte ich sagen: ‚Ich verzeihe Euch.' Er lehnte sich mit einem erleichterten Seufzer in den Stuhl zurück, und plötzlich warf er mit der rechten Hand alle Schachfiguren auf dem Brett um, so daß es laut klapperte und die Pagen etwas erschrocken zu uns herübersahen. ‚Die alte Schlacht ist vorbei und vergessen', sagte er; ‚wir fangen jetzt ein ganz neues Spiel an.' Und so begannen wir beide, unsere Figuren wieder aufzustellen und ein neues Spiel zu machen. Das dauerte zwei Stunden, bis es schon spät war und die Dienerin sich auf einmal vorwurfsvoll vor mich hinstellte. Wir hatten es noch nicht beendet, aber ich glaube, er hätte es gewonnen.

Am Pfingsttag, als verkündet wurde, daß ich ihm anverlobt sei, küßte er meine beiden Hände und meinen Mund. Beim nachfolgenden Tanz wich er nicht von meiner Seite, und ich habe sogar zwei kleine Becher Weines getrunken. Aber heimlich, so daß der Ohi es nicht sah. Am zweiten Pfingsttag sind wir über Land geritten, und der ganze Hof war dabei. Da pirschte sich Edwin an mich heran und fragte, warum ich meine Schwester Agathe nicht mitgebracht hätte. ‚Sie ist doch nur meine Milchschwester', sagte ich ihm lachend, aber das verstand er nicht. Das Wort gibt es im Angelsächsischen gar nicht. Edwin ist der schönste von allen, Muhme; ich wünschte, ich hätte ihn nehmen können. Er sieht aus wie ein junger Gott; alles an ihm ist so ebenmäßig, die Nase, der schöne Mund, die Augen von der Farbe des Himmels und die dichten blonden Locken, die noch viel heller sind als die von Waltheof. Er sah traurig aus, aber ich konnte ihm doch nicht helfen. Waltheof aber sieht jetzt ganz glücklich aus, und mit ihm kann man sich besser unterhalten und mehr Spaß haben als mit Edwin. Und den Morcar mag ich schon gar nicht, der ist so hochmütig. Ach, hätte doch meine liebe Mutter diesen Tag noch erleben können! Ob sie uns vom Himmel aus sehen kann? Ich grüße und küsse Euch, meine geliebte Muhme und Mamà. Eure Judith."
Möge meine kleine Judith mehr Glück mit ihrem angelsächsischen Ehemann haben als meine große Judith es hatte, von der ich nur noch selten höre.

Rouen, Donnerstag, am 10. des Brachmonds 1070

Als ich heute nachmittag im Herzogsgarten saß, um den schönen Sommertag zu genießen und Klein-Heinrich an meiner Hand im Gras laufen zu lassen, kam Adeliza zu mir gesprungen. Die drei Mädchen hatten mit Cäcilie in der Laube gesessen, wo diese ihnen Geschichten von Heiligen erzählte. „Denk mal, Mamà", sagte sie ganz erregt, „der heilige Lannie hat den Glockenläuter ganz schlimm mit seiner Peitsche gehauen. Nur weil er ein bißchen gespielt hat! Den mag ich nicht leiden." Ich wußte gar nicht, wovon das Kind redete und fragte später Cäcilie. Die lachte sehr darüber und erklärte mir: „Der hl. Landry war vor einigen Jahrhunderten Bischof von Paris. Der war aber sehr gutherzig, denn als sie dort eine Hungersnot hatten, verkaufte er seine besten Möbel und sogar heilige Gefäße, damit die Armen etwas zu essen hatten." – „Was hat Adeli denn falsch verstanden?" fragte ich. „Ach so", meinte sie. „Der Heilige war ein so großer Heiliger, daß er auch, nachdem er gestorben war, noch für Ordnung sorgte. Da war ein Glöckner von St. Germain, der aus lauter Langeweile in der Kirche mit Würfeln spielte. Als er das in der folgenden Nacht wieder tat, erschien ihm der hl. Landry mit einer Peitsche in der Hand und schlug den Glöckner damit. ‚Schämst du dich gar nicht', rief er mit lauter Stimme, ‚diesen heiligen Ort zu entweihen?' Da hat der Glöckner vor Schreck die Würfel fallen lassen; und am nächsten Morgen konnte er auf seiner Haut noch die Striemen erkennen und wußte, daß er nicht geträumt hatte." Agathe und Cäcilie lesen alle Bücher über die Heiligen, die sie finden können. Das ist mir lieber, als wenn sie Geschichten von Zauberern in die Hand bekommen, so wie neulich Rufus, der...

Rouen, Montag, am 21. des Brachmonds 1070

Über eine Woche ist dahingegangen, seit ich plötzlich abbrechen mußte. Es war etwas mit Constanze geschehen. Adele kam schreiend zu mir gelaufen, und ich sprang sofort auf und folgte ihr. Auf dem Gang war Constanze mit dem Gesicht aufs Steinpflaster gefallen; sie war in einer Schlinge hängengeblieben, die Rufus für eines seiner Spiele dort angebracht hatte. Als ich sie aufhob, hatte sie den Mund weit aufgesperrt, so als ob sie schreien wollte; doch sie brachte keinen Ton heraus. Sie war kreideweiß im Gesicht, und die Nase blutete – ein schrecklicher Anblick! Ich trug sie sofort auf ihr Bett, während Barbara schon nach Doktor Maminot geschickt hatte. Als der kam, schrie Constanze jämmerlich, während Barbara ihr ein nasses Tüchlein vor die Nase hielt, um das Blut zu dämmen. Der Arzt faßte Constanzes Nase mit Daumen und Zeigefinger und bewegte sie ein wenig. Dann sagte er: „Das Nasenbein ist gebrochen. Ihr müßt das Kind während der nächsten beiden Monate sehr ruhig halten. Es darf nicht umherlaufen, bis alles verheilt ist." Das war natürlich ein großer Schrecken für mich und uns alle. Außen war nicht viel zu sehen – nur die Haut war ein wenig von der Nase abgeschürft. In der Nacht hatte ich das Kind bei mir im Bett und konnte selbst nicht viel schlafen. Ich mußte immer achtgeben, daß es sich nicht zu sehr bewegte. Constanze ist ein sehr lebhaftes Kind und fällt öfter einmal hin, ohne sich Schaden zu tun; aber dieses Mal hatte sie ihren Fuß in der Schlinge und fiel deshalb platt auf die Nase. Ihr Näschen war zuerst arg geschwollen, sieht nun aber wieder normal aus. Es ist keine leichte Aufgabe für Barbara, das Kind ruhig zu halten. Gundrada fehlt uns sehr, und ich habe mich schon nach einem Ersatz für sie umgesehen, doch bisher ohne Erfolg. Odilie und Gundrada waren solch wunderbare Mädchen, daß kaum eine andere uns genügen wird.

Ich wollte noch von dem Zauberbuch erzählen, das Rufus jetzt stets mit sich herumträgt und es sogar in den Garten nimmt. Da steht die unglaublich klingende Sage von einem Zauberer drin, der Magonia heißt und gar nicht auf dieser Erde wohnt. Manchmal sendet dieser seine Gehilfen aus, damit sie die Früchte von den Feldern stehlen und ihm bringen. Es heißt, sie kämen auf Luftschiffen gesegelt und würden von diesen herabgeworfen und auch wieder aufgehoben. In Lyon habe man einmal drei Männer und eine Frau aus dem Lande des Magonia eingefangen, nachdem der Sturm das Feld verwüstet hatte und sie immer noch Früchte sammelten. Die seien gesteinigt worden. Wie grauenhaft! Das Buch, das aus Frankreich stammt, berichtet auch von teuflischen Menschen, die ihren Gegnern Giftpulver auf die Viehweiden streuen. Oft klage man die des Landes Fremden an, dies getan zu haben; die würde man dann auf Bretter festbinden und den Fluß hinabtreiben lassen, bis sie ertrinken. Ich möchte Rufus dieses Buch wegnehmen, doch er wird dann ein Zetergeschrei anstimmen. Besser wäre es, wenn ich ihn mit etwas abzulenken verstünde.

Rouen, Mittwoch, am 23. des Brachmonds 1070

Nun ist es wirklich Sommer geworden, die Tage sind herrlich lang, und wir bereiten etwas für die Kinder vor, die das Johannisfest feiern wollen. Eine gute Fügung hat es so gewollt, daß plötzlich Bertha hier am Hof auftauchte und ihre jüngste Tochter Paula mitbrachte. Es ist ihr nicht mehr geheuer in Maine, wo sich jetzt die Bürger gegen Gottfried von Mayenne empören und auch dem früheren Grafengeschlecht nicht allzugut gesinnt sind. Sie hatte sich ganz plötzlich zum Aufbruch entschlossen in der Hoffnung, daß Wilhelm sie am Hof aufnehmen werde. Natürlich habe ich sie mit offenen Armen empfangen. Sie ist sehr alt geworden und leidet viel unter Atemnot. Paula ist eine hübsche Demoiselle, und sie kommt mir wie gerufen, denn sie will gern meinen beiden ältesten Töchtern Gesellschaft leisten und sie betreuen. So ist vorläufig alles gut geregelt. Doch nehme ich an, daß die hübsche Paula nicht lange unvermählt bleiben wird.

Rouen, Sonntag, am 27. des Brachmonds 1070

Wie Robert von Mortain mir schrieb, wurde sein kurzes Eheglück bereits dadurch getrübt, daß er mit Wilhelm gen Norden ziehen mußte. Hereward der Wache hat, ohne auf die Dänen zu warten, die Abtei von Peterborough angegriffen und abgebrannt. Die Mönche hatten gerade noch Zeit, ihrem neuen Abt Turold, der auf dem Wege zu ihnen war, eine Warnung zu senden, ihren Schatz zu verstecken und die Tore zu schließen. Dann aber brannte alles nieder. Hereward hat den Mönchen daraufhin erklärt, daß der Dänenkönig die Normannen bereits austreibe und den Schatz der Kirche in Verwahrung nehmen wolle, damit dieser nicht dem Normannenkönig anheimfalle. Das glaubten die auch; und Hereward zog mit der Beute nach Ely. Darunter waren viele kostbare Reliquien, die er dem Dänenkönig übergeben will. Auch hat er den Prior Ethelwold als Geisel mitgenommen. Da mußte Wilhelm sofort eingreifen. Als Sven von Wilhelms Nahen hörte, war er zu Verhandlungen bereit. Robert schrieb, daß Wilhelm ihm eine beträchtliche Summe Geldes geboten habe, und daß Sven nun mit seiner Flotte abgezogen sei. Diese Gefahr ist jetzt gottlob vorüber. Ob Wilhelm bald heimkehren wird?

Rouen, Donnerstag, am 1. des Heumonds 1070

Mein Bruder Robert hat mir geschrieben. Als ich den Brief in Händen hielt, war ich etwas erschrocken, denn er hat mir seit Jahren keine Nachricht gesandt. „Was mag er von mir wollen?“ fragte ich mich; und als ich den Brief gelesen hatte, wußte ich es. Er bat mich, als das älteste der drei Kinder unseres Vaters, auf meinen Bruder Balduin einzuwirken, der darauf bestehe, Kronflandern und Reichsflandern unter seiner Herrschaft zu vereinigen. „Du wirst Dich entsinnen, Tilde“, schrieb er, „daß unser Vater mir Reichsflandern anläßlich meiner Vermählung geschenkt hat. Daß ich nun zusätzlich Friesland verwalte, gefällt meinem Bruder nicht. Ebenso wie er das Hainault durch seine Eheschließung gewonnen hat, so gewann ich Friesland. In den letzten Wochen hat es oft Grenzübertritte durch seine Spähtrupps gegeben. Die Anwesenheit seiner bewaffneten Ritter in Reichsflandern kann ich jedoch nicht dulden. Ich habe die volle Unterstützung des Kaisers. Balduin wird auf Dich hören, zumalen er gut Freund mit dem Herzog ist. Ich werde mein Erbteil nicht hergeben, sondern es, wenn nötig, mit dem Schwert verteidigen.“ Ich bin nun in großem Aufruhr und muß sofort an Balduin, aber auch an Wilhelm schreiben. Zu einem Bruderkrieg darf es um keinen Preis kommen. Hat Balduin ganz vergessen, was Wilhelm ihm geraten hat? Oder schlägt er dessen weisen Rat in den Wind? Robert ist ein gefährlicher Gegner, das weiß ich; und er ist ein Vasall des Kaisers, so daß er einen machtvollen Verbündeten hat.

Später

Ich habe soeben drei Briefe beendet und sie mit Sonderkurieren auf den Weg geschickt. Der eine geht an Wilhelm, die anderen beiden an meine Brüder, denn auch Robert habe ich geschrieben und ihm versichert, daß ich mein möglichstes tun werde. Nun bete ich um einen guten Ausgang und will alles in Gottes Hände legen.

Rouen, Donnerstag, am 8. des Heumonds 1070

Heute schickte Balduin mir einen Boten, der mir mitteilte, die Brüder rüsteten sich zum Kriege. In einem kurzen Billet, das Balduin mir überbringen ließ, stand: „Es geht um die Zukunft Flanderns. Ich kann nicht länger warten. Das vereinte Reichsflandern und Friesland bietet die größte Drohung für Kronflandern. Je länger ich warte, um so mächtiger wird mein Bruder. Du wirst Dich entsinnen, was der Herzog einmal sagte: daß die Lösung für die Zukunft in der Vereinigung, nicht der Aufteilung der Länder läge. Sein mutiges Beispiel hat mir gezeigt, wie ich handeln soll. Es ist jetzt oder nie." Verzweifelt ließ ich den Brief sinken. Wie sich doch die Menschen alles so zurechtlegen, daß es in ihre ehrgeizigen Pläne paßt! Wilhelm hat sich nur das erobert, was ihm zustand. Balduin aber will seinem Bruder das nehmen, was der Vater ihm vererbt hat – und darin liegt das Unrecht. Könnte ich ihm nur die Augen öffnen! Aber dazu ist es zu spät; er würde jetzt auch nicht auf mich hören. Er ist und bleibt ein Heißsporn, bei dem sich Herz und Hirn nicht die Waage halten. Ich kann nur noch beten.

Rouen, Freitag, am 9. des Heumonds 1070

Ich habe schlecht geschlafen und sehr unruhige Träume gehabt. Es war etwas von Schlachten und vielen Toten. Als Cäcilie heute fragte: „Wann gehen wir wieder nach St. Wandrille, Mamà? Es ist jetzt solch schöner Sommer", hatte ich auf einmal großes Verlangen danach, an diesen stillen Ort zu ziehen und die Welt zu vergessen. Früher hat Wilhelm immer diese Entscheidungen gemacht, nun muß ich sie selbst treffen. Und daran kann ich mich noch nicht recht gewöhnen. Ich stille auch meinen Heinrich noch immer, obwohl er schon 18 Monate alt ist. Er trinkt morgens und abends noch von meiner Brust. Ich müßte nun bald damit aufhören; vielleicht ist dies die richtige Zeit, weil es so viele Aufregungen gibt.

Später

Die Diener bereiten alles für die Reise vor. Robert lasse ich hier am Hof, dem dies auch ganz recht ist, weil er seine Freunde hier hat und sie im Sommer oft in den Wäldern sind. Constanze wird mit Paula nachkommen, weil sie noch nicht viel laufen darf. Aber es geht ihr schon erheblich besser.

St. Wandrille, Donnerstag, am 15. des Heumonds 1070

Heute endlich ist Constanze hier eingetroffen, um die ich mich immer noch geängstigt hatte. Sie ist sehr blaß, und die Sommersonne wird ihr guttun; wir haben warmes Wetter, und die Kinder sind den ganzen Tag draußen. Constanze ist in letzter Zeit merklich gewachsen. Sie ist nicht mehr viel kleiner als Adeliza, doch sehr viel lebhafter. Ihr Mündchen steht kaum einmal still. Sie ist überglücklich, nun hier zu sein. Als ich vorhin ins Kinderzimmer ging, saß sie unter dem kleinen runden Tisch, über den Barbara ein Tuch gebreitet hatte, das bis auf den Boden reicht, denn oft verschmieren die Kinder die schöne Holzplatte. Dort fühlte sich Constanze unbeobachtet und redete ein wildes Kauderwelsch mit sich selbst, weil sie dachte, niemand könne sie hören. Adele kam zu mir gelaufen, nahm meine Hand und lachte in sich hinein. „Hör nur mal, Mamà, das macht sie immer. Und keiner weiß, was das alles bedeuten soll. Ich habe sie mal gefragt, mit wem sie immer redet, und sie sagt, da sind viele kleine Gnomen und Feen – aber keiner von uns kann die sehen. Sie ist eben noch klein und dumm." Ich aber dachte für mich: „Wer weiß, ob unsere Kleinen nicht noch manches sehen, wofür wir Großen schon blind geworden sind?"

St. Wandrille, Freitag, am 16. des Heumonds 1070

Ich muß immerfort an Flandern denken. Was mag dort inzwischen geschehen sein? Dieser schöne Garten um unser Schlößchen erinnert mich an den Burggarten meiner Kindheit, denn ich habe hier dieselben Blumen pflanzen lassen, die meine Mamà so sehr liebte. Heute saß ich auf meiner Liege mit einem Buch, hatte aber keine Lust zum Lesen. Ich dachte an meine Kinderspiele mit den kleinen Brüdern, und auf einmal begann ich zu weinen. Klein-Heinrich, der zu meinen Füßen auf dem Rasen saß und Gras rupfte, kam zu mir gestapft, sah mich aus seinen leuchtenden braunen Augen erstaunt an und sagte dann weinerlich: „Mamà!" Er hat mich wohl noch nie weinen sehen. Ich hob ihn auf und wischte schnell meine Tränen ab, mich zu einem Lächeln zwingend. Eine Weile hielt ich ihn still an mich gepreßt, während er mit einigen Zittergräsern spielte. Er hielt sie mir unter die Nase, so daß es mich kitzelte, und ich gab vor zu niesen. Das brachte ihn zum Lachen, und er tat es wieder und wieder, während sein helles Stimmchen jauchzte. Wie schon so oft, lenkte er mich von meinen trüben Gedanken ab.

Später

Die Kinder haben seit gestern ein junges Eichhörnchen in ihrem Spielzimmer, das eine Wunde am Ohr hat. Irgendein anderes Tier hat es sicher gebissen. Paula ist sehr erfahren mit Tieren, und deshalb habe ich es erlaubt. Aber nun tut mir das bereits leid. Als ich gestern die Portière zum Kinderzimmer etwas zurückgeschoben hatte, hörte ich Constanze sagen: „Armes Floh!" Da schöpfte ich Verdacht und lugte ins Zimmer hinein. Rufus hatte das Eichhörnchen zwischen seinen Knien und suchte sein Fell ab. Sobald er einen Floh fand, rieb er ihn unter seinen Fingernagel und zeigte seinen Schwestern, wie man es macht. „Siehst du, jetzt schiebst du deinen anderen Nagel darunter und ziehst den Floh raus und zerquetscht ihn dann mit beiden Nägeln. Sonst geht er nicht tot." Adele schien sehr geschickt darin, doch Adeliza schüttelte den Kopf, während Constanze mitleidig zuschaute. „Alle totgequetst", sagte sie. „Sind immer noch welche da", sagte Rufus, indem er Adele neue Beute hinhielt. Dann sagte er vorwurfsvoll zu Adeliza: „Wenn du nicht mithilfst, schaffen wir es nie, und dann dürfen wir das Tier nicht behalten. Mamà sieht das gleich, wenn ihr Flohstiche habt." Ich zog mich zurück und sank seufzend auf meinen Stuhl. Ich will es Barbara sagen, damit sie das Tier entfernt. Vielleicht kann sie es heimlich in der Nacht tun.

St. Wandrille, Montag, am 19. des Heumonds 1070

Gestern war ich mit Agathe, Cäcilie und Richard in der Kathedrale. Der dortige Abt, Gerbert, heißt uns immer freudig willkommen. Als der Knabenchor die Kirche mit einem wahren Engelsgesang erfüllte, überfiel mich auf einmal tiefe Traurigkeit. Die Welt erschien mir wie ein Jammertal, und ich sehnte mich nach den himmlischen Sphären, wo es keinen Krieg, keinen Haß und keinen weltlichen Ehrgeiz gibt. Auf dem Rückritt hielt sich Richard an meiner Seite und pfiff ein fröhliches Lied vor sich hin. Mit erwartungsvollen blanken Augen blickte er in die Welt, die ihm wie ein verlockendes Abenteuer aus der Zukunft entgegenwinkte. Es ist das Vorrecht der Jugend, das Schönste und Herrlichste vom Leben zu erwarten. Als er sich plötzlich umwandte und mit dem ausgestreckten Arm auf einen Falken zeigte, der über unseren Häupten kreiste, glaubte ich einen Augenblick, Wilhelm vor mir zu sehen. Es war derselbe Ausdruck, dieselbe Bewegung. „In Richard wird er weiterleben", dachte ich und fühlte mich danach ein wenig froher. Nach den warmen Tagen braut sich jetzt ein Gewitter zusammen. Es könnte sich noch vor Einbruch der Nacht entladen. Vielleicht ist es auch das Wetter, das auf meine Stimmung drückt.

St. Wandrille, Dienstag, am 20. des Heumonds 1070

Mir tut der Kopf arg weh – und das Herz noch viel mehr. Die dunklen Gewitterwolken am Himmel spiegeln meine trostlose Stimmung wider. Heute am frühen Nachmittag wurde mir ein Bote aus Flandern gemeldet. Er hatte mich in Rouen nicht vorgefunden und war sogleich hergeritten. Der Regen hatte ihn durchweicht, und das nasse Haar hing ihm in Strähnen um den Kopf. Ich sah ihm ängstlich entgegen, als er in die Vorhalle trat, und bat ihn dann in das kleine Audienzzimmer. Er wußte nicht recht, wie er beginnen sollte, und brauchte geraume Zeit, bis er sich aus seiner knienden Stellung wieder aufrichtete. Dann sagte er: „Die Gräfin Richilde von Flandern schickt mich zu Euch, Madame, damit ich Euch Kunde von dem kürzlichen Unheil gebe..." Ich sagte nichts, sondern wartete klopfenden Herzens ab, bis er weitersprach. „Unser durchlauchtigster Graf, Euer Bruder, ist im Grenzkampf schwer verwundet worden..." – „Graf Balduin?" rief ich erschrocken aus. Der Bote nickte. „Er hat bestimmt, sollte er sterben müssen, daß des Herzogs Seneschall Wilhelm fitzOsbern und Philipp, der König von Frankreich, beide zu Vormündern seines jungen Sohnes Balduin werden sollten." – „Steht es sehr schlimm um ihn?" fragte ich mit unsicherer Stimme. „Ja, Madame", sagte der Bote, indem er zu Boden schaute. „Mein Gott!" rief ich aus, „am Ende lebt er gar nicht mehr!" Jetzt schaute mir der Kurier, der flämisch mit mir gesprochen hatte, in die Augen, in denen Tränen aufstiegen. „So ist es, Madame. Er ist bereits in einer besseren Welt."

Nun verstand ich, daß er mir die volle Wahrheit nicht sofort hatte sagen wollen. Ich wandte mich ab, sank auf einen Schemel nieder und bedeckte mein Gesicht mit beiden Händen. So saß ich lange, in völliger Starre. Ich konnte keinen Gedanken fassen. Mein sonniger Bruder Balduin, der solch hohe Hoffnungen für sein Flandern hatte! Vielleicht träumte ich nur und würde gleich wieder aufwachen? Doch mitnichten! Ich hörte das schwere Atmen des Boten, der regungslos vor mir stand, und wie aus weiter Ferne die fröhlichen Stimmen der Kinder im Garten, die kleine Boote in den Pfützen schwimmen ließen. Schließlich erhob ich mich und bat den Boten zu warten. Ich rief Barbara zu mir; niemand anderen wollte ich sehen. Sie brach sogleich in Schluchzen aus, versprach aber, es den Kindern zu sagen und auch den Boten zu versorgen. Mein Gott, daß Wilhelm nicht hier ist, an dem ich mich ein wenig aufrichten könnte! Was soll nun werden? Wie mir der Bote ferner mitteilte, habe Richilde den jungen Arnulf zum Grafen von Flandern erklären lassen. Der ist doch aber erst 14 Jahre alt! Und wie soll sich der gegen Robert wehren? Balduins Traum von einem vereinigten Flandern ist zunichte gemacht worden – und dieser Traum hat ihn das Leben gekostet. Wir werden nun nach Rouen zurückkehren müssen; es könnten weitere wichtige Nachrichten eintreffen, und ich muß sofort an Wilhelm schreiben.

Rouen, Donnerstag, am 22. des Heumonds 1070

Ich bewege mich noch immer wie in einem Alptraum. Zwar erledige ich meine Pflichten als Herzogin, aber wenn ich alleine bin, weine ich still vor mich hin und denke an vergangene Zeiten. Meine herrlichen Kinderjahre erstehen jetzt so lebhaft vor meinen Augen. Wie fröhlich habe ich damals mit meinen kleinen Brüdern gespielt! Als Robert noch kein Jahr alt war, tat Mamà ihn oft in ein Gatter draußen im Garten, wo er sich keinen Schaden antun konnte. Das Gatter hatte eine kleine Tür, durch die Balduin oft zu seinem kleinen Bruder hineinkroch. Dann schloß ich die Türe zu und sagte: „Nun seid ihr gefangen, aber ich bringe euch etwas Schönes." Und dann habe ich Beeren im Garten gepflückt und sie ihnen in die offenen Mündchen gesteckt. Das war eines unserer Lieblingsspiele. Ich weiß noch, wie ich den kleinen Robert mit den großen ernsten Augen zärtlich in meine Arme schloß und von Herzen küßte, und wie Balduin gelaufen kam und rief: „Balli auch küssen!"

Wie oft haben wir ihn später noch geneckt und ihm zugerufen: „Balli auch küssen!" Dann ärgerte er sich immer, besonders, als er älter wurde und nicht mehr viel von Schwesterküssen hielt. Unsere heimlichen Verstecke fallen mir wieder ein – unten im Verließ, wo das große Weinfaß stand und es so feucht und modrig roch. Da hat er mich einmal als verwunschene Prinzessin eingesperrt gehabt, daß es mir angst und bange wurde. Schließlich erschien er mit einer lodernden Fackel und einem Holzschwert an seiner Seite, gefolgt von einigen seiner Freunde und von Robert, der rief: „Wach auf, Königskind, wir kommen dich erlösen!" Damals spielten wir. Jetzt bin ich Königin, und was gäbe ich darum, wenn ich meine Brüder erlösen könnte! Der eine von ihnen kehrt nun nie wieder und kann sich nicht mehr mit dem anderen versöhnen. Das quält mich am meisten.

Später

Ich habe mir einen Gedichtband von Catullus genommen und etwas darin gelesen, um meine Gedanken abzulenken. Da stieß ich auf das Gedicht, in dem er den Tod seines Bruders beklagt. Wie er mir aus der Seele spricht:

Nie wieder kann ich zu dir sprechen
Und, ach, nie wieder von dir hören,
Nie wird mein Auge mehr dein Antlitz seh'n,
O Bruder, der mir lieber als das Leben war!
In Ewigkeit will ich dich lieben
Und trauernd deinen Tod beklagen –
So wie die Nachtigall im schattigen Geäst
Den schicksalhaften Tod des Itylus besang.

Rouen, Freitag, am 30. des Heumonds 1070

Den Brief, der mich heute von Wilhelm erreichte, hatte er noch geschrieben, ehe er meine Nachrichten über Balduin erhielt. Er teilt mir mit, daß die Dänen nun endlich mit ihrer Flotte den Humber verlassen hätten. „Der Zweck heiligt die Mittel", schrieb er. „Ich habe es für weiser gehalten, ihnen einen guten Batzen Goldes zu geben, als mich in einen neuen Kampf mit ihnen einzulassen. Die Verhandlun64gen sind wie erhofft verlaufen, und diese Gefahr ist vorüber. Ohne die Hilfe der Dänen wird auch Hereward nicht mehr viel anrichten können." Dann teilte er mir noch mit, daß Nachricht vom Papst eingetroffen sei. Der befürworte die Ernennung Lanfrancs zum Erzbischof von Canterbury. „Diesem hohen Gebot wird unser geistiger Vater nachkommen", schrieb er freudig. „Ich habe große Pläne für ihn; es gibt manche Neuerungen durchzuführen, die ich persönlich überwachen muß. Freue Dich mit mir, daß alles so gut verlaufen ist." Ach, Freude kann mein Herz nicht empfinden! Nicht genug damit, daß ich mich um die Normandie und um England sorgen muß; nun kommt durch Flandern noch eine neue Last hinzu. Wer soll jetzt für Arnulf regieren? Richilde ist wohl dazu fähig, aber wird Robert es dulden? Ich hoffe es sehr – wenn er es auch nur aus Ehrfurcht vor seinem verstorbenen älteren Bruder täte, dessen Tod zum Teil auf seinem Gewissen lastet.

Rouen, Montag, am 2. des Erntemonds 1070

Robert hat mich gebeten, mit seinen Freunden (denen vom „Triumvirat") nach St. Wandrille reiten zu dürfen. „Ich war vorigen Monat nicht mit Euch gegangen", sagte er. Seine Präzeptoren sind, wie meist im Sommer, auf Reisen zu ihren Familien oder Verwandten. Ich ließ ihn seine Pläne machen, entschloß mich dann aber ganz plötzlich, selbst mitzukommen. Ich hatte meinen Aufenthalt dort unerwartet abbrechen müssen. „Aber nehmt nicht wieder alle Mädchen mit", sagte Robert. Ich beruhigte ihn und sagte, ich würde nur Constanze und Heinrich mitreisen lassen, und damit war er zufrieden.

St. Wandrille, Mittwoch, am 4. des Erntemonds 1070

Hier an diesem stillen Ort kann ich mich meinen Gedanken überlassen. Es ist heilsam, in Ruhe über alles nachzudenken, dem lieben Toten Erinnerungen und tröstende Worte zuzuflüstern und selbst Trost bei den Philosophen, den Blumen und den Tieren des Waldes zu suchen. Manchmal schaue ich den Kindern zu, die Barbara im Bach waten läßt, und dann sehe ich im Geiste Wilhelm vor mir, wie er an eben diesem Bach so oft mit den Kindern gespielt hat. Wir leben nun in zwei verschiedenen Welten. Und der Tag seiner Rückkehr ist noch gar nicht abzusehen.

St. Wandrille, Donnerstag, am 5. des Erntemonds 1070

Wenn Constanze nur nicht so wild umherliefe! Ich habe immer noch Angst um ihre Nase, denn ein Knochen braucht ja lange, bis er wieder geheilt ist. Sie ist kaum zu bändigen und denkt sich alle paar Minuten etwas anderes aus. Ihre Puppen bleiben nie lange heil. Sie geht zu heftig mit ihnen um, liebkost sie auch so sehr, daß die Stoff- oder Lederhäute bald platzen.

Gestern sagte mir Barbara, daß sie eine hübsche Mühle in der Nähe von Caudebec entdeckt habe, als sie etwas weiter ausgeritten sei. Diese wollte ich mir heute ansehen, obgleich ich fürchtete, daß sie schmerzliche Erinnerungen an Moulin-le-Torrent in mir wachrufen könnte. Barbara meint, die Mühle sei noch neu, und sie mag recht haben. Im vorigen Jahr haben wir auf dem Wege nach Caudebec nie eine gesehen. Ich hatte Constanze in der Sänfte bei mir, und Barbara nahm Klein-Heinrich in die ihre. So ritten wir an diesem schönen Sommertag das Kornfeld entlang, wo sich die goldenen Ähren im leichten Winde wiegten und roter Mohn, weiße Margeriten und blaue Kornblumen leuchteten. Constanze rief ungeduldig: „Mal die schönen Blumen flücken!" – „Später", sagte ich ihr, „wenn wir bei der Mühle sind." Links von uns wuchsen dichte Sträucher, und endlich sahen wir die Mühle auftauchen, deren vier Flügel leicht im Winde kreisten. Ein hölzerner Zaun verläuft rund um den unteren Teil der Mühle, etwa einen Klafter vom Erdboden entfernt.

Ich hieß unsere Pferde anhalten, weil ich nicht dichter hinanreiten wollte, und ließ die Kinder im Kornfeld spielen. Barbara und ich saßen am Wegrand und blickten zur Mühle hinüber. Da sah ich ein Mädchen mit langen Zöpfen und rotem Kopftuch auf den umzäunten Gang treten und einige Säcke aushängen. Wie sehr sie mich an Eva erinnerte! Ob unsere Müllersleute noch leben? Konstantin ist in England geblieben und dort Stallmeister geworden. Ich überließ mich meinen Träumen und duldete es, daß die Kinder mir immer mehr Blumen in den Schoß warfen. Über mir am Stamm der Tanne knabberte ein Eichhörnchen an einem Tannenzapfen. Dann sah ich es auf einen der unteren Äste und von dort auf den bemoosten Boden hüpfen und einen Pilz aus der Erde reißen, den es mit seinen beiden Pfötchen hielt und eifrig hineinbiß – sich immer schnell nach rechts und links umsehend. Papà erzählte uns, als wir noch Kinder waren, daß Eichhörnchen, nachdem sie ihre Jungen lange genug gesäugt haben, diesen das Nest überlassen und sich ein neues bauen. Mein guter Papà! Das Nest, das er seinen Söhnen hinterlassen hat, ist zum Wespennest geworden. Wenn die Toten aus ihren Gräbern aufstehen und sehen könnten, was alles weiter geschieht – ich glaube, sie würden keine Ruhe mehr im Grabe finden. Es ist schon weise von Gott eingerichtet worden, daß sie ihren ewigen Schlaf haben.

Rouen, Freitag, am 27. des Erntemonds 1070

Ein erfrischender Regen ist gefallen, und die Erde duftet würzig. Am Hof geht es ruhig zu, die Kinder sind gesund und freuen sich ihres Lebens, und ich selbst habe wieder einigen Frieden gefunden. Mein Jüngstes lenkt mich oft von meinem Kummer ab, denn Heinrich ist ein sehr zärtliches Kind. Er beginnt jetzt schon zu sprechen und sagt mir viele Male am Tag: „Mamà so lieb!" Wie weh es mir tut, daß Wilhelm seinen Sohn in diesem Alter nicht sehen kann! Es ist doch das letzte Mal, daß er so etwas erleben könnte!

Wilhelm hat mir freudig berichtet, daß Lanfranc am 15. des Mondes von ihm zum Erzbischof ernannt worden sei. In zwei Wochen, am Tag der Enthauptung Johannes des Täufers, solle er von acht Bischöfen geweiht werden. Lanfranc habe ihm gesagt, daß sein ehemaliger Abt von Le Bec, Herluin, ihn in einem Brief genötigt habe, dieses hohe Amt anzunehmen. „Doch nur der Heilige Vater hat mich dazu bewegen können", hat er Wilhelm gestanden. Wilhelm schrieb, daß sein geistiger Vater mit großen Bedenken nach England gekommen sei, denn er liebe das mönchische Leben und halte sich für keinen guten Regenten. „Er ist sich seiner Größe nicht bewußt", meinte Wilhelm; „außerdem steht er nicht gern im öffentlichen Leben. Es sind meist diejenigen, die sich nicht nach den hohen Ämtern drängen, welche die wahren Berufenen sind." Er schrieb, daß leider ein Teil der Abtei von Canterbury vor kurzem durch Flammen beschädigt worden sei, daß man aber die Weihe dennoch nicht aufschieben wolle.

Rouen, Sonntag, am 29. des Erntemonds 1070

Agathe brachte mir von einem Ausritt ein Bauernbrot mit, das eine fromme Frau ihr geschenkt hatte; die kommt öfter ins Waisenhaus, um die Mädchen im Kochen und Backen zu unterweisen. Die Kinder hätten es selbst gebacken, sagte sie lächelnd. „Sie machen es nicht nur aus Getreidemehl, sondern mischen auch das Mehl von Erbsen und Saubohnen darunter." Ich mußte von dem Brot kosten. Obgleich es mir nicht sonderlich schmeckte, wollte ich Agathe nicht enttäuschen, die es andächtig wie eine Hostie aß.

Später

Rufus bettelt immer, daß ich wieder Männer in meinen Wandteppich sticken soll, die ihre Beinkleider ausgezogen haben, um durchs Wasser zu waten. „Als der Bote abreiste, um dem Vater zu sagen, daß Harald König geworden ist, da mußte er ja erst zu seinem Schiff." – „Ja, aber das war im kalten Hartung, da wird er wohl mit hohen Stiefeln gewatet sein." – „Glaub ich nicht, die Schiffer sind abgehärtet." Ich gab schließlich nach und stickte ein Boot mit dunklem Segel und einen Schiffer, der mit bloßen Füßen und Beinen durch das seichte Wasser watet, an einem Strick den Anker haltend. Verschiedene Zipfel seiner Tunika bedecken nur das Notwendigste. Rufus sah sich das Bild mit zufriedenem Schmunzeln an. Dann meinte er: „Wenn jetzt aber ein starker Wind weht und ihm die Tunika hochbläst, dann sieht man ja alles." – „Nun", sagte ich, „so etwas werde ich aber nicht in das Tuch sticken, Rufus", und da erstickte er fast vor Lachen und lief davon, es Richard zu erzählen.

Rouen, Montag, am 6. des Herbstmonds 1070

Wilhelm schrieb mir schon im vorigen Monat, daß er fitzOsbern in die Normandie senden werde. „Er soll Dir in dieser schwierigen Zeit beistehen", meinte er, „denn wir müssen ein wachsames Auge auf Flandern haben." Seither habe ich nichts von ihm gehört, und auch fitzOsbern ist noch nicht eingetroffen. Heute nacht hat mir von Balduin geträumt; es war ein sehr beängstigender Traum. Mehrmals spürte ich, daß mich jemand am Arm berührte, aber ich lag in solch schwerem Schlaf, daß ich nicht aufwachen konnte, so sehr ich mich auch darum bemühte. Schließlich spürte ich einen festeren Griff an meinem Arm und öffnete mit großer Mühe die Augen. Da sah ich Balduin vor mir stehen, sehr blaß und mit einem schmerzvollen Ausdruck in den Augen. „Behüte mir den Arnulf", flüsterte er mehrmals. Dann entschwand er wie in einem dichten Nebel. Dieser Traum macht mir noch sehr zu schaffen. Ob dem jungen Arnulf Gefahr droht? Ich ging in unsere Hauskapelle und betete zur Muttergottes. „Was soll ich tun, um ihn zu schützen?" fragte ich sie immer wieder. Schließlich kam mir der Gedanke:

„Du mußt ihn herholen." Bei uns am Hof kann ihm nichts geschehen. Aber was wird Richilde dazu sagen? Arnulf ist doch jetzt der Graf von Flandern.

Als ich in mein Wohnzimmer zurückkehrte, fand ich dort Richard über einem Buch sitzend, mit dem Zeigefinger die Zeilen verfolgend. „Was studierst du hier, junger Gelehrter?" neckte ich ihn. Er blickte auf und sah mich strahlend an. „Mamà, ist Alfred der Große nicht einer unserer Vorfahren?" – „Das ist er", bestätigte ich ihm. „Ich will dir einmal meine Stammbaumtafel zeigen, wenn ich mehr Zeit habe." – „Wann habt Ihr Zeit?" Ich seufzte, als ich seinen erwartungsvollen Blick sah, und kramte in der Truhe, in der all meine Memoirenbücher aufbewahrt liegen. Ich suchte nach dem ersten, das Muhme Aurelie mir zum 17. Geburtstag geschenkt hatte. Als ich es schließlich fand und auf den schönen Baum blickte, den sie mir auf den Einband gestickt hatte, rollten auf einmal die Jahre zurück. Ich sah mich wieder in meiner Kemenate in der heimatlichen Burg, wie ich andächtig und mit heimlichem Stolz dieses Bild betrachtete. Dann zeigte ich Richard die beiden großen Vorfahren: König Alfred und Kaiser Karl. „Von Alfred weiß ich jetzt schon viel", sagte er eifrig. „Der mochte es gar nicht, daß die Leute in der Kirche nichts von dem Lateinischen verstehen konnten, das die Priester sprachen. Alle freien jungen Leute mußten das Angelsächsische lernen und es auch lesen und schreiben können. Wer das gut konnte, durfte dann auch Latein lernen und Mönch oder Priester werden. Das finde ich richtig so. Ich würde das als König auch so machen. Warum sollen wir zu Gott immer in einer anderen Sprache beten und nicht in unserer eigenen?" Ich strich ihm über das krause schwarze Haar und dachte: „Er wird einmal ein würdiger Nachfahre dieses berühmten Königs." Richard erzählte mir weiter, daß Alfred auch zahlreiche Leute aus fremden Ländern nach England eingelassen und vieles aus anderen Sprachen habe übersetzen lassen. „So ist das auch jetzt, wo der Vater viel übersetzen lassen muß", meinte er. Richards Wissensdurst ist so groß wie Roberts klein ist. Robert ist noch viel zu verspielt. Oft ist er bei den Sitzungen der Curia nicht zugegen und findet dann eine Entschuldigung, die sein Vater nie gelten lassen würde. Könnte er nur mehr unter Wilhelms Anleitung sein!

Rouen, Sonntag, am 12. des Herbstmonds 1070

Nun ist fitzOsbern eingetroffen und hat mir einen langen Brief von Wilhelm gebracht. Wir waren heute an Adelizas Grabstätte, und ich sah, wie seine Augen feucht wurden. „Es ist schwer, hier am Hof zu sein, ohne sie bei mir zu haben", gestand er. „Drüben in England wird mir ihr Verlust weniger bewußt. Ich denke noch oft: ‚Sie ist in der Normandie, und ich sehe sie bald wieder!'" Seine Söhne Roger und Ralf, die uns begleitet hatten, sahen ebenfalls bekümmert aus. „Der Tod hat uns in der letzten Zeit schwer heimgesucht", sagte ich. Er starrte düster vor sich hin und bemerkte dann: „Man weiß nie, wann er uns selbst ereilt. Wer hätte das von Eurem Bruder gedacht, Madame!“ Es ist ein gutes Gefühl, ihn hier am Hofe zu wissen. Er erzählte mir viele Einzelheiten, so auch, daß Wilhelms bisheriger Kanzler Herfast Bischof von Elmham geworden sei und daß der König nun einen neuen Kanzler, Osmund, habe. Herfast scheint sich wieder mit Lanfranc versöhnt zu haben, nachdem er aus dessen ironischen Bemerkungen seine Lehre gezogen hat. Ich ließ Robert und Richard an vielen dieser Gespräche teilnehmen, weil unsere beiden ältesten Söhne ja einmal regierende Herrscher sein werden. Als Richard hörte, daß Osmund vorhabe, für alle Verordnungen des Königs nicht die Landessprache, sondern das Lateinische zu gebrauchen, erhob er heftigen Einspruch: „König Alfred hätte das nie getan – wie sollen die Menschen es dann alle verstehen?“ – „Junger Herr“, lächelte fitzOsbern, „Euer Vater regiert über zwei Länder, und das Lateinische wird von allen Völkern verstanden.“ – „Ja, aber nicht von allen Menschen. Viele lernen es doch nie.“ – „Diesen wird alles durch die Priester und Ausrufer mitgeteilt; denn wer des Lateinischen nicht kundig ist, kann meist auch nicht lesen und schreiben.“ Richard sagte mir später: „Da muß ich erst mal den Vater fragen; kommt der nun bald wieder?“ – „Ich weiß es nicht, Richard; so bald wohl noch nicht“, sagte ich traurigen Herzens.

Dies ist, was Wilhelm mir in seinem Brief schrieb: „Laß eine Sitzung in Rouen einberufen, zu der Du Deinen Vetter, den jungen König Philipp, und Richilde mit ihren beiden Söhnen lädst. Balduin muß seine beiden Vormünder kennenlernen. Er soll aber bei der Mutter wohnen bleiben. Philipp ist kein guter Einfluß für ihn, und fitzOsbern hat keine Gemahlin mehr. Es wäre gut, wenn die beiden Vormünder auch Flandern besuchten. Du mußt viel Geschick anwenden und uns den jungen Philipp geneigt machen. Da er selbst ein Mündel Deines Vaters war, wird es ihn ehren, jetzt seinen Halb-Neffen unter seinen Schutz nehmen zu können. Das Band zwischen der Normandie, Frankreich und Flandern soll stark bleiben, und ich erhoffe mir viel von fitzOsberns Redegewandtheit und Einfluß. In Osmund habe ich einen vortrefflichen neuen Kanzler gefunden – einen Mann von tiefer Frömmigkeit, ganz nach meinem Herzen. Sei tapfer, mein Lieb, und bete für Deinen verstorbenen Bruder, wie auch ich es tue. Er hat diese Welt gegen eine bessere eingetauscht.“ Ich strich zärtlich mit der Hand über die Schriftzeichen, preßte den Brief gegen meine Wange und überließ mich eine Weile meinen sehnsüchtigen Gedanken. Über ein Jahr ist er nun schon fort! Die Aufgaben, die meiner harren, werden immer größer, und die Trennung schmerzt mehr denn je.

Rouen, Montag, am 13. des Herbstmonds 1070

Ich habe mich ganz darein vertieft, Wilhelm auf meinen Wandteppich zu zaubern. Es ist der bedeutsame Augenblick, da er von Haralds Verrat erfahren hat und befiehlt, daß eine große Flotte gebaut werden soll. Er sitzt neben fitzOsbern, erhebt die rechte Hand in der mir vertrauten Geste – wenn er etwas Wichtiges zu sagen hat –, und seine Linke weist mit ausgestrecktem Zeigefinger in die Ferne. Augen, Nase und Mund sticke ich in schwarz, damit seine Gesichtszüge stark hervortreten. Seine Augen sind leicht nach oben gerichtet, wie so oft, wenn er innerlich etwas erblickt, was andere noch nicht sehen. Ich glaube, dies wird das schönste aller Bilder, das ich bislang von ihm gestickt habe. Es ist meine große Sehnsucht nach ihm, die ihn auf dieses Tuch zaubert. Meine Kinder beobachten alle sehr genau, wie die Arbeit fortschreitet, und es ist Rufus, der mich am meisten antreibt. „Jetzt, Mutter, müßt Ihr sticken, wie sie die Bäume fällen und Bretter sägen und Schiffe bauen – so wie es wirklich ausgesehen hat."

Ich warte auf Nachricht aus Frankreich und Flandern, ob die von Wilhelm geplante Sitzung bald stattfinden kann. Wir bereiten schon alles vor. Wie sehr mir meine Adelaide bei solchen Anlässen fehlt! Niemand kann sie wirklich ersetzen.

Rouen, Freitag, am 17. des Herbstmonds 1070

Ida, die auf einer Reise nach Tours ist und Gottfried bei sich hat, machte uns einen kurzen Besuch. Doch ich habe sie gebeten, etwas länger zu bleiben. Ihr ältester Sohn Eustachius ist noch immer bei uns; er hat sich sehr an Will angeschlossen und ist die meiste Zeit mit diesem zusammen. Papà Roger ist ihr Berater. Ida erzählte mir manches von Anselm, der sie von Zeit zu Zeit in Boulogne aufsucht, wenn er nach Fécamp reist. „Wißt Ihr, wie er mich in seinen Briefen nennt?" fragte sie und vertraute mir dann an, daß er sie mit „liebe Tochter in Jesu Christo" oder „geliebte Schwester" anrede. Doch habe er ihr abgeraten, sich weiter zu kasteien; damit mache sie Gott wenig Freude. Der Herr werde ihr immer die Prüfungen schicken, die ihrer Seele guttäten. Dann berichtete sie mir von Anselms Demut und der weisen Führung, die er seinen Mönchen angedeihen lasse. Es gab einige Brüder, die stets zuviel aßen, es aber zur Stunde der allgemeinen Beichte nicht gestanden. Anstatt sie zu schelten, dachte er sich etwas anderes aus. Er selbst aß bei einer Mahlzeit zuviel, und als sie sich dann zur öffentlichen Beichte zusammenfanden, gestand er seine Schwäche vor allen anderen. Da waren die Mönche beschämt und folgten seinem Beispiel, indem sie ihre Fehler ebenfalls bekannten. Seit jener Zeit sei es viel besser geworden, und die Mönche hielten sich mehr in Zucht. Wie ich diesen weisen Prior bewundere! Er gibt seinen eigenen makellosen Ruf preis, nur um seinen Brüdern auf milde Art eine Lehre zu erteilen. Ida ist mir ein rechter Trost. Wie gern gäbe ich ihr den Sohn zurück; aber das darf ich ohne Wilhelms Einwilligung nicht tun.

Rouen, Freitag, am 24. des Herbstmonds 1070

Es ist noch immer keine Nachricht aus Frankreich oder Flandern gekommen. Ich habe Sonderkuriere nach dort gesandt, die noch nicht zurück sind. Ob ihnen etwas zugestoßen ist? Dagegen erhalten wir regelmäßig Nachrichten aus England. Die letzte besagte, daß Mabille Zwillinge geboren habe. Es seien ein Knabe und ein Mädchen, welche die Namen Arnold und Sibylle erhalten hätten. Fast könnte ich sie beneiden. Jedesmal, wenn mein jüngstes Kind sich dem zweiten Lebensjahr näherte, trug ich sonst schon wieder ein neues unter dem Herzen. Jetzt aber habe ich nicht einmal den Ehemann bei mir!

Ich versuche, Robert etwas mehr zum Lernen anzutreiben, indem ich mich mit demselben Lehrstoff beschäftige und seine Aufmerksamkeit zu erwecken trachte. Wir lesen jetzt einiges über den berühmten Lehrer Gerbert, der einst die Klosterschule in Reims zur Blüte brachte. Er war es, der die indisch-arabischen Zahlen lehrte, die von 1-9 reichen, so daß wir nicht mehr die umständlichen römischen Ziffern zu schreiben brauchen. Manche der Christen hatten sich gegen den Gebrauch derselben gesträubt, weil diese Zahlen heidnischen Ursprungs seien. Aber Gerbert war weise und wußte, welche Umwälzung sie bringen würden – besonders in der Kunst der Astronomie. Robert bestaunte die Himmelskugel, so wie Gerbert sie entworfen hatte, weil man an ihr die Bewegung der Sterne erkennen kann. Am liebsten aber hat Robert das Fach der Rhetorik. Er soll als nächstes das Buch des Aristoteles über Logik studieren, das Boethius vor mehreren Jahrhunderten ins Lateinische übersetzte. Richard lernt vieles mit, obgleich er diesen höheren Unterricht noch gar nicht erhält. Aber er will alles wissen und erfassen und stellt mir und anderen oft den lieben langen Tag Fragen. Welche Freude Wilhelm an diesem seinem Sohn hätte! Er schrieb in seinem letzten Brief, daß er einige der Kinder bald nach England rufen werde. Dann geht der Riß durch die Familie noch viel tiefer.

Rouen, Montag, am 27. des Herbstmonds 1070

Heute endlich ist Nachricht von Richilde eingetroffen, aber leider keine gute. Sie teilt mir und fitzOsbern mit, daß Robert der Friese Einspruch gegen die Erklärung Arnulfs zum Grafen erhoben habe und sich selbst als Erben seines verstorbenen Bruders betrachte. Er sei dabei, eine große Armee aufzustellen, und sie flehe uns an zu helfen. Sie werde Arnulf nicht fortschicken, denn wenn der Graf außer Landes sei, könne sich Robert mit Leichtigkeit der Regierung bemächtigen. Sie schicke uns aber Balduin, der mit einem Diener und bewaffnetem Geleit unterwegs sei. Richard freut sich sehr auf diesen Besuch, denn beide Knaben sind ungefähr gleichen Alters. FitzOsbern will sogleich einen Boten nach England schicken, um Wilhelms Meinung einzuholen. Robert hat kein Anrecht auf Kronflandern! Dieses Land gehört rechtmäßig Balduins ältestem Sohn, auch wenn er noch nicht mündig ist. Richilde schrieb: „Da ich vorläufig für meinen Sohn regiere, erhebt Robert Einspruch. Er wolle keine Weiber in seinem Land an der Staatsführung sehen. Doch ich werde mein Recht behaupten. Ich habe auch an König Philipp geschrieben, mir beizustehen." Sicher wird Wilhelm ihr helfen wollen – aber ob er seine Krieger hinschicken wird, weiß ich nicht. Er wird sich, solange die Lage in Maine ungeklärt ist, nicht auf einen Krieg auf unserem Kontinent einlassen wollen. Papà Roger meint das auch.

Rouen, Montag, am 11. des Weinmonds 1070

Es ist Antwort von Wilhelm eingetroffen, der uns rät, vorerst mit Robert zu verhandeln, um Zeit zu gewinnen. Es ist die gleiche Strategie, die er damals bei Harald anwandte. Ich solle versuchen, eine Unterredung zwischen Robert, Richilde, fitzOsbern und mir zustandezubringen. König Philipp möge sich bereit erklären, für den jungen Arnulf zu regieren, falls Robert Richilde nicht anerkennen wolle. Man müsse unter allen Umständen versuchen, Arnulf sein Erbrecht zu sichern. Ich habe an Robert geschrieben, und fitzOsbern schreibt an Richilde, die er nach wie vor bewundert. „Sie ist eine weit bessere Regentin als der französische König", sagte er, und damit hat er sicher recht.

Wilhelm schrieb mir sehr erfreut darüber, daß Lanfranc sich mit großer Gewissenhaftigkeit seines neuen Amtes angenommen habe. Mehrere der vermählten Bischöfe seien entlassen worden. Lanfranc werde in Kürze den Erzbischof von York weihen, wahrscheinlich in der ersten Hälfte des Nebelmonds. „Lanfranc und ich ziehen am selben Strang", schrieb er. „Unter seiner weisen Führung wird die Kirche von England erstarken und eine geistige Einheit bilden – so wie es in der Normandie der Fall ist. Es gilt viel zu erneuern und einen lebendigen Geist in die Kirchen zu bringen. Dazu ist er der rechte Mann." Wilhelm beruft nur die besten seiner Prälaten und Vasallen aus der Normandie nach England – solche, deren Treue er sich gewiß sein kann. Ob das aber nicht unsere Normandie schwächen wird?

Rouen, Freitag, am 15. des Weinmonds 1070

Nun ist Eustachius bei uns eingetroffen, um seine Familie zurückzuholen, ehe das winterliche Wetter beginnt. Er ist recht alt geworden und hängt, wie früher, oft trübsinnigen Gedanken nach. Als seine Söhne ihm etwas von Kaiser Otto III. erzählten, der sich so eifrig der feinen Künste angenommen hatte, meinte er, das sei ein greulicher Monarch gewesen. Er habe den Gegenpapst Johannes XVI. gefangennehmen lassen, was man noch hätte gutheißen können. Doch dann habe er sich grausam an ihm gerächt und ihn furchtbar verstümmeln lassen. Dem armen Mann seien Ohren, Zunge und Nase abgeschnitten worden, dann habe man ihn geblendet und im Papstgewand vor einer Synode erscheinen lassen, wo er abgesetzt wurde. Und nicht genug damit, man habe ihn verkehrt herum auf einen Esel gebunden und so durch die ganze Stadt geführt. Dabei mußte er den Schwanz des Esels halten. Vor den

Augen der Menge sei er schließlich enthauptet worden."

Richard, der dies mit angehört hatte, starrte Eustachius entsetzt an, und ich war recht aufgebracht darüber, daß dieser den Kindern solche Schauergeschichten erzählte. Wenn sie leider auch wahr sind, so brauchen die Kinder doch noch nicht alles Greuliche, was in dieser Welt geschieht, zu wissen. „Dieser schreckliche Kaiser ist nun in der Hölle und wird von allen Teufeln geplagt," rief Richard aus, „nicht wahr, Sire?" Er wollte dies bestätigt wissen und sah Eustachius fragend an. Der lachte. „Otto galt als fromm", sagte er, „denn er begab sich in die Gruft Karls des Großen und nahm sich vom Halse des toten Kaisers dessen goldenes Kreuz als Reliquie mit. Geholfen hat es ihm nicht. Er starb schon jung; und als der Leichenzug durch das Land zog, rief ihm das Volk laute Schmährufe nach." – „Wir wollen nun von etwas anderem sprechen", lenkte ich ab, doch Richard hatte das Gehörte nicht vergessen. Er kam später zu mir und fragte: „Was ist ein Gegenpapst, Mutter?" – „Das ist ein falscher Papst", versuchte ich ihm zu erklären, „den jemand zum Papst macht, obgleich es schon einen richtigen Papst gibt." – „Das geht doch aber nicht – es kann doch auch nicht zwei Könige für dasselbe Land geben, sondern nur einen. Entweder den Vater oder Harald, aber nicht beide." – „Keiner will dem anderen den Platz räumen", versuchte ich zu erklären, „und schließlich bestimmt ein mächtigerer darüber – meist der Kaiser und die römische Aristokratie." – „Was ist Aristokratie?" So fragte er weiter und weiter. Ich erzählte ihm, daß jeder Kaiser vom Papst gekrönt werde und sich den Papst geneigt machen wolle. „Ist jeder Papst heilig?" Ich zögerte, dann sagte ich: „Er ist unser Heiliger Vater." Jetzt hat er mich eine Weile in Ruhe gelassen, und ich werde an meinem Wandteppich weitersticken.

Später

Richard hat inzwischen von Eustachius erfahren, daß der Kaiser den Papst absetzen kann, was er ganz und gar nicht billigt. „Es müßte umgekehrt sein", meinte er, „wo der Heilige Vater doch den Kaiser gekrönt hat." Da sagte Eustachius lachend: „So heilig sind diese Väter gar nicht. Johannes XII. starb, während er einer vermählten Frau nachstellte. Er hatte auch zahlreiche Konkubinen, deshalb hatte Otto I. ihn abgesetzt." Ich räusperte mich und sprach schnell von etwas anderem, denn ich sah, wie sich neue Fragen in Richards Gehirn auftürmten, denen ich nicht ausgesetzt sein wollte. Doch es wurde mir nichts erspart. Zwar gehorchte er, als ich ihn wegschickte, kam aber später wieder zu mir und fragte, was Konkubinen seien. Ich sagte der Wahrheit gemäß: „Das sind Frauen, mit denen ein Mann zusammenlebt, ohne sie gefreit zu haben." – „Warum leben sie denn aber zusammen, wenn sie sich nicht freien wollen?" Ratlos starrte ich auf meinen Wandteppich, auf den ich fünf Bäume gezaubert hatte. Dazwischen kommen jetzt die Holzfäller mit ihren Äxten.

Richard aber ließ sich nicht ablenken, ich mußte ihm Antwort geben. „Manchmal hat ein Ehemann plötzlich mehr Gefallen an einer anderen Frau, die er aber nicht freien kann; dann nimmt er sie dennoch zu sich", erklärte ich, während ich etwas ängstlich zu ihm hinschaute. Er versuchte das Gehörte zu verstehen. „Das tut der richtigen Frau aber doch sicher leid", meinte er. „Ja, Richard, darum ist es auch nicht richtig." – „Aber der Papst hat doch gar keine Frau. Wie ist das denn bei ihm?" – „Wenn er sich eine Frau ins Haus nimmt, ohne sie zu ehelichen, so ist es ebenfalls eine Konkubine." Richard setzte sich auf einen Schemel und dachte tief nach. „Die Mönche nehmen sich keine Frauen", meinte er schließlich, „weil sie Gott gehören, sagt der Vater. Dann darf der Papst das auch nicht, weil er über allen Mönchen steht." – „Das tut er auch nicht, Richard. Dies war ja eine Ausnahme, es war eben kein guter Papst." – „Den wir jetzt haben, der ist aber gut, nicht wahr?" – „O ja, Kind, ganz gewiß. Und nun geh schlafen, es ist schon viel zu spät für dich." Er stand auf, küßte mich und meinte dann: „Wenn der Vater wiederkommt, werde ich auch ihn nochmal fragen. Der weiß doch alles am besten." Sicher hat er mir meine Unsicherheit angemerkt.

Rouen, Dienstag, am 26. des Weinmonds 1070

Es hat allerlei Ärger für mich gegeben, besonders mit der Dienerschaft. Wie sehr mir meine Adelaide fehlt, die mir diese Dinge immer abgenommen hat! Auch Paula ist kein rechter Ersatz für Gundrada. Sie ist ziemlich ruhelos und nicht immer verläßlich. Sicher wird sie sich bald vermählen, denn sie ist ein hübsches Mädchen. Bertha meint, Paula sei in Maine einem Ritter begegnet, den sie sehr gern habe. Er sei aus La Flèche und noch nicht vermählt. Doch sei sie sich nicht sicher, ob er dem Herzog wirklich treu sei. In Maine wisse keiner recht, wer der eigentliche Herr sei: Robert von der Normandie, Gottfried von Mayenne oder der kleine Hugo d'Este. Sie sei deshalb wieder in die Normandie gezogen und habe Paula mitgebracht. Ich versprach ihr, Näheres zu erkunden. Vielleicht kann mir der Bischof von Le Mans hierbei helfen.

Herbststürme brausen über das Land. Ich bin dennoch ausgeritten, um mir das Dorf anzusehen, das in der Nähe von Boscherville fast ganz abgebrannt ist. Es sah trostlos aus, und wir haben die bedauernswerten Leute in ein Armenhaus bringen lassen. Zwei Bauern schoben ein zweirädriges Gefährt vor sich hin, das von mehreren Ochsen gezogen wurde und auf das sie einiges gerettetes Hab und Gut gepackt hatten. Ein Schwarm Krähen zog krächzend unter den dunklen Wolken dahin, und welke Blätter säumten den aufgeweichten Weg.

Jetzt ist es Abend, und ich sticke noch an meinen Bäumen. Rufus meint, sie sähen sehr dünn aus, aber ich erkärte ihm, daß die meisten Äste schon abgesägt seien. So ist es nämlich viel einfacher für mich, dann kann ich die Holzfäller deutlicher gestalten. Diese tragen kurze Beinkleider und ein Wams ohne Tunika. Dem Schiffszimmermann jedoch habe ich eine grüne Tunika gestickt – von derselben Farbe wie Klein-Heinrichs Wams, das Paula gerade flickt. Die Kinder schlafen schon. Ich aber grübele abends immer viel, denke an meinen verstorbenen und an den noch lebenden Bruder, der immer das Sorgenkind unserer Familie war. Nach vielen Abenteuern in anderen Ländern hat er sich endlich in Reichsflandern niedergelassen, hat sich Friesland erworben – und nun ist ihm auch das nicht genug. Balduin hat er vorgeworfen, daß jener das ganze Land unter seine Herrschaft bringen wollte, und nun tut er dasselbe, will sich aneignen, was ihm nicht gehört. Ach, es hat keinen Zweck, soviel darüber nachzudenken. Jeder Mensch folgt seinem eigenen Stern oder Unstern, schmiedet sich sein eigenes Schicksal...

Rouen, Freitag, am 29. des Weinmonds 1070

Mein kleiner Heinrich beginnt jetzt schon munter zu sprechen, nur ein Wort sagt er nie, und das ist: Papà. Er weiß gar nicht, daß er einen Vater hat. Das macht mich unendlich traurig. Meine kleineren Kinder spielen jetzt oft „Familie". Dann ist Adele die Mutter, Heinrich und Constanze sind die Kinder, Adeliza ist die Kinderfrau und Rufus der Vater. Letzterer jedoch ist oft nicht aufzufinden, was Adele immer sehr empört. „Wenn wir alle Familie spielen, gehört auch der Vater dazu!" rief sie ihm heute nach, als er sich wieder davonmachte. „Sag den Kindern, ich bin auf der Jagd", meinte er, und dann rief er noch aus der Ferne: „Unser eigener Vater ist auch schon so lange weg. Ich bin jetzt der deutsche Kaiser, der nach Italien reitet!" – „Ich will aber keinen deutschen Kaiser zum Mann", rief Adele ihm mit ihrer hellen Stimme nach. „Dann eben nicht", rief er gleichgültig zurück. Adele kam zu mir, mit roten Flecken auf den Wangen und den Tränen nahe. „Ich hole mir jetzt den Richard, Mamà." – „Der ist aber mit Robert und Hilgarius auf der Jagd", sagte ich. „Spielt jetzt ruhig weiter und gebt euren Kindern was zu essen. Barbara kann euch ein paar Kastanien aus dem Herd holen." Da war sie sofort begeistert und lief davon. Wie schnell sich Kinder doch trösten lassen! Heinrich wird von all seinen Geschwistern so sehr verwöhnt, daß ich hoffe, es wird ihm nicht schaden. Adeliza hat ihm heute ein Gebet vorgesprochen, wobei er neben ihr niederknien mußte. Er tut alles sehr willig, denn er liebt seine Schwestern und plappert ihnen alles nach. So sagt er schon ganz deutlich: „Sesus" und „Malia", was Jesus und Maria bedeuten soll. „Maria voller Gnaden" kann er aber noch nicht richtig nachsprechen, die Wörter sind zu lang. So muß er sie nacheinander wiederholen: „Malia – wolle Naden..." Dabei schaut er Adeliza treuherzig an, und sie küßt ihr Brüderlein zärtlich. Heute am frühen Abend hatten sie ihm ein Mädchengewand angezogen und einen ausgeblichenen Blumenkranz in die Locken gesetzt. Stolz brachten sie ihn mir. „Seht mal, Mamà, das ist Adelizas altes Kleid. Sieht er nicht wonnelieb aus?" Ich winkte entsetzt ab. „Zieh ihm das Kleid aus, Adele! Ich bin froh, daß ich endlich einen Knaben geboren habe." – „Wir spielen ja nur, Mamà – wir sind jetzt eine Klosterschule, nur mit Mädchen..." Inzwischen sind sie alle schlafen gegangen, und es herrscht wunderbare Ruhe. Ich will jetzt einen Brief an Wilhelm beginnen.

Rouen, Mittwoch, am 3. des Nebelmonds 1070

Ehe mein letzter Brief Wilhelm erreicht haben konnte, erhielt ich einen von ihm. Er schreibt mir genauere Einzelheiten über die neuen Bischöfe, die er gewählt hat. Doch er erwähnte auch einige angelsächsische Bischöfe, die er hoch in Ehren hält – so Giso von Wells, einen Lothringer, und Leofric von Exeter. Am lobendsten aber spricht er von Wulfstan. „Er ist wie ein Eichbaum, dessen Wurzeln in große Tiefen gehen und unter dessen Schatten müde Wanderer Erquickung finden. Kürzlich erzählte er mir, daß er König Eduard oft Trost zugesprochen habe, wenn dieser sich Sorgen darum machte, daß er keinen Sohn hatte, der unangefochten als sein Nachfolger gelten könne. Dann habe er dem König gesagt: ‚Gott selbst wird Euren Nachfolger bestimmen', und diese Worte hätten sich als wahr erwiesen." Ich weiß nicht, ob ich es Gott danken soll, daß Seine Wahl auf Wilhelm gefallen ist!

Rouen, Donnerstag, am 11. des Nebelmonds 1070

Heute begehen wir, am St. Martins-Tag, das Fest der Pflüger. Als ich von einem Ausritt zurückkehrte, sah ich im äußeren Schloßhof das lebhafte Treiben der Hausknechte, Fuhrmänner und Wachen und auch der vielen Mägde, die sich alle zum Fest auf der Tenne rüsteten. Die Bauern backen dazu den Kuchen, die Pasteten und einen würzigen Weizenpudding mit Rosinen, der einen ganz eigenen Duft verbreitet, wenn er draußen in den großen Backöfen erhitzt wird.

Robert liest jetzt mit großer Begeisterung die Iliade des Homer und erzählt seinen Brüdern viel darüber. Richard versucht mitzulesen, wird aber oft ungeduldig, weil er manche der lateinischen Wörter noch nicht kennt. Oft ist es Richard, der Robert zum Lernen antreibt. Rufus liegt heute mit einem Halswickel im Bett. Ich war soeben bei ihm und brachte ihm einen geriebenen Apfel. Er verzog das Gesicht und schluckte den Brei verächtlich, Löffel für Löffel, hinunter. Derweil spielten Robert und Richard Schach im Zimmer, während ein Feuer im Kamin prasselte. Sie waren aber nicht sehr aufmerksam bei der Sache; die Geschehnisse der Iliade spukten noch in ihren Köpfen. „Ich raube mir jetzt die Helena", sagte Robert, indem er die Dame auf Richards Seite wegnahm. Richard sagte enttäuscht: „Oh!" Dann aber lehnte er sich in seinen kleinen Stuhl zurück und meinte: „Das war alles so ungerecht, darum gab es auch so viel Malheur danach." Robert zuckte die Schultern. „Ungerecht war es gar nicht, denn die Göttin hatte dem Paris doch die Helena gegeben." – „So eine falsche Göttin!" empörte sich Richard. „Die Helena war ja vermählt, da durfte sie doch ein anderer Mann nicht einfach rauben."

Es gefiel Robert, seinen kleineren Bruder zu necken. „Die Götter stehen über den Menschen. Wenn ich der Paris gewesen wäre, hätte ich sie mir auch geholt." Richard aber sagte: „Ich hätte das nie getan! Und solche Götter hätte ich überhaupt nie angebetet." Rufus hatte aufmerksam zugehört und inzwischen seinen Apfelbrei aufgegessen. „Was hat denn die Helena gesagt, als der Piras sie raubte?" fragte er. Robert lachte hell auf. „Wer soll sie geraubt haben? Der Piras? Haha! Der Piras!" – „Na ja, oder so ähnlich", murmelte Rufus ärgerlich mit heiserer Stimme. „Paris hieß er", verbesserte ihn Richard. „Und die Helena ist gern mit dem mitgegangen, was ich ganz schlimm finde." Ich fühlte Rufus' Stirn, die noch heiß war, und sagte: „Redet jetzt nicht so viel. Rufus muß schlafen, und ihr beiden anderen sollt ihn in Ruhe lassen." Robert hatte das Schachspiel inzwischen gewonnen, ging ans Fenster und rekelte die müden Glieder. „Regen – nichts als Regen, schon seit Tagen!" – „Hast du schon mit Roger Beaumont die Angelegenheit wegen Le Mans besprochen?" fragte ich. „Noch nicht, vielleicht morgen", sagte er gelangweilt. Ihm scheint es ziemlich gleichgültig zu sein, was sich in Maine abspielt, obgleich er doch der Graf ist. Jetzt ist auch alles so verworren dort.

Rouen, Donnerstag, am 18. des Nebelmonds 1070

Heute habe ich mit Papà Roger, fitzOsbern, Ralf Tesson und Robert zusammengesessen, um die Lage in Maine zu besprechen. Gottfried von Mayenne ist es gelungen, die Revolte der Bürger in Le Mans niederzudrücken, und er lebt wieder mit der Gräfin Gersendis in der Festung. Robert meinte grinsend: „Das ist ganz so wie der Raub der Helena. Gottfried hat dasselbe getan wie der Paris, und Gersendis freut sich genauso darüber, wie es die Helena tat." Papà Roger warf Robert einen vorwurfsvollen Blick zu, wagte aber nichts zu sagen. „Wir wollen nicht abschweifen, Robert", sagte ich, „die Lage ist ernst. Und der Vater hat gebeten, daß du ihm darüber einen genauen Bericht schreibst." – „Warum denn ich?" – „Weil du der Graf von Maine bist." – „Bin ich das noch? Wenn mich die Bürger doch nicht wollen?" – „Schreibe dem Vater und erbitte seinen Rat. Dränge ihn, selbst zu kommen. Wir müssen wissen, ob er jetzt eingreifen will." FitzOsbern schüttelte den Kopf. „Es ist noch nicht völlige Ruhe in den Fenns eingetreten, und sowohl Schottland als auch Wales fühlen sich durch den neuen König bedroht. Ich fürchte, er wird England jetzt nicht verlassen können." – „Er muß aber sofort wissen, daß Gottfried von Mayenne Le Mans wieder eingenommen hat." FitzOsbern nickte und fragte Robert: „Werdet Ihr es ihm schreiben, Sire?" Robert willigte ein, doch jetzt, am Abend, hat er es immer noch nicht getan. Er hatte einen jüdischen Goldschmied ins Schloß bestellt, wie ich erfuhr; und ich habe den leisen Verdacht, er hat diesem etwas verkauft, damit er mehr Geld für sich selbst hat. Wilhelm gibt ihm nicht viel, weil er es nur verschwendet. Robert besitzt einige Erbstücke und auch Geschenke von seinen Freunden, die ihn sich geneigt machen wollen.

Rouen, Freitag, am 19. des Nebelmonds 1070

Ich habe mit Robert wegen des Goldschmieds gesprochen und dabei erfahren, daß er bei diesem einen kostbaren Einband für ein Buch erstanden hat, ihn aber noch nicht bezahlen kann. Er wolle ihn jemandem schenken – und ich brauchte nicht zu wissen, wem. Ich erschrak. Sollte er sein Herz an ein Mädchen verloren haben? „Nimm dich vor den Juden in acht", warnte ich ihn. „Wenn die Geld verleihen, treiben sie Wucher. Und sie glauben sich im Recht, weil sie ja kein Zinsverbot haben wie die Christen. Und wo willst du das Geld überhaupt hernehmen?" – „Das sehe ich dann schon – vielleicht gebe ich ihm was anderes dafür." Mehr sagte er mir nicht über die Sache. Wilhelm würde dies nie und nimmer dulden, sondern ihm kräftig seine Meinung sagen und ihm alles weitere Geld entziehen. Aber ich will es ihm nicht schreiben; er hat jetzt genug andere Sorgen. Irgendwie muß ich feststellen lassen, wem Robert heimlich Geschenke macht.

Rouen, Sonntag, am 21. des Nebelmonds 1070

FitzOsbern hat das Geheimnis entdeckt, denn der Buchdeckel fand sich bei seinem Sohn Roger, der ihn der Tochter seines Präzeptors zugedacht hatte. Doch hat fitzOsbern dies verhindern können. Robert ist so gutmütig, daß er alles für seine Freunde tut, sich sogar bei einem Juden verschuldet. Diesmal wird fitzOsbern ihm aushelfen. Welch unbesonnene Dinge diese jungen Menschen doch tun!

Später

Soeben bat fitzOsbern darum, mich zu sprechen, und teilte mir dann recht beunruhigende Nachrichten aus England mit. FitzWymarc hatte ihm geschrieben und ihm die jüngsten Ereignisse zur Kenntnis gebracht. Nun, da Lanfranc zum Erzbischof von Canterbury ernannt worden ist, sollte er Thomas, den neuen Erzbischof von York weihen. So habe es der König bestimmt. Die Feier in Canterbury endete jedoch mit einem großen Ärgernis. „Ehe Erzbischof Lanfranc den heiligen Ritus vollzog", schrieb er, „verlangte er von Thomas das Gelübde kanonischen Gehorsams. Thomas schwieg einige Minuten und weigerte sich dann, ein solches Gelübde nachzusprechen. Lanfranc, wie Ihr ihn kennt, zögerte nicht, die Konsequenzen zu ziehen. Er befahl allen versammelten Bischöfen und Mönchen, ihre zeremonielle Kleidung abzulegen. Und so endete die Zeremonie in großer Verwirrung." – „Mein Gott!" rief ich, als fitzOsbern den Brief bis zu dieser Stelle vorgelesen hatte, „was hat denn der König dazu gesagt?" FitzOsbern las weiter: „Thomas hat sich in seiner Bestürzung hilfesuchend an den König gewandt, der sehr liebevoll zu ihm war und ihm versprach, die Angelegenheit untersuchen zu lassen. Er hat seitdem einige Male mit Lanfranc gesprochen, der ihm Dokumente beschaffen will. Ihr könnt Euch die Erregung am

Hof und unter den Bischöfen vorstellen. Kunde ist bis nach York gedrungen, was besonders bedenklich ist. Mit Mühe und Not hat unser König den Norden in seine Gewalt bekommen, und nun diese Schmach für den neuen Erzbischof!" Ich sah fitzOsbern ratlos an. Der stützte den Kopf in die Hände und seufzte tief auf. Ich fürchte nun, daß dies böse Folgen für Northumberland haben kann, denn die Adligen und Geistlichen dort stehen sicher hinter ihrem eigenen Erzbischof, auch wenn dieser ein Normanne ist.

Rouen, Dienstag, am 30. des Nebelmonds 1070

Heute, als ich mit den Kindern zusammensaß und einige heilige Figuren für den Barbaratag mit ihnen ausschnitt, fragte Richard mit sehnsüchtigem Blick: „Wann kommt der Vater wieder? Bestimmt doch zu Weihnachten?" Ich sagte nichts, ich kämpfte plötzlich mit den Tränen. Heinrich, der auf meinem Schoß saß, merkte es und sagte zärtlich: „Mamà!", indem er mit seinem Händchen meine Wange strich. Da weinte ich nur noch mehr. Das Kind kennt seinen Vater ja noch gar nicht. „Ich habe ihn so viel zu fragen", fuhr Richard fort, „Sachen, die sicher nur er weiß." – „Was denn, Richard?" fragte ich, um mich selbst abzulenken, und wischte mir die Tränen aus den Augen. „Das mit den vielen Sachsen, die den christlichen Glauben nicht annehmen wollten. Das waren einige Tausend, und alle, die bei ihrem heidnischen Glauben blieben, kriegten den Kopf abgeschlagen. Der ganze lange Graben lag voll blutiger Köpfe! Und Kaiser Karl schaute sich das alles an und war froh, daß die Heiden sterben mußten. Aber wißt Ihr, was ich glaube, Mutter?"

Ich schüttelte den Kopf und sah Wilhelms Ebenbild fragend an. „Ich denke, daß diese Heiden richtige Märtyrer waren – genauso wie die Christen, die für ihren Glauben starben. Sie waren doch ebenso tapfer und auch ehrlich. Man kann doch nicht einfach auf Befehl seinen Glauben ändern." – „Da hast du ganz recht, Richard", gab ich zu. „Aber Oheim Nikolaus meint", fuhr er fort, „diese Heiden seien alle verdammt, und das glaube ich nicht. Darum will ich den Vater fragen. Oder was meint Ihr, Mutter?" Das war eine schwierige Frage, besonders weil Cäcilie mich groß anblickte, die ich nicht verwirren wollte. Schließlich meinte ich: „Ich glaube, daß es im Himmel keine verschiedenen Religionen gibt, sondern nur gute Seelen." Das gefiel Richard, denn er sagte: „Und wer so tapfer stirbt und sich nicht fürchtet, der ist bestimmt eine gute Seele. Und im Himmel kommt dann der Herr Christus zu ihnen und erklärt ihnen alles. Dann sehen sie ja, daß er der Heiland ist, und dann ist alles gut." Er schien sehr erleichtert, warf seine Arme um mich und küßte mich auf die Wange. „Ihr schmeckt salzig", meinte er lachend, denn meine Tränen waren noch nicht ganz getrocknet.

Wilhelm hat inzwischen geschrieben, daß Lanfranc ihm historische Dokumente überbracht habe, die bewiesen, daß Canterbury schon früher die Oberherrschaft über alle anderen Bistümer gehabt habe, daß dies dem englischen Gesetz entspräche. Er habe dies vor der versammelten *Curia regis* erklärt, und alle Normannen am Hof, die ihren eigenen Landsmann Thomas verteidigt hatten, wurden schließlich von der Richtigkeit der Sache überzeugt und gaben Lanfranc recht. „Selbst wenn dem nicht so wäre", schrieb Wilhelm, „hätte ich nie meine Einwilligung zu zwei getrennten Erzbistümern gegeben. Der Norden ist noch nicht völlig erobert, und ein zweiter Erzbischof in York hätte die Macht, einen dänischen oder norwegischen Eroberer zum König zu krönen und das Land zu teilen. Die Einheit muß um jeden Preis gewahrt werden – im Staat und in der Kirche." Es ist nun so, daß Thomas sich an den Heiligen Vater wenden will, weil er sich immer noch weigert, Canterbury untertan zu sein. Das mag sich noch lange hinziehen, weil sicher eine Reise nach Rom damit verbunden ist.

Rouen, Samstag, am 4. des Christmonds 1070

Es ist am Abend des Barbaratags, und die kleinen Kinder sind in ihren Betten. Die größeren sind noch auf und machen allerlei Spiele miteinander im kleinen Saal. Als Heinrich sein neues Schaukelpferd mit dem roten Sattel und den goldenen Steigbügeln sah, freute er sich so unbändig, daß er beide Hände ineinanderschlang und sie gegen sein Kinn preßte. Das habe ich ihn schon öfter tun sehen, wenn er sich freut, und die Kinder auch. „Er drückt sich wieder!" rief Adele lachend und schloß ihn zärtlich in ihre Arme. Der kleine Reiter hat fast den ganzen Nachmittag auf seinem neuen Pferd gesessen. „Laß nun Constanze auch mal hinauf", meinte ich, und da sagte er bereitwillig: „Ja, Tanze aumal", und ließ sich herabheben. Aber schon nach kurzer Zeit schrie er ungeduldig: „Wieda auf Fett – wieda Fett!" Sicher träumt er jetzt von ihm.

Ich bemerkte heute zu fitzOsbern, daß ich mich über Richildes langes Schweigen wundere. König Philipp hat einer Unterredung zugestimmt. Da schien fitzOsbern leicht verlegen und meinte: „Sie hat mir geschrieben, doch will sie noch warten, wie es mit Eurem Bruder Robert wird. Wenn der, wie er vor einiger Zeit geplant hatte, nach Deutschland reist, will sie mit Balduin an den französischen Hof gehen und bittet auch mich dorthin." Mich wundert nur, daß er mir dies nicht schon früher gesagt hat. Auch habe ich das Gefühl, daß er mir irgend etwas verschweigt.

Rouen, Mittwoch, am 15. des Christmonds 1070

Nun wird es winterlich in der Normandie; die Felder sind verschneit, der Teich ist zugefroren, und die Kinder haben den ganzen Tag draußen im Schnee gespielt. Heinrich hat dabei eines seiner neuen Spielzeugtiere im Schnee vergraben und es nicht mehr finden können. Er weinte sich in den Schlaf. Wir müssen morgen noch einmal nachgraben; heute wurde es schon zu dunkel dazu. Er ist jetzt im wonnigsten Alter – und das alles kann Wilhelm nicht miterleben! Allzugern bringt mir das Kind alle möglichen Dinge, und wenn ich ihm sage: „Hein, geh und hol der Mamà das Tuch“ oder: „Hol Mamà das Knäuel“, so läuft er selig davon und bringt mir immer richtig das Gewünschte. Seinen Schwestern nimmt er alles aus der Hand, was ihm gefällt, und sie lassen ihn meist gewähren. Er kann jetzt schon allein essen und läßt sich partout nicht mehr füttern. Heute hat er zum ersten Mal allein seinen Schuh ausgezogen; dann schaute er Barbara mit solch triumphierender Miene an, als hätte er Rom erobert.

Gestern erreichte mich ein sehr zuversichtlicher Brief von Wilhelm. Weihnachten werde er in Gloucester verbringen, und der Erzbischof von York sei inzwischen geweiht worden. „Ich habe einen Kompromiß für weise gehalten“, schrieb er. „Deshalb bat ich Thomas, den Eid des Gehorsams nicht dem Sitz von Canterbury, sondern Lanfranc persönlich zu leisten. Dem Nachfolger von Lanfranc sei er nicht mehr zu Gehorsam verpflichtet. Mittlerweile könnten wir den Fall näher untersuchen und für die Zukunft später entscheiden.“ Thomas war Schatzmeister der Kathedrale von Bayeux, und Odo hat ihn immer wegen seiner Gelehrsamkeit gepriesen. „Es ist gut, daß diese Streitfrage vorerst gelöst ist“, schrieb Wilhelm. „Doch schon taucht eine neue am Horizont auf. Diesmal jedoch bin ich unbeteiligt daran. Lanfranc hat den Auftrag erhalten, eine Abhandlung zu verfassen, welche die Behauptungen des Berengar widerlegt. Er tut dies nur aus Gehorsam dem Heiligen Vater gegenüber. Seine Abhandlung über den Leib des Herrn soll *De Corpore Domini*, heißen, und ich habe ihm einige Wochen Mußezeit dafür gegeben.“

Eudes al Chapel war dieser Tage am Hof und teilte mir mit, daß der König ihn gefragt habe, ob er einen Herrensitz in England übernehmen wolle. Das sei eine große Ehre für ihn, doch wolle er zuerst an Madame Muriel schreiben. Das verwunderte mich, und er erklärte mir, daß er ihr mehrere seiner Ritter überlassen habe, um sie geschützt zu wissen. „Weil sie doch ohne ihren Ehemann lebt“, fügte er hinzu, indem er mich fragend ansah. Ich weiß, daß Wilhelm versucht, ihre Ehe zu lösen, habe aber noch nicht gehört, ob der Heilige Vater geantwortet hat. „Ich würde dem König gern in seinem Kampf gegen die Rebellen helfen“, meinte Eudes. „Wie ich höre, haben sich immer noch etliche auf der Insel Ely verschanzt.“ Ich denke mir, daß sie sich dort während des Winters ruhig verhalten werden. Wilhelm schrieb, daß er dem augenblicklichen Frieden nicht traue und öfter Spähtrupps aussende, die Lage zu erkunden. Ich mag den Baron Eudes sehr gern. In ihm hätte Muriel einen viel besseren Gemahl. Ich will dies Wilhelm in meinem nächsten Brief schreiben.

Rouen, Montag, am 20. des Christmonds 1070

Gestern war schon der 4. Advent, und nun sind es nur noch wenige Tage bis zum Christfest. Wir haben einen herrlichen Winter mit viel Schnee, ohne daß es zu kalt ist. Eine große Freude hatte ich heute, weil bereits wieder ein Brief von Wilhelm eintraf. „Ehe ich nach Gloucester aufbreche", schrieb er, „will ich Dir einen Boten mit meinen innigsten Grüßen zum Christfest senden. Wie in der Normandie, halte ich auch hier drei Konzile im Jahr. Es ist gut, Roger bei mir zu haben, ebenfalls andere meiner Getreuen wie Walter Giffard und Heinrich Beaumont. Auch Heinrich Ferrières habe ich in unseren engeren Kreis gezogen, denn ich verspreche mir viel von ihm. Es war mir eine Freude, von König Alfons zu hören, daß er einen seiner Botschafter nach London senden will. Wir werden ihn nach Gloucester bitten, wo sich alle Bischöfe versammeln und die beiden neuen Erzbischöfe die Messen lesen werden. Gottfried von Coutances soll sich der ausländischen Gäste annehmen. Er hat feine Manieren und trägt kostbare Gewänder. In starkem Gegensatz zu ihm steht Bischof Wulfstan, der sich sehr bescheiden kleidet. Neulich machte sich Gottfried über ihn lustig und fragte ihn, warum er sich immer in Lammfell kleide. Marder, Biber oder Wolfspelze würden ihm besser zu Gesicht stehen. Wulfstan, nie um eine Antwort verlegen, erwiderte, daß es sich für Gottfried und andere, die großes weltliches Wissen besäßen, zieme, die Pelze listiger Tiere zu tragen, doch er, der ein einfältiges Gemüt habe, gäbe sich mit dem Fell des unschuldigen Lammes zufrieden. Gottfried, dem dieser Scherz gefiel, neckte ihn jedoch weiter und fragte, warum er dann nicht wenigstens Katzenfell trage. Und Wulfstan erwiderte: ‚Weil wir immer vom Lamm Gottes singen, nicht von Seiner Katze.' Gottfried lachte herzlich und schlug Wulfstan auf die Schulter. Alle hier lieben den Bischof von Worcester, der fest wie ein göttlicher Fels in der stürmischen Brandung weltlicher Ereignisse steht. Ich will hier in diesem Lande die rechten Seelenhirten haben. Der König und sein Hof müssen für das Wohl von Land und Leuten, für Frieden, Gerechtigkeit und Sicherheit sorgen. Die Bischöfe aber sollen sich um das Heil der ihnen anvertrauten Seelen kümmern. Solches sage ich ihnen jedesmal, wenn ich ihnen den Bischofsring an den Finger stecke. König und Geistlichkeit müssen Hand in Hand wirken. Schon aus diesem Grunde mache ich oft Bischöfe zu Vasallen, sogar zu Grafen. Und umgekehrt sind es die Bischöfe, die den König salben und ihn zu einem geistlichen Herrscher machen."

Ach, wie ich die Versammlungen der Curia mit Wilhelm vermisse! Sie waren immer voller Leben, Spannung und Heiterkeit. Auch zu Zeiten, da sein Zorn entflammte, gab es immer etwas, aus dem wir lernten. Und nie trägt Wilhelm jemandem etwas nach. Er hat immer ein verstehendes Herz. „In diesem Jahre schreibe ich Dir nun nicht mehr", schloß er seinen Brief. „Du fragst oft, wann ich heimkehre. So Gott will, im nächsten Jahr. Doch wird es zuvor noch einige Kämpfe geben, besonders im Räubernest in den Fenns. Sobald ich es gesäubert habe, kann ich wieder an die Normandie denken. Waltheof hat Bedenken wegen der beiden Grafen des Nordens – Morcar und Edwin –, die sich nur selten am Hof blicken lassen. Ich hoffe, sie während des Konzils nach dem Weihnachtsfest länger sprechen zu können. Für mich ist es wichtig, daß der Norden von treuen Vasallen regiert wird. Normannen möchte ich dort nicht einsetzen, es sei denn, daß mir keine andere Möglichkeit bleibt. Ich grüße Dich, mein Lieb, und küsse Deine Hände. Sorge Dich um Flandern, weil dort Gefahr droht. Sollte es nötig sein, schicke fitzOsbern persönlich hin, doch gib ihm bewaffnetes Geleit mit. Ein gesegnetes neues Jahr für unsere beiden Länder! Wilhelm." Dieses Mal hat er mir viel geschrieben, so daß ich mich fast nach England versetzt fühle. Wenn er noch mehrere Monate dort bleibt, würde ich ihn gern besuchen. Doch hat er nichts davon erwähnt. Am liebsten reiste ich schon im Hartung und nähme meinen kleinen Sohn mit, damit er ihn endlich wiedersieht. Aber ich sehe ein, daß ich mich wegen Flandern nicht von hier wegrühren kann.

Rouen, Freitag, am 31. des Christmonds 1070

Als sich die Abenddämmerung niedersenkte, bin ich auf den Turm gegangen, wo ich so oft mit Wilhelm am letzten Tag des Jahres gestanden habe, und vergoß einige Tränen. Dieses Jahr, das nun für immer Abschied von uns nimmt, hat mir viele liebe Menschen genommen. Und als ich dort oben stand und auf das schneebedeckte Land hinabschaute, habe ich für die abgeschiedenen Seelen gebetet. Dann dachte ich an Wilhelm und an jedes meiner Kinder. Robert und Agathe sind mir schon in vielem eine Stütze, auch meine fromme Cäcilie, die jetzt langsam zur Jungfrau heranwächst. Richard und Rufus werden immer selbständiger und stehen die meiste Zeit unter der Aufsicht ihrer Präzeptoren. Meine drei kleinen Mädchen aber gehören mir noch ganz, und an Sonntagen nehme ich manchmal an ihren Kinderspielen teil. Mein jüngster Sohn entzückt mich täglich und ist ein wahres Gottesgeschenk. Ich habe Gott für so vieles zu danken, denn ich habe ja meinen geliebten Mann und alle meine Kinder. Möge der Herr sie im kommenden neuen Jahr segnen und behüten! Und möge Er uns immer die nötige Kraft und Weisheit verleihen, damit wir mit Seiner Hilfe in Flandern, Maine und England die drohenden Gefahren abwenden können!

HISTORISCHE PERSONEN DER HANDLUNG

(Verzeichnis für das Gesamtwerk)

Die Grafen von Flandern

Balduin V., Graf von Flandern
Adele, seine Gemahlin (Schwester Heinrichs I. von Frankreich)
Kinder der obigen:
Mathilde
Balduin VI., Graf von Flandern
Robert I. (der „Friese"), Graf von Flandern
Fredericke (Fiti) – fiktiver Name
Richilde, Gemahlin Balduins VI.
deren Söhne:
Arnulf
Balduin
Gertrude von Sachsen, Gemahlin Roberts des Friesen
Kinder der obigen:
Adele
Robert
Dirk V., später Graf von Holland (Sohn Gertrudes aus erster Ehe)
Judith, Halbschwester Balduins V. aus der 2. Ehe seines Vaters mit Eleanor, der Schwester Herzog Roberts I.

Herzöge der Normandie

Rolf der Wikinger († 926)
Wilhelm Langschwert († 942)
Richard I. († 966)
Richard II. († 1026)
Richard III. († 1027)
Robert I. († 1035)
Wilhelm II. (der „Eroberer")

Herzog Wilhelms Familie mütterlicherseits

Fulbert, ein Gerber in Falaise
Druxia, seine Frau
Kinder der obigen:
Herlève (Arletta)
Osbert
Walter
Kinder Arlettas und Herzog Roberts I.:
Wilhelm, Herzog der Normandie
Adelaide
Herluin, Vicomte von Conteville, Arlettas Gemahl
Kinder Herluins und Arlettas:
Odo, Bischof von Bayeux
Robert, Graf von Mortain
Muriel
Fredesensis, zweite Gemahlin Herluins
Kinder von Herluin und Fredesensis:
Rolf
Johannes
Emma
Kinder Walters, des Bruders von Arletta:
Mathilde
Clara, Nonne

Die Herzogsfamilie

Wilhelm II., Herzog
Mathilde, seine Gemahlin (Tochter Balduins V.,
des Grafen von Flandern)
Kinder der obigen:
Robert (Gamberon)
Agathe
Cäcilie, später Nonne
Richard
Wilhelm (Rufus)
Adele
Adelaide (Adeliza)
Constanze
Heinrich
Mathilde
Adelaide, Schwester Herzog Wilhelms II.
Angelrann, Graf von Ponthieu, erster Gemahl Adelaides
Adelaide (Adi), Tochter aus Adelaides erster Ehe
Lambert, Baron von Lens, zweiter Gemahl Adelaides
Judith, Tochter aus Adelaides zweiter Ehe

Familie des Seneschalls der Normandie

Wilhelm fitzOsbern, Seneschall Herzog Wilhelms II.
Adeliza, seine Gemahlin (Tochter Rogers I. von Tosny)
Kinder der obigen:
Wilhelm (Will), später Graf von Breteuil
Roger, später Graf von Hereford
Emma
Ralf, später Mönch
Hilda (fiktiver Name)
Makrina (fiktiver Name)

Familie des Roger de Montgommeri

Roger II., Vicomte vom Hiémois
Mabille, seine Gemahlin (Tochter von Wilhelm Talvas)
Kinder der obigen:
Mathilde
Robert
Hugo
Emma, später Nonne
Philipp
Mabille
Arnold
Sibylle
Roger
Gilbert, Bruder Rogers II.

Andere Vasallen Herzog Wilhelms II.

Roger de Beaumont (Papà Roger), Mitregent
Söhne des obigen:
Robert (le Beau)
Heinrich
Wilhelm, Baron de Warenne (später Burgherr von Lewes)
Gundrada, seine Gemahlin

Wilhelm, Graf von Eu (Bastard Herzog Richards I.)
Lesceline, seine Gemahlin
Kinder der obigen:
Robert, Graf von Eu (später Burgherr von Hastings)
Wilhelm Bussac
Richard, Graf von Evreux (Enkel Herzog Richards I.)
Godehildis, seine Gemahlin (Mutter Adeliza fitzOsberns)
Wilhelm, Graf von Evreux, deren Sohn
Gilbert, Graf von Brionne
Söhne des obigen:
Richard fitzGilbert
Balduin von Meules
Rohese, Gemahlin Richard fitzGilberts (Tochter Walter Giffards)
Eustachius, Graf von Boulogne
Goda, seine erste Gemahlin (Schwester König Eduards des Bekenners)
Ralf der Sanfte, Graf von Hereford, Sohn der obigen
Ida, zweite Gemahlin von Eustachius
Kinder der obigen:
Eustachius
Gottfried von Bouillon
Valerie (fiktiver Name)
Hugo, Graf von Avranches (später Graf von Chester)
Muriel, seine erste Gemahlin (Halbschwester Herzog Wilhelms II.)
Hermentrude, seine zweite Gemahlin
Eudes al Chapel, Baron von Haie-du-Puits (zweiter Gemahl Muriels)
Muriel, Tochter Eudes und Muriels
Hugo, Baron von Grandmesnil
Söhne des obigen:
Yvon
Aubry
Ralf II. von Tesson, Baron von Thury
Mathilde, seine Gemahlin (Base Herzog Wilhelms II.)
Ralf III., Baron von Tosny
Isabel, seine Gemahlin
Wilhelm, Graf von Arques (Halbonkel Herzog Wilhelms II.)
Guido, Graf von Burgund (Vetter Herzog Wilhelms II.)
Wilhelm Werlenc, Graf von Mortain
Robert Bigot, sein Vasall
Richard d'Auffay, Neffe Herzog Wilhelms II.
Gottfried, Baron von Neufmarché
Hugo, Baron von Morimont
Walter Giffard, Baron von Longueville-sur-Scie
Niguël de St. Sauveur, Vicomte vom Cotentin
Wilhelm Talvas, Baron von Bellême
Giroye, Baron von Echauffour
Robert von Echauffour, sein Sohn
Arnold von Echauffour, ein Verwandter der obigen
Roger Gulafre, sein Kammerdiener
Robert Guiscard, später Herzog von Kalabrien und Apulien
Rotrou, Baron von Mortagne
Aimeric, Baron von Villerai
Gulfer, sein Sohn

Im persönlichen Dienst Herzog Wilhelms II.

Ralf I. von Tancerville, Kammerherr Herzog Roberts I. und Wilhelms II.
Ralf II. von Tancerville, Kammerherr Herzog Wilhelms II.
Turold, Leibwächter Herzog Wilhelms II.
Wilhelm von Poitiers, Kastellan Herzog Wilhelms II. (Chronist)
Hugo d'Ivry, Kellermeister (später Kastellan) Herzog Wilhelms II.
Wadard, Speisemeister am Hof Herzog Wilhelms II.
Ivon Taillefer, Ritter und Spielmann
Galet (Bouboule), Hofnarr Herzog Wilhelms II.

Die Grafen des Vasallenstaates Maine

Herbert I., der „Wachhund", Graf von Maine († 1035)
Hugo IV., Graf von Maine
Bertha, seine Gemahlin
Kinder der obigen:
Herbert II., Graf von Maine
Margarete
Paula
Johannes de la Flèche, Gemahl Paulas
Hélias, Sohn der obigen
Gersendis, Schwester Hugos IV.
Azzo, Graf von Este, ihr Gemahl
Hugo V., Graf von Maine (Sohn von Azzo und Gersendis)
Gottfried, Baron von Mayenne (im Konkubinat mit Gersendis)

Die Grafen des Vasallenstaates Bretagne

Alan III., Graf von der Bretagne
Bertha, seine Gemahlin (später Gemahlin Hugos IV. von Maine)
Kinder der obigen:
Conan II., Graf von der Bretagne
Hawise
Gottfried Grenonat, natürlicher Sohn Alans III.
Hoël, Graf von Cornouailles, später Graf von der Bretagne (Gemahl Hawises)
Alan IV., Graf von der Bretagne (Sohn Hoëls und Hawises)
Eudo von Penthièvre, Graf von der Bretagne (Bruder Alans III.)
Söhne des obigen:
Gottfried Boterel
Alan der Rote
Alan der Schwarze
Stephan

Die Grafen des Vasallenstaates Ponthieu

Angelrann II., Graf von Ponthieu
Guido, Graf von Ponthieu, Bruder des obigen

Die Grafen des Vexin (unter normannischer Oberherrschaft)

Dreux, Graf vom Vexin
Goda, seine Gemahlin (Schwester Eduards des Bekenners)
deren Söhne:
Walter III., Graf vom Vexin
Ralf der Sanfte, Graf von Hereford
Raoul de Crépi, Graf vom Vexin
Simon de Crépi, sein Sohn, Graf vom Vexin

Die Könige von England und deren Familien

Ethelred II. († 1016)
Edmund Eisenseite (Sohn König Ethelreds aus 1. Ehe)
Eduard der Thronfolger, sein Sohn (im Exil in Ungarn)
Agathe, seine Gemahlin
Kinder der obigen:
Edgar der Thronfolger
Margarete, Gemahlin König Malcolms III. von Schottland
Christine, später Nonne
Emma, Ethelreds zweite Gemahlin (Tochter Herzog Richards II.)
deren Kinder:
Eduard der Bekenner, König von England
Alfred
Goda
Eduard der Bekenner, König von England
(Sohn König Ethelreds II.)
Edith, seine Gemahlin (Tochter Graf Godwines)
Harald II., König von England (Sohn Graf Godwines)
Wilhelm I., König von England und Herzog der Normandie
Wilhelm II., Sohn Wilhelms I., später König von England
Heinrich I., Sohn Wilhelms I., später König von England
Griffydd, König von Wales
Alditha, seine Gemahlin (Tochter Graf Aelfgars von Mercia)
Malcolm, König von Schottland
Margarete, seine Gemahlin (Enkelin von Edmund Eisenseite)
Kinder der obigen:
Mathilde
Edgar

Das Haus Godwine

Godwine, Graf von Wessex
Gytha, seine Gemahlin
Kinder der obigen:
Sven, Sheriff von Midlands
Harald, Graf von Wessex
Gyrth, Graf von Ost-Anglien
Tosti, Graf von Northumberland
Leofwine, Graf von Buckinghamshire und Kent
Wulfnoth, Geisel in der Normandie
Edith, Gemahlin König Eduards des Bekenners
Gunhild, Nonne in Flandern
Hakon, natürlicher Sohn Sven Godwinesons
Alditha, Gemahlin Harald Godwinesons
Edith Schwanenhals, Konkubine Harald Godwinesons
Kinder Haralds und Ediths:
Godwine
Edmund
Magnus
Gunhild
Gytha
Judith, Gemahlin Tosti Godwinesons
Söhne der obigen:
Skule
Ketel

Angelsächsische Vasallen

Robert fitzWymarc, Seneschall König Eduards und König Wilhelms I.
Leofric, Graf von Mercia
Godiva, seine Gemahlin
Aelfgar, deren Sohn, Graf von Mercia
  Kinder des obigen:
  Edwin, Graf von Mercia
  Morcar, Graf von Northumberland
  Alditha, Gemahlin Harald Godwinesons
  Lucia
Siward, Graf von Northumberland
Waltheof, sein Sohn, Graf von Northumberland
Judith, Waltheofs Gemahlin (Nichte König Wilhelms I.)
  Kinder der obigen:
  Magda
  Adelheid (fiktiver Name)
Odo, Graf von Kent (und Bischof von Bayeux)
Johannes, sein natürlicher Sohn
Gospatric, Sohn Uhtreds, des Grafen von Northumberland
Gospatrick, Graf von Bernicia und Northumberland
Eudes al Chapel, Baron von Sussex, Essex und Suffolk
Muriel, seine Gemahlin (Halbschwester König Wilhelms I.)
Brihtric-Mau, ehemaliger Gesandter König Eduards in Flandern
Simon de Senlis, Verwalter der Güter Judiths (Waltheofs Witwe)
Ligulf, Verwandter Siwards, des Grafen von Northumberland
Gilbert, Verwandter Bischof Walcheres von Durham
Leobwin, Kastellan in Durham

Angelsächsische Rebellen

Edgar Archill
Edric der Wilde
Hereward der Wache

Im Dienst König Wilhelms I.

Bundi, Stallmeister
Ednoth, Mundschenk
Tokig, Leibwächter

Nordische Könige

Harald Hardraada, König von Norwegen
Elisabeth, seine Gemahlin
  Töchter der obigen:
  Maria
  Ingigerd
Thora, Konkubine Harald Hardraadas
  Kinder der obigen:
  Magnus
  Olaf
Sven Estrithson, König von Dänemark
Knut IV., sein Sohn, König von Dänemark
Adele, dessen Gemahlin (Tochter Graf Roberts I. von Flandern)

Könige von Frankreich und Vasallen

Heinrich I., König von Frankreich
Anna, seine Gemahlin
Kinder der obigen:
Philipp I., König von Frankreich
Robert
Hugo
Odo, Graf von Blois (Bruder König Heinrichs I.)
Etienne III., Graf von Blois
Adele, seine Gemahlin (Tochter König Wilhelms I.)
Wilhelm, deren Sohn
Gottfried Martel (der „Hammer"), Graf von Anjou
Gottfried, Graf von Anjou (Neffe des obigen)
Fulk le Réchin, Graf von Anjou
Odo, Graf von der Champagne
Adelaide (Adi), seine Gemahlin (Nichte König Wilhelms I.)
Aimeric von Thouars, Baron aus Aquitanien

Kaiser und Fürsten von Deutschland

Heinrich III., Kaiser des Römischen Reiches Deutscher Nation
Agnes von Poitou, seine Gemahlin
Heinrich IV., deren Sohn, Kaiser des Römischen Reiches Deutscher Nation
Bertha, seine Gemahlin
Konrad, deren Sohn
Rudolf, Herzog von Schwaben (Gegenkönig)
Welf I., Herzog von Bayern
Judith, seine Gemahlin (Witwe Tosti Godwinesons)

Könige von Spanien

Ferdinand I. (der „Große"), Kaiser von León und Kastilien
Alfons VI., sein Sohn, König von León und Kastilien
Garcia, König von Galicien und Portugal, Bruder des obigen

Polen

Boleslaus II., König von Polen

Geistliche Personen

PÄPSTE:

Papst Leo IX.
Papst Viktor II.
Papst Stephan IX.
Gegenpapst Benedikt X.
Papst Nikolaus II.
Papst Alexander II.
Gegenpapst Honorius II.
Papst Gregor VII. (vormals Archidiakon Hildebrand)
Gegenpapst Klemens III.

BISCHÖFE:

Mauger, Erzbischof von Rouen (Sohn Herzog Richards II.)
Maurilius, Erzbischof von Rouen
Johannes, Erzbischof von Rouen, vorher Bischof von Avranches
Wilhelm Bonne-Ame, Erzbischof von Rouen
Robert von Jumièges, Erzbischof von Canterbury
Stigand, Erzbischof von Canterbury
Lanfranc, Erzbischof von Canterbury
Aldred, Erzbischof von York
Thomas, Erzbischof von York
Guido von Amiens, Hofbischof in Rouen
Gilbert Maminot, Bischof von Lisieux (Leibarzt Herzog Wilhelms II.)
Odo, Bischof von Bayeux (Halbbruder König Wilhelms I.)
Hugo, Bischof von Lisieux (Enkel Herzog Richards I.)
Wilhelm, Bischof von Evreux (der „Kranich")
Gottfried, Bischof von Coutances
Ivo, Bischof von Sées
Juhel, Bischof von Dôle
Gervais, Bischof von Le Mans
Wilhelm, Bischof von London
Leofric, Bischof von Exeter
Wulfstan, Bischof von Worcester
Aethelric, Bischof von Selsey
Osmund, Bischof von Salisbury
Gundolf, Bischof von Rochester (Baumeister des „Towers")
Walchere, Bischof von Durham
Stanislaus, Bischof von Krakau

ÄBTE:

Nikolaus, Abt von St. Ouen (Sohn Herzog Richards III.)
Herluin, Abt von Le Bec
Anselm, Abt von Le Bec
Johannes, Abt von Fécamp
Wilhelm von Rots, Abt von Fécamp
Thierry, Abt von St. Evroul
Robert von Grandmesnil, Abt von St. Evroul
Osbern, Abt von St. Evroul
Balduin, Abt von St. Peter (Westminster),
Leibarzt König Eduards des Bekenners und König Wilhelms I.
Turold, Abt von Peterborough
Thurstan, Abt von Glastonbury
Aedgiva (Aelfgiva), ehemalige Äbtissin von Leominster

ANDERE:

Die, Legat Papst Gregors VII.
Gundolf, Mönch in St. Etienne, Caen
Berengar von Tours, Scholastiker

ENGLISCHE GRAFTSCHAFTEN ANFANG 1066

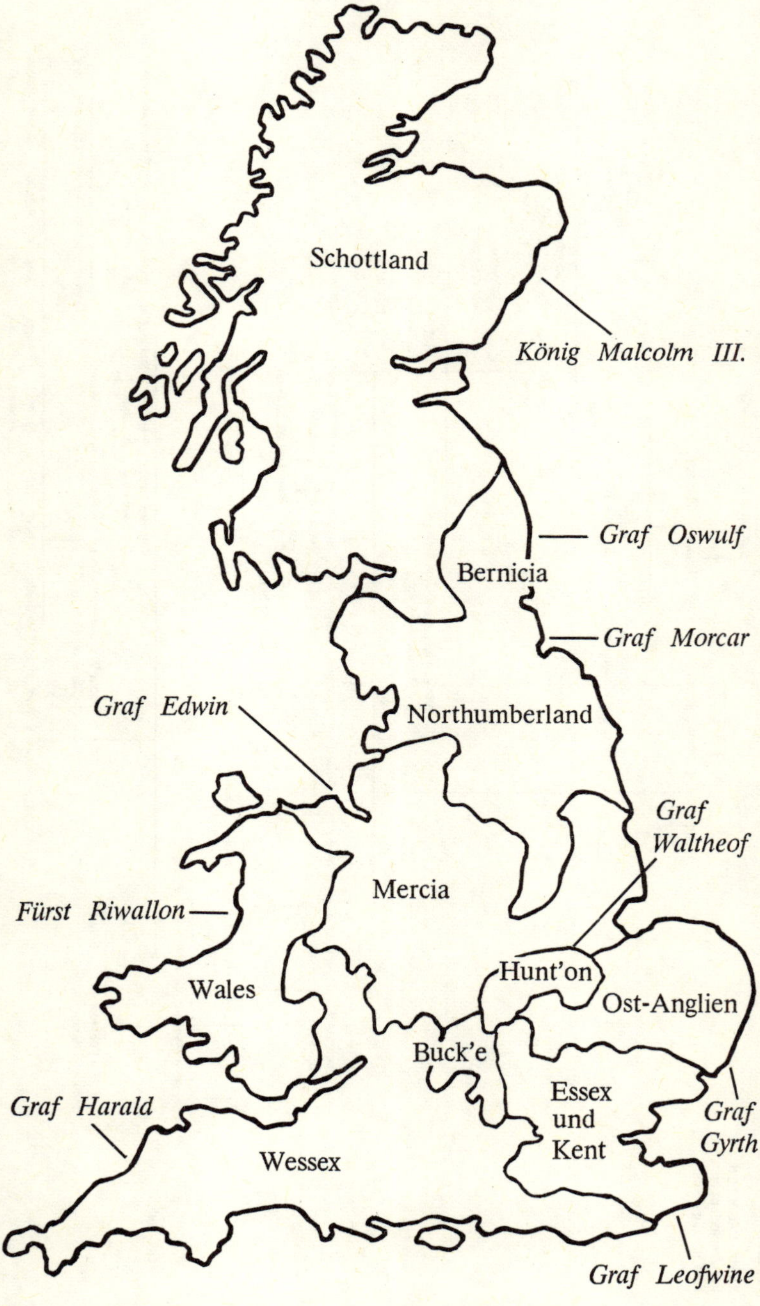

TAFEL V

EINIGE VASALLEN mit Verbindungen zum Herzogshaus

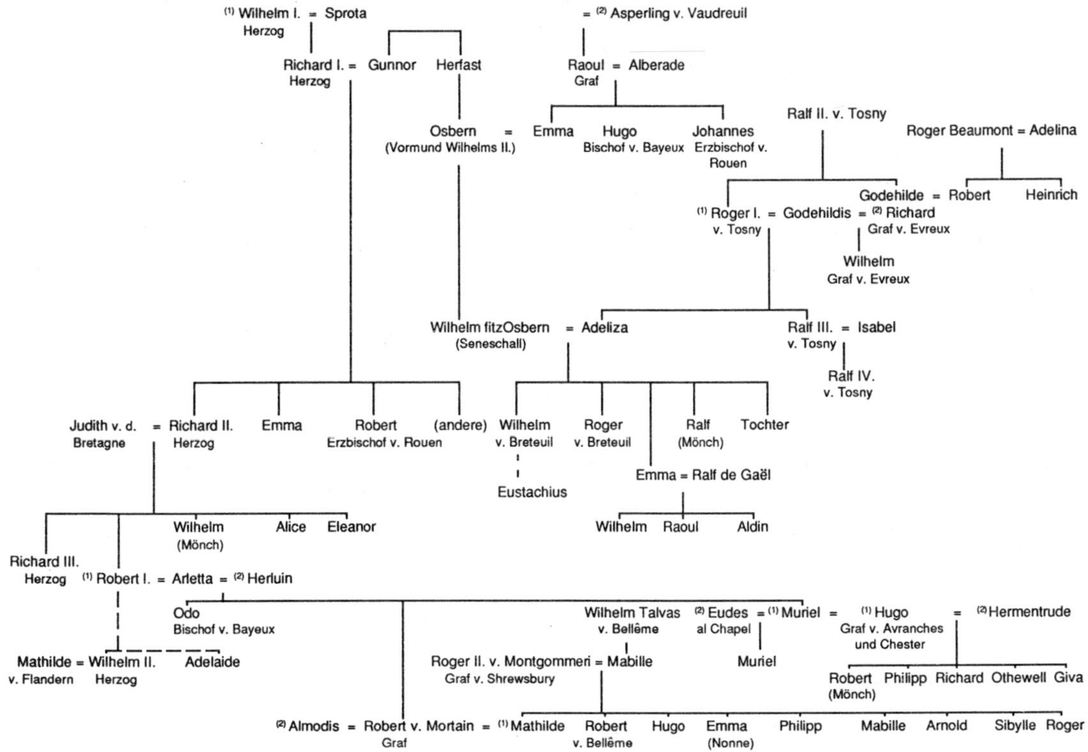

TAFEL VI

KÖNIGE VON ENGLAND
mit Verbindungen

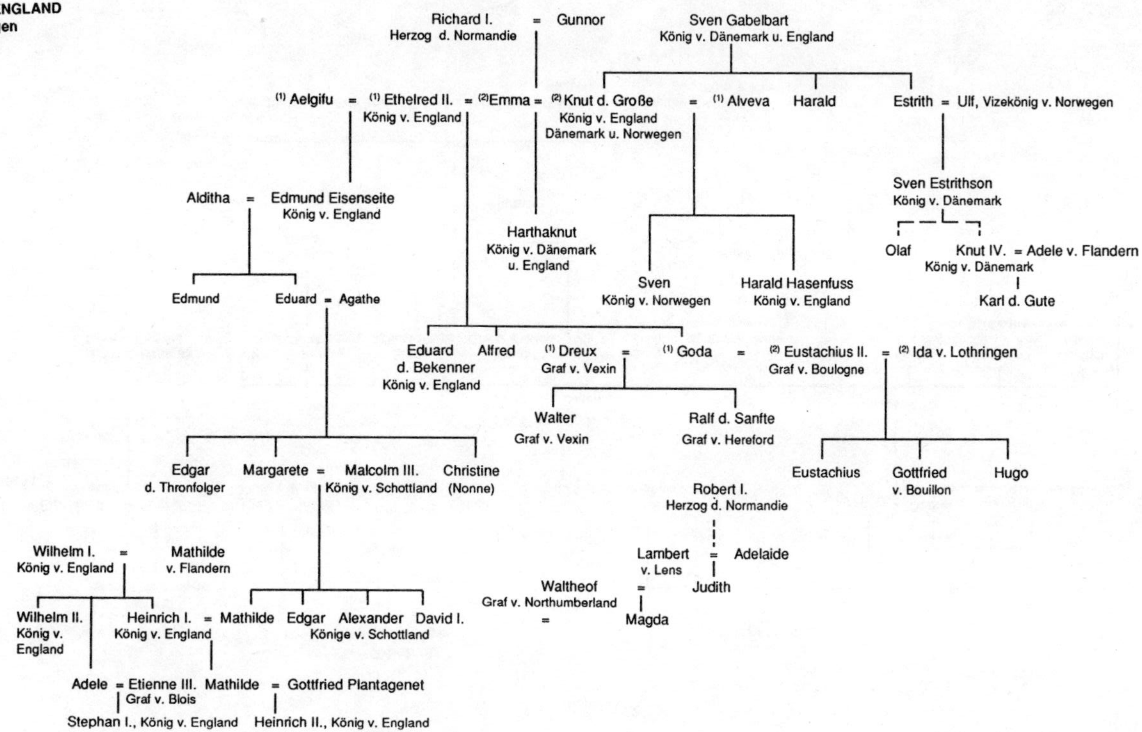

TAFEL VII

DAS HAUS GODWINE

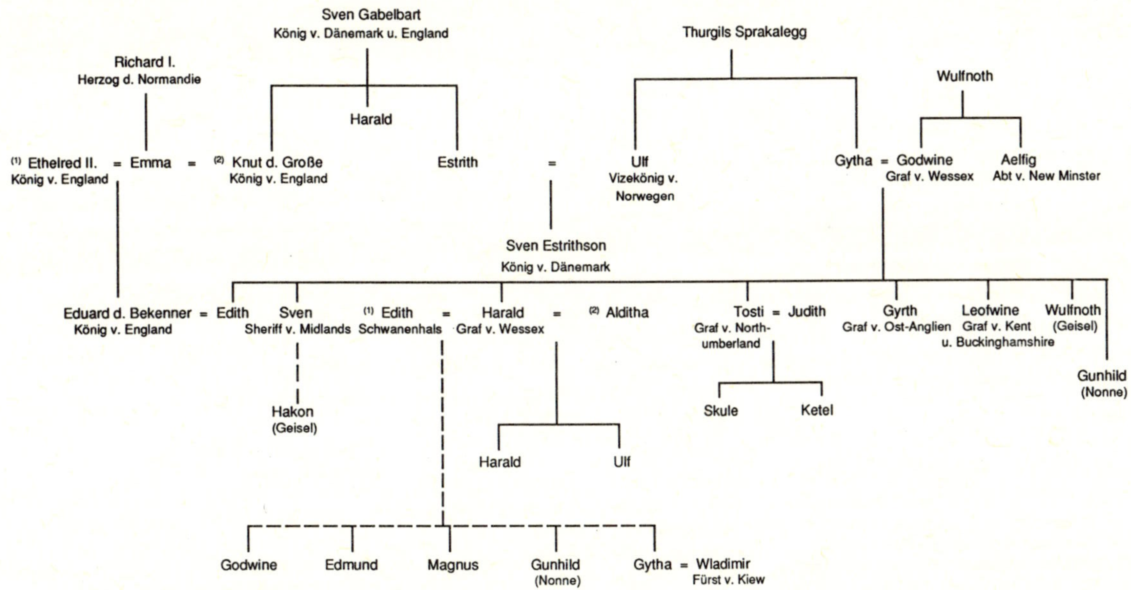

TAFEL VIII

KÖNIGE VON NORWEGEN
mit Verbindungen

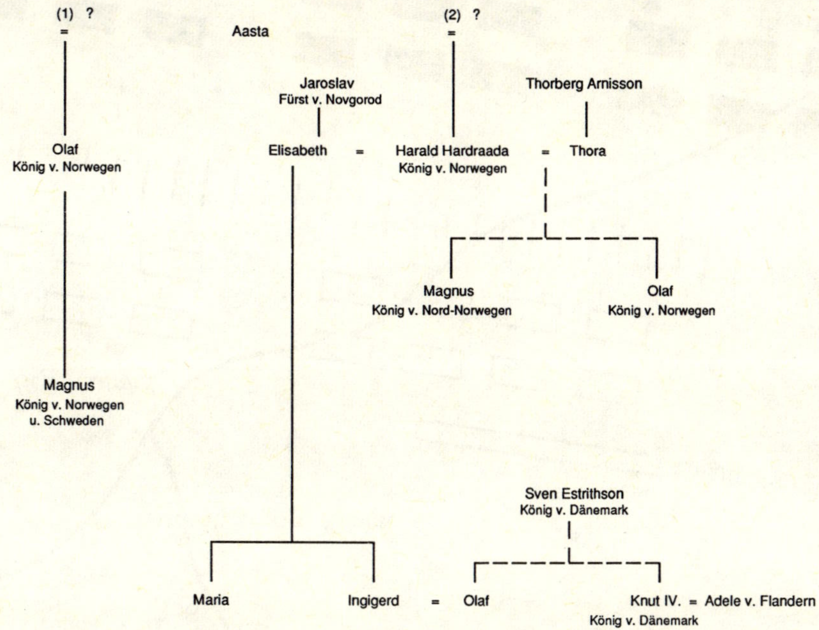

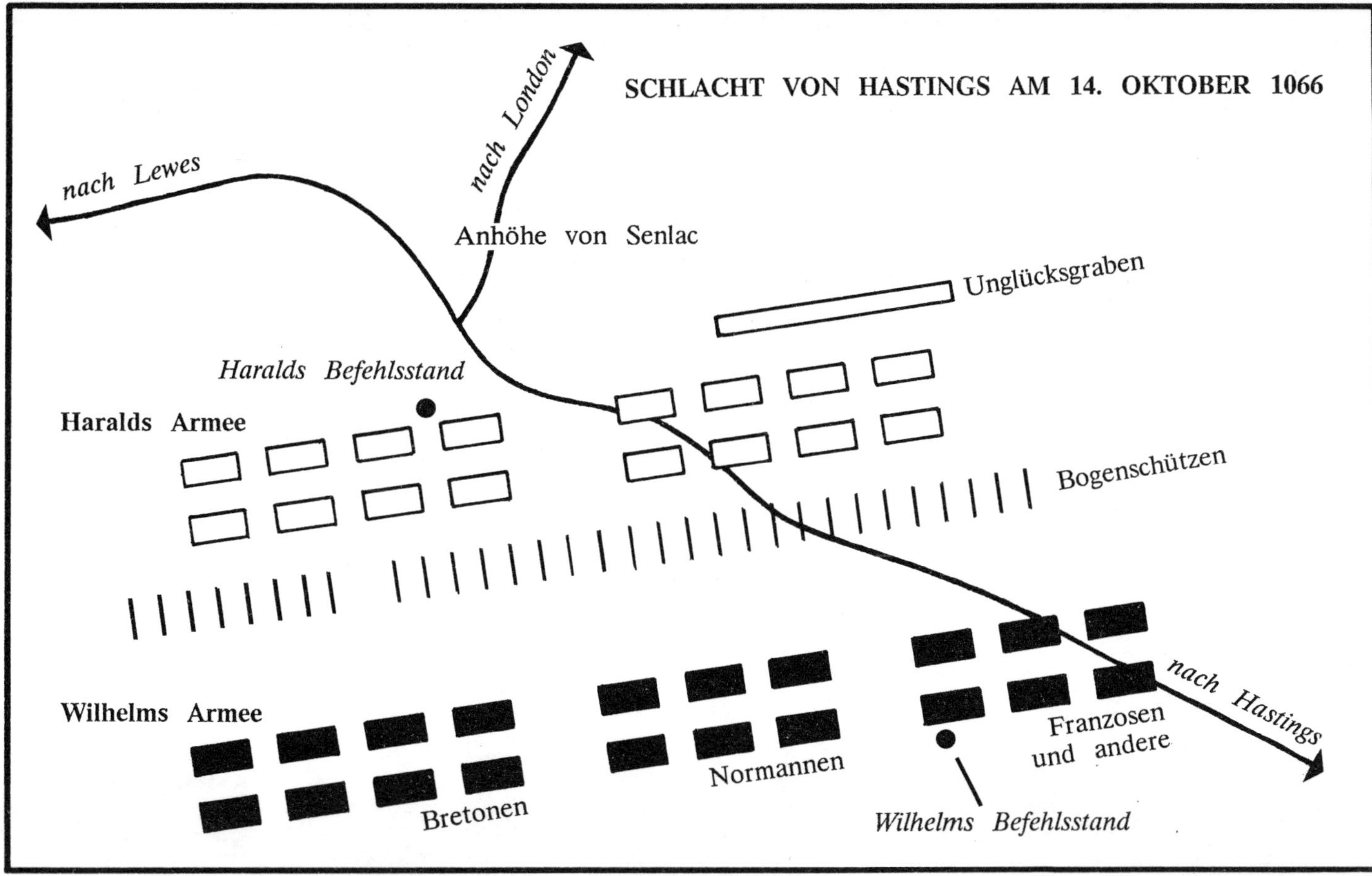
SCHLACHT VON HASTINGS AM 14. OKTOBER 1066
nach Lewes
nach London
Anhöhe von Senlac
Unglücksgraben
Haralds Befehlsstand
Haralds Armee
Bogenschützen
Wilhelms Armee
Bretonen
Normannen
Franzosen
und andere
nach Hastings
Wilhelms Befehlsstand

Die historischen Daten

	926	Tod von Herzog Rolf dem Wikinger
	942	Tod von Herzog Wilhelm Langschwert
	966	Tod von Herzog Richard I.
	1026	Tod von Herzog Richard II.
	1027	Tod von Herzog Richard III.
	1028	Geburt von Wilhelm dem Eroberer
	1035	Tod von Herzog Robert I.
12. Nov.	1035	Tod von König Knut dem Großen
	1036	Ermordung Alfreds (des Bruders von Eduard dem Bekenner)
	1037	Mauger wird Erzbischof von Rouen.
	1040	Gottfried Martel wird Graf von Anjou.
um	1041	Ermordung der Vormünder Wilhelms (Graf Alans III. und Osberns)
	1043	Krönung Eduards des Bekenners zum König von England
um	1044	Lanfranc wird Prior von Le Bec.
	1045	Vermählung Eduards des Bekenners mit Edith (Tochter Graf Godwines)
	1046	Revolte Graf Guidos von Burgund und einiger Vicomtes im Westen
Jan.	1047	Schlacht zu Val-ès-Dunes
Okt.	1047	Einführung des Gottesfriedens in der Normandie
25. Okt.	1047	Tod von König Magnus von Norwegen
	1048	Leo IX. wird zum Papst ernannt.
	1050	Wilhelm erobert Brionne zurück.
um	1051	Tod Arlettas, der Mutter Wilhelms des Eroberers
	1051	Robert von Jumièges wird Erzbischof von Canterbury.
26. März	1051	Tod des Grafen Hugo IV. von Maine
	1051	Gottfried Martel erobert Le Mans.
um	1051	Vermählung Tosti Godwinesons mit Judith von Flandern
um	1051	Eheschließung zwischen Wilhelm und Mathilde von Flandern
	1051	Verbannung Lanfrancs und baldige Versöhnung mit dem Herzog
	1051	Aufstand in Dover gegen Graf Eustachius von Boulogne
	1051	Revolte Graf Godwines gegen König Eduard und Verbannung Godwines
	1051	Eduard der Bekenner verspricht Wilhelm die Thronfolge.
	1051	Krieg zwischen Wilhelm und Gottfried Martel
	1052	Revolte des Grafen Wilhelm von Arques gegen Herzog Wilhelm
	1052	Rückkehr Graf Godwines nach England
	1052	Vertreibung vieler Normannen aus England, einschl. des Erzbischofs
um	1052	Vermählung Adelaides (Wilhelms Schwester) mit Graf Angelrann II.
	1052	Ernennung Stigands zum Erzbischof von Canterbury
	1052	Tod der Königin Emma
	1052	Tod Sven Godwinesons
13. Apr.	1053	Tod Graf Godwines
Juni	1053	Schlacht von Civitate
	1053	Wilhelm erobert die Festung von Arques.
	1053	Tod des Grafen Angelrann II. von Ponthieu in der Schlacht um Arques
um	1053	Geburt des Kronprinzen Philipp (Sohn König Heinrichs I.)
um	1053	Geburt Adelaides (Adis), der Tochter Angelranns und Adelaides
um	1053	Geburt Roberts (des 1. Sohnes von Wilhelm und Mathilde)
Dez.	1053	König Heinrich I. fällt ins Evrecin und in die Normandie ein.

um	1053	Mauger verhängt das Interdikt über die Normandie.
Feb.	1054	Schlacht von Mortemer
	1054	Absetzung Maugers als Erzbischof von Rouen
	1054	Maurilius wird Erzbischof von Rouen.
19. Apr.	1054	Tod Papst Leos IX.
um	1054	Vermählung Adelaides (Wilhelms Schwester) mit Lambert von Lens
	1054	Tod des Lambert von Lens in der Schlacht um Lille
um	1055	Geburt Judiths, der Tochter Lamberts und Adelaides
	1055	Tod des Grafen Siward von Northumberland
	1055	Tosti Godwineson wird Graf von Northumberland.
um	1055	Geburt Agathes (der 1. Tochter Wilhelms und Mathildes)
	1055	Viktor II. wird zum Papst ernannt.
um	1055	Vermählung Balduins (Sohn Balduins V.) mit Richilde
	1056	Graf Werlenc von Mortain aufgrund geplanter Revolte verbannt
	1056	Robert, Halbbruder Wilhelms, wird Graf von Mortain.
	1056	Tod Kaiser Heinrichs III.
	1056	Herbert II. wird Graf von Maine.
um	1057	Graf Conan von der Bretagne nimmt seinen Oheim Eudo gefangen.
um	1057	Geburt Cäcilies (der 2. Tochter Wilhelms und Mathildes)
Aug.	1057	König Heinrich fällt in die Normandie ein.
	1057	Schlacht bei Varaville
	1057	Tod Papst Viktors II.
	1057	Stephanus IX. wird zum Papst ernannt.
	1057	Eduard der Thronfolger stirbt kurz nach seiner Ankunft in England.
30. Sept.	1057	Tod des Grafen Leofric von Mercia
	1057	Sein Sohn Aelfgar tritt Nachfolge an, verbündet sich mit Walisern.
22. Dez.	1057	Ralf der Sanfte im Kampf gegen die Waliser gefallen
17. März	1058	Malcolm III. wird König von Schottland.
	1058	Tod Papst Stephanus' IX.
	1058	Nikolaus II. wird Papst.
	1058	Wilhelm erobert die Festung Thimert zurück. Der König belagert sie.
	1059	Krönung König Philipps I. in Reims
	1059	Papst Nikolaus II. sanktioniert Wilhelms und Mathildes Ehe.
um	1059	Geburt Richards (des 2. Sohnes von Wilhelm und Mathilde)
	1059	Synode in Melfi
4. Aug.	1060	Tod König Heinrichs I. von Frankreich
14. Nov.	1060	Tod des Grafen Gottfried von Anjou (des „Hammers")
um	1061	Anna, Witwe Heinrichs I., vermählt sich mit Graf Raoul vom Vexin.
	1061	Tosti und Gyrth Godwineson in Italien, Überfall durch Banditen
	1061	Erzbischof Aldred von York empfängt Pallium vom Papst.
	1061	Tod des Papstes Nikolaus II.
	1061	Alexander II. wird Papst.
	1061	Tod des Grafen Florenz von Kennemerland
	1061	Robert der Friese im Kampf mit dem Bischof von Utrecht
	1061	Robert Guiscard erobert Messina.
um	1061	Geburt von Wilhelm Rufus (des 2. Sohnes von Wilhelm und Mathilde)
9. März	1062	Tod Herberts II., des Grafen von Maine
	1062	Robert, Sohn Herzog Wilhelms, wird Graf von Maine.
	1062	Revolte in Maine unter Gottfried von Mayenne
	1062	Tod Graf Aelfgars. Sein Sohn Edwin wird Graf von Mercia.
	1063	Wilhelms Sieg in Maine über Gottfried von Mayenne

	1063	Tod Margaretes, der Schwester Graf Herberts II. von Maine
	1063	Sieg Harald Godwinesons über König Griffydd von Wales
	1063	Tod Graf Walters und seiner Gemahlin Biota in Falaise
	1063	Raoul de Crépi wird Graf vom Vexin.
um	1063	Geburt Adeles (der 3. Tochter Wilhelms und Mathildes)
	1064	Besuch Harald Godwinesons in der Normandie
	1064	Aufstand in der Bretagne unter Conan
	1064	Wilhelms siegreicher Feldzug gegen die Bretagne
	1064	Haralds Schwur, die englische Krone für Wilhelm zu sichern
	1064	Verlobung Agathes (der Tochter Wilhelms) mit Harald Godwineson
	1065	Aufstand in Northumbrien. Graf Tosti muß fliehen.
um	1065	Geburt Adelaides (Adelizas), der 4. Tochter Wilhelms und Mathildes
	1065	Kaiser Heinrich IV. wird mündig.
	1065	Tod Kaiser Ferdinands I. von Kastilien
5. Jan.	1066	Tod König Eduards des Bekenners
6. Jan.	1066	Krönung Harald Godwinesons zum König von England
	1066	Papst sichert Unterstützung für Wilhelms Feldzug zu.
	1066	Kaiser Heinrich IV. sichert der Normandie seine Schutzherrschaft zu.
Jan.	1066	Tosti Godwineson greift die Insel Wight an.
Aug.	1066	Wilhelm versammelt seine Flotte in Dives.
Sept.	1066	Wilhelm verlegt seine Flotte nach St. Valéry-sur-Somme.
Sept.	1066	Invasion in Nord-England durch Harald Hardraada, König von Norwegen
25. Sept.	1066	Schlacht bei Stamford Bridge
28. Sept.	1066	Wilhelms Flotte landet in Pevensey.
29. Sept.	1066	Wilhelm besetzt Hastings.
14. Okt.	1066	Schlacht von Hastings
21. Okt.	1066	Unterwerfung von Dover
29. Okt.	1066	Unterwerfung von Canterbury
Dez.	1066	Umzingelung von London
25. Dez.	1066	Krönung Wilhelms zum König von England
	1066	Tod des Grafen Conan von der Bretagne
März	1067	Wilhelms Rückkehr nach der Normandie
um	1067	Geburt Constanzes (der 5. Tochter Wilhelms und Mathildes)
	1067	Tod des Erzbischofs Maurilius
	1067	Johannes, Bischof von Avranches, wird Erzbischof von Rouen.
	1067	Eustachius, Graf von Boulogne, beteiligt sich an Revolte in Kent.
	1067	Odo, Bischof von Bayeux, wird Graf von Kent.
	1067	Wilhelm fitzOsbern wird Graf von Hereford.
1. Sept.	1067	Tod Graf Balduins V. von Flandern
Dez.	1067	Rückkehr König Wilhelms nach England
	1068	Wilhelm unterwirft sich Exeter.
	1068	Krönung Wilhelms und Mathildes in Westminster
	1068	Wilhelm erobert sich York, Warwick, Lincoln, Huntington und Chester.
	1068	Haralds Söhne greifen Bristol an, werden zurückgeschlagen.
	1068	Fulk le Réchin macht sich zum Grafen von Anjou.
um	1068	Streit zwischen Mathildes Brüdern Balduin IV. und Robert dem Friesen
um	1069	Geburt Heinrichs (des 4. Sohnes Wilhelms und Mathildes)
	1069	Revolte in York, Verrat Waltheofs. York wird zurückerobert.

	1069	Revolte in Maine und Verlust von Le Mans
	1069	Invasion in Yorkshire durch Sven Estrithson, König von Dänemark
	1069	König Malcolm III. von Schottland unterstützt Rebellen des Nordens.
20. Sept.	1069	York wird von den Rebellen eingenommen.
	1069	Wilhelm erobert York zurück.
	1069	Tod des Erzbischofs Aldred von York
um	1069	Vermählung Malcolms III. mit Margarete (Tochter Eduards d. Thronfolgers)
	1069	Haralds Söhne landen am Taw, werden aus Devonshire zurückgeschlagen.
	1070	Wilhelms Feldzug im feindlichen Norden
Apr.	1070	Kirchenkonzil in Winchester. Erzbischof Stigand seines Amtes enthoben.
15. Aug.	1070	Lanfranc wird Erzbischof von Canterbury.
	1070	Wilhelm findet Dänen mit Geld ab. Frieden im Norden Englands.
	1070	Krieg zwischen Balduin VI. und Robert dem Friesen
	1070	Tod Balduins VI. in einer Schlacht

	1069	Revolte in Maine und Verlust von Le Mans
	1069	Invasion in Yorkshire durch Sven Estrithson, König von Dänemark
	1069	König Malcolm III. von Schottland unterstützt Rebellen des Nordens.
20. Sept.	1069	York wird von den Rebellen eingenommen.
	1069	Wilhelm erobert York zurück.
	1069	Tod des Erzbischofs Aldred von York
um	1069	Vermählung Malcolms III. mit Margarete (Tochter Eduards d. Thronfolgers)
	1069	Haralds Söhne landen am Taw, werden aus Devonshire zurückgeschlagen.
	1070	Wilhelms Feldzug im feindlichen Norden
Apr.	1070	Kirchenkonzil in Winchester. Erzbischof Stigand seines Amtes enthoben.
15. Aug.	1070	Lanfranc wird Erzbischof von Canterbury.
	1070	Wilhelm findet Dänen mit Geld ab. Frieden im Norden Englands.
	1070	Krieg zwischen Balduin VI. und Robert dem Friesen
	1070	Tod Balduins VI. in einer Schlacht

Anmerkungen

1 Das spätere Holland
2 Altitalischer Gott – Beschützer des Wachstums
3 „Der Große"
4 Der „Halleysche Komet", nach dem englischen Astronomen Edmond Halley benannt, der erstmalig feststellte, daß Kometen wiederkehren. Als dieser Komet 1662 erschien, sagte Halley dessen Wiederkehr richtig für das Jahr 1758/59 voraus. Der Komet hat eine Umlaufzeit von etwa 76 Jahren. Sein Erscheinen läßt sich bis ins Jahr 240 v.Chr. zurückverfolgen. 1986 erschien er zum letzten Mal, war jedoch nicht gut sichtbar, weil er auf der anderen Seite der Sonne vorbeiflog. Im Jahre 1066 dagegen bot er – wie die Chroniken berichten – ein unvergleichliches Schauspiel.
5 „Glückauf!"
6 „Hindernis – Verzögerung"
7 „Gott sei mit uns!"
8 „Schlacht"
9 In späteren Jahren jedoch ließ König Wilhelm den Leichnam Haralds in dessen geliebter Kathedrale von Waltham beisetzen.
10 Hier zieht Graf Harald sie aus dem Sumpf.
11 „Roter Berg"
12 „Waltheof, der Fisch, den Ihr eingefangen habt."
13 Altenglische Schreibweise für „queen" (Königin)
14 „Arbeite, o Mora, und bete!"
15 „Dem höchst durchlauchten Wilhelm, dem von Gott gekrönten großen, friedebringenden König, Heil und Sieg"!
16 „Kleinod"
17 Altenglische Grundsteuer
18 Meister in der Kriegsführung
19 Harald leistet den Schwur.
20 Bestimmte mittelalterliche Lehrpläne, die von dem berühmten Meister Gerbert aus Reims zusammengestellt wurden. Zum *Trivium* gehörten Grammatik, Arithmetik und Geometrie, zum *Quadrivium* Musik, Astronomie, Dialektik und Rhetorik.
21 Und hier liegt er tot.
22 Hier geben sie Harald die Königskrone.
23 Hier sitzt Harald als König der Engländer.

Von der gleichen Autorin:

Wilhelm der Bastard

In diesem Band berichtet Mathilde über ihre erste Begegnung mit Herzog Wilhelm, der bald darauf um ihre Hand anhält. Stolz weist sie ihn als „Bastard" zurück, obgleich er ihr Herz schon gewonnen hat. Nach zwei leidvollen Jahren entscheidet sie sich dann doch freudigen Herzens für Wilhelm.

Als junge Herzogin wird sie vor neue Aufgaben gestellt und findet es nicht leicht, sich ihrem „unberechenbaren" Ehemann anzupassen. Er fordert sehr viel von ihr, gestaltet ihr gemeinsames Eheleben aber auch höchst abwechslungsreich, so daß Mathilde zu dem Schluß kommt, Langeweile werde es in ihrer Ehe wohl nie geben. Auch der Leser wird sich nie langweilen, wenn er dieser fesselnden Erzählung folgt.

Wilhelm der König

In diesem Teil der Trilogie schildert Mathilde die letzten leidvollen Jahre ihres Lebens. Die Kinder wachsen heran; einige von ihnen leben in England, andere in der Normandie. Der Riß durch die Familie wird spürbar tiefer. Schwere Sorgen verursachen auch die ständig wiederkehrenden Revolten in England. Verrat in der eigenen Familie und zahlreiche weitere Schicksalsschläge erlegen Mathilde Prüfungen auf, an denen sie seelisch erstarkt, aber körperlich schließlich zerbricht. Das dramatische Geschehen erinnert an die Tragödien Shakespeares.

Im Anhang und Nachwort berichtet die Autorin über die letzten Lebensjahre König Wilhelms und erhellt historische Zusammenhänge.

Beide Bände erschienen im Perlinger-Verlag GmbH, Wörgl/Österreich

Arletta

(Eine Liebesgeschichte aus dem Hohen Mittelalter)

Diese Novelle stellt die Vorgeschichte zu den Bänden über Wilhelm den Eroberer dar und erzählt in bewegenden Worten das tragische Schicksal von Wilhelms Eltern. Arletta, die ihren Tod herannahen fühlt, schreibt in den letzten Tagen ihres Lebens ihre Erinnerungen an Herzog Robert I. nieder. Ihre Aufzeichnungen sind eine wunderbare Einführung in die Bücher über Wilhelm den Eroberer.

Erschienen im Eugen Salzer Verlag GmbH & Co., Heilbronn

NORWEGEN
SCHOTTLAND
SCH
IRLAND
DÄNEMARK
WALES
London
Stettin
Bremen
Rouen
Köln
Paris
Worms
DEUTSC
Straßburg
Pass
FRANKREICH
KAISERREIC
Mailand
LEON
und
KASTILIEN
KORSIKA
Barcelona
Rom
MAUREN
Cordoba
Granada
Neap
SARDINIEN
GEBIET DER
MAUREN
NORD-AFRIKA